제 6 판 머리말

우리나라가 많은 분야에서 급속도로 발전하고 있는 것처럼 행정법(학)분야도 빠르게 전진하고 있는 것 같다. 대표적인 예로 2021년 3월 23일 행정기본법이 제정된 것이다. 행정법령은 법령의 90%를 차지하고 국민생활에 중대한 영향을 미치지만 복잡한 행정법령의 집행원칙과 기준이 되는 기본법이 없어 국민의 권익보호와 법치행정에 부족한 면이 많았다. 그리하여 이 법은 그동안 판례와 학설로만 정립된 "행정의 원칙과 기본사항"을 법률에 명시적으로 규정함으로써 개별법의 공통적 제도를 종합화·체계화하여 행정의 민주성, 적법성, 적정성 및 효율성을 도모하고 국민의 권익보호에 이바지할 것이다. 또한, 이 개정판 원고를 탈고하기 불과 며칠 전인 2022년 1월 11일 행정절차법이 개정되어 확약(제40조의2), 위반사실 등의 공표(제40조의3), 행정계획(제40조의4)에 관한 조항이 신설되는 등 적잖은 변화가 있었다. 나아가 전면개정된 지방자치법이 2022년 1월 13일부터 시행되었다. 그 밖에 개정된 '공공기관의 정보공개에 관한 법률'이 2021년 12월 23일부터 시행되는 등 법령의 변화를 따라가기가 어려울 정도로 발전이 빠르다. 본 개정판은 이러한 변화를 전부 반영하였다. 이러한 발전을 이끌어온 많은 학자와 관계자분들에게 존경의 마음을 표하고 싶다.

1986년 봄에 결혼하고 그해 가을 28세의 나이에 설레고 두려운 마음으로 독일유학을 떠난 것이 엊그제 같은데 벌써 정년퇴직일이 2년밖에 남지 않았다. 왜 정년퇴직이 필요한지를 알겠다. 눈이 침침하고 기억력과 사고력이 현저히 감퇴되어 가고 있다. 이번 개정작업이 마지막이다. 이제는 쉬고 싶다. 그동안 너무 힘들었다. 모든 인생이 그렇듯이....

지난 세월 나는 참으로 많은 분들의 도움을 받고 살아왔다. 특히 고인이 되신 부모님은 말할 것도 없고 일가친척, 가족들, 친구들, 선후배들의 사랑과 도움이 없었으면 지금의 나는 없다. 그들의 사랑에 가슴 깊이 감사드린다. 존경하는 김남진 교수님도 만수무강하시기를 빈다. 끝으로 사랑하고 존경하는 아내 김주현씨 그리고 사랑하는 두 아들 현민·영서에게도 고마운 마음을 전하고 싶다.

2022년 1월 27일

著 者 씀

머 리 말

기존의 행정법 교과서는 매우 많다. 그럼에도 불구하고 왜 저자도 같은 종류의 책을 집필하였으며, 책이름을 굳이 「'알기 쉬운' 행정법총론」이라고 한 이유를 설명하여야 할 것 같다.

저자가 행정법을 전공하기 시작한지 20년, 대학강단에서 행정법을 가르치기 시작한지 10년이 훨씬 지났다. 그 동안 "행정법은 어렵다. 행정법 교과서를 읽어보아도 무슨 내용인지를 잘 모르겠다"는 말을 학생들로부터 자주 들어 왔다. 저자도 행정법을 재미있고 쉽게 강의하기 위해 애쓰면서 자주 느끼는 것은 기존의 행정법 교재들이 너무 어렵다는 것이다. 법학을 전공하지 않고 공무원시험 등을 준비하는 분들은 이에 더욱 공감할 것이다. 아무튼 행정법을 가르치는 저자로서는 행정법이 어렵다는 말을 들을 때마다 미안한 마음과 책임감이 들기도 하였다. 또한 저자가 행정법 강의를 쉽고 재미있게 하기 위해서도 '알기 쉬운' 교재가 필요함을 절감하고 있었다. 그리하여 오래 전부터 그러한 교재를 집필하고 싶었지만 '쉬운' 교재를 쓰는 것이 '어려운' 일이라는 것과, 저자의 능력이 부족하다는 것을 잘 알고 있었기 때문에 미루어 오고만 있었다. 얇고 간단한 교재는 보기에는 쉬운 것 같지만 설명이 부족하기 때문에 이해하기 어렵고, 두꺼운 교재는 너무 난해하고 복잡하다고 생각하여 독자들이 부담스러워 한다. 이해하기 쉽도록 서술하면서 적당한 부피의 교재를 집필하는 것은 아마 모든 저자들의 희망사항일 것이다. 저자도 능력이 너무 부족하지만 더 이상 미룰 수 없어서 용기를 가지고 시작하여 적지 않은 노력 끝에 이제 작은 결실을 내 놓는다.

이 책을 쓴 방향은 다음과 같다. 첫째, '법학을 전공하지 않은' 독자들도 '알기 쉽도록' 서술하기 위해 노력하였다. 강의를 듣지 않고 읽기만 해도 이해할 수 있을 정도로 쉽게 쓰는 것이 목표였는데 그렇게 되지는 못한 것 같다. 행정법, 특히 행정법총론 부분이 어렵게 느껴지는 가장 큰 이유는 민법 등 다른 분야처럼 법전에 규정들이 있는 것이 아니라 주로 학설과 판례에 의해 '행정법 총칙'으로서 정립된 것을 다루기 때문이다. 따라서 쉬운 설명이 더욱 필요하다. 저자는 집필하면서 100만큼을 설명하기 위해서는 200만큼을 알아야 함을 절실히 느꼈다. 본서의 기술 내용이 이해가 안 되면 이는 저자의 노력과 실력이 부족하기 때문이라는 것을 고백한다. 앞으로 개선할 것을 약속한다.

둘째, 사례에 대한 질문·답변을 통하여 행정법 이론이 현실에서 어떻게 문제가 되는지를 소개하였다. (행정)법학의 목적은 법적 분쟁의 예방과 합리적 해결을 통한 피해자의 권익구제라고 할 것이다. 이를 위해서는 행정법이론이 실제 소송에서 어떠한 의미가 있는지를 알아야 한다. 이러한 취지에서 독자들이 실질적이고 실용성 있는 실력을 갖출 수 있도록 기술하였다. 객관식 시험의 경우에도 사례에 관한 질문·답변을 잘 읽고 이해함으로써 내실 있는 실력을 갖추어야 함을 유념하기 바란다.

셋째, 중요한 판례는 거의 빠짐없이 소개하였다. 주관식은 물론 객관식 시험에도 판례에 대한 이해가 갈수록 중요해지고 있다. 또한 최근까지의 판례·법령을 반영하였다. 특히 2006년 5월 9일 시행된 '건축법'의 이행강제금 제도의 개선, 전기·수도의 공급거부 제도의 폐지 등에 관한 것과 행정처분의 가중처벌요건이 부령·행정규칙으로 되어 있는 경우의 소의 이익 인정 여부에 관해 기존판례를 변경한 대법원 전원합의체판결(2006.6.22.) 등도 반영하여 기술하였다.

많은 사람들은 흐르는 강물에서 낚시를 하는 마음으로 흐르는 세월 속에서 무엇을 얻으려고 하지만 낚시꾼의 빈 바구니처럼 허전함과 아쉬움을 느낀다. 주 예수그리스도가 없는 인생은 결국 공허하다는 말씀은 역시 진리인 것 같다. 너무 형편없고 죄로 가득한 존재로서 길 잃은 양과 같이 인생의 궁극적인 의미와 목적을 모르고 살던 나를 예수께서 구원하시어 인생의 참된 의미를 알게 하셨으니, 이제 만물을 충만케 하시는 그분이 자신의 풍성한 생명공급으로 나를 충만케 하시어 더욱 구원하시고, 나의 온 인생을 그분의 갈망과 목적에 합당하도록 인도하시기를 기도할 뿐이다. 주님께 감사드린다.

끝으로 행정법학의 길을 열어 주신 김남진 교수님께 감사드리며 항상 건강하시기를 바라고, 아울러 신실한 믿음으로 인생의 좋은 반려자 역할을 해주는 헌신적인 아내와 현민·영서 두 아들에게 사랑을 전한다.

2007년 2월 10일
연구실에서
著 者 씀

차   례

제1편 행정법 서설

제 2 장　행정행위 (167~302)

제 5 장 정보공개와 개인정보보호   (366~391)

제 3 편 행정의 실효성확보수단

제 1 장 행정강제

제 2 장 행정벌

제 4 장　행정의 실효성확보를 위한 기타수단 (436~444)

제 4 편 행정구제법

제 3 장　그 밖의 손해전보제도　　　　　　　　　　　(520~528)

제 4 장　행정심판　　　　　　　　　　　　　　　(529~564)

제 5 장 행정소송

제1장 행정법 서설

제1장 행 정

제1절 행정의 의의

【문제】 행정법은 어떻게 공부해야 하며, 교과서의 설명 중에서 중요한 부분은 어떤 곳인가?

I. 서 언

　행정법은 행정에 관한 법, 구체적으로는 행정의 조직과 작용(행정활동) 및 구제(행정작용에 의해 침해된 권익의 보호·회복)에 관한 법이다. 그런데 행정은 역사적으로 성립·발전된 관념이다. 국가권력은 원래 군주에 의해 독점되었으나 근대입헌국가의 탄생으로 확립된 권력분립의 원칙에 따라 입법·사법으로 분화시키고 남은 것을 집행권력이라 하여 군주(행정부)가 맡게 됨에 따라 형성된 것이다(광의의 행정). 넓은 의미의 행정 중에는 보통의 행정과는 다른 성격의 통치행위라는 것이 있다(후술 참조). 행정법의 규율대상이 되는 행정은 통치행위를 제외한 좁은 의미의 행정을 말한다.

II. 형식적·실질적 의미의 행정

1. 형식적 의미의 행정

　국가작용의 내용·성질이 아니라 담당기관을 기준으로 입법기관, 사법기관에 권한에 속하는 국가작용을 각각 입법, 사법이라고 하면서 행정이란 '행정기관(행정부)의 권한에 속하는 국가작용'으로 정의 하는 것을 형식적 의미의 행정이라고 한다. 여기에는 실질적으로 입법(예: 행정입법〈대통령령·총리령·부령의 제정〉)이나 사법(예: 통고처분〈속칭 '스티커 발부'〉, 행정심판〈행정상 법률관계의 분쟁을 행정기관이 심리·재결하는 행정쟁송의 절차〉)에 속하는 작용도 포함되어 있다.

2. 실질적 의미의 행정

입법, 사법과는 구분되는 행정 고유의 성질과 기능을 중심으로 파악한 것으로서 다양한 견해가 있다. 입법부나 사법부의 기관(예: 국회사무처, 법원행정처)이 하는 것도 실질적 의미의 행정에 속하는 것이 있다(예: 국회사무총장이 소속공무원을 임명하는 행위).

(1) 긍정설

1) 소극설(공제설)

행정의 개념을 적극적으로 정의하는 것을 포기하고 단지 소극적으로 행정이란 '국가작용 중 입법·사법을 공제(控除)한 나머지 작용' 또는 '국가작용 중에서 입법·사법·통치행위를 공제한 나머지 작용'이라고 하는 견해이다.

2) 적극설

행정의 특징을 포착하여 적극적으로 정의하려는 견해로서 목적실현설과 결과실현설이 있다. 전자는 행정이란 '법질서 아래에서 국가목적 및 공익실현목적을 위한 것으로서 사법이외의 작용'이라고 하고(O. Mayer), 후자는 행정이란 '공익상 필요한 결과를 실현하기 위한 계속적인 사회형성적 활동'이라고 한다(E. Forsthoff).

(2) 부정설(기관양태설)

입법·사법·행정의 성질상의 차이를 부정하고 '실정법 질서의 단계적 구조'와 '기관양태(機關樣態)의 차이'에 따라 구분하는 것으로서 순수법학파(H. Kelsen, Merkl)의 견해이다. ㉠ 국가작용을 헌법의 직접적 집행인 '입법'과 헌법의 간접적 집행으로서 입법보다 낮은 단계인 '집행'으로 구분한 후, ㉡ '집행'을 다시 병렬관계에 있는 기관에 의한 법집행작용인 '사법'과 상하복종관계에 있는 기관에 의하여 수행되는 작용인 '행정'으로 구분한다.

Ⅲ. 행정의 개념적 특징

행정의 활동형식, 영역, 업무의 내용 등이 매우 다양하여 행정에 대한 간명한 정의는 어렵다는 점에서 "행정은 기술(記述)할 수는 있지만 정의할 수는 없다"(E. Forsthoff)고 하기도 한다. 행정의 개념적 특징을 기술하면 행정은 ㉠공익실현을 목표로 하며, ㉡법질서 아래에서 법을 위반해서는 안 되며, ㉢적극적이고 미래지향적으로 사회를 형성하며, ㉣행정계획, 행정처분, 사실행위, 행정지도, 계약, 행정절차 등 그 행위형식이 매우 다양하다.

Ⅳ. 행정과 입법 · 사법과의 구별

입법은 일반적 · 추상적인 법규범을 제정하는 작용인 반면, 행정은 법규범을 집행함으로써 구체적으로 국가목적을 실현하는 작용이다. 사법은 구체적인 법률적 분쟁에 관한 당사자의 쟁송의 제기에 의해서 법을 해석 · 적용하는 소극적인 작용인 반면, 행정은 능동적 · 계속적인 작용이다.

Ⅴ. 행정법학의 대상으로서의 행정

행정법학의 대상으로서의 행정은 다음과 같이 정리해 볼 수 있다. 통치행위는 넓은 의미의 행정(집행)에 속하지만 행정법의 대상으로서의 행정에 속하지는 않는다. 원칙적으로 실질적 의미의 행정을 의미한다. 그렇지만 형식적 의미의 행정 가운데 그것이 성질상 입법(예: 행정입법), 사법(예: 행정심판)에 속한 것이라도 행정부의 중요작용이므로 행정법의 대상에 포함시킨다. 행정소송은 엄격한 의미에서 행정은 아니므로 '행정소송법학'의 대상이지만 민사 · 형사소송법학과는 달리 아직은 행정법학에 포함하여 다루는 것이 일반적이다.

> **【답】** 행정으로 인한 **국민의 권리침해의 예방**과 침해된 권리의 사후구제의 문제가 행정법(학)의 **핵심**이다. 따라서 행정법을 공부하는 사람들은 행정법학의 각종 항목들이 국민의 권리 · 의무 및 사법심사와 어떤 상관관계가 있는지를 항상 유념하여야 한다. 예를 들면, 행정행위의 종류, 행정계획의 종류는 그러한 분류 자체가 중요한 것이 아니라, 그것이 국민의 권리 · 의무 및 행정소송과 관련하여 어떤 의미가 있는지를 아는 것이 중요하다. **국민의 권리침해의 가능성, 사법심사 등**과 관련이 깊은 것일수록 **중요**한 것이다.

제2절 통치행위

【문제】
① 대통령은 금융실명제도의 개선을 위하여 **'금융실명거래에 관한 긴급재정·경제명령'**을 발하였다. 이로 인해 甲 소유주식의 시가가 폭락하게 되었다. 이에 甲은 긴급재정·경제명령을 행정소송 또는 헌법소원으로 다투고자 하는데, 법원 또는 헌법재판소가 이를 심사·판단할 수 있는가?〈제36회 외무고시〉

② 대통령은 비상계엄을 선포하였다. 乙은 대통령이 헌법과 계엄법에서 정하고 있는 **비상계엄선포의 요건에 해당되지 않음에도 불구하고 순전히 정치적 목적으로 불법적으로 비상계엄을 선포함으로써** 자신의 권리가 제한받게 되었고, 피해를 입었다고 주장하면서 국가를 상대로 국가배상청구소송을 제기하려고 한다. 그 가능성은?

③ 대통령은 광복절을 맞이하여 법무부장관의 상신을 받아 상당수의 수감자들에게 **특별사면**을 단행하였다. 丙은 교도소장을 통하여 사면을 신청하였으나 특별사면으로부터 제외되었다. 그리하여 丙은 대통령의 사면거부처분에 대한 취소소송을 제기하려고 한다. 가능한가?

Ⅰ. 의 의

1. 통치행위의 개념

통치행위란 국가작용 중 입법·사법·행정이라고도 할 수 없는 '제4의 국가작용'으로서, 고도의 정치성을 갖기 때문에 법에 의해 규율되거나 사법심사의 대상이 되는 것이 적당하지 않은 행위를 말한다. 판례와 이론에 의해 정립된 것이며 실정법상의 개념은 아니다.

2. 통치행위의 제도적 전제

(1) 사법심사대상에 대한 개괄주의

통치행위라는 관념은 법치주의가 확립되어 원칙적으로 모든 공권력 행사는 헌법소송·행정소송 등 사법심사의 대상이 됨을 인정하는 '개괄주의'가 채택되어 있음에도 불구하고 단지 예외적으로 사법심사의 대상에서 제외되는 것을 논하는 데 의의가 있다. 사법심사의 대상이 되거나 대상이 되지 않는 특정행위들이 실정법에 명시적으로 열거되어 있으면(열기주의) 그 규정에 따르면 되므로 굳이 통치행위라는 관념을 논할 필요가 없기 때문이다.

【참고】㉠ 개괄주의(概括主義) : 사법심사에서 제외되는 것으로 명시되지 않는 한 모든 것을 사법심사의 대상으로 허용하는 것. ㉡ 열기주의(列記主義) : 사법심사의 대상이 되는 사항으로서 법률에 열거하여 놓은 것에 대해서만 소송을 허용하는 것. 전자가 바람직하며 우리나라도 이를 채택하고 있다.

(2) 국가배상제도의 확립

위법한 공권력 행사로 인한 피해자가 국가에 대해 손해배상을 청구할 수 있는 '국가배상제도'가 확립되어 있는 경우에 예외적으로 손해배상이 인정되지 않는 경우를 논하는 데 실익이 있다.

Ⅱ. 통치행위의 인정 여부와 근거

1. 통치행위 부정설

법치주의가 완전히 실시되고 행정소송에 있어서 개괄주의가 인정되어 모든 행정작용은 사법심사의 대상이 되며, 국민의 기본권은 보호되어야 하므로 통치행위라는 이름으로 사법심사의 예외가 인정될 수 없다는 주장이다.

2. 통치행위 긍정설

통치행위를 긍정하는 이론적 근거는 다양하다. ㉠ 사법의 정치화를 막기 위해 정치문제에 대해서는 법원이 스스로 자제하기 때문이라는 견해(사법자제설), ㉡ 권력분립의 원칙상 일반법원에서 관여할 수 없는 문제이며, 의회에 의하여 정치적으로 해결하거나 국민에 의해 민주적으로 통제되어야 한다는 견해(권력분립설. 내재적 한계설), ㉢ 정치행위는 헌법에 의한 '집권자의 정치적 재량에 의한 행위'로서, 정치적 합목적성만이 문제되는 것이므로 사법심사의 대상에서 제외된다는 견해(재량행위설. 합목적성설), ㉣ 영국법상의 대권행위불심사의 사상에 근거를 둔 것으로서 통치행위는 국왕의 대권(Prerogative)에 유보되어 있는 고도의 정치성을 갖는 대권행위(大權行爲)이기 때문에 사법심사에서 제외된다는 견해(대권행위설) 등이 있다. 판례는 ㉠과 ㉡의 입장을 함께 취하고 있다(대법원 2004.3.26. 2003도7878; 헌재 2004.4.29. 2003헌마814).

【판례】㉠ 국가행위 중에는 고도의 정치성을 띤 것이 있고, 그러한 고도의 정치행위에 대하여 정치적 책임을 지지 않는 법원이 정치의 합목적성이나 정당성을 도외시한 채 합법성의 심사를 감행함으로써 정책결정이 좌우되는 일은 결코 바람직한 일이 아니며, **법원이 정치문제에 개입되어 그 중립성과 독립성을 침해**

당할 위험성도 부인할 수 없으므로, 고도의 정치성을 띤 국가행위에 대하여는 이른바 통치행위라 하여 법원 스스로 사법심사권의 행사를 억제하여 그 심사대상에서 제외하는 영역이 있으나, 이와 같이 통치행위의 개념을 인정한다고 하더라도 과도한 사법심사의 자제가 기본권을 보장하고 법치주의 이념을 구현하여야 할 법원의 책무를 태만히 하거나 포기하는 것이 되지 않도록 그 인정을 지극히 신중하게 하여야 하며, 그 판단은 오로지 사법부만에 의하여 이루어져야 한다. ⓒ 남북정상회담의 개최는 고도의 정치적 성격을 지니고 있는 행위라 할 것이므로 특별한 사정이 없는 한 그 당부를 심판하는 것은 **사법권의 내재적·본질적 한계를 넘어서는 것**이 되어 적절하지 못하다(대법원 2004.3.26, 2003도7878).

Ⅲ. 통치행위의 인정범위

1. 외국의 예

(1) 프랑스

통치행위 개념은 프랑스에서 최초로 논의되기 시작하였으며 프랑스의 판례에 의해 형성되고 발전되기 시작하였다. 모든 행정기관의 행위를 행정재판소인 국사원(le Conseil d'Etat)의 통제를 받게 하였으나, 국사원은 외교·군사 등 일군(一群)의 정치성이 강한 행위(예: 의회의 정부불신임행위, 의원의 징계, 의회해산, 계엄선포, 군사·외교 등의 행위)를 정치적 합목적성의 고려에서 행정재판의 대상에서 제외하는 판례를 통하여 통치행위의 개념을 인정하고 있다.

(2) 영 국

"국왕은 제소되지 아니한다"는 원칙에 따라 국가의 승인행위, 선전포고, 수상임명 등을 국왕의 대권행위라고 하여 사법심사에서 제외하고 있다.

(3) 미 국

'루터 對 보덴사건'(Luther vs. Borden, 1849: "반란정부와 기존정부 중 어느 것이 적법한지의 판단은 정치적 문제로서 법원의 판단사항이 아님") 이후 전쟁, 조약의 해석 등 정치적 문제(Political Question)에 대하여 권력분립의 원칙상 법원의 사법적 판단보다는 정치적으로 해결하려고 한다.

(4) 독 일

제2차 세계대전 이전까지 행정소송사항에 대해 열기주의를 채택하였던 관계로, 행정소송에 대해 개괄주의를 채택한 제2차 세계대전 이후에 비로소 통치행위에 대한 논의가 본격화 되었다. 연방수상의 연방장관의 임명·해임, 연방대통령의 법률안의 서명·공포 등에 관해 다수설과 판례가 제4의 국가작용으로서의 통치행위를 인정하고 있다.

(5) 일 본

사천(砂川)사건(1959년, 미일안전보장조약의 위헌성 문제), 점미지(苫米地)사건(1960년, 중의원 해산처분의 위법성 문제) 등에 관한 최고재판소의 판례를 통하여 통치행위의 관념을 긍정하고 있다.

2. 우리나라의 경우

(1) 헌법규정

헌법은 명시적으로 규정하고 있지 않지만, 주로 대통령의 국가원수 또는 행정수반으로서의 행위가 통치행위로 인정되고 있다. 대통령의 국민투표회부(헌법 제72조), 외교에 관한 행위(제73조), 긴급재정·경제상의 처분·명령권의 행사 또는 긴급명령권의 행사(제76조), 계엄선포(제77조), 사면권의 행사(제79조), 영전(榮典)수여권의 행사(제80조), 국무위원의 임면(제86조, 제87조), 법률안에 대한 거부권 행사(제53조 ②) 등이다.

국회의 통치행위로서는 국회의 국회의원에 대한 징계와 자격심사(제64조, 법원에 제소할 수 없음), 국회의 국무총리임명동의(제86조 ①) 및 국무위원에 대한 해임건의(제63조) 등이 있다.

(2) 판 례

대법원과 헌법재판소는 원칙적으로 통치행위를 인정하면서도 사법심사의 가능성을 전적으로 배제하고 있지는 않다. 사법심사의 정도는 구체적인 경우에 통치행위의 성격, 사법심사의 가능성, 위법성의 명백성 여부 등에 따라 다르게 판단하고 있다.

1) 사법심사를 (제한적으로 또는 전면적으로) 긍정한 경우

(가) 비상계엄 선포·확대

【판례】대통령의 **비상계엄의 선포나 확대** 행위는 고도의 정치적·군사적 성격을 지니고 있는 행위라 할 것이므로, 그것이 누구에게도 일견하여 헌법이나 법률에 위반되는 것으로서 명백하게 인정될 수 있는 등 특별한 사정이 있는 경우라면 몰라도, 그러하지 아니한 이상 그 계엄선포의 요건구비 여부나 선포의 당·부당을 판단할 권한이 사법부에는 없다고 할 것이나, 비상계엄의 선포나 확대가 **국헌문란의 목적을 달성하기 위하여 행하여진 경우**에는 법원은 그 자체가 범죄행위에 해당하는지의 여부에 관하여 심사할 수 있다(대법원 1997.4.17, 96도3376).

【참고】**헌법 제77조** ① 대통령은 전시·사변 또는 이에 준하는 국가비상사태에 있어서 병력으로써 군사상의 필요에 응하거나 공공의 안녕질서를 유지할 필요가 있을 때에는 법률이 정하는 바에 의하여 계엄을 선

포할 수 있다.

(나) 긴급재정 · 경제명령

【판례】 대통령의 긴급재정 · 경제명령은 국가긴급권의 일종으로서 고도의 정치적 결단에 의하여 발동되는 행위이고 그 결단을 존중하여야 할 필요성이 있는 행위라는 의미에서 이른바 통치행위에 속한다고 할 수 있으나, 통치행위를 포함하여 모든 국가작용은 국민의 기본권적 가치를 실현하기 위한 수단이라는 한계를 반드시 지켜야 하는 것이고, **헌법재판소는 헌법의 수호와 국민의 기본권 보장을 사명으로 하는 국가기관이** 므로 비록 **고도의 정치적 결단에 의하여 행해지는 국가작용이라고 할지라도 그것이 국민의 기본권 침해와 직접 관련되는 경우에는 당연히 헌법재판소의 심판대상이 된다**(헌재 1996.2.29, 93헌마186).

【참고】 **헌법 제76조** ① 대통령은 내우 · 외환 · 천재 · 지변 또는 중대한 재정 · 경제상의 위기에 있어서 국가의 안전보장 또는 공공의 안녕질서를 유지하기 위하여 긴급한 조치가 필요하고 국회의 집회를 기다릴 여유가 없을 때에 한하여 최소한으로 필요한 재정 · 경제상의 처분을 하거나 이에 관하여 법률의 효력을 가지는 명령을 발할 수 있다(**긴급재정 · 경제명령**). ② 대통령은 국가의 안위에 관계되는 중대한 교전상태에 있어서 국가를 보위하기 위하여 긴급한 조치가 필요하고 국회의 집회가 불가능한 때에 한하여 법률의 효력을 가지는 명령을 발할 수 있다(**긴급명령**).

(다) 신행정수도건설, 수도이전

【판례】 신행정수도건설이나 수도이전의 문제가 정치적 성격을 가지고 있는 것은 인정할 수 있지만, 그 자체로 고도의 정치적 결단을 요하여 사법심사의 대상으로 하기에는 부적절한 문제라고까지는 할 수 없다. 더구나 이 사건 심판의 대상은 이 사건 법률의 위헌 여부이고 대통령의 행위의 위헌 여부가 아닌바, 법률의 위헌 여부가 헌법재판의 대상으로 된 경우 **당해법률이 정치적인 문제를 포함한다는 이유만으로 사법심사의 대상에서 제외된다고 할 수는 없다**(헌재 2004.10.21, 2004헌마554 · 556병합).

(라) 남북정상회담 개최과정에서 이루어진 대북송금행위

【판례】 **남북정상회담의 개최과정에서** 재정경제부장관에게 신고하지 아니하거나 통일부장관의 협력사업 승인을 얻지 아니한 채 북한측에 사업권의 대가 명목으로 **송금한 행위 자체는** 헌법상 법치국가의 원리와 법 앞에 평등원칙 등에 비추어 볼 때 **사법심사의 대상이 된다**(대법원 2004.3.26, 2003도7878).

(마) 한미연합 군사훈련의 일종인 전시증원연습을 위한 대통령의 결정

【판례】 대통령이 한미연합 군사훈련의 일종인 2007년 전시증원연습을 하기로 한 결정이 새삼 국방에 관련되는 고도의 정치적 결단에 해당하여 사법심사를 자제하여야 하는 통치행위에 해당된다고 보기 어렵다(헌재 2009.05.28, 2007헌마369).

(바) 대통령긴급조치

【판례】 ① 헌법 제107조 제1항, 제111조 제1항 제1호의 규정에 의하면, 헌법재판소에 의한 위헌심사의 대상이 되는 '법률'이란 '국회의 의결을 거친 이른바 형식적 의미의 법률'을 의미하고, 위헌심사의 대상이 되는 규범이 형식적 의미의 법률이 아닌 때에는 그와 동일한 효력을 갖는 데에 국회의 승인이나 동의를 요하는 등 국회의 입법권 행사라고 평가할 수 있는 실질을 갖춘 것이어야 한다. 구 대한민국헌법(1980. 10. 27. 헌법 제9호로 전부 개정되기 전의 것, 이하 '유신헌법'이라 한다) 제53조 제3항은 대통령이 긴급조치를 한

때에는 지체 없이 국회에 통고하여야 한다고 규정하고 있을 뿐, 사전적으로는 물론이거니와 사후적으로도 긴급조치가 그 효력을 발생 또는 유지하는 데 국회의 동의 내지 승인 등을 얻도록 하는 규정을 두고 있지 아니하고, 실제로 국회에서 긴급조치를 승인하는 등의 조치가 취하여진 바도 없다. 따라서 **유신헌법에 근거한 긴급조치는 국회의 입법권 행사라는 실질을 전혀 가지지 못한 것으로서, 헌법재판소의 위헌심판대상이 되는 '법률'에 해당한다고 할 수 없고, 긴급조치의 위헌 여부에 대한 심사권은 최종적으로 대법원에 속한다** (대법원 2010.12.16. 2010도5986).

② 헌법 제107조 제1항, 제2항은 법원의 재판에 적용되는 규범의 위헌 여부를 심사할 때, **'법률'의 위헌 여부는 헌법재판소가, 법률의 하위 규범인 '명령·규칙 또는 처분' 등의 위헌 또는 위법 여부는 대법원이 그 심사권한을 갖는 것으로 권한을 분배**하고 있다. 이 조항에 규정된 '법률'인지 여부는 그 제정 형식이나 명칭이 아니라 규범의 효력을 기준으로 판단하여야 하고, '법률'에는 국회의 의결을 거친 이른바 형식적 의미의 법률은 물론이고 그 밖에 조약 등 '형식적 의미의 법률과 동일한 효력'을 갖는 규범들도 모두 포함된다. 따라서 **최소한 법률과 동일한 효력을 가지는 이 사건 긴급조치들**(유신헌법 제53조에 근거하여 발령된 대통령 긴급조치 제1호, 제5호, 제9호.)의 **위헌 여부 심사권한도 헌법재판소에 전속한다**(헌재 2013.3.21. 2010헌바132).

(사) 서훈(敍勳)의 취소

【판례】서훈취소는 서훈수여의 경우와는 달리 이미 발생된 서훈대상자 등의 권리 등에 영향을 미치는 행위로서 관련 당사자에게 미치는 불이익의 내용과 그 정도 등을 고려하면 사법심사의 필요성이 크다. 따라서 기본권의 보장 및 법치주의의 이념에 비추어 보면, 비록 **서훈취소가 대통령이 국가원수로서 행하는 행위라고 하더라도 법원이 사법심사를 자제하여야 할 고도의 정치성을 띤 행위라고 볼 수는 없다**(대법원 2015.4.23. 2012두26920).

2) 사법심사를 부정한 경우

(가) 대통령의 사면

【판례】사면은 형의 선고의 효력 또는 공소권을 상실시키거나, 형의 집행을 면제시키는 국가원수의 고유한 권한을 의미하며, 사법부의 판단을 변경하는 제도로서 권력분립의 원리에 대한 예외가 된다. 사면제도는 역사적으로 절대군주인 국왕의 은사권(恩赦權)에서 유래하였으며, 대부분의 근대국가에서도 유지되어 왔고, 대통령제국가에서는 미국을 효시로 대통령에게 사면권이 부여되어 있다. 사면권은 **전통적으로 국가원수에게 부여된 고유한 은사권**이며, 국가원수가 이를 시혜적으로 행사한다(헌재 2000.6.1. 97헌바74).

(나) 계엄선포

【판례】헌법 제54조와 계엄법 제1조에 의하면 대통령은 전시사변 또는 이에 준하는 국가비상사태에 있어서 병력으로써 군사상의 필요 또는 공공의 안녕질서를 유지할 필요가 있을 때에는 법률이 정하는 바에 의하여 계엄을 선포할 수 있다는 취지를 규정하고 있는바, 여기에 말하는 전시·사변 또는 국가 비상사태인 여부 및 군사상 또는 공공의 안녕질서 유지상 필요 있는 여부는 고도의 정치적·군사적 성격을 띤 것이므로 대통령이 그 권한에 의하여 계엄을 선포하였다면, 그 선포의 당·부당 내지 필요성 여부는 계엄해제요구권을 가진 국회만이 이를 판단할 수 있는 것이고 **계엄선포가 당연무효가 아닌 한 이는 사법심사의 대상이 아니라고 함을 당원의 판례로 하고 있다**(대법원 1980.8.26. 80도1278). (무효 여부는 결국 사법심사를 통해서 알 수 있는 것이기 때문에 사법심사의 대상이 되는 것을 완전히 부인하는 것은 아니라는 점에서 제한적으로 긍정한 위의 판례와 근본적으로 차이가 있는 것은 아니다.)

(다) 대통령의 일반사병이라크파병결정

【판례】㉠ 외국에의 국군의 파견결정은 … 국내 및 국제정치관계 등 제반상황을 고려하여 미래를 예측하

고 목표를 설정하는 등 고도의 정치적 결단이 요구되는 사안이다. … 우리 헌법도 … 대통령에게 부여하고 그 권한행사에 신중을 기하도록 하기 위해 국회로 하여금 파병에 대한 동의 여부를 결정할 수 있도록 하고 있는바, 현행 헌법이 채택하고 있는 대의민주제 통치구조 하에서 대의기관인 대통령과 국회의 그와 같은 고도의 정치적 결단은 가급적 존중되어야 한다. ⓛ 이 사건 파견결정이 헌법에 위반되는지의 여부 … 등에 대한 판단은 대의기관인 대통령과 국회의 몫이고, … 우리 재판소가 판단하는 것은 바람직하지 않다고 할 것이며, … 재판결과에 대하여 국민들의 신뢰를 확보하기도 어렵다고 하지 않을 수 없다. ⓒ 이 사건 파병결정은 … **그 성격상 국방 및 외교에 관련된 고도의 정치적 결단을 요하는 문제로서,** 헌법과 법률이 정한 절차를 지켜 이루어진 것임이 명백하므로, **대통령과 국회의 판단은 존중되어야 하고 헌법재판소가 사법적 기준만으로 이를 심판하는 것은 자제되어야 한다.** 이에 대하여는 설혹 사법적 심사의 회피로 자의적 결정이 방치될 수도 있다는 우려가 있을 수 있으나 그러한 대통령과 국회의 판단은 궁극적으로는 선거를 통해 국민에 의한 평가와 심판을 받게 될 것이다(헌재 2004.4.29, 2003헌마814).

(라) 남북정상회담

【 판례 】 남북정상회담의 개최는 고도의 정치적 성격을 지니고 있는 행위라 할 것이므로 특별한 사정이 없는 한 그 당부를 심판하는 것은 사법권의 내재적·본질적 한계를 넘어서는 것이 되어 적절하지 못하다(대법원 2004.3.26, 2003도7878).

Ⅳ. 통치행위의 한계 및 법적 효과

1. 통치행위의 한계

통치행위를 구체적으로 어느 정도 인정할 것인가는 그 나라의 실정법제도의 문제로서 정치적 측면과 법률적 측면을 모두 고려 결정하여야 할 것이다. 통치행위는 법치국가원리에 예외를 인정하는 것이므로 그 근거는 엄격하여야 하며 극히 한정적으로 인정해야 한다.

통치행위도 그것이 헌법에 의거한 작용인 이상 헌법형성의 기본결단에 구속되고, 국민의 기본권적 가치를 실현하기 위한 수단이라는 한계를 지켜야 하며, 법치국가의 원리인 정의의 원칙, 국민주권의 원리, 비례원칙, 최소침해의 원칙 등에 위배될 수 없다. 통치행위에 관한 구체적인 법률(예: 계엄법, 사면법 등)이 있으면 그에 따라야 한다.

【 판례 】 통치행위를 포함하여 모든 국가작용은 국민의 **기본권적 가치를 실현하기 위한 수단**이라는 한계를 반드시 지켜야 하는 것이고 …(헌재 1996.2.29, 93헌마186).

2. 사법심사의 기준과 정도

사법의 내재적 한계설과 사법자제설의 입장에서 통치행위를 인정하고 있는 법원과 헌법재판소는 결국 통치행위의 인정 범위와 사법심사의 정도를 스스로 결정하고 있는 셈이다. 즉, 법원이나 헌법재판소의 적극적 심사 여부에 따라 통치행위의 영역이 축소 또는 확대되는 결과가 된다.

【판례】 고도의 정치성을 띤 국가행위에 대하여는 이른바 통치행위라 하여 **법원 스스로 사법심사권의 행사를 억제하여** 그 심사대상에서 제외하는 영역이 있으나, 이와 같이 통치행위의 개념을 인정한다고 하더라도 과도한 사법심사의 자제가 기본권을 보장하고 법치주의 이념을 구현하여야 할 법원의 책무를 태만히 하거나 포기하는 것이 되지 않도록 그 인정을 지극히 신중하게 하여야 하며, **그 판단은 오로지 사법부만에 의하여 이루어져야 한다**(대법원 2004.3.2, 2003도7878).

통치행위는 재판상 위법성 심사가 배제되는 것이 원칙이지만, 헌법이나 법률에 위반되는 것으로 명백하게 인정될 수 있어서 당연무효에 해당하는 경우에는 사법심사가 가능하다고 보아야 한다. 즉, 통치행위에 대한 사법심사의 가능성 및 정도는 무엇보다 먼저 헌법과 법률상의 근거규정을 기준으로 결정되어야 한다. ㉠ 헌법에서 통치행위의 절차적 요건(국회의 동의 등)이나 실체적 요건을 규정하고 있는지, ㉡ 규정이 있다면 그곳에 불확정 법개념이 포함되어 있을 경우 이를 재판관이 법적으로 해석하는 것이 가능한 것이지, ㉢ 헌법상의 통치행위를 구체화하는 개별 법률이 있으면 그러한 법률규정이 통치행위에 관해 어떻게 구체적으로 규율하고 있는지 등을 기준으로 판단해야 할 것이다.

통치행위라는 것은 대통령이 헌법을 직접 집행하는 것으로서, 다만 헌법규정상 통치행위에 대한 실체적 요건이 전혀 없거나(예: 사면, 선전포고, 영전수여 등), 있더라도 불확정 법개념으로 인해 법적으로 명확하게 해석하기 어려운 경우(예: 계엄선포를 위한 비상사태의 존재 여부), 재판관에 의한 법적 통제가 제한되는 행위라고 할 것이다. 절차적 요건이 정해져 있는 경우에는 그 절차를 따르지 않았을 경우는 위법이 됨은 당연하다.

통치행위란 그것이 고도의 정치성이 있는 것이어서 본질적으로 사법심사가 제한되는 것이 아니라, 그러한 특성으로 인해 헌법규정이 대통령에게 비교적 많은 재량을 인정하였기 때문에 사법심사가 그만큼 제한되는 것이다. (예컨대, 일반적으로 '의회해산'은 고도의 정치성이 있는 것으로서 통치행위라고 하면서 사법심사를 부인하지만, 독일에서는 의회해산이 헌법〈기본법〉에서 그 요건이 엄격하게 제한적으로 규정되어 있기 때문에 통치행위가 될 수 없고 연방헌법재판소의 엄격한 사법심사의 대상이 되고 있다. 우리나라 헌법에는 국회해산에 관한 규정이 없다.)

3. 헌법소원

통치행위가 특히 국민의 기본권과 밀접히 관련되어 있는 경우는 사법심사의 필요성이 더욱 강조되어야 하는바, 국민의 기본권 침해와 관련되는 경우에는 당연히 헌법재판소의 심판대상이 된다(헌재 1996.2.29, 93헌마186 참조).

4. 국가배상

국가배상은 통치행위에 대한 위법성 심사의 여부·정도와 직결된다. 통치행위에 대한 사법심사가 가능한 경우에는 국가배상도 인정할 수 있게 된다.

5. 통치행위와 관련된 행위

통치행위(예: 남북정상회담)와 관련이 있다고 하더라도 통치행위 자체가 아닌 것(예: 남북정상회담과 관련된 대북송금), 통치행위로 인한 후속조치, 기타 통치행위로부터 분리될 수 있는 행정작용은 마땅히 사법심사의 대상이 되며 국가배상책임도 인정된다.

【답】

① 대통령의 긴급재정·경제명령은 통치행위에 해당하여 원칙적으로 사법심사의 대상이 되지 아니하나, 통치행위를 포함하여 모든 국가작용은 국민의 기본권적 가치를 실현하기 위한 수단이라는 한계를 반드시 지켜야 하는 것이므로, 그것이 **국민의 기본권침해와 직접 관련된다면 헌법재판의 대상이 된다**고 본다. 헌법재판소는 비록 제한된 범위이긴 하지만 **긴급재정·경제명령이 헌법상의 요건을 갖춘 것인지에 대해 실체적으로 판단한 후, 그것의 위법성을 부인하는 결론을 내렸다**(헌재 1996.2.29, 93헌마186 참조).

② "대통령은 전시·사변 또는 이에 준하는 국가비상사태에 있어서 병력으로써 군사상의 필요에 응하거나 공공의 안녕질서를 유지할 필요가 있을 때에는 법률이 정하는 바에 의하여 계엄을 선포할 수 있다(헌법 제77조 ①)." 결국 전시·사변 또는 이에 준하는 국가비상사태가 실제로 존재하여 계엄을 선포할 필요가 있었는지의 여부를 헌법재판소에서 제한된 범위에서나마 판단하여, **대통령의 행위가 자신에게 주어진 재량을 남용·오용함이 명백한 경우**, 예를 들면, 그 목적이 국헌문란 등이라고 판단되는 경우, 국회의 계엄해제 요구가 있음에도 불구하고 해제하지 않은 경우에는 그 위헌성을 결정할 수 있다고 하여야 한다. 그리하여 위헌적인 계엄에 의해 자신의 권리를 침해당한 국민은 국가를 상대로 손해배상을 청구할 수 있다고 보아야 할 것이다.

③ 헌법이나 사면법에 특별사면의 실체적 요건이 전혀 명시되어 있지 않고 **전적으로 대통령의 재량에 맡겨져 있다.** 법원이 법적 판단기준을 전혀 가지고 있지 않아서 사법심사가 불가능하다.

【참고】 선전포고, 조약체결, 영전수여, 국무위원의 임명 등 통치행위로 분류되는 것들의 특징은 **헌법상 그 실체적 요건이 전혀 언급되어 있지 않고 전적으로 대통령의 정치적 판단에 맡겨져 있는 것이라는** 점에서 특별사면의 경우와 마찬가지이다. 따라서 이들에 대해 절차적인 요건〈국회의 동의, 국무총리의 제청 등〉에 대해서는 사법심사가 가능하지만, 실체적인 요건에 관해서는 사법심사가 불가능하다.

제 3 절   행정의 분류

Ⅰ. 주체에 의한 분류

행정은 그 주체를 기준으로 ㉠ 국가가 직접 자기기관에 의하여 행하는 국가행정(예: 국세부과), ㉡ 자치단체(공공단체)가 행정권의 주체로서 행하는 행정인 자치행정(예: 지방세부과), ㉢ 국가 또는 공공단체가 다른 공공단체 또는 사인에게 위임하여 행하는 위임행정(예: 지방자치단체에 의한 국가사무의 수행)으로 나눌 수 있다.

Ⅱ. 행정활동의 법적 형식에 따른 분류

1. 공법적 행정

(1) 권력행정

행정주체(국가, 지방자치단체 등)가 개인보다 우월한 입장에서 공권력을 발동하여 개인에 대하여 일방적으로 명령·강제·형성하는 작용으로 질서유지작용(예: 도로통행금지, 건축허가), 재력취득작용(예: 조세부과), 공용부담(공익을 위해 개인에게 강제적으로 과해지는 공법상의 경제적 부담. 예: 공익사업을 위한 토지수용), 병력취득작용(예: 징병), 권리설정작용(예: 특허) 등과 같은 행위가 이에 해당한다. 고권행정이라고도 한다.

(2) 비권력행정

행정지도(예: 조업단축권고, 농촌지도, 예방접종권고), 공물관리(예: 도로·하천관리), 공법상 계약(예: 계약직 공무원의 임용계약), 행정정보제공 등 행정주체가 강제수단을 사용하지 않고 그의 목적을 달성하는 행정을 말한다. 주로 공익목적을 달성하기 위해 사업을 수행하거나 재산을 관리하는 행정으로서 '단순고권행정'이라고도 한다.

이러한 행정은 행정목적달성을 위해 필요한 한도에서만 공법적 규율을 받는 특징을 갖는다. 따라서 비권력행정과 사법적 행정(특히 행정사법작용)의 구분은 쉽지 않다.

2. 사법적 행정

행정주체가 사인과 같은 지위에서 하는 행정을 말한다. 광의의 국고행정이라고도 한다(상세는 후술 '사법형식의 행정작용' 참조).

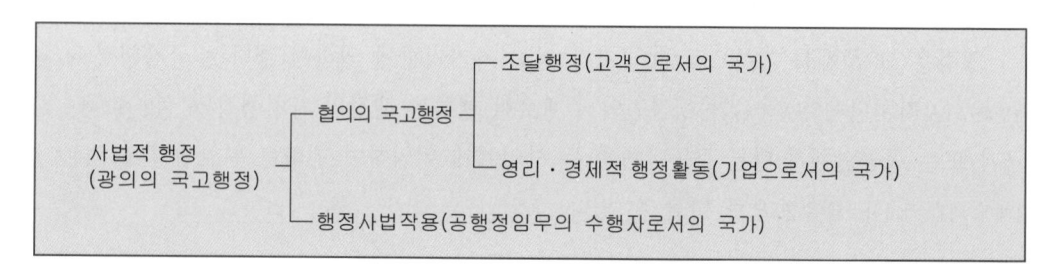

(1) 국고행정

행정주체가 국고(國庫)로서 사법상의 행정을 하는 것을 말한다. 행정의 운영에 필요한 인적·물적 수단을 마련하기 위한 행정(조달행정)과 '영리·경제적 행정활동'이 이에 속한다. 이는 그 자체가 직접적으로 공행정임무를 수행하는 것이 아니라 이를 위한 보조적 작용이라는 점에서 아래의 행정사법작용과 구분된다. 행정에 필요한 물품의 구매계약, 청사·도로·교량 등의 건설도급계약, 일반재산의 매각·임대, 수표의 발행, 금전 차입, 은행의 경영, 광산개발 등이 이에 속한다. 협의의 사법행정 또는 협의의 국고행정이라고도 한다.

【참고】 **국 고** : 종래에는 국가가 사법적으로 행정작용을 하는 경우에 그 국가를 '국고(Fiskus)'라고 하였다(광의의 국고). 오늘날에는 좁게 해석하여 국가가 행정사법작용의 주체로서 활동하는 경우를 제외하고, 재산권의 주체(국가재산의 관리자)로서 활동하는 경우만을 국고(협의의 국고)라고 한다(예 : 조세국고, 산림국고). 이 경우는 사인과 근본적으로 다르지 않기 때문에 원칙적으로 사법이 적용되고 민사소송에 의한다.

【참고】 **일반재산(과거의 잡종재산)** : 국유재산은 ㉠**행정재산**(국가가 직접 행정목적을 위해 소유·사용·보존하는 재산)과 ㉡**일반재산**(행정재산 외의 모든 국유재산)으로 구분된다(국유재산법 제6조). 행정재산은 ⓐ**공용재산**(국가가 사용하는 정부청사, 관용차), ⓑ**공공용재산**(일반인이 사용하는 공원, 도로), ⓒ**기업용재산**(정부기업이 사용하는 재산), ⓓ**보존용재산**(문화재)으로 구분되며 행정목적달성을 위해 사유재산과는 다른 법적 특수성이 인정된다(예: 시효취득불가능). 반면 일반재산은 직접적인 행정목적과 무관하게 국가가 단지 소유하고 있는 것이며 사기업의 비업무용부동산에 비견할 수 있고 사유재산과 다른 법적 특수성이 인정되지 않는다.

(2) 행정사법작용

행정주체가 직접 공행정임무를 수행함에 있어서 공법이 아닌 사법형식으로써 하는 경

우가 이에 속한다. 국민의 일상생활과 밀접한 재화·용역을 공급하는 행정이라는 점에서
그 자체가 중요한 급부행정에 속하는 것이다. 다만 사법형식에 의한다는 점이 공법상의 행
정과 다른 점이다. 급부행정(예: 철도, 우편, 전기, 가스 등 공급사업)과 자금지원행정(예: 보조금지급, 융
자)이 이에 속한다.

> 법률이 명시하고 있지 않는 경우에는 행정은 일정한 한계 내에서 공법형식과 사법형식을 선택할 수 있다.
> **행정사법작용**이란 행정주체가 공법적 제약으로부터 벗어나서 사적부문의 자율성과 창의성을 바탕으로 공
> 행정을 보다 효율적으로 수행할 수 있도록 하기 위해 사법형식을 취하도록 한 급부행정을 말한다. 즉, 행정
> 주체가 공행정작용을 수행함에 있어 행정주체가 그 법적 형식을 공법이 아닌 사법으로 선택할 가능성이 인
> 정되는 경우에 적용되는 것이다. **행정사법작용의 실질은 국민의 일상생활에 반드시 필요한 재화나 용역을
> 공급하는 공행정이므로 그것의 공공성을 보장하고, 국민의 기본권을 보장할 필요가 있다. 따라서 행정사법
> 작용은 비록 사법의 형식을 취하고 있지만 사적자치의 원리가 보장되는 것이 아니라 일정한 공법적 원리
> (평등의 원칙, 비례의 원칙, 기본권보장의무 등)에 의해 제한을 받는다.** 그 이유는, 마치 공무원이 자유롭기
> 위해 제복을 벗어버리고 사복으로 갈아입는 것처럼, 행정이 공법적 제약을 벗어나기 위해 '**사법으로 도피
> (逃避)**'하는 것을 막기 위한 것이다. 행정사법이란 주로 독일에서 H. Wolff가 주장한 이래 학설상 일반적
> 으로 채택된 것이다.

Ⅲ. 법적 효과에 의한 분류

행정은 법적 효과에 따라 ㉠ 세금의 부과·허가의 취소·행정강제 등과 같이 개인의
자유와 권리를 제한하거나 혹은 의무를 부과하는 침익적 행정(부담적 행정), ㉡ 국민에게 권
리·이익을 주거나(예: 건축·영업허가, 금전·물품·서비스 등의 제공), 이미 과해진 의무·부담을 해
제(예: 과세처분의 취소)하는 수익적 행정(급부행정), ㉢ 수익적 효과와 침익적 효과를 동시에 갖
는 복효적 행정(이중효과적 행정)으로 구분할 수 있다. 복효적 행정은 다시 한 사람에게는 침익
적이지만 다른 사람에게는 수익적인 '제3자효 행정'(예: 건축주에게는 이익을 주지만 이웃 주민에게는
불이익을 주는 건축허가)과 동일인에게 이익과 부담을 동시에 주는 '혼합효 행정'(예: 아파트건설허가
를 하면서 아파트진입로 확장의무를 부담시키는 경우)으로 구분할 수 있다.

Ⅳ. 행정의 책무에 따른 분류

① 질서유지행정 : 공공의 안녕, 질서유지를 위한 행정이다. 경찰행정은 물론 보건·위
생·영업·건축 등 각종 행정분야에서의 질서유지작용을 포함한다. 명령적으로 국민의 권
리·이익을 제한하거나 의무를 부과함으로써 행정임무를 수행하는 경우(침해행정)가 많다.
② 급부행정 : 국민 전체에 대한 일반적인 생활배려와 개개인의 시민에 대해 각종 재화

와 용역을 제공하는 행정이다. 도로·수도·학교·병원 등의 설치·관리(생존배려행정), 각종 사회보험·사회복지서비스·사회부조(社會扶助)의 제공(사회보장행정), 산업이나 문화의 발전을 위한 재정지원(조성〈助成〉행정)이 이에 속한다.

③ 계획행정 : 일정한 목적을 달성하기 위해 국가와 사회의 여러 작용을 미리 계획·형성하는 행정을 말한다.

④ 공과(公課)행정 : 국가나 지방자치단체 등 행정주체가 행정에 필요한 재원을 마련하기 위해 부과하는 조세 및 기타 공과금을 징수·관리하는 행정이다.

⑤ 조달(調達)행정 : 행정목적의 수행에 필요한 인적·물적 수단을 취득하고 관리하는 행정이다. 국유재산의 관리, 사무용품의 구입 등이 그 예이다.

제 2 장 행정법

제 1 절 행정법의 의의

행정법이란 '행정에 특유한 국내공법'으로서 내용적으로는 '행정의 조직·작용 및 구제에 관한 국내공법'이라고 정의될 수 있는바, 이를 나누어 설명하면 다음과 같다.

① '행정'에 관한 법이다.

행정법은 '행정권의 조직·작용 및 구제'에 관한 법으로, 국가의 근본조직·작용에 관한 '헌법'과 구별되며, 입법권의 조직·작용에 관한 '입법법'(예: 국회법, 국정감사 및 조사에 관한 법률), 사법권의 조직·작용에 관한 '사법법'(예: 법원조직법, 민사소송법)과도 구별된다.

② 행정에 고유한 '공법'이다.

행정법은 '행정에 관한 모든 법'이 아니라 '행정에 특수하게 적용되는 고유한 법'을 말한다. 행정에 관한 '모든 법'에는 사법도 포함되므로 사법을 제외한 나머지의 법, 즉 '행정에 관한 공법'만을 의미한다. 사법은 모든 당사자에게(행정주체와 사인간, 사인 상호간)에게 적용되는 것이지만 행정법은 행정주체가 행하는 고유의 행정작용에만 특수하게 적용되는 것이다. 따라서 행정작용 중에서 행정주체가 공권력의 주체로서 행하는 작용(권력적 행정)과 행정주체가 공권력을 행사하지는 않지만 그 작용이 공익과 밀접한 관련이 있는 것(단순고권행정, 비권력행정, 관리행정)은 행정법의 규율대상이 된다. 그러나 행정주체가 국고로서 행하는 (협의의) 국고작용은 사인과 동일한 지위에서 행하는 작용이므로 사법에 의해 규율된다.

③ 행정에 관한 '국내공법'이다.

행정법이란 국내행정에 고유한 국내법만을 의미한다. 다만 "헌법에 의하여 체결·공포된 조약과 일반적으로 승인된 국제법규(국제조약〈예: 포로에 관한 제네바협정〉, 국제관습법)는 국내법과 동일한 효력을" 가지므로(헌법 제6조 ①), 국제법 중에서 국내행정에 관한 것은 행정법의 일부를 구성할 수도 있다.

제2절 행정법의 성립·분류

Ⅰ. 행정법의 성립

1. 대륙법계 국가

(1) 법치국가사상의 확립

근대국가의 법치국가사상은 국민주권주의 및 자유주의사상을 정치적 이념으로 하여 "국가의 모든 작용은 국민의 대표기관인 의회가 제정한 법률에 기속되지 않으면 안 된다" 는 것을 의미한다. 이러한 법치국가사상에서 '법률에 의한 행정의 원리'가 확립되었고, 행정에 관한 기준이 되는 법으로서 행정법이 성립된 것이다.

(2) 행정제도의 발달

행정법은 행정제도가 확립·발전함에 따라 성립되었다. 행정제도란 '행정에 특유한 법'의 형성과 '행정재판제도'의 성립을 그 요소로 한다. 대륙법계('대륙'은 유럽대륙을 의미) 국가에서는 행정주체와 사인간의 관계는 사인 상호간의 관계를 규율하는 법과는 다른 성질의 법 (행정에 특유한 법)에 의하여 규율되어야 한다는 법사상이 확립되었고, 이에 따라 공법과 사법의 구별이 행해졌다. 또한 행정사건은 민사법원이 아닌 별도의 법원의 관할에 속하여야 한다는 관념이 형성되어 '행정재판제도'(예: 프랑스의 국사원〈國事院, le Conseil d'Etat〉, 독일의 행정법원)가 존재하게 되었다(행정국가).

【참고】① 행정법은 대륙법계 국가 중 프랑스에서 행정재판소인 국사원(le Conseil d'Etat, 꽁세유데따)의 판례를 통해 가장 일찍 발달하기 시작하였다. **프랑스 행정법**은 국가의 권력적 작용만이 아니라 비권력적 작용도 포함하는 공역무(公役務, public service)의 조직과 작용에 관한 국사원의 판례와 학설을 중심으로 형성·발전되었다. ② **독일 행정법**은 초기에는 프랑스 행정법을 모방하면서 발전하였지만 제2차대전 후에 독일기본법이 민주국가원리와 사회적 법치국가원리를 명문화함으로써 국가의 공권력행사 중심의 전통적 행정법체계에서 국민의 권익구제와 행정통제를 중심으로 하는 행정법체계로 전환되었다. 공권력적·권위주의적 관료성을 바탕으로 하여 국가에 우월적 지위를 부여하기 위하여 발달하였기 때문에 권력작용(특히 행정행위)이 그 중심관념을 이루었고 공법적 특수성이 적용되는 것은 이것에 한정되어, 일반적으로는 프랑스의 경우보다 공법의 적용범위가 좁다고 평가된다. 또한 프랑스 행정법이 판례를 중심으로 형성·발전된 데 비하여 독일 행정법은 제정법(制定法)을 중심으로 발전하였다. ③ **일본**도 대륙법계 국가(특히 독일)의 행정법을 모방하면서 발전하였다. 우리나라도 일본의 영향으로 주로 독일행정법과 맥을 같이 하고 있다.

2. 영 · 미법계 국가

영 · 미법계 국가에서는 국가와 국민간의 관계에 있어서도 국민 상호간의 관계와 차별 없이 판례에 의해 형성된 보통법(Common Law)에 의한 지배를 받는다는 것을 원칙으로 하고, 따라서 행정사건도 별도의 법원이 아닌 일반 사법법원(司法法院)에서 심사하기 때문에(사법국 가〈司法國家〉) 사법(私法)과 구별되는 공법(특히 행정법)의 관념이 성립될 여지가 없었다. 따라서 대륙법계 국가에 비해 행정법의 성립이 늦었다.

그런데 19세기말 이래 행정기능이 확대 · 강화됨에 따라 많은 행정관련 법령이 제정되 었고 많은 '행정위원회'(예: 주통상위원회, 연방통상위원회, 연방거래위원회)가 설치되기에 이르렀다. 이 러한 행정위원회의 권한행사의 절차 등을 규율하기 위한 행정절차법을 중심으로 행정법이 성립 · 발전되게 되었다. 영 · 미행정법은 행정의 민주성과 국민의 권익보호를 중시하여 행정 절차 또는 행정과정의 통제에 중점을 두고 있다. 영 · 미에서도 오늘날 행정에 관한 특수한 행정법이 성립되고 있고 부분적으로 특수한 행정불복절차가 형성되고 있지만 여전히 보통 법의 특별법적인 성격을 갖는데 불과하다.

【 참고 】 **사법국가, 행정국가** : 사법국가란 행정주체도 사인과 동일하게 일반 법원의 재판을 받는 국가를 말 한다. 영 · 미법계 국가가 이에 속한다. 반면 프랑스 · 독일처럼 행정사건의 담당법원이 따로 있는 국가를 행 정국가라고 한다. 우리나라는 일반법원인 대법원에서 최종적으로 심사를 하므로 사법국가라고 할 수 있다. 그러나 서울의 경우 지방법원급인 행정법원이 따로 설치되어 있고 행정사건은 민사소송법이 아니라 별도 로 행정소송법이 적용된다는 점에서 행정국가적인 요소를 가미하고 있다.

Ⅱ. 행정법의 분류

1. 일반행정법과 특별행정법

(1) 일반행정법

행정법은 형법 · 민법 등과 달리 하나의 통일된 법전을 가지고 있지 않으며 형법총칙이 나 민법총칙과 같은 총칙규정도 없다. 행정에 관한 수많은 성문의 법령과 불문법을 총괄하 는 개념이다. 이러한 법령들에게 공통적으로 적용되는 것으로서 학설 · 판례를 통해 발전 · 확립된 개념, 제도, 일반법원칙들을 일반행정법이라고 한다. 이것을 더욱 발전시키고 규명 하는 것이 행정법(학)의 중요한 과제 중의 하나이다.

최근(2021. 3. 23) 제정된 행정기본법은 일반행정법에 해당하는 것을 규정하고 있다고 할 수 있다(후술).

(2) 특별행정법

특별행정법은 개별적인 행정작용에 관한 법을 말한다. 예컨대, 경찰행정법, 지방자치법, 건축법, 도로법, 환경행정법, 경제행정법, 도시계획법 등이 이에 해당한다. 국가의 행정이 광범위한 만큼 특별행정법도 현행 법령 중에서 가장 많은 수를 차지하고 있다. 개별 행정법령은 행정각부의 장관이 권한별로 집행한다.

2. 행정조직법, 행정작용법, 행정구제법

행정조직법이란 국가나 지방자치단체 등 행정주체 내부의 조직과 권한분배 등에 관한 법을 말한다.

행정주체가 국민을 상대로 하는 각종 행정활동을 총칭하여 행정작용이라고 하며, 이에 관한 법을 행정작용법이라고 한다.

행정작용에 의해 침해된 국민의 재산·권리를 행정쟁송(행정심판, 행정소송) 등을 통해 사후에 회복·구제하는 것을 행정구제라고 하며, 이에 관한 법을 행정구제법이라고 한다. 행정심판법, 행정소송법, 국가배상법 그리고 손실보상과 관련된 법 등이 이에 속한다.

제 3 절   행정법의 특수성 · 지배이념

Ⅰ. 행정법의 특수성

1. 형식상의 특수성

(1) 성문성(成文性)

행정법은 행정작용의 공공성으로 획일성·강행성을 갖기 때문에 그 내용을 명확히 하여 장래의 예측을 가능케 하고, 법률생활의 안정을 도모하기 위하여 원칙적으로 문자로써 작성된 성문의 형식을 취하고 있다.

(2) 형식의 다양성

행정법이 성문법주의를 취하지만 단일한 법전으로 존재하는 것이 아니고, 복잡하고 변화가 많은 행정작용을 규율하기 위하여 헌법·법률·명령(위임명령·집행명령)·조례·규칙·훈령·고시 등 다양한 형태를 취한다.

2. 규정내용상의 특수성

(1) 행정주체의 우월성

행정법은 행정주체가 행정객체(국민)에게 일방적으로 명령·강제하며, 법률관계를 형성·변경하는 경우가 많다. 행정주체의 우월성은 법령이 행정목적을 달성하기 위해 필요한 범위에서 명시적으로 규정하고 있는 경우에만 인정되는 것이고, 행정주체라는 이유만으로 당연히 인정되는 것은 아니다(법률유보원칙).

(2) 공익우선성

행정법은 행정목적을 효율적으로 달성하기 위하여 개인의 이익보다는 공공의 이익에 더 가치를 두며, 공익과 사익의 조화를 도모하여 전체로서 공익목적을 실현한다.

(3) 집단성과 평등성

행정법은 일반적으로 다수인을 규율대상으로 하며, 그 다수인 간에 법적 평등이 보장되도록 기능한다.

3. 규정성질상의 특수성

(1) 재량성

행정은 행정목적을 실현하려는 수단적 성격이 강하기 때문에 행정청에 광범한 재량권을 인정하는 경우가 많다.

(2) 획일성·강행성

행정법은 일반적으로 다수의 국민을 상대로 공공의 입장에서 획일·강행적으로 규율함을 원칙으로 한다. 이러한 점에서 당사자의 사적 자치(私的 自治)의 원칙에 따라 당사자의 자유의사를 존중하게 되는 사법과 다르다.

(3) 기술성·수단성

행정법은 공익을 달성하거나 공익과 사익, 사익 상호간의 합리적 조정을 위한 절차, 수단, 기술에 관한 규정이 많다.

(4) 단속규정성, 행위규범성

사법상 강행규정은 대부분 효력규정(능력규정: 위반하면 효력부인)인 반면에 행정법상 강행규정은 단속규정(명령규정: 위반하면 처벌)이 많다. 법규를 위반한 경우에도 위반에 대한 제재를 할 뿐, 위반행위의 효력까지 부인하지 않는 경우가 많다. 행정법에도 효력규정인 것이 있으므로 법규의 의미와 목적 등을 고려하여 판단해야 한다(대법원 2009.1.15. 2006다69363 참조).

【판례】주택공급계약이 구 주택건설촉진법 제32조, 구 주택공급에 관한 규칙 제27조 제4항, 제3항에 위반하였다고 하더라도 그 사법적 효력까지 부인된다고 할 수는 없다(대법원 2007.8.23. 2005다59475).

사법은 사인간의 분쟁해결을 위한 재판규범으로서의 기능이 큰 반면에 행정법은 행정작용의 근거가 되고 국민의 권리·의무를 정하는 행위규범으로서의 성격이 강하다.

Ⅱ. 행정법의 지배이념

1. 국민의 권리보호

행정법은 법치국가사상이 정립됨에 따라 국가의 행정작용으로 인해 국민의 재산과 권리가 침해되는 것을 사전에 방지하고 사후에 구제하기 위해 생성·발전된 것이다. 따라서 국민의 권리보호가 행정법의 가장 중요한 이념이다. 행정의 법률적합성의 원칙, 행정기본법, 행정절차법, 행정쟁송법, 손해배상제도, 손실보상제도 등이 바로 이 이념을 실현하기 위한 대표적인 것들이다.

【판례】국가의 **기본권보호의무**를 입법자가 어떻게 실현하여야 할 것인가 하는 문제는 입법자의 책임범위에 속하므로, 헌법재판소는 권력분립의 관점에서 소위 **과소보호금지원칙**을, 즉 **국가가 국민의 법익보호를 위하여 적어도 적절하고 효율적인 최소한의 보호조치를 취했는가를 기준으로 심사**하게 되어, 결국 헌법재판소로서는 국가가 특정조치를 취해야만 당해 법익을 효율적으로 보호할 수 있는 유일한 수단인 특정조치

를 취하지 않은 때에 보호의무의 위반을 확인하게 된다(헌재 1997.1.16. 90헌마110·136 병합).

2. 행정능률

행정을 능률적으로 수행하는 것도 공익을 위해 중요한 것이다. 이를 위해 행정법은 행정행위의 공정력, 구성요건적 효력, 행정재량, 행정입법제도, 행정계획, 행정지도, 집행부정지원칙 등 여러 제도를 마련하고 있다.

행정법의 궁극적인 이념은 개인의 권리보호와 행정의 능률적 수행이라는 두 가지 이념을 적절하게 조화시키는 것이다.

제 4 절 공법으로서의 행정법

Ⅰ. 공법·사법의 구별의 필요성

1. 실체법상의 필요성

구체적 법률관계에 적용할 법규나 법원칙을 결정하기 위하여 공법과 사법의 구별이 필요하다. 사법관계는 사적 자치를 중심으로 하는 사법과 사법원리가 적용되지만, 공법관계에는 공익실현을 중심으로 하는 공법과 공법원리(법치행정의 원리, 평등의 원칙, 비례의 원칙 등)가 적용된다. 국가나 지방자치단체라고 하더라도 사법상의 주체인 경우에는 자력강제를 할 수 없으나(재판을 거쳐야 함) 공법상의 주체인 경우에는 할 수 있다(예: 세금의 강제징수). 공무원의 사법상의 불법행위에 대한 손해배상은 민법에 의하지만, 공법상의 불법행위에 대한 손해배상은 국가배상법에 의한다. 법인도 공·사법인의 구분이 있다. 행정주체와 사인간의 계약의 경우에도 공법상 계약인지 사법상 계약인지에 따라 적용될 법규나 법원칙이 다르다.

2. 절차법·쟁송법상의 필요성

공법상의 행정작용은 행정절차법이나 그 밖의 절차규정이 정하는 바에 따라야 하고 행정청이 임의로 할 수 없다. 반면 사법상의 법률행위인 경우에는 그와 같은 절차규정이 적용되지 않고 사적 자치가 어느 정도 허용된다.

행정과 관련된 법적 분쟁이라고 하더라도 사법상의 분쟁은 민사소송법이 적용되고, 공법상의 분쟁은 행정심판법과 행정소송법이 적용된다.

Ⅱ. 공법과 사법의 구별기준

1. 학 설

(1) 주체설(구주체설)

행정주체를 일방당사자로 하는 법률관계를 규율하는 법을 공법, 사인 상호간의 법률관계를 규율하는 법을 사법이라고 하는 견해이다. 그러나 이 설은 행정주체도 국고로서 행하는 경우에는(예: 물품구입) 사인과 동일한 지위에서 활동하는 것으로서 사법의 규율을 받기도 한다는 점을 간과하고 있다.

(2) 종속설(성질설 · 복종설)

수직 · 지배복종 · 상하관계를 규율하는 법은 공법이고, 평등 · 대등관계를 규율하는 법은 사법이라는 견해이다. 그러나 공법의 영역에도 공법상 계약처럼 대등관계가 있고, 사법의 영역에도 친자관계와 같은 상하관계가 있다는 비판이 있다.

(3) 이익설(목적설)

공익의 보호를 목적으로 하는 법은 공법, 사익의 보호를 목적으로 하는 법은 사법이라는 견해이다. 그러나 공법규정이 사익도 보호하고 있는 경우가 있고, 사법도 공익에 봉사할 수 있다는 비판이 있다.

(4) 생활관계설

정치적 또는 단체적 생활관계를 규율하는 법은 공법, 개인적 · 민사적 생활관계를 규율하는 법은 사법이라는 견해이다. 그러나 양자의 관계를 명확히 구별하기가 어렵다는 비판이 있다.

(5) 귀속설(신주체설, 특별법설)

구주체설과 달리 신주체설은 행정주체가 국고인 경우와 그렇지 않은 경우를 구별한다. 공권력의 주체에 대해서만 권리·의무를 귀속(歸屬)시키는 법(권리를 부여하거나 의무를 부과하는 법)은 공법, 행정주체(국고)를 포함한 모든 법주체(권리주체)에 대하여 권리·의무를 귀속시키는 법은 사법이라는 견해이다. 법률관계에서 적어도 한쪽 당사자는 반드시 공권력의 주체가 되는 경우가 공법이고, 모든 사람(사인, 행정주체)이 주체(당사자)가 될 수 있는 법은 사법이라는 것이다. 이 설의 문제점은 구체적인 법률관계에서 행정주체가 공권력의 주체로서의 지위를 가지는지 그렇지 않은지 불분명한 경우가 있다는 것이다.

> 예컨대, 식품위생법의 양쪽 당사자는 행정주체와 국민인데, 한쪽 당사자는 반드시 식품위생행정을 위해 공권력을 행사하는 행정주체(지방자치단체 또는 국가)이므로, 식품위생법은 공법이다. 반면에 민법과 같은 사법은 당사자 중의 하나가 행정주체(국고)일 수도 있고, 당사자 모두가 사인일 수도 있다. 즉, **공법은 '공행정주체의 특별법'**인 반면 사법은 **'모든 사람의 법'**이라는 것이다.

2. 검 토

위 학설 중 어느 것도 공법과 사법의 구별에 관한 완벽한 기준을 제시하지는 못하고 있다. 따라서 복수기준을 통해서 양자를 구별해야 한다는 것이 통설의 입장이다(복수기준설). 법규가 명문으로 공법관계임을 보여주고 있는 경우에는 별 문제가 없다. 즉, 법규가 ㉠ 행정상의 강제집행(예: 수도법 제68조), ㉡ 행정벌(징역, 벌금, 과태료 등), ㉢ 행정상의 손해배상(국가배상)·손실보상, ㉣ 사권(私權)의 제한(예: 하천법 제4조), ㉤ 행정상 쟁송 등을 인정하는 특별한 규정을 둔 경우는 공법에 해당한다.

그 밖의 경우에는 ㉠ 한 당사자가 행정주체이고 그에게 우월적 지위 또는 공권력 행사와 그에 따르는 특수한 효력을 인정하거나, ㉡ 비권력적인 행정주체의 활동이라도 공공복리의 실현과 밀접한 규율을 하고 있는 법이라면 공법이라고 할 수 있다.

3. 판 례

(1) 공법관계로 본 경우

㉠ 수도법에 의하여 지방자치단체인 수도사업자가 그 수돗물 소비자에 대하여 행하는 수도료 부과징수와 그에 따른 수도료 납부관계(대법원 1977.2.22. 76다2517: 수도법 제68조 〈수도요금의

강제징수〉 참조), ⓛ 국유재산관리청이 국유재산무단점유자에 대하여 국유재산사용변상금을 부과하는 행위(대법원 1992.4.14, 91다42197), ⓒ 국유재산관리청이 행정재산의 사용수익자에 대해 사용료를 부과하는 행위(대법원 1996.2.13, 95누11023), ⓔ 국·공유재산관리청이 행정재산의 사용·수익의 허가(예: 국립의료원 부설 주차장에 관한 위탁관리용역운영계약) 및 허가의 취소(대법원 1997.4.11, 96누17325; 대법원 2006.3.9, 2004다31074), ⓜ 농지개량조합과 조합직원과의 관계(특별권력관계) 및 직원에 대한 징계처분(대법원 1995.6.9, 94누10870), ⓑ 공무원연금관리공단의 급여결정(대법원 1996.12.6, 96누6417), ⓢ 국가나 지방자치단체에 근무하는 청원경찰의 근무관계 및 그에 대한 징계(대법원 1993.7.13, 92다47564), ⓞ 도시재개발조합과 조합원과의 관계(대법원 1996.2.15, 94다31235). ⓩ 국립의료원 부설 주차장에 관한 위탁관리용역운영계약(대법원 2006.3.9, 2004다31074), ⓧ 의료보호법(현 의료급여법)상 진료기관(현 의료급여기관)의 의료보호기관(현 보장기관: 시장·군수·구청장)에 대한 보호비용청구(대법원 1999.11.26, 97다42250).

【 판례 】① **국유재산의 무단점유자에 대한 변상금부과**는 … 대부료 또는 사용료 상당액 외에도 그 징벌적 의미에서 **국가측이 일방적으로 그 2할 상당액을 추가하여 변상금을 징수토록** 하고 있으며 그 체납시에는 국세징수법에 의하여 강제징수토록 하고 있는 점 등에 비추어 보면 그 부과처분은 … 행정처분이라고 보아야 하고 …(대법원 1992.4.14, 91다42197).
② **국유재산의 관리청이 행정재산의 사용·수익을 허가**한 다음 그 사용·수익하는 자에 대하여 하는 사용료부과는 순전히 사경제주체로서 행하는 사법상의 이행청구라 할 수 없고, 이는 관리청이 공권력을 가진 우월적 지위에서 행한 것으로서 … 행정처분이라 할 것이다(대법원 1996.2.13, 95누11023).
③ **농지개량조합의 직원**은 도지사가 시행하는 공개경쟁채용의 방법으로 임명하도록 되었고 이러한 직원의 임용자격, 복무상의 의무, 그 신분보장 및 징계처분에 관하여는 **공무원에 관한 것과 같은 엄격한 규정**을 두고 있는 취지 목적으로 미루어 보면, 농지개량조합과 그 직원과의 관계는 사법상의 근로계약 관계가 아닌 공법상의 특별권력관계이다(대법원 1977.7.26, 76다3022: 대법원 1995.6.9, 94누10870: 헌재 2000.11.30, 99헌마190 참조)〈현재는 한국농어촌공사가 설립되고 농지개량조합제도는 폐지되었다〉.
④ 구 공무원연금법 … 각 규정을 종합하면, 같은 법 소정의 급여는 급여를 받을 권리를 가진 자가 당해 공무원이 소속하였던 기관장의 확인을 얻어 신청하는 바에 따라 **공무원연금관리공단이 그 지급결정**을 함으로써 그 구체적인 권리가 발생하는 것이므로, 공무원연금관리공단의 **급여에 관한 결정**은 국민의 권리에 직접 영향을 미치는 것이어서 **행정처분에 해당**하고, 공무원연금관리공단의 급여결정에 불복하는 자는 … 행정소송을 제기하여야 한다(대법원 1996.12.6, 96누6417).
⑤ **국가나 지방자치단체에 근무하는 청원경찰**은 … 공무원은 아니지만, 다른 청원경찰과는 달리 그 임용권자가 행정기관의 장이고, 국가나 지방자치단체로부터 보수를 받으며, … 그 외 임용자격, 직무, 복무의무 내용 등을 종합하여 볼 때, 그 근무관계를 사법상의 고용계약관계로 보기는 어려우므로 그에 대한 징계처분의 시정을 구하는 소는 행정소송의 대상이다(대법원 1993.7.13, 92다47564).
⑥ 구 **도시재개발법에 의한 재개발조합**은 **조합원**에 대한 법률관계에서 적어도 특수한 존립목적을 부여받은 **특수한 행정주체**로서 국가의 감독 하에 그 존립목적인 특정한 **공공사무를 행하고** 있다고 볼 수 있는 범위 내에서 공법상의 권리·의무관계에 서 있다(대법원 1996.2.15, 94다31235).
⑦ **국립의료원 부설 주차장**에 관한 위탁관리용역운영계약의 실질은 국유재산 등의 관리청이 하는 **행정재산**에 대한 국유재산법 제24조 제1항의 사용·수익 허가이며 이는 순전히 사경제주체로서 행하는 사법상의 행위가 아니라 … 특정인에게 행정재산을 사용할 수 있는 권리를 설정하여 주는 **강학상 특허**에 해당한다(대법원 2006.3.9, 2004다31074).
⑧ 구 **의료보호법**(현 의료급여법) … , 같은법시행령 … 같은법시행규칙 … 에 따른 의료보호의 목적, 의료보호대상자의 선정절차, 기금의 성격과 조성방법 및 운용절차, 보호기관의 심사결정의 내용과 성격, 진료

기관의 보호비용의 청구절차 등에 비추어 볼 때, **진료기관의 보호기관에 대한 진료비지급청구권**은 계약 등의 법률관계에 의하여 발생하는 사법상의 권리가 아니라 법에 의하여 정책적으로 특별히 인정되는 **공법상의 권리**라고 할 것이고, 법령의 요건에 해당하는 것만으로 바로 구체적인 진료비지급청구권이 발생하는 것이 아니라 보호기관의 심사결정에 의하여 비로소 구체적인 청구권이 발생한다고 할 것이므로, … 진료기관의 보호비용 청구에 대하여 **보호기관이 심사 결과 지급을 거부한 경우**에는 곧바로 민사소송은 물론 공법상 당사자소송으로도 지급 청구를 할 수는 없고, **지급거부 결정의 취소를 구하는 항고소송을 제기하는** 방법으로 구제받을 수밖에 없다(대법원 1999.11.26, 97다42250).

(2) 사법관계로 본 경우

㉠ 예산회계법에 따라 계약을 체결함에 있어서 낙찰자가 계약체결의무를 이행하지 않은 경우 낙찰자의 입찰보증금을 조달청장이 국고에 귀속시키는 것(대법원 1983.12.27, 81누366), ㉡ '공무원 및 사립학교교직원 의료보험관리공단'에서 근무하는 직원의 근무관계(대법원 1993.11.23, 93누15212), ㉢ 국유잡종재산 대부행위 및 그 사용료 납입고지(대법원 1995.5.12, 94누5281), ㉣ 조세부과처분의 무효를 이유로 이미 납부한 세금의 반환을 청구하는 것(대법원 1995.4.28, 94다55019), ㉤ 개발부담금 부과처분의 취소로 인한 개발부담금의 과오납금(過誤納金)에 대한 부당이득반환청구(대법원 1995.12.22, 94다51253), ㉥ 공기업(서울시지하철공사, 한국조폐공사)의 임·직원의 근무관계(대법원 1989.9.12, 89누2103; 대법원 1978.4.25, 78다414)), ㉦ 종합유선방송위원회 직원의 근무관계(대법원 2001.12.24, 2001다54038), ㉧ 전기·전화·가스의 공급관계(대법원 1982.12.26, 82누441), ㉨ 환매권의 행사(대법원 1998.5.26, 96다49018), ㉩ 국공유철도 이용관계(대법원 1999.6.22, 99다7008), ㉪ 공익사업의 시행자가 사인의 토지를 공공용지로 협의취득, 보상합의하는 것(대법원 2004.9.24, 2002다68713).

【 판례 】 ① **예산회계법**에 따라 체결되는 계약은 사법상의 계약이라고 할 것이고 … **입찰보증금**은 낙찰자의 계약체결의무이행의 확보를 목적으로 하여 그 불이행시에 이를 국고에 귀속시켜 국가의 손해를 전보하는 사법상의 손해배상 예정으로서의 성질을 갖는 것이라고 할 것이므로 입찰보증금의 국고귀속조치는 국가가 사법상의 재산권의 주체로서 행위하는 것이다(대법원 1983.12.27, 81누366).
② '공무원 및 사립학교교직원 의료보험법' 등 관계법령의 규정내용에 비추어 보면, '**공무원 및 사립학교교직원 의료보험관리공단' 직원의 근무관계**는 사법관계이다(대법원 1993.11.23, 93누15212).
③ **국유잡종재산을 대부하는 행위**는 국가가 사경제 주체로서 상대방과 대등한 위치에서 행하는 사법상의 계약이지 … 행정처분이라고 볼 수 없고, 국유잡종재산에 관한 사용료의 납입고지 역시 사법상의 이행청구에 해당하는 것으로서 … 행정처분이라고 할 수 없다(대법원 1995.5.12, 94누5281).
④ 조세부과처분이 당연무효임을 전제로 하여 이미 **납부한 세금의 반환**을 청구하는 것은 민사상의 부당이득반환청구로서 민사소송절차에 따라야 한다(대법원 1995.4.28, 94다55019).
⑤ 서울특별시지하철공사의 임원과 직원의 근무관계의 성질은 지방공기업법의 모든 규정을 살펴보아도 공법상의 특별권력관계라고는 볼 수 없고 사법관계에 속할 뿐이다(대법원 1989.9.12, 89누2103).
⑥ **환매권 행사**로 인한 매수의 성질은 사법상의 매매와 같은 것이다(대법원 1998.5.26, 96다49018).
⑦ **국가의 철도운행사업**은 국가가 공권력의 행사로서 하는 것이 아니라 **사경제적 작용**이라 할 것이므로, 이로 인한 사고에 공무원이 간여하였다고 하더라도 국가배상법을 적용할 것이 아니고 일반 민법의 규정에 따라야 한다(대법원 1999.6.22, 99다7008).

⑧구 '공공용지의 취득 및 손실보상에 관한 특례법'은 사업시행자가 토지 등의 소유자로부터 토지 등의 협의취득 및 그 손실보상의 기준과 방법을 정한 법으로서, 이에 의한 **협의취득 또는 보상합의**는 공공기관이 사경제주체로서 행하는 사법상 매매 내지 사법상 계약의 실질을 가진다(대법원 2004.9.24, 2002다68713).

【참고】환매권(還買權) : 사인이 공익사업 때문에 사업시행자에게 매도했거나 수용당한 재물(토지)이 그 공익사업의 폐지·변경 등으로 인해 공익사업에 필요 없게 된 경우에 원소유자가 다시 매수(환매)할 수 있는 권리를 말한다('공익사업을 위한 토지 등의 취득 및 보상에 관한 법률' 제91조 참조).

Ⅲ. 구체적 적용문제

【문제】
①S市 공무원 A가 아파트건설을 위한 **주택사업계획승인**에 관한 업무를 처리하는 과정에서 B의 명예를 훼손하는 발언을 하여 B는 손해배상을 청구하려고 한다.
②A가 S市 공무원들이 사용할 **컴퓨터 100대를 구매하기 위해 공개입찰**을 실시하면서 B의 명예를 훼손하는 발언을 하여 B는 손해배상을 청구하려고 한다.
③A가 퇴근 후 **친구들과의 술자리**에서 B의 명예를 훼손한 발언을 한 경우 B는 손해배상을 청구하려고 한다. 각각 어떻게 하여야 하는가?

특정 법규범이 공법인지 사법인지가 문제되는 경우는 별로 없다. 오히려 특정의 법적 문제가 어떤 규범이 적용되어야 하고, 공·사법의 영역 중 어떤 영역에 속하는지가 문제되는 경우가 많다. 법적 문제에 있어서 그에 적용될 법규범이 없거나 공법과 사법이 모두 있는 경우에는 위의 여러 견해들을 고려하여 결정하여야 한다.

1. 사실행위

사실행위의 수행목적에 따라 구분하게 된다. 사실행위가 공적과업의 수행을 직접목적으로 하면 공법적 행위로, 국고적(사경제적) 사무의 수행을 목적으로 하면 사법적인 것으로 보게 된다. 따라서 공무원의 직무상의 행위로 인한 손해배상의 경우에도 그 직무행위가 사경제적인 행위인 경우에는 국가배상법이 아닌 민법에 따른다.

【판례】국가배상법이 정한 배상청구의 요건인 '공무원의 직무'에는 권력적 작용만이 아니라 행정지도와 같은 비권력적 작용도 포함되며 단지 **행정주체가 사경제주체로서 하는 활동만 제외**되는 것이다(대법원 1998.7.10, 96다38971).

【참고】 **법률행위, 사실행위** : 법률행위(법적 행위)는 당사자에게 법률효과(법적 효과, 권리·의무를 생성·변경·소멸시키는 효과)를 가져오는 행위를 말하며(예: 행정처분, 계약), 사실행위란 법률효과의 발생을 목적으로 하는 것이 아니라 교량건설, 도로청소 등과 같이 직접 어떠한 사실상의 결과의 실현을 목적으로 하는 행위를 말한다(상세는 후술하는 '행정상의 사실행위' 참조).

2. 계 약

행정주체와 사인간에 체결한 계약이 공법상 계약과 사법상의 계약 중 어느 것에 속하는지는 그 근거법규의 해석을 통하여 결정하게 되나, 분명하지 않은 경우에는 당해 계약을 통하여 부담하게 되는 당사자의 의무의 성질과 계약전체의 성격을 기준으로 한다(후술하는 '공법상 계약' 참조).

3. 공공시설의 이용관계

공공시설의 이용과 관련된 법률관계는 시설의 이용허가 여부(if, ob)의 문제와 구체적 이용방식 및 내용(how, wie)의 문제로 구분하여 2단계로 고찰하여야 한다(2단계설). 예를 들면, 시립체육관의 이용 여부를 결정하는 것은 전자에 속하는 것으로 공법적인 것이다(이용허가 또는 이용허가거부는 행정처분으로서 공법적인 것이 된다). 그러나 후자에 속하는 이용료·이용시간·이용방법·변상금의 문제 등 구체적인 것은 공법관계일 수도 있고 사법관계일 수도 있다. 그 법적 형태에 대해서는 행정주체(市)에게 선택의 자유가 인정되어 있기 때문이다. 따라서 개별적으로 검토하여야 한다.

예컨대, **이용내용에 관한 근거규범**이 조례로써 규정된 경우에는 공법관계가 되고, 약관(約款: 계약의 일방 당사자가 다수의 상대편과 계약을 체결하기 위하여 일정한 형식에 의하여 미리 마련한 계약내용)으로써 정해진 경우에는 사법관계가 된다. **이용료의 법적 형태**(수수료는 공법적, 사용료는 사법적), **권리구제수단의 유형**(행정심판이나 행정소송이 가능하면 공법관계) 등을 검토하여 결정한다. 다른 한편 **'전체적인 이용관계'**를 기준으로 결정하여야 하는바, 이용규칙을 통해 구체화된 행정청의 의사를 탐구하여 결정하여야 하며, 의심스러운 경우에는 **가능한 한 공법관계로 파악해야**(행정주체에게는 사적 자치가 제한되고 공법상의 제한이 더욱 가해지므로) 사인의 불완전한 법적 지위를 더 보장할 수 있다는 견해도 있다.

【참고】 **행정기본법 제35조(수수료 및 사용료)**
① 행정청은 특정인을 위한 **행정서비스를 제공받는** 자에게 법령으로 정하는 바에 따라 **수수료를 받을 수** 있다. ② 행정청은 **공공시설 및 재산 등의 이용 또는 사용**에 대하여 사전에 공개된 금액이나 기준에 따라 **사용료를 받을 수** 있다. ③ 제1항 및 제2항에도 불구하고 지방자치단체의 경우에는 「지방자치법」에 따른다.

【답】

① **공법관계**에 속한다. B는 **국가배상법**을 근거로 S市를 피고로 하여 (A의 고의 및 중과실인 경우는 A도 피고로 하여) 손해배상을 청구할 수 있다.

② S市가 컴퓨터를 구매하는 것은 사경제의 주체(국고)인 경우에 해당하므로 A의 업무내용은 **사법관계**에 속한다. B는 **민법**을 근거로 S市를 상대로 손해배상을 청구할 수 있다.

③ 사적인 문제일 뿐이다. B는 민법을 근거로 A만을 상대로 손해배상을 청구할 수 있다.

Ⅳ. 공법과 사법의 관련과 교착

하나의 법률관계에 공법과 사법이 혼합되어 나타나는 경우도 많다. 양자가 상호 관련·교착(交錯)되고 있는 경우로서 ㉠ 공법적 행위에 의하여 사법적 효과를 발생시키는 경우(예: 토지수용에 의하여 토지소유권의 취득의 효과가 발생하는 경우), ㉡ 공법적 행위가 사법적 법률행위를 완성·보충하는 경우(예: 사업의 양도에 행정청의 인가가 필요한 경우), ㉢ 공법이 사법적 법률행위에 일정한 제한을 가하는 경우(예: 경찰법·경제규제법 등이 사인의 영업을 제한하는 경우) 등이 그것이다.

제5절 행정법의 헌법적 원리

Ⅰ. 민주주의원리

헌법은 국민주권의 원리와 자유민주적 기본질서를 최고의 이념으로 하는 민주행정을 지향한다. 이를 위해 헌법이 "대한민국의 주권은 국민에게 있고 모든 권력은 국민으로부터 나온다"고 선언하고(헌법 제1조), 기본권보장(제10조, 제37조②), 대표제(국회, 대통령, 지방자치단체 의회: 제41조①, 제67조①, 제118조), 임기제(제42조, 제70조), 행정조직법정주의(제96조), 직업공무원제(제7조), 지방자치제(제117조, 제118조) 등을 규정하고 있다. 또한 행정절차법이 행정의 투명성 확보·주민참여·행정예측가능성을 위한 각종 제도를, '공공기관의 정보공개에 관한 법률'이 정보공개제도를 규정하고 있는 것도 이러한 이념을 실현하기 위한 것이다.

Ⅱ. 법치주의원리

1. 형식적 법치주의와 실질적 법치주의

(1) 형식적 법치주의

독일에서 19세기 후반 확립된 소위 '법률에 의한 지배'가 이에 해당한다. 국가가 국민에게 자유와 권리를 제한하거나 새로운 의무를 부과하는 때에는 국회가 제정한 법률에 의하거나 법률에 근거가 있어야 하며(침해유보), 국가권력에 의해 국민의 자유와 권리가 법률에 위반하여 침해된 경우에는 법률에 의해 열거하고 있는 경우에 한하여 법원에 의한 구제가 가능한 것(열기주의)을 말한다. 법률의 내용·이념은 문제되지 않고 법률이라는 형식만 강조되었던 것이 가장 큰 특징이다.

이는 국가권력은 권리제한·의무부과 이외의 영역에서는 법률에 의한 통제를 받지 않았으며, 법에서 열거하지 않은 경우에는 권리구제를 받지 못하였으며, 국회가 제정한 '법률'의 형식만 강조할 뿐 내용을 간과하여 결과적으로 '불법적 법률을 통한 독재', '합법을 가장한 불법'을 자행하는 독재국가(예: Nazis 시대)를 막지 못하는 결과가 되었다.

(2) 실질적 법치주의

정의에 합당한 법률에 의해 국민의 기본권을 보장함으로써 정의를 실현하는 것을 말한다. 이를 위해 국가작용은 정의에 합당한 헌법과 그에 따른 법률에 의해 근거하여 행해지며, 모든 국가작용은 법률로써 예견·예측이 가능하며, 불법적인 국가작용에 의한 국민의 권리침해에 대해 빈틈없는 권리구제가 가능한 것을 말한다.

오늘날 실질적 법치주의는 법령의 위헌심사제, 법률유보영역의 확대, 기본권의 확대, 입법을 행정입법(대통령령, 총리령, 부령 등)에 포괄적으로 위임하는 것의 금지, 행정소송의 개괄주의, 행정재량통제의 강화, 통치행위에 대한 최소한의 인정, 행정에 대한 절차적 통제, 행정재판기관의 독립적 사법기관화 등을 통해 담보되고 있다.

우리 헌법은 법치국가라는 표현을 사용하고 있지는 않다. 그러나 기본권보장규정, 권력분립제도(제40조, 제66조 ④, 제101조 ①), 포괄적 위임입법의 금지(제75·95조), 법치행정보장(제12조, 제59조, 제107조 ②,③), 헌법재판제도(제111조 이하), 행정소송, 손해배상 및 손실보상 등의 제도를 둠으로써 법치국가를 지향하고 있다.

2. 법치행정의 원리(행정의 법률적합성의 원칙)

법치행정이란 법치주의를 행정과 관련하여 표현한 것이다. 법치행정의 원리는 특히 법률과 행정의 관계를 강조하여 '행정의 법률적합성의 원칙'이라고 하기도 한다. 이는 "행정은 국회가 제정한 법률에 근거하여야 하며 또한 법률에 위반하여서는 안 된다"는 것을 의미한다. 이 원칙은 다음 3가지 원칙을 그 내용으로 하고 있다.

행정기본법은 이 원칙을 명문화하여 "행정작용은 법률에 위반되어서는 아니 되며, 국민의 권리를 제한하거나 의무를 부과하는 경우와 그 밖에 국민생활에 중요한 영향을 미치는 경우에는 법률에 근거하여야 한다."고 규정하고 있다(제8조).

(1) 법률의 법규창조력

법률의 법규창조력이란 국회에서 제정하는 법률만이 법규(Rechtssatz: 국민의 권리·의무에 관한 일반적 사항을 규율하여 국민과 법원을 구속하는 규범)가 될 수 있다는 것이다. 즉, 입법기관은 국회이므로 국회에서 제정하는 법률만이 법규로서의 구속력이 있으며, 다른 하위의 규범들은 법률의 위임·근거 하에서만 제정되어야 하고, 그렇게 제정된 것만 법규로서의 효력을 갖게 된다는 것이다.

> 우리 헌법도 "입법권은 국회에 속한다"(제40조)고 하고, 행정부가 제정하는 행정입법은 법률의 위임 내지 근거를 요한다(제75조, 제95조)고 규정하여 이 원칙을 인정하고 있다. 이 원칙에 대한 예외로는 대통령이 (법률과 동일한 효력을 갖는) 긴급재정·경제명령이나 긴급명령(제76조)을 제정하는 경우뿐이다. 그런데 오늘날에는 법률 외에 행정법의 일반원칙이나 관습법도 법규성이 인정되고, 긴급재정·경제명령이나 긴급명령 등의 예외도 인정되므로 법률만이 법규창조력을 갖는다고 할 수 없다는 이유로 '법률의 법규창조력'을 행정의 법률적합성의 원칙의 내용에 포함시키지 않는 견해도 있다.

(2) 법률우위(法律優位)의 원칙

【문 제】

① (구)노인복지법에 의하면 국가 또는 지방자치단체는 65세 이상의 자에 대하여 노령수당을 지급할 수 있고, 지급대상자의 선정기준 등은 대통령령에 위임되어 있다. 노인복지법시행령(대통령령)은 지급대상자는 65세 이상의 자 중에서 보건복지부장관이 정하는 일정소득 이하의 자로 한다고 정하고 있으며, 지급수준은 예산의 범위 안에서 보건복지부장관이 정하도록 하고 있다. 이에 따라 보건복지부장관은 '1994년도 노인복지사업지침'을 통하여 1994년에는 예산 등을 고려하여 만 70세 이상의 생활보호대상 노인에게만 지급하도록 정하고, A는 70세가 되지 않았다는 이유로 지급대상자 선정에서 제외하였다. 이는 옳은가?

② 생활보호법의 규정상 생활보호대상의 기준이 너무 엄격하여 많은 주민들이 실질적으로 빈곤함에도 불구하고 법적으로 빈곤이 인정되지 않아서 생활보호대상에서 제외되는 결과가 된다는 주민여론에 따라, 甲 지방자치단체는 '저소득주민생계보호조례'를 제정하여 **법률보다 생활보호대상의 기준을 완화**하여 甲의 재정으로써 더 많은 사람들에게 생계비를 지원해 주기로 하였다. 그러한 조례는 허용되는가?

1) 의 의

법률은 국민의 대표기관인 국회가 제정한 것이기에 행정보다 우월하므로, 행정은 법률에 의한 구속을 받아야 하고 법률을 위반해서는 안 된다는 원칙이다. 이는 행정은 법률의 위임을 받아 제정된 법규명령 등에도 위반해서는 안 된다는 의미이기도 한다.

이 원칙은 두 가지를 내포하고 있다. 즉, ㉠ 행정은 법률을 집행할 의무가 있고 이를 회피해서는 안 되며(회피금지: 소극적 위반금지), ㉡ 행정은 법률에 위반해서는 안 된다(일탈금지: 적극적 위반금지).

법률우위의 원칙은 (법률유보의 원칙과 달리) 행정입법작용(법률과 동일한 효력을 갖는 긴급재정·경제명령, 긴급명령은 예외)을 포함한 모든 행정분야의 모든 행정작용에 예외 없이(공법작용, 사법작용: 법적행위, 사실행위 불문) 적용된다. 여기서 법률이란 실질적 법치주의 이념에 따라 합헌적 법률만을 의미한다.

> 헌법 제117조 제1항과 지방자치법 제22조는 지방자치단체는 '**법령의 범위 안에서**' 조례를 제정할 수 있다고 규정하고 있다. '법령의 범위 안에서'란 '법령을 위반하지 않고(법률우위의 원칙)'를 의미하는 것이지, '법령에 근거하여(법률유보의 원칙)'를 의미하는 것이 아니다. 그런데 법령에서 정하고 있는 내용이 사회복지의 전국적 최저기준을 정하고 있다고 해석되는 경우에, 지방자치단체가 이 기준을 초과하여 그 지방의 실정에 맞게 사회복지급부를 제공하는 내용의 조례(**초과조례, 超過條例**)를 제정할 수 있는지가 문제이다. 이는 법률의 우위의 원칙에 위반되지 않는다는 것이 판례이다(대법원 1997.4.25, 96추244). 그러나 반대로 법령의 규정보다 더 초과하여 국민의 권리를 제한하거나 의무를 부과하는 조례는 법령에 위반한 것으로서 허용되지 않는다(대법원 1997.4.25, 96추251 참조).
> 그리고 헌법재판소는 "법령의 범위 안"에서의 '법령'에는 법률과 명령뿐만 아니라 '법규명령으로서 기능하는 행정규칙'(법령보충적 행정규칙, 후술 참조)도 포함된다고 한다(헌재 2002.10.31, 2001헌라1 참조).

2) 위반의 효과

이 원칙에 위반한 행정작용의 효과는 다양하다. 행정입법은 무효이다. 행정행위는 위법성이 중대하고 명백한 경우에 무효가 되고, 그 밖의 경우에는 취소할 수 있음에 그친다. 그 밖의 행정작용은 무효가 된다. 개인의 손해는 배상하여야 한다(후술 참조).

【답】

① 보건복지부장관이 노령수당의 지급대상자에 관하여 정할 수 있는 것은 ㉠ 65세 이상의 자 중에서 일정소득 이하에 해당하는 지급대상자의 범위, ㉡ 예산 등을 고려한 지급수준·시기·방법 등일 뿐이다. 그러나 지급대상자의 최저연령을 법령상의 규정보다 높게 정하는 등 지급대상자의 범위를 법령의 규정보다 축소·조정할 수는 없다. 따라서 지급대상자를 '70세 이상'의 생활보호대상자로 정함으로써 당초 법령이 예정한 지급대상자를 부당하게 축소·조정한 것은 법령의 한계를 벗어난 것이어서 위법이다(대법원 1996.4.12, 95누7727 참조).

② 어떤 특정사항을 규율하는 국가의 법령이 이미 존재하는 경우에도, ㉠ 지방자치단체가 동일한 사항에 관해 국가의 법령과는 다른 목적을 위하여 조례를 제정·적용하더라도 국가의 법령의 목적과 효과가 방해받지 않는 때, ㉡ 또는 법령과 조례의 목적이 동일하다고 할지라도 국가의 법령이 반드시 전국에 동일한 내용을 규율하려는 것이 아니고 각 지방자치단체가 그 지방의 실정에 맞게 별도로 규율하는 것을 허용하는 취지라고 해석될 수 있는 경우에는, 그 조례가 국가의 법령에 위반되는 것은 아니라고 보아야 한다(대법원 1997.4.25, 96추244 참조). ㉢ 이는 오히려 법률유보의 원칙의 관점에서 설명하는 것이 낫다. '저소득주민생계보호조례'와 같은 조례(국민에게 수익적인 내용의 조례)는 법률의 근거 없이도 제정할 수 있다. 따라서 법률의 근거 없이 조례로써 더 많은 사람들에게 생계비를 지원해 주는 것은 허용된다(후술하는 법률유보의 원칙 참조).

【참고】반대의 경우: 예를 들면, 어떤 지방자치단체가 주차문제를 해결하기 위해 차고지확보에 관한 조례를 제정하여 차고지확보의무대상을 자동차운수법령이 정한 기준보다 확대하고 자동차관리법령이 정한 기준보다 더 높은 수준의 등록기준을 부과하는 경우에는 그 내용이 상위법령의 제한범위를 초과하여 법률우위의 원칙에 위반하며, 또한 법률의 근거 없이 국민의 권리를 제한하는 것이므로 무효가 된다(대법원 1997.4.25, 96추251 참조).

(3) 법률유보(法律留保)의 원칙

【문제】

① 교육부는 '지방대학육성을 위한 특별법(안)'을 국회에 제출하였으나 여야간의 이견으로 이 법률안이 국회에서 통과되지 못하고 계류중에 있다. 그리하여 교육부는 국가균형발전을 위해 지방대학을 육성하는 것이 시급하여 법률의 통과를 기다릴 여유가 없다고 생각하고 법률의 근거 없이 '지방대학 혁신역량 강화사업'을 수립하여 지방대학으로 하여금 이 사업의 취지에 맞는 프로젝트 제안서를 제출하도록 하고, 미리 발표한 평가기준에 따라 선정된 수 개의 대학에 국고보조금을 교부하기로 하였다. 이에 탈락된 대학은 이 사업 및 보조금 교부가 법률적인 근거가 없다는 이유로 그 위헌성을 주장하려고 한다. 그 타당성은?

② 중소벤처기업부는 국제경쟁력이 있는 중소기업을 육성하기 위하여 예산을 확보한 후 '중소기업지원지침'을 마련하고, 국제경쟁력이 있는 甲기업에 대해 기술개발자금을 지원하기로 하였다. 그런데 甲과 동일한 제품을 생산하여 경쟁관계에 있는 乙은 지원금을 받지 못하게 되자, 중소기업지원지침이 내용상 불합리하다는 점과 그것이 법률의 근거가 없다는 이유로 甲에 대한 자금지원은 위법(위헌)인 결정이라고 한다. 乙의 주장의 타당성은?

1) 개 념

법률유보원칙(Vorbehalt des Gesetzes)은 행정권의 발동은 이미(vor) 제정된(behalt) 법률에 근거하여 이루어져야 한다는 원칙이다. 법률우위의 원칙은 소극적으로 '기존법률의 위반·회피의 금지'로서 법률이 존재하는 경우에 한하여 적용될 뿐이다(소극적 법률적합성의 원칙). 이에 반해 법률유보의 원칙은 적극적으로 법률제정을 요구하며 행정부는 법률이 존재하지 않을 경우에는 행정작용을 하지 말고, 제정된 법률이 있을 때만 그에 근거하여 행하라는 것이다 (적극적 법률적합성의 원칙).

법률유보의 원칙에 있어서 '법률'이란 원래 국회에서 제정하는 형식적 의미의 법률을 의미한다. 예산도 국회의 의결을 거쳐 제정되지만 일반국민을 구속하지는 않으므로 여기의 법률에 해당되지 않는다. 그런데 법규명령도 법률의 위임·근거에 따라 제정된다. 따라서 법률유보의 원칙이란 결국 "구체적인 행정권의 발동은 법률 또는 (법률의 위임에 의해 제정된) 법규명령에 근거가 있는 경우에만 이루어져야 한다"는 것을 의미한다고 할 수 있다.

【 판례 】 예산은 일종의 법규범이고 법률과 마찬가지로 국회의 의결을 거쳐 제정되지만 **법률과 달리 국가기관만을 구속할 뿐 일반국민을 구속하지 않는다.** 국회가 의결한 예산 또는 국회의 예산안 의결은 헌법재판소법 제68조 제1항 소정의 '공권력의 행사'에 해당하지 않고 따라서 헌법소원의 대상이 되지 아니한다(헌재 2006.4.25. 2006헌마409).

2) 근 거

(가) 이론상 근거

민주주의의 원리상 국민이 직접 선출하여 민주적으로 정당화된 국회가 국가공동체의 본질적인 결단을 행하여야 하며, 국민을 구속하는 규율을 정하여야 한다는 것이다. 법치주의 원리상 국민은 국가권력의 행사를 예견·예측할 수 있어야 하는데, 이를 위해서는 법률로 미리 규율해 놓아야 한다는 것이다. 기본권보장원리상 기본권의 제한을 위해서는 미리 법률의 근거가 필요하다는 것이다.

(나) 실정법상 근거

헌법은 기본권제한(헌법 제37조 ②), 재산권의 내용과 한계(제23조 ①), 행정각부조직(제90조) 등 여러 사항에 관해 법률유보원칙을 선언하고 있다.

행정기본법은 "행정작용은 …. 국민의 권리를 제한하거나 의무를 부과하는 경우와 그 밖에 국민생활에 중요한 영향을 미치는 경우에는 법률에 근거하여야 한다."고 규정하고 있다(제8조).

3) 적용범위

법률유보의 적용범위에 관해서는 다양한 견해들이 있는바, 이는 시대적 상황에 따른 행정(법)의 역사적 발전과정과 밀접한 관련이 있다.

(가) 침해유보설

침해유보설은 국민의 자유와 권리를 침해·제한하거나 의무를 부과하는 경우에는 반드시 법률의 수권을 필요로 하지만, 수익적 행위나 국민의 권리·의무에 관계없는 행정작용에는 법률유보의 원칙이 적용되지 않는다는 견해이다. 이는 주로 과거 입헌군주국가시절에 주장된 것으로서 법률유보를 침해행정에 한정하고 있다는 점에서 문제가 있는 것이다. 따라서 역사적 의의만 가질 뿐이다(이 설에 의하면 설문의 ①, ② 모두 법률유보원칙을 위반한 것이 아니어서 합헌이 된다).

(나) 전부유보설

모든 영역의 행정작용에는 예외 없이 법률의 근거가 필요하다는 견해이다. 2차 세계대전 이후 행정부에 대한 의회의 우위를 강조하여 주장되었던 급진적 입장이다. 의회민주주의에 가장 충실한 견해인 것 같지만 '순진한 이상론'이다. 이 설을 긍정한다면 국가의 급부행정을 비롯한 어떤 행정작용(예: 자발적인 행정정보공개)도 법률적 근거가 없는 것은 모두 위헌이 되는 결과가 된다. 결국 행정의 활동영역은 축소되고 의회의 (권한이 아닌) 의무만이 확대될 뿐이다. 즉, 법률유보의 확대가 반드시 국민의 권리·이익의 확대를 의미하게 되는 것은 아니다. 국민을 위하여 주장된 이 견해는 결과적으로 국민에게 손해가 되어 돌아오는 '트로이 목마'와도 같은 것이 되며 또한 (의회가 모든 행정사항에 대해 빠짐없이 법률을 제정할 수는 없으므로) 현실성이 없다는 비판을 받는다.

【참고】법률유보가 적용된다는 것은 '행정이 법률의 근거가 있어야 함, 즉 행정보다 먼저 법률로써 규율되어야 함(must)'을 의미하며 '법률에 의해 규율할 수 있음(can)'을 의미하는 것이 아니다. **법률유보가 확대**된다는 것은 의회의 **'의무'가 확대되는 것**이지, '권한'이 확대되는 것이 아니다. 법률유보가 적용되지 않는 영역이라도 의회가 법률로써 규율할 수 있음은 당연하다. 법률이 규율할 수 없는 영역은 인정될 수 없다.

(다) 급부(행정)유보설

침해행정은 물론 급부행정의 영역에도 반드시 법률의 근거가 필요하다는 견해이다. 현대국가에서는 급부행정의 영역이 중요하므로 국가의 공정한 급부와 배려를 확보하기 위해서는 법률유보의 원칙이 급부행정에도 적용되어야 한다는 것이다. 이에 따를 경우 법적 근거가 없는 모든 급부는 위헌이 되는 결과가 된다. 또 현실적으로 급부행정 분야에는 입법의 미비가 생길 여지가 있다. 따라서 모든 급부에 완전한 법률유보를 주장하는 것은 무리가 있다는 비판을 받는다(이 설에 의하면 설문의 ①, ②가 위헌이 된다).

> 【참고】 침해유보설은 국민의 재산·권리를 침해하는 행정으로부터 국민을 보호하는 '**행정에 대한 자유**'를 중시하는 반면, 급부행정유보설은 행정으로부터의 대등한 급부를 요구하는 '**행정을 통한 자유**'를 중시한다.

(라) 중요사항유보설(본질사항유보설, 단계설)

① 의 의

법률유보원칙의 적용 여부는 당해 행정이 침해적인 것인지의 여부만을 기준으로 할 것이 아니라 그 사안의 중요성(본질성: Wesentlichkeit)의 여부도 기준으로 삼아야 한다는 견해이다. 중요한 사항은 반드시 법률의 근거를 요한다는 것이다. 이는 독일 연방헌법재판소의 판례를 통해 확립된 것으로서 현재 독일의 지배적 견해이다. 중요성이론은 "매우 중요한 결정은 의회가 스스로 법률로써, 다음 단계로 중요한 것은 법률에 의해 위임된 법규명령에 의해서, 중요하지 않은 것은 법률유보에서 제외되어 행정부 독자적으로 규율할 수 있다"는 것을 의미한다. 따라서 '단계설'이라고도 한다.

② 중요성의 기준

이 설의 문제점은 구체적인 경우 중요성 여부가 명확하지 않다는 것이다. 통상 어떤 행정조치가 '국민의 기본권실현'과 관련하여 중요하거나 '일반 국민의 생활관계에 미치는 영향'이 크면 중요한 것이라고 한다. 따라서 어떤 급부행정이 국민의 기본권을 실현하는 데 있어서 없어서는 안 될 경우, 그러한 급부행정의 근거·절차·조직의 문제에도 법률유보가 적용되게 된다(이 설에 의할 경우 ②가 위헌이 된다).

> 【판례】 어떠한 사안이 국회가 형식적 법률로 스스로 규정하여야 하는 본질적 사항에 해당되는지는, 구체적 사례에서 관련된 이익 내지 가치의 중요성, 규제 또는 침해의 정도와 방법 등을 고려하여 개별적으로 결정하여야 하지만, 규율대상이 **국민의 기본권 및 기본적 의무와 관련한 중요성을 가질수록 그리고 그에 관한 공개적 토론의 필요성 또는 상충하는 이익 사이의 조정 필요성이 클수록**, 그것이 국회의 법률에 의해 직접 규율될 필요성은 더 증대된다(대법원 2015.8.20. 2012두23808).

③ 침해유보와의 관계

침해행정에는 당연히 법률유보가 적용되므로 그 침해가 사소하거나 비본질적인 것이더라도 법률유보원칙이 적용되어 법률의 근거가 필요함은 물론이다. 문제는 어떤 사안이 성질상 '침해'라고 확정할 수 없을 경우인데, 이 때 '중요성'이 '보충적'으로 법률유보원칙의 적용 여부의 판단기준이 되는 것이다.

> 【판례】 ① 텔레비전방송 수신료는 국민의 재산권 보장의 측면이나 한국방송공사에게 보장된 방송자유의 측면에서 **국민의 기본권실현에 관련된 영역**에 속하고, **수신료금액의 결정**은 납부의무자의 범위 등과 함께

수신료에 관한 본질적인 중요한 사항이므로 국회가 스스로 행하여야 하는 사항에 속하는 것임에도 불구하고 한국방송공사법 제36조 제1항에서 **국회의 결정이나 관여를 배제한 채** 한국방송공사로 하여금 수신료금액을 결정해서 문화관광부장관의 승인을 얻도록 한 것은 법률유보원칙에 위반된다(헌재 1999.5.27, 98헌바70). ② **고급주택, 고급오락장이 무엇인지 하는 것은 취득세 중과세요건의 핵심적 내용을 이루는 본질적이고도 중요한 사항**임에도 불구하고 그 기준과 범위를 구체적으로 확정하지도 않고 또 그 최저기준을 설정하지도 않고 단순히 "대통령령으로 정하는 고급주택" 또는 "대통령령으로 정하는 고급오락장"이라고 불명확하고 포괄적으로 규정함으로써 실질적으로는 중과세 여부를 온전히 행정부의 재량과 자의에 맡긴 것이나 다름 없을 뿐만 아니라, 입법목적, 지방세법의 체계나 다른 규정, 관련법규를 살펴보더라도 고급주택과 고급오락장의 기준과 범위를 예측해 내기 어려우므로 이 조항들은 헌법상의 **조세법률주의,** 포괄위임입법금지원칙에 **위배된다**(헌재 1998.7.16, 96헌바52, 97헌바40, 97헌바52·53·86·87, 98헌바23(병합)).

(마) 권력행정유보설, 사회유보설

권력행정유보설은 침익적·수익적 행정을 불문하고 모든 권력작용은 법률의 근거가 있어야 한다는 견해이다. 이 설에 의하면 보조금 교부는 법률의 근거가 필요하지만 행정지도는 법률의 근거가 필요없게 된다.

사회유보설은 침해행정뿐만 아니라 급부행정 중에서, 특히 사회보장행정에 대하여 사회국가이념에 따라 공정한 급부활동이 요청된다는 점에서 법률의 근거를 요한다는 견해이다. 사회복리국가적 이념과 법 앞의 평등원칙에서 그 근거를 구한다.

(바) 소 결

침해행정에는 법률유보의 원칙이 적용되어야 한다는 데에는 이견이 없다. 문제는 그 밖의 급부행정, 행정절차, 사실행위, 행정조직, 특별권력관계 등 기타의 행정영역이다. 행정의 분야가 다양한 만큼 법률유보원칙의 적용 여부를 한마디로 결정할 수는 없다. 행정영역·작용의 성질, 기본권과의 관련성, 규율내용이 국민생활에 미치는 실제적 중요성 등을 고려하여 개별적으로 결정할 수밖에 없다(중요사항유보 - 법률유보).

행정기본법도 "국민의 권리를 제한하거나 의무를 부과하는 경우(침해유보)와 그 밖에 국민생활에 중요한 영향을 미치는 경우(중요사항유보)에는 법률에 근거하여야 한다."고 규정하고 있다(제8조).

또한 법률로 규율함에 있어서도 규율사안이 개인의 기본권에 대한 침해의 정도가 클수록, 국가공동체와 그 구성원에 대한 영향력이 클수록, 의회는 법률로써 직접 (법치주의 원리상 국민이 행정작용을 예견·예측할 수 있을 정도로) 명확하고 세밀하게 규율해야 한다(의회유보 - 법률의 규율밀도).

【답】

① 전부유보설에 따르게 되면 위 설문에서 정부의 지방대학에 대한 지원금 교부는 법률의 근거가 없는 것이므로 위헌이 되어 불가능하게 된다. 그러나 ⑦ 국가의 급부행정이 중요하므로 의회가 그에 관해 법률제정을 통하여 개입할 수 있다는 것과 아직 법률이 제정되어 있지 않은 경우에 행정권이 조직법·예산 등에만 근거하여 급부적 활동을 수행하는 것이 반드시 모순되는 것이 아니고, ⓛ 국가의 보조금의 지원으로 인해 대학간의 자유경쟁이나 기회균등의 원칙이 현저히 훼손되어 경쟁대학이 수인하기 어려울 경우에 해당되지 않고, ⓒ 다른 대학들에 대해서도 기회를 부여하여 경쟁의 결과 지원금을 결정하고 탈락된 대학구성원들의 기본권도 침해되었다고 보기 어려우므로 **법률유보의 원칙에 위반하지 않는다**고 할 것이다. 따라서 법률유보가 적용되지 않아 적법하다.

② 국가의 보조금의 지원으로 인해 단순한 경쟁관계에 대한 영향을 넘어서 자유경쟁이나 기회균등의 원칙이 현저히 훼손되어 경쟁업자 乙의 **기업활동이 어려울 정도로 수인가능성을 넘을 경우에는 예산에만 근거하여 자금을 지원하는 것은 법률유보원칙에 반하여 위법한 처분**이 된다. 그러나 그 이외의 통상적인 자금지원의 경우에는 예산상의 근거만으로도 문제없다고 할 것이다.

4) 관련개념과의 구별

(가) 의회유보

의회유보(議會留保)는 "의회(국회)는 입법기관으로서 권한을 포기하거나 의무를 회피해서는 안 되므로 일정한 것은 의회가 스스로 법률로써 규율해야 하고 법규명령 등에 위임해서는 안 된다"는 것(위임의 금지)을 의미한다. 따라서 법률유보와 의회유보는 단계적 관계에 있다고 말할 수 있다. 즉, 우선 어떤 행정분야에 도대체 법률의 근거가 필요한지를 검토하고(법률유보), 다음 단계로 어떤 규율은 의회가 스스로 법률로써 정해야 하고 행정권에 법규명령이나 공법적 단체(예: 주택재개발조합)의 정관 등으로 제정하도록 위임을 해서는 안 되는지를 검토해야 한다(의회유보).

【판례】① 오늘날 법률유보원칙은 단순히 행정작용이 **법률에 근거를 두기만 하면 충분한 것이 아니라**, 국가공동체와 그 구성원에게 기본적이고도 중요한 의미를 갖는 영역, 특히 **국민의 기본권실현과 관련된 영역**에 있어서는 국민의 대표자인 **입법자가 그 본질적 사항에 대해서 스스로 결정**하여야 한다는 요구까지 내포하고 있다(**의회유보**)(헌재 1999.05.27, 98헌바70).

② 토지초과이득세법상의 **기준시가**는 국민의 납세의무의 성부 및 범위와 직접적인 관계를 가지고 있는 중요한 사항이므로 이를 하위법규에 백지위임하지 아니하고 **그 대강이라도 토지초과이득세법 자체에 직접 규정해야** 한다(헌재 1994.7.29, 92헌바49병합).

③ 법률이 **공법적 단체 등의 정관**에 자치법적 사항을 위임한 경우에는 헌법 제75조가 정하는 **포괄적인 위임입법의 금지**는 원칙적으로 **적용되지 않는다**고 봄이 상당하고, 그렇다 하더라도 그 사항이 국민의 권리·의무에 관련되는 것일 경우에는 적어도 국민의 권리·의무에 관한 **기본적이고 본질적인 사항은 국회가 정하여야 한다**(대법원 2007.10.12., 2006두14476).

④ **지방의회의원에 대하여 유급보좌인력을 두는 것은** 지방의회의원의 신분·지위 및 그 처우에 관한 현행 법령상의 제도에 중대한 변경을 초래하는 것으로서, 이는 개별 지방의회의 조례로써 규정할 사항이 아니라 **국회의 법률로써 규정하여야** 할 입법사항이다(대법원 2013.1.16. 2012추84).

⑤ 법률이 **자치적인 사항을 정관에 위임할 경우** 원칙적으로 헌법상의 **포괄위임입법금지원칙이 적용되지**

않는다 하더라도, 그 사항이 국민의 권리·의무에 관련되는 것일 경우에는, 적어도 **국민의 권리와 의무의 형성에 관한 사항을 비롯하여 국가의 통치조직과 작용에 관한 기본적이고 본질적인 사항은 반드시 국회가 정하여야** 할 것인바, 각 **국가유공자 단체의 대의원의 선출에 관한 사항은** 각 단체의 구성과 운영에 관한 것으로서, 국민의 권리와 의무의 형성에 관한 사항이나 국가의 통치조직과 작용에 관한 기본적이고 본질적인 사항이라고 볼 수 없으므로, 법률유보 내지 의회유보의 원칙이 지켜져야 할 영역이라고 할 수 없다. 따라서 각 단체의 **대의원의 정수 및 선임방법 등은 정관으로 정하도록 규정하고 있는** '국가유공자등 단체설립에 관한법률' 제11조가 법률유보 혹은 **의회유보의 원칙에 위배되어 청구인의 기본권을 침해한다고 할 수 없다**(헌재 2006.3.30. 2005헌바31).

⑥ 도시 및 주거환경정비법 제28조 제4항 본문이 **사업시행인가 신청시의 동의요건을 (주택재개발)조합의 정관에 포괄적으로 위임하고 있다고** 하더라도 헌법 제75조가 정하는 **포괄위임입법금지의 원칙이 적용되지 아니하므로 이에 위배된다고 할 수 없다.** .... 그 동의요건은 사업시행인가 신청에 대한 토지 등 소유자의 사전 통제를 위한 절차적 요건에 불과하고 **토지 등 소유자의 재산상 권리·의무에 관한 기본적이고 본질적인 사항이라고 볼 수 없으므로 법률유보 내지 의회유보의 원칙이 반드시 지켜져야 하는 영역이라고 할 수 없다**(대법원 2007.10.12. 2006두14476).

⑦ 토지등소유자가 도시환경정비사업을 시행하는 경우 **사업시행인가 신청시 필요한 토지등소유자의 동의**는 개발사업의 주체 및 정비구역 내 토지등소유자를 상대로 수용권을 행사하고 각종 행정처분을 발할 수 있는 행정주체로서의 지위를 가지는 사업시행자를 지정하는 문제로서 그 동의요건을 정하는 것은 국민의 **권리와 의무의 형성에 관한 기본적이고 본질적인 사항이므로 국회가 스스로 행하여야 하는 사항에 속하는** 것임에도 불구하고 **사업시행인가 신청에 필요한 동의정족수를 토지등소유자가 자치적으로 정하여 운영하는 규약에 정하도록 한 것은 법률유보원칙에 위반된다**(헌재 2011.8.30. 2009헌바128·148).

⑧ 국민에게 납세의 의무를 부과하기 위해서는 조세의 종목과 세율 등 납세의무에 관한 기본적, 본질적 사항은 국민의 대표기관인 국회가 제정한 법률로 규정하여야 하고, 법률의 위임 없이 명령 또는 규칙 등의 행정입법으로 과세요건 등 납세의무에 관한 기본적, 본질적 사항을 규정하는 것은 헌법이 정한 조세법률주의 원칙에 위배된다. 특히 법인세, 종합소득세와 같이 납세의무자에게 조세의 납부의무뿐만 아니라 스스로 과세표준과 세액을 계산하여 신고하여야 하는 의무까지 부과하는 경우에는 **신고의무 이행에 필요한 기본적인 사항과 신고의무불이행 시 납세의무자가 입게 될 불이익 등은 납세의무를 구성하는 기본적, 본질적 내용으로서 법률로 정하여야 한다**(대법원 2015.8.20. 2012두23808).

(나) 행정유보

행정유보를 주장하는 견해에 의하면 행정의 일정영역은 행정권의 배타적인 고유영역으로서 행정권에 유보되어 있다고 한다(확립된 원칙은 아님). 입법부만이 아니라 행정부도 국민의 직·간접적 대표기관으로서 민주적 정당성이 있다는 점 등을 이유로 든다.

행정유보란 일정영역(예: 법률유보원칙이 적용되지 않는 영역, 법률로부터 자유로운 영역)에서 어느 정도 행정권 존중의 필요성을 강조하는 데에 그쳐야 하는 것이지 의회의 간섭을 배제하려는, 즉 법률유보원칙의 적용을 배척하려는 것으로서는 인정될 수 없다. 의회민주주의 국가에서는 반드시 의회의 간섭을 배제하고 행정권에게 맡겨 놓아야만 하는 영역은 인정되지 않는다.

5) 개별적 고찰

(가) 침해행정

침해행정은 반드시 법률의 근거가 있어야 함은 물론이다. 나아가 중요사항은 국민이 예측할 수 있을 정도로 침해의 대상·내용·범위 등을 법률 안에 규정하여야 한다.

(나) 급부행정

급부행정에도 원칙적으로 법률유보가 적용된다. 특히 행정주체의 급부가 제3자의 기본권과 관련되거나 급부대상자의 반대급부와 결부되는 경우에는 법률유보가 더욱 적용된다. 자연재해 등 예외적 상황에서의 급부행정은 법률유보가 적용되지 않는다.

(다) 비권력행정

공법상 계약, 행정지도 등 비권력행정은 법률의 근거가 없어도 된다.

(라) 행정규칙

법률유보의 원칙이 적용되어 법률이나 법규명령으로 규율할 사항을 행정규칙으로 제정하면 안 된다. 행정규칙으로 제정되더라도 법령의 근거가 없는 한 법규성이 부인된다. 법령보충적 행정규칙은 법령의 근거가 있으면 법규성이 인정된다는 것이 판례이다(후술 참조).

(마) 행정조직

"행정각부의 설치·조직과 범위는 법률로 정한다"(헌법 제96조)고 하여 행정조직의 법률유보를 명문화하고 있다.

(바) 특별권력관계

특별권력관계에도 법률유보가 적용되는 것이 원칙이지만 다소 완화될 수 있다. 특히 권리침해적인 조치(예: 징계)에 대해서는 법률유보가 적용된다(후술 참조).

(사) 조 례

> **【문 제】** 강원도 정선군은 출산을 장려하기 위하여 세 자녀 이상 세대 중 세 번째 이후 자녀에게 양육비 등을 지원할 수 있도록 하는 '**세 자녀 이상 세대 양육비 등 지원에 관한 조례**'를 제정하려고 한다. 이는 **법률상의 근거가 없음**에도 허용되는가?

조례가 주민의 권리제한 또는 의무부과에 관한 사항이거나 벌칙을 정할 때는 법률의 위임이 있어야 한다(지방자치법 제28조 단서). 그 밖의 경우에는 법률의 위임이 없어도 된다.

법률에서 조례에 위임하는 경우에는, 법규명령에 위임하는 경우와 같이 반드시 구체적이고 명확한 범위를 정하여 할 필요는 없으며, 개괄조항을 통한 포괄적 위임도 가능하다. 이는 지방의회가 주민의 대표기관으로서 민주적으로 정당성이 인정된다는 점과 자치단체의 자치권이 보장될 필요가 있다는 점을 고려한 것이다.

【 판례 】 조례제정권자인 지방의회는 선거를 통하여 그 지역적인 민주적 정당성을 지니고 있는 주민의 대표기관이고, 헌법이 지방자치단체에 포괄적인 자치권을 보장하고 있는 취지로 볼 때, 조례에 관한 법률의 위임은 법규명령에 대한 법률의 위임과 같이, 반드시 구체적으로 범위를 정하여 할 필요가 없으며, **포괄적인 것으로 족하다**(헌재 1995.4.20, 92헌마264 · 279 병합).

【 답 】 위 조례는 주민의 편의 및 복리증진에 관한 내용을 담고 있어 그 제정에 있어서 반드시 법률의 **개별적 위임이 따로 필요한 것은 아니다**(대법원 2006.10.12, 2006추38 참조)

(아) 행정절차

행정절차를 비롯한 각종 절차에 관해서도 법률유보가 문제되는 경우가 있다. 그 절차 자체가 혹은 그 절차가 가져올 수 있는 결과가 국민의 기본권을 침해하는 내용을 갖고 있다거나, 기본권의 행사와 결정적으로 관련이 있는 경우는 법률유보가 적용되어야 한다.

6) 법률유보원칙의 위반의 효과

법률유보의 원칙이 적용되어야 함에도 불구하고 법률의 근거 없이 이루어진 행정작용은 위헌 · 위법이며, 위법인 행정작용의 효력은 그 종류에 따라 다르므로 개별적으로 검토해야 한다. 행정행위는 무효 또는 취소할 수 있는 것이 된다(후술). 법규명령은 무효이다.

Ⅲ. 사회국가의 원리(복리행정주의)

사회국가란 모든 사람이 인간다운 생활을 할 수 있는 경제적 · 사회적 정의를 적극적으로 실현함을 지향하는 국가체제를 의미한다. 우리 헌법은 생존권적 기본권보장(제34조), 경제조항(제119조) 등을 두어 적정한 생존권을 확보할 수 있도록 함으로써 사회국가의 원리를 채택하고 있다.

제 6 절 행정법의 법원

I. 개 설

1. 법원(法源)의 의의

법원(Rechtsquelle)이란 법(Recht)의 원천(Quelle)으로서 법의 인식근거, 존재형식을 말한다 (존재하는 것으로부터 법을 인식·적용하게 되므로 법의 원천·존재형식·인식근거는 동일한 것이다). 행정법의 법원이란 행정법의 존재형식을 말하며, 성문법원과 불문법원으로 구분한다.

법원의 범위에 대해서는 법규만을 법원으로 보는 협의설(법규설)과 법규는 물론 행정조직 내부에서 행정사무의 기준이 되는 일체의 규범(행정규칙 등)을 포함하는 것으로 보는 광의설의 입장이 대립한다. 법이란 법규를 의미하므로 협의설이 옳다고 본다.

【참고】 **법규**(法規, Rechtssatz), **법규범**(法規範, Rechtsnorm) : 가장 기본이 되는 것임에도 불구하고 개념정의가 통일되어 있지 못하다. 그 이유는 이들 개념의 역사성에 있다.
① **법 규**
㉠ **협의설**: 법규란 '개인 상호간 또는 국가와 사인간, 그리고 법원까지도 따라야 하는 일반구속성(Allgemeinverbindlichkeit)이 있는 일반·추상적 규율'이라는 견해로서 우리의 다수 견해이다. ㉡ **광의설**: 법규란 '고권적인 일반적·추상적 규율'이라고 이해하거나 또는 '일정한 구성요건(構成要件. '… 하면)과 그 결과로서 일정한 권리·의무의 발생('… 한다')을 결합시키는 문장(Satz)'이라고 하는 견해이다. ㉢ **사견**: 광의설에 따르면 '… 하면 … 한다'는 식의 규정은 국가조직 내부에도 존재하는 것이며, 따라서 행정조직 내부관계에 관한 규율도 법규의 개념에 포함되게 된다. 이는 행정규칙을 포함한 모든 행정내부명령이 '법규'가 되는 결과가 되어 '행정'규칙과 '법규'명령의 개념상의 구분이 혼란스럽게 된다는 점에서 문제가 있다. **협의설이 옳다.**
② **법규와 법규범**
㉠ **동일설**: 법규범이란 법규에서 구체적으로 표현되고 있는 규율의 내용이라는 견해로서 법규는 규율형식이고 법규범은 규율내용이라는 것이다. 결국 법규와 동일시하는 견해이다. ㉡ **구별설**: 법규개념을 넓게 이해하는 입장에서 양 개념을 구별하여, 법규는 '고권적인 일반적·추상적 규율'로서 '외부법(행정주체와 국민간의 관계에서 구속력을 가지는 법)'만이 아니라 '내부법(행정조직 내부에서만 구속력을 갖는 것)'도 포함하는 개념인데 반하여, 법규범은 행정주체와 국민간의 외부관계에 관한 법규에 한정하는 개념으로 보는 견해이다. 법규와 법규범을 이와 정반대로 이해하는 견해도 있다(장태주). ㉢ **사견**: 구별설은 일반 국민의 상식·관념에 배치된다. '법규'와 '법규범'을 구분하여 사용하는 사람은 거의 없고 이들을 동일하게 생각할 것이다. 개념은 의미를 전달하는 수단으로서 가능하면 일반적인 상식·이해에 상충되지 않아야 한다. 따라서 **'법규'와 '법규범'은 동일한 것으로서 '국가·국민·법원 모두를 구속하는 일반적·추상적 규율'이라고 보는 것이 합당하다.**

2. 성문법주의

행정법의 성문법주의라 함은 행정법의 존재형식은 원칙적으로 성문법이어야 한다는 주의이다. 이는 ㉠ 국민의 기본권에 관계되는 행정권의 발동은 예측가능성과 법적 안정성을 위하여 그 한계와 조건을 미리 명백히 할 필요가 있고, ㉡ 행정작용의 획일적이고 공정한 수행을 도모하며, ㉢ 행정구제절차를 명백히 함으로써 국민의 권익을 보장하고, ㉣ 행정사무의 공정을 기한다는 것 등에 기인한다. 헌법의 여러 조항도 이 원칙을 뒷받침하고 있다(헌법 제37조 ②, 제96조, 제23조 ③, 제59조).

그런데 행정법의 규율대상은 매우 광범위하고 복잡하며 또한 행정영역이 계속 확대되고 있어 모든 행정작용을 성문법으로 빠짐없이 제 때에 규율하기는 어렵다. 따라서 성문법이 정비되지 아니한 분야에 대해서는 관습법·판례법·조리 등과 같은 불문법이 보충하게 된다. 특히 후술하는 바와 같이 조리(행정법의 일반원칙)는 '행정법 총론'의 중요한 위치를 차지하며 불문법원으로서 매우 중요한 기능을 한다.

Ⅱ. 행정법의 성문법원

1. 헌 법

헌법은 국가의 근본조직과 작용을 규율하는 기본법인바, 그 중에서 행정조직과 행정작용에 관련된 규정은 행정법의 법원이 된다. 즉, 기본권, 행정조직, 지방자치, 법규명령 등에 관한 헌법규정은 행정법의 법원이 된다. 또한 헌법의 일부 규정으로부터 행정법의 일반원칙이 도출될 수 있고, 행정법의 일반원칙은 행정법의 법원이 된다.

【참고】헌법과 행정법의 관계: ㉠ "헌법은 변하여도 행정법은 변하지 않는다"(1924, O. Mayer). 이는 헌법은 정치성이 강하여 시대적 상황에 따라 변하는 반면에 행정법은 수단성·기술성이 강하여 정치적 변화에 민감하지 않고 어느 정도 중립성을 갖는다는 것을 강조한 것이다. 행정법도 어느 정도 시차를 두고 헌법의 변화를 반영하여 변하는 것은 물론이다. ㉡ "행정법은 헌법을 구체화하는 것이다"(1959, F. Werner). 헌법은 국가의 통치권 전반에 걸친 근본조직과 작용을 규율하는 법으로서 그 특성상 추상적인 성격을 갖는데 반하여, 행정법은 이러한 헌법의 정신과 이념을 구체적으로 실현하는 기능을 수행한다는 것이다. 따라서 행정법의 내용·구성은 헌법의 정신·내용에 합치되어야 한다.

2. 법 률

(1) 의 의

법률은 국회가 헌법상의 입법절차에 따라 제정하는 법형식을 말하는바, 법률은 헌법 다음으로 중요한 법원이다. 기본적이고 중요한 사항은 법률로 정하여야 하고, 국민의 기본권의 제한은 법률로 하여야 하고, 행정권에 포괄적인 위임을 해서는 안 되며, 법률은 헌법 이외의 다른 법원보다 우위이다(법률의 우위).

(2) 행정기본법

1) 의 의

행정법령은 국가 법령의 대부분을 차지하고 국민생활에 중대한 영향을 미치지만 복잡한 행정법령의 집행원칙과 기준이 되는 기본법이 없어 국민의 권익보호와 법치행정에 부족한 면이 많았다. 그리하여 행정기본법이 "행정의 원칙과 기본사항"을 규정하기 위하여 2021. 3. 23. 제정되었다. 행정기본법은 그동안 판례와 학설로 정립된 행정의 기준과 원칙을 규정함으로써 개별법의 공통적 제도를 종합화·체계화하여 행정의 민주성, 적법성, 적정성 및 효율성을 도모하고 국민의 권익 보호에 이바지하기 위한 것이다.

2) 주요내용

행정기본법은 ㉠ 판례·학설로 정립된 행정의 일반원칙, ㉡ 행정절차법 등에 흠결된 실체적 사항, ㉢ 개별법상 공통제도의 체계화 등과 관련된 사항을 중심으로 4개의 장, 40개의 조문으로 구성되어 있다.

그 주요내용을 보면 첫째, '국민의 권리보호 강화'를 위하여 행정법의 일반원칙, 처분의 취소·철회의 근거, 제재처분의 제척기간, 이의신청·재심사 등에 관한 사항, 둘째, '행정의 효율성·통일성 제고'를 위하여 신·구법의 적용기준, 인허가의제(擬制)·과징금·이행강제금 등과 같은 행정영역 전반의 유사·공통 제도, 공법상 계약 등에 관한 사항, 셋째, '적극행정 및 규제혁신 촉진' 차원에서 적극행정의 추진의무, 수리를 요하는 신고와 그 효력발생시점, 자동적 처분 등에 관한 사항을 규정하고 있다.

3) 다른 법률과의 관계

행정기본법은 일반법과 기본법으로서의 지위를 겸하고 있다. 행정기본법은 원칙적으로 모든 행정작용에 적용되지만, 개별 행정분야의 특수성을 고려하여 다른 법률에서 행정기본법에서 정한 기준·방법 등과 다른 내용의 규정이 있는 경우에는 그 법률이 적용된다는 점을 명시하여 일반법으로서의 지위를 표명하고 있다(제5조 제1항).

또한, 모든 행정의 기준과 원칙을 제시하는 기본법으로서의 지위도 가지고 있기 때문에 행정에 관한 다른 법률을 제정하거나 개정하는 경우 행정기본법에서 정한 목적과 원칙, 기준 및 취지에 부합하도록 하여야 한다고 정하고 있다(제2항).

(3) 그 밖의 주요법률

행정에 관한 주요법률로 행정절차법, 행정심판법, 행정소송법, 행정대집행법, 국세징수법, 정부조직법, 지방자치법, 국가공무원법 등을 들 수 있다.

3. 명 령

명령이란 행정권에 의하여 정립되는 법형식을 말한다. 법규명령과 행정규칙이 있다.

(1) 법규명령

법규명령이란 행정권이 정립한 일반적·추상적 규범 중에서 법규의 성질을 가지는 것을 말하는바, 대통령령·총리령·부령·중앙선거관리위원회규칙 등이 이에 속한다. 그리고 헌법이 직접 입법형식으로 인정한 것으로 중앙선거관리위원회규칙, 대법원규칙, 헌법재판소규칙이 있으며, 이들은 행정과 관련된 범위 안에서 행정법의 법원이 된다. 감사원규칙이 법규명령인가 하는 점에 관하여는 학설의 대립이 있으나, 인정하는 것이 다수설이다(후술).

【참고】**규 칙**: '…규칙'에 대해 혼동의 여지가 있는바, 이를 구분 설명하면 다음과 같다. ㉠ **대법원규칙, 선거관리위원회규칙, 헌법재판소규칙**: 대법원, 선거관리위원회, 헌법재판소가 법률의 근거 하에서 자신의 업무수행을 위해 제정하는 것으로서 (법규)명령에 해당하는 효력을 갖는다. ㉡ **'…법 시행규칙'**: 행정각부 장관(국무총리)이 자신의 관할업무에 속하는 법률을 시행하기 위해 법률이나 대통령령 등의 위임을 받아 (위임명령) 또는 직권으로(집행명령) 제정하는 '부령'이다. ㉢ **행정규칙**: 원칙적으로 행정조직 내부에서 업무수행 내지 법령집행의 통일을 기하기 위해 상급기관이 제정하는 것이다. ㉣ **감사원규칙**: 감사원이 자신의 업무수행을 위해 감사원법에 근거하여 제정하는 것으로서 헌법이 아닌 법률(감사원법)에 근거한 것이라는 점에서 그 법적 성질에 관하여서는 논란이 있다(후술). ㉤ **규칙**: 지방자치단체의 장이 제정하는 자치법규이다. ㉥ **교육규칙**: 교육·학예에 관한 사무의 집행기관인 교육감이 제정하는 것이다.

(2) 행정규칙

행정규칙이란 행정조직 내부 또는 특별권력관계를 규율하기 위하여 행정권이 정립하는 일반적·추상적 규율로서 행정조직 내부에서만 효력을 가질 뿐이고 일반국민을 구속하는 힘, 즉 '법규성'이 없는 명령을 말한다. 행정명령이라고도 한다. 법규성이 없는 행정규칙은 법원성(法源性)도 인정할 수 없다고 하여야 논리적으로 일관성이 있다. 그러나 법규성이 있는 행정규칙도 있으므로 행정규칙의 법원성을 완전히 부인할 수는 없다(후술 참조).

4. 조약 및 국제법규

(1) 의 의

조약이란 그 명칭여하를 불문하고 국가간의 문서에 의한 합의를 말하며, 국제법규란 '우리나라가 체약국이 아닌 조약으로서 국제사회에서 일반적으로 그 규범성이 승인된 것 그리고 국제관습법'을 말한다. 헌법에 의하여 체결·공포된 조약과 일반적으로 승인된 국제법규는 국내법과 동일한 효력을 가지므로(헌법 제6조 ①), 이들이 국내행정에 관한 사항을 규율하는 경우 행정법의 법원이 될 수 있다.

> 【판례】'**남북 사이의 화해와 불가침 및 교류협력에 관한 합의서**'(남북기본합의서, 1992년 2월 18일)는 남북관계가 '**나라와 나라 사이의 관계가 아닌 통일을 지향하는 과정에서 잠정적으로 형성되는 특수관계**'임을 전제로, 조국의 평화적 통일을 이룩해야 할 공동의 정치적 책무를 지는 남북한 당국이 특수관계인 남북관계에 관하여 채택한 합의문서로서, 남북한 당국이 각기 정치적인 책임을 지고 상호간에 그 성의 있는 이행을 약속한 것이기는 하나 법적 구속력이 있는 것은 아니어서 이를 **국가 간의 조약 또는 이에 준하는 것으로 볼 수 없고**, 따라서 **국내법과 동일한 효력이 인정되는 것도 아니다**(대법원 1999.7.23, 98두14525).

(2) 효 력

국내법과 조약 등의 내용이 충돌할 경우 양자의 효력관계가 문제가 된다. 조약 등 국제법은 "국내법과 동일한 효력을" 갖는데, 여기서 '국내법'이 무엇을 의미하는지가 문제이다. 일반적으로 '국내법' 속에 헌법은 포함되지 않고 헌법보다 하위의 법령을 의미한다고 본다. 헌법에 위반되는 조약은 국내에서는 효력을 가질 수는 없으나, 대외적으로도 당연히 효력을 상실하는 것은 아니며 그 내용에 관하여 다시 상대국과 협의하여야 할 것이다. 조약 등 국제법은 규정내용에 따라, 입법사항에 관한 조약(국회의 동의를 요하는 것) 등은 법률과 동등한 효력을 가지나, 입법사항 이외의 것에 관한 조약(국회의 동의를 요하지 않는 것. 행정협정 등) 등은 법규명령과 동등한 효력을 갖는다고 할 것이다. 따라서 조례가 국제법에 위반한 경우에는

그 조례는 무효이다

【판례】학교급식을 위해 국내 우수농산물을 사용하는 자에게 식재료나 구입비의 일부를 지원하는 것 등을 내용으로 하는 전라북도학교급식조례안은 (국회의 동의를 얻어 공포·시행된) '1994년 관세 및 무역에 관한 **일반협정**'(GATT 1994)**에 위반되어 그 효력이 없다**(대법원 2005.9.9, 2004추10).

실정법상 조약이 국내법보다 우선적으로 적용된다고 규정한 경우도 있다(특허법 제26조: 특허 관련 조약이 '특허법'보다 우선적용).

한편 조약·국제법규가 그와 동위의 효력을 갖는 법률·명령과 충돌할 경우에는 신법 우선의 원칙(신법이 구법보다 우선) 및 특별법우선의 원칙(특별법이 일반법보다 우선)이 적용된다(후술).

【판례】국제항공운송에 관한 법률관계에 대하여는 일반법인 **민법에 대한 특별법**으로서 바르샤바협약이 우선 적용되어야 한다(대법원 1986.7.22, 82다카1372).

성질상 사인에게 직접 적용될 수 있는 조약(예: 난민의 지위에 관한 협약) 외에 국가간의 권리·의무를 설정하는 국제협정은 사인에게 직접 효력이 미치지 않는다.

【판례】WTO 협정의 일부인 'GATT 1994 제6조의 이행에 관한 협정'은 국가와 국가 사이의 권리·의무 관계를 설정하는 국제협정으로, 그 내용 및 성질에 비추어 이와 관련한 법적 분쟁은 위 WTO 분쟁해결기구에서 해결하는 것이 원칙이고, 사인에 대하여는 위 협정의 직접 효력이 미치지 아니한다고 보아야 할 것이므로, 위 협정에 따른 **회원국 정부의 반덤핑부과처분이** WTO **협정위반이라는 이유만으로 사인이 직접 국내 법원에 회원국 정부를 상대로 그 처분의 취소를 구하는 소를 제기하거나 위 협정위반을 처분의 독립된 취소사유로 주장할 수는 없다**(대법원 2009.1.30, 2008두17936).

5. 자치법규

지방자치단체가 법령의 범위 안에서 제정하는 자치에 관한 규정으로서, 자치법규에는 지방의회의 의결을 거쳐 제정하는 조례와 지방자치단체의 장이 제정하는 규칙 및 교육감이 정하는 교육규칙이 있는바, 이들은 행정법의 법원이 된다.

【참고】**행정기본법 제2조**
1. **"법령등"**이란 다음 각 목의 것을 말한다.
가. **법령**: 다음의 어느 하나에 해당하는 것
  1) 법률 및 대통령령·총리령·부령
  2) 국회규칙·대법원규칙·헌법재판소규칙·중앙선거관리위원회규칙 및 **감사원규칙**
  3) 1) 또는 2)의 위임을 받아 중앙행정기관(「정부조직법」 및 그 밖의 법률에 따라 설치된 중앙행정기관을 말한다. 이하 같다)의 장이 정한 **훈령·예규 및 고시 등 행정규칙**
나. **자치법규**: 지방자치단체의 조례 및 규칙

III. 불문법원

1. 관습법

(1) 의 의

행정관습법이란 행정법 영역에서 동일한 사실이 장기간 관행으로써 반복되고, 그 관행이 국민 또는 관계자에게 일반적으로 '법적 확신'을 얻어 법규범으로 인식된 것을 말한다.

(2) 효 력

관습법은 성문법을 보충하는 효력만이 인정된다. 관습법과 모순된 성문법이 제정되면 관습법의 효력이 상실된다. 법률유보의 원칙상 침해적인 성격의 관습법은 인정될 수 없다.

(3) 종 류

행정선례법과 민중관습법이 있다. 행정선례법은 행정청의 선례가 오랫동안 반복되어 형성되는 관습법으로서, 행정사무처리상의 관행이 법적 성격을 갖게 되는 경우이다. 이는 신뢰보호의 원칙이 기초를 이루고 있다(행정절차법 제4조 ②, 국세기본법 제18조 ③. 후술 참조).

【참고】 국세기본법 제18조 제3항 : "세법의 해석 또는 국세행정의 관행이 일반적으로 납세자에게 받아들여진 후에는 그 해석 또는 관행에 의한 행위 또는 계산은 정당한 것으로 보며, **새로운 해석 또는 관행에 의하여 소급하여 과세되지 아니한다.**"

민중관습법은 민중 사이에 행정법관계에 관한 다년간의 관행에 의해 성립된 것을 말하며, 주로 공물(행정주체가 직접적으로 공적 목적을 달성하기 위하여 제공한 물건: 도로, 하천, 바다, 관용자동차, 국·공립공원 등)의 사용관계에 관하여 존재한다. 예로서 입어권(入漁權: 마을어업의 어장에서 수산동식물을 포획·채취할 수 있는 권리. 수산업법 제2조, 제40조), 관습상의 유수(流水)사용권(하천 등의 물을 자신의 농사나 생활용수를 위해 사용할 수 있는 권리)에 관한 것을 들 수 있다. 인구의 유동이 심하고 성문법이 증가하는 현대의 다원적 사회에서는 행정관습법의 성립이나 역할이 축소되는 경향이 있다.

2. 판례법

(1) 의 의

행정사건에 관한 법원의 판결례는 구체적 사건을 해결함에 있어 성문법규의 결함을 보충하는 경우가 있는바, 법관의 판결에 의하여 정립된 기준·법리가 장래 동종 사건에 관한 재판의 준거가 될 때, 행정에 관한 법원으로서의 효력을 갖게 된다.

(2) 법원성

'판례구속성의 원칙'이 확립되어 있는 영·미법계 국가와는 달리 대륙법계 국가인 우리나라에서는 판례법의 법원성의 인정 여부에 관해서 다툼이 있다.

1) 일반법원(法院)의 경우

우리나라에 있어서는 법률상으로는 상급법원의 판결은 '당해 사건'에 한하여 하급심을 기속하는 효력을 가진다(법원조직법 제8조). 즉, 나중에 하급법원이 동종의 사건을 판결함에 있어서 과거의 대법원 판결에 구속될 법적 의무는 없다. 따라서 제도적·형식적으로는 대법원판례의 법원성을 인정하지 않고 있다.

그런데 대법원의 판례는 변경하기가 곤란하며(판례의 변경시는 대법원판사 전원의 3분의 2 이상의 합의체에서 과반수로 결정 - 법원조직법 제7조 ①, 제66조 ①), 하급심이 대법원판례와 다른 판결을 하면 상고이유가 되는 점(소액사건심판법 제3조) 등으로 인해 하급심은 사실상 대법원판례를 존중하게 된다. 대법원판례의 하급심에 대한 이러한 구속력은 사실상의 것에 불과하고 법적인 구속력은 아니므로 판례의 법원성을 부인하는 견해가 있다.

그렇지만 법원이 거듭된 판례를 통해 실정법을 해석·보충하는 법리 또는 법원칙을 발견·정립함으로써 실제적인 법창조기능을 하게 된다는 점에서 판례법의 법원성을 완전히 부인할 수는 없다고 할 것이다. 특히 통일적인 행정법총칙이 성문화되지 않은 상태에서는 행정판례를 통해 형성된 '행정법 일반원칙'이 불문의 법원으로서 실제적으로 중요한 기능을 하고 있는 현실을 볼 때 더욱 그렇다.

2) 헌법재판소의 경우

헌법재판소의 위헌결정은 법원으로서의 성격을 갖는다. 위헌으로 결정된 법률 또는 법률조항은 그 판결이 있는 날로부터 효력을 상실하고, 위헌결정은 법원 기타 국가기관이나 지방자치단체를 기속하기 때문이다(헌재법 제47조 ①, ②). 헌법재판소의 위헌결정 자체는 대법원을 포함한 모든 국가기관을 구속하는 효력이 있으나 헌법재판소가 위헌 여부를 판단하기 위해 한 법령해석에는 법원이 구속되지 않는다.

【 판례 】합헌적 법률해석을 포함하는 법령의 해석·적용 권한은 대법원을 최고법원으로 하는 법원에 전속하는 것이며, 헌법재판소가 법률의 위헌 여부를 판단하기 위하여 불가피하게 법원의 최종적인 법률해석에 앞서 법령을 해석하거나 그 적용 범위를 판단하더라도 **헌법재판소의 법률해석에 대법원이나 각급 법원이 구속되는 것은 아니다**(대법원 2009.2.12, 2004두10289).

3. 조 리

조리란 일반사회의 정의감에 비추어 마땅히 그리하여야 할 것이라고 인정되는 사물의 이치(Natur der Sache), 사물의 본질적인 법칙을 말한다. 통상 '도리', '정의·형평'이라는 것도 이에 해당한다. 이들은 학설·판례 등을 통하여 발전된 것이기는 하나, 대부분 헌법 및 헌법의 기본원리에서 유래한 것이며, 따라서 헌법차원의 원칙으로서 의의를 가진다. 즉, 이들 원칙에 위반하는 입법·행정·사법 등 모든 국가적 작용은 위헌·위법이 된다.

조리는 법령해석상 의문이 있는 경우 해석의 기본원리로서 작용한다. 따라서 법령은 가능한 한 조리에 맞도록 해석하여야 한다. 조리는 성문법, 관습법, 판례법 등이 없거나 부족한 경우에 최종적이고 보충적인 법원으로서 중요한 기능을 한다. 법관은 적용할 법이 없다는 이유로 재판을 거부할 수는 없고, 이 경우에는 조리에 따라 재판하여야 한다.

조리는 행정법의 전 영역에 마땅히 적용되는 원리·원칙이라고도 할 수 있으므로 후술하는 '행정법의 일반원칙'과 동일한 것으로 여기는 견해가 많다. '행정법의 일반원칙' 외에도 사물의 마땅한 이치에 해당하는 것은 조리에 포함될 수 있으므로 조리는 '행정법의 일반원칙'보다는 넓은 개념이라고 할 것이다.

제 7 절 행정법의 일반원칙

Ⅰ. 개 설

'행정법의 일반원칙'이란 행정법의 불문법원으로서 행정법의 모든 분야에 적용되는 법원칙을 말한다. 이는 헌법원칙 내지 헌법규정이 성문법·판례·학설 등을 통하여 행정법영역에서 구체화된 것이거나, 인간공동체에 당연히 적용되는 일반법원칙으로서 행정법영역에도 적용되는 것들이다. 상술한 '행정의 법률적합성의 원칙'도 이에 포함시킬 수 있다.

Ⅱ. 신뢰보호의 원칙

> 【문 제】 종교단체의 A는 농지를 매입하여 토지형질변경허가를 받아 종교회관을 건립하기 위하여 농지를 매입하기 전에 농지가 소재하고 있는 市의 담당공무원에게 해당 농지의 형질변경가능성을 질의한 결과 가능하다는 회신을 받았다. 그리하여 A는 농지를 매입하고 종교회관설계에 착수한 후 토지형질변경허가를 신청하였다. 그러나 市長 B는 당해 토지가 우량농지로서 법령상으로 토지형질변경이 불가능한 것임에도 불구하고 담당공무원이 법적 지식이 부족하여 사무착오로 형질변경이 가능하다고 잘못 판단하고 회신하였다고 하면서, 당해 토지를 형질변경하는 것은 결국 법을 위반하게 되므로 불가능하다는 것이다. 이에 A는 형질변경가능성을 믿고서 토지를 매입하는 등의 행위를 하였으므로 형질변경을 해줄 것을 요구한다. A와 B는 각각 어떻게 하는 것이 가장 합리적일까? 법률에 의한 행정과 신뢰보호원칙 중 어느 것을 우선하여야 할 것인가?

1. 개 념

행정청(설문의 B)의 어떤 행위의 정당성 또는 존속을 관계인(설문의 A)이 신뢰한 경우, 그 신뢰가 보호가치 있는 경우에는 그 신뢰는 보호해 주어야 한다는 원칙이다. 이러한 관념은 독일에서 20세기 초부터 학설·판례상으로 정립·발전되어 왔고, 특히 2차대전 후 사회국가적 기능이 전개되면서 급속히 발전되었다. 영·미법상의 금반언(禁反言, estopel)의 법리와 대체로 같은 이념을 가진 것이라 할 수 있다.

2. 신뢰보호의 근거

(1) 이론적 근거

신뢰보호원칙의 논리적 근거로서 신의성실의 원칙을 들기도 하지만(신의칙설), 법적 안정성설이 통설이다. 법의 이념에는 '정의'만이 아니라 '법적 안정성'도 포함되며, 법치국가의 원리에는 '합법성의 원칙'만이 아니라 '법적 안정성'의 원칙도 포함되는데 신뢰보호원칙은 법적 안정성의 원칙으로부터 도출되는 것이다.

(2) 실정법적 근거

행정기본법 제12조는 "① 행정청은 공익 또는 제3자의 이익을 현저히 해칠 우려가 있는 경우를 제외하고는 행정에 대한 국민의 정당하고 합리적인 신뢰를 보호하여야 한다. ② 행정청은 권한 행사의 기회가 있음에도 불구하고 장기간 권한을 행사하지 아니하여 국민이 그 권한이 행사되지 아니할 것으로 믿을 만한 정당한 사유가 있는 경우에는 그 권한을 행사해서는 아니 된다. 다만, 공익 또는 제3자의 이익을 현저히 해칠 우려가 있는 경우는 예외로 한다."고 정하고 있다. 국세기본법(제18조③)과 행정절차법(제4조②)도 이 원칙의 근거가 될 수 있다.

그러나 이 원칙은 법의 이념 내지 법치국가 원리에서 나오는 헌법상의 원칙이며, 이들 법률규정은 이 원칙의 근거라기보다는 일정한 경우에 이 원칙을 적용하도록 법률에 명시한 것에 불과하며, 그러한 명시적 규정이 없더라도 차이는 없다. 즉, 신뢰보호의 원칙은 행정법의 일반원칙으로서 모든 행정분야에 항상 적용되어야 하는 것이다.

【참고】 행정절차법 제4조 제2항: "행정청은 법령 등의 해석 또는 행정청의 관행이 일반적으로 국민들에게 받아들여졌을 때에는 공익 또는 제3자의 정당한 이익을 현저히 해칠 우려가 있는 경우를 제외하고는 새로운 해석 또는 관행에 따라 **소급하여 불리하게 처리하여서는 아니 된다.**"

3. 신뢰보호의 요건

신뢰보호원칙이 적용되기 위해서는 일반적으로 다음과 같은 요건을 구비하여야 한다.

(1) 행정청의 선행조치(공적 견해표명)

사인의 신뢰가 형성될 수 있는 대상인 행정청의 선행조치(선행행위, 선행언동, 공적 견해표명)가 있어야 한다. 신뢰의 대상이 되는 선행조치는 법령제정·행정계획·행정행위·확약·합의·행정지도·행정계약 등이 포함되고 적극적인 것(작위 : 토지형질변경 가능성의 회신, 건축허가)·소극적인 것(부작위 : 상당기간 동안 행정제재조치를 하지 않음), 명시적인 것·묵시적인 것(위법상태의 장기간 묵인·방치) 모두가 포함된다. 그 위법성이 중대·명백하여 무효인 것이 아닌 한, 위법인 행정행위(예: 위법한 건축허가)도 선행조치가 될 수 있다.

판례상의 '공적 견해표명'이라고 하는 것도 행정청의 선행조치와 같은 의미이다. 판례는 '명시적 또는 묵시적 공적 견해의 표명'은 행정청의 선행조치에 포함되지만, 추상적 질의에 대한 일반적 견해표명은 이에 해당되지 않는다고 한다(대법원 1993.7.27, 90누10384 참조). 또한 행정처분청(예: 대전시장) 자신의 공적견해 표명이 있어야 하는 것은 아니며 경우에 따라서는 보조기관인 담당 공무원(예: 건축과장)의 공적인 견해표명도 신뢰의 대상이 될 수 있다.

【판례】 행정청의 공적 견해표명이 있었는지의 여부를 판단하는 데 있어 반드시 **행정조직상의 형식적인 권한분쟁에 구애될 것은 아니고** 담당자의 조직상의 지위와 임무, 당해 언동을 하게 된 구체적인 경위 및 그에 대한 상대방의 신뢰가능성에 비추어 실질에 의하여 판단하여야 한다(대법원 1997.9.12, 96누18380).

1) 공적인 견해표명에 해당하는 경우

【판례】 ① 4년 동안 그 면허세를 부과할 수 있는 정을 알면서도 **피고가 수출확대라는 공익상 필요에서** 한 건도 이를 부과한 일이 없었다면 납세자인 원고는 그것을 믿을 수밖에 없고 그로써 **비과세의 관행**이 이루어졌다고 보아도 무방하다(대법원 1980.6.10, 80누6).

② 취득세 등이 면제되는 … '기술진흥단체'인지 여부에 관한 질의에 대하여 건설교통부장관과 내무부장관이 **비과세 의견으로 회신한** 경우, 공적인 견해표명에 해당한다(대법원 2008.6.12, 2008두1115).

③ 원고 등은 **대통령의 담화와 이에 이은 국방부장관의 담화 및 피해신고 공고**에 따라 피해신고를 마침으로써 소멸시효 완성 등 법률적 장애사유에도 불구하고 피고가 삼청교육 관련 피해를 보상해 줄 것이라는 강한 신뢰를 가지게 되었는데, 피고가 그 약속을 어기고 후속조치를 취하지 아니하여 원고 등의 신뢰를 깨뜨린 이상, 피고는 **원고 등의 신뢰의 상실에 따르는 손해를 배상할 의무가 있고** 이러한 손해에는 정신적 손해도 포함된다(대법원 2001.7.10, 98다38364).

④ 종교법인이 도시계획구역 내 생산녹지로 답인 토지에 대하여 종교회관 건립을 이용목적으로 하는 **토지거래계약의 허가를 받으면서 담당공무원이 관련 법규상 허용된다 하여** 이를 신뢰하고 건축준비를 하였으나 그 후 당해 지방자치단체장이 다른 사유를 들어 토지형질변경허가신청을 불허가 한 것은 신뢰보호원칙에 반한다(대법원 1997.9.12, 96누18380).

⑤ 사업소세 도입 이래 **20년 이상** 간호전문대학의 운영자가 경영하는 병원에 대하여 사업소세를 부과하지 않으면서, 장기간 동안 인근 다른 과세관청의 유사 사례에 대한 사업소세 과세 시도를 보면서도 같은 조치를 취하지 않은 채 그 이의신청 절차나 심사청구 절차에서 사업소세의 부과처분이 취소된 취지에 부응하여 비과세조치를 계속 유지한 경우, 그 운영자의 교육적인 역할 등을 고려하여 묵시적으로 사업소세 비과세의 의사를 표시한 것으로 볼 수 있으므로, 국세기본법 제18조 제3항에서 정한 '비과세관행'이 성립하였다고 볼 수 있다. 과세관청이 과거의 언동을 시정하여 **장래에 향하여 처분하는 것은 신의성실의 원칙이나 소급과세 금지의 원칙에 위반되지 않는다**(대법원 2009.12.24, 2008두15350).

2) 공적인 견해표명에 해당하지 않는 경우

【판례】 ① 국세기본법 제18조 제3항에 규정된 비과세관행이 성립하려면, 상당한 기간에 걸쳐 과세를 하지 아니한 객관적 사실이 존재할 뿐만 아니라, 과세관청 자신이 그 사항에 관하여 과세할 수 있음을 알면서도 어떤 특별한 사정 때문에 과세하지 않는다는 의사가 있어야 하며, 위와 같은 공적 견해나 의사는 명시적 또는 묵시적으로 표시되어야 하지만 묵시적 표시가 있다고 하기 위하여는 **단순한 과세누락과는 달리 과세관청이 상당기간의 불과세 상태에 대하여 과세하지 않겠다는 의사표시를 한 것으로 볼 수 있는 사정이 있어야** 한다(대법원 2003.9.5, 2001두7855).

② 부가가치세법상의 사업자등록은 … 단순한 사업사실의 신고로서 사업자가 소관 세무서장에게 소정의 사업자등록신청서를 제출함으로써 성립되는 것이고, 사업자등록증의 교부는 이와 같은 등록사실을 증명하는 증서의 교부행위에 불과한 것으로 과세관청이 **납세의무자에게 면세사업자등록증을 교부하고 수년간 면세사업자로서 한 부가가치세 예정신고 및 확정신고를 받은 행위만으로는** 과세관청이 납세의무자에게 그가

영위하는 사업에 관하여 **부가가치세를 과세하지 아니함을 시사하는 언동이나 공적인 견해를 표명한 것이라 할 수 없다**(대법원 2002.9.4, 2001두9370).

③ 폐기물관리법령에 의한 폐기물처리업 사업계획에 대한 적정통보와 국토이용관리법령에 의한 국토이용계획변경은 각기 그 제도적 취지와 결정단계에서 고려해야 할 사항들이 다르므로, 피고가 위와 같이 **폐기물처리업 사업계획에 대하여 적정통보를 한 것만으로 그 사업부지 토지에 대한 국토이용계획변경신청을 승인하여 주겠다는 취지의 공적인 견해표명을 한 것으로 볼 수 없다**(대법원 2005.4.28, 2004두8828).

④ 행정상 법률관계에 있어서 특정의 사항에 대해 신뢰보호의 원칙상 처분청이 그와 배치되는 조치를 할 수 없다고 할 수 있을 정도의 행정관행이 성립되었다고 하려면 상당한 기간에 걸쳐 그 사항에 대해 동일한 처분을 하였다는 객관적 사실이 존재할 뿐만 아니라, 처분청이 그 사항에 관해 다른 내용의 처분을 할 수 있음을 알면서도 어떤 특별한 사정 때문에 그러한 **처분을 하지 않는다는 의사가 있고 이와 같은 의사가 명시적 또는 묵시적으로 표시되어야 한다** 할 것이므로, **단순히 착오로 어떠한 처분을 계속한 경우는 이에 해당되지 않는다** 할 것이고, 따라서 처분청이 추후 오류를 발견하여 합리적인 방법으로 변경하는 것은 위 원칙에 위배되지 않는다(대법원 1993.6.11, 92누1402).

⑤ 관광 숙박시설 지원 등에 관한 특별법의 유효기간인 2002. 12. 31. 이전까지 사업계획승인 신청을 한 경우에는 유효기간이 경과한 이후에도 특별법을 적용할 수 있다는 내용의 2002. 11. 13.자 **회신은 문화관광부장관이 피고(서울시장)에게 한 것이어서** 이를 원고(사인)에 대한 공적인 견해표명으로 보기 어렵고, 위 회신에 앞서 피고의 담당공무원이 원고에게 위와 같은 내용의 회신이 있을 것으로 예상되니 신청을 다소 늦게 하더라도 무방하다고 말했다고 하더라도 이는 위 회신이 있기 전에 담당공무원 자신의 추측을 이야기한 것에 불과하여 이 또한 피고의 공적인 견해표명으로 보기 어렵다(대법원 2006.4.28, 2005두6539).

⑥ 병무청 담당부서의 담당공무원에게 공적 견해의 표명을 구하는 정식의 서면질의 등을 하지 아니한 채 총무과 민원팀장에 불과한 공무원이 **민원봉사차원에서 상담에 응하여 안내한 것을** 신뢰한 경우, 신뢰보호 원칙이 적용되지 아니한다(대법원 2003.12.26, 2003두1875).

⑦ **헌법재판소의 위헌결정은** 행정청이 개인에 대하여 신뢰의 대상이 되는 공적인 견해를 표명한 것이라고 할 수 없으므로 그 결정에 관련한 개인의 행위에 대하여는 신뢰보호의 원칙이 적용되지 아니한다(대법원 2003.6.27., 2002두6965).

⑧ 유효기간이 경과한 이후에도 특별법을 적용할 수 있다는 내용의 2002.11.13.자 회신은 **문화관광부장관이 피고(서울시장)에게 한 것이어서 이를 원고(사인:사업계획승인신청인)에 대한 공적인 견해표명으로 보기 어렵고,** 위 회신에 앞서 피고의 담당공무원이 원고에게 위와 같은 내용의 회신이 있을 것으로 예상되니 신청을 다소 늦게 하더라도 무방하다고 말했다고 하더라도 이는 위 회신이 있기 전에 **담당공무원 자신의 추측을 이야기한 것에 불과하여 이 또한 피고의 공적인 견해표명으로 보기 어렵다**(대법원 2006.4.28, 2005두6539).

(2) 보호할 가치 있는 신뢰

관계인(설문의 A)이 행정청의 선행조치의 정당성·유효성·존속성을 사실상 신뢰했어야 하고, 그 신뢰는 보호할 가치가 있는 것이어야 한다. 즉, 관계인이 귀책사유(歸責事由) 없이 신뢰했어야 한다(행정기본법 제18조 ② 참조).

귀책사유라 함은 행정청의 견해표명의 하자가 상대방 등 관계자의 사실은폐나 기타 사위(詐僞)의 방법에 의한 신청행위 등 **부정행위**(예: 허위기재, 뇌물제공, 사기 및 강박 등)**에 기인한 것이거나,** 그러한 부정행위가 없다고 하더라도 **관계인이 행정청의 견해표명에 하자가 있음을 알았거나 중대한 과실로 알지 못한 경우 등**을 의미한다. 귀책사유 유무는 상대방과 그로부터 신청행위를 위임받은 수임인 등 관계자 모두를 기준으로 판단하여야 한다(대법원 2002.11.8, 2001두1512 참조).

(3) 신뢰에 따른 관계인의 처리

관계인이 행정기관의 선행조치를 믿은 것만으로는 부족하고, 믿음에 기초하여 어떤 행위(처리: 토지의 매입, 공사의 착수, 자본의 투여 등)를 하여야 한다. 신뢰보호란 행정조치에 대한 신뢰 그 자체를 보호하는 것이 아니라, 신뢰에 따른 행위로 인한 손해로부터 보호하려는 의미가 강하기 때문이다(처리보호).

(4) 선행조치에 반하는 후행조치로 인한 권익침해

행정청이 선행조치에 반대되는 행위를 하거나, 선행조치에 의해 약속한 것을 이행하지 않음으로 인해 이에 대한 상대방의 신뢰를 저버림으로써 개인의 이익을 침해하여야 한다.

(5) 인과관계

행정조치에 대한 신뢰와 상대방의 행위(처리) 또는 상대방의 권익침해 사이에는 인과관계가 존재하여야 한다(대법원 1996.11.29, 95다21709 참조).

4. 신뢰보호원칙의 적용영역

(1) 수익적 행정행위의 철회 · 취소의 제한

적법한 수익적 행정행위(예: 건축허가)를 철회하는 것은 물론 위법한 수익적 행정행위를 취소함에 있어서도 일단 그것이 발령되어 그를 신뢰하고 사인이 자본의 투여, 사업의 진행(예: 건축행위가 상당히 진척된 경우) 등을 한 경우는 그것을 취소하는 것은 제한된다('직권취소' 참조).

(2) 행정계획의 변경

개인이 도시계획 · 국토계획 등 행정계획을 신뢰하고 토지매입 · 자본금 투여 등 일정한 처분을 한 뒤에 그러한 계획이 폐지 · 변경될 경우 개인의 신뢰가 보호될 수 있는지 문제된다. 이른바 '계획보장청구권'은 인정될 수 없고 '손실보상청구권'도 극히 예외적인 경우를 제외하고는 인정될 수 없다. 왜냐하면 계획은 그 자체가 미래에 대한 것으로서 본질적으로 변경가능성을 내포하고 있기 때문이다(후술하는 '행정계획' 참조).

【판례】 행정청이 용도지역을 자연녹지지역으로 지정결정하였다가 그보다 규제가 엄한 보전녹지지역으로 지정결정하는 내용으로 도시계획을 변경한 경우, 행정청이 용도지역을 자연녹지지역으로 결정한 것만으로는 그 결정 후 그 토지의 소유권을 취득한 자에게 용도지역을 종래와 같이 **자연녹지지역으로 유지하거나**

보전녹지지역으로 변경하지 않겠다는 취지의 공적인 견해표명을 한 것이라고 볼 수 없다 (대법원 2005.3.10. 2002두5474).

(3) 행정법상의 실권(失權)

행정기관이 어떤 행정조치(위법한 행정행위의 취소, 철회, 영업정지, 행정벌 등)를 행하여야 하거나 행할 수 있었음에도 불구하고 이를 행하지 않고 장기간 방치한 경우, 이제 와서 그러한 권한을 행사하는 것은 법적 안정성의 관점에서 문제가 있을 경우에는, 행정기관의 그러한 권한은 상실되었다고 보아야 한다는 법리이다.

행정기본법은 "행정청은 권한 행사의 기회가 있음에도 불구하고 장기간 권한을 행사하지 아니하여 국민이 그 권한이 행사되지 아니할 것으로 믿을 만한 정당한 사유가 있는 경우에는 그 권한을 행사해서는 아니 된다. 다만, 공익 또는 제3자의 이익을 현저히 해칠 우려가 있는 경우는 예외로 한다."(제12조 ②)고 실권의 법리를 명시하고 있다.

특별히 행정기본법은 제재처분(인허가의 정지·취소·철회, 등록 말소, 영업소 폐쇄와 정지를 갈음하는 과징금 부과)의 경우에는 제척기간을 정하여 "행정청은 법령 등의 위반행위가 종료된 날부터 5년이 지나면 해당 위반행위에 대하여 제재처분을 할 수 없다."고 정하고 있다(제23조 ①. 후술 참조).

【참고】독일의 행정절차법(제48조)은 위법한 행정행위를 행정청이 **그 사실을 안 때로부터 1년 이내에만** 취소할 수 있게 규정하고 있다.

【판례】① **실권이 인정된 경우 : 택시운전사가** (운전면허정지의 행정처분을 받았는데 그) 운전면허정지기간 중에 운전행위를 하다가 적발되어 형사처벌(벌금형)을 받았으나 행정청으로부터 아무런 행정조치(면허정지 기간 중의 운전행위에 대해서는 그 운전면허를 취소하거나 1년 이내의 면허정지 가능)가 없어 안심하고 계속 운전업무에 종사하고 있던 중 **행정청이 위 위반행위가 있은 이후에 장기간에 걸쳐 아무런 행정조치를 취하지 않은 채 방치하고 있다가 3년여가 지나서** 이를 이유로 행정제재를 하면서 가장 무거운 **운전면허를 취소**하는 행정처분을 하였다면 이는 행정청이 그간 별다른 행정조치가 없을 것이라고 믿은 신뢰의 이익과 그 법적 안정성을 빼앗는 것이 되어 매우 가혹할 뿐만 아니라 비록 그 위반행위가 운전면허취소사유에 해당한다 할지라도 그와 같은 공익상의 목적만으로는 위 운전사가 입게 될 불이익에 견줄 바 못된다 할 것이다(대법원 1987.9.8. 87누373). (아마 택시운전이 생계수단이라는 점도 고려된 것 같다. 따라서 운전이 생계수단이 아닌 일반인의 경우는 판결결과가 다를 수도 있을 것이다.)
② **실권이 인정되지 않은 경우 :** ㉠ 행정서사의 업무허가를 행한 뒤 **20년이** 다 되어 허가를 취소하였더라도 그 취소사유를 행정청이 모르는 상태에 있다가 **취소처분이 있기 직전에 알았다면,** 실권의 법리가 적용되지 않고 그 취소는 정당하다(대법원 1988.4.27. 87누915). ㉡ 교통사고가 일어난 지 **1년 10개월이** 지난 뒤 운송사업면허를 취소하였더라도 교통사고를 낸 택시에 대하여 **운송사업면허가 취소될 가능성이 예상될 수 있었을 터이니** 그간 별다른 행정조치가 없을 것이라고 믿었다하여 바로 신뢰의 이익을 주장할 수 없으며, 또 재량권의 범위를 일탈한 것으로 보기도 어렵다(대법원 1989.6.27. 88누6283).

(4) 행정법상 확약

행정법상 확약이란 행정기관이 특정한 작위·부작위를 약속하는 것을 말한다(예: 위 설문에서 행정기관이 토지형질변경허가를 약속하는 것). 여기에도 신뢰보호원칙이 적용됨은 물론이다(후술하는 행정법상의 확약 부분 참조).

(5) 행정법규의 소급효금지

행정법규의 소급효란 과거의 사안에 대해 법규를 소급하여 적용하는 것을 말한다. 소급 적용을 통하여 국민에게 이익을 주는 것은 허용되지만(예: 형벌·세금·의무의 경감·면제, 허가요건의 완화), 국민에게 피해를 주는 것은 원칙적으로 금지된다.

그런데 '과거의 사안' 중에는 완전히 종결된 것도 있고 아직도 계속되고 있는 것도 있는데, 원칙적으로 이미 완성된 사실·법률관계를 소급하여 규율하는 것(진정소급효)은 금지된다. 그러나 과거에 시작하였지만 아직 완성되지 않고 진행과정에 있는 사실·법률관계를 규율하는 것(부진정소급효)은 허용된다(예: 과세표준기간인 과세연도 진행중에 세율을 인상하는 경우, 개발사업 시작 당시에는 개발부담금제도가 없었지만 개발사업의 진행중에 당해 사업에 대한 개발부담금제도가 도입되어 부담금을 부과하는 경우). 후자의 경우는 입법자의 입법형성권이 당사자의 신뢰보호보다 중요하기 때문이다. 이 경우에도 개인의 신뢰를 보호하기 위해 경과규정(법령의 개정시 종전의 규정과 새 규정의 적용관계 등 구법에서 신법으로 이행하는 데 따르는 여러 가지 조치의 규정)을 두는 것이 바람직하다(후술 참조).

【 판례 】 ① 법령의 개정에 있어서 구 법령의 존속에 대한 당사자의 신뢰가 합리적이고도 정당하며, 법령의 개정으로 야기되는 당사자의 손해가 극심하여 새로운 법령으로 달성하고자 하는 공익적 목적이 그러한 신뢰의 파괴를 정당화할 수 없다면, 입법자는 경과규정을 두는 등 당사자의 신뢰를 보호할 적절한 조치를 하여야 하며, 이와 같은 적절한 조치 없이 새 법령을 그대로 시행하거나 적용하는 것은 허용될 수 없는바, 이는 헌법의 기본원리인 법치주의 원리에서 도출되는 신뢰보호의 원칙에 위배되기 때문이다. 이러한 **신뢰보호 원칙의 위배 여부를 판단하기 위하여는 한편으로는 침해받은 이익의 보호가치, 침해의 중한 정도, 신뢰가 손상된 정도, 신뢰침해의 방법 등과 다른 한편으로는 새 법령을 통해 실현하고자 하는 공익적 목적을 종합적으로 비교·형량하여야 한다**(대법원 2006.11.16, 2003두12899).
② 매년 그 때의 상황에 따라 적절히 면허 숫자를 조절해야 할 필요성이 있는 개인택시 면허제도의 성격상 그 자격요건이나 우선순위의 요건을 일정한 범위 내에서 강화하고 그 요건을 변경함에 있어 **유예기간을 두지 아니하였다** 하더라도 그러한 점만으로는 행정청의 면허신청 접수거부처분이 **신뢰보호의 원칙이나 형평의 원칙, 재량권의 남용에 해당하지 아니한다**(대법원 1996.7.30., 95누12897).
③ 법률의 개정 시 구법 질서에 대한 당사자의 신뢰가 합리적이고도 정당하며, 법률의 개정으로 야기되는 당사자의 손해가 극심하여 **새로운 입법으로 달성하고자 하는 공익적 목적이 당사자의 신뢰의 파괴를 정당화할 수 없다면 새로운 입법은 신뢰보호의 원칙 등에 비추어 허용될 수 없다.** 다만 사회환경이나 경제여건의 변화에 따른 필요성에 의하여 법률은 신축적으로 변할 수밖에 없고, 변경된 새로운 법질서와 기존의 법질서 사이에는 이해관계의 상충이 불가피하므로 국민이 가지는 모든 기대 내지 신뢰가 헌법상 권리로서 보

호될 것은 아니고, 보호 여부는 기존의 제도를 신뢰한 자의 신뢰를 보호할 필요성과 새로운 제도를 통해 달성하려고 하는 공익을 비교형량하여 판단하여야 한다(대법원 2016.11.9. 2014두3228).

④ 어떠한 법률조항에 대하여 헌법재판소가 헌법불합치결정을 하여 그 법률조항을 합헌적으로 개정 또는 폐지하는 임무를 입법자의 형성 재량에 맡긴 이상, 그 개선입법의 소급적용 여부와 소급적용의 범위는 원칙적으로 입법자의 재량에 달린 것이다(대법원 2008.1.17. 2007두21563).

5. 신뢰보호의 방법(존속보호, 보상보호)

사인의 신뢰를 보호하는 방법에는 두 가지가 있을 수 있다. ㉠사인이 신뢰하고 있는 현재의 상태를 존속시키는 것이다. 즉, 사인에게 이미 약속한 행정행위를 발령하거나, 이미 행해진 위법한 상태(행정계획, 수익적 행정행위 등)를 유지하는 것이다(존속보호). ㉡법률적합성의 원칙을 준수하기 위해 위법상태를 제거하고 개인의 신뢰손실 및 손해액을 변상해 주는 것이다(보상보호). 원칙적으로 존속보호를 우선으로 하되 공익을 위해 불가피 한 경우에는 사정판결(원고의 주장이 이유있음에도 불구하고 공익을 위해 기각판결을 하되 그 대신 사인의 피해를 보전해 주는 것. 행정소송법 제28조. 후술)을 통한 보상보호를 하는 것이 옳다고 본다.

【참고】 독일의 연방행정절차법 제48조 제2항은 금전급부 또는 분할가능한 현물급부의 경우는 위법한 것이라도 취소할 수 없고(존속보호), 그 밖의 위법한 수익적 행정행위는 취소될 수 있으나 개인의 신뢰가 보호가치 있는 경우에는 그 개인은 보상을 청구할 수 있다(보상보호)고 규정하고 있다.

6. 신뢰보호원칙의 한계

(1) 법률적합성의 원칙(공익)과 사익의 비교형량

위 설문의 경우 신뢰보호의 원칙은 위법한 토지형질변경허가를 요구하고 있고 법률적합성의 원칙은 그 반대이다. 위법한 수익적 행정행위의 직권취소의 경우도 신뢰보호원칙은 위법한 행정행위의 존속을, 법률적합성의 원칙은 위법한 행정행위의 취소를 요구한다.

이처럼 신뢰보호원칙은 법률위반을 감수하더라도 법적 안정성을 위해 개인의 정당한 신뢰를 보호하게 되므로 행정의 법률적합성의 원칙과 상반되는 경우가 많다. 그런데 두 원칙은 모두 법치국가원리에 뿌리를 두고 있는 것으로 대등한 가치가 있다. 따라서 구체적인 경우에 법률적합성의 원칙이 요구하는 적법상태의 실현이라는 '공익'과 신뢰보호원칙이 보호하고자 하는 '사익'을 비교형량(比較衡量, 저울질)하여 결정하여야 한다(이익형량설 - 통설).

공익이 사익보다 우월하다고 판단하여 공익을 위해 수인한도를 넘을 정도로 사인의 신뢰이익을 희생시키는 경우에는 행정소송법 제28조에 의하여 사정판결〈원고의 주장이 옳음에도 불구하고 공익을 위해 기각판결을 하되 그 대신 사인의 피해를 보전해 주는 것〉을 하고 손해배상을 하도록 하여야 할 것이다.

【참고】 **행정소송법 제28조 (사정판결)** ① 원고의 **청구가 이유있다고 인정하는 경우**에도 처분 등을 취소하는 것이 현저히 **공공복리에 적합하지 아니하다고 인정하는 때**에는 법원은 **원고의 청구를 기각**할 수 있다. 이 경우 법원은 그 판결의 주문에서 그 처분 등이 위법함을 명시하여야 한다. ② 법원이 제1항의 규정에 의한 판결을 함에 있어서는 미리 원고가 그로 인하여 입게 될 **손해의 정도와 배상방법 그 밖의 사정을 조사하여야** 한다. ③ 원고는 피고인 행정청이 속하는 국가 또는 공공단체를 상대로 **손해배상**, 제해시설의 설치 그 밖에 적당한 구제방법의 청구를 당해 취소소송 등이 계속된 법원에 병합하여 제기할 수 있다.

【판례】 행정처분이 신뢰보호의 요건을 충족하는 경우라고 하더라도 **행정청이 앞서 표명한 공적인 견해에 반하는 행정처분을 함으로써 달성하려는 공익이 행정청의 공적 견해표명을 신뢰한 개인이 그 행정처분으로 인하여 입게 되는 이익의 침해를 정당화할 수 있을 정도로 강한 경우에는 신뢰보호의 원칙을 들어 그 행정처분이 위법이라고는 할 수 없다.** 한려해상국립공원지구 인근의 자연녹지지역에서의 토석채취허가가 법적으로 가능할 것이라는 행정청의 언동을 신뢰한 개인이 많은 비용과 노력을 투자하였다가 불허가처분으로 상당한 불이익을 입게 된 경우, 위 불허가처분에 의하여 행정청이 달성하려는 주변의 환경·풍치·미관 등의 공익이 그로 인하여 개인이 입게 되는 불이익을 정당화할 만큼 강하기 때문에 위 불허가처분이 재량권의 남용 또는 신뢰보호의 원칙에 반하여 위법하다고 할 수 없다(대법원 1998.11.13, 98두7343). (불허가 자체가 위법은 아니지만 행정청의 허가가능언동에 잘못이 있으며, 행정청의 잘못된 언동을 신뢰한 개인에게 공익만을 위해 수인할 수 없을 정도(약 10억원)의 일방적인 희생을 강요하는 것은 문제가 있다. 따라서 개인에게 손실을 얼마만큼은 〈행정청이 이미 행한 허가를 취소한 것이 아니라 허가의 가능성만을 표명한 것이었으며, 개인에게는 행정청의 언동을 무조건 신뢰한 잘못이 있다고 할 수 있으므로 손실보상액 삭감이 가능할 것임〉 보전해 주도록 하는 판결 또는 **사정판결을 하였어야** 할 것으로 생각된다.)

(2) 제3자의 이익의 보호

제3자의 정당한 이익을 희생시키면서까지 신뢰보호원칙을 관철할 수는 없기 때문에 상대방의 이익만을 보호하기 위하여 위법한 행정행위의 발령이나 존속을 요구할 수는 없다. 위법한 행정행위는 발령하지 않거나 취소하되 행정청을 신뢰한 상대방은 손해배상금으로써 보호해 주는 것이 가장 합리적일 것이다(위 설문에 대한 아래의 〈답〉 참조).

(3) 사정변경

행정청의 공적인 의사표명이 있은 후에 그것의 기초가 된 사실적·법률적 상태가 변경되었는데, 이에 대해 상대방에게도 책임이 있는 경우에는(예: 사업허가에 대한 행정청의 확약이 있은 후에 상대방이 허가신청을 지체하여 상황이 바뀐 경우) 신뢰보호의 원칙이 적용되지 않을 수 있다.

(4) 무효인 행정행위

행정행위의 위법성이 중대하고 명백하여 그 행정행위가 무효인 경우에는 (행정행위의 위법성이 명백하여 상대방도 그 사실을 이미 알고 있었을 것이므로) 행정행위의 상대방은 신뢰보호의 원칙을 원용할 수 없다(대법원 1987.4.14, 86누459 참조). 이 경우는 사실 '취소'가 아니라 당연무효이었음을 통지하여 확인시켜 주는 행위에 불과한 것이다.

【판례】① 임용당시 **공무원임용 결격사유가 있었다면 비록 국가의 과실에 의하여 임용 결격자임을 밝혀내
지 못하였다 하더라도 그 임용행위는 당연무효**로 보아야 한다. 국가가 공무원임용·결격사유가 있는 자에 대
하여 결격사유가 있는 것을 알지 못하고 공무원으로 임용하였다가 사후에 결격사유가 있는 자임을 발견하
고 공무원 임용행위를 취소하는 것은 당사자에게 원래의 임용행위가 **당초부터 당연무효이었음을 통지하여
확인시켜 주는 행위에 지나지 아니하는 것**이므로, 그러한 의미에서 당초의 임용처분을 취소함에 있어서는
신의칙 내지 **신뢰의 원칙을 적용할 수 없고** 또 그러한 의미의 취소권은 시효로 소멸하는 것도 아니다(대법
원 1987.4.14, 86누459).
② 국민대학교 정치대학원은 라고스대학교가 원고들의 학사학위가 유효하다고 인정한 것을 전제로 하여 고등
교육법 제33조 제2항과 시행령 제70조 제2항에 의한 대학원 석사학위과정의 입학자격이 있다고 인정하였는데,
라고스대학교가 입학자격 인정의 전제가 되는 학사학위 무효를 선언한 이상 원고들은 고등교육법 및 시행령에
따른 **석사학위과정의 입학자격이 있다고 할 수 없으므로** 원고들에게 수여된 석사학위는 **당연무효**이고, 피고가
이와 같은 **당연무효의 행위인 석사학위수여를 취소한 것이 신뢰보호의 원칙에 반한다고 할 수도 없다**(대법원
2007.7.27. 2005다22671).

7. 원칙위반의 효과

신뢰보호의 원칙은 행정법의 일반원칙으로서 법원성이 인정되므로 그에 위반한 행정
작용은 위법한 것이 된다. 위법의 효과는 행정작용마다 다르다. 행정행위의 경우는 취소할
수 있음에 그치는 것이 원칙이고 그 위법성이 중대·명백한 경우에만 무효가 된다. 행정입
법의 경우에는 무효가 된다(후술). 이 원칙에 반하는 공무원의 행위는 위법한 공무집행행위
가 되므로 그로 인해 손해를 입은 개인은 국가배상법에 따라 배상을 청구할 수 있다(후술).

【판례】피고(대한민국)가 그 약속을 어기고 후속조치를 취하지 아니하여 원고 등의 신뢰를 깨뜨린 이상,
피고는 원고 등의 **신뢰의 상실에 따르는 손해를 배상할 의무**가 있고 이러한 손해에는 정신적 손해도 포함
된다(대법원 2001.7.10, 98다38364).

【답】 ㉠ 당해 토지에 대하여 그 형질변경을 불허하고 이를 우량농지로 보전하려는 공익이 A가 받
게 되는 손해에 비해 클 경우에는 **토지형질변경허가를 하지 않을 수 있다.** 이 경우는 A에게는 **손
실보상**을 해 주어야 할 것이다. ㉡ 형질변경허가를 받아 그곳에 종교시설이 들어 설 경우 제3자인
주위의 농민에게 피해를 줄 것이 명백한 경우에는 **토지형질변경허가를 하여서는 안 되며,** 이 경
우에도 A에게는 **손실보상**을 하여야 한다. ㉢ 형질변경 불허가로 인한 A의 손해가 공익보다 클 경
우에는 **형질변경허가를 하여야** 한다(1997.9.12, 96누18380 참조). ㉣ B가 아무런 조치도 없이 형질
변경을 불허가할 경우에는 A는 신뢰보호원칙의 위반으로 인한 위법성을 주장하여 **국가배상법에
따른 손해배상**을 요구할 수 있을 것이다.

Ⅲ. 비례의 원칙

【문제】 어떤 공장에서 발생하는 소음으로 인해 불편을 겪고 있는 주민들이 민원을 제기하자 행정청은 소음·진동규제법에 따라 공장주로 하여금 공장주위에 5m 높이의 방음벽을 설치하도록 명하였다. 공장주는 이에 반발하여 행정심판을 제기하였다. 행정조치의 타당성 여부는 어떻게 심사하여야 하는가?

1. 의 의

(1) 개 념

비례원칙이란 "참새를 잡기 위해 대포를 쏘아서는 안 된다"라는 말처럼, 행정목적과 그 목적의 실현을 위한 수단 사이에는 비례관계가 유지되어야 한다는 것이다(광의의 비례원칙). 즉, 수단은 목적실현에 적합하고, 최소침해를 가져오는 것이어야 하며, 그 수단으로 인한 침해보다는 이익·효과가 커야 한다는 것이다. '과잉금지의 원칙'이라고도 한다.

(2) 내 용

광의의 비례원칙은 다음의 세부원칙으로 구성되어 있는데, 이것들은 순차적으로 적용되어야 하는 것이다.

1) 적합성의 원칙

첫 단계로 행정기관이 정당한 행정목적을 달성하기 위하여 취하는 조치·수단은 그 목적을 달성하기에 유효하고 적합하여야 한다. 수단 A·B·C·D 가 모두 법령에서 허용하는 것이라면 이들 수단 중 어떤 것을 취하더라도 적합성의 원칙에는 위반하지 않는다.

2) 필요성의 원칙

다음 단계로 다수의 수단이 허용되더라도 행정기관은 상대방·관계자에게 가능하면 가장 적은 부담을 주는 수단을 선택해야 한다. 이런 의미에서 '최소침해의 원칙'이라고도 한다. 최소(the least)란 하나를 의미하므로 다수의 적합한 수단 중에서 하나의 수단만(D)이 원칙에 맞게 된다.

3) 상당성의 원칙

마지막으로 어떤 행정조치(D)가 비록 상대적으로 최소한의 침해를 주는 것이라고 하더라도 그 조치로 인해 생겨나는 침해가 그것으로 인해 달성하고자 하는 이익·효과를 능가하여서는 안 된다. '협의의 비례의 원칙'이라고도 한다.

2. 근 거

비례원칙은 자연법상의 형평·정의에서 나오는 것일 뿐만 아니라 법치국가의 원리에서 나오는 헌법상의 원칙이기도 하다. 헌법 제37조 제2항은 이를 명시하고 있는데 동조항의 '필요한 경우'가 비례원칙을 표현하는 것이다.

행정기본법 제10조(비례의 원칙)는 "행정작용은 다음 각 호의 원칙에 따라야 한다. 1. 행정목적을 달성하는 데 유효하고 적절할 것, 2. 행정목적을 달성하는 데 필요한 최소한도에 그칠 것, 3. 행정작용으로 인한 국민의 이익침해가 그 행정작용이 의도하는 공익보다 크지 아니할 것"이라고 정하고 있다. 그 밖에 개별법으로는 경찰관직무집행법 제1조 제2항, 행정규제기본법 제5조 제3항, 행정대집행법 제2조 등을 들 수 있다.

【참고】 ㉠ **헌법 제37조 제2항** : 국민의 모든 자유와 권리는 국가안전보장·질서유지 또는 공공복리를 위하여 '필요한 경우에 한하여' 법률로써 제한할 수 있으며, 제한하는 경우에도 자유와 권리의 본질적인 내용을 침해할 수 없다. ㉡ **경찰관직무집행법 제1조 제2항** : 이 법에 규정된 경찰관의 직권은 그 '직무수행에 필요한 최소한도 내에서' 행사되어야 하며 이를 남용하여서는 아니 된다.

3. 적용영역

비례의 원칙은 거의 모든 행정분야에 적용된다. 주로 '재량권행사의 한계'를 설정하여 행정권 행사에 대한 최후의 심사수단이 된다. 이 원칙은 특히 행정목적달성을 위해 국민의 재산·권리를 제한하거나 벌칙을 부과하는 침해행정의 경우에 중요한 역할을 한다. 비례원칙이 강조되어야 할 영역은 경찰행정 내지 질서행정 등 침해행정, 행정행위의 부관, 수익적 행정행위의 취소·철회, 급부행정(과잉급부금지의 원칙), 행정강제, 공용수용·공용제한, 사정재결·사정판결 등이다(후술 참조).

4. 원칙위반의 효과

비례의 원칙 행정법의 일반원칙으로서 이를 위반한 행정작용은 위법한 것이 되고, 그 위법성의 효과는 행정작용마다 다름은 위에서 설명한 바와 같다. 피해국민은 국가배상을 청구할 수 있으며, 경우에 따라서는 결과제거청구권을 행사할 수 있다(후술).

【판례】① 비례원칙위반이 인정된 경우 : ㉠ 대리운전금지조건 위배로 1회 운행정지처분을 받은 사실을 알지 못한 채 개인택시운송사업면허를 양수한 원고가 지병인 만성신부전증 등으로 몸이 아파 쉬면서 생계유지를 위하여 일시 대리운전을 하게하고, 또 전날 과음한 탓으로 쉬면서 **대리운전을 하게 하여 2회 적발**되었는데, 원고는 그의 개인택시영업에 의한 수입만으로 가족의 생계를 유지하고 있는 사정 등을 참작하면 원고에 대한 **자동차운송사업면허취소의 처분이 재량권을 일탈한 위법한 처분이다**(대법원 1991.11.8. 91누 4973). ㉡ 구 '독점규제 및 공정거래에 관한 법률'상의 불공정거래행위인 사원판매행위에 대하여 부과된 과징금의 액수가 법정 상한비율을 초과하지 않는다고 하더라도 그 **사원판매행위로 인하여 취득한 이익의 규모를 크게 초과하여** 그 매출액에 육박하게 된 경우, 불법적인 경제적 이익의 박탈이라는 과징금 부과의 기본적 성격과 그 사원판매행위의 위법성의 정도에 비추어 볼 때 그 과징금 부과처분은 비례의 원칙에 위배된 재량권의 일탈·남용에 해당한다(대법원 2001.2.9. 2000두6206).
② 비례원칙위반이 인정되지 않은 경우 : 지방식품의약품안전청장이 수입 녹용 중 전지 3대를 절단부위로부터 5cm까지의 부분을 절단하여 측정한 회분함량이 기준치를 0.5% 초과하였다는 이유로 수입 녹용 전부에 대하여 전량 폐기 또는 반송처리를 지시한 경우, 녹용 수입업자가 입게 될 불이익이 의약품의 안전성과 유효성을 확보함으로써 국민보건의 향상을 기하고 고가의 한약재인 녹용에 대하여 부적합한 수입품의 무분별한 유통을 방지하려는 공익상 필요보다 크다고는 할 수 없으므로 위 폐기 등 지시처분이 재량권을 일탈·남용한 경우에 해당하지 않는다(대법원 2006.4.14. 2004두3854).

【답】 비례원칙의 위반 여부가 쟁점이다. 따라서 다음과 같이 심사하여야 한다. ㉠ 방음벽 설치를 하면 과연 소음방지가 되는가(적합성의 원칙)? ㉡ 방음벽설치가 적합하다고 하더라도 반드시 5m 높이의 방음벽이어야 하는가? 3m면 안 되는가? 소음발생 원동기의 교체 등 다른 저렴한 수단은 없는가(최소침해의 원칙)? ㉢ 방음벽이 필요하다고 하더라도 공장의 규모와 재정형편상 공장주에게 너무 지나친 비용부담이 되지 않는가(협의의 비례의 원칙)?

Ⅳ. 평등의 원칙

【문제】 A는 식품접객업을 운영하고 있는데, **청소년에게 주류를 제공하다가 식품위생법 제44조 제2항에 위반한 혐의로 적발**되었다. 식품위생법 제75조에 의하면 동법 또는 동법에 의한 명령에 위반한 때에는 식품의약품안전청장(현 식품의약품안전처장) 등이 영업허가를 취소하거나 6개월 이내의 기간을 정하여 그 영업의 전부 또는 일부를 정지하거나, 영업소의 폐쇄를 명할 수 있도록 하고 있다. 행정처분의 세부적인 기준은 그 위반행위의 유형과 위반의 정도 등을 참작하여 보건복지부령(현 총리령)으로 정하도록 하고 있다. 이에 따라 **식품위생법시행규칙 [별표23](행정처분의 기준)**에서 정한 기준에 따르면 청소년에게 주류를 제공하면 1차위반의 경우 영업정지 2개월,

2차위반의 경우 영업정지 3개월, 3차위반의 경우 영업허가취소를 하도록 되어 있다. 행정청은 A에 대해 그의 위반행위가 1차에 해당하므로 위 행정처분의 기준에서 정한대로 영업정지 2개월이라는 행정처분을 하였다. 그런데 A는 이 행정처분에 대해 억울하다고 생각한다. 그 이유는 단속공무원이 단속을 한 시점에 청소년들이 술을 마신 것은 사실이지만 자신이 청소년들에게 적극적으로 술을 판매한 것은 아니라는 것이다. 그날은 **고등학교 졸업식이 있는 날**로서, 한 졸업생의 삼촌이 자신의 조카와 조카의 친구들 3명을 데리고 와서 삼촌 자신이 점심식사와 겸해서 마시기 위해서 맥주 5병을 시켰고, 자신이 마시면서 조카와 그 친구들에게도 졸업기념으로 한잔씩 권하고 자신은 식사를 한 후 돈을 지불하고 그 음식점을 혼자 먼저 떠났고, 졸업생들은 더 남아서 맥주를 2병을 더 사서 마시고 있던 참이었다는 것이다. 따라서 A는 자신에 대한 **영업정지 2개월**은 **자신의 행위에 비해 너무 가혹한 처벌**이라고 주장한다. 반면 행정청은 [별표 23](행정처분의 기준)에 따라 행정처분을 하는 것이 A를 다른 사람들과 동일하게 취급하는 것이고, 평등의 원칙에 맞는 것이라고 하면서 A의 주장을 일축한다. 누구의 주장이 옳은가?

1. 의 의

평등원칙은 행정작용에 있어서 특별한 합리적인 사유가 없는 한, 상대방인 국민을 공평하게 대우하여야 한다는 원칙이다. 즉, '합리적 이유 없는 차별의 금지'를 의미한다. '자의금지(恣意禁止, Willkürverbot)의 원칙'이라고도 한다. 한마디로 '같은 것은 같게, 다른 것은 다르게' 취급해야 한다는 것이다. 여기서 주의할 것은 '다른 것을 같게' 취급하는 것도 평등의 원칙에 어긋난다는 점이다.

이 원칙의 근거는 '법 앞의 평등'을 규정하고 있는 헌법 제11조인데, 여기서 '법'은 법률만이 아니라 모든 법(헌법, 명령, 조례, 규칙 등)을 포함한다. 행정기본법 제9조(평등의 원칙)는 "행정청은 합리적 이유 없이 국민을 차별하여서는 아니 된다."고 정하고 있다.

2. 적용례

(1) 재량권 행사의 통제

이 원칙은 비례원칙과 함께 행정의 재량권행사를 통제하는 기능을 한다. 행정청이 법령에서 인정하고 있는 재량권에 근거하여 그 범위 내에서 행한 행정처분은 그 자체로서는 위법이 아니다. 그럼에도 불구하고 동종 사안에서 이미 제3자에게 행한 처분과 비교하여 합리적인 이유 없이 불리한 처분을 한 경우에는 그것은 평등의 원칙에 위반한 위법한 재량행사가 된다.

(2) 재량준칙으로 인한 평등원칙 위반

설문의 경우에서 보듯이 법률에서 행정청에게 재량을 인정하고 있는 경우에도, 상급행정청은 재량행사의 통일성을 기하기 위해 하급기관으로 하여금 재량행사의 기준·지침(재량준칙)을 정해 주는 경우가 많다(예: 식품위생법시행규칙 [별표23]으로 정한 행정처분의 기준). 이 경우 특히 문제가 되는 것은 하급관청이 상급관청의 재량준칙을 구속적인 것으로 오해하거나 또는 평등의 원칙이라는 미명하에 무조건 그 준칙대로 행정결정을 하는 경우이다. 겉으로는 평등의 원칙을 따르는 것 같지만('다른 것을 같게' 취급하였으므로) 실질에 있어서는 평등의 원칙과 비례의 원칙을 위반한 위법한 재량행사가 되는 것이다.

3. 평등원칙의 한계

(1) 행정의 유연성의 필요

행정은 한편으로는 평등의 원칙에 따라 일관성이 있어야 하지만, 다른 한편으로는 변화된 상황에 따라 유연하게 대응해야 할 필요가 있기 때문에 합당한 이유가 있으면, 평등의 원칙에 위배되는 것이 아니다.

【판례】 천안시 북부 제2지구 내 숙박시설 건축허가 현황, 주변환경, 원고들의 건축허가신청시기, 피고가 이 사건 처분을 하게 된 경위, 그 이후의 상황 등 제반사정을 종합하여, **이 사건 처분 이전에 북부 제2지구 내에서 30건의 숙박시설에 대한 건축허가**가 이루어졌다는 사정만으로 이 사건 처분(숙박시설 건축허가신청 반려처분)이 **형평의 원칙에 위배하였다고 보기 어렵다**고 판단하였는바, 원심의 판시는 정당하다(대법원 2005.11.25. 2004두6822).

(2) 불법에 있어서 평등대우

극히 예외적인 경우를 제외하고는 타인에게 행한 불법적인 것을, 비록 그것이 관행이라고 하더라도, 자신에게도 동일하게 해 줄 것을 요구할 수는 없다. "불법에는 평등이 없다(keine Gleichheit im Unrecht)."

【판례】 평등의 원칙은 본질적으로 같은 것을 자의적으로 다르게 취급함을 금지하는 것이고, **위법한 행정처분이 수차례에 걸쳐 반복적으로 행하여졌다 하더라도 그러한 처분이 위법한 것인 때에는 행정청에 대하여 자기구속력을 갖게 된다고 할 수 없다**(대법원 2009.6.25. 2008두13132).

4. 원칙위반의 효과

평등원칙을 위반한 행정작용의 법적 효력은 위에서 본 비례의 원칙, 신뢰보호의 원칙의 경우와 동일하다.

> **【답】** 식품위생법시행규칙 [별표23](행정처분의 기준)은 형식상 부령(현 총리령)이지만 실질에 있어서는 행정내부에서 행정처분의 기준을 정한 것으로서 행정명령(행정규칙)에 불과하다는 것이 확립된 판례이다(후술하는 '행정입법' 참조). 또한 [별표23]의 '일반기준 15. 마'에서도 '식품접객업소의 위반사항 중 그 위반의 정도가 경미하거나 고의성이 없는 사소한 부주의로 인한 것인 때'는 처벌을 경감할 수 있다고 정하고 있다. 따라서 A가 청소년에게 술을 제공한 상황 등을 고려해 볼 때, A에게 다른 사람과 동일하게 한다는 취지로 무조건 2개월의 영업정지라는 행정처분을 하였다면 이는 '**다른 것을 같게**' 취급한 것이므로 평등원칙 내지 비례원칙에 **위반된** 것으로서 위법인 것이다. A의 주장이 옳다.

V. 행정의 자기구속의 원리

> **【문제】** A는 만두공장을 운영하여 만두를 생산·판매하고 있는데, 식품위생법 제4조 제4호를 위반하여 비위생재료를 사용하여 만두를 제조하다가 처음으로 적발되어 행정청으로부터 **3개월의 영업정지처분**을 받았다. A는 식품위생법시행규칙 [별표23](행정처분의 기준)에 따르면 동법 제4조 제4호를 1차 위반한 경우에는 **영업정지 1개월**에 처하도록 되어 있음에도 불구하고, 자신의 위반사항을 매스컴이 과장하여 보도하여 국민의 여론이 비등하여지자 행정청이 이를 의식하여 영업정지 3개월의 처분을 한 것이며, 따라서 이는 평등원칙의 위반, 행정의 자기구속원리의 위반, 재량남용으로서 위법이라고 주장한다. A의 주장은 옳은가?

1. 의 의

행정의 자기구속의 원리란 '행정청이 상대방에 대하여 동종사안에 있어서 제3자에게 행한 것과 동일한 결정을 하도록 스스로의 결정이나 기준에 구속되는 것'을 의미한다. 일련의 동일한 상황에서 행정청이 재량준칙과 같은 명시적 기준이나 혹은 묵시적 기준을 정하고 이에 따라 재량을 행사해 왔으면, 평등의 원칙으로 인해 특별한 사유가 없는 한 행정청은 나중의 동일한 상황에서도 동일한 기준에 따라 재량을 행사하여야 한다는 것이다.

행정의 자기구속의 근거를 신뢰보호의 원칙에서 구하는 견해도 있지만 평등의 원칙에서 구하는 견해가 통설이다. **평등원칙의 파생원칙**인 셈이다. 행정의 자기구속이란 원래 자신에게 재량(자유)이 주어졌음에도 불구하고 자신의 (선행행위에 적용된) 기준에 스스로 구속되는 것이기 때문에 '자기'구속이라고 하지만 엄밀하게 보면 **평등의 원칙으로 인하여 선행행위에 구속되는 '타자(他者)'구속**이다.

2. 적용요건

(1) 재량행정

행정의 자기구속은 행정에게 재량이 인정되는 경우에만 의미가 있다. 기속행위의 경우에는 행정청이 스스로 준칙을 정할 수 없고 법규정에 바로 구속되기 때문이다.

(2) 동종사안

자기구속이란 행정청이 '같은 것을 같게' 취급하는 것을 의미하므로 동종사안의 경우에만 해당되는데, 동종사안이란 의미와 목적이 동일한 사안을 말한다.

(3) 행정선례(행정관행)의 존재

자기구속의 원리가 적용되기 위해서는 동종사안에 대한 1회 이상의 행정선례가 존재하여야 한다(선례필요설).

재량준칙은 "선취된 행정관행"으로서 나중에 그에 따른 재량행사·행정관행이 예견되므로 (행정선례 없이) 재량준칙을 처음으로 적용하는 경우에도 자기구속을 인정하려는 견해도 있다(선례불요설). 이 경우는 행정이 사실상 (행정선례가 아니라) 재량준칙에 직접 구속되는 것이므로 재량준칙의 법규성을 인정하는 결과가 되어 모순이다. 따라서 선례필요설이 타당하다.

【판례】 시장(市長)이 농림수산식품부에 의하여 공표된 '2008년도 농림사업시행지침서'에 명시되지 않은 '시·군별 건조저장시설 개소당 논 면적' 기준을 충족하지 못하였다는 이유로 신규 건조저장시설 사업자 인정신청을 반려한 사안에서, **위 지침이 되풀이 시행되어 행정관행이 이루어졌다거나 그 공표만으로 신청인이 보호가치 있는 신뢰를 갖게 되었다고 볼 수 없고,** 쌀 시장 개방화에 대비한 경쟁력 강화 등 우월한 공익상 요청에 따라 위 지침상의 요건 외에 '시·군별 건조저장시설 개소당 논 면적 1,000ha 이상' 요건을 추가할 만한 특별한 사정을 인정할 수 있어, 그 처분이 행정의 자기구속의 원칙 및 행정규칙에 관련된 신뢰보호의 원칙에 위배되거나 재량권을 일탈·남용한 위법이 없다(대법원 2009.12.24, 2009두7967).

3. 행정의 자기구속과 행정규칙

(1) 원 칙

행정의 자기구속은 주로 행정규칙과 관련하여 논의된다. 법률이 행정청에게 재량을 부여하고 있고, 행정에서 스스로 정한 기준(행정규칙 형식으로 정한 재량준칙)에 따라 이 재량을 행사하여 행정결정을 해 온 경우에는, 행정청은 자신이 정한 기준에 스스로 구속당하게 되어, 당해 사건의 경우에도 그에 따라 행정결정을 하여야 한다는 것이다.

(2) 행정규칙위반은 위법?

그런데 행정청이 동종 사안에 대해 재량준칙에 어긋난 행정결정을 할 경우 국민은 그 위법성을 주장할 수 있을 것인지가 문제된다. 행정규칙 자체는 법이 아니므로 '행정규칙의 위반은 위법이다'라고 할 수는 없다. 그러나 피해국민은 행정규칙의 존재는 그에 상응한 행정관행의 존재를 추정하게 하므로 합리적인 사유 없는 행정규칙의 위반은 결과적으로 평등원칙 내지 자기구속원리의 위반으로서 위법인 것임을 주장할 수는 있을 것이다.

【판례】① 상급행정기관이 하급행정기관에 대하여 업무처리지침이나 법령의 해석적용에 관한 기준을 정하여 발하는 이른바 '행정규칙이나 내부지침'은 일반적으로 행정조직 내부에서만 효력을 가질 뿐 대외적인 구속력을 갖는 것은 아니므로 행정처분이 그에 위반하였다고 하여 그러한 사정만으로 곧바로 위법하게 되는 것은 아니다. 다만, 재량권 행사의 준칙인 **행정규칙이 그 정한 바에 따라 되풀이 시행되어 행정관행이 이루어지게 되면** 평등의 원칙이나 신뢰보호의 원칙에 따라 행정기관은 그 상대방에 대한 관계에서 그 규칙에 따라야 할 자기구속을 받게 되므로, 이러한 경우에는 **특별한 사정이 없는 한** 그를 위반하는 처분은 평등의 원칙이나 신뢰보호의 원칙에 위배되어 재량권을 일탈·남용한 위법한 처분이 된다(대법원 2009.12.24., 2009두7967).
② 구 식품위생법시행규칙 제53조 [별표 15] **행정처분기준이** 비록 행정청 내부의 사무처리 준칙을 정한 것에 지나지 아니하여 대외적으로 법원이나 국민을 기속하는 효력은 없지만, 위 행정처분기준이 수입업자들 및 행정청 사이에 처분의 수위를 가늠할 수 있는 유력한 잣대로 인식되고 있는 현실에 수입식품으로 인하여 생기는 위생상의 위해를 방지하기 위한 단속의 필요성과 그 일관성 제고라는 측면까지 아울러 참작하면, 위 **행정처분기준에서 정하고 있는 범위를 벗어나는 처분을 하기 위해서는 그 기준을 준수한 행정처분을 할 경우 공익상 필요와 상대방이 받게 되는 불이익 등과 사이에 현저한 불균형이 발생한다는** 등의 특별한 사정이 있어야 한다(대법원 2010.4.8. 2009두22997).

(3) 행정청의 반론가능성

그러나 이처럼 국민이 행정규칙을 근거로 행정청의 자기구속을 요구할 경우, 행정청은 ㉠ 행정규칙과 다른 행정선례가 있음을 반증하거나, ㉡ 또는 행정규칙과 다른 결정을 할 수밖에 없는 합리적인 사유를 제시함으로써 자기구속을 면할 수 있을 것이다. 행정규칙은 법이 아니고 행정내부의 지침에 불과하므로 그와 다른 행정선례가 존재할 수도 있으며, 이 경우에는 비교대상은 행정선례이지 행정규칙 자체가 아니기 때문이다. 또한 행정규칙이나 행정선례는 합리적인 이유가 있으면 언제든지 변경될 수 있기 때문이다.

(4) 행정규칙은 외부법?

행정규칙에 상응하는 행정관행이 존재할 경우가 대부분이고, 이 경우 행정규칙의 위반은 결과적으로 위법인 것이 된다. 그러나 이러한 점을 지나치게 강조하여 행정의 자기구속의 법리 내지 평등원칙은 (행정조직의 내부를 규율하는) 내부법인 행정규칙을 (외부의 국민을 규율하는) 외부법으로 전환시키는 '전환규범'의 기능을 한다는 견해가 있다. 그렇지만 이는 오해의 소지가 있다. 행정규칙 자체가 직접적인 대외적 구속력을 가지는 외부법이 되는 것은 아니기 때문이다. 그리고 행정규칙에 상응하는 정형적인 경우에만 자기구속이 발생되고 비정형적인 경우에는 그렇지 않다는 점을 유의하여야 한다.

(5) 재량 또는 판단여지가 인정되는 경우의 행정규칙

행정의 자기구속은 재량영역에서만 존재하기 때문에 '재량준칙'의 경우에만 인정되는 것이며, 법령상의 불확정법개념(예: '공익', '미풍양속', '공무원의 품위' 등과 같이 확정적으로 해석하기 곤란한 법개념)을 통일적으로 해석·집행하기 위해 제정된 '법령해석적 행정규칙'에는 인정되지 않는다. 법률의 최종적인 유권해석의 권한은 법원에 있음에도 불구하고 법령해석적 행정규칙에 관하여 자기구속을 인정하면 행정청이 법령을 최종적으로 유권해석할 권한이 있음을 인정하는 셈이 되어 법원의 권한을 침해하는 결과가 되기 때문이다. 다만 예외적으로 불확정법개념(예: '국가핵심기술', '근무성적이 훌륭한 공무원', '예술성이 뛰어난 작품')의 해석에 관하여 행정청에 '판단여지'가 인정되는 경우에는 그러한 '법령해석적 행정규칙'('판단여지준칙'〈행정청의 판단여지가 인정될 수 있는 불확정법개념을 해석하고 있는 행정규칙〉, 예: 국가핵심기술에 속하는 것을 열거하고 있는 장관의 훈령)에 대해서는 재량준칙에 준하여 판단할 수 있으므로 행정의 자기구속이 인정될 수 있다('판단여지'란 법률요건의 충족 여부〈예: 국가핵심기술 여부, 예술성이 뛰어난 작품 여부〉를 최종적으로 판단할 권한이 행정청에게 인정되는 것을 말한다. 후술 '재량과 판단여지' 참조).

4. 자기구속의 한계

행정의 자기구속은 동일한 행정청의 동일사안에 대해서만 적용된다. 행정청이 다르거나 사안이 동일하지 않을 경우에는 적용되지 않는다. 상하감독관계에 있는 행정청은 동일한 행정청으로 볼 수 있다.

행정의 자기구속은 행정청의 재량이 축소되는 결과를 가져오는 경우가 많다. 하지만 행정은 상황에 따라 변화할 수 있는 것이므로 기존의 행정관행·선례가 있다고 하더라도 그것이 절대적인 것은 아니며, 합당한 사유가 있는 경우에는 과거의 선례와 달리 새로운 행정결정을 하거나 행정관행을 시작할 수 있다. 다만 행정청이 자의적(恣意的)으로 변경해서는 안 된다는 것을 의미한다.

행정의 법률적합성의 원칙으로 인해 '불법의 평등'은 인정되지 않으므로 기존의 위법한 행정관행에는 자기구속을 당하지 않는 것이 원칙이다.

【 판례 】 **위법한 행정처분**이 수차례에 걸쳐 반복적으로 행하여졌다 하더라도 그러한 처분이 위법한 것인 때에는 행정청에 대하여 **자기구속력을 갖게 된다고 할 수 없다**(대법원 2009.6.25, 2008두13132).

5. 위반의 효과

이 원리를 위반한 행정작용은 다른 행정법의 일반원칙을 위반한 경우와 동일하다.

【 답 】 행정이 스스로 정한 행정처분의 기준이 있으면 다른 경우에는 그에 따라 행정처분을 하였을 것으로 추정된다. 따라서 A에 대해 **특별한 사유 없이** 행정처분기준에서 정하고 있는 1개월의 영업정지와는 달리 3개월의 영업정지처분을 한 것은 **행정의 자기구속의 법리 내지 평등원칙에 위반된 것으로서 위법**이다. 행정청이 A의 주장에 반론을 제기하려면 행정처분기준과는 다른 행정선례가 존재함을 증명하거나, A를 차별대우하는 합리적인 근거와 사유를 제시하여야 할 것이다.

Ⅵ. 부당결부금지의 원칙

【 문 제 】 A기업이 아파트건설을 위해 주택사업계획승인을 신청하자 B市長은 주택사업계획승인처분을 하면서 도시계획에 따른 도로를 개설하기 위해 **아파트부지에 인접한 2,791 ㎡의 토지를 기부채납(사유재산의 무상증여)하도록** 하는 부관을 붙였다. A는 그 동안 위 부관에 대하여 아무런 이의를 제기하지 아니하다가 2년 뒤 **아파트건설이 완공된 후에야 비로소** 위 부관은 위법하다고 **주장**하면서 토지의 기부채납을 거부한다. A에 의하면 B시장이 스스로 부지를 매입하여 도로를 개설하여야 함에도 불구하고 주택사업계획승인을 기화로 **주택사업과 직접적인 관련이 없는 부관을 부가한 것이기 때문에 위법**하다는 것이다. 이에 대항하여 B시장은 위 기부채납대상인 토지는 아파트에 인접한 도로를 개설하기 위한 것으로서 위 부관은 주택사업계획승인과 직접적인 관련이 있으므로 합법이며, 설사 그것이 위법이라고 하더라도 A는 취소소송을 제기할 수 있을 뿐인데 제

소기간이 경과하였기 때문에 더 이상 다툴 수 없다고 주장한다. 반면 A는 **부관의 하자가 중대·
명백하므로 무효이기** 때문에 제소기간의 제한이 없는 무효확인소송을 제기하였다고 주장한다. A
의 주장은 타당하며 권리구제를 받을 수 있는가?

1. 의 의

행정권한의 부당결부금지의 원칙은 행정기관이 행정작용을 함에 있어서, 그것과 실질
적인 관련이 없는 것(부관, 반대급부, 행정제재 등)과 결부시켜서는 안 된다는 것을 말한다. 자의적
인 권력행사를 금지하는 것이므로 법치국가원리, 자의금지의 원칙, 권리남용금지의 원칙 등
에서 도출되는 것이라고 할 수 있다.

행정기본법 제13조(부당결부금지의 원칙)는 "행정청은 행정작용을 할 때 상대방에게 해당
행정작용과 실질적인 관련이 없는 의무를 부과해서는 아니 된다."고 명시하고 있다.

2. 요 건

㉠ 행정청의 공권력의 행사가 있고, ㉡ 그 행정청의 공권력의 행사가 상대방의 반대급
부(예: 건축허가를 하면서 진입로확장의무 부과)·의무불이행(예: 국세체납을 이유로 영업의 불허가) 등과 결
부되어 있으며, ㉢ 그 행정청의 공권력의 행사와 상대방의 반대급부·의무불이행 사이에 실
질적 관련성이 없는 경우에는 부당결부금지원칙을 위반하는 것이 된다. 문제의 핵심은 관
련성의 여부이다. 행정청의 행위와 사인의 반대급부 등의 사이에 원인과 목적 모두에 있어
서 관련성이 있어야 한다. 즉, 양자 사이에 상당인과관계가 있어야 하고(원인관련성), 양자의
목적이 동일할 때에(목적관련성) 내적 관련성이 인정될 수 있다.

> 예를 들면, 건축법에 위반한 건축물을 사용하여 행할 영업에 대한 허가를 거부하는 것이나, 주택사업계획승
> 인을 하면서 아파트입주주민이 이용할 **진입도로의 개설·확장**과 이의 기부채납(寄附採納, 사유재산의 소유
> 권을 무상으로 국가에 이전하여 국가가 이를 취득하는 것)의무를 부과하는 것은 양자간 내적 관련성이 인정될
> 수 있다(대법원 1997.3.14. 96누16698 참조). 그러나 주택사업과 직접적인 관련이 없는 토지를 기부채납하도록
> 해서는 안 된다. 한편 국세체납자에 대해 관허사업을 제한하는 경우(국세징수법 제7조) 등도 이 원칙에 비추
> 어 문제가 있다.

> 【판례】 65세대의 주택건설사업에 대한 사업계획승인시 '**진입도로 설치 후 기부채납**, 인근 주민의 **기존 통
> 행로 폐쇄에 따른 대체 통행로 설치 후 그 부지 일부 기부채납**'을 조건으로 붙인 것이 위법한 부관에 해당
> 하지 않는(대법원 1997.3.14. 96누16698).

> 【참고】 건축법상의 시정명령을 불이행한 자에게 당해 건물에 수도·전기 등의 공급을 거부하는 것(구 건
> 축법 제69조 ②)은 이 원칙에 비추어 문제가 많다는 주장에 따라 삭제되고, 지금은 "시정명령을 받고 이행하

지 아니한 건축물에 대하여는 다른 법령에 따른 영업이나 그 밖의 행위를 허가하지 아니하도록 요청할 수 있다"고 규정하고 있다(건축법 제79조 ②).

3. 적용영역

이 원칙이 특히 문제되는 경우는 ㉠ 공법상 계약을 체결함에 있어서 계약상의 급부와 무관한 반대급부를 결부시키는 경우(예: 지방자치단체가 공급하는 온수를 이용할 것을 조건으로 수도공급 계약을 체결하는 것), ㉡ 수익적 행정행위에 부관으로서 부담을 부가하는 경우(예: 건축허가를 하면서 도로부지의 기부채납을 부가하는 것), ㉢ 국민의 의무이행을 강제하기 위해 행정의 실효성확보 수단을 결부시키는 경우(예: 건축법상의 시정명령을 불이행한 자 등에게 수도·전기 등의 공급을 거부하는 경우 〈구 건축법 제69조 ②〉, 국세체납자에 대해 관허사업〈행정관청의 허가 등을 받아야 하는 사업〉을 제한하는 경우〈국세 징수법 제7조〉 등) 등이다.

【판례】 고속국도 관리청이 고속도로 부지와 접도구역에 송유관 매설을 허가하면서 상대방과 체결한 협약에 따라 송유관 시설을 이전하게 될 경우 그 비용을 상대방에게 부담하도록 하였고, 그 후 도로법 시행규칙이 개정되어 접도구역에는 **관리청의 허가 없이도 송유관을 매설할 수 있게 된 사안에서, 위 협약이 효력을 상실하지 않을 뿐만 아니라 위 협약에 포함된 부관이 부당결부금지의 원칙에도 반하지 않는다**(대법원 2009.2.12. 2005다65500).

한편 복수의 행정행위라도 상호관련성이 있어서 전부를 철회하여야만 목적을 달성할 수 있는 경우에는 전부 철회할 수 있으며 부당결부금지의 원칙에 위배되지 않는다.

예컨대, 제1종 대형면허, 제1종 보통면허, 원동기장치자전거면허 모두를 소지한 자가 **제1종 보통면허로 운전할 수 있는 차량을 음주운전한 경우에 제1종 보통면허만이 아니라 제1종 대형면허와 원동기장치자전거 면허까지 취소할 수 있는 것으로** 보아야 한다. 왜냐하면 제1종 보통면허만 취소(철회)할 경우에는 다른 제1종 대형면허로 동일한 차량을 운전할 수 있고 또한 원동기장치자전거도 운전할 수 있어서 면허취소의 목적을 달성할 수 없기 때문이다(대법원 1994.11.25. 94누9672 참조).
반대로 2륜자동차(오토바이)를 음주운전한 경우에는 **제2종 소형면허만 정지·취소할 수 있을 뿐이고, 제1 종 대형면허나 보통면허를 정지·취소할 수 없다.** 왜냐하면 오토바이는 제2종 소형면허를 가진 사람만이 운전할 수 있고 제1종 대형면허나 보통면허를 가지고서는 운전할 수 없기 때문이다(대법원 1992.9.22. 91누 8289 참조).

4. 위반의 효과

부당결부금지원칙에 위반한 행정작용의 효과는 다른 일반원칙의 경우와 동일하다.

【답】　㉠B가 도로개설을 위해 소유자인 A에게 보상금을 지급하고 소유권을 취득하여야 할 것임에
도 불구하고 B가 주택사업계획승인을 기화로 그 주택사업과는 아무런 관계가 없는 A의 토지를
기부채납하도록 한 부관은 **부당결부금지원칙에 위반**한 것으로서 위법하다. ㉡그러나 위법성이 중
대하고 명백한 것은 아니므로 **당연무효라고는 볼 수 없다.** 따라서 A는 취소소송을 제기하여야 하
지만 쟁송제기기간이 지났으므로 권리구제를 받을 수 없다(대법원 1997.3.11, 96다49650 참조).

Ⅶ. 기 타

1. 신의성실의 원칙

행정청은 직무를 수행할 때 신의에 따라 성실히 하여야 한다(행정절차법 제4조 ①)는 것을
말한다. 이는 공·사법을 불문하고 적용되는 법의 일반원칙 중의 하나이다. 행정기본법은
"행정청은 법령 등에 따른 의무를 성실히 수행하여야 한다."(제11조 ① 성실의무의 원칙)고 정하
고 있다. 구체적으로는 행정청은 전후 모순되는 행위를 해서는 안 되며, 행정청의 불성실로
인해(예: 특별한 사유가 없이 업무처리를 지연시키는 것) 사인의 법적 지위가 약화되거나 불이익을 받
아서는 안 된다.

【판례】① 근로복지공단의 요양불승인처분에 대한 취소소송을 제기하여 승소확정판결을 받은 근로자가
요양으로 인하여 취업하지 못한 기간의 휴업급여를 청구한 경우, 그 휴업급여청구권이 시효완성으로 소멸
하였다는 근로복지공단의 항변이 신의성실의 원칙에 반하여 허용될 수 없다(대법원 2008.9.18. 2007두2173).
② 지방공무원의 정년퇴직시 구비서류로 가족관계기록사항에 관한 증명서 중 기본증명서 1통을 요구하고
있는 점 등을 고려하면, 지방공무원법상의 **정년은 지방공무원의 정년퇴직시 구비서류로 요구되는 가족관계
기록사항에 관한 증명서 중 기본증명서에 기재된 실제의 생년월일을 기준으로 산정해야** 한다고 봄이 상당
하다. 지방공무원 임용신청 당시 잘못 기재된 호적상 출생연월일을 생년월일로 기재하고, 이에 근거한 공무
원인사기록카드의 생년월일 기재에 대하여 **처음 임용된 때부터 약 36년 동안 전혀 이의를 제기하지 않다
가, 정년을 1년 3개월 앞두고 호적상 출생연월일을 정정한 후 그 출생연월일을 기준으로 정년의 연장을 요
구하는 것이 신의성실의 원칙에 반하지 않는다**(대법원 2009.3.26. 2008두21300).

2. 권한남용금지의 원칙

"행정청은 행정권한을 남용하거나 그 권한의 범위를 넘어서는 아니 된다."(행정기본법 제
11조 ②). 특히 행정청이 재량권을 행사함에 있어서 법령이 재량을 부여한 목적(개별적 정의 및
구체적 타당성의 실현, 공익의 실현)에 위반하여 재량권을 오·남용해서는 안 된다.

3. 적법절차의 원칙

모든 행정작용은 특히 국민의 권익을 제한하는 행정작용은 적법절차에 따라 행해져야한다는 원칙이다. 실체적 합법성 못지않게 절차적 정당성도 중요하기 때문에 적법절차를거치지 않은 것은 이 원칙에 위반한 것으로서 위법하다는 것이다. 이는 자연적 정의에서 나오는 것이며 헌법 제12조와 행정절차법 등은 이를 반영하고 있다. 행정기본법은 "국가와 지방자치단체는 국민의 삶의 질을 향상시키기 위하여 적법절차에 따라 공정하고 합리적인 행정을 수행할 책무를 진다."(제3조 ①)고 정하고 있다.

제 8 절 행정법원의 효력, 흠결의 보충

Ⅰ. 행정법원의 효력

1. 효력의 우선순위(법원의 단계질서)

(1) 상하의 순위

행정법원들은 효력에 있어서 상하간의 순위가 있으며 전체적으로 하나의 체계적이고통일적인 법질서를 이루고 있다. 법원들의 효력의 우선순위는 ㉠ 헌법(헌법적 지위를 갖는 '법의 일반원칙', 관습헌법, 국제법규) – ㉡ 법률(법률적 지위를 갖는 '법의 일반원칙', 관습법, 법률에 상응하는 국제법규 및 국회의 동의를 얻은 조약), 긴급재정·경제명령, 비상명령 – ㉢ 명령(명령에 상응하는 국제법규 및 행정협정, 대통령령 – 총리령 – 부령) – ㉣ 자치법규(광역자치단체의 조례 – 규칙 – 기초자치단체의 조례 – 규칙) 순이다.

【참고】 효력의 우위, 적용의 우위: 법의 효력은 상위법이 우위이지만(효력의 우위), 적용에 있어서는 하위법이 우선이다(적용의 우위). 행정관청은 구체적인 경우 하위규범(예: 부령인 시행규칙)을 우선 적용해야 하고, 해당 규범으로서 적당한 규정이 없으면 다음의 상위 규범(예: 대통령령인 시행령)을 적용하고, 그 곳에도 적당한 규정이 없으면 보다 상위의 규범(예: 법률)을 차례대로 적용해야 한다. 하위법이 상위법보다 직접적이고 구체적으로 규율하고 있기 때문이다.

(2) 법원충돌의 해결

1) 특별법·신법우선의 원칙

동일한 효력을 갖는 법령 상호간에 충돌이 있는 경우에는 특별법우선의 원칙과 신법우선의 원칙에 의해 특별법이 일반법보다 우선하고, 신법이 구법보다 우선한다. 특별법우선의 원칙이 신법우선의 원칙보다 우월하다. 즉, 구법인 특별법이 신법인 일반법보다 우선한다.

2) 충돌법령에 대한 행정기관의 심사

법령을 집행하는 과정에서 공무원이 법령 사이에 모순이 있다고 판단되거나 어떤 법령이 위헌·위법이라고 판단되면 어떻게 할 것인지가 문제이다. 법령의 위헌·위법성이 명백한 경우에는 그 적용을 배제할 수 있다는 견해도 있으나 현실적으로 그러한 경우는 거의 없을 것이다. 일반적으로는 공무원이 스스로 판단하여 그 법규의 적용 여부를 결정할 것이 아니라 상급기관에 질의하거나 유권해석을 의뢰하여야 할 것이다. 구체적 규범통제를 취하고 있는 우리나라에서는 현행법상 공무원이 사법기관의 판단을 구할 수 있는 제도는 없다.

【참고】 ㉠ **구체적 규범통제** : 법원이 **구체적 소송사건을 심리·판단함에 있어** 법령이 헌법 내지 상위 법령을 위반한 것인지의 여부가 재판의 전제로서 선결문제(先決問題)가 된 경우에 적용법령의 위헌·위법성을 심사하고, 이것이 인정될 경우 그 법령을 적용하지 않는 제도를 말한다. 구체적 규범통제에 있어서 심판청구의 주체는 그 법령으로 말미암아 자신의 권리를 침해당한 자에 한정된다. ㉡ **추상적 규범통제** : **구체적 소송사건과는 관계없이** 법원이 법령 그 자체의 위헌·위법 여부를 추상적으로 심사하고, 이것이 긍정되면 법령의 효력을 상실하게 하는 제도를 말한다. 추상적 위헌심사 또는 추상적 규범심사라고도 한다. 이 경우 심판청구의 주체는 자신의 권리가 침해당한 자에 한정되지 아니한다. 우리나라는 독일과 달리 추상적 규범통제를 도입하고 있지 않다(예외: 조례〈안〉에 대한 사전적·추상적 통제〈지방자치법 제120조〉).

2. 효력의 범위

(1) 시간적 효력

1) 효력발생시기

법령과 조례·규칙은 그 시행일에 관하여 특별한 규정이 없으면 공포한 날로부터 20일이 경과한 날로부터 효력을 발생한다(헌법 제53조 ⑦. '법령 등 공포에 관한 법률' 제13조, 지방자치법 제32조). 국민의 권리제한 또는 의무부과와 직접 관련되는 법률·대통령령·총리령 및 부령은 긴급히 시행하여야 할 특별한 사유가 있는 경우를 제외하고는 공포일로부터 적어도 30일이 경과한 날로부터 시행되도록 하여야 한다('법령 등 공포에 관한 법률' 제13조의2).

공포란 국가의 법령을 관보 또는 신문에 게재하거나 자치법규(조례, 규칙)를 지방자치단체의 공보나 신문에 게재하는 행위를 말한다. 따라서 법령을 공포한 날이란 그 법령 등을 게재한 관보·공보 또는 신문이 발행된 날을 말하는데, 이는 최초구독가능시점(국민이 구독가능한 상태에 놓인 최초의 시점)을 의미한다.

2) 시행일의 기간계산

법령 등(훈령·예규·고시·지침 등을 포함)의 시행일을 정하거나 계산할 때에는 ㉠ 법령 등을 공포한 날부터 시행하는 경우에는 공포한 날을 시행일로 한다. ㉡ 법령 등을 공포한 날부터 일정 기간이 경과한 날부터 시행하는 경우 법령 등을 공포한 날을 첫날에 산입하지 아니한다. ㉢ 법령 등을 공포한 날부터 일정 기간이 경과한 날부터 시행하는 경우 그 기간의 말일이 토요일 또는 공휴일인 때에는 그 말일로 기간이 만료한다(행정기본법 제7조).

3) 소급금지의 원칙

법령이 개정된 경우에도 명문의 다른 규정이 있거나 특별한 사정이 없는 한, 구법시행 당시에 발생한 사유에 대해서는 구법령이 적용되고, 신법은 제·개정 이후의 사안에 대해서만 적용되는 것이 원칙이다. 법령이 그 효력발생일 이전의 '과거사안'에 대하여 적용되는 경우도 있는데 이를 소급적용(소급효, 遡及效)이라고 하며, 이는 '과거사안'의 종류에 따라 두 가지가 있다.

(가) 진정소급: 원칙적 금지, 예외적 허용

법의 효력발생일 이전에 이미 종결된 사안에 소급하여 적용되는 것을 진정소급효라고 하며, 이는 허용되지 않는 것이 원칙이다. 다만 국민의 권익에 무관하거나 유리한 경우(예: 형벌·세금·의무의 경감·면제, 허가요건의 완화)는 허용된다.

그 밖의 경우에는 ㉠ 일반적으로 국민이 소급입법을 예상할 수 있었거나 법적 상태가 불확실하고 혼란스러워 보호할 만한 신뢰이익이 적은 경우, ㉡ 소급입법에 의한 당사자의 손실이 없거나 아주 경미한 경우, ㉢ 신뢰보호의 요청에 우선하는 심히 중대한 공익상의 사유가 소급입법을 정당화하는 경우에는 예외적으로 진정소급입법이 허용된다.

【참고】 행정기본법 제14조(법 적용의 기준) ① 새로운 법령 등은 법령 등에 특별한 규정이 있는 경우를 제외하고는 그 법령 등의 **효력 발생 전에 완성되거나 종결된 사실관계 또는 법률관계**에 대해서는 적용되지 **아니한다.** ② 당사자의 신청에 따른 처분은 법령 등에 특별한 규정이 있거나 처분 당시의 법령 등을 적용하기 곤란한 특별한 사정이 있는 경우를 제외하고는 **처분 당시의 법령 등에 따른다.** ③ 법령 등을 위반한 행위의 성립과 이에 대한 제재처분은 법령 등에 특별한 규정이 있는 경우를 제외하고는 법령 등을 **위반한 행위 당시의 법령 등에 따른다.** 다만, 법령 등을 위반한 행위 후 법령 등의 변경에 의하여 그 행위가 법령 등을 위반한 행위에 해당하지 아니하거나 **제재처분 기준이 가벼워진 경우**로서 해당 법령 등에 특별한 규정이 없는 경우에는 **변경된 법령 등을 적용한다.**

【 판례 】 ① 정원제한조항이 제정된 2001.11.30. 전에 화물자동차운송사업의 등록을 한 6인승 밴형화물자동차 운송사업자들에게 밴형화물자동차 정원을 6인에서 3인으로 변경하는 정원제한조항이 적용되는 것은 **신뢰보호의 원칙에 위반된다**(헌재 2004.12.16. 2003헌마226).

② 기존의 법에 의하여 형성되어 이미 굳어진 개인의 법적 지위를 사후입법을 통하여 박탈하는 것 등을 내용으로 하는 진정소급입법은 개인의 신뢰보호와 법적 안정성을 내용으로 하는 법치국가원리에 의하여 특단의 사정이 없는 한 헌법적으로 허용되지 아니하는 것이 원칙이고 다만 **일반적으로 국민이 소급입법을 예상할 수 있었거나 법적 상태가 불확실하고 혼란스러워 보호할 만한 신뢰이익이 적은 경우와** 소급입법에 의한 당사자의 손실이 없거나 아주 경미한 경우 그리고 **신뢰보호의 요청에 우선하는 심히 중대한 공익상의 사유가 소급입법을 정당화하는 경우에는 예외적으로 진정소급입법이 허용된다**(헌재 1997.7.22. 97헌바76).

③ 친일재산은 취득·증여 등 원인행위 시에 국가의 소유로 한다고 규정하고 있는 **'친일반민족행위자 재산의 국가귀속에 관한 특별법'** 제3조 제1항 본문은 진정소급입법에 해당하지만, 진정소급입법이라 하더라도 예외적으로 국민이 소급입법을 예상할 수 있었거나 신뢰보호 요청에 우선하는 심히 중대한 공익상 사유가 소급입법을 정당화하는 경우 등에는 허용될 수 있는데, 친일재산의 소급적 박탈은 일반적으로 소급입법을 예상할 수 있었던 예외적인 사안이고, 진정소급입법을 통해 침해되는 법적 신뢰는 심각하다고 볼 수 없는 데 반해 이를 통해 달성되는 공익적 중대성은 압도적이라고 할 수 있으므로 진정소급입법이 허용되는 경우에 해당하고, 따라서 위 귀속조항이 **진정소급입법이라는 이유만으로 헌법 제13조 제2항에 위배된다고 할 수 없다**(대법원 2011.5.13. 2009다26831).

(나) 부진정소급: 원칙적 허용, 예외적 금지

이전에 시작하였지만 새로운 법령의 효력발생일까지 종결되지 않고 아직도 진행중인 사안에 대해서 새로운 법령이 적용되는 것(예: 과세표준기간인 과세연도 진행중에 세율을 인상하는 경우, 개발사업 시작 당시에는 개발부담금제도가 없었지만 개발사업 착수 이후에 당해 사업에 대한 개발부담금제도가 도입되어 부담금을 부과하는 경우)을 부진정소급(不眞正遡及)이라고 한다. 이는 당사자의 신뢰보호의 필요성에 비해 입법자의 입법형성권이 우월하므로 허용되는 것이 원칙이다. 이 경우에도 개인의 신뢰보호를 위해 경과규정을 두는 것이 바람직하다. 법령의 제·개정의 필요성(공익)과 사인의 신뢰이익을 비교형량하여 사익이 우월한 경우에는 부진정소급효도 부정된다.

【 판례 】 ① 과세단위가 시간적으로 정해지는 조세에 있어 **과세표준기간인 과세연도 진행중에 세율인상 등 납세의무를 가중하는 세법의 제정**이 있는 경우에는 이미 충족되지 아니한 과세요건을 대상으로 하는 강학상 이른바 **부진정소급효**의 경우이므로 과세연도 개시시에 소급적용이 허용된다(대법원 1983.4.26. 81누423).

② '개발이익환수에 관한 법률' 부칙 제2조는 동법이 시행된 1990.1.1. 이전에 이미 개발을 완료한 사업에 대하여 소급하여 개발부담금을 부과하려는 것이 아니라 동법 시행 당시 **개발이 진행중인 사업에 대하여 장차 개발이 완료되면 개발부담금을 부과하려는 것**이므로, 이는 아직 완성되지 아니하여 진행과정에 있는 사실관계 또는 법률관계를 규율대상으로 하는 이른바 부진정소급입법에 해당하는 것이어서 원칙적으로 헌법상 허용되는 것이다(헌재 2001.2.22. 98헌바19).

③ 서울대학교의 1994년 대학입학고사 주요요강은 만일 그것이 1994년부터 시행된다면 **충분한 경과조치의 미비**로 현재 일본어를 선택과목으로 하여 대학에 진학하고자 하는 학생들에게 법치국가원리에서 파생되는 신뢰보호원칙에 위배되어 **위헌적인 공권력의 행사**가 된다(헌재 1992.10.1. 92헌마68병합).

④ A회사가 항만공사 **시행허가를 받은 이후** 항만법시행령이 회사에게 **불리하게 개정된 경우**, 개정 전의 시행령이 적용될 것으로 믿은 회사의 신뢰가 개정된 시행령의 적용에 관한 공익상의 요구보다 더 보호가치가 있다고 인정된다면 그러한 회사의 신뢰를 보호하기 위하여 **개정된 시행령의 적용이 제한될 수 있다**(대법원 2001.8.21. 2000두8745).

⑤ 법령불소급의 원칙은 법령의 효력발생 전에 완성된 요건 사실에 대하여 당해 법령을 적용할 수 없다는

의미일 뿐, 계속 중인 사실이나 그 이후에 발생한 요건 사실에 대한 법령적용까지를 제한하는 것은 아니다.…개정된 공무원연금법(이하 '신법') 시행 직후 **퇴직연금 급여제한처분을** 하였고, …. 위 처분은 퇴직연금수급권의 기초가 되는 급여의 사유가 이미 발생한 후에 그 퇴직연금수급권을 대상으로 하지만, 이미 발생하여 이행기에 도달한 퇴직연금수급권의 내용을 변경함이 없이 **장래 이행기가 도래하는 퇴직연금수급권의 내용만을 변경하는 것에 불과하여,** 이미 완성 또는 종료된 과거 사실 또는 법률관계에 새로운 법률을 소급적으로 적용하여 과거를 법적으로 새로이 평가하는 것이 아니므로 소급입법에 의한 재산권 침해가 될 수 없다(대법원 2014.4.24. 2013두26552).

3) 효력의 소멸

법령의 효력이 소멸되는 경우는 ㉠ 법령 중에 특히 유효기간을 정하고 있는 한시법은 유효기간이 경과한 경우, ㉡ 동위 또는 상위의 신법에 의해 명시적으로 폐지되는 경우, ㉢ 구법에 모순·저촉되는 동위의 신법을 제정하는 경우, ㉣ 상위법(예: 대통령령의 제정을 위임한 법률)이 폐지·소멸되는 경우, ㉤ 헌법재판소에 의해 위헌으로 결정되는 경우(헌재법 제47조 ②), ㉥ 규율대상이 영원히 종결되는 경우 등이다.

【 판례 】 상위법령의 시행에 필요한 세부적 사항을 정하기 위하여 행정관청이 일반적 직권에 의하여 제정하는 이른바 집행명령은 근거법령인 상위법령이 폐지되면 특별한 규정이 없는 이상 실효되는 것이나, 상위법령이 **개정됨에 그친 경우에는** 개정법령과 성질상 모순, 저촉되지 아니하는 한 그 **집행명령은 상위법령의 개정에도 불구하고 당연히 실효되지 아니하고 개정법령의 시행을 위한 집행명령이 제정, 발효될 때까지는 여전히 그 효력을 유지한다**(대법원 1989.9.12. 88누6962).

(2) 지역적 효력

행정법규는 그것을 제정한 기관의 권한이 미치는 지역적 범위(영해, 영공 포함) 내에서만 효력을 가짐이 원칙이다. 즉, 법률 및 대통령령·총리령·부령은 전국에 걸쳐 효력을 가지나, 지방자치단체의 조례·규칙은 당해 자치단체의 관할구역 내에서만 효력을 가진다. 다만, ㉠ 국제법상 치외법권(治外法權, 외국인〈외교관, 국제기구직원 등〉이 현재 거주하고 있는 국가의 법령을 준수하지 않아도 되는 권리)을 가지는 자가 사용하는 토지·시설이나 외국군대가 사용하는 시설·구역 등에는 행정법규의 효력이 미치지 않는 경우가 있으며, ㉡ 법령 자체가 특정지역을 대상으로 하는 경우도 있다(예: 제주국제자유도시특별법).

(3) 대인적 효력

행정법규는 원칙적으로 속지주의(屬地主義)에 의해 영토 내에 있는 모든 사람에 대하여 일률적으로 적용되며, 자연인·법인·내국인·외국인 여하를 불문한다.

다만, ㉠ 외국원수나 외교관과 같이 국제법상의 치외법권을 향유하는 자에게는 우리 행정법규가 적용되지 않으며, ㉡ 미합중국군대의 구성원에 대해서는 한·미행정협정 및 그 시행에 따른 법령이 정하는 바에 따라 우리 행정법규의 적용이 제한되고, ㉢ 외국인에 대해 특별한 규정을 두고 있는 등의 예외가 있다(예: 외국인토지법, 출입국관리법). 외국거주 한국인과 북한동포에게도 우리의 법의 효력은 미친다.

Ⅱ. 법원의 흠결의 보충(사법규정의 적용)

1. 개 설

행정영역이 매우 다양하고 통일적인 행정법전이 존재하지 않기 때문에 행정작용에 있어서 직접적으로 적용될 행정법규가 없는 경우가 종종 있다. 이때 그 흠결을 어떻게 보충할 것인지가 문제이다. 이는 행정상 법률관계의 종류에 따라 다르다.

2. 사법관계(광의의 국고관계)

행정상 법률관계 중에서 사법관계를 규율할 법규정에 흠결이 있을 때는 사법규정을 직접·유추적용하면 된다. 광의의 국고관계는 다시 협의의 국고관계(영리작용)와 행정사법관계로 구분하기도 하는데, 전자의 경우는 사법규정을 직접 적용하면 되고, 행정사법관계에는 사법규정을 직접·유추적용하더라도 공법적 기속이 보다 강하게 가해진다.

3. 공법관계(행정법관계)

문제는 공법관계에 흠결이 있을 때이다. 이때는 ㉠ 흠결보충에 관한 명문의 규정이 있는 경우에는 그에 따른다(예: 국가배상법 제8조). ㉡ 명문의 규정이 없는 경우에는 우선 다른 공법규정을 유추적용한다. ㉢ 유추적용할 공법규정도 없을 때는 사법규정을 유추적용한다. ㉣ 사법규정도 없는 경우에는 조리에 의한다.

(1) 공법규정의 유추적용

흠결을 보충하기 위해 우선 공법규정을 유추적용한다. 이 때 헌법상의 기본원칙(법치국가원리, 신뢰보호, 법적 안정성, 기본권보호, 명확성원칙, 적법절차의 원칙 등)도 중요한 역할을 한다.

【 판례 】 ① 하천법 제2조 제1항 제2호, 제3조에 의하면 제외지(堤外地, 제방으로부터 하심측〈河心側〉의 토지)는 하천구역에 속하는 토지로서 법률의 규정에 의하여 당연히 그 소유권이 국가에 귀속된다고 할 것인바

한편 동법에서는 법의 시행으로 인하여 국유화가 된 **제외지의 소유자에 대하여 그 손실을 보상한다는 직접적인 보상규정을 둔 바가 없으나** 동법 제74조의 손실보상요건에 관한 규정은 보상사유를 제한적으로 열거한 것이라기보다는 예시적으로 열거하고 있으므로 국유로 된 **제외지의 소유자에 대하여는 위 법조문을 유추적용하여 관리청은 그 손실을 보상하여야 한다**(대법원 1987.7.21, 84누126).

② 사업시행자가 손실보상의무를 이행하지 아니한 채 … 공유수면매립공사를 시행함으로써 어민들이 더 이상 허가어업을 영위하지 못하는 손해를 입게 된 경우에는, 어업허가가 취소 또는 정지되는 등의 처분을 받았을 때 손실을 입은 자에 대하여 보상의무를 규정하고 있는 수산업법 제81조 제1항을 **유추적용하여** 그 손해를 배상하여야 한다(대법원 2004.12.23, 2002다73821).

(2) 사법규정의 유추적용

공법관계의 특수성을 인정하여 사법규정을 유추적용할 수 있다. 유추적용의 정도는 적용되는 사법규정의 성질과 적용하려는 공법관계의 성질(권력관계, 비권력관계)에 따라 결정된다.

1) 일반법원리적 사법규정

사법규정은 ㉠ 공·사법관계를 불문하고 모든 법질서에 공통적으로 적용될 수 있는 법의 일반원칙을 성문화한 것(법일반원칙적 규정: 신의성실의 원칙, 사무관리, 부당이득 등), ㉡ 모든 법에 공통적으로 적용될 수 있는 법기술적(法技術的) 약속에 속한 것을 성문화한 것(법기술적 규정: 기간, 시효 등), ㉢ 사인 상호간의 이해를 조절하기 위한 규정(이해조절적 규정: 하자담보책임에 관한 규정 등 대부분의 사법규정)으로 분류할 수 있다.

㉠과 ㉡은 일반법원리적 규정으로서 모든 공법관계(권력관계, 비권력관계)에도 유추적용될 수 있다. 신의성실의 원칙, 권리남용금지의 원칙, 자연인·법인, 주소·거소, 물건, 의사표시, 대리, 부관, 기간, 시효, 사무관리, 부당이득, 불법행위 등에 관한 규정들이 이에 속한다.

2) 이해조절적 사법규정

공법관계 중에서 권력관계는 행정주체의 의사의 우월성이 인정되는 관계로서 일반 사법관계와는 본질적으로 상이한 것이므로, 여기에는 이해조절적 사법규정은 적용될 수 없는 것이 원칙이다(대법원 2015.1.29, 2012두7387 참조).

공법관계 중에서 비권력관계는 주체가 행정권의 담당자이고, 그 작용관계가 공익과 밀접한 관련이 있다는 점에서 특별한 법적 규율을 하는 경우를 제외하고는 본질적으로 사법관계와 다를 바 없기 때문에, 여기에는 이해조절적 규정도 유추적용될 수 있다(대법원 2017.5.30, 2015다223411 참조).

제 3 장 행정법관계

제 1 절 행정법관계의 관념

Ⅰ. 행정상 법률관계

1. 행정상 법률관계의 의의

법률관계(법관계, Rechtsverhältnis)는 법에 의해 규율되는 생활관계로서 법주체 상호간의 권리·의무의 관계를 말한다. 즉, 법주체 일방이 타방에 대하여 일정한 작위·부작위·급부·수인 등을 명하고, 상대방은 이에 따른 의무를 가지는 권리·의무를 내용으로 하는 관계이다. 따라서 행정상 법률관계는 '행정에 관련된 당사자(국가·지방자치단체 등 행정주체, 공무원, 국민)간의 권리·의무관계'라고 말하거나 또는 그 한쪽 당사자는 반드시 행정주체가 되므로 '행정주체가 일방당사자인 법관계'라고 말하기도 한다.

2. 행정상 법률관계의 종류

(1) 행정조직법관계

1) 행정주체 상호간의 관계
국가와 지방자치단체간의 관계와 지방자치단체 상호간의 관계가 있다.

2) 행정주체내부관계
상·하행정청간의 관계(권한의 위임·감독)와 대등행정청간의 관계(행정청간의 협의, 사무의 위탁 등)가 있다. 이들은 권리·의무관계가 아니라 기관간의 권한에 관한 것이므로 특별한 규정이 없는 한 소송의 대상이 되지 않는다. 행정주체와 공무원간의 관계가 있다. 그런데 이는 항상 '내부관계'인 것은 아니다. 그중에는 공무원관계의 설정·변경·종료 및 공무원의 권리·의무 등에 관한 것으로서 공무원이 (행정주체의 조직구성원으로서가 아니라) 하나의 '인격의 주체'로서 맺는 관계가 있으며, 이는 '외부관계'가 되어 행정소송의 대상이 될 수 있다.

(2) 행정작용법관계

행정작용이란 행정주체가 국민에게 행하는 모든 행정활동을 말한다. 따라서 행정작용법관계란 행정주체와 국민 간에 맺어지는 법률관계이다.

1) 공법관계

(가) 권력관계

행정주체가 개인보다 우월한 입장에서 공권력을 발동하여 개인에 대하여 일방적으로 명령(예: 경찰명령)·강제(예: 강제집행)·형성(예: 특허)하는 관계이다. 비권력관계와는 달리 공정력, 확정력, 강제력 등 법률상 특별한 효력이 인정된다(후술 참조).

(나) 비권력관계

행정지도, 공물관리, 공법상 계약, 정보제공 등 행정주체가 강제수단을 사용하지 않고 그의 목적을 달성하기 위하여 행정작용을 하는 관계를 말한다. 행정주체가 주로 공익목적을 달성하기 위해 사업을 수행하거나 재산을 관리하는 행정을 수행하면서 맺는 관계로서 '단순고권행정관계'라고도 한다. 이는 사법관계와 유사하나 사법관계와는 달리 공익성이 강하기 때문에 공익목적의 달성을 위해 필요한 한도에서만 공법적 규율을 받는 특징을 갖는다. 따라서 비권력관계와 사법관계는 구분하기 쉽지 않다.

【판례】수도법에 의하여 지방자치단체인 수도사업자가 그 수돗물의 공급을 받은 자에 대하여 하는 **수도료의 부과징수와 이에 따른 수도료의 납부관계는 공법상의 권리의무관계**라 할 것이므로 이에 관한 소송은 행정소송절차에 의하여야 하고, 민사소송절차에 의할 수 없다(대법원 1977.2.22. 76다2517 참조).

【참고】**관리관계** : 종래의 통설은 행정주체가 공권력의 주체로서가 아니라 **공적재산이나 공적 사업의 관리주체로서 사인과 맺는 관계**를 관리관계라고 불렀다. 도로 등 공물의 관리, 공기업의 경영 등이 이에 해당한다고 한다. 그에 의하면 관리관계는 본질적으로 사법관계와 다른 것이 아니므로 원칙적으로 사법의 적용을 받고, 공익목적의 달성에 필요한 한도 내에서만 공법적 규율이 가해지는 관계라는 것이다. 학자에 따라서는 이를 비권력관계(공법관계)와 동일하게 보기도 하고 행정사법관계(사법관계)와 동일하게 보기도 하면서 혼란이 있다. 소위 '관리'행정은 공법적으로 하기도 하고(예: 수돗물의 공급), 사법적으로 하기도(예: 철도운행) 하기 때문에 **관리관계는 공법관계인 것도 있고, 사법관계인 것도 있다.** 따라서 공법관계와 사법관계를 구별하기 위해서는 **관리행정(관계)이란 개념을 지양하고** 독일의 경우와 같이 비권력행정(관계)라는 개념을 사용하는 것이 바람직하다.

2) 사법관계(광의의 국고관계)

행정주체가 사인과 같은 지위에서 하는 행정(광의의 국고행정)을 하면서 맺는 법률관계이다. 행정상의 사법관계는 사법의 규율을 받으나 공정성 확보와 공익적 견지에서 특별한 제한이 인정되고 있다. 예컨대, 국가재정법·국유재산법·물품관리법 등이 계약방법·내용·상대방 등에 특별한 제한을 가하는 것 등이다. 그렇다고 그것이 공법관계로 변질되는 것은 아니다. 법적 분쟁은 민사소송에 의한다.

(가) 협의의 국고관계

행정주체가 일반 사인과 같은 지위에서 재산권의 주체(국가재산의 관리자)로서 행정활동(행정의 운영에 필요한 인적·물적 수단을 마련하기 위한 행정과 영리·경제적 행정활동)을 하면서 맺는 법률관계이다. 이는 그 자체가 직접적으로 공행정임무를 수행하는 것이 아니라 이를 위한 보조적인 것이라는 점에서 행정사법관계와 구분된다. 행정에 필요한 물품의 구매계약, 청사·도로·교량의 건설도급계약, 일반재산의 매각·임대, 금전 차입 등이 이에 속한다.

(나) 행정사법관계

이는 행정주체가 직접 공행정임무를 수행함에 있어서 공법이 아닌 사법형식으로써 하는 경우가 이에 속한다. 국민의 일상생활과 밀접한 재화와 용역을 공급하는 행정이라는 점에서 그 자체가 중요한 급부행정에 속하는 것이다. 다만 사법형식에 의한다는 점이 공법상의 행정과 다른 점이다. 급부행정(예: 철도, 우편, 전기·가스 등 공급사업, 쓰레기처리사업)과 자금지원행정(예: 보조금지급, 융자)이 이에 속한다.

> 【 판례 】 **국가의 철도운행사업**은 국가가 공권력의 행사로서 하는 것이 아니고 **사경제적 작용**이라 할 것이므로 이로 인한 사고에 공무원이 간여했다고 하더라도 **국가배상법을 적용할 것이 아니라 일반 민법의 규정**에 따라야 한다(대법원 1999.6.22. 99다7008).

Ⅱ. 행정상 법률관계와 행정법관계의 구별

행정상 법률관계는 행정의 조직과 작용에 관한 모든 법률관계를 말한다. 반면 행정법관계란 행정상 법률관계 중에서 사법관계를 제외한 행정고유의 법률관계, 즉 공법관계만을 의미한다. 따라서 행정법관계란 행정작용법관계 중에서 공법관계(권력관계, 비권력관계) 그리고 행정조직법관계를 말한다(행정조직법관계는 모두 공법관계이다). 행정법관계가 행정법론의 중심이다. 그런데 학자에 따라서는 행정법관계를 광의로 이해하여 행정상의 법률관계와 동일한 의미로 사용하는 경우도 있는데, 양자는 구분하는 것이 옳다고 생각된다.

제 2 절 행정법관계의 당사자

I. 행정주체

1. 의 의

행정법관계에 있어서 행정권의 담당자로서 행정권을 행사하고 그의 법적 효과가 궁극적으로 귀속되는 당사자(사람, Person, 人〈자연인, 법인〉)를 행정주체라고 한다. 사법관계에 있어서는 당사자가 서로 대등하지만 공법관계에 있어서는 대등하지 않기에 국가·지방자치단체를 행정주체라고 하고 국민을 행정객체라고 한다.

2. 종 류

(1) 국 가

국가는 법인격을 가진 시원적(始原的)인 행정주체로서 국가행정을 수행한다. 국가는 행정을 대통령을 정점으로 하는 국가행정기관(중앙행정기관〈행정각부, 청, 처〉, 특별지방행정기관〈예: 지방병무청, 지방경찰청〉)을 통하여 직접 수행하거나(직접국가행정), 법령에 근거하여 지방자치단체·공공단체·사인에게 위임·위탁하여 행사한다(간접국가행정).

(2) 지방자치단체

국가의 영토 내에서 일정한 지역 및 그 지역의 주민으로 구성되어, 그 지역 내에서 일정한 통치권을 행사하는 법인격을 갖는 공공단체를 말한다. 지방자치단체도 광의의 공공단체에 포함되나 일정한 지역주민을 가지고 있고, 일반적인 행정을 담당한다는 점에서 국가와 유사하지만, 특정한 사업수행만을 담당하는 협의의 공공단체와는 구분된다. 보통지방자치단체(광역자치단체〈서울특별시·광역시·도, 세종특별자치시, 제주특별자치도〉, 기초자치단체〈시·군·자치구〉)와 특별지방자치단체(지방자치단체조합)가 있다.

(3) (협의의) 공공단체

국가나 지방자치단체로부터 특정한 행정목적을 위하여 설립된 '법인격'이 부여된 단체를 말한다.

1) 공공조합(공법상 사단법인)

특수한 사업을 수행하기 위하여 일정한 자격을 가진 사람(조합원)에 의해 구성된 공법상의 사단법인(공사단, 公社團)을 말한다. 토지구획정리조합, 상공회의소, 주택재개발정비사업조합, 주택재건축정비사업조합, 국민건강보험조합, 변호사회 등이 있다.

【판례】① **주택재개발정비사업조합**에 대한 주거용 건축물 세입자의 **주거이전비 보상청구권은 공법상의 권리**이고, 따라서 그 보상을 둘러싼 쟁송은 민사소송이 아니라 공법상의 법률관계를 대상으로 하는 **행정소송(당사자소송)에 의하여야 한다**(대법원 2008.5.29. 2007다8129).
② '도시 및 주거환경정비법'(이하 '도시정비법')에 따른 **주택재건축정비사업조합**(이하 '재건축조합')은 관할 행정청의 감독 아래 도시정비법상의 주택재건축사업을 시행하는 공법인(도시정비법 제18조)으로서, 그 목적 범위 내에서 법령이 정하는 바에 따라 일정한 행정작용을 행하는 **행정주체**의 지위를 갖는다. 그리고 재건축조합이 행정주체의 지위에서 도시정비법 제48조에 따라 수립하는 **관리처분계획**은 정비사업의 시행 결과 조성되는 대지 또는 건축물의 권리귀속에 관한 사항과 조합원의 비용 분담에 관한 사항 등을 정함으로써 조합원의 재산상 권리·의무 등에 구체적이고 직접적인 영향을 미치게 되므로, 이는 **구속적 행정계획으로서 재건축조합이 행하는 독립된 행정처분**에 해당한다(대법원 2009.9.17. 2007다2428).

2) 공법상 재단법인

국가나 지방자치단체가 출연한 재산을 관리하기 위하여 설립된 공법상의 재단법인(공재단, 公財團)이다. 공재단에는 직원 및 수혜자는 있으나 구성원은 없다는 점에서 사단과 구분되고, 재산의 결합체인 점에서 인적·물적 결합체인 영조물법인과 구분된다. 현행법상 한국학중앙연구원(한국학중앙연구원육성법 제1조 참조), 한국연구재단 등이 이에 속한다.

3) 영조물법인

영조물이란 특정한 국가목적에 제공된 인적·물적 종합시설을 말하며, 그것에 '법인격'이 부여될 때 영조물'법인'이 된다. 영조물에는 국·공립도서관, 교도소, 국·공립병원, 국·공립학교, 한국은행 등이 있는데, 서울대학교 병원, 한국은행 등이 법인격을 가지고 있으므로 이것들만이 영조물'법인'이 되어 행정주체가 될 수 있다. 법인격이 없는 것들은 행정기관일 뿐이다.

【참고】 **영조물법인과 공기업**: 영조물과 공기업을 혼동하는 경우가 있는데, 이는 구분하여야 한다. 영조물은 공익사업을 수행한다는 점에서 공기업과 유사하지만 공기업이 **사법상의 경영방식**에 의해 수행하는 사업인 반면에 영조물은 강한 **공공성과 윤리성을 갖는 문화적·정신적·행정적 업무**를 수행한다는 점에서 공기업과 구별된다. 영조물의 조직과 이용에는 공법이 적용되지만, 공기업의 조직이나 이용의 경우에는 원칙적으로 사법에 의해 규율된다(공기업의 종류에 따라 예외 있음). 공기업에는 공법인(예: 한국철도공사, 한국도로공사)도 있고 사법인(예: 한국전력공사)도 있다.

(4) 공무수탁사인(公務受託私人)

1) 의 의

공무수탁사인이란 법률 자체에 의해 또는 법률에 근거한 행위(공법상 계약, 행정행위)에 의해 특정의 공적인 임무를 자기의 이름으로 수행하도록 공적 권한이 주어진 사인(자연인 또는 법인)을 말한다.

2) 근거법령 및 예

공무수탁사인은 정부조직법 제6조 제3항, 지방자치법 제117조 제3항, '행정권한의 위임 및 위탁에 관한 규정' 그리고 개별법 규정에 근거를 두고 있다.

예로는 사인이 별정우체국(과학기술정보통신부장관의 지정을 받아 자기의 부담으로 청사 기타 시설을 갖추고 국가로부터 위임받은 체신업무를 수행하는 우체국)의 지정을 받아 체신업무를 수행하는 경우(별정우체국법 제3조), 해선의 선장과 항공기의 기장이 일정한 경찰사무를 처리하는 경우('사법경찰관리의 직무를 행할 자와 그 직무범위에 관한 법률' 제7조)와 선장이 호적사무를 처리하는 경우('가족관계의 등록 등에 관한 법률' 제49조〈출생신고〉, 제91조〈사망신고〉), 사인이 공익사업시행자로서 토지를 수용하는 경우('공익사업을 위한 토지 등의 취득 및 보상에 관한 법률' 제4조·제19조), 교정업무를 수행하는 민영교도소(민영교도소 등의 설치·운영에 관한 법률) 등을 들 수 있다.

반면 사인이 행정기관의 보조인에 불과한 경우(예: 공직아르바이트생), 계약에 의한 단순업무수탁자(예: 계약에 의해 행정청의 지시에 따라 주차위반차량을 민간견인사업자가 견인하는 경우), 제한된 공법상 근무관계에 있는 자(예: 국립대학 시간강사), 공적의무가 부과된 사인(소득세원천징수의무자〈소득세법 제127·128조〉) 등은 공무수탁사인이 아니다.

> 많은 교재에서 고등교육법에 의해 학위를 수여하는 **사립대학의 총장**, 소득세원천징수의무자(예: 회사원의 월급에서 소득세를 공제하고 월급을 지급하는 회사의 대표이사)를 공무수탁사인의 예로서 드는데, 이는 옳지 않다고 생각된다. 학위수여는 원래 국가만이 행할 수 있는 공행정에 속한 것이 아니라 **학교의 본래적 업무에 속한 것이며, 국가의 위탁을 받아 수행하는 것이라고 볼 수 없기 때문이다.** 또한 소득세원천징수의무자도 법령에서 규정된 징수·납부의무를 이행하는 것에 불과한 것이지 자신에게 부여된 공권력을 행사하는 것이 아니기 때문이다.

> 【판례】 소득세원천징수의무자는 소득세법 제142조 및 제143조의 규정에 의하여 자동적으로 확정되는 세액을 수급자로부터 징수하여 과세관청에 납부하여야 할 의무를 부담하고 있으므로 … 그의 **원천징수행위는 법령에서 규정된 징수 및 납부의무를 이행하기 위한 것에 불과한 것이지 공권력의 행사로서 행정처분을 한 경우에 해당하지 아니한다**(대법원 1990.3.23, 89누4789).

3) 권리·의무

자신의 책임하에 공무를 수행할 권리를 갖는다. 강제징수권·토지수용권 등 공권적 특권이 인정되는 경우가 있다. 국민에 대하여 수수료·사용료를 징수할 수 있고, 위임·위탁자에 대하여 비용청구를 할 수 있다. 행정절차법 제2조 제2호의 의미에서 행정청으로서 행정행위를 발령할 수 있다. 공무수행을 중단하여서는 안 된다. 위임자(국가·지방자치단체)의 감독을 받으며, 의무불이행시 위임자의 제재를 받을 수 있다.

【참고】 **행정기본법 제2조 제2호.** "행정청"이란 다음 각 목의 자를 말한다.
가. 행정에 관한 의사를 결정하여 표시하는 국가 또는 지방자치단체의 기관
나. 그 밖에 법령 등에 따라 **행정권한**을 가지고 있거나 **위임 또는 위탁받은 공공단체 또는 그 기관이나 사인.**(私人)

4) 행정주체성

공무수탁사인은 행정주체라는 견해와 행정기관에 불과하다는 견해가 있다. 행정주체설이 다수설이다.

필자의 견해로는 공무수탁사인별로 구분하여 검토하여야 한다고 생각한다. 예를 들면, **별정우체국장·선장·기장**의 경우는 행정권행사의 법적 효과가 궁극적으로 자신에게 귀속되는 것이 아니므로 행정주체가 아니라 **행정기관**이라고 할 것이지만, **공익사업시행자**의 경우에는 토지수용의 효과가 자신에게 귀속되므로 **행정주체**가 된다고 할 수 있다.

5) 행정구제

공무수탁사인이 행정행위를 한 경우 공무수탁사인이 행정청이 되므로 행정쟁송은 공무수탁사인을 상대로 하여 제기하여야 한다(행심법 제2조, 행소법 제2조 ②). 공무수탁사인의 위법한 직무수행으로 인한 피해자에게는 국가배상법에 따라 국가 또는 지방자치단체가 배상책임을 진다(국가배상법 제2조 ①).

【참고】 **행정주체, 행정기관, 행정청 : ① 행정주체** -행정법 관계에서 행정권을 행사하고 그 행위의 법적 효과(권리·의무의 생성·변경·소멸)가 궁극적으로 귀속되는 당사자를 말하므로 사람(법인〈국가, 지방자치단체, 사단법인, 재단법인, 영조물법인〉, 자연인〈공무수탁사인〉)만이 행정주체가 될 수 있다. **② 행정기관** -행정주체의 행정사무를 담당하는 모든 기관을 총칭하며, 행정내부조직의 구성원 모든가 이에 해당한다(대통령, 장관, 국장, 과장, 대리, 도지사, 부지사, 시장, 경찰청장, 순경 등). 행정기관은 '법인격'(법적 효과가 자신에게 귀속되는 법적 지위·자격)이 없으므로 (즉, 법적으로 '사람'이 아니므로) **'권한'**(직무수행의 범위·한계)**은 있으나 '권리'는 없다. ③ 행정(관)청** -행정기관 중에서 행정주체의 행정에 관한 의사를 결정하여 대외적으로 (국민에게) 표시하는 국가 또는 지방자치단체의 기관. 주로 **국가의 행정관서**(관청 및 보조기관의 총칭, 예: 환경부, 경찰청, 특허청)**의 장과 지방자치단체의 장**이다(예: 환경부장관, 경찰청장, 서울시장, 유성구청장 등). 공공단체와 공무수탁사인은 자체가 행정기관(행정청)이 된다. 즉, 공공단체와 공무수탁사인은 그 자신이 행정주체이면서 행정기관이다.

Ⅱ. 행정객체

　행정의 상대방을 행정객체라고 한다. 행정객체에는 사인, 공공단체, 지방자치단체가 있다. 공공단체는 국가나 지방자치단체의 행정객체가 될 수 있으며, 지방자치단체는 국가 또는 광역자치단체와의 관계에서 행정객체가 될 수 있다. 국가에 대해 지방자치단체가 수돗물사용료를 부과하는 것처럼 국가도 예외적으로 행정객체가 될 수 있다.

제 3 절　행정법관계의 특질

Ⅰ. 개　설

　행정법관계는 공익목적의 실현을 위하여 행정주체에 대하여 특수한 지위가 인정되므로 당사자간의 의사자치에 의하여 형성되는 사법관계와는 다른 특성이 인정된다. 그러나 그 특성은 행정법관계라는 이유만으로 당연히 인정되는 것이 아니고, 행정목적의 달성을 위해 실정법상의 근거와 한도 내에서만 인정되는 것일 뿐이다(상세한 것은 해당부분참조).

Ⅱ. 내　용

1. 행정의사의 법률적합성

　행정의 법률적합성원칙에 따라 행정의사는 법률에 위반해서는 안 되며(법률우위), 법률유보의 원칙이 적용되는 영역에서는 법률에 근거하여야 한다(법률유보).

2. 행정의사의 우월한 지위

　행정주체에게 우월한 지위가 인정되기도 한다. 이는 행정법관계 중에서 권력관계의 경우에만 해당되는 특질이다(후술하는 '행정행위의 효력' 참조).

(1) 공정력

행정행위가 발해지면 비록 그 성립에 흠이 있더라도 그 흠이 중대하고 명백하여 당연 무효가 아닌 한, 권한 있는 국가기관(처분청·감독청·행정심판위원회·취소소송관할법원)에 의하여 취소되기까지는 일단 유효한 행위로서 상대방 및 이해관계인을 구속할 힘(공정력)을 갖는다(행정기본법 제15조).

(2) 구성요건적 효력

행정주체의 의사가 유효하게 존재하는 한, 다른 행정기관 또는 법원은 그 행정주체의 의사를 존중하여 자신의 판단의 기초 내지 구성요건으로 삼아야 하는바, 이를 구성요건적 효력이라고 한다(후술).

(3) 존속력

행정주체의 행위는 공공성을 가지므로 행정의 능률성과 법적 안정성을 위해 가능하면 존속시키는 것이 바람직하며, 이를 위해 인정되는 효력을 존속력이라고 한다.

1) 불가쟁력(형식적 존속력)

행정법관계는 불복기간(행정심판·행정소송의 제기기간)이 경과한 경우에는 더 이상 쟁송에 의해 그 효력을 다툴 수 없게 되는데, 이를 불가쟁력이라고 한다. 이는 행정법관계를 신속히 확정하여 행정의 능률성과 법적 안정성을 기하고자 하는 것이다.

2) 불가변력(실질적 존속력)

준사법적 행위(예: 소청심사위원회의 결정, 행정심판의 재결, 토지수용위원회의 재결 등), 수익적 행정행위 중 일정한 행위(예: 귀화허가)는 그것을 행한 행정청(처분청·감독청) 자신도 그 내용을 자유로이 취소·변경시킬 수 없는 효력(불가변력)을 가진다.

(4) 행정의사의 강제력

1) 자력집행력

행정주체는 상대방이 의무를 이행하지 않을 때에는 법원의 힘을 빌리지 않고 자력으로 행정의사의 내용을 강제하고 실현할 수 있는바(예: 세금의 강제징수), 이를 자력집행력이라고도 한다. 자력집행력이 문제되는 행정행위는 상대방에게 일정한 행정법상 의무(작위의무, 급부의무, 수인의무)를 부과하는 하명행위이다. 이러한 효력도 물론 법적 근거가 있어야 인정되는 것이며, 그 법적 근거에는 행정대집행법, 국세징수법 등이 있다.

2) 제재력

행정주체는 국민이 행정의무를 위반하였을 경우 그에 대한 제재로서 법에 따라 행정벌 (행정형벌, 행정질서벌) 등을 부과할 수 있다(후술).

3. 권리·의무의 상대성

사법관계와 달리 행정법관계에 있어서의 권리·의무는 공익을 위하는 성격이 있기 때문에 이전·포기가 제한되거나 특별한 보호·강제가 행해지는 경우가 많다(예: 재판을 받을 권리의 포기불가, 공무원연금청구권의 양도금지, 보조금채권의 양도금지〈대법원 2008.4.24, 2006다33586〉).

4. 권리구제수단의 특수성

(1) 행정상 손해전보제도(損害塡補制度)의 특수성

행정법관계에서 사인이 적법한 행정작용으로 인하여 재산권을 침해당한 경우에는 행정상의 손실보상제도(헌법 제23조 ③)에 의하여, 그리고 위법한 행정작용으로 인하여 권익을 침해당한 경우 국가배상제도(헌법 제29조 및 국가배상법)에 의하여 그 손해를 배상받는다.

(2) 행정상 쟁송제도의 특수성

행정쟁송에 있어서 행정심판, 제소기간의 제한, 집행부정지원칙, 사정판결, 행정소송의 종류, 법원의 관할 등 민사소송과는 다른 여러 특수성이 인정되어 있다.

제 4 절　행정법관계의 내용

Ⅰ. 개　설

행정법관계란 행정법상의 권리·의무관계를 말하므로, 행정법관계의 내용이란 행정법관계에서 당사자가 가지는 권리·의무를 말한다. 사적자치의 원칙이 지배하는 사법관계와는 달리 행정법관계에서는 권리·의무의 발생·변경·소멸이 대부분 법령이 정한 바에 따라 행정청의 일방적 행위에 의해하여 이루어진다. 행정법관계(공법관계)에서의 권리·의무를 공권·공의무라고 하고 귀속주체에 따라 국가적 공권·공의무와 개인적 공권·공의무로 구분한다.

Ⅱ. 국가적 공권

국가적 공권이란 국가·공공단체 등의 행정주체가 우월한 의사주체로서 개인 또는 단체에 대하여 가지는 공권을 말한다. 이러한 국가적 공권은 그의 목적을 표준으로 하여 조직권·형벌권·경찰권·공물관리권·재정권·군정권 등으로 구분되며, 내용을 표준으로 하명권·강제권·형성권·공법상 물권 등으로 분류된다.

Ⅲ. 개인적 공권

【 문 제 】
① A는 주택가에 건축법령이 정하는 요건을 구비하여 **주거용 건물의 건축허가** 신청을 하였다. 건축허가를 받을 권리가 있는가? B는 **초등학교 인근**에 건축법령이 정한 요건을 구비하여 **숙박시설용 건물의 건축허가**를 신청하였다. 건축허가를 받을 권리가 있는가?
② A는 여객자동차운수사업법 제5조에 따라 노선여객자동차운송사업의 면허를 국토교통부장관으로부터 받아서 대전과 안양간의 시외버스사업을 운영하고 있다. 국토교통부장관은 승객수요가 여전히 많고, 또한 경쟁을 시키는 것이 서비스향상에 도움이 된다고 판단하고 B에게 동일한 노선의 **시외버스사업면허를** 해 주었다. A의 견해로는 승용차의 증가로 인한 승객의 감소와 교통정체로 인해 갈수록 수지가 악화되어 가고 있기 때문에 **B도 시외버스를 운행할 경우 자신의 경영상태가 더욱 악화되어 도산할 것으**로 확신하고, 국토교통부장관에게 B에 대한 사업면허를 취소할 것을 요구하는 소송을 제기하려고 한다. 가능한가?

1. 의 의

권리란 법률관계의 한쪽 당사자가 다른 당사자에게 일정한 행위(작위·부작위·급부·수인)를 요구할 수 있는 법적인 힘이다. 따라서 개인적 공권(공법상의 권리)은 공법관계에서 개인이 자신의 이익(사익)을 위하여 행정주체에게 작위(예: 자신에게 건축허가를 할 것)·부작위(예: 타인에게 건축허가를 하지 말 것)·급부(예: 보조금을 지급할 것)·수인(受忍. 예: 자신들의 가두시위행위를 국가가 용인할 것) 등 일정한 행위를 요구할 수 있는 법적인 힘이다. 예를 들면, 건축법(공법)이 행정청으로 하여금 법적 요건을 충족시키는 사인에게 건축허가를 하도록 규정하고 있는 경우 사인은 건축허가를 받을 공권이 있다고 하는 것이다. 공권은 주관적 공권 또는 개인적 공권이라고 불리기도 한다.

> 이는 실정법상의 개념이 아니며, 행정심판법(제13조)과 행정소송법(제12조, 제35조)은 개인적 공권이라는 용어 대신에 **'법률상 이익'**이라는 용어를 사용하고 있다. 행정소송법에 의하면 "취소소송은 처분 등의 취소를 구할 법률상 이익이 있는 자가 제기할 수 있다"(제12조). 그리고 "무효 등 확인소송은 처분 등의 효력 유무 또는 존재 여부의 확인을 구할 법률상 이익이 있는 자가 제기할 수 있다"(제35조). 즉, 행정소송의 대부분을 차지하는 (행정처분의) 취소소송과 무효확인소송은 **'(행정)처분'**에 의해 자신의 **'법률상 이익'**을 침해당한 자가 이를 구제받기 위해 제기하여야 하는 것이다. 이 두 요건이 갖추어 지지 않으면 소송을 제기할 수 없다. 행정심판의 경우도 마찬가지이다(행심법 제13조 참조). 따라서 **'법률상 이익'**은 **'행정처분'**과 함께 가장 **중요한 개념**이다. 공권과 법률상 이익이 같은 개념인지에 관해서는 다툼이 있지만 양자는 같다고 보는 것이 통설이다(후술).

> **【참고】'주관적' 공권?**: 대부분의 교재에서 '주관적 공권'이라는 용어를 사용하고 있는데, 이는 독일어 'subjectives Recht'를 번역한 것이다. 그런데 독일어의 Recht는 '법', '권리' 두 가지의 의미가 있는데 '권리'를 의미할 경우에 (객관적인) '법'과 구분하기 위하여 'subjectives Recht'라고 하기도 한다. 그러나 우리나라의 경우 '법'과 '권리'라는 상이한 단어가 있고, '객관적 권리'란 있을 수도 없고 권리란 모두 주관적인 것이므로 굳이 권리 앞에 '주관적'이라는 수식어를 붙일 필요가 없다고 생각된다.

2. 관련개념과의 관계

(1) '법률상 이익'과의 관계

'법률상 이익'이란 '법에 의해 보호·보장되는 이익', '법적 이익'을 의미한다. 즉, 그것이 침해될 때 '재판을 통해 보호받을 수 있는 힘이 인정되는 이익'이다. '권리'도 마찬가지로 법에 의해 보호받고 있는 이익을 법적으로 주장하는 힘이 인정된 것이며, 그것이 침해되었을 때 재판을 통하여 구제받을 수 있는 것이다. 법적으로 구제받을 수 없는 것은 권리라고 할 수 없다. 따라서 '법률상 이익'이 있다는 것과 '권리'가 있다는 것은 동일한 의미이다. '법적 보호이익'도 마찬가지이다.

(2) '보호할 가치 있는 이익'과의 구별

'보호할 가치가 있는 이익', '마땅히 보호되어야 할 이익'이라는 말이 판례(대법원 1975.7.22. 75누12)와 학설(이상규)에 등장한 이후에 이것이 법률상의 이익과 다른 것인지에 관해 논란이 있다. 이는 ㉠'입법자가 법률의 제정을 통해 보호할 가치가 있는 이익'이라는 의미로 사용하는 경우 이는 미래의 입법정책에 관한 것으로서 (현행법에 의해 보호되고 있는) '공권'과 다름은 물론이다. ㉡ 위 판례(대법원 1975.7.22, 75누12)의 경우이다. 즉, 판사가 판단하기에 재판의 쟁점이 된 이익이 법률에서 보호하고 있는 이익에 해당되므로 당해 '재판을 통해서 보호할 가치가 있는 이익'이라고 표현한 것이다. 이 경우라면 문맥상 표현의 차이가 있을 뿐이고 의미하는 바는 법률상 이익과 동일한 것이다.

(3) '반사적 이익'과의 구별

법률상 이익과 반대되는 것을 '사실상 이익'이라고 하며, 이에 속하는 것으로서 소위 '반사적 이익(Rechtsreflex)'이라는 것이 있다. 관련 법규정이 개인의 이익(私益)을 보호하려는 의도가 없이 직접적으로는 공익의 실현만을 목적으로 한 것임에도 불구하고 그 법규정으로 인해 반사적으로 개인이 어떠한 이익을 보게 되는 경우에 그 이익을 '반사적 이익'이라고 한다. 이는 법에 의해 보호되는 이익이 아니고 단순한 사실상의 이익에 불과하므로 그것이 침해되었다고 하더라도 법에 호소하여, 즉 행정소송을 통해서 구제받을 수 없는 것이다.

> 예를 들면, 식품위생법에는 영업을 하기 위해서는 허가를 받도록 하는 법규정이 있는데, 그 이유는 단지 식품으로 인해 국민의 건강이 해쳐지는 것을 막기 위한 것, 다시 말하면 공익을 위한 것이다. 그러한 규정으로 인해 이미 허가를 받은 기존의 식품업자의 숫자가 적음으로 인해 허가영업을 통해 이익을 보게 되더라도 그 이익은 단지 **공익을 위한 허가제도가 있음으로 인해 반사적으로 얻는 이익**인 것이며 법이 보호해 주는 이익이 아닌 것이다.

> 【판례】 이 사건 건물의 4,5층 일부에 객실을 설비할 수 있도록 **숙박업구조변경허가**를 함으로써 그곳으로부터 50미터 내지 700미터 정도의 거리에서 **여관을 경영하는 원고들**이 받게 될 불이익은 간접적이거나 사실적·경제적인 불이익에 지나지 아니하므로 그것만으로는 원고들에게 위 숙박업구조변경허가처분의 무효확인 또는 취소를 구할 소익(訴益)이 있다고 할 수 없다(대법원 1990.8.14, 89누7900).

3. 공권의 성립

헌법상의 기본권은 가장 전형적인 공권에 속한다. 그런데 기본권이 직접 구체적 권리로서 인정되는 경우도 있고, 기본권(예: 재산권)을 구체화하는 법률(예: 건축법)에 의해 여러 가지 구체적인 권리(예: 건축허가를 받을 권리)가 성립되기도 한다. 따라서 구체적인 개인적 공권은 1차적으로는 개별법규에서, 2차적으로 헌법(또는 조리)에서 도출된다.

(1) 법률에 의한 성립

개인적 공권이 성립되기 위해서는 ㉠ 법률이 행정주체에게 일정한 행위의 의무를 부과하고, 동시에 ⓛ그러한 의무부과의 목적이 개인의 이익을 위한 것이어야 한다. 여기에서 개인은 행정행위의 상대방만을 의미하는 것이 아니라 그와 관련된 제3자일 수도 있다.

1) 행정청의 의무의 존재(법률의 강제규범성〈강행법규성〉)

법률이 행정청에게 어떠한 행정작용을 할 것을 의무화하고 있을 때, 개인은 행정청의 그러한 법적 의무를 이행할 것을 요구할 수 있다. 행정청의 의무의 존재 여부가 불분명한 경우에는 행정작용의 성질에 따라 판단하여야 한다. 기속행정인 경우에는 행정청의 의무가 존재하므로 그에 상응하는 권리가 인정되지만 재량행정인 경우에는 그렇지 않다.

예를 들면, (위 설문 ①에서 보는 바와 같이) 주택가에서의 일반 주택의 건축허가는 기속행위이므로 법적 요건이 충족되면 행정청은 건축허가를 해 줄 의무가 있고, 국민은 그에 상응하여 허가 받을 권리가 인정된다. 반면 숙박용 건물의 건축허가는 행정청의 재량에 속하므로 국민의 권리는 인정되지 않는다(건축법 제11조④). 예외적으로 원래 재량행위인 것도 재량이 0으로 수축하여(즉, 의무가 되어) 기속행위가 되는 경우도 있다('기속행위와 재량행위의 구별' 및 '재량의 0으로의 수축'에 대해서는 후술 참조).

2) 사익보호목적의 존재(법률의 사익보호성)

① 어떤 개인이 자신의 이익을 위해 행정청에게 일정한 행정작용을 할 것을 요구하기 위해서는 관련 법률규정이 공익만이 아니라 사익의 보호도 의도하고 있어야 한다. 법률이 개인의 이익의 보호를 의도하고 있을 때 개인에게는 '법률상 이익'이 인정되는 것이다.

② 법률에서 행정청이 기존업자의 이익을 보호할 의무를 규정하고 있거나, 주민의 환경상의 이익을 보호할 의무를 규정하고 있음에도 불구하고 행정청이 그러한 의무를 위반한 경우에는 기존업자나 주민 등도 행정청의 의무이행을 요구할 권리를 가지게 된다.

③ 법률상 이익의 존재 여부는 근거법규만이 아니라 그와 관련된 법규들을 종합적으로 해석하여 판단하여야 한다.

【판례】 당해 처분의 근거 법규 및 관련 법규에 의하여 보호되는 법률상 이익은 당해 처분의 근거 법규의 명문 규정에 의하여 보호받는 법률상 이익, 당해 처분의 근거 법규에 의하여 보호되지는 아니하나 당해 처분의 행정목적을 달성하기 위한 일련의 단계적인 관련 처분들의 근거 법규에 의하여 명시적으로 보호받는 법률상 이익, 당해 처분의 근거 법규 또는 관련 법규에서 명시적으로 당해 이익을 보호하는 **명문의 규정이 없더라도 근거 법규 및 관련 법규의 합리적 해석상 그 법규에서 행정청을 제약하는 이유가 순수한 공익의 보호만이 아닌 개별적·직접적·구체적 이익을 보호하는 취지가 포함되어 있다고 해석되는 경우까지를** 말한다(대법원 2013.9.12. 2011두33044).

④ 법률의 사익보호성(법률상 이익)을 인정한 판례

㉠ 여객자동차운수사업법에 의해 면허를 받은 기존업자의 경영상의 이익(대법원 2002.10.25, 2001두4450), ㉡ 인·허가 등의 수익적 행정처분을 신청한 여러 사람이 서로 경쟁관계에 있어서 일방에 대한 허가 등의 처분이 타방에 대한 불허가 등으로 귀결될 수밖에 없는 경우(대법원 1992.5.8, 91누13274), ㉢ 도시계획법상의 주거지역 내의 건축제한 규정들로 인한 주민의 주거환경상의 이익(대법원 1975.5.13, 73누96·97), ㉣ 국립공원집단시설지구개발사업·전원(電源)개발사업·원자로건설사업, 공유수면매립, 농지개량사업의 환경영향평가대상지역 내의 주민이 갖는 환경상의 이익(대법원 2001.7. 27, 99두2970; 1998.9.22, 97누19571; 1998.9.4, 97누19588; 2006.3.16, 2006두330), ㉤ 공유수면매립면허처분에 있어서 환경영향평가 대상지역 밖의 주민이 공유수면매립면허처분 전과 비교하여 수인한도를 넘는 환경피해를 받거나 받을 우려가 있는 것을 '입증'한 경우(대법원 2006.3.16, 2006두330), ㉥ 도시계획시설(도로, 공원, 하수도, 화장시설 등 기반시설 중 도시관리계획으로 결정된 시설)로 결정된 구역 안에서 공설화장장의 설치를 위하여 상수원보호구역변경처분을 한 경우, 공설화장장의 설치를 금지하는 도시계획법 제12조 및 '매장 및 묘지 등에 관한 법률'에 의해 보호되는 부근 주민들의 이익(대법원 1995.9.26, 94누14544), ㉦ 구 '오수·분뇨 및 축산폐수의 처리에 관한 법률'(현 하수도법)에 의해 분뇨와 축산폐수 수집·운반업 및 정화조청소업 등의 영업허가를 받은 기존업자의 이익(대법원 2006.7.28, 2004두6716), ㉧ 담배 일반소매인으로 지정되어 영업을 하고 있는 기존업자의 신규업자(일반소매인)에 대한 이익(대법원 2008.3.27, 2007두23811), ㉨ 토사채취 허가지의 인근 주민들의 주거·생활환경상의 이익(대법원 2007.6.15, 2005두9736).

【 판례 】① 도시계획법과 건축법의 규정취지에 비추어 볼 때 이 법률들이 주거지역 내에서의 일정한 건축을 금지하고 또는 제한하고 있는 것은 도시계획법과 건축법이 추구하는 공공복리의 증진을 도모하는 데 그 목적이 있는 동시에 한편으로는 **주거지역 내에 거주하는 사람의 주거의 안녕과 생활환경을 보호하고자 하는 데도 그 목적이 있는 것**으로 해석된다. 그러므로 주거지역 내에 거주하는 사람이 '주거의 안녕과 생활환경을 보호'받을 이익은 단순한 반사적 이익이 아니라 바로 법률에 의해 보호되는 이익이라 할 것이다(대법원 1975.5.13, 73누96,97).
② **자동차운수사업법** 제6조 제1항 제1호(현 여객자동차운수사업법 제5조 ① 1.)에서 사업계획이 당해 노선 또는 사업구역의 수송수요와 수송력공급에 적합할 것을 면허의 기준으로 정한 것은 자동차운수사업에 관한 질서를 확립하고 자동차운수사업의 종합적인 발달을 도모하여 **공공의 복리를 증진함과 동시에 업자간의 경쟁으로 인한 경영의 불합리를 미리 방지하자는 데 그 목적이 있다**할 것이므로 개별화물자동차운송사업 면허를 받아 이를 영위하고 있는 기존의 업자로서는 동일한 사업구역 내의 동종의 사업용 화물자동차면허 대수를 늘리는 보충인가처분에 대하여 그 취소를 구할 법률상 이익이 있다(대법원 1992.7.10, 91누9107).
③ 인·허가 등의 수익적 행정처분을 신청한 수인이 서로 **경쟁관계에 있어서 일방에 대한 허가 등의 처분이 타방에 대한 불허가 등으로 귀결될 수밖에 없는 때** (이른바 경원관계〈競願關係〉에 있는 경우로서 동일대상지역에 대한 공유수면매립면허나 도로점용허가 혹은 일정지역에 있어서의 영업허가 등에 관하여 거리제한규정이나 업소개수제한규정 등이 있는 경우를 그 예로 들 수 있다) 허가 등의 처분을 받지 못한 자는 비록 경원자에 대하여 이루어진 허가 등 처분의 상대방이 아니라 하더라도 당해 처분의 취소를 구할 당사자적격이 있다

할 것이고, 다만 구체적인 경우에 있어서 그 처분이 취소된다 하더라도 허가 등의 처분을 받지 못한 불이익이 회복된다고 볼 수 없을 때에는 당해 처분의 취소를 구할 정당한 이익이 없다고 할 것이다(대법원 1992.5.8, 91누13274).

④ 구 '오수·분뇨 및 축산폐수의 처리에 관한 법률'(현재는 폐지되고 '하수도법'으로 대체됨)과 동법 시행령의 관계 규정이 당해 지방자치단체 내의 분뇨 등의 발생량에 비하여 기존 업체의 시설이 과다한 경우 일정한 범위 내에서 **분뇨 등 수집·운반업 및 정화조청소업에 대한 허가를 제한**할 수 있도록 하고 있는 것은 분뇨 등을 적정하게 처리하여 자연환경과 생활환경을 청결히 하고 수질오염을 감소시킴으로써 국민보건의 향상과 환경보전에 이바지한다는 공익목적을 달성하고자 함과 동시에 **업자 간의 과당경쟁으로 인한 경영의 불합리를 미리 방지하자는 데 그 목적이 있는 점** 등 제반 사정에 비추어 보면, 업종을 분뇨 등 수집·운반업 및 정화조청소업으로 하여 분뇨 등 관련 영업허가를 받아 영업을 하고 있는 기존업자의 이익은 단순한 사실상의 반사적 이익이 아니고 **법률상 보호되는 이익**이라고 해석된다(대법원 2006.7.28, 2004두6716).

⑤ **환경영향평가 대상지역 밖의 주민**이라 할지라도 공유수면매립면허처분 등으로 인하여 그 처분 전과 비교하여 수인한도를 넘는 환경피해를 받거나 받을 우려가 있는 경우에는, 공유수면매립면허처분 등으로 인하여 **환경상 이익에 대한 침해 또는 침해우려가 있다는 것을 입증함으로써** 그 처분 등의 무효확인을 구할 원고적격을 인정받을 수 있다(대법원 2006.3.16, 2006두330).

⑥ 구 담배사업법(2007.7.19. 개정되기 전의 것)과 그 시행령 및 시행규칙의 관계 규정들을 종합해 보면, 담배 일반소매인의 지정기준으로서 **일반소매인의 영업소 간에 일정한 거리제한**을 두고 있는 것은 담배유통구조의 확립을 통하여 국민의 건강과 관련되고 국가 등의 주요 세원이 되는 담배산업 전반의 건전한 발전 도모 및 국민경제에의 이바지라는 공익목적을 달성하고자 함과 동시에 **일반소매인 간의 과당경쟁으로 인한 불합리한 경영을 방지함으로써 일반소매인의 경영상 이익을 보호하는 데에도 그 목적이 있다**고 보이므로, 일반소매인으로 지정되어 영업을 하고 있는 기존업자의 신규 일반소매인에 대한 이익은 단순한 사실상의 반사적 이익이 아니라 법률상 보호되는 이익이다(대법원 2008.3.27, 2007두23811).

⑦ 구 산림법(2002.12.30. 개정되기 전의 것) 및 그 시행령, 시행규칙들의 규정 취지는 산림의 보호·육성, 임업생산력의 향상 및 산림의 공익기능의 증진을 도모함으로써 그와 관련된 공익을 보호하려는 데에 그치는 것이 아니라 그로 인하여 직접적이고 중대한 생활환경의 피해를 입으리라고 예상되는 토사채취 허가 등 인근 지역의 주민들이 **주거·생활환경을 유지할 수 있는 개별적 이익**까지도 보호하고 있다고 할 것이므로, 인근 주민들이 **토사채취허가와 관련하여 가지게 되는 이익**은 위와 같은 추상적, 평균적, 일반적인 이익에 그치는 것이 아니라 처분의 근거법규 등에 의하여 보호되는 **직접적·구체적인 법률상 이익**이라고 할 것이다(대법원 2007.6.15., 2005두9736).

⑧ 교육부장관이 사학분쟁조정위원회의 심의를 거쳐 甲 대학교를 설치·운영하는 乙 학교법인의 이사 8인과 임시이사 1인을 선임한 데 대하여 甲 대학교 교수협의회와 총학생회 등이 이사선임처분의 취소를 구하는 소송을 제기한 사안에서, 甲 대학교 **교수협의회와 총학생회는 이사선임처분을 다툴 법률상 이익을 가지지만, 전국대학노동조합 甲 대학교지부는 법률상 이익이 없다**(대법원 2015.7.23. 2012두19496).

⑤ 법률상 이익을 부인한 판례

㉠ 동종업자에 대한 과징금부과처분을 취소한 행정심판재결에 대해 경쟁관계에 있는 다른 업자가 행정심판재결의 취소를 요구할 수 있는 이익(대법원 1992.12.8, 91누13700), ㉡ 양곡가공업허가로 인한 기존업자의 영업상의 이익(대법원 1990.11.13, 89누756, 현재 양곡가공업은 신고사항이다〈양곡관리법 제19조〉.), ㉢ 상수원에서 급수를 받고 있는 지역주민들이 상수원보호구역변경처분의 취소를 요구할 수 있는 이익(대법원 1995.9.26, 94누14544), ㉣ 전원개발사업의 환경영향평가대상지역 밖의 주민·환경보호단체 등의 환경상의 이익(대법원 1998.9.22, 97누19571), ㉤ 유기장영업허가로 인한 기존업자의 영업상의 이익(대법원 1986.11.25, 84누147), ㉥ 숙박업구조변경허가처분

을 받은 건물의 인근에서 여관을 경영하는 기존숙박업자의 영업상의 이익(대법원 1990.8.14, 89누7900), Ⓐ 한약조제시험을 통하여 약사에게 한약조제권을 인정함으로써 감소될 수 있는 한의사들의 영업상 이익(대법원 1998.3.10, 97누4289), Ⓞ 담배 일반소매인으로 지정되어 영업을 하고 있는 기존업자의 신규업자(구내소매인)에 대한 이익(대법원 2008.4.10, 2008두402).

【판례】 ① 면허받은 장의자동차운송사업구역에 위반하였음을 이유로 한 행정청의 과징금부과처분에 의하여 동종업자의 영업이 보호되는 결과는 사업구역제도의 반사적 이익에 불과하기 때문에 그 **과징금부과처분을 취소한 재결에 대하여 처분의 상대방 아닌 제3자는 그 취소를 구할 법률상 이익이 없다**(대법원 1992.12.8, 91누13700).
② 상수원보호구역설정의 근거가 되는 수도법 제5조 제1항 및 동 시행령 제7조 제1항이 보호하고자 하는 것은 상수원의 확보와 수질보전일 뿐이고, 그 상수원에서 급수를 받고 있는 지역주민들이 가지는 상수원의 오염을 막아 양질의 급수를 받을 이익은 직접적이고 구체적으로는 보호하고 있지 않음이 명백하여 위 지역주민들이 가지는 이익은 **상수원의 확보와 수질보호라는 공공의 이익이 달성됨에 따라 반사적으로 얻게 되는 이익에 불과하므로** 지역주민들에 불과한 원고들은 위 상수원보호구역변경처분의 취소를 구할 법률상의 이익을 갖고 있지 않다(대법원 1995.9.26, 94누14544).
③ 구내소매인의 영업소와 일반소매인의 영업소 간에 거리제한을 두지 아니할 뿐 아니라 건축물 또는 시설물의 구조·상주인원 및 이용인원 등을 고려하여 동일 시설물 내 2개소 이상의 장소에 구내소매인을 지정할 수 있으며, 이 경우 일반소매인이 지정된 장소가 구내소매인 지정대상이 된 때에는 동일 건축물 또는 시설물 안에 지정된 일반소매인은 구내소매인으로 보고, 구내소매인이 지정된 건축물 등에는 일반소매인을 지정할 수 없으며, 구내소매인은 담배진열장 및 담배소매점 표시판을 건물 또는 시설물의 외부에 설치하여서는 아니 된다고 규정하는 등 일반소매인의 입장에서 구내소매인과의 과당경쟁으로 인한 경영의 불합리를 방지하는 것을 그 목적으로 할 수 있다고 보기 어려우므로, **일반소매인으로 지정되어 영업을 하고 있는 기존업자의 신규 구내소매인에 대한 이익은** 법률상 보호되는 이익이 아니라 단순한 사실상의 **반사적 이익**이라고 해석함이 상당하므로, 기존 일반소매인은 신규 구내소매인 지정처분의 취소를 구할 원고적격이 없다(대법원 2008.4.10., 2008두402).
④ 제주특별자치도지사가 절대보존지역이던 서귀포시 강정동 해안변지역에 관하여 절대보존지역을 변경(축소)하고 고시한 사안에서, **절대보존지역의 유지로 지역주민회와 주민들이 가지는 주거 및 생활환경상 이익은 지역의 경관 등이 보호됨으로써 반사적으로 누리는 것일 뿐** 근거 법규 또는 관련 법규에 의하여 보호되는 개별적·직접적·구체적 이익이라고 할 수 없다(대법원 2012.7.5. 2011두13187,13194).
⑤ 환경부장관이 생태·자연도 1등급으로 지정되었던 지역을 2등급 또는 3등급으로 변경하는 내용의 생태·자연도 수정·보완을 고시하자, 인근 주민 갑이 생태·자연도 등급변경처분의 무효 확인을 청구한 사안에서, 생태·자연도의 작성 및 등급변경의 근거가 되는 구 자연환경보전법(2011. 7. 28. 법률 제10977호로 개정되기 전의 것) 제34조 제1항 및 그 시행령 제27조 제1항, 제2항에 의하면, 생태·자연도는 토지이용 및 개발계획의 수립이나 시행에 활용하여 자연환경을 체계적으로 보전·관리하기 위한 것일 뿐, 1등급 권역의 인근 주민들이 가지는 생활상 이익을 직접적이고 구체적으로 보호하기 위한 것이 아님이 명백하고, **1등급 권역의 인근 주민들이 가지는 이익은 환경보호라는 공공의 이익이 달성됨에 따라 반사적으로 얻게 되는 이익에 불과하다**(대법원 2014.2.21. 2011두29052).

3) 소구(訴求)가능성의 존재

공권이 완전히 성립하기 위해서는 법이 행정청으로 하여금 개인의 이익을 위해 일정한 의무를 부과하고 있음에도 불구하고 이를 이행하지 않을 경우, 개인은 이를 관철하기 위해 법원에 소송을 제기할 수 있어야 한다. 소송을 통해 구제받을 수 없는 것은 권리로서 의미가 없는 것이다. 그런데 우리나라에서는 재판청구권이 헌법상 보장되어 있고, 행정소송사항이 개괄주의를 취하고 있기 때문에 앞의 두 요건만 충족되면 당연히 소송제기가 가능하다고 보아야 한다. 그러므로 3번째 요건인 소구가능성은 공권의 성립요건으로서 불필요하다.

(2) 헌법·조리에 의한 성립

헌법상 기본권이 이미 구체적인 권리로서 인정되는 경우에는 헌법에 의해 개인적 공권이 직접 도출될 수 있다(예: 경쟁의 자유, 평등권, 피고인 접견권, 환경권, 국가배상청구권 등).

【판례】① 국세청장의 지정행위의 근거규범인 **이 사건 조항들이 단지 공익만을 추구할 뿐 청구인 개인의 이익을 보호하려는 것이 아니라는 이유로 청구인에게 취소소송을 제기할 법률상 이익을 부정한다고 하더라도, 청구인의 기본권인 경쟁의 자유가 바로 행정청의 지정행위의 취소를 구할 법률상 이익이 된다** 할 것이다. 그러므로 청구인은 국세청장의 지정처분의 취소를 구하는 행정소송을 제기할 수 있다. 따라서 그러한 구제절차를 거치지 아니하고 제기된 이 사건 국세청고시에 대한 헌법소원 심판청구는 보충성요건이 결여되어 부적법하다(헌재 1998.04.30. 97헌마141).
② 헌법 제35조 제1항에서 정하고 있는 **환경권에 관한 규정**만으로는 그 권리의 주체·대상·내용·행사방법 등이 **구체적으로 정립되어 있다고 볼 수 없고**, 환경정책기본법 제6조도 그 규정 내용 등에 비추어 국민에게 구체적인 권리를 부여한 것으로 볼 수 없으므로, **환경영향평가 대상지역 밖에 거주하는 주민에게** 헌법상의 환경권 또는 환경정책기본법에 근거하여 공유수면매립면허처분과 농지개량사업 시행인가처분의 무효확인을 구할 **원고적격이 없다**(대법원 2006.3.16. 2006두330).

판례는('공공기관의 정보공개에 관한 법률'이 제정되기 이전에도) 개인의 알권리(공문서 열람청구권)는 헌법상의 언론의 자유조항을 근거로 인정될 수 있고(헌재 1989.9.4. 88헌마22), 피고인 등의 타인과의 접견권은 '인간의 존엄과 가치' 및 '행복추구권'으로부터(대법원 1992.5.8. 91부8), 사회단체의 등록신청권은 '결사의 자유'로부터 각각 도출할 수 있다(헌재 1991.5.13. 90헌마133)고 하였다.

【판례】① **만나고 싶은 사람을 만날 수 있다는 것은 인간이 가지는 가장 기본적인 자유 중 하나로서**, 이는 헌법 제10조가 보장하고 있는 인간으로서의 존엄과 가치 및 행복추구권 가운데 포함되는 헌법상의 기본권이라고 할 것인바, 구속된 피고인이나 피의자도 이러한 기본권의 주체가 됨은 물론이다. 형사소송법 제89조 및 제213조의2 규정하고 있는 구속된 피고인 또는 피의자의 타인과의 접견권은 위와 같은 헌법상의 기본권을 확인하는 것일 뿐 형사소송법의 규정에 의하여 비로소 피고인 또는 피의자의 접견권이 창설되는 것으로는 볼 수 없다(대법원 1992.5.8. 91부8).
② **등록신청의 반려**는 원고의 자유로운 단체활동을 저해한다는 점에서 **헌법이 보장한 결사의 자유에 역행**하는 것이며 선등록한 단체의 등록은 수리하고 원고의 등록신청을 반려했다는 점에서는 헌법이 규정한 **평등의 원칙에도 위반**된다고 할 것이고, 행정소송에서 소의 이익이란 개념은 국가의 행정재판제도를 국민이 이용할 수 있는 한계를 구획하기 위하여 생겨난 것으로서 그 인정을 인색하게 하면 실질적으로는 재판의 거부와 같은 부작용을 낳게 될 것이므로 이 사건의 경우는 소의 이익이 있다고 보아야 할 것이다(대법원 1989.12.26. 87누308).

법령이 아무런 규정을 두고 있지 않더라도 조리에 의해 권리가 인정될 수도 있다.

【판례】 법령상 검사임용 신청 및 그 처리의 제도에 관한 **명문 규정이 없다고 하여도 조리상** 임용권자는 임용신청자들에게 전형의 결과인 임용 여부의 응답을 해줄 의무가 있고, 임용신청자들은 응답받을 권리가 있다(대법원 1991.2.12, 90누5825).

4. 공권의 확대화 경향

오늘날에는 국민의 권익보호를 보다 강화하기 위해 공권을 확대하는 경향이 강하다. 공권의 확대는 자유민주적 · 사회적 법치국가의 강화를 의미한다. 국민은 공권을 가짐으로써 행정주체에 대하여 자신의 권익의 보장을 요구하고 행정주체에게 법의 준수를 요구할 수 있게 된다. 공권의 확대방법은 공권의 성립요건과 관련된 다음 2가지 방법이 있다. 즉, 2가지 요건이 모두 충족되어야 공권이 성립하는데 그 중 하나라도 확대하면 공권이 확대되는 것이다. 다른 한편 실체적인 권리만이 아니라 (행정절차, 쟁송절차와 관련된) 절차적인 권리도 적극 인정하는 경향이 강하다.

(1) 법률의 강행법규성의 확대

법률의 강행법규성을 넓게 인정하여 행정청의 의무를 확대하면 국민의 권리는 확대된다. 법률규정이 행정청의 재량을 인정하고 있더라도 예외적으로 행정청의 재량이 0으로 수축하여 재량이 소멸하면 행정청은 의무를 가지게 되고, 이에 상응하여 국민이 갖는 공권(행정개입청구권, 행정권발동청구권)을 인정하기도 한다. 또한 행정청은 자신에게 인정된 재량을 하자 없이 행사할 의무가 있다는 점을 강조하여 국민은 이에 상응하는 무하자재량행사청구권이 있음을 인정하기도 한다(행정개입청구권, 행정권발동청구권, 무하자재량행사청구권에 관해서는 후술).

(2) 법률의 사익보호성의 확대

법률규정이 공익만이 아니라 사익도 보호하려는 목적을 가지고 있다는 점을 적극적으로 인정하려고 한다. 이때 당해 법률만이 아니라 관련 법률을 종합적으로 해석하여 사익보호목적을 적극적으로 인정한다. 법률규정의 해석상 공권을 인정하기에 불충분한 경우 헌법상 기본권을 공권으로서 인정하거나, 당해 법률규정을 기본권보장과 합치되도록 해석한다. 예를 들면, 도로법에 의한 도로이용이익을 반사적 이익으로만 볼 것이 아니라, 특히 인근주민의 경우 재산권 행사(예: 집의 건축·출입을 위한 도로의 이용) 및 영업의 자유(예: 가게 영업을 위한 도로의 이용) 등과 연결하여 공권으로 보아야 하는 경우도 있다.

【판례】 일반국민은 **도로**를 자유로이 이용할 수 있는 것이기는 하나, ... 그 도로에 관하여 특정한 권리나 법령에 의하여 보호되는 이익이 개인에게 부여되는 것이라고까지는 말할 수 없으므로, 일반적인 시민생활

에 있어 도로를 이용만 하는 사람은 그 용도폐지를 다툴 법률상의 이익이 있다고 말할 수 없지만, 공공용재산이라고 하여도 당해 **공공용재산의 성질상 특정개인의 생활에 개별성이 강한 직접적이고 구체적인 이익을 부여하고 있어서** 그에게 그로 인한 이익을 가지게 하는 것이 법률적인 관점으로도 이유가 있다고 인정되는 특별한 사정이 있는 경우에는 그와 같은 **이익은 법률상 보호되어야** 할 것이고, 따라서 도로의 용도폐지처분에 관하여 이러한 직접적인 이해관계를 가지는 사람이 그와 같은 이익을 현실적으로 침해당한 경우에는 그 취소를 구할 **법률상의 이익이 있다**(대법원 1992.9.22, 91누13212).

5. 공권의 종류와 특수성

(1) 종 류

개인적 공권은 분류기준에 따라 ㉠ 실체적 권리(예: 건축허가를 받을 권리), 절차적 권리(예: 행정절차법상의 청문권, 의견제출권), ㉡ 실질적 권리(예: 건축허가를 받을 권리), 형식적 권리(실질적 내용이 없는 권리 - 예: 무하자재량행사청구권), ㉢ 자유권(침해배제청구권, 행정개입청구권 등), 수익권(손실보상청구권, 국가배상청구권 등), 참정권(공무원선거권 등) 등으로 구분한다.

(2) 특수성

1) 이전의 제한

개인적 공권은 공익적 견지에서 인정되는 것이기 때문에 일신전속성을 가지는 경우가 많아서(예: 공무원연금청구권, 선거권, 국민기초생활보장법의 급여를 받을 권리) 양도·상속 등 이전이 부인되며(예: 보조금채권), 압류가 제한되거나(예: 공무원봉급압류제한), 금지되는(예: 兵의 급료와 국민기초생활보장법의 급여를 받을 권리) 경우가 많다.

【판례】보조금은 국가나 지방자치단체가 특정한 사업을 육성하거나 재정상의 원조를 하기 위하여 지급하는 금원으로서, 그 금원의 목적 내지 성질, 용도 외 사용의 금지 및 감독, 위반시의 제재조치 등 그 근거 법령의 취지와 규정 등에 비추어 국가 혹은 지방자치단체와 특정의 보조사업자 사이에서만 수수·결제되어야 하는 것으로 봄이 상당하므로, **보조금청구채권은 양도가 금지된 것으로서 강제집행의 대상이 될 수 없다**(대법원 2008.4.24, 2006다33586).

2) 포기의 제한

개인적 공권은 공익적 견지에서 인정되는 것이기 때문에 이를 포기(권리의 자발적인 불행사와는 다름)할 수 없는 경우가 많다(예: 선거권, 소권〈訴權, 재판청구권〉, 연금청구권). 다만 그를 포기하여도 공익에 영향이 없는 경제적 내용의 공권은 포기가 인정된다.

【판례】지방자치단체장이 … 도매시장법인으로 다시 지정함에 있어서 그 지정조건으로 '지정기간 중이라도 개설자가 농수산물 유통정책의 방침에 따라 도매시장법인 이전 및 지정취소 또는 폐쇄 지시에도 일체 소송이나 손실보상을 청구할 수 없다.'라는 부관을 붙였으나, 그 중 부제소특약(不提訴特約)에 관한 부분은

당사자가 임의로 처분할 수 없는 공법상의 권리관계를 대상으로 하여 사인의 **국가에 대한 공권인 소권**(訴權)**을 당사자의 합의로 포기하는 것으로서 허용될 수 없다**(대법원 1998.8.21, 98두8919).

3) 보호의 특수성

공권을 보호하기 위해 행정심판·소송법이 적용되는 등 절차에서 특수성이 인정된다.

【답】
① **주택가에서의 주거용 건축물의 건축허가신청의 경우에는** 행정청은 건축법상의 요건만 충족되면 허가를 해주어야 할 의무가 있으므로 A는 **건축허가를 받을 권리가 인정**된다. 반면 건축법 제11조 제4항은 **위락시설이나 숙박시설에 해당하는 건축물의 건축허가의 경우**는 주거환경이나 교육환경 등 주변환경을 고려하여 부적합하다고 인정되는 경우에는 건축위원회의 심의를 거쳐 건축허가를 하지 아니할 수 있다고 규정함으로써 행정청의 재량을 인정하고 있으므로 B에게는 일단 **무하자 재량행사청구권만 인정되고 건축허가를 받을 권리는 인정되지 않는다.** 주변환경에 부적합하지 않은 것으로 확정된 경우에만 권리가 인정된다.

② 시외버스사업 같은 경우는 시외버스사업 자체가 시민의 교통수단으로서 중요한 것이므로 국토교통부장관 또는 지방자치단체의 장이 시외버스사업을 특별한 사람에게만 면허(이러한 의미에서 그러한 면허를 '특허'라고 하고, 그러한 사업을 '특허사업'이라고 한다)를 해 주고 그들이 도산하지 않을 정도로 적당한 이익을 보호해 주면서 통제하도록 법률(여객자동차운수사업법)에서 정하고 있다(예: 시외버스 요금책정의 통제). 특히 여객자동차운수사업법 제5조 제1항 제1호에서 **"사업계획이 당해 노선 또는 사업구역의 수송수요와 수송력공급에 적합할 것"**을 면허의 기준으로 정한 것은 여객자동차운수사업에 관한 질서를 확립하고 여객자동차운수사업의 종합적인 발달을 도모하여 공공의 복리를 증진함과 동시에 **업자간의 경쟁으로 인한 경영의 불합리를 미리 방지하자는 데 그 목적이 있다.** 따라서 기존 시외버스업자의 영업상의 이익은 법에서 보호하고 있는 이익(법률상 이익) 내지 권리로서 법적인 보호를 받는다. 따라서 다른 사업자에게 시외버스 신규사업을 면허해 줌으로써 기존업자 A가 영업상의 어려움이 있는 경우에는 신규업자의 면허(특허)를 취소하도록 소송을 제기할 수 있는 것이다(대법원 1992.7.10, 91누9107, 대법원 2002.10.25, 2001두4450 참조. A가 **승소할 것인지는 별개의 문제이다.** 여객수송의 수요와 A의 경영상태 등을 검토한 결과로서 A의 주장의 타당성 여부가 관건이 될 것이다).

Ⅳ. 공의무

공의무란 공권에 대응한 개념으로서 타인의 이익을 위하여 의무자에게 가해지는 공법상의 구속을 말한다. 공의무에는 국가적 공의무(손해배상의무, 봉급지급의무 등)와 개인적 공의무가 있고, 그 내용에 따라 작위의무·부작위의무·급부의무·수인의무(예: 전염병예방강제접종의 수인의무) 등이 있다.

공의무는 일반적으로 법령 또는 법령에 근거한 행정행위에 의해 발생하며, 공법상의 계약에 의해 발생하기도 한다. 특히 개인적 공의무는 포기와 이전이 제한되기도 하고(예: 병역의무), 의무의 위반 또는 불이행시에는 행정벌 또는 행정상 강제수단이 가해지기도 한다.

V. 공권 · 공의무의 승계

행정법상의 권리 · 의무의 승계문제는 행정주체의 권리 · 의무의 승계와 개인의 권리 · 의무의 승계로 구분된다. 전자는 행정의 관할 문제로서 지방자치단체의 폐치분합, 그 밖의 공공단체의 통 · 폐합의 경우에 많이 이루어지므로 별로 문제되지 않는다. 후자의 경우가 주로 문제된다.

1. 사인의 권리 · 의무의 승계

(1) 명문의 규정이 있는 경우

행정절차법 제10조는 당사자의 사망과 법인 등의 합병시에는 상속인 등과 신설된 법인 등이 행정청에 통지하고, 처분에 관한 권리 또는 이익을 사실상 양수한 자는 행정청의 승인을 얻어 당사자의 지위를 승계할 수 있다고 규정하고 있다. 한편 개별 법령의 규정 내용은 다양하다. 행정법상의 권리 · 의무의 이전을 제한 · 금지하는 경우(예: 국가배상법 제4조), 승계자에게 신고의무를 부과하고 있는 경우(예: 하천법 제5조), 합병에 의한 일반승계가 행정청의 승인을 요건으로 하는 경우(예: 전기통신사업법 제13조 ①) 등이 있다.

(2) 명문의 규정이 없는 경우

권리 · 의무의 성질을 고려하여 판단하여야 한다. 관련규정의 목적에 비추어 권리 · 의무가 일신전속적인 경우는 이전이 배제되고, 그렇지 않는 것은 이전이 가능하다.

【 판례 】 구 산림법(현 산지관리법) … 채석허가는 수허가자에 대하여 일반적 · 상대적 금지를 해제하여 줌으로써 채석행위를 자유롭게 할 수 있는 자유를 회복시켜 주는 것일 뿐 권리를 설정하는 것이 아니라 하더라도, 대물적 허가의 성질을 아울러 가지고 있는 점 등을 감안하여 보면, 수허가자가 사망한 경우 특별한 사정이 없는 한 **수허가자의 상속인이 수허가자로서의 지위를 승계**한다고 봄이 상당하다. … 산림을 무단형질변경한 자가 사망한 경우 당해 토지의 소유권 또는 점유권을 승계한 상속인은 그 복구의무를 부담한다고 봄이 상당하고, 따라서 관할 행정청은 그 **상속인에 대하여 복구명령을** 할 수 있다고 보아야 한다(대법원 2005.8.19. 2003두9817,9824).

2. 행정제재사유(위법사유)의 승계

【 문 제 】 A는 주유소를 운영하면서 **불량휘발유를 판매**한 사실이 적발되어 '석유 및 석유대체연료 사업법'을 위반한 이유로 영업정지처분이라는 행정제재를 당하게 될 것으로 예상하고, **이 사실을 숨긴 채 B에게 주유소를 양도**하였다. 행정청은 B에게 영업정지처분을 하였으며, 이에 B는 A의 위법행위를 이유로 행정청이 자신에게 행정제재를 하는 것은 옳지 않다고 하면서 행정소송을 제기하려고 한다. 승소가능성은?

당사자간의 지위의 승계가 이루어지는 경우, 양도인의 위법행위로 인한 행정제재조치를 받을 의무가 양수인에게 승계되는지가 문제되는 경우가 종종 있다. 위법사실이 적발될 경우 법위반자가 영업시설을 매각함으로써 행정제재를 회피하려는 경우가 있어 제재의 실효성을 확보하기 위해서 양수인이 양도인의 지위를 원칙적으로 승계하도록 하고 있다.

【 판례 】 ① 양도인은 음주운전으로 자동차운전면허가 취소되고 따라서 개인택시운송사업면허도 취소될 상황이 되자 자신의 운송사업면허를 양수인에게 매각하였다. 이에 행정청이 양수인에게 사업면허취소처분을 한데 대하여 양수인이 취소소송을 제기한 사례: 개인택시운송사업의 양도·양수가 있고 그에 대한 인가가 있은 후 그 양도·양수 이전에 있었던 양도인에 대한 운송사업면허취소사유(양도인의 음주운전: 음주운전 등으로 인한 자동차운전면허의 취소에는 개인택시운송사업면허도 취소된다)를 들어 양수인의 운송사업면허를 취소한 것은 정당하다(대법원 1998.6.26, 96누18960). (양도인은 사실 무면허를 판매한 것이나 마찬가지이고, 양수인의 면허를 취소하지 않으면 누구나 면허취소를 당할 사유가 있으면 면허를 판매할 것이므로 면허취소제도가 유명무실해지는 결과가 되기 때문에 선의의 양수인이라고 하더라도 양도된 면허를 취소하는 것이다. 결국 양수인은 양도인에게 손해배상을 요구할 수밖에 없다.)
② 회사 분할 시 신설회사 또는 존속회사가 승계하는 것은 분할하는 회사의 권리와 의무이고, 분할하는 회사의 분할 전 법 위반행위를 이유로 과징금이 부과되기 전까지는 단순한 사실행위만 존재할 뿐 과징금과 관련하여 분할하는 회사에 승계 대상이 되는 어떠한 의무가 있다고 할 수 없으므로, 특별한 규정이 없는 한 **신설회사에 대하여 분할하는 회사의 분할 전 법 위반행위를 이유로 과징금을 부과하는 것은 허용되지 않는다**(대법원 2011.5.26. 2008두18335).

행정제재의 사유가 법정설비의 위반 등 물적 사정에 관련되는 경우에는 그 사유가 양수인에게 승계됨은 물론이지만, 양도인의 부정영업이나 자격상실 등 인적 사유가 문제되는 경우에는 선의의 양수인에게는 그 사유가 승계되지 않는다고 하여야 할 것이다.

'석유 및 석유대체연료사업법'(제8조~제10조)은 석유정제업, 석유수출입업, 석유판매업의 양수인이 양도인의 의무를 원칙적으로 승계하도록 하되, 선의의 양수인을 처벌하는 것은 합당하지 않으므로, 양수인이 양도인의 위법사실을 모르고 사업을 양수했음을 입증한 경우에는 제재처분을 하지 않도록 하고 있다. 식품위생법 제78조도 동일한 규정을 두고 있다.

【답】 '석유 및 석유대체연료사업법' 제10조 제5항에 의하면 석유판매업자의 지위승계가 있는 때에는 종전의 석유판매업자에 대한 사업정지처분(사업정지에 갈음하여 부과하는 과징금을 포함)의 효과는 새로운 석유판매업자에게 **승계되며,** 행정처분의 절차가 진행중인 때에는 새로운 석유판매업자에게 그 **절차를 계속 진행**할 수 있다. 다만, 새로운 석유판매업자(상속에 의하여 승계를 받은 자를 제외)가 석유판매업을 승계할 때에 그 처분이나 위반사실을 알지 못하였음을 증명하는 경우에는 그러하지 아니하다. 따라서 B는 A의 위법사실을 알지 못하였음을 입증함으로써 승소할 수 있다.

제 5 절 법률관계의 발생과 소멸(법률요건과 법률사실)

Ⅰ. 의의 및 종류

1. 의 의

법률요건이 충족되면 법률효과가 발생한다. 행정법관계의 발생·변경·소멸이라는 법률효과를 가져오는 원인이 되는 것을 법률요건이라 하고, 법률요건을 이루는 개개의 사실을 법률사실이라고 한다. 행정법상의 법률요건은 1개의 법률사실로 성립되는 때도 있고(예: 공법상의 상계(相計) - 채권자와 채무자가 서로 동종의 채권·채무를 가지는 경우에 채무자의 일방적 의사표시〈단독행위〉에 의하여 그 채권·채무를 대등액에서 소멸시키는 것), 여러 개의 법률사실로 구성되는 때도 있다(예: 건축허가의 신청과 허가처분).

2. 종 류

행정법상의 법률사실은 사람의 정신작용을 요소로 하는지의 여부에 따라 행정법상의 용태와 행정법상의 사건으로 나눌 수 있다.

(1) 행정법상의 용태(容態)

사람의 정신작용을 요소로 하는 행정법상의 법률사실을 말하는바, 이는 내부적 용태(내심적 의사)와 외부적 용태(행위)로 구분된다. 전자는 외부에 표시되지 않은 정신적 상태로서 행정법적 효과를 발생하는 것을 말한다. 예컨대, 고의·과실·선의(어떤 사실을 몰랐음)·악의(알았음) 등이 이에 해당한다. 후자는 사람의 정신작용의 발현인 거동으로서 행정법적 효과를 발생하는 것을 말한다. 외부적 용태는 공법상의 행위가 중심을 이루나(예: 허가신청, 허가처분, 공증, 납세 등) 사법상의 행위도 있다(예: 사법상 매매·증여로 인한 납세의무의 발생).

(2) 행정법상의 사건

행정법상의 사건이란 사람의 정신작용을 요소로 하지 않는 법률사실을 말하는바, 사람의 생사, 시간의 경과〈기간, 시효, 제척기간〉, 연령에의 도달, 목적물 멸실 등과 같은 '자연적 사실' 그리고 도로공사, 쓰레기청소, 사인의 거주행위 등과 같은 '사실행위'가 이에 속한다.

Ⅱ. 행정법상의 사건

1. 시간의 경과

(1) 기 간

행정에 관한 기간의 계산에 관하여는 행정기본법 또는 다른 법령 등에 특별한 규정이 있는 경우를 제외하고는 민법을 준용한다(행정기본법 제6조 ①).

1) 기간의 계산
(가) 민법규정

기간을 시·분·초로 정한 때에는 즉시로부터 기산한다(민법 제156조). 기간을 일·주·월·연으로 정한 경우에는 기간의 초일(첫날)은 산입하지 않는다. 그러나 기간이 오전 영시부터 시작하거나 연령계산에는 초일을 산입한다(민법 제157조, 제158조).

기간을 일·주·월·년으로 정한 때에는 그 기간말일의 종료로 기간이 만료한다(민법 제159조). 다만 기간의 말일이 토요일 또는 공휴일인 때에는 그 익일에 만료된다(민법 제161조)

(나) 공법상의 특별규정

법령 등 또는 처분에서 국민의 권익을 제한하거나 의무를 부과하는 경우 권익이 제한되거나 의무가 지속되는 기간의 계산은, ㉠ 기간을 일, 주, 월 또는 연으로 정한 경우에는 기간의 첫날을 산입한다. ㉡ 기간의 말일이 토요일 또는 공휴일인 경우에도 기간은 그 날로 만료한다. 다만, 국민에게 불리한 경우에는 그러하지 아니하다(행정기본법 제6조 ②).

국회법에 의한 기간의 계산(예: 국회의 회기 등)에는 초일을 산입한다(제165조). '가족관계의 등록 등에 관한 법률'상의 신고기간은 신고사건(예: 출생, 사망, 혼인 등) 발생일부터 기산한다(제

37조 ①). 민원사무처리기간의 계산에 있어서는 초일을 산입한다(민원사무에 관한 법률 시행령 제6조 ①).

2) 기간의 역산

기간계산에 관한 위의 원칙은 기간의 역산에도 그대로 적용된다. 예컨대, '선거일 5일 전'이라고 규정된 경우에는 선거일은 빼고 '선거일 전일을 첫날로 계산하여 5일이 되는 날의 이전'을 가리키며(중간에 5일이 있음), '선거일 전 5일'라고 규정된 경우에는, 선거일은 빼고 '선거일 전일을 첫날로 계산하여 5일 째가 되는 날'(중간에 4일이 있음)로 해석하여야 한다.

(2) 공법상의 시효

1) 의의와 종류

(가) 시효제도의 의의

일정한 사실상태가 일정한 기간 계속된 경우에, 진실한 법률관계가 어떤 것인가를 불문하고 계속된 사실상태를 존중하여 그를 법률적으로 보호함으로써 법률생활의 안정을 도모하려는 것을 시효(時效)제도라 한다. 민법상의 규정(제162-184조)은 공법관계에도 적용된다.

제척기간은 일정기간 권리불행사로 그 권리가 소멸되는 점에서 소멸시효와 같으나, 제척기간은 법률관계의 불안정상태를 조속히 제거하기 위하여 특정한 권리에 대하여 법률이 미리 정해 놓은 존속기간인 반면(예: 행정쟁송기간), 시효제도는 영속적인 사실상태를 권리관계로 인정하려는 제도로서 그 성질이 다르다. 또한 제척기간은 중단·정지가 인정되지 않으나, 시효에는 인정되며, 제척기간은 소송상 원용이 없이도 고려되나(직권조사사항), 시효는 원용을 필요로 한다(즉, 당사자가 시효를 주장하여야 한다)는 점에서 구별된다.

(나) 시효제도의 종류

시효에는 일정한 기간 동안 권리불행사의 상태가 계속된 경우에 권리자의 권리를 소멸시키는 '소멸시효'와, 비권리자가 타인의 물건을 일정기간 계속하여 점유하는 경우 소유권을 취득하게 되는 '취득시효'가 있다.

2) 금전채권의 소멸시효

(가) 소멸시효의 기간

공법상 금전채권의 소멸시효 기간은 다른 법률에 특별한 규정이 없는 한 5년이다(국가재정법 제96조, 지방재정법 제82조. 즉, 5년이 지나면 채권행사를 하지 못한다). '다른 법률의 규정'이라 함은 다른 법률에 국가재정법 제96조에서 규정한 5년의 소멸시효기간보다 짧은 기간의 소멸시효의 규정이 있는 경우를 가리키는 것이고, 이보다 긴 10년의 소멸시효를 규정한 민법 제766조 제2항은 이에 해당하지 아니한다(대법원 2001.4.24. 2000다57856 참조. '다른 법률의 규정'은 국가재정법의 특별법이고 국가재정법은 민법의 특별법이므로 '다른 법률의 규정' – 국가재정법 – 민법의 순으로 적용되는 것이다).

다른 법률의 규정에 정한 소멸시효의 예로는 국가배상청구권(국가배상법 제8조)은 3년, 공무원연금법상의 단기급여지급청구권은 3년(공무원연금법 제81조 ①) 등을 들 수 있다.

소멸시효가 완성되면 권리는 소멸시효 완성시점(일정한 기간이 경과한 시점)이 아니라 처음부터 소급하여 소멸한다.

(나) 시효의 중단·정지

공법상의 시효의 중단·정지 기타의 사항에 대해서는 다른 법률에 특별한 규정(예: 국세기본법 제28조: 납세고지, 독촉, 압류 등)이 없는 한 민법의 규정(제186조)을 준용하는 바(국가재정법 제96조 ③) 여기에는 청구·압류 등이 있다. 법령의 규정에 의한 국가의 납입고지는 시효중단의 효력이 있다(국가재정법 제96조 ④. 그런데 납입고지에 의한 부과처분이 취소되더라도 시효중단의 효력은 상실되지 않는다. 즉 납입고지로 인해 시효가 중단되어 시효기간이 처음부터 다시 계산되는 것은 변함이 없다.)

소멸시효는 객관적으로 권리가 발생하여 그 권리를 행사할 수 있는 때로부터 진행하고 그 권리를 행사할 수 없는 동안만은 진행하지 아니하는데, 여기서 권리를 행사할 수 없는 경우라 함은 그 권리행사에 법률상의 장애사유(예: 이행기간이 도래하지 않은 경우, 정지조건이 성취 되지 않은 경우 등)가 있는 경우를 말하며, 사실상 권리의 존재나 권리행사가능성을 알지 못하였고 알지 못함에 과실이 없다고 하여도 이러한 사유는 법률상 장애사유에 해당하지 않는다(대법원 1992.3.31. 91다32053 참고).

【판례】 ① 구 예산회계법(현 국가재정법) 제98조에서 법령의 규정에 의한 납입고지를 시효중단 사유로 규정하고 있는바, 이러한 납입고지에 의한 시효중단의 효력은 그 **납입고지에 의한 부과처분이 취소되더라도 상실되지 않는다**(대법원 2000.9.8. 98두19933).
② 변상금 부과처분에 대한 **취소소송이 진행중이라도** 그 부과권자로서는 위법한 처분을 스스로 취소하고 그 하자를 보완하여 다시 적법한 부과처분을 할 수도 있는 것이어서 그 권리행사에 법률상의 장애사유가 있는 경우에 해당한다고 할 수 없으므로, 그 처분에 대한 취소소송이 진행되는 동안에도 그 **부과권의 소멸시효가 진행된다**(대법원 2006.2.10., 2003두5686).
③ 국세기본법 제28조 제1항은 국세징수권의 **소멸시효의 중단사유**로서 납세고지, 독촉 또는 납부최고, 교부청구 외에 '압류'를 규정하고 있는바, 여기서의 '압류'란 세무공무원이 국세징수법 제24조 이하의 규정에 따라 납세자의 재산에 대한 **압류 절차에 착수하는 것**을 가리키는 것이므로, 세무공무원이 국세징수법 제26조에 의하여 체납자의 가옥·선박·창고 기타의 장소를 수색하였으나 **압류할 목적물을 찾아내지 못하여 압류를 실행하지 못하고 수색조서를 작성하는 데 그친 경우에도 소멸시효 중단의 효력이 있다**(대법원 2001.8.21. 2000다12419).

【참고】 **시효의 중단**이란 권리행사 등 일정한 사유로 인해 시효기간의 계산이 멈추는 것을 말하며, 중단 이후에는 시효의 기간이 처음(0)부터 다시 시작하여 계산된다. **시효의 정지**는 시효기간의 계산이 일정한 사유로 인해 유예되고 유예기간이 경과하면 다시 계속 진행하는 것을 말한다.

(다) 시효의 효과

시효기간이 경과하여 소멸시효가 완성되면 권리자의 권리는 시효의 이익을 받는 자의 의사와 상관없이 권리는 소멸한다. 다만 소송이 제기된 경우에는 소멸시효이익을 받는 자가 재판에서 시효이익을 받겠다는 뜻을 항변하여야 한다(변론주의 원칙).

소멸시효가 완성되면 권리는 시효의 완성시점, 즉 일정기간이 경과한 시점에 소멸하는 것이 아니라 기산일(起算日 : 권리자가 권리를 행사할 수 있는 때)에 소급하여 소멸한다. 즉 원금에 대한 그동안의 이자 등이 발생하지 않는다.

【판례】 조세에 관한 **소멸시효가 완성되면 국가의 조세부과권과 납세의무자의 납세의무는 당연히 소멸한다** 할 것이므로 소멸시효완성후에 부과된 부과처분은 납세의무 없는 자에 대하여 부과처분을 한 것으로서 그와 같은 하자는 중대하고 명백하여 그 처분의 효력은 당연무효이다(대법원 1985.5.14. 83누655).

3) 공물의 취득시효

민법에서는 원칙적으로 부동산은 20년간, 동산은 10년간 소유의 의사로써 평온·공연(公然)하게(다툼이 없고 공공연하게) 점유를 계속하면 소유권을 취득한다(민법 제245·246조). 그러나 국·공유공물은 공용폐지(공물의 성질을 소멸시키는 행정청의 명시적·묵시적 의사표시)되지 않는 한 시효취득의 대상이 될 수 없다. 예정공물(예: 도로·하천예정지)도 마찬가지다(대법원 1994.5.10, 93다23422 참조). 국·공유재산이지만 행정재산이 아닌 일반재산은 공물이 아니므로 시효취득이 가능하다(국유재산법 제7조 ②, 공유재산및물품관리법 제6조 ②).

【판례】 행정재산은 공용이 폐지되지 않는 한 사법상 거래의 대상이 될 수 없으므로 취득시효의 대상이 되지 않는다. 공용폐지의 의사표시는 명시적이든 묵시적이든 상관이 없으나 적법한 의사표시가 있어야 하고, **행정재산이 사실상 본래의 용도에 사용되지 않고 있다는 사실만으로 용도폐지의 의사표시가 있었다고 볼 수는 없으며**, 원래의 행정재산이 공용폐지되어 취득시효의 대상이 된다는 사실에 대한 입증책임은 시효취득을 주장하는 자에게 있다(대법원 1994.3.22, 93다56220).

사유의 공물은 시효취득의 대상이 되지만 공적목적에 제공하여야 하는 공법상의 제한은 계속된다.

(3) 제척기간

1) 의 의

제척기간이란 특정한 권리에 대하여 법률이 정해 놓은 존속기간을 말하며, 그 기간이 지나면 그 권리는 당연히 소멸한다. 이는 권리자로 하여금 권리를 신속하게 행사하도록 하여 그 권리와 관계된 법률관계를 조속히 확정하기 위한 것이다. 행정쟁송의 제기기간(행정심판법 제27조, 행정소송법 제20조), 일정한 기간이 지나면 과세할 수 없는 것(국세기본법 제26조의2), 육아휴직급여 신청기간(고용보험법 제70조 ②) 등이 이에 속한다.

2) 제재처분의 제척기간

행정기본법에 의하면 "행정청은 법령 등의 위반행위가 종료된 날부터 5년이 지나면 해당 위반행위에 대하여 제재처분(인허가의 정지·취소·철회, 등록 말소, 영업소 폐쇄와 정지를 갈음하는 과징금 부과를 말한다)을 할 수 없다."(제23조 ①) 예외적으로 ㉠ 거짓이나 그 밖의 부정한 방법으로 인허가를 받거나 신고를 한 경우, ㉡ 당사자가 인허가나 신고의 위법성을 알고 있었거나 중대한 과실로 알지 못한 경우, ㉢ 정당한 사유 없이 행정청의 조사·출입·검사를 기피·방해·거부하여 제척기간이 지난 경우, ㉣ 제재처분을 하지 아니하면 국민의 안전·생명 또는 환경을 심각하게 해치거나 해칠 우려가 있는 경우는 그렇지 않다(제23조 ②).

행정청은 행정심판의 재결이나 법원의 판결에 따라 제재처분이 취소·철회된 경우에는 재결이나 판결이 확정된 날부터 1년(〈재처분을 위해 상당한 시일이 소요될 가능성이 높은〉 합의제행정기관은 2년)이 지나기 전까지는 그 취지에 따른 새로운 제재처분을 할 수 있다(제23조 ③. 이는 쟁송절차 동안 제척기간 5년이 지나더라도 재결이나 판결에 따라 새로운 처분이 가능하도록 하기 위한 취지의 규정이다).

다른 법률에서 제1항(5년) 및 제3항의 기간(1년)보다 짧거나 긴 기간을 규정하고 있으면 그 법률에서 정하는 바에 따른다(제23조 ④).

【참고】 **행정기본법상의 "제재처분"**이란 법령 등에 따른 의무를 위반하거나 이행하지 아니하였음을 이유로 당사자에게 의무를 부과하거나 권익을 제한하는 처분을 말한다. 다만, 제30조 제1항 각 호에 따른 행정상 강제(행정대집행, 이행강제금부과, 직접강제, 강제징수, 즉시강제)는 제외한다(행정기본법 제2조 제5호).

2. 공법상의 주소·거소

(1) 주 소

공법관계에서의 주소에 관해서는 주민등록법에서 통칙적 규정을 두어 '다른 법률에 특별한 규정이 없는 한, 이 법에 의한 주민등록지를 주소로 한다'고(주민등록법 제17조의7) 정하고 있으므로 자연인의 공법상 주소는 주민등록지가 주소가 된다. 30일 이상 거주할 목적으로 일정한 곳에 주소나 거소를 가진 자는 주민등록을 하여야 한다(동법 제6조 ①). 한편 주소의 수에 관해서 주민등록법은 2중 등록을 금지하고 있다(동법 제10조 ②).

주소가 공법상 법률요건이 되는 경우는 주민세 납세의무의 성립(지방세법 제173조), 인감신고지(인감증명법 제3조), 서류송달장소(국세기본법 제8조), 외국인의 귀화요건(국적법 제5조) 등이 있다.

(2) 거 소

사람이 다소의 기간 동안 계속하여 거주하는 장소로서, 그 장소와의 밀접도가 주소만 못한 곳을 거소라고 하는바, 공법관계에서도 이러한 거소를 기준으로 법률관계를 규율하는 경우가 있다(예: 1년 이상 거소를 둔 자에게 소득세부과〈소득세법 제1조 ①〉).

Ⅲ. 공법상의 사무관리와 부당이득

1. 공법상의 사무관리

사무관리는 법률상의 의무 없이 타인을 위하여 그 사무를 관리하는 것을 말하며(민법 제734조), 원래 사법상의 관념이나 공법상의 분야에서도 발견된다. 예컨대, 국가의 감독하에 있는 공기업체나 사립학교를 강제적으로 관리하는 경우(강제관리), 재해시에 행하는 구호나 시·군에서 행하는 행려병자(行旅病者)·사자(死者)의 관리(보호관리) 등이 있다. 이에 대해서는 특별한 규정이 없는 한 민법규정(민법 제734-740조)을 준용하여 비용상환 기타 이해조절조치가 강구되어야 한다.

2. 공법상의 부당이득

(1) 의 의

법률상의 원인 없이 타인의 재산 또는 노무로 인하여 이득을 얻고 이로 인하여 타인에게 손해를 가하는 것을 말한다(예: 무효인 과세처분에 따른 세금징수, 무자격자의 연금수령). 공법상 부당이득에 관하여는 일반적 규정이 없으므로 특별한 규정(국세기본법 제51 - 54조, 지방세법 제45 - 47조)이 있는 경우 외에는 민법의 규정(민법 제741 - 749조)에 의하여야 한다.

(2) 부당이득반환청구권의 성질

공권인지 사권인지에 관해 다툼이 있다. 공권설은 청구권은 공법상 원인에 의하여 발생한 결과를 조정하기 위한 제도라는 점에서 공권으로 보고, 그에 관한 소송은 행정소송법상 당사자소송에 의하여야 한다는 견해이다. 사권설은 부당이득은 행정행위의 무효나 취소가 확정됨으로써 비로소 발생하는 문제로서, 이때는 이미 법률상 원인문제는 없어진 뒤이며, 사법상에서와 같이 순전한 경제적 견지에서의 이해조절제도라는 것을 이유로 사권으로 보고, 그에 관한 소송은 민사소송에 의하여야 한다는 견해이다. 판례도 같다.

【 판례 】 ① 조세부과처분이 **당연무효임을 전제로 하여** 이미 납부한 세금의 반환을 청구하는 것은 민사상의 부당이득반환청구로서 **민사소송절차에** 따라야 한다(대법원 1995.4.28, 94다55019).
② 개발부담금부과처분이 **취소된 이상** 그 후의 부당이득으로서의 과오납금반환에 관한 법률관계는 단순한 **민사관계에 불과한** 것이고, 행정소송절차에 따라야 하는 관계로 볼 수 없다(대법원 1995.12.22, 94다51253).

(3) 공법상 부당이득의 종류

행정주체의 부당이득과 사인의 부당이득이 있다. 전자는 행정주체의 이득이 행정행위(예: 과세처분)로 인한 것이었으나 나중에 행정행위가 무효로 확인되거나 취소된 경우, 국가가 사유지를 무단 사용하는 경우 등이 있다. 후자는 사인의 이득이 행정행위(예: 보조금지급)에 근거하였으나 그 행정행위가 무효로 확인되거나 취소된 경우 등이 있다.

(4) 공법상 부당이득반환청구권의 시효

공법상 부당이득반환청구권은 법령에 특별한 규정(공무원연금법 제81조 ①: 3년)을 정한 경우를 제외하고는 그 소멸시효기간은 5년이다(국가재정법 제96조, 지방재정법 제82조).

【 판례 】 지방재정법에 의한 변상금부과처분이 당연무효인 경우에 이 변상금부과처분에 의하여 납부자가 납부하거나 징수당한 오납금은 지방자치단체가 법률상 원인 없이 취득한 부당이득에 해당하고, 이러한 오납금에 대한 납부자의 부당이득반환청구권은 처음부터 법률상 원인이 없이 납부 또는 징수된 것이므로 **납부 또는 징수시에 발생하여 확정되며, 그 때부터 소멸시효가 진행한다**(대법원 2005.1.27, 2004다50143).

Ⅳ. 행정법상의 행위(공법행위)

1. 의의 및 종류

(1) 공법행위의 의의

공법행위란 일반적으로 국가 기타 행정주체와 사인간의 공법관계에 있어서의 행위로서 일정한 공법적 효과를 발생·변경·소멸하는 모든 행위형식들을 총칭한 것이다.

(2) 공법행위의 종류

1) 행정주체의 공법행위와 사인의 공법행위

행정주체의 공법행위는 행정입법·행정행위 등과 같이 행정주체가 상대방에 대하여 우월한 지위에서 행하는 것도 있고, 공법상 계약과 같이 상대방과 대등한 지위에서 행하는 것도 있다. 사인의 공법행위란 사인이 행정주체의 상대방으로서의 지위에서 하는 행위로서 공법적 효과를 발생하는 것을 말한다(예: 신청·동의·신고 등).

2) 단독행위와 쌍방행위

단독행위는 1당사자의 의사표시로서 법적 효과를 발생하는 것이고(예: 행정행위), 쌍방행위는 2 이상의 당사자의 의사표시의 합치로써 법적 효과를 발생하는 것이다(예: 공법상 계약).

2. 사인의 공법행위

(1) 의 의

사인이 공법관계에 있어서 공법적 효과의 발생을 목적으로 하는 모든 행위를 말한다. 그 행위가 의사표시를 요소로 하는 것이든(예: 사직의 의사표시), 의사표시 이외의 정신작용을 요소로 하는 것이든(예: 도난신고, 사망신고 등) 가리지 않는다.

(2) 종 류

㉠ 법률효과에 따라 자체 완성적 공법행위와 행정요건적 공법행위, ㉡ 행위성질에 따라 합성행위(다수인의 공동의사표시로 하나의 의사가 구성되는 행위: 투표, 선거), 신고행위(예: 혼인신고, 건축신고), 신청행위(예: 허가신청), 동의·승낙(예: 공무원임명에 대한 동의, 토지수용협의) 등으로 구분할 수 있다.

(3) 자체완성적·행정요건적 공법행위

1) 자체완성적 행위

사인의 행위 자체만으로 일정한 법률효과를 가져오는 것이다. 투표, 출생·사망·혼인신고, 등록, 수리를 요하지 않는 신고에 있어서의 신고 등이 이에 속한다.

2) 행정요건적 행위

사인의 행위가 단지 행정주체가 행하는 공법행위(예: 건축허가, 사직원수리, 공무원임명 등)의 동기·요건에 불과하며, 사인의 행위 자체만으로는 법률효과를 완성하지 못하는 경우이다. 수리를 요하는 신고에 있어서의 신고, 신청, 동의·승낙 등이 이에 속한다(예: 건축허가신청, 공무원임명동의 등).

(4) 사인의 공법행위에 대한 적용법리

사인의 공법행위에 적용할 일반적인 통칙규정은 없으며, 개별법에 규정을 두고 있을 뿐이다. 자체완성적 공법행위로서의 신고에 대해서는 행정절차법에, 민원사무처리에 관하여는 '민원사무처리에 관한 법률'에 몇 개의 원칙적인 규정이 있다. 그 밖의 것은 민법의 규정 또는 법원리가 유추적용될 수 있는지가 문제된다.

1) 의사능력·행위능력

사인의 공법행위에도 의사능력(자기 행위의 의미나 결과를 판단할 수 있는 정상적인 정신능력. 어린아이·만취자 등은 의사능력이 없다.)이나 행위능력(단독으로 완전·유효한 법률행위를 할 수 있는 지위·자격. 미성년자는 행위능력이 없다. 법정대리인의 동의필요.)을 필요로 한다. 의사능력 없는 자의 행위는 무효로 보나, 행위능력에 관하여는 재산관계적 행위에 대해서는 민법의 규정이 유추적용된다. 그 밖의 경우에는 민법의 규정이 적용되지 않는 것도 있다(예: 우편법 제10조 "우편물의 발송, 수취 기타 우편이용에 관하여 제한능력자(예: 미성년자)가 우편관서에 대하여 행한 행위는 능력자가 행한 것으로 본다.").

2) 대 리

명문의 금지규정(예: 징병검사의 대리금지, 병역법 제87조 ②)이 없어도 행위의 성질상 일신전속적인 것(예: 투표, 시험응시)은 대리가 허용될 수 없다. 그 밖의 경우에는 대리에 관한 민법규정이 유추적용된다.

3) 행위의 형식

일반적인 규정이 없으며 반드시 일정한 형식을 취하여야 하는 것은 아니다. 행위의 존재·내용을 명확히 할 필요가 있는 경우에는 일정한 형식을 요구하는 경우가 많다(예: 행정심판청구서, 인·허가신청서).

4) 효력발생시기

행위자의 입장을 고려하여 발신주의를 취하는 특별한 규정(예: 국세기본법 제5조의2)이 없는 한 민법상의 도달주의가 적용된다.

【참고】 국세기본법 제5조의2 ① : 우편으로 과세표준신고서, 과세표준수정신고서, … 서류를 제출한 경우 **우편법에 따른 통신일부인이 찍힌 날**(통신일부인이 찍히지 아니하였거나 분명하지 아니한 때에는 통상 소요되는 우송일수를 기준으로 발송한 날에 상당하다고 인정되는 날)에 신고된 것으로 본다.

5) 의사표시·결정의 하자

사인의 의사표시·결정에 하자가 있는 경우에는(의사와 표시의 불일치, 사기·강박에 의한 의사결정) 특별한 규정이 없는 한 민법의 규정(제107-110조)이 유추적용된다(착오·사기·강박에 의한 행위는 취소사유가 된다). 그러나 행위의 성질상 적용이 불가능한 경우도 있다(예: 투표). 판례도 표시주의를 취하여 민법상 비진의(非眞意) 의사표시(진의 아닌 의사표시)에 관한 규정이 적용되지 않을 수 있다고 한다.

【판례】 ① 여군단기복무 하사관의 전역지원 의사표시가 진의 아닌 의사표시라 하더라도 무효에 관한 법리를 선언한 민법 제107조 1항 단서규정(상대방이 표의자의 진의 아님을 알았거나 알 수 있었을 경우에는 무효로 한다)은 성질상 사인의 공법행위에는 적용되지 않으며, 그 표시된 대로 유효하다고 보아야 한다(대법원 1994.1.11. 93누10057).
② 이른바 1980년의 공직자숙정계획의 일환으로 일괄사표의 제출과 선별수리의 형식으로 공무원에 대한 의원면직처분이 이루어진 경우, 사직원 제출행위가 강압에 의하여 의사결정의 자유를 박탈당한 상태에서 이루어진 것이라고 할 수 없고 민법상 비진의 의사표시의 무효에 관한 규정은 사인의 공법행위에 적용되지 않으므로 그 의원면직처분을 당연무효라고 할 수 없다(대법원 2001.8.24. 99두9971).

6) 부 관

사법의 경우와 달리 행정법관계의 명확성과 신속한 확정을 위해 사인의 공법행위는 부관을 붙일 수 없음이 원칙이다(예: 공무원이 사직서를 제출하면서 조건을 붙이는 것은 허용 안됨).

7) 철회·보정

사인의 공법행위는 그에 근거한 행정행위가 행해질 때까지는 자유로이 철회·보정할 수 있다. 다만, 특별한 규정이 있거나 당해 행위의 성질상 허용될 수 없는 경우에는 그렇지 않다(행정절차법 제17조 ⑦).

【판례】 ① 공무원이 한 사직 의사표시의 철회나 취소는 그에 터잡은 **의원면직처분이 있을 때까지** 할 수 있는 것이고, 일단 면직처분이 있고 난 이후에는 철회나 취소할 여지가 없다(대법원 2001.8.24. 99두9971)
② 공무원이 한 사직의 의사표시는 그에 터잡은 의원면직처분이 있을 때까지는 원칙적으로 이를 철회할 수 있는 것이지만, 다만 의원면직처분이 있기 전이라도 사직의 의사표시를 철회하는 것이 **신의칙에 반한다고**

인정되는 특별한 사정이 있는 경우에는 그 철회는 허용되지 아니한다(대법원 1993.7.27, 92누16942).

(5) 사인의 공법행위의 효과

사인의 공법행위가 행해지면 행정청은 관련법 또는 행정절차법(제19조)의 규정에 따라 그를 수리하여 처리해야 할(허가·불허가결정 등) 의무를 부담한다. 법정처리기간 내에 처리하지 않으면 사인은 부작위위법확인소송을 제기할 수 있다.

(6) 사인의 공법행위의 하자와 행정행위의 효력과의 관계

1) 사인의 행위가 행정행위의 전제요건인 경우

사인의 공법행위(예: 신청·동의 등)가 행정행위의 전제요건인 경우는 ㉠ 사인의 행위에 단순한 흠(즉, 취소의 흠)이 있는 경우에는 그에 근거한 행정행위는 유효하다고 할 것이나, ㉡ 사인의 행위가 존재하지 않거나 그 흠이 중대·명백하여 무효인 경우에는 그에 근거한 행정행위는 무효라고 할 것이다(예: 강박에 의한 사직원에 대하여 면직처분을 행한 경우).

2) 사인의 행위가 행정행위의 단순한 동기인 경우

이 경우는 사인의 공법행위의 하자는 행정행위의 효력에 아무런 영향이 없다.

(7) 사인의 공법행위로서 신고행위

> 【문제】
> ① A는 식품위생법 및 동법시행령·시행규칙이 정하는 시설을 갖추어 소정의 양식을 제출하는 방식으로 **일반음식점업**을 신고하고 영업을 개시하였다. 관할 행정청이 신고를 수리하기 전에 A가 영업을 해도 되는가?
> ② B는 **식품제조·가공업(만두제조회사)**을 하기 위해 식품위생법 및 동법시행령·시행규칙이 정하는 시설을 갖추어 신고서를 제출하고 영업을 개시하였다. 그러나 관할 행정청은 신고가 수리되기 전에 A가 영업을 한 것은 무신고영업에 해당한다고 보아 벌칙을 가하려고 한다. 관할행정청의 판단은 정당한가?
> ③ C는 **단란주점업**을, D는 **유흥주점업**을 하기 위해 식품위생법상의 소정의 시설을 갖춘 후 신고서만 제출하고 영업을 개시할 수 있는가?

1) 의 의

신고란 사인이 공법적 효과의 발생을 목적으로 행정주체에 대하여 일정한 의사표시를 하거나 사실을 통지하는 행위를 말한다. 실정법상으로 '등록'이라고도 한다. 실질적 심사를 거치는 '허가'와 달리, '신고'는 형식적 심사만을 거치는 경우가 많다.

2) 자체완성적 신고(등록)와 행정요건적 신고(등록)

신고(등록)의 법적 효과는 관련된 법령의 목적과 법조문의 유기적·합리적인 해석을 통하여 알 수 있으며, 특히 신고에 대한 거부로 국민의 권익에 대한 침해가 있는지에 따라 다음과 같이 구분할 수 있다.

(가) 자체완성적 신고(수리를 요하지 않는 신고)

자기완결적 신고라고도 한다. 행정청에 대하여 일정한 사항을 통지함으로써 의무가 끝나는 신고를 말한다(본래적 의미의 신고).

일반적으로 신고요건이 형식적 요건만인 경우가 이에 해당한다. 따라서 신고서의 기재사항에 하자가 없고, 필요한 구비서류가 첨부되어 있으며, 기타 법령 등에 규정된 형식상의 요건에 적합한 때에는 신고서가 접수기관에 도달된 때에 신고의무가 이행된 것으로 본다(행정절차법 제40조 ②. 행정절차법상의 신고는 자체완성적 신고를 의미한다).

【판례】① 구 수산업법의 각 규정에도 …. 시장·군수·구청장에게 수산제조업 신고에 대한 실질적인 검토를 허용하고 있다고 볼 만한 규정을 두고 있지 아니하고 있으므로, **수산제조업의 신고를 하고자 하는 자가** 그 신고서를 구비서류까지 첨부하여 제출한 경우 시장·군수·구청장으로서는 형식적 요건에 하자가 없는 한 수리하여야 할 것이고, 나아가 관할 관청에 신고업의 신고서가 제출되었다면 담당공무원이 법령에 규정되지 아니한 다른 사유를 들어 그 신고를 수리하지 아니하고 반려하였다고 하더라도, 그 신고서가 제출된 때에 신고가 있었다고 볼 것이다(대법원 1999.12.24. 98다57419,57426).
② 의료법에 의하면 **의원, 치과의원, 한의원 또는 조산소의 개설은 단순한 신고**사항으로만 규정하고 있고 또 그 신고의 수리여부를 심사, 결정할 수 있게 하는 별다른 규정도 두고 있지 아니하므로 의원의 개설신고를 받은 행정관청으로서는 별다른 심사, 결정없이 그 신고를 당연히 수리하여야 한다(대법원 1985.4.23. 84도2953).
③ '체육시설의 설치·이용에 관한 법률' 각 규정에 의하면 …. **당구장업과 같은 신체육시설업을 하고자** 하는 자는 체육시설업의 종류별로 같은법시행규칙이 정하는 해당 시설을 갖추어 소정의 양식에 따라 신고서를 제출하는 방식으로 시·도지사에 신고하도록 규정하고 있으므로, …. 적법한 요건을 갖춘 신고의 경우에는 행정청의 수리처분 등 별단의 조치를 기다릴 필요 없이 그 접수시에 신고로서의 효력이 발생하는 것이므로 그 수리가 거부되었다고 하여 무신고 영업이 되는 것은 아니다(대법원 1998.4.24. 97도3121).
④ 구 평생교육법에 의하면, **원격평생교육을 불특정 다수인에게 학습비를 받고 실시하는 경우**에는 이를 신고하여야 하나, 법 제22조가 …. '학습비' 수수 외에 교육 대상이나 방법 등 다른 요건을 달리 규정하고 있지 않을 뿐 아니라 …. 행정청으로서는 신고서 기재사항에 흠결이 없고 정해진 서류가 구비된 때에는 이를 수리하여야 하고, 이러한 형식적 요건을 모두 갖추었음에도 신고대상이 된 교육이나 학습이 공익적 기준에 적합하지 않는다는 등 실체적 사유를 들어 신고 수리를 거부할 수는 없다(대법원 2011.7.28. 2005두11784).
⑤ 주택건설촉진법 등의 규정들에 의하면, **공동주택 및 부대시설·복리시설의 소유자·입주자·사용자 및 관리주체가 건설부령이 정하는 경미한 사항으로서 신고대상인 건축물의 건축행위**를 하고자 할 경우에는 그 관계 법령에 정해진 적법한 요건을 갖춘 신고만을 하면 그와 같은 건축행위를 할 수 있고, 행정청의 수리처분 등 별단의 조치를 기다릴 필요가 없다고 할 것이며, 또한 이와 같은 신고를 받은 행정청으로서는 그 신고가 같은 법 및 그 시행령 등 관계 법령에 신고만으로 건축할 수 있는 경우에 해당하는 여부 및 그 구비서류 등이 갖추어져 있는지 여부 등을 심사하여 그것이 법규정에 부합하는 이상 이를 수리하여야 하고, 같은 법 규정에 정하지 아니한 사유를 심사하여 이를 이유로 신고수리를 거부할 수는 없다(대법원 1999.4.27. 97누6780).
⑥ 회사가 한 이 사건 변경신고서(골프장의 이용료변경신고서)는 그 신고자체가 위법하거나 그 신고에 무

효사유가 없는 한 이것이 경기도지사에게 제출하여 **접수된 때에 신고가 있었다고 볼 것이고**, 경기도지사의 수리행위가 있어야만 신고가 있었다고 볼 것은 아니며, 위 관하여 체육시설의설치 · 이용에관한법률시행령 제11조 제3항이 시, 도지사는 이 **신고를 받은 때에 그 이용료 또는 관람료가 심히 부당하다고 판단될 때에는 이를 조정하여야 한다고 규정하였다고 하여도 이는 신고 후의 조치를 규정한 것이라고 볼 것이고**, 위 시행규칙 소정의 서식에 접수 - 검토, 조정 - 수리 - 통보로 되어 있는 것도 신고서의 접수 후의 처리절차를 규정한 것에 지나지 않는다고 볼 것이고, 시, 도지사가 신고서를 접수, 검토, 조정의 절차를 거쳐 **수리하는 때에 비로소 신고가 있었다고 해석할 것은 아니다**(대법원 1993.7.6. 93마635).

신고에 관한 법규정에서 정한 요건 외에 다른 법령상의 요건을 충족하지 못한 경우에는 적법한 신고를 할 수 없다.

【 판례 】 식품위생법에 따른 식품접객업(일반음식점영업)의 영업신고요건을 갖춘 자라고 할지라도 그 영업신고를 한 당해 건축물이 건축법 소정의 허가를 받지 아니한 무허가 건물이라면 적법한 신고를 할 수 없다고 보아야 할 것이다(대법원 2009.4.23. 2008도6829).

신고의 수리나 신고필증교부는 도달을 확인하는 사실상의 행위에 불과하고, 그것의 말소행위도 마찬가지이다. 요건미비의 부적법한 신고가 있었다면 행정청이 수리(접수)하였다고 하여도 신고의 효과가 발생하지 아니한다.

【 판례 】 의료법시행규칙 제22조 제3항에 의하면 의원개설 신고서를 수리한 행정관청이 소정의 신고필증을 교부하도록 되어있다 하여도 이는 신고사실의 확인행위로서 신고필증을 교부하도록 규정한 것에 불과하고 그와 같은 신고필증의 교부가 없다 하여 개설신고의 효력을 부정할 수 없다(대법원 1985.4.23. 84도2953).

행정기관의 수리행위가 불필요하기 때문에 신고가 요건을 갖춘 경우에는 행정기관이 수리(접수)를 거부하더라도 신고의 효력에 영향을 미치지 아니한다. 따라서 수리거부는 행정행위(행정처분)가 아니며, 따라서 항고소송의 대상이 아닌 것이 원칙이다.

(나) 행정요건적 신고(수리를 요하는 신고)

행정청에 대하여 일정한 사항을 통지하고 행정청이 이를 수리하여야 법적 효과가 발생하는 신고를 말한다. 수리를 요하는 신고라고 불리기도 한다. 이는 '규제완화된 허가'라고 할 수 있다. 허가영업을 양도 · 양수하는 경우 지위승계의 신고, 허가받은 자의 명의변경신고는 행정청의 수리를 요하는데, 이는 영업허가자의 변경이라는 법률효과를 발생시키기 때문이다.

【 판례 】 ① 수산업법 제44조(현 제47조) 소정의 **어업의 신고**는 행정청의 수리에 의하여 비로소 그 효과가 발생하는 이른바 **'수리를 요하는 신고'**라고 할 것이고, 따라서 설사 관할관청이 어업신고를 수리하면서 공유수면매립구역을 조업구역에서 제외한 것이 위법하다고 하더라도, 그 제외된 구역에 관하여 관할관청의 적법한 수리가 없었던 것이 분명한 이상 그 구역에 관하여는 같은 법 제44조 소정의 적법한 어업신고가 있는 것으로 볼 수 없다(대법원 2000.5.26. 99다37382).
② 식품위생법 제25조 제3항에 의한 **영업양도에 따른 지위승계신고를 수리**하는 허가관청의 행위는 단순히

양도·양수인 사이에 이미 발생한 사법상의 사업양도의 법률효과에 의하여 양수인이 그 영업을 승계하였다는 사실의 신고를 접수하는 행위에 그치는 것이 아니라, **영업허가자의 변경이라는 법률효과를 발생시키는 행위**라고 할 것이므로, 사실상 영업이 양도·양수되었지만 아직 승계신고 및 그 수리처분이 있기 이전에는 여전히 종전의 영업자인 양도인이 영업허가자이고, 양수인은 영업허가자가 되지 못한다(대법원 1995.2.24, 94누9146).
③ 주민등록에 따라 공법관계상의 여러 가지 법률상 효과가 나타나게 되는 것으로서, **주민등록의 신고는 행정청에 도달하기만 하면 신고로서의 효력이 발생하는 것이 아니라 행정청이 수리한 경우에 비로소 신고의 효력이 발생**한다(대법원 2009.1.30., 2006다17850).
④ 구 관광진흥법 제8조 제4항에 의한 **지위승계신고를 수리하는 허가관청의 행위** 및 구 체육시설의 설치·이용에 관한 법률 제20조, 제27조에 의한 **영업양수신고나 문화체육관광부령으로 정하는 체육시설업의 시설기준에 따른 필수시설인수신고를 수리하는** 관계 행정청의 행위가 항고소송의 대상이다(대법원 2012.12.13. 2011두29144).
⑤ 구 체육시설의 설치·이용에 관한 법률(2005.3.31. 제7428호로 개정되기 전의 것) 제19조 제1항, 구 체육시설의 설치·이용에 관한 법률 시행령(2006.9.22. 대통령령 제19686호로 개정되기 전의 것) 제18조 제2항 제1호 (가)목, 제18조의2 제1항 등의 규정에 의하면, 위 법 제19조의 규정에 의하여 체육시설(골프장)의 회원을 모집하고자 하는 자는 시·도지사 등으로부터 회원모집계획서에 대한 검토결과 통보를 받은 후에 회원을 모집할 수 있다고 보아야 하고, 따라서 **체육시설의 회원을 모집하고자 하는 자의 시·도지사 등에 대한 회원모집계획서 제출은 수리를 요하는 신고에서의 신고에 해당하며, 시·도지사 등의 검토결과 통보는 수리행위로서 행정처분에 해당한다**(대법원 2009.2.26. 2006두16243).

신고의 요건은 주로 형식적 요건에 그치지만 예외적으로 실질적 요건도 포함되는 경우가 있는데, 이 경우에는 허가와 큰 차이가 없게 된다. 법령이 정한 요건을 구비한 적법한 신고가 있으면 행정청은 수리하여야 한다. 법령에 없거나(예: 주민의 동의, 민원의 해소) 입법목적 이외의 사유를 내세워 수리를 거부할 수 없는 것이 원칙이다. 다만 중대한 공익상의 필요가 있는 경우는 수리를 거부할 수 있다(허가의 경우도 마찬가지이다. 후술 참조). 수리를 요하는 신고의 경우에 수리를 증명하기 위해 신고필증이 교부되는 경우가 많은데 그것이 반드시 필요한 것은 아니다.

신고의 법적요건을 충족하였더라도 타법상의 요건을 갖추지 못한 경우는 적법한 신고가 될 수 없다.

【 판례 】① 시장·군수 또는 구청장의 주민등록전입신고 수리 여부에 대한 심사는 **주민등록법의 입법 목적의 범위 내에서 제한적으로 이루어져야 한다**. 한편, 주민등록법의 … 규정을 고려해 보면, 전입신고를 받은 시장·군수 또는 구청장의 심사 대상은 전입신고자가 30일 이상 생활의 근거로 거주할 목적으로 거주지를 옮기는지 여부만으로 제한된다고 보아야 한다. 따라서 전입신고자가 거주의 목적 이외에 다른 이해관계에 관한 의도를 가지고 있는지 여부, **무허가 건축물의 관리, 전입신고를 수리함으로써 당해 지방자치단체에 미치는 영향 등과 같은 사유는** 주민등록법이 아닌 다른 법률에 의하여 규율되어야 하고, **주민등록전입신고의 수리 여부를 심사하는 단계에서는 고려 대상이 될 수 없다**(대법원 2009.6.18, 2008두10997, 판례변경).
② 구 '장사 등에 관한 법률' 제14조 제1항에 의한 **사설납골시설의 설치신고는**, 같은 법 제15조 각 호에 정한 사설납골시설설치 금지지역에 해당하지 아니하고 같은 법 제14조 제3항 …. 에 정한 설치기준에 부합하는 한, **수리하여야 하나,** 보건위생상의 위해를 방지하거나 국토의 효율적 이용 및 공공복리의 증진 등 **중대한 공익상 필요가 있는 경우에는 그 수리를 거부할 수 있다**고 봄이 상당하다(대법원 2010.9.9, 2008두22631).
③ 구 장사 등에 관한 법률 제14조 제1항 등을 종합하면, 납골당설치 신고는 이른바 '수리를 요하는 신고'

라 할 것이므로, 납골당설치 신고가 구 장사법 관련 규정의 모든 요건에 맞는 신고라 하더라도 신고인은 곧바로 납골당을 설치할 수는 없고, 이에 대한 행정청의 **수리처분이 있어야만 신고한 대로 납골당을 설치할 수 있다.** 한편 수리란 신고를 유효한 것으로 판단하고 법령에 의하여 처리할 의사로 이를 수령하는 수동적 행위이므로 **수리행위에 신고필증 교부 등 행위가 꼭 필요한 것은 아니다**(대법원 2011.9.8. 2009두6766).

④ 노동조합 및 노동관계조정법('노동조합법')이 행정관청으로 하여금 설립신고를 한 단체에 대하여 같은 법 제2조 제4호 각 목에 해당하는지를 심사하도록 한 취지가 노동조합으로서의 실질적 요건을 갖추지 못한 노동조합의 난립을 방지함으로써 근로자의 자주적이고 민주적인 단결권 행사를 보장하려는 데 있는 점을 고려하면, 행정관청은 해당 단체가 노동조합법 제2조 제4호 각 목에 해당하는지 여부를 실질적으로 심사할 수 있다. 다만 **행정관청에 광범위한 심사권한을 인정할 경우 행정관청의 심사가 자의적으로 이루어져 신고제가 사실상 허가제로 변질될 우려가 있는 점,** 노동조합법은 설립신고 당시 제출하여야 할 서류로 설립신고서와 규약만을 정하고 있고(제10조 제1항), 행정관청으로 하여금 보완사유나 반려사유가 있는 경우를 제외하고는 설립신고서를 접수받은 때로부터 3일 이내에 신고증을 교부하도록 정한 점(제12조 제1항) 등을 고려하면, 행정관청은 일단 제출된 설립신고서와 규약의 내용을 기준으로 노동조합법 제2조 제4호 각 목의 해당 여부를 심사하되, **설립신고서를 접수할 당시 그 해당 여부가 문제된다고 볼 만한 객관적인 사정이 있는 경우에 한하여** 설립신고서와 규약 내용 외의 사항에 대하여 실질적인 심사를 거쳐 반려 여부를 결정할 수 있다(대법원 2014.4.10. 2011두6998).

⑤ 식품위생법에 따른 **식품접객업(일반음식점영업)의** 영업신고의 요건을 갖춘 자라고 하더라도, 그 영업신고를 한 당해 건축물이 건축법 소정의 허가를 받지 아니한 **무허가 건물이라면 적법한 신고를 할 수 없다**(대법원 2009.4.23. 2008도6829).

⑥ 전통 민간요법인 침·뜸행위를 온라인을 통해 교육할 목적으로 인터넷 침·뜸 학습센터를 설립한 갑이 구 평생교육법 제22조 제2항 등에 따라 평생교육시설로 신고하였으나 관할 행정청이 교육 내용이 의료법에 저촉될 우려가 있다는 등의 사유로 이를 반려하는 처분을 한 사안에서, 관할 행정청은 **신고서 기재사항에 흠결이 없고 정해진 서류가 구비된 이상 신고를 수리하여야 하고 형식적 요건이 아닌 신고 내용이 공익적 기준에 적합하지 않다는 등 실체적 사유를 들어 이를 거부할 수 없고,** 또한 행정청이 단지 교육과정에서 무면허 의료행위 등 금지된 행위가 있을지 모른다는 막연한 우려만으로 침·뜸에 대한 교육과 학습의 기회제공을 일률적·전면적으로 차단하는 것은 후견주의적 공권력의 과도한 행사일 뿐 아니라 **그렇게 해야 할 공익상 필요가 있다고 볼 수 없으므로, 형식적 심사 범위에 속하지 않는 사항을 수리거부사유로 삼았을 뿐만 아니라 처분사유도 인정되지 않는다**(대법원 2011.7.28. 2005두11784).

행정청이 수리함으로써 신고의 효과가 발생하므로 신고의 수리 또는 수리거부는 법적 행위인 행정행위(행정처분)로서 항고소송의 대상이 된다.

대법원은 과거의 판례를 변경하여 건축신고는 '수리를 요하는 신고'로서 신고가 반려될 경우 당해 신고의 대상이 되는 행위를 하면 시정명령, 이행강제금, 벌금의 대상이 되는 등 신고인이 법적 불이익을 받을 위험이 있고, 그 위험을 제거하기 위해서는 행정소송을 제기할 수 있어야 한다는 이유로 건축신고의 거부(반려)행위의 행정처분성을 인정하였다. 건축물 착공신고의 반려행위도 동일한 관점에서 처분성을 인정하였다.

【판례】① 구 건축법(2008.3.21. 전부 개정되기 전의 것) 관련 규정의 내용 및 취지에 의하면, 행정청은 **건축신고로써 건축허가가 의제되는 건축물의** 경우에도 그 신고 없이 건축이 개시될 경우 건축주 등에 대하여 공사 중지·철거·사용금지 등의 시정명령을 할 수 있고, ... 이행강제금을 부과할 수 있으며, ... 200만 원 이하의 벌금에 처해질 수 있다. 이와 같이 건축주 등으로서는 신고제하에서도 건축신고가 반려될 경우 당해 건축물의 건축을 개시하면 시정명령, 이행강제금, 벌금의 대상이 되거나 당해 건축물을 사용하여 행할 행위의 허가가 거부될 우려가 있어 불안정한 지위에 놓이게 된다. 따라서 건축신고 반려행위가 이루어진

단계에서 당사자로 하여금 **반려행위의 적법성을 다투어 그 법적 불안을 해소한** 다음 건축행위에 나아가도록 함으로써 장차 있을지도 모르는 위험에서 미리 벗어날 수 있도록 길을 열어 주고, 위법한 건축물의 양산과 그 철거를 둘러싼 분쟁을 조기에 근본적으로 해결할 수 있게 하는 것이 법치행정의 원리에 부합한다. 그러므로 이 사건 **건축신고 반려행위는 항고소송의 대상이 된다**고 보는 것이 옳다. 이와 달리, 건축신고의 반려행위 또는 수리거부행위가 항고소송의 대상이 아니어서 그 취소를 구하는 소는 부적법하다는 취지로 판시한 .... 대법원 1999.10.22. 98두18435 판결, 대법원 2000.9.5. 99두8800 판결 등을 비롯한 같은 취지의 판결들은 이 판결의 견해와 저촉되는 범위에서 **이를 모두 변경하기로 한다**(대법원 2010.11.18, 2008두167).
② 구 건축법의 관련 규정에 따르면, 행정청은 **착공신고의** 경우에도 신고 없이 착공이 개시될 경우 건축주 등에 대하여 공사중지·철거·사용금지 등의 시정명령을 할 수 있고 .... 이와 같이 건축주 등으로서는 착공신고가 반려될 경우, 당해 건축물의 착공을 개시하면 시정명령, 이행강제금, 벌금의 대상이 되거나 당해 건축물을 사용하여 행할 행위의 허가가 거부될 우려가 있어 불안정한 지위에 놓이게 된다. ..... 그러므로 행정청의 **착공신고 반려행위는 항고소송의 대상이** 된다(대법원 2011.6.10. 2010두7321).
③ 건축법 제14조 제2항에 의한 **인·허가 의제(擬制)효과를 수반하는 건축신고는** 행정청이 그 실체적 요건에 관한 심사를 한 후 수리하여야 하는 이른바 '수리를 요하는 신고'이며, **국토의 계획 및 이용에 관한 법률상의 개발행위허가로 의제되는 건축신고**(건축신고를 하면 국토의 계획 및 이용에 관한 법률상의 개발행위허가를 받은 것으로 보는 경우)가 개발행위허가의 기준을 갖추지 못한 경우, 행정청이 수리를 거부할 수 있다(대법원 2011.1.20. 2010두14954).
④ **건축주명의변경신고수리거부행위는** 행정청이 허가대상건축물 양수인의 건축주명의변경신고라는 구체적인 사실에 관한 법집행으로서 그 신고를 수리하여야 할 법령상의 의무를 지고 있음에도 불구하고 그 신고의 수리를 거부함으로써, 양수인이 건축공사를 계속하기 위하여 또는 건축공사를 완료한 후 자신의 명의로 소유권보존등기를 하기 위하여 가지는 구체적인 법적 이익을 침해하는 결과가 되었다고 할 것이므로, 비록 건축허가가 대물적 허가로서 그 허가의 효과가 허가대상건축물에 대한 권리변동에 수반하여 이전된다고 하더라도, **양수인의 권리의무에 직접 영향을 미치는 것으로서 취소소송의 대상이 되는 처분이다**(대법원 1992.3.31. 91누4911).

　요건미비의 부적법한 신고가 있었음에도 불구하고 행정청이 수리하였다면 이는 하자 있는 수리가 된다. 그 하자가 중대·명백하면 수리가 무효이고, 그렇지 않으면 취소할 수 있는 수리가 된다(후술). 전자의 경우 무신고가 되며, 후자의 경우 행정청이 수리를 취소하기 전까지는 신고의 효과가 발생한다고 할 것이다. 신고는 실정법상 '등록'이라는 용어로 사용되기도 한다.

【**판례**】① **사업양도·양수에 따른 허가관청의 지위승계신고의 수리는** 적법한 사업의 양도·양수가 있었음을 전제로 하는 것이므로 그 수리대상인 사업양도·양수가 존재하지 아니하거나 무효인 때에는 수리를 하였다 하더라도 그 **수리는 유효한 대상이 없는 것으로서 당연히 무효라** 할 것이고, 사업의 양도행위가 무효라고 주장하는 양도자는 민사쟁송으로 양도·양수행위의 무효를 구함이 없이 막바로 허가관청을 상대로 하여 **행정소송으로 위 신고수리처분의 무효확인을 구할 법률상 이익이 있다**(대법원 2005.12.23. 2005두3554).
② 구 관광진흥법 제8조 제4항에 의한 **지위승계신고를 수리하는 허가관청의 행위는** 단순히 양도·양수인 사이에 이미 발생한 사법상 사업양도의 법률효과에 의하여 양수인이 그 **영업을 승계하였다는 사실의 신고를 접수하는 행위에 그치는 것이 아니라, 영업허가자의 변경이라는 법률효과를 발생시키는 행위이다.** 구 관광진흥법 제8조 제4항에 의한 지위승계신고를 수리하는 허가관청의 행위 및 구 체육시설의 설치·이용에 관한 법률 제20조, 제27조에 의한 영업양수신고나 문화체육관광부령으로 정하는 체육시설업의 시설 기준에 따른 필수시설인수신고를 **수리하는 관계 행정청의 행위는 항고소송의 대상이 되는 행정처분이다**(대법원 2012.12.13. 2011두29144).

(다) 행정기본법의 규정

상술한 사례에서 보는 바와 같이 어떤 신고가 수리를 요하는 것인지 그렇지 않은 것인지를 구별하기가 쉽지 않다.

이를 입법적으로 해결하기 위해 행정기본법은 제34조(수리 여부에 따른 신고의 효력)에서 "법령 등으로 정하는 바에 따라 행정청에 일정한 사항을 통지하여야 하는 신고로서 법률에 신고의 수리가 필요하다고 명시되어 있는 경우(행정기관의 내부 업무처리 절차로서 수리를 규정한 경우는 제외한다)에는 행정청이 수리하여야 효력이 발생한다."고 규정하고 있다.

㉠ "법령 등으로 정하는 바에 따라 행정청에 일정한 사항을 통지하여야 하는" 신고만 해당되고 법적으로 신고할 의무가 없는 것은 제외된다. ㉡ "법률에 신고의 수리가 필요하다고 명시되어 있는 경우"에만 효력발생을 위해서 수리가 필요하고 반대의 경우에는 수리가 필요하지 않다. ㉢ 법률에 신고의 '수리'를 규정하고 있더라도 그 '수리'가 행정기관의 내부 업무처리 절차에 불과한 경우는 '수리를 요하는 신고'에 해당되지 않는다(예: 가족관계의 등록 등에 관한 법률 제21조 제2항: "제1항의 경우 동장은 소속시장을 대행하여 〈출생·사망〉신고서를 수리하고, 동이 속하는 시의 장에게 신고서를 송부하며, 그 밖에 대법원규칙으로 정하는 등록사무를 처리한다.").

【참고】현행법상 신고가 규정되어 있는 입법례가 1,300여개에(법제처, 행정기본법안 및 조문별 제정이유서, p.133) 달한다는 점에서, **신고의 효력에 대한 혼란을 해소하기 위해서는** 개별법상 다양하게 규정되어 있는 신고의 실질적 내용과 성격을 고려하여 **수리를 요하는 신고와 그렇지 않은 신고를 명확하게 하는 법개정이 수반되어야** 하므로 행정기본법 제34조는 〈행정기본법 시행 2년이 지난〉 2023년 3월 24일부터 시행된다.

3) 사실파악형 신고와 규제적 신고

사실파악형 신고란 행정청에게 행정의 대상이 되는 사실에 관한 정보를 제공하는 기능만을 하는 신고를 말한다. 행정청은 사실파악(정보취득)의 목적이 있을 뿐이고 규제의 목적이 있는 것이 아니므로, 사인은 단순히 신고(보고)만 할 뿐이다. 즉, 자체완성적 신고이다.

【판례】**부가가치세법상의 사업자등록**은 과세관청으로 하여금 부가가치세의 납세의무자를 파악하고 그 과세자료를 확보케 하려는 데 입법취지가 있는 것으로서, 이는 **단순한 사업사실의 신고로서** 사업자가 소관 세무서장에서 소정의 사업자등록신청서를 제출함으로써 성립되는 것이고, 사업자등록증의 교부는 이와 같은 등록사실을 증명하는 증서의 교부행위에 불과한 것이며, ... 사업자등록의 말소 또한 폐업사실의 기재일 뿐 그에 의하여 사업자로서의 지위에 변동을 가져오는 것이 아니라는 점에서 **과세관청의 사업자등록 직권 말소행위는** 불복의 대상이 되는 **행정처분으로 볼 수가 없다**(대법원 2000.12.22. 99두6903).

규제적 신고란 금지해제적 신고라고도 한다. 주로 질서유지를 위해 개인의 영업활동 등을 규제하고 신고의무를 부과하는 경우가 이에 속한다.

4) 납세신고

상술한 일반적인 신고와는 다른 성격으로서 납세신고가 있다. 조세채무의 확정방식에는 신고납세방식이라는 것이 있다. 이는 납세의무자가 스스로 과세표준과 세액을 정하여 신고함으로써 납세의무가 구체적으로 확정되고, 그 납부행위는 신고에 의하여 확정된 납세의무를 이행하는 것이다. 소득세, 부가가치세, 취득세, 등록세 등이 이에 해당한다.

신고에 중대하고 명백한 하자가 있으면 무효가 되며, 무효인 신고에 근거하여 납부된 세금은 과세주체(국가, 지방자치단체)의 부당이득에 해당한다. 예외적으로 하자가 중대하기만 하고 명백하지 않은 경우에도 납세신고를 무효로 본 판례도 있다(대법원 2009.2.12. 2008두11716).

【판례】① **취득세와 등록세는 신고납세방식의 조세**로서 이러한 유형의 조세에 있어서는 원칙적으로 납세의무자가 스스로 과세표준과 세액을 정하여 신고하는 행위에 의하여 납세의무가 구체적으로 확정되고, 그 납부행위는 신고에 의하여 확정된 구체적 납세의무의 이행으로 하는 것이며 지방자치단체는 그와 같이 확정된 조세채권에 기하여 납부된 세액을 보유하는 것이므로, **납세의무자의 신고행위가 중대하고 명백한 하자로 인하여 당연무효로 되지 아니하는 한 그것이 바로 부당이득에 해당한다고 할 수 없고,** 여기에서 신고행위의 하자가 중대하고 명백하여 당연무효에 해당하는지의 여부에 대하여는 신고행위의 근거가 되는 법규의 목적, 의미, 기능 및 하자 있는 신고행위에 대한 법적 구제수단 등을 목적론적으로 고찰함과 동시에 신고행위에 이르게 된 구체적 사정을 개별적으로 파악하여 합리적으로 판단하여야 한다. 취득세와 등록세의 신고·납부에 있어서, '무상취득'에 의한 세액만을 신고·납부하면 되는데도 이를 초과하여 '유상취득'임을 전제로 하여 계산된 세액을 신고·납부한 경우, 그 초과 부분에 해당하는 신고·납부행위에는 조세채무의 확정력을 인정하기 어려운 중대하고 명백한 하자가 있어 당연무효에 해당한다(대법원 2006.1.13. 2004다64340).
② 취득세 신고행위는 납세의무자와 과세관청 사이에 이루어지는 것으로서 취득세 신고행위의 존재를 신뢰하는 제3자의 보호가 특별히 문제되지 않아 그 신고행위를 당연무효로 보더라도 법적 안정성이 크게 저해되지 않는 반면, **과세요건 등에 관한 중대한 하자가 있고** 그 법적 구제수단이 국세에 비하여 상대적으로 미비함에도 위법한 결과를 시정하지 않고 납세의무자에게 그 신고행위로 인한 불이익을 감수시키는 것이 과세행정의 안정과 그 원활한 운영의 요청을 참작하더라도 납세의무자의 권익구제 등의 측면에서 현저하게 부당하다고 볼 만한 특별한 사정이 있는 때에는 **예외적으로 이와 같은 하자 있는 신고행위가 당연무효라고 함이 타당하다**(대법원 2009.2.12. 2008두11716).

【답】
① 식품위생법시행령은 일반음식점업(음식류를 조리·판매하는 영업으로서 식사와 함께 부수적으로 음주행위가 허용되는 영업)을 신고영업으로 규정하고 있고 신고의 수리에 관해서는 정하고 있지 않다(제25조). 이 경우의 신고는 사인의 자체완성적 공법행위에 해당하므로 법령상의 요건을 갖춘 신고가 관할행정청에 도달하기만 하면 **관할행정청의 수리 여부를 불문하고 신고의 효과는 발생**한다. 따라서 관할행정청의 판단은 정당하지 않다(대법원 1998.4.24. 97도3121 참조).
② 식품제조·가공업은 수리를 요하는 신고영업이다(식품위생법시행령 제25조, 동법시행규칙 제42조). 따라서 B가 신고서만을 제출하고 관할 행정청의 **수리가 없이 영업을 한 것은 무신고영업에 해당**하므로 관할행정청의 판단은 정당하다.
③ 단란주점업과 유흥주점업은 **허가대상이므로** 신고만으로 영업할 수 없다(식품위생법시행령 제23조).

제 6 절 특별권력(신분)관계(특별행정법관계)

【문 제】

① S국립교육대학의 학생 A는 **정권교체를** 구호로 하는 시위를 주도하였다. S국립교육대학교는 A의 활동이 **교내에서의 정치활동을 금지하는 학칙에 위배됨을** 이유로 하여 학칙이 정하는 바에 따라 대학교수회의 징계의결을 거쳐 **퇴학처분을** 하였다. A는 퇴학처분의 취소소송을 제기하여 자신의 권리구제를 받을 수 있는가?

② 공립고등학교의 학생 A는 교내에서 **흡연을 하다가** 적발되어 학칙에 따라 **1개월이라는 정학처분**을 받았다. A는 이는 지나친 것이라고 하면서 취소소송을 제기하려고 한다. 권리구제가능성은?

③ A는 **초등학교교사로서** 충청남도 홍성군 소재 초등학교에 3년 동안 근무한 후 예산군 소재의 학교로 인사발령을 받았다. A는 충청남도 **교원인사이동의 기준에** 따라 이번에는 경합지역인 대전인근의 공주나 논산 소재의 학교로 발령을 받아야 하는데도 불구하고 홍성군과 **같은 준경합지인 예산군으로 인사발령을 한 것은 잘못된 것이라고** 하면서 취소소송을 제기하려고 한다. 가능한가?

④ A는 대전교도소에 수감중인 죄수로서 '형의 집행 및 수용자의 처우에 관한 법률'시행령 제50조에 따르면 매주 1회 이상 목욕을 허용하여야 함에도 불구하고 교도소장이 이를 이행하지 않아 괴롭다는 불만을 피력하는 내용의 편지를 친구에게 보냈으나 교도소장이 '형의 집행 및 수용자의 처우에 관한 법률' 제43조에 따라 편지를 검열한 후 이를 발송허가하지 않고 영치하였다. A는 이를 법적으로 다툴 수 있는가?

Ⅰ. 개 설

1. 의 의

군인·공무원·교도소수감자·국공립학교 학생 등은 일반 국민들과는 달리 국가나 지방자치단체와 특별한 관계를 갖는데, 이를 과거에는 특별권력관계라고 하였다. 오늘날에는 이 관계도 법률관계임을 강조하기 위해 특별행정법관계라고 하는 경향이다. 이는 특별한 법률원인에 의하여 성립되고, 특별한 행정목적에 필요한 한도 내에서 국가나 지방자치단체가 상대방을 포괄적으로 지배하고 상대방은 이에 복종하는 법률관계를 말한다.

2. 성립배경

전통적인 특별권력관계이론은 원래 19세기 후반 독일의 입헌군주정을 배경으로 성립된 것이다. 당시의 정치적 상황에서 군주가 의회와 법원의 간섭으로부터 자유로운 행정영역을 확보하려는 것을 법이론적으로 합리화시키기 위한 것이었다. 이 이론에 의하면 법이란 인격주체간의 관계를 규율하는 것인데, 국가는 하나의 인격주체로서 국가의 내부에는 법이 침투할 수 없으며(불가침투이론), 군인·공무원·교도소수감자 등은 국가의 구성원으로서 국가내부에 속하므로 기본권의 주체가 될 수 없고(기본권의 제한), 이들과 국가와의 관계는 국가내부관계로서 의회가 법률로써 규율할 필요가 없으며(법률유보의 배제), 법원이 간섭할 필요도 없기 때문에(사법심사의 배제), 군주가 임의로 다스려도 된다는 것이다.

이 이론은 제2차 세계대전 후 실질적 법치주의의 도입으로 그 기반을 상실하였음은 물론이다. 오늘날에는 전통적 의미의 특별권력관계이론을 그대로 지지하는 사람은 없다.

3. 특별권력관계의 인정 여부

(1) 부정설

부정설은 법치국가에서 법치주의의 적용을 받지 않는 특별권력은 인정될 수 없고 종래의 특별권력관계도 행정상 법률관계인 것이며, 일반권력관계나 비권력관계와 근본적으로 다를 바 없으므로 이들 관계로 환원·귀속시키려는 견해이다.

(2) 수정적 긍정설

종래의 특별권력관계가 법률관계로서 법치주의가 적용되는 것은 사실이나 일반 국민과는 다른 특별한 관계임은 틀림없다는 것이다. 따라서 이들 관계에는 그 목적달성을 위해서 국가 등에게 포괄적인 재량이나 판단여지(후술 참조)가 인정되는 경우가 많고, 사법심사가 제한되는 경우도 있다는 견해이다.

(3) 사 견

공무원·죄수·군인·국공립학교의 학생 등은 국가와의 관계에 있어서 일반국민과는 다른 신분임은 부인할 수 없다. 이들은 법률의 개별적·구체적인 근거 없이도 상관·선생 등의 명령에 포괄적으로 복종하여야 하고, 이들에 대한 명령이 직무명령(공무원의 직무와 관련하여 상관이 내리는 명령)인 경우는 사법심사의 대상이 되지 않는 등, 그 특별성을 완전히 부인할 수는 없을 것이다. 또한 이들에 관한 개별 법률들(예: 공무원법, '형의집행 및 수용자의 처우에 관한 법률', 군인사법 등)이 이미 제정되어 자세히 규율하고 있는 현실에서는 특별권력관계(특별행정법관계)의 인정 여부에 관한 논의는 큰 의미가 없다. 따라서 오늘날에는 '특별'행정법관계의 '특별성'을 인정하되, 그것의 한계와 사법심사의 정도 등이 논의의 중심이 되어야 할 것이다.

Ⅱ. 성립과 종류

1. 성 립

특별행정법관계의 성립은 직접 법률의 규정에 의해 강제되는 경우와 상대방의 동의에 의하는 경우가 있다. 전자는 징집·소집대상자의 입대(병역법 제4장), 전염병환자의 강제격리 수용(전염병예방법 제29조), 수형자의 교도소수감 등이 그 예이다. 후자는 임의적 동의에 의한 경우(예: 공무원의 임명, 국·공립학교 입학 및 국·공립도서관의 이용 등)와 의무적 동의, 즉 상대방의 동의가 법률상 의무인 경우(예: 초등 및 중학교 취학의무〈초·중등교육법 제13조〉)가 있다.

2. 종 류

특별행정법관계에는 ㉠ 근무관계(예: 국가 및 지방공무원의 근무관계, 군인의 복무관계), ㉡ 영조물 이용관계(예: 국공립학교에의 재학관계, 국공립도서관의 이용관계, 전염병환자의 국공립병원에의 입원관계. 한편 국·공영철도의 이용은 순수한 경제적 이용관계로서 사법관계에 속한다.), ㉢ 특별감독관계(예: 국가의 공공조합·공무수탁사인에 대한 감독관계), ㉣ 사단관계(예: 공공조합과 그 조합원과의 관계) 등이 있다.

Ⅲ. 특별행정법관계의 특별성

1. 특별권력

(1) 포괄적 명령권

특별권력의 주체는 포괄적인 명령권이 있고, 상대방은 이에 포괄적으로 복종할 의무가 있다. 명령은 일반·추상적 형식 또는 개별·구체적 형식으로 발동되는데, 전자의 예로는 공무원관계에서의 훈령 등 행정규칙, 영조물이용관계에서의 영조물이용규칙, 공사단관계에서의 공공조합규약 등이 있고, 후자의 예로는 상사의 직무명령(예: 출장명령)을 들 수 있다.

【참고】 **특별명령**: 광의의 행정규칙에는 협의의 행정규칙(예: 훈령)과 특별명령(예: 교도소규칙, 병원규칙, 국·공립학교의 학칙 등)이 있다. 특별명령이란 협의의 행정규칙과는 성질이 전혀 다른 것으로서 **특별권력주체가 특별행정법관계에 있는 상대방**(학생·죄수·환자)**의 권리·의무를 규율하는 것으로서 실질적인 법규명령의 성격을 갖는다.** 법규명령이 일반국민을 대상으로 하는 '일반'명령인 반면 특별명령은 특별행정법관계에 속한 자에 한정된다는 점에서 '특별'명령이라고 하는 것이다. 따라서 **특별명령이 법주체로서의 상대방을 규율함으로써 실질적인 법규로서 기능을 하는 한 법률의 수권 없이는 제정될 수 없다**고 보아야 한다. **다만, 그 수권은 다소 포괄적이어도 가능하고, 법규명령에 의한 수권도 가능하다**고 볼 것이다. 예로서 초중등교육법 제8조는 "① 학교의 장은 법령의 범위 안에서 지도·감독기관의 인가를 받아 학교규칙(학칙)을 제정할 수 있다. ② 학칙의 기재사항 및 제정절차 등에 관해 필요한 사항은 대통령령으로 정한다"고 하고 있다.

(2) 징계권

특별권력주체는 내부질서유지를 위해 상대방을 징계할 수 있는 권한을 가진다. 징계는 특별권력주체가 내부질서유지를 위해 상대방에게 명령권을 행사함으로써 부과하는 의무를 강제적으로 실현하는 수단이라는 점에서 일반국민에 대한 형벌과는 다르다('징계'는 항상 조직 내부에 국한되며, 일반 국민에 대한 징계란 있을 수 없고 행정형벌〈징역·벌금 등〉·질서벌〈과태료〉을 과할 수 있을 뿐이다). 징계의 최고한도는 상대방을 특별권력관계로부터 배제시키는 것이다(예: 파면, 해임).

2. 법률유보의 원칙

과거와는 달리 오늘날에는 특별행정법관계에도 법률유보의 원칙이 적용된다는 점에는 다툼이 없다. 따라서 법률의 근거 없이 공무원·군인·죄수·학생 등 특별신분 있는 자의 권리를 제한할 수 없다. 오늘날 공무원법, '군인의 지위 및 복무에 관한 기본법'(군인복무기본법), '형의집행 및 수용자의 처우에 관한 법률', 초중등교육법, 고등교육법 등이 제정되어 규율하고 있다.

【판례】 **법률의 구체적 위임에 의하지 아니한 행형법시행령이나 계호근무준칙** 등의 규정은 위와 같은 위법성 판단을 함에 있어서 참고자료가 될 수는 있겠으나 그 자체로써 **수형자 또는 피보호감호자의 권리 내지 자유를 제한하는 근거가 되거나 그 제한조치의 위법 여부를 판단하는 법적 기준이 될 수는 없다**(대법원 2003.7.25. 2001다60392).

3. 기본권의 제한

특별신분 있는 자의 기본권은 헌법 또는 법률에 근거하여서만 제한될 수 있으며, 그 제한의 정도가 일반국민과는 다를 수 있음은 물론이지만, 특별행정법관계의 목적실현을 위하여 필요·최소한도에서만 허용된다.

【 판례 】 ① **구속된 피고인 또는 피의자**의 타인과의 접견권이 헌법상의 기본권이라 하더라도 ⋯ 필요한 경우에는 법률로 제한할 수 있음은 헌법 제37조 제2항의 규정에 의하여 명백하며 ⋯ 구속된 피고인 또는 피의자의 접견권을 제한할 수 있을 것이지만, 그와 같은 **제한의 필요가 없는데도 접견권을 제한하거나 또는 제한의 필요가 있더라도 필요한 정도를 지나친 과도한 제한을 하는 것은 헌법상 보장된 기본권의 침해로서 위헌이다**(대법원 1992.5.8, 91부8).

② **수형자나 피보호감호자**를 교도소나 보호감호소에 수용함에 있어서 신체의 자유를 제한하는 외에 교화목적의 달성과 교정질서의 유지를 위하여 피구금자의 신체활동과 관련된 그 밖의 자유에 대하여 제한을 가하는 것도 수용조치에 부수되는 제한으로서 허용된다고 할 것이나, 그 제한은 위 목적 달성을 위하여 꼭 필요한 경우에 합리적인 범위 내에서만 허용되는 것이고, 그 제한이 필요하고 합리적인가의 여부는 제한의 **필요성의 정도와 제한되는 권리 내지 자유의 내용, 이에 가해진 구체적 제한의 형태와의 비교교량에 의하여 결정된다**고 할 것이다(대법원 2003.7.25. 2001다60392).

③**육군3사관학교 사관생도**인 갑이 4회에 걸쳐 학교 밖에서 음주를 하여 '사관생도 행정예규'에서 정한 품위유지의무를 위반하였다는 이유로 .... 갑에게 퇴학처분을 한 사안에서, 첫째 사관학교의 설치 목적과 교육목표를 달성하기 위하여 .... 사관생도의 **모든 사적 생활에서까지 예외 없이 금주의무를 이행할 것을 요구하는 것**은 사관생도의 일반적 행동자유권은 물론 **사생활의 비밀과 자유를 지나치게 제한하는 것**이고, 둘째 구 예규 및 예규 제12조에서 사관생도의 모든 사적 생활에서까지 예외 없이 금주의무를 이행할 것을 요구하면서 ..... 음주 행위에 이르게 된 경위 등을 묻지 않고 일률적으로 2회 위반 시 원칙으로 퇴학 조치하도록 정한 것은 사관학교가 금주제도를 시행하는 취지에 비추어 보더라도 **사관생도의 기본권을 지나치게 침해**하는 것이므로, 위 **금주조항은 사관생도의 일반적 행동자유권, 사생활의 비밀과 자유 등 기본권을 과도하게 제한하는 것으로서 무효인데도** 위 금주조항을 적용하여 내린 퇴학처분이 적법하다고 본 원심판결에 법리를 오해한 잘못이 있다(대법원 2018.8.30. 2016두60591).

4. 사법심사

특별행정법관계에 있어서도 사법심사를 통한 권리구제가 가능하다는 점에는 이론의 여지가 없지만 그 정도에 있어서 견해가 나뉜다. 특별행정법관계의 수정적(제한적) 긍정설의 입장에서는 특별행정법관계를 기본관계와 업무수행관계로 구분하여 전자에 대해서만 사법심사가 허용된다고 본다(독일의 C. H. Ule).

【 참고 】 **기본관계**(외부관계)와 **업무수행관계**(경영수행관계, 내부관계): ㉠ **기본관계는 행정주체**(인격체)**와 상대방**(인격체)**간의 관계로서 '외부관계'라고 할 수 있다.** 특별행정법관계의 성립·변경·종료 또는 구성원의 법적 지위의 본질적 사항에 관련된 법률관계를 말한다. 공무원의 임명·전직·징계, 군인의 입대·제대, 국·공립학교학생의 입학허가·제적·정학·전과, 수형자에 대한 형의 집행이나 교도소 내의 징계 등이 이에 속한다. ㉡ **업무수행관계는 행정주체가 특별권력관계를 맺고 있는 조직의 구성원에 대한 업무수행과 관련된 경우로서 '내부관계'라고 할 수 있다.** 구성원이 내부에서 가지는 직무관계 또는 영조물관계에서 성립되는 경영수행적 질서에 관련된 관계를 말한다. 공무원에 대한 직무명령·훈령, 군인의 훈련·관리, 학생에 대한 수업행위, 수형자에 대한 정신교육 등이 이에 속한다.

이와는 달리 전면적인 사법심사를 긍정하되 다만 특별권력주체의 재량권 내지 판단여지에 따른 제약이 있을 뿐이라는 견해도 있다.

생각건대, 공무원의 직무수행에 관한 명령(직무명령)은 행정처분에 해당하지 않으므로 사법심사의 대상이 되지 않는 것은 의문의 여지가 없다. 따라서 외부관계에 속하는 것은 당연히 사법심사가 허용되지만 내부관계에 속하는 것은 사법심사의 대상이 되지 않는다고 할 것이다. 문제는 내·외부관계의 구분을 어떻게 할 것인가이다. 특별권력주체와 상대방간의 관계가 인격주체간의 관계에 해당하는 경우에는 외부관계에 해당하지만 그렇지 않은 경우에는 내부관계라고 할 것이다. 공무원·군인에 대한 직무명령 등의 경우를 제외하고는 상대방에 대한 행위의 대부분이 외부관계에 속하게 된다. 인사발령의 경우도 순전히 행정기관 내부의 자리이동에 불과할 경우에는 행정처분에 해당한다고 할 수 없지만, 도시농촌간의 순환근무원칙이나 근무지간의 등급차이가 있는 경우의 인사발령은 외부행위로서 행정처분에 해당하여 사법심사의 대상이 된다고 할 것이다.

결론적으로 사법심사로써 구제받을 법률상의 이익(소의 이익)이 인정될 수 있는 행위는 종래 내부행위라고 평가하던 것이라도 이제는 외부행위로 봄으로써 사법심사의 가능성을 폭 넓게 인정하고 순전히 내부관계라고 할 수 있는 경우에만 예외를 엄격하게 인정하여야 할 것이다. 사법심사의 대상이 된다고 하더라도 특별권력관계에서는 행정주체에게 재량권 내지 판단여지가 일반권력관계(일반국민과 행정주체와의 관계)에 비해 비교적 더 인정되므로 사법심사의 정도는 그만큼 제한될 수 있을 것이다.

【판례】 교도소장 등이 미결수용자를 다른 수용시설로 이송하기 위하여 사전에 법원의 허가를 받을 필요는 없다고 하더라도 이러한 이송처분이 행정소송의 대상이 되는 **행정처분임에는 틀림없고**, 나아가 이송처분으로 인하여 미결수용자의 방어권이나 접견권의 행사에 중대한 장애가 생기는 경우에는 그 이송처분은 재량의 한계를 넘은 위법한 처분으로서 법원**의 판결에 의하여 취소될 수 있음은** 물론이다(대법원 1992.8.7. 92두30).

【답】
① 국립대 학생에 대한 퇴학처분과 같은 특별행정법관계에서의 징계처분이 교육적 재량행위라는 이유만으로 사법심사의 대상에서 당연히 제외되는 것은 아니다. 만일 대학생들의 교내에서의 정치활동을 금지하는 내용의 **법률규정이 있고, 이에 근거하여 정치적 기본권을 제한하는 내용의 학칙**이 제정되었다면 **그 학칙은 합법**이다. 따라서 학칙에 따라 행한 A에 대한 징계 자체가 일단 위법하다고 할 수는 없다. 그렇다고 하더라도 퇴학은 가장 극단적인 조치로서 A의 학칙위반정도에 비추어 볼 때 비례의 원칙에 위반한 것으로서 위법한 처분이 되어 취소소송에서 승소할 가능성이 높다. 만일 학생의 **교내의 정치활동을 금지하는 법률이 없다면** 정치적 기본권을 제한하는 C국립대학교의 **학칙은 특별권력관계라는 이유만으로 정당화될 수 없으므로 위법**하다. 따라서 A가 다른 학칙규정을 위반하지 않는 한 퇴학처분은 위법한 것이 된다(대법원 1991.11.22, 91누2144 참조).
② 정학처분은 외부관계에 속하는 것으로 **행정처분**에 해당한다. 따라서 소송의 제기는 가능하다. 판사는 학칙에 따른 징계처분이 **교육적 재량행위**에 해당하므로 그것이 바로 위법이라고 판단할 수는 없지만, 1개월의 정학처분이 비례원칙에 위반하여 위법인 것인지의 여부는 A의 학과성적, 평

소의 행실, 흡연으로 인한 교칙위반횟수 등을 **종합적으로 고려하여 판단**할 수 있다고 할 것이다.

③ 행정기관 내부의 또는 근무지간 차등이 없는 경우의 인사이동은 내부관계에 속하는 것으로서 행정처분이라고 할 수 없지만, 사례의 경우의 **A에 대한 인사이동은 외부관계로서 행정처분에 해당**하며, 합리적인 이유가 없는 한 자기구속원리에 위반한 행정처분에 해당한다고 할 것이다.

④ 죄수에 관해서는 심지어 목욕허용횟수 등까지도 법령에서 자세히 규율하고 있으므로 특별권력관계라는 이유로 특별성을 인정할 여지가 별로 없다. 편지검열도 '형의 집행 및 수용자의 처우에 관한 법률' 제43조에서 허용하고 있다. A의 편지내용이 진실이면 교도소장은 편지를 발송하여야 함에도 그렇지 않았으므로 **A는 국가를 상대로 손해배상청구소송**을 제기할 수 있다.

제 2 편   일반 행정작용법

제1장 행정입법

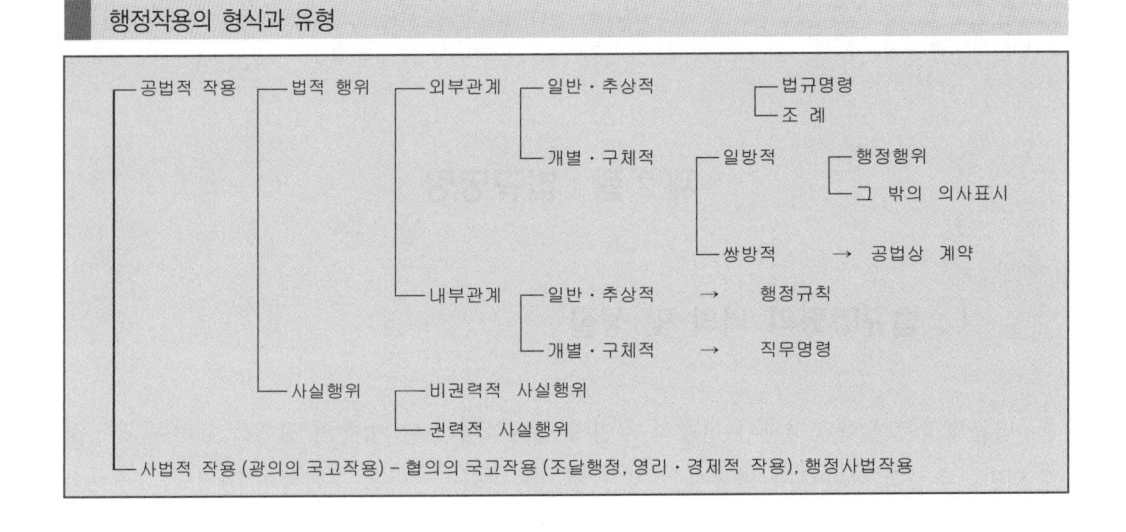

제1절 개 설

행정입법이란 행정주체가 일반적·추상적 규범을 정립하는 작용 또는 그에 따라 정립된 규범을 의미한다. 행정입법은 의회입법의 원칙에 대한 예외이지만, ㉠ 행정에 관한 전문적·기술적 입법사항의 증대, ㉡ 행정현실변화에 신속하게 대응하기 위한 탄력성 있는 입법의 필요성의 증가, ㉢ 법률의 일반적 규정만으로는 지역별·분야별 특수한 사정을 규율하기 곤란한 점, ㉣ 대통령이 전시 기타 비상시에 대처할 필요가 있는 점 등으로 인해 그 필요성이 널리 인정되고 있다.

【판례】 … 국가기능의 변화 속에서 개인의 권리의무와 관련된 **모든 생활관계에 대하여 국회입법을 요청하는 것은 현실적이지 못할 뿐만 아니라 국회의 과중한 부담**이 된다. 또한 국회는 … 전문성을 가지고 있는 집단이 아니라는 점, 국회입법은 여전히 법적 대응을 요청하는 주변환경의 변화에 탄력적이지 못하며 경직되어 있다는 점 등에서 기능적합적이지도 못하다. 따라서 **기술 및 학문적 발전을 입법에 반영하는데 국회입법이 아닌 보다 탄력적인 규율형식을 통하여 보충될 필요**가 있다. … 행정기관이 국회의 입법에 의하여 내려진 근본적인 결정을 행정적으로 구체화하기 위하여 필요한 범위 내에서 행정입법권을 갖는다고 보는 것이 **기능분립으로 이해되는 권력분립의 원칙**에 오히려 충실할 수 있다(헌재 2004.10.28, 99헌바91).

전통적으로 행정입법은 그 법규성의 유무에 따라 법규명령과 행정규칙(행정명령)으로 구분되는데, 예외적인 경우도 있다. 광의의 행정입법에는 자치입법도 포함된다.

【 참고 】 일반적·추상적, 개별적·구체적 규율: '일반적'이란 '개별적'의 반대이다. '불특정다수인에게 적용됨'의 의미로서 사람이 기준이다. '추상적'이란 '구체적'의 반대이다. '불특정다수의 경우에 적용됨'을 의미하는 것으로서 사건이 기준이다. 법규범은 일반적·추상적 규율이다(예: 지방세법 – '자동차소유자는 자동차세를 납부하여야 한다.' – 아직 자동차세 납부의무 없음). 개별·구체적 규율은 법규범을 특정인·특정사안에 집행하여 법적 효과를 가져 오는 것이다. '행정처분(행정행위)'이라고 한다(예: 자동차세부과처분 – 행정청〈종로구청장〉이 A에게〈개별적〉 2017년 상반기의 자동차세 30만원을〈구체적〉 납부하도록 명함 – 자동차세 납부의무 있음).

제 2 절   법규명령

Ⅰ. 법규명령의 의의 및 성질

법규명령이란 행정기관이 법률의 수권에 근거하여 또는 법률의 집행을 위하여 제정하는 일반·추상적 규율로서 법규성을 지닌 것, 즉 대외적·법적 구속력이 인정되는 것으로서 국민과 행정청을 구속하고 재판규범이 되는 성문의 법규범을 말한다. 법규명령은 대외적·일반적 구속력을 가지는 법규로서의 성질을 가진다는 점에서 원칙적으로 행정내부적 규율로서 법규성이 인정되지 않는 행정규칙과 구별된다.

Ⅱ. 법규명령의 종류

1. 법형식에 의한 분류

【 문 제 】 A는 부동산을 양도하고 통상의 경우처럼 기준시가에 의한 양도차익의 예정신고와 그에 따른 양도소득세를 납부하였다. 그런데 소득세법시행령 제170조는 국세청장이 정하는 투기거래에 해당하는 경우에는 (기준시가가 아닌) 실지거래가액을 기준으로 양도차익을 계산하고 양도소득세를 부과하도록 하고 있었다. 이에 따라 국세청장은 훈령의 형식으로 정한 '재산제세사무처리규정'에서 투기거래의 유형을 열거하였고, 이에 근거하여 B세무서장은 A의 거래가 투기거래에 해당한다고 하여 실지거래가액을 기준으로 양도소득세를 중과세하였다. 이에 A는 국세청장은 행정각부의 장이 아니고, 그가 제정한 훈령은 법규명령이 아니기 때문에 이에 근거하여 자신의 거래가 투기거래라는 이유로 중과세한 것은 잘못된 것이라고 주장한다. A의 주장은 타당한가?

(1) 헌법이 명시한 법규명령

제정권자를 기준으로 대통령령('… 법시행령'), 총리령, 부령('… 법시행규칙'), 중앙선거관리위원회규칙 등이 있다(대법원규칙, 헌법재판소규칙은 행정기관이 제정하는 것이 아니므로 형식적 의미의 '행정'입법은 아니지만 그것이 법원이나 헌법재판소의 행정, 행정소송 및 헌법소송 등과 관련되는 범위 안에서 실질적 의미의 행정입법에 포함시킬 수 있다〈예: 법무사법시행규칙은 대법원규칙이다〉).

【 참고 】 **총리령과 부령의 효력의 우열관계** : 양자의 효력이 동등하다는 견해도 있으나 총리가 행정각부를 통할하므로 총리령이 우월하다는 견해가 다수설이다.

(2) 헌법이 명시하지 않은 법규명령

1) 감사원규칙 등

감사원법 제52조에 근거하여 감사절차·감사원의 내부규율·사무처리에 관하여 규율하기 위해 제정되는 감사원규칙은 헌법이 명시적으로 인정한 것이 아니라는 점에서 행정규칙에 불과하다는 견해도 있다. 그러나 헌법에 명시된 행정입법의 형식은 제한적인 것이 아니고 예시적이므로 감사원규칙도 법규명령의 일종이라는 견해가 다수설이다. 후술하는 헌법재판소의 판례에 비추어 볼 때 다수설이 옳다.

행정기본법 제2조 제1호도 감사원규칙을 대법원규칙, 헌법재판소규칙 등과 동등한 지위의 법령의 일종으로 명시하고 있다.

같은 논리에서 '독점규제 및 공정거래에 관한 법률'(제48조 ②)에 근거한 '공정거래위원회규칙', '금융위원회의 설치 등에 관한 법률'(제16조)에 근거한 '금융감독위원회규칙', 노동위원회법(제25조)에 근거한 '중앙노동위원회규칙', 방송법(제31조)에 근거한 '방송통신위원회규칙' 등도 법규명령이라고 할 것이다.

2) 법령보충적 행정규칙(고시, 훈령 등)

(가) 판 례

다음이 확립되고 일관된 판례이다.

"법령의 규정(예: 소득세법 및 동법시행령; '액화석유가스의 안전 및 사업관리법' 및 동법시행령; '공업배치 및 공장설립에 관한 법률')이 특정 행정기관(예: ㉠국세청장, ㉡지방자치단체장, ㉢산업자원부장관)에 그 법령내용의 구체적 사항을 정할 수 있는 권한(예: ㉠투기거래 유형의 결정, ㉡가스사업 등의 허가 또는 신고기준 및 절차, ㉢공장입지기준결정)을 부여하면서 그 권한 행사의 절차나 방법을 특정하고 있지 않은 관계로 수임 행정기관(예: ㉠국세청장, ㉡지방자치단체장, ㉢산업자원부장관)이 행정규칙의 형식(고시, 훈령 등)으로 그 법령의 내용이 될 사항을 구체적으로 정하고 있는 경우에는(예: ㉠재산제세사무처리규정훈령, ㉡액화석유가스판매사업허가기준고시, ㉢공장입지기준고시), 그 행정규칙이 당해 법령의 위임한계를 벗어나지 않는 한, 당해 법령과 결합하여 대외적으로 구속력이 있는 법규명령으로서 효력을 가진다"(대법원 1987.9.29, 86누484; 2002.9.27, 2000두7933; 2003.9.26, 2003두2274 참조).

즉, 비록 형식은 행정규칙으로 제정되었지만 실질에 있어서는 법령의 내용이 될 사항을 구체적으로 정하고 보충하는 기능을 함으로써 사실상 법령과 동일한 기능을 하는 행정규칙(법령보충적 행정규칙)인 경우에는 "법령의 위임한계를 벗어나지 않는 한, 당해 법령과 결합하여 대외적으로 구속력이 있는 법규명령"이라는 것이다(그 규정 내용이 법령의 위임 범위를 벗어난 것일 경우에는 법규명령으로서의 대외적 구속력을 인정할 여지는 없다〈대법원 2006.4.28, 2003마715 참조〉).

【판례】 법령의 규정이 특정 행정기관에게 법령 내용의 구체적 사항을 정할 수 있는 권한을 부여하면서 권한행사의 절차나 방법을 특정하지 아니한 경우에는 수임 행정기관은 행정규칙이나 규정 형식으로 법령 내용이 될 사항을 구체적으로 정할 수 있다. 이 경우 행정규칙 등은 당해 법령의 위임한계를 벗어나지 않는 한 대외적 구속력이 있는 법규명령으로서 효력을 가지게 되지만, 이는 행정규칙이 갖는 일반적 효력이 아니라 행정기관에 법령의 구체적 내용을 보충할 권한을 부여한 법령 규정의 효력에 근거하여 예외적으로 인정되는 것이다. 따라서 그 행정규칙이나 규정이 상위법령의 위임범위를 벗어난 경우에는 법규명령으로서 대외적 구속력을 인정할 여지는 없다. 이는 행정규칙이나 규정 '내용'이 위임범위를 벗어난 경우뿐 아니라 상위법령의 위임규정에서 특정하여 정한 권한행사의 '절차'나 '방식'에 위배되는 경우도 마찬가지이므로, **상위법령에서 세부사항 등을 시행규칙으로 정하도록 위임하였음에도 이를 고시 등 행정규칙으로 정하였다면 그 역시 대외적 구속력을 가지는 법규명령으로서 효력이 인정될 수 없다**(대법원 2012.7.5, 2010다72076).

특히 헌법재판소는 헌법상의 행정입법의 형식은 예시적인 것이며, 금융감독위원회 등과 같은 행정기관도 법률의 위임이 있는 한 '고시'형식의 법규명령을 제정할 수 있음을 명시적으로 인정하였다(헌재 2004.10.28, 99헌바91). 이는 그 동안 국세청, 특허청 등과 같은 외청(外廳)이나 공정거래위원회, 금융감독위원회 등이 법률이나 명령의 위임을 받아 '고시·훈령'의 형식으로 실질적인 법규명령을 제정하고 있는 현실을 헌법적으로 인정한 것이다.

【판례】 ① 이른바 **법령보충적 행정규칙**이라도 그 자체로서 직접적으로 대외적인 구속력을 갖는 것은 아니다. 즉, **상위법령과 결합하여 일체가 되는 한도 내에서 상위법령의 일부가 됨으로써 대외적 구속력이 발생되는 것일 뿐 그 행정규칙 자체는 대외적 구속력을 갖는 것은 아니라** 할 것이다. 의회의 입법독점주의에서 입법중심주의로 전환하여 일정한 범위 내에서 행정입법을 허용하게 된 동기가 사회적 변화에 대응한 입법수요의 급증과 종래의 형식적 권력분립주의로는 현대사회에 대응할 수 없다는 기능적 권력분립론에 있다는 점 등을 감안하여 헌법 제40조와 헌법 제75조, 제95조의 의미를 살펴보면, 국회입법에 의한 수권이 입법기관이 아닌 제2의 국가기관인 행정기관에게 법률 등으로 구체적인 범위를 정하여 위임한 사항에 관하여 법정립의 권한을 갖게 되고, 입법자가 규율의 형식을 선택할 수도 있다 할 것이다. 따라서 **헌법이 인정하고 있는 위임입법의 형식은 예시적인 것으로 보아야 할 것이고, 그것은 법률이 행정규칙에 위임하더라도 그**

행정규칙은 위임된 사항만을 규율할 수 있으므로, 국회입법의 원칙과 상치되지도 않는다. 다만, 형식의 선택에 있어서 규율의 밀도와 규율영역의 특성이 개별적으로 고찰되어야 할 것이다. 그에 따라 입법자에게 상세한 규율이 불가능한 것으로 보이는 영역이라면 행정부에게 필요한 보충을 할 책임이 인정되고 극히 전문적인 식견에 좌우되는 영역에서는 행정기관에 의한 구체화의 우위가 불가피하게 있을 수 있다. 그러한 영역에서 행정규칙에 대한 위임입법이 제한적으로 인정될 수 있는 것이다. 한편 행정절차법은 고시나 훈령 등 행정규칙을 제정·개정·폐지함에 관하여는 아무런 규정을 두고 있지 아니한다. … 행정규칙은 법제처의 심사를 거칠 필요도 없고 공포 없이도 효력을 발생하게 된다는 점에서 차이가 있다 … 이상과 같은 여러 가지 사정을 종합하면 이 사건에서와 같이 재산권 등과 같은 기본권을 제한하는 작용을 하는 법률이 입법위임을 할 때에는 대통령령·총리령·부령 등 법규명령에 위임함이 바람직하고(헌재 1998.5.28, 96헌가1), 금융감독위원회의 고시와 같은 형식으로 입법위임을 할 때에는 적어도 행정규제기본법 제4조 제2항 단서에서 정한 바와 같이 **법령이 전문적·기술적 사항이나 경미한 사항으로서 업무의 성질상 위임이 불가피한 사항에 한정된다** 할 것이다(3인의 반대의견 있음)(헌재 2004.10.28., 99헌바91).

② **법률이 입법사항을 고시와 같은 행정규칙의 형식으로 위임하는 것이 허용된다. 조세감면의 대상이 되는 업종의 분류를 통계청장이 고시하는 한국표준산업분류에 위임할 필요성이 인정된다.** 업종의 분류를 통계청장이 고시하는 한국표준산업분류에 의하도록 한 조세특례제한법 제2조 제3항이 **조세법률주의 및 포괄위임입법금지원칙에 위배되지 않는다**(3인의 반대의견 있음)(헌재 2006.12.28., 2005헌바59).

【참고】 행정규칙의 형식으로 제정되었음에도 '법령보충적 행정규칙'이라는 이유로 법규명령과 동일한 취급을 하면 법규명령 형식(예: 보건복지부령)을 피하여 행정규칙의 형식(예: 보건복지부 고시)으로 제정할 수 있게 되므로 결과적으로 **법규명령의 제정에 요구되는 형식·절차가 간과될 우려가** 있다.

(나) 실정법

행정기본법 제2조 1호는 "1)(법률 및 대통령령·총리령·부령) 또는 2)(국회규칙·대법원규칙·헌법재판소규칙·중앙선거관리위원회규칙 및 감사원규칙)의 위임을 받아 중앙행정기관(「정부조직법」 및 그 밖의 법률에 따라 설치된 중앙행정기관을 말한다.)의 장이 정한 훈령·예규 및 고시 등 행정규칙"을 법령의 일종으로 규정하고 있다.

행정규제기본법 제4조 제2항은 "법령에서 전문적·기술적 사항이나 경미한 사항으로서 업무의 성질상 위임이 불가피한 사항에 관하여 구체적으로 범위를 정하여 위임한 경우에는 고시 등으로 정할 수 있다"고 함으로써 '고시 등'의 형식을 통한 법규명령을 명시적으로 인정하고 있다.

【참고】 고시, 훈령, 공고
①고 시: 고시란 행정기관이 법령이 정하는 바에 따라 일정한 사항을 일반인에게 알리는 행위를 말한다. 고시에는 행정규칙적인 것만이 아니라 법규명령적 성질의 고시(법령의 수권에 의해 법령을 보충하는 사항을 규정하는 경우. 예: '물가안정에 관한 법률' 제2조에 의한 최고가격의 지정 등의 고시), 행정처분적 고시(예: '부동산가격공시에 관한 법률'에 의한 공시지가결정고시, 도로법에 의한 도로구역결정고시)가 있다.
②훈 령: 광의의 훈령(상급기관의 지시)에는 ㉠ 협의의 훈령(상급기관이 하급기관에 대하여 상당한 장기간에 걸쳐 그의 권한행사를 일반적으로 지시하기 위하여 발하는 명령), ㉡ 지시(상급기관이 직권 또는 하급기관의 문의에 의하여 개별적·구체적으로 발하는 명령. 이는 개별·구체적인 것이므로 행정규칙이 아니라 직무명령이라고 할 수 있다.), ㉢ 예규(반복적 행정사무처리의 기준을 제시하는 명령으로서 법규문서 이외의 것), ㉣ 일일명령(당직·출장·시간외근무·휴가 등 일일업무에 관한 명령)이 있다.
③공 고: 공고는 (법령이 정하는 바와 관련 없이) 일정한 사항을 일반에게 알리는 문서이다.

【판례】① **고시의 법적 성질**은 일률적으로 판단될 것이 아니라 고시에 담겨진 내용에 따라 구체적인 경우마다 달리 결정된다고 보아야 한다. 즉, 고시가 일반·추상적 성격을 가질 때는 **법규명령 또는 행정규칙**에 해당하지만, 고시가 구체적인 규율의 성격을 갖는다면 **행정처분**에 해당한다(헌재 1998.04.30, 97헌마141).
② 항정신병 치료제의 요양급여 인정기준에 관한 **보건복지부 고시**가 다른 집행행위의 매개 없이 그 자체로서 제약회사, 요양기관, 환자 및 국민건강보험공단 사이의 법률관계를 직접 규율한다는 이유로 항고소송의 대상이 되는 **행정처분**에 해당한다(대법원 2003.10.9. 2003무23).
③ 구 석유 및 석유대체연료의 수입·판매부과금의 징수, 징수유예 및 환급에 관한 고시(**산업자원부 고시**)와 구 소요량의 산정 및 관리와 심사(**관세청 고시**) 각 규정들은 '환급금의 환급기준 내지 환급의 대상·규모·방법 등'을 장관으로 하여금 정하여 고시하도록 규정한 구 석유사업법과 구 석유사업법 시행령의 위임에 따른 것으로서, 법령 규정의 내용을 보충하면서 그와 결합하여 **대외적인 구속력이 있는 법규명령으로서의 효력을 가지는 것**으로 보아야 한다(대법원 2016.10.27. 2014두12017).

> 【답】 판례에 의하면 "비록 위 재산제세사무처리규정이 **국세청장의 훈령형식**으로 되어 있다 하더라도 이에 의한 거래지정은 소득세법시행령의 위임에 따라 그 **규정의 내용을 보충하는 기능을** 가지면서 그와 결합하여 **대외적 효력을 발생하게 된다** 할 것이므로 그 보충규정의 내용이 위 법령의 위임한계를 벗어났다는 등 특별한 사정이 없는 한 양도소득세의 실지거래가액에 의한 **과세의 법령상의 근거**가 된다"고 하여 훈령형식의 법규명령을 인정하였다(대법원 1987.9.29, 86누484 참조). 따라서 A의 주장은 옳지 않다.

2. 수권의 근거에 의한 분류

(1) 법률대위명령(독립명령)

법률대위명령(法律代位命令)이란 법률과는 독립하여 헌법에 직접 근거하여 독자적인 권한의 발동으로 발하여지는 법규명령으로서 법률과 대등한 효력을 가지는 명령을 말한다. 대통령의 긴급재정·경제명령 그리고 긴급명령이 이에 속한다(헌법 제76조).

(2) 법률종속명령

법률에 종속되어 법률하위의 효력을 갖는 명령으로서 법률대위명령을 제외한 모든 법규명령이 이에 해당한다.

1) 위임명령

법률 또는 상위명령에서 구체적으로 범위를 정하여 위임받은 사항에 관하여 발하는 명령으로서, 위임된 범위 안에서 상위 법령을 보충하여 새로이 국민의 권리·의무에 관한 것을 규정할 수 있다(헌법 제75조 전단, 제95조). 보충명령이라고도 한다.

2) 집행명령

법률 또는 상위명령이 규정하는 범위 안에서 그 시행에 관한 세부적·기술적 사항(예: 신고서의 양식)을 규정하는 명령으로서, 새로운 법규사항을 정하는 것이 아니므로 법률의 명시적 수권이 없어도 발할 수 있다(헌법 제75조 후단, 제95조).

Ⅲ. 법규명령의 근거와 한계

1. 긴급재정·경제명령, 긴급명령

긴급재정·경제명령은 대통령이 내우·외환·천재·지변 또는 중대한 재정·경제상의 위기에 있어서 국가의 안전보장 또는 공공의 안녕질서를 유지하기 위하여 긴급한 조치가 필요하고 국회의 집회를 기다릴 여유가 없을 때에 한하여 발할 수 있다(헌법 제76조 ①).

긴급명령은 국가의 안위에 관계되는 중대한 교전상태에 있어서 국가를 보위하기 위하여 긴급한 조치가 필요하고 국회의 집회가 불가능한 때에만 발할 수 있다(헌법 제76조 ②).

2. 위임명령

(1) 근 거

위임명령은 개별 법률 또는 상위명령이 '구체적으로 범위를 정하여' 수권한 경우에만 제정될 수 있다. 근거법령이 없는 명령은 무효이나 사후에 근거가 부여되면 그 때부터 유효한 것이 되고, 반대로 유효한 법규명령이 법령의 개정으로 위임의 근거가 없어지게 되면 그 때부터 무효인 법규명령이 된다. (독일과는 달리) 명령의 개별조항에서 근거법령의 조항을 구체적으로 명시할 필요는 없다(대법원 1999.12.24. 99두5658 참조).

【판례】 ① 일반적으로 법률의 위임에 의하여 효력을 갖는 법규명령의 경우, 구법에 위임의 근거가 없어 무효였더라도 **사후에 법개정으로 위임의 근거가 부여되면 그 때부터는 유효한 법규명령이 되나**, 반대로 구법의 위임에 의한 유효한 법규명령이 법개정으로 **위임의 근거가 없어지게 되면 그 때부터 무효인 법규명령이** 되므로, 어떤 법령의 위임 근거 유무에 따른 유효 여부를 심사하려면 **법개정의 전·후에 걸쳐 모두 심사하여야만** 그 법규명령의 시기에 따른 유효·무효를 판단할 수 있다.(대법원 1995.6.30. 93추83).
② 법령의 위임이 없음에도 법령에 규정된 처분 요건에 해당하는 사항을 부령에서 변경하여 규정한 경우에는 그 부령의 규정은 행정청 내부의 사무처리 기준 등을 정한 것으로서 행정조직 내에서 적용되는 **행정명령의 성격을 지닐 뿐 국민에 대한 대외적 구속력은 없다고 보아야 한다.** 따라서 어떤 행정처분이 그와 같이 법규성이 없는 시행규칙 등의 규정에 위배된다고 하더라도 그 이유만으로 처분이 위법하게 되는 것은 아니라 할 것이고, 또 그 규칙 등에서 정한 요건에 부합한다고 하여 반드시 그 처분이 적법한 것이라고 할 수도 없다. 이 경우 처분의 적법

여부는 그러한 규칙 등에서 정한 요건에 합치하는지 여부가 아니라 일반 국민에 대하여 구속력을 가지는 법률 등 법규성이 있는 관계 법령의 규정을 기준으로 판단하여야 한다(대법원 2013.9.12. 2011두10584).

③ 법률의 시행령이나 시행규칙은 **법률에 의한 위임이 없으면** 개인의 권리·의무에 관한 내용을 변경·보충하거나 법률이 규정하지 아니한 새로운 내용을 정할 수는 없지만, 법률의 시행령이나 시행규칙의 내용이 모법의 입법 취지와 관련 조항 전체를 유기적·체계적으로 살펴보아 **모법의 해석상 가능한 것을 명시한 것에 지나지 아니하거나 모법 조항의 취지에 근거하여 이를 구체화하기 위한 것인 때에는 모법의 규율 범위를 벗어난 것으로 볼 수 없으므로, 모법에 이에 관하여 직접 위임하는 규정을 두지 아니하였다고 하더라도 이를 무효라고 볼 수는 없다**(대법원 2014.8.20. 2012두19526).

④ 법률의 위임 없이 명령 또는 규칙 등의 **행정입법으로 과세요건 등에 관한 사항을 규정하거나 법률에 규정된 내용을 함부로 유추·확장하는 내용의 해석규정을 마련하는 것은 조세법률주의 원칙에 위배**된다. 일반적으로 법률의 위임에 따라 효력을 갖는 법규명령의 경우에 위임의 근거가 없어 무효였더라도 나중에 법 개정으로 위임의 근거가 부여되면 그때부터는 유효한 법규명령으로 볼 수 있다. 그러나 **법규명령이 개정된 법률에 규정된 내용을 함부로 유추·확장하는 내용의 해석규정이어서 위임의 한계를 벗어난 것으로 인정될 경우에는 법규명령은 여전히 무효이다**(대법원 2017.4.20. 2015두45700).

(2) 한 계

1) 포괄적 위임의 금지

위임명령은 '구체적으로 범위를 정하여 위임받은 사항'만을 규정할 수 있다. 법률은 골격만 정하고 명령에 포괄적으로 위임하는 것은 안 된다.

"법률로 명령에 위임을 하는 경우라도 적어도 법률의 규정에 의하여 부령으로 규정될 내용 및 범위의 기본사항을 구체적으로 규정함으로써 누구라도 당해 법률로부터 부령에 규정될 내용의 대강을 예측할 수 있도록 하여야 할 것이다. 이러한 예측가능성의 유무는 당해 특정조항 하나만을 가지고 판단할 것은 아니고 관련 법조항 전체를 유기적·체계적으로 종합판단하여야 하며 각 대상법률의 성질에 따라 구체적·개별적으로 검토하여야 한다. 법률 조항 자체에서 위임의 구체적 범위를 명확히 규정하고 있지 않다고 하더라도 당해 법률의 전반적 체계와 관련규정에 비추어 위임조항의 내재적인 위임의 범위나 한계를 객관적으로 분명히 확정할 수 있다면 이를 일반적이고 포괄적인 백지위임에 해당하는 것으로 볼 수는 없다"(헌재 2004.11.25. 2004헌가15).

【판례】① 통상의 취득세율의 100분의 750으로 중과세하면서 그 대상을 **"대통령령으로 정하는 고급주택"** 또는 **"대통령령으로 정하는 고급오락장"**이라고 규정하여 대통령령에 위임한 것은 … 입법목적, 지방세법의 체계나 다른 규정, 관련법규를 살펴보더라도 고급주택과 고급오락장의 **기준과 범위를 예측해 내기 어려우므로** 이 조항들은 헌법상의 조세법률주의, **포괄위임입법금지원칙에** 위배된다(헌재 1998.7.16. 96헌바52, 97헌바40, 97헌바52·53·86·87, 98헌바23(병합)).

② 특정 사안과 관련하여 법률에서 하위 법령에 위임을 한 경우에 모법의 위임범위를 확정하거나 하위 법령이 위임의 한계를 준수하고 있는지 여부를 판단할 때에는, 하위 법령이 규정한 내용이 입법자가 형식적 법률로 스스로 규율하여야 하는 **본질적 사항으로서 의회유보의 원칙**이 지켜져야 할 영역인지, 당해 법률 규정의 입법 목적과 규정 내용, 규정의 체계, 다른 규정과의 관계 등을 **종합적으로 고려하여야** 하고, 위임 규정 자체에서 의미 내용을 정확하게 알 수 있는 용어를 사용하여 위임의 한계를 분명히 하고 있는데도 **문언**

적 의미의 한계를 벗어났는지나, 하위 법령의 내용이 모법 자체로부터 위임된 내용의 **대강을 예측할 수 있는** 범위 내에 속한 것인지, 수권 규정에서 사용하고 있는 용어의 의미를 넘어 범위를 확장하거나 축소하여서 위임 내용을 구체화하는 단계를 벗어나 새로운 입법을 한 것으로 평가할 수 있는지 등을 구체적으로 따져 보아야 한다(대법원 2015.8.20. 2012두23808).

　"위임의 구체성·명확성의 요구정도는 규율대상의 종류와 성격에 따라 달라질 것이지만 특히 처벌법규나 조세법규와 같이 국민의 기본권을 직접적으로 제한하거나 침해할 소지가 있는 영역에서는 구체성·명확성의 요구가 강화되어 그 위임의 요건과 범위가 일반적인 급부행정의 영역에서보다 더 엄격하게 제한되어야 한다"(헌재 2002.08.29. 2000헌바50). "급부행정 영역에서는 기본권침해 영역보다는 구체성의 요구가 다소 약화되어도 무방하다고 해석되며 다양한 사실관계를 규율하거나 사실관계가 수시로 변화될 것이 예상될 때에는 위임의 명확성의 요건이 완화된다"(헌재 1997.12.24. 95헌마390).

　반면 법률이 지방자치단체의 조례나 공법적 단체(예: 상이군경회 등 국가유공단체, 주택재개발조합)의 정관에 자치법적 사항을 위임하는 경우에는 그 위임은 반드시 구체적일 필요는 없으며 포괄적인 것으로 족하다(헌재 1995.4.20. 92헌마264·279 병합 참조. 상술한 '법률유보의 원칙' 참조).

【판례】① 헌법 제75조, 제95조의 문리해석상 및 법리해석상 포괄적인 위임입법의 금지는 법규적 효력을 가지는 행정입법의 제정을 그 주된 대상으로 하고 있다. 위임입법을 엄격한 헌법적 한계 내에 두는 이유는 무엇보다도 권력분립의 원칙에 따라 국민의 자유와 권리에 관계되는 사항은 국민의 대표기관이 정하는 것이 원칙이라는 법리에 기인한 것이다. 즉, 행정부에 의한 법규사항의 제정은 입법부의 권한 내지 의무를 침해하고 자의적인 시행령 제정으로 국민들의 자유와 권리를 침해할 수 있기 때문에 엄격한 헌법적 기속을 받게 하는 것 이다. 그런데 법률이 행정부가 아니거나 **행정부에 속하지 않는 공법적 기관의 정관에 특정 사항을 정할 수 있다고 위임하는 경우에는** 그러한 권력분립의 원칙을 훼손할 여지가 없다. 이는 **자치입법에 해당되는** 영역이므로 자치적으로 정하는 것이 바람직하다. 따라서 법률이 정관에 자치법적 사항을 위임한 경우에는 헌법 제75조, 제95조가 정하는 **포괄적인 위임입법의 금지는 원칙적으로 적용되지 않는다**(헌재 2006.3.30. 2005헌바31).
② 법률에 어느 정도 보편적이거나 일반적 개념의 용어를 사용하는 것은 불가피하고, 당해 법률이 제정된 목적과 다른 규범과의 연관성을 고려하여 합리적인 해석이 가능한지 여부에 따라 명확성을 갖추었는지 여부가 가려져야 한다. 한편, **법률 규정에 그 뜻이 분명하지 아니하고 여러 가지 해석이 가능한 표현이 포함되어 있다 하더라도, 법관의 보충적인 가치판단을 통해서 그 뜻을 확인할 수 있고** 그러한 보충적 해석이 해석자의 개인적인 취향에 따라 좌우될 가능성이 없다면 **명확성원칙에 반한다고 할 수 없다**(헌재 2014.3.27. 2012헌바55).

2) 국회전속적 입법사항의 위임금지

　헌법이 어떠한 사항을 반드시 국회가 법률로써 정하도록 규정하고 있는 사항에 관해서는 명령에 위임할 수 없다. 이에 속한 것으로는 ㉠ 국적취득요건(제2조 ①), ㉡ 죄형법정주의(제12조 ①), ㉢ 재산권의 내용과 한계(제23조 ①), ㉣ 국회의원의 수와 선거구·선거사항(제41조 ③), ㉤ 행정기관법정주의(제96조), ㉥ 조세의 종목과 세율(제59조), ㉦ 공공필요에 의한 재산권 침해의 요건과 보상(제23조 ③), ㉧ 국군의 조직과 편성(제74조 ②), ㉨ 지방자치단체의 종류·권한·의원선거(제117조, 제118조) 등이 있다. 이에 관한 것이라고 해서 모든 것을 법률 안에 규율해야 한다는 것은 아니고 기술적·세부적인 것은 위임이 가능하다.

3) 중요사항의 위임금지

상술한 바와 같이 "국가공동체와 그 구성원에게 기본적이고도 중요한 의미를 갖는 영역, 특히 국민의 기본권 실현과 관련된 영역에 있어서는 국민의 대표자인 입법자가 그 본질적 사항에 대해서 스스로 결정하여야 한다(의회유보원칙)"(헌재 1999.05.27, 98헌바70).

규율사안이 개인의 기본권에 대한 침해의 정도가 클수록, 국가공동체와 그 구성원에 대한 영향력이 클수록, 의회는 법률로써 직접 명확하고 세밀하게 규율해야 한다.

【 판례 】 **병의 복무기간**은 국방의무의 본질적 사항에 관한 것이어서, 이는 **반드시 법률로 정하여야** 할 입법사항에 속한다고 풀이할 것인바 … **육군본부방위병소집복무해제규정**(육군규정 104-1) 제32조가 병역법 제25조 제3항이 규정하지 아니한 구속 등의 사유를 복무기간에 산입하지 않도록 규정한 것은 병역법에 위반하여 무효라 할 것이다(대법원 1985.2.28, 85초13).

4) 재위임

위임된 입법권을 전면적으로 다시 하위명령에 위임하는 것은 실질적으로 수권법의 내용을 임의로 개정하는 결과가 되기 때문에 허용되지 않는다. 다만, 세부적 사항을 재위임하는 것은 가능하다(헌재 2002.10.31, 2001헌라1 참조).

5) 처벌규정의 위임

죄형법정주의로 인해 벌칙은 법률로 정해야 하고 법규명령에 일반적으로 위임할 수는 없다. 위임은 특히 긴급한 필요가 있거나 미리 법률로써 자세히 정할 수 없는 부득이한 사정이 있는 경우에 한정되어야 하고, 위임하더라도 법률에서 범죄의 구성요건은 처벌대상인 행위가 어떤 것일 것이라고 예측할 수 있을 정도로 구체적으로 정하고 다만 세부적인 사항만 명령에서 정하도록 위임하여야 하며, 형벌에 관해서도 법률에서 형벌의 종류 및 상한과 폭을 명백히 규정한 다음 명령에 위임하여야 한다(헌재 1991.7.8, 91헌가4; 1996.2.29, 94헌마213 참조).

【 판례 】 ① 이 사건 법률조항은 **처벌법규의 구성요건적 내용**을 증권관리위원회가 '대통령령이 정하는 바에 의하여' … 증권회사에 대하여 필요한 명령을 할 수 있다고만 규정하여 그 구체적인 내용을 **포괄적·전면적으로 하위명령에 위임하고 있다. 따라서 수권조항에서는 대통령령에 규정될 구성요건적 요소가 어떠한 것일지를 전혀 예측할 수 없다.** 즉, 증권거래법 제54조는 구체적 구성요건적 요소를 규정할 대통령령에 아무런 제한을 두지 않고, 규정될 내용의 대강을 전혀 정하지 않은 채 곧바로 위임함으로써 실질적인 백지위임을 하고 있다. 또한 증권관리위원회의 명령제정에 있어서의 과도한 투기거래의 방지와 공익 또는 투자자의 보호라는 제한적 개념요소를 고려하더라도 법관의 보충해석만으로 그 한계를 정하기가 어렵고, 결국 행정부의 자의적인 입법을 가능케 하여 **죄형법정주의의 명확성의 원칙에도 반한다**(헌재 2004.09.23., 2002헌가

26). (요컨대, '대통령령이 정하는 바에 따른 증권관리위원의 명령에 위반할 경우'를 범죄의 구성요건으로 한 것은 죄형법정주의〈'죄와 형벌은 법률로 정하여야 한다'는 원칙〉에 위배된다는 것이다.) **② 법률의 시행령이 형사처벌에 관한 사항을 규정하면서 법률의 명시적인 위임 범위를 벗어나 처벌의 대상을 확장하는 것은** 죄형법정주의의 원칙에도 어긋나는 것이므로, 그러한 시행령은 **위임입법의 한계를 벗어난 것으로서 무효이다.** .... 의료법 제41조는 각종 병원에 응급환자와 입원환자의 진료 등에 필요한 당직의료인을 두어야 한다고만 규정하고 있을 뿐, 각종 병원에 두어야 하는 당직의료인의 수와 자격에 아무런 제한을 두고 있지 않고 이를 하위 법령에 위임하고 있지도 않다. 그런데도 의료법 시행령 제18조 제1항(이하 '시행령 조항'이라 한다)은 "법 제41조에 따라 각종 병원에 두어야 하는 당직의료인의 수는 입원환자 200명까지는 의사·치과의사 또는 한의사의 경우에는 1명, 간호사의 경우에는 2명을 두되, 입원환자 200명을 초과하는 200명마다 의사·치과의사 또는 한의사의 경우에는 1명, 간호사의 경우에는 2명을 추가한 인원 수로 한다."라고 규정하고 있다. 의료법 제41조가 **"환자의 진료 등에 필요한 당직의료인을 두어야 한다."**라고 규정하고 있을 뿐인데도 시행령 조항은 당직의료인의 수와 자격 등 배치기준을 규정하고 이를 위반하면 의료법 제90조에 의한 처벌의 대상이 되도록 함으로써 형사처벌의 대상을 신설 또는 확장하였다. 그러므로 시행령 조항은 위임입법의 한계를 벗어난 것으로서 **무효이다**(대법원 2017.2.16. 2015도16014).

3. 집행명령의 범위와 한계

집행명령은 위임명령과 달리 법률 또는 상위명령의 명시적·개별적 수권 없이 그것들을 '집행하기 위하여 필요한 사항'만을 정하는 것이므로, 상위법령의 범위 내에서 그 집행에 필요한 구체적인 절차·형식 등을 규정할 수 있음에 그치고, 국민의 새로운 권리·의무에 관한 사항을 정할 수 없다. 예컨대, 집행명령으로는 허가를 위한 시설기준 등은 정할 수 없고 허가신청서의 서식 등은 정할 수 있다.

Ⅳ. 법규명령의 적법요건 · 하자 · 소멸

1. 적법요건

(1) 성립요건

법규명령은 ㉠ 정당한 권한을 가진 기관이 그 권한의 범위 안에서, ㉡ 가능하고 명확한 내용을 상위법령의 수권의 범위 내에서 상위법령을 위반하지 않고, ㉢ 법정절차를 거쳐 제정되어야 한다. 예를 들면, 국민의 의무 또는 일상생활과 밀접한 관련이 있는 법령 등을 제정·개정 또는 폐지하고자 할 때는 당해 입법안을 마련한 행정청은 행정절차법 제41조 내지 제45조가 정하는 예고절차를 거쳐야 하며, 대통령령은 법제처의 심사와 국무회의의 심의를 거쳐야 하고, 총리령·부령은 법제처의 심사를 거쳐야 한다. 또한 ㉣ 조문의 형식을 갖추어야 하며, 대통령령·총리령·부령은 각각 그 번호와 일자를 붙여, ㉤ 관보에 게재하여 공포함으로써 성립한다. 공포일은 '관보가 발행된 날'이다.

(2) 효력요건

성립된 법규명령은 '시행'함으로써 효력(구속력)을 발생한다. ㉠ 법규명령의 시행일은 당해 명령에서 규정함이 보통이나, 특별한 규정이 없는 한 공포한 날로부터 20일을 경과함으로써 효력이 발생한다(법령등공포에관한법률 제13조). ㉡ 국민의 권리제한 또는 의무부과와 직접 관련되는 법규명령은 긴급히 시행하여야 할 특별한 사유가 있는 경우를 제외하고는 공포일로부터 적어도 30일이 경과한 날로부터 시행되도록 하여야 한다(동법 제13조의2).

2. 법규명령의 하자(瑕疵)

【 문 제 】

① 경미한 하자가 있는 법규명령도 무효인가?

② 어떤 법규명령이 법원에 의해 위헌·위법으로서 무효라고 판결된 경우, 그 판결이 있기 전에 그 법규명령에 근거하여 이미 발해진 행정처분도 무효인가?

적법요건을 갖추지 못한, 즉 위법한 법규명령은 무효가 된다. 원래 법규범이란 일반·추상적 규율이기 때문에 무효 아니면 유효이다. 즉, 효력이 있거나 없거나 둘 중의 하나이다. 법규명령의 위법성(하자)은 언제든지 주장할 수 있고, 그 위법성의 중대성 여부와 관계없이 위법한 법규명령은 무조건 효력이 부인되는 것이다. '취소할 수 있는 법규명령'은 없다. 법규명령의 취소제도(위법성이 경미한 법규명령은 취소할 수 있음에 그치고, 쟁송제기기간이 지나면 법규명령의 위법성을 주장할 수 없는 제도)는 존재하지 않는 것이다.

【참고】**특정인에 대해 구체적 효력을 갖는 행정처분**(예: 영업허가의 취소처분)이 위법한 경우, 그로 인해 권리를 침해당한 특정인이 쟁송제기기간 내에 그 위법성을 주장한 경우에 한해서 행정처분의 개별적·구체적 효력을 소멸시키는 것을 '(쟁송)취소'라고 한다. 이러한 제도는 **일반·추상적 규율인 법규명령에는** (특정인에 대해 구체적 효력을 갖는 것이 아니므로) **해당될 수 없는 것이다.**

【 답 】

① 위법한 법규명령은 위법성의 중대성 여부와 관계없이 **무조건 무효**이다.

② 위법한 법규명령은 무효이지만, 그것이 재판에 의해 선언되기 전까지는 법규명령의 위법성이 명백하지 않은 경우가 대부분이므로 그에 근거한 행정처분의 위법성도 명백하다고 볼 수 없다. 따라서 **이 경우의 행정처분은 그 위법성이 중대하지만 명백하지 않으므로 행정처분은 무효가 아니라 취소할 수 있음에 그치는 경우가 대부분일 것이다**(대법원 2007.6.14, 2004두619참조. 후술).

---

3. 법규명령의 소멸

법규명령은 폐지되거나 실효됨으로써 소멸된다. 폐지란 법규명령의 효력을 장래에 향하여 소멸시키려는 행정권의 직접적·명시적 의사표시를 말한다. 법규명령의 폐지는 그 대상인 명령과 동위 또는 상위의 법령으로 하여야 한다.

실효란 일정한 사실의 발생으로 인해 간접적 또는 결과적으로 법규명령의 효력이 소멸되는 경우이다. ㉠ 법규명령과 내용상 충돌되는 동위 또는 상위의 법령이 제정되는 경우(간접폐지), ㉡ 법규명령이 한시법인 경우에 종기(終期)가 도래한 경우, ㉢ 근거법령이 소멸되는 경우가 이에 속한다. 법규명령의 근거법령이 헌법재판소에 의해 위헌결정이 되면 법규명령도 원칙적으로 실효된다.

【판례】법규명령의 위임근거가 되는 법률에 대하여 위헌결정이 선고되면 그 위임에 근거하여 제정된 법규명령도 원칙적으로 효력을 상실한다(대법원 2001.6.12, 2000다18547).

상위법령이 개정됨에 그친 경우에는 개정법령과 모순·저촉되지 않는 한 개정된 상위법령의 시행을 위한 집행명령이 새로이 제정·발효될 때까지는 여전히 효력을 유지한다.

【판례】상위법령의 시행에 필요한 세부적 사항을 정한 집행명령은 근거법령인 상위법령이 폐지되면 특별한 규정이 없는 한 실효되는 것이나, 상위법령이 개정됨에 그친 경우에는 개정법령과 모순·저촉되지 아니하는 한 **개정된 상위법령의 시행을 위한 집행명령이 새로이 제정·발효될 때까지는 여전히 그 효력을 유지**한다(대법원 1989.9.12, 88누6962).

V. 법규명령에 대한 통제

1. 사법적 통제

(1) 법원에 의한 통제

1) 구체적 규범통제
(가) 의 의

"명령·규칙의 위헌·위법 여부가 재판의 전제가 되는 경우 대법원이 최종적인 심사권을 가진다"(헌법 제107조 ②). 즉, 특정사건을 재판함에 있어서 먼저 그 사건에 적용되는 법규명령(명령·규칙)의 위헌·위법 여부가 문제될 경우에 당해 소송을 맡은 각급법원(민·형사 지방·고등법원)이 스스로 심사할 수 있으며, 대법원은 이를 최종적으로 심사한다. 구체적 사건을 해결하기 위한 경우에만 법규명령을 심사하기 때문에 이를 '구체적 규범통제'라고 한다.

(나) 효 력

우리 헌법상 법규명령에 대한 통제는 '구체적 통제'로서 법규명령이 헌법·법률에 위반되는 여부가 '재판의 전제가 된 경우'에만 가능하기 때문에 각급 법원은 심사결과 위헌·위법이라고 판단되는 법규명령을 당해 사건의 재판에서 적용하는 것을 거부할 수 있을 뿐이고, 법규명령을 일반적으로 무효화 시키지는 못한다. 법원은 구체적인 사건의 심사를 목적으로 하는 것이지 법령의 심사를 목적으로 하는 것이 아니기 때문이다. 따라서 공식절차에 의해 폐지되지 않는 한 형식적으로는 여전히 유효한 것으로 남아 있게 된다.

(다) 공 고

위헌·위법인 법규명령이 다른 사건에도 적용되지 않도록 하기 위해 공시할 필요가 있기 때문에, 행정소송법 제6조는 "행정소송에 대한 대법원판결에 의하여 명령·규칙이 헌법 또는 법률에 위반된다는 것이 확정된 경우에는 대법원은 지체 없이 그 사유를 행정안전부장관에게 통보하여야 한다. 통보를 받은 행정안전부장관은 지체 없이 이를 관보에 게재하여야 한다"고 정하고 있다.

2) 처분적 법규명령에 대한 직접통제(항고소송)

법규명령이 집행행위의 개입 없이도 그 자체가 직접 국민의 구체적인 권리·의무나 법적 이익에 영향을 미치는 등의 법률상 효과를 발생하는 경우 그 법규명령은 행정소송의 대상이 되는 행정처분에 해당하므로, 이에 대해서는 항고소송(주로 무효확인소송)을 제기할 수 있다(대법원 1996.9.20, 95누8003). 만일 법원에서 항고소송을 인정하지 않으면 헌법재판소법 제68조 제1항에 의한 헌법소원을 제기할 수도 있을 것이다.

【판례】 경기 가평군 가평읍 상색국민학교 **두밀분교를 폐지하는 내용의 이 사건 조례**는 위 두밀분교의 취학아동과의 관계에서 영조물인 특정의 국민학교를 구체적으로 이용할 이익을 직접적으로 상실하게 하는 것이므로 항고소송의 대상이 되는 **행정처분이다**(대법원 1996.9.20, 95누8003). (시·도의 교육·학예에 관한 사무의 집행기관은 시·도 교육감이고 시·도 교육감에게 지방교육에 관한 조례안의 공포권이 있으므로, 교육에 관한 조례의 **무효확인소송**을 제기함에 있어서는 〈지방의회가 아니라〉 시·도 교육감을 피고로 하여야 한다.)

(2) 헌법재판소에 의한 통제

【 문 제 】 (구)법무사법시행규칙 제3조 제1항(법원행정처장은 **법무사를 보충할 필요가 있다고 인정되는 경우**에는 대법원장의 승인을 얻어 법무사시험을 실시할 수 있다)에 따라 법원행정처장은 법정기간 이상을 근무하고 퇴직한 법원공무원이나 검찰공무원만으로도 법무사 충원에 지장이 없다는 이유로 **법무사를 보충할 필요가 없다고 생각하고 법무사시험을 실시하지 않았다.** 이에 A는 법무사법시행규칙 제3조 제1항으로 인하여 **자신의 직업선택의 자유가 침해되었다**고 헌법소원심판을 청구하였다. 이는 허용되는가? A의 주장은 타당한가?

1) 법규명령에 대한 헌법소원심판

명령·규칙의 위헌성 여부가 구체적인 사건의 재판의 전제가 된 경우에는 대법원이 최종적인 심사권을 갖는다. 그러나 명령·규칙 그 자체에 의해 직접 기본권이 침해된 경우에는 국민은 헌법재판소에 헌법소원심판을 청구할 수 있고, 이 경우 헌법재판소는 위헌심사권을 갖는다. 헌법소원 대상은 법원의 재판을 제외한 '공권력의 행사 또는 불행사'인데(헌재법 제68조 ①), 이에는 명령·규칙(대법원규칙, 국회규칙, 헌법재판소규칙, 지방자치단체의 조례 및 규칙, 법령보충규칙〈법령보충적 행정규칙〉 등)도 포함되는 것이다.

【 참고 】 헌법재판소법 제68조 제1항: **"공권력의 행사 또는 불행사**로 인하여 헌법상 보장된 **기본권을 침해**받은 자는 **법원의 재판을 제외**하고는 헌법재판소에 헌법소원심판을 청구할 수 있다. 다만, 다른 법률에 구제절차가 있는 경우에는 **그 절차를 모두 거친 후**가 아니면 청구할 수 없다."

또한 "고시, 훈령, 예규 등과 같은 행정규칙이더라도 상위법령과 결합하여 대외적인 구속력을 갖는 법규명령으로서 기능하게 되는 경우(법령보충규칙〈법령보충적 행정규칙〉. 후술)에는 헌법소원심판의 대상이 될 수 있다"(헌재 1992.06.26, 91헌마25; 2000.7.20, 99헌마455 참조).

헌법소원에 대한 헌법재판소의 인용결정은 모든 국가기관과 지방자치단체를 기속하기 때문에(헌재법 제75조 ①), 위헌성이 인용결정된 법규명령은 즉시 (장래를 향하여) **무효로서 효력**을 상실한다(당해사건, 현재 각급 법원에서 재판중인 사건에는 소급효 인정).

2) 행정입법부작위에 대한 헌법소원심판

㉠ 법률이 명시적으로 행정입법에 위임하고 있고, ㉡ 상당기간이 경과하였음에도 불구하고, ㉢ 행정입법의 제·개정의무를 이행하지 않아서, ㉣ 국민의 기본권을 침해한 경우에는 헌법재판소는 행정입법부작위를 위헌으로 결정할 수 있다(헌재 2009.07.30, 2006헌마358 참조).

【 판례 】 ① 법률(구 군법무관임용법 제5조 제3항 및 '군법무관임용 등에 관한 법률' 제6조)이 군법무관의 보수를

판사, 검사의 예에 의하도록 규정하면서 그 구체적 내용을 시행령에 위임하고 있다면, 이는 군법무관의 보수의 내용을 법률로써 일차적으로 형성한 것이고, 따라서 상당한 수준의 보수청구권이 인정되는 것이라 해석함이 상당하다. 그러므로 이 사건에서 대통령이 법률의 명시적 위임에도 불구하고 지금까지 해당 **시행령을 제정하지 않아 그러한 보수청구권이 보장되지 않고 있다면 그러한 입법부작위는 정당한 이유 없이 청구인들의 재산권을 침해하는 것으로써 헌법에 위반된다**(헌재 2004.2.26, 2001헌마718).

② 지방자치단체가 지방공무원법 제58조 제2항에 따라 '사실상 노무에 종사하는 공무원의 범위'를 정하는 조례를 제정하도록 위임받았음에도 불구하고, 이를 정당한 사유 없이 제정하지 아니한 이 사건 부작위는 **헌법상 의무를 위반**하여 청구인들이 노동3권을 부여받을 기회 자체를 사전에 차단하거나 박탈하였다고 할 것이므로, 위와 같은 **조례입법부작위는 위헌**이다(헌재 2009.07.30, 2006헌마358).

③ 만일 하위 행정입법의 제정 없이 **상위 법령의 규정만으로도 집행이 이루어질 수 있는 경우라면 하위 행정입법을 하여야 할 헌법적 작위의무는 인정되지 아니한다**고 할 것이다(헌재 2005.12.22, 2004헌마66).

【참고】① 위헌인 입법부작위로 인해 손해가 발생한 경우에는 **국가배상을 청구**할 수 있다(대법원 2007.11. 29, 2006다3561 참조).

② **행정입법부작위**에 대해서는 행정소송의 일종인 **'부작위위법확인소송'으로 다툴 수는 없다.** 행정소송의 대상이 되는 부작위는 '(행정)처분'의 부작위기 때문이다(대판 1992.5.8, 91누11261 참조).

【답】 "입법부, 행정부, 사법부에서 제정한 규칙이 별도의 집행행위를 기다리지 않고 직접 기본권을 침해하는 것일 때에는 모두 헌법소원심판의 대상이 될 수 있는 것이다. 이 사건에서 **심판청구의 대상으로 하는 것은 법원행정처장의 법무사시험 불실시 즉 공권력의 불행사가 아니라 법원행정처장으로 하여금 그 재량에 따라 법무사시험을 실시하지 아니해도 괜찮다고 규정한 법무사법시행규칙 제3조 제1항이다.** 법령 자체에 의한 직접적인 기본권침해 여부가 문제되었을 경우 그 법령의 효력을 직접 다투는 것을 소송물로 하여 일반 법원에 구제를 구할 수 있는 절차는 존재하지 아니하므로 이 사건에서는 다른 구제절차를 거칠 것 없이 바로 헌법소원심판을 청구할 수 있는 것이다. 법무사법시행규칙 제3조 제1항은 법원행정처장이 법무사를 보충할 필요가 없다고 인정하면 법무사시험을 실시하지 아니해도 된다는 것으로서 상위법인 법무사법 제4조 제1항에 의하여 모든 국민에게 부여된 법무사 자격취득의 기회를 하위법인 시행규칙으로 박탈한 것이어서 평등권과 직업선택의 자유를 침해한 것이다"(헌재 1990.10.15, 89헌마178).

---

2. 의회에 의한 통제

(1) 간접적 통제

의회가 행정부에 대하여 가지는 국정감사·조사, 국무위원 등의 해임건의, 대통령 등의 탄핵소추 등 일반적인 감시·비판권의 발동으로 간접적으로 위법·부당한 행정입법을 통제·교정하는 것을 말한다.

(2) 직접적 통제

1) 승인유보제도

대통령이 긴급재정·경제명령이나 긴급명령을 제정한 때에는 지체 없이 국회에 보고

하여 그 승인을 얻어야 하며, 승인을 얻지 못한 때에는 그 명령은 그때부터 효력을 상실한다(헌법 제76조③, ④).

2) 의회제출제도

중앙행정기관의 장(장관. 처장. 청장)은 대통령령·총리령·부령·훈령·예규·고시 등을 제정·개정 또는 폐지한 때에는 10일 이내에 이를 국회 소관상임위원회에 제출하여야 한다. 상임위원회는 당해 대통령령 등이 법률의 취지 또는 내용에 합치되지 아니하다고 판단되는 경우에는 소관중앙행정기관의 장에게 그 내용을 통보할 수 있다(국회법 제98조의2).

법령 등을 제정·개정 또는 폐지하고자 할 때에는 당해 입법안을 마련한 행정청은 이를 예고하여야 하는바(입법예고제), 대통령령을 입법예고하는 경우에는 그 입법예고안을 국회 소관상임위원회에 10일 이내에 제출하여야 한다(행정절차법 제42조. 후술 '행정절차법' 참조).

3. 행정내부적 통제

상급행정청은 지휘감독권을 행사하여 하급행정청에 법규명령의 기준·내용 등에 관하여 지시하거나 또는 기존의 법규명령의 폐지를 명할 수 있다. 국무회의심의, 법제처의 심사 등 사전에 일정한 절차를 거쳐서 법규명령을 제정하도록 하기도 한다. 또한 위법·불합리한 법규명령에 대해서는 중앙행정심판위원회가 관계행정기관에게 개정·폐지 등 적절한 시정조치를 요청할 수 있다(행정심판법 제59조).

4. 국민에 의한 통제

청원과 입법예고제 등 국민의 여론을 통하여 행정입법의 적법성을 확보하기도 한다(청원·입법예고제는 후술 참조).

제 3 절 행정규칙

Ⅰ. 행정규칙의 의의

행정규칙이란 '행정조직의 내부에서 상급기관이나 상급자가 그의 소관기관이나 하급자에게 행정의 조직과 활동(법의 해석·집행. 재량권행사. 행정절차 등)을 보다 자세히 규율할 목적으로 그의 권한 내에서 발하는 일반적·추상적 규율'을 말한다. 원칙적으로 행정조직 내부에서만 구속력을 가지고 법규적 성질이 없으므로 법률의 수권 없이 제정될 수 있다는 점에서 법규명령과 구별된다. 과거에는 '행정명령'이라고도 하였다.

과거에는 행정규칙을 광의로 파악하여 특별행정법관계(특별권력관계)를 규율하는 것도 행정조직의 내부관계로 취급하면서 행정규칙에 포함시켰다. 그러나 특별행정법관계가 모두 행정내부관계인 것은 아니며, 특별행정법관계를 규율하는 것은 특별행정법관계의 구성원의 권리·의무에 직접 관련된 규율로서 법규성이 인정되는 것으로서 '특별명령'이라고 칭하는 것이 바람직하고, 이는 협의의 행정규칙과는 이질적인 것이다(상술한 특별권력관계 참조). 따라서 오늘날에는 순전히 행정내부의 조직과 활동에 관한 규율만을 의미하는 협의의 행정규칙으로 이해하는 것이 옳다(후술하는 것처럼 협의의 행정규칙 중에도 법규성이 인정되는 것이 있다).

행정의 공통적·통일적 기준을 제시하여 담당자·장소·시간 등의 차이로 인한 불공평을 방지하고, 실무상의 혼란을 제거하여 행정의 효율성을 제고시키는 기능을 한다.

II. 행정규칙의 종류

1. 조직규칙 · 근무규칙

조직규칙이란 보조·하급기관의 설치, 조직, 내부적 권한분배, 사무처리절차 등을 규율하는 것이고, 근무규칙이란 하급기관 및 그 구성원인 공무원의 근무(업무처리요령, 출장, 당직, 출퇴근, 복장 등)에 관한 지침을 말한다.

2. 행위지도(행위통제)규칙

행정기관의 법률의 해석과 집행 등 행정작용을 통제·지도하기 위한 규칙이다.

(1) 법령해석(규범해석)규칙

법령(특히 공익, 질서유지, 보건위생, 미풍양속 등과 같은 불확정법개념)을 해석·적용함에 있어서 그 기준을 제시하여 혼란을 피하고 통일을 기하기 위해 제정하는 것이다. 법령해석규칙은 공무원의 직무수행을 위한 참고자료일 뿐이고 재판의 기준이 될 수 없다. 법해석의 최종적인 권한은 법원에 있으므로 재판을 통하여 정정될 수 있는 것이다.

예외적으로 법률요건에 포함된 불확정법개념을 해석하고 법률요건의 충족 여부를 판단함에 있어서 행정청의 판단여지(재량)가 인정되는 경우에는(예: '근무성적이 우수한 자', '예술성이 뛰어난 작품', '창의성이 있음' 등) 불확정법개념을 해석한 규범해석규칙이 재량준칙과 동일한 기능을 하는 경우도 있다(후술하는 '재량' · '판단여지' 참조).

(2) 재량준칙

재량권행사의 기준 · 요령을 정하여 재량을 공평하고 합당하게 행사하도록 하기 위한 것이다. 상술한 행정의 자기구속의 원칙 내지 평등의 원칙과 가장 관련이 깊은 것으로서 국민에 대한 효력이 문제될 때가 많다.

(3) 간소화규칙

행정처분을 대량으로 발하는 경우(예: 과세처분) 행정업무처리의 지침 · 기준을 설정하여 업무를 간편하게 하기 위한 것이다. 이는 내용상으로는 법령해석규칙 또는 재량준칙이다. 과세의 방법 · 기준(예: 업종별 표준소득율)을 정하기 위해 국세청장이 발하는 각종 고시 · 훈령 · 통칙 등이 이에 속한다.

(4) 법률대위규칙 · 법령보충규칙

1) 법률대위(法律代位)규칙

이는 법령이 존재하지 않은 경우에 법률을 대신하여 행정작용의 기준과 방법을 설정하는 것이다. 이러한 행정규칙은 침해행정의 경우에는 법률유보의 원칙상(반드시 법률로 규율하여야 하므로) 허용되지 않지만, 법률유보원칙이 적용되지 않는 순전히 수익적인 영역(예: 행정정보공개, 행정처분시 의견진술기회의 부여, 보조금의 지급 등)에서는 (법률이 반드시 필요한 것은 아니므로) 허용될 수 있다.

이에 대해서는 ㉠ 법규성을 인정하는 견해, 즉 행정규칙에 근거한 권리를 인정하거나 행정규칙에 위반한 경우 위법성을 인정하려는 견해와, ㉡ 법률만이 법규창조력이 있으므로 법률에 근거하지 않은 행정규칙은 국민의 권리를 창설할 수 없다는 이유로 법규성을 부인하는 견해가 대립한다.

2) 법령보충규칙(규범구체화 행정규칙, 법령보충적 행정규칙)

이는 법령의 규정이 명시적으로 특정행정기관으로 하여금 그 법령내용의 구체적 사항을 정할 수 있는 권한을 부여하면서 그 권한 행사의 절차나 방법을 특정하고 있지 않은 관계로 수임 행정기관이 행정규칙의 형식으로 그 법령의 내용이 될 사항을 구체적으로 정하고 있는 경우를 말한다. 이는 상술한 것처럼 법령의 위임에 따라 제정됨으로 법규성이 인정된다(상술 참조). '규범구체화 행정규칙'이라고도 하는 견해와 이에 반대하는 견해가 있는데, 동일시하여도 무방하다.

> 【참고】 **독일의 규범구체화 행정규칙론**: 독일에서도 행정규칙의 법규성은 원칙적으로 부인된다. 그러나 **전문·기술적인 사항과 관련된 행정규칙에 대해서 법규적 성질을 부여**하는 판결이 나타나게 되었다. 대표적인 판례가 Whyl판결이다. 동 판결에서 독일연방행정재판소는 원자력법에 근거하여 나타난 연방내무부장관의 지침인 '대기나 수면에 대한 방사능유출시 방사능유출에 대한 일반적인 평가원칙'이라는 행정규칙에 규범구체화의 기능이 있음을 인정하고, 그 기준은 법원도 구속하는 직접적인 외부적 효력을 갖는다고 하였다(BVerwGE 72,300, 320 참조).

3. 법규명령형식의 행정규칙(제재적 행정처분의 기준)

> 【문제】
> ① 식품접객업자 A는 청소년에게 주류를 제공하다가 식품위생법 제44조 제2항에 위반한 혐의로 적발되었다. 식품위생법 제75조는 행정청으로 하여금 동법에 위반한 영업자에게는 영업허가를 취소 또는 6개월 이내의 영업정지, 영업소폐쇄를 명할 수 있도록 하고 있고, 행정처분의 세부적인 기준은 그 위반행위의 유형과 위반의 정도 등을 참작하여 보건복지부령(현재는 총리령)으로 정하도록 하고 있다. 이에 따라 보건복지부장관(현재는 국무총리)은 **식품위생법시행규칙** 별표23에서 행정처분의 기준을 정하고 있는데, 청소년에게 주류를 제공한 자에게는 1차위반의 경우 영업정지 2개월, 2차의 경우 영업정지 3개월, 3차의 경우 영업허가취소를 하도록 되어 있다. 이에 따라 행정청은 A에 대해 1차 위반이므로 영업정지 2개월이라는 행정처분을 하였다. A는 자신이 청소년들에게 적극적으로 술을 판매한 것이 아니기 때문에 영업정지 2개월은 너무 가혹한 처벌이라고 주장한다. 반면 행정청은 **식품위생법시행규칙은 보건복지부령(총리령)으로서 법규명령**이므로 이에 따르지 않을 수 없다고 한다. 행정청의 주장은 타당한가?
> ② B시장은 주택건설사업자인 A에 대해 주택건설촉진법시행령(현 주택법시행령)에 의거하여 기간을 정하여 하자보수를 명하였으나 이행하지 않자, **주택건설촉진법시행령** 제10조의3 제1항 [별표1]에서 정하고 있는 등록업자의 영업정지처분에 관한 기준에 따라 불이행하거나 지체한 경우에 부과하도록 한 3개월의 영업정지처분을 내렸다. 그러자 A는 동 처분은 과도한 제재로서 재량권의 범위를 일탈한 위법이므로 취소하라는 취소소송을 제기하였다. 이 경우 처분의 근거법령의 성질은 어떠하며 A의 처분은 위법한가?

(1) 문제의 소재

법규명령의 형식(예: 식품위생법시행규칙)으로 발하여졌으나 실질은 행정규칙의 성질(행정처분의 기준, 재량준칙)을 가지는 경우에 그것의 법적 성질을 어떻게 인정할 것인지가 재판상 다툼이 되는 경우가 많다. 이는 대부분 (허가취소, 영업정지, 과징금 부과 등과 같은) 제재적 행정처분의

제 1 장 행정입법 *155*

기준을 정한 경우이다.

(2) 학 설

1) 법규명령설

내용에 불문하고 형식을 기준으로 판단하여야 한다는 견해로서 다수설이다. 재량행사의 기준이 법규명령의 형식으로 규정되어 있는 경우 공무원은 법령준수의무로 인하여 그 재량행사의 기준에 따라 행정처분을 할 것임은 당연함에도 불구하고, 법원이 쟁송단계에서 법규명령의 법적 의미와 공무원의 법령준수의무를 부인하는 것은 바람직하지 못하기 때문이라는 논거이다.

【판례】상위법령의 위임에 따라 제재적 처분기준을 정한 부령인 시행규칙은 헌법 제95조에서 규정하고 있는 위임명령에 해당하고, 그 내용도 실질적으로 국민의 권리의무에 직접 영향을 미치는 사항에 관한 것이므로, 단순히 **행정기관 내부의 사무처리준칙에 지나지 않는 것이 아니라 대외적으로 국민이나 법원을 구속하는 법규명령에 해당한다고** 보아야 한다(대법원 2006.6.22, 2003두1684. 별개의견).

2) 행정규칙설

내용을 중시하여 그 내용상 행정규칙인 것이 명백한 때에는 법규명령의 형식으로 제정되어도 행정규칙으로서의 성질이 변하는 것이 아니라는 견해이다.

(3) 판 례

'부령·자치단체의 규칙'의 형식으로 정한 것은 행정규칙이라는 것이 일관된 판례이다.

【판례】① "대법원은 **규정형식상 부령인 시행규칙 또는 지방자치단체의 규칙으로 정한 행정처분의 기준은 행정처분 등에 관한 사무처리기준과 처분절차 등 행정청 내의 사무처리준칙을 규정한 것에 불과**하므로 행정조직 내부에 있어서의 행정명령의 성격을 지닐 뿐 대외적으로 국민이나 법원을 구속하는 힘이 없고, 그 처분이 위 규칙에 위배되는 것이라 하더라도 위법의 문제는 생기지 아니하고 또 위 규칙에서 정한 기준에 적합하다 하여 바로 그 처분이 적법한 것이라고도 할 수 없으며, **그 처분의 적법 여부는 위 규칙에 적합한지의 여부에 따라 판단할 것이 아니고 관계 법령의 규정 및 그 취지에 적합한 것인지의 여부에 따라 개별적 구체적으로 판단하여야 한다**고 일관되게 판시하여 왔다"(대법원 1995.10.17., 94누14148).
② 공공기관의 운영에 관한 법률 제39조 제2항, 제3항에 따라 입찰참가자격 제한기준을 정하고 있는 구 공기업·준정부기관 계약사무규칙(2013.11.18. 기획재정부령 제375호로 개정되기 전의 것) 제15조 제2항, 국가를 당사자로 하는 계약에 관한 법률 시행규칙 제76조 제1항 [별표 2], 제3항 등은 비록 부령의 형식으로 되어 있으나 규정의 성질과 내용이 공기업·준정부기관(이하 '행정청'이라 한다)이 행하는 **입찰참가자격 제한처분에 관한 행정청 내부의 재량준칙을 정한 것에 지나지 아니하여 대외적으로 국민이나 법원을 기속하는 효력이 없으므로,** 입찰참가자격 제한처분이 적법한지 여부는 이러한 규칙에서 정한 기준에 적합한지 여부만에 따라 판단할 것이 아니라 공공기관의 운영에 관한 법률상 입찰참가자격 제한처분에 관한 규정과 그 취지에 적합한지 여부에 따라 판단하여야 한다. 다만 **그 재량준칙이 정한 바에 따라 되풀이 시행되어 행정관행이 이루어지게 되면 평등의 원칙이나 신뢰보호의 원칙에 따라 행정청은 상대방에 대한 관계에서 그 규칙에 따라야 할 자기구속을 받게 되므로,** 이러한 경우에는 특별한 사정이 없는 한 그에 반하는 처분은 평

등의 원칙이나 신뢰보호의 원칙에 어긋나 재량권을 일탈·남용한 위법한 처분이 된다(대법원 2014.11.27. 2013두18964).

③ 식품위생법 제58조 제1항에 의한 영업정지 등 행정처분의 적법 여부는 법 시행규칙(2008.6.20. 보건복지가족부령 제22호로 개정되기 전의 것) 제53조 [별표 15]의 **행정처분기준에 적합한 것인가의 여부에 따라 판단할 것이 아니라 법의 규정 및 그 취지에 적합한 것인가의 여부에 따라 판단하여야** 하는 것이고, 행정처분으로 인하여 달성하려는 공익상의 필요와 이로 인하여 상대방이 받는 불이익을 비교·형량하여 **그 처분으로 인하여 공익상 필요보다 상대방이 받게 되는 불이익 등이 막대한 경우에는 재량권의 한계를 일탈한 것으로서 위법하다**(대법원 2010.4.8. 2009두22997).

반면 판례는 행정처분의 기준을 '대통령령(…법 시행령)'의 형식으로 정한 것은 법규명령으로 본다.

【판례】① 당해 처분의 기준이 된 **주택건설촉진법시행령** 제10조의3 제1항 [별표1]은 주택건설촉진법 제7조 제2항의 위임규정에 터잡은 규정형식상 대통령령이므로 그 성질이 부령인 시행규칙 또는 지방자치단체의 규칙과 같이 통상적으로 행정조직 내부에 있어서의 행정명령에 지나지 않는 것이 아니라, 예외적으로 국민이나 법원을 구속하는 힘이 있는 **법규명령에 해당**한다. … 따라서 위 [별표1]의 규정에 의하여 3개월간의 영업정지처분을 하여야 할 뿐 달리 그 **정지기간에 관하여 재량의 여지가 없다**(대법원 1997.12.26. 97누15418).

② '국토의 계획 및 이용에 관한 법률'('국토계획법') 제124조의2 제1항, 제2항 및 '국토의 계획 및 이용에 관한 법률 시행령' 제124조의3 제3항이 토지이용에 관한 이행명령의 불이행에 대하여 법령 자체에서 토지이용의무 위반을 유형별로 구분하여 이행강제금을 차별하여 규정하고 있는 등 규정의 체계, 형식 및 내용에 비추어 보면, '국토계획법' 및 '국토의 계획 및 이용에 관한 법률 시행령'이 정한 이행강제금의 부과기준은 단지 **상한을 정한 것에 불과한 것이 아니라, 위반행위 유형별로 계산된 특정 금액을 규정한 것이므로 행정청에 이와 다른 이행강제금액을 결정할 재량권이 없다**고 보아야 한다(대법원 2014.11.27. 2013두8653).

그러나 다른 한편으로는 대통령령이 정한 기준은 처벌의 상한선으로서 감경할 수도 있다고 함으로써 사실상 위의 '부령'의 경우와 같은 태도를 취한다.

【판례】① (구)청소년보호법 제49조 제1항, 제2항에 따른 **같은 법시행령** 제40조 [별표 6]의 '위반행위의 종별에 따른 과징금처분기준'은 법규명령이기는 하나 모법의 위임규정의 내용과 취지 및 헌법상의 과잉금지의 원칙과 평등의 원칙 등에 비추어 같은 유형의 위반행위라 하더라도 그 규모나 기간·사회적 비난 정도·위반행위로 인하여 다른 법률에 의하여 처벌받은 다른 사정·행위자의 개인적 사정 및 위반행위로 얻은 불법이익의 규모 등 **여러 요소를 종합적으로 고려하여 사안에 따라 적정한 과징금의 액수를 정하여야 할 것이므로 그 수액은 정액이 아니라 최고한도액이다**(대법원 2001.3.9. 99두5207). (즉, 최고한도를 벗어난 과징금은 위법이지만 그 이하의 과징금을 부과할 수 있으며, 사안에 비해 과도한 과징금을 부과할 경우 위법이 될 수 있다는 취지이다. 이후 개정된 새 청소년보호법시행령 제40조 제3항은 "위반행위의 내용·정도·기간, 위반행위로 인하여 얻은 이익 등을 참작하여 … 과징금의 금액의 2분의 1의 범위 안에서 이를 감경할 수 있다"고 규정하고 있다).

② 국민건강보험법 제85조 제1항, 제2항에 따른 **같은 법 시행령**(2001.12.31. 개정되기 전의 것) 제61조 제1항 [별표 5]의 업무정지처분 및 과징금부과의 기준은 법규명령이기는 하나 모법의 위임규정의 내용과 취지 및 헌법상의 과잉금지의 원칙과 평등의 원칙 등에 비추어 같은 유형의 위반행위라 하더라도 그 규모나 기간·사회적 비난 정도·위반행위로 인하여 다른 법률에 의하여 처벌받은 다른 사정·행위자의 개인적 사정 및 위반행위로 얻은 불법이익의 규모 등 **여러 요소를 종합적으로 고려하여** 사안에 따라 적정한 업무정지의 기간 및 과징금의 금액을 정하여야 할 것이므로 그 기간 내지 금액은 **확정적인 것이 아니라 최고한도라고 할 것이다**. …. 위 [별표 5]의 업무정지처분기준상의 기간으로서 **최고한도인 241일의 업무정지**를 명한 이 사건 처분은 재량권의 **한계를 일탈하거나 남용한 것으로 위법**하다(대법원 2006.2.9. 2005두11982).

부령으로 제재적 행정처분의 기준을 정한 것이 아니라 인가기준을 정한 경우는 그 부령은 행정규칙이 아니라 법규명령으로 본다.

【판례】 구 '여객자동차 운수사업법 시행규칙 제31조 제2항 제1호, 제2호, 제6호는 동법 제11조 제4항의 위임에 따라 시외버스운송사업의 **사업계획변경에 관한 절차, 인가기준 등을 구체적으로 규정한 것으로서, 대외적인 구속력이 있는 법규명령**이라고 할 것이고 (대법원 1996.6.14. 95누17823; 1997.5.16. 97누2313 참조), 그것을 행정청 내부의 사무처리준칙을 규정한 행정규칙에 불과하다고 할 수는 없는 것이다. 따라서 원심이 인정하는 바와 같이 피고가 이 사건 시외버스운송사업계획변경인가처분을 함에 있어서 이 사건 각 규정에서 정한 절차나 인가기준 등을 위배하였다면, 이 사건 처분은 위법함을 면하지 못한다고 할 것이다(원심이 들고 있는 대법원 1995.10.17. 94누14148 전원합의체 판결은 **제재적 행정처분의 기준에 관한 것으로서 이 사건과는 사안을 달리하여 원용하기에 적절하지 아니함**을 지적해 둔다)(대법원 2006.6.27. 2003두4355).

(4) 검 토

위와 같은 판례의 태도는 법논리적으로 설득력·일관성이 없어 보인다. 대통령령이나 부령 모두 법적 성질에 있어서 차이가 없는 것이며 모두 법규명령으로서의 구속력을 가진다고 보아야 한다.

판례가 대통령령(…법시행령)이나 부령(…법시행규칙)으로 제정되어 있는 것을 법논리적으로 비판의 여지가 많음에도 불구하고 굳이 상한선 규정이나 행정규칙으로 보는 이유는 행정처분이 그러한 시행령이나 시행규칙으로 정한 기준을 따라 행해졌음에도 불구하고 구체적 타당성을 상실한 경우 법원이 이를 취소하여 시정하기 위한 것으로 보인다. 판례의 영향으로 최근에는 예컨대, 위의 사건을 계기로 개정된 새 청소년보호법시행령은 "위반행위의 내용·정도·기간, 위반행위로 인하여 얻은 이익 등을 참작하여 … 과징금의 금액의 2분의 1의 범위 안에서 이를 감경할 수 있다(제40조 제3항)"고 규정함으로써 구체적 타당성에 맞는 과징금부과처분을 할 수 있도록 하고 있다. 현재는 행정처분기준을 정하고 있는 대부분의 시행령·시행규칙이 이와 유사한 규정을 두고 있다. 즉, 시행령이나 시행규칙이 스스로 행정처분의 기준을 탄력적으로 적용할 수 있도록 명시적으로 인정함으로써 행정처분의 기준을 정한 시행령이나 시행규칙을 형식을 기준으로 하여 원래대로 법규명령으로 보더라도 행정청이 구체적 타당성 있는 행정처분을 하는 데 지장이 없도록 한 것이다.

따라서 법규명령으로 행정처분의 기준을 정한 경우 그것이 법규명령인지 행정규칙인지의 논의의 실익은 없게 되었다. 결론적으로 이제는 형식을 기준으로 법규명령으로 보는 것이 법논리적으로는 물론 현실적으로도 타당한 것이다.

【답】

① 판례에 의하면 시행규칙에서 정하고 있는 행정처분기준은 형식과 관계없이 행정규칙에 불과하므로 **행정청의 주장은 옳지 않다**. 행정청은 A에 대해 "헌법상의 과잉금지의 원칙과 평등의 원칙 등에 비추어 같은 유형의 위반행위라 하더라도 그 규모나 기간·사회적 비난 정도·위반행위로 인하여 다른 법률에 의하여 처벌받은 다른 사정·행위자의 개인적 사정 및 위반행위로 얻은 불법이익의 규모 등 여러 요소를 종합적으로 고려하여"(대법원 2001.3.9, 99두5207) 행정처벌을 하여야 한다. 따라서 **영업정지 2개월은 재량권을 남용한 것으로서 위법한 행정처분**이 될 수도 있다.

② 3개월간의 영업정지처분을 하도록 규정한 주택건설촉진법시행령 제10조의3 제1항 [별표1]의 규정이 법규명령인지 행정규칙인지가 문제이다. **판례는 대통령령형식의 행정규칙은 그 규정형식상 대통령령이므로 그 성질이 부령인 시행규칙 또는 지방자치단체의 규칙과 같이 통상적으로 행정조직 내부에 있어서의 행정명령에 지나지 않는 것이 아니라, 국민이나 법원을 구속하는 법규명령**에 해당한다고 한다. 학설·판례에 의할 때, 주택건설촉진법시행령상의 처분기준은 법규명령에 해당하는바, A가 정당한 사유 없이 사용검사권자인 B가 지정한 날짜까지 이행하지 아니하거나 지체한 때에는 관할 관청으로서는 위 별표에 의거하여 **3개월간의 영업정지처분을 하여야 하고 달리 재량의 여지가 없다고 보며 A에 대한 영업정지처분에는 위법이 없다**(대법원 1997. 12.26, 97누15418 참조). 그러나 다른 판례(대법원 2001.3.9, 99두5207)를 따를 경우, 즉 영업정지 3개월은 최고한도이며, 여러 요소를 종합적으로 고려하여 사안에 따라 적정한 행정처분을 하여야 할 것이므로 A에 대한 3개월간의 영업정지는 재량권을 남용한 것으로서 위법한 행정처분으로 판단될 수도 있다.

Ⅲ. 행정규칙의 법적 성질

1. 비법규설

법규란 독립의 법인격자 사이의 관계를 규율하는 것이라는 관념에서 출발한다. 행정규칙은 상급행정기관의 지휘·감독권에 근거하여 제정되고 법률의 수권이 필요 없으며, 행정조직내부의 규범으로 국민의 권리·의무를 직접 규정하지 않기 때문에 법규의 성질을 가지지 못한다는 견해이다. 재판의 기준이 되지 않으며 행정규칙의 위반은 위법이 되지 않는다는 것이다.

2. 법규설

법규개념을 수정·확대하여 법규란 '일반적·추상적인 고권적 규율' 또는 '내부적·외부적 효력을 불문하고 무릇 법적 구속력을 갖는 규율'이라고 정의한다. 이러한 법규개념에 따라 행정규칙도 법규라고 하는 견해인데, 구속력의 인정범위에 따라 다음과 같이 나뉜다.

(1) 내부법규설

행정규칙은 내부적 구속력이 있는데, 이것도 법적 구속력이므로 내부법규라는 견해이다. 이는 위의 비법규설과 실질에 있어서 차이가 없다.

(2) 외부법규설

행정규칙 중에서 일부는 국민에 대해 일반구속력(외부효)이 있으며, 이는 외부법규라고 할 수 있다는 견해이다. 상술한 것처럼 법규명령으로서의 행정규칙을 인정하는 견해이다.

(3) 준법규설

행정규칙 중에서 재량준칙은 그 적용을 통하여 일정한 행정관행이 형성된 경우 행정청은 평등의 원칙으로 인해 그 관행에 구속되게 되는데, 이는 결과적으로 행정규칙에 구속되는 것과 동일하므로, 행정규칙은 법규에 준하는 것(준법규)이 된다는 견해이다. 실질적으로는 비법규설과 다를 바 없다. 규범은 법규 또는 비법규인 것이지 '준법규'라는 개념은 없다.

3. 판 례

판례는 외부적 효력이 있는 재판규범이 되는 것만을 '법규'라고 하면서, 원칙적으로 행정규칙은 내부효만 있는 것으로 보고 그 법규성을 부인한다. 상술한 것처럼 예외적으로 법령보충적 행정규칙에 대해서만 법규성을 인정한다.

【판례】① 훈령이란 행정조직내부에 있어서 그 권한의 행사를 지휘감독하기 위하여 발하는 행정명령으로서 훈령, 예규, 통첩, 지시, 고시, 각서 등 그 사용명칭 여하에 불구하고 공법상의 법률관계내부에서 준거할 준칙 등을 정하는데 그치고 **대외적으로는 아무런 구속도 가지는 것이 아니다**(대법원 1983.6.14, 83누54).
② 행정규칙이 법령의 규정에 의하여 행정관청에 법령의 구체적 내용을 보충할 권한을 부여한 경우, 또는 재량권 행사의 준칙인 규칙이 그 정한 바에 따라 되풀이 시행되어 **행정관행이 이룩되게 되면 평등의 원칙이나 신뢰보호의 원칙에 따라** 행정기관은 그 상대방에 대한 관계에서 그 규칙에 따라야 할 **자기구속을 당하게 되는 경우에는 대외적인 구속력**을 가지게 된다(헌재 1990.09.03, 90헌마13).
③ 주류도매면허제도 개선업무처리지침은 행정규칙의 형식을 취하고 있지만 국세청장이 시행령 제14조의 위임에 따라서 그 규정의 내용이 될 사항을 구체적으로 정하고 있는 것으로서 그 위임의 한계를 벗어나지 않는 한 **시행령 제14조와 결합하여 대외적으로 구속력 있는 법규명령으로서의 효력**을 갖는다(대법원 1994. 4.26, 93누21668).

4. 사 견

'행정'규칙이 '법규'명령과 구별되는 개념이므로, 법규개념을 확대하여 행정규칙을 '법규' 내지 '내부법'이라고 하는 것은 개념상의 혼란만 야기할 뿐이다. 따라서 원칙적으로 행정규칙은 법규명령과는 다른 것으로서 법규성이 부인되는 것이라고 하여야 할 것이다. 행정규칙이 행정내부에서 구속력이 있는 것은 그것이 '법규'이기 때문이 아니라 공무원법·행정조직법상(예: 국가공무원법 제57조) 하급기관은 상급기관의 지휘·감독에 복종하여야 할 '법적' 의무가 있기 때문인 것이다.

다만 예외적으로 법령보충규칙의 경우에는 법규성이 인정될 수 있음은 상술한 바와 같다. 그런데 법규성이 있는 행정규칙을 규정형식을 기준으로 '행정규칙'이라고 분류할 것인지, 아니면 실질을 기준으로 '법규명령'이라고 할 것인지는 여전히 문제로 남는다. 법적 명확성을 위해 규범형식과 내용을 일치시킬 필요가 있다. 헌법을 개정하여 '고시' 등을 법규명령의 형식으로서 명시적으로 확대·인정하는 것도 하나의 해결방법이 될 수 있을 것이다. 즉, 규범형식은 확대하되 상위 법령의 명확하고 구체적인 위임이 있는 경우에만 인정하는 것이 바람직하다(독일의 경우가 그렇다).

Ⅳ. 행정규칙의 근거와 한계

행정규칙은 국민의 법적 지위에 직접 영향을 미치는 것이 아니기 때문에, 그것을 정하는 데에는 특별한 법률의 수권을 필요로 하지 않으며, 행정권의 당연한 권능으로 제정할 수 있다. 그러나 행정규칙도 법령이나 상급기관의 행정규칙, 비례원칙 등 행정법의 일반원칙에 위반하지 않으며, 목적상 필요한 범위 내에서만 제정되어야 하고, 법령의 위임에 따라 법령을 보충하기 위해 불가피한 경우(법령보충적 행정규칙의 경우)를 제외하고는 국민의 권리·의무에 관한 사항을 규정하지 못한다. '고시'와 같은 형식으로 입법위임을 하여 법령보충규칙을 제정할 때에는 "적어도 행정규제기본법 제4조 제2항 단서에서 정한 바와 같이 법령이 전문적·기술적 사항이나 경미한 사항으로서 업무의 성질상 위임이 불가피한 사항에 한정된다할 것이다"(헌재 2004.10.28, 99헌바91).

V. 행정규칙의 적법요건과 소멸

1. 적법요건

행정규칙은 ㉠ 정당한 권한 있는 행정기관이 수명기관에게 발하여야 하며(주체요건), ㉡ 그 내용이 법령 또는 상급기관의 행정규칙에 반하지 않고 가능하고 명백한 내용으로(내용요건), ㉢ 일정한 절차(대통령훈령의 경우는 법제처의 심사를 거쳐야 함)와 형식에 따라(절차·형식요건) 성립한다. ㉤ 행정규칙은 수명기관에 적당한 방법으로 통보되거나 도달하면 되고 공포의 형식은 법적으로 반드시 요구되는 것은 아니다. 또한 특별한 효력발생요건을 요하지 않고 도달되면 구속력이 발생한다. 그런데 대통령훈령에 대해서는 '대통령훈령의 발령 및 관리 등에 관한 규정'이 정하고 있다.

다른 한편 법규명령으로서의 효력을 갖는 법령보충규칙은 법규명령에 준하는 요건을 갖추어야 할 것이며, 법규명령과 같은 형식으로 관보에 공포되어야 한다. 효력발생요건도 법규명령에 준하도록 하여야 한다.

【 판례 】 **"세무서장 또는 지방국세청장이 세무조사와 양도소득세공정과세위원회의 자문을 거쳐 투기거래자로 인정한 때"** 에 그 양도 또는 취득가액을 실지거래가액에 의하도록 규정한 재산제세조사사무처리규정(19 87.1.26. 국세청훈령 제980호) 제72조 제3항 제8호의 규정은 거래자가 투기거래자인가의 여부를 식별하기 위한 기준을 명시하지 아니하고 과세관청의 주관적인 판단에 의하여 투기거래자로 인정되면 양도 또는 취득가액을 실지거래가액에 의한다고 함으로써 양도가액을 기준시가에 의할 것인가 실지거래가액에 의할 것인가를 결정함에 있어서 과세관청의 자의적인 재량을 허용하고, 반면 **납세의무자로서는 양도소득세의 부과처분전에 자기에게 부과될 과세액을 전혀 예측할 수 없게 한 규정** 으로서, 과세관청의 자의적인 재량을 배제하여 국민의 재산권이 부당하게 침해되는 것을 방지하고 국민의 경제생활에 법적 안정성과 예측가능성을 부여함을 목적으로 하는 **조세법률주의의 원칙에 위배되는 무효의 규정** 이다(대법원 1990.5.8, 89누8149).

2. 하자(흠), 소멸

위의 요건을 완전히 갖추지 못한 행정규칙은 하자(흠)있는 것이 되고, 하자 있는 행정규칙은 무효가 된다. 명시적·묵시적 폐지, 종기의 도래 등에 의하여 효력을 상실한다.

Ⅵ. 행정규칙의 효력

1. 내부적 효력

행정규칙은 행정조직내부에서 일정한 법적 구속력을 갖는다. 공무원은 행정규칙의 위법성이 중대하고 명백하면 복종을 거부할 수 있으나 그렇지 않으면 복종을 거부할 수 없다. 공무원이 정당한 이유 없이 행정규칙에 위반한 경우에는 징계사유가 된다. 그러나 행정규칙은 내부규범이므로 그에 따르지 않고자 할 경우에는 행정규칙제정기관이나 상급기관 등에게 합당한 사유를 제시하고 동의를 얻는 등, 행정내부적으로 적당한 절차를 거치면 가능하다고 할 것이다. 이 점이 법규명령과 다르다.

2. 외부적 효력

재량준칙이나 법령해석규칙 등은 행정조직 밖의 일반 국민에게도 사실상의 영향력을 미치게 된다. 그 결과 행정규칙의 외부적 효력이 직접적인 것인지, 그리고 법적 효력을 갖는 것인지가 문제된다.

(1) 간접적 효력

행정규칙이 존재하면 그에 상응하는 행정관행(행정선례)이 형성되게 되며, 행정규칙의 위반은 행정선례와 다른 결정을 하는 것을 의미하므로 합리적인 이유가 없는 한 결과적으로 평등원칙 내지 자기구속원리의 위반으로서 위법인 것이 된다. 그러나 행정규칙 자체가 직접적인 대외적 구속력을 가지는 것은 아니며, '행정규칙의 위반은 곧 위법이 된다'라고 할 수는 없다. 행정규칙의 국민에 대한 효력은 간접적인 것에 불과하다. 행정규칙은 행정선례의 존재를 추정하게 할 뿐이고, 평등의 원칙에 있어서 비교대상은 행정선례이지 행정규칙 자체가 아닌 것이다. 행정규칙이나 행정선례는 합리적인 이유가 있으면 언제든지 변경될 수 있고 행정규칙과 다른 행정선례가 존재할 수도 있기 때문이다.

'행정의 자기구속의 법리 내지 평등원칙은 행정조직의 내부규범인 행정규칙을 결과적으로 외부의 국민을 규율하는 외부법으로 전환시키는 전환규범의 기능을 한다'는 견해는 오해의 소지가 있는 것이다.

(2) 직접적 효력

행정규칙은 직접적인 외부적 효력을 갖지 않는 것이 원칙이지만, 예외적으로 법규성이 인정되는 법령보충적 행정규칙은 법규명령과 마찬가지로 직접적으로 국민을 구속하고 재판규범이 되는 효력이 있다. 이 경우에는 행정규칙의 위반은 곧 위법이 된다. 법령보충적 행정규칙이 "비록 법령에 근거를 둔 것이라고 하더라도 그 규정 내용이 법령의 위임 범위를 벗어난 것일 경우에는 법규명령으로서의 대외적 구속력을 인정할 여지는 없다"(대법원 2006.4.28, 2003마715).

그런데 헌법재판소는 "법령보충적 행정규칙이라도 그 자체로서 직접적으로 대외적인 구속력을 갖는 것은 아니고 **상위법령과 결합하여 일체가 되는 한도 내에서** 상위법령의 일부가 됨으로써 대외적 구속력이 발생되는 것"이라고 한다(헌재 2004.10.28, 99헌바91).

【 판례 】 우리 재판소는, **고시는** 그 성질이 일률적으로 판단될 것이 아니라 **고시에 담겨진 내용에 따라 구체적인 경우마다 달리 결정되는 것**으로(헌재 1998.4.30, 97헌마141), 그 내용 속에 일반적·추상적 규율을 갖는 것과 구체적인 규율의 성격을 갖는 것이 있을 수 있다고 판시한 바 있다. 또한, 원칙적으로 행정규칙은 그 성격상 대외적 효력을 갖는 것은 아니나, **특별히 예외적인 경우에 대외적으로 효력을 가질 수 있는데,** 그 예외적인 경우는 우리 재판소가 이미 선례에서 밝힌 바와 같이 재량권 행사의 준칙인 규칙이 그 정한 바에 따라 되풀이 시행되어 행정관행이 이룩되게 되면 평등의 원칙이나 신뢰보호의 원칙에 따라 행정원칙은 그 상대방에 대한 관계에서 그 바와 따라야 할 **자기구속을 당하게 되는 경우**(헌재 1990.9.3, 90헌마13), 또는 **법령의 직접적 위임에 따라 수임행정원칙이 그 법령을 시행하는 데 필요한 구체적 사항을 정하였을 때,** 그 제정형식은 비록 법규명령이 아닌 고시·훈령·예규 등과 같은 행정규칙이더라도 그것이 상위법령의 위임한계를 벗어나지 않는 경우(헌재 1991.6.26, 91헌마259)이다. 그러나 위와 같은 행정규칙, 특히 후자와 같은 이른바 **법령보충적 행정규칙이라도 그 자체로서 직접적으로 대외적인 구속력을 갖는 것은 아니다. 즉, 상위법령과 결합하여 일체가 되는 한도 내에서 상위법령의 일부가 됨으로써 대외적 구속력이 발생되는 것일 뿐 그 행정규칙 자체는 대외적 구속력을 갖는 것은 아니라 할 것이다**(헌재 2004.10.28, 99헌바91).

Ⅶ. 행정규칙에 대한 통제

1. 사법적 통제

(1) 법원에 의한 통제

1) 행정규칙이 행정처분의 근거가 된 경우

행정쟁송(행정심판, 행정소송)에서 행정처분의 위법성을 심사함에 있어서 행정처분의 근거가 된 행정규칙의 위법성을 심사하게 되는 것은 당연하다. 헌법 제107조 제2항이 행정규칙에도 적용되는지의 여부에 관한 논의는 의미가 없다. 행정규칙이 내부규범에 불과한 경우는 법원은 행정처분의 위법성을 판단하기 위한 참고자료로서 자유롭게 심사할 수 있을 것이다. 법규성이 인정되는 법령보충규칙의 경우에는 행정처분의 근거가 된 행정규칙의 위법성을 법원이 심사할 수밖에 없으므로 헌법 제107조 제2항이 당연히 적용되어야 하는 것이다. 심사결과 위법한 행정규칙은 무효가 되며 그에 근거한 행정처분이 위법이 된다.

2) 처분적 행정규칙의 경우

처분적 법규명령의 경우와 마찬가지로 행정규칙(특히 '고시') 자체가 구체적인 규율의 성격을 갖는다면 그로 인해 직접 국민의 권익이 침해되고, 국민이 행정규칙 그 자체를 직접 다투지 않고는 구제받을 수 없는 특별한 사정이 있는 경우에는 당해 행정규칙을 행정소송법상 '처분'으로 보아 항고소송을 제기할 수 있다(만일 법원에서 항고소송을 인정하지 않으면 헌법재판소법 제68조 제1항에 의한 헌법소원을 제기할 수도 있다).

【판례】 **고시가 법규명령이 아니라 행정처분이므로 헌법소원의 보충성요건으로 인해 행정소송을 제기하여야 한다는 이유로 헌법소원을 각하한 사례** : 고시 또는 공고의 법적 성질은 일률적으로 판단될 것이 아니라 고시에 담겨진 내용에 따라 구체적인 경우마다 달리 결정된다고 보아야 한다. 즉, 고시가 일반·추상적 성격을 가질 때는 법규명령 또는 행정규칙에 해당하지만, **고시가 구체적인 규율의 성격을 갖는다면 행정처분에 해당한다**. 이 사건 국세청고시는 특정 사업자를 납세병마개 제조자로 지정하였다는 행정처분의 내용을 모든 병마개 제조자에게 알리는 통지수단에 불과하므로, 청구인의 이 사건 **국세청고시에 대한 헌법소원 심판청구**는 고시 그 자체가 아니라 고시의 실질적 내용을 이루는 **국세청장의 위 납세병마개 제조자 지정처분에 대한 것**으로 해석함이 타당하다. 설사 국세청장의 지정행위의 근거규범인 이 사건 조항들이 단지 공익만을 추구할 뿐 청구인 개인의 이익을 보호하려는 것이 아니라는 이유로 청구인에게 취소소송을 제기할 법률상 이익을 부정한다고 하더라도, 청구인의 기본권인 경쟁의 자유가 바로 행정청의 지정행위의 취소를 구할 법률상 이익이 된다 할 것이다. 그러므로 청구인은 국세청장의 지정처분의 취소를 구하는 행정소송을 제기할 수 있다. 따라서 그러한 구제절차를 거치지 아니하고 제기된 이 사건 국세청고시에 대한 헌법소원 심판청구는 보충성요건이 결여되어 부적법하다(헌재 1998.04.30, 97헌마141).

(2) 헌법재판소에 의한 통제

헌법소원은 공권력의 행사 또는 불행사로 기본권이 침해받은 경우, 다른 방법으로는 이러한 침해를 다룰 수 없는 경우에만(헌법소원의 보충성의 요건) 청구할 수 있다(헌법재판소법 제68조①). 그런데 행정규칙은 일반적으로 행정내부의 행위로서 국민에게 직접적인 효력이 없으며, 국민의 기본권을 침해하는 '공권력의 행사'에 해당하지 않는다. 따라서 헌법소원의 대상이 될 수 없는 것이 원칙이다. 그러나 법령보충규칙이나 재량준칙이 국민의 기본권을 직접 침해함으로써 '직접성'이 인정되는 경우에는 헌법소원의 대상이 될 수 있다.

【판례】 ① 국립대학인 **서울대학교의 "94학년도 대학입학고사 주요요강"**은 사실상의 준비행위 내지 사전

안내로서 행정쟁송의 대상이 될 수 있는 행정처분이나 공권력의 행사는 될 수 없지만 그 내용이 국민의 기본권에 직접 영향을 끼치는 내용이고 앞으로 법령의 뒷받침에 의하여 그대로 실시될 것이 틀림없을 것으로 예상되어 그로 인하여 직접적으로 기본권 침해를 받게 되는 사람에게는 사실상의 규범작용으로 인한 위험성이 이미 현실적으로 발생하였다고 보아야 할 것이므로 이는 헌법소원의 대상이 되는 헌법재판소법 제68조 제1항 소정의 **공권력의 행사에 해당**된다고 할 것이며, 이 경우 헌법소원 외에 달리 구제방법이 없다(헌재 1992.10.01, 92헌마68,76(병합)).

② 법령의 위헌확인을 구하는 헌법소원은 법령이 직접 기본권을 침해하는 경우에 한하여 허용되는바, 이러한 기본권침해의 직접성은 집행행위에 의하지 아니하고 **법령 그 자체에 의하여 직접 자유의 제한 · 의무의 부과, 권리 또는 법적 지위의 박탈**이 생긴 경우를 뜻하므로, 구체적인 집행행위를 통하여 비로소 당해 법령에 의한 기본권침해의 법률효과가 발생하는 경우에는 **직접성의 요건이 결여된다.** 이 사건 고시('청소년유해매체물의 표시방법'에 관한 정보통신부고시)는 **별도의 집행행위의 필요 없이 구체적인 전자적 표시방법을 정하고 있는데,** 위 시행령 조항과 이 사건 고시는 서로 결합하여 직접 국민의 권리와 의무에 대한 사항을 정하고 있는 것이므로 이에 대하여 **직접성이 인정된다**고 볼 것이다. '청소년유해매체물의 표시방법'에 관한 **정보통신부고시**는 청소년유해매체물을 제공하려는 자가 하여야 할 전자적 표시의 내용을 정하고 있는데, 이는 정보통신망이용촉진및정보보호등에관한법률 제42조 및 동법시행령 제21조 제2항, 제3항의 위임규정에 의하여 제정된 것으로서 **국민의 기본권을 제한하는 것인바 상위법령과 결합하여 대외적 구속력을 갖는 법규명령으로 기능하고 있는 것이므로 헌법소원의 대상이 된다**(헌재 2004.01.29, 2001헌마894).

③ 행정규칙은 일반적으로 행정조직 내부에서만 효력을 가지는 것이나, **행정규칙이 법령의 규정에 의하여 행정관청에 법령의 구체적 내용을 보충할 권한을 부여한 경우나 재량권행사의 준칙인 규칙이 그 정한 바에 따라 되풀이 시행되어 행정관행이 이룩되게 되면,** 평등의 원칙이나 신뢰보호의 원칙에 따라 행정기관은 그 상대방에 대한 관계에서 그 규칙에 따라야 할 자기구속을 당하게 되는 경우에는 대외적인 구속력을 가지게 되는바, 이러한 경우에는 **헌법소원의 대상이 될 수도 있다.** 경기도교육청의 1999.6.2.자「학교장 · 교사 초빙제 실시」는 학교장 · 교사 초빙제의 실시에 따른 구체적 시행을 위해 제정한 **사무처리지침으로서 행정조직 내부에서만 효력을 가지는** 행정상의 운영지침을 정한 것이어서, 국민이나 법원을 구속하는 효력이 없는 **행정규칙에 해당하므로 헌법소원의 대상이 되지 않는다**(2001.5.31. 99헌마413).

2. 국회에 의한 통제

행정규칙이 제정 · 개정 · 폐지되는 때에는 국회의 소관 상임위원회에 제출하도록 하거나(국회법 제98조의2 ①), 국정감사 · 대정부질문 등을 통해 간접적으로 통제하는 등 법규명령의 경우와 거의 같다.

3. 행정적 통제

감독청에 의한 통제, 절차상의 통제(예: 대통령훈령의 경우 법제처 심사), 행정청의 행정처분시 행정규칙의 심사 등 각종 공식적 · 비공식적 행정내부통제가 가능하다. 중앙행정심판위원회를 통한 통제는 법규명령의 경우와 같다(행심법 제59조).

【 참고 】 행정심판법 제59조 (불합리한 법령 등의 개선) ① **중앙행정심판위원회**는 심판청구를 심리 · 재결할 때에 처분 또는 부작위의 근거가 되는 명령 등(대통령령 · 총리령 · 부령 · 훈령 · 예규 · 고시 · 조례 · 규칙 등을 말한다. 이하 같다)이 법령에 근거가 없거나 상위 법령에 위배되거나 국민에게 과도한 부담을 주는 등

크게 불합리하면 **관계 행정기관에 그 명령 등의 개정 · 폐지 등 적절한 시정조치를 요청할 수 있다.** 이 경우 중앙행정심판위원회는 시정조치를 요청한 사실을 법제처장에게 통보하여야 한다. ② 제1항에 따른 요청을 받은 관계 행정기관은 정당한 사유가 없으면 이에 따라야 한다.

제 4 절 자치입법

자치입법이란 지방자치단체가 제정하는 것으로서 다음과 같은 것이 있다. 상세한 것은 '지방자치법'에서 다룬다.

(1) 조 례

지방자치단체가 법령의 범위 안에서 그 사무에 관하여 지방의회의 의결을 거쳐 제정하는 법규범이다(헌법 제117조, 지방자치법 제28조).

(2) 규 칙

지방자치단체의 장이 법령 또는 조례의 범위 안에서 그의 권한에 속하는 사무에 관하여 제정하는 법규범이다(지방자치법 제29조).

【 판례 】지방계약직공무원규정의 시행에 필요한 사항을 규정하기 위한 '**서울특별시 지방계약직공무원 인사관리규칙**' 제8조 제3항은 근무실적 평가 결과 근무실적이 불량한 사람에 대하여 **봉급을 삭감할 수 있도록 규정하고** 있는바, 보수의 삭감은 이를 당하는 공무원의 입장에서는 징계처분의 일종인 감봉과 다를 바 없음에도 징계처분에 있어서와 같이 자기에게 이익이 되는 사실을 진술하거나 증거를 제출할 수 있는 등(지방공무원징계 및 소청규정 제5조)의 절차적 권리가 보장되지 않고 소청(지방공무원징계 및 소청규정 제16조) 등의 구제수단도 인정되지 아니한 채 이를 감수하도록 하는 위 규정은, 그 자체 부당할 뿐만 아니라 지방공무원법이나 지방계약직공무원규정에 **아무런 위임의 근거도 없는 것이거나 위임의 범위를 벗어난 것으로서 무효이다**(대법원 2008.6.12, 2006두16328).

(3) 교육규칙

교육감이 법령 또는 조례의 범위 안에서 그의 권한에 속하는 사무에 관하여 제정하는 법규범이다('지방교육자치에 관한 법률' 제25조).

제2장 행정행위

제1절 행정행위의 의의

I. 행정행위의 개념정립의 의의

행정행위는 행정작용의 여러 형식 중에서 가장 중요한 것이며 행정법학의 핵심이 되는 개념이다. 행정행위는 국민의 권리·의무를 직접적으로 발생·변경·소멸·확정시키는 효력이 있는 것이며, 따라서 항고소송의 대상이 되기 때문이다(행소법 제12조·제35조 참조).

행정행위의 개념은 행정재판제도를 가진 프랑스·독일 등 대륙법계 국가에서 형성되었다. 이들 국가에서는 모든 행정작용이 행정재판의 대상이 되는 것이 아니라 행정활동 중에서 특별한 법적 규율을 받고 그 때문에 타 행정작용과 구별되는 법적 성질을 가지는 것을 '행정행위'라고 하고 이것만을 행정재판의 대상으로 한 데서 연유한다.

행정행위는 우리나라에서는 아직 학문상의 개념이며, 실정법상의 개념이 아니다. 실정법에서는 행정처분·처분·허가·인가·면허·특허·확인·면제·수리·거부 등의 용어로 사용되고 있다. 이러한 용어들은 어느 범위에서 공통의 성질을 가지므로 이들을 포괄하는 개념으로 사용되는 것이 '행정행위'이다. 행정행위는 다른 행정작용과는 달리 행정청이 일방적으로 국민의 권리·의무에 구체적인 변동을 가져오거나, 이를 확정하는 권력적 작용이라는 점에서 공정력·자력집행력·확정력 등의 우월한 힘이 인정되고, 그에 대한 관할법원, 제소기간 등의 다른 행정작용에서는 볼 수 없는 특수성이 인정된다(후술 참조).

II. 행정행위의 개념

행정행위의 개념은 광의·협의·최협의로 구분되지만, 오늘날은 일반적으로 최협의의 개념으로 이해한다. 즉, 행정행위란 '행정청이 법 아래에서 구체적 사실에 대한 법집행으로서 행하는 권력적 단독행위로서의 공법행위'를 말한다. 이를 나누어 설명하면 다음과 같다.

1. 행정청의 행위

행정행위는 '행정청'의 행위이다. 행정청은 기능적인 개념으로서 '㉠ 행정에 관한 의사를 결정하여 (대외적으로) 표시하는 국가 또는 지방자치단체의 기관, ㉡ 그 밖에 법령 또는 자치법규에 따라 행정권한을 가지고 있거나 위탁을 받은 공공단체나 그 기관 또는 사인'을 말한다(행정기본법 제2조 제2호, 행정심판법 제2조 제4호).

① 행정청은 대개 단독기관으로서 주로 국가의 행정기관의 장과 지방자치단체의 장이 된다(예: 보건복지부장관, 국세청장, 경찰서장, 서울시장, 동대문구청장). 행정위원회로서 합의제기관(예: 행정심판위원회, 공정거래위원회, 노동위원회, 방송통신위원회, 토지수용위원회, 소청심사위원회, 국가배상심의회, 정보통신윤리위원회, 청소년보호위원회)인 경우도 있다(참고: 행정심판위원회는 과거에는 의결기관이었지만 지금은 행정청임).

② 국회·법원의 기관(예: 국회사무처장, 법원행정처장)도 행정청이 될 수 있다.

③ 지방의회, 지방자치단체의 장 등도 행정청이 될 수 있다. 예컨대, 지방의회의장에 대한 의회의 불신임의결이나 지방의회의원에 대한 징계의결의 경우는 지방의회가 처분청이 되며(대법원 1994.10.11, 94두23), 처분적 조례에 대해 항고소송을 제기하는 경우는 (조례의 공포권자인) 지방자치단체의 장(교육조례의 경우에는 교육감)이 행정청이 된다(대법원 1996.9. 20, 95누8003 참조).

④ 법령 또는 자치법규에 의하여 행정권한을 가지고 있거나 위임 또는 위탁받은 공공단체나 그 기관 또는 사인(공무수탁사인)도 행정권을 부여받은 범위 안에서 행정청이 될 수 있다(예: 대한토지주택공사, 국민건강보험공단, 공무원연금관리공단, 교통안전공단, 주택재건축정비사업조합, 별정우체국장).

【 판례 】구 교통안전공단법(1999. 12. 28. 법률 제6066호로 개정되기 전의 것)에 의하여 설립된 교통안전공단의 사업목적과 분담금의 부담에 관한 같은 법 제13조, 그 납부통지에 관한 같은 법 제17조, 제18조 등의 규정 내용에 비추어 교통안전공단이 그 사업목적에 필요한 재원으로 사용할 기금 조성을 위하여 같은 법 제13조에 정한 분담금 납부의무자에 대하여 한 **분담금납부통지는 그 납부의무자의 구체적인 분담금 납부 의무를 확정시키는 효력을 갖는 행정처분이라고 보아야** 할 것이고, 이는 그 분담금 체납자로부터 국세징수법에 의한 강제징수를 할 수 있음을 정한 규정이 없다고 하여도 마찬가지이다(대법원 2000.9.8. 2000다12716).

⑤ 교통표지판과 교통신호등도 행정청이 제작·설치하였거나 행정청이 작성한 프로그램에 의해서 작동한다는 점에서 행정청의 행위로서 행정행위이다.

2. 구체적 사실에 관한 것

행정행위는 '구체적 사실에 관한 법집행'이다. 이 점에서 일반·추상적 규율인 행정입법(명령)은 행정행위가 아니다. 일반·추상적 규율인 법령은 아직 개인에게 구체적인 법적 효과를 발생시키지 않는다(예: 지방세법·동법시행령·동법시행규칙: 아직 자동차세 납부의무 없음). 법령을 집행하여 특정인·특정사안에 구체적인 법적 효과를 발생시키는 것을 행정행위라고 한다(A에게 2017년 상반기 자동차세부과처분: 자동차세 납부의무 있음). 행정행위는 항고소송의 대상을 정하기 위한 개념인 것이며, 규율상대방이나 규율사안이 특정되고 구체성이 있어야 특정 상대방이 그에 대해 항고소송을 제기할 수 있기 때문이다.

모든 법적 규율은 일반·추상적, 개별·추상적, 일반·구체적, 개별·구체적인 규율 중의 하나인데, 일반적·개별적은 규율상대방(사람의 특정성 여부)을 기준으로, 구체적·추상적은 규율사안(사건의 특정성 여부)을 기준으로 한 것이다. 이 중에서 일반·추상적 규율(불특정 다수인에 대하여 불특정 사안을 대상으로 하는 규율)을 제외한 나머지는 '구체적 사실에 관한 법집행'으로서 행정행위에 포함될 수 있다.

(1) 개별·구체적 규율

특정인(A) 또는 특정가능한 사람들(집회에 참석한 모든 사람들)에게 특정사안을 규율하는 것(2017년 상반기의 자동차세부과처분, 집회해산명령)을 말한다. 개인에 대한 각종 인·허가, 인·허가의 취소, 과세처분 등의 경우에서 보듯이 이것이 가장 전형적이고 일반적인 규율방식이다.

(2) 개별·추상적 규율

특정인에게(개별적) 반복되는 사안을 계속적으로(추상적) 규율하는 것을 말한다. 어느 개인에게 장래에 도로에 빙판이 생길 때마다 그것을 제거하도록 의무를 부과하거나, 특정인에게 특정사실이 발생할 때마다 행정청에게 보고하도록 의무를 부과하는 경우가 이에 속한다. 흔치 않은 경우이다.

(3) 일반·구체적 규율(일반처분)

'특정시각·장소에서의 집회·차량출입의 금지'의 경우처럼 인적 범위가 불특정다수이지만(일반적) 사안은 특정되어 있는(구체적) 규율이다. 사안이 구체적이므로 행정행위로 본다.

일부 견해와 독일에서는 아래의 물적 행정행위도 불특정다수인을 상대로 하는 것이므로 일반처분에 포함시킨다(독일행정절차법 제35조 2문 참조). 그리하여 일반처분을 대인적 일반처분(예: 특정시각·장소에서의 집회금지), 대물적 일반처분(예: 도로의 공용지정, 개발제한구역의 지정), 이용규율의 일반처분(예: 국공립도서관·박물관 등의 영조물이용규칙)으로 분류하기도 한다. 아직은 영조물이용규칙을 '(광의의) 행정규칙' 또는 '특별명령'이라고 하는 견해가 많다.

> 【판례】 구 청소년보호법에 따른 **청소년유해매체물 결정 및 고시처분**은 당해 유해매체물의 소유자 등 특정인만을 대상으로 한 행정처분이 아니라 **일반 불특정 다수인**을 상대방으로 하여 일률적으로 표시의무, 포장의무, 청소년에 대한 판매·대여 등의 금지의무 등 각종 의무를 발생시키는 **행정처분**으로서, **정보통신윤리위원회**가 특정 인터넷 웹사이트를 청소년유해매체물로 결정하고 **청소년보호위원회**가 효력발생시기를 명시하여 **고시함으로써 그 명시된 시점에 효력이 발생**하였다고 봄이 상당하고, 정보통신윤리위원회와 청소년보호위원회가 위 처분이 있었음을 위 웹사이트 운영자에게 제대로 통지하지 아니하였다고 하여 그 효력 자체가 발생하지 아니한 것으로 볼 수는 없다(대법원 2007.6.14, 2004두619).

(4) 물적 행정행위

주차금지구역의 지정, 일방통행로의 지정, 공물(예: 도로)의 공용지정, 개별공시지가의 결정(대법원 1994.2.8, 93누111), 골동품의 문화재로의 지정행위, 도시계획시설(도로, 공원, 하수도, 화장시설 등 기반시설 중 도시관리계획으로 결정된 시설)결정고시(대법원 2000.9.8, 99두11257 참조) 등의 경우처럼 물건을 직접적인 대상으로 하여 물건의 법적 특성을 규율하는 것을 물적 행정행위라고 한다.

3. 규율(법적 행위)

행정행위는 '법적 행위'로서 외부적으로(즉, 인격주체에게) 직접적인 법적 효과가 있는 행위이다.

(1) 직접적인 법적 효과

행정행위는 직접적인 법적 효과, 즉 일정한 권리·의무를 발생·변경·소멸시키는 행위이다. 따라서 국민의 권리·의무와 직접적인 관련이 없는 순수한 사실행위(예: 도로·하천공사, 쓰레기청소 등 주로 물리적 행위), 최종적인 결정을 위한 준비행위, (법적 의무가 아니라) 국민의 자발적인 협력을 기대하는 것(행정지도, 비권력적 행정조사 등)등도 사실행위일 뿐이고 행정행위에 속하지 않는다. 통치행위도 행정소송의 대상이 되지 않으므로 행정행위에서 제외된다.

이른바 '권력적 사실행위'(예: 강제철거, 강제격리, 즉시강제, 강제조사 등)는 사실행위(물리적 행위, 철거행위)와 수인하명(강제조치를 참고 받아들이라는 의무부과)이 합성된 것('합성행위')으로서 행정행위(행정처분)에 해당한다(행정행위와 행정처분의 異同에 관해서는 후술). 공정거래위원회의 고발조치는 사직 당국에 대하여 형벌권 행사를 요구하는 행정기관 상호간의 행위에 불과하므로 행정행위가 아니다(대법원 1995.5.12. 94누13794 참조).

그런데 행위의 효과는 '법적' 효과이므로 그에 관해서는 '법령'에 규정되어야 하는 것이 일반적이다. 그러나 판례는 행위의 효과가 행정규칙에 규정되어 있는 경우에도 그것이 '법적' 효과임을 인정하고, 당해 행위가 행정처분(행정행위)에 해당한다고 한다.

【 판례 】 ① 어떠한 처분의 근거나 법적인 효과가 행정규칙에 규정되어 있다고 하더라도, 그 처분이 행정규칙의 내부적 구속력에 의하여 상대방에게 권리의 설정 또는 의무의 부담을 명하거나 기타 법적인 효과를 발생하게 하는 등으로 그 상대방의 권리 · 의무에 직접 영향을 미치는 행위라면, 이 경우에도 항고소송의 대상이 되는 행정처분에 해당한다고 보아야 할 것이다(대법원 1993.12.10. 93누12619; 대법원 1984.2.14. 82누370). 행정규칙(함양군 지방공무원의 징계양정기준과 가중 · 감경사유 등에 관한 구체적 사항을 정한 '함양군지방공무원징계양정에 관한 규칙')에 의한 '불문경고조치'가 비록 법률상의 징계처분은 아니지만 위 처분을 받지 아니하였다면 차후 다른 징계처분이나 경고를 받게 될 경우 징계감경사유로 사용될 수 있었던 표창공적의 사용가능성을 소멸시키는 효과와 1년 동안 인사기록카드에 등재됨으로써 그 동안은 장관표창이나 도지사표창 대상자에서 제외시키는 효과 등이 있다는 이유로 항고소송의 대상이 되는 행정처분에 해당한다(대법원 2002.7.26. 2001두3532).
② 건설부장관이 행한 국립공원지정처분은 그 결정 및 첨부된 도면의 공고로써 그 경계가 확정되는 것이고, 시장이 행한 경계측량 및 표지의 설치 등은 공원관리청이 공원구역의 효율적인 보호, 관리를 위하여 이미 확정된 경계를 인식, 파악하는 사실상의 행위로 봄이 상당하며, 위와 같은 사실상의 행위를 가리켜 공권력 행사로서의 행정처분의 일부라고 볼 수 없고, 이로 인하여 건설부장관이 행한 공원지정처분이나 그 경계에 변동을 가져온다고 할 수 없다(대법원 1992.10.13. 92누2325).

(2) 외부적 행위

행정행위는 외부적 행위이다. 즉, 국민 개인에 대해 법적 효과가 있는 것이어야 한다. 행정조직내부행위(예: 상관의 직무상의 명령, 상급관청의 지시)는 행정행위가 아니다. 그러나 어떤 행위의 상대방이 공무원이라고 하더라도 당해 공무원이 행정조직의 구성원이 아니라 인격주체로서 평가될 수 있는 경우에는(예: 공무원에 대한 징계처분) 그 행위는 개인인 공무원의 권리 · 의무에 법적 효과가 있는 외부적 행위로서 행정행위가 된다(상술한 '특별권력관계' 참조). 또한 지방자치단체의 자치사무(고유사무)에 관한 상급감독청(장관 또는 상급지방자치단체의 장)의 감독처분 등의 경우처럼 상이한 행정주체에 속한 행정청 사이의 행위는 외부적 행위의 성격으로서 행정행위(행정처분)가 된다('고유사무'가 아니라 '위임사무'에 대한 감독처분은 내부행위로서 행정처분이 아님).

4. 권력적 단독행위로서의 공법행위

행정행위는 행정청의 우월한 일방적 의사의 발동으로서 행하여지는 단독행위, 즉 공법행위를 의미한다. 따라서 행정청의 사법행위(예: 물자구매, 일반재산의 매각)는 행정행위가 아니며, 행정청이 그 상대방과 대등한 지위에서 의사의 합치로서 성립되는 공법상 계약 및 공법상 합동행위(같은 방향〈계약은 반대방향임〉의 두 개 이상의 의사표시가 합치하여 성립하는 법률행위. 예: 공법인의 설립행위) 등도 행정행위에 속하지 않는다. 권력적 작용이므로 비권력적 작용도 배제된다.

상대방의 동의·신청을 요하는 행위(허가·특허·공무원의 임명 등 수익적 행정행위)라고 하더라도 행정법관계의 내용은 행정청이 결정하므로 일방적인 단독행위라는 점에서는 변함이 없다(따라서 '쌍방적 행정행위'란 오해의 소지가 있다).

5. 거부행위

어떤 '행정행위'의 신청권이 인정되는 경우에 행정청이 당해 '행정행위'를 거부하는 것은 거부처분으로서 행정행위가 된다(예: 건축허가거부처분).

거부행위가 행정행위(행정처분)가 되기 위해서는 ㉠ 신청인에게 법령상·조리상 신청권이 있어야 하며, 그에 대응하여 행정청은 처분의무가 있어야 한다. 여기에서 신청인의 신청권은 행정청의 응답을 구하는 신청권(형식적 신청권)이며 신청된 대로의 처분을 구하는 권리(실질적 신청권)는 아니다. 예컨대, 인·허가의 신청권만 있으면 족하고 실제로 인·허가를 받을 수 있는 권리가 있는지의 여부는 문제되지 않는다. 인·허가를 받을 수 있는 권리가 있었음에도 불구하고 행정청이 거부했는지의 여부는 본안심리사항(원고의 주장에 대한 실질적 판단)인 것이다. ㉡ 신청의 대상이 된 행위가 공권력의 행사 또는 이에 준하는 행정작용 즉, 행정처분이어야 한다. 즉, 행정처분(예: 건축허가)을 거부한 것만이 거부처분(행정처분)이 된다(사법상의 행위〈예: 일반재산의 대부신청〉를 거부한 경우에는 행정처분이 아니므로 행정쟁송이 아니라 민사소송의 대상이 된다. 반면 행정재산 대부신청의 거부는 행정처분이다). ㉢ 거부행위가 신청인의 권리·의무에 직접적 영향을 미쳐야 한다. 권리·의무에 직접적인 변동을 일으키는 것은 물론 그렇지 않다 하더라도 신청인이 실체상의 권리자로서 권리를 행사함에 중대한 지장을 초래하는 것도 포함한다(대법원 2002.11.22. 2000두9229).

【판례】① 거부처분의 처분성을 인정하기 위한 전제요건이 되는 신청권의 존부는 구체적 사건에서 신청인이 누구인가를 고려하지 않고 관계 법규의 해석에 의하여 **일반 국민에게 그러한 신청권을 인정하고 있는가를 살펴 추상적으로 결정되는 것이고**, 신청인이 그 신청에 따른 단순한 응답을 받을 권리를 넘어서 신청의 인용이라는 만족적 결과를 얻을 권리를 의미하는 것은 아니다. 따라서 국민이 어떤 신청을 한 경우에 **그 신청의 근거가 된 조항의 해석상 행정발동에 대한 개인의 신청권을 인정하고 있다고 보여지면 그 거부행위는 항고소송의 대상이 되는 처분으로 보아야 할 것이고**, 구체적으로 그 신청이 인용될 수 있는가 하는 점은 **본안에서 판단하여야 할 사항인 것이다**(대법원 1996.6.11. 95누12460).
② 국민의 적극적 행위 신청에 대하여 행정청이 그 신청에 따른 행위를 하지 않겠다고 거부한 행위가 항고소송의 대상이 되는 행정처분에 해당하는 것이라고 하려면, 그 신청한 행위가 공권력의 행사 또는 이에 준하는 행정작용이어야 하고 그 거부행위가 신청인의 **법률관계에 어떤 변동을 일으키는 것이어야 하며** 그 국

민에게 그 행위발동을 요구할 법규상 또는 조리상의 신청권이 있어야 한다고 할 것인바, 여기에서 '**신청인의 법률관계에 어떤 변동을 일으키는 것**'이라는 의미는 신청인의 실체상의 권리관계에 직접적인 변동을 일으키는 것은 물론 그렇지 않다 하더라도 신청인이 실체상의 권리자로서 권리를 행사함에 중대한 지장을 초래하는 것도 포함한다고 해석함이 상당하다(대법원 2002.11.22. 2000두9229).
③ 지방자치단체장이 국유 **잡종재산**(현재의 일반재산)을 대부하여 달라는 신청을 거부한 것은 항고소송의 대상이 되는 행정처분이 아니므로 행정소송으로 그 취소를 구할 수 없다(대법원 1998.9.22. 98두7602).

신청인에 대해 직접 거부의 의사표시를 하지 않은 묵시적 거부도 거부처분에 포함된다. 신청인이 행정청의 거부의사를 알았거나 알 수 있었을 때에 거부처분이 있은 것으로 볼 수 있다(예: 지원자 중 한정된 수에 대해서만 합격결정을 한 경우. 대법원 1991.2.12. 90누5825 참조).

Ⅲ. 행정쟁송법상의 '처분'개념과의 관계

1. 문제점

상술한 바와 같이 행정행위라는 개념은 원래 행정재판의 대상을 정하기 위해 정립된 것이다. 따라서 학문상·실체법상·행정쟁송법상 행정행위의 개념이 모두 일치하는 것이 이상적이다(독일의 경우가 그렇다).

그러나 우리나라에서는 실체법에서는 허가·인가·취소 등의 용어가 개별적으로 사용되며, 이를 총괄하는 것으로 학문상으로 '행정행위'라는 개념을 사용하는데 반하여, 행정절차법(제2조 제2호)과 행정쟁송법(행심법 제2조, 행소법 제2조 ①)에서는 '행정행위'라는 용어 대신에 '처분'이라는 용어를 사용한다. 행정쟁송법에서는 '처분'이란 '행정청이 행하는 구체적 사실에 관한 법집행으로서의 공권력의 행사 또는 그 거부와 그 밖에 이에 준하는 행정작용'이라고 정의하고 있다(상세한 것은 '행정소송' 부분 참조). 그렇다면 학문상의 '행정행위'와 행정쟁송법상의 '처분'을 동일한 것으로 이해할 것인지가 문제이다.

2. 학 설

(1) 2원설(상이설)

2元說(相異說)은 양자가 서로 다른 것이며, '처분'은 행정행위보다 넓은 개념으로서, 행정행위와 '그 밖에 이에 준하는 행정작용'을 합한 것이라는 견해이다. 다수설이다.

그에 의하면 ㉠독일의 경우와는 달리 다양한 행정쟁송제도가 마련되어 있는 것이 아니라 항고쟁송(행정심판으로서 취소심판·무효등확인심판·의무이행심판: 행정소송으로서 취소소송·무효등확인소송·부작위위법확인소송)중심으로 운영되고 있는 우리나라의 현실에서 국민의 권익구제를 확대하기 위해 입법자가 의도적으로 행정행위보다는 넓은 개념으로서 '처분'이라는 개념을 사용하고 있다는 것이다. ⓒ'그 밖에 이에 준하는 행정작용'에 속하는 것으로는 전형적인 행정행위가 아닌 '일반처분'·'처분적 법규명령'·'처분적 행정규칙'·'처분적 조례'·'처분적 도시계획'·'권력적 사실행위' 등을 대표적인 예로 보며, 또한 '지방의회의 의원징계의결'·'지방자치단체장에 대한 상급감독청의 감독처분'도 이에 포함되는 것으로 본다(상세한 것은 후술하는 '행정쟁송' 부분 참조). 그 밖에 개인의 권리·의무에 실질적으로 또는 밀접하게 관련이 있는 것(예: 행정상의 경고, 추천 등)을 이에 포함시키려는 견해(김남진, 장태주)도 있다.

(2) 1원설(동일설)

양자가 동일한 것이라는 견해로서 소수설이다. ㉠ 당사자의 권리보호라는 명분만으로 '처분'이라는 하나의 개념 속에 이질적인 행정작용들을 포함시키는 것은 문제가 있으며, ㉡ 권익구제를 위해서는 당사자소송을 활용하거나 각 행위형식에 맞는 행정쟁송제도를 도입하는 것이 바람직하다고 한다.

그러나 이 견해도 2원설이 '그 밖에 이에 준하는 행정작용'에 속하는 것으로 열거하는 것에 대해서 처분성을 인정하는 점에 있어서는 동일하기 때문에 결론에 있어서는 2원설과 큰 차이가 없다.

3. 결 론

독일의 경우처럼 개념을 일치시키려고 하는 1원설이 이상적이기는 하지만, 우리나라의 현행의 행정쟁송제도 하에서는 현실적으로 2원설을 취하지 않을 수 없다고 할 것이다.

【참고】 **형식적 행정행위**: 형식적 행정행위개념이란 원래 일본에서 유래한 것으로서 오늘날 비권력적 행정작용이 증대함을 중시하여 **공권력 행사의 실체는 갖지 않으나 일정한 행정목적을 위하여 국민 개인의 법익에 대하여 계속적으로 사실상의 지배력을 미치는 행정작용**의 경우(예: 행정지도)를 형식적 행정행위의 개념으로 파악하여, 이를 항고소송의 대상으로 삼으려는 것이다. 그러나 쟁송법상의 '처분'개념을 실체법상의 '행정행위'개념보다는 넓은 의미인 것으로 이해함으로써 형식적 행정행위개념을 주장하는 목적(권리보호의 공백을 메움)은 이미 달성되는 것이므로 형식적 행정행위라는 개념을 도입할 필요는 없다고 생각된다.

제 2 절 행정행위의 기능과 특수성

Ⅰ. 행정행위의 기능

1. 실체법적 · 절차법적 기능

행정행위가 발급되면 상대방에 대하여 행정행위의 내용에 따른 구체적 · 법적 효력이 생기게 되는데 이를 실체법적 기능이라고 한다. 예를 들면 과세처분시 국민은 납세의 의무를 가지게 되고, 건축허가시 건축할 권리를 가지게 된다.

행정청이 행정행위를 발급하려고 하면 법률상 요구되는 일정한 절차(예: 의견진술기회의 부여, 청문절차 등. 행정절차법 참조)를 거쳐야 하는 경우가 있는데 이를 절차법적 기능이라고 한다.

2. 쟁송법적 · 집행법적 기능

상술한 바와 같이 행정행위는 쟁송을 통한 권리구제의 대상으로서 중요한 기능을 한다. 현행법상 '처분'이 쟁송의 대상으로 되어 있지만 행정행위가 처분의 개념정의에 중요한 것임은 물론이다.

행정청이 건물철거명령이나 과세처분 등의 행정행위를 한 경우에 국민이 자신의 의무를 이행하지 않을 때는 행정청이 (민사관계와는 달리) 재판을 거치지 않고 스스로 강제집행을 할 수 있는바(자력집행력), 이를 행정행위의 집행법적 기능 또는 명의(名義)기능이라고 한다.

Ⅱ. 행정행위의 특수성

행정행위는 사법상의 법률행위와 구별되는 여러 가지 특성을 가진다(앞의 '행정법관계의 특질'과 뒤의 '행정행위의 효력'과 내용이 중복되므로 그곳을 참조).

1. 법률적합성, 우월성

사적 자치의 원리가 적용되는 사법상의 법률행위와는 달리 행정행위는 법률우위의 원칙과 법률유보의 원칙의 적용을 받는다.

행정행위는 내용상구속력, 공정력, 구성요건적 효력, 존속력(불가쟁력·불가변력), 강제력(자력집행력·제재력) 등의 효력이 인정됨으로써 상대방에 대하여 우월적인 지위를 가진다(후술).

2. 권리구제의 특수성

행정행위로 인해 권리가 침해되거나 손해·손실을 입은 자에 대한 권리구제를 위해 손실보상·국가배상·행정심판·행정소송제도 등 특별한 절차를 두고 있다.

제 3 절   행정행위의 종류

Ⅰ. 종류의 개관

행정행위는 ㉠ 주체에 따라 국가·지방자치단체·수탁사인의 행정행위, ㉡ 법적 효과의 발생원인에 따라 법률행위적·준법률행위적 행정행위, ㉢ 법에 기속되는 정도에 따라 기속행위·재량행위('판단여지가 인정되는 행위' 포함), ㉣ 규율대상에 따라 대인적·대물적·혼합적 행위, ㉤ 일방적 행위(단독적 행위), 동의에 의한 행위(쌍방적 행위), ㉥ 계속효적 행위, 1회적 행위, ㉦ 수령을 요하는 행위, 수령을 요하지 않는 행위, ㉧ 요식행위, 불요식행위, ㉨ 적극적·소극적 행정행위, ㉩ 부분승인, 예비결정, 잠정적 행정행위(假行政行爲), 종국적 행정행위 등으로 구분할 수 있다. 이 가운데 중요한 것을 설명하면 다음과 같다.

Ⅱ. 법률행위적·준법률행위적 행정행위

행위자의 효과의사의 유무 내지 법적 효과의 발생원인에 따라 구분한 것이다.

법률행위적 행정행위는 행정행위의 효과의사(일정한 법률 효과의 발생을 의도하는 생각)를 구성요소로 하고 그 법적 효과가 그 효과의사의 내용에 따라 발생하는 행위이다. 이에 속하는 것은 하명, 허가, 면제, 특허, 인가, 대리 등이다. 예를 들면, 하명인 '영업정지처분'은 행정청이 영업을 정지시키려는 의사를 가지고 있으며 그 의사에 따라 법적 효과가 발생한다.

준법률행위적 행정행위는 효과의사 이외의 정신작용(판단, 인지, 관념 등)을 구성요소로 하고 그 법적 효과는 행위자의 의사와는 무관하게 직접 법규가 정한 바에 따라 발생하는 행위이다. 이에 속하는 것으로는 확인, 공증, 통지, 수리 등이 있다. 예를 들면, 확인의 일종인 '발명특허'의 경우 행정청은 어떤 물건이 '발명특허'의 요건을 갖추었다고 판단할 뿐이고 발명특허의 법적 효과(발명인의 권리·의무 등)는 행정청의 의사와는 무관하게 관련 법령에 규정된 대로 발생하는 것이지 행정청이 결정하는 것은 아니다(야구심판의 '스트라이크·볼' 판정과 같다).

종래에는 양자를 구별하는 실익으로서 준법률행위적 행정행위에는 부관을 붙일 수 없음을 들었다. 그러나 오늘날에는 준법률행위적 행정행위인 공증(예: 여권발급)에도 '기한'과 같은 부관은 붙일 수 있음이 인정되기 때문에(예: 여권의 유효기한) 구별의 실익은 거의 없다는 것이 다수설이다. 또한 양자의 구별은 개인의 자유로운 의사실현을 핵심으로 하는 사법상의 법률행위개념에서 차용된 것인데 행정행위의 경우에는 행정의 자유로운 의사에 따라 법을 집행하는 것이 아니라 법에 기속되어 입법자의 의사를 실현시키는 것이므로 이러한 분류는 더 이상 행정행위의 분류체계로서 온당치 않다는 견해가 많다. 독일에서는 이러한 분류는 찾아 볼 수 없으며, 대신에 주로 명령적·형성적·확인적 행정행위로 구별한다.

Ⅲ. 수익적 · 부담적 · 복효적 행정행위

1. 의 의

수익적(授益的) 행정행위란 상대방에게 권리·이익을 부여하거나 의무를 해제하는 행정행위(예: 건축허가)를 말하며, 부담적(침익적) 행정행위란 권리를 제한하거나 의무를 부과하는 등 상대방에게 불리한 효과를 발생시키는 행정행위(예: 과세처분, 영업허가취소)를 말한다. 부담적 행위는 수익적 행위에 비해 상대방의 의견진술절차 등이 보다 중시되고, 취소·철회가 자유로우며(부담적 행위의 취소·철회는 수익적이다), 법률의 근거가 반드시 있어야 하고 법률규정도 보다 명확하여야 한다.

복효적(이중효과적) 행정행위란 하나의 행정행위가 수익적·부담적 효과를 동시에 발생시키는 것을 말한다. 이에는 한 사람에게는 이익을, 다른 사람에게는 불이익을 발생시키는 행위가 있고(제3자효 행정행위), 동일인에게 이익과 불이익을 동시에 발생시키는 행위가 있다(혼합효 행정행위. 예: 아파트건설허가를 하면서 진입로확장의무를 부과하는 경우). 제3자효 행정행위가 특히 중요하므로 따로 상세히 고찰하기로 한다.

2. 제3자효 행정행위

(1) 의 의

제3자효 행정행위는 상대방에게는 이익을, 제3자에게는 불이익을 주는 경우도 있고, 반대로 상대방에게는 불이익을, 제3자에게는 이익을 주는 경우도 있다. 그 예로는 인근주민에게 불이익을 주는 공해배출시설(예: 쓰레기소각장 등)의 설치허가, 인접주민에게 불이익을 주는 건축허가, 기존업자에게 불이익을 주는 신규업자에 대한 영업허가, 인근주민의 환경보호를 위한 사업주에 대한 공해배출시설개선명령 등을 들 수 있다.

(2) 특 색

이 행정행위는 이해관계인이 복수이며, 사익과 공익만이 아니라 사익(행정행위의 상대방의 이익)과 사익(제3자의 이익)간의 이익형량도 해야 하는 점이 가장 큰 특색이다(상세는 후술).

1) 행정절차

행정청이 당사자에게 침익적 행정처분을 하는 경우에 미리 당사자 등(상대방 및 이해관계인)에게 통지하고 의견진술기회 또는 공청회·청문회의 참여기회를 주어야 한다(행정절차법 제2조 제4호, 제21조, 제27조 참조. 후술).

2) 행정쟁송
(가) 행정심판의 고지

행정청은 이해관계인으로부터 당해 처분이 행정심판의 대상이 되는 것인지의 여부와 행정심판의 대상인 경우에 소관행정심판위원회 및 청구기간에 관하여 알려줄 것을 요구받은 때에는 지체 없이 알려주어야 한다(행심법 제58조②). 이해관계인은 제3자를 의미한다.

(나) 행정심판청구인적격 및 행정소송원고적격

행정심판이나 행정소송을 제기할 법률상 이익이 있는 한 행정행위의 상대방이 아닌 제3자도 행정심판의 청구인 또는 행정소송의 원고가 될 자격(청구인적격, 원고적격)이 있다(행심법 제13조, 행소법 제12조. 상술한 '개인적 공권' 참조).

(다) 행정심판 및 행정소송에의 참가

행정심판이나 행정소송의 결과에 대해 이해관계가 있는 자는 당해 행정심판 또는 행정

소송에 참가할 수 있다(행심법 제20조, 행소법 제16조). 이해관계인에는 제3자효 행정행위의 제3자
도 포함된다.

(라) 행정심판청구기간 및 소송제기기간의 계산

행정심판청구는 처분이 있음을 안 날부터 90일, 정당한 사유가 없는 한 처분이 있은 날
로부터 180일 이내에(행심법 제27조), 취소소송은 처분이 있음을 안 날로부터 90일, 정당한 사
유가 없는 한 처분이 있은 날로부터 1년 이내에(행소법 제20조) 각각 제기하여야 한다. 그런데
제3자의 경우에는 '처분이 있음'을 몰랐을 가능성이 있고, '정당한 사유'가 있는 것으로 평가
될 수 있으므로, 기간의 계산시점에 대한 배려가 필요하다(예컨대, 건축공사의 착공일에 비로소 제3
자는 건축허가의 존재를 알게 된 것으로 추정할 수 있을 것이다).

(마) 가구제(假救濟, 집행정지)

제3자효 행정행위(예: 건축허가)에 대해 취소심판, 취소소송, 무효확인심판, 무효확인소송
등을 제기한 제3자는, 당해 행정행위의 집행(예: 건물의 건축) 등이 계속될 경우 그로 인해 중
대한 손해를 입게 되어 이를 예방하기 위해 긴급한 필요가 있는 때에는 행정행위의 집행정
지(예: 건축행위의 중지)를 신청할 수 있다(행심법 제30조 ②, 행소법 제23조 ②).

(바) 판결의 효력

제3자효 행정행위의 취소판결, 무효확인판결, 부작위위법확인판결 등은 제3자에 대해
서도 효력을 미친다(행소법 제29조 ①, 제38조 ②).

(사) 제3자에 의한 재심청구

처분 등을 취소하는 판결에 의하여 권익의 침해를 받은 제3자는 자기에게 책임 없는
사유로 소송에 참가하지 못함으로써 판결의 결과에 영향을 미칠 공격 또는 방어방법을 제
출하지 못한 때에는 확정된 종국판결에 대하여 재심의 청구를 할 수 있다(행소법 제31조).

3) 취소·철회

단순한 수익적 행정행위의 취소·철회의 경우 신뢰보호의 원칙은 상대방의 신뢰이익
과 공익(취소·철회의 필요성)을 저울질하여 결정하여야 한다(상술한 '신뢰보호의 원칙' 참조). 그런데
위법한 제3자효 행정행위(예: 공해배출공장의 허가)로 인해 권리가 침해되는 제3자(예: 이웃주민)는
당해 행정행위의 취소를 요구하게 된다. 따라서 이익형량에 있어서 제3자효 행정행위의 경
우에는 공익(예: 허가의 취소의 필요성)·상대방의 이익(예: 사업주의 직업의 자유, 재산권행사, 신뢰이익)·
제3자의 이익(예: 주민의 환경권)을 고려하여 취소 여부를 결정하여야 한다.

예컨대. 위법한 행정행위가 상대방에게는 수익적이지만 제3자에게는 침익적인 경우 **불가쟁력이 발생하기 전**에는 제3자의 권익보호를 위하여 **직권취소가 비교적 자유로울** 것이다. 반면 **불가쟁력이 발생한 후**에는 제3자를 보호할 필요가 없으므로(제3자가 쟁송제기기간이 지나도록 쟁송을 제기하지 않아 불가쟁력이 발생한 것은 제3자 자신의 책임이다) 상대방의 신뢰를 보호하기 위하여 **직권취소가 비교적 제한**될 것이다.

4) 제3자의 동의

제3자효 행정행위를 행함에 있어서 제3자의 동의가 필요한 경우가 있다. 그러나 이는 법적 근거가 있는 경우에 한하며 법적 근거도 없이 이를 요구하는 것은 위법이다.

【판례】 장례식장의 건축이 인근 토지나 주변 건축물의 이용현황에 비추어 현저히 부적합한 용도의 건축물을 건축하는 경우에 해당하지 않음에도 **인근 주민들의 민원이 있다는 사정만으로 건축허가신청을 반려한 것은 위법**하다(대법원 2002.7.26, 2000두9762).

Ⅳ. 기속행위와 재량행위

> 【문 제】 출입국관리법 제4조 제1항 제4호 및 (구)출국금지업무처리규칙 제3조 제2항에 의하면 법무부장관은 추징금 2천만원 이상을 납부하지 않은 자의 출국을 금지시킬 수 있다(2009.6.22. 개정으로 폐지됨). A는 5억5천만원의 추징금을 선고받고 아직 납부하지 않았는데, 1개월 동안 미국에 유학중인 아들을 방문하기 위하여 출국을 하려고 하였지만 출국이 금지되어 출국을 하지 못하게 되자 법무부장관을 상대로 출국금지처분취소소송을 제기하였다. 이에 대해 법무부장관은 A의 미납 추징금이 5억원이 넘는 거액인 점, 추징금 판결이 확정된 때로부터 7년이 넘는 기간 동안 단 한 푼도 자진하여 추징금을 납부하지 않았기 때문에 A의 출국금지는 당연하다고 주장한다. A는 승소할 수 있는가?

1. 개 설

(1) 법률규정의 예

① 국가공무원법 제78조 및 제79조 등에 의하면 국가공무원은 '국가공무원법 및 동법에 의한 명령에 위반하였을 때, 직무상의 의무에 위반하거나 **직무를 태만한 때**, 또는 직무의 내외를 불문하고 **그 체면 또는 위신을 손상하는 행위를** 한 때'에는 소속장관 또는 소속기관의 장 등의 요구에 따라 징계의결위원회 의결을 거쳐 **파면 · 해임 · 강등 · 정직 · 감봉 · 견책** 중의 하나에 해당하는 징계를(강등이 추가됨) 하도록 하고 있다. ② 식품위생법 제75조에 의하면 영업자가 위해식품 등의 판매 등 동법 또는 동법에 의한 명령에 위반한 때에는 식품의약품안전청장 등이 **영업허가를 취소**하거나 6개월 이내의 기간을 정하여 그 영업의 전부 또는 일부를 **정지**하거나, **영업소의 폐쇄**를 명할 수 있다.

(2) 행정청의 법적용의 예

위에서 보는 것처럼 법규범의 구조는 기본적으로 "… 하면(법률요건), … 한다(법률효과)"는 식으로 되어 있다. 즉, 법규범은 대체적으로 법률요건이 충족이 되면 법률효과가 발생하는 식으로 규정하고 있다. 법규범을 분석해 보면 거기에는 법률요건부분을 확정적으로 정해 둔 경우도 있고 불확정적으로 정해 둔 경우도 있으며, 또한 법률효과부분도 구속적으로 정해 둔 경우도 있고 선택적으로 정해 둔 경우도 있다.

행정청은 그러한 법규범을 집행함에 있어서 법률요건의 충족 여부를 심사하고 어떠한 법률효과를 가져오게 할 것인지를 결정하게 되는 것이다. 이를 위의 국가공무원법을 예로 들어 설명하면, 행정청이 소속 공무원의 징계를 위해서는 ㉠공무원이 실제로 어떤 행위를 했는지의 사실관계를 규명하는 것이 우선 필요하고 (**사실관계의 확정**), ㉡체면 또는 위신을 손상한다는 것이 무엇을 의미하는지 법을 해석하는 것이 필요하고 (**법해석**), ㉢공무원의 행위가 체면 또는 위신을 손상하는 행위에 해당하는지의 여부를 검토한 다음, 즉 법률요건의 충족 여부를 판단한 다음(**포섭**, 包攝, Subsumption), ㉣최종적으로 법률효과로서 징계를 할 것인지의 여부를 먼저 결정하고(if, **결정재량**), 징계할 경우 파면·해임·강등·정직·감봉·견책 6가지 중 어떤 것을 선택하여 징계하게 된다(how, **선택재량**).

(3) 기속행위와 재량행위의 의의

행정법규가 어떤 요건 하에서 어떤 행위를 할 것인가에 관하여 일의적·확정적으로 규정함으로써 행정청은 판단이나 선택의 자유가 없이 다만 그 법규를 집행함에 그치는 경우의 행정행위를 기속행위라고 한다.

【 판례 】 ① 출입국관리법 제2조 제2의2호, 제76조의2 제1항, 난민의 지위에 관한 협약 제1조, 난민의 지위에 관한 의정서 제1조의 규정을 종합하여 보면, 법무부장관은 인종, 종교, 국적, 특정 사회집단의 구성원 신분 또는 정치적 의견을 이유로 **박해를 받을 충분한 근거 있는 공포**로 인해 국적국의 보호를 받을 수 없거나 국적국의 보호를 원하지 않는 대한민국 안에 있는 외국인에 대하여 그 신청이 있는 경우 난민협약이 정하는 **난민으로 인정하여야 한다**(즉 기속행위이다)(대법원 2008.7.24, 2007두3930).
② 국유재산의 무단점유 등에 대한 변상금 징수의 요건은 국유재산법(1994.1.5. 개정된 것) 제51조 제1항에 명백히 규정되어 있으므로 변상금을 징수할 것인가는 처분청의 재량을 허용하지 않는 **기속행위**이고, 여기에 재량권 일탈·남용의 문제는 생길 여지가 없다(대법원 1998.9.22, 98두7602).

그러나 많은 경우는 위의 법률규정의 예에서 보듯이 행정청이 법을 집행함에 있어서 어느 정도의 자유가 행정청에게 주어져 있으며, 이러한 자유를 통상 행정청의 '재량'이라고 부르고, 재량이 주어진 경우의 행정행위를 (광의의) '재량행위'라고 한다. 즉, 재량행위란 행정법규가 '법률요건의 판단' 또는 '법률효과의 결정'에 있어서 행정청에게 다수의 가능성 중에서 선택의 여지를 부여하고 있는 경우의 행정행위를 말한다.

그런데 후술하는 것처럼 '법률요건의 판단'의 자유가 행정청에게 주어진 경우를 행정에게 '판단여지'가 있다고 하고, '법률효과의 결정'에 자유가 주어진 경우를 '재량'이 있다고 구분하는 것이 통설이다. 그렇다면 광의의 재량행위를 '판단여지행위'와 (협의의) '재량행위'로 구분할 수도 있을 것이다.

【참고】**계획재량**: 일반적인 행정재량과 구별되는 것으로서 계획재량이라는 것이 있다. 이는 행정청이 행정계획을 수립·이행하는 데 있어서 주어지는 자유로서 **일반적인 재량의 경우와는 양적·질적으로 차이가 나는** 것이다. 행정계획수립의 근거가 되는 법령은 행정계획을 통하여 달성하고자 하는 추상적인 목적만 제시할 뿐이고(예: 국토균형발전, 주거환경개선 등) 이를 달성하기 위한 구체적 수단·내용은 행정청이 정보·자료 및 전문지식을 바탕으로 고유한 판단에 따라 결정할 수 있도록 폭넓은 형성의 자유를 인정하고 있다는 점에서 위의 재량행위를 함에 있어서 인정되는 일반적인 재량과는 양적·질적으로 다른 것이다.

(4) 재량·판단여지의 필요성

행정은 변화하는 행정현실과 구체적 상황에 부응하는 최선의 결정을 해야 한다. 그런데 입법기관은 미래에 발생할 모든 것을 고려하여 미리 법률에 규정할 수는 없다. 따라서 입법기관은 법률요건을 정하면서 추상적·불확정적인 개념(예: 공익, 공공질서, 품위, 체면 등)을 사용할 수밖에 없고, 법률효과를 정함에 있어서 행정청으로 하여금 독자적인 판단에 따라 개별적·구체적인 행정현실에 상응하는 결정을 할 수 있도록 할 필요가 있다(행정편의주의). 즉, 재량과 판단여지는 행정청이 구체적 상황에서 국민의 기본권보장과 행정목적달성을 모두 합리적으로 고려하여 개별적 정의를 달성하기 위한 최선의 결정을 하도록 하기 위한 것이다. 행정청에게 재량이 인정되었다는 것은 한편으로는 자유가 인정되면서도, 다른 한편으로는 재량을 인정한 법령의 취지에 맞게 하자 없이 행사하여야 할 의무가 주어져 있는 것이다. 즉, 재량이란 하자 없이 합당하게 행사하여야 한다는 의무(무하자재량행사의무)가 수반되는 범위 내에서 주어진 자유인 것이다. 따라서 재량을 잘못 행사함은 물론 재량을 전혀 행사하지 않아도 하자있는 재량행사가 된다.

2. 기속행위와 재량행위의 구별의 필요성

(1) 행정쟁송상의 이유(사법심사의 한계)

법원은 행정의 합법성만을 심사할 수 있고 합목적성을 심사할 수는 없다. 따라서 법원은 재량행위가 행정목적·공익에 합당한 최선의 결정인지를 심사할 권한은 없다. 즉, 재량행위가 부당함에 그치고 위법이 아닌 한 법원은 이를 정정하도록 하는 판결을 할 수는 없다. 반면 법에 엄격히 기속되는 기속행위는 전면적인 사법심사가 가능하다.

【판례】**기속행위**의 경우 그 법규에 대한 원칙적인 기속성으로 인하여 법원이 사실인정과 관련 법규의 해석·적용을 통하여 일정한 **결론을 도출한 후** 그 결론에 비추어 행정청이 한 판단의 **적법 여부를 독자의 입**

장에서 판정하는 방식에 의하게 되나, **재량행위**의 경우 행정청의 재량에 기한 공익판단의 여지를 감안하여 **법원은 독자의 결론을 도출함이 없이** 당해 행위에 재량권의 일탈·남용이 있는지 여부만을 심사하게 되고, 이러한 재량권의 일탈·남용 여부에 대한 심사는 사실오인, 비례·평등의 원칙 위배, 당해 행위의 목적 위반이나 동기의 부정 유무 등을 그 판단 대상으로 한다(대법원 2001.2.9, 98두17593).

【참고】 ① **위법·부당** : **위법**이란 문자 그대로 법을 위반한 것을 말한다. **부당**이란 재량행위가 위법은 아니지만 합목적성의 관점에서 최선이 아닌 것을 말하며, 행정소송의 대상은 되지 아니하고 행정심판의 대상이 되어 행정내부에서의 시정대상이 되는 데 그친다. 그러나 재량행위도 비례성 원칙, 평등의 원칙 등 헌법 원칙·조리에 의한 일정한 한계가 있는 것이므로 이러한 한계를 벗어난 것은 위법한 것이 되어 사법심사의 대상이 된다. 따라서 **재량행위에 대해서 행정소송이 제기된 경우에는 그 요건심리단계에서 각하할 것이 아니라 재량권의 일탈·남용 여부를 판정하기 위하여 일단 본안심리를 해야 된다.** 즉, 기속행위는 행정소송대상이고 재량행위는 행정소송대상이 아니라고 하면서 행정소송의 대상의 한계를 정하기 위한 기속행위와 재량행위의 구별은 그 의미가 감소되었다. 행정심판법은 행정심판청구대상을 '위법 또는 부당한 처분'으로 규정하나(제1조), 행정소송법은 행정소송대상을 '위법한 처분'으로 규정하고 있다(제1조). 즉, 행정소송의 원고는 행정행위가 재량행위인 경우 그것의 부당성이 아니라 **위법성을 주장하여야 소송이 인정되는 것**이다. ② **각하·기각** : **각하**(却下)는 행정심판이나 행정소송의 요건이 충족되지 않아서(예: 원고적격이 없거나, 쟁송제기기간이 경과되었거나, 소(訴)의 이익이 없는 경우) 행정심판이나 행정소송 자체가 성립되지 않는다는 이유로 **본안심리를 거절**하는 것을 말한다. **기각**(棄却)은 행정심판이나 소송에서 본안심리 후 심판청구인이나 소송원고의 청구내용에 이유가 없다고 하여 **청구를 거절하는 것**을 말한다. 인용(認容)의 반대이다.

(2) 부관의 허용성 여부

다수의 견해는 기속행위에는 부관을 붙일 수 없으나 재량행위에는 부관을 붙일 수 있기 때문에 양자는 구분할 필요가 있다고 한다. 그러나 기속행위의 경우에도 요건의 충족을 확보하기 위한 부관은 붙일 수 있다. 예컨대, 기속행위인 영업허가를 받기 위한 시설요건을 갖추도록 규정되어 있는 경우에도 부족한 시설요건을 사후에 충족시킬 것을 부관(요건충족적 부관)으로 붙여서 영업허가를 해 줄 수 있다(후술).

(3) 공권의 성립과의 관계

일반적으로 기속행위에 대해서는 상대방이 실체적인 청구권을 행사할 수 있으나, 재량행위에 대해서는 원칙적으로 상대방에게 이러한 청구권이 인정될 수 없다. 그러나 재량행위의 경우에도 예외적으로 무하자재량행사청구권이나 행정개입청구권이라는 공권이 인정되므로, 이러한 상황에서는 이 기준은 큰 의미를 갖지 못한다(후술).

3. 기속행위·재량행위의 구별(재량행위가 인정되는 경우)

오늘날에는 재량행위가 인정되는 경우를 판단함에 있어서는 다음과 같은 기준들이 사용된다는 것이 통설이다.

【판례】 행정행위가 그 재량성의 유무 및 범위와 관련하여 이른바 **기속행위 내지 기속재량행위와 재량행위 내지 자유재량행위**로 구분된다고 할 때, 그 구분은 당해 행위의 근거가 된 법규의 체재·형식과 그 문언, 당해 행위가 속하는 행정분야의 주된 목적과 특성, 당해 행위 자체의 개별적 성질과 유형 등을 모두 고려하여 **판단**하여야 한다(대법원 2001.2.9, 98두17593).

【참고】 **요건재량설, 효과재량설**: 기속행위와 재량행위를 구별하는 기준에 대해서 과거에는 두 가지 학설, 즉 요건재량설(법규재량설)과 효과재량설이 대립하였으며 후자가 다수설이었다. **전자**는 행정청이 어떤 사실이 법률요건을 충족하는지를 판단함에 있어서 재량이 인정되므로 재량·기속행위의 구별도 법률요건부분을 기준으로 판단하여야 한다는 견해이다. **후자**는 재량은 어떤 법률효과가 발생되는가를 기준으로 판단하여야 한다는 견해이다. 그에 의하면 법에 특별한 규정이 있는 경우를 제외하고는 법률효과부분이 **수익적인 것은 재량행위이고 침익적인 것은 기속행위라는** 견해이다. 그러나 전자는 판단여지설로 발전하였는바, 판단여지가 인정되는 경우를 제외하고는 재량을 인정할 수 없으며, 후자는 **수익적·침익적 행위의 여부는 재량의 인정 여부와 관련이 없다**는 점에서 두 견해 모두 비판의 여지가 많다(후술). 따라서 오늘날에는 이 학설들에 동조하는 견해는 별로 없는 것 같다.

(1) 법령의 규정방식

㉠ 법령의 규정상 행정청에 대해 "… 하여야 한다(… 해서는 안 된다)"고 명백하게 표현하고 있거나 그렇게 해석됨으로써 행정청에게 결정·선택의 자유가 인정되지 않은 경우는 재량이 인정되지 않는다. ㉡ 법령이 "… 할 수 있다"고 표현하고 있거나 그렇게 해석되는 경우, 또는 행정청으로 하여금 행위의 결정·선택의 여지를 남겨 놓고 있는 경우(예: 영업허가 취소 또는 60일 이하의 영업정지)는 재량이 인정된다. ㉢ 또한 "원칙적으로 … 해야 한다"라고 표현하고 있는 경우에도 특별한 경우에는 예외를 인정하는 것이므로 재량을 부여하는 규정이라고 할 수 있다.

"… 할 수 있다"는 규정이 모두 재량규정인 것은 아니다. 법규정의 문언상의 표현은 절대적인 기준이 아니다. 가령 법령의 목적이나 사안의 성질상, 법령이 "… 할 수 있다"는 규정의 형식을 취하면서도 실질적으로는 이를 합리적인 사유가 있는 경우에 **가능하다**는 취지로 해석되는 경우도 있는 것이다. 즉, 재량규정이라기보다는 **행정청의 권한규정으로서 권한행사의 가능성을 명시적으로 인정한 것에 불과**하고, 실질에 있어서는 행정의 재량이 부인되고 행정의 기속을 규정한 것이라고 볼 수 있는 경우도 있다.

예컨대, 구 **사무관리규정**(1991.6.19. 공포: 대통령령 13390호) 제33조 제2항은 공문서를 보존하고 있는 행정기관은 행정기관이 아닌 자가 문서의 열람 또는 복사를 요청하는 때에는 비밀 또는 대외비로 분류된 문서이거나 **특별한 사유가 있는 경우를 제외하고는 이를 허가할 수 있다**"고 규정하고 있었다. 규정상 "할 수 있다"라는 형식을 취하고 있으나 이것은 규정의 취지상 재량권을 부여한 것이 아니라 오히려 기속규정으로 보아야 한다는 것이 대법원의 판례이다. 즉, "행정기관의 정보공개허가 여부는 기밀에 관한 사항 등 **특별한 사유가 없는 한 반드시 정보공개에 응하여야 하는 기속행위**"라는 것이다(대법원 1989.10.24, 88누9312 참조). 다른 예로서 대기환경보전법 제34조 제2항은 "환경부장관은 대기오염으로 인한 주민의 건강상의 위해와 환경상의 **피해가 급박하다고 인정하는 때에는** 환경부령이 정하는 바에 의하여 즉시 당해 배출시설에 대하여 조업시간의 제한·조업정지 기타 **필요한 조치를 명할 수 있다**"고 규정하고 있는데, "명할 수 있다"는 "**명해야 한다**"로 해석하는 것이 합당하다("명할 수 있다"는 것은 **환경부장관이 그러한 권한이 있음을 정한 것**이고, '피해가 급박'함에도 불구하고 명하지 않을 자유가 인정될 수는 없는 것이다).

(2) 법령의 취지, 행정행위의 성질

법령의 규정방식이 분명하지 않은 경우에는 법령의 취지·목적과 행정행위의 성질 등을 종합적으로 고려하여 결정하여야 한다.

1) 침익적 행위, 수익적 행위

일부 견해에 의하면 침익적 행위는 기속행위이고, 수익적 행위는 법규상 또는 해석상 특별한 기속이 없는 한 재량행위라고 한다. 그러나 수익적 행정행위 중에서 강학상 허가(예: 주택가에서의 주택건축허가)는 기속행위이며, 반면 수익적 행위의 취소·철회·정지는 침익적인 것이지만 재량행위이다(영업허가의 취소 여부, 영업정지기간의 설정은 구체적 사정을 종합적으로 고려하여 개별적 정의에 맞게 결정하여야 한다).

2) 기본권보장 또는 공익의 실현

법령의 해석상 법령의 취지·목적에 있어서 개인의 기본권보장이 보다 강하게 요청되는 경우에는 기본권실현에 유리하도록 판단하고, 공익실현이 보다 강하게 요청되는 경우는 공익실현에 유리하도록 판단한다. 이는 행정행위의 내용에 따라 검토하여야 한다.

(가) 허　가

허가란 질서유지·위험방지 등을 위해 법률로써 개인의 자연적 자유(예: 건축행위, 영업행위)를 잠정적으로 제한한 다음, 일정한 경우에 그 제한을 해제하여 원래의 자유를 회복하여 주는 행정행위를 말한다(예: 건축허가, 영업허가). 허가대상이 되는 행위(예: 건축행위, 영업행위)는 성질상 국민의 기본권행사(예: 재산권의 행사, 직업의 자유의 행사)에 속한 것이고 자연적 자유를 행사하는 것이므로 행정청은 법령상의 허가요건이 충족된 자에게는 허가를 부여해야 하는 기속행위가 원칙이다.

예컨대, 건축허가의 근거규정인 건축법 제11조는 일정한 건축물을 건축하고자 하는 경우 시장·군수·구청장의 허가를 받아야 한다고 규정하고 있을 뿐, 허가요건의 충족시에 행정청은 **건축허가를 할 의무가 있음을 규정하고 있지는 않다.** 따라서 이와 같은 경우에는 당해 행위(건축)가 당사자에게 어떤 의미가 있는가, 특히 헌법상의 기본권과의 관련성의 정도에 따라 판단하여야 한다. 그런데 **건축은 국민의 재산권행사와 밀접**한 관련이 있으므로, 건축허가요건의 충족에도 불구하고 **건축허가를 거부하는 것은 국민의 재산권을 침해**하는 것이 된다. 따라서 건축허가는 기속행위로 보아야 한다.

그런데 허가의 상대방과 제3자 내지 공익(예: 환경보호) 사이에 이해관계가 충돌되는 경우 이를 잘 고려하여 허가의 여부를 결정하도록 하기 위해 허가를 재량행위로 인정하는 법률도 있다(건축법 제11조 ④). 판례는 법령상 명시적인 근거가 없더라도 공익상 필요한 경우에는 허가가 재량행위가 될 수 있다고 한다(대법원 2003.3.28. 2002두12113. 상세는 후술하는 '허가' 참조).

다른 한편 허가의 취소·철회의 경우에는 결국 개인의 기본권을 제한하는 결과가 되므로 그 취소의 필요성(공익의 달성)과 그로 인한 개인의 피해(재산권, 직업의 자유 등 기본권의 제한)를 합리적으로 형량하여 결정해야 하는 재량행위가 된다. 이 경우에 재량을 행사함에 있어서도 개인의 기본권에 대한 고려가 비교적 강조되어야 한다.

(나) 특 허

특허란 특정의 상대방을 위하여 새로이 권리(예: 공물〈도로·하천〉의 사용권·광업권의 부여, 특허기업〈시내버스사업, 도시가스사업, 전기사업 등 공익사업〉의 허가), 권리·행위능력(예: 공법인의 설립), 포괄적 법률관계(예: 귀화허가)를 설정하는 것을 말한다. 예컨대, 관리청의 하천점용허가(하천법 제33조), 국토교통부장관이나 시·도지사의 공유수면매립면허(공유수면매립법 제9조) 등이 이에 속한다. 특허는 자연적인 자유를 회복시키는 허가와 달리 특정인에게 새로운 독점적·배타적인 법률상의 힘을 설정하는 것이다. 공익실현이 보다 중요하므로 행정청이 공익실현을 위해 합리적인 판단을 할 수 있도록 비교적 넓은 재량이 인정된다.

【 판례 】 여객자동차운수사업법에 의한 **개인택시운송사업의 면허는** 특정인에게 권리나 이익을 부여하는 **행정청의 재량행위**이고, 위 법과 그 시행규칙의 범위 내에서 면허를 위하여 필요한 **기준을 정하는 것 역시 행정청의 재량**에 속하는 것이므로, 그 설정된 기준이 객관적으로 합리적이 아니라거나 타당하지 않다고 볼 만한 특별한 사정이 없는 이상 행정청의 의사는 가능한 한 존중되어야 한다(대법원 2007.6.1. 2006두17987).

(다) 예외적 승인

허가의 경우에 있어서는 어떤 행위가 당사자의 기본권의 행사와 밀접한 관련이 있고 사회적으로 위해성이 없거나 적기 때문에 그 행위를 허용해 주는 것이 원칙이다. 반면 예외적 승인은 어떤 행위가 **사회적으로 위해한 정도가 크기 때문에** 원칙적으로 법으로 금지시키고 예외적인 경우, 즉 금지시킴으로써 얻는 공익과 승인해야 할 필요성(사익)을 저울질하여 후자가 보다 큰 경우에 그 행위를 허용해 주는 것을 말한다. 예컨대, 개발제한구역 안에서의 건축허가, 학교환경위생정화구역 안에서의 특정행위·시설금지의 해제(학교보건법 제6조 ①), 자연환경보전법상 생태계보전지역에서의 행위제한의 예외를 인정하여 허가하는 경우(자연환경보전법 제15조 ②)가 이에 속한다.

예외적 승인은 당사자의 기본권과 공익을 형량하여 결정하는 것으로서 재량행위이다(대법원 2004.3.25. 2003두12837 참조). 이 경우는 신청자에게 법적인 청구권이 인정되지 않고 다만 무하자재량행사청구권만 인정될 뿐이다. 이 경우에 있어서도 비례의 원칙 등의 적용으로 인하여 재량이 0으로 수축하여 행정청의 승인이 의무화되는 경우도 있을 수 있다.

(3) 재량이 기속으로 되는 경우(재량의 0으로의 수축, 재량의 소멸)

1) '재량의 0으로의 수축'의 의의

'재량의 0(零)으로의 수축'이란 법규정상 또는 행위의 성질상 원래 행정청에게 재량이 인정되고 있더라도 예외적인 경우 재량이 소멸되어 행정청은 어떤 특정한 행위만을 할 의무를 가지게 되는 것을 말한다. 이 경우 특정한 행위가 아닌 다른 행위는 위법한 것이 된다.

2) 판단기준

재량이 소멸되는 경우인지의 여부는 구체적인 상황을 합리적·객관적으로 평가하고, 종합적으로 검토하여 결정하여야 한다. 구체적으로는 위험한 상황으로 인해 위협받는 법익의 가치, 위험성의 정도, 행정개입으로 인해 행정기관이 감수하여야 할 위험의 정도 등을 고려하여야 한다. 일반적으로 공공의 안녕·질서에 대한 위험·위해의 정도가 심각하여 일반인의 수인한도를 넘거나, 개인의 생명·신체와 같은 중대한 법익에 대한 침해가 곧 발생할 것이 명백한 경우에는 재량이 소멸된다고 할 것이다.

예컨대, 환경부장관에게는 배출허용기준치를 초과하여 오염물질을 배출하는 시설에 대해서 시설개선명령, 조업정지 등 적당한 조치를 취할 재량이 인정되어 있다. 그렇지만 환경오염으로 인해 주민의 건강상 위해와 **환경피해가 심각하여 일반적인 수인한도를 초과하였음에도 불구하고 행정권을 발동하지 않고 환경규제를 하지 않을 재량이 여전히 행정청에게 주어져 있다고 할 수 없는 것이다**(대기환경보전법 제34조 ②).

【판례】경찰관직무집행법 제5조는 … 형식상 경찰관에게 재량에 의한 직무수행권한을 부여한 것처럼 되어 있으나, … **구체적인 사정에 따라 경찰관이 그 권한을 행사하여 필요한 조치를 취하지 아니하는 것이 현저하게 불합리하다고 인정되는 경우에는 그러한 권한의 불행사는 직무상의 의무를 위반한 것이 되어 위법하게 된다.** 경찰관이 농민들의 시위를 진압하고 시위과정에 도로 상에 방치된 트랙터 1대에 대하여 이를 도로 밖으로 옮기거나 후방에 안전표지판을 설치하는 것과 같은 **위험발생방지조치를 취하지 아니한 채 그대로 방치하고** 철수하여 버린 결과, 야간에 그 도로를 진행하던 운전자가 위 방치된 트랙터를 피하려다가 다른 트랙터에 부딪혀 상해를 입은 사안에서 **국가배상책임이 인정**된다(대법원 1998.8.25, 98다16890).

4. 재량의 유형

(1) 기속재량과 자유재량

1) 기속재량

판례와 전통적인 학설은 재량의 유형으로서 이른바 기속재량과 자유재량으로 구분한다. 전자는 법규재량이라고도 부르며, 무엇이 법이냐에 관한 재량이라는 것이다. 법에서 겉으로는 재량이 허용된 것 같지만, 행정기관의 재량은 구체적인 경우에 입법취지 등이 무엇인가를 해석·판단하여 행동하는 데 불과하고, 이를 잘못한 경우에는 재량을 그르친 행위로서 위법한 행위가 되어 법원의 통제를 받는 것을 말한다. 이는 엄격한 의미에서 기속행위이다.

> 예컨대, (구)출입국관리법 제4조에 의하면 법무부장관은 '대한민국의 이익에 현저히 해가 될 우려가 있다고 판단되는' 자에 대해서는 출국을 금지할 수 있도록 하고 있는데, 이에 따라 법무부장관이 특정인에 대하여 출국금지결정을 하는 경우에 '대한민국의 이익에 현저히 해가 될 우려가 있는 자'인지의 여부는 법원의 사법심사의 대상이 되고, 이것이 부인되는 경우에는 법무부장관의 결정은 위법한 것이 되고 법원에 의해 취소된다. 따라서 이 경우 **법무부장관의 행위는 소위 기속재량행위로서 엄격한 의미에서 재량행위가 아니라 기속행위에 해당**된다.

2) 자유재량

자유재량은 행정기관에게 '어느 것이 행정목적에 적합한 것인가'하는 합목적성 여부에 대해서 재량이 허용되어 있는 것으로서, 이때에 재량을 그르친 경우에도 통상적으로 부당행위에 불과하게 되는 행위라고 한다.

3) 비 판

기속재량은 그 개념 자체가 모순이다. 기속과 재량은 서로 반대되는 개념으로서 이를 결합시키는 것은 옳지 않다. 기속재량은 사실상 기속행위를 의미한다. 불확정법개념을 해석하고 구성요건의 충족 여부를 판단하는 최종적인 권한은, 뒤에 나오는 판단여지가 인정되는 경우를 제외하고는, 법원에 있기 때문이다. 그리고 자유재량도 재량권의 일탈·남용의 경우에는 사법심사의 대상이 된다는 점에서 '자유'재량이 아니라 법의 기속을 받는 '기속'재량이라고 할 수 있다. 재량은 자유와 기속의 양면성이 있는 것으로서, "자유재량 아닌 재량이 없고, 기속재량 아닌 재량이 없는 것"이다. 따라서 기속재량과 자유재량의 양자를 구분하는 것은 별로 의미가 없으며, 오히려 혼란을 가져오므로 이제는 지양하는 것이 옳다. 즉, 기속행위와 재량행위로만 구분하면 족한 것이다.

(2) 결정재량과 선택재량

오늘날 재량의 유형을 결정재량과 선택재량으로 분류하기도 한다. 어떠한 행정작용의 발동의 여부(if, ob)를 결정하는 것을 결정재량이라고 하고, 행정작용을 발동하기로 결정한 다음 어떠한 행위를 할 것인지를 선택(how, wie)하는 것을 선택재량이라고 한다.

> 양자의 구분의 의미는 그렇게 크지는 않다. 결정재량은 주로 위해방지를 위한 행정권의 발동 여부에 관한 재량으로 나타나게 되어 재량의 0으로의 수축으로 인한 행정개입청구권과 관련하여 문제될 때가 많다(구체적인 사정에 따라 행정개입결정을 하지 않는 것은 위법이 된다). 선택재량은 행정처분의 종류나 양의 선택(예:

영업허가취소, 영업정지 10일 또는 20일, 파면·해임·정직 등 징계유형의 선택)과 관련하여 다양하게 나타난다.

(3) 형성재량, 요건재량, 효과재량

㉠ 법률효과의 선택·결정에 관해 인정되는 일반적인 재량과는 달리 형성재량은 주로 행정계획의 경우에 인정되는 것이다. 단지 법률을 집행하는 것이 아니라 일정한 행정목적을 달성하기 위해 미래를 예측하고 다양한 요소를 검토하는 등 행정청에게 광범위하게 주어진 자유를 의미한다. ㉡ 요건재량(구성요건재량, 법률요건재량)이란 법률의 구성요건에 불확정법개념이 사용됨으로 인해 법개념을 해석하고 구성요건의 충족 여부를 판단할 자유가 행정청에게 인정되는 경우를 말한다. 후술하는 판단여지와 같은 의미이다. 판단여지라는 개념을 사용하는 대신에 재량이라는 개념을 사용한다는 점에서만 다를 뿐 실질에 있어서는 동일하다고 할 수 있다. ㉢ 효과재량은 법률효과의 결정·선택에 있어서 재량이 인정되는 경우를 말한다. 재량은 행정청의 '행위의 자유'임을 강조하고 '판단의 자유'가 인정되는 판단여지와 구분하기 위해 이러한 재량을 특히 '행위재량'이라고 부르기도 한다.

5. 재량의 행사와 자기구속

(1) 재량의 행사

1) 개별적 재량행사

행정청은 재량을 행사함에 있어서 무엇보다도 재량을 인정하고 있는 법률규정의 취지·목적을 살펴서, 그러한 목적달성을 위해 고려하여야 할 중요한 사항이 구체적으로 무엇인지를 찾아 누락시키지 않고 고려하여, 구체적 상황에서 합리적이고 정의에 합당한 결정을 해야 한다. 이를 위해 관련 헌법규정 등도 고려하여야 함은 물론이다.

2) 재량준칙을 통한 재량행사

다른 한편으로는 평등의 원칙이 요구하는 재량행사의 통일성을 기하기 위해 상급 행정청이 하급기관에게 재량행사에 있어서 그 기준과 지침을 주는 경우가 많다.

식품위생법 제75조 제4항에서 '행정처분의 세부적인 기준은 그 위반행위의 유형과 위반의 정도 등을 참작하여 보건복지부령(현재는 총리령)으로 정한다'고 되어 있는바, 보건복지부령(총리령)에서 정하고 있는 행정처분의 기준도 비록 형식은 법규명령이지만 실질에 있어서는 행정규칙이라는 것이 일관된 판례이며, 바로 재량준칙에 해당한다. 그런데 개별적 정의와 평등의 원칙이라는 두 가지 상호 모순되기 쉬운 목적을 달성하기 위해서는 재량준칙을 정함에 있어서 주의할 필요가 있다. 우선 재량준칙을 정함에 있어서 재량을 인정하고 있는 법령의 목적과 취지를 충분히 살릴 수 있도록 고려사항을 합당하게 포함시켜 정해야 한다. 또한 재량준칙을 정함에 있어서는 전형적인 경우에만 한정하고 비전형적인 경우에는 하급 행정청이 개별적인 상황을 구체적으로 고려하여 정할 수 있는 여지를 남겨 놓아야 한다. '같은 것은 같게, 다른 것은 다르게' 결정할 수 있도록 하는 것이 정의와 평등의 원칙에 합당한 것이다.

(2) 재량행사에 있어서 행정의 자기구속

일련의 동일한 상황에서 행정청이 재량준칙과 같은 명시적 기준을 정하거나 혹은 묵시적 기준을 정하고 이에 따라 재량을 행사해 왔으면, 평등의 원칙으로 인해 특별한 사유가 없는 한 행정청은 나중의 동일한 상황에서도 동일한 기준에 따라 재량을 행사하여야 한다. 이를 '행정의 자기구속의 원칙'이라고 한다(상술한 '행정의 자기구속의 원리' 참조).

6. 재량의 흠(하자)

재량은 행정청에게 재량을 부여한 법령 외에 조리·법의 일반원칙·헌법·기타 관련 법령 등 다른 규범에 의해서도 제한될 수 있다. 재량의 목적과 한계를 벗어나면 하자 있는 (위법한) 재량이 되어 사법심사의 대상이 된다. 재량하자란 재량에 특유한 하자를 의미하며 그 유형들은 아래와 같다. 이는 중첩될 수 있다.

행정기본법은 "행정청은 재량이 있는 처분을 할 때에는 관련 이익을 정당하게 형량하여야 하며, 그 재량권의 범위를 넘어서는 아니 된다."고 규정하고 있다(제21조).

(1) 재량의 일탈·남용

재량의 일탈(逸脫)이란 법령상 주어진 한계를 벗어나서 재량을 행사하는 것을 말한다. 재량의 남용(오용)이란 법령의 내용·목적에 합당하지 않게 재량을 행사하는 것을 말한다.

1) 법규정 위반

법령이 정한 한계를 넘는 경우이다. 예컨대, 법령이 정한 한도인 30일을 초과하여 35일의 영업정지를 하는 경우이다. 이것은 그 자체가 바로 위법이므로 재량에 특유한 하자는 아니다.

2) 사실오인

사실을 잘못 인식하여 재량권을 행사한 행정처분은 위법이다. 예컨대, 행정청이 공무원을 징계함에 있어서 징계사유에 해당하는 행위를 잘못 파악하여 징계한 경우이다.

3) 재량목적의 위배, 동기의 부정

행정청이 재량의 목적·취지에 합당하지 않은 것, 불필요한 것(정치적 고려, 학연·지연과 같은 사적 인간관계, 부정한 동기, 종교적 신념 등) 등을 고려하여 재량을 행사한 경우이다. 또한 입법취지에 비추어 볼 때 행정청이 재량행사시에 반드시 고려하여야 할 사항을 제대로 고려하지 않고 결정한 것도 결과적으로 입법취지에 어긋나는 것이 되어 재량의 남용이 된다.

4) 평등원칙의 위반

평등의 원칙은 한마디로 '자의의 금지'를 의미한다. 합리적인 이유 없이 동일한 사안에 대해 동일한 결정을 하지 않은 경우는 평등원칙의 위반이 되어 하자 있는 재량으로서 위법한 것이 된다. 사안이 다름에도 불구하고 동일한 취급을 하여 결정을 하는 것도 평등의 위반이 된다. 다른 한편 '불법의 평등'은 인정되지 않는다.

5) 비례원칙의 위반

비례원칙은 재량에 대한 객관적인 제한기준으로서 재량행사에 있어서 반드시 고려하여야 하는 것이다. 예컨대, 식품영업자의 법위반 내용·사유에 비해 영업정지·취소 등 행정제재조치가 가혹한 경우는 비례원칙에 위반되어 위법한 재량이 된다.

6) 기본권조항·헌법의 위반

재량행사에 있어서 유의하여야 할 것은 기본권과 헌법질서를 고려하여야 한다는 것이다. 예컨대, 정당의 선거운동을 위한 도로나 체육관 등 공공시설의 이용허가를 위한 재량행사를 하는 경우 정당정치 및 참정권의 보호라는 헌법조항이 고려되어야 한다.

【참고】 행정기본법 제22조(제재처분의 기준)
② 행정청은 **재량이 있는 제재처분**을 할 때에는 다음 각 호의 사항을 고려하여야 한다.
1. 위반행위의 동기, 목적 및 방법. 2. 위반행위의 결과, 3. 위반행위의 횟수, 4. 그 밖에 제1호부터 제3호까지에 준하는 사항으로서 대통령령으로 정하는 사항.

(2) 재량의 불행사, 해태(懈怠)

1) 재량의 불행사

행정청은 재량을 합당하게 행사할 의무가 있으며, 재량행사를 전혀 안하는 것은 위법이 된다. 예컨대, 행정청이 재량행위를 기속행위로 오해한 경우이다. 행정실무상으로 특히 문제가 되는 것은 하급관청이 상급관청의 재량준칙을 절대적인 구속력이 있는 것으로 오해하여 평등의 원칙이라는 미명하에 무조건 그 준칙대로 행정결정을 하는 경우이다.

【 판례 】 실권리자명의 등기의무를 위반한 명의신탁자에 대하여 부과하는 과징금의 감경에 관한 '부동산 실권리자명의 등기에 관한 법률 시행령' 제3조의2 단서는 임의적 감경규정임이 명백하므로, 그 감경사유가 존재하더라도 과징금 부과관청이 감경사유까지 **고려하고도 과징금을 감경하지 않은 채** 과징금 전액을 부과하는 처분을 한 경우에는 이를 위법하다고 단정할 수는 없으나, 위 **감경사유가 있음에도 이를 전혀 고려하지 않았거나** 감경사유에 해당하지 않는다고 오인한 나머지 과징금을 감경하지 않았다면 그 과징금 부과처분은 **재량권을 일탈·남용한 위법한** 처분이라고 할 수밖에 없다(대법원 2010.7.15. 2010두7031).

2) 재량의 해태

재량을 행사함에 있어서 고려하여야 할 사항을 충분히 고려하지 않은 경우도 재량의 해태가 되어 위법이 된다. 예를 들면, 위법한 수익적 처분을 취소함에 있어서 위법한 허가를 취소할 것을 요구하는 공익, 상대방의 신뢰의 이익, 제3자의 불이익 등을 포함한 제반 사정을 충분히 저울질하여 결정하여야 함에도 불구하고 그렇지 않은 경우가 이에 속한다.

【 판례 】 민원사무를 처리하는 행정기관이 민원 1회방문 처리제를 시행하는 절차의 일환으로 민원사항의 심의·조정 등을 위한 민원조정위원회를 개최하면서 민원인에게 회의일정 등을 사전에 통지하지 아니하였다 하더라도, **이러한 사정만으로 곧바로 민원사항에 대한 행정기관의 장의 거부처분에 취소사유에 이를 정도의 흠이 존재한다고 보기는 어렵다.** 다만 행정기관의 장의 거부처분이 재량행위인 경우에, 위와 같은 사전통지의 흠결로 민원인에게 의견진술의 기회를 주지 아니한 결과 민원조정위원회의 심의과정에서 고려대상에 마땅히 포함시켜야 할 사항을 누락하는 등 **재량권의 불행사 또는 해태로 볼 수 있는 구체적 사정이 있다면, 거부처분은 재량권을 일탈·남용한 것으로서 위법하다**(대법원 2015.8.27. 2013두1560).

(3) 절차의 위반

행정청이 재량을 행사한 경우 그것의 실체적 타당성을 행정쟁송(특히 행정소송)을 통해 사후에 심사하는 것은 제한될 수밖에 없다. 따라서 행정청의 재량행사의 과정을 사전에 통제하는 것이 보다 중요하다. 기속행위와는 달리 재량행위의 경우에는 행정청의 자의적 판단의 가능성이 항상 존재한다. 행정청이 재량을 행사함에 있어서 고려하여야 할 여러 요소와 가치를 충분하게 반영하도록 하기 위해서는 판단과정과 처분절차를 정해 놓은 행정절차의 준수 여부를 통제할 필요성이 더욱 강조되어야 한다. 재량행사에 있어서는 절차의 하자가 있을 경우 절차를 다시 제대로 밟으면 결과가 달라질 가능성은 얼마든지 있는 것이다.

그러므로 이해관계인의 의견진술 등 절차가 법률로 명시되어 있는 경우에 그 절차를 거쳐야 하며, 법률에 명시적 규정이 없다고 하더라도 헌법적인 적법절차의 원칙에 위반하는 처분은 위법한 처분이 될 수 있다.

【답】 판례는 "출입국관리법, 출국금지업무처리규칙의 관련규정의 취지를 종합하면, 2천만원 이상의 추징금 미납을 이유로 한 출국금지는 그 추징금 미납자가 출국을 이용하여 **재산을 해외로 도피하는 등으로 강제집행을 곤란하게 하는 것을 방지함에 주된 목적**이 있는 것이지, 단순히 출국을 기화로 해외로 도피하거나 시효기간 동안 귀국하지 아니하고 외국에 체재하여 그 시효기간을 넘기는 것을 방지하는 등 **신병을 확보하기 위함**에 있는 것이 아니므로, 재산의 해외 도피 우려 여부를 확인하지 아니한 채 단순히 일정 금액 이상의 추징금 미납 사실 자체만으로 바로 출국금지처분을 하는 것은 형벌을 받은 자에게 **행정제재의 목적**으로 한 것으로 출국금지업무처리규칙 제2조 제2항에 위반되거나 과잉금지의 원칙에 비추어 **허용되지 아니한**다고 할 것이고, 재산의 해외 도피 가능성 여부에 관한 판단에 대하여도 재량권을 일탈하거나 남용하여서는 안 된다고 할 것이며, 한편 **재산의 해외 도피 우려 여부**는 추징금 처분의 범죄사실, 추징금 미납자의 성별·연령·학력·직업·성행이나 사회적 신분, 추징금 미납자의 경제적 활동과 그로 인한 수입의 정도·재산상태와 그 간의 추징금 납부의 방법이나 수액의 정도, 그 간의 추징금 징수처분의 집행과정과 그 실효성 여부, 그 간의 출국 여부와 그 목적·기간·행선지·해외에서의 활동내용·소요자금의 수액과 출처 등은 물론 가족관계나 가족의 생활 정도·재산상태·직업·경제활동 등을 종합하여 판단하여야 한다"고 하였다. 즉, A에 대한 출국금지처분은 법무부장관의 재량행사에 하자가 있는 것으로서 위법이며, A는 승소할 수 있다(대법원 2001.7.27, 2001두3365 참조).

7. 불확정법개념과 판단여지

【문 제】

① 공무원 A는 근무시간에 개인 일을 보기 위해 자리를 비워서 민원인의 일을 제시간에 처리하지 못한 것이 문제되어 '**직무태만**'이라는 이유로 감봉 1개월의 징계를 받았다. 이에 A는 직무를 태만하게 한 적이 없으며, 자신에 대한 징계는 지나친 것이라는 이유로 행정소송을 제기하였다. 법원은 A의 '직무태만' 여부를 심사할 수 있으며, 징계가 지나치다는 이유로 이를 취소할 수 있는가?

② 국가공무원법 제40조의4(우수공무원 등의 특별승진)는 "1. 청렴과 투철한 봉사정신으로 직무에 정려(精勵)하여 공무집행의 공정성유지와 깨끗한 공직사회구현에 있어서 다른 공무원의 귀감이 되는 자, 2. 직무수행능력이 탁월하여 행정발전에 지대한 공헌을 한 자"는 특별승진임용을 할 수 있도록 하고 있다. 이에 따라 국가는 A를 '**직무수행능력이 탁월하여 행정발전에 지대한 공헌을 한 자**'라는 이유로 **특별승진임용**을 하였다. 그러자 특별승진에서 탈락한 B가 소송을 제기하여 자신이 보다 적합한 인물임에도 불구하고 A가 승진한 것은 정치적인 고려에서 나온 것으로서 위법임을 주장한다. 법원은 이를 사법적으로 판단하여 A와 B중 누가 승진임용에 적합한 인물인지를 결정할 수 있는가? 아니면 법원은 행정청의 판단을 존중하는 것이 타당한가?

(1) 불확정법개념의 의의

앞에서 보듯이 국가공무원을 징계하기 위해서는 '직무태만', '체면 또는 위신의 손상'이 의미하는 바가 무엇인지를 확정하여야 하는데, 이는 용이하지 않다. 이처럼 법률은 법률요건부분에 그것이 의미하는 바가 다의적인 것이어서, 진정한 의미가 구체적 상황에 따라 그 때그때 판단될 수밖에 없는 개념을 포함하고 있는 경우가 많다. '필요한 경우', '상당한 이유', '공익', '미풍양속', '공공질서' 등도 이에 속하는 것들이다. 이러한 개념을 '불확정법개념'이라고 한다. 이러한 개념을 최종적으로 해석하고 적용하는 자유가 행정청에게 인정될 수 있느냐는 것과, 있다면 그것이 재량과 동일한 것인지가 문제이다.

(2) 불확정법개념과 재량의 관계

불확정법개념은 주로 법률요건부분에 존재하는 것이고 재량은 법률효과면에 존재하는 것(효과재량, 행위재량)이다. 그렇지만 과거에는 법률요건부분에 불확정개념이 사용된 경우에 행정청의 재량을 인정하고 이를 '요건재량'이라고 불렀다. 이처럼 재량과 불확정개념은 상호 밀접하게 관련이 되어 있고 양자가 서로 영향을 미친다.

1) 융합규정(연결규정)의 경우

실제의 법규정들은 불확정개념과 재량을 함께 포함하고 있는 경우가 많다. 이러한 법규정을 융합규정(Koppelungsvorschriften) 또는 연결규정이라고 한다. 이에 속한 예로서 위의 공무원의 징계에 관한 법규정을 들 수 있다. 공무원이 '직무태만', '체면 또는 위신의 손상'에 해당되는 행위를 한 경우에(법률요건에 있어서 불확정법개념), 구체적 징계의 수위는 재량으로 결정할 수 있도록 하고 있는 것이다(법률효과에 있어서 재량). 이들은 일단 불확정개념과 재량에 각각 해당되는 원리에 따라 판단하면 된다.

> 그러나 각각 한쪽이 다른 한쪽에 영향을 미치는 경우도 있다. 불확정법개념을 해석·적용하는 과정에서 재량행사에 고려될 수 있는 관점들이 이미 모두 고려된 경우에는 재량권을 더 이상 행사할 여지가 없으므로, '재량의 소멸'이 초래된다. 그 결과 요건규정이 충족되면 허용되는 결정을 하여야 한다. 즉, 법률효과에 있어서 재량을 인정한 가능규정(Kann-Vorschrift)이 사실상 필연규정(Muß-Vorschrift)이 되는 것이다. 예컨대, 앞에서 언급한 구 사무관리규정의 경우에 있어서 보는 바와 같이 "특별한 사유가 없는 한 정보를 공개할 수 있다"는 취지의 규정은 특별한 사유가 없음에도 불구하고 정보를 공개하지 않을 수 있는 재량이 여전히 존재하는 것이 아니다. '특별한 사유'의 존재 여부를 심사하는 과정에서 모든 사항을 고려하여 '특별한 사유'가 없는 것으로 판단되는 한 재량을 다시 행사할 여지는 없어지고 정보를 공개하여야 한다는 것이다.

2) 불확정개념과 재량수권의 교환가능성

일정한 입법목적을 달성하기 위하여 흔히 불확정개념과 재량수권을 서로 교환하여 사용할 수 있다.

> 예컨대, 입법자가 공무원의 부업으로 인해 직무가 지장을 받는 것을 방지하기 위하여 공무원의 부업을 규율하려면 다음의 두 가지 방법이 있다. 즉, ㉠ "직무상 이익과 배치되는 경우에는 부업의 승인이 **거부된다**"는

형식으로 '직무상 이익'이라는 불확정개념을 사용하거나, ⓒ "부업의 승인은 **거부될 수 있다**"는 형식으로 재
량을 수권할 수 있다. 이 때 ㉠의 경우에는 직무상 이익과 배치되는 경우에만 승인을 거부할 수 있다. 즉,
다른 경우에는 거부할 수 없다(강제적 결과). 그러나 ⓒ의 경우에는 재량을 행사하여 결정할 수 있다. 그러
나 하자 없는 재량을 행사하여야 하므로 결과적으로는 동일하게 직무상 이익과 배치되는 경우 이외에는 승
인을 거부할 수 없게 된다. 이처럼 불확정법개념을 사용하든지 재량을 수권하든지 결과는 동일하게 되므로
입법자는 이를 교환하여 사용할 수 있는 것이다.

(3) 행정청의 판단여지

1) 불확정법개념의 사법심사

불확정법개념의 해석·적용은 법을 적용함에 있어서 포섭의 단계에서 특정한 사실관
계가 법률요건에 해당하는가의 여부에 대한 판단의 문제이며 행위의 문제가 아니다. 이는
법적 문제이며, 구체적인 상황 하에서는 하나의 정당한 해석·적용만이 있을 뿐이다. 그 정
당성 여부는 사법심사의 대상이 되어야 한다. 위에서 예로 든 것처럼 공무원의 특정 행위가
'직무태만', '체면 또는 위신의 손상'에 해당하는지의 여부를 최종적으로 심사하는 것은 사
법부의 몫이다.

2) 판단여지설
(가) 의　의

불확정개념 중에는 예외적으로 구체적인 경우 어느 해석이 정당한 것인지에 관해 어려
운 문제가 생기는 경우가 있다. 위의 사례에서 보듯이 "직무수행능력이 탁월하여 행정발전
에 지대한 공헌"을 한 자에 해당되는지의 여부를 행정청이 판단하게 되는데, 행정청의 판단
을 사법부가 대체하기는 어렵다고 할 것이다.

이처럼 행정청의 평가·결정에 대해 그 정당성 여부를 사법부가 판단하는 것이 불가능
하거나 합당하지 않아서, 행정청의 판단을 존중하는 것이 이치에 맞는 경우가 있다. 그러한
경우에는 행정청이 독자적으로 판단할 수 있는 범위가 인정되는데 이것을 판단여지(Beurtei
-lungsspielraum)라고 한다. 이 경우 법원은 다만 행정청이 합당한 판단을 위한 한계(공정한 절차
의 준수 등)를 준수하였는지를 심사할 뿐이고, 행정청이 그러한 한계를 벗어나지 않는 한 법
원은 행정청의 판단을 존중하여야 한다는 주장을 판단여지설이라고 한다.

(나) 논　거

판단여지설에 의하면 입법자가 불확정개념의 사용을 통해 행정청에게 자기 책임에 따
라 최종적으로 결정을 할 수 있는 수권을 하였다는 것이다(규범적 수권론, 規範的 授權論). 그 논
거는 다음과 같다. 즉, ㉠ 불확정법개념은 그 자체가 상이한 평가를 하는 것을 허용하고 있

다. ⓛ규범논리적으로 반드시 하나의 정당한 해답만이 있는 것이 아니다. ⓒ행정청은 보다 많은 전문지식과 경험을 보유하고 있고 구체적인 행정문제를 보다 잘 알고 있다. ②어떤 결정들은(예: 시험성적평가) 다른 이가 대체할 수 없거나 반복할 수 없다. ⑩행정권도 고유한 국가권력으로서 독자성이 인정되어야 한다.

【 판례 】국토계획법 제58조 제1항 제4호, 제3항, 국토계획법시행령 제56조 제1항 [별표 1] 제1호 (가)목 (3), (라)목 (1), (마)목 (1)의 각 규정을 종합하면, 국토계획법 제56조 제1항 제2호의 규정에 의한 토지의 **형질변경허가는 그 금지요건이 불확정개념으로 규정되어 있어 그 금지요건에 해당하는지 여부를 판단함에 있어서 행정청에게 재량권이 부여되어 있다고** 할 것이므로, 국토계획법에 의하여 지정된 도시지역 안에서 토지의 형질변경행위를 수반하는 건축허가는 결국 재량행위에 속한다고 할 것이다(대법원 2005.7.14. 2004 두6181).

3) 재량과의 구별

행정기관에게 판단여지가 인정되는 경우에는 그 한도에서 법원에 의한 심사권이 제한 되므로 이 점에서는 판단여지는 재량과 유사하다. 따라서 재량행위와 구별되는 독자적인 개념으로서 판단여지라는 개념을 인정할 것인지에 대해서 견해가 나뉜다.

(가) 긍정설

독일과 우리나라의 다수설로서 그 논거는 다음과 같다. ㉠판단여지를 재량으로 볼 경 우에는 전통적으로 행위선택의 경우에만 재량을 인정하는 견해와 모순된다. ㉡행정법규의 요건부분의 인정은 인식의 문제로서 법해석의 문제이므로 효과부분의 결정에 관한 문제와 다르다. ㉢재량은 입법자에 의하여 부여되지만 판단여지는 법원에 의하여 주어지는 것이다 (판단여지는 법원이 자신에 의한 사법심사가 사실상 불가능하여 행정청의 판단을 존중하기 때문에 인정되는 것이다. 따 라서 판단여지는 법원에 의해 주어지게 되는 셈이 된다).

(나) 부정설

이 설은 판단여지의 개념을 인정하지 않고 그것을 재량의 문제로 파악한다. 그 논거는 다음과 같다. ㉠재량의 개념은 입법자의 의사에 의해 성립한 것으로, 재량이 인정되는 유형 은 입법자의 수권의 정도와 내용에 따라 차이가 있을 수 있기 때문에, 재량을 행정법규의 효과규정에만 한정할 수 없다. ㉡융합규정의 경우에는 불확정개념의 적용을 통해 재량이 소멸되기 때문에 양자는 서로 교차되므로 구별할 필요가 없다. ㉢양 개념은 동일한 법률효 과를 달성하기 위하여 서로 교환하여 사용될 수 있으며, 법률규정의 요건부분에 규정하면 판단여지가, 효과부분에서 규정하면 재량이 되는 것뿐이다(류지태). 우리나라 판례는 재량과 판단여지를 구분하지 않고 판단여지가 인정될 수 있는 경우에도 '자유재량'이라는 표현을 하고 있다.

(다) 결 어

행정청에 판단의 여지가 인정되는 경우에 있어서는 그 한도에서 법원의 재판통제가 제한되므로 판단여지와 재량은 본질에 있어서 다르지 않다고 할 수 있다. 그런데 행정법규가 행정청에게 행위의 선택·결정에 있어서 재량을 부여한 경우와 행정청에게 법률요건의 충족 여부를 판단함에 있어서 어떤 여지(자유)를 부여한 경우는 구분하는 것이 이해하는 데 도움이 된다. 재량과 판단여지는 그 인정근거, 그 내용, 인정기준 및 범위 등에서 차이가 있기 때문이다.

4) 판단여지의 인정범위

판단여지는 불확정개념을 해석하고 적용함에 있어서 극히 예외적으로만 인정된다. 불확정개념을 해석하고, 사실을 조사·확인하고, 사실이 요건인 불확정개념에 포섭되는지를 판단하는 과정에서 어떤 경우에 행정청의 판단여지가 인정될 수 있는지가 문제이다.

① 우선 사실확인에 있어서는 판단여지가 인정될 수 없으며, 완전한 사법심사의 대상이 되는 것이 원칙이다. 다만, 고도로 기술적인 사실관계의 확인의 경우 등 판사가 사실관계의 판단을 하는 것이 불가능하거나 불합리하며, 오히려 전문가인 행정청의 판단에 맡기는 것이 합당할 경우에는 극히 예외적으로 행정청의 판단의 여지가 인정될 수가 있을 것이다.

② 불확정법개념이기 때문에 판사의 확정적 해석이 더욱 필요하다. 따라서 판사가 해석하는 것이 불가능하거나 불합리한 경우에만 예외적으로 인정될 수 있다.

③ 결국 판단여지의 범위는 법원의 사법심사의 범위의 광협에 따라 달라지는데, 이 범위는 규범적인 것이라기보다는 사법심사의 사실상의 가능성 여부에 달려 있다고 할 것이다. 따라서 판단여지는 법원에 의해 주어지게 되는 셈이 된다. 판단여지는 불확정개념을 해석·적용함에 있어서 논리법칙 및 보편타당한 가치기준, 객관적인 경험법칙 등 객관적 기준이 결여되어 있어, 법원의 판단으로 행정청의 신중한 판단을 대체하는 것이 타당하지 않을 경우에 한하여 예외적으로 인정된다고 할 것이다. 즉, 고도로 전문적이고 기술적인 판단이나 고도로 정책적인 판단에 속하는 불확정개념의 적용에 한하여 인정된다.

5) 판단여지가 인정되는 구체적 영역

판단여지가 인정되는 것은 결국 법원의 판례에 의해 결정되는데, 판례와 학설에서는 다음과 같은 영역에서 판단여지가 논의되고 있다. 그러나 실제로 판단여지가 인정될 수 있는지의 여부는 영역별로 일반화시킬 수는 없고 구체적 상황에 비추어 행정청의 판단을 존중하는 것이 합당한 경우에만 인정되는 것이지, 같은 영역이라도 판단여지가 인정되지 않을 수 있으며, 그 밖의 다른 영역에서도 구체적 상황에 따라서는 판단여지가 인정될 수 있음을 유념해야 한다. 우리 판례는 재량과 판단여지를 구분하지 않고 판단여지가 인정될 수 있는 경우에도 '자유재량'이라고 표현하고 있지만 판단여지설의 취지를 받아들인 것으로 보이는 것이 있다.

(가) 비대체적 결정

공무원에 대한 근무평가(위에서 서술한 특별승진의 경우), 국가고시 등 시험에 있어서의 성적의 평가와 시험과 유사한 평가결정(예: 학위수여 여부에 대한 결정. 대법원 1976.6.8. 76누63)으로서 타인이 대체할 수 없는 결정이다. 시험분야에서 판단여지가 인정되는 근거는 시험성적평가가 전문적이며, 시험당일의 상황이 재현되는 것이 불가능하다는 점 등이다.

【판례】 **공무원 임용을 위한 면접전형**에 있어서 임용신청자의 능력이나 적격성 등에 관한 판단은 면접위원의 고도의 교양과 학식, 경험에 기초한 자율적 판단에 의존하는 것으로서 오로지 면접위원의 자유재량에 속하고, 그와 같은 판단이 현저하게 재량권을 일탈 내지 남용한 것이 아니라면 이를 위법하다고 할 수 없다(대법원 1997.11.28. 97누11911.

(나) 구속적 가치평가

고도의 전문가로 구성된 직무상 독립성을 갖는 위원회의 결정(예: 교과서검정심사위원회에서 중학교용 도서의 검정기준에의 적합 여부판단. 대법원 1992.4.24. 91누6634), 고도의 기술적 판단, 예술적 가치 등의 판단, 고도의 전문가적인 판단 등이다(예: 매장문화재의 발굴허가. 대법원 2000.10.27., 99두264).

【판례】 ① **신의료기술의 안전성·유효성 평가나 신의료기술의 시술로 국민보건에 중대한 위해가 발생하거나 발생할 우려가 있는지에 관한 판단은** 고도의 의료·보건상의 전문성을 요하므로, 행정청이 국민의 건강을 보호하고 증진하려는 목적에서 의료법 등 관계 법령이 정하는 바에 따라 이에 대하여 **전문적인 판단을** 하였다면, 판단의 기초가 된 사실인정에 중대한 오류가 있거나 판단이 객관적으로 불합리하거나 부당하다는 등의 특별한 사정이 없는 한 존중되어야 한다. 또한 행정청이 전문적인 판단에 기초하여 재량권의 행사로서 한 처분은 비례의 원칙을 위반하거나 사회통념상 현저하게 타당성을 잃는 등 재량권을 일탈하거나 남용한 것이 아닌 이상 위법하다고 볼 수 없다(대법원 2016.1.28. 2013두21120).
② 구 국립묘지의 설치 및 운영에 관한 법률(2011.8.4. 법률 제11027호로 개정되기 전의 것. 이하 '국립묘지법') 제5조 제3항 제5호는 **안장대상심의위원회**(이하 '심의위원회')에 국립묘지 안장 대상자의 부적격 사유인 국립묘지의 영예성 훼손 여부에 대한 심의 권한을 부여하면서도 심의 대상자의 범위나 심의 기준에 관해서는 따로 규정하고 있지 않다. 이는, 국립묘지법이 국가나 사회를 위하여 희생·공헌한 사람이 사망한 때에는 국립묘지에 안장하여 그 충의와 위훈의 정신을 기리며 선양하는 것을 목적으로 하고 있음에 비추어 볼 때, 비록 그 희생과 공헌만으로 보면 안장 대상자의 자격요건을 갖추고 있더라도 다른 사유가 있어 그 망인을 국립묘지에 안장하면 국립묘지의 영예성을 훼손한다고 인정될 경우에는 안장 대상에서 제외함으로써 국립묘지 자체의 존엄을 유지하고 영예성을 보존하기 위하여 **심의위원회에 다양한 사유에 대한 광범위한 심의 권한을 부여한 것**이라고 할 수 있다. 따라서 영예성 훼손 여부에 대한 심의위원회의 결정이 현저히 **객관성을 결여하였다는 등의 특별한 사정이 없는 한 그 심의 결과는 존중함이 옳고**(대법원 2012. 5. 24. 선고 2011두8871 판결 참조), 영예성 훼손 여부의 판단에 이와 같이 재량의 여지가 인정되는 이상 그에 관한 기준을 정하는 것도 행정청의 재량에 속하는 것으로서 마찬가지로 존중되어야 한다(대법원 2013.12.26.

2012두19571).|

③구 전염병예방법(2009.12.29. 법률 제9847호 감염병의 예방 및 관리에 관한 법률로 전부 개정되기 전의 것, 이하 '구 전염병예방법'이라 한다) 제54조의2 제2항에 의하여 보건복지가족부장관에게 예방접종으로 인한 질병, 장애 또는 사망(이하 '장애 등'이라 한다)의 인정 권한을 부여한 것은, **예방접종과 장애 등 사이에 인과관계가 있는지를 판단하는 것은 고도의 전문적 의학 지식이나 기술이 필요한 점과 전국적으로 일관되고 통일적인 해석이 필요한 점을 감안한 것으로 역시 보건복지가족부장관의 재량에 속하는 것이므로**, 인정에 관한 보건복지가족부장관의 결정은 가능한 한 존중되어야 한다(대법원 2014.5.16. 2014두274).

(다) 미래예측결정

예컨대, 환경행정 또는 경제행정 분야 등에서 행정청이 고도의 전문가로서 미래에 대한 과학기술의 발전, 경제동향에 대한 전망과 그에 대한 정책적 판단을 고려하여 내린 결정 등이다(예: 자동차산업의 전망이 밝지 않다는 이유로 자동차제조업의 신규허가를 거절하는 경우).

(라) 행정정책적 결정

공무원의 인사계획, 인사이동 등 행정정책적 결정으로서 행정권의 고유권한이라고 할 수 있는 경우 등이다.

6) 판단여지의 한계와 통제

판단여지가 인정되는 경우에도 일정한 한계를 벗어나면 그 하자가 인정되어 위법하게 된다. 따라서 법원은 그 한계의 준수 여부를 심사하여야 하므로, 소송이 제기된 경우 각하하지 않고 일단 사법심사를 하되 그것이 불가능한 경우에는 행정청의 판단을 존중하지만, 다음과 같은 기준에 따라 항상 어느 정도의 사법심사를 하게 된다.

① 위에서 언급한 재량권의 일탈·남용의 경우에 준해서 판단여지의 한계를 일탈했는지의 여부를 판단하여야 한다.

② 절차적·형식적 규정이 준수되었는지의 여부를 심사한다. 판단여지의 경우에는 특히 실체적 심사의 한계가 있으므로 사실상의 심사가 용이한 형식적·절차적 규정의 준수 여부를 심사함으로써 실체적 내용의 적정성 여부를 담보할 수 있다. 예컨대, 전문가위원회를 구성함에 있어서 그 구성원 자체의 합당성 여부는 심사할 수 있을 것이며, 그것이 합당하지 않을 경우는 당해 위원회가 내린 결정에 하자가 있을 가능성이 있다.

③ 포섭의 과정에서 사실의 판단·확정이 정당하게 이루어졌는지 여부도 심사한다.

④ 평등의 원칙 및 비례원칙 등 법의 일반원칙, 기본권 내지 헌법질서에 위반하였는지의 여부 등도 재량의 경우와 마찬가지로 심사의 기준이 될 것이다.

【 판례 】 개발제한구역법 및 액화석유가스법 등의 관련 법규에 의하면, 개발제한구역에서의 자동차용 액화석유가스충전사업허가는 그 기준 내지 요건이 **불확정개념으로 규정되어 있으므로** 그 허가 여부를 판단함

에 있어서 행정청에 재량권이 부여되어 있다고 보아야 한다. 행정행위를 기속행위와 재량행위로 구분하는 경우 양자에 대한 사법심사는, 전자의 경우 그 법규에 대한 원칙적인 기속성으로 인하여 법원이 사실인정과 관련 법규의 해석·적용을 통하여 일정한 결론을 도출한 후 그 결론에 비추어 행정청이 한 판단의 적법 여부를 독자의 입장에서 판정하는 방식에 의하게 되나, 후자의 경우 **행정청의 재량에 기한 공익판단의 여지를 감안하여 법원은 독자의 결론을 도출함이 없이 해당 행위에 재량권의 일탈·남용이 있는지 여부만을 심사하게 되고, 이러한 재량권의 일탈·남용 여부에 대한 심사는 사실오인, 비례·평등의 원칙 위배 등을 그 판단 대상으로 한다**(대법원 2016.1.28. 2015두52432).

【답】

① 법원은 스스로 '**직무태만**'이 무엇을 의미하는지를 **해석**하고, 다음으로 공무원 A의 행동이 실제로 '**직무태만**'에 해당하는지를 **판단**할 수 있으며, A의 평소의 근무태도, 사적인 일을 보게 된 이유 등 제반 사정을 고려하여 징계가 지나쳐서 비례원칙에 위배된 것인지의 여부를 판단할 수 있다.

② 어떤 공무원이 "**직무수행능력이 탁월하여 행정발전에 지대한 공헌을 한 자**"인지는 판사가 심사하는 것은 사실상 불가능하고 오히려 그 공무원의 상관인 행정청이 보다 더 잘 판단할 수 있으며, **행정청의 판단을 판사가 자신의 판단으로 대체하는 것은 합당하지 않다**고 할 것이다. 그렇지만 **승진심사과정 및 심사위원의 구성의 공정성 등 절차와 형식에 대해서는 심사할 수 있을 것**이므로, 이것이 위법일 경우에는 실체적인 결정도 위법인 것으로 판단할 수 있을 것이다.

---

8. 재량과 공권(무하자재량행사청구권, 행정개입청구권)의 행사

【문제】 대기환경법 제16조는 "환경부장관은 제14조 제1항의 규정에 의한 배출시설 등 가동개시 신고를 한 후 조업중인 배출시설에서 배출되는 오염물질의 정도가 제8조 또는 제13조 제3항의 규정에 의한 **배출허용기준치를 초과**한다고 인정하는 때에는 총리령이 정하는 바에 의하여 기준을 정하여 사업자에게 당해 배출시설 또는 방지시설의 개선·대체 기타 **필요한 조치를 명할 수 있다**"고 규정하고 있다. 공해배출업체 A가 배출허용기준치를 초과해 **오염물질을 배출하였음에도** 환경부장관이 아무런 개선명령을 발하지 않고 있다. ㉠ 이에 의해 피해를 입은 인근주민 N은 환경부장관에 대해 **어떤 조치를 청구**할 수 있는가? ㉡ 만약 그 청구가 인정된다면 **소송법상 어떤 권리구제를 받을 수 있는가**? 〈제37회 사법시험〉

---

(1) 무하자재량행사청구권

1) 의 의

권리란 상대방의 의무를 전제하는 것이다. 무하자재량행사청구권도 마찬가지이다. 행정청은 법령이 부여한 재량권을 취지에 맞고 일탈·남용함이 없이 합당하게 행사하여야 할 의무(무하자재량행사의무)를 갖는다. 이 의무에 상응하여 개인이 가지는 권리를 무하자재량행사청구권이라고 한다. 즉, 무하자재량행사청구권이란 개인이 행정청으로 하여금 재량을 하자 없이 행사할 것을 요구할 수 있는 권리를 의미한다.

2) 특 성

(가) 형식적 권리

설문에서 보듯이 일반적인 경우에는 행정청(예: 환경부장관)에게는 행정권의 발동(예: 시설의 개선·대체 기타 필요한 조치를 명하는 것)의 여부·방식을 결정·선택할 수 있는 재량이 주어져 있다. 따라서 국민(예: 인근주민 N)은 행정청으로 하여금 특정의 행정조치를 반드시 하도록 요구할 수는 없고, 다만 하자 없이 재량행사를 할 것을 요구할 권리만 갖는 것이 일반적이다. 즉, 이 권리는 실체적인 알맹이는 아직 없다는 점에서 형식적 권리이며, 실체적 권리나 절차적 권리와는 다르다. 이는 행정청의 재량행위에 대한 실체법적인 권리침해를 주장하기 어려운 경우에 사법심사를 요구하는 기능을 갖는다는 점에서 의의가 있다.

(나) 종속적 권리

무하자재량행사청구권 자체는 형식적 권리로서 개인이 주장하는 실체가 없으므로 그것의 침해만을 이유로 하여 소송을 제기할 수는 없다. 즉, 원고적격이 인정되지 않는다. 실체적인 권리에 종속되어 그와 함께 행사되는 권리이다. 즉, 행정청의 하자 있는 재량행사로 말미암아 개인의 실체적인 권리가 침해된 경우에 하자 없는 재량행사를 주장하는 것이다(그렇다면 무하자재량행사청구권의 독자적인 의의는 그렇게 크지 않다).

> 설문에서 N은 환경부장관이 아무런 행정조치를 취하지 않음으로 인해 자신의 '환경권'(실체적 권리)이 침해되었다는 것을 주장하면서 환경부장관으로 하여금 하자 없는 재량을 행사하도록 요구하는 것이다. 즉, 환경부장관으로 하여금 N의 피해정도, A의 배출오염물질의 종류, 배출허용기준치를 초과한 정도, 환경오염의 심각성, 시설의 개선가능성 및 개선비용 등 제반사정을 고려하여 아무런 행정조치를 취하지 않는 것이 과연 합당한 것인지, 아니면 어떤 개선명령(특정할 수는 없음)을 취하는 것이 좋은지를 심사숙고하여 결정할 것을 요구할 수 있는 권리가 무하자재량행사청구권이다.

3) 청구권의 성립요건

무하자재량행사청구권의 성립요건도 다른 공권의 경우와 동일하다. ㉠ 행정청의 무하자재량행사의무가 존재해야 한다. 이 의무는 당연히 인정됨은 상술한 바와 같다. ㉡ 행정청에게 재량을 부여하는 법규정의 목적이 공익만이 아니라 사익도 보호하는 것이어야 한다. 위의 설문에서 환경법규정은 공익만이 아니라 인근주민의 환경권도 보호하기 위한 것으로 보아야 하며, 따라서 N의 청구권은 성립한다.

4) 청구권의 행사

하자 있는 재량행사로 인해 자신의 실체적 권리(법률상의 이익)가 침해된 자만이 행정심판·행정소송의 청구인적격·원고적격이 인정되고, 재량의 하자 여부는 행정심판·행정소송의 본안심리에서 판단하게 된다. 즉, 실체적 권리구제와 관련이 없는 일반적인 무하자재량행사청구권은 인정되지 않는다. 청구권의 구체적 행사방법은 다음과 같다.

(가) 의무이행심판

행정청의 합당한 재량행사를 요구한 상대방(N)은 행정청이 자신이 원하는 재량행사(행정조치)를 거부하거나 부작위 상태로 방치하는 경우에 의무이행심판을 제기할 수 있다(행심법 제5조 제3호). 행정심판의 결과가 인용재결인 경우에는 행정청은 재량의 하자를 시정하여 합당한 행정처분을 하여야 한다.

(나) 취소심판 · 취소소송

취소심판 · 취소소송은 부담적 행정처분(예: 조업정지 30일)이나 수익적 행정처분의 거부처분(예: 공해배출업체 A에 대한 개선명령을 거부한 경우)의 취소를 요구하는 것이다. 심판 · 소송에서 인용될 경우 행정청은 재결 · 재판의 취지에 따라 처분을 취소하고 하자가 없는 재량처분을 다시 할 의무가 있다.

(다) 부작위위법확인소송

이는 행정청이 합당하게 재량행사를 하여 적극적인 행정처분을 하거나 거부처분을 하여야 함에도 불구하고 무응답으로 일관한 경우에 그러한 무응답이 위법이라는 것을 확인하는 것이다. 인용판결을 받게 되면 행정청은 적극적인 행정처분을 하든지 이를 거부하는 처분을 하게 되는데, 국민은 행정처분이 여전히 하자가 있다고 생각되는 경우에는 취소소송을 다시 제기하게 된다. 이러한 경우에는 의무이행소송이 보다 직접적인 권리구제수단임에도 불구하고 (독일과는 달리) 우리나라에서는 현행법상 인정되지 않기 때문이다.

(2) 행정개입청구권

1) 의 의

행정개입청구권은 일반적으로 위 설문의 경우와 같이 청구인(N)이 자신의 법률상의 이익을 위해 행정청으로 하여금 제3자(A)에게 행정권을 발동할 것을 요구할 수 있는 권리를 말한다. 이는 행정청이 재량권을 가지는 경우에 개인은 다만 무하자재량행사청구권을 가지는 데 그치는 것이 원칙이지만 예외적인 상황에서 재량이 0으로 수축되는 경우에는 개인이 행정청에게 행정권발동을 청구할 수 있는 권리가 성립한다는 점에서 중요한 의미가 있다.

2) 성립요건

이 권리의 성립요건도 다른 공권과 마찬가지이다. ㉠ 법령이 행정청으로 하여금 일정한 행정개입의무를 부과하고 있어야 하고, ㉡ 그러한 법령의 규정목적이 공익의 보호만이 아니라 사익을 보호하고자 하는 것이기도 하여야 한다. 행정청의 행정개입의무는 기속행위의 경우에는 당연하지만, 재량행위의 경우에는 행정청의 재량이 0으로 수축·소멸하여 의무가 되는 경우에 행정개입의무가 성립되는 것이고, 개인은 행정개입청구권을 가지게 된다.

【 판례 】 건축법 제79조는 시정명령에 대하여 규정하고 있으나, 동법이나 동법 시행령 어디에서도 일반 국민에게 그러한 시정명령을 신청할 권리를 부여하고 있지 않을 뿐만 아니라, 피청구인에게 건축법 위반이라고 인정되는 건축물의 건축주 등에 대하여 시정명령을 할 것인지와, **구체적인 시정명령의 내용을 무엇으로 할 것인지에 대하여 결정할 재량권을 주고 있으며, 달리 이 사건에서 시정명령을 해야 할 법적 의무가 인정된다고 볼 수 없다**(헌재 2010.4.20. 2010헌마189).

3) 법적 성질

행정개입청구권이란 행정청의 재량이 소멸하여 국민이 행정청으로 하여금 특정의 행정조치를 취할 것을 요구하는 것이므로 실체적 권리이다. 즉, 무하자재량행사청구권이 실체적 내용이 있는 권리로 발전한 것이다.

4) 청구권의 행사

(가) 행정쟁송

① 의무이행심판

행정청이 행정권을 발동하여 개입할 의무가 있음에도 불구하고 이를 위법 또는 부당하게 행하지 않거나(부작위) 또는 명시적으로 거부함으로써(거부처분) 자신의 '법률상의 이익'을 침해받은 자는 의무이행심판을 제기할 수 있다.

② 부작위위법확인소송

행정개입의무가 있음에도 불구하고 이를 상당한 기간 내에 이행하지 않을 경우(부작위) 의무이행심판을 거치거나 또는 거치지 않고(행정심판임의주의) 그 부작위가 위법임을 확인하는 소송을 제기할 수 있다(행소법 제4조 제3호).

③ 거부처분취소소송

행정청이 피해자가 신청한 행정개입을 거부한 경우에는 거부처분의 취소를 요구하는 취소소송을 제기할 수 있다. 원고의 청구를 인용하는 판결시에는 거부처분을 행한 행정청은 판결의 취지에 따라 피해자의 신청에 부응하는 처분을 하여야 한다(행소법 제30조 ②).

(나) 손해배상

행정청의 개입의무가 존재함에도 불구하고 이를 이행하지 않아 이미 손해가 발생한 경우에는 개인은 국가 또는 지방자치단체를 상대로 하여 '공무원의 부작위로 인한 직무상 불법행위책임'을 물어 손해배상을 청구할 수 있다.

【판례】 경찰관의 주취운전자에 대한 권한행사가 관계 법률의 규정형식상 **경찰관의 재량에 맡겨져** 있다고 하더라도, 그러한 **권한을 행사하지 아니한 것이 구체적인 상황 하에서 현저하게 합리성을 잃어 사회적 타당성이 없는 경우**에는 경찰관의 직무상 의무를 위배한 것으로서 위법하게 된다. 음주운전으로 적발된 주취운전자가 도로 밖으로 차량을 이동하겠다며 단속경찰관으로부터 보관 중이던 차량열쇠를 반환받아 몰래 차량을 운전하여 가던 중 사고를 일으킨 경우, 국가배상책임이 인정된다(대법원 1998.5.8. 97다54482).

【답】

㉠ N의 건강상 위해와 **환경피해가 심각하지 않아 수인한도를 초과하지 않은 경우**에는 환경부장관의 개선명령의 여부 및 방법은 일단 재량사항이다. 따라서 N은 단지 무하자재량행사청구권을 행사할 수 있을 뿐이다. N은 환경부장관이 아무런 행정조치를 취하지 않음으로 말미암아 자신의 '환경권'이 침해되었음을 주장하면서 환경부장관으로 하여금 **하자 없는 재량행사를 요구**할 수 있다. 즉, 환경부장관으로 하여금 N의 피해정도, A의 배출오염물질의 종류, 배출허용기준치를 초과한 정도, 환경오염의 심각성, 시설의 개선가능성 및 개선비용 등 제반사정을 고려하여 아무런 행정조치를 취하지 않는 것이 과연 합당한 것인지, 아니면 어떤 개선명령을 취하는 것이 좋은지를 심사숙고하여 결정하도록 요구할 수 있다. 그렇지만 환경오염으로 인해 N의 건강상 위해와 **환경피해가 심각하여 수인한도를 초과한 경우**에는 N은 환경부장관으로 하여금 반드시 개선명령·조업시간제한·조업정지 등의 행정처분을 통하여 환경오염을 속히 개선할 것을 요구하는 **행정개입청구권을** 행사할 수 있다.

㉡ N은 무하자재량행사청구권 또는 행정개입청구권을 행사하기 위하여 자신의 신청에 대한 환경부장관의 거부처분 또는 부작위에 대해서는 행정쟁송인 **의무이행심판·취소심판·부작위위법확인소송·취소소송** 등을 제기할 수 있다. 다른 한편 환경부장관이 행정개입을 적절히 하지 않음으로 말미암아 이미 발생된 재배농작물피해 등 재산상 또는 건강상의 손해가 **수인한도를 초과하였고, 그것이 배출된 오염물질과 상당인과관계가 있는 경우**에는 (A에 대한 손해배상청구소송과는 별도로) 국가배상법 제2조에 따라 국가를 상대로 공무원의 부작위로 인한 **손해배상을 청구하는 소송**을 제기할 수 있다.

---

9. 재량행위에 대한 통제

(1) 입법적 통제

국회가 법률의 제·개정을 통해 행정청의 재량의 여부·정도를 결정할 수 있다. 또한 국정감사, 해임건의, 탄핵소추 등 행정부에 대한 각종 감시·비판을 통해 재량을 통제한다.

(2) 행정적 통제

1) 감독청에 의한 통제

감사원의 감사 또는 상급 감독청에 의한 직무감독을 통하여 하급행정청의 재량권 행사의 위법성은 물론 부당성까지 통제할 수 있다.

2) 행정절차에 의한 통제

재량행사에 있어서는 실체적 타당성을 확보하기 위한 사전적 행정절차가 무엇보다 중요하다. 즉, 행정처분전에 이해관계인 등이 의견을 제출할 기회를 부여하고, 행정처분의 기준을 미리 공표하며, 행정처분시에는 행정청이 처분의 이유를 제시하도록 하는 제도 등은 재량의 사전적 통제수단으로서 중요한 기능을 한다(행정절차법 제17-23조 참조).

3) 행정심판에 의한 통제

행정심판은 위법·부당한 재량권 행사에 대한 준사법적 통제수단으로 중요한 기능을 한다. 위법성 여부만 심사하는 행정소송과는 달리 재량행위의 부당성 여부에 대해서도 적극적으로 심사하여 부당한 경우 그것을 취소할 수 있기 때문이다.

(3) 사법적 통제

위법한 재량행위는 행정소송의 대상이 된다. "행정청의 재량에 속하는 처분이라도 재량권의 한계를 넘거나 그 남용이 있는 때에는 법원은 이를 취소할 수 있다"(행소법 제27조). 상술한 '무하자재량행사청구권', '재량의 영으로의 수축', '행정개입청구권' 등은 재량행위에 대한 사법적 통제를 확대하는 기능을 한다.

V. 가행정행위, 사전결정, 부분허가

이는 의사결정단계에 따른 분류이다.

1. 가행정행위

가행정행위(假行政行爲, 잠정적 행정행위)란 행위의 법적 효과 또는 구속력이 최종적으로 확정되는 종국적 행정행위가 있기까지, 사실관계 또는 법률관계의 계속적인 심사를 유보한 상태에서 당해 행정법관계의 권리·의무를 잠정적으로 확정하는 행위를 말한다. 예컨대, 소득액 등이 확정되지 아니한 경우에 과세관청이 상대방의 소득신고액에 따라 잠정적으로 소득세액을 결정하여 과세처분을 하는 것이(소득세법 제80조) 이에 속한다. 가행정행위는 종국적인 행정행위에 의해 대체될 수 있다. 따라서 가행정행위는 존속력(불가변력)을 갖지 못하고, 상대방은 신뢰보호의 원칙을 주장할 수 없다.

> 【판례】 공정거래위원회가 부당한 공동행위를 행한 사업자로서 구 독점규제 및 공정거래에 관한 법률('공정거래법') 제22조의2에서 정한 자진신고자나 조사협조자에 대하여 과징금 부과처분(이하 '선행처분')을 한 뒤, 공정거래법 시행령 제35조 제3항에 따라 다시 그 자진신고자 등에 대한 사건을 분리하여 자진신고 등을 이유로 한 과징금 감면처분(이하 '후행처분')을 하였다면, 후행처분은 자진신고 감면까지 포함하여 그 처분 상대방이 실제로 납부하여야 할 최종적인 과징금액을 결정하는 종국적 처분이고, **선행처분은 이러한 종국적 처분을 예정하고 있는 일종의 잠정적 처분으로서 후행처분이 있을 경우 선행처분은 후행처분에 흡수되어 소멸한다고 봄이 타당하다.** 따라서 위와 같은 경우에 선행처분의 취소를 구하는 소는 이미 효력을 잃은 처분의 취소를 구하는 것으로 부적법하다(대법원 2015.2.12. 2013두987).

2. 사전결정 및 부분허가

공항이나 원자력발전소의 건설과 같은 대규모 시설에 대한 허가는 결정과정이 복잡하고 많은 시간과 비용이 소요된다. 또한 대규모 사업에 투입되는 상대방의 투자의 손실을 예방하고 투자이익을 보호할 필요도 있다. 따라서 여러 단계로 나뉜 결정과정을 거쳐 종국적인 허가에 이르게 된다. 이러한 다단계적 행위에 있어서 각 단계별로 내려지는 결정유형으로서 사전결정(예비결정)과 부분허가(부분승인)가 있다.

(1) 사전결정(예비결정)

예컨대, 폐기물관리법 제25조에 의하면, 환경부장관 또는 시·도지사는 폐기물처리업을 하고자 하는 자로 하여금 폐기물처리업의 허가를 하기 전에 폐기물처리사업계획서를 제출하도록 하고 이를 검토하여 그 적합 여부를 통보하고, 적합통보를 받은 자는 환경부령이 정하는 기준에 의한 시설·장비 및 기술능력을 갖추어 업종별로 환경부장관 또는 시·도지사의 허가를 받아야 한다. 이 경우 폐기물사업계획에 대한 적합결정 내지 부적합결정이 사전결정에 해당된다. 즉, 사전결정이란 종국적인 행위(예: 폐기물처리업허가)를 하기 전에 허가 등 종국적 행정결정을 위한 개별적인 요건 중의 일부에 대한 판단을 하여 결정하는 것을 말한다. 대규모 사업에 투입되는 상대방의 투자의 손실을 예방하고, 사업의 적정성을 도모하기 위한 것이다.

사전결정은 어떠한 종국적인 결정의 유보 하에 이루어지는 행위로서 사전결정을 받은 것만으로는 어떠한 행위(예: 폐기물처리업)를 할 수는 없다는 점이 부분승인과 다른 점이다. 사전결정도 하나의 독자적 행정행위이다. 사전결정은 후행결정에 대하여 구속력을 가진다. 따라서 후행결정 내지 본결정에서 합리적인 사유가 없는 한 사전결정의 내용과 상충되는 결정을 할 수 없다.

【 판례 】 **폐기물처리업**에 대하여 사전에 관할 관청으로부터 **적정통보를 받고 막대한 비용을 들여** 허가요건을 갖춘 다음 허가신청을 하였음에도 다수 청소업자의 난립으로 안정적이고 효율적인 청소업무의 수행에 지장이 있다는 이유로 한 불허가처분은 신뢰보호의 원칙 및 비례의 원칙에 반하는 것으로서 재량권을 남용한 위법한 처분이다(대법원 1998.5.8, 98두4061).

다만, 사전결정시 불가피하게 파악되지 못하였던 사실관계나 법적 관계의 변경이 초래되었을 경우에는 이익형량을 통하여 그 구속력이 배제되거나 감경될 수 있다.

【 판례 】 원고가 피고로부터 이 사건 주택사업계획에 대하여 사전결정을 받았고, 이에 따라 원고가 이 사건 주택사업의 준비를 하여 온 사실이 인정되나, 이 사건 원고의 **주택사업계획을 승인할 경우 공익을 현저히 침해하는 우려가 있으므로, 신뢰보호의 원칙은 적용될 수 없다**고 할 것이다. … 주택건설촉진법 제33조 제1항의 규정에 의한 주택건설사업계획의 승인은 … 행정청의 재량행위에 속하고 그 전단계인 같은 법 제32조의4 제1항의 규정에 의한 주택건설사업계획의 사전결정이 있다하여 달리 볼 것은 아니다. 따라서 피고가 이 사건 **주택건설사업에 대한 사전결정을 하였다고 하더라도 사업승인 단계에서 그 사전결정에 기속되지 않고 다시 사익과 공익을 비교형량하여 그 승인 여부를 결정할 수 있다**(대법원 1999.5.25, 99두1052).

(2) 부분허가(부분승인)

부분허가란 완전허가의 반대개념으로서 다단계적 행위에 있어서 그 일부에 대해서만 결정하는 행정행위이다. 따라서 전체시설 중 특정한 부분의 설치와 운영에 대해서만 허가하는 것이며, 제한된 특정부분에 관련해서는 종국적인 결정에 해당한다. 하나의 대단위 사업을 위한 건축허가·시설허가·영업허가의 신청의 경우에 우선 건축이나 시설의 설치만을 허가하는 경우이다. 예컨대, 원자력발전소건설부지의 기초공사를 위해서는 원자력법 제11조 제3항에 따라 원자로시설부지에 대한 사전승인을 받아야 하는데, 이 사전승인이 '부분허가'에 해당한다. 이것도 행정처분에 해당됨은 물론이다. 부분승인을 받은 자는 승인받은 범위 안에서 승인받은 행위를 할 수 있고, 부분승인은 최종적 행정처분에 대한 구속력이 있다.

【 판례 】 원자력법 제11조 제3항 소정의 부지사전승인제도는 … 원자로 및 관계시설의 **부지사전승인처분**은 그 자체로서 건설부지를 확정하고 사전공사를 허용하는 법률효과를 지닌 독립한 행정처분이기는 하지만, 건설허가 전에 신청자의 편의를 위하여 미리 그 건설허가의 일부 요건을 심사하여 행하는 **사전적 부분건설허가처분의 성격**을 갖고 있는 것이어서 나중에 건설허가처분이 있게 되면 그 건설허가처분에 흡수되어 독립된 존재가치를 상실함으로써 그 건설허가처분만이 쟁송의 대상이 되는 것이므로, 부지사전승인처분의 취소를 구하는 소는 소의 이익을 잃게 된다고 할 것이다(따라서 부지사전승인처분의 위법성은 나중에 내려진 건설허가처분의 취소를 구하는 소송에서 이를 다투면 될 것이다. 대법원 1998.9.4, 97누19588).

Ⅵ. 대인적·대물적·혼합적 행정행위

행정행위 중에는 순전히 사람의 학식·기술·경험과 같은 주관적 사정에 따라 행해지는 '대인적 행정행위'(예: 의사의 면허 등)와 오직 물건의 객관적 사정(예: 물건의 안전도·기준적합 등)에 따라 행해지는 '대물적 행정행위'(예: 자동차검사·건축물준공검사 등), 인적·물적 요건을 모두 심사하는 '혼합적 행정행위'가 있다(예: 총포·도검·화약류의 제조·판매허가, 폐기물중간처리업 허가〈대법원 2008.4.11, 2007두17113 참조〉). 이 같은 구별의 실익은 그 행정행위의 효과가 타인에게 이전될 수 있는지의 여부를 밝히는 데 있다. 즉, 대인적 행정행위의 효과는 타인에게 이전될 수 없지만, 대물적 행정행위의 효과는 원칙적으로 이전이 가능하다. 혼합적 행정행위의 효과의 이전의 경우에는 통상 이전을 신고하도록 하고 행정청의 승인·허가를 받아야 타인에게 이전이 가능하도록 규정하고 있다. 왜냐하면 양수인에 대한 심사가 필요하기 때문이다.

Ⅶ. 일방적 행정행위와 동의에 의한 행정행위

일방적 행정행위는 행정청이 직권에 의해 단독으로 할 수 있는 것을 말하며(조세부과, 허가취소 등 침익적 행위), 동의에 의한 행정행위(협력을 요하는 행정행위)란 상대방의 동의·출원·신청 등에 기하여 하는 것을 말한다(건축허가, 공무원임명 등 수익적 행위). 후자를 '쌍방적 행정행위'라고도 하는데, 이는 오해의 소지가 있다. 행정행위란 쌍방간의 합의하에 체결되는 공법상의 계약과 달리 행정청의 단독적 의사에 따라 결정되는 것이기 때문이다. 동의에 의한 행정행위에 있어서 신청·동의가 없거나 무효인 경우에는 행정행위의 전제요건이 없는 것이므로 무효이고, 신청·동의에 단순한 하자만 있는 경우에는 행정행위는 원칙적으로 유효하다.

Ⅷ. 요식행위와 불요식행위

행정행위의 방식은 제한이 없다. 기호·표지판·손짓·구두로도 할 수 있다(예: 교통경찰관의 수신호). 형식을 갖추어야 하는 것을 '요식행위(要式行爲)' 그렇지 않은 것을 '불요식행위(不要式行爲)'라고 한다. 그런데 우리 행정절차법(제24조)에 의하면 행정청이 처분을 할 때에는 다른 법령 등에 특별한 규정이 있는 경우를 제외하고는 문서로 하여야 하며, 당사자 등의 동의가 있는 경우 또는 당사자가 전자문서로 처분을 신청한 경우에는 전자문서로 할 수 있다 (제24조 ①). 제1항에도 불구하고 공공의 안전 또는 복리를 위하여 긴급히 처분을 할 필요가 있거나 사안이 경미한 경우에는 말, 전화, 휴대전화를 이용한 문자 전송, 팩스 또는 전자우편 등 문서가 아닌 방법으로 처분을 할 수 있다. 이 경우 당사자가 요청하면 지체 없이 처분에 관한 문서를 주어야 한다(제24조 ②).

IX. 적극적 · 소극적 행정행위

적극적 행정행위란 허가 · 특허 등 현재의 법률상태에 변동을 가져오는 행위를 말하며, 소극적 행정행위란 현재의 법률상태에 변동을 가져오지 않으려는 행위를 말하며 거부처분이나 부작위가 이에 해당한다.

X. 수령을 요하는 · 요하지 않는 행정행위

행정행위가 효력을 발생하기 위해서는 원칙적으로 상대방에 의해 수령될 것을 요하는 바, 이때는 상대방이 실질적으로 수령할 것을 요구하는 것이 아니고 행정행위의 내용을 현실적으로 알 수 있는 상태에 이르면(예: 우편함 투입) 충분한 것으로 본다(도달주의). 수령을 요하지 않는 행정행위란 상대방이 불특정다수인이거나 주소 · 거소가 불분명한 경우에 일정한 방식에 의한 공시 · 공고함으로써 족한 것을 말한다.

제 4 절   행정행위의 내용에 따른 분류

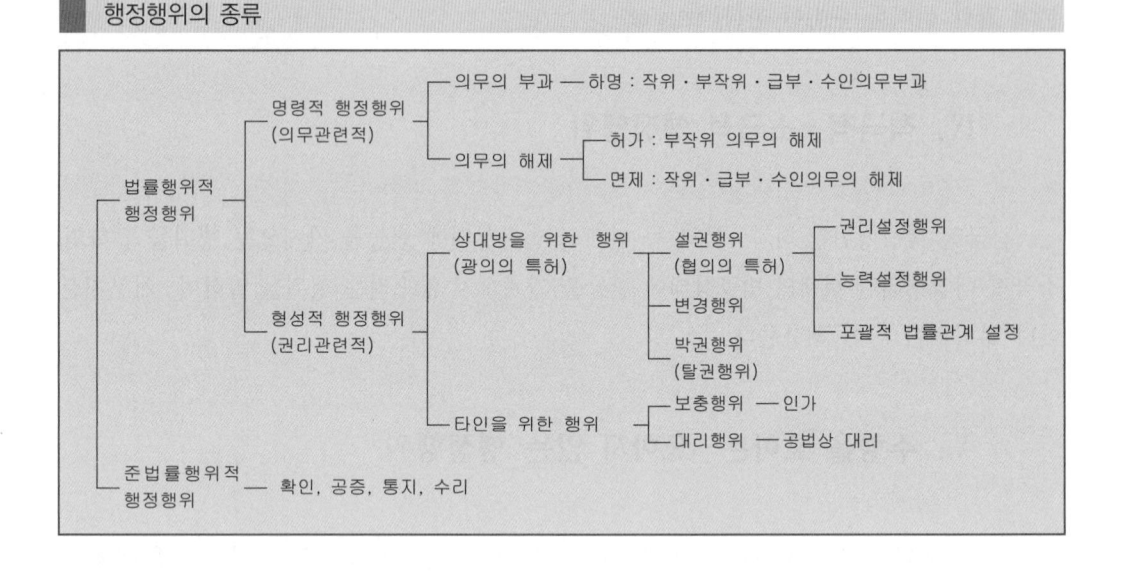

Ⅰ. 법률행위적 행정행위

1. 명령적 행정행위

명령적 행정행위란 주로 질서유지를 위해 개인의 자연적 자유를 제한하거나 의무를 부과하고, 제한된 자유를 회복시키거나 의무를 소멸시키는 행위를 말한다.

(1) 하 명

1) 의 의

하명이란 개인의 일정한 작위(예: 불법광고물의 철거명령)·부작위(금지, 예: 영업정지명령)·급부(예: 과세처분)·수인(受忍, 예: 강제조사, 대집행, 즉시강제 등을 저항하지 않고 참고 받아들이는 것)의 의무를 명하는 행정행위를 말한다.

【참고】 대집행의 실행, 즉시강제, 단전·단수조치 등은 통상 '권력적 사실행위'라고 하는데 이는 단순한

'사실행위'와는 달리 '법적 행위'인 행정처분(행정행위)이 된다. 한편으로는 육체적·물리적 행위(순수한 사실행위: 건물파괴, 스위치 잠금)와 다른 한편으로는 법적 행위(권력행위: 의무부과행위, 수인하명)가 결합된 '합성행위'로서 엄격하게 말하면 '수인하명'에 해당하는 부분만 행정행위(행정처분)이다.

2) 성 질

의무를 부과하는 것이므로 침익적(부담적) 행정행위이다. 따라서 법률유보의 원칙이 적용되어 법률의 근거가 필요하다.

【참고】적지 않은 문헌에서 하명은 침익적 행위이므로 기속행위라고 하는데, 이는 잘못된 것이다. '재량행위와 기속행위의 구별'에서 본 바와 같이 행정행위의 성질과 재량행위·기속행위의 여부와는 상관관계가 없다. 예를 들면, 영업정지기간의 설정이나 철거명령의 여부 등은 행정청의 재량에 속하는 것이다.

3) 형식, 내용 및 상대방

하명이란 행정행위인 하명을 말한다. 그런데 법령 자체에 의하여 의무가 부과되는 경우(주로 일반적 금지, 예: 미성년자에 대한 주류판매의 금지)도 있다. 이를 법규하명이라고 부르는 견해도 있지만 이는 행정행위인 하명과는 다른 것이다. 그러한 개념은 혼란만 야기할 뿐이며 특별한 의미도 없는 것이므로 더 이상 사용하지 않는 것이 좋다. 하명에 의해 부과되는 의무는 사실행위인 경우도 있고(예: '건물철거'명령) 법률행위인 경우도 있다(예: '영업행위정지'명령). 하명의 상대방은 특정인인 경우가 일반적이지만 불특정다수인 경우도 있다(일반처분, 예: 도로통행금지).

4) 효 과

하명은 상대방에게 일정한 공법상의 의무를 발생시킨다. 하명의 효과는 원칙적으로 그 상대방에게만 발생하지만, 대물적 하명(예: 차량의 운행정지)인 경우에는 하명의 효과는 보통 그 물건의 양수인에게 승계된다.

5) 위반의 효과

하명에 의해 부과된 의무가 불이행되면 행정상 강제집행이나 행정벌이 과해진다. 하명에 위반한 법률행위의 효력 자체는 부인되지 않는 것이 보통이다(예: 사인이 판매금지된 물건을 판매하면 처벌을 받으나, 판매행위 자체는 유효한 것이 보통이다).

6) 하자 있는 하명에 대한 구제

위법·부당한 하명에 의하여 자신의 법률상의 이익이 침해된 자는 행정심판·행정소송을 통하여 하명의 무효확인·취소·변경을 구할 수 있으며, 위법한 하명으로 인해 손해를 입은 자는 국가배상을 청구할 수 있다.

(2) 허 가

1) 의 의

허가란 질서유지·위험방지 등을 위해 법률로써 개인의 자연적 자유(예: 건축행위, 영업행위)를 잠정적으로 제한한 다음, 일정한 경우에 그 제한을 해제하여 원래의 자유를 회복하여 주는 행정행위를 말한다(예: 건축허가, 영업허가). 즉, 허가는 '일반적·잠정적 금지의 일부해제', '잠정적으로 제한된 자연적 자유의 회복'이다. 허가는 허가를 유보한 '상대적 금지'에 대해서만 가능하고, 어떠한 경우도 해제될 수 없는 '절대적 금지'(예: 미성년자에 대한 주류판매의 금지)에 대하여는 허가할 수 없다. 허가는 학문상의 용어이며, 실정법상으로는 허가·면허·인가·특허·승인 등의 용어가 사용되고 있다.

2) 기 능

허가는 질서유지·위험예방을 위해서, 또는 위법한 건축물이 철거되거나 위법한 영업시설의 사용이 금지되는 것을 미연에 방지하여 개인의 손실을 예방하기 위해서 일정한 행위의 적법성 여부를 사전에 통제하는 기능을 한다.

3) 법적 성질

(가) 기속행위, 재량행위

① 원칙적 기속행위

허가대상이 되는 행위(예: 건축행위, 영업행위)는 성질상 헌법상 보장된 기본권을 행사하는 것(예: 재산권의 행사, 직업의 자유의 행사)에 속하며 자연적 자유를 행사하는 것이므로, 행정청은 법령상의 허가요건이 충족된 자에게는 허가를 부여해야 하는 기속행위가 원칙이다.

【판례】① 건축허가권자는 건축허가신청이 건축법 등 관계 법규에서 정하는 어떠한 제한에 배치되지 않는 이상 당연히 같은 법조에서 정하는 건축허가를 하여야 하고, **중대한 공익상의 필요가 없는데도 관계 법령에서 정하는 제한사유 이외의 사유를 들어 요건을 갖춘 자에 대한 허가를 거부할 수는 없다**(대법원 2009.9.24. 2009두8946).
② 식품위생법의 관계규정의 취지를 종합하여 볼 때, 식품위생법상의 유흥접객업허가는 성질상 일반적 금지에 대한 해제에 불과하므로 허가권자는 허가신청이 법에서 정한 요건을 구비한 때에는 **반드시 허가하여**

야 할 것이고, 허가제한 사유에 관한 같은 법 제24조 제1항 제4호 소정의 공익상 허가를 제한할 필요의 유무를 판단함에 있어서도 **허가를 제한하여 달성하려는 공익과** 이로 인하여 받게 되는 **상대방의 불이익을 교량하여 신중하게 재량권을 행사하여야 한다**(대법원 1993.2.12, 92누4390).

다른 한편 허가의 취소·철회의 경우에는 결국 개인의 기본권을 제한하는 결과가 되므로 그 취소의 필요성(공익의 달성)과 그로 인한 개인의 피해(기본권 제한)를 합리적으로 형량하여 결정하여야 하는 재량행위가 된다. 이 경우에 재량을 행사함에 있어서도 개인의 기본권에 대한 고려가 비교적 강조되어야 한다.

② 예외적 재량행위

㉠ 법령상 근거가 있는 경우

허가의 상대방과 제3자 내지 공익 사이에 이해관계가 충돌되는 경우 이를 고려하여 허가의 여부를 결정하도록 하기 위해 허가를 재량행위로 인정하는 법률도 있다. 이 경우는 법률에서 재량행위임을 명시하고 있으므로 문제되지 않는다.

예컨대, 건축법은 건축허가를 원칙적으로 기속행위로 규정하면서도 제11조 제4항에서 "허가권자는 위락시설이나 숙박시설에 해당하는 건축물의 건축을 허가하는 경우 해당 대지에 건축하려는 건축물의 용도·규모 또는 형태가 **주거환경이나 교육환경 등 주변환경을 고려할 때 부적합하다고 인정하면** 이 법이나 다른 법률에도 불구하고 **건축위원회의 심의를 거쳐 건축허가를 하지 아니할 수 있다**"고 하여 재량을 인정하고 있다.

【판례】국토계획법 소정의 도시지역 안에서 **토지의 형질변경행위를 수반하는 건축허가**는 건축법 제8조 제1항의 규정에 의한 건축허가와 국토계획법 제56조 제1항 제2호의 규정에 의한 토지의 형질변경허가의 성질을 아울러 갖는 것으로 보아야 할 것이고, 국토계획법 제58조 제1항 제4호, 제3항, 국토계획법시행령 제56조 제1항 … 각 규정을 종합하면, …. **토지의 형질변경허가**는 그 금지요건이 불확정개념으로 규정되어 있어 그 금지요건에 해당하는지 여부를 판단함에 있어서 **행정청에게 재량권이 부여되어** 있다고 할 것이므로, 국토계획법에 의하여 지정된 도시지역 안에서 **토지의 형질변경행위를 수반하는 건축허가는 결국 재량행위에 속한다**고 할 것이다(대법원 2005.7.14, 2004두6181).

㉡ 법령상 근거가 없는 경우

판례는 법령상 명시적인 근거가 없더라도 중대한 공익상 필요한 경우에는 허가가 재량행위가 될 수 있다고 한다(이것은 후술하는 '예외적 승인〈허가〉'에 해당되는 것으로 볼 수도 있을 것이다).

【판례】① **산림훼손**은 국토 및 자연의 유지와 수질 등 환경의 보전에 직접적으로 영향을 미치는 행위이므로, 법령이 규정하는 산림훼손 금지 또는 제한 지역에 해당하는 경우는 물론 **금지 또는 제한 지역에 해당하지 않더라도** 허가관청은 산림훼손허가신청 대상토지의 현상과 위치 및 주위의 상황 등을 고려하여 국토 및 자연의 유지와 환경의 보전 등 **중대한 공익상 필요가 있다고 인정될 때에는 허가를 거부할 수 있고, 그 경우 법규에 명문의 근거가 없더라도 거부처분을 할 수 있다.** 산림의 형질변경을 수반하는 공장의 설립에 대하여 그 형질변경이 중대한 공익상의 필요에 위배됨을 이유로 공장설립승인신청을 거부한 행정청의 처분은 재량권의 일탈·남용에 해당되지 않는다(대법원 2003.3.28, 2002두12113).
② 주유소 설치허가권자는 **주유소 설치허가**신청이 관계 법령에서 정하는 제한에 배치되지 않는 경우에는 특별한 사정이 없는 한 이를 허가하여야 하고, 관계 법규에서 정하는 제한사유 이외의 사유를 들어 허가를

거부할 수는 없는 것이나, 심사결과 관계 **법령상의 제한 이외의 중대한 공익상의 필요가 있는 경우**에는 그 허가를 거부할 수 있다(대법원 1999.4.23, 97누14378).

③산림 내에서의 **토사채취**는 국토 및 자연의 유지와 환경의 보전에 직접적으로 영향을 미치는 행위이므로 법령이 규정하는 토사채취의 제한지역에 해당하는 경우는 물론이거니와 그러한 **제한지역에 해당하지 않더라도** 허가관청은 토사채취허가신청 대상 토지의 형상과 위치 및 그 주위의 상황 등을 고려하여 국토 및 자연의 유지와 환경보전 등 **중대한 공익상 필요가 있다고 인정될 때에는** 그 허가를 거부할 수 있다(대법원 2007.6.15, 2005두9736).

(나) 명령적 행위, 형성적 행위

허가는 금지를 해제하여 원래의 자연적 자유를 회복시켜 주는 데 불과하고 권리 등을 새롭게 부여하는 것이 아니라는 이유로 명령적 행위라고 하는 것이 종래의 일반적인 견해였다. 그러나 오늘날에는 허가는 형성적 행위로서의 성질도 아울러 갖는다는 견해가 많다. 허가는 헌법상 보장된 자유권적 기본권을 적법하게 행사할 수 있는 법적 지위를 보장해 준다는 의미에서 형성적인 측면이 있다는 것이다. 독일에서는 형성적 행위로 파악한다.

4) 허가의 성립

(가) 신 청

허가는 상대방의 신청(출원)에 의해 이루어진다. 신청 없는 허가나 신청내용과 다른 허가는 상대방이 동의하면 그때 비로소 유효한 것으로 된다고 할 것이다.

(나) 결격사유

허가의 결격사유는 법률로써 정하되, 분명히 필요하며 실질적인 관련이 있는 경우에 한해 최소한으로 제한하여야 한다(행정기본법 제16조). 안전한 사회생활과 질서유지를 위해 특정영업을 할 수 없도록 하는 결격사유를 정하는 것은 필요하지만 국민의 직업선택의 자유를 제한하는 것이므로 법률로 엄격히 제한적으로 규정하여야 하는 것이다.

【참고】**행정기본법 제16조(결격사유)** ① 자격이나 신분 등을 취득 또는 부여할 수 없거나 인가, 허가, 지정, 승인, 영업등록, 신고 수리 등(이하 "인허가"라 한다)을 필요로 하는 **영업 또는 사업 등을 할 수 없는 사유**(이하 이 조에서 "결격사유"라 한다)는 법률로 정한다.
② 결격사유를 규정할 때에는 다음 각 호의 기준에 따른다. 1. 규정의 필요성이 분명할 것. 2. 필요한 항목만 최소한으로 규정할 것. 3. 대상이 되는 자격, 신분, 영업 또는 사업 등과 실질적인 관련이 있을 것. 4. 유사한 다른 제도와 균형을 이룰 것

5) 허가의 법적 기준

허가의 법적 기준은 허가신청시점이 아니라 허가처분시점을 기준으로 판단하여야 한다. 또한 법률의 근거 없이 행정청이 독자적으로 허가요건을 추가하는 것은(예: 주민의 동의, 거리제한) 허용되지 않는다.

【**판례**】 허가 등의 행정처분은 원칙적으로 처분시의 법령과 허가기준에 의하여 처리되어야 하고 허가신청 당시의 기준에 따라야 하는 것은 아니며, 비록 **허가신청 후 허가기준이 변경되었다** 하더라도 그 허가관청 이 허가신청을 수리하고도 정당한 이유 없이 그 처리를 늦추어 그 사이에 허가기준이 변경된 것이 아닌 이상 **변경된 허가기준에 따라서** 처분을 하여야 한다(대법원 2006.8.25, 2004두2974).

【**참고**】 **법령 적용의 기준시점**: 행정작용이건 사인의 행위이건 법령상에 특별한 경과규정이 없으면 **행위 시점의 법령을 적용**하는 것이 원칙이다. 행정청의 인·허가도 인·허가시점(인·허가 신청시점이 아님)의 법령을 기준으로 하며, 행정행위나 사인의 행위의 위법성 여부의 판단도 행위시점의 법령을 기준으로(재판 시점이 아님) 판단한다.

【**참고**】 **행정기본법 제14조** ② 당사자의 **신청에 따른 처분**은 법령 등에 특별한 규정이 있거나 처분 당시의 법령등을 적용하기 곤란한 특별한 사정이 있는 경우를 제외하고는 **처분 당시의 법령** 등에 따른다. ③ 법령 등을 위반한 행위의 성립과 이에 대한 **제재처분**은 법령 등에 특별한 규정이 있는 경우를 제외하고는 **법령 등을 위반한 행위 당시의 법령 등**에 따른다. 다만, 법령 등을 위반한 행위 후 법령 등의 변경에 의하여 그 행위가 법령 등을 위반한 행위에 해당하지 아니하거나 **제재처분 기준이 가벼워진 경우**로서 해당 법령 등에 특별한 규정이 없는 경우에는 **변경된 법령 등을 적용한다**.

【**판례**】 ① 행정소송에서 행정처분의 위법 여부는 **행정처분이 있을 때**의 법령과 사실상태를 기준으로 하여 판단하여야 하고, 처분 후 법령의 개폐나 사실상태의 변동에 의하여 영향을 받지는 않는다(대법원 2002.7.9, 2001두10684)
② 개발제한구역의 지정 및 관리에 관한 특별조치법 제11조 제3항 및 같은 법 시행규칙 관련 조항의 신설로 허가나 신고 없이 개발제한구역 내 공작물 설치행위를 할 수 있도록 법령이 개정된 경우, 그 법령의 시행 전에 **이미 범하여진 위법한 설치행위에 대한 가벌성이 소멸하지 않는다**(대법원 2007.9.6, 2007도4197).
③ 건축법상의 이행강제금에 관한 규정은 시정명령 불이행을 이유로 한 구 건축법(1991.5.31, 개정되기 전의 것)상의 과태료에 관한 규정을 개선한 것이기는 하나, 그 최고한도 및 부과횟수 등에 있어서 차이가 있으므로, **위반행위를 한 시기가 개정 건축법이 시행되기 전이라서 구 건축법** 제56조의2 제1항을 **적용하여 과태료에 처할 것을 개정 건축법** 제83조 제1항을 **적용하여 이행강제금에 처하였다면 위법하다**(대법원 1995.11. 17, 95마1048).

6) 허가의 효과

(가) 금지의 해제, 반사적 이익

허가는 누구나 법적 요건을 충족시키는 한 적법하게 어떠한 행위를 할 수 있게 하는 것 이므로 허가받은 상대방의 배타적 권리를 설정하여 주는 것이 아니다. 허가로 인해 상대방 이 영업상 이익을 얻는 경우라 하여도 그러한 이익은 법에서 보호하는 '법률상의 이익'이 아니라 '반사적 이익'에 불과하다. 그 이익은 법률이 질서유지·위험방지 등 공익목적을 위 해 일정한 허가요건을 규정해 놓음으로 말미암아 (다른 사람들이 허가요건을 충족시키지 못하여 허가를 받지 못하였기 때문에) 허가 받은 자신이 반사적으로 얻는 이익에 불과한 것이기 때문이다.

(나) 법률상 이익

허가란 헌법상 보장된 자유권적 기본권을 합법적으로 행사하도록 법적 지위를 보장해 주는 것이다. 따라서 허가받은 행위를 하는 것 그 자체는 법적으로 보호받는 법률상의 이익 내지 권리에 속한다(예: 영업할 권리, 건축할 권리). 따라서 허가를 받아 적법하게 영업을 하고 있는데 타인으로부터 방해를 받은 경우에는 경찰상 보호나 소송을 통한 보호를 받을 수 있다.

(다) 타법상의 제한, 집중효제도(허가의제〈許可擬制〉제도)

① 원 칙

허가는 원칙적으로 그 근거가 된 법령상의 금지만을 해제할 뿐이지, 타법에 의한 금지 까지도 해제하는 것은 아니다.

② 집중효제도(허가의제제도)

법률에 따라서는 특정법률에 의한 주된 허가를 받게 되면 다른 관련법령상의 허가(인 가·승인·면허·신고 등)를 받은 것으로 간주하는 제도를 두고 있는 경우가 적지 않다(예: 건축법 제11조 ⑤, '국토의 계획 및 이용에 관한 법률' 제61조). 이는 행정의 간소화·규제완화 그리고 국민의 권리행사의 편의를 위한 것이다.

> 예컨대, 과거에는 농지에서 건축허가를 받고자 하는 경우에 건축허가와 별도로 농지법상의 농지전용허가를 받아야 했으나 오늘날에는 건축허가를 받은 경우는 농지법 제34조의 규정에 의한 농지전용허가를 받은 것으로 본다. '국토의 계획 및 이용에 관한 법률' 제56조의 규정에 의한 개발행위허가도 마찬가지로 별도로 받을 필요가 없다(건축법 제11조 ⑤ 참조).

주된 허가(예: 건축허가)의 신청인은 주된 허가의 주무관청에 관련된 다른 허가(예: 농지전용허가, 개발행위허가)의 신청서류를 제출하고, 주무관청은 주된 허가는 물론 관련 허가의 요건 까지 심사하여야 한다. 관련 허가(예: 농지전용허가, 개발행위허가)의 요건이 충족되지 않은 이유로 신청한 주된 허가가 거부된 경우에는(예: 건축허가거부처분) 그에 대한 항고소송을 제기하면 되고 별도로 다른 관련처분(예: 농지전용허가거부처분)에 대해서 소송을 제기할 필요는 없다.

【참고】**행정기본법 제24조(인허가의제의 기준)** ① 이 절에서 "인허가의제"란 하나의 인허가(이하 **"주된 인허가"**라 한다)를 받으면 법률로 정하는 바에 따라 그와 **관련된 여러 인허가**(이하 **"관련 인허가"**라 한다)**를 받은 것으로 보는 것**을 말한다. ② 인허가의제를 받으려면 주된 인허가를 신청할 때 **관련 인허가에 필요한 서류를 함께 제출**하여야 한다. 다만, 불가피한 사유로 함께 제출할 수 없는 경우에는 주된 인허가 행정청이 별도로 정하는 기한까지 제출할 수 있다. ③ **주된 인허가 행정청**은 주된 인허가를 하기 전에 관련 인허가에 관하여 미리 **관련 인허가 행정청과 협의**하여야 한다. ④ 관련 인허가 행정청은 제3항에 따른 협의를 요청받으면 그 요청을 받은 날부터 **20일 이내**(제5항 단서에 따른 절차에 걸리는 기간은 제외한다)에 의견을 제출하여야 한다. 이 경우 전단에서 정한 기간(민원 처리 관련 법령에 따라 의견을 제출하여야 하는 기간을 연장한 경우에는 그 연장한 기간을 말한다) 내에 협의 여부에 관하여 의견을 제출하지 아니하면 협의가 된 것으로 본다. ⑤ 제3항에 따라 협의를 요청받은 관련 인허가 행정청은 해당 **법령을 위반하여 협의에 응해서는 아니** 된다. 다만, 관련 인허가에 필요한 심의, 의견 청취 등 절차에 관하여는 법률에 인허가의제 시에도 해당 절차를 거친다는 **명시적인 규정이 있는 경우에만** 이를 거친다..
제25조(인허가의제의 효과) ① 제24조제3항·제4항에 따라 협의가 된 사항에 대해서는 주된 인허가를 받았을 때 **관련 인허가를 받은 것으로** 본다. ② 인허가의제의 효과는 주된 인허가의 해당 **법률에 규정된 관련** 인허가에 한정된다.
제26조(인허가의제의 사후관리 등) ① 인허가의제의 경우 **관련 인허가 행정청은** 관련 인허가를 직접 한 것으로 보아 관계 법령에 따른 **관리·감독 등 필요한 조치**를 하여야 한다. ② 주된 인허가가 있은 후 이를 변

경하는 경우에는 제24조·제25조 및 이 조 제1항을 준용한다. ③ 이 절에서 규정한 사항 외에 인허가의제의 방법, 그 밖에 필요한 세부 사항은 대통령령으로 정한다.

【 판례 】 ① 건축불허가처분을 하면서 그 처분사유로 건축불허가 사유뿐만 아니라 형질변경불허가 사유나 농지전용불허가 사유를 들고 있다고 하여 그 건축불허가처분 외에 별개로 형질변경불허가처분이나 농지전용불허가처분이 존재하는 것이 아니므로, 그 건축불허가처분을 받은 사람은 그 **건축불허가처분에 관한 쟁송에서 건축법상의 건축불허가 사유뿐만 아니라 같은 도시계획법상의 형질변경불허가 사유나 농지법상의 농지전용불허가 사유에 관하여도 다툴 수 있는 것**이지, 그 건축불허가처분에 관한 쟁송과는 별개로 형질변경불허가처분이나 농지전용불허가처분에 관한 쟁송을 제기하여 이를 다투어야 하는 것은 아니며, 그러한 쟁송을 제기하지 아니하였어도 형질변경불허가 사유나 농지전용불허가 사유에 관하여 불가쟁력이 생기지 아니한다(대법원 2001.1.16, 99두10988).
② 구 광업법 제47조의2 제5호에 의하여 채광계획인가를 받으면 공유수면 점용허가를 받은 것으로 의제되고, 이 공유수면 점용허가는 공유수면 관리청이 공공 위해의 예방 경감과 공공 복리의 증진에 기여함에 적당하다고 인정하는 경우에 그 자유재량에 의하여 허가의 여부를 결정하여야 할 것이므로, 공유수면 점용허가를 필요로 하는 채광계획 인가신청에 대하여도, **공유수면 관리청이 재량적 판단에 의하여 공유수면 점용을 허가 여부를 결정할 수 있고, 그 결과 공유수면 점용을 허용하지 않기로 결정하였다면, 채광계획 인가관청은 이를 사유로 하여 채광계획을 인가하지 아니할 수 있는 것**이다(대법원 2002.10.11, 2001두151).
③ 주된 인허가에 관한 사항을 규정하고 있는 법률에서 주된 인허가가 있으면 다른 법률에 의한 인허가를 받은 것으로 의제한다는 규정을 둔 경우, **주된 인허가가 있으면 다른 법률에 의한 인허가가 있는 것으로 보는 데 그치고, 거기에서 더 나아가 다른 법률에 의하여 인허가를 받았음을 전제로 하는 그 다른 법률의 모든 규정들까지 적용되는 것은 아니다**(대법원 2016.11.24. 2014두47686).

(라) 무허가행위

허가를 받아야 할 행위를 무허가로 행한 경우라도 그 행위의 사법상 효력에는 영향이 없는 것이 원칙이다(예: 무허가 식품점의 식품판매 행위는 유효). 다만 행정상의 강제집행(예: 영업장소 강제폐쇄)이나 행정벌의 대상이 될 뿐이다.

(마) 허가를 타인의 명의로 받은 경우

예컨대, 건축허가에 있어서 타인의 명의로 건축허가를 받아서 건축을 한 경우(건축중인 건물의 소유자와 건축허가 명의자가 일치할 필요가 없음), 즉 건축허가서상의 건축주와 실제 건축주가 다른 경우에는 실제 건축주가 소유권을 원시취득한다.

【 판례 】 건축허가는 시장·군수 등의 행정관청이 건축행정상 목적을 수행하기 위하여 .... 상대적 금지를 관계 법규에 적합한 일정한 경우에 해제함으로써 일정한 건축행위를 하도록 회복시켜 주는 행정처분일 뿐, 허가받은 자에게 새로운 권리나 능력을 부여하는 것이 아니다. 그리고 건축허가서는 허가된 건물에 관한 실체적 권리의 득실변경의 공시방법이 아니며 그 추정력도 없으므로 **건축허가서에 건축주로 기재된 자가 그 소유권을 취득하는 것은 아니며, 건축중인 건물의 소유자와 건축허가의 건축주가 반드시 일치하여야 하는 것도 아니다**(대법원 2009.3.12, 2006다28454).

7) 허가의 변동

(가) 허가의 양도와 법적 지위의 승계

① 허가의 양도

대인적 허가는 양도가 불가능하다. 인적·물적 요건을 충족시켜야 하는 혼합적 허가의 양도는 양수인의 인적요소를 심사할 필요가 있으므로 통상 이전을 신고하도록 하고 행정청의 승인·허가를 받아야 타인에게 이전이 가능하다. 대물적 허가도 양도가 가능하지만 대체로 행정청에 신고하도록 하고 있다(이 경우 신고는 '수리를 요하는 신고'이다).

【판례】① 식품위생법 제25조 제3항에 의한 **영업양도에 따른 지위승계신고를 수리하는** 허가관청의 행위는 단순히 양도·양수인 사이에 이미 발생한 사법상의 사업양도의 법률효과에 의하여 양수인이 그 영업을 승계하였다는 사실의 신고를 접수하는 행위에 그치는 것이 아니라, **영업허가자의 변경이라는 법률효과를 발생시키는 행위라고** 할 것이다(대법원 1995.2.24. 94누9146).
② 액화석유가스의안전및사업관리법 제7조 제2항에 의한 **사업양수에 의한 지위승계신고를 수리하는** 허가관청의 행위는 단순히 양도, 양수자 사이에 발생한 사법상의 사업양도의 법률효과에 의하여 양수자가 사업을 승계하였다는 사실의 신고를 접수하는 행위에 그치는 것이 아니라 실질에 있어서 양도자의 사업허가를 취소함과 아울러 양수자에게 적법히 사업을 할 수 있는 법규상 권리를 설정하여 주는 행위로서 **사업허가자의 변경이라는 법률효과를 발생시키는 행위이므로 허가관청이 법 제7조 제2항에 의한 사업양수에 의한 지위승계신고를 수리하는 행위는 행정처분에 해당한다.** 허가관청의 사업양수에 의한 지위승계신고의 수리는 적법한 사업의 양도가 있었음을 전제로 하는 것이므로 사업의 양도행위가 무효라고 주장하는 양도자는 **민사쟁송으로 양도행위의 무효를 구함이 없이 막바로 허가관청을 상대로 하여 행정소송으로 위 신고수리처분의 무효확인을 구할 법률상 이익이 있다**(대법원 1993.6.8. 91누11544).
③ **영업양도가 있다고 볼 수 있는지 여부는** 영업양도로 인하여 구법상의 영업자의 지위가 양수인에게 승계되어 양도인에 대한 사업허가 등이 취소되는 효과가 발생함을 염두에 두고, **양수인이 유기적으로 조직화된 수익의 원천으로서의 기능적 재산을 이전받아 양도인이 하던 것과 같은 영업적 활동을 계속하고 있다고 볼 수 있는지에 따라 판단되어야 한다.** 피고인이 할인마트 점포의 영업시설을 전부 인수하여 영업하면서도 1개월 이내에 영업자 지위 승계신고를 하지 아니하였다고 하며 구 식품위생법(2010.1.18. 법률 제9932호로 개정되기 전의 것) 위반으로 기소된 사안에서, ...피고인이 영업자가 아닌 병에게서 영업을 양수한 이상 같은 법 제39조 제1항의 영업자의 지위를 승계한 경우에 해당하지 않는다(대법원 2012.1.12. 2011도6561).

② 법적 지위의 승계

허가가 양도된 경우 양도인의 법적 지위가 양수인에게 승계되는 것이 원칙이다. 그런데 특히 양도인의 위법행위로 인한 행정제재조치를 받을 의무가 양수인에게 승계되는지가 문제되는 경우가 많다. 위법사실이 적발될 경우 법위반자가 영업시설을 매각함으로써 행정제재를 회피하려는 경우가 적지 않아 제재의 실효성을 확보하기 위해서는 양수인이 양도인의 지위를 원칙적으로 승계한다고 할 것이다.

그러나 행정제재의 사유가 법정설비의 위반 등 물적 사정에 관련되는 경우에는 그 사유가 양수인에게 승계되는 것으로 보아야 하지만, 양도인의 부정영업이나 자격상실 등 인적 사유가 문제되는 경우에는 선의의 양수인에게는 그 사유가 승계되지 않는다고 하여야 할 것이다(상술한 '공권·공의무의 승계', '행정제재사유의 승계' 부분 참조).

(나) 허가의 갱신·소멸

기한부허가의 경우 종전의 효력을 지속시키기 위해서는 유효기간 내에 허가의 갱신을 신청하여야 한다. 유효기간이 지나서 종전의 허가기간연장을 신청하는 것은 새로운 허가를 신청하는 것에 해당되며 허가 여부는 새로운 법규정에 따라 결정하여야 한다(대법원 1995.11.10. 94누11866). 허가의 갱신은 종전의 허가의 효력을 지속시키는 것이며, 허가갱신 전의 위법사유도 승계되므로 행정청은 갱신 전의 위법사유를 이유로 행정제재를 할 수 있다(대법원 1982.7.27. 81누174 참조).

그런데 기한부허가의 경우 허가기한의 종기가 적정한 경우에는 허가 자체의 존속기간으로 보아 종기가 도래하면 허가의 효력이 소멸하는 것이 원칙이다. 그러나 허가된 사업의 성격상 그 허가의 장기계속성이 당연히 예정되어 있는 경우에는 너무 짧게 붙여진 기한은 허가 자체의 존속기간이 아니라 갱신기간(허가조건의 존속기간)으로 보아야 한다. 예컨대, 3년의 기한이 붙여졌으면 3년 후에 그 동안의 법적·사실적 상황변화에 맞추어 행정처분의 조건이나 내용을 바꾸는 기간으로 보아야 한다. 그러나 허가에 붙은 당초의 기한이 이미 상당기간 연장되어 이제는 허가 사업의 성질상으로도 부당하게 짧은 경우에 해당하지 않게 된 경우에는 행정청이 재량권을 행사하여 더 이상 기간연장을 불허할 수도 있다.

【판례】① 일반적으로 행정처분에 효력기간이 정하여져 있는 경우에는 그 기간의 경과로 그 행정처분의 효력은 상실되고, 다만 허가에 붙은 기한이 그 허가된 사업의 성질상 부당하게 짧은 경우에는 이를 그 **허가 자체의 존속기간이 아니라 그 허가조건의 존속기간**으로 보아 그 기한이 도래함으로써 그 조건의 개정을 고려한다는 뜻으로 해석할 수는 있지만, 그와 같은 경우라 하더라도 그 허가기간이 연장되기 위하여는 그 **종기가 도래하기 전에 그 허가기간의 연장에 관한 신청이 있어야 하며**, 만일 그러한 연장신청이 없는 상태에서 허가기간이 만료하였다면 그 허가의 효력은 상실된다(대법원 2007.10.11. 2005두12404).
② 당초에 붙은 기한을 허가 자체의 존속기간이 아니라 **허가조건의 존속기간**으로 보더라도 그 후 당초의 기한이 상당 기간 연장되어 연장된 기간을 포함한 존속기간 전체를 기준으로 볼 경우 더 이상 허가된 사업의 성질상 부당하게 짧은 경우에 해당하지 않게 된 때에는 관계 법령의 규정에 따라 허가 여부의 재량권을 가진 행정청으로서는 그 때에도 허가조건의 개정만을 고려하여야 하는 것은 아니고 **재량권의 행사로서 더 이상의 기간연장을 불허가할 수도** 있는 것이며, 이로써 허가의 효력은 상실된다(대법원 2004.3.25. 2003두12837).
③ 어업에 관한 허가 또는 신고의 경우에는 어업면허와 달리 유효기간연장제도가 마련되어 있지 아니하므로 그 유효기간이 경과하면 그 허가나 **신고의 효력이 당연히 소멸**하며, 재차 허가를 받거나 신고를 하더라도 허가나 신고의 기간만 갱신되어 종전의 어업허가나 신고의 효력 또는 성질이 계속된다고 볼 수 없고 **새로운 허가 내지 신고로서의 효력이 발생한다**고 할 것이다(대법원 2011.7.28. 2011두5728).

8) 유사제도와 비교

(가) 예외적 승인(허가)

허가는 허가의 대상인 행위가 당사자의 기본권의 행사와 밀접한 관련이 있고 사회적으로 위해성이 없거나 적지만, 무질서나 위험을 예방하기 위해 잠정적으로 금지한 것을 해제하는 것('예방적 금지의 해제')이다. 이와는 달리 '예외적 승인(예외적 허가)'이란 학교환경위생정화구역 안에서의 유흥주점 영업행위 등처럼 학습과 학교보건에 해가되는 행위(학교보건법 제6조 ①), 개발제한구역 내의 건축행위, 생태계보전지역에서의 개발행위(자연환경보전법 제15조 ②), 산림훼손행위 등은 사회적으로 유해한 행위이기 때문에 원칙적으로 이를 억제하여 금지시키고('억제적 금지'), 예외적인 경우, 즉 금지시킴으로써 얻는 공익과 승인해야 할 필요성을 저울질하여 후자가 보다 큰 경우에 그 행위를 승인(허가)해 주는 것('억제적 금지의 해제')을 말한다.

허가의 경우는 허가가 원칙이고 불허가가 예외인 반면, 예외적 승인은 불승인(불허가)이 원칙이고 승인(허가)이 예외이다. 따라서 예외적 승인은 일반적으로 재량행위이다.

【 판례 】 구 도시계획법 및 동법시행령의 관련 규정을 종합하면, **개발제한구역 내에서는** 구역 지정의 목적상 건축물의 건축, 공작물의 설치, 토지의 형질변경 등의 행위는 **원칙적으로 금지**되고, 다만 구체적인 경우에 위와 같은 구역 지정의 목적에 위배되지 아니할 경우 예외적으로 허가에 의하여 그러한 행위를 할 수 있게 되며, 한편 개발제한구역 내에서의 건축물의 건축 등에 대한 **예외적 허가는 그 상대방에게 수익적인 것으로서 재량행위에 속하는 것**이다(대법원 2004.7.22. 2003두7606).

(나) 수리를 요하는 신고(등록)

상술한 바와 같이 신고는 수리를 요하지 않는 것(자체완성적 신고)과 수리를 요하는 것(행정요건적 신고)이 있다. 전자는 행정청에 대하여 일정한 사항을 통지함으로써 의무가 끝나는 신고이다 (출생신고, 출판사의 신고 등). 후자는 행정청에 대하여 일정한 사항을 통지하고 행정청이 이를 수리함으로써 법적 효과가 발생하는 신고를 말한다(예: 건축신고, 수산업법 제44조 소정의 어업의 신고). 법령이 정한 요건을 구비한 적법한 신고가 있으면 행정청은 수리하여야 한다. '규제완화된 허가'라고 할 수 있다. 신고의 수리 여부는 형식적 요건심사에 그치는 것이 보통이지만 실질적 요건도 포함되는 경우가 있는데, 이 경우에는 '허가'와 큰 차이가 없다.

(다) 특허·인가

특허·인가에 관해서는 나중에 설명하기로 한다.

(3) 면 제

면제는 법령에 의하여 과하여진 작위의무·급부·수인 등의 의무를 특정한 경우에 해제하는 행정행위를 말한다. 허가가 부작위의무를 해제하는 행위(금지의 해제)인데 대하여, 면제는 작위·급부·수인 등의 의무를 해제하는 행위라는 점에서 다르다. 면제의 형식·종류 및 효과는 일반적으로 허가의 경우와 같다.

2. 형성적 행정행위

형성적 행위란 상대방에게 새로운 권리·능력·포괄적 법률관계 기타 법률상의 힘을 발생·변경·소멸시키는 행정행위를 말한다. 형성적 행위는 ㉠ 직접 상대방을 위해 권리 등을 설정하거나(특허 또는 설권행위) 변경·박탈하는 행위(변권행위·탈권행위), ㉡ 제3자를 위해 그 행위의 효력을 보충·완성하거나(인가 또는 보충행위) 제3자를 대신하는 행위(대리)로 구분된다.

(1) 특 허

1) 의 의

특허란 특정의 상대방을 위하여 새로이 권리(예: 공물사용권〈도로점용허가〉·광업권의 부여, 특허기업〈시내버스 등 여객자동차운수사업, 개인택시운송사업, 도시가스사업, 전기사업 등 공익사업〉의 면허), 권리·행위능력(예: 주택재건축정비사업조합설립인가), 포괄적 법률관계(예: 귀화허가)를 설정하는 것을 말한다. 관리청의 하천점용허가(하천법 제25조), 국토교통부장관의 공유수면매립면허(공유수면매립법 제4조) 등도 이에 속한다. 특허는 자연적인 자유를 회복시키는 허가와 달리 특정인에게 새로운 법률상의 힘을 설정하는 것이다. 따라서 설권행위라고도 한다. 실정법에서는 특허에 해당하는 내용을 표현함에 있어 허가, 면허, 인가 등의 용어를 사용하는 경우도 있고, 특허 아닌 행위를 '특허'라고 규정하고 있는 경우(예: 특허법)도 있다.

【판례】① 구 수도권대기환경특별법 제14조 제1항에서 정한 대기오염물질 총량관리사업장 설치의 허가 또는 변경허가는 특정인에게 인구가 밀집되고 대기오염이 심각하다고 인정되는 수도권 대기관리권역에서 총량관리대상 오염물질을 일정량을 초과하여 배출할 수 있는 **특정한 권리를 설정하여 주는 행위**로서 그 처분의 여부 및 내용의 결정은 행정청의 재량에 속한다(대법원 2013.5.9. 2012두22799).
② **출입국관리법상 체류자격 변경허가**는 신청인에게 당초의 체류자격과 다른 체류자격에 해당하는 활동을 할 수 있는 권한을 부여하는 일종의 **설권적 처분의 성격을** 가지므로, 허가권자는 신청인이 관계 법령에서 정한 요건을 충족하였더라도, 신청인의 적격성, 체류 목적, 공익상의 영향 등을 참작하여 허가 여부를 결정할 수 있는 재량을 가진다(대법원 2016.7.14. 2015두48846).
그런데 판례는 과거에는 재건축조합설립인가처분(구 주택건설촉진법 제44조 ①)을 인가(보충행위)로만 파악하였으며, 따라서 재건축조합설립행위에 하자가 있는 경우에는 그에 대해 민사소송을 제기하여야 하며, 재건축조합설립행위의 불성립 또는 무효를 내세워 바로 그에 대한 감독청의 재건축조합설립인가처분의 취소 또는 무효확인소송을 제기할 수 없다고 하였다.

【판례】 주택건설촉진법에서 … 재건축조합설립행위에 하자가 있을 때에는 그에 대한 **인가가 있다 하더라도 기본행위인 조합설립이 유효한 것으로 될 수 없고,** 따라서 그 기본행위는 적법유효하나 보충행위인 인가처분에만 하자가 있는 경우에는 그 인가처분의 취소나 무효확인을 구할 수 있을 것이지만 기본행위인 **조합설립에 하자가 있는 경우에는 민사쟁송으로써** 따로 그 기본행위의 취소 또는 무효확인 등을 구하는 것은 별론으로 하고 **기본행위의 불성립 또는 무효를 내세워 바로 그에 대한 감독청의 인가처분의 취소 또는 무효확인을 소구할 법률상 이익이 없다**(대법원 2000.9.5. 99두1854).

그러나 오늘날에는 주택재건축정비사업조합설립인가처분('도시 및 주거환경정비법' 제16조 ①)을 설권행위(특허)의 성격도 포함되어 있는 것으로 본다. 따라서 "조합설립결의에 하자가 있다면 그 하자를 이유로 직접 항고소송의 방법으로 조합설립인가처분의 취소 또는 무효확인을 구하여야 한다"고 한다(대법원 2009.9.24. 2008다60568).

【 판례 】① 행정청이 '도시 및 주거환경정비법' 등 관련 법령에 근거하여 행하는 **조합설립인가처분은** 단순히 사인들의 조합설립행위에 대한 **보충행위로서의 성질을 갖는 것에 그치는 것이 아니라** 법령상 요건을 갖출 경우 도시 및 주거환경정비법상 주택재건축사업을 시행할 수 있는 권한을 갖는 **행정주체**(공법인)**로서의 지위를 부여하는 일종의 설권적 처분의 성격을 갖는다고 보아야 한다.** 그리고 그와 같이 보는 이상 조합설립결의는 조합설립인가처분이라는 행정처분을 하는 데 필요한 요건 중 하나에 불과한 것이어서, 조합설립결의에 하자가 있다면 그 하자를 이유로 직접 **항고소송의 방법으로 조합설립인가처분의 취소 또는 무효확인**을 구하여야 한다(대법원 2009.9.24. 2008다60568).
② '도시 및 주거환경정비법'상 **주택재건축정비사업조합이** 같은 법 제48조에 따라 **수립한 관리처분계획에** 대하여 관할 행정청의 인가·고시까지 있게 되면 관리처분계획은 행정처분으로서 효력이 발생하게 되므로, 총회결의의 하자를 이유로 하여 행정처분의 효력을 다투는 **항고소송의 방법으로 관리처분계획의 취소 또는 무효확인을 구하여야 하고** 그와 별도로 행정처분에 이르는 절차적 요건 중 하나에 불과한 **총회결의 부분만을 따로 떼어내어 효력 유무를 다투는** 확인의 소를 제기하는 것은 특별한 사정이 없는 한 허용되지 않는다. 이와는 달리 도시재개발법(2002.12.30. 도시및주거환경정비법 부칙 제2조로 폐지)상 재개발조합의 관리처분계획안에 대한 **총회결의 무효확인소송을 민사소송으로 보고** 또 관리처분계획에 대한 인가·고시가 있은 후에도 여전히 소로써 총회결의의 무효확인을 구할 수 있다는 취지로 판시한 대법원 2004.7.22. 선고 2004다13694 판결과 이와 같은 취지의 **대법원 판결들은** 이 판결의 견해에 배치되는 범위 내에서 **이를 모두 변경하기로 한다**(대법원 2009.9.17. 2007다2428).
③ 구 도시 및 주거환경정비법(2012.2.1. 법률 제11293호로 개정되기 전의 것. 이하 '구 도시정비법'이라 한다) 제8조 제3항, 제28조 제1항에 의하면, 토지 등 소유자들이 그 사업을 위한 조합을 따로 설립하지 아니하고 직접 도시환경정비사업을 시행하고자 하는 경우에는 ..... 사업시행인가를 받아야 하고, ... 구 도시정비법상의 도시환경정비사업을 시행하는 목적 범위 내에서 법령이 정하는 바에 따라 일정한 행정작용을 행하는 행정주체로서의 지위를 가진다. 그렇다면 토지 등 소유자들이 직접 시행하는 도시환경정비사업에서 토지 등 소유자에 대한 **사업시행인가처분은 단순히 사업시행계획에 대한 보충행위로서의 성질을 가지는 것이 아니라 구 도시정비법상 정비사업을 시행할 수 있는 권한을 가지는 행정주체로서의 지위를 부여하는 일종의 설권적 처분의 성격을** 가진다(대법원 2013.6.13. 2011두19994).

2) 성 질

(가) 협력(동의)을 요하는 행정행위

특허는 상대방의 출원(신청)이 있어야 효력을 발생하는 것으로서 협력을 요하는 행정행위(쌍방적 행정행위)이다.

(나) 재량행위

특허는 행정청이 공익상의 필요에 따라 특정인에게 자연적으로 갖지 못한 법률상의 힘을 부여하는 것이며, 따라서 공익실현을 위해 합리적인 판단을 할 수 있도록 재량이 인정되는 것이 보통이다. 그러나 법령이 일정한 요건을 갖춘 경우에는 특허를 하도록 규정하고 있는 경우에는 기속행위가 된다.

【판례】도로법에 의한 도로점용은 일반공중의 교통에 사용되는 도로에 대하여 이러한 일반사용과는 별도로 도로의 특정부분을 유형적·고정적으로 특정한 목적을 위하여 사용하는 이른바 특별사용을 뜻하는 것이고, 이러한 **도로점용의 허가**는 특정인에게 일정한 내용의 **공물사용권을 설정하는 설권행위로서, 공물관리자가 신청인의 적격성, 사용목적 및 공익상의 영향 등을 참작하여 허가를 할 것인지의 여부를 결정하는 재량행위**이다(대법원 2002.10.25, 2002두5795).

3) 출원 및 형식

행정행위로서의 특허는 언제나 출원(신청)을 전제로 한다. 법률에 의해 공법인이 설립되는 경우는 출원이 불필요하지만 이는 법률에 의한 특허(법규특허)로서 행정행위로서의 특허와 다르다. 특허는 권리의 설정 등을 명백히 할 필요가 있으므로 문서로써 한다.

4) 효 과

특허는 특정인에게 공익을 위해 새로운 독점적·배타적인 법률상의 힘을 설정하는 것이다. 따라서 타인에 의해 침해될 경우에는 소송을 통하여 구제받을 수 있다. 특허에 의하여 설정되는 권리는 공권(예: 특허기업이 갖는 공용부담특권, 공물사용권)인 것도 있고, 사권(예: 광업허가에 의한 광물채취권)인 경우도 있다. 특허로 인한 권리를 양도할 경우에는 행정청의 승인을 받아야 하는 등 일정한 제한이 따르는 경우가 있다(예: 특허기업의 양도에 대한 행정청의 인가).

【판례】면허나 인·허가 등의 수익적 행정처분의 근거가 되는 **법률이 해당 업자들 사이의 과당경쟁으로 인한 경영의 불합리를 방지하는 것도 그 목적으로 하고 있는 경우**, 다른 업자에 대한 면허나 인·허가 등의 수익적 행정처분에 대하여 미리 같은 종류의 면허나 인·허가 등의 수익적 행정처분을 받아 영업(여객자동차운송사업)을 하고 있는 **기존의 업자**는 경업자에 대하여 이루어진 면허나 인·허가 등 행정처분의 상대방이 아니라 하더라도 **당해 행정처분의 취소를 구할 당사자적격**이 있다(대법원 2002.10.25, 2001두4450).

5) 허가와의 구별

허가는 명령적 행위로서 기속행위이고 특허는 형성적 행위로서 재량행위라고 하는 것이 종래의 견해였다. 그러나 상술한 바와 같이 허가도 형성적이며 재량행위인 경우도 있는 등, 양자의 차이는 상대적이다. 따라서 개별 실정법에 근거하여 그의 성질·효과를 판단해야 한다는 견해가 많다.

(2) 변경·탈권행위

변경행위(변권행위)란 설권행위에 의해 발생된 효력을 일부 변경하는 행위(예: 광업허가에 있어서 광구의 변경, 여객자동차운송사업면허구역의 변경)를 말한다. 탈권행위란 설권행위에 의해 발생된 효력을 소멸케 하는 행위(예: 광업허가의 취소, 여객자동차운송사업면허의 취소)를 말한다.

(3) 인 가

1) 의 의

인가란 제3자(사인)의 법률행위(기본행위)를 보충하여 그것의 효력을 완성시켜주는 행정행위를 말한다. 보충행위라고도 한다. 인가는 어떤 법률행위가 공익과 밀접한 관련이 있기 때문에 그것이 효력을 발생하기 위해서는 행정청의 승인을 받도록 하는 제도이다.

예로서는 설권행위(특허)로 부여된 권리의 양도인가, 특허기업의 양도인가, 특허기업의 운임요금의 인가, 학교법인의 임원에 대한 감독청의 취임승인, 재단법인의 정관변경허가, 토지거래계약허가, 지방자치단체의 기채(起債)의 인가 등을 들 수 있다. 법령상으로는 인허·승인·허가 등의 용어로 사용되기도 한다.

【판례】① 민법 제45조와 제46조에서 말하는 **재단법인의 정관변경 "허가"는** 법률상의 표현이 허가로 되어 있기는 하나, 그 성질에 있어 법률행위의 효력을 보충해 주는 것이지 일반적 금지를 해제하는 것이 아니므로, 그 **법적 성격은 인가라고 보아야 한다**(대법원 1996.5.16. 95누4810).
② **토지거래계약허가가** 규제지역 내의 모든 국민에게 전반적으로 토지거래의 자유를 금지하고 일정한 요건을 갖춘 경우에만 금지를 해제하여 계약체결의 자유를 회복시켜 주는 성질의 것이라고 보는 것은 위 법의 입법취지를 넘어선 지나친 해석이라고 할 것이고, 규제지역 내에서도 토지거래의 자유가 인정되나 다만 위 허가를 허가 전의 유동적 무효 상태에 있는 **법률행위의 효력을 완성시켜 주는 인가적 성질을 띤** 것이라고 보는 것이 타당하다(대법원 1991.12.24. 90다12243).
③ 구 「도시 및 주거환경정비법」(2007.12.21. 법률 제8785호로 개정되기 전의 것, 이하 '도정법'이라 한다)에 기초하여 **도시환경정비사업조합이 수립한 사업시행계획은** 그것이 인가·고시를 통해 확정되면 이해관계인에 대한 **구속적 행정계획으로서 독립된 행정처분에** 해당하므로, **사업시행계획을 인가하는 행정청의 행위는 도시환경정비사업조합의 사업시행계획에 대한 법률상의 효력을 완성시키는 보충행위에** 해당한다(대법원 2010.12.9. 2010두1248).
④ 자동차관리법상 자동차관리사업자로 구성하는 사업자단체인 조합 또는 협회의 설립인가처분은 국토해양부장관 또는 시·도지사가 자동차관리사업자들의 **단체결성행위를 보충하여 효력을 완성시키는** 처분에 해당한다(대법원 2015.5.29. 2013두635).

2) 대상 및 성질

인가의 대상은 반드시 법률행위이어야 하며 사실행위는 제외된다. 인가는 재량행위인 것이 많지만 기속행위인 경우도 있다. 공익적인 검토가 중요한 것은(예: 재단법인임원취임승인) 재량행위가 되고, 개인의 기본권행사 등 사익의 보호가 중요한 것은(예: 개인택시운송사업면허의 양도·양수인가, 토지거래허가〈대법원 1991.12.24. 90다12243 참조〉) 기속행위가 되는 것이 원칙이다.

【판례】① 재단법인의 임원 취임이 사법인인 원고의 정관에 근거한다 할지라도 이에 대한 피고의 승인(인가)행위는 법인에 대한 주무관청의 감독권에 연유하는 이상 그 인가행위 또는 인가거부행위는 공법상의 행정처분으로서, 그 임원취임을 인가 또는 거부할 것인지 여부는 피고의 권한에 속하는 사항이라고 할 것이고, **원고의 임원취임승인 신청에 대하여 피고가 이에 기속되어 이를 당연히 승인(인가)하여야 하는 것은 아니**라고 할 것이다(대법원 2000.1.28. 98두16996).
② **토지거래계약 허가권자는** 그 허가신청이 국토이용관리법 제21조의4 제1항 각 호 소정의 불허가 사유에

해당하지 아니하는 한 **허가를 하여야 하는 것**인데, 인근 주민들이 이 사건 폐기물 처리장 설치를 반대한다는 사유는 국토이용관리법 제21조의4 규정에 의한 불허가 사유로 규정되어 있지 아니하므로 그와 같은 사유만으로는 **토지거래허가를 거부할 사유가 될 수 없다**(대법원 1997.6.27, 96누9362)

3) 출원 및 형식

인가는 상대방의 출원(신청)에 의하여 행하여지는 쌍방적 행정행위(협력을 요하는 행정행위)이다. 행정청은 인가의 여부만 결정할 수 있고 수정인가는 할 수 없다. 인가는 항상 행정처분의 형식으로 이루어지며, 법적 명확성을 위해 서면으로 행해지는 것이 일반적이다.

4) 효 과

인가가 행해지면 비로소 제3자의 법률행위(기본행위)가 효력을 발생한다. 인가의 효과는 당해 법률행위에만 미치며, 인가를 받아야 함에도 불구하고 인가받지 않은 법률행위는 효력을 발생하지 않는다. 형성행위인 인가의 형성적 효과는 선행하는 사인의 법률행위를 전제로 하여 생긴다는 점에서 직접적으로 권리 등을 설정하는 특허와 구별된다.

양도·양수의 인가의 경우에는 양도·양수라는 법률행위의 효과를 보충·완성시키는 의미가 있지만, 이는 양도인이 가지고 있던 특허와 동일한 내용의 특허를 양수인에게도 부여하는 의미가 포함되어 있다고 볼 수 있다.

【판례】① 관할관청의 개인택시운송사업면허의 양도·양수에 대한 인가에는 양도인과 양수인 간의 양도행위를 보충하여 그 법률효과를 완성시키는 의미에서의 인가처분뿐만 아니라 양수인에 대해 **양도인이 가지고 있던 면허와 동일한 내용의 면허를 부여하는** 처분이 포함되어 있다(대법원 1994.8.23, 94누4882).
② 행정청이 도시 및 주거환경정비법 등 관련 법령에 근거하여 행하는 **조합설립인가처분은** 단순히 사인들의 조합설립행위에 대한 **보충행위로서의 성질을 갖는 것에 그치는 것이 아니라** 법령상 요건을 갖출 경우 도시 및 주거환경정비법상 **주택재건축사업을 시행할 수 있는 권한을 갖는 행정주체(공법인)로서의 지위를 부여하는 일종의 설권적 처분의 성격을 갖는다고 보아야 한다**(대법원 2009.9.24, 2008다60568).

5) 기본행위·인가에 하자가 있는 경우의 효력

(가) 기본행위에 하자가 있는 경우

하자 있는 기본행위는 인가를 받더라도 여전히 하자가 있는 것이며, 따라서 유효한 것이 될 수 없고 인가 후에도 무효이거나 취소될 수 있다. 기본행위에 하자가 있다면 그에 대한 인가가 있더라도 기본행위가 유효한 것으로 될 수 없는 것이므로, 기본행위의 효력을 직접 다투는 소송 등을 제기하면 되고, 그에 대한 인가처분의 효력을 다투는 행정쟁송을 제기할 소의 이익(소송제기를 인정할 실익)이 인정되지 않는다. 기본행위가 취소되거나 실효되면 인가도 당연히 실효되며, 인가의 무효선언이나 취소처분을 별도로 할 필요는 없다.

【판례】재건축주택조합의 조합장 명의변경에 대한 시장, 군수, 자치구 구청장의 인가처분은 …재건축주택조합의 조합장 명의변경 행위를 보충하여 그 법률상의 효력을 완성시키는 보충적 행정행위로서, 그 기본행위인 **조합장 명의변경에 하자가 있을 때에는 그에 대한 인가가 있다 하더라도 조합장 명의변경이 유효한 것으로 될 수 없는 것이므로,** … 기본행위에 하자가 있다고 하더라도 인가처분 자체에 하자가 없다면 따로 그 기본행위의 하자를 다투는 것은 별론으로 하고 **기본행위의 하자를 내세워 바로 그에 대한 행정청의 인가처분의 취소를 구할 수는 없다**(대법원 2005.10.14. 2005두1046).

【참고】판례에 의하면 **인가의 경우는** 기본행위의 보충행위이므로 기본행위가 위법이면 기본행위가 위법임을 이유로 인가처분에 대한 취소소송이나 무효확인소송을 제기하는 것은 **소의 이익이 없지만**(대법원 2005.10.14. 2005두1046), **수리처분의 경우에는** 수리는 양수인에 대한 새로운 허가로서의 성격이 있으므로 수리대상인 행위가 무효인 경우에도 수리처분의 **무효확인을 구할 수 있다**(대법원 2005.12.23. 2005두3554).

【판례】**사업양도·양수에 따른 허가관청의 지위승계신고의 수리는** 적법한 사업의 양도·양수가 있었음을 전제로 하는 것이므로 그 수리대상인 사업양도·양수가 존재하지 아니하거나 무효인 때에는 수리를 하였다 하더라도 그 수리는 유효한 대상이 없는 것으로서 당연히 무효라 할 것이고, 사업의 양도행위가 무효라고 주장하는 양도자는 민사쟁송으로 양도·양수행위의 무효를 구함이 없이 막바로 허가관청을 상대로 하여 행정소송으로 위 **신고수리처분의 무효확인을 구할 법률상 이익이 있다**(대법원 2005.12.23. 2005두3554).

(나) 인가에 하자가 있는 경우

기본행위가 적법하더라도 인가가 무효이면 기본행위는 무인가행위로서 효력을 발생하지 않는다. 하자 있는 인가가 취소할 수 있는 것이면 인가가 취소되지 않는 한 기본행위는 유인가행위로서 효력을 갖지만, 인가가 취소되면 기본행위는 무인가행위가 되어서 효력을 상실한다. 하자 있는 인가에 대해서는 취소소송 또는 무효확인소송을 제기할 수 있다.

(4) 공법상의 대리

타인이 해야 할 일을 행정주체가 대신 행함으로써 본인이 한 것과 같은 법적 효과를 발생시키는 행정행위를 말한다. 그리고 행정주체의 대리권은 당사자의 수권에 의한 것이 아니라 법률의 규정에 의거한 것이므로 법정대리에 해당한다. 행정행위로서의 대리를 의미하므로 행정조직 내부에서 행정기관간의 대리는 여기에 포함되지 않는다.

그 종류는 감독적 견지에서 하는 것(예: 감독청에 의한 공법인의 임원임명), 행정목적달성을 위해 하는 것(예: 조세체납처분절차에서 행하는 압류재산의 공매처분), 당사자 사이의 협의가 이루어지지 않은 경우에 조정적 입장에서 하는 것(예: 토지보상액에 대한 토지수용위원회의 재결) 등이 있다.

Ⅱ. 준법률행위적 행정행위

1. 확 인

(1) 의 의

확인이란 특정한 사실 또는 법률관계의 존부(存否) 또는 정부(正否)에 관하여 의문이나 다툼이 있는 경우에 행정청이 이를 공적 권위로써 판단·확정하는 행정행위를 말한다. 예컨대, 당선인(합격자)의 결정, 도로·하천 등의 구역결정, 발명특허, 교과서의 검인정, 행정심판의 재결 등이 그 예이다. 실정법상 재결·재정·특허 등의 용어가 사용되기도 한다.

(2) 성 질

확인행위는 특정한 사실 또는 법률관계의 존부·정부를 판단하는 것일 뿐 새로운 법관계를 창설하는 것이 아니라는 점에서 법원의 판결과 유사하므로 준사법적 행위 또는 법선언행위라고도 한다. 확인은 단지 객관적 사실을 판단하는 기속행위인 것도 있고(당선인의 결정), 재량 내지 판단여지가 인정되는 경우도 있다(교과서 검인정. 행정심판).

(3) 형식 및 효과

확인은 항상 구체적인 처분의 형식으로 행하여진다. 그리고 요식행위인 것이 보통이다.

확인의 공통적인 효과는 특정한 법률사실 또는 법률관계의 존부나 정부를 공권적으로 확정하는 것이기 때문에 행정청이 임의로 변경할 수 없는 불가변력이 생긴다. 확인은 준법률행위적 행정행위로서 행정청은 다만 판단·확정할 뿐이고, 그 효과는 행정청의 의사와는 상관없이 각개의 법령이 규정하고 있는 특수한 효력이 발생한다(예: 발명특허의 경우는 확인의 결과 특허권이라는 형성적 효과가 부여된다).

【 판례 】'친일반민족행위자 재산의 국가귀속에 관한 특별법' 제2조 제2호에 정한 친일재산은 **위원회가 국가귀속결정을 하여야 비로소 국가의 소유로 되는 것이 아니라** 특별법의 시행에 따라 그 취득·증여 등 원인행위시에 소급하여 당연히 국가의 소유로 되는 것이고, 위원회의 **국가귀속결정**은 당해 재산이 친일재산에 해당한다는 사실을 **확인하는 이른바 준법률행위적 행정행위**의 성격을 가지는 것이다(대법원 2008.11.13, 2008두13491).

2. 공 증

(1) 의 의

공증이란 특정한 사실 또는 법률관계의 존재를 공적으로 증명하는 행정행위를 말한다. 각종 공부(예: 부동산등기부)에 등기·등록·등재, 각종 증명서(당선증서·합격증서·여권·주민등록증)의 발급 등이 이에 속한다.

(2) 성질 및 형식

확인이 의문·다툼을 전제로 하여 판단하는 행위의 성질을 갖는 반면, 공증은 의문·다툼과 관련 없이 사실 등의 존재를 인식하여 표시하는 행위이다. 따라서 공증은 어떤 사실 등이 객관적으로 존재하는 한 행하여야 하므로 기속행위이다. 또한 공적으로 증명하는 것이므로 요식행위가 원칙이다.

(3) 효과(행정처분성)

공증의 효과는 공증된 사항에 대해 공적 증거력을 부여하는 것이다. 그런데 다수의 문헌에 의하면 이 공적 증거력은 반증이 있으면 행정청 또는 법원의 취소를 기다릴 필요 없이 부인될 수 있다고 한다. 즉, 공정력이 인정되지 않는다고 한다. 그렇다면 공증은 행정처분(행정행위)이라고 할 수 없다고 하여야 논리적이다. 누구나 효력을 부인할 수 있다는 것은 행정처분의 특성과 상충되기 때문이다(상술한 '행정행위의 특성' 및 후술하는 '행정행위의 효력' 참조).

공증의 행정처분성은 구분하여서 고찰하여야 한다. 즉, 공증 중에서 국민의 권리·의무를 생성·변경·소멸시키는 것과 직접적인 관련이 있는 것은 행정처분이 되며(예: 토지대장·임야대장 등 '지적공부(地籍公簿)'에 지번·지목 등을 등록하는 것〈측량·수로조사 및 지적에 관한 법률 제69조 이하〉, 건축물대장에 건축물과 대지의 현황을 기재하는 것〈건축법 제38조〉) 이 경우는 공정력을 인정하여야 한다.

【 판례 】① (구) 지적법(현 '측량·수로조사 및 지적에 관한 법률'〈2009.6.9 제정〉) 제20조, 제38조 제2항의 규정은 토지소유자에게 지목변경신청권과 지목정정신청권을 부여한 것이고, 한편 지목(地目, 전, 답, 대〈垈〉, 임야 등, 토지의 주된 사용목적에 따라 토지의 종류를 구분·표시하는 명칭)은 토지에 대한 공법상의 규제, 개발부담금의 부과대상, 지방세의 과세대상, 공시지가의 산정, 손실보상가액의 산정 등 토지행정의 기초로서 **공법상의 법률관계에 영향을 미치고, 토지소유자는 지목을 토대로 토지의 사용·수익·처분에 일정한 제한을 받게 되는 점 등을 고려하면, 지목은 토지소유권을 제대로 행사하기 위한 전제요건으로서 토지소유자의 실체적 권리관계에 밀접하게 관련되어 있으므로 지적공부(토지대장, 임야대장 등) 소관청의 지목변경신청 반려행위는 국민의 권리관계에 영향을 미치는 것으로서 항고소송의 대상이 되는 행정처분에 해당한다.** 그럼에도 불구하고, 이와는 달리 지목변경(정정이나 등록전환 등 포함)신청에 대한 반려(거부)행위를 항고소송

의 대상이 되는 행정처분에 해당한다고 할 수 없다고 판시한 대법원 … 판결 등과 지적공부 소관청이 직권으로 지목변경한 것에 대한 변경(정정)신청 반려(거부)행위를 항고소송의 대상이 되는 **행정처분에 해당한다고 할 수 없다고 판시한 대법원 … 판결 등을 비롯한 같은 취지의 판결들은 이 판결의 견해에 배치되는 범위 내에서 이를 모두 변경하기로 한다**(대법원 2004.4.22, 2003두9015).

② 건축물의 용도는 토지의 지목에 대응하는 것으로서 건물의 이용에 대한 공법상의 규제, 건축법상의 시정명령, 지방세 등의 과세대상 등 공법상 법률관계에 영향을 미치고, 건물소유자는 용도를 토대로 건물의 사용·수익·처분에 일정한 영향을 받게 되는 점 등을 고려해 보면, 건축물대장의 용도는 건축물의 소유권을 제대로 행사하기 위한 전제요건으로서 건축물 소유자의 실체적 권리관계에 밀접하게 관련되어 있으므로 **건축물대장 소관청의 용도변경신청 거부행위**는 국민의 권리관계에 영향을 미치는 것으로서 항고소송의 대상이 되는 **행정처분**에 해당한다(대법원 2009.1.30, 2007두7277).

③ 구 건축법 제18조의 규정에 의한 사용승인을 신청하는 자는 건축물대장의 작성 신청권을 가지고 있고, 한편 건축물대장은 건축물에 대한 공법상의 규제, 지방세의 과세대상, 손실보상가액의 산정 등 건축행정의 기초자료로서 공법상의 법률관계에 영향을 미칠 뿐만 아니라, 건축물에 관한 소유권보존등기 또는 소유권이전등기를 신청하려면 이를 등기소에 제출하여야 하는 점 등을 종합해 보면, 건축물대장의 작성은 건축물의 소유권을 제대로 행사하기 위한 전제요건으로서 건축물 소유자의 실체적 권리관계에 밀접하게 관련되어 있으므로 **건축물대장 소관청의 작성신청 반려행위**는 국민의 권리관계에 영향을 미치는 것으로서 **항고소송의 대상이 되는 행정처분에 해당한다**(대법원 2009.2.12, 2007두17359).

반면 국민의 권리·의무와 관련이 없는 것은 행정처분이 아니라 사실행위에 불과하다. 예를 들면, 영업허가는 반드시 허가증이 있어야 허가의 효력이 생기는 것이 아니므로 영업허가 후의 허가증교부는 허가받은 자의 법적 지위에 아무런 영향을 가져오지 않는 것으로서 행정처분이 아니다. 또한 누구나 반증만 하면 행정청이나 법원의 취소가 필요 없이 효력(공적 증거력)이 부인되는 것이라면 이는 행정처분이 아니다. 따라서 각종 공부에의 등재행위 중에서도 어떤 것이 만일 행정사무의 집행의 편의와 사실증명의 자료에 불과한 것으로서 공적 증명력이 부인된다면 그것은 행정행위가 아니다.

【판례】① **자동차운전면허대장상 일정한 사항의 등재행위**는 운전면허행정사무집행의 편의와 사실증명의 자료로 삼기 위한 것일 뿐, 그 등재행위로 인하여 당해 운전면허 취득자에게 새로이 어떠한 권리가 부여되거나 변동 또는 상실되는 효력이 발생하는 것은 아니므로 이는 행정소송의 대상이 되는 독립한 **행정처분으로 볼 수 없다**(대법원 1991.9.24, 91누1400).

② 무허가건물관리대장은, 행정관청이 지방자치단체의 조례 등에 근거하여 무허가건물 정비에 관한 행정상 사무처리의 편의와 사실증명의 자료로 삼기 위하여 작성, 비치하는 대장으로서 **무허가건물을 무허가건물관리대장에 등재하거나 등재된 내용을 변경 또는 삭제하는 행위**로 인하여 당해 무허가 건물에 대한 실체상의 권리관계에 변동을 가져오는 것이 아니고, 무허가건물의 건축시기, 용도, 면적 등이 무허가건물관리대장의 기재에 의해서만 증명되는 것도 아니므로, 관할관청이 무허가건물의 무허가건물관리대장 등재 요건에 관한 오류를 바로잡으면서 당해 무허가건물을 무허가건물관리대장에서 삭제하는 행위는 다른 특별한 사정이 없는 한 항고소송의 대상이 되는 **행정처분이 아니다**(대법원 2009.3.12, 2008두11525).

【검토】공정력 있는 공적 증거력이 있는 것만을 '공증'이라고 하고 행정처분성을 인정하고, 반증만 있으면 누구나 효력을 부인할 수 있는 경우 또는 공적 증거력이 인정되지 않는 공적장부에의 등재행위나 단순한 문서교부행위는 '공증'이라고 하지 말고 또한 행정처분으로 보지 않는 것이 체계적으로 타당하다고 생각된다. '공증'이라고 하면서 공적 증거력을 부인하기도 하고, 그러면서도 행정처분이라고 하는 것은 논리적으로 모순되는 것이다.

공적 증거력 이외에 어떠한 효과를 발생하느냐라는 것은 각 법률이 정하는 바에 따라 다르다. 공증이 권리성립요건(예: 부동산등기부에의 등기) 또는 권리행사요건(예: 선거인명부등록)이 되기도 한다.

3. 통 지

(1) 의 의

통지란 특정인 또는 불특정 다수인에 대하여 특정한 사실을 알리는 행정행위이다. 통지는 그 자체가 독립된 행정행위이기 때문에, 이미 성립한 행정행위의 효력발생요건으로서의 통지(행정행위내용을 담은 문서의 교부·송달)와는 구별된다. 또한 특정사실의 통지가 아무런 법적 효과를 발생하지 않는 사실행위(예: 당연퇴직·정년퇴직의 인사발령통보)와도 구별된다.

【판례】국가공무원법상 당연퇴직은 결격사유가 있을 때 법률상 당연히 퇴직하는 것이지 공무원관계를 소멸시키기 위한 별도의 행정처분을 요하는 것이 아니며, **당연퇴직의 인사발령은 법률상 당연히 발생하는 퇴직사유를 공적으로 확인하여 알려주는 이른바 관념의 통지에 불과**하고 공무원의 신분을 상실시키는 새로운 형성적 행위가 아니므로 독립한 행정처분이라고 할 수 없다(대법원 1995.11.14, 95누2036).

(2) 종류 및 효과

통지는 앞으로 어떤 행위를 하겠다는 것을 알리는 것(예: 대집행의 계고), 어떤 사실이 있다는 것을 알리는 관념의 통지(예: 특허출원의 공고, 공익사업을위한토지등의취득및보상에관한법률 제22조의 사업인정고시)가 있다. 통지의 구체적인 효과의 내용은 관계법령의 규정에 따라 다르다.

【판례】구 **토지수용법 제14조의 규정에 의한 사업인정**(고시)은 그 후 일정한 절차를 거칠 것을 조건으로 하여 **일정한 내용의 수용권을 설정해 주는 행정처분**의 성격을 띠는 것으로서 그 사업인정을 받음으로써 수용할 목적물의 범위가 확정되고 수용권으로 하여금 목적물에 관한 현재 및 장래의 권리자에게 대항할 수 있는 일종의 공법상의 권리로서의 효력을 발생시킨다(대법원 1994.11.11, 93누19375).

4. 수 리

(1) 의 의

수리란 타인의 행정청에 대한 행위를 유효한 것으로서 받아들이는 행정행위이다. 즉, 수리는 행정청의 수동적 의사표시로서 법적 효과가 있는 행정행위이므로 단순한 사실행위인 도달이나 접수와는 다르다. 사인의 공법행위인 신고·등록 등이 자체완성적으로 효력을 발생하는 경우는 신고서가 접수기관에 도달할 때에 그 효력을 발생하기 때문에 행정청의 수리를 필요로 하지 않으며(예: 출생신고, 당구장업신고), 이 경우의 '신고의 수리' 또는 '신고의 접수'는 행정행위로서의 '수리'가 아니라 사실행위에 불과한 것이므로 구별되어야 한다. 즉, '수리를 요하는 신고'에 있어서 '수리'가 행정행위로서의 '수리'에 해당한다.

(2) 성질 및 효과

특별한 사정이 없는 한 소정의 요건을 갖춘 신고는 수리되어야 하므로 수리는 기속행위이다. 허가와는 달리 주로 형식적 요건을 심사하여 수리의 여부를 결정한다. 수리가 필요한 신고에 있어서 신고가 법정요건이 미비된 경우에는 행정청은 보정명령을 하게 되며, 소정의 기한까지 보정되지 아니하는 경우에는 수리가 거절된다(행정절차법 제40조 ④).

【판례】구 관광진흥법 제8조 등 관계 규정의 형식이나 체재 또는 문언 등을 종합하여 보면, 관광사업의 양도·양수에 의한 지위승계신고에 대하여는 적법·유효한 사업양도가 있고, 양수인에게 구 관광진흥법 제7조 제1항 각 호의 결격사유가 없는 한 행정청이 다른 사유를 들어 수리를 거절할 수 없다고 할 것이므로, 위 **신고의 수리에 관한 처분을 재량행위라고 볼 수 없다**(대법원 2007.6.29, 2006두4097)

【참고】사인의 공법행위로서의 '신고'가 그 요건을 결여한 경우에는 행정청은 보정명령을 하게 되는데 이 **보정명령**의 성질은 소정의 기한까지 **보정되지 아니하면 수리를 거절할 의사를 알리는 통지행위**이다. 보정을 할 것인지 말 것인지는 신고인에게 달려 있고 강요하는 것이 아니므로 작위하명이라고 할 수는 없다.

수리의 효과는 각 법령이 정하는 바에 따라 다르다. 사법상의 효과 또는 공법상의 효과를 발생시키기도 한다(예: 공무원의 사직서 수리). 또한 행정청에게 일정한 의무를 발생시키기도 한다(예: 행정심판의 수리의 경우 심판재결의 의무 발생). 수리거절에 대해서는 행정쟁송이 가능하다.

제 5 절   행정행위의 성립·효력요건

Ⅰ. 개 설

행정행위가 완전한 효력을 갖기 위해서는 법령이 요구하는 성립요건과 효력요건을 갖추어야 한다. 행정행위가 성립하기 위해서는 우선 행정주체의 내부적 의사가 결정되고 이를 행정청이 외부에 표시하여야 한다. 행정행위가 효력을 발생하기 위해서는 행정행위가 상대방에게 통지되어 도달하여야 한다.

Ⅱ. 행정행위의 성립요건

1. 내부적 요건

(1) 주체에 관한 요건

행정행위는 정당한 권한을 가진 행정청이 자신의 권한범위 내의 사항에 대하여 의사결정에 결함이 없는 정상적인 의사에 기한 것이어야 한다.

(2) 절차에 관한 요건

행정행위를 함에 있어서 일정한 절차가 요구되는 경우에는 그에 관한 절차를 거쳐야 한다. 절차로서 중요한 것은 ㉠ 상대방의 협력을 요하는 행정행위(쌍방적 행정행위)의 경우에는 상대방의 협력, ㉡ 당사자간의 이해조정 또는 이해관계인의 권익보호를 위한 사전적 행정절차(예: 처분의 사전통지, 청문·공청회·의견제출 등, 행정절차법 제21조, 제22조), ㉢ 행정조직내부에서의 협의·심의·자문·의결·동의 등의 절차, ㉣ 기타의 법정절차 등이 있다. 절차에 관한 일반법으로는 행정절차법이 있다(후술).

(3) 내용에 관한 요건

행정행위의 내용은 적법·타당하여야 함은 물론 법률상·사실상으로 실현가능하고 객관적으로 명확하여야 한다.

(4) 형식에 관한 요건

1) 서면주의

행정행위는 다른 법령 등에 특별한 규정이 있는 경우를 제외하고는 문서로 하는 것이 원칙이다. 다만 신속을 요하거나 사안이 경미한 경우에는 구술 기타 방법으로 할 수 있다. 문서에는 처분행정청 및 담당자의 소속·성명, 전화번호 등을 기재해야 한다(행정절차법 제24조).

2) 이유제시(이유부기)

행정청은 처분을 하는 때에는 당사자에게 그 근거와 이유를 제시하여야 한다. 다만 ㉠

신청내용을 모두 그대로 인정하는 처분인 경우, ⓛ 단순·반복적인 처분 또는 경미한 처분으로서 당사자가 그 이유를 명백히 알 수 있는 경우, ⓒ 긴급을 요하는 경우에는 그렇지 않다. 그러나 ⓛ, ⓒ의 경우에도 당사자가 요청하는 경우에는 그 근거와 이유를 제시하여야 한다(행정절차법 제23조).

3) 고 지

행정청이 처분을 하는 때에는 당사자에게 그 처분에 관하여 행정심판을 제기할 수 있는지 여부, 기타 불복을 할 수 있는지 여부, 청구절차 및 청구기간 기타 필요한 사항을 알려야 한다(행정절차법 제26조).

2. 외부적 요건

행정행위는 행정결정의 외부에 대한 표시행위이므로 행정기관내부에서 결정된 행위는 다시 외부적으로 표시되어야만 비로소 유효한 행정행위로서 성립한다.

Ⅲ. 행정행위의 효력요건

1. 개 설

행정행위는 내부적으로 결정된 행정주체의 의사를 행정청이 외부에 표시함으로써 성립한다. 외부에 표시되는 즉시 효력이 발생하는 경우도 있지만(예: 교통신호) 행정행위의 상대방이 있는 경우에는 그 표시된 의사가 상대방에게 통지되어 도달함으로서 효력이 발생한다(도달주의). 여기서 '도달'이란 상대방이 알 수 있는 상태에 두어진 것을 말하고 상대방이 직접 수령하여 그 내용을 현실적으로 안 것을 의미하는 것은 아니다. 정지조건이나 시기(始期) 같은 부관이 있는 행정행위의 경우에는 정지조건이 성취되거나 시기가 도래하면 효력을 발생한다.

【참고】 **정지조건, 해제조건** : **정지조건**은 조건이 성취되면 행정행위의 **효력이 발생**하는 경우(예: 안전시설의 완비를 조건으로 도로점용허가 – 시설완비 후 도로점용가능). **해제조건**은 일단 행정행위가 효력을 발생하지만 조건이 성취되면 행정행위의 **효력이 소멸**하는 경우(예: 면허일로부터 2개월 내의 공사착수를 조건으로 하는 공유수면매립면허 – 2개월 내에 공사를 착수하지 않으면 면허효력 소멸).

2. 통지방법

행정행위가 효력을 발생하기 위해 상대방에게 통지되는 방법은 송달과 공고가 있다.

(1) 송 달

송달(送達)에 관한 일반법으로서는 행정절차법의 규정이 있다(행정절차법 제14·15조). 행정행위의 상대방이 특정되어 있는 경우에는 통지는 원칙상 송달의 방법에 의한다. 송달은 송달받을 자(대표자 또는 대리인을 포함)의 주소·거소·영업소·사무소 또는 전자우편주소로 한다. 다만, 송달받을 자가 동의하는 경우에는 그를 만나는 장소에서 송달할 수 있다(행정절차법 제14조 ①). 송달은 다른 법령 등에 특별한 규정이 있는 경우를 제외하고는 해당 문서가 송달받을 자에게 도달됨으로써 그 효력이 발생한다(제15조 ①). 행정청은 송달하는 문서의 명칭, 송달받는 자의 성명 또는 명칭, 발송방법 및 발송연월일을 확인할 수 있는 기록을 보존하여야 한다(행정절차법 제14조 ⑤). 방법은 우편·교부 또는 정보통신망 이용 등이 있다. 상대방이 처분의 내용을 이미 알고 있는 경우에도 송달은 반드시 필요하다.

【 판례 】 납세고지서의 교부송달 및 우편송달에 있어서는 반드시 납세의무자 또는 그와 일정한 관계에 있는 사람의 현실적인 수령행위를 전제로 하고 있다고 보아야 하며, 납세자가 **과세처분의 내용을 이미 알고 있는 경우에도 납세고지서의 송달이 불필요하다고 할 수는 없다**. 납세고지서의 송달을 받아야 할 자가 부과처분 제척기간이 임박하자 그 수령을 회피하기 위하여 일부러 송달을 받을 장소를 비워 두어 세무공무원이 송달을 받을 자와 보충송달을 받을 자를 만나지 못하여 부득이 **사업장에 납세고지서를 두고 왔다고 하더라도** 이로써 신의성실의 원칙을 들어 그 **납세고지서가 송달되었다고 볼 수는 없다**(대법원 2004.4.9. 2003두13908).

1) 우 편

우편의 송달을 입증하기 위해서는 등기우편의 방법에 의하여야 한다. 등기우편으로 발송되었다고 하여 반드시 우편물이 수취인에게 도달하였다고 단정할 수는 없고, 등기우편으로 발송된 문서가 반송된 사실이 인정되지 아니한다 하여 반드시 상대방에게 송달된 것이라고 볼 수는 없다.

【 판례 】 ① 내용증명우편이나 등기우편과는 달리, **보통우편의 방법**으로 발송되었다는 사실만으로는 그 우편물이 상당기간 내에 **도달하였다고 추정할 수 없고**, 송달의 효력을 주장하는 측에서 증거에 의하여 도달사실을 입증하여야 한다(대법원 2002.7.26. 2000다25002).
② 우편물이 **등기취급의 방법**으로 발송된 경우, 특별한 사정이 없는 한, 그 무렵 수취인에게 배달되었다고 보아도 좋을 것이나, 수취인이나 그 가족이 주민등록지에 실제로 거주하고 있지 아니하면서 전입신고만을 해 둔 경우에는 그 사실만으로써 주민등록지 거주자에게 송달수령의 권한을 위임하였다고 보기는 어려울 뿐 아니라 수취인이 **주민등록지에 실제로 거주하지 아니하는 경우**에도 우편물이 **수취인에게 도달하였다고**

추정할 수는 없고, 따라서 이러한 경우에는 **우편물의 도달사실을 과세관청이 입증**해야 할 것이고, 수취인이나 그 가족이 주민등록지에 실제로 거주하고 있지 아니하면서 전입신고만을 해 두었고, 그 밖에 주민등록지 거주자에게 송달수령의 권한을 위임하였다고 보기 어려운 사정이 인정된다면, **등기우편으로 발송된 납세고지서가 반송된 사실이 인정되지 아니한다 하여 납세의무자에게 송달된 것이라고 볼 수는 없다**(대법원 1998.2.13. 97누8977).

2) 교 부

교부에 의한 송달은 수령확인서를 받고 문서를 교부함으로써 하며, 송달하는 장소에서 송달받을 자를 만나지 못한 경우에는 그 사무원·피용자(被傭者) 또는 동거인으로서 사리를 분별할 지능이 있는 사람("사무원 등")에게 문서를 교부할 수 있다. 다만, 문서를 송달받을 자 또는 그 사무원 등이 정당한 사유 없이 송달받기를 거부하는 때에는 그 사실을 수령확인서에 적고, 문서를 송달할 장소에 놓아둘 수 있다(행정절차법 제14조 ②).

3) 정보통신망이용

정보통신망을 이용한 송달은 송달받을 자가 동의하는 경우에만 한다(행정절차법 제14조 ③). 이 경우 송달받을 자는 송달받을 전자우편주소 등을 지정하여야 한다. 정보통신망을 이용하여 전자문서로 송달하는 경우에는 송달받을 자가 지정한 컴퓨터 등에 입력된 때에(컴퓨터에서 '확인'한 때가 아님) 도달된 것으로 본다(행정절차법 제15조 ②).

(2) 공 고

행정행위의 상대방이 불특정 다수이거나 상대방의 주소·거소가 불분명하여 송달이 불가능한 경우에는 공고에 의한다. 이에 관하여는 행정절차법, 개별법에서 정하고 있다.

1) 행정절차법상의 공고

송달받을 자의 주소 등을 통상적인 방법으로 확인할 수 없는 경우 또는 송달이 불가능한 경우에는 송달받을 자가 알기 쉽도록 관보, 공보, 게시판, 일간신문 중 어느 하나에 공고하고 인터넷에도 공고하여야 한다(행정절차법 제14조 ④). 이 경우에는 다른 법령 등에 특별한 규정이 있는 경우를 제외하고는 공고일로부터 14일이 지난 때에 그 효력이 발생한다. 다만, 긴급히 시행하여야 할 특별한 사유가 있어 효력발생시기를 달리 정하여 공고한 경우에는 그에 따른다(행정절차법 제15조 ③).

2) 개별법상의 공고

개별법에서도 행정행위의 상대방이 불특정 다수이거나 또는 행정행위를 널리 알릴 필요가 있는 경우에는 고시 또는 공고를 하도록 하는 규정이 있다(예: '공익사업을 위한 토지 등의 취득 및 보상에 관한 법률' 제22조의 공익사업인정고시). 이 경우 대개 공고·고시의 효력발생일을 명시하고 있다(예: 위 공익사업인정고시는 고시한 날 발효함. 동법 제22조 ③).

3) 행정 효율과 협업 촉진에 관한 규정

대통령령인 '행정 효율과 협업 촉진에 관한 규정'은 공고문서란 "고시·공고 등 행정기관이 일정한 사항을 일반에게 알리는 문서"라고 하고(제4조 제3호), "공고문서는 그 문서에서 효력발생 시기를 구체적으로 밝히고 있지 않으면 그 고시 또는 공고 등이 있은 날부터 5일이 경과한 때에 효력이 발생한다."고 정하고 있다(제6조 제3항). 행정절차법규정은 상대방이 특정되어 있으나 송달이 불가능한 경우에 관한 것이고, '행정 효율과 협업 촉진에 관한 규정'은 불특정 다수의 일반인에게 일정한 사항을 알리는 경우에 적용되는 것으로서 규율목적이 다르다.

【 판례 】 ① 서훈(敍勳)은 어디까지나 서훈대상자 본인의 공적과 영예를 기리기 위한 것이므로 비록 유족이라고 하더라도 제3자는 서훈수여 처분의 상대방이 될 수 없고, 구 상훈법 제33조, 제34조 등에 따라 망인을 대신하여 단지 사실행위로서 훈장 등을 교부받거나 보관할 수 있는 지위에 있을 뿐이다. 이러한 서훈의 일신전속적 성격은 서훈취소의 경우에도 마찬가지이므로, 망인에게 수여된 서훈의 취소에서도 유족은 그 처분의 상대방이 되는 것이 아니다. 이와 같이 망인에 대한 **서훈취소는 유족에 대한 것이 아니므로 유족에 대한 통지에 의해서만 성립하여 효력이 발생한다고 볼 수 없고, 그 결정이 처분권자의 의사에 따라 상당한 방법으로 대외적으로 표시됨으로써 행정행위로서 성립하여 효력이 발생한다고 봄이 타당하다**(대법원 2014.9. 26. 2013두2518).
② 구 사무관리규정(2011.12.21. 대통령령 제23383호 '행정업무의 효율적 운영에 관한 규정'〈현 '행정 효율과 협업 촉진에 관한 규정'〉으로 전부 개정되기 전의 것) 제8조 제2항 단서는 공고문서의 경우에는 **공고문서에 특별한 규정이 있는 경우를 제외하고는 그 고시 또는 공고가 있은 후 5일이 경과한 날부터 효력을 발생한다**고 규정하고 있고, 구 주택법(2012. 1. 26. 법률 제11243호로 개정되기 전의 것)제16조에 따라 정하는 사업계획승인의 효력은 사업계획승인권자의 고시가 있은 후 5일이 경과한 날부터 발생한다(대법원 2013.3.28. 2012다57231).

제 6 절 행정행위의 효력

행정행위가 성립·효력요건을 갖추면 효력을 발생한다. 행정행위의 효력이란 행정행위가 법적으로 존재함으로써 관계자를 구속하는 힘을 말한다. 이는 ㉠ 행정행위의 상대방 및 제3자에 대한 효력(내용적 구속력, 공정력, 불가쟁력), ㉡ 행정행위를 발급한 행정청(처분청) 자신에 대한 효력(불가변력), ㉢ 처분청 이외의 국가기관(타행정청, 민·형사법원)에 대한 효력(구성요건적 효력) 등으로 구분할 수 있다.

I. 내용적 구속력

행정행위는 상대방에 대하여 행정행위의 내용에 따라 법적 효과를 발생시킨다. 예를 들면, 조세부과처분은 급부하명으로서 상대방에게 조세납부의무를 발생시키며, 특허의 경우는 상대방에게 권리 등을 설정하며 제3자도 이를 침해해서는 안 된다.

II. 공정력

1. 개 념

공정력(公定力)이란 행정행위가 하자가 있더라도 그 하자가 중대하고 명백하여 그 행정행위가 당연무효가 아닌 한, 권한 있는 국가기관(처분청, 감독청, 행정심판위원회, 취소소송관할법원)에 의하여 취소될 때까지는 상대방 또는 이해관계인들(국가기관이 아님)이 그의 효력을 부인할 수 없는 힘을 말한다. 예선적 효력이라고도 한다.

공정력은 행정의 능률성(행정목적의 신속한 달성, 행정의 원활한 운영), 행정법관계의 안정성(상대방이나 제3자의 신뢰보호)을 위한 정책적 고려에서 인정되는 것이다.

행정행위는 위법인 경우에도 원칙적으로 유효하고, 권한 있는 국가기관에 의해 취소될 수 있음에 그친다. 예외적으로 하자가 중대하고 명백한 경우에만 그 행정행위는 무효가 된다. **무효**(Nichtigkeit, nothing)**란 누구나 언제든지 그 효력을 부인할 수 있다**는 의미이다(후술). 무효가 아닐 정도의 위법한 행정행위로 인해 법률상 이익이 침해된 자는 오직 행정쟁송절차(행정심판·소송)를 통해서만 위법한 행정행위의 취소를 구할 수 있으며, 따라서 그러한 절차를 통하여 행정행위가 취소될 때까지는 함부로 그 효력을 부인할 수 없음은 지극히 당연한 것이다. 행정행위의 이러한 효력을 공정력이라고 하지만 이는 **사실 취소쟁송**(취소심판·취소소송)**제도가 있음으로 인해 그러한 제도를 통해 취소되는 경우에만 효력을 부인하도록 하는 반사적 효력에 불과한 것으로 그 독자적인 법적 의미는 크지 않다.** 이 효력은 행정행위의 상대방과 제3자만 관련되는 것이고, 다른 국가기관에 미치는 구성요건적 효력과는 근본적으로 다른 것이다. 공정력이란 행정행위가 실체법적으로 적법하다는 것을 추정시키는 것이 아니라, 잠정적으로 그것의 구속력을 통용시키는 **절차법적 효력에 불과**하다.

2. 근 거

공정력을 정하고 있는 규정은 행정기본법 제15조(처분의 효력) "처분은 권한이 있는 기관이 취소 또는 철회하거나 기간의 경과 등으로 소멸되기 전까지는 유효한 것으로 통용된다.

다만, 무효인 처분은 처음부터 그 효력이 발생하지 아니한다."이다.

3. 한 계

행정행위가 당연무효이거나 부존재인 경우에는 인정되지 않는다. 공정력은 취소쟁송제도를 전제로 한 것이므로 행정행위에만 인정되는 것이며, 취소쟁송의 대상이 되지 않는 행정작용에는 인정되지 않는다. 즉, 행정계약·사실행위·사법행위 등에 대해서는 취소쟁송을 제기할 수 없으므로 이들은 공정력과 관련이 없다.

4. 입증책임 · 선결문제와의 관계

공정력은 행정행위의 적법성을 추정시키는 것이 아니기 때문에 행정행위의 항고소송에서 원고의 입증책임과는 아무런 관련이 없다. 공정력과 구성요건적 효력을 구분하지 못했던 과거에는 공정력과 선결문제(先決問題)가 관련이 있다고 보았으나 오늘날에는 선결문제는 구성요건적 효력과 관련이 있다는 것이 통설이다(후술).

Ⅲ. 구성요건적 효력

> 【문제】 甲이 국세를 체납하자 관할 세무서장은 甲 소유의 가옥에 대한 공매절차를 진행하여 그에 따라 낙찰자 乙에게 소유권이전등기가 경료되었다. 그런데 甲은 그로부터 1년이 지난 후에야 위 공매처분에 하자가 있음을 발견하였다. ㉠甲이 공매처분의 하자를 이유로 乙을 상대로 하여 **소유권이전등기의 말소등기절차의 이행을 구하는 민사소송을** 바로 제기한 경우 법원은 원고승소 판결을 할 수 있는가? ㉡甲이 가옥의 소유권을 상실하는 손해를 입었음을 이유로 바로 **국가를 상대로 한 손해배상청구소송을** 제기한 경우, 법원은 **공매처분의 위법성을** 심사할 수 있는가? 〈제44회 사법시험〉

1. 의 의

구성요건적 효력이란 행정행위에 비록 하자가 있더라도 그 하자가 중대하고 명백하여 당연무효가 아닌 한, (이를 취소할 수 있는 권한을 가진) 처분청·감독청·행정심판위원회·취소소송관할법원을 제외한 모든 국가기관(상대방 또는 이해관계인들이 아닌)은 그 행정행위의 존재·내용을 존중하여 자신의 행위의 기초 내지는 구성요건으로 삼아야 한다는 것을 말한다. 예컨대, A라는 사람이 법무부장관으로부터 귀화허가를 받았다면 그 귀화허가가 무효가 아닌 한 모든 국가기관은 A를 대한민국국민으로 인정해야 한다는 것이다. B라는 사람이 불법으로 운전면허를 받아 운전을 하였더라도 운전면허가 당연무효가 아닌 한 형사법원은 B를 무면 허운전으로 처벌할 수는 없다는 것이다.

2. 근거 및 한계

구성요건적 효력의 근거는 각 행정기관은 권한 내지 관할을 달리하고 있으므로 상호간의 권한존중과 권한의 불가침이 요구되기 때문이며, 법원에 구성요건적 효력이 미치는 것은 행정청의 행정행위의 존재와 내용을 법원이 존중하는 것이 권력분립원리에 합당한 것이기 때문이다. 그리고 행정소송과 민·형사소송을 담당하는 법원간에 재판관할이 다르기 때문이다.

그러나 관할 국가기관의 행위라도 누구나 언제든지 그것의 효력을 인정할 수 없을 만큼 하자(위법성)가 중대하고 명백한 경우에는 그것의 효력을 전혀 인정할 수 없다. 즉, 무효인 행정행위에는 구성요건적 효력이 인정되지 않는다.

3. 구성요건적 효력과 선결문제

(1) 선결문제의 의의

어떤 행정행위의 위법 여부 또는 효력 유무가 다른 특정사건(민·형사사건)의 재판의 본안심리에 있어서 먼저 해결되어야 할 문제가 된 경우에 그 문제를 선결문제라고 한다. 예컨대, 위 설문의 ㉠에서는 민사법원은 소유권이전등기의 말소의 여부를 결정하기 위해서는 공매처분의 효력 유무에 대한 결정을 하여야 하는데, '공매처분의 효력 유무'가 선결문제가 되며, ㉡에서는 위법한 공매처분으로 인한 국가배상소송의 관할법원(민사법원)은 과연 공매처분(행정행위)이 위법한 것인지를 먼저 해결하여야 손해배상의 여부·정도를 결정할 수 있는바, '공매처분의 위법성 여부'가 선결문제인 것이다.

(2) 근 거

행정소송법 제11조 제1항은 민사사건의 수소법원(受訴法院. 소송을 맡은 법원)은 민사소송의 선결문제로서 "처분 등의 효력 유무 또는 존재 여부"를 심사할 수 있음을 인정하고 있다. 즉, 행정처분의 무효 여부 또는 부존재의 여부는 민사법원이 스스로 심사할 수 있다는 것이다. 그러나 취소할 수 있음에 그치는 행정처분의 경우에도 민사법원이 스스로 효력을 부인할 수 있는지에 관하여는 학설·판례에 맡기고 있으며, 그리고 형사사건에 관하여는 법에서 전혀 규정하고 있지 않기 때문에 이 문제도 마찬가지로 학설·판례에 맡기고 있다.

(3) 민사사건과 선결문제

1) 행정행위의 위법 여부가 선결문제인 경우

위의 설문 ⓛ의 경우가 이에 해당한다. 국가배상소송은 실무상 민사소송으로 취급되고 있는데, 피해자가 행정행위의 취소를 구하는 행정소송을 제기하지 않고 곧바로 국가배상청구소송을 민사법원에 제기하는 경우에 민사법원이 행정행위의 위법성 여부를 스스로 심리할 수 있는지가 문제이다.

민사법원이 행정행위의 위법성 여부를 스스로 판단하여 국가배상 여부를 결정할 수 있다는 것이 통설·판례이다. 행정행위의 위법성을 인정하더라도 행정행위의 효력 자체를 부인하는 것이 아니며, 따라서 구성요건적 효력에 저촉되는 것이 아니기 때문이다.

【 판례 】 물품세 과세대상이 아닌 것을 세무공무원이 직무상 과실로 과세대상으로 오인하여 과세처분을 행함으로 인하여 손해가 발생된 경우에는, 동 과세처분이 취소되지 아니하였다 하더라도, 국가는 이로 인한 손해를 배상할 책임이 있다(대법원 1979.4.10. 79다262).

2) 행정행위의 효력 유무가 선결문제인 경우

설문 ㉠의 경우가 이에 해당한다. 다른 예로서 위법한 조세부과처분을 이유로 한 부당이득반환청구소송이 제기된 경우 민사법원이 조세부과처분의 효력 여부를 스스로 결정할 수 있는지가 문제된다. 공매처분의 효력이 부인되어야 소유권이전등기를 말소시킬 수 있으며(설문 ㉠의 경우), 조세부과처분의 효력이 부인되어야 부당이득금반환을 명할 수 있게 되기 때문이다.

행정행위가 무효이면 민사법원은 스스로 그것의 효력을 부인하고 소유권이전등기를 말소시키거나 부당이득금반환을 명할 수 있다. 그러나 행정행위가 단지 취소할 수 있음에 그치는 경우에는 구성요건적 효력이 인정되므로 민사법원은 행정행위가 처분청 또는 행정심판위원회나 취소소송관할법원에 의해 취소되기까지는 그 효력을 인정할 수밖에 없고 자신이 스스로 효력을 부인하지 못한다.

【 판례 】 **조세 과오납이 부당이득이 되기 위하여는** 납세 또는 조세의 징수가 실체법적으로나 절차법적으로 전혀 법률상의 근거가 없거나 과세처분의 하자가 중대하고 명백하여 **당연무효이어야** 하고, 과세처분의 하자가 단지 취소할 수 있는 정도에 불과할 때에는 과세관청이 이를 스스로 취소하거나 항고소송절차에 의하여 **취소되지 않는 한 그로 인한 조세의 납부가 부당이득이 된다고 할 수 없다**(대법원 1994.11.11. 94다28000).

【답】 ㉠ i) 공매처분의 하자가 중대하고 명백하여 무효라고 판단되는 경우에는 **민사법원은 스스로 행정청의 공매처분이 무효임을 선언**하고, 무효인 공매처분에 근거한 乙의 소유권취득은 인정할 수 없다는 취지로 甲의 승소판결을 할 수 있다. ii) 공매처분의 하자가 **취소원인에 불과한 경우**에는 이미 쟁송제기기간(90일)이 도과하여 불가쟁력이 생겼기 때문에 甲은 취소소송을 제기할 수 없고, **민사법원은 공매처분을 취소할 권한이 없으며** 그 효력을 인정하여야 하므로 甲에게 패소판결을 하게 된다. ㉡ 민사법원은 공매처분의 **위법성**을 심사하여 위법인 경우 국가는 甲에게 **손해배상**을 하도록 결정할 수 있다.

(4) 형사사건과 선결문제

【문제】 甲은 도로교통법상 운전면허취득연령에 미달하는 결격자임에도 불구하고, 성년인 그의 **형의 이름으로 운전면허시험에 응시·합격**하였다. 그 후 甲은 운전중 적발되어 무면허운전을 이유로 도로교통법 위반죄로 기소되었다. 형사법원은 甲을 **무면허운전으로 형사처벌**을 할 수 있는가?

형사사건의 경우에도 민사사건의 경우와 마찬가지로 위법 여부가 선결문제인 경우와 효력 여부가 선결문제인 경우로 각각 나누어 고찰하여야 한다.

1) 행정행위의 위법 여부가 선결문제인 경우

행정행위의 위법성이 형사재판의 선결문제로 된 경우에는 형사법원은 그 위법성을 스스로 판단할 수 있다. 그 이유는 민사사건의 경우와 같다.

2) 행정행위의 효력 유무가 선결문제인 경우

행정행위가 단순위법(취소사유)인 경우에는 구성요건적 효력 때문에 형사법원은 행정행위의 효력을 부인할 수 없고, 위법성이 중대·명백하여 행정행위가 무효인 경우에만 효력을 부인할 수 있다(설문의 경우).

【판례】 물품을 수입하고자 하는 자가 일단 세관장에게 수입신고를 하여 그 면허를 받고 물품을 통관한 경우에는, 세관장의 수입면허가 중대하고도 명백한 하자가 있는 행정행위이어서 당연무효가 아닌 한 관세법 제181조 소정의 무면허수입죄가 성립될 수 없다(대법원 1989.3.28. 89도149).

【요약】 민사사건 및 형사사건을 재판함에 있어 행정행위의 위법 또는 효력 여부가 그 사건에 있어서의 선결문제로 된 경우, ㉠ 행정행위가 **무효인 경우**에는 본안사건의 수소법원(민·형사법원)이 직접 무효를 판단하고 **효력을 부인할 수 있다**(행정행위의 무효 여부가 불명확한 경우에는 당해 행정행위가 무효인지 단지 취소할 수 있음에 그치는 것인지의 여부를 민사법원이나 형사법원이 스스로 판단하게 되는 셈이다. 즉, 실제에 있어서는 민·형사법원이 무효 여부를 판단하고 무효이면 효력을 부인하게 되므로 행정행위의 효력의 인정 여부가 민·형사법원의 판단에 맡겨져 있는 셈이다). ㉡ **취소할 수 있는 행정행위의 경우**에는 수소법원은 **위법성만을 판단할 수 있을 뿐이고 효력을 부인하지는 못한다.**

【답】 판례는 "연령미달의 결격자인 피고인이 소외인(訴外人, 甲의 형)의 이름으로 운전면허시험에 응시, 합격하여 교부받은 운전면허는 **당연무효가 아니고** (구) 도로교통법 제65조 제3호의 사유(운전면허의 취소사유인 '허위 기타 부정한 수단으로 운전면허를 받은 사실이 발각된 때')에 해당함에 불과하여 **취소되지 않는 한 유효**하므로 피고인의 운전행위는 **무면허운전에 해당하지 아니한다**"고 하면서 형사법원은 행정행위가 무효가 아닌 한 **위법한 행정행위라도 그것의 효력을 부인할 수 없다**고 하였다(대법원 1982.6.8, 80도2646 참조).

Ⅳ. 존속력

1. 개 념

행정행위는 법적 행위로서 일단 행해지면 그것 자체로서 법적 효력이 있으며, 그것을 근거로 하여 다른 법률관계가 형성된다. 그러므로 행정행위를 폐지·변경하지 않고 존속시키는 것이 바람직하다. 존속력이란 일단 행해진 행정행위를 존속시키기 위한 제도로서 행정행위가 소멸되지 않고 존속하려는 효력을 말한다. 행정행위는 상대방이나 이해관계인이 취소쟁송을 제기하거나 처분행정청 스스로 취소·철회함으로써 폐지되는데, 전자의 경우를 제한하는 것이 불가쟁력이고(행정행위 상대방 및 이해관계인에 대한 효력), 후자의 경우를 제한하는 것이 불가변력이다(처분청 자신에 대한 효력).

2. 불가쟁력(형식적 존속력)

(1) 의 의

행정행위는 쟁송제기기간이 경과하거나 쟁송수단을 모두 거친 경우에는 행정행위의 상대방 또는 이해관계인은 더 이상 그 효력을 다툴 수 없게 되는바, 이를 불가쟁력 또는 형식적 존속력이라고 한다. 다만, 무효인 행정행위는 처음부터 아무런 효력이 발생하지 않은 것으로서 누구든지 언제든지 효력을 부인할 수 있으므로 불가쟁력이 발생하지 않는다.

(2) 효 과

불가쟁력이 생긴 행정행위에 대한 행정심판·행정소송의 제기는 부적법한 것으로 각하된다. 하자 있는 행정행위(선행행위)가 불가쟁력이 생기더라도 그 행위에 근거하여 후속되는 행정행위(후행행위)가 행해진 경우 선행행위의 하자를 이유로 후행행위의 위법성을 주장할 수 있는 경우도 있다(후술하는 '하자의 승계' 참조).

불가쟁력은 행정법관계의 안정성을 확보하기 위하여 행정행위의 효력을 일단 형식적으로 확정시키는 것에 불과하고(형식적 존속력, 형식적 확정력), 위법한 것을 실질적으로 합법화시키는 것은 아니다. 따라서 불가쟁력이 생긴 것이라도 그것의 위법성을 주장하여 국가배상법에 따른 손해배상청구가 가능하며, 행정청은 직권으로 취소할 수도 있다.

불가쟁력은 행정행위의 효력을 더 이상 다툴 수 없다는 의미일 뿐 판결에 있어서와 같은 기판력(既判力, 확정판결 후에는 소송당사자·법원은 재판의 판단내용과 모순되는 주장·판단을 할 수 없는 것)이 인정되는 것은 아니다. 즉, 처분의 기초가 된 사실관계나 법률적 판단이 확정되고 당사자들이나 법원이 이에 기속되어 모순되는 주장이나 판단을 할 수 없게 되는 것은 아니다.

【판례】 행정처분이나 행정심판 재결이 불복기간의 경과로 인하여 확정될 경우 확정력은 처분으로 인하여 법률상 이익을 침해받은 자가 처분이나 재결의 효력을 더 이상 다툴 수 없다는 의미일 뿐 **판결에 있어서와 같은 기판력이 인정되는 것은 아니어서 처분의 기초가 된 사실관계나 법률적 판단이 확정되고 당사자들이나 법원이 이에 기속되어 모순되는 주장이나 판단을 할 수 없게 되는 것은 아니다.** 종전의 산업재해요양보상급여취소처분이 불복기간의 경과로 인하여 확정되었더라도 요양급여청구권이 없다는 내용의 법률관계까지 확정된 것은 아니며 소멸시효에 걸리지 아니한 이상 **다시 요양급여를 청구할** 수 있고 그것이 거부된 경우 이는 새로운 거부처분으로서 위법 여부를 소구할 수 있다(대법원 1993.4.13, 92누17181).

(3) 불가쟁력있는 행정행위의 재심사

기관의 독립성과 절차의 공정성 등이 보장된 법원의 확정판결에 대해서도 일정한 경우 재심의 기회가 부여됨에도 불구하고(민소법 제451조, 형소법 제420조), 그러한 보장이 충분하지 않은 행정청의 행정행위가 단지 쟁송제기기간이 경과되어 불가쟁력이 생겼다는 이유만으로 재심의 기회를 전혀 인정하지 않는 것은 불합리하다. 따라서 불가쟁력이 생긴 후에 새로운 증거의 발견 등으로 행정행위의 위법성이 새롭게 밝혀지는 경우 등, 재판의 재심사유에 준하는 사유가 발생하였을 경우에는 하자 있는 행정행위의 재심을 청구할 수 있도록 하여야 한다는 견해가 많았다. 그리하여 새로 제정된 행정기본법 제37조는 행정행위의 재심사제도를 처음으로 도입하였다(상세는 후술).

【참고】 **행정기본법 제37조** ① 당사자는 처분(제재처분 및 행정상 강제는 제외한다. 이하 이 조에서 같다)이 행정심판, 행정소송 및 그 밖의 쟁송을 통하여 다툴 수 없게 된 경우(법원의 확정판결이 있는 경우는 제외한다)라도 다음 각 호의 어느 하나에 해당하는 경우에는 해당 처분을 한 행정청에 처분을 취소·철회하거나 변경하여 줄 것을 신청할 수 있다.
1. 처분의 근거가 된 사실관계 또는 법률관계가 추후에 당사자에게 유리하게 바뀐 경우
2. 당사자에게 유리한 결정을 가져다주었을 새로운 증거가 있는 경우
3. 「민사소송법」 제451조에 따른 재심사유에 준하는 사유가 발생한 경우 등 대통령령으로 정하는 경우 ② 제1항에 따른 신청은 해당 처분의 절차, 행정심판, 행정소송 및 그 밖의 쟁송에서 당사자가 중대한 과실 없

이 제1항 각 호의 사유를 주장하지 못한 경우에만 할 수 있다.

③ 제1항에 따른 신청은 당사자가 제1항 각 호의 사유를 안 날부터 60일 이내에 하여야 한다. 다만, 처분이 있은 날부터 5년이 지나면 신청할 수 없다.

3. 불가변력(실질적 존속력)

(1) 의 의

행정행위가 위법하거나 공익에 적합하지 않은 때에는 행정청은 이를 취소 또는 철회할 수 있는 것이 원칙이다(취소·철회에 관해서는 후술). 그러나 일정한 행정행위에 있어서는 그 성질상 행정청 자신도 자유로이 취소·철회할 수 없는 제한을 받는바, 이 같은 행정행위의 효력을 불가변력(실질적 존속력)이라 한다.

> 【참고】 **불가쟁력**은 행정행위의 내용과 관계없이 단지 기간의 경과로 인한 것이므로 '형식적' 존속력이라고 하고, **불가변력**은 행정행위의 성질·내용으로 인한 것이므로 '실질적' 존속력이라고 한다.

(2) 불가변력이 인정되는 행정행위

불가변력은 모든 행정행위에 공통하는 효력이 아니고 특별한 행정행위에 대해서만 그 성질상의 특성으로 인해 인정되는 것이다. 준사법적 절차에 의한 행정행위(예: 행정심판의 재결), 합의제행정청·행정위원회에 의한 행정행위(예: 토지수용위원회의 재결), 다수인의 합의에 따라 결정되는 행위(예: 시험위원회를 통한 국가시험합격자의 결정), 특정한 법률사실 또는 법률관계의 존부나 정부를 공권적으로 확정하는 확인행위(예: 발명특허), 사법형성적 행정행위(예: 사인의 법률적 행위를 이미 완성시킨 '인가'), 포괄적 신분관계의 설정행위(예: 귀화허가) 등이 이에 속한다.

일부견해가 주장하는 수익적 행정행위의 취소가 제한되는 경우, 법률규정이 행정행위에 대한 소송법적 확정력을 인정하는 경우(예: 지방토지수용위원회재결의 이의신청에 대한 중앙토지수용위원회의 재결), 행정행위의 취소시 공공복리를 해하는 경우(즉, 사정재결·판결이 예상되는 경우: 후술 참조) 등을 불가변력의 예로서 드는 경우가 있는데, 이러한 것들은 신뢰보호의 원칙, 법규정, 공익 등으로 인해 취소가 제한되는 것이며, 일정한 행정행위의 성질상 내재하는 특성으로서 인정되는 불가변력과는 다른 것이다.

(3) 불가쟁력과 불가변력과의 관계

모두 법률생활의 안정성을 목적으로 하는 점에서는 같으나 ㉠불가쟁력은 행정행위 상대방 및 이해관계인이 대상이지만 불가변력은 처분청 등 행정기관이 대상이며, ㉡불가쟁력은 절차법적 효력인데 대하여, 불가변력은 준사법적 행정행위 등에만 인정되는 실체법적 효력이다. ⓒ 양자의 관계는 상호 독립적이다. 즉, 불가쟁력이 발생한 행위도 불가변력과 관련이 없는 한 행정청측에서는 직권으로 취소·철회·변경할 수 있다. ⓔ 행정청에 대하여 불가변력이 발생한 행위도 이해관계인 측에서는 불가쟁력이 생기지 않는 한 쟁송수단으로서 그 효력을 다툴 수 있다.

V. 행정행위의 강제력

1. 집행력

(1) 의 의

행정행위의 집행력이란 행정행위에 의해 부과된 행정상 의무를 상대방이 이행하지 않는 경우에는 행정청이 스스로 강제력을 발동하여 그 의무를 실현시킬 수 있는 힘을 말한다. 이는 성질상 일정한 의무(작위·급부의무)를 명하는 하명에만 인정되는 것이다.

(2) 근 거

과거에는 집행력은 행정행위에 내재적인 것이어서 법적 근거가 없이도 행정행위의 본질상 당연한 것이라고 하는 견해도 있었으나 오늘날에는 강제집행은 반드시 법적 근거가 필요한 것이며, 개별 법률 자체에서 이를 명시적으로 정하고 있기 때문에 인정된다는 견해가 통설이다. 강제집행과 관련되는 일반법에는 행정대집행법과 국세징수법 등이 있다(후술).

2. 제재력

행정행위에 의해 부과된 의무를 위반하면 행정벌(행정형벌·행정질서벌)이 부과되기도 하고 각종 제재조치가 취해지기도 하는데, 이것도 법적 근거가 있어야 함은 물론이다. 이러한 제재력(制裁力)은 행정의 실효성을 확보하기 위한 것이다(후술하는 '행정의 실효성확보수단' 참조).

제7절 행정행위의 하자(흠)

I. 개 설

1. 행정행위의 하자의 의의

행정행위의 하자란 행정행위가 성립하여 효력을 발생하기 위한 요건을 갖추지 못함으로써 그 효력의 완전한 발생에 장애가 되는 사유를 말한다. 행정행위의 하자에는 행정행위를 위법한 것으로 만드는 것이 있고, 단지 부당한 것으로 만드는 것이 있다. 전자는 법적 요건에 위반하는 경우이고, 후자는 단지 합목적성·재량·공익에 반하는 경우이다. 광의로는 하자 있는 행정행위란 부당한 행정행위와 위법한 행정행위를 합하여 지칭하는데, 협의로는 위법한 행정행위만을 의미한다.

2. 명백한 오류

오기(誤記)·오산(誤算) 기타 이에 준하는 명백한 잘못이 있는 행정행위는 직권 또는 신청에 의해 즉시 정정하고 당사자에게 통보하면 되고, 이는 하자 있는 행정행위에 해당되지 않는다(행정절차법 제25조 참조).

3. 하자의 판단시점

행정행위의 하자의 유무는 당해 행정행위의 발령시점을 기준으로 판단한다.

【판례】행정소송에서 행정처분의 위법 여부는 행정처분이 있을 때의 법령과 사실상태를 기준으로 하여 판단하여야 하고, 처분 후 법령의 개폐나 사실상태의 변동에 의하여 영향을 받지는 않는다(대법원 2002.7.9. 2001두10684).

4. 하자의 효과

하자 있는 행정행위의 효력에 관한 일반적인 법규정은 없으며, 학설·판례에 맡기고 있다. 일반적인 견해에 의하면 하자 있는 행정행위는 원칙적으로 취소할 수 있음에 그치며, 예외적인 경우에 한하여 무효가 된다.

Ⅱ. 행정행위의 부존재

1. 의 의

무효인 행정행위는 행정행위가 외관상으로는 존재하고 있으나, 다만 법률효과를 발생하지 못한 경우인데 대하여, 행정행위의 부존재는 행정행위의 성립요건의 어떤 중요한 요소가 결여됨으로써 외관상으로도 행정행위로서 성립조차 못한 경우를 말한다.

이에 해당하는 것으로는, ㉠ 명백히 행정기관이 아닌 사인의 행위(예: 사인의 관명사칭행위), ㉡ 행정권의 발동으로 볼 수 없는 행위(예: 행정지도 등 사실행위), ㉢ 행정기관의 내부적 의사결정이 있을 뿐 아직 외부에 표시되지 않는 경우(예: 징계위원회의 의결 이후 징계권자가 아직 징계처분을 하지 않은 경우), ㉣ 해제조건의 성취 등에 의하여 행정행위가 실효된 경우 등이다.

2. 무효와 부존재의 구별실익

행정행위의 무효·부존재는 모두 법률효과를 전혀 발생하지 아니한다는 점에 있어서는 동일한 것이기 때문에 양자를 구별할 이유가 없다는 견해도 있다. 현행 행정소송법도 무효확인소송과 함께 부존재확인소송을 동일조문에서 함께 인정하고 있어 쟁송대상가능성과 관련하여 구별의 실익이 없다고 보는 견해도 있다. 그러나 행정소송법상 무효행위는 무효확인소송 외에 취소소송의 형식(무효선언을 구하는 의미의 취소소송)으로 소송제기가 가능하나, 부존재의 경우에는 부존재확인소송 외에 취소소송으로는 제기할 수 없다고 하여 양자를 구별할 실익이 있다고 할 수 있다.

Ⅲ. 행정행위의 무효와 취소

1. 무효인 행정행위, 취소할 수 있는 행정행위

(1) 무효인 행정행위

무효인 행정행위라 함은 외관상으로는 행정행위로서 존재하고 있음에도 불구하고 그 흠이 중대하고도 명백하기 때문에 처음부터 당연히 효과가 발생하지 못하며, 따라서 권한 있는 국가기관이 별도로 취소할 필요가 없는 행위를 말한다(예: 자동차를 소유하고 있지 않음에도 불구하고 자동차세과세처분이 행해진 경우). 아무런 효력도 발생하지 않는 행위이기 때문에 누구든지 언제든지 그 효력을 부인할 수 있고, 그에 구속되지 않는다. 법적 명확성을 위해 필요한 경우 무효확인심판·소송을 제기한다.

(2) 취소할 수 있는 행정행위

취소할 수 있는 행정행위라 함은 행정행위가 위법한 것이지만 무효에 이르지 않을 정도의 것을 말한다(예: 자동차세가 너무 많이 부과된 경우). 이러한 행정행위는 권한 있는 국가기관에 의해 취소되기까지는 유효한 것이다.

【참고】**성립요건·효력요건·적법요건·유효요건** : ㉠ 행정행위는 내부적으로 결정되어 외부적으로(상대방에게) 표시됨으로써 성립되는바, 이를 위한 요건을 **성립요건**이라고 한다. 이것이 충족되지 않으면 '부존재'이다. ㉡ 적법하게 성립된 행정행위는 상대방에게 도달하여야 효력을 발생하는바, **도달(통지)이 효력요건**이다. ㉢ 행정행위가 성립하여 효력을 발생함에 있어서 법적으로 전혀 하자가 없기 위한 요건을 **적법요건**이라고 한다. 이 요건이 충족되지 않으면 위법한 것이 되고 그 효과는 위법성의 정도에 따라 다르다. 위법성이 중대·명백한 경우에는 무효이다. ㉣ 하자 있는 행정행위도 효력이 있으므로, **유효요건**은 행정행위가 성립되어 상대방에게 도달하고 중대·명백한 하자가 없어야 한다.

2. 무효와 취소의 구별의 필요성

(1) 불가쟁력·공정력과의 관계

행정행위의 불가쟁력·공정력은 취소할 수 있는 행정행위에 대해서만 인정되며, 쟁송제기기간의 제한이 없이 언제든지·누구든지 효력을 부인할 수 있는 무효인 행정행위에 대해서는 인정되지 않는다.

(2) 선결문제(구성요건적 효력)와의 관계

민사사건 및 형사사건을 재판함에 있어 행정행위의 위법 여부가 그 사건에 있어서의 선결문제로 된 경우, 무효인 행정행위는 구성요건적 효력이 인정되지 않으므로 본안사건의 수소법원(민·형사법원)이 스스로 무효를 판단하고 효력을 부인할 수 있다. 취소할 수 있는 행정행위의 경우에는 구성요건적 효력이 인정되므로 수소법원은 행정행위의 효력을 부인할 수는 없고 단지 위법성 여부만을 판단할 수 있을 뿐이다.

(3) 행정쟁송의 형식과의 관계

취소할 수 있는 행정행위에 대해서는 취소심판·취소소송을 제기하고, 무효인 행정행위는 무효확인심판·무효확인소송을 제기한다. 그런데 취소할 수 있는 행위의 경우에는 취소소송으로만 그 취소를 청구할 수 있는데 대하여, 무효인 행정행위에 대해서는 무효확인소송을 제기할 수도 있고, 또한 '무효선언을 구하는 의미에서의 취소소송'을 제기하는 것도 가능하다. '무효선언을 구하는 의미에서의 취소소송'은 취소소송의 제기요건을 갖추어야 한다는 것이 판례의 태도이다(후술).

(4) 사정재결 및 사정판결과의 관계

(행정심판의) 사정재결 및 (행정소송의) 사정판결은 하자가 경미하여 취소대상이 되는 행정행위에 대해서만 허용된다. 반면 하자가 중대·명백하여 무효인 행정행위의 경우에는 공익을 위한다는 이유로 유효한 것으로 취급할 수는 없는 것이므로 사정재결 및 사정판결이 허용되지 않는다(다수설. 후술하는 '행정쟁송법' 참조).

(5) 하자의 승계와의 관계

일정한 행정목적을 달성하기 위하여 둘 이상의 행정행위가 단계적으로 행해지는 경우, 선행행위의 하자가 후행행위에 승계되는지의 여부는 취소할 수 있는 행정행위의 경우에만 문제된다. 선행행위가 무효인 경우에는 그 하자는 모든 후행행위에 승계되며, (불가쟁력이 인정되지 않으므로) 언제든지 선행행위에 대해 직접 무효확인소송을 제기하면 되기 때문에 하자의 승계를 논할 필요성이 없다(후술).

(6) 하자의 치유와의 관계

취소할 수 있는 행정행위만이 요건의 사후보완을 통해 치유될 수 있으며, 무효인 행위에는 이것이 인정될 수 없다는 것이 지배적인 견해이다(후술).

(7) 행정행위의 전환과의 관계

무효인 행정행위만이 다른 행정행위로 전환되는 것이 가능하고 취소할 수 있는 행정행위의 경우에는 전환이 불가능하다는 것이 종래의 다수설이었다. 그러나 무효인 경우에만 국한할 필요가 없고 취소할 수 있는 경우에도 전환이 가능하다는 견해도 있다(후술).

(8) 신뢰보호의 원칙의 원용 여부

위법한 수익적 행정행위를 취소함에 있어서도 일단 그것이 발령되어 그를 신뢰하고 사인이 자본의 투여, 사업의 진행 등을 한 경우는 그것을 취소하는 것은 제한된다(후술하는 '행정행위의 취소' 참조). 그러나 수익적 행정행위가 무효인 경우에는 (행정행위의 위법성이 명백하여 상대방도 그 사실을 이미 알고 있었을 것이므로) 행정행위의 상대방은 신뢰보호의 원칙을 원용할 수 없다 (대법원 1987.4.14, 86누459 참조).

3. 무효와 취소의 구별기준

(1) 중대 · 명백설

1) 의 의

우리나라에서는 무효인 행정행위와 취소할 수 있는 행정행위의 구별기준에 관한 법규정은 없으며, 학설 · 판례에 맡기고 있다(독일의 경우는 행정절차법 제44조에서 정하여 입법적으로 해결하였다). 과거에는 다양한 학설이 있었으나 오늘날은 중대 · 명백설이 보편적인 견해이다.

그에 의하면 예외적으로 중대하고 동시에 명백한 하자가 있는 경우는 행정행위가 무효이며, 그 밖의 경우(하자가 중대하지만 명백하지 않은 경우. 명백하지만 중대하지 않은 경우)는 취소할 수 있음에 그친다. 하자가 중대하고 명백한 경우에만 행정행위가 무효가 되도록 그 요건이 엄격한 이유는 행정행위의 법적 안정성 확보를 통하여 행정의 원활한 수행을 도모하고, 그 행정행위를 유효한 것으로 믿은 제3자나 공공의 신뢰를 보호할 필요가 있기 때문이다.

그런데 구체적으로 어떻게 중대 · 명백성을 판단할 것인지는 여전히 문제로 남는다.

2) 중대성 · 명백성

어떤 하자의 중대성 여부는 일률적으로 말할 수는 없고, 구체적 상황에서 행정행위의 적법요건에 비추어 판단한다. 하자의 명백성은 평균적 일반인의 관점에서 즉시 인식할 정도로 외관상 객관적으로 명백한 경우를 말한다. 그러나 이러한 것도 사실 추상적인 것이며, 실제에 있어서는 위반한 법규의 목적 · 의미 · 기능, 구체적 사안의 특수성, 구체적 상황 등 여러 가지를 합리적으로 고찰하여 판단할 수밖에 없다(아래 대법원 판례참조).

3) 실무상의 어려움

위와 같은 이유로 실무에 있어서는 중대 · 명백성의 여부가 명확하지 않아서 사실상 판결로써 확정되기 전까지는 무효의 여부를 단정할 수 없는 경우가 많다.

【참고】 이론적으로는 하자 있는 행정행위가 무효이면 제소기간의 제한이 없다고 하지만 실무상으로는 행정심판위원회나 법원이 당해 행정행위가 무효가 아니라 취소대상에 불과하다고 판단할 경우, 제소기간도과로 인하여 쟁송이 각하될 수도 있다. 그러므로 **항상 일단 쟁송제기기간 내에 쟁송을 제기하는 것이 실무상으로 안전하다.**

(2) 판례의 입장

1) 대법원

대법원은 원칙적으로 중대·명백설을 취한다. 그런데 최근 대법원은 행정행위를 무효라고 하더라도 법적 안정성이 크게 저해되지 않고, 행정의 원활한 운영에 지장이 없으며, 국민의 권익구제를 위해서 필요한 경우에는 행정행위의 하자가 명백하지 않더라도 중대하기만 하면 행정행위가 무효가 되는 예외적인 경우를 인정한다(대법원 2009.2.12. 2008두11716 참조). 이는 아래 헌법재판소의 결정과 일맥상통한 점이 있다(후술).

【판례】 **취득세 자진신고행위에 따른 취득세부과처분의 무효여부가 문제된 사건** : "취득세는 신고납부방식의 조세로서 … 납세의무자가 스스로 과세표준과 세액을 정하여 신고하는 행위에 의하여 납세의무가 구체적으로 확정되고, … 이러한 납세의무자의 신고행위가 당연무효라고 하기 위해서는 그 **하자가 중대하고 명백하여야 함이 원칙이다.** 그러나 취득세 신고행위는 납세의무자와 과세관청 사이에 이루어지는 것으로서 취득세 신고행위의 존재를 신뢰하는 제3자의 보호가 특별히 문제되지 않아 그 신고행위를 당연무효로 보더라도 법적 안정성이 크게 저해되지 않는 반면, (원고가 이 사건 부동산에 관하여 등기와 같은 소유권 취득의 형식적 요건을 갖추지 못했을 뿐만 아니라, 대금의 지급과 같은 소유권 취득의 실질적 요건도 갖추지 못함에 따라 이 사건 부동산의 취득에 기초한 이익 등을 향유한 바 없는 것으로 보이는 점, 이와 같이 지방세법에 규정된 취득이라는) **과세요건이 완성되지 않는 등의 중대한 하자가 있고** 그 법적 구제수단이 국세에 비하여 상대적으로 미비함에도 위법한 결과를 시정하지 않고 **납세의무자에게 그 신고행위로 인한 불이익을 감수시키는 것**이 과세행정의 안정과 그 원활한 운영의 요청을 참작하더라도 **납세의무자의 권익구제 등의 측면에서 현저하게 부당하다고 볼 만한 특별한 사정이 있는 때에는 예외적으로 이와 같은 하자 있는 신고행위가 당연무효라고 함이 타당하다**"(대법원 2009.2.12 2008두11716).

2) 헌법재판소

헌법재판소는 위헌법률에 근거한 행정처분의 효력과 관련한 결정에서 원칙적으로 중대·명백설을 취한다. 그러나 예외적으로 그 행정처분을 무효로 하더라도 법적 안정성을 크게 해치지 않는 반면에, 그 하자가 중대하여 개인의 권리구제의 필요성이 큰 경우에는 하자가 명백하지 않더라도 무효를 인정한다(후술).

예컨대, A에 대한 과세처분이 행해진 후 불가쟁력이 발생하였고, 세금을 납부하지 않아서 세무서장이 A의 재산에 대해 압류만 행하고 아직 매각처분을 하지 않은 상태에서 **과세처분의 근거가 된 법률이 위헌으로 선고된 경우** 당해 과세처분을 무효로 하더라도 (아직 세금을 징수하지 않았으므로) 법적 안정성을 크게 해치지 않은 반면에 A로서는 (과세처분의 근거가 된 법률이 이미 위헌으로 선고되었음에도 불구하고 체납처분절차

가 계속 진행되어 세금을 강제징수당하는 것은 지나친 것으로서) 권리구제가 필요하므로 쟁송기간 경과 후에
라도 무효확인을 구할 수 있다고 보아야 한다(아래 헌재 판례 참조).

【판례】 행정처분의 집행이 이미 종료되었고 그것이 번복될 경우 법적 안정성을 크게 해치게 되는 경우에
는 후에 **행정처분의 근거가 된 법규가 헌법재판소에서 위헌으로 선고된다고 하더라도 그 행정처분이 당연
무효가 되지는 않음이 원칙**이라고 할 것이나, 행정처분 자체의 효력이 쟁송기간 경과 후에도 존속 중인 경
우, 특히 그 처분이 위헌법률에 근거하여 내려진 것이고 그 행정처분의 목적달성을 위하여서는 후행 행정
처분이 필요한데, 후행 행정처분은 아직 이루어지지 않은 경우와 같이 **그 행정처분을 무효로 하더라도 법
적 안정성을 크게 해치지 않는 반면에 그 하자가 중대하여 그 구제가 필요한 경우에 대하여서는 그 예외를
인정하여 이를 당연무효사유로 보아서 쟁송기간 경과 후에라도 무효확인을 구할 수 있는 것이라고 봐야 할
것이다.** 그렇다면 관련소송사건에서 청구인이 무효확인을 구하는 행정처분의 진행정도는 마포세무서장의
압류만 있는 상태이고 그 처분의 만족을 위한 환가 및 청산이라는 행정처분은 아직 집행되지 않고 있는 경
우이므로 이 사건은 위 예외에 해당되는 사례로 볼 여지가 있고, 따라서 헌법재판소로서는 위 압류처분의
근거법규에 대하여 일응 재판의 전제성을 인정하여 그 위헌 여부에 대하여 판단하여야 할 것이다(헌재
1994.6.30, 92헌바23).

(3) 결 어

하자 있는 행정행위를 무효로 할 것인지 아니면 취소할 수 있음에 그치도록 할 것인지
는 법적 안정성, 제3자의 신뢰보호, 행정의 원활한 수행, 권리구제의 필요성을 어떻게 적절
하게 조화시킬 것인가가 중요한 관점이 되어야 한다는 점에서 중대·명백설이 이를 잘 반
영하는 타당한 견해라고 할 것이다. 다만, 하자의 중대성으로 말미암아 피해자에 대한 권리
구제의 필요성이 행정의 원활한 수행이나 법적 안정성 등에 비해 훨씬 큰 예외적인 경우에
는 하자가 명백하지 않더라도 중대하기만 하면 행정행위를 무효로 보아야 할 경우도 있다.

4. 행정행위의 무효 및 취소원인

행정행위의 하자가 중대하고 명백한 것은 무효사유가 되고 그 밖의 경우에는 취소사유
가 되는데, 무효 및 취소사유를 예시하면 다음과 같다. 그러나 이는 원칙적인 것일 뿐이며
하자의 중대·명백성의 여부는 구체적인 상황에서는 다르게 판단될 수 있기 때문에 개별적
인 검토를 거치지 않고는 속단할 수 없음을 주의해야 한다.

(1) 주체에 관한 하자

1) 정당한 권한을 갖지 아니한 행정기관의 행위

(가) 공무원 아닌 자의 행위

공무원으로서 적법하게 선임되지 아니한 자, 또는 적법하게 선임되었으나 행위 당시에
는 공무원의 신분을 가지지 아니한 자(예: 면직·임기만료된 자) 등이 행한 행위는 원칙적으로

무효이다. 그러나 상대방의 신뢰를 보호하기 위하여 이러한 행위를 유효한 것으로 인정할 때가 있다. 예컨대, 결격자임에도 공무원으로 선임된 경우 상대방은 당해 공무원이 결격자임을 알 수 없었을 것이므로 상대방의 신뢰를 보호하여야 하고, 법적으로는 공무원이 아닐지라도 사실상 공무원으로서 행한 것은 유효한 행위로 인정하여야 한다('사실상의 공무원이론').

(나) 대리권이 없는 자의 행위

행정기관의 정당한 대리권이 없는 자의 행위는 원칙적으로 무효이다. 그러나 상대방이 정당한 대리권을 가진 자로 믿을 만한 상당한 이유가 있는 때에는 민법상의 표현대리의 법리를 유추하여 그 행위의 효력을 인정하여야 할 경우가 있다.

> 【참고】 **표현대리**(表見代理): 대리인(B)에게 대리권이 없음에도 불구하고, 대리권이 있는 것과 같은 외관의 발생에 관해 본인(A)이 어느 정도 원인을 제공한 경우, 그러한 외관을 신뢰하여 거래한 상대방(C)을 보호하고 거래안전을 도모하고 대리제도의 신용을 유지하기 위해 그 무권대리행위(無權代理行爲, 대리권 없는 행위)를 본인(A)에 대해 효력을 발생시키는 제도를 말한다. ㉠ 대리인(B)이 수여받은 대리권의 권한 밖의 법률행위를 한 경우, ㉡ 이전에는 대리권을 가지고 있었으나 대리행위를 할 때는 대리권이 소멸한 경우 등에 있어서 대리인의 행위는 무권대리행위지만 그 행위의 효과를 본인(A)에게 귀속시키는 것이다.

(다) 적법하게 구성되지 아니한 합의제기관의 행위

적법하게 소집되지 않은 경우, 의사 또는 의결정족수를 결한 경우, 결격자가 참가한 경우와 같이 합의제기관의 구성에 중대한 하자가 있는 행위는 원칙적으로 무효이다.

(라) 법령상 필요한 다른 기관의 협력을 결(缺)한 행위

법규가 행위의 법정요건으로서 다른 기관의 의결·승인·협의 등을 거치도록 정하고 있는 경우에 그러한 협력을 결한 경우는 하자의 정도에 따라 무효 또는 취소원인이 된다. 자문기관의 자문을 거치지 않은 경우에는 (자문내용은 참고사항에 불과하므로) 무효가 아니다.

> 【판례】 개발행위허가에 관한 사무를 처리하는 행정기관의 장이 일정한 개발행위를 허가하는 경우에는 국토계획법 제59조 제1항에 따라 **도시계획위원회의 심의**를 거쳐야 할 것이나, 개발행위허가의 신청 내용이 허가 기준에 맞지 않는다고 판단하여 개발행위허가신청을 불허가하였다면 이에 앞서 **도시계획위원회의 심의를 거치지 않았다고 하여 이러한 사정만으로 곧바로 그 불허가처분에 취소사유에 이를 정도의 절차상 하자가 있다고 보기는 어렵다.** 다만 행정기관의 장이 도시계획위원회의 심의를 거치지 아니한 결과 개발행위 불허가처분을 함에 있어 마땅히 고려하여야 할 사정을 참작하지 아니하였다면 그 불허가처분은 재량권을 일탈·남용한 것으로서 위법하다고 평가할 수 있을 것이다(대법원 2015.10.29. 2012두28728).

2) 행정기관의 권한 외의 행위

행정기관의 권한에는 사항적·지역적·대인적으로 한계가 있으며, 그 권한에 속하지 아니하는 사항에 관한 행위, 즉 무권한행위는 원칙적으로 무효이다. 구체적인 상황에서 중대·명백하지 않은 하자는 취소원인에 불과하다(판례 ② 참조).

【판례】① 무효인 경우: 체납취득세에 대한 **압류처분권한은 도지사로부터 시장에게 권한위임**된 것이고 시장으로부터 압류처분권한을 **내부위임받은 데 불과한 구청장**으로서는 시장 명의로 압류처분을 대행처리할 수 있을 뿐이고 **자신의 명의로 이를 할 수 없다** 할 것이므로 구청장이 자신의 명의로 한 압류처분은 권한 없는 자에 의하여 행하여진 **위법무효**의 처분이다(대법원 1993.5.27, 93누6621). (내부위임이란 행정청〈예: 시장〉이 보조기관〈예: 국장·과장〉 또는 하급행정기관〈예: 자치구청장〉에게 내부적으로 일정한 사항의 결정권을 위임하여 수임기관이 위임청〈예: 시장〉의 이름으로 그의 권한을 사실상 행사하도록 하는 것을 말한다. 권한이전은 없다.)
② 취소원인인 경우: ㉮ 도시재개발법령의 규정에 의하면 건설부장관의 권한에 속하는 관리처분계획의 인가 등 처분권한은 시·도지사에게 위임되었을 뿐 시·도지사가 이를 구청장, 시장, 군수에게 재위임할 수 있는 근거규정은 없으나, 정부조직법 제5조 제1항과 이에 기한 '행정권한의위임및위탁에관한규정' 제4조에 재위임에 관한 일반적인 근거규정이 있으므로, 시·도지사는 이에 따라 위임받은 처분권한을 구청장 등에게 재위임할 수 있다. ㉯ ㉮항의 **관리처분계획의 인가 등에 관한 사무는 국가사무**로서 지방자치단체의 장에게 위임된 이른바 **기관위임사무**에 해당하므로, 시·도지사가 지방자치단체의 **조례에 의하여** 이를 구청장 등에게 **재위임할 수는 없고**, '행정권한의위임및위탁에관한규정' 제4조에 의하여 위임기관의 장의 승인을 얻은 후 지방자치단체의 장이 제정한 **규칙이 정하는 바에 따라 재위임하는 것만이 가능하다**. ㉰ 서울시장이 건설부장관으로부터 위임받은 관리처분계획의 인가 등 처분권한을 **서울특별시행정권한위임조례**에 의하여 구청장에게 재위임하였다면, 그 서울시 **조례 중 위 처분권한의 재위임에 관한 부분은 조례제정권의 범위를 벗어난 국가사무(기관위임사무)를 대상으로 한 것이어서 무효이다.** ㉱ (생략). ㉲ ㉰항의 **무효인 조례의** 규정에 근거한 **관리처분계획의 인가 등 처분은 결과적으로 적법한 위임 없이 권한없는 자에 의하여 행하여진 것과 마찬가지가 되어 그 하자가 중대하나,** 지방자치단체의 사무에 관한 조례와 규칙은 조례가 보다 상위규범이라고 할 수 있고, … 이른바 규칙의 개념이 경우에 따라 상이하게 해석되는 점 등에 비추어 보면, 위 **처분의 위임과정의 하자가 객관적으로 명백한 것이라고 할 수 없으므로 결국 당연무효 사유는 아니다**(대법원 1995.8.22, 94누5694. 필자요약).

3) 행정기관의 의사에 결함이 있는 행위

(가) 의사능력이 없이 한 행위

공무원의 심신상실중의 행위 및 저항할 수 없을 정도의 물리적·정신적 강제로 인한 행위는 무효이다.

(나) 의사결정에 하자가 있는 행위

착오로 인한 행위, 사기·강박·증뢰 등에 의한 행위가 그것이다. 착오로 인한 행위는 착오가 있다고 해서 그것만으로 위법한 것이 되는 것은 아니다. 착오의 결과 행정행위의 내용이 불능·위법하게 될 때 그것의 정도에 따라 무효 또는 취소할 수 있는 것이 된다. 상대방의 사기·강박·증뢰 기타 부정수단에 의해 행해진 수익적 행정행위는 무효이다.

(다) 제한능력자(행위무능력자)의 행위

미성년자도 공무원이 될 수 있으므로 그의 행위의 효력은 유효하다. 그러나 공무원이 될 수 없는 결격사유에 해당되는 피성년후견인(被成年後見人, 舊 禁治産者)나 피한정후견인(被限定後見人, 舊 限定治産者)의 행위는 무효이다. 다만 상대방의 신뢰를 보호하기 위해 '사실상의 공무원이론'에 의해 유효로 인정되는 경우도 있다.

(2) 내용에 관한 하자

1) 내용이 실현불능인 행위

기술적 또는 물리적으로 불능한 경우 및 사회통념상 실현될 수 없는 것은 무효이다(사실상 실현불능). 법논리적으로 보아 실현이 절대 불가능하거나(예: 사망자에 대한 의사면허), 법이 금지 또는 인정하지 않은 결과 실현불능이 객관적으로 명백한 경우(예: 의사시험불합격자에 대한 의사면허)는 무효이다(법률상 실현불능).

2) 내용이 불명확한 행위

행정행위의 내용이 사회통념상 인식될 수 없을 정도로 불명확하거나 불확정한 행위(예: 목적물이 특정되지 않은 건물의 철거계고처분)는 무효이다.

3) 공서양속에 반하는 행위

선량한 풍속 기타 사회질서에 위반한 행위에 대해서는 원칙적으로 무효라고 보아야 할 것이다. 독일에서도 무효로 정하고 있다(행정절차법 제44조 ②).

(3) 절차에 관한 하자

> **【문 제】** A市長은 B에 지방세고지서를 발부하면서 **세액의 산출근거를 기재하지 아니하였다.** 이에 B는 처분의 이유를 부기하지 않은 것은 위법이라고 하면서 취소소송을 제기하였고, 법원은 B의 주장을 받아들여 과세처분의 취소를 명하는 판결을 선고하였다. 그 판결이 확정되자 A는 그 처분을 취소하고 **세액의 산출근거를 명시하여** 새로이 동일한 액수의 지방세과세처분을 하였다. 이는 타당한가?

대립하는 당사자간의 공정한 이해조정을 위하여 또는 이해관계인의 권익보호를 위하여 필요한 절차를 결여한 경우는 하자가 중대·명백한 것으로서 무효원인이다. 다만, 행정의 원활·능률·참고 등을 위한 편의적 절차를 결여했을 때에는 취소원인에 불과하다.

1) 법령상 상대방의 동의나 신청을 결한 행위

쌍방적 행정행위 내지 협력을 요하는 행위에 있어서 상대방의 협력이 없는 것, 예컨대, 상대방의 동의 없는 공무원임명, 신청 없는 광업허가·귀화허가 등은 원칙적으로 무효이다.

2) 필요한 공고·통지를 결한 행위

이해관계인들에게 권리주장·변명의 기회를 주기 위하여 규정된 법령상 공고 또는 통지를 결여한 행위(예: 계고 없이 행한 행정대집행 등)는 원칙적으로 무효이다. 취소원인으로 본 판례도 있다.

【판례】 납세의무자가 세금을 납부기한까지 납부하지 아니하자 과세청이 그 징수를 위하여 압류처분에 이른 것이라면 비록 **독촉절차 없이 압류처분**을 하였다 하더라도 이러한 사유만으로는 압류처분을 무효로 되게 하는 **중대하고도 명백한 하자로는 되지 않는다**(대법원 1987.9.22, 87누383).

3) 필요한 이해관계인의 참여·협의를 결한 행위

당사자 사이의 이해조절을 목적으로 법령이 이해관계인의 참여 또는 협의를 규정하고 있는 경우에 그를 결한 행위(예: 체납자의 참여 없이 행한 재산압류, 당사자의 사전협의를 결여한 토지수용재결)는 원칙적으로 무효이다.

4) 필요한 청문 또는 변명의 기회를 주지 아니한 행위

판례는 필요한 청문 또는 변명의 기회의 부여와 같은 중요한 절차를 결여한 것은 취소사유라고 한다. 판례는 ㉠ 청문을 거치지 않고 행한 전당포영업허가의 취소(대법원 1983.6.14, 83누14), ㉡ 약사법상 약종상허가의 취소시 청문절차를 거치지 않은 것(대법원 1986.8.19, 86누115), ㉢ 도시계획결정이나 도시계획인가를 도시계획법 제16조의2 소정의 공청회를 열지 아니하고 행한 것(대법원 1990.1.23, 87누947)은 취소사유라고 보았다.

(4) 형식에 관한 하자

법률이 행정행위를 요식행위로 하도록 정하고 있는 경우, 소정의 형식을 결여한 행위는 원칙적으로 무효이다.

1) 문서에 의하지 아니한 행위

법령상 문서에 의할 것을 요건으로 하고 있는 행정행위를 문서에 의하지 않은 행위(예: 재결서에 의하지 아니한 행정심판의 재결)는 원칙적으로 무효이다.

2) 서명·날인을 결한 행위

법률이 행정행위가 권한 있는 행정기관의 행위임을 명시하기 위하여 행정청의 서명·날인을 요구하는 경우에 이를 결한 행위는 원칙적으로 무효이다.

3) 이유부기 등을 결한 행위

법령이 이유부기, 근거제시 등을 요구하고 있는 경우 이를 전혀 붙이지 않은 행위는 원칙적으로 무효이나, 그 정도에 따라서는 취소사유가 되는 경우도 있다.

【답】 절차·형식상의 위법으로 인해 행정처분을 취소하는 판결이 확정되었을 때는 그 확정판결의 기판력은 거기에 적시된 절차·형식의 위법사유에 한하여 미친다. 따라서 행정청은 판결에서 문제되었던 절차·형식의 위법성을 보완하면 되는 것이고 그 내용이 반드시 변경되어야 하는 것은 아니다. 행정청이 절차·형식을 제대로 갖추면 행정처분의 내용이 바뀔 수도 있지만, 그렇지 않을 수도 있다. **재량행위의 경우에는** 상대방의 의견청취 등 절차를 다시 재대로 거칠 경우 **처분의 내용이 변경될 가능성이 있다**(예: 상대방의 억울한 사정을 들어보면 영업정지기간이 단축될 수도 있다). 그러나 **기속행위의 경우에는 그렇지 않을 가능성이 높다.** 문제의 과세처분은 기속행위이기 때문에 과세액은 동일할 가능성이 높다. 따라서 **과세관청은** 그 위법사유를 보완하여 (즉, 과세액의 산출근거를 명시하여) 다시 새로운 과세처분을 할 수 있는데, 그 과세액은 동일하다고 하더라도 그것은 새로운 행정처분이며, 이는 확정판결에 의하여 취소된 종전의 과세처분과는 별개의 처분이므로 확정판결의 기판력에 저촉되는 것이 아니다. 즉, A의 처분은 타당하다(대법원 1987.2.10, 86누91 참조).

【참고】 위 설문의 경우와 같이 실질에 있어서 동일한 결과가 되는 경우에는 불필요한 소송을 막을 필요도 있다. 그리하여 독일 행정절차법 제46조는 "당해 사안에 있어서 **다른 결정이 행하여질 수 없다고** 생각되는 경우에는 **절차나 형식에 관한 위법한 것만으로는 당해 행정행위의 취소를 청구할 수 없다**"고 규정하고 있다.

Ⅳ. 위헌인 법령에 근거한 행정행위의 효력·집행력

【문제】

① '택지소유상한에 관한 법률'이 헌법재판소에 의해 위헌으로 결정되었음에도 불구하고 이러한 사실을 모르는 A구청장은 B에게 택지초과소유부담금부과처분을 하였다. B는 돈이 없어 부담금납부를 미루다가 **취소소송의 제기기간이 경과한** 후 뒤늦게 법률이 위헌으로 결정된 사실을 알고 부과처분의 **무효확인소송을** 제기하려고 한다. 제소 및 승소가 가능한가?

② B는 A구청장으로부터 '택지소유상한에 관한 법률'에 근거한 택지초과소유부담금부과처분을 받고 부담금을 납부하였다. 그런데 납부 후에 **헌법재판소에 의해 법률의 위헌결정이** 내려졌다. 이에 B는 취소소송제기기간이 경과하였으므로 무효확인소송을 제기하려고 한다. ㉠ 가능한가? ㉡ 만일 무효확인소송이 각하 또는 기각될 경우 B는 국가가 법을 잘못 제정하여 자신이 납부한 부담금만큼 손해를 입은 것이므로 **국가배상을 청구**하려고 하는데 이는 가능한가? 더구나 친구 C는 부담금을 납부하지 않아 압류처분까지 받은 상태에서 법률의 위헌결정이 내려지자 압류의 해제를 신청하였다고 하므로 B는 부담금을 성실하게 납부한 자신이 불이익을 보는 것은 형평에 맞지 않는다고 하면서 억울하게 생각한다.

③ C는 택지초과소유부담금을 납부하지 않아서 A구청장으로부터 **압류처분**을 당했는데, 그 후에 '**택지소유상한에 관한 법률**'이 헌법재판소에 의해 위헌으로 결정되었다. 그런데 A는 C의 재산에 대한 압류처분에 후속하여 매각처분 등 후속 체납처분절차를 진행하려고 하자 C는 A에게 압류해제를 신청하였고, A는 거부하였다. C가 A의 거부처분의 취소를 요구하는 소송을 제기할 경우 승소 가능성은?

위헌인 법령에 근거한 행정행위가 무효인가 취소할 수 있는 것인가를 논하는 실익은 취소소송의 제기기간이 도과한 경우 당해 행정행위에 의해 침해된 권리를 구제받을 수 있는가에 있다.

1. 법령의 위헌결정 후에 행정행위가 발해진 경우

법률이 위헌으로 결정되면 그날부터 효력을 상실한다(헌법재판소법 제47조 ②). 이미 위헌 즉, 무효로 결정된 법령에 근거하여 발해진 행정행위는 그 하자가 중대·명백하여 무효이다(설문 ①의 경우).

2. 행정행위가 발해진 후 근거법령이 위헌으로 결정된 경우

(1) 행정행위의 효력

행정행위가 발해진 이후 행정행위의 근거법령이 위헌으로 결정되면 행정행위가 위법인 것은 분명하지만 그것이 무효인지 아니면 취소할 수 있음에 그치는지가 문제이다(설문의 ②의 경우). 이에 관해서는 대법원과 헌법재판소의 판례가 다소 다르다.

1) 대법원의 견해

대법원의 판례에 의하면 행정행위의 근거법률이 위헌이라는 것은 헌법재판소의 위헌 결정 이전까지는 명백한 것으로 볼 수 없으므로 당해 행정행위는 취소할 수 있는 것에 그칠 뿐이고 무효가 아니라고 한다. 따라서 불가쟁력이 인정된다.

【판례】위헌결정의 효력은 그 결정 이후에 당해 법률이 재판의 전제가 되었음을 이유로 법원에 제소된 일반사건에도 미치므로, 당해 법률에 근거하여 **행정처분이 발하여진 후에 헌법재판소가 그 행정처분의 근거가 된 법률을 위헌으로 결정하였다면** 결과적으로 행정처분은 법률의 근거가 없이 행하여진 것과 마찬가지가 되어 하자가 있는 것이 되나, 이미 **취소소송의 제기기간을 경과하여 확정력이 발생한 행정처분의 경우에는 위헌결정의 소급효가 미치지 않는다**고 보아야 할 것이고, 일반적으로 **법률이 헌법에 위반된다는 사정은 헌법재판소의 위헌결정이 있기 전에는 객관적으로 명백한 것이라고 할 수는 없으므로** 헌법재판소의 위

헌결정 전에 행정처분의 근거되는 당해 법률이 헌법에 위반된다는 사유는 특별한 사정이 없는 한 그 행정처분의 취소소송의 전제가 될 수 있을 뿐 **당연무효사유는 아니라**고 봄이 상당하다(대법원 2002.11.8, 2001두3181).

법률이 위헌으로 결정되면 법률은 그 날부터 효력이 상실되고 소급하여 효력을 상실하지 않는다(형벌에 관한 법규정은 소급하여 상실됨. 헌법재판소법 제47조 ②). 그러나 당해 법률조항이 재판의 전제가 되어 법원에 계속중(係屬中)인 사건 등, 아직 소송이 진행중인 사건에 대해서는 위헌결정의 효력이 미친다(대법원 1993.1.15, 92다12377). 따라서 법률의 위헌결정 시점에 행정행위의 효력에 관한 다툼이 법원에 계속중인 경우에는 법원은 당해 행정행위를 취소하게 된다.

2) 헌법재판소의 견해

헌법재판소도 기본적으로는 대법원과 동일한 입장이다(헌재 2004.1.29, 2002헌바73). 그렇지만 법적 안정성보다 구체적 타당성이 현저히 요구되는 경우에는 예외를 인정한다. 행정처분을 무효로 하더라도 법적 안정성을 크게 해치지 않는 반면에 그 하자가 중대하여 권리구제가 필요한 경우에 대하여서는 그 예외를 인정하여 이를 당연무효사유로 보아서 쟁송기간 경과 후에라도 무효확인을 구할 수 있다고 한다.

【판례】 특별한 사정이 없는 한, 행정처분의 근거가 된 법률이 헌법재판소에서 위헌으로 선고된다고 하더라도 그 전에 이미 집행이 종료된 행정처분이 당연무효가 되지는 않으므로, 행정처분에 대한 쟁송기간이 경과한 후에는 행정처분의 근거법률이 위헌임을 이유로 무효확인소송 등을 제기하더라도 행정처분의 효력에는 영향이 없는 것이 원칙이고, 예외적으로 행정처분(과세처분, 압류처분) 자체의 효력이 쟁송기간경과 후에도 존속 중인 경우, 특히 그 처분이 위헌법률에 근거하여 내려진 것이고 그 행정처분의 목적달성을 위하여서는 후행(後行) 행정처분(매각, 청산)이 필요한데 **후행 행정처분은 아직 이루어지지 않은 경우, 그 행정처분**(과세처분, 압류처분)**을 무효로 하더라도 법적 안정성을 크게 해치지 않는 반면에 그 하자가 중대하여 그 구제가 필요한 경우에** 대하여서는 그 **예외를 인정하여 이를 당연무효사유로** 보아서 쟁송기간경과 후에라도 무효확인을 구할 수 있다(헌재 2003.11.27, 2002헌바106; 1994.6.30, 92헌바23).

(2) 행정행위의 집행력

행정행위의 근거법률이 위헌으로 결정되기 이전에 이미 확정된 행정행위에 의해 부과된 의무를 국민이 이행하지 않은 경우에 그 의무의 이행을 강제할 수 있는지가 문제될 수 있다(설문의 ③의 경우).

대법원은 행정행위가 있은 후에 그것의 근거법률이 위헌으로 결정된 경우에 위헌결정 이후에 당해 행정행위의 집행이나 집행력을 유지하기 위한 행위(예: 과세처분의 근거법률이 위헌으로 결정된 이후에 압류·매각·분배 등 체납처분절차를 진행하는 행위)는 위헌결정에 위반되어 허용되지 않는다고 한다.

【 판례 】 1999.4.29. 택지소유상한에관한법률 전부에 대한 위헌결정으로 … 나아가 **위헌법률에 기한 행정처분의 집행이나 집행력을 유지하기 위한 행위는 위헌결정의 기속력에 위반되어 허용되지 않는다**고 보아야 할 것인데. … 그 위헌결정 이전에 이미 부담금 부과처분과 압류처분 및 이에 기한 압류등기가 이루어지고 위의 각 처분이 확정되었다고 하여도, 위헌결정 이후에는 별도의 행정처분인 매각처분, 분배처분 등 후속 체납처분절차를 진행할 수 없는 것은 물론이고, 특별한 사정이 없는 한 기존의 압류등기나 교부청구만으로는 다른 사람에 의하여 개시된 경매절차에서 배당을 받을 수도 없다(대법원 2002.8.23, 2001두2959).

이 경우 불성실한 납부자에 비해 성실한 납부자가 불이익을 본다는 점에서 형평성의 문제가 있을 수 있지만, 대법원은 불성실한 납부자의 이익도 침해할 수는 없다고 판단한다.

【 판례 】 '택지소유상한에 관한 법률' 의 위헌결정 이후에는 확정된 택지초과소유부담금 부과처분에 의한 압류처분이나 징수처분 등 후속 **체납처분절차를 진행할 수 없다면** 이미 **택지초과소유부담금을 납부하거나 강제징수를 당한 사람과의 사이에 형평성 문제가 생길 수 있으나,** 이는 일반적으로 법률이 헌법에 위반된다는 사정은 헌법재판소의 위헌결정이 있기 전에는 객관적으로 명백하지 아니한 탓에 특별한 사정이 없는 한 위헌법률에 기한 행정처분은 취소사유에 불과할 뿐 당연무효사유가 아니어서, 국가가 이미 확정력이 발생된 처분에 의하여 수납하거나 징수한 택지초과소유부담금을 그대로 보유하는 것이 법률상 원인이 없는 것이 아니기 때문에 생기는 부득이한 현상에 지나지 아니하므로, 이 점이 **위헌결정으로 이미 실효된 법률에 근거한 택지초과소유부담금 부과처분에 의한 압류처분이나 징수처분 등 후속체납처분절차를 허용하여야 할 근거가 될 수는 없다**(대법원 2002.6.28, 2001다60873).

【 답 】

① 법령의 위헌결정 이후에 그에 근거하여 발해진 행정행위는 그 하자가 중대·명백하여 **당연무효이다. 무효확인소송**은 제소기간의 제한을 받지 않으므로 B는 제소할 수 있음은 물론 승소할 수 있다. 만일 부담금을 납부하였다고 하더라도 **부당이득금반환청구소송**을 제기하여 반환받을 수 있다.

② ㉠부담금부과처분은 그 위법성이 명백한 것은 아니어서 취소할 수 있음에 그치고 무효가 아니다. 따라서 취소소송의 제기기간이 도과하여 **취소소송을 제기할 수 없으며,** 무효확인소송을 제기하더라도 기각된다. ㉡국가가 잘못된 법률을 제정함으로써, 즉 불법적인 입법행위로 인해 국민에게 손해를 가한 것이므로 국가배상법 제2조에 의한 **손해배상청구소송을 제기할 수도 있을** 것이다. 그러나 이 경우 승소가능성은 거의 없다. 왜냐하면 입법행위의 고의·과실을 인정할 수 없기 때문이다(후술하는 국가배상법 참조).

③ 대법원(대법원 2002.6.28, 2001다60873) 및 헌법재판소의 판례(헌재 2003.11.27, 2002헌바106; 1994.6.30, 92헌바23)에 비추어 보면 C가 **승소할 가능성이 높다.**

Ⅴ. 하자 있는 행정행위의 치유와 전환

1. 하자 있는 행정행위의 치유

(1) 의 의

행정행위가 성립 당시에는 적법요건을 갖추지 못하여 하자있으면 취소되는 것이 원칙이나 예외적으로 사후에 그 요건을 보완하면 성립 당시의 하자에도 불구하고 유효한 것으로서 인정하는 것을 '하자 있는 행정행위의 치유(治癒)'라고 한다. 치유는 적법요건을 보완하는 것으로서 독립된 행정행위가 아니다.

이는 행정행위에 대한 상대방의 신뢰보호, 법률생활의 안정의 도모, 행정행위의 불필요한 반복의 방지를 위한 것이다.

(2) 치유의 사유

1) 요건의 사후적·실질적 보완

하자의 치유란 '병을 치료하는 것'이다. 따라서 치유는 흠결된 요건이 사후에 보완되거나 실질적으로 보완되어 행정행위가 합법적인 것으로 되는 경우에만 인정된다. 장기간의 방치로 인한 법률관계의 확정, 공공복리상의 필요 등을 치유사유로서 거론하는 견해도 있는데, 그러한 것은 하자를 '치료'하는 것과는 관계가 없으며, 위법성은 여전하지만 법적 안정성이나 공익을 위해 취소가 제한되는 경우에 해당하는 것이므로 치유사유와는 구분하여야 한다.

하자를 명시적으로 보완한 것은 아니지만 실질적으로 보완되어 실제에 있어서 법규정의 목적이 달성되거나 결과에 있어서 동일하게 된 경우도 하자가 치유된 것으로 본다.

【판례】① 납세고지서의 기재사항 일부 등이 누락된 경우라도 과세관청이 과세처분에 앞서 납세의무자에게 보낸 **과세예고통지서** 등에 납세고지서의 필요적 **기재사항이 제대로 기재되어** 있어 **납세의무자가 그 처분에 대한 불복 여부의 결정 및 불복신청에 전혀 지장을 받지 않았음이 명백하다면**, 이로써 납세고지서의 하자가 보완되거나 치유될 수 있는 것이다(대법원 2001.3.27, 99두8039: 2000.1.14, 99두1212).
② 행정청이 청문서 도달기간을 다소 어겼다하더라도 영업자가 이에 대하여 **이의를 제기하지 아니한 채 스스로 청문일에 출석하여** 그 의견을 진술하고 변명하는 등 **방어의 기회를 충분히 가졌다면** 청문서 도달기간을 준수하지 아니한 하자는 **치유되었다고** 봄이 상당하다(대법원 1992.10.23, 92누2844).
③ 납세고지서의 기재사항 일부 등이 누락된 경우와 같은 납세고지의 하자는 납세의무자가 **그 나름대로 산출근거를 알고 있다거나 사실상 이를 알고서 쟁송에 이르렀다** 하더라도 **치유되지 않는다고** 할 것이다(대법원 2002.11.13, 2001두1543).

2) 구체적인 예

대체로 형식과 절차상의 하자가 보완되는 것이다. 구체적인 예로서는 ㉠ 필요한 신청의 사후제출·보완, ㉡ 필요한 이유의 사후제시, ㉢ 필요한 관계인의 청문의 사후추완, ㉣ 필요한 위원회의 의결의 사후결의, ㉤ 타행정기관의 필요한 협력의 보완·추인, ㉥ 무권대리행위에 대한 본인의 추인, ㉦ 불특정 목적물의 사후특정, ㉧ 요식행위의 형식의 보완, ㉨ 형식적 흠결이 실질적으로 보완된 경우 등을 들 수 있다.

(3) 치유되는 하자의 범위

1) 취소사유일 것

취소사유만 치유될 수 있고 무효사유, 즉 중대·명백한 하자는 치유되지 않는다.

【판례】① 국가공무원으로 임용된 뒤 명예퇴직하였으나 임용 전에 당시 국가공무원법상의 **임용결격사유**가 있었으면 국가가 과실에 의하여 이를 밝혀내지 못하였다고 하더라도 그 **임용행위는 당연무효**이고 그 **하자가 치유되는 것은 아니어서** 퇴직급여청구신청을 반려하는 처분은 적법하다(대법원 1996.4.12, 95누18857).
② 징계처분이 중대하고 명백한 흠 때문에 **당연무효**의 것이라면 **징계처분을 받은 자가 이를 용인**하였다 하여 그 흠이 **치료되는 것은 아니다**(대법원 1989.12.12, 88누8869).
③ 학교법인 이사회의 승인의결 없이 한 기존재산교환허가신청에 대한 감독청인 피고(부산시교육위원회)의 학교법인기본재산교환허가처분은 중대하고 명백한 하자가 있어 **당연무효**라 할 것이고 위 학교법인이사회가 위 교환을 추인·재추인하는 의결을 한 사실만으로써 **무효인 허가처분의 하자가 치유된다고 볼 수 없다**(대법원 1984.2.28, 81누275).

2) 형식·절차상의 하자일 것

치유되는 하자는 대체로 형식과 절차상의 하자를 의미하며 내용상의 하자에 대해서는 인정하지 않는다. 판례도 동일하다.

【참고】 독일에서는 '행정행위를 **무효로 만들지 않는** 절차 및 형식규정의 위반'에 대해서 치유를 인정하면서, ㉠ 필요한 신청의 사후제출, ㉡ 필요한 이유의 사후제시, ㉢ 필요한 관계인의 청문의 사후추완, ㉣ 필요한 위원회의 의결의 사후결의, ㉤ 타행정청의 필요한 협력의 보완 등을 행정소송절차가 종결될 때까지만 하면 하자가 치유된다고 규정하고 있다(행정절차법 제45조).

【판례】 사업계획변경인가처분에 관한 하자가 행정처분의 **내용에 관한 것**이고 새로운 노선면허가 소제기 이후에 이루어진 사정 등에 비추어 하자의 사후적 **치유를 인정하지 아니한다**(대법원 1991.5.28, 90누1359).

(4) 치유의 한계

1) 실체적 한계

행정행위의 치유는 "행정행위의 성질이나 법치주의 관점에서 볼 때 원칙적으로 허용될 수 없는 것이고, 예외적으로 행정행위의 무용한 반복을 피하고 당사자의 법적 안정성을 위해 이를 허용하는 때에도 국민의 권리나 이익을 침해하지 아니하는 범위에서 구체적 사정에 따라 합목적적으로" 인정하여야 한다(대법원 2010. 8. 26. 선고 2010두2579 판결 등 참조).

【판례】① 이 사건 **처분 후 위 각 건물주로부터 동의를 받았으니 이 사건 처분의 하자는 치유되었다는 주장**에 대하여는, 하자 있는 행정행위의 치유는 행정행위의 성질이나 법치주의의 관점에서 볼 때 원칙적으로 허용될 수 없는 것이고 예외적으로 행정행위의 무용한 반복을 피하고 당사자의 법적 안정성을 위해 이를 허용하는 때에도 국민의 권리나 이익을 침해하지 않는 범위에서 구체적 사정에 따라 합목적적으로 인정하여야 할 것인데 이 사건에 있어서는 **원고의 적법한 허가신청이 참가인들의 신청과 경합되어 있어 이 사건 처분의 치유를 허용한다면 원고에게 불이익하게 되므로 이를 허용할 수 없다**(대법원 1992.5.8, 91누13274). ② 선행처분인 개별공시지가결정이 위법하여 그에 기초한 개발부담금부과처분도 위법하게 된 경우, 그 **하자의 치유를 인정하면 개발부담금 납부의무자로서는** 위법한 처분에 대한 **가산금 납부의무를** 부담하게 되는 등 **불이익이 있을 수 있으므로**, 그 후 적법한 절차를 거쳐 공시된 개별공시지가결정이 종전의 위법한 공시지가결정과 그 내용이 동일하다는 사정만으로는 위법한 개별공시지가결정에 기초한 개발부담금 부과처분이 적법하게 된다고 볼 수 없다(대법원 2001.6.26, 99두11592).

2) 시간적 한계

사후보완이 허용되는 시점에 관해서는 ㉠ 쟁송제기 이전까지만 가능하다는 견해, ㉡ 소송절차의 종결시까지 가능하다는 견해 등이 있는데, 판례와 다수설은 ㉠을 취하고 있다. ㉡을 주장하는 견해도 유력하다.

생각건대, 하자의 치유문제는 행정의 형식·절차의 목적과 기능을 고려하여 시민의 권리보호와 행정의 능률적 수행을 조화시키는 문제가 된다. 하자치유의 시간적 한계도 같은 맥락에서 검토하여야 한다. 따라서 일률적으로 말할 수는 없고, 하자의 유형·정도 및 관계법규정을 따져 구체적으로 판단할 수밖에 없다. 예를 들면, 이유부기는 행정처분의 상대방으로 하여금 처분의 적법성 여부 내지 쟁송제기 여부의 판단에 도움을 주기 위한 것이므로 그와 같은 것은 쟁송제기 이전에만 치유될 수 있다고 보는 것이 논리적이다. 다른 하자에 관해서는 반드시 쟁송제기 이전까지로 할 필요는 없고, 소송절차가 종결될 때까지만 보완하면 치유된다고 볼 수 있는 경우도 얼마든지 있을 것이다.

【참고】 독일의 경우도 과거에는 ㉠과 동일하였으나 법을 개정하여 행정소송절차가 종결될 때까지만 보완하면 하자가 치유된다고 규정하고 있다(연방행정절차법 제45조 ①).

【판례】 과세처분시 납세고지서에 과세표준, 세율, 세액의 산출근거 등이 누락된 경우에는 **늦어도 과세처분에 대한 불복 여부의 결정 및 불복신청에 편의를 줄 수 있는 상당한 기간 내에** 보정행위를 하여야 그 하자가 치유된다 할 것이므로, 과세처분이 있은 지 4년이 지나서 그 취소소송이 제기된 때에 보정된 납세고지서를 송달하였다는 사실로써 과세처분의 하자가 치유되었다고 볼 수는 없다(대법원 1983.7.26, 82누420).

(5) 치유의 효과

치유의 효과는 소급적이며, 처음부터 적법한 행위와 같은 효과를 가진다. 치유가 허용되지 않은 경우에는 새로운 하자 없는 행정행위를 발하면 된다.

2. 하자 있는 행정행위의 전환

(1) 의 의

하자 있는 행정행위의 전환이란 하자 있는 행정행위를 적법한 다른 행정행위로 변경하여 유지시키는 것을 말한다. 예컨대, 사망자에 대한 조세부과처분을 상속인에 대한 것으로 유지시키는 것, 위법한 징계면직처분(징계조치로서 파면·해임하는 것)을 적법한 직권면직처분(징계와 무관하게 근무능력·예산부족 등을 원인으로 하는 신분박탈)으로 전환하는 것이다. 전환은 하나의 새로운 행정행위이다. 따라서 전환이 하자 있는 경우 행정소송을 통하여 다툴 수 있다.

이는 하자의 치유의 경우와 마찬가지로 국민의 법생활의 안정과 신뢰보호를 도모하고, 불필요한 행정행위의 반복을 방지하기 위한 것이다.

(2) 전환의 범위

과거의 통설·판례는 무효인 행정행위만을 다른 행위로 전환할 수 있다고 하였으나, 오늘날에는 취소할 수 있는 행정행위도 다른 요건만 충족되면, 특히 상대방에게 유리하면, 전환을 인정하지 않을 이유가 없다는 견해가 점증하고 있다. 새로운 견해가 타당하며, 독일에서도 무효인 행위로 제한하지 않는다(독일 연방행정절차법 제47조 참조).

(3) 전환의 요건

전환의 요건으로는 ㉠ 흠있는 행정행위와 전환될 행정행위 사이에 그 요건·목적·효과 등에 있어 실질적 공통성이 있을 것, ㉡ 전환될 행정행위의 성립·효력요건을 갖출 것, ㉢ 행정청의 의도에 반하지 않으며, 행정청 및 그 상대방이 그 전환을 의욕하는 것으로 인정될 것, ㉣ 상대방 기타 제3자의 이익을 침해하지 않을 것, ㉤ 행위의 중복을 회피하는 의미가 있을 것 등이다. 따라서 전환이 인정되는 사례는 현실적으로 매우 드물다.

(4) 전환의 효과

하자 있는 행정행위의 전환은 새로운 행정행위를 가져온다. 새로운 행위의 효력은 당사자에게 불리하지 않는 한, 종전의 행정행위의 발령당시로 소급하여 발생한다. 소송계속중에 전환이 이루어지면, 처분변경으로 인한 소의 변경이 가능하다(행소법 제22조 ①).

Ⅵ. 행정행위의 하자의 승계

【 문 제 】

① A는 광고물표시허가기간의 연장허가신청을 하였다. 그런데 B구청장은 A의 광고판이 새로 개정된 옥외광고물등관리법령에 위배되므로 **기간연장허가반려처분을** 하였다. 그리고 수개월 뒤인 1993.8.5.자로 원고에 대하여 **계고서를** 발부하여 광고물을 8. 31.까지 **자진철거 또는 이전할 것을** 명하고 이를 이행하지 아니할 때에는 행정대집행법에 의하여 대집행을 한다는 뜻을 통지하였다. A가 철거·이전을 이행하지 않자 B는 9.7.자로 A에게 대집행영장을 발부하면서 10.20.에 대집행을 실시하겠다고 통보(**영장발부통보처분**)를 하였다. 이에 A는 기간연장허가반려처분·자진철거명령·계고처분에 대하여 다투지 않다가 **쟁송제기기간이 지난 후에 비로소 영장발부통보처분을 취소를 요구하는 소송을 제기하였다.** A는 ㉠ 기간연장허가반려처분은 위법이며, ㉡ 광고물의 설치비용, 이전비용, 이전설치장소의 물색이 극히 어려운 실정 등을 고려할 때 계고처분을 함에 있어서 25일의 기간만을 준 것은 상당한 이행기간을 주지 아니한 것이어서 부당하므로, ㉢ **기간연장허가반려처분과 계고처분이 위법 또는 부당한 이상 이를 전제로 한 영장발부통보처분은 위법하므로 취소되어야 한다고** 주장한다. 이에 대해 B는 기간연장허가반려처분과 자진철거명령 및 계고처분에 대하여 A가 행정심판이나 소송을 제기한 바가 없으므로 이들은 모두 적법하게 확정되었다고 할 것이고, 따라서 A는 이들의 위법·부당성을 이유로 영장발부통보처분이 위법하다고 주장할 수 없다고 한다. 즉, **선행행위가 불가쟁력이 발생한 이상 선행행위의 위법성을 이유로 후행행위의 효력을 다툴 수 없다는** 것이 B의 반론이다. B의 주장은 맞는가?

② A는 자신의 토지를 B에게 매각하였고, C세무서장은 D시장이 결정하여 공고한 **개별공시지가에 근거하여** A에게 양도소득세부과처분을 하였다. 이에 A는 양도소득세가 과다하다고 생각하고 그 이유를 알아보니 D의 **개별공시지가결정이** 잘못되어 있음을 발견하고 이에 대해 이의신청을 하려하였으나 이의신청기간이 지난지가 오래되었다. 따라서 A는 C에 대해 **공시지가가 위법이므로 그에 근거한 양도소득세부과처분도 위법이라는** 이유로 취소소송을 제기하였다. 이는 허용되는가?

③ A경찰서장은 직무수행능력 및 소속부하에 대한 지휘감독능력의 현저한 부족을 이유로 (구)경찰공무원법에 따라 **직위해제처분을** 받았다가, 그 후 3개월이 경과하여도 직위를 부여받지 못하였다는 이유로 직위해제처분을 받은 지 **4개월 후에 직권면직처분을** 받아 경찰공무원의 신분을 상실하게 되었다. A는 직위해제처분이 억울했지만 그 후 30일 이내에 소청심사위원회에 심사를 청구하지 않아 **불가쟁력이 생겼는데,** 그 이유는 3개월 이내에 복직될 것을 기대하고 그동안 자숙하며 직무수행의 잘못을 반성하고 있었기 때문이라고 주장한다. A는 직권면직처분을 당하게 되자 **직위해제처분이 비례원칙위반으로 위법이었으므로 면직처분도 위법이라고** 주장하면서 **면직처분취소소송을** 제기하였다. A의 소송은 인정되는가?

1. 하자의 승계의 의의

일정한 행정목적을 위하여 두 개 이상의 행정행위가 단계적으로 연속하여 행해진 경우에 후행행위 자체에는 하자가 없더라도 선행행위의 하자를 이유로 후행행위의 효력을 다투는 것을 하자의 승계라 한다. 선행행위에 불가쟁력이 발생하면 더 이상 그 효력을 다툴 수 없게 하는 것이 행정법관계의 안정성과 행정의 실효성을 위하여 바람직하지만, 예외적으로 선·후행행위가 상호 밀접한 관계를 가지며 하나의 법적 효과의 발생을 목적으로 하는 경우에 상대방·이해관계인이 선행행위의 불가쟁력만을 이유로 그 후의 행정행위를 감수하도록 하는 것은 그들의 권리보호의 관점에서 너무 가혹한 경우가 있을 수 있다. 따라서 그 예외를 인정하고자 하는 제도가 흠의 승계이며, 이는 국민의 권리보호와 행정의 실질적 타당성확보에 도움이 되는 제도이다.

2. 논의의 전제조건

하자의 승계의 논의는 다음과 같은 것이 전제되는 경우에 의미가 있다. ㉠ 선행행위에 무효사유가 아닌 취소사유에 해당하는 하자가 존재하여야 한다. 선행행위가 무효인 경우에는 그 하자가 후행행위에 당연히 승계됨은 물론이고, (선행행위에 불가쟁력이 생기지 않으므로) 선행행위의 무효를 직접 다투면 되기 때문이다. ㉡ 선행행위에 불가쟁력이 발생하였다는 것이 전제되어야 한다. 불가쟁력이 발생되기 이전이면 바로 선행행위를 다투면 되기 때문이다. ㉢ 후행행위에는 하자가 없는 경우이어야 한다. 후행행위에 하자가 있는 경우에는 바로 후행행위의 효력을 다투면 되기 때문이다.

3. 하자의 승계 여부

(1) 전통적 견해(통설·판례)

1) 선·후행행위가 하나의 법률효과를 목적으로 하는 경우: 승계인정

종래의 통설·판례에 의하면 선·후행행위가 서로 결합하여 하나의 법률효과를 완성하는 경우에는 선행행위의 하자가 후행행위에 승계된다. 대표적인 예로는 조세체납처분에 있어서의 독촉·압류·매각·충당의 각 행위 사이, 행정대집행에 있어서 계고·대집행영장에 의한 통지·대집행실행·비용징수의 각 행위 사이 등이다.

대법원이 하자의 승계를 인정한 경우는 ㉠ 대집행의 계고처분과 대집행영장발부통보처분 사이(대법원 1996.2.9, 95누12507), ㉡ 안경사시험합격무효처분과 안경사면허처분취소 사이(대법원 1993.2.9, 92누4567), ㉢ 국세체납에 대한 독촉처분과 가산금・중가산금징수처분 사이(대법원 1986.10.28, 86누147), ㉣ 한지의사(限地醫師, 무의촌 등 일정한 지역 안에서만 개업하도록 허가한 의사)시험자격 인정과 한지의사면허처분 사이(대법원 1975.12.9, 75누123) 등이다.

2) 선・후행행위가 별개의 법률효과를 목적으로 하는 경우

(가) 원칙: 승계부인

선・후행행위가 서로 독립하여 각각 별개의 법률효과를 목적으로 하는 경우에는 쟁송제기기간이 도과하여 불가쟁력이 생긴 선행행위의 하자를 이유로 후행행위의 효력을 다투지 못한다는 것이 전통적인 통설・판례이다.

대법원이 하자의 승계를 부인한 것으로 대표적인 것은 ㉠ 토지구획정리사업시행 인가처분과 환지청산금(토지교환면적의 증감에 따른 땅값의 차액)부과처분 사이(대법원 2004.10.14, 2002두424), ㉡ 병역법상 보충역편입처분과 공익근무요원소집처분 사이(대법원 2002.12.10, 2001두5422), ㉢ 구 토지수용법상 사업인정고시(공익사업시행을 인정・고시하는 것 – 토지수용이 가능해짐)와 수용재결처분 사이(대법원 2000.10.13, 2000두5142), ㉣ 도시계획시설(도로, 공원, 하수도, 화장시설 등 기반시설 중 도시관리계획으로 결정된 시설)변경 및 지적(地籍)승인고시처분(지적이 표시된 지형도상에 도시계획사항을 명시하여 고시하는 것)과 사업계획(아파트재건축사업계획)승인처분 사이(대법원 2000.9.5, 99두9889), ㉤ 건물의 철거명령과 대집행계고처분 사이(대법원 1998.9.8, 97누20502), ㉥ 표준공시지가결정과 개별공시지가결정 사이(대법원 1996.9.20, 95누11931), ㉦ 공무원의 직위해제처분과 면직처분 사이(대법원 1984.9.1, 84누191), ㉧ 조세부과처분과 체납처분 사이(대법원 1988.6.28, 87누1009) 등이다.

【 판례 】 도시・군계획시설결정과 실시계획인가는 도시・군계획시설사업을 위하여 이루어지는 단계적 행정절차에서 별도의 요건과 절차에 따라 별개의 법률효과를 발생시키는 독립적인 행정처분이다. 그러므로 선행처분인 **도시・군계획시설결정에 하자가 있더라도** 그것이 당연무효가 아닌 한 원칙적으로 **후행처분인** (**시・도지사의**) **실시계획인가에 승계되지 않는다**(대법원 2017.7.18, 2016두49938).

이에 대해서는 동일한 법적 효과 여부에 따라 하자의 승계 여부를 결정하는 것은 지나치게 형식적인 것이며, 구체적으로 불합리한 결과를 도출할 수 있으므로, 흠의 승계 여부는 행정의 능률성과 실효성・법적 안정성・제3자의 보호・국민의 권리구제 등을 종합적으로 고려하여 구체적 타당성을 가질 수 있도록 결정하여야 한다는 비판이 있어 왔다.

(나) 예외: 승계인정

위의 비판 탓인지 대법원 판례는 '예측가능성의 법리'와 '수인가능성의 법리'를 보충적으로 적용하여 예외를 인정한다. 즉, 선·후행행위가 서로 독립하여 각각 별개의 법률효과를 목적으로 하는 경우라고 하더라도 승계를 인정하지 않으면 상대방에게 수인한도를 넘는 가혹함을 가져오고 그것이 예측가능하지 않은 경우에는 예외적으로 승계를 인정한다.

대법원은 ㉠ 개별공시지가결정과 그에 따른 과세처분에 있어서 개별공시지가결정의 하자를 이유로 과세처분의 하자를 주장할 수 있으며(대법원 1994.1.25, 93누8542, 위 설문 ② 참조. 수인한도 내이고 예측가능한 경우에는 승계를 불인정. 아래 대법원 1998.3.13, 96누6059 판례 참조), ㉡ 표준지공시지가결정(시장·군수·구청장이 정하는 개별토지의 공시지가 결정의 기초가 되는 표준지의 가격결정. 국토교통부장관이 정함)과 그에 따른 수용재결(토지보상금 산정)에 있어서 표준지공시지가결정의 하자를 이유로 수용재결의 하자를 주장할 수 있고(대법원 2008.8.21, 2007두13845), 친일반민족행위진상규명위원회의 친일반민족행위자결정(선행처분)의 하자를 이유로 '독립유공자 예우에 관한 법률' 적용배제자 결정(후행처분)의 하자를 주장할 수 있다고 판결하였다(대법원 2013.3.14, 2012두6964).

【 판례 】 ① **개별공시지가결정**은 이를 기초로 한 **과세처분** 등과는 별개의 독립된 처분으로서 서로 독립하여 별개의 법률효과를 목적으로 하는 것이나, 개별공시지가는 이를 토지소유자나 이해관계인에게 **개별적으로 고지하도록 되어 있는 것이 아니어서** 토지소유자 등이 개별공시지가결정 내용을 알고 있었다고 전제하기도 곤란할 뿐만 아니라 결정된 개별공시지가가 자신에게 유리하게 작용될 것인지 또는 불이익하게 작용될 것인지 여부를 쉽사리 예견할 수 있는 것도 아니며, 더욱이 장차 어떠한 과세처분 등 구체적인 불이익이 현실적으로 나타나게 되었을 경우에 비로소 권리구제의 길을 찾는 것이 우리 국민의 권리의식임을 감안하여 볼 때 토지소유자 등으로 하여금 결정된 개별공시지가를 기초로 하여 장차 과세처분 등이 이루어질 것에 대비하여 항상 토지의 가격을 주시하고 개별공시지가결정이 잘못된 경우 정해진 시정절차를 통하여 이를 시정하도록 요구하는 것은 부당하게 높은 주의의무를 지우는 것이라고 아니할 수 없고, 위법한 개별공시지가결정에 대하여 그 정해진 시정절차를 통하여 시정하도록 요구하지 아니하였다는 이유로 위법한 개별공시지가를 기초로 한 과세처분 등 후행 행정처분에서 개별공시지가결정의 위법을 주장할 수 없도록 하는 것은 **수인한도를 넘는 불이익을 강요하는 것으로서** 국민의 재산권과 재판받을 권리를 보장한 헌법의 이념에도 부합하는 것이 아니라고 할 것이므로, 개별공시지가결정에 위법이 있는 경우에는 그 자체를 행정소송의 대상이 되는 행정처분으로 보아 그 위법 여부를 다툴 수 있음은 물론 이를 기초로 한 과세처분 등 행정처분의 취소를 구하는 행정소송에서도 선행처분인 개별공시지가결정의 위법을 독립된 위법사유로 주장할 수 있다고 해석함이 타당하다(대법원 1994.1.25, 93누8542). (재판당시와는 달리 지금은 개별공시지가를 개인에게 우편으로 통보하고 있으므로 지금 동일한 재판을 한다면 재판결과는 달라질 가능성이 크다.).
②〈**비교판례**〉 원고가 이 사건 토지를 매도한 이후에 그 양도소득세 산정의 기초가 되는 1993년도 개별공시지가 결정에 대하여 한 재조사청구에 따른 **조정결정을 통지받고서도 더 이상 다투지 아니한 경우**까지 선행처분인 개별공시지가 결정의 불가쟁력이나 구속력이 **수인한도를 넘는 가혹한 것이거나 예측불가능하다고 볼 수 없어**, 위 개별공시지가 결정의 위법을 이 사건 과세처분의 **위법사유로 주장할 수 없다**(대법원 1998.3.13, 96누6059).
③ **표준지공시지가결정**은 이를 기초로 한 **수용재결** 등과는 별개의 독립된 처분으로서 **서로 독립하여 별개의 법률효과를 목적으로 하지만**, 표준지공시지가는 이를 인근 토지의 소유자나 기타 이해관계인에게 **개별적으로 고지하도록 되어 있는 것이 아니어서** 인근 토지의 소유자 등이 표준지공시지가결정 내용을 알고 있었다고 전제하기가 곤란할 뿐만 아니라, … 위법한 표준지공시지가결정에 대하여 그 정해진 시정절차를 통하여 시정하도록 요구하지 않았다는 이유로 위법한 **표준지공시지가를 기초로 한 수용재결 등 후행 행정처분에서 표준지공시지가결정의 위법을 주장할 수 없도록 하는 것은 수인한도를 넘는 불이익을 강요하는 것**으로서 국민의 재산권과 재판받을 권리를 보장한 헌법의 이념에도 부합하는 것이 아니다. 따라서 표준지공시지가결정이 위법한 경우에는 그 자체를 행정소송의 대상이 되는 행정처분으로 보아 그 위법 여부를 다툴

수 있음은 물론, **수용보상금의 증액을 구하는 소송에서도 선행처분으로서 그 수용대상 토지가격 산정의 기초가 된 비교표준지공시지가결정의 위법을 독립한 사유로 주장할 수 있다**(대법원 2008.8.21. 2007두13845). ④ 친일반민족행위자로 결정한 친일반민족행위진상규명위원회의 최종발표(선행처분)에 따라 지방보훈지청 장이 독립유공자 예우에 관한 법률 적용 대상자로 보상금 등의 예우를 받던 갑의 유가족 을 등에 대하여 독립유공자 예우에 관한 법률 적용배제자 결정(후행처분)을 한 사안에서, 피고(의정부보훈지청장)의 독립 유공자법 적용배제결정(후행처분)이 자신의 법률상 지위에 직접적인 영향을 미치는 행정처분이라고 생각 하였을 뿐, **통지를 받지도 않은 진상규명위원회의 친일반민족행위자 결정처분(선행처분)**이 자신의 법률상 지위에 영향을 주는 독립된 행정처분이라고는 생각하기는 쉽지 않았을 것으로 보인다. 이러한 상황에 있었 던 원고에게 이 사건 선행처분에 대하여 특별법에 의한 이의신청절차를 밟거나 이 사건 후행처분에 대한 것과 별개로 행정심판 내지 행정소송을 제기할 것을 기대하기는 매우 어렵다고 보아야 한다. 그런데도 원 고가 그러한 절차를 취하지 않았다는 이유로 이 사건 선행처분의 하자를 이유로 이 사건 후행처분의 효력 을 다툴 수 없게 하는 것은 **원고에게 수인한도를 넘는 불이익을 주고 그 결과가 원고에게 예측가능한 것이 라고 할 수 없다.** 사정이 이러하다면 이 사건 선행처분의 이 사건 후행처분에 대한 구속력은 인정할 수 없 다고 봄이 상당하므로 이 사건 선행처분에 위법이 있는 경우 원고는 이를 이유로 이 사건 후행처분의 효력 을 다툴 수 있다(대법원 2013.3.14. 2012두6964).

(2) 새로운 견해(소수설, 구속력설, 규준력설, 기결력설)

1) 선행행위의 구속력(규준력, 기결력)의 의의

새로운 견해에 의하면 둘 이상의 행정행위가 일련의 절차에서 연속하여 행해지는 경우 선행행위에 불가쟁력이 생겨서 확정되면, 선행행위는 행정청·상대방·이해관계인에게 일 정한 구속력을 가지게 되는데, 이를 선행행위의 구속력, 규준력(規準力), 기결력(旣決力)이라고 한다. 즉, 행정청은 후행행위를 함에 있어서 선행행위와 모순되는 결정을 해서는 안 되며, 상대방도 후행행위의 효력을 다투기 위하여 선행행위에 모순되는 주장을 하여서는 안 된다 는 것이다. 선행행위의 구속력이 인정되는 경우는 하자의 승계가 인정되지 않는다는 것이다.

2) 구속력의 요건

구속력이 인정되기 위해서는 ㉠ 선·후행행위가 동일한 목적을 추구하고, 그의 법적 효 과가 일치하여야 하고(사물적 한계), ㉡ 선·후행행위의 상대방이 일치하여야 하며(대인적 한계), ㉢ 선행행위의 사실·법상태가 계속 유지되어야 한다(시간적 한계). ㉣ 그러나 선행행위의 구 속력을 인정할 경우 그 결과가 개인에게 수인한도를 넘는 가혹한 결과를 초래하며, 예측가 능하지 않은 경우에는 구속력이 인정되지 않는다(예측가능성과 수인가능성).

3) 구속력과 하자의 승계의 비교

구속력설은 선행행위의 확정적 효력에 주안점을 둔 것이고, 기존의 하자승계론은 선행 행위의 위법성에 주안점을 둔 것이다. 따라서 양 견해는 결론에 있어서 정반대가 된다. 예 컨대, 구속력설은 행정대집행에 있어서의 계고·통지·실행·비용징수의 각 행위는 동일한 목적을 추구하고 그 법적 효과가 일치하기 때문에 후행행위는 선행행위에 구속되며, 따라서 선행행위에서 다투지 못했으면, 선행행위에 근거한 후행행위도 인정하여야 한다는 결론에 이르게 되고, 이는 기존의 통설과 정반대되는 결과이다. 이는 하자승계론이 추구하는 이념과는 배치되는 것이다. 따라서 기존의 학설이 설득력이 있고 결론에 있어서도 옳다고 생각된다.

【답】

① 판례에 의하면 "대집행의 계고, 대집행영장에 의한 통지, 대집행의 실행, 대집행에 요한 비용의 납부명령 등은 … 동일한 행정목적을 달성하기 위하여 단계적인 일련의 절차로 연속하여 행하여지는 것으로서, 서로 결합하여 하나의 법률효과를 발생시키는 것이므로, 선행처분인 계고처분이 하자가 있는 위법한 처분이라면, … 당연무효의 처분이라고 볼 수 없고 … 이미 불가쟁력이 생겼으며, … 대집행영장발부통보처분 자체에는 아무런 하자가 없다고 하더라도, 후행처분인 대집행영장발부통보처분의 취소를 청구하는 소송에서 청구원인으로 **선행처분인 계고처분이 위법한 것이기 때문에 그 계고처분을 전제로 행하여진 대집행영장발부통보처분도 위법한 것이라는 주장을 할 수 있다**"(대법원 1996.2.9, 95누12507 참조).

② 판례에 의하면 "선행처분과 후행처분이 **서로 독립하여 별개의 효과를** 목적으로 하는 경우에도 선행처분의 불가쟁력이나 구속력이 그로 인하여 불이익을 입게 되는 자에게 **수인한도를 넘는 가혹함을** 가져오며, 그 결과가 당사자에게 예측가능한 것이 아닌 경우에는 국민의 재판받을 권리를 보장하고 있는 헌법의 이념에 비추어 **선행처분의 후행처분에 대한 구속력은 인정될 수 없다.** (즉, 후행처분이 선행처분에 구속된다고 볼 수 없고, 선행처분의 위법성을 다툴 수 있다. 선행처분의 하자가 후행처분에 승계될 수 있다. 필자 주) 개별공시지가결정은 … 과세처분 등과는 … 서로 독립하여 별개의 법률효과를 목적으로 하는 것이나, 개별공시지가는 이를 토지소유자나 이해관계인에게 **개별적으로 고지하도록 되어 있는 것이 아니어서** 토지소유자 등이 개별공시지가결정 내용을 알고 있었다고 전제하기도 곤란할 뿐만 아니라, … 더욱이 장차 어떠한 과세처분 등 구체적인 불이익이 현실적으로 나타나게 되었을 경우에 비로소 권리구제의 길을 찾는 것이 우리 국민의 권리의식임을 감안하여 볼 때 토지소유자 등으로 하여금 결정된 개별공시지가를 기초로 하여 장차 과세처분 등이 이루어질 것에 대비하여 항상 토지의 가격을 주시하고 개별공시지가결정이 잘못된 경우 정해진 시정절차를 통하여 이를 시정하도록 요구하는 것은 부당하게 높은 주의의무를 지우는 것이라고 아니할 수 없고, 위법한 개별공시지가결정에 대하여 그 정해진 시정절차를 통하여 시정하도록 요구하지 아니하였다는 이유로 위법한 개별공시지가를 기초로 한 과세처분 등 후행행정처분에서 개별공시지가결정의 위법을 주장할 수 없도록 하는 것은 **수인한도를 넘는 불이익을 강요하는 것으로서** 국민의 재산권과 재판받을 권리를 보장한 헌법의 이념에도 부합하는 것이 아니라고 할 것이므로, 개별공시지가결정에 위법이 있는 경우에는 … 행정처분으로 보아 그 위법 여부를 다툴 수 있음은 물론 … **과세처분 등의 취소를 구하는 행정소송에서도 선행처분인 개별공시지가결정의 위법을 독립된 위법사유로 주장할 수 있다**"(대법원 1994.1.25, 93누8542). 현재는 개별공시지가를 개별적으로 통지하고 있는 등 상황이 크게 다르다. 따라서 재판결과도 달라질 것이다.

③ 판례는 "직위해제처분과 면직처분은 후자가 전자의 처분을 전제로 한 것이기는 하나 각각 단계적으로 별개의 법률효과를 발생하는 행정처분이어서 **직위해제처분의 위법사유가 면직처분에는 승계**

되지 아니한다 할 것이므로 선행된 직위해제처분의 위법사유를 들어 면직처분의 효력을 다툴 수는 없다"고 한다(대법원 1984.9.11, 84누191 참조). 그러나 이에 대해서는 비판이 가능하다. 즉, 직위해제와 면직처분이 서로 독립하여 별개의 효과를 목적으로 하는 경우라고 하더라도 직위해제를 당한 자가 복직을 기대하는 상황에서 소청심사청구나 소송을 제기하지 않았다는 이유로 더 이상 다투지 못하게 하는 것은 "선행처분의 불가쟁력이나 구속력이 그로 인하여 불이익을 입게 되는 자에게 수인한도를 넘는 가혹함을 가져오는 경우"에 해당하므로 **일단 소송제기는 인정하고 본안심리를 통하여 직위해제의 위법성 여부를 심사하였어야 했다**(그렇게 한 고등법원의 판결이 오히려 옳다고 생각된다).

제 8 절   행정행위의 폐지·실효

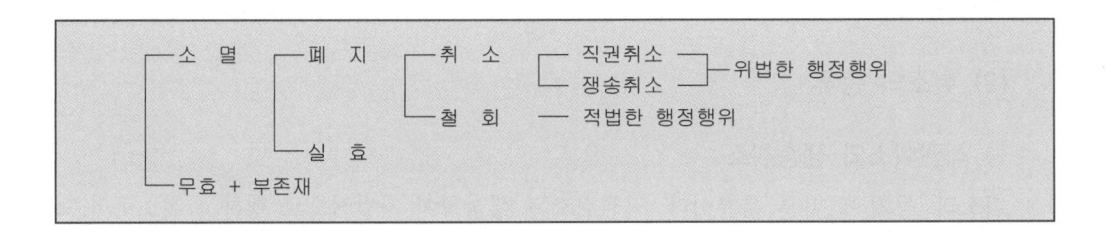

Ⅰ. 직권취소

【문제】 A市의 외곽에 토지를 소유하고 있는 甲은 A市長의 건축허가를 받아 이곳에 주택을 짓기 시작하였다. 건축허가를 받은 지 2개월 후 甲이 기초공사를 완료하였을 때 道의 감사과정에서 해당지역이 주택을 지을 수 없는 개발제한구역임이 밝혀졌다. 감독기관인 도지사는 A시장에게 甲에게 발급한 건축허가를 취소하라고 명령을 내렸다. 이에 따라 A시장은 청문절차를 거친 후 건축허가를 취소함과 동시에 철거명령을 내렸다. 건축허가취소에 대하여 甲은 전심절차를 거친 후 취소소송을 제기하였다. 인용 여부를 논하시오. 그리고 취소소송 이외의 다른 구제수단이 있다면 사안과 관련하여 간단히 논급하시오. 〈1997년 외무고시〉

1. 개 설

(1) 취소의 의의

행정행위의 취소란 일단 유효하게 성립된 행정행위를 나중에 성립 당시에 흠이 있음을 발견하고 그 흠을 이유로 하여 권한 있는 기관이 그 효력을 상실시키는 것을 말한다. '일단 유효하게 성립한' 행정행위의 효력을 소멸시킨다는 점에서 처음부터 무효인 행정행위를 공적으로 확인·선언하는 행위인 '무효선언'과 구별된다. 또한 '성립당시의 하자(원시적⟨原始的⟩ 하자)'를 이유로 하여 행정행위의 효력을 소멸시킨다는 점에서, 아무런 하자 없이 유효하게 성립한 행정행위를 그 후에 발생한 새로운 사정을 이유로 그 효력을 장래에 향하여 소멸시키는 행위인 '철회'와 구별된다.

【 참고 】 음주운전으로 인한 '운전면허의 취소', 의무위반으로 인한 '영업허가의 취소'의 경우에서 보듯이 이것들은 운전면허나 영업허가의 성립당시의 하자를 이유로 행정행위의 효력을 소멸시키는 것이 아니므로 '취소(Rücknahme)'가 아니라 '철회(Widerruf)'에 **해당**한다. 따라서 '운전면허의 철회', '영업허가의 철회'라고 칭하는 것이 타당하다. 그럼에도 불구하고 **관행적으로 '취소'라고 칭하고 있는 것이 현실**이기는 하지만, **'취소'와 '철회'는 법적으로 구분하여야 하는 개념**이다(후술하는 '철회' 참조).

광의의 취소에는 직권취소와 쟁송취소가 있는데, 협의의 취소는 직권취소를 의미한다. 여기에서는 직권취소를 다루며, 쟁송취소는 후술의 '행정쟁송법'에서 다룬다.

(2) 취소의 종류

1) 직권취소와 쟁송취소

취소의 '동기'에 따른 분류이다. 직권취소는 행정청이 자발적으로 행하는 취소로서 독립된 새로운 행정행위이다. 쟁송취소는 상대방이나 이해관계인이 행정쟁송(행정심판·행정소송)을 제기함에 따라 행정청 또는 법원이 행하는 취소를 말한다.

2) 법원에 의한 취소와 행정청에 의한 취소

취소의 권한을 가진 '기관'에 의한 분류이다. 법원에 의한 취소는 소송제기를 전제로 한 쟁송취소이며, 행정청에 의한 취소는 직권취소와 쟁송취소(행정심판)가 있다.

3) 전부취소와 일부취소

행정행위의 전부를 취소하는 경우도 있고 일부만 취소하는 경우(경정처분)도 있다.

【 판례 】 **감액경정처분은 당초처분의 일부취소**로서의 성질을 가지고 있으므로, 당초처분에 취소사유인 하자가 있는 경우 그것이 처분 전체에 영향을 미치는 절차상 사유에 해당하는 등의 사정이 없는 한 **당초처분 자체를 취소하고 새로운 과세처분을 하는 대신 하자가 있는 해당부분 세액을 감액하는 경정처분에** 의해 당초처분의 하자를 시정할 수 있다(대법원 2006.3.9, 2003두2861).

(3) 직권취소와 쟁송취소의 구별

1) 기본적 차이

쟁송취소는 상대방이나 이해관계인이 자신의 법률상의 이익이 침해되었다는 이유로 행정쟁송을 제기하는 경우에 행하게 되는 것이므로 권리구제가 주된 목적이고, 부수적으로 행정의 적법성의 확보도 도모한다. 따라서 부담적(침익적) 행정행위 또는 제3자효 행정행위를 대상으로 한다.

직권취소는 행정청이 위법·부당한 상태를 제거하기 위해 스스로 행하는 것이므로 행정의 적법·타당성의 확보와 행정목적의 실현에 주된 목적이 있다. 따라서 부담적·수익적 행정행위 모두를 대상으로 할 수 있다. 법적으로 문제되는 경우는 주로 행정청이 수익적 행정행위를 취소하여 결과적으로 국민의 권익을 침해하는 경우이지만(예: 건축허가의 취소), 행정청이나 감독청이 부담적 행정행위(예: 과세처분)의 위법성을 나중에 발견하고 스스로 취소하는 경우도 있을 수 있다.

2) 구체적인 차이점

(가) 취소사유, 취소권자

행정행위가 위법한 경우는 물론 부당한 경우도 직권으로 취소된다. 쟁송취소는 행정심판에 있어서는 부당한 행정행위도 취소하지만, 행정소송에서는 위법한 경우만 취소된다.

직권취소는 행정청(처분청, 감독청)이 하고, 쟁송취소는 행정심판위원회 또는 법원이 한다.

(나) 취소기간

신뢰보호원칙 내지 실권의 법리에 따라 상당한 기간 내에만 직권취소가 가능한 경우(예: 위법한 수익적 행정행위의 직권취소의 경우)도 있지만(후술), 원칙적으로 직권취소는 취소기간의 제한을 받지 않는다. 반면 쟁송취소는 쟁송의 제기기간이 법에 정해져 있다.

【 판례 】 변상금 부과처분에 대한 **취소소송이 진행중이라도** 그 부과권자로서는 위법한 처분을 스스로 취소하고 그 하자를 보완하여 다시 적법한 부과처분을 할 수도 있다(대법원 2006.2.10, 2003두5686).

(다) 이익형량

직권취소, 특히 수익적 행정행위의 취소는 그와 관련된 공익과 사익을 비교형량하여 결정해야 하는 경우가 많지만, 쟁송취소의 경우에는 행정행위의 위법성이 있는 한, 상대방의 권리구제를 위해 취소해야 한다(사정재결·사정판결의 경우는 예외. 후술).

(라) 취소절차

직권취소는 특별한 규정(예: 행정절차법상 청문·의견진술기회의 부여 등과 같은 절차규정. 민원사무처리에 관한 법률)이 없는 한 특별한 절차를 필요로 하지 않는다. 쟁송취소는 행정심판법·행정소송법이 정한 절차를 엄격히 지켜야 한다.

(마) 취소의 내용, 형식

직권취소는 처분청 또는 감독청이 행하므로 행정행위를 적극적으로 변경할 수 있다. 반면 쟁송취소는 행정심판에 있어서는 예외적으로 적극적인 변경이 필요한 경우도 있지만 (행심법 제42조 ③), 취소소송에서는 일부취소를 내용으로 하는 변경은 허용되지만 적극적 변경은 허용되지 않는다.

직권취소는 새로운 행정행위이므로 반드시 특별한 형식이 필요한 것은 아니다. 반면, 쟁송취소는 재결·판결 등의 형식으로 이루어진다.

(바) 취소의 효력

쟁송취소는 위법한 침익적 행정행위로 침해당한 권리를 구제하기 위한 것이기 때문에 취소의 효력이 소급되는 것은 당연하다. 직권취소에 있어서는 침익적 행정행위를 취소하는 경우에는 취소의 효력이 소급하는 것은 당연하지만(예: 위법한 과세처분의 취소), 수익적 행정행위를 취소하는 경우에는 상대방에게 귀책사유가 있는 경우이거나(예: 신청자격 없는 자가 신청한 보조금의 지급의 취소) 본질적으로 효력이 소급될 수밖에 없는 경우에(예: 위법한 건축허가의 취소) 효력이 소급되는 것을 제외하고는 취소의 효과는 장래에만 미치는 것이 원칙이다.

2. 취소권자

행정행위를 발한 행정청(처분청)은 법적 근거를 불문하고 자신의 행위를 시정하기 위해 취소할 수 있음은 물론이다. 감독청도 법적 근거가 있는 경우는 취소할 수 있음은 물론이지만(예: 정부조직법 제11조 ②, 제16조 ②; 지방자치법 제188조) 법적 근거가 없어도 취소할 수 있는지에 관해서는 다툼이 있다. 감독청은 처분청에 대해 취소를 명할 수 있을 뿐이라는 견해와(소극설) 감독권에는 취소권이 포함되는 것이므로 직접 취소할 수 있다는 견해가(적극설) 있다. 감독청은 처분청의 행위를 교정할 필요가 있는 경우에는 일단 처음에는 처분청에게 위법·부당한 행정행위의 취소를 명하는 것이 일반적이며, 처분청이 이에 응하지 않을 경우에는 결국 직접 취소할 수 있다고 하여야 감독의 실효성이 확보될 수 있을 것이다. 따라서 적극설이 타당하다.

3. 직권취소의 근거와 사유

위법·부당한 행정행위를 취소함에 있어서 행정행위의 근거규정 외에 별도의 취소에 관한 명시적인 법적 근거가 필요하지 않다는 견해가 통설·판례이다. 위법한 것을 적법한 것으로 교정하는 것은 법치국가의 원리상 당연한 것이기 때문이다.

행정행위의 취소의 사유에 관하여 법령에서 명문으로 규정하고 있는 경우(예: 정부조직법 제11조 ②, 지방자치법 제188조) 외에 통칙적인 규정은 없다. 행정행위의 흠 중에서 흠이 중대하고 명백하여 무효원인인 것을 제외한 모든 흠이 취소원인이 된다고 보는 것이 통설이다.

4. 직권취소의 제한

위법한 부담적 행정행위는 국민의 권리를 위법하게 침해하는 것이므로 그것의 불가쟁 력이 발생하기 이전은 물론이고 발생한 이후라도 행정청은 취소할 자유가 있을 뿐만 아니 라 오히려 취소하는 것이 마땅하다. 다만 취소하면 공익을 크게 해치게 되어 취소하지 못하 는 경우도 있을 수 있다. 따라서 취소의 제한은 주로 수익적 행정행위의 경우에 문제된다.

(1) 취소제한의 원칙(이익형량의 원칙)

위법한 수익적 행정행위의 직권취소의 경우에는 앞의 신뢰보호의 원칙에서 서술한 바 와 같이 행정의 법률적합성의 원칙과 신뢰보호의 원칙을 적절하게 조화시키는 것이 관건이 다. 즉, 한편으로는 법률적합성의 원칙에 따라 위법한 행정행위를 취소함으로써 달성하려는 공익상 목적과, 다른 한편으로 법적 안정성 내지 신뢰보호의 원칙에 따라 상대방의 기득권 의 보호, 법률생활의 안정, 제3자의 이익 등 여러 이익을 비교형량하여 취소 여부를 결정하 여야 한다. 공익이 사익보다 커서 취소가 꼭 필요한 경우에 한하여 취소할 수 있다.

【참고】 **행정기본법 제18조(위법 또는 부당한 처분의 취소)** ② 행정청은 제1항에 따라 당사자에게 권리나 이익을 부여하는 처분을 취소하려는 경우에는 취소로 인하여 **당사자가 입게 될 불이익을 취소로 달성되는 공익과 비교·형량(衡量)**하여야 한다. 다만, 다음 각 호의 어느 하나에 해당하는 경우에는 그러하지 아니 하다. 1. 거짓이나 그 밖의 **부정한 방법**으로 처분을 받은 경우, 2. 당사자가 처분의 **위법성을 알고 있었거나** 중대한 과실로 알지 못한 경우.

【판례】 행정행위를 한 처분청은 그 행위에 하자가 있는 경우에 별도의 법적 근거가 없더라도 스스로 이를 취소할 수 있는 것이며, 다만 그 행위가 국민에게 권리나 이익을 부여하는 이른바 수익적 행정행위인 때에 는 그 행위를 취소하여야 할 공익상 필요와 그 취소로 인하여 당사자가 입을 기득권과 신뢰보호 및 법률생 활 안정의 침해 등 불이익을 비교교량한 후 **공익상 필요가 당사자의 기득권침해 등 불이익을 정당화할 수 있을 만큼 강한 경우**에 한하여 **취소**할 수 있다(대법원 1986.2.25. 85누664).

(2) 취소가 제한되는 경우

1) 수익자의 신뢰보호

상대방이 수익적 행정행위를 신뢰하였고, 그 신뢰는 보호할 만한 가치가 있으며(예: 상대방이 위법성을 모른 경우, 상대방에게 잘못이 없는 경우), 신뢰에 따라 일정한 조치를 취하였거나(예: 공사의 착수) 수령된 급부를 이미 사용·소비하여 원상회복이 심히 곤란하거나 불가능한 경우에는 취소가 제한된다. 다만 공익을 위해서 반드시 취소해야만 할 경우에는(예: 위법한 건축허가에 따라 착수한 건축물이 제3자〈이웃주민〉의 이익과 공익에 심히 해가 되기 때문에 건축허가를 취소하고 공사중의 건축물을 철거하는 경우) 보상을 통해서 선의의 수익자를 보호할 필요가 있다('신뢰보호의 원칙' 참조).

【 판례 】 구 국민연금법(2016.5.29. 개정되기 전의 것) 제57조 제1항, 부칙(2007. 7. 23.) 제9조 제1항 제1호의 내용과 취지, 사회보장 행정영역에서 수익적 행정처분 취소의 특수성 등을 종합하여 보면, 위 조항에 따라 급여를 받은 당사자로부터 잘못 지급된 급여액에 해당하는 금액을 환수하는 처분을 할 때에는 급여의 수급에 관하여 당사자에게 고의 또는 중과실 등 귀책사유가 있는지, 지급된 급여의 액수·연금지급결정일과 지급결정 취소 및 환수처분일 사이의 시간적 간격·수급자의 급여액 소비 여부 등에 비추어 이를 다시 원상회복하는 것이 수급자에게 가혹한지, 잘못 지급된 급여액에 해당하는 금액을 환수하는 처분을 통하여 달성하고자 하는 공익상 필요의 구체적 내용과 그 처분으로 말미암아 당사자가 입게 될 불이익의 내용 및 정도와 같은 여러 사정을 두루 살펴, **잘못 지급된 급여액에 해당하는 금액을 환수하는 처분을 하여야 할 공익상 필요와 그로 인하여 당사자가 입게 될 기득권과 신뢰의 보호 및 법률생활 안정의 침해 등의 불이익을 비교·교량한 후, 공익상 필요가 당사자가 입게 될 불이익을 정당화할 만큼 강한 경우에 한하여 잘못 지급된 급여액에 해당하는 금액을 환수하는 처분을 하여야 한다.** .... 이 사건 환수처분에 의하여 원고가 반환해야 하는 급여액수, 원고의 연령과 경제적 능력 등을 고려하면 원고에게 가혹하다고 보이는 점 등을 종합하면, **이 사건 환수처분을 함으로써 얻을 수 있는 공익상 필요가 그로 말미암아 원고가 입게 될 불이익을 정당화할 만큼 강하다고 보기 어렵다.**
행정처분을 한 처분청(국민연금공단)은 …… 국민연금법이 정한 수급요건을 갖추지 못하였음에도 연금 지급결정이 이루어진 경우에는 **이미 지급된 급여 부분에 대한 환수처분과 별도로 지급결정을 취소할 수 있다.** 이 경우에도 이미 부여된 국민의 기득권을 침해하는 것이므로 취소권의 행사는 지급결정을 취소할 공익상의 필요보다 상대방이 받게 될 불이익 등이 막대한 경우에는 재량권의 한계를 일탈한 것으로서 위법하다고 보아야 한다. 다만 이처럼 연금 지급결정을 취소하는 처분과 그 처분에 기초하여 잘못 지급된 급여액에 해당하는 금액을 환수하는 처분이 적법한지를 판단하는 경우 비교·교량할 각 사정이 동일하다고는 할 수 없으므로, 연금 지급결정을 취소하는 처분이 적법하다고 하여 환수처분도 반드시 적법하다고 판단하여야 하는 것은 아니다(대법원 2017.3.30. 2015두43971).

2) 실 권

행정청에게 취소권이 인정된 경우에도 장기간 그 권한을 행사하지 않았기 때문에 취소권을 행사하지 않을 것이라는 신뢰를 상대방에게 주었으며, 이제 와서 취소권을 행사하게 되면 공익에 비해 상대방에게 주는 불이익의 정도가 너무 심한 경우에는 행정청은 실권의 법리에 따라 취소권을 상실하게 된다. 우리는 학설·판례만 있을 뿐이고, 명문의 규정은 없다('신뢰보호의 원칙' 참조).

【참고】독일에서는 행정청이 **취소원인을 안 때로부터 1년 이내**에만 취소권을 행사할 수 있도록 명시하고 있다(연방행정절차법 제48조 ④).

3) 불가변력이 있는 행정행위

준사법적 절차에 의한 행정행위, 합의제행정청·행정위원회에 의한 행정행위, 다수인의 합의에 따라 결정되는 행위(예: 시험위원회를 통한 국가시험합격자의 결정), 특정한 법률사실 또는 법률관계의 존부나 정부를 공권적으로 확정하는 확인행위(예: 발명특허) 등은 불가변력이 인정되는 것으로서 행정청이 취소·변경하는 것이 제한된다.

4) 사법형성적 행정행위

인가와 같이 사인의 법률적 행위를 완성시키는 행위는 이미 사인의 법률행위가 완성된 이후에는 그 취소가 제한된다.

5) 포괄적 신분관계의 설정행위

귀화허가 등 포괄적인 신분관계를 설정하는 행위는 법적 안정성이 보다 강하게 요청되기 때문에 취소가 제한되는 정도가 강하다.

6) 흠의 치유·전환

흠 있는 행정행위의 치유·전환이 인정되는 경우에도 그만큼 직권취소가 제한된다.

(3) 취소가 제한되지 않는 경우

1) 위험의 방지·중대한 공익상의 필요

공공의 안녕과 질서에 대한 위험을 방지하기 위하여 필요한 경우, 취소를 정당화할 만한 정도의 중대한 공익상의 필요가 있을 때는 상대방의 신뢰에도 불구하고 흠 있는 행정행위는 취소되어야 한다.

2) 수익자의 책임

㉠ 행정행위의 흠이 수익자의 사기·강박·증뢰 등 부정한 방법에 기인하는 경우, ㉡ 수익자가 행정행위의 위법성을 알았거나 중대한 과실로 알지 못한 경우(행정기본법 제18조 ②), ㉢ 수익자 또는 그 대리인 등의 부정 또는 부실신고에 의하여 행정행위가 행해진 경우도 직권취소가 가능하다(독일 연방행정절차법 제48조 ② 참고).

3) 행정행위가 무효인 경우

행정행위의 위법성이 중대하고 명백하여 그 행정행위가 무효인 경우에는 행정행위의 상대방은 신뢰보호의 원칙을 원용할 수 없다. 하자가 명백하므로 상대방도 이미 그것을 인지하고 있었을 것이기 때문이다. 이 경우는 사실 '취소'가 아니라 당연무효이었음을 통지하여 확인시켜 주는 행위에 지나지 아니하는 것이다((대법원 1987.4.14, 86누459, '신뢰보호원칙' 참조).

5. 직권취소의 절차

행정행위의 직권취소의 절차에 관해서는 별도의 규정이 없는 것이 보통이다. 다만 수익적 행정행위의 취소는 결과적으로 국민에게 침익적인 것이 되므로 상대편의 이익을 보호하고 취소의 공정성·신중성을 기하기 위하여 관계자의 의견청취 등의 절차를 요구하는 특별규정이 있는 경우가 있다(도로법 제85조). 그러한 특별규정이 없는 경우에도 행정절차법이 보충적으로 적용되어 취소처분의 사전통지(제21조), 의견청취(제22조), 취소처분의 이유제시(제23조) 등의 규정을 준수하여야 한다.

6. 직권취소의 효과

(1) 소급효와 장래효

행정행위의 취소의 효과가 소급하는지의 여부는 일률적으로 말할 수는 없고 구체적 이익형량에 따라 다르다. 취소의 원인이 당사자에게 있거나, 기왕의 것을 제거하지 않으면 취소의 목적을 달성할 수 없는 경우에는 소급한다고 할 것이다.

부담적 행위(예: 위법한 과세처분)의 취소의 경우에는 소급효가 인정되어야 함은 당연하다. 수익적 행위의 취소의 경우에도 수익자의 신뢰를 보호할 필요가 없는 경우에는(예: ㉠ 행정행위의 흠이 수익자의 사기·강박·증뢰 등 부정한 방법에 기인하는 경우, ㉡ 수익자가 행정행위의 위법을 알았거나 중대한 과실로 알지 못한 경우, ㉢ 수익자 또는 그 대리인 등의 부정 또는 부실신고에 의하여 행정행위가 행해진 경우) 소급효가 인정된다.

상대방에게 귀책사유가 없는 경우에는 신뢰보호를 위하여 소급효는 인정되지 않는 것이 원칙이고 장래효만 인정된다. 행정기본법도 "행정청은 위법 또는 부당한 처분의 전부나 일부를 소급하여 취소할 수 있다. 다만, 당사자의 신뢰를 보호할 가치가 있는 등 정당한 사유가 있는 경우에는 장래를 향하여 취소할 수 있다."(제18조 ①)고 규정하고 있다.

(2) 손실보상

수익적 행정행위에 대한 상대방의 신뢰가 보호받을 만한 가치가 있으나 공익을 위해 사익을 희생하여 취소를 하는 경우에는 상대방의 손실은 보상하여야 할 것이다(위 '신뢰보호의 원칙' 및 독일 연방행정절차법 제48조 참조).

(3) 반환청구, 원상회복

수익적 행위의 취소의 효과가 소급되는 경우에는 처분청은 수익적 행위에 따라 지급한 금전·물건 등의 반환을 청구하거나 원상회복을 요구할 수 있다. 부담적 행위가 취소된 경우에는 이미 납부한 금전 등의 반환청구권이나 원상회복청구권이 상대방에게 인정된다.

7. 직권취소가 위법인 경우

(1) 무효인 경우

취소의 위법성이 중대·명백하여 무효인 경우는 원래의 행정행위가 그대로 존속한다.

(2) 취소사유가 있는 경우

직권취소가 위법인 경우에 취소를 다시 취소하여 원래의 행정행위를 소생시킬 수 있는가에 대해서는 다툼이 있다. 즉, 취소한 것을 다시 취소할 수는 없고 원래의 행정행위와 동일한 내용의 새로운 행정행위를 다시 할 수밖에 없다는 견해(소극설), 취소의 법리에 따라 다시 취소할 수 있다는 견해(적극설), 당해 행정행위의 성질, 새로운 이해관계인의 등장 여부, 신뢰보호 등을 고려하여 판단하여야 한다는 견해(절충설)가 있다.

판례는 ㉠과세처분 등 부담적 행위의 경우에는 취소한 뒤 다시 취소함으로써 원래의 부담적 행위를 소생시킬 수 없다고 하고, ㉡수익적 행위의 경우에는 취소를 한 후 새로운 제3의 이해관계인이 생기기 전까지는 다시 취소하여 원래의 수익적 행위를 회복시킬 수 있다고 하여 절충설을 취하는 것으로 보인다.

【판례】① (상속세)부과의 취소에 위법사유가 있다고 하더라도 당연무효가 아닌 한 일단 유효하게 성립하여 부과처분을 확정적으로 상실시키는 것이므로, **과세관청은 부과의 취소를 다시 취소함으로써 원부과처분을 소생시킬 수는 없고** 납세의무자에게 종전의 과세대상에 대한 납부의무를 지우려면 다시 법률에서 정한 부과절차에 좇아 **동일한 내용의 새로운 처분을 하는 수밖에 없다**(대법원 1995.3.10, 94누7027).
② 행정처분이 취소되면 그 소급효에 의하여 처음부터 그 처분이 없었던 것과 같은 효과를 발생하게 되는 바, 행정청이 의료법인의 이사에 대한 **이사취임승인취소처분**(제1처분)**을 직권으로 취소한**(제2처분) **경우에**

는 그로 인하여 이사가 소급하여 이사로서의 지위를 회복하게 되고, 그 결과 위 제1처분과 제2처분 사이에 법원에 의하여 선임결정된 임시이사들의 지위는 법원의 해임결정이 없더라도 당연히 소멸된다(대법원 1997. 1.21, 96누3401).

③ 광업권 허가에 대한 취소처분을 한 후에 새로운 이해관계인이 생기기 전에 취소처분을 취소하여 그 광업권의 회복을 시켰다면 모르되, 취소처분을 한 후에 제3자가 선출원을 적법히 함으로써 **이해관계인이 생긴 이후에 취소처분을 취소하여 광업권을 복구시키는 조치는, 제3자의 선출원 권리를 침해하는 위법한 처분**이라고 하지 않을 수 없다(대법원 1967.10.23., 67누126).

④ 지방병무청장이 재신체검사 등을 거쳐 현역병입영대상편입처분을 보충역편입처분이나 제2국민역편입처분으로 변경하거나 보충역편입처분을 제2국민역편입처분으로 변경하는 경우, 그 후 새로운 병역처분의 성립에 하자가 있었음을 이유로 하여 이를 취소한다고 하더라도 종전의 병역처분의 효력이 되살아나지 않는다(대법원 2002.5.28. 2001두9653).

8. 제3자효 행정행위의 직권취소

제3자효 행정행위, 즉 상대방에게는 수익적이지만 제3자에게는 침익적인 행정행위의 경우(예: 이웃주민에게 피해를 주는 건축허가, 공장설립허가)에는 전체적으로 수익적 행정행위의 취소에 관한 원리가 적용된다. 다만 이익형량에 있어서 취소를 통해서 추구하고자 하는 공익과 취소로 인해 피해를 입게 되는 상대방(예: 건축주)의 신뢰이익만이 아니라 취소로 인해 제3자(예: 이웃주민)가 얻게 되는 이익도 고려해야 한다는 점이 다르다.

【판례】① 수익적 행정처분을 취소 또는 철회하거나 중지시키는 경우에는 이미 부여된 그 국민의 기득권을 침해하는 것이 되므로, 비록 취소 등의 사유가 있다고 하더라도 그 취소권 등의 행사는 기득권의 침해를 정당화할 만한 중대한 공익상의 필요 또는 제3자의 이익보호의 필요가 있는 때에 한하여 상대방이 받는 불이익과 비교·교량하여 결정하여야 하고, 그 처분으로 인하여 **공익상의 필요보다 상대방이 받게 되는 불이익 등이 막대한 경우에는 재량권의 한계를 일탈한 것으로서 그 자체가 위법하다**(대법원 2004.7.22., 2003두7606).

② 산림법령에는 채석허가처분을 한 처분청이 산림을 복구한 자에 대하여 복구설계서승인 및 복구준공통보를 한 경우 그 취소신청과 관련하여 아무런 규정을 두고 있지 않고, 원래 행정처분을 한 처분청은 그 처분에 하자가 있는 경우에는 원칙적으로 **별도의 법적 근거가 없더라도 스스로 이를 직권으로 취소할 수 있지만, 그와 같이 직권취소를 할 수 있다는 사정만으로 이해관계인에게 처분청에 대하여 그 취소를 요구할 신청권이 부여된 것으로 볼 수는 없으므로**, 처분청이 위와 같이 법규상 또는 조리상의 신청권이 없이 한 이해관계인의 복구준공통보 등의 취소신청을 거부하더라도, 그 거부행위는 항고소송의 대상이 되는 처분에 해당하지 않는다(대법원 2006.6.30. 2004두701).

【답】 甲에 대한 건축허가는 위법이므로 A市長은 직권으로 취소할 수 있다. 특히 개발제한구역 내의 건축을 금지하는 **공익이 甲의 사익보다 우월하다고 할 수 있으므로 건축허가를 취소하는 것은 합당**하다. 따라서 甲의 청구가 인용되기 어렵다. 그러나 개발제한구역임에도 불구하고 건축허가를 함으로써 위법한 행정처분을 하게 된 책임이 A시장에게 있는지 아니면 甲에게 있는지에 따라 甲의 신뢰가 보호받을 만한 가치가 있는지가 결정된다. 甲에게 귀책사유가 없어서 **甲의 신뢰가 보호받을 만한 가치가 있는 경우에는 건축허가의 취소로 인해 甲이 피해를 입게 되었으므로 甲은 A市에 대하여**(배상주체는 지방자치단체임) **배상을 청구**할 수 있다고 할 것이다.

II. 행정행위의 철회

【문 제】 甲市의 A는 주거지역 내의 자신의 대지에 건축을 하기 위해 甲시장으로부터 건축허가를
받아 공사에 착수하였다. 그러던 중 **도시계획결정이 변경되어** 甲시장은 A의 대지가 **녹지보전지역**
으로 바뀌었음을 이유로 청문을 거친 후 **건축허가를 취소(철회)**하였다. 이에 A는 건축허가 취소
(철회)에 대하여 행정소송을 제기하려고 한다. 인용 여부를 논하시오. 〈1998 지방고시〉

1. 철회의 의의

철회란 행정행위가 하자 없이 유효하게 성립하였으나 사후에 발생한 사유를 들어 원칙
적으로 장래에 향하여 행정행위의 효력의 전부 또는 일부를 소멸시키는 행정행위를 말한
다. 실정법상으로는 '취소'라는 용어로 사용됨이 보통이다(예: 음주운전으로 인한 운전면허 취소).

철회는 성립당시의 하자를 이유로 하는 것이 아니라 성립 이후의 새로운 사정의 발생
을 이유로 하는 것이며, 법률에 특별한 규정이 없는 한 처분청만이 할 수 있고, 원칙적으로
장래에 향하여 효과를 발생한다는 점에서 직권취소와 구별된다.

2. 철회권자

행정행위의 철회는 처분청만이 할 수 있으며 감독청은 법률에 특별한 규정이 없는 한
철회권을 갖지 않는다. 감독권이란 피감독청의 권한행사를 시정하여 적법·타당성을 확보
하기 위한 것인데, 원래의 위법성을 제거하는 취소와는 달리 철회는 새로운 상황에 맞게 새
로운 행정행위를 하는 것이므로 원래의 처분청의 권한에 속하는 것이고, 감독청이 이를 대
신할 수는 없다고 보아야 하기 때문이다.

3. 철회의 법적 근거

행정행위에 철회사유가 존재하는 경우에 행정청은 법률에 근거가 없는 경우에도 철회
할 수 있는지가 문제다. 부담적 행정행위의 철회는 상대방에게 이익을 주는 것이므로 법적
근거를 요하지 않는다.

수익적 행정행위의 철회에 대해서는 다툼이 있었다. ① 수익적 행정행위의 철회는 결

과적으로 침익적인 것이 되므로, 법치행정의 원리와 기본권보장을 위해서는 단순히 공익상의 필요만으로 법적 근거 없이 철회를 할 수는 없다는 견해(법적근거필요설, 철회제한설)와 ② 철회는 행정행위를 존속시키기 어려운 새로운 사정이 생기는 경우에 인정되는 것인데 일일이 근거규정을 두는 것은 입법기술상 불가능하며, 중대한 공익상의 요청이 있는 경우에도 철회가 불가능해서는 안 되므로 명시적인 법적 근거가 없어도 철회할 수 있다는 견해(법적근거철회자유설)이다. 판례도 이 견해를 취한다(대법원 2004.7.22. 2003두7606).

그런데 이제는 행정기본법이 제정되어 판례와 같은 관점으로 입법적으로 해결되었으므로 논의의 실익이 없어졌다.

【참고】 행정기본법 제19조(적법한 처분의 철회)
① 행정청은 적법한 처분이 다음 각 호의 어느 하나에 해당하는 경우에는 그 처분의 전부 또는 일부를 장래를 향하여 철회할 수 있다. 1. 법률에서 정한 철회 사유에 해당하게 된 경우. 2. 법령 등의 변경이나 사정변경으로 **처분을 더 이상 존속시킬 필요가 없게 된 경우**. 3. **중대한 공익을 위하여 필요한 경우**.
② 행정청은 제1항에 따라 처분을 철회하려는 경우에는 철회로 인하여 **당사자가 입게 될 불이익**을 철회로 달성되는 **공익과 비교·형량하여야** 한다.

(3) 사 견

위와 같은 대립은 기본적으로 행정의 편의성과 법치주의 중 어느 것을 우선시킬 것인가에서 비롯된 것이다. 수익적 행정행위의 부관으로 철회권이 유보된 경우나(후술의 '행정행위의 부관' 참조) 상대방이 동의하는 경우, 입법자가 입법당시에는 예상하기 힘들 정도의 사정변경으로 인해 공익을 위해 철회가 불가피한 예외적인 경우 등에는 법률의 근거가 필요 없다고 할 수 있지만, 그 밖의 경우에는 수익적 행정행위의 철회를 위해서는 법률의 근거가 필요하다고 생각된다(예: 국유재산법 제36조 ②). 원래 아무런 흠이 없이 성립된 행위의 효력을 소멸시킴으로써 국민의 권익을 침해하는 것이 되므로 이것은 공익을 위한다는 것만으로는 정당화될 수 없다고 할 것이다.

4. 철회의 사유

철회사유는 각 법령에서 특별히 규정하고 있는 것이 보통이다. 판례는 법령에서 명시하고 있지 않은 것도 철회의 사유로서 인정하고 있다. 대체로 법령에서 명시하고 있거나 판례에서 인정하는 철회사유로는 아래와 같은 것이 있다.

(1) 철회권이 유보된 경우

행정행위를 하면서 일정한 사유가 발생하면 당해 행위를 철회하겠다는 뜻의 부관을 붙인 경우, 그 사실이 발생한 경우에는 행정청은 철회권을 행사할 수 있다.

(2) 상대방의 의무위반 · 의무불이행

행정행위의 상대방이 법령상의 의무를 준수하지 않고 위반한 경우(예: 음주운전 등 도로교통법상의 의무위반, 식품위생법상의 의무위반)에 그에 대한 제재조치로서 허가가 철회되는 경우가 많다(예: 운전면허 '취소', 식품영업허가 '취소'). 실무상 가장 흔한 경우이다. 또한 부담의 불이행 등의 경우에도 상대방에 대한 제재로서 허가 등의 철회가 가능하다.

(3) 사정변경, 공익상 필요

행정행위의 기초가 된 사실관계가 변경되거나(예: 도로의 폐지로 인한 도로점용허가의 철회), 법령 등의 변경이나 사정변경으로 처분을 더 이상 존속시킬 필요가 없게 된 경우, 중대한 공익을 위하여 필요한 경우에는 철회가 가능하다(행정기본법 제19조 ①). 이 경우 상대방의 귀책사유가 없거나 상대방의 신뢰를 보호할 만한 가치가 있는 경우에는 손실보상을 하여야 할 것이다.

> 예를 들면, 국유재산법 제36조 제2항은 "관리청은 사용허가한 행정재산을 국가나 지방자치단체가 직접 공용이나 공공용으로 사용하기 위하여 필요하게 된 경우에는 그 허가를 **철회할 수 있다.**" 제3항은 "제2항의 경우에 그 철회로 인하여 해당 사용허가를 받은 자에게 손실이 발생하면 그 재산을 사용할 기관은 대통령령으로 정하는 바에 따라 **보상한다**"고 규정하고 있다.

> 【 판례 】 귀국지연이라는 사유는 (구)병역법상 특례보충역편입제한사유로만 규정되어 있지만 이는 … 특례보충역에 편입된 후에도 병역의무를 마칠 때까지 계속해서 갖추어야 할 소극적 요건이라고 봄이 상당하므로, **특례보충역편입처분 후 그와 같은 귀국지연이라는 사유가 발생한 경우에는 이러한 사정은 그 편입처분을 취소(철회)할 수 있는 사정변경 또는 중대한 공익상의 필요가 발생한 것**으로 볼 수 있어 처분청으로서는 그 취소에 관한 **별도의 법적 근거가 없이도 이를 취소할 수 있다**(대법원 1995.2.28, 94누7713). (이 경우는 법적 근거가 전혀 없는 것이 아니라 특례보충역편입제한사유에 관한 규정을 유추적용한 것이라고 볼 수 있다.)

(4) 기타 법령이 정한 철회사유의 발생

법령에서 규정한 철회사유가 발생한 때에 철회권을 행사할 수 있음은 물론이다.

5. 철회의 제한

부담적 행정행위의 철회는 상대방에게 불이익을 제거하는 것이기 때문에 행정청이 비교적 자유롭게 철회할 수 있다. 철회의 제한은 주로 수익적 행정행위의 경우에 문제된다.

(1) 이익형량의 원칙

철회를 요하는 공익과 침해되는 상대방의 이익, 제3자의 보호이익, 법적 안정성 등 여러 이익을 비교형량하여 철회 여부를 결정하여야 한다(행정기본법 제19조 ② 참조).

【판례】① 구 건축법(2014.1.14. 개정되기 전의 것) 제11조 제7항은 건축허가를 받은 자가 허가를 받은 날부터 1년 이내에 공사에 착수하지 아니한 경우에 허가권자는 허가를 취소하여야 한다고 규정하면서도, 정당한 사유가 있다고 인정되면 1년의 범위에서 공사의 착수기간을 연장할 수 있다고 규정하고 있을 뿐이며, 건축허가를 받은 자가 착수기간이 지난 후 공사에 착수하는 것 자체를 금지하고 있지 아니하다. 이러한 법규정에는 건축허가의 행정목적이 신속하게 달성될 것을 추구하면서도 건축허가를 받은 자의 이익을 함께 보호하려는 취지가 포함되어 있으므로, **건축허가를 받은 자가 건축허가가 취소되기 전에 공사에 착수하였다면 허가권자는 그 착수기간이 지났다고 하더라도 건축허가를 취소하여야 할 특별한 공익상 필요가 인정되지 않는 한 건축허가를 취소할 수 없다**(대법원 2017.7.11. 2012두22973).
② 행정행위를 한 처분청은 비록 그 처분 당시에 별다른 하자가 없었고, 또 그 처분 후에 이를 철회할 별도의 법적 근거가 없다 하더라도 원래의 처분을 존속시킬 필요가 없게 된 사정변경이 생겼거나 또는 중대한 공익상의 필요가 발생한 경우에는 그 효력을 상실케 하는 별개의 행정행위로 이를 철회할 수 있다고 할 것이나, 수익적 행정처분을 취소 또는 철회하는 경우에는 이미 부여된 그 국민의 기득권을 침해하는 것이 되므로, 비록 취소 등의 사유가 있다고 하더라도 그 취소권 등의 행사는 **기득권의 침해를 정당화할 만한 중대한 공익상의 필요 또는 제3자의 이익보호의 필요가 있는 때에 한하여** 상대방이 받는 불이익과 비교·교량하여 결정하여야 하고, 그 처분으로 인하여 공익상의 필요보다 상대방이 받게 되는 불이익 등이 막대한 경우에는 재량권의 한계를 일탈한 것으로서 그 자체가 위법하다(대법원 2004.11.26. 2003두10251,10268).

(2) 철회가 제한되는 경우

1) 실 권

행정청이 철회사유가 있음을 알면서도 장기간(참고: 독일의 경우는 1년 – 연방행정절차법 제49조 ②) 철회권을 행사하지 않은 경우, 실권의 법리에 의해 철회권의 행사가 제한된다.

【판례】① **실권을 인정한 경우**: 행정청이 위 위반행위가 있은 이후에 **장기간에 걸쳐 아무런 행정조치를 취하지 않은 채 방치하고 있다가 3년여가 지난 1986.7.7.에 와서** 이를 이유로 행정제재를 하면서 가장 무거운 운전면허를 취소하는 행정처분을 하였다면 이는 행정청이 그간 별다른 행정조치가 없을 것이라고 믿은 **신뢰의 이익과 그 법적 안정성을 빼앗는 것이 되어 매우 가혹**할 뿐만 아니라 비록 그 위반행위가 운전면허 취소사유에 해당한다 할지라도 그와 같은 공익상의 목적만으로는 위 **택시운전사가** 입게 될 불이익에 견줄 바 못된다 할 것이다(대법원 1987.9.8. 87누373).
② **실권을 인정하지 않은 경우**: 교통사고가 일어난 지 1년 10개월이 지난 뒤 그 교통사고를 일으킨 택시에 대하여 **운송사업면허를 취소하였더라도** … 택시운송사업자로서는 자동차운수사업법의 내용을 잘 알고 있

어 교통사고를 낸 택시에 대하여 **운송사업면허가 취소될 가능성을 예상**할 수도 있었을 터이니, 자신이 별다른 행정조치가 없을 것으로 믿고 있었다 하여 바로 **신뢰의 이익을 주장할 수는 없다**(대법원 1989.6.27, 88누6283).

2) 불가변력이 있는 행정행위, 복효적 행정행위, 포괄적 신분관계 설정행위

불가변력이 인정되는 행위의 철회는 취소의 경우보다 더욱 제한된다.

복효적 행정행위, 예컨대, 자동차운수사업면허(예: 시내버스사업)를 철회할 경우 그것을 이용하는 제3자가 불이익을 받게 되므로 철회가 비교적 제한된다.

공무원임명행위·귀화허가 등 포괄적인 신분관계를 설정하는 행위도 철회의 제한정도가 강하다.

3) 비례의 원칙

상대방의 법령위반·의무불이행 등 귀책사유가 있는 경우에도 행정행위의 철회(예: 영업허가취소)는 가장 무거운 제재조치에 해당되므로 철회가 아닌 개선명령 등 보다 경미한 침해를 가져오는 수단으로도 목적을 달성할 수 있으면, 그러한 수단을 사용하여야 하고 철회권은 최후의 수단이 되어야 한다(비례의 원칙).

4) 일부철회

외형상 하나의 행정행위라고 하더라도 그것이 가분성이 있거나 일부 특정될 수 있는 경우에 전부철회가 아닌 일부철회로도 목적을 달성할 수 있으면 일부철회를 하여야 한다.

【판례】 보육시설을 타에 매매함으로써 처분제한 조건을 위반하였다는 사유로 보조금의예산및관리에관한법률 제30조 제1항에 의하여 **보조금교부결정을 취소함**에 있어서는 매매에 이른 경위 등 다른 사정들과 함께 **보조금이 일부 그 목적대로 집행된 사정을 감안하여 취소의 범위를 결정**하여야 할 것이다. … 피고가 이 사건 **보조금교부결정 전부를 취소한 것**은, 원고가 교부받은 직장보육시설 보조금의 일부가 정상적으로 집행되었다고 볼 수 있는 사정 등을 제대로 감안하지 아니한 것이어서 **재량권의 한계를 일탈·남용한 것**으로 위법하다고 할 것이다(대법원 2003.5.16, 2003두1288)

반면 복수의 행정행위라고 하더라도 상호관련성이 있어서 전부를 철회하여야만 목적을 달성할 수 있는 경우에는 전부 철회할 수 있다.

예컨대, 제1종 대형면허, 제1종 보통면허, 원동기장치자전거면허 모두를 소지한 자가 제1종 보통면허로 운전할 수 있는 차량을 음주운전한 경우에 제1종 보통면허만이 아니라 제1종 대형면허와 원동기장치자전거면허까지 취소할 수 있는 것으로 보아야 한다. 왜냐하면 제1종 보통면허만 취소(철회)할 경우에는 다른 제1종 대형면허로 동일한 차량을 운전할 수 있고 또한 원동기장치자전거도 운전할 수 있어서 면허취소의 목적을 달성할 수 없기 때문이다(아래 판례 ②참조).

【 판례 】 ① 원고가 술에 취한 상태에서 **레이카크레인을 운전하다가 교통사고를 일으킨 행위는 원고가 가지고 있는 면허 중 제1종 특수면허의 취소사유에 해당될 뿐**이고 제1종 보통 및 대형 면허의 취소사유에는 해당되지 아니하는 것이다(대법원 1995.11.16, 95누8850).
② 제1종 대형면허 소지자는 제1종 보통면허로 운전할 수 있는 자동차와 원동기장치자전거를, 제1종 보통면허 소지자는 원동기장치자전거까지 운전할 수 있도록 규정하고 있어서 제1종 보통면허로 운전할 수 있는 차량의 음주운전은 당해 운전면허뿐만 아니라 제1종 대형면허로도 가능하고, 또한 제1종 대형면허나 제1종 보통면허의 취소에는 당연히 원동기장치자전거의 운전까지 금지하는 취지가 포함된 것이어서 이들 세 종류의 운전면허는 서로 관련된 것이라고 할 것이므로 **제1종 보통면허로 운전할 수 있는 차량을 음주운전한 경우에 이와 관련된 면허인 제1종 대형면허와 원동기장치자전거면허까지 취소할 수 있는 것**으로 보아야 한다(대법원 1994.11.25, 94누9672).

6. 철회의 절차 · 이유제시

상대방의 보호와 철회의 적정성을 도모하기 위해 철회의 절차에 관해 명시적으로 규정하고 있는 경우도 있다(예: 식품위생법 제81조). 그러한 규정이 없는 경우는 원행정행위의 발령절차와 동일하게 하면 되고, 철회도 독립된 행정행위이므로 행정절차법의 적용을 받는다. 특히 수익적 행정행위의 철회는 관계당사자에게 의견진술기회를 부여하고 철회의 이유를 제시하여야 하는 등의 행정절차를 준수하여야 한다(행정절차법 제22 · 23조 등).

7. 철회의 효과

(1) 소급효 · 장래효

철회의 효과는 장래에 미치는 것이 일반적이다. 그러나 철회의 사유에 따라서는 효과가 소급되는 경우도 있다. 예컨대, 수익적 행정행위에 붙여진 부관인 부담을 상대방이 이행하지 않은 이유로 당해 행정행위를 철회하는 경우에 철회의 효과는 소급할 수 있으며, 이미 이행된 급부를 반환하도록 할 수도 있다(예: 농민이 특용작물재배에만 사용하도록 보조금을 지원받은 경우에 농민이 보조금을 다른 용도로 사용한 것을 이유로 보조금지급결정을 철회하는 경우).

(2) 손실보상, 반환청구, 원상회복

수익적 행정행위의 상대방에게 귀책사유가 없음에도 불구하고 공익을 위해 그것을 철회함으로 말미암아 상대방이 특별한 손해를 입게 되면 그에 대해서는 보상을 하여야 한다. 이에 관한 특별규정이 있는 경우도 있으나(도로법 제93조 ②, 국유재산법 제36조 ③) 일반법은 없다.
수익적 행위가 철회되어 철회의 효과가 소급되는 경우에는 처분청은 이미 지급한 금전 · 물건 등의 반환을 청구하거나 원상회복을 요구할 수 있다. 부담적 행위가 철회된 경우에는 상대방은 이미 납부한 금전 등의 반환을 청구하거나 원상회복을 요구할 수 있다.

8. 철회가 위법인 경우

철회가 위법인 경우에는 무효이거나 취소할 수 있는 것이 된다. 이에 관해서는 위에서 서술한 '직권취소가 위법인 경우'에 준하여 판단하면 된다.

9. 제3자효 행정행위의 철회

수익적 행정행위의 철회에 관한 원리가 적용되지만 이익형량에 있어서 철회를 요하는 공익과 상대방의 사익만이 아니라 제3자의 이익도 고려해야 한다는 점이 다르다.

> 【답】 설문의 **건축허가의 '취소'**는 정확히 말하면 **'철회'이다.** 甲시장이 도시계획변경을 이유로 기왕의 건축허가를 철회할 수 있는지는 ㉠우선 그러한 경우에 철회를 허용하는 법적 근거가 있는 것인지, ㉡법적 근거가 없다면 법적 근거가 없어도 도시계획변경을 이유로, 즉 공익을 이유로 이미 공사에 착공한 건축허가를 철회할 수 있는 것인지, ㉢철회할 수 있다고 한다면 A의 손해는 어떻게 할 것인지에 관한 검토가 필요하다. 설문에서는 도시계획변경을 이유로 하는 건축허가의 가능성에 관한 법률적 근거 여부는 불분명하다. **법적 근거가 필요하다는 견해를 따를 경우 법적 근거가 없다면 A는 승소할 수 있다.** 반면 반드시 법적 근거가 없어도 된다는 **기존의 판례와 그에 동조하는 견해를 따를 경우** A에 대한 건축허가의 철회는 공익과 사익을 저울질하여 결정해야 하는데 공익이 우월하므로 철회가 가능하다는 이유로 **A가 패소할 가능성이 높다.** A에 대한 건축허가는 도시계획결정에 따른 녹지보전지역의 지정목적에 크게 위배되기 때문이다. 그런데 **철회를 인정할 경우에도** A의 귀책사유가 없으므로 그의 신뢰이익을 보호하기 위해서는 건축공사의 착수로 인한 **손실보상을 하도록 판결하여야 한다.**

Ⅲ. 행정행위의 실효

1. 의 의

행정행위의 실효는 유효하게 성립한 행정행위가 행정청의 의사와 관계없이 일정한 사실에 의해 장래를 향하여 당연히 그 효력이 소멸되는 것을 말한다.

2. 실효의 사유·효과

행정행위 대상이 소멸되는 경우에는 그 효력도 소멸한다(예: 의사 사망, 영업허가시설의 소멸). 부관이 성취되면 실효하기도 한다. 해제조건이 붙은 행정행위는 그 조건이 성취됨으로써, 그리고 종기(終期)가 붙은 기한부 행정행위는 종기가 도래하면 그 효력이 소멸된다(후술하는 '행정행위의 부관' 참조). 또한 행정행위의 목적이 달성되면 그 효력이 소멸된다(예: 철거명령에 따라 건축물을 철거한 경우).

실효사유가 발생하면, 별도의 의사표시 없이 그때부터 장래에 향하여 효력이 소멸된다. 실효의 여부에 분쟁이 생기면 실효확인심판이나 실효확인소송을 통하여 해결한다.

【 판례 】 **도로가 용도폐지로 일반재산**이 된 경우에 용도폐지되기 이전에 의제된 (도로)**점용허가의 효력**은 **소멸**되고, 그때부터 관리청은 구 도로법 제43조를 근거로 점용료를 부과할 수 없다(대법원 2015.11.12. 2014 두5903).

제9절 행정행위의 부관

【 문 제 】 乙市長은 도심도로에서의 무질서한 상행위를 근절시키기 위하여 무허가 노점상을 전면 금지함과 동시에 예외적으로 몇 개소를 지정하여 신청자를 상대로 노점시장사용허가를 해 주기로 하였다. 甲은 노점시장사용허가를 신청하였는바, 乙시장은 甲에게 사용허가를 해 주면서 ① 행정청은 공익상 필요에 의하여 **언제든지 노점시설사용허가를 철회**할 수 있다. ② 노점시설영업을 타인에게 **양도할 때에는 시장의 인가**를 얻어야 한다. ③ 제세 및 공과금 이외의 **영업소득의 20%를 시에 납부**하여 도로정비 목적으로 언제든지 사용하도록 한다. ④ **계약기간은 1년**으로 한다. ⑤ 위 사항을 위반할 때에는 **언제든지 노점시설사용허가처분을 취소**할 수 있다고 하는 내용의 조건을 부가하였다. 이에 甲은 위 조건의 내용이 너무 과중하다고 생각하여 소송으로 다투려고 한다. 그 방법과 승소가능성에 대하여 논하시오. 〈제45회 행정고시〉

Ⅰ. 부관의 의의

1. 개 념

행정행위의 부관(附款, Nebenbestimmung)이란 행정행위의 효과를 제한하거나 또는 요건을 보충하거나 특별한 의무를 부과하기 위하여 행정기관에 의하여 주된 행정행위에 부가된 종된 규율을 말한다. 주로 영업허가나 건축허가 등과 같은 수익적 행정행위에 부가된다. 예를 들면, 아파트 건축허가를 하면서 진입로의 확장의무를 부과하는 경우가 있는데, '진입로의 확장의무'가 부관이다. 실정법에서는 부관 이외에 조건, 기한 등의 용어가 많이 사용된다.

2. 유사개념과의 구별

(1) 법정부관

예컨대, 광업법 제28조는 광업출원인은 광업권설정의 허가통지서를 받은 날로부터 30일 이내에 등록세를 납부하고 등록신청을 하여야 하며, 등록신청을 하지 않으면 허가의 효력을 상실하며, 동법 제12조는 광업권의 존속기간은 최대 25년이라고 규정하고 있다. 이처럼 행정행위의 효력의 조건이나 기한 등을 법령에서 직접 규정하고 있는 경우가 있는데, 이를 '법정부관'이라고 하고, 이는 행정청이 자신의 의사에 따라 행정행위에 붙인 것이 아니라 법령의 일부분이므로 여기서 말하는 '부관'과는 다르다. 법정부관의 내용을 다시 행정행위의 부관으로 표시하는 경우가 있는데, 이는 법령에서 정하고 있는 의무의 내용을 확인한 것에 불과하며 여전히 법정부관으로서의 성질을 갖는다. 법정부관에 대하여는 행정행위에 부관을 붙일 수 있는 한계에 관한 일반적인 원칙이 적용되지는 않는다. 법정부관은 법령이므로 위헌·위법인 경우 법령에 대한 규범통제제도에 의해 통제된다(대법원 1994.3.8, 92누1728 참조).

(2) 행정행위 자체의 내용상의 제한·변경

행정행위 자체의 내용, 즉 주된 규율 자체가 제한적인 경우가 있는데 이는 주된 행정행위인 것이고 종된 규율인 부관이 아니다. 예컨대, 노선여객자동차운송사업면허에 있어서 운행노선의 지정이나 택시운송사업면허에 있어서 사업구역의 지정은 그 자체가 운송사업면허의 주된 내용의 일부인 것이지 부관이 아니다. 또한 건축허가를 하면서 층수를 제한하거나 지붕모양을 지정하는 것도 그 자체가 건축허가의 주된 내용이므로 부관이 아니다.

3. 부관의 기능

순기능은 행정청이 행정목적의 달성 또는 법적 요건의 충족을 위해 구체적 상황에 맞는 부관을 붙일 수 있게 되면 행정의 합리성·탄력성과 개인의 권익에 도움이 된다. 예컨대, 영업허가의 법적 시설요건이 충족되지 않았지만 일정 기간 내에 시설요건을 충족시킬 것을 조건으로 허가를 발하는 경우가 있다. 이처럼 법적 요건이 충족되지 않거나 경미한 장애요소가 있는 경우에 허가를 거부하지 않고 조건·부담을 부가하여 허가함으로써 허가의 재신청·재심사 등의 절차를 생략할 수 있고, 법적·행정적 목적에 합당하도록 상대방을 유도하고, 행정적·법적 분쟁의 소지를 미연에 방지하며, 신청인은 물론 공익 또는 제3자 (예: 이웃주민)의 이익을 보호하는 기능을 할 수 있다.

역기능은 해제조건·철회권의 유보 등과 같은 부관이 남용되거나, 부담이 수익적 행정 행위에 대한 반대급부획득의 수단으로서 행해지는 경우, 부당결부금지원칙에 위반하는 경우, 행정편의에 치우치는 경우에는 국민의 권익에 장해가 된다.

II. 부관의 종류

1. 조　건

조건이란 행정행위의 효과의 발생·소멸을 장래에 발생 여부가 '불확실한 사실'에 의존 시키는 부관을 말한다. 조건에는 정지조건과 해제조건이 있다. 정지조건은 조건이 성취되면 행정행위의 효력이 발생하는 경우를 말한다(예: 안전시설의 완비를 조건으로 도로점용허가 – 시설을 완 비한 후 도로점용을 할 수 있음). 해제조건은 일단 행정행위가 효력을 발생하지만 조건이 성취되면 행정행위의 효력이 소멸하는 경우를 말한다(예: 면허일로부터 2개월 내의 공사착수를 조건으로 하는 공 유수면매립면허 – 2개월 내에 공사를 착수하지 않으면 면허가 실효되고 행정청이 면허를 철회할 필요가 없음).

조건은 그것의 성취, 즉 일정한 사실의 발생 여부 자체가 불확실한 것이므로, 발생 자 체는 확실하지만 발생시기가 불확실한 '불확정기한'과는 구분된다. 조건과 부담을 구별하기 가 어려운 경우에는 상대방에게 유리하도록 부담으로 판단한다(후술 참조).

2. 기　한

(1) 의　의

기한이란 행정행위의 효과의 발생·소멸을 장래에 도래할 것이 '확실한 사실'에 의존하 게 하는 부관을 말한다.

(2) 종 류

1) 시기 · 종기

기한의 도래로 행정행위의 효력이 '당연히 발생'하는 경우가 시기이고(예: 2010.1.1.부터 허가), 행정행위의 효력이 '당연히 소멸'되는 경우가 종기이다(예: 2010. 12. 31.까지 허가).

2) 확정기한 · 불확정기한

기한의 내용이 되는 사실이 도래하는 시점까지도 확실한 기한을 '확정기한'(예: 2017. 1. 1. 부터 2017.12.31.까지)이라 하고, 사실이 도래하는 것은 확실하나 도래하는 시점은 확실치 않은 기한을 '불확정기한'(예: A가 사망할 때까지)이라 한다.

(3) 기한도래의 효과

1) 원 칙

기한이 도래하면 행정행위의 효력이 당연히 발생하거나 소멸하는 것이 원칙이고 별도의 행정행위를 할 필요가 없다.

2) 예 외 : 행정행위의 갱신

종기까지의 기간이 행정행위의 효력의 존속기간인지 아니면 갱신기간(행정행위의 내용 · 조건을 갱신하는 기간)인지 문제되는 경우가 있다. 이는 행정행위의 성격에 따라 다르게 판단하여야 한다.

종기가 적정한 경우에는 행정행위 효력의 존속기간으로 보아 종기가 도래하면 행정행위의 효력이 소멸하는 것이 원칙이지만, 행정행위의 성격상 그 효력의 장기계속성이 당연히 예정되어 있는 경우에는 너무 짧게 붙여진 기한은 행정행위의 존속기간이 아니라 갱신기간으로 보아야 한다. 예컨대, 3년의 기한이 붙여졌으면 3년 후에 그 동안의 법적 · 사실적 상황변화에 맞추어 행정처분의 조건이나 내용을 바꾸는 기간으로 보아야 한다. 그러나 허가에 붙은 당초의 기한이 이미 상당기간 연장되어 이제는 허가 사업의 성질상으로도 부당하게 짧은 경우에 해당하지 않게 된 경우에는 행정청이 재량권을 행사하여 더 이상 기간연장을 불허할 수 도 있다(대법원 2004.3.25, 2003두12837).

【판례】① 허가 또는 특허에 붙인 조항으로서 종료의 기한을 정한 경우 종기인 기한에 관하여는 일률적으로 기한이 왔다고 하여 당연히 그 행정행위의 효력이 상실된다고 할 것이 아니고 그 기한이 **그 허가 또는 특허된 사업의 성질상 부당하게 짧은 기한을 정한 경우**에 있어서는 그 기한은 그 허가 또는 특허의 조건의

존속기간을 정한 것이며 그 기한이 도래함으로써 그 **조건의 개정을 고려한다는 뜻으로** 해석하여야 할 것이다(대법원 1995.11.10. 94누11866).

② **기간제로 임용되어 임용기간이 만료된 국·공립대학의 조교수**는 교원으로서의 능력과 자질에 관하여 합리적인 기준에 의한 공정한 심사를 받아 위 기준에 부합하면 **특별한 사정이 없는 한 재임용되리라는 기대를 가지고 재임용 여부에 관하여 합리적인 기준에 의한 공정한 심사를 요구할 법규상 또는 조리상 신청권을 가진다**고 할 것이니, 임용권자가 임용기간이 만료된 조교수에 대하여 재임용을 거부하는 취지로 한 **임용기간만료의 통지는 위와 같은 대학교원의 법률관계에 영향을 주는 것으로서 행정소송의 대상이 되는 처분에 해당**한다고 할 것이다. 이와 달리, 기간을 정하여 임용된 대학교원이 그 임용기간의 만료에 따른 재임용의 기대권을 가진다고 할 수 없고, 임용권자가 인사위원회의 심의결정에 따라 교원을 재임용하지 않기로 하는 결정을 하고 이를 통지하였다고 하더라도 이를 행정소송의 대상이 되는 행정처분이라고 할 수 없다고 판시한 대법원 1997.6.27. 96누4305 판결은 이와 저촉되는 범위 내에서 변경하기로 한다(대법원 2004.4.22. 2000두7735 전원합의체에서 판례변경).

(4) 기한의 특례

천재지변이나 그 밖에 당사자 등에게 책임이 없는 사유로 기간 및 기한을 지킬 수 없는 경우에는 그 사유가 끝나는 날까지 기간의 진행이 정지된다. 또한 외국에 거주하거나 체류하는 자에 대한 기한은 행정청이 우편이나 통신에 걸리는 일수를 고려하여 정하여야 한다(행정절차법 제16조).

3. 부 담

(1) 의 의

부담이란 수익적 행정행위에 부가하여, 그 상대방에게 작위·부작위·급부·수인 등의 의무를 명하는 부관을 말한다. 예컨대, 아파트건설을 위한 주택사업계획승인처분을 하면서 아파트 진입로의 확장의무를 부과하거나 토지의 기부채납의무를 부과하는 것, 영업허가를 하면서 일정한 시설을 하도록 의무를 부과하는 것을 말한다.

(2) 조건과의 구별

1) 구별의 필요성

실정법이나 행정실무상으로 부담을 통상 '조건'으로 칭하는 까닭에 양자를 혼동하기 쉬우나 구별하여야 한다. 부담은 의무를 부과하는 것이기 때문에 독립하여 강제집행의 대상이 되지만, 조건은 그 성취 여부가 상대방에게 달려 있을 뿐이고 상대방에게 의무를 부과하는 것은 아니기 때문에 강제집행의 대상이 될 수 없는 것이다. 또한 부담의 경우는 독립쟁송 및 취소가 가능하지만 조건의 경우는 그렇지 않다(후술).

2) 조건과의 차이점

(가) 정지조건과의 차이

정지조건부 행정행위는 조건이 되는 사실의 성취가 있어야 비로소 행정행위의 효력이 발생하나, 부담부 행정행위는 처음부터 완전한 효력을 발생하고 다만 특별한 의무가 부과되는 것이다.

예컨대, 안전시설의 완비를 **'조건'**으로 도로점용허가를 한 경우에, 안전시설의 완비가 정지조건이면 시설을 완비한 후 도로점용을 할 수 있다. 즉, **안전시설을 완비하지 않으면 허가의 효력이 발생하지 않는다.** 반면에 안전시설의 완비가 **'부담'**인 경우는 일단 도로점용허가의 효력이 발생하여 도로점용은 하되 정해진 시일 내에 안전시설을 완비하여야 한다. **안전시설을 완비하지 않으면 점용허가를 철회할 수 있다.**

(나) 해제조건과의 차이

해제조건부 행정행위는 조건이 되는 사실의 성취가 있으면 행정행위의 효력이 당연히 소멸한다. 부담부 행정행위는 부담을 불이행한다고 하여 당연히 행정행위의 효력이 소멸되지는 않고 철회사유가 되며, 불이행한 부담을 강제집행하거나 제재조치를 취하기도 한다.

예컨대, **면허일로부터 2개월 내의 공사착수를 '해제조건'으로** 하는 공유수면매립면허의 경우 2개월 내의 공사착수는 의무가 아니라 상대방이 스스로 결정할 수 있으며, 이를 이행하지 않을 경우 면허의 실효를 감수하면 된다. 반면 아파트 진입로의 확장의무를 부담으로 부과하면서 아파트 건설허가를 하는 경우에는 상대방은 아파트 건축을 시작할 수 있지만, 진입로를 확장할 의무가 있으며, 이를 이행하지 않을 경우 강제집행을 하게 된다(통상 아파트건설이 이미 진행되었을 것이므로 건설허가를 취소하는 것은 불가능하고 단지 진입로 확장만 하면 될 것이다).

3) 구별기준

조건과 부담의 구별은 행정행위에 표현된 용어가 중요한 것은 아니다. '부담'을 '조건'으로 표현하는 경우가 흔하기 때문이다. 따라서 행정청의 객관화된 의사가 중요하다. 행정청의 의사가 불분명하면 부담으로 추정해야 한다는 것이 다수설이다. 부담인 경우에는 행정행위의 효력이 일단 발생하며 부담에 대한 독립쟁송이 가능하므로 국민의 법률생활의 안정과 권익보호에 더 유리하기 때문이다.

(3) 부담의 특성

조건·기한 등과 달리 부담은 행정행위의 효과의 발생 또는 소멸과 직결되지 않는다. 부담을 이행하여야 행정행위의 효력이 발생하는 것도 아니며, 부담을 불이행한다고 하여 행정행위의 효력이 당연히 소멸되는 것도 아니다. 부담 자체가 직접 상대방에게 의무를 부과하는 것이므로 하나의 행정처분성이 인정되어서 독립하여 행정쟁송의 대상이 된다. 다만 본체인 행정행위에 종속하여 존재한다는 것이 일반의 행정행위와 다른 점이다. 부담의 불이행은 행정강제의 사유나 행정행위의 철회의 사유가 된다. 후행행위의 발령의 거부사유가 되기도 한다(예: 건축허가시 부과된 부담을 이행하지 않은 경우에 건축준공인가의 거부).

【판례】 사도(私道)개설허가에는 본질적으로 사도를 개설하기 위한 토목공사 등 현실적인 도로개설공사가 따르기 마련이므로 허가를 하면서 공사기간을 특정하기도 하지만 사도개설허가는 사도를 개설할 수 있는 권한의 부여 자체에 주안점이 있는 것이지 공사기간의 제한에 주안점이 있는 것이 아닌 점 등에 비추어 보면 이 사건 제1 처분에 **명시된 공사기간은** 변경된 허가권자인 보조참가인에 대하여 **공사기간을 준수하여 공사를 마치도록 하는 의무를 부과하는 일종의 부담에 불과한 것이지, 사도개설허가 자체의 존속기간(즉, 유효기간)을 정한 것이라 볼 수 없고,** 따라서 보조참가인이 이 사건 제1 처분의 사도개설허가에서 정해진 공사기간 내에 사도로 준공검사를 받지 못하였다 하더라도, 이를 이유로 행정관청이 새로운 행정처분을 하는 것은 별론으로 하고, **사도개설허가가 당연히 실효되는 것은 아니다**(대법원 2004.11.25. 2004두7023).

(4) 부담을 이행하기 위한 사법행위(매매계약)의 효력

예컨대 토지형질변경행위허가의 부담으로서 토지를 기부채납(증여)하도록 하거나 주택건설사업계획승인의 부담으로서 공유재산(일반재산)을 매수하도록 하였는데, 그러한 부담이 위법한 경우에 부담을 이행하기 위해 이미 행한 사법상의 법률행위(토지기부채납계약, 일반재산 매매계약)의 효력이 어떠한지가 문제이다.

판례에 의하면 행정처분에 붙인 부담인 부관이 무효가 되면 그 부담의 이행으로 한 사법상 법률행위도 당연히 무효가 되는 것은 아니며, 행정처분에 붙인 부담인 부관이 제소기간 도과로 불가쟁력이 생긴 경우에도 그 부담의 이행으로 한 사법상 법률행위가 사회질서나 강행규정에 위반한 것 여부 등을 따져보아 효력을 다툴 수 있다고 한다. 또한 부관이 당연무효이거나 취소되지 아니한 이상 토지소유자는 사법상 법률행위의 중요부분에 착오가 있음을 이유로 그 법률행위를 취소할 수 없다고 한다.

【판례】 ① 행정처분에 부담인 부관을 붙인 경우 **부관의 무효화에 의하여** 본체인 행정처분 자체의 효력에도 영향이 있게 될 수는 있지만, 그 처분을 받은 사람이 **부담의 이행으로 사법상 매매 등의 법률행위를 한** 경우에는 그 부관은 특별한 사정이 없는 한 법률행위를 하게 된 동기 내지 연유로 작용하였을 뿐이므로 이는 법률행위의 취소사유가 될 수 있음은 별론으로 하고 그 **법률행위 자체를 당연히 무효화하는 것은 아니다.** 또한, 행정처분에 붙은 부담인 부관이 제소기간의 도과로 확정되어 이미 불가쟁력이 생겼다면 그 하자가 중대하고 명백하여 당연 무효로 보아야 할 경우 외에는 누구나 그 효력을 부인할 수 없을 것이지만, 부담의 이행으로서 하게 된 사법상 매매 등의 법률행위는 부담을 붙인 행정처분과는 어디까지나 별개의 법률행위이므로 **그 부담의 불가쟁력의 문제와는 별도로** 법률행위가 **사회질서 위반이나 강행규정에 위반되는지 여부 등을 따져보아 그 법률행위의 유효 여부를 판단하여야 한다**(대법원 2009.6.25. 2006다18174).
② 토지소유자가 토지형질변경행위허가에 붙은 기부채납의 부관에 따라 토지를 국가나 지방자치단체에 기부채납(증여)한 경우, 기부채납의 부관이 당연무효이거나 취소되지 아니한 이상 토지소유자는 위 부관으로 인하여 증여계약의 중요부분에 **착오가 있음을 이유로 증여계약을 취소할 수 없다**(대법원 1999.5.25. 98다53134).

4. 철회권의 유보

(1) 의 의

철회권의 유보란 행정청이 행정행위를 하면서 일정한 사유가 발생하면 당해 행위를 철회하여 그 효력을 소멸시킬 수 있음을 미리 정하는(유보하는) 부관이다.

예컨대, 상수원보호구역의 지정이나 댐건설이 예견되는 지역에서 유흥주점의 영업허가를 신청한 경우에 행정청이 일단 영업허가를 하여 주되, 나중에 상수원보호구역의 지정이나 댐건설계획이 확정되는 경우에는 영업허가를 철회할 수 있음을 미리 정하는 것을 말한다.

해제조건의 경우에는 조건사실이 발생하면 행정행위의 효력이 당연히 소멸되지만, 철회권의 유보의 경우에는 유보된 사실이 발생하더라도 그의 효력을 소멸시키려면 '행정청의 별도의 의사표시(철회)'를 필요로 한다는 점에서 다르다. 실무적으로는 '취소권의 유보'라고 부르기도 하는데, 적법한 행위의 효력을 소멸시키는 것이므로 '철회권의 유보'가 옳다.

【 판례 】 행정청이 종교단체에 대하여 기본재산전환인가를 함에 있어 인가조건을 부가하고 그 **불이행시 인가를 취소할 수 있도록 한 경우, 인가조건의 의미는 철회권을 유보한** 것이다(대법원 2003.5.30. 2003다6422).

(2) 철회권유보 · 철회권행사의 제한

철회권의 유보는 법령의 개별적 · 명시적 근거가 없어도 가능하며, 행정행위의 효력의 소멸 여부가 행정청의 의사표시에 달려있게 되므로 상대방의 권익보호와 법적 안정성 및 예측가능성을 위하여 공익상 반드시 필요한 경우에만 철회권이 유보되어야 하고, 철회의 사유도 구체적이어야 한다.

철회권이 유보된 경우에도 철회사유가 발생하였다고 하여 철회권의 행사가 자유로운 것이 아니고, 행정행위의 철회에 관한 일반적 요건이 충족되는 경우에 비로소 철회가 허용되는 것이다. 다만 철회권이 유보되어 있는 경우, 그 상대방은 장래 당해 행위가 철회될 수 있음을 예견할 수 있으므로, 원칙적으로 신뢰보호원칙에 기하여 철회의 제한을 주장하거나 또는 철회로 인한 손실의 보상을 청구할 수는 없게 될 것이다.

5. 법률효과의 일부배제

법률효과의 일부배제란 법률이 행정행위에 일반적으로 부여하는 법률효과의 일부를 배제하는 것을 내용으로 하는 부관을 말한다. 예컨대, 공유수면매립면허관청이 사인에게 공유수면매립면허를 하고 공유수면매립준공인가처분을 하면서 매립사업으로 인해 취득하는 매립지 중 일부 특정 부분을 사업자의 소유로 하지 않고 국가소유로 귀속한다는 부관을 붙인 경우가 이에 속한다. 택시영업허가를 하면서 5부제(5일마다 휴무)로 운행할 것을 부관으로 붙인 경우도 이에 속한다. 이는 법적 근거가 있어야 한다. 이 부관을 '행정행위의 내용상 제한'과 혼동하는 경우가 있는데, 후자는 행정행위의 주된 내용 자체라는 점에서 부관이 아니므로 양자를 구분하여야 한다.

【 판례 】 지방국토관리청장이 일부 공유수면매립지에 대하여 한 국가 또는 직할시 귀속처분은 매립준공인가를 함에 있어서 **매립의 면허를 받은 자의 매립지에 대한 소유권취득**을 규정한 공유수면매립법 제14조의 **효과 일부를 배제하는 부관**을 붙인 것이고, 이러한 행정행위의 부관은 위 법리와 같이 독립하여 행정소송 대상이 될 수 없다(대법원 1993.10.8. 93누2032).

6. 부담유보, 행정행위의 사후변경의 유보

부담유보는 행정청이 행정행위를 하면서 '부담'을 사후에 설정·변경·보완할 수 있다는 사실을 미리 정해(유보해) 두는 것을 내용으로 하는 부관을 말한다. 이는 급속한 사회적·경제적 변화 및 기술발전 때문에 행정행위의 발령시점에 그 행위의 효과를 충분히 예견할 수 없는 경우에 미래의 상황변화에 탄력적으로 대처하기 위한 제도이다.

예컨대, 행정청이 소음을 발생시키는 공장시설의 설치를 허가하면서 장차 인근에 주택단지가 형성되어 공장소음이 문제가 될 경우 방음벽 등 소음방지시설을 설치할 의무를 부과할 수도 있음을 미리 정하는 경우가 이에 속한다.

'행정행위 자체'의 변경을 유보하는 경우도 있는데 이것을 '행정행위의 사후변경의 유보'라고 하며, 이는 '부담의 추가·변경'을 유보하는 경우와는 달리 본체인 행정행위를 변경하는 것이므로 극단적인 것이다.

이들 부관도 '철회권의 유보'의 경우처럼 국민의 법적 안정성을 해치는 결과가 될 수 있으므로 필요·최소한에 그쳐야 한다. 행정청이 부담의 설정·변경 또는 행정행위의 변경 등 유보된 것을 나중에 행사하면 그것은 새로운 행정행위로서 행정쟁송의 대상이 된다.

7. 수정부담

'수정부담'이란 행정행위에 부가하여 새로운 의무를 부가하는 것이 아니라, 당사자가 신청한 행정행위와는 다르게 행정청이 내용을 수정하여 허가하는 것을 말한다. 예컨대, 甲이 5층 건물의 건축허가를 신청하였지만 4층의 건축허가를 하는 경우 등이 그 예이다. 이 경우 상대방이 수정된 내용을 받아들임으로써 완전한 효력을 발생한다. 이는 사실상 신청한 행정행위를 거부하고 다른 내용의 행위를 하는 것이므로 '수정된 행정행위' 내지 '수정허가'로서 새로운 주된 행정행위이고 부관이 아니다. 따라서 '수정부담'이라는 용어는 오해의 소지가 있으며, 이 용어가 형성된 독일에서도 오늘날에는 부관으로 이해되고 있지 않다.

Ⅲ. 부관의 가능성과 한계

1. 부관의 가능성

우리나라에는 행정행위의 부관에 관한 통칙적 법규정(예: 독일 연방행정절차법 제36조)은 없다. 적지 않은 개별법에서 부관에 관한 규정을 두고 있지만(예: 식품위생법 제37조 ②), 그러한 규정이 없는 경우에는 판례와 학설에 따르게 된다.

(1) 준법률행위적 행정행위와 부관

전통적 견해와 판례는 법률행위적 행정행위에만 부관을 붙일 수 있고 준법률행위적 행정행위에는 붙일 수 없다고 하였다. 오늘날 다수의 견해는 부관의 가능성의 문제는 개별적 행정행위의 성질에 따라 고찰해야 한다는 것이다. 즉, 법률행위적 행정행위인 경우에도 부관을 붙이기에 적당하지 않은 것이 있는 반면(예: 귀화허가), 준법률행위적 행정행위에 부관을 붙일 수 있는 경우가 있다(예: 준법률행위적 행정행위인 '공증'에 해당하는 여권발급에 붙인 유효기간).

(2) 기속행위와 부관

전통적인 견해와 판례는 행정행위의 부관은 재량행위에만 붙일 수 있고, 기속행위에는 붙일 수 없다고 하였다. 판례는 기속행위에 대하여 법령상 근거 없이 부관을 붙인 경우 무효라고 한다. 기속행위인 경우에 행정청은 법규가 정한 바에 따라 하여야 하는 것이지, 행정청이 임의로 법률의 근거 없이 부관을 붙여서 국민에게 의무를 부과하거나 행정행위의 법적 효과를 제한할 수는 없기 때문이라고 한다.

행정기본법도 "① 행정청은 처분에 재량이 있는 경우에는 부관(조건, 기한, 부담, 철회권의 유보 등을 말한다. 이하 이 조에서 같다)을 붙일 수 있다. ② 행정청은 처분에 재량이 없는 경우에는 법률에 근거가 있는 경우에 부관을 붙일 수 있다."(제17조)고 규정하고 있다.

【판례】① 기속행위에 대하여는 법령상의 특별한 근거가 없는 한 부관을 붙일 수 없고 가사 부관을 붙였다 하더라도 무효라 할 것이다(대법원 1993.7.27, 92누13998). (즉, 법령상 근거가 있으면 가능하다.)
② 행정청이 **건축변경허가를 함에 있어서 건축주에게 새 담장을 설치하라는 부관을 붙인 것은 법령상 근거 없는 부담을 부가한 것으로 위법하다**(대법원 2000.2.11, 98누7527).

기속행위의 경우에 명시적 법규정이 없더라도 법적 허가요건 등을 충족시키기 위해 필요한 경우에는 부관을 붙일 수 있다고 할 것이다. 독일의 법규정도 같다(연방행정절차법 제36조 ①). 예컨대, 시설 등의 허가요건이 법령에 엄격히 정해져 있는 영업허가는 기속행위에 속한다. 사인이 영업허가를 신청한 경우에 법령상의 시설요건이 충족되지 않으면 허가할 수 없지만, 행정청이 사인으로 하여금 그 시설요건(예: 방음시설의 완비, 주차시설의 확보, 배출폐수정화시설의 확충 등)을 충족할 것을 부담으로 부과하면서 영업허가를 할 수 있다. 이러한 부관을 '법률요건충족적' 부관이라고도 한다. 이는 실은 법적 요건을 충족시키기 위한 부관이므로 법령의 근거가 있는 부관이라고 할 수 있다. 즉, 행정기본법이나 판례에 배치되는 것이 아니다.

2. 부관의 한계

【문제】 S市長은 A도매시장법인을 S市의 농산물도매시장의 도매시장법인으로 지정하면서 그 지정조건으로 '지정기간 중이라도 개설자가 농수산물 유통정책의 방침에 따라 도매시장법인 이전 및 지정취소 또는 폐쇄지시에도 일체 소송이나 손실보상을 청구할 수 없다'라는 부관을 붙였다. 이러한 부관은 가능하며 효력이 있는가?

(1) 내용상의 한계

부관에는 일정한 한계가 있으며 이를 위반하면 위법한 부관이 된다. 부관은 ㉠ 해당 처분의 목적에 위배되지 아니하고, ㉡ 해당 처분과 실질적인 관련이 있어야 하며, ㉢ 해당 처분의 목적을 달성하기 위하여 필요한 최소한의 범위 안에서만 허용된다(행정기본법 제17조 ④).

【판례】① **행정처분과 부관 사이에 실제적 관련성이 있다고 볼 수 없는 경우** 공무원이 위와 같은 공법상의 제한을 회피할 목적으로 행정처분의 상대방과 사이에 **사법상 계약을 체결하는 형식**을 취하였다면 이는 **법치행정의 원리에 반하는 것으로서 위법하다.** 지방자치단체가 골프장사업계획승인과 관련하여 사업자로부터 기부금을 지급받기로 한 증여계약은 공무수행과 결부된 금전적 대가로서 그 조건이나 동기가 사회질

서에 반하므로 민법 제103조에 의해 무효이다(대법원 2009.12.10. 2007다63966).

② 수익적 행정처분에 있어서는 법령에 특별한 근거규정이 없다고 하더라도 그 부관으로서 부담을 붙일 수 있고, 그와 같은 부담은 행정청이 행정처분을 하면서 일방적으로 부가할 수도 있지만 부담을 부가하기 이전에 상대방과 협의하여 부담의 내용을 협약의 형식으로 미리 정한 다음 행정처분을 하면서 이를 부가할 수도 있다. 행정청이 수익적 행정처분을 하면서 부가한 부담의 위법 여부는 처분 당시 법령을 기준으로 판단하여야 하고, 부담이 처분 당시 법령을 기준으로 적법하다면 처분 후 부담의 전제가 된 주된 행정처분의 근거 법령이 개정됨으로써 행정청이 더 이상 부관을 붙일 수 없게 되었다 하더라도 곧바로 위법하게 되거나 그 효력이 소멸하게 되는 것은 아니다. 따라서 행정처분의 상대방이 수익적 행정처분을 얻기 위하여 행정청과 사이에 행정처분에 부가할 부담에 관한 협약을 체결하고 행정청이 수익적 행정처분을 하면서 협약상의 의무를 부담으로 부가하였으나 **부담의 전제가 된 주된 행정처분의 근거 법령이 개정됨으로써 행정청이 더 이상 부관을 붙일 수 없게 된 경우에도 곧바로 협약의 효력이 소멸하는 것은 아니다**(대법원 2009.2. 12. 2005다65500).

(2) 시간상의 한계(사후부관의 가능성)

행정행위를 한 후에 새로이 부관(특히 '부담')을 추가하거나 이미 붙여진 부관을 변경·보충할 수 있는지가 문제이다. 법률에 근거가 있는 경우, 당사자의 동의가 있는 경우, 행정행위의 발령시에 미리 '부담유보'나 '행정행위의 사후변경의 유보' 등의 부관을 붙인 경우에는 문제가 되지 않지만 그렇지 않은 경우가 문제이다.

행정기본법 제17조 제3항 제3호는 "사정이 변경되어 부관을 새로 붙이거나 종전의 부관을 변경하지 아니하면 해당 처분의 목적을 달성할 수 없다고 인정되는 경우."에는 처분을 한 후에도 부관을 새로 붙이거나 종전의 부관을 변경할 수 있다고 규정하고 있다.

이는 기존의 판례를 존중하여 입법화한 것이다.

【판례】① 행정처분에 이미 부담이 부가되어 있는 상태에서 그 의무의 범위 또는 내용 등을 변경하는 부관의 사후변경은, 법률에 명문의 규정이 있거나 그 변경이 미리 유보되어 있는 경우 또는 상대방의 동의가 있는 경우에 한하여 허용되는 것이 원칙이지만, **사정변경으로 인하여 당초에 부담을 부가한 목적을 달성할 수 없게 된 경우에도 그 목적달성에 필요한 범위 내에서 예외적으로 허용된다**(대법원 1997.5.30., 97누 2627).

② 부관은 면허 발급 당시에 붙이는 것뿐만 아니라 면허 발급 이후에 붙이는 것도 법률에 명문의 규정이 있거나 변경이 미리 유보되어 있는 경우 또는 상대방의 동의가 있는 경우 등에는 특별한 사정이 없는 한 허용된다. 따라서 관할 행정청은 **면허 발급 이후에도 운송사업자의 동의하에 여객자동차운송사업의 질서확립을 위하여 운송사업자가 준수할 의무를 정하고 이를 위반할 경우 감차명령을 할 수 있다는 내용의 면허 조건 을 붙일 수 있고**, 운송사업자가 조건을 위반하였다면 여객자동차운수사업법 제85조 제1항 제38호에 따라 감차명령을 할 수 있으며, 감차명령은 행정소송법 제2조 제1항 제1호가 정한 처분으로서 항고소송의 대상이 된다(대법원 2016.11.24. 2016두45028).

【답】 '일체 소송이나 손실보상을 청구할 수 없다'는 부분은 당사자가 임의로 처분할 수 없는 공법상의 권리관계를 대상으로 하여 사인의 국가에 대한 공권인 소권(訴權)을 당사자의 합의로 포기하는 것으로서 그러한 부관은 허용될 수 없다(대법원 1998.8.21, 98두8919 참조).

Ⅳ. 부관의 하자와 행정쟁송

1. 부관의 하자

(1) 하자 있는 부관의 효력

하자 있는 부관이란 '부관의 가능성과 한계'에 위배된 것으로서 위법한 부관을 말한다. 그러한 부관의 효력은 행정행위의 경우에 준하여 판단한다. 부관의 하자가 중대하고 명백한 경우에는 무효이다. 그 밖의 경우에는 취소할 수 있는 부관에 그치므로 그것이 취소될 때까지는 효력을 인정해야 한다.

(2) 하자 있는 부관이 붙은 행정행위의 효력

1) 부관이 무효인 경우

부관이 무효인 경우에는 본체인 행정행위는 부관이 없는 행정행위로서 효력을 유지하는 것이 원칙이다. 예외적으로 그 부관이 행정행위의 중요한(본질적) 요소가 되는 경우, 즉 행정청이 그러한 부관을 붙이지 않고는 행정행위를 하지 않았을 것이라고 판단되는 경우에는 행정행위도 무효가 된다.

2) 취소할 수 있는 부관인 경우

무효에 이를 정도는 아니지만 위법한 부관이 붙은 행정행위는 위법한 것이 된다. 따라서 위법한 부관만이 취소되거나(부관만 분리하여 취소할 수 있는 경우) 또는 행정행위 전체가 취소될 수 있다(부관만 분리할 수 없는 경우). 취소될 때까지는 부관 및 행정행위는 일단 유효한 것으로 취급된다. 부관의 분리취소가 가능하여 부관만 취소된 경우에는 본체인 행정행위는 부관이 없는 행정행위로서 효력을 유지한다. 그러나 그 부관이 본체인 행정행위의 중요한 요소가 되는 경우, 즉 행정청이 그러한 부관을 붙이지 않고는 행정행위를 하지 않았을 것이라고 판단되는 경우는 본체인 행정행위도 위법한 행정행위로서 취소될 수 있다.

【 판례 】 도로점용허가의 점용기간은 행정행위의 본질적인 요소에 해당하므로 부관인 **점용기간을 정함에 있어서 위법사유가 있다면 이로써 도로점용허가처분 전부가 위법하게** 된다(대법원 1985.7.9, 84누604).

2. 하자 있는 부관에 대한 행정쟁송

(1) 부 담

행정처분에 대해서만 행정쟁송을 제기할 수 있으므로 독립하여 행정쟁송의 대상이 되려면 처분성이 인정되어야 한다. 부관 중 부담은 그 자체적으로 특정의무를 명하는 행정처분으로서의 성질을 가지며 본체인 행정행위로부터 분리가 가능하므로 부담만을 대상으로 일부취소(무효확인)소송을 제기한다.

예컨대, 행정소송에서 청구취지를 〈「"A아파트 주택사업계획을 승인한다. 다만 아파트부지에 인접한 2,000㎡의 토지를 도로부지로서 기부채납하여야 한다"라는 처분 중 '다만 아파트부지에 인접한 2,000㎡의 토지를 도로부지로서 기부채납하여야 한다'라는 부분을 취소한다」라는 판결을 구함〉으로 기록한다.

【 판례 】 행정행위의 부관 중에서도 … 부담인 경우에는 다른 부관과는 달리 행정행위의 불가분적인 요소가 아니고 그 존속이 본체인 행정행위의 존재를 전제로 하는 것일 뿐이므로 부담 그 자체로서 행정쟁송의 대상이 될 수 있다(대법원 1992.1.21, 91누1264).

(2) 부담 이외의 부관

1) 전부취소(무효확인)소송

부담 이외의 부관은 본체인 행정행위와 불가분의 관계에 있어서 그 자체로서 독자적인 행정처분성을 갖지 못하기 때문에 독립하여 행정쟁송의 대상이 될 수 없고, 부관부 행정행위 전체를 대상으로 하여야 한다는 것이 다수설·판례의 입장이다.

부관이 무효이거나 위법한 것으로 판단되면 법원은 당해 행정행위의 전체를 취소하거나 무효확인을 하게 되고, 행정청은 판결의 기속력에 따라 행정처분을 다시 행할 의무(재처분의무)를 가지게 되는데, 이때 판결이유가 된 부관의 위법성을 시정하여 하자 없는 부관부 행정행위를 발령하게 됨으로써 결과적으로 부관의 취소를 구하는 효과를 가져 오게 된다.

【 판례 】 **행정행위의 부관은 부담인 경우를 제외하고는 독립하여 행정소송의 대상이 될 수 없는바**, 이 사건 허가에서 피고가 정한 사용·수익허가의 기간은 이 사건 허가의 효력을 제한하기 위한 행정행위의 부관으로서 이러한 **사용·수익허가의 기간에 대해서는 독립하여 행정소송을 제기할 수 없다.** 공유재산에 대한 40년간의 사용허가기간을 신청한 것에 대해 20년간 사용허가한 경우에 사용허가기간에 대해서는 독립하여 행정소송을 제기할 수 없고, 그 나머지 기간에 대한 신청을 받아들이지 않은 처분의 취소를 구하는 주위적 청구는 각하하는 것이 타당하고, 이 사건 **사용허가처분 전부에 대한 취소소송은 가능하다**(대법원 2001.6.15, 99두509).

【 참고 】 기한은 독립쟁송의 대상이 아니지만, **기한의 연장신청 거부는 독립쟁송의 대상이 된다.** "(개발제한구역 내에서의 광산에 대한 개발행위 허가기간의 연장신청에 대하여) 원고의 위 허가기간 연장신청을 허가함으로 인하여 예상되는 공익의 침해보다도 위 신청을 불허함으로 인하여 초래되는 원고의 불이익이 매우 중대

하여, 피고가 위 허가기간 연장신청을 반려하는 것이 원고가 입게 되는 불이익을 희생시키더라도 부득이하다고 할 정도의 공익상의 필요가 있다고 할 수 없으므로, 이 사건 처분은 재량권을 남용하였거나 재량권의 범위를 일탈한 위법한 처분이다"(대법원 1991.8.27. 90누7920).

2) 거부처분 취소소송

부담 이외의 부관의 위법성으로 인해 권리침해를 받은 자는 행정청에 부관이 없거나 부관의 내용을 변경하여 행정행위를 발해줄 것을 신청한 다음 그것이 거부된 경우에 거부처분취소소송을 제기할 수도 있다.

【 판례 】 피고가 원고에게 기선선망어업의 허가를 하면서 등선, 운반선 등 일체의 부속선을 사용할 수 없다는 제한을 붙였고, 원고는 위 허가받은 내용에 따라 조업을 해오다가 … 선박의 척수를 변경(본선 2척을 1척으로 줄이는 대신 등선 2척과 운반선 3척을 추가하는 내용임)하여 달라는 어업허가사항변경신청을 하였는데 피고는 … 수산자원보호 및 다른 어업과 어업조정을 위하여 앞서 한 제한조건을 변경할 수 없다는 사유로 위 신청을 불허가하였다. … 이 **부관을 삭제하여** 등선과 운반선을 사용할 수 있도록 하여 달라는 내용의 원고의 이 사건 **어업허가사항변경신청을 불허가한 피고의 처분 역시 위법하다**(1990.4.27. 89누6808).

제3장 그 밖의 행정활동의 형식

제1절 행정계획

Ⅰ. 개 설

1. 행정계획의 의의·기능

행정계획이란 '행정주체가 장래의 일정한 행정목표를 설정하고, 그 달성을 위해 상호 관련된 행정수단을 종합·조정함으로써 장래의 일정한 시점에 일정한 질서를 실현할 것을 목적으로 하는 활동기준 또는 그 설정행위'라고 할 수 있다.

행정계획은 ㉠행정의 각 분야에 있어서 보다 나은 질서를 창조하기 위한 장래의 목표를 설정하는 '목표설정기능', ㉡행정의 전체적인 행동방향을 종합하여 행정능률을 확보케 하는 '행정수단의 종합화기능', ㉢국민에 대하여 목표와 그 실현수단을 미리 알려서 미래에 대한 예측가능성을 부여하고, 국민의 협력을 얻게 하는 '행정과 국민간의 매개적 기능'을 수행하게 된다. 일설은 행정계획의 기능으로서 정보제공기능, 조정기능, 통합기능, 촉진기능, 통제기능, 지도기능을 열거하기도 한다.

2. 행정계획의 종류

(1) 종류의 개관

행정계획은 ㉠대상의 종합성·개별성에 따라 종합계획(예: 국토종합계획), 부문계획(예: 도로정비계획), ㉡기간에 따라 장기·중기·단기·연도별계획, ㉢상하관계에 따라 상위계획(예: 도시·군기본계획)과 하위계획(예: 도시·군관리계획), ㉣구체화에 따라 목표계획·프로그램계획·처분적 계획, ㉤대상지역에 따라 전국·지방·구역계획, ㉥행정분야에 따라 경제·교육·사회문화·국방·국토계획 등, ㉦형식에 따라 예산·법률·명령·조례·행정처분·사실행위에 의한 계획, ㉧기능에 따라 정보제공적 계획(홍보적 계획, 비구속적 계획: 미래에 대한 청사진·자료·정보의 제공)·**유도적 계획**(영향적 계획: 재정지원 등 간접적 수단을 통해 목적을 달성하려는 계획)·**명령적 계획**(구속적 계획, 규범적 계획: 법령 등 강제수단을 통한 계획) 등으로 구분할 수 있다.

(2) 구속적 계획, 비구속적 계획

법적으로 가장 중요한 구분은 구속적 계획과 비구속적 계획이다. 국민의 권리보호 및 계획수립과정의 참여와 관련하여 중요한 의미를 가지기 때문이다.

1) 구속적 계획

행정조직내부에 대한 구속적 계획(예: 예산계획, 도시·군기본계획)과 일반구속적(국민에 대한 구속적) 계획으로 구분할 수 있다. 협의의 구속적 계획이란 후자를 의미한다. 국민에게 각종 행위의 제한을 가져오므로 국민의 권리보호와 관련하여 법적으로 가장 중요한 계획이다. 위의 명령적(규범적) 계획이 이에 속한다. '국토의 계획 및 이용에 관한 법률'상의 '도시·군관리계획, '도시 및 주거환경정비법'에 기초하여 도시환경정비사업조합이 수립하는 사업시행계획, '산업입지 및 개발에 관한 법률'에 따라 국토교통부장관이 수립하는 산업단지개발계획 등이 대표적인 예이다.

【참고】 **'국토의 계획 및 이용에 관한 법률'상의 각종 계획** ① **도시·군계획**: 특별시·광역시·특별자치시·특별자치도·시 또는 군(광역시의 관할 구역에 있는 군은 제외)의 관할 구역에 대하여 수립하는 공간구조와 발전방향에 대한 계획으로서 도시·군기본계획과 도시·군관리계획으로 구분된다.
② **도시·군기본계획**: 관할 구역에 대하여 기본적인 공간구조와 장기발전방향을 제시하는 종합계획으로서 도시·군관리계획 수립의 지침이 되는 계획.
③ **도시·군관리계획**: ㉠ **용도지역·용도지구**의 지정 또는 변경에 관한 계획(ⓐ**용도지역** - a.도시지역〈주거지역, 상업지역, 공업지역, 녹지지역〉, b.관리지역〈도시지역, 농림지역, 자연환경보전지역에 준하여 관리하는 지역 - 보전관리지역, 생산관리지역, 계획관리지역〉, c.농림지역, d.자연환경보전지역); ⓑ**용도지구** - a.경관지구, b.미관지구, c.고도지구, d.방화지구, e.방재지구, f.보존지구, g.시설보호지구, h.취락지구, i.개발진흥지구, j.특정용도제한지구 등). ㉡ **개발제한구역·도시자연공원구역·시가화조정구역·수산자원보호구역**의 지정 또는 변경에 관한 계획, ㉢ **기반시설**의 설치·정비 또는 개량에 관한 계획, ㉣ **도시개발사업**이나 **정비사업**에 관한 계획, ㉤ **지구단위계획구역**의 지정 또는 변경에 관한 계획과 **지구단위계획**(참고: 지역 〉 지구 〉 구역).
④ **지구단위계획**: 도시·군계획 수립 대상지역의 일부에 대하여 토지 이용을 합리화하고 그 기능을 증진시키며 미관을 개선하고 양호한 환경을 확보하며, 그 지역을 체계적·계획적으로 관리하기 위하여 수립하는 도시·군관리계획.

2) 비구속적 계획

'경제개발 5개년 계획' 등 각종 정보제공적·홍보적 계획, 체육·문화진흥계획 등 각종 진흥적 계획 등은 법적 구속력을 갖지 않는다. 그런데 비구속적 행정계획이라도 사실상의 영향은 물론이고 국민의 기본권에 직접적 영향을 끼치는 경우가 적지 않다(이 경우는 헌법소원의 대상이 된다. 헌재 2000.6.1, 99헌마538 참조. 후술).

【 판례 】 1999.7.22. 발표한 **개발제한구역제도개선방안**은 건설교통부장관이 개발제한구역의 해제 내지 조정을 위한 일반적인 기준을 제시하고, 개발제한구역의 운용에 대한 국가의 기본방침을 천명하는 정책계획안으로서 비구속적 행정계획안에 불과하므로 공권력행위가 될 수 없으며, 이 사건 개선방안을 발표한 행위도 대내외적 효력이 없는 **단순한 사실행위에 불과하므로 공권력의 행사라고 할 수 없다. 비구속적 행정계획안이나 행정지침이라도 국민의 기본권에 직접적으로 영향을 끼치고, 앞으로 법령의 뒷받침에 의하여 그대로 실시될 것이 틀림없을 것으로 예상될 수 있을 때에는, 공권력행위로서 예외적으로 헌법소원의 대상이 될 수 있다.** 이 사건 개선방안은 7개 중소도시권과 7개 대도시권에서 개발제한구역을 해제하거나 조정하기 위한 추상적이고 일반적인 기준들만을 담고 있을 뿐, 개발제한구역의 해제지역이 구체적으로 확정되어 있지 않아서, 해당지역 주민들은 개발제한구역을 해제하는 구체적인 도시계획결정이 내려진 이후에야 비로소 법적인 영향을 받게 되므로, **이 사건 개선방안이 청구인들의 기본권에 직접적으로 영향을 끼칠 가능성이 없다.** 그리고 이 사건 개선방안의 내용들은 건설교통부장관이 마련한 후속지침들에 반영되었고, 해당 지방자치단체들이 이 지침들에 따라서 관련 절차들을 거친 후 내려지는 도시계획결정을 통하여 실시될 예정이지만, 예고된 내용이 그대로 틀림없이 실시될 것으로 예상할 수는 없다. 따라서 이 사건 개선방안의 발표는 예외적으로 **헌법소원의 대상이 되는 공권력의 행사에 해당되지 아니한다**(헌재 2000.6.1. 99헌마538).

Ⅱ. 행정계획의 법적 성질

1. 개 관

행정계획의 종류와 내용이 다양하며 형식에 있어서도 법규범(법률·명령·조례. 예: '신행정수도 후속대책을 위한 연기·공주지역 행정중심복합도시 건설을 위한 특별법')이나 행정행위(행정처분)로 나타날 수도 있고, 단순한 사실행위(예: 미래에 대한 청사진 제시 등 홍보적 계획)로 나타날 수도 있다. 행정계획의 법적 성질은 권리침해를 받은 국민이 택할 수 있는 소송의 형태와 밀접한 관련이 있다.

2. 행정처분성 여부

(1) 의 의

문제가 되는 것은 국민에게 각종 행위제한을 가하는 구속적 계획이 특정의 행위형식을 취하지 않은 경우이다. 행정계획의 성질이 행정처분에 해당될 경우에는 항고소송을 제기할 수 있기 때문에 행정계획의 행정처분성 여부가 중요하다.

(2) 행정처분성이 인정되는 경우

국민의 재산권행사의 제한과 가장 밀접한 관련이 있는 '국토의 계획 및 이용에 관한 법률'상의 도시·군관리계획결정의 법적 성질이 문제가 된다. 행정처분설이 통설·판례이다.

도시·군관리계획이 결정되면 도시계획관련법령의 규정에 따라 건축이 제한되는 등 국민의 권리·의무에 직접적·구체적인 영향을 미치기 때문이다. 규율의 직접대상은 토지이므로 물적 행정행위 내지 일반처분이라고 할 수 있다. 도시·군관리계획과 유사한 법적 효과를 가져 오는 행정계획은 행정처분으로서의 성질이 인정되어야 한다.

행정계획의 처분성이 인정된다는 것과 국민이 항고소송에서 승소한다는 것과는 별개의 것이다. 행정청에게 광범위한 계획재량이 인정되므로 승소하기는 어렵다.

【판례】① 구 도시계획법 제12조 소정의 고시된 **도시계획결정**은 특정 개인의 권리 내지 법률상의 이익을 개별적이고 구체적으로 규제하는 효과를 가져 오게 하는 **행정청의 처분**이라 할 것이고, 이는 행정소송의 대상이 된다(대법원 1982.3.9, 80누105).
② 건설부장관의 **개발제한구역의 지정·고시**에 대한 헌법소원심판청구는 **행정쟁송절차를 모두 거친 후가** 아니면 부적법하다(즉, 개발제한구역의 지정·고시는 행정쟁송의 대상이 되는 행정처분이다)(헌재 1991.7.22., 89헌마174.).
③ 구 도시재개발법(현 '도시 및 주거환경정비법')에 의한 **재개발조합**은 조합원에 대한 법률관계에서 적어도 특수한 존립목적을 부여받은 특수한 **행정주체**로서 국가의 감독하에 그 존립 목적인 특정한 공공사무를 행하고 있다고 볼 수 있는 범위 내에서는 공법상의 권리의무 관계에 서 있는 것이므로 분양신청 후에 정하여진 관리처분계획의 내용에 관하여 다툼이 있는 경우에는 그 **관리처분계획**은 토지 등의 소유자에게 구체적이고 결정적인 영향을 미치는 것으로서 조합이 행한 (**행정**)**처분**에 해당하므로 **항고소송**의 방법으로 그 무효확인이나 취소를 구할 수 있다(대법원 2002.12.10, 2001두6333).
④ 구 '도시 및 주거환경정비법'(2007.12.21, 개정되기 전의 것)에 따른 **주택재건축정비사업조합**은 관할 행정청의 감독 아래 위 법상 주택재건축사업을 시행하는 공법인으로서, 그 목적 범위 내에서 법령이 정하는 바에 따라 일정한 행정작용을 행하는 **행정주체**의 지위를 가진다 할 것인데, 재건축정비사업조합이 이러한 행정주체의 지위에서 위 법에 기초하여 수립한 **사업시행계획**은 인가·고시를 통해 확정되면 이해관계인에 대한 **구속적 행정계획**으로서 독립된 **행정처분**에 해당한다(대법원 2009.11.2, 2009마596).

(3) 행정처분성이 부인되는 경우

도시·군관리계획 이외에 행정처분성 여부가 논란이 되었던 것으로는 농어촌도로기본계획, 도시·군기본계획, 환지계획 등이 있는데, 판례는 이들이 구체적 계획의 근거·지침이 되거나 구체적 처분의 근거에 불과하며 국민에 대한 직접적인 구속력이 없다는 이유로 처분성을 부인한다.

【판례】① **도시기본계획**(현 도시·군기본계획)은 도시의 기본적인 공간구조와 장기발전방향을 제시하는 종합계획으로서 그 계획에는 토지이용계획, 환경계획, 공원녹지계획 등 장래의 도시개발의 일반적인 방향이 제시되지만, 그 계획은 **도시계획입안의 지침이 되는 것에 불과하여 일반 국민에 대한 직접적인 구속력은 없는 것**이다(대법원 2002.10.11, 2000두8226).
② 구 토지구획정리사업법 제57조, 제62조 등의 규정상 **환지예정지 지정**이나 **환지처분**은 그에 의하여 직접 토지소유자 등의 권리·의무가 변동되므로 이를 항고소송의 대상이 되는 **처분**이라고 볼 수 있으나, **환지계획**은 위와 같은 **환지예정지 지정**이나 **환지처분의 근거가 될 뿐** 그 자체가 직접 토지소유자 등의 법률상의 지위를 변동시키거나 또는 환지예정지 지정이나 환지처분과는 다른 **고유한 법률효과를 수반하는 것이 아니어서** 이를 항고소송의 대상이 되는 **처분에 해당한다고 할 수가 없다**(대법원 1999.8.20., 97누6889).

③국토해양부, 환경부, 문화체육관광부, 농림수산부, 식품부가 합동으로 2009. 6. 8. 발표한 '**4대강 살리기 마스터 플랜**' 등은 4대강 정비사업과 주변 지역의 관련 사업을 체계적으로 추진하기 위하여 수립한 종합계획이자 '**4대강 살리기 사업**'의 **기본방향을 제시하는 계획으로서, 행정기관 내부에서 사업의 기본방향을 제시하는 것일 뿐.** 국민의 권리·의무에 직접 영향을 미치는 것이 아니어서 행정처분에 해당하지 않는다(대법원 2011.4.21. 2010무111).

Ⅲ. 행정계획의 법적 근거와 절차

1. 법적 근거

행정청이 구속적 계획은 물론 비구속적 계획을 수립하기 위해서도 먼저 행정조직법상으로 계획을 수립할 수 있는 권한이 부여되어 있어야 한다(조직법적 근거).

구속적 계획은 국민의 권리·의무에 영향을 미치거나 관계행정기관에 법적 구속력을 가지므로 그것의 수립에는 작용법적 근거(내용, 절차 등에 관한 근거)를 필요로 한다. 단지 행정지침적·정책수립적·홍보적 기능을 하는 비구속적 계획은 법적 근거를 요하지 않는 것이 원칙이다. 그러나 비구속적 계획이라도 국민전체 내지 국가에 중요한 영향을 미치는 것은 법률유보원칙(중요사항유보)이 적용되어 법률에 의한 규율이 필요하다고 보아야 한다.

2. 행정계획의 절차

(1) 절차의 중요성

행정계획의 특성은 영향력이 광범위하고 지속적이며, 많은 행정기관 및 이해관계인과 관련되고, 그것의 행정처분성이 극히 제한적으로만 인정될 뿐만 아니라 광범위한 계획재량이 인정되므로 행정계획을 사후에 사법적으로 통제하여 그것의 위법성을 가리는 것이 매우 어렵다는 점이다. 따라서 계획의 수립단계에서 절차적으로 통제하는 것이 중요하다.

절차적 통제의 중점은 행정계획의 적정성을 확보하고(전문가·관계행정기관의 참여, 관계이익의 조절), 민주적으로 통제하며(국민·주민의 참여), 이해관계인의 참여(사전적 권리구제) 등이다.

(2) 주요절차

행정계획의 수립절차에 관한 일반법이나 통칙적 규정은 없다. 따라서 개별법의 내용을 검토하여야 하는바, 계획의 분야·종류에 따라 절차가 매우 다양하다. 주요절차는 다음과 같다.

1) 관계행정기관간의 협의 · 조정, 심의회 · 위원회 등의 심의

여러 행정기관의 이해관계가 있는 행정계획을 수립하기 위해서는 관계행정기관과 협의 · 의견청취(예: '국토의 계획 및 이용에 관한 법률' 제30조), 상급행정청의 승인 · 조정(예: 동법 제16조, 제17조, 제22조의2) 등을 거치도록 하는 경우가 많다. 행정계획의 전문성 · 적정성을 확보하기 위해 위원회 · 심의회 등의 심의를 거치도록 하는 경우가 많다(예: 동법 제106조 이하).

2) 주민 · 전문가 · 이해관계인의 참여

(가) 의견수렴제도

행정계획을 수립하면서 주민 · 이해관계인 등에게 서류를 공람시키고 의견진술기회를 부여하거나 공청회 등을 개최하는 경우가 있다(예: '국토의 계획 및 이용에 관한 법률' 제14조).

(나) 행정예고제도

행정청은 정책, 제도 및 계획을 수립 · 시행하거나 변경하려는 경우에는 이를 예고하여야 한다. 다만 예고로 인하여 공공의 안전 또는 복리를 현저히 해할 우려가 있거나 기타 예고하기 곤란한 특별한 사유가 있는 경우에는 예고하지 아니할 수 있다. 행정예고기간은 예고 내용의 성격 등을 고려하여 정하되, 20일 이상(단축된 예고기간은 10일 이상)으로 한다(행정절차법 제46조).

3) 지방자치단체의 참여 · 결정

계획의 수립이 일정 지방자치단체와 밀접한 관련이 있는 경우에는 당해 자방자치단체가 입안 · 결정 · 신청 등을 하기도 한다(예: '국토의 계획 및 이용에 관한 법률' 제15조, 제29조 등).

4) 공포, 고시, 공람

계획은 국민에게 알려야 효력을 발생한다. 법률 · 명령 · 조례 등의 형식으로 수립되는 계획은 공포되어야 하고, 그 밖의 형식으로 된 경우에는 법에서 정하는 바에 따라 고시되거나 일반인 또는 이해관계인에게 공람시켜야 한다(예: '국토의 계획 및 이용에 관한 법률' 제30조).

(3) 절차의 하자의 효과

행정계획의 절차에 하자(위법성)가 있는 경우에는 하자의 일반론에 따라 행정계획이 법령의 형식으로 된 경우에는 무효가 되지만, 행정처분성이 인정되는 경우에는 하자의 중대 · 명백성 여부에 따라 무효이거나 취소대상이 된다.

【판례】① 환지계획 인가 후에 당초의 환지계획에 대한 공람과정에서 토지소유자 등 이해관계인이 제시한 의견에 따라 수정하고자 하는 내용에 대하여 **다시 공람절차 등을 밟지 아니한 채 수정된 내용에 따라 한 환지예정지 지정처분**은 환지계획에 따르지 아니한 것이거나 환지계획을 적법하게 변경하지 아니한 채 이루어진 것이어서 **당연 무효**라고 할 것이다(대법원 1999.8.20, 97누6889).

② 도시계획법의 관련 규정을 종합하여 보면 도시계획의 입안에 있어 해당 도시계획안의 내용을 공고 및 공람하게 한 것은 다수 이해관계자의 이익을 합리적으로 조정하여 국민의 권리자유에 대한 부당한 침해를 방지하고 행정의 민주화와 신뢰를 확보하기 위하여 국민의 의사를 그 과정에 반영시키는데 있는 것이므로 이러한 **공고 및 공람 절차에 하자가 있는 도시계획결정은 위법**하다고 하여야 할 것(취소사유)이다(대법원 2000.3.23, 98두2768).

③ 구 도시계획법 제7조가 도시계획결정 등 **처분의 고시**를 도시계획구역, 도시계획결정 등의 **효력발생요건**으로 규정하였다고 볼 것이어서 건설부장관 … 등이 … 정당하게 도시계획결정 등의 처분을 하였다고 하더라도 이를 **관보에 게재하여 고시하지 아니한 이상 대외적으로는 아무런 효력도 발생하지 아니한다**(대법원 1985.12.10, 85누186).

④ 도시계획의 수립에 있어서 도시계획법 제16조의2 소정의 공청회를 열지 아니하였더라도 이는 절차상의 위법으로서 **취소사유에 불과**하다(대법원 1990.1.23, 87누947).

Ⅳ. 행정계획과 계획재량

1. 계획재량의 의의

행정계획의 근거규범은 일반 법규정처럼 '…면 …한다'는 식의 구조(조건적 규범구조)로 되어 있는 것이 아니라, 계획의 목표·절차 등만을 규율하는 형식(목적적 규범구조)으로 되어 있다. 따라서 행정청은 행정계획을 입안·결정함에 있어서 구체적 내용과 개별적 수단의 선택에 있어서는 광범위한 형성의 자유를 가지게 되는데 이를 계획재량이라고 한다.

법원은 행정계획의 요건충족 여부와 효과·수단선택의 적법성 등을 심사하여 계획재량의 위법성을 판단하기가 보통의 행정재량의 경우보다 훨씬 곤란하다.

2. 계획재량의 하자

(1) 일반적 하자

계획재량에도 일정한 제한이 있음은 물론이다. ㉠ 계획상의 목표는 법질서와 부합하여야 한다. ㉡ 내용에 있어서는 계획상호간에 충돌하지 않고 전체적으로 통일성을 이루어야 한다(정합성의 원칙). 즉, 종합·부문계획간, 상·하위계획간에는 조화를 이루어야 한다. ㉢ 권한범위를 위반하지 않아야 한다. ㉣ 수단은 비례원칙을 준수하여야 한다. ㉤ 법정절차를 준수하여야 한다. 이를 위반하면 계획재량은 하자 있는 것이고, 행정계획은 위법한 것이 된다.

【 판례 】 후행 도시계획의 결정을 하는 행정청이 선행 도시계획의 결정·변경 등에 관한 권한을 가지고 있지 아니한 경우에 … **선행 도시계획결정의 폐지 부분은** 권한 없는 자에 의하여 행해진 것으로서 **무효이고, 같은 대상지역에 대하여** 선행 도시계획결정이 적법하게 폐지되지 아니한 상태에서 그 위에 다시 한 **후행 도시계획결정 역시 위법하고,** 그 하자는 중대하고도 명백하여 다른 특별한 사정이 없는 한 **무효라고 보아야 한다**(대법원 2000.9.8. 99두11257).

(2) 형량명령(형량의무)의 위반

행정청은 계획재량을 행사함에 있어서 계획에 관련되는 제반 이익, 즉 공익과 사익, 공익과 공익, 사익과 사익을 합당하게 비교형량하여야 할 의무가 있다. 이를 형량의무(형량명령, Abwägungsgebot)라고 하고 이를 위반하는 것은 하자 있는 계획재량이 된다.

【 참고 】 **행정절차법 제40조의4:** 행정청은 행정청이 수립하는 계획 중 국민의 권리·의무에 직접 영향을 미치는 계획을 수립하거나 변경·폐지할 때에는 관련된 **여러 이익을 정당하게 형량**하여야 한다.

형량하자의 유형은 ㉠ 형량의 해태(불행사), ㉡ 반드시 고려할 사항(예: 환경보호)을 빠뜨리거나 무관한 것(예: 정치적 고려)을 포함시킨 경우(형량의 흠결), ㉢ 관련된 공·사익 등의 가치를 잘못 평가한 경우(예: 공·사익의 과대·과소평가), ㉣ 형량을 잘못하여 객관성·정당성·비례성이 결여된 경우(오형량)를 들 수 있다. 판례도 재량권의 일탈·남용이라는 용어를 쓰고 있기는 하지만 내용상으로는 형량명령의 위반으로서 형량하자의 법리를 인정하고 있다.

【 판례 】 행정주체는 구체적인 행정계획을 입안·결정함에 있어서 비교적 광범위한 형성의 자유를 가진다고 할 것이지만, 행정주체가 가지는 이와 같은 형성의 자유는 무제한적인 것이 아니라 그 행정계획에 관련되는 자들의 이익을 공익과 사익 사이에서는 물론이고 공익 상호간과 사익 상호간에도 정당하게 비교교량하여야 한다는 제한이 있는 것이고, 따라서 행정주체가 행정계획을 입안·결정함에 있어서 **이익형량을 전혀 행하지 아니하거나 이익형량의 고려 대상에 마땅히 포함시켜야 할 사항을 누락한 경우 또는 이익형량을 하였으나 정당성과 객관성이 결여된 경우에는 그 행정계획결정은 형량에 하자가 있어 위법하다**(대법원 2006.9.8. 2003두5426).

V. 행정계획의 법적 효과, 실효

1. 일반적 효과

행정계획 중에서 구속적 계획은 일정한 법적 효과를 발생시킨다. 중요한 것은 국민에 대한 효과이다. 예컨대, 국토교통부장관 또는 시·도지사, 군수 등이 도시·군관리계획으로 용도지역(도시지역·관리지역·농림지역·자연환경보전지역)·용도지구(예: 경관·미관·고도·방화지구 등)·용도구역(예: 개발제한구역, 도시자연공원구역, 시가화조정구역)을 지정한 경우에는 국민으로서는 토지형질변경·건축 등 각종 행위의 제한을 받게 된다('국토의 계획 및 이용에 관한 법률' 제76조 이하 참조).

2. 집중효

행정계획의 집중효란 계획이 확정되면 다른 관계법령에서 받게 되어 있는 인·허가 등을 받은 것으로 보는 효과를 말한다. '대체효'라고도 하며, 법률에서 명시하고 있는 경우에만 인정된다. 이는 행정계획은 종합적인 것으로서 여러 행정분야와 관련이 있으므로 계획과 관련된 각종 인·허가 등을 행정계획의 승인에 집중시켜 개별적인 인·허가를 별도로 받을 필요가 없도록 함으로써 행정절차의 불필요한 중복을 피하여 신속·편리한 사무처리를 도모하기 위한 것이다. 행정계획을 승인·확정하는 행정청은 개별 법령상으로 원래의 인·허가의 권한이 있는 행정기관의 장과 협의를 하여야 한다.

예컨대, 택지개발사업시행자(국가, 지방자치단체, 한국토지주택공사, 지방공사 등)가 택지개발사업실시계획을 작성하거나 승인을 받은 때에는 '국토의 계획 및 이용에 관한 법률', 토지구획정리사업법, 주택법 등 수많은 법률에 의한 인·허가 등을 받은 것으로 본다(택지개발촉진법 제11조 제1항).

원래의 행정기관의 인·허가의 '권한'만이 아니라 '절차'에 관한 것도 계획확정기관으로 이전·집중된다. 따라서 계획확정절차와는 별도로 개별 법령상의 인·허가 절차를 거칠 필요가 없다.

【판례】 건설부장관이 구 주택건설촉진법 제33조에 따라 관계기관의 장과의 협의를 거쳐 사업계획승인을 한 이상 같은 조 제4항의 허가·인가·결정·승인 등이 있는 것으로 볼 것이고, **그 절차와 별도로** 도시계획법 제12조 등 소정의 중앙도시계획위원회의 의결이나 주민의 의견청취 등 **절차를 거칠 필요는 없다**(대법원 1992.11.10, 92누1162).

3. 행정계획의 실효

행정계획이 수립되면 그로인해 국민의 재산권이 제한받게 되는데, 수립된 행정계획이 상당한 기간 안에 실행되지 않을 경우에는 재산권 보호를 위해 계획 자체가 실효되도록 하는 경우가 있다. 예컨대, 도시계획시설결정이 고시된 도시계획시설에 대하여 그 고시일부터 20년이 지날 때까지 그 시설의 설치에 관한 도시계획시설사업이 시행되지 아니하는 경우 그 도시계획시설결정은 그 고시일부터 20년이 되는 날의 다음날에 그 효력을 잃는다('국토의 계획 및 이용에 관한 법률' 제48조 ①).

VI. 행정계획과 권리구제

> 【문 제】 도지사 甲은 상업지구인 A지역을 주택지구로 하는 **도시계획변경결정**을 하였다. 이 결정으로 인해 A토지의 소유자인 X는 **지가의 현저한 하락으로 인해 막대한 손해**를 입게 되었다. 이에 대한 X의 구제수단은 무엇인가? 〈제40회 사법시험〉

1. 행정쟁송

> 【문 제】 A는 폐기물관리법에 따라 폐기물처리업허가를 받기 전에 **폐기물처리사업계획서**를 B군수에게 제출하여 사업계획이 적정함을 통보받았다. 이에 따라 폐기물처리업허가를 받기 위한 시설 등을 갖추기 위하여 사업예정지의 부동산에 대한 용도지역을 '농림지역 또는 준농림지역'에서 '준도시지역(시설용지지구)'으로 변경할 것을 요구하는 **국토이용계획변경신청**을 B군수에게 하였다. 이에 B군수는 A가 계획변경을 신청할 권리가 없다는 이유로 계획변경을 거부하였다. B군수의 견해는 옳은가?

(1) 행정계획의 행정처분성

행정계획이 행정쟁송 특히 항고쟁송의 대상이 되기 위해서는 그것의 처분성이 인정되어야 한다. 행정계획 중에는 행정처분성이 인정되는 것이 있음은 상술한 바와 같다.

(2) 사법심사의 한계

계획재량의 하자의 여부가 주된 심사대상이 되는데, 광범위한 형성의 자유인 계획재량으로 인해 사법심사가 제한된다. 합법성만이 아니라 합목적성 여부까지 판단하는 행정심판을 통한 심사가 더 의미가 있을 수 있다.

(3) 계획의 취소·변경·폐지청구권, 계획입안제안권

사인에게 행정계획의 취소·변경·폐지를 청구할 수 있는 권리가 인정될 수 있는 경우는 ㉠ 행정계획이 위법하고 그로 인해 자신의 권리가 침해된 경우나(대법원 2003.9.23, 2001두10936; 2004.4.27, 2003두8821, 아래 설문 〈답〉 참조), ㉡ 행정계획이 확정된 후 사정변경 및 관계인의 권익침해 등을 이유로 계획의 변경·폐지를 신청할 수 있는 경우가 있을 수 있다. ㉡은 일반적으로 인정되지 않는다.

'국토의 계획 및 이용에 관한 법률'(제26조)에 의하면, 주민(이해관계자를 포함)은 i) 기반시설의 설치·정비 또는 개량에 관한 사항, ii)지구단위계획구역의 지정 및 변경과 지구단위계획의 수립 및 변경에 관한 사항에 대하여 도시·군관리계획도서와 계획설명서를 첨부하여 도시·군관리계획입안권자(특별시장, 광역시장, 특별자치시장, 특별자치도지사, 시장 또는 군수)에게 도시·군관리계획의 입안을 제안할 수 있으며, 도시·군관리계획의 입안을 제안받은 자는 그 처리 결과를 제안자에게 알려야 한다. 이 경우 제안이 거부되면 그 거부행위는 행정처분으로서 항고소송의 대상이 된다.

【판례】① **문화재보호법**은 … **문화재보호구역의 지정**에 따른 재산권행사의 제한을 줄이기 위하여, 행정청에게 보호구역을 지정한 경우에 일정한 기간마다 적정성 여부를 검토할 의무를 부과하고, … 검토 결과 보호구역의 지정이 적정하지 아니하거나 기타 특별한 사유가 있는 때에는 보호구역의 지정을 해제하거나 그 범위를 조정하여야 한다고 규정하고 있는 점, … 헌법상 개인의 재산권 보장의 취지에 비추어 보면, 문화재보호구역 내에 있는 토지소유자 등으로서는 위 **보호구역의 지정해제를 요구할 수 있는 법규상 또는 조리상의 신청권이 있다**고 할 것이고, 이러한 신청에 대한 거부행위는 **항고소송의 대상이 되는 행정처분에 해당한다**(대법원 2004.4.27. 2003두8821).
② **도시계획법**상 주민이 행정청에 대하여 도시계획 및 그 변경에 대하여 어떤 신청을 할 수 있다는 규정이 없고, 도시계획과 같이 장기성, 종합성이 요구되는 행정계획에 있어서 계획이 일단 확정된 후 어떤 사정의 변동이 있다 하여 지역주민에게 일일이 그 계획의 변경을 청구할 권리를 인정해 줄 수도 없는 것이므로 그 **변경 거부행위를 항고소송의 대상이 되는 행정처분에 해당한다고 볼 수 없다**(대법원 1994.1.28. 93누22029).
③ 구 도시계획법(현 '국토의 계획 및 이용에 관한 법률')은 **도시계획 입안권자인 특별시장·광역시장·시장 또는 군수**로 하여금 5년마다 관할 도시계획구역 안의 도시계획에 대하여 그 타당성 여부를 전반적으로 재검토하여 정비하여야 할 의무를 지우고, 도시계획입안제안과 관련하여서는 **주민이 입안권자에게** '1.도시계획시설의 설치·정비 또는 개량에 관한 사항, 2.지구단위계획구역의 지정 및 변경과 지구단위계획의 수립 및 변경에 관한 사항'에 관하여 '도시계획도서와 계획설명서를 첨부'하여 **도시계획의 입안을 제안**할 수 있고, 위 입안제안을 받은 **입안권자는 그 처리결과를 제안자에게 통보하도록** 규정하고 있는 점 등과 헌법상 개인의 재산권 보장의 취지에 비추어 보면, **도시계획구역 내 토지 등을 소유하고 있는 주민으로서는 입안권자에게 도시계획입안을 요구할 수 있는 법규상 또는 조리상의 신청권이 있다**고 할 것이고, 이러한 신청에 대한 거부행위는 항고소송의 대상이 되는 행정처분에 해당한다고 할 것이다(대법원 2004.4.28.. 2003두1806).
④ 산업단지개발계획상 산업단지 안의 토지 소유자로서 산업단지개발계획에 적합한 시설을 설치하여 입주하려는 자는 산업단지지정권자 또는 그로부터 권한을 위임받은 기관에 대하여 **산업단지개발계획의 변경을 요청할 수 있는 법규상 또는 조리상 신청권이 있고**, 이러한 신청에 대한 거부행위는 항고소송의 대상이 되는 행정처분에 해당한다고 보아야 한다(대법원 2017.8.29. 2016두44186).

【답】 판례에 의하면 국토이용계획이 일단 확정된 후에 어떤 사정의 변동이 있다고 하여 지역주민이나 일반 이해관계인에게 그 **계획의 변경을 신청할 권리**를 인정하여 줄 수 없는 것이 원칙이지만, 장래 일정한 기간 내에 관계 **법령이 규정하는 시설 등을 갖추어 일정한 행정처분을 구하는 신청을 할 수 있는 법률상 지위에 있는 자**(예: 폐기물처리사업계획의 적정통보를 받은 A)의 국토이용계획변경신청을 거부하는 것이 실질적으로 당해 행정처분(예: 폐기물처리사업허가) 자체를 거부하는 결과가 되는 경우에는 예외적으로 그 신청인에게 **국토이용계획변경을 신청할 법규상 또**

는 **조리상의 권리가 인정**된다. 폐기물처리사업계획의 적정통보를 받은 자(A)는 장래 일정한 기간 내에 관계 법령이 규정하는 시설 등을 갖추어 폐기물처리업허가신청을 할 수 있는 법률상 지위에 있다고 할 것인바, 피고(B군수)로부터 폐기물처리사업계획의 적정통보를 받은 원고(A)가 폐기물처리업허가를 받기 위하여는 이 사건 부동산에 대한 용도지역을 '농림지역 또는 준농림지역'에서 '준도시지역(시설용지지구)'으로 변경하는 국토이용계획변경이 선행되어야 하고, 원고의 위 계획변경신청을 피고가 거부한다면 이는 실질적으로 원고에 대한 폐기물처리업허가신청을 불허하는 결과가 되므로, 원고는 위 국토이용계획변경의 입안 및 결정권자인 피고에 대하여 그 계획변경을 신청할 법규상 또는 조리상 권리를 가진다(대법원 2003.9.23, 2001두10936 참조. 따라서 신청에 대한 거부행위는 항고소송의 대상이 되는 행정처분에 해당하고 신청인은 원고적격이 있다. 그런데 거부처분이 위법이므로 국토이용계획을 신청인이 원하는 대로 변경해야 하는가는 별개의 문제이다. "폐기물관리법령에 의한 폐기물처리업사업계획에 대한 적정통보와 국토이용관리법령에 의한 국토이용계획변경은 각기 그 제도적 취지와 결정단계에서 고려해야 할 사항들이 다르므로, 피고가 위와 같이 폐기물처리업 사업계획에 대하여 적정통보를 한 것만으로 그 사업부지 토지에 대한 국토이용계획변경신청을 승인하여 주겠다는 취지의 공적인 견해표명을 한 것으로 볼 수 없다"〈대법원 2005.4.28, 2004두8828〉. A는 결국 패소하였다).

2. 행정상 손해배상, 손실보상

행정계획이 위법하여 사인이 손해를 입은 경우 배상을 청구할 수 있다(국가배상법 제2조).

행정계획을 수립·시행하게 되면 국민의 재산권이 수용·사용·제한되는 경우가 많은데, 수용·사용되는 재산권에 대해서는 예외 없이 보상하여야 하는 것은 당연하고, 보상을 인정하지 않는 법률은 없다.

문제는 행정계획으로 인하여 사인의 재산권행사가 제한되는 경우이다(이를 '계획제한' 또는 '공용제한'이라고 한다). 예컨대 "사인의 토지가 도로, 공원, 학교 등 도시계획시설로 지정되면, 당해 토지가 매수될 때까지 시설예정부지의 가치를 상승시키거나 계획된 사업의 시행을 어렵게 하는 변경을 해서는 안된다는 내용의 '변경금지의무'를 토지소유자에게 부과하는 것을 의미한다. 도시계획시설의 지정으로 말미암아 당해 토지의 이용가능성이 배제되거나 또는 토지소유자가 토지를 종래 허용된 용도대로도 사용할 수 없기 때문에 이로 말미암아 재산적 손실이 발생하는 경우에는, 원칙적으로 사회적 제약의 범위를 넘는 수용적 효과를 인정하여 국가나 지방자치단체는 이에 대한 보상을 해야 한다"(헌재 1999.10.21, 97헌바26). 즉, 손실이 사회적 제약의 범위를 넘는 '특별한 희생'에 해당되는 것으로 볼 수 있는 경우에는 보상하여야 한다. 문제의 핵심은 '특별한 희생'의 해당 여부이다(후술하는 '손실보상' 참조).

'국토의 계획 및 이용에 관한 법률'은 20년이 넘는 재산권제한에 대해서는 손실보상을 해주는 것이 아니라 계획자체가 실효되도록 정하고 있다. 즉, "도시·군계획시설결정이 고시된 도시·군계획시설에 대하여 그 고시일부터 20년이 지날 때까지 그 시설의 설치에 관한 도시·군계획시설사업이 시행되지 아니하는 경우 그 도시·군계획시설결정은 그 고시일부터 20년이 되는 날의 다음날에 그 효력을 잃는다('국토의 계획 및 이용에 관한 법률' 제48조 ①)."

> 헌법재판소는 구 도시계획법 제21조에 의한 개발제한구역지정제도 **자체는 합헌**이나 예외적으로 **사회적 제약을 넘는 경우에도 보상규정을 두지 않으면 위헌**이라고 판단하고, 손실보상의 구체적인 내용은 입법자에게 일임하였다(헌재 1998.12.24, 97헌마78 참조). 이에 따라 '개발제한구역의지정및관리에관한특별조치법'이 제정되었다. 이 법도 금전에 의한 적극적인 보상은 인정하고 있지 않다. **개발제한구역으로 지정될 당시부터 계속하여 해당 토지를 소유한 자는 개발제한을 받고 있는 자신의 토지를 국가가 매수할 것을 국토교통부장관에게 청구할 수 있도록** 규정하고 있다(동법 제17조).

3. 행정계획과 신뢰보호

(1) 개 설

행정계획이 확정되면 사인은 그것의 존속을 신뢰하고 자본투자 등의 처분행위를 하게 된다. 반면 행정계획은 미래지향적이며, 불확실성·탄력성·가변성을 내재적인 속성으로 가지게 된다. 따라서 행정계획이 폐지·변경될 필요가 있는 경우에는 그 필요성(공익)과 사인의 신뢰보호(사익)를 어떻게 조화롭게 해결할 것인지의 문제가 대두된다.

(2) 계획보장청구권

1) 의 의

계획보장청구권은 행정계획의 폐지·변경·불이행이 있는 경우 당사자가 계획존속·계획준수·경과조치·손해전보(손해배상·손실보상) 등을 청구할 수 있는 권리를 말한다.

2) 구체적 내용
(가) 계획존속청구권, 계획준수청구권
행정계획의 변경이나 폐지에 대하여 계획의 존속을 주장할 수 있는 권리는 계획의 내재적인 속성(불확실성·탄력성·가변성)으로 인해 인정되지 않는 것이 원칙이다.

계획에 위반되는 행위를 하는 경우에 계획대로 이행할 것을 요구하는 권리도 인정되지 않는 것이 원칙이다. 행정기관이 행정계획을 집행할 법적 의무가 있고, 그 의무가 당사자의 사익의 보호도 목적으로 하는 경우에만 극히 예외적으로 인정될 수 있을 것이다.

(나) 경과조치청구권, 적응원조조치청구권, 손실보상청구권
행정계획이 변경·폐지됨으로 말미암아 사인이 입을 손실을 경감하도록 하기 위한 경과규정을 두거나 상황변화에 대응할 수 있도록 원조조치를 해줄 것을 청구할 수 있는 권리를 말한다. 법률에서 명시하지 않는 한 인정되지 않는다.

일반적으로는 계획존속청구권, 계획준수청구권, 경과조치청구권 등이 인정되지 않으므로 현실적으로 계획보장청구권의 주된 논의의 대상은 손실보상청구권이 된다. 그러나 명시적인 법규정이 없는 한 행정계획의 특성상 손실보상이 인정되는 경우도 극히 드물 것이다. 손실보상은 계획의 변경·폐지와 사인의 손실 사이에 인과관계가 있어야 하며, 계획수행수단이 사인에게 자신의 재산상의 처분을 강제하였거나 처분에 결정적인 원인을 제공한 경우에만 인정될 수 있기 때문이다.

4. 헌법소원

구속적 행정계획은 물론 비구속적 행정계획도 공권력의 행사에 해당하는 경우에는 헌법소원의 대상이 될 수 있다.

【 판례 】① **비구속적 행정계획**이라도 **국민의 기본권에 직접적으로 영향**을 끼치고 앞으로 **법령의 뒷받침에 의하여 그대로 실현될 것이 틀림없을** 것으로 예상될 수 있을 때에는 공권력행위로서 예외적으로 헌법소원의 대상이 될 수 있다(헌재 2000.6.1, 99헌마538 등 병합).
② **도시설계**(건축법〈1991.5.31.개정된 것〉 제60조 이하)는 도시계획구역의 일부분을 그 대상으로 하여 토지의 이용을 합리화하고, 도시의 기능 및 미관을 증진시키며 양호한 도시환경을 확보하기 위하여 수립하는 도시계획의 한 종류로서 도시설계지구 내의 모든 건축물에 대하여 구속력을 가지는 **구속적 행정계획**의 법적 성격을 갖는다(따라서 헌법소원의 대상이 된다)(헌재 2003.06.26., 2002헌마402).
③ 피청구인(국토교통부장관)이 발표한 이 사건 **이전방안은 한국토지주택공사와 각 광역시·도, 관련 행정부처 사이의 의견 조율 과정에서 행정청으로서의 내부의사를 밝힌 행정계획안 정도에 불과하다.** 한국토지주택공사의 지방이전계획은 지역발전위원회의 심의를 거쳐 피청구인의 최종 승인에 의하여 확정되는 것이며, 그 이전 단계에서 발표된 이 사건 이전방안이 국민의 권리의무 또는 법적지위에 어떠한 변동을 가져온다고 할 수 없다. 따라서 이 사건 이전방안은 헌법재판소법 제68조 제1항의 **공권력의 행사에 해당한다고 할 수 없다**(헌재 2014.3.27. 2011헌마291).
④ 2012년도와 2013년도 **대학교육역량강화사업 기본계획**은 대학교육역량강화 지원사업을 추진하기 위한 국가의 기본방침을 밝히고 국가가 제시한 일정 요건을 충족하여 높은 점수를 획득한 대학에 대하여 지원금을 배분하는 것을 내용으로 하는 행정계획일 뿐, 위 계획에 따를 의무를 부과하는 것은 아니다. **총장직선제를 개선하지 않을 경우 지원금을 받지 못하게 될 가능성이 있어 대학들이 이 계획에 구속될 여지가 있다 하더라도, 이는 사실상의 구속에 불과하고 이에 따를지 여부는 전적으로 대학의 자율에 맡겨져 있다.** 더구나 총장직선제를 개선하려면 학칙이 변경되어야 하므로, **계획 자체만으로는 대학의 구성원인 청구인들의 법적 지위나 권리의무에 어떠한 영향도 미친다고 보기 어렵다.** 따라서 2012년도와 2013년도 계획 부분은 헌법소원의 대상이 되는 공권력 행사에 해당하지 아니한다. 〈2인의 반대의견〉 이 사건 계획들은 **사실상 국가가 국공립대학으로 하여금 총장직선제를 선택하지 못하도록 강제하는 것**이다. 국공립대학들로서는 재정지원을 받기 위해 이 사건 계획들이 정한 바에 따라 총장직선제를 폐지하는 내용으로 학칙을 개정하거나 그러한 학칙을 유지할 수밖에 없다. 따라서 이 사건 계획들은 국민의 기본권에 직접 영향을 미치는 행정계획이므로 **헌법소원심판의 대상이 되는 공권력 행사에 해당한다**(헌재 2016. 10. 27. 2013헌마576).

【답】 도시계획(변경)결정은 행정처분에 해당하므로 그것이 위법한 경우 X는 그 **취소를 구하는 소송**을 제기할 수 있다. 계획재량의 하자나 절차법의 위반이 있는 경우에는 계획이 위법한 것으로 판단될 수도 있다. 그러나 사익보다 공익이 우월하므로 **사정판결의 가능성**이 높다(후술). 도시계획(변경)결정이 **위법한 경우** X는 국가배상법 제2조가 정하는 바에 따라 **손해배상을 청구**할 수 있다. 계획이 **적법한 경우** X의 손실이 '특별한 희생'에 해당될 때에는 **손실보상을 청구할 수도 있겠지**만, 그것이 긍정될 가능성은 거의 없다. 왜냐하면 기존의 도시계획은 계획의 내재적 속성상 변화가능성이 있으며, 그로 인한 손실이나 이익은 반사적 효과에 불과한 것으로서 국가나 지방자치단체가 책임지거나 법적으로 보호할 성질의 것이 아니기 때문이다.

제 2 절 행정상의 확약

【문 제】 종교단체의 A는 농지를 매입하여 토지형질변경허가를 받아 종교회관을 건립하기 위하여 농지를 매입하기 전에 농지가 소재하고 있는 시의 B市長에게 해당 농지에 대해 **형질변경을 해 줄 수 있는지**를 문의한 결과 B시장은 형질변경을 해주겠다고 하였다. 몇 개월 뒤 A는 농지를 매입하고 종교회관설계에 착수한 후 토지형질변경허가를 신청하였다. 그러나 B는 그동안 농지법 및 '국토의 계획 및 이용에 관한 법률'이 개정되어 당해 농지는 형질변경이 불가능한 토지가 되었다는 이유로 토지형질변경허가를 거절한다. 이에 A는 형질변경가능성을 믿고서 토지를 매입하는 등의 행위를 하였으므로 형질변경을 해 줄 것을 요구한다. A의 주장은 옳은가?

Ⅰ. 개 념

확약(確約)이란 행정청이 "법령 등에서 당사자가 신청할 수 있는 처분을 규정하고 있는 경우 행정청은 당사자의 신청에 따라 장래에 어떤 처분을 하거나 하지 아니할 것을 내용으로 하는 의사표시"를 말한다(행정절차법 제40조의2).

예컨대, 위 설문의 경우처럼 행정청이 토지형질변경허가 등을 해 주겠다는 약속이나 각종의 인·허가에 있어서의 내인가·내허가, 공무원임용의 내정 등을 들 수 있다. 일설은 '확약(Zusicherung)'은 행정행위에 대한 약속을 말하고 '확언(Zusage)'은 행정행위에 대한 약속과 사실행위에 대한 약속(예: 횡단보도설치약속)을 포함하는 것을 의미한다고 한다. 그러나 이는 명문의 규정이 있는 독일의 경우이고, 우리로서는 아직 확립된 것이라고 할 수는 없다.

단순한 사실설명이나 법상태에 관련된 비구속적인 법률적 견해의 표명과 같은 정보제공 내지 교시(敎示)와 구별되며, 종국적 결정에 대한 약속에 지나지 않는 점에서, 다단계 행정결정에서 단계적 절차로서 종국적으로 규율하는 예비결정이나 부분허가와도 구별된다.

II. 법적 성질

1. 학 설

확약의 법적 성질에 관해서는 행정행위설과 독자적 행위형식설이 있다. 전자는 확약은 행정기관이 자기구속적인 의도로서 약속을 한 것이므로 그 자체가 행정기관 자신에 대하여 약속을 이행할 의무를 발생시킨다는 점에서 행정행위의 성질이 있다는 견해이다. 후자는 확약은 약속에 지나지 않고, 종국적인 규율은 약속된 행정행위를 통해서 행해지는 것이며, 확약의 기초가 되었던 사실적·법적 상황이 변경되면 사정변경의 원칙에 따라 확약의 구속성이 상실되는 것으로서 행정행위와는 구별되는 독자적 행위형식이라는 견해이다.

2. 판 례

판례는 확약의 행정처분성에 대한 판단을 회피하지만 사실상 그것의 처분성을 인정하기도 하고 처분성을 부인하기도 한다. 이는 확약의 구체적인 내용에 따라 다르게 판단하는 것으로 보인다. 특히 확약에 속하는 것 중에서 내인가는 처분성을 인정하는 것으로 보인다.

【 판례 】 ① **어업권면허에 선행하는 우선순위결정**은 행정청이 우선권자로 결정된 자의 신청이 있으면 어업권면허처분을 하겠다는 것을 **약속하는 행위로서 강학상 확약에 불과하고 행정처분은 아니다**(대법원 1995.1. 20, 94누6529).
② 자동차운송사업 양도양수인가신청에 대하여 행정청이 내인가를 한 후 그 본인가신청이 있음에도 내인가를 취소함으로써 다시 본인가에 대하여 따로 인가 여부의 처분을 한다는 사정이 보이지 않는 경우 위 **내인가취소를 인가신청거부처분으로 볼 수 있다**(대법원 1991.6.28, 90누4402).
③ 개별화물자동차운송사업면허발급신청에 대하여 행정청이 신청인에게 … 소정 서류를 첨부하여 운송시설확인신청을 하면 이를 확인하여 그 면허를 발급하여 준다는 내용으로 한 면허내인가는 … 행정청은 신청인이 … 소정 요건을 갖추어 **운송사업면허를 신청할 경우 특별한 사정이 없는 한 위 내인가의 내용에 구속되어 면허를 발급하여야 할 법적 의무를 지고 신청인으로서는 그에 대응하는 권리를 갖게 되므로 이는 행정소송의 대상이 되는 행정처분이라 할 것**이고 위 내인가가 아무런 공법상의 효력이 없는 행정관청 내부의 심사판단결과 또는 그 결과의 통지에 지나지 아니하는 것으로 볼 수는 없다(서울고법 1990.2.28, 89구1737).

3. 검 토

확약은 행정청에게 약속이행의무를 발생시키고 개인에게는 약속이행을 요구할 수 있는 권리를 발생시킨다는 점에서 행정행위에 해당한다. 확약은 확약의 전제가 되었던 사실적·법적 상황이 변경되면 확약의 구속성이 상실된다는 점에서 고유의 행정행위의 구속력과는 다르다고 하지만, 약속불이행은 ㉠ 신뢰보호의 원칙에 의해 제한을 받으며, ㉡ 손실보상의무가 초래될 수 있다는 점, ㉢ 약속의 이행거부는 거부처분이 되며 이는 행정행위의 철회·취소와 크게 다르지 않다는 점에서 확약을 행정처분이라고 보아도 무방하다.

그런데 '확약'에 속하는 것이라고 하는 것들도 그 구속력의 정도가 다르다. 예컨대, 설문의 경우나 내인가·내허가 등의 경우는 행정청의 이행의무가 확실한 것인 반면에, 행정청의 의무이행을 강요할 정도에 이르지 않는 의사표시에 해당하는 것도 있다. 따라서 이른바 '확약'은 모두 행정행위라거나 모두 행정행위가 아니라고 할 것이 아니라, 확약에 해당하는 구체적 행위가 행정행위인지의 여부는 개별·구체적으로 관련법규의 목적·성질, 행정청의 의사표시의 구체적 상황·방법(예: 문서 또는 구두) 등도 고려하여 결정하여야 할 것이다.

III. 법적 근거 및 가능성

1. 법적 근거

확약에 관한 일반 법규정이 없이 학설·판례에 의존하고 있었으나 최근 개정된 행정절차법에서 확약에 관해 규정하고 있다(제40조의2). 법령이 행정청에 일정한 행위를 할 수 있는 권한을 부여한 경우에는 그러한 행위를 약속할 수 있는 권한도 부여했다고 할 수 있다.

2. 가능성

본 행정행위가 기속행위인가 재량행위인가 하는 문제는 행정기관이 그러한 행위를 약속할 수 있는 것인지의 여부와는 별개의 문제이다. 즉, 재량행위는 물론 기속행위에 대해서도 확약을 할 수 있다. 확약은 본 행정행위의 요건사실이 완성된 후에도 상대방에게 준비이익 내지 기대이익을 주기 위하여 행할 수 있다고 할 것이다.

IV. 요건과 효과

1. 요 건

확약은 본처분의 권한을 가진 행정청이 그 권한의 범위 내에서 행하여져야 하며(주체),

확약의 대상이 되는 행위가 적법한 것이어야 하며(내용), 본행정행위에 일정한 절차적 요구가 있는 경우에는 확약에 있어서도 그 절차가 이행되어야 하며, 또한 행정청은 다른 행정청과의 협의 등의 절차를 거쳐야 하는 처분에 대하여 확약을 하려는 경우에는 확약을 하기 전에 그 절차를 거쳐야 한다(절차. 행정절차법 제40조의2 ③), 법적 명확성을 위해 문서로써 하여야 한다(형식. 제40조의2 ②).

2. 효 과

(1) 확약의 구속효

행정청은 상대방에게 확약된 행위를 하여야 할 자기구속적인 의무를 부담하고, 상대방에게는 확약내용의 이행청구권이 인정된다. 행정청은 ㉠ 확약을 한 후에 확약의 내용을 이행할 수 없을 정도로 법령 등이나 사정이 변경된 경우, 또는 ㉡ 확약이 위법한 경우에는 확약에 기속되지 아니한다(행정절차법 제40조의2 ④). 행정청은 확약이 제4항 각 호의 어느 하나에 해당하여 확약을 이행할 수 없는 경우에는 지체 없이 당사자에게 그 사실을 통지하여야 한다(제40조의2 ⑤).

(2) 확약의 실효

확약 또는 공적인 의사표명이 있은 후에 사실적·법률적 상태가 변경되면, 확약의 구속성은 사후적으로 행정청의 별다른 의사표시가 없어도 실효된다는 것이 판례이다. 여기서 '실효'된다는 것은 오해의 소지가 있다. 이는 행정청이 확약을 이행할 의무가 없어진다는 것이지, 확약의 효력이 당연히 소멸되는 것을 의미하는 것은 아니다. 즉, 상대방이 행정청의 확약을 믿고 일정한 처분을 한 경우로서 신뢰보호의 요건을 충족하는 경우에는 손실보상을 요구할 수 있는 것이다.

【 판례 】 행정청이 상대방에게 장차 어떤 처분을 하겠다고 확약 또는 공적인 의사표명을 하였다고 하더라도, 그 자체에서 상대방으로 하여금 언제까지 처분의 발령을 신청을 하도록 유효기간을 두었는데도 그 기간 내에 상대방의 신청이 없었다거나 **확약 또는 공적인 의사표명이 있은 후에 사실적·법률적 상태가 변경되었다면, 그와 같은 확약 또는 공적인 의사표명은 행정청의 별다른 의사표시를 기다리지 않고 실효된다**(대법원 1996.8.20. 95누10877).

V. 확약과 권리구제

1. 행정소송

행정청은 상대방에 대하여 확약된 행위를 하여야 할 의무를 부담하고, 상대방은 그 약속이행을 청구할 수 있는데, 의무이행심판·부작위위법확인소송 등을 제기한다. 명시적으로 이행을 거부하는 경우에는 거부처분취소소송을 제기할 수 있다.

2. 손해배상, 손실보상

행정청이 위법한 확약을 함으로써 이를 신뢰한 사인이 손해를 입게 된 경우, 또는 사실적·법률적 상태의 변경 등 합당한 사유가 없음에도 불구하고 행정청이 약속을 이행하지 않아 사인이 손해를 입은 경우에는 국가배상법에 따라 손해배상을 청구할 수 있다. 또한 행정청이 사실적·법률적 상태의 변경 등 공익상의 이유로 확약을 철회하거나 불이행함으로써 확약을 정당하게 신뢰한 사인이 손실을 입은 경우에는 손실보상을 청구할 수 있다.

【답】 ㉠법률개정으로 사정이 변경되었으므로 B시장은 토지형질변경허가 약속(확약)을 이행하지 않을 수 있다. 이 경우 A에게는 **손실보상**을 해 주어야 할 것이다. ㉡형질변경 불허가로 인한 A의 손해가 공익보다 클 경우에는 **형질변경허가**를 하여야 한다. ㉢B가 아무런 조치도 없이 형질변경을 불허가할 경우에는 A는 신뢰보호원칙의 위반으로 인한 위법성을 주장하여 **국가배상법에 따른 손해배상**을 요구할 수 있을 것이다.

제 3 절   공법상 계약

【문 제】 A는 의사로서 현역복무대신 전라북도에서 공중보건의사로 일하기 위해 B도지사와 **전문직공무원 채용계약**을 체결하고 임실군 보건소에서 근무하던 중 근무지를 8일 이상 무단으로 이탈하였다. 이에 B는 A에게 관계법령상의 의무불이행을 이유로 공중보건의사채용계약의 해지를 통보하였다. A는 현역병으로 입대하게 되자 B의 **채용계약해지처분은 위법한 행정처분**이라는 이유로 B도지사를 피고로 하여 계약해지처분취소소송을 제기하였다. A가 택한 소송형태는 옳은가?

Ⅰ. 개 설

1. 공법상 계약의 의의

공법상 계약이란 공법적 효과의 발생을 목적으로 하는 계약, 즉 복수당사자 사이의 반대방향의 의사표시의 합치에 의하여 공법상 구체적인 법률관계의 형성·변경·소멸을 발생시키는 공법행위를 말한다. 전문직공무원의 채용계약, 사유지를 공공용지로 제공하는 계약 등이 대표적인 예이다. 과거에는 급부행정의 영역에서 주로 사용되어 왔으나, 최근에는 규제행정분야에도(예: 환경행정) 행정행위 대신에 공법상 계약이 체결되는 경우가 있다(예: 행정주체와 공해배출업체간에 체결하는 환경보호와 관련된 협정).

공법상 계약의 장점은 ㉠ 개별적·구체적 사정에 적응하여 탄력적으로 행정을 처리할 수 있고, ㉡ 명확하지 않은 사실관계·법률관계를 용이하게 해결할 수 있게 하며, ㉢ 법률지식이 없는 자에게도 교섭을 통하여 계약의 내용을 이해시킬 수 있다는 점, ㉣법의 흠결을 메울 수 있는 점, ㉤쟁송을 최소한으로 줄일 수 있는 점, ㉥상대방의 반대급부가 확보된 경우에는 행정목적을 신속히 달성할 수 있는 점 등이다.

2. 다른 행위와의 구별

(1) 사법상 계약과의 구별

공법상 계약은 '공법적' 효과 즉, 공법상의 권리·의무의 발생·변경·소멸을 내용으로 하는 점에서 사법상 계약과 구별된다. 그러나 구별이 용이하지 않은 경우도 있다. 특히, 행정주체와 사인간에 체결한 계약이 공법상 계약과 사법상의 계약의 성질이 함께 존재하는 경우(혼합계약)에 그것이 공·사법계약 중 어느 것에 속하는지는 ㉠그 근거법규의 해석을 통하여 결정하게 되나, ㉡분명하지 않은 경우에는 당해 계약을 통하여 부담하게 되는 당사자의 의무의 성질, 계약의 대상·목적·전체적 특성 등을 고려하여 계약의 효과가 공법상의 효과를 지향하는지의 여부를 판단하여야 한다. ㉢일반적으로 공행정의 수행과 밀접하게 관련된 계약이나 공법규정의 집행을 목적으로 하는 계약은 공법상 계약으로 본다.

(2) 동의 · 신청을 요하는 행정행위와의 구별

동의 · 신청을 요하는 행정행위도 그 내용은 행정기관이 일방적으로 결정하고 사인과 협상을 하는 것이 아니라는 점에서 쌍방적 행위인 공법상 계약과 구별된다.

(3) 공법상 합동행위와의 구별

공법상 계약은 반대방향(예: A는 주고 B는 받는 것)의 의사의 합치에 의해 성립한다는 점에서 동일방향의 의사의 합치로써 성립하는 공법상 합동행위(예: 시 · 군조합의 설립)와 구별된다.

【참고】**행정계약**이란 개념을 사용하면서 행정주체가 체결하는 모든 계약, 즉 공법상 계약과 사법상 계약을 합한 것을 의미한다는 주장이 있는데(김동희), 그에 따르면 공법상 계약보다는 넓은 개념이 된다. 그러나 독일에서는 행정계약이 우리나라의 공법상 계약과 동일한 의미로 사용된다.

Ⅱ. 공법상 계약의 종류

1. 당사자를 기준으로 한 분류

(1) 행정주체 상호간의 계약

국가와 공공단체 또는 공공단체 상호간에 특정의 행정사무의 처리를 합의하는 경우이다. 공공단체 상호간의 사무위탁, 공공시설의 관리(예: 도로법 제21조), 경비분담협의(예: 도로법 제70조) 등이 그 예이다.

(2) 행정주체와 사인간의 계약

㉠ 임의적 공용부담계약(예: 사유지를 공공용지로 제공하는 계약), ㉡ 특별신분관계의 설정합의(예: 전문직공무원의 채용계약, 영조물이용관계의 설정), ㉢ 공물 · 공기업의 이용에 관한 계약(예: 상수도이용 계약), ㉣ 보조금지급계약(예: 농어민자금지원계약), ㉤ 행정사무의 위탁계약(예: 사인의 신청에 의한 별정우체국장 지정), ㉥ 환경보전협정(예: 자연환경보전법 제37조의 환경부장관과 토지소유주간의 '생물다양성관리계약'), ㉦ 보상계약(예: 지방자치단체와 시내버스회사 등 특허기업자간의 계약) 등이 그 예이다.

【판례】행정청이 자신과 상대방 사이의 근로관계를 일방적인 의사표시로 종료시켰다고 하더라도 곧바로 그 의사표시가 행정청으로서 공권력을 행사하여 행하는 행정처분이라고 단정할 수는 없고, 관계 법령이 상대방의 근무관계에 관하여 구체적으로 어떻게 규정하고 있는지에 따라 그 의사표시가 항고소송의 대상이 되는 행정처분에 해당하는 것인지 아니면 공법상 계약관계의 일방 당사자로서 대등한 지위에서 행하는 의

사표시인지 여부를 개별적으로 판단하여야 한다. 이러한 법리는 공법상 근무관계의 형성을 목적으로 하는 채용계약의 체결 과정에서 행정청의 일방적인 의사표시로 계약이 성립하지 아니하게 된 경우에도 마찬가지이다. .... 관련 법령의 규정에 비추어 보면, 지방계약직공무원인 이 사건 옴부즈만 채용행위는 공법상 대등한 당사자 사이의 의사표시의 합치로 성립하는 공법상 계약에 해당한다(대법원 2014.4.24. 2013두6244).

(3) 공무수탁사인과 사인간의 계약

국가적 공권을 위탁받은 사인과 일반 사인간에 성립하는 공법상 계약이다. 공익사업시행자와 토지소유자간의 토지수용의 보상에 관한 계약('공익사업을 위한 토지 등의 취득 및 보상에 관한 법률' 제26조)이 그 예이다.

2. 성질을 기준으로 한 분류

성질에 따라 대등계약과 종속계약으로 구분된다. 전자는 행정주체상호간 및 공무수탁사인과 사인간에 체결하는 계약으로서, 행정행위로는 규율할 수 없는 법률관계를 그 대상으로 하는 공법상 계약을 말한다. 후자는 행정주체와 사인간의 계약으로서 행정행위 대신에 체결될 수 있는 경우를 그 대상으로 한다.

Ⅲ. 공법상 계약의 특수성

1. 실체법적 특수성

(1) 성립상의 특수성

1) 법적합성(법률유보, 법률우위)

공법상 계약에는 법률의 근거가 반드시 필요한지에 대해서는 급부행정분야에서는 당사자간의 합의에 의한 행정목적의 실현을 막을 이유가 없으므로 특별한 금지규정이 없는 한 법률의 근거가 없어도 된다는 견해가 통설이다. 반면 침해행정분야(예: 조세행정)에서는 법률의 명시적 근거가 있어야 하는 것이 원칙이다. 공법상의 계약도 강행법규에 위반해서는 안 되며, 위법한 계약은 무효이거나 취소대상이 된다.

공법상 계약에 관한 개별법에 규정이 있으면 그에 따르고, 개별법규정이 없으면 '국가를 당사자로 하는 계약에 관한 법률'이나 '지방자치단체를 당사자로 하는 계약에 관한 법률'을 적용하며 여기에서도 규정하지 않는 것은 민법규정을 적용한다.

2) 절차 · 형식

㉠ 계약의 성립에 감독청의 인가·확인을 받도록 하는 경우가 많고(예: 기업자와 피수용자간 의 보상금협의에 대한 토지수용위원회의 확인: '공익사업을 위한 토지등의 취득 및 보상에 관한 법률' 제29조). ㉡ '공법상' 계약이므로 '공공성'으로 인해 사법상 계약자유의 원칙이 제한되며 계약내용이 획 일·정형화되어 부합(附合)계약이 많다. ㉢ 계약체결이 강제되기도 한다. 예컨대, 일반수도사 업자는 정당한 이유 없이 급수계약을 거부할 수 없다(수도법 제39조 ①). ㉣ 문서에 의하여야 하 는 것이 원칙이다. ㉤ 제3자의 권익을 침해하는 계약은 제3자의 동의를 필요로 한다(독일의 행정절차법 제58조 ① 참조). ㉥ 공법상 계약은 행정처분성이 없으므로 행정절차법이 적용되지 않 는다.

> 【참고】 행정기본법 제27조(공법상 계약의 체결)
> ① 행정청은 법령등을 위반하지 아니하는 범위에서 행정목적을 달성하기 위하여 필요한 경우에는 공법상
> 법률관계에 관한 계약(이하 "공법상 계약"이라 한다)을 체결할 수 있다. 이 경우 **계약의 목적 및 내용을 명
> 확하게 적은 계약서를 작성**하여야 한다.
> ② 행정청은 공법상 계약의 상대방을 선정하고 계약 내용을 정할 때 공법상 계약의 **공공성과 제3자의 이해
> 관계를 고려**하여야 한다.

> 【판례】 계약직공무원에 관한 현행 법령의 규정에 비추어 볼 때, **계약직공무원 채용계약해지의 의사표시는
> 일반공무원에 대한 징계처분과는 달라서 항고소송의 대상이 되는 처분 등의 성격을 가진 것으로 인정되지
> 아니하고**, 일정한 사유가 있을 때에 국가 또는 지방자치단체가 채용계약 관계의 한쪽 당사자로서 대등한
> 지위에서 행하는 의사표시로 취급되는 것으로 이해되므로, 이를 징계해고 등에서와 같이 그 징계사유에 한
> 하여 효력 유무를 판단하여야 하거나, **행정처분과 같이 행정절차법에 의하여 근거와 이유를 제시하여야 하
> 는 것은 아니다**(대법원 2002.11.26, 2002두5948).

(2) 효력상의 특수성

1) 비권력성

행정행위에 인정되는 효력인 공정력·확정력 등이 인정되지 않는다.

2) 계약의 해제·변경 등

행정상 계약의 목적이 국민의 일상생활에 필요불가결한 물자나 서비스의 급부인 경우, 그 행정상의 계약은 수급자 측에 부정이 있을 때나 그 밖의 정당한 사유가 있는 경우 이외 에는 해제할 수 없다. 행정주체는 중대한 공익상의 필요가 있는 경우에만 계약내용을 변 경·해제할 수 있으나, 귀책사유 없는 상대방에게는 그로 인한 손실을 보상하여야 한다. 또 한 사인인 계약당사자는 공익에 영향이 없는 경우에만 계약을 변경·해제할 수 있다.

3) 계약의 하자

(가) 계약내용상의 하자

㉠ 계약의 내용이 법령에 위반되는 경우 계약의 효력에 관해서는 다툼이 있다. 이는 행정의 법률적합성의 원칙(법률우위의 원칙)과 계약내용을 신뢰한 당사자의 권익 중 어느 것을 중시할 것인가와 관련이 있다. 소수설은 위법성이 중대하면 계약은 무효이고 위법성이 경미하면 계약은 취소할 수 있음에 그친다고 한다. 독일의 법규정도 이와 같다(독일 연방행정절차법 제59조). 반면 다수설은 공법상 계약은 행정행위와는 달리 공정력이 인정되지 않기 때문에 행정행위의 취소와 같은 취소개념은 있을 수 없고 위법한 계약은 무효라고 한다. ㉡ 무효인 계약에 근거하여 발해진 행정행위는 하자 있는 것이 되며, 그 효력은 하자가 중대·명백한 경우에는 무효이고, 그렇지 않은 경우에는 취소할 수 있음에 그친다.

(나) 의사표시상의 하자

계약을 체결함에 있어서 의사표시에 하자가 있는 경우는 별도의 규정이 없는 한 민법상의 계약에 관한 규정이 준용되어 무효가 되거나 취소사유가 된다고 보아야 한다.

2. 절차법적 특수성

(1) 계약의 강제

당사자가 계약상의 의무를 이행하지 않으면 상대방은 법원의 도움을 받아 이행을 강제할 수 있으나, 예외적으로 명문의 규정이 있다면 법원의 판결이 없이도 행정청이 강제집행할 수 있다(예: 수도법 제68조의 요금의 강제징수).

(2) 쟁송절차

공법상 계약에 관한 분쟁은 일반적으로 당사자소송(행소법 제3조 제2호)으로 해결한다.

【판례】① 피고(광주광역시 문화예술회관장)의 단원(광주광역시립합창단원) 위촉은 피고가 행정청으로서 공권력을 행사하여 행하는 행정처분이 아니라 공법상의 근무관계의 설정을 목적으로 하여 광주광역시와 단원이 되고자 하는 자 사이에 대등한 지위에서 의사가 합치되어 성립하는 공법상 근로계약에 해당한다고 보아야 할 것이므로(대법원 1995.12.22. 95누4636; 1996.5.31. 95누10617 등 참조), 1999.12.31. 광주광역시립합창단원으로서 … 재위촉을 하지 아니한 것을 항고소송의 대상이 되는 불합격처분이라고 할 수는 없다. … 공법상의 법률관계를 다투는 당사자소송은 행정소송법 제3조 제2호, 제39조에 의하여 그 법률관계의 한쪽 당사자인 국가·공공단체 그 밖의 권리주체가 피고적격을 가진다고 할 것이므로(대법원 2000.9.8. 99두2765 참조) 권리주체가 아닌 피고(행정청)는 당사자 적격이 있다 할 수 없다(대법원 2001.12.11. 2001두7794).
② 공중보건의사 채용계약 해지의 의사표시에 대하여는 대등한 당사자간의 소송형식인 공법상의 당사자소송으로 그 의사표시의 무효확인을 청구할 수 있는 것이지, 이를 항고소송의 대상이 되는 행정처분이라는

전제하에서 그 **취소를 구하는 항고소송을 제기할 수는 없다**(대법원 1996.5.31., 95누10617).

③ **읍·면장에 의한 이장의 임명 및 면직은** 행정처분이 아니라 공법상 계약 및 그 계약을 해지하는 의사표시이다(대법원 2012.10.25., 2010두18963).

④ 행정청이 자신과 상대방 사이의 **법률관계를 일방적인 의사표시로 종료시켰다고 하더라도** 곧바로 의사표시가 행정청으로서 공권력을 행사하여 행하는 **행정처분이라고 단정할 수는 없고, 관계 법령이 상대방의 법률관계에 관하여 구체적으로 어떻게 규정하고 있는지에 따라** 의사표시가 항고소송의 대상이 되는 행정처분에 해당하는지 아니면 공법상 계약관계의 일방 당사자로서 대등한 지위에서 행하는 의사표시인지를 **개별적으로 판단하여야 한다.** 중소기업기술정보진흥원장이 갑 주식회사와 중소기업 정보화지원사업 지원대상인 사업의 지원에 관한 협약을 체결하였는데, 협약이 갑 회사에 책임이 있는 사업실패로 해지되었다는 이유로 협약에서 정한 대로 지급받은 정부지원금을 반환할 것을 통보한 사안에서, 중소기업 정보화지원사업에 따른 지원금 출연을 위하여 중소기업청장이 체결하는 협약은 공법상 대등한 당사자 사이의 의사표시의 합치로 성립하는 **공법상 계약에 해당하는 점.** 구 중소기업 기술혁신 촉진법(2010. 3. 31. 법률 제10220호로 개정되기 전의 것) 제32조 제1항은 제10조가 정한 기술혁신사업과 제11조가 정한 산학협력 지원사업에 관하여 출연한 사업비의 환수에 적용될 수 있을 뿐 이와 근거 규정을 달리하는 중소기업 정보화지원사업에 관하여 출연한 지원금에 대하여는 적용될 수 없고 달리 지원금 환수에 관한 구체적인 법령상 근거가 없는 점 등을 종합하면, **협약의 해지 및 그에 따른 환수통보는 공법상 계약에 따라 행정청이 대등한 당사자의 지위에서 하는 의사표시로 보아야 하고, 이를 행정청이 우월한 지위에서 행하는 공권력의 행사로서 행정처분에 해당한다고 볼 수는 없다**(대법원 2015.8.27. 2015두41449).

【답】 판례에 의하면 ㉠ 전문직공무원의 신분을 박탈하는 것이라고 하여 행정처분이라고 단정할 수는 없고, 공무원 및 공중보건의사에 관한 현행 **실정법이 공중보건의사의 근무관계에 관하여 구체적으로 어떻게 규정하고 있는가에 따라 그 채용계약의 해지의사표시가 항고소송의 대상이 되는 행정처분에 해당하는 것인지의 여부를 개별적으로 판단**하여야 한다. ㉡ 관계 법령의 규정내용에 미루어 보면 현행 실정법이 전문직공무원인 공중보건의사의 채용계약 해지의 의사표시는 일정한 사유가 있을 때에 관할 도지사가 채용계약 관계의 한쪽 당사자로서 **대등한 지위에서 행하는 의사표시로 취급**하고 있는 것으로 이해되므로, 이에 대하여는 **대등한 당사자간의 소송형식인 공법상의 당사자소송으로 그 의사표시의 무효확인을 청구**하여야 한다. 당사자 소송의 피고는 전라북도지사가 아니라 **전라북도**이어야 한다(대법원 1996.5.31, 95누10617 참조.).

제 4 절   행정상의 사실행위

Ⅰ. 개 설

1. 의 의

행정상의 사실행위란 법률효과(권리·의무를 생성·변경·소멸시키는 효과)의 발생을 목적으로 하는 것이 아니라 교량의 건설·도로의 청소 등과 같이 직접 어떠한 사실상의 결과의 실현을 목적으로 하는 행정작용을 말한다. 행정주체의 의사표시보다 사실로서의 어떤 상태의 실현이 중점이며, 사실상의 효과만 있고 법적 효과가 없다는 점이 행정행위 등 다른 법률행위와 구분되는 중요한 징표이다.

행정상의 사실행위는 법적 효과의 발생을 직접적인 목적으로 하지는 않지만, 사실행위로서 이루어진 사실로 인해 간접적으로 법적 효과를 가져 오는 경우도 있고(예: 위법한 사실행위로 인한 손해발생). 후술하는 바와 같이 소위 '권력적 사실행위'의 경우에는 직접적인 법률효과가 발생하기 때문에 사실행위에 관한 논의에 있어서도 권리구제가 중요한 의미를 갖는다.

2. 종 류

(1) 개 관

행정상의 사실행위의 종류로서 ㉠ 내부적 사실행위(행정조직의 내부영역에서 행해지는 것: 문서작성, 금전처리)와 외부적 사실행위(국민과의 관계에서 행하여지는 것: 쓰레기수거, 대집행의 실행). ㉡ 정신적 사실행위(일정한 의사작용을 요소로 하는 것: 행정지도, 통지, 보고)와 물리적 사실행위(순전히 사실상의 결과발생만을 의도하는 것: 도로청소). ㉢ 집행적 사실행위(예: 대집행의 실행, 경찰관의 무기사용)와 독립적 사실행위(예: 행정지도, 도로보수공사) ㉣ 공법적 사실행위와 사법적 사실행위로 구분하기도 한다. 법적으로 중요한 의미가 있는 것은 권력적 사실행위와 비권력적 사실행위의 구분이다.

(2) 권력적 사실행위와 비권력적 사실행위

1) 권력적 사실행위

권력적 사실행위란 명령적·강제적 공권력행사로서의 사실행위를 말한다. 예컨대, 행정강제의 실행(무허가건물의 강제철거, 즉시강제 등), 단전·단수조치, 무기사용, 불심검문, 강제적 행정조사(예: 운전자의 음주측정, 수형자의 서신검열, 마약류수용자에 대한 소변채취) 등이 이에 해당한다.

'권력적' 사실행위란 사실상 '공권력(명령·강제)'을 행사하는 것으로서 이는 단순한 '사실행위'와는 다르다. 그것은 한편으로는 **육체적·물리적 행위**(순수한 사실행위: 건물파괴, 스위치 잠금)와 다른 한편으로는 **법적 행위**(권력행위: 의무부과행위〈수인하명〉)가 **결합된** '합성행위'(합성적 행정처분)'로서 엄격하게 말하면 '수인하명'을 제외한 부분만 사실행위에 해당하는 것인데, 이것만 분리할 수는 없기 때문에 단순한 '사실행위'와 구별하기 위해서 '권력적' 사실행위라고 부르는 것이다. 즉, 권력적 사실행위란 권력행사(수인하명)가 내포되어 있는 것으로서 그러한 권력행사가 직접 법률효과를 가져오므로 행정처분성이 인정되며, 그 법률효과를 다투기 위한 취소소송·무효확인소송 등이 인정되는 것이다. 따라서 **엄격한 의미에서 사실행위라고 할 수 없다.** 이는 일본에서 논의가 시작된 개념으로서 독일에서는 낯선 것이며 강학상의 용어이고 실정법상의 용어는 아니다.

2) 비권력적 사실행위

비권력적 사실행위는 공권력행사와 직접 관련성이 없는 사실행위를 말한다. 이에는 ㉠ 고유한 규율내용이 전혀 없이 이루어지는 순전한 사실적 작용(순수 사실행위: 폐기물수거, 도로건설, 여론조사 등), ㉡ 물적·법적 상황에 대해 단순한 지식표명·정보제공행위로서 직접적인 구속효를 갖지 않는 것(예: 통계발표, 조사보고, 품질평가), ㉢ 명령적이지는 않지만 영향력 있는 사실행위(비명령적 영향력 행사행위: 경고, 권고, 추천, 비공식적 조정, 행정지도, 홍보) 등이 있다.

특히 ㉢에 속하는 것 중에서 경고·권고·추천 등은 사실행위라고 할 수 없는 것이 있다. 이들 중에는 개인의 권익에 직접적인 영향을 미치게 되어(예: 특정물질의 발암성·환경유해성에 대한 경고로 인한 당해 물질의 생산업자의 피해), 단순논리적으로 사실행위라고 할 것이 아니라 국민의 권익구제를 강화하기 위해 개별적·구체적으로 검토하여 행정처분성을 인정하여야 하는 것도 있을 수 있다(김남진, 장태주: 행정처분성이 인정되는 것은 권력적 사실행위로 분류하는 것이 보다 논리체계적일 수 있다).

비권력적 사실행위에 속한 것으로서 '행정지도'와 '비공식적 행정작용'은 절을 바꾸어 따로 다루기로 한다.

【 판례 】 재단법인 한국연구재단이 甲 대학교 총장에게 연구개발비의 부당집행을 이유로 '해양생물유래 고부가식품·향장·한약 기초소재 개발 인력양성사업'에 대한 2단계 두뇌한국(BK)21 사업' 협약을 해지하고 연구팀장 乙에 대한 대학자체 징계 요구 등을 통보한 사안에서, 재단법인 한국연구재단이 甲 대학교 총장에게 乙에 대한 대학 자체징계를 요구한 것은 법률상 구속력이 없는 권유 또는 사실상의 통지로서 乙의 권리, 의무 등 법률상 지위에 직접적인 법률적 변동을 일으키지 않는 행위에 해당하므로, 항고소송의 대상인 행정처분에 해당하지 않는다(대법원 2014.12.11. 2012두28704).

Ⅱ. 법적 근거와 한계

사실행위도 행정기관이 자신의 권한의 범위 내에서 하여야 하므로 행정조직법상의 근거가 필요하다. 행정작용법적 근거에 있어서는 비권력적 사실행위는 법적 근거 없이도 가능하지만, 권력적 사실행위는 개인의 신체·자유·재산에 직접 침해를 가하게 되므로 법률의 근거 없이 그러한 행위를 할 수 없음은 당연하다(법률유보의 원칙).

사실행위도 행정작용의 하나이기에 헌법, 법령, 행정법의 일반원칙에 위반해서는 안 된다(법률우위의 원칙). 위법한 사실행위에 대해서는 손해배상청구, 결과제거청구 등 권리보호의 문제가 발생한다.

Ⅲ. 권리구제

1. 행정쟁송

(1) 권력적 사실행위

상술한 바와 같이 권력적 사실행위는 '수인하명'이 포함된 합성행위('합성적 행정처분')로서 행정처분성이 인정되므로 행정심판·행정소송의 대상이 될 수 있다. 하자 있는 권력적 사실행위로 인해 권리침해의 상태가 지속되고 있는 경우에는(예: 수돗물 단수조치, 전염병환자의 강제격리) 그것의 취소나 무효확인을 구하는 항고쟁송을 제기할 수 있다.

그런데 권력적 사실행위는 단시간 내에 종료되는 것이 일반적이다(예: 건물의 강제철거). 종료된 사실행위에 대한 취소소송은 '소의 이익'이 없다는 이유로 각하된다. 따라서 이 경우를 대비하여 사실행위가 종료되지 않도록 미리 '집행정지신청'을 하는 것이 좋다(후술하는 '행정쟁송법' 참조). 만일 종료되었으면 손해배상·결과제거청구권을 행사하는 수밖에 없다.

(2) 비권력적 사실행위

비권력적 사실행위는 일반적으로 행정처분성이 인정되지 않는데, 처분성이 인정되지 않는 한 행정쟁송의 대상이 되지 않고, 다만 손해배상 등만 문제가 된다. 그런데 상술한 바와 같이 비권력적 사실행위에 속하는 것도 행정처분성이 인정될 수 있는 것이 있으며(예: 경고·권고·추천 등 개인의 권익에 직접적인 영향을 미치는 것), 그러한 것은 항고쟁송의 대상이 된다.

2. 손해배상

위법한 사실행위로 인해 손해를 입은 개인은 손해배상을 청구할 수 있다. 그런데 사실행위가 공법적인 행위에 속하는지 아니면 사법적인 행위에 속하는지에 따라 각각 국가배상법 또는 민법에 따라 배상을 청구한다. 그 구분은 사실행위의 수행목적에 따른다. 사실행위가 공적과업의 수행을 직접목적으로 하면 공법적 행위로, 국고적(사경제적) 사무의 수행을 목적으로 하면 사법적 행위로 보게 된다. 위법한 사실행위로 인한 국가배상도 '공무원의 직무행위'가 위법한 경우와 '영조물(공공시설)의 설치·관리'가 하자 있는 경우가 있다(후술).

3. 손실보상

적법한 사실행위로 인해 사인에게 손실이 발생하고, 그 손실이 '특별한 희생'에 해당하는 경우에는 법률이 정하는 바에 따라 행정상 손실보상을 청구할 수 있다. 예컨대, 전염병 예방을 위한 적법한 행정작용인 강제접종으로 생긴 부작용으로 인해 건강상의 피해가 발생한 경우 손실보상(희생보상)을 청구할 수 있다(전염병예방법 제54조의2).

법률규정이 없는 경우가 문제이다. 국민이 '특별한 희생'을 당했음에도 불구하고 보상하지 않을 수는 없을 것이므로 헌법상의 인간다운 생활을 할 권리, 행복추구권, 평등의 원칙, 재산권 보장 및 손실보상규정(헌법 제23조)을 근거로 하고 또한 각 개별법상의 보상규정을 유추적용하여 손실보상, 희생보상을 인정할 수 있다(후술하는 '손실보상', '희생보상청구' 참조).

4. 결과제거청구권

위법한 사실행위로 여전히 위법상태가 남아있는 경우에는 적법한 상태로의 원상회복이 필요하다(예: 경찰이 위법하게 물건을 압수한 경우). 이를 요구할 수 있는 권리를 결과제거청구권(원상회복청구권)이라고 하는데, 이는 행정청의 입장에서 가능하고 수인할 수 있는 경우에만 허용된다(후술). 예컨대, 위법한 대집행으로 인해 철거된 건물을 원상회복할 수는 없는 것이다. 결과제거청구권은 당사자 소송을 통하여 관철된다(후술).

5. 헌법소원

사실행위가 국민의 권익에 직접적인 영향력을 행사하여 어떤 형식에 의하건 법적 통제가 필요함에도 불구하고 그것의 행정처분성이 인정되지 않는 관계로 행정소송 등이 허용되지 않는 경우에는 헌법소원이 유용한 보충수단이 될 수 있다.

【판례】① 국립대학인 서울대학교의 "94학년도 대학입학고사주요요강"은 사실상의 준비행위 내지 사전안내로서 행정쟁송의 대상이 될 수 있는 행정처분이나 공권력의 행사는 될 수 없지만 그 내용이 **국민의 기본권에 직접 영향**을 끼치는 내용이고 앞으로 법령의 뒷받침에 의하여 그대로 실시될 것이 틀림없을 것으로 예상되어 그로 인하여 **직접적으로 기본권 침해를 받게 되는 사람에게는 사실상의 규범작용으로 인한 위험성이 이미 현실적으로 발생**하였다고 보아야 할 것이므로 이는 헌법소원의 대상이 되는 헌법재판소법 제68조 제1항 소정의 공권력의 행사에 해당된다고 할 것이며, 이 경우 **헌법소원 외에 달리 구제방법이 없다**(헌재 1992.10.1, 92헌마68,76).
② ㉠ 행정청이 우월적 지위에서 일방적으로 강제하는 **권력적 사실행위는 헌법소원의 대상이 되는 공권력의 행사에 해당한다** ···. 이 사건 감사는 ··· 폐기물관리법 제43조 제1항에 따라 폐기물의 적정 처리 여부 등

을 확인하기 위한 목적으로 청구인들의 의사에 상관없이 일방적으로 행하는 사실적 업무행위이고, … 청구인들도 이를 수인해야 할 법적 의무가 있다. 그렇다면 이 **사건 감사는** … **권력적 사실행위**라 할 것이고 이는 헌법소원의 대상이 되는 … '공권력의 행사'에 해당된다. ⓒ 권력적 사실행위가 행정처분의 준비단계로서 행하여지거나 행정처분과 결합된 경우(合成的 行政行爲)에는 행정처분에 흡수·통합되어 불가분의 관계에 있다할 것이므로 행정처분만이 취소소송의 대상이 되고, 처분과 분리하여 따로 권력적 사실행위를 다툴 실익은 없다. 그러나 권력적 사실행위가 항상 행정처분의 준비행위로 행하여지거나 행정처분과 결합되는 것은 아니므로 그러한 사실행위에 대하여는 다툴 실익이 있다할 것임에도 법원의 판례에 따르면 일반쟁송 절차로는 다툴 수 없음이 분명하다. 이 사건 감사는 행정처분의 준비단계로서 행하여지거나 처분과 결합된 바 없다. 그렇다면, 이 **사건 감사는 행정소송의 대상이 되는 행정행위로 볼 수 없어 법원에 의한 권리구제 절차를 밟을 것을 기대하는 것이 곤란하므로 보충성의 원칙의 예외로서 헌법소원의 제기가 가능하다**(헌재 2003.12.18, 2001헌마754).

③ **마약류 수용자에 대한 소변채취**는 … 소변채취의 목적이 수용자들의 마약류 음용 등의 방지와 조기 발견을 통한 교정시설의 안전과 질서유지를 위한 것이고, 소변을 채취하여 제출할 것으로 일방적으로 강제하는 측면이 존재하는 것 또한 사실이며, 소변채취에 응하지 않을 경우 무엇인가 불리한 처우를 받을 수 있다는 심리적 압박이 존재하리라 예상할 수 있고, 실제로 거부하는 경우가 극히 미미한 점에 비추어, 헌법소원심판의 대상이 되는 **권력적 사실행위로서** 헌법재판소법 제68조 제1항의 심판대상이 되는 **공권력행사에** 해당한다. 이 사건 소변채취는 **권력적 사실행위로서 행정소송의 대상이 되는지 명확하지 않고, 그 대상이 된다고 하여도 당해 침해행위는 즉시 종료되어 그 침해행위에 대한 소의 이익이 부정될 것이며, ‥‥‥ 청구인으로서는 헌법소원청구를 하는 외에 달리 효과적인 구제방법이 있다고 할 수 없다**(헌재 2006.07.27., 2005헌마277).

④ **수형자의 서신을 교도소장이 검열하는 행위는 이른바 권력적 사실행위로서** 행정심판이나 행정소송의 대상이 되는 행정처분으로 볼 수 있으나, 위 검열행위가 이미 완료되어 행정심판이나 행정소송을 제기하더라도 소의 이익이 부정될 수밖에 없으므로 헌법소원심판을 청구하는 외에 다른 효과적인 구제방법이 있다고 보기 어렵기 때문에 보충성의 원칙에 대한 예외에 해당한다(헌재 1998.8.27. 96헌마398).

제 5 절 행정지도

> **【문 제】** 甲은 공중목욕장영업허가를 받아 영업을 하던 중 수지가 맞지 않으므로 요금을 10% 인상하였다. 이에 대해 乙市長이 종전의 요금으로 환원할 것을 권고하였으나 甲이 이에 불응하자 乙시장은 위생상태의 불량을 이유로 3개월간의 영업정지처분을 명하였다. 甲은 이에 대한 위법성을 다툴 수 있는가? 〈1996년 지방고시〉

Ⅰ. 개 설

1. 개 념

행정기도란 '행정기관이 그 소관사무의 범위에서 일정한 행정목적을 실현하기 위하여 특정인에게 일정한 행위를 하거나 하지 아니하도록 지도, 권고, 조언 등을 하는 행정작용'을 말한다(행정절차법 제2조 제3호). 에너지절약을 위해 승용차를 10부제로 운행할 것을 권고하거나 영업시간의 단축을 권고하는 것이 대표적인 예이다. 이는 상대방에게 지도·권고하는 것으로서 법적 의무를 부과하는 것이 아니라 상대방의 임의적 협력을 통해 사실상의 효과를 기대하는 것이며, 법적 효과를 발생시키지 않는 '비권력적 사실행위'일 뿐이다.

2. 기능과 문제점

(1) 기 능

입법이 불비되었거나 부적당한 경우, 행정환경이 변화된 경우 행정이 탄력적으로 대응할 수 있다. 공권력발동으로 야기될 수 있는 저항을 방지할 수 있다(분쟁의 사전회피). 국민에게 최신의 지식·기술·정보를 제공함으로써 일정한 방향으로 유도할 수 있다(예: 영농기술지도·중소기업경영개선지도 등). 다양한 이해관계가 충돌되는 경우 이를 조정·통합하는 기능을 한다.

(2) 문제점

행정주체가 우월적 지위에서 행정지도를 하면서 이익을 제공하거나(예: 자금지원), 불이익을 줌으로써(예: 세무조사. 10부제 위반차량의 공용주차장 사용금지) 행정지도가 사실상의 강제성을 가지게 되어 법치주의의 약화·붕괴를 초래할 우려가 있다. 법령상의 근거나 기준이 불명확하여 필요한 한계를 넘기 쉽다. 책임소재의 불분명으로 인해 책임행정이 구현되지 않을 수 있다. 행정지도의 행정처분성이 인정되지 않아서 항고쟁송의 대상이 되지 않는다. 또한 손해배상청구소송의 경우에도 행정지도의 위법성이나 손해발생과의 인과관계를 인정하기 어려운 경우가 많다. 국민이 임의적으로 협력한 것이라는 핑계가 가능하기 때문이다.

【판례】(재무부 이재국장의) 주식매각의 종용이 정당한 법률적 근거 없이 자의적으로 주주에게 제재를 가하는 것이라면 이 점에서 벌써 행정지도의 영역을 벗어난 것이라고 보아야 할 것이고 … 이는 **행정지도라는 미명하에 법치주의의 원칙을 파괴하는 것**이라고 하지 않을 수 없다(대법원 1994.12.13, 93다49482).

【참고】행정지도는 **유교적·권위주의적**인 전통이 있는 **우리나라·일본** 등에서 비교적 광범위하게 사용되는 제도이며, 이는 법치주의가 완전히 정착되지 않았다는 증거일 수도 있다. **독일에서는 낯선 제도**이며 문헌에서도 별로 언급되지 않는다.

3. 종 류

(1) 법령의 근거에 의한 분류

행정지도는 ㉠ 법령의 직접적인 근거에 의한 경우(예: 중소기업기본법 제6조에 의한 중소기업의 경영합리화지도), ㉡ 행정지도의 근거규정은 없으나 법령에 의해 행정처분권한이 주어진 경우 그에 근거하여 행정지도를 하는 경우(예: 건축법 제79조에 따라 건물의 개축·철거·사용제한 등의 처분권이 있는 경우에 건물개수를 권고하는 것). ㉢ 법령에 직접적인 근거 없이 단지 행정조직법상의 업무의 범위 내에서 하는 경우가 있다.

(2) 기능에 의한 분류

행정지도는 그 기능에 따라 ㉠ 행정목적 실현에 장애가 될 우려가 있는 행위를 예방·억제하기 위한 것(규제적 행정지도: 물가억제를 위한 권고 등), ㉡ 이해관계자 사이의 분쟁이나 과열경쟁의 조정을 내용으로 하는 것(조정적 행정지도: 노사간협의의 알선·조정 등), ㉢ 발전된 사회질서·생활환경의 형성을 내용으로 하는 것(조성적 행정지도: 생활개선지도, 기술·정보·지식의 제공·조언 등)으로 구분할 수 있다.

Ⅱ. 행정지도의 원칙과 방식

1. 행정지도의 원칙

행정지도는 그 목적달성에 필요한 최소한도에 그쳐야 한다(비례원칙, 행정절차법 제48조 ①). 행정기관은 행정지도의 상대방의 의사에 반하여 부당하게 강요하여서는 아니 된다(임의성의 원칙, 동법 제48조 ①). 행정기관은 상대방이 행정지도에 따르지 아니하였다는 것을 이유로 불이익한 조치를 하여서는 아니 된다(불이익조치금지의 원칙, 동법 제48조 ②).

2. 행정지도의 방식

행정지도를 행하는 자는 그 상대방에게 해당 행정지도의 취지·내용 및 신분을 밝혀야 한다(행정지도실명제, 동법 제49조 ①). 행정지도가 구술로 이루어지는 경우에 상대방이 행정지도의 취지·내용 및 신분에 관한 사항을 기재한 서면의 교부를 요구하는 때에는 해당 행정지도를 행하는 자는 직무수행에 특별한 지장이 없는 한 이를 교부하여야 한다(명확성의 원칙, 동법 제49조 ②). 행정지도의 상대방은 해당 행정지도의 방식·내용 등에 관하여 행정기관에 의견제출을 할 수 있다(의견제출, 동법 제50조). 행정기관이 같은 행정목적을 실현하기 위하여 많은 상대방에게 행정지도를 하고자 하는 때에는 특별한 사정이 없는 한 행정지도에 공통적인 내용이 되는 사항을 공표하여야 한다(다수인에 대한 행정지도의 공표, 동법 제51조).

Ⅲ. 법적 근거, 한계 및 권리구제

1. 법적 근거, 한계

행정지도는 침해적·권력적 작용이 아니고, 상대방이 임의로 결정할 수 있는 것이므로 행정지도의 가능성에 관한 작용법적 근거는 요하지 아니하나, 어떤 행정청이 행정지도를 행할 권한이 있는지를 정해 놓은 권한분배에 관한 행정조직법적인 근거는 필요하다.

행정지도에도 행정작용 일반에 인정되는 한계가 존재한다. 즉, 법령에 위반할 수 없으며, 특히 조직법상의 주어진 권한 내에서만 행사되어야 하며, 비례원칙, 평등원칙, 신뢰보호원칙 등 행정법상의 일반원칙에 위반하여서는 안 된다.

2. 권리구제

(1) 행정쟁송, 헌법소원

1) 행정쟁송

행정지도는 비권력적 사실행위이다. 그것이 국민에게 어떤 영향력 내지 효과가 있다고 하더라도 그것은 사실상의 효력이며 법적인 효력이 아니므로 항고쟁송의 요건인 행정처분성이 인정되지 않고, 따라서 항고쟁송의 대상이 될 수 없다. 다만 행정지도가 경고와 같은 성질을 가지는 경우 상대방의 법적 지위에 대하여 개별적·구체적 규율을 하고 있으므로 행정처분성이 인정되는바, 취소쟁송의 대상이 될 수 있다고 보는 견해도 있다(김남진, 장태주).

행정지도에 따르지 아니한 것을 이유로 하여 어떤 행정처분(예: 허가·특허의 취소, 자금지원의 취소 등)이 행하여진 경우 그 행정행위에 대해 항고소송을 제기함으로써 간접적으로 행정지도를 다툴 수도 있을 것이다(위 사례의 경우).

2) 헌법소원

일반적으로는 행정지도에 대한 항고소송이 인정되지 않기 때문에 보충적으로 헌법소원을 제기할 수도 있다. 행정지도가 상대방으로 하여금 사실상 따르지 않을 수 없게 만듦으로써 규제적·구속적 성격을 가지는 경우는 단순한 행정지도의 차원을 넘는 것이기 때문에 헌법소원의 대상이 되는 '공권력의 행사'에 해당할 수 있다. 이 경우에는 헌법소원을 제기할수 있다.

【 판례 】 ① 대법원은 … 국민의 권리·이익에 영향이 없는 단순한 행정청 내부의 중간처분, 의견, 질의답변, 또는 내부적 사무처리절차이거나 알선, 권유, 행정지도 등 비권력적 사실행위 등은 항고소송의 대상이 될 수 없다고 하며, … 그렇다면, 이 사건 학칙시정요구도 **법원에서 권고 내지 지도행위라 하여 항고소송의 대상이 되지 않는 것으로 인정될 여지가 많다고 할 것이므로, 이에 대한 헌법소원심판청구를 법원의 재판사항이라는 이유로 부적법하다고 볼 수는 없다.**
교육인적자원부장관의 대학총장들에 대한 이 사건 학칙시정요구는 고등교육법 제6조 제2항, 동법시행령 제4조 제3항에 따른 것으로서 그 법적 성격은 대학총장의 임의적인 협력을 통하여 사실상의 효과를 발생시키는 **행정지도의 일종이지만, 그에 따르지 않을 경우 일정한 불이익조치를 예정하고 있어 사실상 상대방에게 그에 따를 의무를 부과하는 것과 다를 바 없으므로** 단순한 행정지도로서의 한계를 넘어 **규제적·구속적 성격을 상당히 강하게 갖는 것으로서 헌법소원의 대상이 되는 공권력의 행사라고 볼 수 있다**(헌재 2003.06.26., 2002헌마337).
② 노동부장관이 2009. 4. 노동부 산하 7개 공공기관의 단체협약내용을 분석하여 2009. 5. 1.경 불합리한 요소를 개선하라고 요구한 행위는 이를 따르지 않을 경우의 불이익을 명시적으로 예정하고 있다고 보기 어렵고, **행정지도로서의 한계를 넘어 규제적·구속적 성격을 강하게 갖는다고 할 수 없어 헌법소원의 대상이 되는 공권력의 행사에 해당한다고 볼 수 없다**(2011.12.29. 2009헌마330·344).

(2) 손해배상

위법한 행정지도를 따름으로 인해 손해를 입은 자는 국가배상법 제2조에 따라 손해배상을 청구할 수 있다. 그런데 상대방이 임의적으로 위법한 행정지도에 동의 내지 협력하였다면, 행정지도와 손해 사이에는 인과관계가 부정되어 배상청구권이 인정되지 않는 것이 일반적이다. 그러나 예외적으로 규제적 행정지도가 사실상 강제성이 있는 경우, 즉 구체적 상황을 고찰해 볼 때 국민이 행정지도를 따를 수밖에 없었다고 인정되는 불가피한 경우에는 인과관계가 존재한다고 보아 국가배상의 성립을 인정하는 것이 타당하다.

【 판례 】 ① 피고(서울시) 및 그 산하의 강남구청은 이 사건 도시계획사업의 주무관청으로서 그 사업을 적극적으로 대행·지원하여 왔고 이 사건 **공탁도 행정지도의 일환으로** 직무수행으로서 행하였다고 할 것이므로, 비권력적 작용인 공탁으로 인한 **피고의 손해배상책임은 성립할 수 없다는 상고이유의 주장은 이유가 없다**(대법원 1998.7.10. 96다38971).
② 1995.1.3. 행한 행정지도는 그에 따를 의사가 없는 원고에게 이를 **부당하게 강요하는 것으로서** 행정지도의 한계를 일탈한 **위법한 행정지도에 해당하여 불법행위를 구성**하므로, 피고는 1995.1.3.부터 … 1998.4.30. 까지 원고가 실질적으로 어업권을 행사할 수 없게 됨에 따라 입은 **손해를 배상할 책임이 있다.** … 그리고 1995.1.3. 이전의 피고의 행정지도가 **강제성을 띠지 않은** 비권력적 작용으로서 행정지도의 한계를 일탈하

지 아니하였다면 그로 인하여 원고에게 어떤 손해가 발생하였다 하더라도 피고는 그에 대한 **손해배상책임이 없다**(대법원 2008.9.25. 2006다18228).

(3) 손실보상

적법한 행정지도에 의하여 상대방이 특별한 희생에 해당하는 손실을 입은 경우에도 명시적인 법규정이 없는 한 손실보상청구권은 인정되지 않는다. 행정지도를 따름으로 인한 손실은 피해자 자신의 임의적인 동의 내지 협력의 결과이기 때문이다. 그러나 예외적으로 행정지도로 인해 전혀 예측할 수 없었던 손실을 입은 경우 행정지도에 대한 국민의 신뢰를 보호하기 위한 관점에서 수용적 침해이론(후술)에 의하여 적정한 보상을 하여야 할 것이다.

과거에 농림부가 벼품종의 하나인 노풍벼가 수확량은 많으나 병충해에 매우 약하다는 사실을 모르고 농부들에게 노풍벼의 재배를 장려·지도함으로 말미암아 병충해로 인해 손실을 본 농가에 대해서 농림부가 어느 정도의 보상을 해 준 적이 있다. 그러나 이는 임의적 보상이었다.

【답】 乙시장의 영업정지처분이 자신의 **권고(행정지도)에 불응한 때문인지, 아니면 위생상태의 불량 때문인지가 문제이다.** 실질적으로는 전자일 가능성이 높지만 증거가 부족하다. ㉠乙시장의 영업정지처분이 권고불응에 기인한 것이라는 것을 적극적으로 주장·입증하여, 영업정지처분이 '행정기관은 행정지도에 따르지 않았다는 이유로 불이익한 조치를 하여서는 아니 된다'는 **행정절차법 제48조 제2항에 위반된다는 이유로 위법성을 주장하며 취소소송을 제기할 수 있다.** 이 경우는 승소할 가능성이 높다. ㉡위생상태의 불량에 기인한 경우라도 3개월의 영업정지기간이 지나치게 길어서 비례원칙을 위반한 재량권남용에 해당되어 위법한 처분이라고 주장할 수 있다. 그러나 판사가 3개월의 정지기간이 위생상태의 불량의 정도·과거의 사례·행정처분의 기준 등에 비추어 합당하다고 판단될 경우에는 甲은 패소할 수도 있다.

제 6 절 비공식적(비정식적) 행정작용

Ⅰ. 개 설

1. 의 의

행정작용의 근거·형식·요건·절차·효과 등이 법령에 정해져 있는 것이 공식적(정식적) 행정작용이라면, 비공식적(비정식적) 행정작용이란 그러한 것들이 법령에 정해져 있지 않으며, 법적 구속력을 발생하지 않는 일체의 행정작용을 의미한다. 따라서 사실행위에 속한다. 넓은 의미로는 ㉠ 행정주체와 국민간에 행하여지는 협상·사전절충·비구속적 합의, ㉡ 행정기관이 행하는 경고·권고·교시·추천·정보제공 등, 법령에서 정형화하고 있지 않은 일체의 것들을 포함하지만, 좁은 의미로는 통상 ㉠만을 의미하는 것으로 본다. 공법상의 계약과는 달리 계약으로써 당사자를 구속하는 것이 아니라 비공식적으로 절충·협상하는 것이다. 비공식적 행정작용은 행정청과 상대방과의 합의·협의·교섭 등에 의해 행정작용을 행하는 것이므로 상대방의 임의적 협력이 중요하다(협력의 원칙).

현대의 복잡·다양한 행정과제를 수행하기 위해서는 행정을 탄력적으로 운용할 필요가 있으며, 이를 위해서는 전통적인 행정수단 이외에 비공식적 행정작용이 유용한 행위형식의 하나로서 긍정될 필요가 있다.

2. 비공식적 행정작용의 사례

비공식적 행정작용은 특히 환경법·경제법·건축법 등의 분야에서 공식적이고 최종적인 결정 이전에 행정청과 사인이 협의·조율하여 행정목적달성(예: 생물다양성보호)과 국민의 권리행사(예: 농민의 재산권행사) 모두를 추구하도록 하기 위한 제도로서 오늘날 널리 사용되고 있다. 예컨대, ㉠ 오염물질을 배출시키는 노후시설의 개선명령을 함에 있어서 업체의 재정적 사정을 고려하여 시설개선의 시한을 합의·절충한다거나, ㉡ 건축허가를 신청함에 있어서 허가의 가능성·요건 등에 관해 미리 논의하고, 자연환경파괴를 최소화하기 위한 방안을 모색하기 위해 사전에 절충하는 경우, ㉢ 행정처분을 최종적으로 하기 전에 행정처분안이나 부관안을 제시하여 상대방의 동의를 얻음으로써 상대방의 위법행위의 신속한 시정을 촉구하고 쟁송제기에 의한 저항을 예방하는 경우 등이 있다.

II. 장·단점, 한계 및 효력

1. 장·단점

비공식적 행정작용은 공식적 행정작용에 의한 마찰과 저항을 피하고 노력·비용 등을 절감하여 행정능률에 이바지할 수 있으며, 가변적인 행정현실에 탄력적으로 대응하여 행정목적을 실현시킬 수 있고, 사전협상을 통해 법령의 해석·적용에서 발생될 수 있는 불확실성을 제거하며, 법적 분쟁을 조기에 회피·해결할 수 있다는 장점이 있다.

그러나 타협을 통해 법치행정의 원리를 후퇴시킬 위험이 있고, 행정기관과 상대방 사이에 행하여지기 때문에, 그 과정·형식이 노출되지 않아 이해관계가 있는 제3자에게 불이익을 줄 위험이 있으며, 행정처분성이 부인되어 행정소송의 대상이 되지 않으므로 효과적 권리보장에 장애가 될 수 있으며, 행정의 신속성을 저해할 수 있다는 단점이 있다.

2. 한계, 효력

비공식행정작용도 법률우위의 원칙(위법한 합의의 금지), 평등의 원칙, 부당결부금지의 원칙 등 행정법 일반원칙을 지켜야 한다. 또한 실체법적·절차법적 규범에서 행정이 활동하여야 할 행위형식을 규정하고 있을 때에는(예: 행정처분의 형식, 의견진술기회 부여) 그에 따라야 하는 것이지 이를 회피하기 위한 수단으로 악용되어서는 안 된다. 법적 구속력을 가지지 않으므로 행정쟁송의 대상이 될 수 없고 이행청구권이나 손해배상청구권이 성립하는 것도 아니다.

제 7 절 사법형식의 행정작용

I. 의 의

행정기관은 행정목적을 달성하기 위해 법률이 명시하고 있지 않는 한, 일정한 한계 내에서 공법형식의 행정과 사법형식의 행정을 선택할 수 있다. 사법형식의 행정은 ㉠ 업무의 성격상 공법의 형식으로 하는 것이 부적당한 것이 있거나, ㉡ 적합한 공법형식이 존재하지 않아서 사법형식으로 이를 수행할 필요성이 있거나, ㉢ 공법형식을 취하는 것보다 자율성과 창의성을 바탕으로 행정을 보다 효율적으로 수행할 필요가 있는 경우에 택하게 된다.

II. 유형별 검토

1. 개 관

사법형식의 행정작용은 경찰공무원이 자유롭기 위해 제복을 벗어버리고 사복으로 갈아입는 것처럼, 공법적 구속을 피하기 위해 '사법으로 도피'할 수 있다는 문제가 있으며, 따라서 사법형식의 행정작용을 어떻게 통제할 것인가 하는 것이 사법적 행정작용에 관한 논의의 중요한 과제이다. 사법적 형식의 행정은 그 목적과 내용이 다르고 그에 따라 공법적 구속의 정도도 달라야 하므로 유형별로 검토하여야 한다.

사법형식의 행정작용은 행정주체가 원칙적으로 사인과 대등한 지위에서 하는 행정을 말하며 광의의 국고행정이라고도 한다. 광의의 국고행정은 다시 ㉠ 행정주체가 직접 공행정임무를 수행하는 것을 목적으로 사법형식으로써 하는 경우(행정사법작용)와 ㉡ 공행정임무를 사법적으로 보조하기 위한 행정(협의의 국고행정, 협의의 사법적 행정)작용으로 구분되며, ㉡은 다시 조달행정과 영리활동으로 구분된다.

2. 행정사법작용

(1) 의 의

행정사법작용은 행정주체가 직접 행정임무를 수행하기 위하여 사법형식으로써 행정을 하는 것을 말한다. 형식이 사법형식이라는 것만 다를 뿐이고 목적에 있어서는 공법형식의 행정과 동일하다. 이는 국민의 일상생활과 밀접한 재화·용역을 공급하는 행정이라는 점에서 그 자체가 중요한 급부행정에 속하는 것이다.

급부행정(예: 철도·우편·전기·가스 등 공급사업, 폐수·오물처리, 위생시설·국공영스포츠시설·문화시설의 운영)과 자금지원행정(예: 보조금지급, 융자)이 이에 속한다. 국가가 사법상으로 조직한 회사를 통해 공행정을 수행하는 경우에도 그것이 행정임무의 수행이 직접적 목적인 한, 행정사법의 법리가 적용된다. 이는 행정임무의 수행을 직접적인 목적으로 한다는 점에서 행정임무의 수행을 지원하기 위한 보조작용인 조달작용·영리작용과는 구분된다.

(2) 특징: 비교적 강한 공법적 구속

1) 공법적 구속의 필요성

행정사법작용이란 행정이 ㉠ 사법적으로, ㉡ 직접 행정목적을 수행하는 경우에, ㉢ 일정한 공법적 구속이 비교적 강하게 가해지는 것이 특징이다. 행정사법작용의 실질은 국민의 일상생활에 절대적으로 필요한 것을 공급하는 행정이므로 공공성을 보장하고, 국민의 기본권을 보장할 필요가 있다. 따라서 행정사법작용은 비록 사법의 형식을 취하고 있지만 사적자치의 원리가 보장되는 것이 아니라 공법적 제한을 강하게 받게 되는 것이다.

2) 공법적 구속의 내용

공법적 구속의 구체적 내용은 다음과 같다. ㉠관련 행정의 근거가 되는 개별법규 자체에서 사법과는 다른 특별규정을 두고 있는 경우가 있다. 예컨대, 제한능력자의 행위를 능력자의 행위로 의제한다(우편법 제10조). ㉡평등권 등의 기본권, 신뢰보호·비례·부당결부금지의 원칙 등 행정법의 일반원칙의 제한을 받는다. ㉢법률우위의 원칙이 적용됨은 물론 법률유보의 원칙이 적용되는 분야도 있다. ㉣절차에 관한 규정은 준수되어야 하며, 그에 관한 개별규정이 없더라도 행정절차법상 행정처분에 관한 규정이 직접·유추적용될 수 있다. ㉤급부의 거절은 행정처분성이 인정된다. ㉥계약이 강제되거나 해약이 제한되기도 한다. ㉦행정기관은 급부를 계속하거나 경영을 계속할 의무가 있기도 한다. ㉧계약내용이 법령에 의해 확정되어 있기도 한다.

(3) 권리구제

행정사법작용에 관한 법적 분쟁해결의 방법에 관해서는 견해가 대립한다. 행정사법작용은 그것이 공법적 제한을 받더라도 본질적으로 사법작용이므로 특별한 규정이 없는 한 민사소송을 통한 권리구제가 원칙이라는 견해가 통설이다. 반면 행정사법작용이 공공의 이익과 관련된 경우에는 직권탐지주의가 적용되는 행정소송(당사자 소송)을 통한 권리구제가 타당하다는 견해가 있다.

【판례】 국가 또는 지방자치단체라 할지라도 공권력의 행사가 아니고 단순한 사경제의 주체로 활동하였을 경우에는 그 손해배상책임에 국가배상법이 적용될 수 없고 민법상의 사용자책임 등이 인정되는 것이고 국가의 **철도운행사업은 국가가 공권력의 행사로서 하는 것이 아니고 사경제적 작용**이라 할 것이므로, 이로 인한 사고에 공무원이 간여하였다고 하더라도 국가배상법을 적용할 것이 아니고 **일반 민법의 규정**에 따라야 하나(대법원 1997.7.22. 95다6991 : 1970.7.28. 70다961 등 참조), **공공의 영조물인 철도시설물의 설치 또는 관리의 하자로 인한 불법행위를 원인으로** 하여 국가에 대하여 손해배상청구를 하는 경우에는 **국가배상법**이 적용된다(대법원 1999.6.22. 99다7008).

3. 협의의 국고행정

(1) 국고·국고행정의 의의

1) 국고의 의의

종래에는 국가가 사인과 동등한 입장에서 사법적으로 작용하는 경우에 그 국가를 '국고'라고 하였다(광의의 국고). 그러나 오늘날에는 보다 좁게 해석하여 국가가 행정사법작용의 주체로서 활동하는 경우를 제외하고, 재산권의 주체(국가재산의 관리자)로서 활동하는 경우만을 국고(협의의 국고)라고 한다(예: 조세국고). 이 경우에는 국가는 사인과 근본적으로 다르지 않다.

2) 국고행정의 의의

국고행정이란 행정주체가 국고로서 사법상의 행정을 하는 것을 말한다. 행정의 운영에 필요한 인적·물적 수단을 마련하기 위한 행정(조달행정)과 영리·경제적 행정활동이 이에 속한다. 이는 공행정임무 수행을 위한 보조적 작용이라는 점에서 위의 행정사법작용과 구분된다. 이들도 공법적 구속을 받는다는 점에서 행정사법작용과 근본적으로 다른 것은 아니며 다만 그 정도에 차이가 있다.

(2) 종 류

1) 조달행정

(가) 의 의

조달행정이란 행정기관이 공적 임무의 수행에 필요한 인적·물적 수단을 확보하기 위한 행정작용을 말한다. 행정에 필요한 물품의 구매계약, 청사·도로·교량의 건설도급계약, 노무자의 고용계약 등이 이에 속한다.

(나) 특징: 약한 공법적 구속

조달행정은 주로 계약의 체결을 통해 이루어지며, 이때 행정주체는 사인과 대등한 입장에서 계약을 체결하는 것이다. 상대방은 위의 행정사법작용의 경우와는 달리 행정주체에게 의존하는 정도가 낮다. 상대방도 다른 업체들과 경쟁하여 응찰하고 조건이 맞지 않으면 계약에 응하지 않으면 되는 것이다. 따라서 조달행정의 '공공성'은 행정사법작용의 경우보다는 적으며, 공법적 구속의 정도도 상대적으로 약하다. 행정주체는 공적인 자금을 사용하므로 기본권 특히 평등권 등에 구속된다. 따라서 어떤 특정의 상대방을 합리적인 사유 없이 차별대우해서는 안 된다. 국가재정법·'국가를 당사자로 하는 계약에 관한 법률'·국유재산법·지방재정법 등에서 행정주체의 계약채결을 제한하는 경우가 있는데, 그렇다고 하더라도 계약체결의 법적 성격이 공법적인 것으로 바뀌는 것은 아니다.

【판례】지방재정법에 의하여 준용되는 국가계약법(국가를 당사자로 하는 계약에 관한 법률)에 따라 지방자치단체가 당사자가 되는 이른바 공공계약은 사경제의 주체로서 상대방과 대등한 위치에서 체결하는 사법상의 계약으로서 그 본질적인 내용은 사인 간의 계약과 다를 바가 없으므로, 그에 관한 법령에 특별한 정함이 있는 경우를 제외하고는 **사적자치와 계약자유의 원칙 등 사법의 원리가 그대로 적용된다** 할 것이다(대법원 2001.12.11. 2001다33604).

2) 영리활동

(가) 의 의

행정주체가 공행정목적의 직접적 수행과는 관계없이 재정수입의 확보·시장의 안정 등을 위해 행하는 활동을 말한다. 행정주체가 행정기관을 통해(예: 과거의 전매청) 또는 공기업 (국공립은행·공사·공단·주식회사·지방공기업) 등을 통해 기업적 활동을 하거나, 주식시장에 참여 하는 것 등이 이에 해당한다. 일반재산의 매각·임대, 수표의 발행, 금전 차입 등도 이에 속 한다. 이러한 경우는 사기업처럼 순전히 이익의 추구가 목적은 아니지만 재정수입의 확보 등이 목적이므로 사기업의 활동과 본질적인 차이는 없다.

(나) 특 징

① 매우 약한 공법적 구속

국가도 원칙적으로 사인과 대등한 경제주체로서 활동하므로 완전하지는 않지만 사적 자치의 원리가 비교적 많이 적용될 수 있는 분야로서 민법·상법·경제법 등이 적용된다. 공익과 밀접히 관련되는 한도 내에서는 평등의 원칙 등의 구속을 받는다. 예컨대, 사기업과 는 달리 직원채용의 경우에도 특정인을 합리적 이유 없이 불평등한 취급을 해서는 안 된다.

② 사기업의 보호

행정주체가 기업활동을 하면 경쟁관계에 있는 사기업은 사실상 불이익을 받기 쉽고 사 인의 직업의 자유를 침해하는 결과가 되므로 이에 관한 적절한 규율이 필요하다.

(3) 권리구제

법적 분쟁은 특별한 규정이 없는 한 민사소송을 통해 해결하여야 한다. 공무원의 불법 행위로 인한 손해배상도 국가배상법이 아니라 민법의 적용을 받는다. 그러나 시설이 공공 시설로서 그것의 설치·관리의 하자가 원인이 되어 피해가 발생한 경우에는 국가배상법 제 5조가 적용된다(위의 판례 〈대법원 1999.6.22, 99다7008〉 참조).

제4장 행정절차

제1절 개 설

Ⅰ. 행정절차의 개념

광의의 행정절차는 '행정작용을 함에 있어서 행정기관이 거쳐야 하는 모든 절차'로서 모든 행정작용을 위한 사전절차와 행정심판절차 등의 사후절차가 모두 포함된다. 협의의 행정절차는 '행정청이 행정작용을 함에 있어서 대외적으로 거쳐야 하는 사전절차'를 말한다. 행정내부의 과정은 이에 속하지 않는다. 일반적으로 행정절차란 협의의 것을 의미한다.

Ⅱ. 행정절차의 필요성

1. 행정의 민주화, 법치주의의 보장

행정절차의 가장 주된 목적은 행정의사결정과정에 국민이 참여하는 것이며, 그리하여 행정의 민주화와 정당성에 기여하게 된다(행정절차법 제1조 참조).

법치행정의 원칙을 행정의 절차적인 면까지 확대하여 행정의 공정성·투명성·신뢰성·예측가능성을 확보하고 행정권 발동의 남용을 방지함으로써 법치주의의 보장에 기여한다(행정절차법 제1조 참조). "자유의 역사는 그 대부분이 절차적 보장의 역사이다"(Frankfurter).

2. 행정의 적정화·능률화

행정과정에서의 국민의 참여는 행정청으로 하여금 보다 많은 정보·자료를 획득할 수 있게 하고, 공·사익간의 갈등과 이해당사자간의 갈등을 조정·조절할 수 있게 함으로써 행정의 적법·타당성의 확보, 행정의 적정화, 국민적 합의도출 등에 기여한다.

과거에는 행정절차는 능률적 행정에 장애가 되는 것으로 이해하기도 했었다. 그러나 이해관계인을 행정결정과정에 참여토록 하고 의견진술기회를 제공함으로써 사후에 불필요한 저항과 분쟁을 예방할 수 있게 되어 궁극적으로는 행정의 능률화에 이바지하게 된다.

3. 권익보호, 사법기능의 보완

행정작용의 상대방 또는 이해관계인의 의견진술기회를 부여하여 행정의 적법·타당성을 확보함으로써 행정작용으로 인한 권익침해를 미연에 방지하여 국민의 권익보호에 기여하다(행정절차법 제1조 참조). 이는 법원의 사법기능을 보완하고 부담을 경감시키는 기능을 한다.

Ⅲ. 행정절차의 입법례

1. 영·미법계 국가

영국에 있어서는 행정절차가 일찍부터 '자연적 정의(natural justice)'의 관념을 토대로 발전하여 왔다. 자연적 정의는 판례법으로 형성되어 온 것으로 ㉠ "누구든지 자기의 사건에 대한 심판관이 되어서는 안 된다"는 원칙과 ㉡ "누구든지 청문 없이는 불이익을 당해서는 안 된다"는 원칙을 내포하고 있다. 이런 원칙은 1958년에 제정된 '심판소 및 심문에 관한 법률(The Tribunals and Inquiries Act)'에서 재결절차의 공정성·통일성에 대한 제도적 보장으로 확립되었다.

미국의 행정절차는 영국의 자연적 정의의 미국형이라 할 수 있는 수정헌법 제5조와 제14조의 적법절차(due process of law)에 기초를 두고 있으며, 1946년 행정절차법이 제정되었다.

2. 대륙법계 국가

대륙법계 국가의 중요한 입법례로서는 오스트리아의 행정절차법(1925)을 비롯하여 독일의 행정절차법(1977) 등이 있다. 특히, 독일의 행정절차법은 고지·청문 등과 같은 행정절차에 관한 규정이외에도 행정행위의 개념, 부관, 공법상 계약 등과 같은 실체법적 규정을 포함하고 있다. 프랑스에는 행정절차에 관한 일반법은 없고 '행정문서의 자유접근에 관한 법률'(1978), '이유부기에 관한 법률'(1979) 등의 개별 법률이 있다.

Ⅳ. 행정절차의 법적 근거

헌법 제12조 제1항과 제3항은 " … 적법한 절차에 의하지 아니하고는 …" "… 적법한 절차에 따라 …"라고 규정하여 적법절차의 원리를 헌법의 기본원리로 명시하고 있는바, 이는 원래 형사사건의 절차에 관한 규정이지만 행정절차에도 적용된다(헌재 1992.12.24. 92헌가8).

행정절차에 관한 일반법으로 '행정절차법'이 있다. 민원사무에 관한 일반법으로 '민원사무처리에 관한 법률'이 있다. 그 밖에 개별법에서 행정절차에 관한 특별규정을 두고 있는 경우가 많다. 따라서 민원사무에 관한 것은 ㉠ 개별 법률, ㉡ '민원사무처리에 관한 법률', ㉢ 행정절차법 순으로, 그 밖의 것에 관해서는 ㉠ 개별 법률, ㉡ 행정절차법의 순으로 적용된다.

제 2 절   행정절차법

【문 제】 A는 유기장영업을 하가받아 운영하면서 공중위생법(현 공중위생관리법)을 위반하여 손님에게 유기기구를 이용하여 사행행위를 하게 하였던 사실이 단속공무원에게 적발되었다. 이에 B구청장은 A에 대해 유기장영업허가취소처분을 하기 전에 공중위생법 제24조(청문)에 따라 청문을 실시하기 위하여 1998년 12월경 A에 대하여 그 주소지 및 유기장소로 두 차례에 걸쳐 청문통지서를 발송하였으나 수취인 부재 및 수취인 미거주를 이유로 청문통지서가 모두 반송되어 오자, 같은 해 12월 28일 행정절차법 제14조 제4항(송달이 불가능한 경우의 공고)의 규정에 따라 청문통지(예정된 청문일시: 1999.1.21. 11:00)를 공고하였다. A가 그 청문일시에 출석하지 아니하자, B는 청문통지서가 두 차례에 걸쳐 반송되어 온 것은 청문을 실시하지 않아도 되는 행정절차법 제21조 제4항 제3호의 사유(" 당해 처분의 성질상 의견청취가 현저히 곤란하거나 명백히 불필요하다고 인정될 만한 상당한 이유가 있는 경우.")에 해당한다고 생각하고, 청문을 실시하지 않은 채 1999.1.25. 원고에 대하여 유기장업허가취소처분을 하였다. A는 B의 처분이 청문을 거치지 않았기 때문에 위법하다고 취소소송을 제기하였다. 승소가능성은?

Ⅰ. 행정절차법의 구조·성격·적용범위

1. 구조 및 성격

행정절차법은 총칙, 처분, 신고, 확약, 위반사실 등의 공표, 행정계획, 행정상 입법예고,

행정예고 및 행정지도의 절차, 국민참여의 확대 등을 정하고 있다. 이 중에서도 처분절차가 중심을 이룬다(제2장: 제17조 - 제39조의2). 이 법은 절차법이지만 절차규정만을 갖고 있는 것은 아니고 실체적 규정(예: 제4조의 신뢰보호의 원칙, 신의성실의 원칙 등)도 가지고 있다. 행정절차법은 행정절차에 관한 일반법으로서 개별 법률에 특별한 규정이 있으면 그것이 적용되고, 그러한 규정이 없으면 이 법이 보충적으로 적용된다.

2. 적용범위

(1) 적용영역

처분, 신고, 확약, 위반사실 등의 공표, 행정계획, 행정상 입법예고, 행정예고 및 행정지도의 절차(이하 "행정절차"라 한다)에 관하여 다른 법률에 특별한 규정이 있는 경우를 제외하고는 이 법에서 정하는 바에 따른다.

㉠ 행정절차법은 행정절차에 관한 일반법이지만 모든 행정작용에 적용되는 것은 아니다. 동법은 '처분, 신고, 확약, 위반사실 등의 공표, 행정계획, 행정상 입법예고, 행정예고 및 행정지도'의 절차에 관하여 다른 법률에 특별한 규정이 없는 경우에 적용된다(동법 제3조 ①). ㉡ '처분, 신고, 확약, 위반사실 등의 공표, 행정계획, 행정상 입법예고, 행정예고 및 행정지도'의 절차에 관한 것이라고 하더라도 동법 제3조 제2항에서 열거하고 있는 9개의 사항에 해당되는 경우에는 적용되지 않는다. ㉢ 동법은 공법상 계약에 관한 것은 규정하고 있지 않다. ㉣ 지방자치단체의 사무에도 적용된다(제2조 제1호).

(2) 적용배제사항

행정절차법은 동법의 적용이 제외되는 경우로서 9개의 사항을 규정하고 있다. ㉠ 국회 또는 지방의회의 의결을 거치거나 동의 또는 승인을 받아 행하는 사항, ㉡ 법원 또는 군사법원의 재판에 의하거나 그 집행으로 행하는 사항, ㉢ 헌법재판소의 심판을 거쳐 행하는 사항, ㉣ 각급 선거관리위원회의 의결을 거쳐 행하는 사항, ㉤ 감사원이 감사위원회의 결정을 거쳐 행하는 사항, ㉥ 형사(刑事)·행형(行刑) 및 보안처분 관계법령에 따라 행하는 사항, ㉦ 국가안전보장·국방·외교 또는 통일에 관한 사항 중 행정절차를 거칠 경우 국가의 중대한 이익을 현저히 해칠 우려가 있는 사항, ㉧ 심사청구, 해양안전심판, 조세심판, 특허심판, 행정심판, 그 밖의 불복절차에 따른 사항, ㉨ 병역법에 따른 징집·소집, 외국인의 출입국·난민인정·귀화, 공무원 인사 관계 법령에 따른 징계와 그 밖의 처분, 이해 조정을 목적으로 하는 법령에 따른 알선·조정·중재·재정(裁定) 또는 그 밖의 처분 등 해당 행정작용의 성질상 행정절차를 거치기 곤란하거나 거칠 필요가 없다고 인정되는 사항과 행정절차에 준하는 절차를 거친 사항으로서 대통령령으로 정하는 사항이다(제3조 ② 1호-9호.)(여기 행정절차법과 동법시행령에서 행정절차법 적용의 예외로 인정되는 것들은 모두 필요한 절차를 이미 거쳤기 때문에 행정절차를 반복할 필요가 없는 것들이거나, 성질상 행정절차를 거치기 곤란한 것들이다).

【참고】 행정절차법 제3조 제2항 제9호에서 "대통령령으로 정하는 사항"이라 함은 ㉠ 병역법, 예비군법, 민방위기본법, 비상대비자원관리법에 의한 징집·소집·동원·훈련에 관한 사항, ㉡ 외국인의 출입국·난민인정·귀화·국적회복에 관한 사항, ㉢ **공무원 인사관계법령에 의한 징계 기타 처분에 관한 사항**, ㉣ 이해조정을 목적으로 법령에 의한 알선·조정·중재·재정 기타 처분에 관한 사항, ㉤ **조세관계법령에 의한 조세의 부과·징수에 관한 사항**, ㉥ '독점규제 및 공정거래에 관한 법률', '하도급거래 공정화에 관한 법률', '약관의 규제에 관한 법률'에 의하여 공정거래위원회의 의결·결정을 거쳐 행하는 사항, ㉦ 국가배상법, '공익사업을 위한 토지 등의 취득 및 보상에 관한 법률'에 의한 재결·결정에 관한 사항, ㉧ 학교·연수원 등에서 교육·훈련의 목적을 달성하기 위하여 학생·연수생 등을 대상으로 행하는 사항, ㉨ 사람의 학식·기능에 관한 시험·검정의 결과에 따라 행하는 사항, ㉩ '배타적경제수역에서의 외국인어업 등에 대한 주권적 권리의 행사에 관한 법률'에 따라 행하는 사항, ㉪ 특허법·실용신안법·디자인보호법·상표법에 따른 사정·결정·심결, 그 밖의 처분에 관한 사항이다(행정절차법시행령 제2조).

【판례】 ① (정규공무원으로 임용된 사람에게 시보임용처분 당시 지방공무원법 제31조 제4호에 정한 공무원임용 결격사유가 있어 시보임용처분을 취소하고 그에 따라 정규임용처분을 취소한 사안에서) 행정절차법의 입법목적과 행정절차법 제3조 제2항 제9호의 규정 내용 등에 비추어 보면, **공무원 인사관계 법령에 의한 처분에 관한 사항 전부에 대하여 행정절차법의 적용이 배제되는 것이 아니라 성질상 행정절차를 거치기 곤란하거나 불필요하다고 인정되는 처분이나 행정절차에 준하는 절차를 거치도록 하고 있는 처분의 경우에만 행정절차법의 적용이 배제되는** 것으로 보아야 할 것이다(대법원 2009.1.30, 2008두16155).
② 군인사법 및 그 시행령에 이 사건 처분과 같이 진급예정자 명단에 포함된 자의 진급선발을 취소하는 처분을 함에 있어 **행정절차에 준하는 절차를 거치도록 하는 규정이 없을** 뿐만 아니라 위 처분이 성질상 행정절차를 거치기 곤란하거나 불필요하다고 인정되는 처분이라고 보기도 어렵다고 할 것이어서 이 사건 처분이 행정절차법의 적용이 제외되는 경우에 해당한다고 할 수 없으며, 나아가 원고가 수사과정 및 징계과정에서 자신의 비위행위에 대한 **해명기회를 가졌다는 사정만으로** 이 사건 처분이 행정절차법 제21조 제4항 제3호, 제22조 제4항에 따라 **원고에게 사전통지를 하지 않거나 의견제출의 기회를 주지 아니하여도 되는 예외적인 경우에 해당한다고 할 수 없다**(대법원 2007.9.21, 2006두20631).
③ 행정절차법 제3조 제2항, 같은법시행령 제2조 제6호에 의하면 공정거래위원회의 의결·결정을 거쳐 행하는 사항에는 **행정절차법의 적용이 제외되게 되어 있으므로**, 설사 공정거래위원회의 시정조치 및 과징금납부명령에 행정절차법 소정의 의견청취절차 생략사유가 존재한다고 하더라도, 공정거래위원회는 **행정절차법을 적용하여 의견청취절차를 생략할 수는 없다**(행정절차법이 아니라 '독점규제 및 공정거래에 관한 법률'에 따라 의견청취절차를 거쳐야 한다. 대법원 2001.5.8., 2000두10212).
④ 국가공무원법 제75조 및 제76조 제1항에서 **공무원에 대하여 직위해제를** 할 때에는 .... 임용권자가 직위해제처분을 행함에 있어서 구체적이고도 명확한 사실의 적시가 요구되는 처분사유 설명서를 반드시 교부하도록 하여 해당 공무원에게 방어의 준비 및 불복의 기회를 보장하고 임용권자의 판단에 신중함과 합리성을 담보하게 하고 있고, 직위해제처분을 받은 공무원은 사후적으로 소청이나 행정소송을 통하여 충분한 의견진술 및 자료제출의 기회를 보장하고 있다. 그리고 위와 같이 대기명령을 받은 자가 그 기간에 능력 또는 근무성적의 향상을 기대하기 어렵다고 인정되면 법 제70조 제1항 제5호에 의해 직권면직 처분을 받을 수 있지만 이 경우에는 같은 조 제2항 단서에 의하여 징계위원회의 동의를 받도록 하고 있어 **절차적 보장이 강화되어 있다.** 그렇다면 **국가공무원법상 직위해제처분은** 구 행정절차법 제3조 제2항 제9호, 동법 시행령 제2조 제3호에 의하여 당해 **행정작용의 성질상 행정절차를 거치기 곤란하거나 불필요하다고 인정되는 사항 또는 행정절차에 준하는 절차를 거친 사항에 해당하므로**, 처분의 사전통지 및 의견청취 등에 관한 행정

절차법의 규정이 별도로 적용되지 아니한다(대법원 2014.5.16. 2012두26180).

⑤ **별정직 공무원에 대한 직권면직의 경우에는** 징계처분과 달리 징계절차에 관한 구 공무원징계령의 규정도 적용되지 않는 등 **행정절차에 준하는 절차를 거치도록 하는 규정이 없으며**, 이 사건 처분이 성질상 행정절차를 거치기 곤란하거나 불필요하다고 인정되는 처분에도 해당하지 아니하고, 나아가 원고가 대통령 기록유출 혐의에 관하여 수사를 받으면서 비위행위에 관하여 해명할 기회를 가졌다거나 위 수사에 관하여 국민적 관심이 높았고 유출행위가 적법한지 여부 등에 관한 법리적 공방이 언론 등을 통하여 치열하게 이루어졌던 사정만으로 이 사건 처분이 구 행정절차법 제21조 제4항 제3호, 제22조 제4항에 따라 **원고에게 사전통지를 하지 않거나 의견제출의 기회를 주지 아니하여도 되는 예외적인 경우에 해당한다고 할 수 없다**(대법원 2013.1.16. 2011두30687).

⑥ **대통령의 한국방송공사 사장의 해임 절차에 관하여 방송법이나 관련 법령에도 별도의 규정을 두지 않고 있고,** 행정절차법의 입법 목적과 행정절차법 제3조 제2항 제9호와 관련 시행령의 규정 내용 등에 비추어 보면, 이 사건 해임처분이 행정절차법과 그 시행령에서 열거적으로 규정한 예외 사유에 해당한다고 볼 수 없으므로 이 사건 **해임처분에도 행정절차법이 적용된다고 할 것이다**(대법원 2012.2.23. 2011두5001).

II. 행정절차법의 총칙규정

행정절차법의 총칙규정(제1장)은 목적·정의 및 적용범위, 행정절차의 일반원칙, 행정청의 관할 및 협조, 당사자, 송달 및 기간·기한의 특례 등에 관해 규정하고 있다. 이는 모든 행정절차에 공통적으로 적용되는 것이다.

1. 목적 및 용어정의

행정절차법은 행정절차에 관한 공통적인 사항을 규정하여 국민의 행정 참여를 도모함으로써 행정의 공정성·투명성 및 신뢰성을 확보하고 국민의 권익을 보호함을 목적으로 한다(동법 제1조). 행정절차법은 기본용어인 행정청·처분·행정지도·당사자·청문·공청회·의견제출·전자문서·정보통신망의 개념을 정의하고 있다(제2조).

2. 행정절차법의 일반원칙

(1) 신의성실 및 신뢰보호

행정청은 직무를 수행할 때 신의에 따라 성실히 하여야 한다(제4조 ①). 행정청은 법령 등의 해석 또는 행정청의 관행이 일반적으로 국민들에게 받아들여졌을 때에는 공익 또는 제3자의 정당한 이익을 현저히 해칠 우려가 있는 경우를 제외하고는 새로운 해석 또는 관행에 따라 소급하여 불리하게 처리하여서는 아니 된다(제4조 ②).

(2) 투명성의 원칙

행정청이 행하는 행정작용은 그 내용이 구체적이고 명확하여야 하며, 행정작용의 근거가 되는 법령 등의 내용이 명확하지 않은 경우 상대방은 해당 행정청에 대하여 그 해석을 요청할 수 있다. 해당 행정청은 특별한 사유가 없으면 그 요청에 따라야 한다(제5조).

(3) 행정업무 혁신

행정청은 모든 국민이 균등하고 질 높은 행정서비스를 누릴 수 있도록 노력하여야 한다. 행정청은 정보통신기술을 활용하여 행정절차를 적극적으로 혁신하도록 노력하여야 한다. 이 경우 행정청은 국민이 경제적 · 사회적 · 지역적 여건 등으로 인하여 불이익을 받지 아니하도록 하여야 한다. 행정청은 행정청이 생성하거나 취득하여 관리하고 있는 데이터(정보처리능력을 갖춘 장치를 통하여 생성 또는 처리되어 기계에 의한 판독이 가능한 형태로 존재하는 정형 또는 비정형의 정보를 말한다)를 행정과정에 활용하도록 노력하여야 한다. 행정청은 행정업무 혁신 추진에 필요한 행정적 · 재정적 · 기술적 지원방안을 마련하여야 한다(제5조의2).

3. 행정청의 관할 · 협조 · 행정응원

행정청이 그 관할에 속하지 아니하는 사안을 접수하였거나 이송받은 경우에는 지체 없이 이를 관할행정청에 이송하여야 하고 그 사실을 신청인에게 통지해야 한다. 관할이 분명하지 아니한 경우에는 해당 행정청을 공통으로 감독하는 상급행정청이 그 관할을 결정하며, 공통으로 감독하는 상급행정청이 없는 경우에는 각 상급행정청이 협의하여 그 관할을 결정한다(제6조). 행정청은 행정의 원활한 수행을 위하여 서로 협조하여야 한다. 행정청은 업무의 효율성을 높이고 행정서비스에 대한 국민의 만족도를 높이기 위하여 필요한 경우 행정협업(다른 행정청과 공동의 목표를 설정하고 행정청 상호간의 기능을 연계하거나 시설 · 장비 및 정보 등을 공동으로 활용하는 것을 말한다)의 방식으로 적극적으로 협조하여야 한다(제7조 ①,②). 행정청은 독자적인 직무수행이 어려운 경우 등에는 다른 행정청에 행정응원을 요청할 수 있다(제8조).

4. 당사자 등

'당사자 등'이란 i)행정청의 처분에 대하여 직접 그 상대가 되는 당사자, ii)행정청이 직권으로 또는 신청에 따라 행정절차에 참여하게 한 이해관계인을 말한다(제2조 제4호). 행정절차법은 당사자 등의 자격(제9조), 지위의 승계(제10조), 대표자(제11조), 대리인(제12조), 대표자·대리인의 통지(제13조) 등에 관해 규정하고 있다.

5. 송달 및 기간·기한의 특례

행정절차법은 송달(제14조), 송달의 효력발생(제15조), 기간 및 기한의 특례(제16조) 등에 관해 규정하고 있다(상술한 '행정행위의 효력요건' 참조).

Ⅲ. 행정절차의 종류

1. 행정처분절차

행정처분은 신청에 의한 처분(수익적 처분)과 불이익처분으로 구분되며, 이들 처분의 절차에는 공통적으로 적용되는 것이 있고 각기 다르게 적용되는 것이 있다.

(1) 공통사항

1) 처분의 방식(문서주의)

행정청이 처분을 할 때에는 다른 법령 등에 특별한 규정이 있는 경우를 제외하고는 문서로 하여야 하며, 당사자 등의 동의가 있는 경우 또는 당사자가 전자문서로 처분을 신청한 경우에는 전자문서로 할 수 있다(제24조 ①). 제1항에도 불구하고 공공의 안전 또는 복리를 위하여 긴급히 처분을 할 필요가 있거나 사안이 경미한 경우에는 말, 전화, 휴대전화를 이용한 문자 전송, 팩스 또는 전자우편 등 문서가 아닌 방법으로 처분을 할 수 있다. 이 경우 당사자가 요청하면 지체 없이 처분에 관한 문서를 주어야 한다(제24조 ②). 처분을 하는 문서에는 그 처분행정청 및 담당자의 소속·성명 및 연락처(전화번호·팩스번호·전자우편주소 등)를 적어야 한다(제24조 ③).

> 【판례】행정절차법 제24조 제1항에서 행정청이 처분을 하는 때에는 다른 법령 등에 특별한 규정이 있는 경우를 제외하고는 문서로 하도록 규정한 것은 처분 내용의 명확성을 확보하고 처분의 존부나 내용에 관한 다툼을 방지하기 위한 것인바, 이와 같은 행정절차법의 규정 취지를 감안해 보면, 행정청이 문서에 의하여 처분을 한 경우 원칙적으로 그 처분서의 문언에 따라 어떤 처분을 하였는지 확정하여야 하나, 그 처분서의 **문언만으로는 행정청이 어떤 처분을 하였는지 불분명하다는 등 특별한 사정이 있는 때에는** 처분 경위나 처분 이후의 상대방의 태도 등 다른 사정을 고려하여 **처분서의 문언과 달리 그 처분의 내용을 해석할 수도 있다**(대법원 2010.2.11. 2009두18035).

2) 행정처분기준의 설정·공표

행정청은 필요한 처분기준을 해당 처분의 성질에 비추어 되도록 구체적으로 정하여 공표하여야 한다. 행정기본법 제24조에 따른 인허가의제의 경우 관련 인허가 행정청은 관련 인허가의 처분기준을 주된 인허가 행정청에 제출하여야 하고, 주된 인허가 행정청은 제출받은 관련 인허가의 처분기준을 통합하여 공표하여야 한다(제20조 ②). 처분기준을 공표하는 것이 해당 처분의 성질상 현저히 곤란하거나 공공의 안전 또는 복리를 현저히 해치는 것으로 인정될 만한 상당한 이유가 있는 경우에는 처분기준을 공표하지 아니할 수 있다(제20조 ③). 행정처분의 기준은 행정규칙에 해당하므로 법적 구속력은 인정되지 않는다.

3) 처분의 이유 제시

행정청은 처분을 할 때에는 ㉠ 신청내용을 모두 그대로 인정하는 처분인 경우, ㉡ 단순·반복적인 처분 또는 경미한 처분으로서 당사자가 그 이유를 명백히 알 수 있는 경우, ㉢ 긴급히 처분을 할 필요가 있는 경우를 제외하고는 당사자에게 그 근거와 이유를 제시하여야 한다. 행정청은 ㉡ 및 ㉢의 경우에 처분 후 당사자가 요청하는 경우에는 그 근거와 이유를 제시하여야 한다(제23조).

이유 제시는 행정처분과 동시에 동일한 형식으로 하여야 하며, 상대방이 처분의 근거와 이유를 알 수 있을 정도로 명확하고 구체적으로 이루어져야 한다(대법원 1990.9.11. 90누1786 참조).

【판례】 ① 면허의 취소처분에는 그 근거가 되는 법령이나 취소권 유보의 부관 등을 명시하여야 함은 물론 처분을 받은 자가 어떠한 위반사실에 대하여 당해 처분이 있었는지를 알 수 있을 정도로 사실을 적시할 것을 요하며, 이와 같은 **취소처분의 근거와 위반사실의 적시를 빠뜨린 하자는 피처분자가 처분 당시 그 취지를 알고 있었다거나 그 후 알게 되었다 하여도 치유될 수 없다**고 할 것인바, 세무서장인 피고가 주류도매업자인 원고에 대하여 한 이 사건 일반주류도매업면허취소통지에 '상기 주류도매장은 무면허 주류판매업자에게 주류를 판매하여 주세법 제11조 및 국세법사무처리규정 제26조에 의거 지정조건위반으로 주류판매면허를 취소합니다'라고만 되어 있어서 원고의 영업기간과 거래상대방 등에 비추어 **원고가 어떠한 거래행위로 인하여 이 사건 처분을 받았는지 알 수 없게 되어 있다면 이 사건 면허취소처분은 위법하다**(대법원 1990.9.11. 90누1786).
② 행정절차법 제23조 제1항은 행정청이 처분을 하는 때에는 당사자에게 그 근거와 이유를 제시하도록 규정하고 있고, 이는 행정청의 자의적 결정을 배제하고 당사자로 하여금 행정구제절차에서 적절히 대처할 수 있도록 하는 데 그 취지가 있다. 따라서 처분서에 기재된 내용과 관계 법령 및 당해 처분에 이르기까지의 전체적인 과정 등을 종합적으로 고려하여, **처분 당시 당사자가 어떠한 근거와 이유로 처분이 이루어진 것인지를 충분히 알 수 있어서 그에 불복하여 행정구제절차로 나아가는 데에 별다른 지장이 없었던 것으로 인정되는 경우에는 처분서에 처분의 근거와 이유가 구체적으로 명시되어 있지 않았다 하더라도 그로 말미암아 그 처분이 위법한 것으로 된다고 할 수는 없다**(대법원 2013.11.14. 2011두18571).

4) 처분의 정정

행정청은 처분에 오기(誤記), 오산(誤算) 또는 그 밖에 이에 준하는 명백한 잘못이 있을 때에는 직권으로 또는 신청에 따라 지체 없이 정정하고 그 사실을 당사자에게 통지하여야 한다(제25조). 명백한 잘못은 하자의 범주에 속하지 않기 때문에 간단히 정정하면 되는 것이다.

5) 고지(告知)

행정청이 처분을 할 때에는 당사자에게 그 처분에 관하여 행정심판 및 행정소송을 제기할 수 있는지 여부, 그 밖에 불복을 할 수 있는지 여부, 청구절차 및 청구기간 그 밖에 필요한 사항을 알려야 한다(제26조). 이는 국민의 권리구제를 돕기 위한 것이다.

(2) 신청에 의한 처분(수익적 처분)의 절차

1) 처분의 신청

(가) 신청의 방법

㉠ 행정청에 처분을 구하는 신청은 문서로 하여야 한다. 다만, 다른 법령 등에 특별한 규정이 있는 경우와 행정청이 미리 다른 방법을 정하여 공시한 경우에는 그러하지 아니하다. ㉡ 처분을 신청할 때 전자문서로 하는 경우에는 행정청의 컴퓨터 등에 입력된 때에 신청한 것으로 본다. ㉢ 신청인은 처분이 있기 전에는 그 신청의 내용을 보완·변경하거나 취하할 수 있다. 다만, 다른 법령 등에 특별한 규정이 있거나 그 신청의 성질상 보완·변경하거나 취하할 수 없는 경우에는 그러하지 아니하다(제17조 ①,②,⑧).

(나) 신청의 접수

㉠ 행정청은 신청을 받았을 때에는 다른 법령 등에 특별한 규정이 있는 경우를 제외하고는 그 접수를 보류 또는 거부하거나 부당하게 되돌려 보내서는 아니 되며, 신청을 접수한 경우에는 신청인에게 접수증을 주어야 한다. 다만, 대통령령으로 정하는 경우에는 접수증을 주지 아니할 수 있다. ㉡ 행정청은 신청에 구비서류의 미비 등 흠이 있는 경우에는 보완에 필요한 상당한 기간을 정하여 지체 없이 신청인에게 보완을 요구하여야 한다(제17조 ④,⑤,).

2) 다수의 행정청이 관여하는 처분

행정청은 다수의 행정청이 관여하는 처분을 구하는 신청을 접수한 경우에는 관계 행정청과의 신속한 협조를 통하여 그 처분이 지연되지 아니하도록 하여야 한다(제18조).

3) 처리기간의 설정·공표

행정청은 신청인의 편의를 위하여 처분의 처리기간을 종류별로 미리 정하여 공표하여야 한다. 행정청은 부득이한 사유로 처리기간 내에 처분을 처리하기 곤란한 경우에는 해당 처분의 처리기간의 범위 안에서 한 번만 그 기간을 연장할 수 있다(제19조).

(3) 불이익 처분(침익적 처분)의 절차

불이익처분이란 '당사자에게 의무를 부과하거나 권익을 제한하는 처분'을 의미한다(제21조 ①). 영업허가 등의 신청에 대한 거부처분도 실질적으로는 불이익처분의 성질을 가지지만 직접 의무를 부과하거나 권익을 제한하는 것이 아니기 때문에 여기에 해당하지 않는다.

【판례】 ① 행정절차법 제21조 제1항은 행정청은 당사자에게 의무를 과하거나 권익을 제한하는 처분을 하는 경우에는 … 의견제출기관의 명칭과 주소, 의견제출기한 등을 당사자 등에게 통지하도록 하고 있는바, 신청에 따른 처분이 이루어지지 아니한 경우에는 아직 당사자에게 권익이 부과되지 아니하였으므로 특별한 사정이 없는 한 신청에 대한 거부처분이라고 하더라도 직접 당사자의 권익을 제한하는 것은 아니어서 신청에 대한 **거부처분을** 여기에서 말하는 '**당사자의 권익을 제한하는 처분**'에 해당한다고 할 수 없는 것이어서 처분의 사전통지대상이 된다고 할 수 없다(대법원 2003.11.28. 2003두674).
② 공매 등의 절차에 따라 문화체육관광부령으로 정하는 주요한 유원시설업 시설의 전부 또는 체육시설업의 시설 기준에 따른 필수시설을 인수함으로써 **유원시설업자 또는 체육시설업자의 지위를 승계한 자가 관계 행정청에 이를 신고하여 행정청이 수리하는 경우**에는 종전 유원시설업자에 대한 허가는 효력을 잃고, 종전 체육시설업자는 적법한 신고를 마친 체육시설업자의 지위를 부인당할 불안정한 상태에 놓이게 된다. 따라서 행정청이 구 관광진흥법 또는 구 체육시설법의 규정에 의하여 유원시설업자 또는 체육시설업자 지위승계신고를 **수리하는 처분은 종전 유원시설업자 또는 체육시설업자의 권익을 제한하는 처분**이고, 종전 유원시설업자 또는 체육시설업자는 그 처분에 대하여 직접 그 상대가 되는 자에 해당한다고 보는 것이 타당하므로, 행정청이 그 신고를 수리하는 처분을 할 때에는 행정절차법 규정에서 정한 당사자에 해당하는 종전 유원시설업자 또는 체육시설업자에 대하여 위 규정에서 정한 **행정절차를 실시하고** 처분을 하여야 한다(대법원 2012.12.13. 2011두29144).
③ 도로법 제25조 제3항이 **도로구역을 결정하거나 변경**할 경우 이를 고시에 의하도록 하면서, 그 도면을 일반인이 열람할 수 있도록 한 점 등을 종합하여 보면, 도로구역을 변경한 이 사건 처분은 행정절차법 제21조 제1항의 사전통지나 제22조 제3항의 의견청취의 대상이 되는 처분은 아니라고 할 것이다(대법원 2008.6.12. 2007두1767).
④ **퇴직연금의 환수결정**은 당사자에게 의무를 과하는 처분이기는 하나, 관련 법령에 따라 당연히 환수금액이 정하여지는 것이므로, 퇴직연금의 환수결정에 앞서 당사자에게 **의견진술의 기회를 주지 아니하여도** 행정절차법 제22조 제3항이나 신의칙에 어긋나지 아니한다(대법원 2000.11.28. 99두5443).

1) 행정처분의 사전통지, 문서열람

(가) 원 칙

행정절차법은 침익적 처분을 할 때에만 사전통지를 하도록 규정하고 있다. 즉, 행정청은 당사자에게 의무를 부과하거나 권익을 제한하는 처분을 하는 경우에는 미리 ㉠ 처분의 제목, ㉡ 당사자의 성명 또는 명칭과 주소, ㉢ 처분하려는 원인이 되는 사실과 처분의 내용 및 법적 근거, ㉣㉤에 대하여 의견을 제출할 수 있다는 뜻과 의견을 제출하지 아니하는 경우의 처리방법, ㉱ 의견제출기관의 명칭과 주소, ㉲ 의견제출기한(최소 10일 이상의 기간 보장. 제21조③), ㉳ 그 밖에 필요한 사항을 당사자 등에게 통지하여야 한다(제21조①).

(나) 예 외

㉠ 공공의 안전 또는 복리를 위하여 긴급히 처분을 할 필요가 있는 경우, ㉡ 법령 등에서 요구된 자격이 없거나 없어지게 되면 반드시 일정한 처분을 하여야 하는 경우에 그 자격이 없거나 없어지게 된 사실이 법원의 재판 등에 의하여 객관적으로 증명된 경우(예: 안경사시험부정합격사실이 재판으로 확정되어 안경사면허를 취소하는 경우), ㉢ 해당 처분의 성질상 의견청취가 현저히 곤란하거나 명백히 불필요하다고 인정될 만한 상당한 이유가 있는 경우에는 행정청은 통지를 아니 할 수 있다(제21조④). 구체적으로는 i) 급박한 위해의 방지 및 제거 등 공공의 안전 또는 복리를 위하여 긴급한 처분이 필요한 경우, ii) 법원의 재판 또는 준사법적 절차를 거치는 행정기관의 결정 등에 따라 처분의 전제가 되는 사실이 객관적으로 증명되어 처분에 따른 의견청취가 불필요하다고 인정되는 경우, iii) 의견청취의 기회를 줌으로써 처분의 내용이 미리 알려져 현저히 공익을 해치는 행위를 유발할 우려가 예상되는 등 해당 처분의 성질상 의견청취가 현저하게 곤란한 경우, iv) 법령 또는 자치법규(법령 등)에서 준수하여야 할 기술적 기준이 명확하게 규정되고, 그 기준에 현저히 미치지 못하는 사실을 이유로 처분을 하려는 경우로서 그 사실이 실험, 계측, 그 밖에 객관적인 방법에 의하여 명확히 입증된 경우, v) 법령 등에서 일정한 요건에 해당하는 자에 대하여 점용료·사용료 등 금전급부를 명하는 경우 법령 등에서 규정하는 요건에 해당함이 명백하고, 행정청의 금액산정에 재량의 여지가 없거나 요율이 명확하게 정하여져 있는 경우 등 해당 처분의 성질상 의견청취가 명백히 불필요하다고 인정될 만한 상당한 이유가 있는 경우에는 행정청은 통지를 아니 할 수 있다(행정절차법시행령 제13조). 사전 통지를 하지 아니하는 경우 행정청은 처분을 할 때 당사자 등에게 통지를 하지 아니한 사유를 알려야 한다. 다만, 신속한 처분이 필요한 경우에는 처분 후 그 사유를 알릴 수 있다(제21조⑥).

【 판례 】'의견청취가 현저히 곤란하거나 명백히 불필요하다고 인정될 만한 상당한 이유가 있는 경우'에 해당하는지는 해당 행정처분의 **성질에 비추어 판단하여야** 하며, 처분상대방이 이미 **행정청에 위반사실을 시인하였다거나 처분의 사전통지 이전에 의견을 진술할 기회가 있었다는 사정을 고려하여 판단할 것은 아니다**(대법원 2016.10. 27. 2016두41811).

(다) 문서열람

당사자 등은 '의견제출'의 경우에는 처분의 사전통지가 있는 날부터 의견제출기한까지, '청문'의 경우에는 청문의 통지가 있는 날부터 청문이 끝날 때까지 행정청에 해당 사안의 조사결과에 관한 문서와 그 밖에 해당 처분과 관련되는 문서의 열람 또는 복사를 요청할 수 있다. 이 경우 행정청은 다른 법령에 따라 공개가 제한되는 경우를 제외하고는 그 요청을 거부할 수 없다(제37조 ①).

2) 의견제출

(가) 의 의

'의견제출'이라 함은 행정청이 어떤 행정작용을 하기 전에 당사자 등이 의견을 제시하는 절차로서 청문이나 공청회에 해당하지 아니하는 절차를 말한다(제2조 제7호). 청문이나 공청회는 행정절차법 제22조 제1항과 제2항에서 정하고 있는 경우에만 실시하는 것으로 의견청취의 특별절차이며, 의견제출은 불이익처분시에 거쳐야 하는 의견청취의 일반절차이다.

(나) 원칙과 예외

행정청은 불이익처분을 할 때에는 청문 또는 공청회를 거치지 않는 한 당사자 등에게 의견제출의 기회를 주어야 한다(제22조 ③). 단, ㉠ 공공의 안전 또는 복리를 위하여 긴급히 처분을 할 필요가 있는 경우, ㉡ 법령 등에서 요구된 자격이 없거나 없어지게 되면 반드시 일정한 처분을 하여야 하는 경우에 그 자격이 없거나 없어지게 된 사실이 법원의 재판 등에 의하여 객관적으로 증명된 경우, ㉢ 해당 처분의 성질상 의견청취가 현저히 곤란하거나 명백히 불필요하다고 인정될 만한 상당한 이유가 있는 경우, ㉣ 당사자가 의견진술의 기회를 포기한다는 뜻을 명백히 표시한 경우에는 의견청취를 아니할 수 있다(제22조 ④, 제21조 ④). 당사자 등이 정당한 이유 없이 의견제출기한까지 의견제출을 하지 아니한 경우에는 의견이 없는 것으로 본다(제27조 ④).

【판례】① 건축법상의 공사중지명령에 대한 사전통지를 하고 **의견제출의 기회를 준다면 많은 액수의 손실보상금을 기대하여 공사를 강행할 우려가 있다**는 사정만으로 이 사건 처분이 "당해 처분의 성질상 의견청취가 현저히 곤란하거나 명백히 불필요하다고 인정될 만한 상당한 이유가 있는 경우"에 해당한다고 볼 수 없다(대법원 2004.5.28., 2004두1254).
② 구 행정절차법 제22조 제3항에 따라 행정청이 의무를 부과하거나 권익을 제한하는 처분을 할 때 의견제출의 기회를 주어야 하는 '당사자'는 '행정청의 처분에 대하여 직접 그 상대가 되는 당사자'(구 행정절차법 제2조 제4호)를 의미한다. 그런데 **'고시'의 방법으로 불특정 다수인을 상대로 의무를 부과하거나 권익을 제한하는 처분은 성질상 의견제출의 기회를 주어야 하는 상대방을 특정할 수 없으므로**, 이와 같은 처분에 있어서까지 구 행정절차법 제22조 제3항에 의하여 그 상대방에게 의견제출의 기회를 주어야 한다고 해석할 것은 아니다(대법원 2014.10.27. 2012두7745).

(다) 의견제출 방식

당사자 등은 처분 전에 그 처분의 관할 행정청에 서면이나 말로 또는 정보통신망을 이용하여 의견제출을 할 수 있다. 행정청은 당사자 등이 말로 의견제출을 하였을 때에는 서면 으로 그 진술의 요지와 진술자를 기록하여야 한다(제27조).

(라) 의견의 반영

행정청은 처분을 할 때에 당사자 등이 제출한 의견이 상당한 이유가 있다고 인정하는 경우에는 이를 반영하여야 한다. 행정청은 당사자 등이 제출한 의견을 반영하지 아니하고 처분을 한 경우 당사자 등이 처분이 있음을 안 날부터 90일 이내에 그 이유의 설명을 요청 하면 서면으로 그 이유를 알려야 한다(제27조의 2).

3) 청문(聽聞)

(가) 의 의

'청문'이란 행정청이 어떠한 처분을 하기 전에 당사자 등의 의견을 직접 듣고 증거를 조사하는 절차를 말한다(제2조 제5호).

(나) 원칙과 예외

청문은 ㉠ 다른 법령 등에서 청문을 하도록 규정하고 있는 경우, ㉡ 행정청이 필요하다 고 인정하는 경우, ㉢ i)인허가 등의 취소, ii)신분·자격의 박탈, iii)법인이나 조합 등의 설립허가의 취소의 처분의 경우에 실시한다(제22조 ①, 22.1.11개정, 당사자신청 여부와 무관함). 단, ㉠ 공공의 안전 또는 복리를 위하여 긴급히 처분을 할 필요가 있는 경우, ㉡ 법령 등에서 요 구된 자격이 없거나 없어지게 되면 반드시 일정한 처분을 하여야 하는 경우에 그 자격이 없거나 없어지게 된 사실이 법원의 재판 등에 의하여 객관적으로 증명된 경우, ㉢ 해당 처 분의 성질상 의견청취가 현저히 곤란하거나 명백히 불필요하다고 인정될 만한 상당한 이유 가 있는 경우, ㉣ 당사자가 의견진술의 기회를 포기한다는 뜻을 명백히 표시한 경우에는 청 문을 아니 할 수 있다(제22조 ④, 제21조 ④).

【 판례 】 ① 행정청이 당사자와의 사이에 도시계획사업의 시행과 관련한 협약을 체결하면서 관계 법령 및 행정절차법에 규정된 청문의 실시 등 의견청취절차를 배제하는 조항을 두었다고 하더라도, … 행정절차법 의 목적 및 청문제도의 취지 등에 비추어 볼 때, 위와 같은 협약의 체결로 청문의 실시에 관한 규정의 적용 을 배제할 수 있다고 볼 만한 법령상의 규정이 없는 한, 이러한 협약이 체결되었다고 하여 청문의 실시에 관한 규정의 적용이 배제된다거나 청문을 실시하지 않아도 되는 예외적인 경우에 해당한다고 할 수 없다 (대법원 2004.7.8, 2002두8350).
② 행정절차법 제21조 제4항 제3호 … '의견청취가 현저히 곤란하거나 명백히 불필요하다고 인정될 만한 상 당한 이유가 있는지 여부'는 당해 행정처분의 성질에 비추어 판단하여야 하는 것이지, 청문통지서의 반송 여부, 청문통지 사유로 등에 의하여 판단할 것은 아니며, … 행정처분의 상대방에 대한 청문통지서가 반송 되었다거나, 행정처분의 상대방이 청문일시에 불출석하였다는 이유로 청문을 실시하지 아니하고 한 침해적 행정처분은 위법하다(대법원 2001.4.13, 2000두3337 참조).

(다) 청문절차의 구조·내용

① 청문의 개시

행정청은 청문을 하려면 청문이 시작되는 날부터 10일 전까지 당사자 등에게 통지하여야 한다. 이 경우 청문주재자의 소속·직위 및 성명, 청문의 일시 및 장소, 청문에 응하지 아니하는 경우의 처리방법 등 청문에 필요한 사항도 통보한다(제21조②).

② 청문주재자

행정청이 소속직원 또는 대통령령이 정하는 자격을 가진 자 중에서 선정하는 사람을 주재자로 하되, 다수 국민의 이해가 상충되는 처분이나, 다수 국민에게 불편이나 부담을 주는 처분, 그 밖에 전문적이고 공정한 청문을 위하여 필요가 있다고 인정하는 처분의 경우에는 청문주재자를 2명 이상으로 선정할 수 있다. 이 경우 1명이 청문 주재자를 대표한다.

청문주재자는 독립하여 공정하게 직무를 수행하며, 그 직무수행을 이유로 본인의 의사에 반하여 신분상 어떠한 불이익도 받지 아니한다. 행정청은 청문이 시작되는 날부터 7일 전까지 청문주재자에게 청문과 관련한 필요한 자료를 미리 통지하여야 한다.(제28조). 청문의 공정성을 위해 청문주재자의 제척·기피·회피제도를 두고 있다(제29조).

【참고】**행정절차법 제29조 (청문주재자의 제척·기피·회피)** ① 청문주재자가 다음 각 호의 어느 하나에 해당하는 경우에는 **청문을 주재할 수 없다.** 1. 자신이 당사자 등이거나 당사자등과 민법 제777조 각호의 어느 하나에 해당하는 친족관계에 있거나 있었던 경우. 2. 자신이 해당 처분과 관련하여 증언이나 감정을 한 경우. 3. 자신이 해당 처분의 당사자 등의 대리인으로 관여하거나 관여하였던 경우. 4. 자신이 해당 처분업무를 직접 처리하거나 처리하였던 경우. ② 청문주재자에게 공정한 청문진행을 할 수 없는 사정이 있는 경우 당사자 등은 행정청에 **기피신청**을 할 수 있다. 이 경우 행정청은 청문을 정지하고 그 신청이 이유가 있다고 인정할 때에는 해당 청문주재자를 지체 없이 교체하여야 한다. ③청문주재자는 제1항 또는 제2항의 사유에 해당하는 경우에는 행정청의 승인을 받아 스스로 청문의 주재를 **회피**할 수 있다.

③ 청문의 공개, 진행, 병합·분리, 증거조사, 문서의 열람 및 비밀유지

㉠ 청문은 당사자가 공개를 신청하거나 청문주재자가 필요하다고 인정하는 경우 공개할 수 있다. 다만, 공익 또는 제3자의 정당한 이익을 현저히 해필 우려가 있는 경우에는 공개하여서는 아니 된다(제30조). ㉡ 청문주재자가 청문을 시작할 때에는 먼저 예정된 처분의 내용, 그 원인이 되는 사실 및 법적 근거 등을 설명하여야 한다. 당사자 등은 의견을 진술하고 증거를 제출할 수 있으며, 참고인이나 감정인 등에게 질문할 수 있다(제31조). ㉢ 행정청은 직권으로 또는 당사자의 신청에 따라 여러 개의 사안을 병합하거나 분리하여 청문을 할 수 있다(제32조). ㉣ 청문주재자는 직권으로 또는 당사자의 신청에 따라 필요한 조사를 할 수 있으며, 당사자 등이 주장하지 아니한 사실에 대하여도 조사할 수 있다(제33조). ㉤ 당사자 등은 청문의 통지가 있는 날부터 청문이 끝날 때까지 행정청에 대하여 해당 사안의 조사결

과에 관한 문서 기타 해당 처분과 관련되는 문서의 열람 또는 복사를 요청할 수 있다. 이 경우 행정청은 다른 법령에 의하여 공개가 제한되는 경우를 제외하고는 그 요청을 거부할 수 없다. 누구든지 청문을 통하여 알게 된 사생활이나 경영상 또는 거래상의 비밀을 정당한 이유 없이 누설하거나 다른 목적으로 사용하여서는 아니 된다(제37조. 문서의 열람·복사요청에 관한 규정은 청문에 관해서만 있고 의견제출, 공청회에 관해서는 없다).

④ 청문조서 및 청문의견서의 작성, 청문의 종결·재개

㉠ 청문주재자는 청문조서를 작성하여야 한다(제34조). 청문주재자는 자신의 의견서를 작성하여야 한다(제34조의2). ㉡ 청문주재자는 해당 사안에 대하여 당사자 등의 의견진술·증거조사가 충분히 이루어졌다고 인정되는 경우에는 청문을 마칠 수 있다. 청문주재자는 청문을 마쳤을 때에는 청문조서, 청문주재자의 의견서, 그 밖의 관계서류 등을 행정청에 지체 없이 제출하여야 한다(제35조). ㉢ 행정청은 청문을 마친 후 처분을 할 때까지 새로운 사정이 발견되어 청문을 재개할 필요가 있다고 인정하는 때에는 제출받은 청문조서 등을 되돌려 보내고 청문의 재개를 명할 수 있다(제36조).

(라) 청문결과의 반영

행정청은 처분을 할 때에 청문주재자로부터 제출받은 청문조서, 청문주재자의 의견서, 그 밖의 관계서류 등을 충분히 검토하고 상당한 이유가 있다고 인정하는 경우에는 청문결과를 반영하여야 한다(제35조의2).

4) 공청회
(가) 의 의

'공청회'란 행정청이 공개적인 토론을 통하여 어떠한 행정작용에 대하여 당사자 등, 전문지식과 경험을 가진 사람, 그 밖의 일반인으로부터 의견을 널리 수렴하는 절차를 말한다(제2조 제6호).

(나) 원칙과 예외

행정청이 처분을 할 때 ㉠ 다른 법령 등에서 공청회를 개최하도록 규정하고 있는 경우, ㉡ 해당 처분의 영향이 광범위하여 널리 의견을 수렴할 필요가 있다고 행정청이 인정하는 경우, ㉢ 국민생활에 큰 영향을 미치는 처분으로서 대통령령으로 정하는 처분(국민 다수의 생명, 안전 및 건강에 큰 영향을 미치는 처분, 소음 및 악취 등 국민의 일상생활과 관계되는 환경에 큰 영향을 미치는 처분, 시행령 제13조의3 ①)에 대하여 대통령령으로 정하는 수(30만명, 시행령 제13조의3 ③) 이상의 당사자등이 공청회 개최를 요구하는 경우에 공청회를 개최한다(제22조②). 공청회도 의견제출이나 청문회의 경우처럼 동일한 사유의 예외가 인정되어 실시되지 않을 수 있다(제22조 ④, 제21조 ④).

(다) 공청회의 절차

① 개최공고

행정청은 공청회를 개최하고자 하는 경우에는 공청회 개최 14일 전까지 ㉠ 제목, ㉡ 일시 및 장소, ㉢ 주요내용, ㉣ 발표자에 관한 사항, ㉤ 발표신청방법 및 신청기한, ㉥ 정보통신망을 통한 의견제출, ㉦ 그 밖에 필요한 사항을 당사자 등에게 통지하고 관보, 공보, 인터넷 홈페이지 또는 일간신문 등에 공고하는 등의 방법으로 널리 알려야 한다(제38조).

② 온라인공청회

행정청은 일반 공청회와 병행하여서만 정보통신망을 이용한 공청회(온라인공청회)를 실시할 수 있다. 다만 국민의 생명 · 신체 · 재산의 보호 등 국민의 안전 또는 권익보호 등의 이유로 일반 공청회를 개최하기 어려운 경우, 일반 공청회가 행정청이 책임질 수 없는 사유로 개최되지 못하거나 개최는 되었으나 정상적으로 진행되지 못하고 무산된 횟수가 3회 이상인 경우 등에는 온라인공청회를 단독으로 개최할 수 있다. 행정청은 온라인공청회를 실시하는 경우 의견제출 및 토론 참여가 가능하도록 적절한 전자적 처리능력을 갖춘 정보통신망을 구축 · 운영하여야 한다. 온라인공청회를 실시하는 경우에는 누구든지 정보통신망을 이용하여 의견을 제출하거나 제출된 의견 등에 대한 토론에 참여할 수 있다(제38조의2).

③ 공청회의 주재자 및 진행

행정청은 해당 공청회의 사안과 관련된 분야의 전문가나 종사한 경험이 있는 사람으로서 대통령령으로 정하는 자격을 가진 사람 중에서 공청회의 주재자를 선정한다. 행정청은 공청회의 주재자 및 발표자를 지명 · 위촉 · 선정함에 있어서 공정성이 확보될 수 있도록 하여야 한다(제38조의3). 공청회의 주재자는 공청회를 공정하게 진행하여야 하며, 공청회의 원활한 진행을 위하여 발표내용을 제한할 수 있고, 질서유지를 위하여 발언중지, 퇴장명령 등 행정안전부장관이 정하는 필요한 조치를 할 수 있다(제39조).

(라) 공청회 및 온라인공청회 결과의 반영

행정청은 처분을 할 때에 공청회, 온라인공청회 및 정보통신망 등을 통하여 제시된 사실 및 의견이 상당한 이유가 있다고 인정하는 경우에는 이를 반영하여야 한다(제39조의2).

2. 신고절차

(1) 신고의 의의

신고란 행정청에 대하여 일정한 사항을 알리는 행위를 말한다. 행정절차법은 제40조에서 수리를 요하지 않는 신고에 관해서만 규정하고 있다. 수리를 요하는 신고에 관해서는 행정기본법 제34조(수리 여부에 따른 신고의 효력)에서 정하고 있다(상술한 '사인의 공법행위' 참조).

(2) 신고사항의 게시의무

법령 등에서 행정청에 일정한 사항을 통지함으로써 의무가 끝나는 신고를 규정하고 있는 경우 신고를 관장하는 행정청은 신고에 필요한 구비서류, 접수기관, 그 밖에 법령 등에 따른 신고에 필요한 사항을 게시(인터넷 등을 통한 게시를 포함한다)하거나 이에 대한 편람을 갖추어 두고 누구나 열람할 수 있도록 하여야 한다(제40조 ①).

(3) 신고의무의 이행

1) 신고의 요건 및 효과

㉠ 신고서의 기재사항에 흠이 없을 것, ㉡ 필요한 구비서류가 첨부되어 있을 것, ㉢ 그 밖에 법령 등에 규정된 형식상의 요건에 적합할 것 등의 요건을 갖춘 경우에는 신고서가 접수기관에 도달된 때에 신고의 의무가 이행된 것으로 본다(제40조 ②).

2) 신고의 보완

행정청은 신고의 요건을 갖추지 못한 신고서가 제출된 경우 지체 없이 상당한 기간을 정하여 신고인에게 보완을 요구하여야 한다. 행정청은 신고인이 기간 내에 보완을 하지 아니하였을 때에는 그 이유를 구체적으로 밝혀 해당 신고서를 되돌려 보내야 한다(제40조 ③,④).

3. 확 약

확약이란 "법령 등에서 당사자가 신청할 수 있는 처분을 규정하고 있는 경우 행정청은 당사자의 신청에 따라 장래에 어떤 처분을 하거나 하지 아니할 것을 내용으로 하는 의사표시"를 말하며 문서로 하여야 한다. 행정청은 다른 행정청과의 협의 등의 절차를 거쳐야 하는 처분에 대하여 확약을 하려는 경우에는 확약을 하기 전에 그 절차를 거쳐야 한다(제40조의2 ③).

행정청은 ㉠ 확약을 한 후에 확약의 내용을 이행할 수 없을 정도로 법령 등이나 사정이 변경된 경우, 또는 ㉡ 확약이 위법한 경우 경우에는 확약에 기속되지 아니한다(제40조의2 ④). 행정청은 확약이 제4항 각 호의 어느 하나에 해당하여 확약을 이행할 수 없는 경우에는 지체 없이 당사자에게 그 사실을 통지하여야 한다(제40조의2 ⑤).

4. 위반사실 등의 공표

행정청은 법령에 따른 의무를 위반한 자의 성명·법인명, 위반사실, 의무위반을 이유로 한 처분사실 등(이하 "위반사실등"이라 한다)을 법률로 정하는 바에 따라 (사전에 당사자의 명예·신용 등이 훼손되지 아니하도록 객관적이고 타당한 증거와 근거가 있는지를 확인하고, 원칙적으로 미리 당사자에게 그 사실을 통지하고 의견제출의 기회를 준 후에)일반에게 공표할 수 있다(제40조의3 ①, ②, ③).

행정청은 위반사실등의 공표를 하기 전에 당사자가 공표와 관련된 의무의 이행, 원상회복, 손해배상 등의 조치를 마친 경우에는 위반사실등의 공표를 하지 아니할 수 있다(제40조의3 ⑦). 위반사실등의 공표는 관보, 공보 또는 인터넷 홈페이지 등을 통하여 한다(제40조의3 ⑥). 행정청은 공표된 내용이 사실과 다른 것으로 밝혀지거나 공표에 포함된 처분이 취소된 경우에는 그 내용을 정정하여, 정정한 내용을 지체 없이 해당 공표와 같은 방법으로 공표된 기간 이상 공표하여야 한다. 다만, 당사자가 원하지 아니하면 공표하지 아니할 수 있다(제40조의3 ⑧).

5. 행정계획

행정청은 행정청이 수립하는 계획 중 국민의 권리·의무에 직접 영향을 미치는 계획을 수립하거나 변경·폐지할 때에는 관련된 여러 이익을 정당하게 형량하여야 한다(제40조의4).

6. 행정상 입법예고절차

(1) 입법예고의 원칙과 예외

법령 등을 제정·개정 또는 폐지하고자 하려는 경우에는 해당 입법안을 마련한 행정청은 이를 예고하여야 한다. 다만, ㉠ 신속한 국민의 권리 보호 또는 예측 곤란한 특별한 사정의 발생 등으로 입법이 긴급을 요하는 경우, ㉡ 상위 법령등의 단순한 집행을 위한 경우, ㉢

입법내용이 국민의 권리·의무 또는 일상생활과 관련이 없는 경우, ㉣ 단순한 표현·자구를 변경하는 경우 등 입법내용의 성질상 예고의 필요가 없거나 곤란하다고 판단되는 경우, ㉤ 예고함이 공공의 안전 또는 복리를 현저히 해칠 우려가 있는 경우에는 예고를 하지 아니할 수 있다. 법제처장은 입법예고를 하지 아니한 법령안의 심사요청을 받은 경우에 입법예고를 함이 적당하다고 판단할 때에는 해당 행정청에 대하여 입법예고를 권고하거나 직접 예고할 수 있다. 입법안을 마련한 행정청은 입법예고 후 예고내용에 국민생활과 직접 관련된 내용이 추가되는 등 대통령령으로 정하는 중요한 변경이 발생하는 경우에는 해당 부분에 대한 입법예고를 다시 하여야 한다(제41조).

(2) 예고방법 및 기간

행정청은 입법안의 취지, 주요내용 또는 전문을 관보·공보나 인터넷·신문·방송 등을 통하여 널리 공고하여야 한다. 대통령령을 입법예고를 하는 경우 국회 소관상임위원회에 이를 제출하여야 한다. 행정청은 입법예고를 할 때에 입법안과 관련이 있다고 인정되는 중앙행정기관, 지방자치단체 그 밖의 단체 등이 예고사항을 알 수 있도록 예고사항을 통지하거나 그 밖의 방법으로 알려야 한다. 예고된 입법안에 대하여 온라인공청회 등을 통하여 널리 의견을 수렴할 수 있다(제42조).

입법예고기간은 예고할 때 정하되, 특별한 사정이 없으면 40일(자치법규는 20일) 이상으로 한다(제43조).

(3) 의견제출·처리, 공청회

행정청은 의견접수기관·의견제출기간, 그 밖에 필요한 사항을 해당 입법안을 예고할 때 함께 공고하여야 한다. 누구든지 예고된 입법안에 대하여 그 의견을 제출할 수 있다. 행정청은 특별한 사유가 없으면 제출된 의견을 존중하여 처리하여야 한다. 행정청은 의견을 제출한 자에게 그 제출된 의견의 처리결과를 통지하여야 한다(제44조).

행정청은 입법안에 관하여 공청회를 개최할 수 있다. 공청회에 관하여는 위의 공청회 및 온라인공청회에 관한 규정을 준용한다(제45조).

7. 행정예고절차

(1) 행정예고의 원칙·예외

행정청은 정책, 제도 및 계획(이하 "정책등"이라 한다)을 수립·시행하거나 변경하려는 경우에는 이를 예고하여야 한다. 다만 ㉠ 신속하게 국민의 권리를 보호하여야 하거나 예측이 어려운 특별한 사정이 발생하는 등 긴급한 사유로 예고가 현저히 곤란한 경우, ㉡ 법령 등의 단순한 집행을 위한 경우, ㉢ 정책등의 내용이 국민의 권리·의무 또는 일상생활과 관련이 없는 경우, ㉣ 정책등의 예고가 공공의 안전 또는 복리를 현저히 해칠 우려가 상당한 경우에는 예고하지 아니할 수 있다. 법령 등의 입법을 포함하는 행정예고는 입법예고로 갈음할수 있다(행정절차법 제46조)).

(2) 예고기간, 방법 등

행정예고기간은 예고내용의 성격 등을 고려하여 정하되, 특별한 사정이 없으면 20일이상(긴급한 경우 단축된 예고기간은 10일 이상)으로 한다(제46조③). 행정청은 매년 자신이 행한 행정예고의 실시 현황과 그 결과에 관한 통계를 작성하고, 이를 관보·공보 또는 인터넷 등의방법으로 널리 공고하여야 한다(제46조의2). 행정청은 정책등안(案)의 취지, 주요 내용 등을관보·공보나 인터넷·신문·방송 등을 통하여 공고하여야 한다. 행정예고의 방법, 의견제출 및 처리, 공청회 및 온라인공청회에 관하여는 입법예고의 규정을 준용한다(제47조).

8. 행정지도절차

(1) 행정지도의 의의

행정지도란 '행정기관이 그 소관사무의 범위에서 일정한 행정목적을 실현하기 위하여특정인에게 일정한 행위를 하거나 하지 아니하도록 지도, 권고, 조언 등을 하는 행정작용'을말한다(제2조 제3호).

(2) 행정지도의 원칙·방식, 의견제출

행정지도는 그 목적달성에 필요한 최소한도에 그쳐야 하며, 행정지도의 상대방의 의사에 반하여 부당하게 강요하여서는 아니 된다. 행정기관은 행정지도의 상대방이 행정지도에따르지 아니하였다는 것을 이유로 불이익한 조치를 하여서는 아니 된다(제48조).

행정지도를 하는 자는 그 상대방에게 그 행정지도의 취지 및 내용과 신분을 밝혀야 한다. 행정지도가 말로 이루어지는 경우에 상대방이 위 사항(행정지도의 취지·내용 및 신분)을 적은서면의 교부를 요구하면 그 행정지도를 행하는 자는 직무수행에 특별한 지장이 없으면 이를 교부하여야 한다(제49조).

행정지도의 상대방은 해당 행정지도의 방식·내용 등에 관하여 행정기관에 의견제출을 할 수 있다(제50조).

(4) 다수인을 대상으로 하는 행정지도

행정기관이 같은 행정목적을 실현하기 위하여 많은 상대방에게 행정지도를 하려는 경우에는 특별한 사정이 없으면 행정지도에 공통적인 내용이 되는 사항을 공표하여야 한다(제51조).

【답】 행정절차법 제21조 제4항 제3호 … '의견청취가 현저히 곤란하거나 명백히 불필요하다고 인정될 만한 상당한 이유가 있는지 여부'는 해당 행정처분의 성질에 비추어 판단하여야 하는 것이지, 청문통지서의 반송 여부, 청문통지 사유로 등에 의하여 판단할 것은 아니며, 또한 행정처분의 상대방이 통지된 청문일시에 불출석하였다는 이유만으로 행정청이 관계 법령상 그 실시가 요구되는 청문을 실시하지 아니한 채 침해적 행정처분을 할 수는 없을 것이므로, 행정처분의 상대방에 대한 청문통지서가 반송되었다거나, 행정처분의 상대방이 청문일시에 불출석하였다는 이유로 청문을 실시하지 아니하고 한 침해적 행정처분은 위법하다(대법원 2001.4.13, 2000두3337 참조).

제5장 정보공개와 개인정보보호

제1절 정보공개

Ⅰ. 개 설

1. 의 의

정보공개란 행정기관이 보유하고 있는 공적인 정보를 국민이 접근·이용할 수 있도록 열람하게 하거나 그 사본·복제물을 교부하거나 정보통신망 등을 통하여 정보를 제공하는 것을 말한다. 정보공개제도는 국민의 기본권의 하나로서 알권리를 실현하는 제도적 장치로서 필요하다. 국민이 정보를 가지고 올바른 여론형성과 의사결정을 하도록 함으로써 민주주의의 실현에 기여한다. 국민이 관련 정보를 알게 되어 자신의 권익을 사전·사후에 보호하는 데 기여한다. 행정의 투명성과 신뢰성의 확보에 기여한다.

2. 정보공개의 법적 근거

(1) 헌 법

정보공개청구권의 근거를 헌법상의 '알권리'에서 찾는 것이 일반적이다. '알권리'의 헌법적 근거조항은 표현의 자유(제21조 ①), 국민주권의 원리(제1조), 인간의 존엄과 가치(제10조) 등이 될 수 있다.

(2) 법 률

'공공기관의 정보공개에 관한 법률'(정보공개법)이 정보공개에 관한 일반법으로서 다른 법률에 특별한 규정이 없는 한 동법이 적용된다. 공공기관 중에서 특히 학교 등 교육관련기관의 정보공개에 관해서는 '교육관련기관의 정보공개에 관한 특례법'(교육기관정보공개법)이 제정되어 있다. 개별 법률들에서도 개인의 문서열람권 등을 규정하고 있는 예가 많다. 행정절차법, '민원사무처리에 관한 법률'도 절차와 관련하여 정보공개에 관한 규정을 두고 있다.

정보공개법은 자기와 **직접적인 이해관계가 없는** 사안에 대해서도 정보공개청구권을 인정하는데 반하여 행정절차법이나 개별 법률들은 **직접적인 이해관계가 있는** 특정한 사안에 관한 개별적 정보공개청구권만을 인정하고 있다는 점에서 차이가 있다.

(3) 조 례

지방자치단체는 그 소관사무에 관하여 법령의 범위 안에서 정보공개에 관한 조례를 정할 수 있다(정보공개법 제4조 ②). 현재 대부분의 지방자치단체가 정보공개조례를 제정하여 시행하고 있다.

Ⅱ. 공공기관의 정보공개에 관한 법률

【**문 제**】 A는 **자녀의 진로**를 결정하기 위하여 2000년 3월 4일 E사립대학교 총장 B를 상대로 자녀의 입학당시성적과 졸업당시 성적을 공개해 줄 것을 요구하였다. 그러나 같은 해 5월 10일이 지나도록 B는 이에 대한 아무런 응답을 하지 않고 있다. 이에 A는 B를 상대로 소송을 제기하려고 하는데 **어떠한 형태의 소송**을 제기하여야 하는가? 그리고 **승소가능성은?**

1. 총칙적 규정

(1) 목 적

'공공기관의 정보공개에 관한 법률'(정보공개법)은 "공공기관이 보유·관리하는 정보에 대한 국민의 공개청구 및 공공기관의 공개의무에 관하여 필요한 사항을 정함으로써 국민의 알권리를 보장하고 국정에 대한 국민의 참여와 국정운영의 투명성을 확보함을 목적으로 한다"(동법 제1조).

(2) 용어의 정의

'정보'란 공공기관이 직무상 작성 또는 취득하여 관리하고 있는 문서(전자문서를 포함한다. 이하 같다) 및 전자매체를 비롯한 모든 형태의 매체 등에 기록된 사항을 말한다(제2조 제1호).
'공개'란 공공기관이 이 법에 따라 정보를 열람하게 하거나 그 사본·복제물을 교부하는 것 또는 전자정부법 제2조 제10호의 규정에 의한 정보통신망을 통하여 정보를 제공하는 것 등을 말한다(제2조 제2호).

'공공기관'이란 ㉠국가기관(i)국회, 법원, 헌법재판소, 중앙선거관리위원회, ii)중앙행정기관(대통령 소속 기관과 국무총리 소속 기관 포함) 및 그 소속 기관, iii)'행정기관 소속 위원회의 설치·운영에 관한 법률'에 따른 위원회), ㉡지방자치단체, ㉢'공공기관의 운영에 관한 법률' 제2조에 따른 공공기관, ㉣'지방공기업법'에 따른 지방공사 및 지방공단, ㉤그 밖에 대통령령이 정하는 기관을 말한다(제2조 제3호).

'그 밖에 대통령령이 정하는 기관'은 ㉠유아교육법, 초·중등교육법, 고등교육법에 따른 각급 학교 또는 그 밖의 다른 법률에 따라 설치된 학교, ㉡(삭제됨), ㉢'지방자치단체 출자·출연 기관의 운영에 관한 법률' 제2조 제1항에 따른 출자기관 및 출연기관, ㉣특별법에 의하여 설립된 특수법인, ㉤사회복지사업법 제42조 제1항에 따라 국가나 지방자치단체로부터 보조금을 받는 사회복지법인과 사회복지사업을 하는 비영리법인, ㉥ ㉤외에보조금 관리에 관한 법률 제9조 또는 지방재정법 제17조 제1항 각 호 외의 부분 단서에 따라 국가나 지방자치단체로부터 연간 5천만원 이상의 보조금을 받는 기관 또는 단체(다만, 정보공개 대상 정보는 해당 연도에 보조를 받은 사업으로 한정)를 말한다(동법시행령 제2조).

【판례】① 정보공개의 목적, 교육의 공공성 및 공·사립학교의 동질성, 사립대학교에 대한 국가의 재정지원 및 보조 등 여러 사정을 고려해 보면, 사립대학교에 대한 국비 지원이 한정적·일시적·국부적이라는 점을 고려하더라도, 정보공개법 시행령 제2조 제1호가 정보공개의무를 지는 **공공기관의 하나로 사립대학교를 들고 있는** 것이 모법인 **정보공개법의 위임 범위를 벗어났다거나** 사립대학교가 **국비의 지원을 받는 범위 내에서만** 공공기관의 성격을 가진다고 볼 수 없다(대법원 2006.8.24. 2004두2783, 현재는 교육관련기관이 보유·관리하는 정보의 공개에 관해 "교육관련기관의 정보공개에 관한 특례법"이 제정되어 '공공기관의 정보공개에 관한 법률'에 대한 특례를 규정하고 있다.).
② 어느 법인이 공공기관의 정보공개에 관한 법률 제2조 제3호, 같은 법 시행령 제2조 제4호에 따라 정보를 공개할 의무가 있는 **'특별법에 의하여 설립된 특수법인'에 해당하는지 여부**는, 국민의 알 권리를 보장하고 국정에 대한 국민의 참여와 국정운영의 투명성을 확보하고자 하는 위 법의 입법 목적을 염두에 두고, 해당 법인에게 부여된 업무가 국가행정업무이거나 이에 해당하지 않더라도 그 업무 수행으로써 추구하는 이익이 해당 법인 내부의 이익에 그치지 않고 공동체 전체의 이익에 해당하는 공익적 성격을 갖는지 여부를 중심으로 개별적으로 판단하되, 해당 법인의 설립근거가 되는 법률이 법인의 조직구성과 활동에 대한 행정적 관리·감독 등에서 민법이나 상법 등에 의하여 설립된 일반 법인과 달리 규율한 취지, 국가나 지방자치단체의 해당 법인에 대한 재정적 지원·보조의 유무와 그 정도, 해당 법인의 공공적 업무와 관련하여 국가기관·지방자치단체 등 다른 공공기관에 대한 정보공개청구와는 별도로 해당 법인에 대하여 직접 정보공개청구를 구할 필요성이 있는지 여부 등을 종합적으로 고려하여야 한다. 방송법이라는 특별법에 의하여 설립 운영되는 **한국방송공사(KBS)**는 공공기관의 정보공개에 관한 법률 시행령 제2조 제4호의 '특별법에 의하여 설립된 특수법인'으로서 정보공개의무가 있는 공공기관의 정보공개에 관한 법률 제2조 제3호의 **'공공기관'에 해당한다**(대법원 2010.12.23. 2008두13101).
③ **한국증권업협회**는 증권회사 상호간의 업무질서를 유지하고 유가증권의 공정한 매매거래 및 투자자보호를 위하여 일정 규모 이상인 증권회사 등으로 구성된 회원조직으로서, 증권거래법 또는 그 법에 의한 명령에 대하여 특별한 규정이 있는 것을 제외하고는 민법 중 사단법인에 관한 규정을 준용 받는 점, 그 업무가 국가기관 등에 준할 정도로 공동체 전체의 이익에 중요한 역할이나 기능에 해당하는 공공성을 갖는다고 볼 수 없는 점 등에 비추어, 공공기관의 정보공개에 관한 법률 시행령 제2조 제4호의 **'특별법에 의하여 설립된**

특수법인'에 해당한다고 보기 어렵다(대법원 2010.4.29., 2008두5643).

④'교육관련기관의 정보공개에 관한 특례법(교육기관정보공개법)'은 공공기관이 직무상 작성 또는 취득하여 관리하고 있는 정보 가운데 교육관련기관이 학교교육과 관련하여 직무상 작성 또는 취득하여 관리하고 있는 정보의 공개에 관하여 특별히 규율하는 법률이므로, **학교에 대하여 교육기관정보공개법이 적용된다고 하여 더 이상 정보공개법을 적용할 수 없게 되는 것은 아니다**(대법원 2013.11.28. 2011두5049).

(3) 적용범위

정보공개에 관하여는 다른 법률에 특별한 규정이 없는 한 정보공개법이 적용된다(제4조①). 예외적으로 ㉠국가안전보장에 관련되는 정보, ㉡보안업무를 관장하는 기관에서 국가안전보장과 관련된 정보분석을 목적으로 수집·작성된 정보에 대하여는 동법을 적용하지 아니한다. 다만, 정보목록의 작성·비치 및 공개(제8조①)에 대하여는 예외가 인정되지 않고 동법이 적용된다(제4조③).

지방자치단체의 소관사무에 관해서는 당해 지방자치단체의 조례가 적용된다. 조례는 정보공개법에 위반해서는 안 된다. 특히 비공개대상의 범위를 확대하여 국민의 정보공개청구권의 범위를 축소하면 안 된다.

【판례】구 공공기관의 정보공개에 관한 법률(2013. 8. 6. 법률 제11991호로 개정되기 전의 것, 이하 '정보공개법'이라고 한다) 제4조 제1항은 "정보의 공개에 관하여는 다른 법률에 특별한 규정이 있는 경우를 제외하고는 이 법이 정하는 바에 의한다."라고 규정하고 있다. 여기서 '정보공개에 관하여 다른 법률에 특별한 규정이 있는 경우'에 해당한다고 하여 정보공개법의 적용을 배제하기 위해서는, 특별한 규정이 '법률'이어야 하고, 나아가 내용이 정보공개의 대상 및 범위, 정보공개의 절차, 비공개대상정보 등에 관하여 정보공개법과 달리 규정하고 있는 것이어야 한다. 형사소송법 제59조의2의 내용·취지 등을 고려하면, **형사소송법 제59조의2는 형사재판확정기록의 공개 여부나 공개 범위, 불복절차 등에 대하여 정보공개법에 관한 법률과 달리 규정하고 있는 것으로 정보공개법 제4조 제1항에서 정한 '정보의 공개에 관하여 다른 법률에 특별한 규정이 있는 경우'에 해당한다. 따라서 형사재판확정기록의 공개에 관하여는 정보공개법에 의한 공개청구가 허용되지 아니한다**(대법원 2016.12.15. 2013두20882).

(4) 정보공개의 원칙과 예외

1) 정보공개의 원칙

정보공개법은 "공공기관이 보유·관리하는 정보는 국민의 알권리 보장 등을 위하여 이 법에서 정하는 바에 따라 적극적으로 공개하여야 한다"(제3조) "공공기관이 보유·관리하는 정보는 공개대상이 된다"(제9조①)고 규정하여 정보공개를 원칙으로 하고, 예외적으로 비공개대상정보를 열거하고 있다.

공공기관의 정보공개의무는 특별한 사정이 없는 한 국민의 정보공개청구가 있을 경우에 인정된다.

【 판례 】알권리에서 파생되는 **정보공개의무는** 특별한 사정이 없는 한 국민의 **특정정보에 대한 공개청구**
가 있는 경우에야 비로소 존재한다. 따라서 정보공개청구가 없음에도 불구하고 정부가 대한민국과 중화인
민공화국간 마늘교역에 관한 합의서 … 부분을 사전에 마늘재배농가들에 공개할 의무는 인정되지 아니한다
(헌재 2004.12.16. 2002헌마579 참조).

그러나 공공기관은 국민의 공개청구와 관련 없이 ⓐ 국민생활에 매우 큰 영향을 미치
는 정책에 관한 정보, ⓑ 국가의 시책으로 시행하는 공사(工事) 등 대규모의 예산이 투입되
는 사업에 관한 정보, ⓒ 예산집행의 내용과 사업평가 결과 등 행정감시를 위하여 필요한
정보, ⓓ 그 밖에 공공기관의 장이 정하는 정보에 대하여는 공개의 구체적 범위, 주기 · 시기
및 방법 등을 미리 정하여 정보통신망 등을 통하여 알리고, 이에 따라 정기적으로 공개하여
야 한다(정보의 사전적 공개). 다만, 제9조 제1항 각호의 어느 하나에 해당하는 정보(비공개대상정
보)는 그러하지 아니하다(제7조 ①).

그리고 정보목록도 공개청구와 관련 없이 항상 공개하여야 한다. 즉, ① 공공기관은
당해기관이 보유 · 관리하는 정보에 대하여 국민이 쉽게 알 수 있도록 정보목록을 작성 · 비
치하고, 그 목록을 정보통신망을 활용한 정보공개시스템 등을 통하여 공개하여야 한다. ②
공공기관은 정보의 공개에 관한 사무를 신속하고 원활하게 수행하기 위하여 정보공개장소
를 확보하고 공개에 필요한 시설을 갖추어야 한다(제8조).

【 판례 】① '공공기관의 정보공개에 관한 법률' 제1조, 제3조, 제6조는 … 공공기관이 보유 · 관리하는 정보
를 모든 국민에게 원칙적으로 공개하도록 하고 있으므로, … 같은 법 제7조 제1항 각 호에서 정하고 있는
비공개사유에 해당하지 않는 한 이를 공개하여야 할 것이고, 만일 이를 거부하는 경우라 할지라도 대상이
된 정보의 내용을 구체적으로 확인 · 검토하여 **어느 부분이 어떠한 법익 또는 기본권과 충돌되어 같은 법**
제7조 제1항 몇 호에서 정하고 있는 비공개사유에 해당하는지를 주장 · 입증하여야만 할 것이며, 그에 이르
지 아니한 채 **개괄적인 사유만을 들어 공개를 거부하는 것은 허용되지 아니한다**(대법원 2003.12.11. 2001두
8827).
② 정보공개제도는 공공기관이 보유 · 관리하는 정보를 그 상태대로 공개하는 제도로서 공개를 구하는 정보
를 **공공기관이 보유 · 관리하고 있을 상당한 개연성이** 있다는 점에 대하여 원칙적으로 **공개청구자에게 증**
명책임이 있다고 할 것이지만, 공개를 구하는 정보를 공공기관이 한 때 보유 · 관리하였으나 후에 그 정보
가 담긴 문서등이 폐기되어 존재하지 않게 된 것이라면 그 **정보를 더 이상 보유 · 관리하고 있지 아니하다**
는 점에 대한 증명책임은 공공기관에게 있다(대법원 2004.12.9., 2003두12707).

2) 예외(비공개대상정보)

정보공개법은 제9조 제1항 제1호부터 제8호까지 8개 항목에 걸쳐 비교적 광범위한 비
공개대상정보를 열거하고 있다. 공공기관은 비공개대상정보의 범위에 관한 세부기준을 수
립 · 공개하여야 하며, 비공개대상정보가 비공개의 필요성이 없어진 경우에는 당해 정보를
공개대상으로 하여야 한다(제9조 ②. ③). 비공개대상정보에 해당하는지는 공공기관이 구체적
으로 입증을 하여야 한다.

【판례】① '공공기관의 정보공개에 관한 법률' 제1조, 제3조, 제6조는 … 공공기관이 보유·관리하는 정보를 모든 국민에게 원칙적으로 공개하도록 하고 있으므로, … 같은 법 제7조 제1항 각 호에서 정하고 있는 비공개사유에 해당하지 않는 한 이를 공개하여야 할 것이고, 만일 이를 거부하는 경우라 할지라도 대상이 된 정보의 내용을 구체적으로 확인·검토하여 **어느 부분이 어떠한 법익 또는 기본권과 충돌되어 같은 법 제7조 제1항 몇 호에서 정하고 있는 비공개사유에 해당하는지를 주장·입증하여야만 할 것이며**, 그에 이르지 아니한 채 **개괄적인 사유만을 들어 공개를 거부하는 것은 허용되지 아니한다**(대법원 2003.12.11, 2001두8827).

② 정보공개제도는 공공기관이 보유·관리하는 정보를 그 상태대로 공개하는 제도로서 공개를 구하는 정보를 **공공기관이 보유·관리하고 있을 상당한 개연성**이 있다는 점에 대하여 원칙적으로 **공개청구자에게 증명책임이 있다**고 할 것이지만, 공개를 구하는 정보를 공공기관이 한 때 보유·관리하였으나 후에 그 정보가 담긴 문서등이 폐기되어 존재하지 않게 된 것이라면 그 **정보를 더 이상 보유·관리하고 있지 아니하다는 점에 대한 증명책임은 공공기관에게 있다**(대법원 2004.12.9., 2003두12707).

③ 공개청구의 대상이 되는 정보가 이미 다른 사람에게 공개되어 널리 알려져 있다거나 인터넷이나 관보 등을 통하여 공개되어 **인터넷 검색이나 도서관에서의 열람 등을 통하여 쉽게 알 수 있다**고 하여 소의 이익이 없다거나 비공개결정이 정당화될 수 없다(대법원 2008.11.27. 2005두15694).

① 다른 법령에서 비밀 또는 비공개 사항으로 규정된 정보

다른 법률 또는 법률에서 위임한 명령(국회규칙, 대법원규칙, 헌법재판소규칙, 중앙선거관리위원회규칙, 대통령령, 조례에 한정함. **부령은 해당 안됨**)에 따라 비밀이나 비공개 사항으로 규정된 정보(제9조 제1항 제1호).

【판례】① **교육공무원승진규정** 제26조에서 근무성적평정의 결과를 공개하지 아니한다고 규정하고 있다고 하더라도 위 교육공무원승진규정은 정보공개법 제9조 제1항 제1호에서 말하는 **법률이 위임한 명령에 해당하지 아니하므로** 교육공무원승진규정 제26조를 근거로 원고의 정보공개청구를 거부한 피고의 처분은 잘못된 것이다(대법원 2006.10.26, 2006두11910).

② 학교폭력예방 및 대책에 관한 법률 제21조 제3항이 학교폭력대책자치위원회의 회의를 공개하지 못하도록 규정하고 있는 점 등에 비추어, **학교폭력대책자치위원회의 회의록**은 공공기관의 정보공개에 관한 법률 제9조 제1항 제1호의 '다른 법률 또는 법률이 위임한 명령에 의하여 비밀 또는 비공개 사항으로 규정된 정보'에 해당한다(대법원 2010.6.10, 2010두2913).

③ **국가정보원이 그 직원에게 지급하는 현금급여 및 월초수당**에 관한 정보는 국가정보원 예산집행내역의 일부를 구성하는 것이므로, 위 현금급여 및 월초수당에 관한 정보는 국가정보원법 제12조에 의하여 비공개 사항으로 규정된 정보로서 공공기관의 정보공개에 관한 법률 제9조 제1항 제1호의 비공개대상정보인 '다른 법률에 의하여 비공개 사항으로 규정된 정보'에 해당한다고 보아야 한다(대법원 2010.12.23, 2010두14800).

④ 구 정보공개법 제7조 제1항 제1호 소정의 '**법률에 의한 명령**'은 법률의 위임규정에 의하여 제정된 대통령령, 총리령, 부령 전부를 의미한다기보다는 **정보의 공개에 관하여 법률의 구체적인 위임 아래 제정된 법규명령(위임명령)**을 의미한다고 보아야 할 것인바, **검찰보존사무규칙**(1996.5.1. 법무부령 제425호로 개정된 것)은 비록 법무부령으로 되어 있으나, 그 중 불기소사건기록 등의 열람·등사에 대하여 제한하고 있는 부분은 위임 근거가 없어 **행정기관 내부의 사무처리준칙으로서 행정규칙에 불과하므로**, 위 규칙에 의한 열람·등사의 제한을 구 정보공개법 제7조 제1항 제1호의 '다른 법률 또는 **법률에 의한 명령에 의하여 비공개사항으로 규정된 경우'에 해당한다고 볼 수 없다**(대법원 2004.9.23, 2003두1370).

② 국가안전보장·국방·통일·외교관계 등에 관한 정보

국가안전보장·국방·통일·외교관계 등에 관한 사항으로서 공개될 경우 국가의 중대한 이익을 현저히 해칠 우려가 있다고 인정되는 정보(제2호).

【판례】 **보안관찰 관련 통계자료**는 … 보안관찰처분대상자 또는 피보안관찰자들의 매월별 규모, 그 처분시기, 지역별 분포에 대한 전국적 현황과 추이를 한눈에 파악할 수 있는 구체적이고 광범위한 자료에 해당하므로 … 그 통계자료의 분석에 의하여 대남공작활동이 유리한 지역으로 보안관찰처분대상자가 많은 지역을 선택하는 등으로 이 사건 정보가 **북한정보기관에 의한 간첩의 파견, 포섭, 선전선동을 위한 교두보의 확보 등 북한의 대남전략에 있어 매우 유용한 자료로 악용될 우려**가 없다고 할 수 없다. 그러므로 이 사건 정보는 '공공기관의 정보공개에 관한 법률' 제7조 제1항 제2호 소정의 공개될 경우 국가안전보장·국방·통일·외교관계 등 국가의 중대한 이익을 해할 우려가 있는 정보, 또는 제3호 소정의 공개될 경우 국민의 생명·신체 및 재산의 보호 기타 공공의 안전과 이익을 현저히 해할 우려가 있다고 인정되는 정보에 해당한다고 할 것이다(대법원 2004.3.18, 2001두8254).

③ 국민의 생명·신체 및 재산의 보호와 관련된 정보

공개될 경우 국민의 생명·신체 및 재산의 보호에 현저한 지장을 초래할 우려가 있다고 인정되는 정보(제3호).

④ 재판, 형사사법 등에 관한 정보

진행중인 재판에 관련된 정보와 범죄의 예방, 수사, 공소의 제기 및 유지, 형의 집행, 교정, 보안처분에 관한 사항으로서 공개될 경우 그 직무수행을 현저히 곤란하게 하거나 형사피고인의 공정한 재판을 받을 권리를 침해한다고 인정할 만한 상당한 이유가 있는 정보(제4호).

【판례】 ① 수용자자비부담물품의 판매수익금과 관련하여 교도소장이 재단법인 교정협회로 송금한 수익금 총액과 교도소장에게 배당된 수익금액 및 사용내역, 교도소직원회 수지에 관한 결산결과와 사업계획 및 예산서, 수용자 외부병원 이송진료와 관련한 이송진료자 수, 이송진료자의 진료내역별 현황, 이송진료자의 진료비 지급 현황, 이송진료자의 진료비총액 대비 예산지급액, 이송진료자의 병명별 현황, 수용자신문구독현황과 관련한 각 신문별 구독신청자 수 등에 관한 정보는 구 '공공기관의 정보공개에 관한 법률'(2004.1.29. 전문 개정되기 전의 것) 제7조 제1항 제4호에서 비공개대상으로 규정한 '**형의 집행, 교정에 관한 사항으로서 공개될 경우 그 직무수행을 현저히 곤란하게 하는 정보**'에 해당하기 어렵다(대법원 2004.12. 9. 2003두12707).
② 법원 이외의 공공기관이 위 규정이 정한 '**진행 중인 재판에 관련된 정보**'에 해당한다는 사유로 정보공개를 거부하기 위하여는 반드시 그 정보가 진행 중인 재판의 소송기록 그 자체에 포함된 내용의 정보일 필요는 없으나, 재판에 관련된 일체의 정보가 그에 해당하는 것은 아니고 **진행 중인 재판의 심리 또는 재판결과에 구체적으로 영향을 미칠 위험이 있는** 정보에 한정된다고 봄이 상당하다(대법원 2011.11.24. 2009두19021).
③ **교도소에 수용 중이던 재소자**가 담당 교도관들을 상대로 가혹행위를 이유로 형사고소 및 민사소송을 제기하면서 그 증명자료 확보를 위해 '근무보고서'와 '징벌위원회 회의록' 등의 정보공개를 요청하였으나 교도소장이 이를 거부한 사안에서, **근무보고서**는 공공기관의 정보공개에 관한 법률 제9조 제1항 제4호에 정한 비공개대상정보에 해당한다고 볼 수 없고, **징벌위원회 회의록** 중 **비공개 심사·의결 부분**은 위 법 제9조 제1항 제5호의 비공개사유에 해당하지만 **재소자의 진술, 위원장 및 위원들과 재소자 사이의 문답 등 징벌절차 진행 부분**은 비공개사유에 해당하지 않으므로 **분리공개가 허용된다**(대법원 2009.12.10. 2009두12785).

⑤ 검사·시험·입찰계약·기술개발·인사관리·의사결정과정과 관련된 정보

감사·감독·검사·시험·규제·입찰계약·기술개발·인사관리에 관한 사항이나 의사결정 과정 또는 내부검토 과정에 있는 사항 등으로서 공개될 경우 업무의 공정한 수행이나 연구·개발에 현저한 지장을 초래한다고 인정할 만한 상당한 이유가 있는 정보. 다만,

의사결정 과정 또는 내부검토 과정을 이유로 비공개할 경우에는 제13조 제5항에 따라 통지를 할 때 의사결정 과정 또는 내부검토 과정의 단계 및 종료 예정일을 함께 안내하여야 하며, 의사결정 과정 및 내부검토 과정이 종료되면 제10조에 따른 청구인에게 이를 통지하여야 한다(제5호).

【 판례 】 ① ㉠ (구)'공공기관의 정보공개에 관한 법률'상 비공개대상정보의 입법취지에 비추어 살펴보면, 같은 법 제7조 제1항 제5호에서의 '감사·감독·검사·시험·규제·입찰계약·기술개발·인사관리·의사결정과정 또는 내부검토과정에 있는 사항'은 비공개대상정보를 예시적으로 열거한 것이라고 할 것이므로 의사결정과정에 제공된 회의관련자료나 의사결정과정이 기록된 회의록 등은 **의사가 결정되거나 의사가 집행된 경우**에는 더 이상 의사결정과정에 있는 사항 그 자체라고는 할 수 없으나, **의사결정과정에 있는 사항에 준하는 사항으로서 비공개대상정보에 포함**될 수 있다. ㉡ 학교환경위생구역 내 금지행위(숙박시설) 해제결정에 관한 학교환경위생정화위원회의 **회의록에 기재된 발언내용에 대한 해당 발언자의 인적사항** 부분에 관한 정보는 **비공개대상**에 해당한다(대법원 2003.08.22. 2002두12946).
② 시험정보로서 공개될 경우 업무의 공정한 수행에 현저한 지장을 초래하는지의 여부는 법 및 시험정보를 공개하지 아니할 수 있도록 하고 있는 입법취지, 당해 시험 및 그에 대한 평가행위의 성격과 내용, 공개의 내용과 공개로 인한 업무의 증가, 공개로 인한 파급효과 등을 종합하여 개별적으로 판단되어야 한다. **사법시험 제2차 시험의 답안지 열람**은 시험문항에 대한 채점위원별 채점 결과의 열람과 달리 **사법시험업무의 수행에 현저한 지장을 초래한다고 볼 수 없다**(대법원 2003.3.14. 2000두6114).
③ **치과의사 국가시험**에서 채택하고 있는 **문제은행 출제방식**이 출제의 시간·비용을 줄이면서도 양질의 문항을 확보할 수 있는 등 많은 장점을 가지고 있는 점, 그 시험문제를 공개할 경우 발생하게 될 결과와 시험업무에 초래될 부작용 등을 감안하면, 위 **시험의 문제지와 그 정답지를 공개하는 것**은 시험업무의 공정한 수행이나 연구·개발에 현저한 지장을 초래한다고 인정할 만한 상당한 이유가 있는 경우에 해당하므로, 공공기관의 정보공개에 관한 법률 제9조 제1항 제5호에 따라 이를 **공개하지 않을 수 있다**. 사법시험이나 고등고시의 제1차 시험 등은 주관기관, 시험의 목적, 속성, 출제 및 평가방식 등이 이 사건 시험과는 달라 양자를 단순 비교할 수는 없는 것이다(대법원 2007.6.15. 2006두15936).
④ **징벌위원회 회의록 중 비공개 심사·의결 부분**은 위 법 제9조 제1항 제5호의 비공개사유에 해당하지만 **재소자의 진술, 위원장 및 위원들과 재소자 사이의 문답 등 징벌절차 진행 부분**은 비공개사유에 해당하지 않으므로 **분리공개가 허용된다**(대법원 2009.12.10. 2009두12785).
⑤ '공개될 경우 업무의 공정한 수행에 현저한 지장을 초래하는 정보'에 해당하는지는 **비공개함으로써 보호되는 업무수행의 공정성 등 이익과 공개함으로써 보호되는 국민의 알권리와 국정에 대한 국민의 참여 및 국정운영의 투명성 확보 등 이익을 비교·교량하여 구체적인 사안에 따라 신중하게 판단하여야** 한다. 그리고 그 판단을 할 때에는 공개청구의 대상이 된 해당 정보의 내용뿐 아니라 그 정보를 공개함으로써 장래 동종 업무의 공정한 수행에 현저한 지장을 초래할지 여부도 아울러 고려하여야 한다(대법원 2016.5.24. 2014두38033).
⑥ 갑이 친족인 망 을 등에 대한 독립유공자 포상신청을 하였다가 독립유공자서훈 공적심사위원회(이하 '공적심사위원회'라 한다)의 심사를 거쳐 포상에 포함되지 못하였다는 내용의 공적심사 결과를 통지받자 국가보훈처장에게 '**망인들에 대한 공적심사위원회의 심의·의결 과정 및 그 내용을 기재한 회의록**' 등의 공개를 청구하였는데, 국가보훈처장이 위 회의록은 공공기관의 정보공개에 관한 법률(이하 '정보공개법'이라 한다) 제9조 제1항 제5호에 따라 공개할 수 없다는 통보를 한 사안에서, 독립유공자 등록에 관한 신청당사자의 알권리 보장에는 불가피한 제한이 따를 수밖에 없고 관계 법령에서 제한을 다소나마 해소하기 위해 조치를 마련하고 있는 점, 공적심사위원회의 심사에는 심사위원들의 전문적·주관적 판단이 상당 부분 개입될 수밖에 없는 심사의 본질에 비추어 **공개를 염두에 두지 않은 상태에서의 심사가 그렇지 않은 경우보다 더 자유롭고 활발한 토의를 거쳐 객관적이고 공정한 심사 결과에 이를 개연성이 큰 점** 등 위 회의록 공개에 의하여 보호되는 알권리의 보장과 비공개에 의하여 보호되는 업무수행의 공정성 등의 이익 등을 비교·교량해 볼 때, 위 회의록은 정보공개법 제9조 제1항 제5호에서 정한 '공개될 경우 업무의 공정한 수행에 현저한 지장을 초래한다고 인정할 만한 상당한 이유가 있다(대법원 2014.7.24. 2013두20301).

ⓑ 개인의 사생활에 관한 정보

해당 정보에 포함되어 있는 성명·주민등록번호 등 '개인정보 보호법' 제2조 제1호에 따른 개인정보로서 공개될 경우 사생활의 비밀 또는 자유를 침해할 우려가 있다고 인정되는 정보.

다만, 다음에 열거한 사항은 공개한다. ㉠ 법령에서 정하는 바에 따라 열람할 수 있는 정보, ㉡ 공공기관이 공표를 목적으로 작성하거나 취득한 정보로서 사생활의 비밀 또는 자유를 부당하게 침해하지 아니하는 정보, ㉢ 공공기관이 작성하거나 취득한 정보로서 공개하는 것이 공익이나 개인의 권리구제를 위하여 필요하다고 인정되는 정보, ㉣ 직무를 수행한 공무원의 성명·직위, ㉤ 공개하는 것이 공익을 위하여 필요한 경우로서 법령에 따라 국가 또는 지방자치단체가 업무의 일부를 위탁 또는 위촉한 개인의 성명·직업(제6호).

【 판례 】 ① '공공기관이 작성하거나 취득한 정보로서 공개하는 것이 공익 또는 개인의 권리구제를 위하여 필요하다고 인정되는 정보'는 제외된다고 규정하고 있는데, 여기서 '공개하는 것이 공익을 위하여 필요하다고 인정되는 정보'에 해당하는지 여부는 **비공개에 의하여 보호되는 개인의 사생활 보호 등의 이익과 공개에 의하여 보호되는 국정운영의 투명성 확보 등의 공익을 비교·교량하여 구체적 사안에 따라 신중히 판단**하여야 한다. … 지방자치단체의 업무추진비 세부항목별 집행내역 및 그에 관한 **증빙서류에 포함된 개인에 관한 정보**는 '공개하는 것이 공익을 위하여 필요하다고 인정되는 정보'에 해당하지 않는다(대법원 2003.3.11. 2001두6425).
② **사면대상자들의 사면실시건의서**와 그와 관련된 국무회의 안건자료에 관한 정보는 그 **공개로 얻는 이익이 그로 인하여 침해되는 당사자들의 사생활의 비밀에 관한 이익보다 더욱 크므로** 구 '공공기관의 정보공개에 관한 법률'(2004.1.29. 전문 개정되기 전의 것) 제7조 제1항 제6호에서 정한 **비공개사유에 해당하지 않는다**(대법원 2006.12.7. 2005두241).
③ 금품수령자정보 중 그 공무원이 직무와 관련하여 금품을 수령한 정보는 '공개하는 것이 공익을 위하여 필요하다고 인정되는 정보'에 해당한다고 인정된다 하더라도, 그 **공무원이 직무와 관련 없이 개인적인 자격 등으로 금품을 수령한 경우의 정보는 그 공무원의 사생활 보호라는 관점에서 보더라도 그 정보가 공개되는 것은 바람직하지 않으며** 위 정보의 비공개에 의하여 보호되는 이익보다 공개에 의하여 보호되는 이익이 우월하다고 할 수도 없으므로 이는 '공개하는 것이 공익을 위하여 필요하다고 인정되는 정보'에 해당하지 않는다(대법원 2003.12.12. 2003두8050).
④ 정보공개법 제9조 제1항 제6호 본문의 규정에 따라 비공개대상이 되는 정보에는 이름·주민등록번호 등 정보 형식이나 유형을 기준으로 비공개대상정보에 해당하는지를 판단하는 '개인식별정보'뿐만 아니라 그 외에 정보의 내용을 구체적으로 살펴 **개인에 관한 사항의 공개로 개인의 내밀한 내용의 비밀 등이 알려지게 되고, 그 결과 인격적·정신적 내면생활에 지장을 초래하거나 자유로운 사생활을 영위할 수 없게 될 위험성이 있는 정보**도 포함된다고 새겨야 한다. 따라서 **불기소처분 기록 중 피의자신문조서 등에 기재된 피의자 등의 인적사항 이외의 진술내용 역시 개인의 사생활의 비밀 또는 자유를 침해할 우려가 인정되는 경우 정보공개법 제9조 제1항 제6호 본문 소정의 비공개대상에 해당한다**(대법원 2012.6.18. 2011두2361)
⑤ 공공기관의 정보공개에 관한 법률(이하 '정보공개법'이라고 한다) 제9조 제1항 제4호는 '수사에 관한 사항으로서 공개될 경우 그 직무수행을 현저히 곤란하게 한다고 인정할 만한 상당한 이유가 있는 정보'를 비공개대상정보의 하나로 규정하고 있다. 그 취지는 수사의 방법 및 절차 등이 공개되어 수사기관의 직무수행에 현저한 곤란을 초래할 위험을 막고자 하는 것으로서, 수사기록 중의 의견서, 보고문서, 메모, 법률검토, 내사자료 등(이하 '의견서 등'이라고 한다)이 이에 해당하나, 공개청구대상인 정보가 의견서 등에 해당한다고 하여 곧바로 정보공개법 제9조 제1항 제4호에 규정된 비공개대상정보라고 볼 것은 아니고, 의견서 등의 실질적인 내용을 구체적으로 살펴 수사의 방법 및 절차 등이 공개됨으로써 수사기관의 직무수행을 현저히 곤란하게 한다고 인정할 만한 상당한 이

유가 있어야만 위 비공개대상정보에 해당한다. 여기에서 '**공개될 경우 그 직무수행을 현저히 곤란하게 한다고 인 정할 만한 상당한 이유가 있는 정보**'란 당해 정보가 공개될 경우 수사 등에 관한 직무의 공정하고 효율적인 수행 에 직접적이고 구체적으로 장애를 줄 고도의 개연성이 있고 그 정도가 현저한 경우를 의미하며, 여기에 해당하는 지는 비공개에 의하여 보호되는 업무수행의 공정성 등의 이익과 공개에 의하여 보호되는 국민의 알권리의 보장 과 수사절차의 투명성 확보 등의 이익을 비교·교량하여 구체적 사안에 따라 신중히 판단하여야 한다(대법원 2017.9.7. 2017두44558).

⑦ 경영·영업상 비밀에 관한 정보

법인·단체 또는 개인(이하 "법인 등"이라 한다)의 경영상·영업상 비밀에 관한 사항으로서 공개될 경우 법인 등의 정당한 이익을 현저히 해칠 우려가 있다고 인정되는 정보.

다만, 다음에 열거한 정보는 공개한다. ㉠ 사업활동에 의하여 발생하는 위해로부터 사 람의 생명·신체 또는 건강을 보호하기 위하여 공개할 필요가 있는 정보, ㉡ 위법·부당한 사업활동으로부터 국민의 재산 또는 생활을 보호하기 위하여 공개할 필요가 있는 정보(제7호).

【 판례 】 ① **한국방송공사의 '수시집행 접대성 경비의 건별 집행서류 일체'**는 공공기관의 정보공개에 관한 법률 제9조 제1항 제7호의 비공개대상정보에 해당하지 않는다(대법원 2008.10.23, 2007두1798).
② **대한주택공사의 아파트 분양원가 산출내역에 관한 정보**는, 그 공개로 위 공사의 정당한 이익을 현저히 해할 우려가 있다고 볼 수 없어 구 공공기관의 정보공개에 관한 법률 제7조 제1항 제7호에서 정한 비공개 대상정보에 해당하지 않는다(대법원 2007.6.1., 2006두20587).
③ 구 '공공기관의 정보공개에 관한 법률' 제9조 제1항 제7호에서 비공개대상정보로 정하고 있는 '**법인 등의 경영·영업상 비밀**'은 '타인에게 알려지지 아니함이 유리한 사업활동에 관한 일체의 정보' 또는 '사업활동 에 관한 일체의 비밀사항'을 의미하는 것이고, 공개 여부는 **공개를 거부할 만한 정당한 이익이 있는지 여부 에 따라** 결정되어야 한다. 그리고 정당한 이익 유무를 판단할 때에는 국민의 알권리를 보장하고 국정에 대 한 국민의 참여와 국정 운영의 투명성을 확보함을 목적으로 하는 구 **정보공개법의 입법 취지와** 아울러 당 해 법인 등의 성격, 당해 법인 등의 권리, 경쟁상 지위 등 보호받아야 할 이익의 내용·성질 및 당해 정보의 내용·성질 등에 비추어 당해 법인 등에 대한 **권리보호의 필요성, 당해 법인 등과 행정과의 관계 등을 종합 적으로 고려해야** 한다(대법원 2014.7.24. 2012두12303).
④ 아파트재건축주택조합의 조합원들에게 제공될 무상보상평수의 사업수익성 등을 검토한 자료가 구 공공 기관의 정보공개에 관한 법률 제7조 제1항에서 정한 비공개대상정보에 해당하지 않는다(대법원 2006.1.13. 2003두9459).

⑧ 공개될 경우 부동산투기, 매점매석 등으로 특정인에게 이익 또는 불이익을 줄 우려 가 있다고 인정되는 정보(제8호).

2. 정보공개의 절차

(1) 정보공개청구권자

'모든 국민'이 정보공개청구권을 가진다(제5조 ①). 정보와 관련하여 특별한 이해관계나 청구목적이 있어야 하는 것은 아니다. 정보공개는 청구인의 주관적 목적만이 아니라 국정 에 대한 국민의 참여와 국정운영의 투명성 확보라는 객관적 목적도 중요하기 때문이다.

외국인의 경우는 ㉠ 국내에 일정한 주소를 두고 거주하거나 학술·연구를 위하여 일시적으로 체류하는 사람, ㉡ 국내에 사무소를 두고 있는 법인 또는 단체에 한한다(동법시행령 제3조).

【 판례 】 ① ㉠ 정보공개청구권은 법률상 보호되는 구체적인 권리이므로 청구인이 공공기관에 대하여 정보공개를 청구하였다가 **거부처분을 받은 것 자체가 법률상 이익의 침해에 해당한다고** 할 것이고, 거부처분을 받은 것 이외에 추가로 어떤 법률상의 이익을 가질 것을 요구하는 것은 아니다. ㉡ 구 공공기관의정보공개에관한법률의 목적, 규정 내용 및 취지 등에 비추어 보면, **정보공개청구의 목적에 특별한 제한이 있다고 할 수 없으므로, … 원고가 오로지 피고를 괴롭힐 목적으로 정보공개를 구하고 있다는 등의 특별한 사정이 없는 한,** 위와 같은 사정만으로는 원고가 이 사건 소송을 계속하고 있는 것이 **권리남용에 해당한다고 볼 수 없다**(대법원 2004.9.23, 2003두1370).
② "모든 국민은 정보의 공개를 청구할 권리를 가진다"고 규정하고 있는데, 여기에서 말하는 **국민에는 자연인은 물론 법인, 권리능력 없는 사단·재단도 포함**되고, 법인, 권리능력 없는 사단·재단 등의 경우에는 **설립목적을 불문한다**(대법원 2003.12.12., 2003두8050).
③ 국민의 정보공개청구는 정보공개법 제9조에 정한 비공개 대상 정보에 해당하지 아니하는 한 원칙적으로 폭넓게 허용되어야 하지만, 실제로는 **해당 정보를 취득 또는 활용할 의사가 전혀 없이 정보공개 제도를 이용하여 사회통념상 용인될 수 없는 부당한 이득을 얻으려 하거나,** 오로지 공공기관의 담당공무원을 괴롭힐 목적으로 정보공개청구를 하는 경우처럼 **권리의 남용에 해당하는 것이 명백한 경우에는 정보공개청구권의 행사를 허용하지 아니하는 것이** 옳다(대법원 2014.12.24, 2014두9349).

(2) 청구방법

정보공개의 청구인은 당해 정보를 보유하거나 관리하고 있는 공공기관에 대하여 ㉠ 청구인의 성명·생년월일·주소 및 연락처, 주민등록번호(본인확인필요의 경우에 한함), ㉡ 공개를 청구하는 정보의 내용 및 공개방법을 적은 정보공개청구서를 제출하거나 말로써 정보의 공개를 청구할 수 있다(제10조 ①).

【 판례 】 ㉠ 공공기관의 정보공개에 관한 법률 제10조 제1항 제2호는 정보의 공개를 청구하는 자는 정보공개청구서에 '공개를 청구하는 정보의 내용' 등을 기재할 것을 규정하고 있는바, **청구대상정보를 기재함에 있어서는 사회일반인의 관점에서 청구대상정보의 내용과 범위를 확정할 수 있을 정도로 특정함을 요한다.** 공개를 청구한 정보의 내용이 '대한주택공사의 특정 공공택지에 관한 수용가, 택지조성원가, 분양가, 건설원가 등 및 관련 자료 일체'인 경우, '**관련 자료 일체**' 부분은 그 내용과 범위가 정보공개청구 대상정보로서 **특정되지 않았다.** ㉡ 만일 공개를 청구한 정보의 내용 중 너무 포괄적이거나 막연하여서 사회일반인의 관점에서 그 내용과 범위를 확정할 수 있을 정도로 특정되었다고 볼 수 없는 부분이 포함되어 있다면, 이를 심리하는 **법원으로서는** 마땅히 공공기관의 정보공개에 관한 법률 제20조 제2항의 규정에 따라 공공기관에게 그가 보유·관리하고 있는 공개청구정보를 제출하도록 하여 이를 **비공개로 열람·심사하는 등의 방법으로 공개청구정보의 내용과 범위를 특정시켜야** 하고, 나아가 위와 같은 방법으로도 **특정이 불가능한 경우에는 특정되지 않은 부분과 나머지 부분을 분리할 수 있다**(대법원 2007.6.1, 2007두2555).

(3) 정보공개 여부의 결정

1) 결정기간

공공기관은 정보공개청구를 받은 날부터 10일 이내에 공개 여부를 결정하여야 한다. 부득이한 사유가 있을 때에는 10일의 범위에서 공개 여부 결정기간을 연장할 수 있다. 이 경우 공공기관은 연장된 사실과 연장사유를 청구인에게 지체 없이 문서로 통지하여야 한다(제11조 ①,②).

2) 제3자에 대한 통지

공공기관은 공개 청구된 공개 대상 정보의 전부 또는 일부가 제3자와 관련이 있다고 인정할 때에는 그 사실을 제3자에게 지체 없이 통지하여야 하며, 필요한 경우에는 그의 의견을 들을 수 있다(제11조 ③).

3) 소관기관으로 이송

공공기관은 다른 공공기관이 보유·관리하는 정보의 공개 청구를 받았을 때에는 지체 없이 이를 소관 기관으로 이송하여야 하며, 이송한 후에는 지체 없이 소관 기관 및 이송 사유 등을 분명히 밝혀 청구인에게 문서로 통지하여야 한다(제11조 ④).

4) 민원으로 처리

공공기관은 정보공개 청구가 ㉠공개 청구된 정보가 공공기관이 보유·관리하지 아니하는 정보인 경우, 또는 ㉡공개 청구의 내용이 진정·질의 등으로 이 법에 따른 정보공개 청구로 보기 어려운 경우로서 '민원 처리에 관한 법률'에 따른 민원으로 처리할 수 있는 경우에는 민원으로 처리할 수 있다(제11조 ⑤).

(4) 정보공개심의회

국가기관, 지방자치단체, '공공기관의 운영에 관한 법률' 제5조에 따른 공기업 및 준정부기관, '지방공기업법'에 따른 지방공사 및 지방공단(이하 "국가기관등"이라 한다)은 제11조에 따른 정보공개 여부 등을 심의하기 위하여 정보공개심의회(이하 "심의회"라 한다)를 설치·운영한다. 심의회는 위원장 1명을 포함하여 5명 이상 7명 이하의 위원으로 구성한다(제12조 ①,②).

(5) 정보공개 여부결정의 통지

공공기관은 정보의 공개를 결정한 경우에는 공개일시 및 장소 등을 분명히 밝혀 청구인에게 통지하여야 한다. 공공기관은 청구인이 사본 또는 복제물의 교부를 원하는 경우에는 이를 교부하여야 한다. 공공기관은 공개 대상 정보의 양이 너무 많아 정상적인 업무수행에 현저한 지장을 초래할 우려가 있는 경우에는 해당 정보를 일정 기간별로 나누어 제공하거나 사본·복제물의 교부 또는 열람과 병행하여 제공할 수 있다. 공공기관은 제1항에 따라 정보를 공개하는 경우에 그 정보의 원본이 더럽혀지거나 파손될 우려가 있거나 그 밖에 상당한 이유가 있다고 인정할 때에는 그 정보의 사본·복제물을 공개할 수 있다. 공공기관은 제11조에 따라 정보의 비공개 결정을 한 경우에는 그 사실을 청구인에게 지체 없이 문서로 통지하여야 한다. 이 경우 제9조 제1항 각 호 중 어느 규정에 해당하는 비공개 대상 정보인지를 포함한 비공개 이유와 불복(不服)의 방법 및 절차를 구체적으로 밝혀야 한다(제13조).

【판례】 구 '공공기관의 정보공개에 관한 법률'('구 정보공개법')은, 정보의 공개를 청구하는 이('청구인')가 정보공개방법도 아울러 지정하여 정보공개를 청구할 수 있도록 하고 있고, 전자적 형태의 정보를 전자적으로 공개하여 줄 것을 요청한 경우에는 공공기관은 원칙적으로 요청에 응할 의무가 있고, 나아가 비전자적 형태의 정보에 관해서도 전자적 형태로 공개하여 줄 것을 요청하면 재량판단에 따라 전자적 형태로 변환하여 공개할 수 있도록 하고 있다. 이는 정보의 효율적 활용을 도모하고 청구인의 편의를 제고함으로써 구 정보공개법의 목적인 국민의 알 권리를 충실하게 보장하려는 것이므로, **청구인에게는 특정한 공개방법을 지정하여 정보공개를 청구할 수 있는 법령상 신청권이 있다.** 따라서 공공기관이 공개청구의 대상이 된 정보를 공개는 하되, **청구인이 신청한 공개방법 이외의 방법으로 공개하기로 하는 결정을 하였다면, 이는 정보공개청구 중 정보공개방법에 관한 부분에 대하여 일부 거부처분을 한 것이고, 청구인은 그에 대하여 항고소송으로 다툴 수 있다**(대법원 2016.11.10. 2016두44674).

(6) 부분공개

공공기관은 공개청구한 정보가 비공개정보에 해당하는 부분과 공개 가능한 부분이 혼합되어 있는 경우로서 공개청구의 취지에 어긋나지 아니하는 범위에서 두 부분을 분리할 수 있는 경우에는 정보비공개대상에 해당하는 부분을 제외하고 부분을 공개하여야 한다(제14조).

【판례】 ① 법원이 행정기관의 **정보공개거부처분의 위법 여부**를 심리한 결과 공개를 거부한 정보에 비공개 대상 정보에 해당하는 부분과 공개가 가능한 부분이 혼합되어 있고 공개청구의 취지에 어긋나지 아니하는 범위 안에서 두 부분을 분리할 수 있음을 인정할 수 있을 때에는 **청구취지의 변경이 없더라도 공개가 가능한 정보에 관한 부분만의 일부취소를 명할 수 있다** 할 것이고, 공개청구의 취지에 어긋나지 아니하는 범위 안에서 비공개대상 정보에 해당하는 부분과 공개가 가능한 부분을 **분리할 수 있다고 함은**, 이 두 부분이 물리적으로 분리가능한 경우를 의미하는 것이 아니고 당해 정보의 공개방법 및 절차에 비추어 **당해 정보에서**

비공개대상 정보에 관련된 기술 등을 제외 내지 삭제하고 그 나머지 정보만을 공개하는 것이 가능하고 나머지 부분의 정보만으로도 공개의 가치가 있는 경우를 의미한다(대법원 2004.12.9, 2003두12707).
② 법원이 행정청의 **정보공개거부처분의 위법 여부를 심리**한 결과 공개를 거부한 정보에 **비공개대상정보에 해당하는 부분과 공개가 가능한 부분이 혼합**되어 있고 공개청구의 취지에 어긋나지 아니하는 범위 안에서 두 부분을 분리할 수 있음을 인정할 수 있을 때에는, 위 정보 중 공개가 가능한 부분을 특정하고 판결의 주문에 **행정청의 위 거부처분 중 공개가 가능한 정보에 관한 부분만을 취소한다고 표시하여야 한다.** … 행정청이 공개를 거부한 정보 중 법인의 계좌번호, 개인의 주민등록번호, 계좌번호 등에 해당하는 정보를 제외한 나머지 부분의 정보를 공개하는 것이 타당하다고 하면서 **판결 주문에서 정보공개거부처분 전부를 취소한 것은 위법하다**(대법원 2009.4.23, 2009두2702).

(7) 정보의 전자적(電磁的) 공개

공공기관은 전자적 형태로 보유·관리하는 정보에 대하여 청구인이 전자적 형태로 공개하여 줄 것을 요청하는 경우에는 그 정보의 성질상 현저히 곤란한 경우를 제외하고는 청구인의 요청에 따라야 한다. 전자적 형태로 보유·관리하지 아니하는 정보에 대하여 청구인이 전자적 형태로 공개하여 줄 것을 요청한 경우에는 정상적인 업무수행에 현저한 지장을 초래하거나 그 정보의 성질이 훼손될 우려가 없으면 그 정보를 전자적 형태로 변환하여 공개할 수 있다(제15조).

【판례】 공공기관의 정보공개에 관한 법률에 의한 정보공개제도는 공공기관이 보유·관리하는 정보를 그 상태대로 공개하는 제도이지만, 전자적 형태로 보유·관리되는 정보의 경우에는, 그 정보가 청구인이 구하는 대로는 되어 있지 않다고 하더라도, 공개청구를 받은 공공기관이 공개청구대상정보의 기초자료를 전자적 형태로 보유·관리하고 있고, 당해 기관에서 통상 사용되는 컴퓨터 하드웨어 및 소프트웨어와 기술적 전문지식을 사용하여 그 기초자료를 검색하여 청구인이 구하는 대로 편집할 수 있으며, 그러한 작업이 당해 기관의 컴퓨터 시스템 운용에 별다른 지장을 초래하지 아니한다면, 그 공공기관이 공개청구대상정보를 보유·관리하고 있는 것으로 볼 수 있고, 이러한 경우에 **기초자료를 검색·편집하는 것은 새로운 정보의 생산 또는 가공에 해당한다고 할 수 없다**(대법원 2010.2.11., 2009두6001).

(8) 정보의 즉시공개

예외적으로 ㉠ 법령 등에 따라 공개를 목적으로 작성된 정보, ㉡ 일반국민에게 알리기 위하여 작성된 각종 홍보자료, ㉢ 공개하기로 결정된 정보로서 공개에 오랜 시간이 걸리지 아니하는 정보, ㉣ 그 밖에 공공기관의 장이 정하는 정보로서 즉시 또는 말로 처리가 가능한 정보에 대하여는 공개 여부를 결정하기 위한 정식절차를 거치지 않고 공개하여야 한다(제16조).

(9) 비용부담

정보의 공개 및 우송 등에 드는 비용은 실비의 범위에서 청구인이 부담한다. 공개를 청구하는 정보의 사용목적이 공공복리의 유지·증진을 위하여 필요하다고 인정되는 경우에는 비용을 감면할 수 있다(제17조).

3. 불복구제절차

(1) 청구인의 불복절차

1) 이의신청

청구인이 정보공개와 관련한 공공기관의 비공개 결정 또는 부분공개의 결정에 대하여 불복이 있거나 정보공개 청구 후 20일이 경과하도록 정보공개 결정이 없는 때에는 공공기관으로부터 정보공개 여부의 결정 통지를 받은 날 또는 정보공개 청구 후 20일이 경과한 날부터 30일 이내에 해당 공공기관에 문서로 이의신청을 할 수 있다. 이의신청은 임의절차이다. 국가기관 등은 이의신청이 있는 경우에는 원칙적으로 심의회를 개최하여야 한다. 공공기관은 이의신청을 받은 날부터 7일 이내에 그 이의신청에 대하여 결정하고 그 결과를 청구인에게 지체 없이 문서로 통지하여야 한다. 다만, 부득이한 사유가 있는 경우에는 7일의 범위에서 연장할 수 있으며, 연장사유를 청구인에게 통지하여야 한다. 공공기관은 이의신청을 각하 또는 기각하는 결정을 한 경우에는 청구인에게 행정심판 또는 행정소송을 제기할 수 있다는 사실을 결과통지와 함께 알려야 한다(제18조).

2) 행정심판

청구인이 정보공개와 관련한 공공기관의 결정에 대하여 불복이 있거나 정보공개 청구 후 20일이 경과하도록 정보공개 결정이 없는 때에는 행정심판법에서 정하는 바에 따라(이의신청절차를 거치지 않고) 행정심판을 청구할 수 있다. 이 경우 국가기관 및 지방자치단체 외의 공공기관의 결정에 대한 감독행정기관(행정심판위원회가 설치되는 기관)은 관계 중앙행정기관의 장(공공기관이 국가소속인 경우) 또는 지방자치단체의 장(공공기관이 지방자치단체 소속인 경우)으로 한다(제19조). 행정심판의 형태는 정보공개거부처분 또는 비공개처분의 취소심판, 무효확인심판, 정보공개의무이행심판 등이 된다.

3) 행정소송

청구인이 정보공개와 관련한 공공기관의 결정에 대하여 불복이 있거나 정보공개 청구 후 20일이 경과하도록 정보공개 결정이 없는 때에는 행정소송법이 정하는 바에 따라 행정소송을 제기할 수 있다. 국민 모두가 청구인이 될 수 있으므로 소송에 있어서도 모든 국민에게 원고적격이 있다. 소송의 형태는 정보공개거부처분 또는 비공개처분의 취소소송이나 무효확인소송이 된다.

【판례】 (구)공공정보공개제도는 공공기관이 보유·관리하는 정보를 그 상태대로 공개하는 제도라는 점 등에 비추어 보면, 정보공개를 구하는 자가 공개를 구하는 정보를 **행정기관이 보유·관리하고 있을 상당한 개연성이 있다는 점을 입증**함으로써 족하다 할 것이지만, **공공기관이 그 정보를 보유·관리하고 있지 아니한 경우에는** 특별한 사정이 없는 한 정보공개거부처분의 **취소를 구할 법률상의 이익이 없다**(대법원 2006.1.13, 2003두9459)

재판장은 필요하다고 인정하면 당사자를 참여시키지 아니하고 제출된 공개청구정보를 비공개로 열람·심사할 수 있다. 재판장은 행정소송의 대상이 국가안전보장·국방 또는 외교에 관한 정보의(제9조 ① 제2호) 비공개 또는 부분공개 결정처분인 경우에 공공기관이 그 정보에 대한 비밀지정의 절차, 비밀의 등급·종류 및 성질과 이를 비밀로 취급하게 된 실질적인 이유 및 공개를 하지 아니하는 사유 등을 입증하면 해당 정보를 제출하지 아니하게 할 수 있다(제20조).

【판례】 정보비공개결정의 취소를 구하는 사건에 있어서, 만일 공개를 청구한 정보의 내용 중 너무 포괄적이거나 막연하여서 사회일반인의 관점에서 그 내용과 범위를 확정할 수 있을 정도로 특정되었다고 볼 수 없는 부분이 포함되어 있다면, 이를 심리하는 법원으로서는 마땅히 공공기관의 정보공개에 관한 법률 **제20조 제2항의 규정에 따라** 공공기관에게 그가 보유·관리하고 있는 공개청구정보를 제출하도록 하여 이를 **비공개로 열람·심사하는 등의 방법으로 공개청구정보의 내용과 범위를 특정시켜야** 하고, 나아가 위와 같은 방법으로도 **특정이 불가능한 경우에는 특정되지 않은 부분과 나머지 부분을 분리할 수 있고 나머지 부분에 대한 비공개결정이 위법한 경우라고 하여도 정보공개의 청구 중 특정되지 않은 부분에 대한 비공개결정의 취소를 구하는 부분은 나머지 부분과 분리하여 이를 기각하여야 한다**(대법원 2007.6.1, 2007두2555).

(2) 제3자의 불복절차

1) 비공개요청

자신과 관련된 정보의 공개청구에 대해 그 사실을 통지받은 제3자는 통지받은 날부터 3일 이내에 해당 공공기관에 대하여 자신과 관련된 정보를 공개하지 아니할 것을 요청할 수 있다(제21조 ①).

【판례】 제3자와 관련이 있는 정보라고 하더라도 당해 공공기관이 이를 보유·관리하고 있는 이상 정보공개법 제9조 제1항 단서 각 호의 비공개사유에 해당하지 아니하면 정보공개의 대상이 되는 정보에 해당한다고 보아야 할 것이다. 따라서 정보공개법 제11조 제3항이 …, 제21조 제1항이 …고 규정하고 있다고 하더라도, 이는 공공기관이 보유·관리하고 있는 정보가 제3자와 관련이 있는 경우 그 정보공개 여부를 결정함에 있어 **공공기관이 제3자와의 관계에서 거쳐야 할 절차를 규정한 것에 불과할 뿐, 제3자의 비공개요청이 있다는 사유만으로** 정보공개법상 정보의 **비공개사유에 해당한다고 볼 수 없다**(대법원 2008.9.25, 2008두8680).

2) 이의신청

제3자의 비공개요청에도 불구하고 공공기관이 공개결정을 할 때에는 공개결정이유와 공개실시일을 분명히 밝혀 지체 없이 문서로 통지해야 한다. 이때 공개결정일과 공개실시일의 사이에 최소한 30일의 간격을 두어야 한다. 제3자는 공공기관으로부터 정보공개결정의 통지를 받은 날부터 7일 이내에 당해 공공기관에 문서로 이의신청을 할 수 있다(제21조 ②,③).

3) 행정심판 · 행정소송

제3자는 정보공개결정에 대해 행정심판 또는 행정소송을 제기할 수 있다(제21조 ②). 그런데 정보공개가 이미 있게 되면 공개된 정보의 공개를 취소하는 것은 의미가 없게 되어 행정심판 · 행정소송은 실질적인 권리구제수단이 되지 못한다. 따라서 정보공개결정 이후 정보공개 이전에 공개결정처분의 집행정지를 청구하는 것이 가장 실효적인 수단이 된다.

4) 손해배상

정보공개법에 규정되어 있지 않지만 공공기관이 정보공개법에 위반하여 위법하게 정보를 공개함으로써 손해를 입은 자는 손해배상을 청구할 수 있다. 국가나 지방자치단체 등인 경우에는 국가배상법이 적용될 것이지만, 각급 사립학교나 사립사회복지법인 등도 정보공개법상의 공공기관에 속하므로 이들이 위법한 정보공개를 한 경우에는 민법이 적용된다.

【 답 】 ㉠ E사립대학은 각급학교로서 공공기관에 해당한다(정보공개법시행령 제2조). 청구한 날부터 20일 이내에 공개 여부를 결정하지 아니한 때에는 비공개의 결정이 있는 것으로 본다(동법 제11조 ⑤). A는 B를 상대로 정보비공개처분취소소송의 행정소송을 제기할 수 있다. ㉡ 청구인이 공개청구한 정보는 정보공개법 제9조 제1항 6호 소정의 "당해 정보에 포함되어 있는 이름 · 주민등록번호 등 개인에 관한 사항으로서 공개될 경우 개인의 **사생활의 비밀 또는 자유를 침해할 우려가 있다고 인정되는 정보**"에 해당하므로 B의 공개의무를 인정할 수 없다(서울행정법원 2001.1.27, 2000구32433 참조). ㉢ 이 판결에 대해 **학부모**는 자녀의 교육을 책임지는 입장으로서 **교육정보에 관한 한 학생본인과 동일한 정보주체**라고 할 수 있으므로 학부모의 정보열람청구권을 인정하여 B의 공개의무를 인정하였어야 한다는 비판이 있다.

제 2 절   개인정보보호

I. 개 설

1. 개인정보보호의 의의

개인정보보호는 원래 소극적으로 개인정보의 오·남용 및 유출로 인한 사생활의 침해에 대한 보호를 의미하는 것이었다. 오늘날 각종 정보의 처리·유통이 전산화되는 고도로 정보화된 사회에서는 적극적으로 개인이 자신의 정보를 스스로 관리·통제할 수 있는 '개인정보자기결정권'을 가지는 것을 포함한다(대법원 1998.7.24. 96다42789 참조). 오늘날에는 행정기관이나 공공단체만이 아니라 은행·통신·보험회사 등 민간기관도 개인정보를 광범위하게 수집·관리하기 때문에, 개인정보보호는 공공부문과 민간부문으로 나뉜다.

2. 법적 근거

개인정보보호의 헌법적 근거는 '모든 국민은 사생활의 비밀과 자유를 침해받지 아니한다'고 규정하고 있는 헌법 제17조이다. 그 밖에 인간의 존엄과 가치 및 행복추구권(헌법 제10조), 주거의 자유(제16조), 통신의 비밀(제18조) 등에 관한 규정도 근거가 될 수 있다. 헌법재판소는 '개인정보자기결정권'을 독자적인 기본권으로서 헌법에 명시되지 아니한 기본권이라고 본다(헌재 2005.5.26., 2004헌마190).

【판례】인간의 존엄과 가치, 행복추구권을 규정한 헌법 제10조 제1문에서 도출되는 일반적 인격권 및 헌법 제17조의 사생활의 비밀과 자유에 의하여 보장되는 **개인정보자기결정권**은 자신에 관한 정보가 언제 누구에게 어느 범위까지 알려지고 또 이용되도록 할 것인지를 그 정보주체가 스스로 결정할 수 있는 권리이다(대법원 2014.7.24. 2012다49933).

개인정보보호에 관한 일반법으로는 개인정보보호법이 있으며, '정보통신망이용촉진 및 정보보호 등에 관한 법률', '신용정보의 이용 및 보호에 관한 법률', '금융실명거래 및 비밀보장에 관한 법률', '공공기관의 정보공개에 관한 법률', 형법, 통신비밀보호법, 행정절차법, 통계법 등도 관련된 규정을 두고 있다.

Ⅱ. 개인정보보호법

1. 목적 및 적용범위

개인정보보호법은 개인정보의 처리 및 보호에 관한 사항을 정함으로써 개인의 자유와 권리를 보호하고, 나아가 개인의 존엄과 가치를 구현함을 목적으로 한다(제1조). 이 법은 개인정보보호에 관한 일반법으로서 다른 법률에 특별한 규정이 있는 경우를 제외하고는 이 법에서 정하는 바에 따른다(제6조). 따라서 이 법은 공공부분만이 아니라 민간부분에도 적용된다(공공부분에만 적용되던 종전의 '공공기관의 개인정보보호에 관한 법률'은 폐지되었다).

2. 용어의 정의

이 법에서 사용하는 용어의 뜻은 다음과 같다(제2조).

① 개인정보: ㉠살아 있는 개인에 관한 정보로서 성명, 주민등록번호 및 영상 등을 통하여 개인을 알아볼 수 있는 정보, ㉡ 해당 정보만으로는 특정 개인을 알아볼 수 없더라도 다른 정보와 쉽게 결합하여 알아볼 수 있는 정보, ㉢ ㉠,㉡을 가명처리(개인정보의 일부를 삭제하거나 일부 또는 전부를 대체하는 등의 방법으로 추가 정보가 없이는 특정 개인을 알아볼 수 없도록 처리하는 것)함으로써 원래의 상태로 복원하기 위한 추가 정보의 사용·결합 없이는 특정 개인을 알아볼 수 없는 정보("가명정보")를 말한다. 죽은 사람의 정보는 제외된다.

그런데 개인정보 중에서 ㉠ 공공기관이 처리하는 개인정보 중 통계법에 따라 수집되는 개인정보, ㉡ 국가안전보장과 관련된 정보 분석을 목적으로 수집 또는 제공 요청되는 개인정보, ㉢ 공중위생 등 공공의 안전과 안녕을 위하여 긴급히 필요한 경우로서 일시적으로 처리되는 개인정보, ㉣ 언론, 종교단체, 정당이 각각 취재·보도, 선교, 선거 입후보자 추천 등 고유 목적을 달성하기 위하여 수집·이용하는 개인정보는 이 법의 대부분규정(정보처리, 권리보장 등)의 적용을 받지 않는다(제58조).

② 처리: 개인정보의 수집, 생성, 연계, 연동, 기록, 저장, 보유, 가공, 편집, 검색, 출력, 정정(訂正), 복구, 이용, 제공, 공개, 파기(破棄), 그 밖에 이와 유사한 행위를 말한다.

③ 정보주체: 처리되는 정보에 의하여 알아볼 수 있는 사람으로서 그 정보의 주체가 되는 사람을 말한다.

④ 개인정보파일: 개인정보를 쉽게 검색할 수 있도록 일정한 규칙에 따라 체계적으로 배열하거나 구성한 개인정보의 집합물을 말한다.

⑤ 개인정보처리자: 업무를 목적으로 개인정보파일을 운용하기 위하여 스스로 또는 다른 사람을 통하여 개인정보를 처리하는 공공기관, 법인, 단체 및 개인 등을 말한다.

⑥ 공공기관: ⓐ 국회, 법원, 헌법재판소, 중앙선거관리위원회의 행정사무를 처리하는 기관, 중앙행정기관(대통령 소속 기관과 국무총리 소속 기관을 포함) 및 그 소속 기관, 지방자치단체, ⓑ 그 밖의 국가기관 및 공공단체 중 대통령령으로 정하는 기관(㉠ 국가인권위원회, ㉡ '공공기관의 운영에 관한 법률' 제4조에 따른 공공기관〈i〉다른 법률에 따라 직접 설립되고 정부가 출연한 기관, ii)정부지원액이 총수입액의 2분의 1을 초과하는 기관, iii)정부가 100분의 50 이상의 지분을 가지고 있는 기관 등〉, ㉢ 지방공기업법에 따른 지방공사와 지방공단, ㉣ 특별법에 따라 설립된 특수법인, ㉤ '초·중등교육법', '고등교육법', 그 밖의 다른 법률에 따라 설치된 각급 학교)을 말한다.

⑦ 영상정보처리기기: 일정한 공간에 지속적으로 설치되어 사람 또는 사물의 영상 등을 촬영하거나 이를 유·무선망을 통하여 전송하는 장치로서 대통령령으로 정하는 장치(폐쇄회로 텔레비전, 네트워크 카메라)를 말한다.

【판례】 **개인정보자기결정권의 보호대상이 되는 개인정보는** 개인의 신체, 신념, 사회적 지위, 신분 등과 같이 개인의 인격주체성을 특징짓는 사항으로서 그 개인의 동일성을 식별할 수 있게 하는 일체의 정보라고 할 수 있고, 반드시 개인의 내밀한 영역에 속하는 정보에 국한되지 않고 **공적 생활에서 형성되었거나 이미 공개된 개인정보까지 포함한다.** 또한 그러한 개인정보를 대상으로 한 조사·수집·보관·처리·이용 등의 행위는 모두 원칙적으로 개인정보자기결정권에 대한 제한에 해당한다(대법원 2014.7.24. 2012다49933).

3. 개인정보보호의 원칙

개인정보처리자는, ㉠ 개인정보의 처리 목적을 명확하게 하여야 하고 그 목적에 필요한 범위에서 최소한의 개인정보만을 적법하고 정당하게 수집하여야 한다. ㉡ 개인정보의 처리 목적에 필요한 범위에서 적합하게 개인정보를 처리하여야 하며, 그 목적 외의 용도로 활용하여서는 아니 된다. ㉢ 개인정보의 처리 목적에 필요한 범위에서 개인정보의 정확성, 완전성 및 최신성이 보장되도록 하여야 한다. ㉣ 개인정보의 처리 방법 및 종류 등에 따라 정보주체의 권리가 침해받을 가능성과 그 위험 정도를 고려하여 개인정보를 안전하게 관리하여야 한다. ㉤ 개인정보 처리방침 등 개인정보의 처리에 관한 사항을 공개하여야 하며, 열람청구권 등 정보주체의 권리를 보장하여야 한다. ㉥ 정보주체의 사생활 침해를 최소화하는 방법으로 개인정보를 처리하여야 한다. ㉦ 개인정보를 익명 또는 가명으로 처리하여도 개인정보 수집목적을 달성할 수 있는 경우 익명처리가 가능한 경우에는 익명에 의하여, 익명처리로 목적을 달성할 수 없는 경우에는 가명에 의하여 처리될 수 있도록 하여야 한다(제3조).

4. 개인정보의 처리

(1) 개인정보의 수집, 이용, 제공, 파기

개인정보처리자는 ㉠ 정보주체의 동의를 받은 경우, ㉡ 법률에 특별한 규정이 있거나 법령상 의무를 준수하기 위하여 불가피한 경우, ㉢ 공공기관이 법령 등에서 정하는 소관 업무의 수행을 위하여 불가피한 경우, ㉣ 정보주체와의 계약의 체결 및 이행을 위하여 불가피하게 필요한 경우, ㉤ 정보주체 또는 그 법정대리인이 의사표시를 할 수 없는 상태에 있거나 주소불명 등으로 사전 동의를 받을 수 없는 경우로서 명백히 정보주체 또는 제3자의 급박한 생명, 신체, 재산의 이익을 위하여 필요하다고 인정되는 경우 등에 한하여, 그 목적에 필요한 최소한의 개인정보를 수집할 수 있고, 그 수집 목적의 범위에서만 이용할 수 있다. 정보주체의 동의를 받을 때에는 ㉠ 개인정보의 수집·이용 목적, ㉡ 수집하려는 개인정보의 항목, ㉢ 개인정보의 보유 및 이용 기간, ㉣ 동의를 거부할 권리가 있다는 사실 및 동의 거부에 따른 불이익이 있는 경우에는 그 불이익의 내용 등을 알려야 한다(제15조, 제16조).

개인정보처리자는 ㉠ 정보주체의 동의를 받은 경우, ㉡ 법률에 특별한 규정이 있거나 법령상 의무를 준수하기 위하여 불가피한 경우, ㉢ 공공기관이 법령 등에서 정하는 소관 업무의 수행을 위하여 불가피한 경우 등에는 정보주체의 개인정보를 제3자에게 제공(공유포함)할 수 있다(제17조).

개인정보처리자는 ㉠ 정보주체로부터 별도의 동의를 받은 경우, ㉡ 다른 법률에 특별한 규정이 있는 경우, ㉢ 정보주체 또는 그 법정대리인이 의사표시를 할 수 없는 상태에 있거나 주소불명 등으로 사전 동의를 받을 수 없는 경우로서 명백히 정보주체 또는 제3자의 급박한 생명, 신체, 재산의 이익을 위하여 필요하다고 인정되는 경우, ㉣ (삭제됨), ㉤ 개인정보를 목적 외의 용도로 이용하거나 이를 제3자에게 제공하지 아니하면 다른 법률에서 정하는 소관 업무를 수행할 수 없는 경우로서 개인정보 보호위원회(대통령소속, 제7조, 제8조 참조)의 심의·의결을 거친 경우, ㉥ 조약, 그 밖의 국제협정의 이행을 위하여 외국정부 또는 국제기구에 제공하기 위하여 필요한 경우, ㉦ 범죄의 수사와 공소의 제기 및 유지를 위하여 필요한 경우, ㉧ 법원의 재판업무 수행을 위하여 필요한 경우, ㉨ 형(刑) 및 감호, 보호처분의 집행을 위하여 필요한 경우에는, 정보주체 또는 제3자의 이익을 부당하게 침해할 우려가 있을 때를 제외하고는 개인정보를 목적 외의 용도로 이용하거나 이를 제3자에게 제공할 수 있다. 다만, ㉤부터 ㉨까지의 경우는 공공기관의 경우로 한정한다(제18조).

개인정보처리자는 보유기간의 경과, 개인정보의 처리 목적 달성 등 그 개인정보가 불필요하게 되었을 때에는 지체 없이 그 개인정보를 파기하여야 한다. 다만, 다른 법령에 따라 보존하여야 하는 경우에는 그러하지 아니하다(제21조).

(2) 개인정보의 처리 제한

1) 민감정보

민감정보란 사상·신념, 노동조합·정당의 가입·탈퇴, 정치적 견해, 건강, 성생활 등에 관한 정보, 그 밖에 정보주체의 사생활을 현저히 침해할 우려가 있는 개인정보로서 대통령령으로 정하는 정보(유전자검사 등의 결과로 얻어진 유전정보, 범죄경력자료에 해당하는 정보)를 말하며, 개인정보처리자는 정보주체의 동의가 있거나 법령이 허용하는 경우를 제외하고는 민감정보를 처리하여서는 아니 된다(제23조).

2) 고유식별정보

개인정보처리자는 정보주체의 동의가 있거나 법령이 허용하는 경우를 제외하고는 법령에 따라 개인을 고유하게 구별하기 위하여 부여된 식별정보로서 대통령령으로 정하는 정보(고유식별정보: 주민등록번호, 여권번호, 운전면허번호, 외국인등록번호)를 처리할 수 없다. 개인정보처리자가 고유식별정보를 처리하는 경우에는 그 고유식별정보가 분실·도난·유출·위조·변조 또는 훼손되지 아니하도록 대통령령으로 정하는 바에 따라 암호화 등 안전성 확보에 필요한 조치를 하여야 한다(제24조).

개인정보처리자가 특히 주민등록번호를 처리할 수 있는 경우는 ㉠ 법률·대통령령·국회규칙·대법원규칙·헌법재판소규칙·중앙선거관리위원회규칙 및 감사원규칙에서 구체적으로 주민등록번호의 처리를 요구하거나 허용한 경우, ㉡ 정보주체 또는 제3자의 급박한 생명, 신체, 재산의 이익을 위하여 명백히 필요하다고 인정되는 경우, ㉢ 주민등록번호 처리가 불가피한 경우로서 개인정보보호위원회가 고시로 정하는 경우에 한한다. 주민등록번호를 처리하는 경우에도 정보주체가 인터넷 홈페이지를 통하여 회원으로 가입하는 단계에서는 주민등록번호를 사용하지 아니하고도 회원으로 가입할 수 있는 방법을 제공하여야 한다(제24조의 2).

3) 영상정보처리기기의 설치·운영 제한

누구든지 ㉠ 법령에서 구체적으로 허용하고 있는 경우, ㉡ 범죄의 예방 및 수사를 위하여 필요한 경우, ㉢ 시설안전 및 화재 예방을 위하여 필요한 경우, ㉣ 교통단속을 위하여 필요한 경우, ㉤교통정보의 수집·분석 및 제공을 위하여 필요한 경우를 제외하고는 공개된 장소에 영상정보처리기기를 설치·운영하여서는 아니 된다. 영상정보처리기기운영자는 영상정보처리기기의 설치 목적과 다른 목적으로 영상정보처리기기를 임의로 조작하거나 다른 곳을 비춰서는 아니 되며, 녹음기능은 사용할 수 없다(제25조).

4) 영업양도 등에 따른 개인정보의 이전 제한

개인정보처리자는 영업의 전부 또는 일부의 양도·합병 등으로 개인정보를 다른 사람에게 이전하는 경우에는 미리 ㉠개인정보를 이전하려는 사실, ㉡개인정보를 이전받는 자, ㉢정보주체가 개인정보의 이전을 원하지 아니하는 경우 조치할 수 있는 방법 및 절차를 대통령령으로 정하는 방법(서면 등)에 따라 해당 정보주체에게 알려야 한다(제27조).

5. 정보주체의 권리보장

(1) 정보주체의 권리

정보주체는 자신의 개인정보 처리와 관련하여 ㉠개인정보의 처리에 관한 정보를 제공받을 권리, ㉡개인정보의 처리에 관한 동의 여부, 동의 범위 등을 선택하고 결정할 권리, ㉢개인정보의 처리 여부를 확인하고 개인정보에 대하여 열람(사본의 발급을 포함)을 요구할 권리, ㉣개인정보의 처리 정지, 정정·삭제 및 파기를 요구할 권리, ㉤개인정보의 처리로 인하여 발생한 피해를 신속하고 공정한 절차에 따라 구제받을 권리를 가진다(제4조).

【 판례 】 정보주체의 동의 없이 개인정보를 공개함으로써 침해되는 인격적 법익과 정보주체의 동의 없이 자유롭게 개인정보를 공개하는 표현행위로써 보호받을 수 있는 법적 이익이 하나의 법률관계를 둘러싸고 충돌하는 경우에는, 개인이 공적인 존재인지 여부, 개인정보의 공공성과 공익성, 개인정보 수집의 목적·절차·이용형태의 상당성, 개인정보 이용의 필요성, 개인정보 이용으로 인해 침해되는 이익의 성질과 내용 등 여러 사정을 종합적으로 고려하여, 개인정보에 관한 인격권 보호에 의하여 얻을 수 있는 이익(비공개 이익)과 표현행위에 의하여 얻을 수 있는 이익(공개 이익)을 구체적으로 비교 형량하여, 어느 쪽 이익이 더 우월한 것으로 평가할 수 있는지에 따라 그 행위의 최종적인 위법성 여부를 판단하여야 한다(대법원 2014.7.24. 2012다49933).

(2) 개인정보의 열람

정보주체는 개인정보처리자가 처리하는 자신의 개인정보에 대한 열람을 해당 개인정보처리자에게 요구할 수 있다. 공공기관에 요구하고자 할 때에는 공공기관에 직접 열람을 요구하거나 대통령령으로 정하는 바에 따라(개인정보열람요구서 제출) 개인정보보호위원회을 통하여 열람을 요구할 수 있다. 열람을 요구받았을 때에는 정보처리자는 대통령령으로 정하는 기간(10일) 내에 정보주체가 해당 개인정보를 열람할 수 있도록 하여야 한다. 개인정보처리자는 ㉠ 법률에 따라 열람이 금지되거나 제한되는 경우, ㉡ 다른 사람의 생명·신체를 해할 우려가 있거나 다른 사람의 재산과 그 밖의 이익을 부당하게 침해할 우려가 있는 경우, ㉢ 공공기관이 i) 조세의 부과·징수 또는 환급에 관한 업무, ii) 각급 학교 등에서의 성적 평가 또는 입학자 선발에 관한 업무, iii) 학력·기능 및 채용에 관한 시험, 자격 심사에 관한 업무, iv) 보상금·급부금 산정 등에 대하여 진행 중인 평가 또는 판단에 관한 업무, v) 다른 법률에 따라 진행 중인 감사 및 조사에 관한 업무 등을 수행할 때 중대한 지장을 초래하는 경우에는 정보주체에게 그 사유를 알리고 열람을 제한하거나 거절할 수 있다(제35조).

(3) 개인정보의 정정·삭제, 처리정지

자신의 개인정보를 열람한 정보주체는 개인정보처리자에게 그 개인정보의 정정 또는 삭제를 요구할 수 있다. 다만, 다른 법령에서 그 개인정보가 수집 대상으로 명시되어 있는 경우에는 그 삭제를 요구할 수 없다(제36조). 정보주체는 개인정보처리자에 대하여 자신의 개인정보 처리의 정지를 요구할 수 있다(제37조).

(4) 손해배상청구, 신고

정보주체는 개인정보처리자가 개인정보보호법을 위반한 행위로 손해를 입으면 개인정보처리자에게 손해배상을 청구할 수 있다. 이 경우 그 개인정보처리자는 고의 또는 과실이 없음을 입증하지 아니하면 책임을 면할 수 없다(제39조).

개인정보처리자가 개인정보를 처리할 때 개인정보에 관한 권리 또는 이익을 침해받은 사람은 개인정보보호위원회에 그 침해 사실을 신고할 수 있다(제62조).

6. 개인정보 분쟁조정위원회

개인정보에 관한 분쟁의 조정을 위하여 개인정보 분쟁조정위원회를 둔다. 분쟁조정위원회는 위원장 1명을 포함한 20명 이내의 위원으로 구성한다.

개인정보와 관련한 분쟁의 조정을 원하는 자는 분쟁조정위원회에 분쟁조정을 신청할 수 있다. 분쟁조정위원회는 당사자 일방으로부터 분쟁조정 신청을 받았을 때에는 그 신청 내용을 상대방에게 알려야 한다(제43조). 분쟁조정위원회는 분쟁조정 신청을 받은 날부터 60일 이내에 이를 심사하여 조정안을 작성하여야 한다. 다만, 부득이한 사정이 있는 경우에는 분쟁조정위원회의 의결로 처리기간을 연장할 수 있다(제44조).

분쟁조정위원회는 분쟁조정 신청을 받았을 때에는 당사자에게 그 내용을 제시하고 조정 전 합의를 권고할 수 있다(제46조). 분쟁조정위원회는 ㉠ 조사 대상 침해행위의 중지, ㉡ 원상회복, 손해배상, 그 밖에 필요한 구제조치, ㉢ 같거나 비슷한 침해의 재발을 방지하기 위하여 필요한 조치를 포함하여 조정안을 작성할 수 있다. 당사자가 조정내용을 수락한 경우 조정의 내용은 재판상 화해와 동일한 효력을 갖는다(제47조).

국가 및 지방자치단체, 개인정보 보호단체 및 기관, 정보주체, 개인정보처리자는 정보주체의 피해 또는 권리침해가 다수의 정보주체에게 같거나 비슷한 유형으로 발생하는 경우로서 대통령령으로 정하는 사건에 대하여는 분쟁조정위원회에 일괄적인 분쟁조정(집단분쟁조정)을 의뢰 또는 신청할 수 있다(제49조).

7. 개인정보 단체소송

(1) 단체소송의 제기

① 소비자기본법 제29조에 따라 공정거래위원회에 등록한 소비자단체로서 ㉠ 정관에 따라 상시적으로 정보주체의 권익증진을 주된 목적으로 하는 단체이고, ㉡ 단체의 정회원수가 1천명 이상이며, ㉢ 등록 후 3년이 경과한 단체, 또는 ② 비영리민간단체 지원법 제2조에 따른 비영리민간단체로서 ㉠ 법률상 또는 사실상 동일한 침해를 입은 100명 이상의 정보주체로부터 단체소송의 제기를 요청받았으며, ㉡ 정관에 개인정보 보호를 단체의 목적으로 명시한 후 최근 3년 이상 이를 위한 활동실적이 있고, ㉢ 단체의 상시 구성원수가 5천명 이상이며, ㉣ 중앙행정기관에 등록되어 있는 단체는 개인정보처리자가 집단분쟁조정을 거부하거나 집단분쟁조정의 결과를 수락하지 아니한 경우에는 법원에 권리침해 행위의 금지·중지를 구하는 소송(단체소송)을 제기할 수 있다(제51조).

(2) 소송의 허가

단체소송을 제기하는 단체는 소장과 함께 원고 및 그 소송대리인, 피고, 정보주체의 침해된 권리의 내용을 기재한 소송허가신청서를 법원에 제출하여야 한다(제54조). 법원은 ㉠ 개인정보처리자가 분쟁조정위원회의 조정을 거부하거나 조정결과를 수락하지 아니하였고, ㉡ 소송허가신청서의 기재사항에 흠결이 없는 경우에 한하여 결정으로 단체소송을 허가한다(제55조).

(3) 전속관할, 적용법규

단체소송의 소는 피고의 주된 사무소 또는 영업소가 있는 곳, 주된 사무소나 영업소가 없는 경우에는 주된 업무담당자의 주소가 있는 곳의 지방법원 본원 합의부의 관할에 전속한다(제52조). 단체소송에 관하여 개인정보보호법에 특별한 규정이 없는 경우에는 민사소송법을 적용한다. 단체소송의 절차에 관하여 필요한 사항은 대법원규칙으로 정한다(제57조).

제 3 편　행정의 실효성확보수단

제1장 행정강제

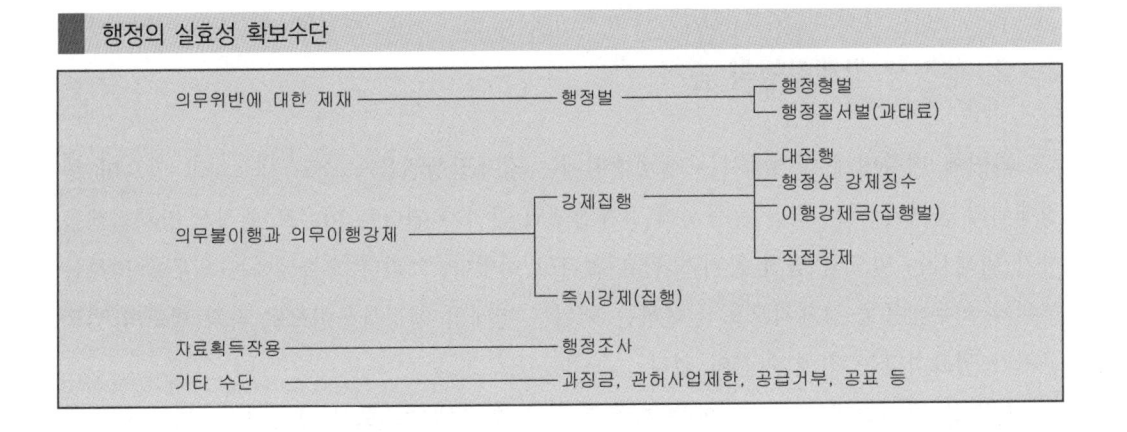

제1절 행정상 강제집행

I. 개 설

1. 행정상 강제집행의 의의

(1) 행정상 강제집행의 개념

행정상 강제집행이란 행정법상의 의무불이행에 대하여 행정주체가 의무자의 신체·재산에 실력을 가하여, 장래에 향하여 그 의무를 이행시키거나 이행된 것과 동일한 상태를 실현하는 작용을 말한다.

(2) 다른 개념과의 구별

행정상 강제집행은 '의무의 존재와 그의 불이행'을 전제로 한다는 점에서, 의무를 과하고 그것의 이행을 기다리는 시간적 여유가 없이 즉시 실력으로 강제하는 '행정상 즉시강제'

와 구별된다. 또한 장래에 향하여 의무의 이행을 강제하는 것을 직접적 목적으로 하는데 점에서, 과거의 의무위반에 대한 제재를 직접적인 목적으로 하고, 간접적으로 의무이행을 강제하는 '행정벌'과 구별된다. 그리고 행정상 강제집행은 자력집행, 즉 행정주체가 법원의 판결 없이 스스로 행정상의 의무이행을 강제적으로 실현시킨다는 점에서, 법원의 판결 및 국가의 집행기관에 의한 집행에 의해 권리를 실현하는 '민사집행'과 구별된다.

2. 행정상 강제집행의 근거

과거에 대륙법계 국가에서는 행정행위에는 강제집행권을 스스로 내포하고 있으며 행정행위의 근거가 되는 법규는 동시에 강제집행의 근거가 된다는 이유로 행정상 강제집행을 하기 위해서는 별도의 법적 근거가 필요 없다고 하였다. 그러나 오늘날에는 의무를 명하는 행위와 의무내용을 강제적으로 실현하는 행위는 별개의 행정작용이므로 각각 별도의 법적 근거가 필요하다는 점에 이견이 없다.

행정상 강제집행의 근거법에는 대집행에 관한 일반법으로서 행정대집행법과 행정상 강제징수에 관한 일반법인 국세징수법이 있으며, 그 밖에 각종 개별법이 있다.

Ⅱ. 행정상 강제집행의 수단

1. 행정대집행

【문 제】 甲은 K아파트단지의 일부를 임차하여 유치원을 경영하고 있다. 甲은 아파트단지의 일정 공간을 무단히 철제울타리로 막고 어린이 놀이시설을 설치하였다. 이에 관할 구청은 甲에 대하여 구 주택건설촉진법(현 주택법) 제38조 제2항(공동주택과 그 부대시설의 소유자 등은 그 시설의 개축·증축·신축하는 행위를 해서는 안 된다)의 위반을 이유로 **철거명령**을 발하였다. 그 뒤 **6개월이 지났음**에도 불구하고 甲이 철거명령에 불응하자, 乙구청장은 30일 뒤까지 원상복구를 할 것을 명하고, 만일 위 기한까지 이행하지 않을 때에는 관할행정청이 대집행을 하고 그 비용을 甲으로부터 징수하겠다는 내용의 **계고처분**을 하였다. 甲은 위 **철거명령**은 **위법**하므로, 계고처분 역시 위법하다고 보아, 계고처분의 취소를 구하는 소송을 제기하였다. 이에 대해 乙은 자신의 철거명령은 합법이며, 설사 그것이 위법하다고 하더라도 **불가쟁력**이 생겼으며, **철거명령의 하자는 계고처분에 승계가 되지 않기** 때문에 甲의 취소소송은 각하되어야 한다고 주장한다. 甲은 승소할 수 있는가?

(1) 행정대집행의 의의

행정대집행이란 "의무자가 행정상 의무(법령 등에서 직접 부과하거나 행정청이 법령등에 따라 부과한 의무를 말한다.)로서 타인이 대신하여 행할 수 있는 의무(대체적 작위의무. 예: 위법건축물의 철거)를 이행하지 아니하는 경우 법률로 정하는 다른 수단으로는 그 이행을 확보하기 곤란하고 그 불이행을 방치하면 공익을 크게 해칠 것으로 인정될 때에 행정청이 의무자가 하여야 할 행위를 스스로 하거나 제3자에게 하게 하고 그 비용을 의무자로부터 징수하는 것"(행정기본법 제30조 제1항 제1호)을 말한다(행정대집행법 제2조 참조).

(2) 대집행의 주체 · 법률관계

대집행을 할 수 있는 자는 당초에 의무를 명한 행정청 즉, 처분청이다. 대집행의 위임을 받아 대집행을 실행하는 제3자는 대집행의 주체가 아니다.

대집행의 실행은 행정청이 하는 경우(자력집행)와 제3자가 하는 경우(타자집행)가 있다. 전자의 경우에는 행정청과 의무자 사이가 공법관계임은 물론이다. 후자의 경우에는 ㉠ 행정청과 제3자는 사법상의 도급관계로서 행정청이 제3자에게 대가를 지불하며, ㉡ 의무자는 제3자에 대하여 대집행실행을 수인할 의무가 있으며, ㉢ 행정청은 의무자에게 대집행의 비용상환청구권을 가진다.

(3) 대집행의 요건

대집행은 ㉠ 공법상의 대체적 작위의무의 불이행이 있는 경우에, ㉡ 다른 수단으로써 그 이행을 확보하기 곤란하고, ㉢ 또한 그 불이행을 방치함이 심히 공익을 해할 것으로 인정될 때에 가능하다((행정기본법 제30조 제1항 제1호, 행정대집행법 제2조). 대집행요건의 입증책임은 행정청에게 있다(대법원 1996.10.11, 96누8086).

1) 공법상 의무의 불이행이 있을 것

의무는 사법상의 의무가 아니라 공법상의 의무이며 이는 법령에 의하여 직접 명해지기도 하지만 법령에 의거한 행정청의 명령(행정처분. 하명)에 의해 부과되는 것이 대부분이다(위법한 행정처분에 의해 부과된 의무도 당해 행정처분이 취소되지 않는 한 대집행의 대상이 된다).

【판례】 행정대집행법상 대집행의 대상이 되는 대체적 작위의무는 공법상 의무이어야 할 것인데, 구 공공용지의 취득 및 손실보상에 관한 특례법(2002.2.4. 공익사업을 위한 토지 등의 취득 및 보상에 관한 법률 부칙 제2조로 폐지)에 따른 **토지 등의 협의취득**은 공공사업에 필요한 토지 등을 그 소유자와의 협의에 의하여 취

득하는 것으로서 **공공기관이 사경제주체로서 행하는 사법상 매매 내지 사법상 계약의 실질을 가지는 것이**므로, 그 협의취득시 건물소유자가 매매대상 건물에 대한 철거의무를 부담하겠다는 취지의 약정을 하였다고 하더라도 이러한 **철거의무는 공법상의 의무가 될 수 없고**, 이 경우에도 행정대집행법을 준용하여 대집행을 허용하는 별도의 규정이 없는 한 위와 같은 철거의무는 **행정대집행법에 의한 대집행의 대상이 되지 않는다**(대법원 2006.10.13. 2006두7096).

【참고】 **국유재산관리법**(제74조) 및 '**공유재산 및 물품관리법**(제83조 ②)'에 따르면 모든 국유재산(일반재산 포함)과 공유재산(일반재산 포함)을 정당한 사유 없이 점유하거나 시설물을 설치한 경우는 행정대집행법에 따라 원상복구 또는 시설물의 철거를 명할 수 있다고 규정하고 있다. 따라서 국·공유재산이 **행정재산인지 일반재산인지 여부나 그 철거의무가 공법상 의무인지 사법상 의무인지 여부에 관계없이 대집행이 가능하**다는 점에서 예외가 인정된다.

【판례】 원심은 … 국유재산 또는 공유재산에 대한 매각 또는 대부의 법률관계는 국가나 지방자치단체가 공권력의 주체로서 법률행위를 하는 것이 아니고 **사경제적인 주체로서** 법률행위를 하는데 불과하여 국가나 지방자치단체와 법률행위를 한 상대방에게 공법상의 의무가 발생하는 것이 아니므로, 이 사건 대부계약이 적법하게 해지하였다 하더라도 그 해지에 따른 원상회복으로 이 사건 묘목과 비닐하우스 등의 철거를 구하는 것은 **민사소송절차**에 의하여 함은 별론으로 하고, 원고에게 행정대집행법에 의한 **철거계고처분을 한 피고의 조치는 법에 근거가 없는 처분**으로서 그 하자가 중대하고 명백한 것이어서 당연무효라고 판단하였다. 그러나 지방재정법 제85조(현재의 '공유재산 및 물품관리법' 제83조) 제1항은, 공유재산을 정당한 이유 없이 점유하거나 그에 시설을 한 때에는 이를 강제로 철거하게 할 수 있다고 규정하고, 그 제2항은, 지방자치단체의 장이 제1항의 규정에 의한 강제철거를 하게 하고자 할 때에는 행정대집행법 제3조 내지 제6조의 규정을 준용한다고 규정하고 있는바, 원고가 이 사건 토지에 관하여 이 사건 대부계약 외 달리 정당한 권원이 있다는 자료가 없는 이 사건에 있어서 그 **대부계약이 적법하게 해지된** 이상 원고의 이 사건 토지에 대한 점유는 정당한 이유 없는 점유라 할 것이고, 따라서 피고는 지방재정법 제85조에 의하여 **행정대집행의 방법으로 이 사건 묘목 및 비닐하우스 등을 철거시킬 수 있다** 할 것이다(대법원 2001.10.12. 2001두4078).

2) 대체적 작위의무일 것

대체적 작위의무, 즉 타인이 하더라도 의무자가 스스로 행한 것과 마찬가지로 행정상 필요한 상태를 실현시킬 수 있는 성질의 의무만이 대집행이 가능하다. 따라서 비대체적 작위의무(예: 증인의 출석의무), 부작위의무(예: 영업정지기간 중 영업을 하지 않을 의무) 및 수인의무(예: 예방접종, 건강진단의무 등)는 대집행의 대상이 될 수 없다.

【판례】 이 사건 용도위반 부분을 장례식장으로 사용하는 것이 관계 법령에 위반한 것이라는 이유로 **장례식장의 사용을 중지할 것**과 이를 불이행할 경우 행정대집행법에 의하여 대집행하겠다는 내용의 이 사건 처분은, 이 사건 처분에 따른 '장례식장 사용중지 의무'가 원고 이외의 '타인이 대신'할 수도 없고, 타인이 대신하여 '행할 수 있는 행위'라고도 할 수 없는 **비대체적 부작위 의무에 대한 것이므로, 그 자체로 위법함이 명백하다**(대법원 2005.9.28. 2005두7464).

부작위의무(예: 불법시설설치금지의무)는 작위의무(예: 불법시설철거의무)로 전환시킨 후에 가능하다. 전환을 위해서는 법률의 근거가 있어야 한다(예: 건축법 제79조 ①). 법률의 명시적 근거가 없으면 금지조항(부작위의무조항)에 근거하여 작위의무(예: 철거의무)를 부과할 수는 없고(법률유보의 원칙), 따라서 대집행은 불가능하다(위 설문, 아래 판례 참조).

【 판례 】 ㉠ 대집행계고처분을 하기 위하여는 … 대체적 작위의무 위반행위가 있어야 한다. 따라서 단순한 부작위의무를 위반한 경우에는 당해 법령에서 그 위반자에 대하여 위반에 의하여 생긴 유형적 결과의 시정을 명하는 행정처분의 권한을 인정하는 규정(예컨대. 건축법 제69조, 도로법 제74조, 하천법 제67조, 도시공원법 제20조, 옥외광고물등관리법 제10조 등)을 두고 있지 아니한 이상, 법치주의의 원리에 비추어 볼 때 위와 같은 부작위의무로부터 그 의무를 위반함으로써 생긴 결과를 시정하기 위한 작위의무를 당연히 끌어낼 수는 없으며, 또 위 금지규정으로부터 작위의무, 즉 위반결과의 시정을 명하는 권한이 당연히 추론되는 것도 아니다. ㉡ 그런데 주택건설촉진법 … 그 위반행위에 대하여 위 주택건설촉진법 제52조의2 제1호에서 **1천만원 이하의 벌금에 처하도록 하는 벌칙규정만을 두고 있을 뿐, 건축법 제69조(현 건축법 제79조) 등과 같은 부작위의무 위반행위에 대하여 대체적 작위의무로 전환하는 규정을 두고 있지 아니하므로 위 금지규정으로부터 그 위반결과의 시정을 명하는 원상복구명령을 할 수 있는 권한이 도출되는 것은 아니다.** 결국 행정청의 원고에 대한 원상복구명령은 권한 없는 자의 처분으로 무효라고 할 것이고, … 그 계고처분 역시 무효로 된다(대법원 1996.6.28, 96누4374).

토지·건물의 인도의무는 직접강제에 의하여 사람을 실력으로 배제하여야 하므로 대체적 작위의무가 아니어서 대집행에 적합하지 않다. 이 경우는 구체적인 상황에 따라 위험방지를 위한 경우에는 경찰관직무집행법상 위험발생방지조치를 취하면 되고, 일반적인 경우에는 직접강제를 실시하고 이에 저항할 경우 형법상 공무집행방해죄의 적용을 통하여 의무의 이행을 확보하면 된다.

【 판례 】 ① ㉠ 이 사건 계고처분은 **도시공원시설인 매점의 관리청**이 공동점유자 중의 1인인 원고에 대하여 소정의 기간 내에 위 매점으로부터 퇴거하고 이에 부수하여 그 판매 시설물 및 상품을 반출하지 아니할 때에는 이를 대집행하겠다는 내용임을 알 수 있다. 따라서 이 사건 계고처분의 목적이 된 의무는 그 주된 목적이 위 매점의 원형을 보존하기 위하여 원고가 설치한 **불법 시설물을 철거하고자 하는 것이 아니라,** 위 매점에 대한 원고의 점유를 배제하고 그 **점유이전을 받는 데** 있다고 할 것인데, 이러한 의무는 그것을 강제적으로 실현함에 있어 직접적인 실력행사가 필요한 것이지 **대체적 작위의무에 해당하는 것은 아니어서** 직접강제의 방법에 의하는 것은 별론으로 하고 행정대집행법에 의한 **대집행의 대상이 되는 것은 아니다.** ㉡ 지방재정법 제85조는 공유재산을 정당한 이유 없이 점유하거나 그에 시설을 한 때에 이를 강제로 철거시킬 **수 있는 권한을** 지방자치단체의 장에게 부여하고(제1항), 위와 같이 **강제철거를** 시키는 경우 행정대집행법 제3조 내지 제6조를 준용하도록 정하고 있는바(제2항), 위 규정은 철거 대집행에 관한 개별적인 근거 규정을 마련함과 동시에 행정대집행법상의 대집행 요건 및 절차에 관한 일부 규정만을 준용한다는 취지에 그치는 것이고, 그것이 **대체적 작위의무에 속하지 아니하여 원칙적으로 대집행의 대상이 될 수 없는 다른 종류의 의무에 대하여서까지 강제집행을 허용하는 취지는 아니다**(대법원 1998.10.23, 97누157).
② 피수용자 등이 기업자에 대하여 부담하는 수용대상 토지의 인도의무에 관한 구 토지수용법(2002.2.4. 공익사업을 위한 토지 등의 취득 및 보상에 관한 법률 부칙 제2조로 폐지) 제63조, 제64조, 제77조 규정에서의 '인도'에는 명도도 포함되는 것으로 보아야 하고, 이러한 **명도의무는 그것을 강제적으로 실현하면서 직접적인 실력행사가 필요한 것이지 대체적 작위의무라고 볼 수 없으므로** 특별한 사정이 없는 한 행정대집행법에 의한 대집행의 대상이 될 수 있는 것이 아니다(대법원 2005.8.19, 2004다2809).

3) 다른 수단으로는 그 이행을 확보하기 곤란할 것

상대방에게 보다 적은 침해를 줄 수 있는 수단이 있으면 그 수단을 취해야 하며, 대집행은 그러한 수단이 없는 경우에 동원되는 최후의 수단이다(최소침해의 원칙, 필요성의 원칙).

4) 그 불이행을 방치함이 심히 공익을 해치는 것으로 인정될 것

의무자의 사익과 의무불이행을 방치할 경우 해치게 되는 공익을 비교하여 후자가 우월한 경우에 허용된다(협의의 비례의 원칙, 상당성의 원칙).

【판례】① 건물부분의 증축으로 인근주민의 사생활의 평온을 침해할 우려가 있게 되었다고 볼 수 있으나 그 정도로는 종전의 상태에 비하여 그 침해의 정도가 크게 증대되었다고는 볼 수 없고, 위 건물부분은 기존주택의 추녀 범위 내에서 벽체를 약간 돌출시킨 것에 불과하여 주위 미관상으로도 문제점이 없으며 그 외에 도로교통, 방화, 위생, 공해예방 등의 공익에 영향을 주지 아니하는 사실 등, 비록 원고가 이 사건 **건물부분에 대한 철거의무를 불이행하고 있다고 하여도 그 불이행을 방치함이 심히 공익을 해한다고 볼 수 없으므로 피고의 이 사건 철거대집행계고처분은 위법하다**(대법원 1991.08.27, 91누5136).
② ㉠ 개발제한구역 및 도시공원에 속하는 이 사건 임야상에서 이 사건 교회건물과 같은 종교시설을 신축하는 것은 … 도시계획법령 및 도시공원법령에 저촉되어 불가능하므로 이 사건 교회건물이 합법화될 가능성은 없다. ㉡ … 교회건물의 건축 도중 피고로부터 불법건축으로 인한 형사고발을 당하였음에도 불구하고 건축을 계속하여 이 사건 교회건물을 완공한 점 … 대형 교회건물로서 일요일마다 많은 신자들이 모여 예배를 보게 되면 그것만으로도 개발제한구역의 지정목적이나 도시공원의 설치목적을 해할 염려가 적지 않아 보이는 점 등을 종합하여 보면, … 이 사건 교회건물이 철거될 경우 원고는 막대한 금전적 손해를 입게 되고 많은 신자들이 예배할 장소를 잃게 된다거나 이 사건 철거대상건물을 철거하고 이 사건 교회건물을 건축한 것이 공원미관조성이나 공원관리 측면에서 유리하다는 사정을 고려하더라도, 이 사건 교회건물의 **철거의무의 불이행을 방치하는 것은 불법건축물을 단속하는 당국의 권능을 무력화하여 건축행정의 원활한 수행을 위태롭게 하고** 건축법, 도시계획법, 도시공원법 등이 규정하고 있는 **여러 제한규정을 회피하려는 것을 사전에 예방하지 못하게 함으로써 공익을 심히 해한다**고 보아야 할 것이다(대법원 2000.6.23, 98두3112).

(4) 대집행의 절차

대집행의 절차는 ㉠ 계고, ㉡ 대집행영장에 의한 통지, ㉢ 대집행의 실행, ㉣ 비용징수의 4단계로 나누어 행하여진다.

1) 계 고

대집행을 행하려면 그에 앞서 상당한 이행기한을 정하여 그 때까지 이행되지 아니할 때에는 대집행을 한다는 뜻을 미리 문서로써(구두에 의한 계고는 무효) 계고하여야 한다. 행정청은 상당한 이행기한을 정함에 있어 의무의 성질·내용 등을 고려하여 사회통념상 해당 의무를 이행하는 데 필요한 기간이 확보되도록 하여야 한다(행정대집행법 제3조 ①). 계고는 준법률행위적 행정행위(통지행위)에 해당하며 행정쟁송의 대상이 되고, 계고가 위법이거나 계고 없는 강제집행은 절차상의 하자를 구성한다. 그러나 비상시 또는 위험이 절박한 경우에 있어서 계고를 할 여유가 없을 경우에는 계고를 생략할 수 있다(동법 제3조 ③).

계고는 작위의무부과 이후에 정해진 기간이 지났음에도 불구하고 이를 이행하지 않은 경우에 다시 상당한 기간 동안 의무를 이행할 것을 경고하는 것이며, 따라서 **작위의무부과와 대집행절차인 계고처분은 별개로 독립하여 이루어져야** 하는 것이 원칙이다. 그러나 **양자가 동시에 이루어질 수도 있음을 인정한 판례가 있다**

(대법원 1992.6.12, 91누13564). 이는 결국 의무자에게 의무를 이행할 기한을 단축시키는 결과가 되어 잘못된 것이라고 할 것이다.

【판례】① 계고서라는 명칭의 1장의 문서로서 일정기간 내에 위법건축물의 자진철거를 명함과 동시에 그 소정기한 내에 자진철거를 하지 아니할 때에는 대집행할 뜻을 미리 계고한 경우라도 건축법에 의한 철거명령과 행정대집행법에 의한 계고처분은 독립하여 있는 것으로서 각 그 요건이 충족되었다고 볼 것이다. 이 경우 **철거명령에서 주어진 일정기간이 자진철거에 필요한 상당한 기간이라면 그 기간 속에는 계고시에 필요한 '상당한 이행기간'도 포함되어 있다고 보아야 할 것이다**(대법원 1992.6.12, 91누13564).
② **대집행계고를 함에 있어서는 ⋯ 대집행할 행위의 내용 및 범위가 구체적으로 특정**되어야 하지만, 그 행위의 내용 및 범위는 반드시 대집행계고서에 의하여서만 특정되어야 하는 것이 아니고 **계고처분 전후에 송달된 문서나 기타 사정을 종합하여 행위의 내용이 특정되거나 대집행 의무자가 그 이행의무의 범위를 알 수 있으면 족하다**(대법원 1997.2.14, 96누15428).
③ 행정대집행법상의 '철거대집행 계고처분'과 같이 1차 계고처분이 행해지고 난 후 자진철거가 행해지지 않으면 2차, 3차 계고서를 통해 철거를 촉구하게 되는바, 이러한 경우에도 **항고소송의 대상은 1차 계고처분**이 되며, **2차, 3차의 계고처분은 새로운 철거의무를 부과한 것이 아니고 다만 대집행기한의 연기통지에 불과하므로 행정처분이 아니다**(대법원 1994.10.28, 94누5144; 대법원 2000.2.22, 98두4665 참조).

2) 대집행영장에 의한 통지

의무자가 계고를 받고도 지정된 기한까지 그 의무를 이행하지 아니할 때는 당해 행정청은 대집행영장에 의하여 대집행할 시기, 대집행 책임자의 성명 및 대집행비용의 견적액을 의무자에게 통지하여야 한다(동법 제3조②). 다만, 법률에 다른 규정이 있거나, 비상시 또는 위험이 절박한 때에 통지할 만한 여유가 없을 경우에는 통지를 생략할 수 있다(동법 제3조③).

3) 대집행의 실행

대집행은 대집행영장에 기재된 시기에 대집행책임자에 의하여 실행되는바, 해가 뜨기 전이나 해가 진 후에는 대집행을 하여서는 아니 된다. 다만, ㉠ 의무자가 동의한 경우, ㉡ 해가 지기 전에 대집행을 착수한 경우, ㉢ 해가 뜬 후부터 해가 지기 전까지 대집행을 하는 경우에는 대집행의 목적 달성이 불가능한 경우, ㉣ 그 밖에 비상시 또는 위험이 절박한 경우는 예외이다. 집행책임자는 증표를 휴대하고 이해관계인에게 제시하여야 한다(동법 제4조). 대집행의 실행은 이른바 권력적 사실행위로서 상대방은 수인의무가 있다. 대집행의 실행에 당사자가 항거하는 경우에 실력에 의하여 그 항거를 배제하는 것이 대집행의 일부로서 인정될 것인지가 문제가 되는바, 항거의 배제를 위해 필요한 한도 내에서 실력을 행사하는 것은 대집행에 수반된 기능으로 인정해야 할 것이다(독일행정집행법 제15조는 항거배제를 명문으로 인정하고 있다).

【판례】관계 법령상 행정대집행의 절차가 인정되어 행정청이 행정대집행의 방법으로 건물의 철거 등 대

체적 작위의무의 이행을 실현할 수 있는 경우에는 따로 민사소송의 방법으로 그 의무의 이행을 구할 수 없다. 한편 건물의 점유자가 철거의무자일 때에는 **건물철거의무에 퇴거의무도 포함되어 있는 것이어서 별도로 퇴거를 명하는 집행권원이 필요하지 않다.** 행정청이 행정대집행의 방법으로 건물철거의무의 이행을 실현할 수 있는 경우에는 **건물철거 대집행 과정에서 부수적으로 건물의 점유자들에 대한 퇴거 조치를 할 수 있고,** 점유자들이 적법한 행정대집행을 위력을 행사하여 방해하는 경우 형법상 공무집행방해죄가 성립하므로, 필요한 경우에는 '경찰관 직무집행법'에 근거한 위험발생 방지조치 또는 형법상 공무집행방해죄의 범행방지 내지 현행범체포의 차원에서 경찰의 도움을 받을 수도 있다(대법원 2017.4.28. 2016다213916).

4) 비용징수

대집행에 소요되는 비용은 문서로써 납부고지함으로써 징수한다. 의무자가 납기일까지 납부하지 않을 때에는 국세체납처분의 예에 의하여 강제징수한다(동법 제6조 ①).

【판례】 **대한주택공사는** 구 대한주택공사법(한국토지주택공사법 부칙 제2조로 폐지, 이하 '법'이라 한다) 제2조, 제5조에 의하여 정부가 자본금의 전액을 출자하여 설립한 법인이고, 대한주택공사가 택지개발촉진법에 따른 택지개발사업을 수행하는 경우 이러한 사업에 관하여는 법 제9조 제1항 제2호, 제9조 제2항 제7호, 구 대한주택공사법 시행령 제10조 제1항 제2호, 공익사업을 위한 토지 등의 취득 및 보상에 관한 법률 제89조 제2항에 따라 시·도지사나 시장·군수 또는 구청장의 업무에 속하는 대집행권한을 대한주택공사에 위탁하도록 되어 있다. 따라서 대한주택공사는 위 사업을 수행함에 있어 법령에 의하여 **대집행권한을 위탁받은 자로서 공무인 대집행을 실시함에 따르는 권리·의무 및 책임이 귀속되는 행정주체의 지위**에 있다고 볼 것이다. 이와 같은 대한주택공사의 법인격 및 대집행권한 수탁에 따른 지위, 행정대집행의 목적, 내용 및 비용징수 등에 관한 각 규정 취지 등을 종합하면, 대한주택공사가 법 및 시행령에 의하여 대집행권한을 위탁받아 공무인 대집행을 실시하기 위하여 지출한 비용은 **행정대집행법의 절차에 따라 국세징수법의 예에 의하여 징수할 수 있다**고 봄이 상당하다. 행정대집행법이 대집행비용의 징수에 관하여 민사소송절차에 의한 소송이 아닌 간이하고 경제적인 특별구제절차를 마련해 놓고 있으므로 **민법 제750조에 기한 손해배상으로서 대집행비용의 상환을 구하는 원고의 이 사건 청구는 소의 이익이 없어 부적법하다**(대법원 2011.9.8.. 2010다48240).

(5) 대집행에 대한 구제

1) 대집행실행종료 전

(가) 행정쟁송제기 가능성

대집행절차의 일부인 계고, 대집행영장에 의한 통지, 비용납부명령은 각각 행정행위로서 행정쟁송의 대상이 된다. 대집행의 실행도 권력적 사실행위로서 행정처분성이 인정되므로 이론상으로는 이에 대해 행정쟁송을 제기할 수 있다. 그러나 대집행의 실행단계에 이르면 단시간 내에 실행이 완료되어 취소소송 등을 제기할 소의 이익이 인정되지 않게 되는 것이 일반적이다. 따라서 대집행 완료 전에 집행정지제도를 활용할 필요가 있다. 실행행위가 장기간에 걸치는 극히 예외적인 경우에는 소의 이익이 있을 수 있으므로 행정쟁송의 대상이 될 수 있다. 위법한 대집행실행에 대항하는 것은 공무집행방해죄를 구성하지 않는다.

(나) 하자의 승계 여부

대집행의 전제가 되는 하명행위(예: 철거명령)의 하자는 계고처분에 승계되지 않는다. 양자 사이에는 동일한 목적·효과가 인정되지 않는다는 것이 통설·판례이다. 대집행의 4단계의 행위(계고, 대집행영장에 의한 통지, 대집행의 실행, 비용징수)는 각각 대집행이라는 동일한 목적을 위한 단계적인 절차의 일부를 의미하기 때문에, 선행행위의 하자는 후행행위에 승계된다.

2) 대집행실행종료 후

이미 대집행의 실행이 종료된 경우에는 행정쟁송으로 그의 취소·변경을 구할 수 없는 것이 원칙이다. 다만, 대집행의 실행이 종료된 후에도 그 대집행의 취소로 회복되는 법률상 이익이 있는 예외적인 경우에만 그 취소를 구하는 행정쟁송을 제기할 수 있을 뿐이다(행소법 제12조 후단). 따라서 대집행실행 이후에는 대집행의 위법이나 과잉집행을 이유로 하는 손해배상 또는 원상회복청구(결과제거청구)가 가장 실효적인 권리수단이 된다.

【 판례 】 대집행계고처분이 취소소송의 변론종결 전에 대집행영장에 의한 통지절차를 거쳐 사실행위로서 **대집행의 실행이 완료된 경우**에는 그 행위가 위법한 것이라는 이유로 손해배상이나 원상회복 등을 청구하는 것은 별론으로 하고 **처분의 취소를 구할 법률상 이익은 없다**(대법원 1993.6.8, 93누6164).

【 답 】 甲은 부작위의무(부대시설의 증·개축금지)를 위반한 것이다. 乙구청장이 **甲의 부작위의무위반으로 생긴 결과**(놀이시설)를 원상복구하도록 명령(철거명령)함으로써 작위의무로 전환시킨 뒤, 그 작위의무의 불이행에 대해 대집행을 할 수 있는지가 문제이다. 공동주택의 소유자·입주자 등이 그 부대시설을 용도 이외의 목적에 사용하는 위반행위에 대하여는 **벌금에 처하도록 하는 규정은 있**으나(구 주택건설촉진법 제52조의2 제1호), 당해 시설의 **원상복구 등의 작위의무를 부과하는 규정을** 두고 있지 않다. 따라서 乙구청장이 甲에 대해 발한 관련시설의 **철거명령은 법적 근거가 없는 것으로서 무효인 처분이다.** 따라서 무효인 철거명령에 따른 계고처분도 무효이다. 따라서 甲의 계고처분의 취소청구는 인용될 수 있다. 乙의 철거명령이 무효로서 불가쟁력이 생기지 않으므로 甲은 철거명령의 무효확인소송을 제기하여도 된다(대법원 1996.6.28, 96누4374 참조).

2. 이행강제금(집행벌)

(1) 의 의

이행강제금이란 일반적으로 행정법상의 부작위의무 또는 비대체적 작위의무의 불이행이 있는 경우에 그 의무자에게 금전적 부담을 줌으로써 의무의 이행을 간접적으로 강제하기 위하여 과하는 금전이라고 정의한다. 그런데 건축법상의 이행강제금은 대체적 작위의무

(예: 불법건축물의 철거의무)에 대하여 규정하고 있다(건축법 제80조). 즉, 이행강제금이란 대집행이 부적절한 경우 또는 대집행의 전단계로서 대체적 작위의무의 이행을 강제하기 위한 것으로 사용되기도 한다. 그 점에서 기존의 개념정의는 '대체적 작위의무의 불이행이 있는 경우'도 추가하여 수정될 필요가 있다.

행정기본법은 이행강제금의 부과를 "의무자가 행정상 의무를 이행하지 아니하는 경우 행정청이 적절한 이행기간을 부여하고, 그 기한까지 행정상 의무를 이행하지 아니하면 금전급부의무를 부과하는 것"이라고 정의하고 있다(행정기본법 제30조 제1항 제2호).

【 판례 】 전통적으로 행정대집행은 대체적 작위의무에 대한 강제집행수단으로, 이행강제금은 부작위의무나 비대체적 작위의무에 대한 강제집행수단으로 이해되어 왔으나, 이는 이행강제금제도의 본질에서 오는 제약은 아니며, **이행강제금은 대체적 작위의무의 위반에 대하여도 부과될 수 있다**(헌재 2004.2.26, 2001헌바80).

(2) 성 질

1) 이행강제금과 행정벌

이행강제금은 장래에 의무이행의 확보를 위한 것이라는 점에서, 과거의 의무위반에 대한 제재수단인 행정벌(벌금, 과태료)과 다르다. 행정벌은 단 1회에 한하지만 이행강제금은 반복해서 부과될 수 있다. 형벌과 병과될 수도 있다. 따라서 집행벌이란 용어는 적절치 않다.

【 판례 】 건축법 제78조에 의한 **무허가 건축행위에 대한 형사처벌**과 건축법 제83조 제1항에 의한 **시정명령 위반에 대한 이행강제금의 부과**는 그 처벌 내지 제재대상이 되는 기본적 사실관계로서의 행위를 달리하며, 또한 그 보호법익과 목적에서도 차이가 있으므로 헌법 제13조 제1항이 금지하는 **이중처벌에 해당한다고 할 수 없다**(헌재 2004.2.26, 2001헌바80,84,102,103, 2002헌바26(병합)).

2) 대집행과의 관계

이행강제금이란 대집행이 부적절한 경우 또는 대집행의 전단계로서 대체적 작위의무의 이행을 강제하기 위한 것으로도 사용된다. 의무위반자가 이행강제금의 반복된 부과에도 불구하고 위반상태를 시정하지 않는 경우에는 종국적으로 대집행을 할 수밖에 없게 된다.

【 판례 】 현행 건축법상 위법건축물에 대한 이행강제수단으로 대집행과 이행강제금이 인정되고 있는데, 양 제도는 각각의 장·단점이 있으므로 행정청은 개별사건에 있어서 위반내용, 위반자의 시정의지 등을 감안하여 **대집행과 이행강제금을 선택적으로 활용**할 수 있으며, 이처럼 그 합리적인 재량에 의해 선택하여 활용하는 이상 **중첩적인 제재에 해당한다고 볼 수 없다**(헌재 2004.2.26, 2001헌바80,84,102,103, 2002헌바26(병합)).

(3) 법적 근거

이행강제금에 관한 일반적인 규정은 행정기본법 제31조이다. 개별법으로는 건축법(제80조), '독점규제 및 공정거래에 관한 법률'(제17조의3), '부동산실권리자 명의등기에 관한 법률'(제6조), '국토의 계획 및 이용에 관한 법률'(제124조의 2), '장사(葬事) 등에 관한 법률'(제43조), 농지법(제62조), '옥외광고물 등 관리법'(제20조의 2)등에서 규정하고 있다.

【 참고 】 행정기본법 제31조 (이행강제금의 부과) ① **이행강제금 부과의 근거가 되는 법률**에는 이행강제금에 관한 다음 각 호의 사항을 명확하게 규정하여야 한다. 다만, 제4호 또는 제5호를 규정할 경우 입법목적이나 입법취지를 훼손할 우려가 크다고 인정되는 경우로서 대통령령으로 정하는 경우는 제외한다. 1. 부과 · 징수 주체, 2. 부과 요건, 3. 부과 금액, 4. 부과 금액 산정기준, 5. 연간 부과 횟수나 횟수의 상한

(4) 부과절차

행정청은 이행강제금을 부과하기 전에 미리 의무자에게 적절한 이행기간을 정하여 그 기한까지 행정상 의무를 이행하지 아니하면 이행강제금을 부과한다는 뜻을 문서로 계고(戒告)하여야 한다(행정기본법 제31조 ③).

행정청은 의무자가 제3항에 따른 계고에서 정한 기한까지 행정상 의무를 이행하지 아니한 경우 이행강제금의 부과 금액 · 사유 · 시기를 문서로 명확하게 적어 의무자에게 통지하여야 한다(제31조 ④).

행정청은 ㉠ 의무 불이행의 동기, 목적 및 결과, ㉡ 의무 불이행의 정도 및 상습성, ㉢ 그 밖에 행정목적을 달성하는 데 필요하다고 인정되는 사유를 고려하여 이행강제금의 부과 금액을 가중하거나 감경할 수 있다(제31조 ②).

행정청은 의무자가 행정상 의무를 이행할 때까지 이행강제금을 반복하여 부과할 수 있다. 다만, 의무자가 의무를 이행하면 새로운 이행강제금의 부과를 즉시 중지하되, 이미 부과한 이행강제금은 징수하여야 한다(제31조 ⑤).

행정청은 이행강제금을 부과받은 자가 납부기한까지 이행강제금을 내지 아니하면 국세강제징수의 예 또는 '지방행정제재 · 부과금의 징수 등에 관한 법률'에 따라 징수한다(제31조 ⑥).

이행강제금 납부의무는 일신전속적인 것으로서 다른 사람에게 상속되거나 승계되지 않는다(그러나 이미 부과된 이행강제금을 체납하여 재산을 압류한 경우는 압류재산의 상속인이나 승계인에게 납부의무가 이전된다. 국세징수법 제37조 참조).

【 판례 】 ① 건축법 제79조 제1항 및 제80조 제1항에 의하면, 허가권자는 먼저 건축주 등에 대하여 상당한

기간을 정하여 시정명령을 하고, 건축주 등이 그 시정기간 내에 시정명령을 이행하지 아니하면, **다시 그 시정명령의 이행에 필요한 상당한 이행기한을 정하여 그 기한까지 시정명령을 이행할 수 있는 기회를 준 후가 아니면 이행강제금을 부과할 수 없다.** 행정청의 상대방이 시정명령을 이행할 의사가 없음이 명백하더라도 이행강제금 부과처분에 있어 시정명령이라는 요건이 면제되는 것은 아니고, 2차 시정명령은 1차 시정명령에서 정한 시정기간이 경과한 후에 다시 그 시정명령의 이행에 필요한 상당한 이행기한을 정하여 행해져야 한다(대법원 2010.6.24. 2010두3978).

② '개발제한구역의 지정 및 관리에 관한 특별조치법' 제30조 제1항, 제30조의2 제1항 및 제2항의 규정에 의하면 시정명령을 받은 후 그 시정명령의 이행을 하지 아니한 자에 대하여 이행강제금을 부과할 수 있고, …. 이행강제금의 부과·징수를 위한 계고는 시정명령을 불이행한 경우에 취할 수 있는 절차라 할 것이고, 따라서 **이행강제금을 부과·징수할 때마다 그에 앞서 시정명령 절차를 다시 거쳐야 할 필요는 없다**고 보아야 한다(대법원 2013.12.12. 2012두19137).

③ 구 건축법상의 이행강제금은 구 건축법 소정의 위반행위에 대하여 시정명령을 받은 후 시정기간 내에 당해 시정명령을 이행하지 아니한 건축주 등에 대하여 부과되는 간접강제의 일종으로서 그 **이행강제금 납부의무는 상속인 기타의 사람에게 승계될 수 없는 일신전속적인 성질의 것이므로** 이미 사망한 사람에게 이행강제금을 부과하는 내용의 처분이나 결정은 당연무효이고, 이행강제금을 부과받은 사람의 이의에 의하여 비송사건절차법에 의한 재판절차가 개시된 후에 그 이의의 사람이 사망한 때에는 사건 자체가 목적을 잃고 절차가 종료되는 것으로 새겨야 할 것이다(대법원 2006.12.8., 2006마470).

④ '국토의 계획 및 이용에 관한 법률'(이하 '국토계획법') 제124조의2 제5항이 이행명령을 받은 자가 그 명령을 이행하는 경우에 새로운 이행강제금의 부과를 즉시 중지하도록 규정한 것은 이행강제금의 본질상 이행강제금 부과로 이행을 확보하고자 한 목적이 이미 실현된 경우에는 그 이행강제금을 부과할 수 없다는 취지를 규정한 것으로서, 이에 의하여 부과가 중지되는 '새로운 이행강제금'에는 국토계획법 제124조의2 제3항의 규정에 의하여 반복 부과되는 이행강제금뿐만 아니라 이행명령 불이행에 따른 최초의 이행강제금도 포함된다. 따라서 **이행명령을 받은 의무자가 그 명령을 이행한 경우에는 이행명령에서 정한 기간을 지나서 이행한 경우라도 이행명령 불이행에 따른 최초의 이행강제금을 부과할 수 없다**(대법원 2014.12.11. 2013두15750).

⑤ 노동위원회가 근로기준법 제33조에 따라 이행강제금을 부과하는 경우 그 30일 전까지 하여야 하는 이행강제금 부과 예고는 이러한 '계고'에 해당한다. 따라서 **사용자가 이행하여야 할 행정법상 의무의 내용을 초과하는 것을 '불이행 내용'으로 기재한** 이행강제금 부과 예고서에 의하여 이행강제금 부과 예고를 한 다음 이를 이행하지 않았다는 이유로 이행강제금을 부과하였다면, **초과한 정도가 근소하다는 등의 특별한 사정이 없는 한 이행강제금 부과 예고는 이행강제금 제도의 취지에 반하는 것으로서 위법하고,** 이에 터 잡은 이행강제금 부과처분 역시 위법하다(대법원 2015.6.24. 2011두2170).

⑥ 구 건축법 제80조 제1항, 제4항에 의하면 문언상 최초의 시정명령이 있었던 날을 기준으로 1년 단위별로 2회에 한하여 이행강제금을 부과할 수 있고, 이 경우에도 매 1회 부과 시마다 구 건축법 제80조 제1항 단서에서 정한 1회분 상당액의 이행강제금을 부과한 다음 다시 시정명령의 이행에 필요한 상당한 이행기한을 정하여 그 기한까지 시정명령을 이행할 수 있는 기회(이하 '시정명령의 이행 기회'라 한다)를 준 후 비로소 다음 1회분 이행강제금을 부과할 수 있다. 따라서 비록 건축주 등이 **장기간 시정명령을 이행하지 아니하였더라도, 그 기간 중에는 시정명령의 이행 기회가 제공되지 아니하였다가 뒤늦게 시정명령의 이행 기회가 제공된 경우라면, 시정명령의 이행 기회 제공을 전제로 한 1회분의 이행강제금만을 부과할 수 있고, 시정명령의 이행 기회가 제공되지 아니한 과거의 기간에 대한 이행강제금까지 한꺼번에 부과할 수는 없다.** 그리고 이를 위반하여 이루어진 이행강제금 부과처분은 과거의 위반행위에 대한 제재가 아니라 행정상의 간접강제 수단이라는 이행강제금의 본질에 반하여 구 건축법 제80조 제1항, 제4항 등 법규의 중요한 부분을 위반한 것으로서, 그러한 하자는 중대할 뿐만 아니라 객관적으로도 명백하다(대법원 2016.7.14. 2015두46598).

(5) 권리보호

이행강제금의 부과절차 및 권리구제절차가 과태료의 경우와 동일하게 비송사건절차법에 의하도록 규정되어 있는 경우는(예: 농지법 제62조, 옥외광고물등관리법 제20조의2) 이행강제금부과처분은 행정소송의 대상이 되지 않으므로 행정처분성이 부인된다(대법원 2000.9.22, 2000두5722 참조). 그러나 과징금 등의 부과처분과 마찬가지로 비송사건절차법에 의하지 않게 되어 있으면 행정처분으로서 행정심판·소송의 대상이 된다(예: 건축법 제80조, '독점규제 및 공정거래에 관한 법률' 제17조의3).

3. 직접강제

(1) 의　의

직접강제란 "의무자가 행정상 의무를 이행하지 아니하는 경우 행정청이 의무자의 신체나 재산에 실력을 행사하여 그 행정상 의무의 이행이 있었던 것과 같은 상태를 실현하는 것"(행정기본법 제30조 ①)를 말한다.

(2) 법적 성질

직접강제는 사전에 부과된 의무가 불이행된 것을 전제로 하는 점에서 그것을 전제로 하지 않는 행정상의 즉시강제와 구별된다. 대집행은 대체적 작위의무에 대한 강제수단인데 대하여 직접강제는 대체적 작위·비대체적 작위·부작위·수인의무 등 모든 종류의 의무 불이행에 대하여 강제하는 점에서 다르다.

(3) 법적 근거, 한계

직접강제는 매우 실효적이나 개인의 권익을 침해하는 성격이 강하여 일반적 수단으로는 인정되지 아니하고, 개별법에서 강제퇴거(출입국관리법 제46조, 군사시설보호법 제6조), 영업소의 폐쇄조치(식품위생법 제79조, 공중위생관리법 제11조③) 등을 규정하고 있다(즉시강제와 혼동하는 경향이 있다. 의무이행명령〈예: 출국·퇴거·영업소폐쇄명령〉을 전제로 하는 것은 직접강제이고, 의무이행명령 없이 즉각 강제하는 것은 즉시강제이다).

직접강제는 국민의 기본권을 침해할 가능성이 매우 높기 때문에 반드시 명시적인 법적 근거가 있어야 하며, 비례원칙을 준수하여야 한다. 직접강제는 행정대집행이나 이행강제금 부과의 방법으로는 행정상 의무이행을 확보할 수 없거나 그 실현이 불가능한 경우에 실시하여야 한다(행정기본법 제32조 ①). 직접강제를 실시하기 위하여 현장에 파견되는 집행책임자는 그가 집행책임자임을 표시하는 증표를 보여 주어야 한다(제32조 ②). 직접강제의 계고 및 통지에 관하여는 행정기본법 제31조 제3항(이행강제금부과의 계고) 및 제4항(이행강제금부과의 통지)

을 준용한다(제32조 ③).

(4) 권리구제

직접강제는 의무이행명령을 하고 그것의 불이행시 하는 것이므로 의무이행명령에 대해 행정쟁송을 제기하면 된다. 직접강제가 이미 시행된 경우에는 직접강제도 권력적 사실행위로서 행정처분성이 인정되므로 행정쟁송의 대상이 될 수 있다(예: 영업소강제폐쇄조치의 취소소송). 그러나 시행된 이후에 취소소송 등을 통해 구제받을 실익이 없는 경우가 많다(예: 외국인의 강제퇴거). 따라서 시행되기 전에 집행정지제도를 이용할 필요가 있다.

위법한 직접강제로 인해 손해를 입은 자는 국가배상법에 따라 손해배상을 청구할 수 있으며, 위법상태가 계속되면 결과제거청구권을 행사할 수도 있다.

4. 행정상 강제징수

(1) 의 의

행정상 강제징수란 "의무자가 행정상 의무 중 금전급부의무를 이행하지 아니하는 경우 행정청이 의무자의 재산에 실력을 행사하여 그 행정상 의무가 실현된 것과 같은 상태를 실현하는 것"을 말한다(행정기본법 제30조 ①).

(2) 법적 근거

행정상 강제징수에 관한 일반법으로는 국세징수법이 있다. 이 법은 원래 국세징수를 위한 것이지만 여러 법률이 강제징수에 있어서 이 법을 준용하고 있으므로 이 법이 행정상의 강제징수에 관한 일반법으로서의 기능을 하고 있다. 지방세 강제징수를 위해서는 지방세징수법이 있다.

(3) 강제징수의 절차

국세징수법상의 강제징수절차는 독촉 및 체납처분으로 이루어진다.

1) 독 촉

독촉은 상당한 이행기간 내에 의무가 이행되지 않는 경우에 강제징수할 뜻을 알리는 것으로서 준법률행위적 행정행위인 통지이다. 독촉은 체납처분의 전제요건을 충족함과 동시에 국세징수권의 소멸시효가 중단되는 효과가 생긴다(국세기본법 제28조 ①). 국세를 그 납부

기한까지 완납하지 아니한 때에는 세무서장은 납부기한 경과 후 10일 내에 독촉장을 발부
하며, 체납국세의 3%에 해당하는 가산금을 징수한다. 독촉장을 발부하는 때에는 납부기한
을 발부일로부터 20일 내로 한다(국세징수법 제21·23조).

【판례】구 의료보험법(1994.1.7. 개정되기 전의 것) … 각 규정에 의하면, 보험자 또는 보험자단체가 … 그
의료기관이 납부고지에서 지정된 납부기한까지 징수금을 납부하지 아니한 경우 국세체납절차에 의하여 강
제징수할 수 있는바, 보험자 또는 보험자단체가 부당이득금 또는 가산금의 납부를 독촉한 후 다시 동일한
내용의 독촉을 하는 경우 **최초의 독촉만이** 징수처분으로서 **항고소송의 대상이 되는 행정처분**이 되고 **그 후
에 한 동일한 내용의 독촉**은 체납처분의 전제요건인 징수처분으로서 소멸시효 중단사유가 되는 독촉이 아
니라 **민법상의 단순한 최고**(催告: 상대편에게 일정한 행위를 하도록 독촉하는 통지를 하는 일)**에 불과**하여 국
민의 권리의무나 법률상의 지위에 직접적으로 영향을 미치는 것이 아니므로 항고소송의 대상이 되는 **행정
처분이라 할 수 없다**(대법원 1999.7.13. 97누119).

2) 체납처분

(가) 재산의 압류

① 압류의 의의 및 요건

압류란 의무자의 재산에 대해 법률상의 처분(예: 매매, 교환, 증여) 및 사실상의 처분(예: 소비,
파괴)을 금지시키고 그것을 확보하는 강제적인 보전행위이다. 납세자가 독촉장을 받고 지정
된 기한까지 국세와 가산금을 완납하지 아니한 때는 납세자의 재산을 압류한다(국세징수법 제
24조).

② 압류대상재산

체납자의 소유로서 금전적 가치있는 모든 재산(동산·부동산·무체재산권)은 압류의 대상이
된다. 다만, 생활상 불가결한 의복·침구·가구·주방구, 3월간의 식료와 연료, 체납자와 그
동거가족의 학업에 필요한 서적과 기구, 주택임대차보호법 제8조 및 같은 법 시행령의 규정
에 따라 우선변제를 받을 수 있는 금액, 생계유지에 필요한 소액금융재산 등에 대해서는 압
류가 금지된다(국세징수법 제31조). 급료·연금·임금·봉급·상여금·세비·퇴직연금 그 밖에
이와 비슷한 성질을 가진 급여채권에 대하여는 그 총액의 2분의 1에 해당하는 금액은 압류
하지 못한다. 퇴직금 그 밖에 이와 비슷한 성질을 가진 급여채권에 대하여는 그 총액의 2분
의 1에 해당하는 금액은 압류하지 못한다(제33조).

③ 교부청구·참가압류, 압류해제

압류대상인 재산이 이미 다른 기관에 의하여 체납처분 등 강제환가절차가 개시된 경우
에는 그 집행기관에 대하여 국세·가산금과 체납처분비의 교부청구를 하여야 하며, 압류하
고자 하는 재산이 이미 다른 기관에서 압류하고 있는 재산인 때에는 교부청구에 갈음하여
그 압류에 참가할 수 있다(동법 제56·57조).

납부, 충당, 공매의 중지, 부과의 취소 또는 그 밖의 사유(예: 근거법령이 위헌으로 결정된 경우)로 압류할 필요가 없게 된 경우 등에는 압류를 즉시 해제하여야 한다(동법 제53조).

【 판례 】 국세징수법 제53조 제1항 제1호는 압류의 필요적 해제사유로 '납부, 충당, 공매의 중지, 부과의 취소 기타의 사유로 압류의 필요가 없게 된 때'를 들고 있고, … '기타의 사유'는 … 과세처분 및 그 체납처분 절차의 **근거 법령에 대한 위헌결정으로 후속 체납처분을 진행할 수 없어** 체납세액에 충당할 가망이 없게 되는 등으로 압류의 근거를 상실하거나 압류를 지속할 필요성이 없게 된 경우도 포함하는 의미라고 새겨야 한다(대법원 2002.7.12, 2002두3317).

(나) 압류재산의 매각

압류재산은 통화를 제외하고는 매각하여 금전으로 환가하여야 한다. 매각은 입찰 또는 경매, 즉 공매에 의하는 것이 원칙이나, 예외적으로 수의계약에 의할 수도 있다(동법 제62조). 공매는 행정처분에 해당한다(대법원 1984.9.25, 84누201). 공매할 경우에는 공매공고를 하여야 하며, 그 사실을 체납자 등에게 통지하여야 한다(동법 제67·68조).

【 판례 】 ① 공매처분을 하면서 체납자 등에게 공매통지를 하지 않았거나 **공매통지를 하였더라도 그것이 적법하지 아니한 경우에는** 절차상의 흠이 있어 그 공매처분이 위법하게 되는 것이지만, 공매통지 자체가 그 상대방인 체납자 등의 법적 지위나 권리·의무에 직접적인 영향을 주는 행정처분에 해당한다고 할 것은 아니므로 다른 특별한 사정이 없는 한 체납자 등은 공매통지의 결여나 위법을 들어 공매처분의 취소 등을 구할 수 있는 것이지 **공매통지 자체를 항고소송의 대상으로 삼아 그 취소 등을 구할 수는 없다**(대법원 2011.3. 24, 2010두25527).
② 과세관청이 체납처분으로서 하는 공매에 있어서 공매재산에 대한 감정평가나 매각예정가격의 결정이 잘못되었다 하더라도, 그로 인하여 **공매재산이 부당하게 저렴한 가격으로 공매됨으로써 공매처분이 위법하다고 볼 수 있는 경우**에 공매재산의 소유자 등이 이를 이유로 적법한 절차에 따라 **공매처분의 취소**를 구하거나, 공매처분이 확정된 경우에는 위법한 재산권의 침해로서 불법행위의 요건을 충족하는 경우에 국가 등을 상대로 불법행위로 인한 **손해배상을 청구**할 수 있음은 별론으로 하고, 매수인이 공매절차에서 취득한 공매재산의 시가와 감정평가액과의 차액 상당을 법률상의 원인 없이 **부당이득한 것이라고는 볼 수 없다**(대법원 1997.4.8, 96다52915).

(다) 청산(충당, 배분)

세무서장은 압류금전, 체납자·제3채무자로부터 받은 금전, 매각대금, 교부청구로 받은 금전을 징수순위(체납처분비 → 국세의 순서)에 의해 징수하고, 그 잔여금이 있으면 체납자에게 지급한다(동법 제80·81조). 국세·가산금·체납처분비는 특별한 규정이 없는 한 다른 공과금, 기타의 채권에 우선하여 징수하는 것이 원칙이다(국세기본법 제35조 ①).

(라) 체납처분의 유예·중지

세무서장은 재산의 압류나 압류재산의 매각을 유예함으로써 사업을 정상적으로 운영할 수 있게 되어 체납액의 징수가 가능하다고 인정되는 때 등, 일정한 사유가 있는 경우에는 체납처분을 유예할 수 있다(동법 제85조의2). 체납처분의 목적물인 총재산의 견적가격이 체납처분비에 충당하고 잔여가 생길 여지가 없거나 기타 법정사유가 있으면 체납처분을 중지한다(동법 제85조).

(4) 강제징수에 대한 구제

1) 행정쟁송

독촉 또는 체납처분에 불복이 있는 자는 행정쟁송절차에 의하여 그 취소 또는 변경을 구할 수 있다. 다만, 국세기본법은 체납처분에 대한 쟁송절차에 관해 행정심판법이 배제되는 등 특칙을 두고 있다(동법 제55조 이하). 행정소송에 대해서도 특칙을 두고 있다.

【참고】 국세에 대한 불복절차: 이의신청(세무서장〈처분청〉 또는 관할 지방국세청장에게)(임의절차) → 심사청구(세무서장을 거쳐 국세청장에게) 또는 심판청구(세무서장을 거쳐 조세심판원장에게)(필수절차: 예외적 행정심판전치주의) → 행정소송

2) 하자의 승계

강제징수절차는 독촉 및 체납처분(압류·매각·청산)으로 행하여지며, 이들은 모두가 결합하여 1개의 법률효과를 완성하는 관계에 있어 하자의 승계가 인정된다. 그러나 강제징수의 전제가 되는 조세부과처분의 하자는 독촉에 승계되지 않는다. 압류, 공매는 권력적 사실행위로서 행정처분성이 인정되어 그에 대한 행정쟁송제기가 가능하다.

제 2 절 행정상 즉시강제

Ⅰ. 개 설

1. 의 의

행정상 즉시강제란 현재의 급박한 행정상의 장해를 제거하기 위한 경우로서 ㉠ 행정청이 미리 행정상 의무 이행을 명할 시간적 여유가 없는 경우, 또는 ㉡ 그 성질상 행정상 의무의 이행을 명하는 것만으로는 행정목적 달성이 곤란한 경우에 행정청이 곧바로 국민의 신체 또는 재산에 실력을 행사하여 행정목적을 달성하는 것을 말한다(행정기본법제30조 ① 5호, 시간적 여유가 없어서 '즉시 행하는 강제집행' 내지 '즉시강제집행'의 준말로 이해하면 쉽다).

2. 다른 개념과의 구별

강제집행은 구체적인 의무의 부과와 그 불이행을 전제로 하는 실력행사이지만, 즉시강제는 사전절차 없이 즉시 행해지는 실력행사이다.

행정조사는 강제가 가해지는 경우도 있으나(예: 불심검문, 운전자음주측정) '조사'가 목적이다. 반면 즉시강제는 '필요한 상태의 실현'이 목적이다.

3. 법적 근거

즉시강제는 법률에 명시적으로 규정된 경우에만 인정된다. 행정기본법 제30조 제1항 제5호가 즉시강제의 일반법에 해당하고, 개별법으로는 경찰관직무집행법, 소방법, 전염병예방법, 식품위생법, 마약류관리에관한법률 등이 있다.

Ⅱ. 즉시강제의 종류

1. 대인적 강제

사람의 신체에 실력을 가하여 행정상 필요한 상태를 실현하는 작용이다. 경찰관직무집행법상의 대인적 강제로는 보호조치(제4조), 위험발생방지조치(제5조 ①), 범죄의 예방 및 제지(제6조), 장구의 사용(제10조의2), 무기사용(제10조의4) 등이 있다. 개별법에는 전염병환자의 강제격리(전염병예방법 제29조), 소방활동종사・피난명령(소방기본법 제24・26조) 등이 있다.

2. 대물적 강제

물건에 대해 실력을 가하여 행정상 필요한 상태를 실현하는 작용이다. 경찰관직무집행법상 물건 등의 임시영치(제4조 ③), 위해방지조치(제5조 ①) 등이 있다. 개별법에는 물건(불량식품, 청소년유해매체물 등)의 폐기(식품위생법 제72조, 청소년보호법 제36조 ④), 물건의 영치('형의집행 및 수용자의 처우에 관한 법률' 제41조), 물건의 강제처분(소방기본법 제25조) 등이 있다.

【참고】 대가택강제(對家宅强制): 그 동안 일반적으로 소유자・관리자의 의사와 관계없이 가택・영업소 등에 출입・수색하는 경우를 즉시강제의 일종으로서 '대가택강제'라고 하면서 경찰관직무집행법상의 가택

출입·임검·검사·수색(동법 제7조①) 등을 예로 들었다. 그러나 이들은 행정조사에 해당한다고 할 것이다.

Ⅲ. 행정상 즉시강제의 요건과 한계

1. 요 건

즉시강제의 일반적인 요건은 ㉠ 행정상 위해가 존재하거나 위해의 발생이 목전에 급박할 것, ㉡ 위해가 급박하여 의무를 부과할 시간적 여유가 없거나 성질상 의무를 부과해서는 목적달성이 곤란할 것 등이다. 그러나 구체적 요건은 각 개별법규정마다 다르다. 즉시강제의 발동요건을 엄격하고 명확하게 할 필요가 있다. 즉각적으로 이루어지는 것이므로 개인의 신체·재산에 미치는 영향이 매우 심각하기 때문이다.

2. 한 계

(1) 실체법적 한계

㉠ 즉시강제는 위해가 현존하거나 목전에 급박하여 발생가능성이 확실한 경우에 허용되는 것이지, 단순한 위해발생의 가능성만으로는 안 된다(위해의 현존성과 급박성). ㉡ 다른 수단으로는 당해 목적을 달성할 수 없거나 다른 위해 발생방지조치를 취할 시간적 여유가 없는 경우에만 인정된다(보충성). ㉢ 비례원칙, 즉 적합성의 원칙, 필요성의 원칙(최소침해의 원칙), 상당성의 원칙(협의의 비례의 원칙)을 준수하여야 한다. ㉣ 위해의 제거·예방이라는 경찰상의 소극목적을 위한 것이지, 복지행정과 같은 적극적인 행정목적을 달성하기 위해 발동되어서는 안 된다(소극목적).

【참고】 **행정기본법 제33조(즉시강제)**
① 즉시강제는 다른 수단으로는 행정목적을 달성할 수 없는 경우에만 허용되며, 이 경우에도 최소한으로만 실시하여야 한다. ② 즉시강제를 실시하기 위하여 현장에 파견되는 집행책임자는 그가 집행책임자임을 표시하는 증표를 보여 주어야 하며, 즉시강제의 이유와 내용을 고지하여야 한다.

(2) 절차법적 한계(영장주의와의 관계)

행정상 즉시강제는 사람의 신체·재산에 대한 침해를 가져오기도 하기 때문에 헌법상의 영장주의(헌법 제12조, 제16조)가 적용되는지가 문제이다. 이에 관해서는 영장필요설과 영장불필요설도 있으나 절충설이 통설·판례이다. 즉, 헌법상의 영장주의는 형사사법권의 행사

뿐만 아니라 행정권의 행사에도 동일하게 적용되어야 할 것이나, 행정상 즉시강제는 시간적 여유가 없다는 특수성으로 보아 행정목적의 달성을 위하여 불가피하다고 인정할 만한 합리적인 이유가 있는 경우에는 영장주의에 대한 예외를 인정하고자 하는 견해이다.

절충설을 따른다고 하더라도 ㉠ 즉시강제가 형사사법의 목적을 겸하고 있거나, ㉡ 침해가 계속되거나 개인의 신체·재산·가택에 중대한 침해를 가하는 경우에는 반드시 사후에라도 영장이 필요하다고 할 것이다.

【 판례 】 (구)'음반·비디오물 및 게임물에 관한 법률' 제24조 제3항 제4호(현행법 제42조 ③ 제3호) 앞에서 본바와 같이 **급박한 상황에 대처하기 위한 것으로서 그 불가피성과 정당성이 충분히 인정되는** 경우이므로, 이 사건 법률조항이 **영장없는 수거를** 인정한다고 하더라도 이를 두고 **헌법상 영장주의에 위배되는 것으로는 볼 수 없다**(헌재 2002.10.31, 2000헌가12).

Ⅳ. 즉시강제에 대한 권리구제

1. 적법한 즉시강제에 대한 구제

적법한 즉시강제로 인하여 수인의 정도를 넘는 '특별한 희생을 입은 자'에게는 헌법과 개별법의 규정에 의하여 행정상 손실보상청구가 인정된다(헌법 제23조 ③, 소방기본법 제24조 ②). 보상규정이 없는 경우에는 그것을 수용유사적 내지 희생유사적침해로 보아 보상을 허용해야 한다고 할 것이다(후술).

2. 위법한 즉시강제에 대한 구제

(1) 행정쟁송

즉시강제는 권력적 사실행위로서 행정처분성이 인정되지만 단기간의 침해로 행위가 종료되는 것이 보통이므로 행정쟁송의 이익이 없는 경우가 많다. 그러나 침해행위가 지속되는 경우이거나(예: 물건의 영치, 강제격리), 즉시강제가 종료된 때에도 그 취소로 회복할 법률상 이익이 있는 경우에는 행정쟁송을 제기할 수 있다.

(2) 손해배상

위법한 즉시강제로 인하여 손해를 입은 자는 국가·지방자치단체를 상대로 국가배상법에 따라 손해배상을 청구할 수 있다. 사실상 가장 효과적인 권리구제수단이 된다.

(3) 정당방위

위법한 즉시강제에 대하여 형법상의 정당방위의 법리에 의한 항거가 가능하고, 따라서 공무집행방해죄가 성립하지 않는다.

(4) 공법상 결과제거청구권

위법한 즉시강제의 결과로 인해 위법한 권리침해상태가 계속되고 있는 경우에 상대방은 행정주체에 대해 그러한 위법상태를 제거해 줄 것을 청구할 수 있다. 이는 공법상 당사자소송에 의한다(후술).

제2장 행정벌

제1절 개 설

Ⅰ. 행정벌의 개념

행정벌이란 행정법상의 의무위반에 대한 제재로서 일반통치권에 의거하여 부과하는 처벌을 말한다. 행정벌이 과해지는 비행을 행정범이라고 한다. 행정벌은 직접적으로는 과거의 의무위반에 대한 제재로서의 의미를 갖지만, 간접적으로는 의무자에게 심리적 압박을 가함으로써 행정법상의 의무의 이행을 확보하는 수단이 된다.

Ⅱ. 행정벌의 성질

1. 징계벌과의 구별

행정벌은 행정법규의 실효성을 확보하기 위하여 '일반통치권'(일반 국민에 대한 통치권)에 의거하여 의무위반자에게 과하는 제재인데 대하여, 징계벌(파면·해임·강등·정직·감봉·견책)은 특별권력관계 내부질서를 유지하기 위해 질서문란자에게 신분상 불이익을 가하는 것이다.

2. 형사벌과의 구별

행정벌은 행정형벌과 행정질서벌로 구분된다. 행정형벌과 형사벌은 형법상의 형벌이 부과된다는 점에서 동일하다. 그러나 형사벌은 국가의 명령이나 금지 이전에 인간으로서 당연히 지켜야할 것을 위반한 반도덕적·반사회적 행위로서 자연범(예: 절도범, 살인범)에 과해지는 것이지만, 행정벌은 행정목적을 달성하기 위해 국가가 행정법규에서 정한 명령·금지를 위반한 것으로서 법정범(예: 환경법규·도로교통법규위반범)에 과해지는 것이다. 그러나 이러한 구별은 상대적·유동적이다(예컨대, 음주운전의 경우 독일은 형법에서 규율하여 형사범으로서 취급하지만, 우리나라에서는 도로교통법에 규율하여 행정범으로서 취급하고 있는 것이다).

Ⅲ. 행정벌의 법적 근거

1. 법률, 법규명령

행정벌은 법률의 근거가 있어야 하며 법률의 규정은 범죄의 구성요건과 형벌의 종류 및 최고한도를 명확하게 규정하여야 한다(죄형법정주의〈헌법 제12조 ①〉, 명확성의 원칙).

헌법상의 죄형법정주의로 인해 벌칙을 법규명령으로 규정하도록 일반적으로 위임할 수는 없다. "처벌법규의 명령에의 위임은 특히 긴급한 필요가 있거나 미리 법률로써 자세히 정할 수 없는 부득이한 사정이 있는 경우에 한정되어야 하고, 이런 경우에도 법률에서 범죄의 구성요건은 처벌대상인 행위가 어떠한 것일 것이라고 예측할 수 있을 정도로 구체적으로 정하고 형벌의 종류 및 상한과 폭을 명백히 규정하여야 한다"(헌재 1991.7.8, 91헌가4).

2. 조 례

조례로써는 행정형벌은 규정할 수 없고 행정질서벌은 규정할 수 있다. 지방자치단체는 조례로써 조례위반행위에 대하여 1천만원 이하의 과태료를 정할 수 있다(지방자치법 제34조 ①). 또한 사기나 그 밖의 부정한 방법으로 사용료·수수료 또는 분담금의 징수를 면한 자에 대하여는 그 징수를 면한 금액의 5배 이내의 과태료를, 공공시설을 부정사용한 자에 대하여는 50만원 이하의 과태료를 부과하는 규정을 조례로 정할 수 있다(동법 제139조 ②).

제2절 행정벌의 종류

Ⅰ. 행정형벌

1. 의 의

행정형벌은 행정법상의 의무위반에 대한 제재로서 형벌('형법상의 벌': 사형·징역·금고·자격

상실·자격정지·벌금·구류·과료·몰수, 9가지)을 과하는 행정벌을 말한다.

2. 행정형벌과 형법총칙

행정형벌에 대해서도 형법총칙이 적용된다. 다만 관계 행정법령에 특별한 규정이 있으면 형법총칙의 적용이 배제된다(형법 제8조). 그런데 행정법령상에 명시적인 특별규정이 없는 경우에도 규정의 해석상 형벌의 범위를 축소하거나 형벌을 감경하는 경우는 죄형법정주의에 반하지 않으므로 형법총칙이 적용되지 않는 예외가 인정될 수 있다는 견해가 통설이다.

3. 행정형벌에 관한 특별규정

행정형벌에 관하여 명문규정상 또는 해석상 형법총칙의 적용이 배제되거나 변형되는 구체적 사례는 다음과 같다.

(1) 고의, 과실

1) 고 의

형사범의 경우 원칙적으로 고의범만을 처벌하고, 과실에 의한 행위는 예외적으로 법률에 특별한 규정이 있는 경우에 한하여 처벌한다(형법 제14조). 이것은 행정범의 경우에도 원칙적으로 동일하게 적용된다. 고의란 어떠한 위법행위의 발생가능성을 인식하고 그 결과를 용인하는 것을 뜻하므로, 위법성인식가능성이 없는 경우에는 고의가 성립되지 않아서 처벌해서는 안된다는 견해가 다수설·판례이다.

【 판례 】 행정청의 허가가 있어야 함에도 불구하고 허가를 받지 아니하여 처벌대상의 행위를 한 경우라도, 허가를 담당하는 **공무원이 허가를 요하지 않는 것으로 잘못 알려 주어** 이를 믿었기 때문에 허가를 받지 아니한 것이라면 허가를 받지 않더라도 **죄가 되지 않는 것으로 착오를 일으킨 데 대하여 정당한 이유가** 있는 경우에 해당하여 처벌할 수 없다(대법원 1992.5.22. 91도2525).

2) 과 실

과실에 의한 행정범은 법률에 명시적인 규정이 있는 경우나 당해 법규의 해석상 과실범도 처벌할 뜻이 명백히 인정되는 경우만 처벌할 수 있다.

【 판례 】 ① 행정상의 단속을 주안으로 하는 법규라 하더라도, **명문규정이 있거나, 해석상 과실범도 벌할 뜻이 명확한 경우를 제외**하고는 형법의 원칙에 따라 **고의가 있어야** 벌할 수 있다(대법원 1986.7.22. 85도108). ② 구 대기환경보전법(1992.12.8. 개정되기 전의 것)의 **입법목적이나 제반 관계규정의 취지 등을 고려하면,** 법

정의 배출허용기준을 초과하는 배출가스를 배출하면서 자동차를 운행하는 행위를 처벌하는 위 법 제57조 제6호의 규정은 … 실제로 인식하면서 운행한 고의범의 경우는 물론 과실로 인하여 그러한 내용을 인식하지 못한 **과실범의 경우도 함께 처벌하는 규정**이다(대법원 1993.9.10, 92도1136).

(2) 책임능력

형법은 형사미성년자(14세 미만자)의 행위는 벌하지 아니하고(형법 제9조), 심신장애자 및 농아자의 행위는 벌하지 아니하거나 그 형을 감경한다(동법 제10조). 그러나 행정형벌의 경우는 이의 적용을 배제하는 규정을 두는 경우가 있다(예: 담배사업법 제31조 등).

(3) 법인의 책임

형사범에 있어서는 법인은 범죄능력이 없다고 보는 것이 일반적 견해이나, 행정범에 있어서는 행정법규의 실효성을 확보하기 위하여 행위자와 (주의·감독의무를 게을리 한) 법인을 모두 처벌하는 양벌규정을 두는 경우가 많다(예: 식품위생법 제100조, 도로법 제100조 ①). 지방자치단체가 고유의 자치사무를 처리하는 경우에는 지방자치단체도 법인으로서 양벌규정의 대상이 된다.

【참고】 도로법 제100조 제1항: 법인의 대표자, 대리인, 사용인, 그 밖의 종업원이 그 법인의 업무에 관하여 제96조부터 제99조까지의 규정에 따른 위반행위를 하면 **그 행위자를 벌할 뿐만 아니라 그 법인에도** 해당 조문의 벌금형을 과(科)한다. 다만, **법인이 그 위반행위를 방지하기 위하여 해당 업무에 관하여 상당한 주의와 감독을 게을리 하지 아니한 때에는 그러하지 아니하다.**

【판례】 국가가 본래 그의 사무의 일부를 지방자치단체의 장에게 위임하여 처리하게 하는 기관위임사무의 경우 지방자치단체는 국가기관의 일부로 볼 수 있고, **지방자치단체가 그 고유의 자치사무를 처리하는 경우** 지방자치단체는 국가기관의 일부가 아니라 국가기관과는 별도의 독립한 **공법인으로서 양벌규정에 의한 처벌대상이 되는 법인**에 해당한다. 지방자치단체 소속 공무원이 지정항만순찰 등의 업무를 위해 관할관청의 승인 없이 개조한 승합차를 운행함으로써 구 자동차관리법(2007.10.17. 개정되기 전의 것)을 위반한 사안에서, 지방자치법, 구 항만법, 구 항만법 시행령 등에 비추어 위 **항만순찰 등의 업무가 지방자치단체의 장이** 국가로부터 위임받은 **기관위임사무에 해당하여, 해당 지방자치단체가 구 자동차관리법 제83조의 양벌규정에 따른 처벌대상이 될 수 없다**(대법원 2009.6.11, 2008도6530).

(4) 타인의 비행에 대한 책임

형사범의 경우에는 범죄행위자 이외의 자를 처벌하는 일이 없으나, 행정범에 있어서는 행위자 이외의 자, 즉 법령상의 책임자에 대하여 행정벌을 과하는 경우가 적지 않다. 즉, 미성년자·피성년후견인(舊 禁治産者)의 위반행위에 대하여 그 법정대리인을 처벌하거나, 양벌규정을 두어 종업원의 위반행위에 대하여 행위자 이외에 (주의·감독의무를 게을리 한) 사업주도 처벌하는 것 등이 그 예에 속한다.

【참고】**도로법 제100조 제2항**: 개인의 대리인, 사용인, 그 밖의 종업원이 그 개인의 업무에 관하여 제96조부터 제99조까지의 규정에 따른 위반행위를 하면 **그 행위자를 벌할 뿐만 아니라 그 개인에게도** 해당 조문의 벌금형을 과한다. 다만, 개인이 그 위반행위를 방지하기 위하여 해당 **업무에 관하여 상당한 주의와 감독을 게을리 하지 아니한 때에는 그러하지 아니하다.**

【판례】양벌규정에 의한 영업주의 처벌은 금지위반행위자인 종업원의 처벌에 종속하는 것이 아니라 독립하여 그 자신의 **종업원에 대한 선임감독상의 과실로 인하여 처벌되는** 것이므로 **종업원의 범죄성립이나 처벌이 영업주 처벌의 전제조건이 될 필요는 없다**(대법원 2006.2.24, 2005도7673).

(5) 공범, 누범, 경합범, 작량감경

행정범에 있어서는 행정법상의 의무의 다양성 때문에 공범에 관한 형법총칙의 적용을 배제하는 규정(선박법 제39조), 종범감경규정의 적용을 배제하는 경우(담배사업법 제31조)도 있다. 또한 누범(累犯), 경합범(競合犯), 작량감경(酌量減輕)에 관한 형법총칙의 적용을 배제하는 특별한 규정을 두는 경우도 있다(담배사업법 제31조 등).

【참고】① **누범**: 2번 이상 범죄를 저지른 사람을 누범이라고 하는데, 형법상으로는 금고 이상의 형을 받은 자가 그 형의 집행이 끝나거나 집행이 면제된 날로부터 3년 안에 다시 금고 이상의 형에 해당하는 죄를 지은 경우를 누범이라고 한다. 누범에 대해서는 가중처벌한다. ② **경합범**: 하나의 범죄행위가 여러 개의 죄에 해당하는 경우(상상적 경합)와 한 사람이 다수의 죄를 범한 경우(실체적 경합)를 말하는데, 전자의 경우는 가장 무거운 죄에 정한 형으로 처벌하고(형법 제40조), 후자의 경우에는 가중처벌하는 것이 원칙이다(동법 제38조). ③ **작량감경**: 법관이 피고인이 범죄를 저지른 이유 등 정상을 참작하여 형량을 가볍게 해 주는 것이다.

4. 행정형벌의 과벌절차

행정형벌은 형사소송법상의 절차에 따라 과벌하는 것이 원칙이다. 그러나 다음과 같은 예외가 있다.

(1) 통고처분

1) 의 의

통고처분이란 정식재판에 갈음하여 간편하고 신속한 해결을 위하여 상대방의 동의를 조건으로 행정청이 벌금 또는 과료에 상당하는 금액(범칙금)의 납부를 명하는 준사법적 행위를 말한다. 조세범, 관세범, 교통사범, 출입국관리사범, 경범죄 등을 처벌하는 데 인정되고 있다(도로교통법 제163조, 경범죄처벌법 제6조, 조세범처벌절차법 제15조, 출입국관리법 제102조). 이들 법위반 행위를 '범칙행위'라고 하는데 이는 중대범죄가 아니고, 증거가 확실하여 거의 다툼이 없으며, 빈번히 발생하는 행위이기 때문에 범칙행위를 한 자(범칙자)에 대한 과벌절차를 간단·신속하게 하기 위한 절차이다. 속칭 '딱지발부' 또는 '스티커발부'라고 한다.

2) 성 질

통고처분은 불복절차와 법적 구속력이 보통의 행정처분과는 다르므로 행정쟁송의 대상이 되는 행정처분에 해당하지 않으며 일종의 과벌절차이다. 통고처분을 받은 자가 법정기간 내에 이행하지 않으면 통고처분의 효력은 자동으로 소멸되고, 당해 행정청이 고발하거나 즉결심판에 회부하면 형사소송절차로 이행되므로 행정쟁송을 제기할 수 없다. 통고처분은 공소시효를 중단시킨다(조세범처벌절차법 제16조). 통고처분을 할 것인지의 여부는 권한행정청의 재량에 속한다.

【판례】① 도로교통법 제118조에서 규정하는 경찰서장의 '통고처분'은 행정소송의 대상이 되는 행정처분이 아니므로 그 처분의 취소를 구하는 소송은 부적법하고, 도로교통법상의 통고처분을 받은 자가 그 처분에 대하여 이의가 있는 경우에는 통고처분에 따른 **범칙금의 납부를 이행하지 아니함으로써 경찰서장의 '즉결심판청구'**에 의하여 법원의 심판을 받을 수 있게 될 뿐이다(1995.6.29, 95누4674).
② 관세법 제284조 … 제318조의 규정에 의하면, 관세청장 또는 세관장은 관세범에 대하여 통고처분을 할 수 있고, 범죄의 정상이 징역형에 처하여질 것으로 인정되는 때에는 즉시 고발하여야 하며, 관세범인이 통고를 이행할 수 있는 자금능력이 없다고 인정되거나 주소 및 거소의 불명 기타의 사유로 인하여 통고를 하기 곤란하다고 인정되는 때에도 즉시 고발하여야 하는바, 이들 규정을 종합하여 보면, **통고처분을 할 것인지의 여부는** 관세청장 또는 세관장의 **재량에 맡겨져** 있고, 따라서 관세청장 또는 세관장이 관세범에 대하여 통고처분을 하지 아니한 채 고발하였다는 것만으로는 그 고발 및 이에 기한 공소의 제기가 부적법하게 되는 것은 아니다(대법원 2007.5.11, 2006도1993)

3) 효 과

(가) 통고처분내용대로 이행한 경우

통고처분을 받은 자가 그 통고된 내용대로 이행한 때에는 확정판결과 동일한 효력이 발생하게 되어 다시 형사소추가 불가능하며(일사부재리의 원칙), 또한 통고권자는 이미 통고된 내용을 변경하지 못한다. 범칙금은 벌금이 아니므로 그 납부자는 전과자가 아니다.

(나) 통고처분내용대로 이행하지 않은 경우

통고처분을 받은 자가 법정기간 내(예: 조세범처벌절차법의 경우는 15일, 도로교통법의 경우는 10일)에 이행하지 않으면 통고처분은 당연히 효력을 상실하고 통고권자(예: 경찰서장, 세무서장)는 검찰에 고발하여야 하며, 검찰은 통고권자의 고발 없이는 기소할 수 없다. 경미한 사안인 경우에는 경찰서장이 직접 즉결심판에 회부한다.

(2) 즉결심판절차

20만원 이하의 벌금(5만원 이상)·구류(拘留. 1일 – 29일) 또는 과료(科料. 2천원 이상 5만원 미만. 과태료〈過怠料〉와는 다름)의 행정형벌은 '즉결심판에관한절차법'에 따라, 경찰서장의 청구에 의하여(검사의 기소독점주의의 예외) 지방법원, 지원 또는 시·군법원의 판사에 의하여 과하여진다(동법 제2조, 제3조 ①). 피고인이 출석하지 않으면 개정할 수 없는 것이 원칙이나, 벌금 또는 과료를 선고하는 경우에는 피고인의 진술을 듣지 않고 형의 선고를 할 수 있다(제8조, 제8조의2). 즉결심판에 불복한 자는 7일 이내에 정식재판을 청구할 수 있고(제14조), 정식재판의 판결이 있을 때에는 그 효력을 잃는다(제15조). 즉결심판의 형의 집행은 경찰서장이 한다(제18조).

즉결심판은 행정범 또는 형사범으로서 경미한 범칙사건에 대한 특수한 절차이며 행정형벌만의 과벌절차는 아니다. 현재 즉결심판은 도로교통법 위반과 경범죄처벌법 위반이 대부분이다. 경범죄처벌법과 도로교통법에서는 즉결심판에 회부하기 전의 단계로서 경찰서장이 범칙자로 인정되는 사람에게 서면으로 범칙금을 국고에 납입하도록 통고한다(통고처분. 경범죄처벌법 제6조, 도로교통법 제163조). 통고를 받은 사람은 10일 이내에 범칙금을 납부하여야 하며, 그 때까지 납부하지 못한 사람은 그 후 20일 이내에 범칙금의 100분의 20을 더하여 납부하여야 한다. 이 통고처분을 이행하지 않을 경우에는 경찰서장은 즉결심판에 회부하여야 한다. 그러나 즉결심판이 청구되기 전까지 통고받은 범칙금액에 그것의 100분의 50을 더한 금액을 납부한 사람에 대하여는 그러하지 아니하다(경범죄처벌법 제8, 9조, 도로교통법 제164·165조).

Ⅱ. 행정질서벌(과태료)

1. 의 의

행정질서벌은 행정목적을 직접 침해한 행위에 과하는 행정형벌과는 달리 '간접적으로' 행정목적달성에 장애가 되는 정도의 단순의무위반(각종 신고·등록·장부비치의무불이행 등)인 경우에 과해지는 것으로서 과태료가 과해지는 처벌을 말한다고 정의하는 것이 일반적이다.

> 그러나 후술하는 바와 같이 과거 행정형벌(특히 벌금형)에 해당하는 것을 과태료로 전환한 예가 많다. 이는 행정형벌과 행정질서벌은 본질적으로 차이가 있는 것이 아님을 보여주는 것이다. 단지 처벌내용이 형법상의 벌(형벌: 벌금)이냐 아니면 질서벌(형벌 이외의 벌: 과태료)인가의 차이에 불과하다고 할 수 있다. 따라서 행정질서벌은 '형벌이 아닌 과태료를 부과하는 행정벌'이라고 정의하는 것이 현실과 부합된 것이라고 본다.

> 【참고】 **행정형벌의 행정질서벌화** : 경미한 행정법규위반이 행정형벌로 이어진다면 그것은 많은 국민을 전과자로 만들 가능성이 있다. 따라서 경미한 행정법규위반에 대해 형벌(벌금이나 단기자유형〈징역, 금고, 구류〉) 대신 과태료로 전환하는 것이 바람직하다는 주장이 오래 전부터 제기되었다. 이에 따라 과벌절차가 형사소송절차보다 단순하기 때문에 실무상 편의를 위하여 그리고 전과자의 양산을 방지한다는 명분으로 행정형벌을 행정질서벌로(예: '벌금 1백만원 이하'를 '과태료 5백만원 이하'로) 전환된 사례가 많다.

2. 법적 근거

질서위반행위(과태료가 부과되는 행위. 단 ⓐ대통령령으로 정하는 사법〈私法〉상·소송법상의 의무위반, ⓑ대통령령으로 정하는 법률에 따른 징계사유로 인해 과태료가 부과되는 행위는 질서위반행위에 포함되지 않음. 질서위반행위규제법 제2조)에 관한 일반법으로서 질서위반행위규제법이 있다. 따라서 이 법은 행정질서벌의 총칙으로서의 기능을 한다. 이 법은 과태료의 부과요건·절차, 징수, 재판 및 집행 등에 관해 규정하고 있는데, 이에 관한 다른 법률의 규정 중 이 법의 규정에 저촉되는 것은 이 법으로 정하는 바에 따라야 한다(질서위반행위규제법 제5조). 따라서 이 법과 다른 절차를 규정하고 있는 법규정은 이미 개정되었거나, 개정되지 않은 기존규정은 더 이상 적용되지 않고 질서위반행위규제법이 적용된다.

개별적인 과태료부과는 개별적인 법률의 근거가 있어야 한다. 지방자치단체는 조례로써 과태료를 부과할 수 있다(조례로써 벌금을 부과하는 것은 불가능). 즉, 지방자치단체는 조례를 위반한 행위에 대하여 조례로써 1천만원 이하의 과태료를 정할 수 있다(지방자치법 제34조 ①). 그리고 사기나 그 밖의 부정한 방법으로 사용료·수수료 또는 분담금의 징수를 면한 자에 대하여는 그 징수를 면한 금액의 5배 이내의 과태료를, 공공시설을 부정사용한 자에 대하여는 50만원 이하의 과태료를 부과하는 규정을 조례로 정할 수 있다(동법 제139조 ②).

3. 부과요건(질서위반행위의 요건)

종래는 "행정질서벌은 행정질서유지를 위한 의무의 위반이라는 객관적 사실에 대하여 과하는 제재이므로 … 원칙적으로 위반자의 고의·과실을 요하지 아니한다"고 하였다(대법원 2000.5.26, 98두597). 그러나 질서위반행위규제법은 이를 시정하여 "고의 또는 과실이 없는 질서위반행위는 과태료를 부과하지 아니한다"고 하여 요건을 엄격하게 하였다(제7조). 이는 행정형벌과의 구별이 상대적이므로 요건을 형벌에 상응하도록 한 것이다.

자신의 행위가 위법하지 아니한 것으로 오인하고 행한 질서위반행위는 그 오인에 정당한 이유가 있는 때에 한하여 과태료를 부과하지 아니한다(동법 제8조).

다른 특별한 규정이 있는 경우를 제외하고 14세가 되지 아니한 자의 질서위반행위는 과태료를 부과하지 아니한다(제9조).

【판례】 질서위반행위규제법은 '질서위반행위의 성립과 과태료 처분은 행위 시의 법률에 따른다'고 하면서도(제3조 제1항), '질서위반행위 후 법률이 변경되어 그 행위가 질서위반행위에 해당하지 아니하게 되거나 과태료가 변경되기 전의 법률보다 **가볍게 된 때에는 법률에 특별한 규정이 없는 한 변경된 법률을 적용한**

다'고 규정하고 있다(제3조 제2항). 따라서 **질서위반행위에 대하여 과태료를 부과하는 근거 법령이 개정되어 행위 시의 법률에 의하면 과태료 부과대상이었지만 재판 시의 법률에 의하면 부과대상이 아니게 된 때에는** 개정 법률의 부칙 등에서 행위 시의 법률을 적용하도록 명시하는 등 특별한 사정이 없는 한 재판 시의 법률을 적용하여야 하므로 **과태료를 부과할 수 없다**(대법원 2017.4.7. 2016마1626).

4. 행정청에 의한 부과 및 징수

(1) 사전통지 및 의견 제출

행정청이 과태료를 부과하고자 하는 때에는 미리 당사자에게 대통령령으로 정하는 사항을 통지하고, 10일 이상의 기간을 정하여 의견을 제출할 기회를 주어야 한다. 이 경우 지정된 기일까지 의견 제출이 없는 경우에는 의견이 없는 것으로 본다. 당사자는 행정청에 의견을 진술하거나 필요한 자료를 제출할 수 있다(제16조).

(2) 과태료의 부과, 감경, 제척기간, 징수유예

행정청은 질서위반행위, 과태료 금액 등을 명시한 서면으로 과태료를 부과하여야 한다(제17조). 법인의 대표자, 법인 또는 개인의 대리인·사용인 및 그 밖의 종업원이 업무에 관하여 법인 또는 그 개인에게 부과된 법률상의 의무를 위반한 때에는 법인 또는 그 개인에게 과태료를 부과한다(제11조 ①). 2인 이상이 질서위반행위에 가담한 때에는 각자가 질서위반행위를 한 것으로 보며, 신분에 의하여 성립하는 질서위반행위에 신분이 없는 자가 가담한 때에는 신분이 없는 자에 대하여도 질서위반행위가 성립한다(제12조). 하나의 행위가 2 이상의 질서위반행위에 해당하는 경우에는 각 질서위반행위에 대하여 정한 과태료 중 가장 중한 과태료를 부과한다(제13조 ①). 대한민국 영역 밖에서 질서위반행위를 한 대한민국의 국민에게도 과태료가 부과된다(제4조 ②).

당사자가 제16조에 따른 의견 제출 기한 이내에 과태료를 자진하여 납부하고자 하는 경우에는 대통령령으로 정하는 바에 따라 과태료를 감경할 수 있다(제18조). 질서위반행위가 종료된 날부터 5년이 경과한 경우에는 더 이상 과태료를 부과할 수 없다(제19조).

【참고】 종래 판례는 "과태료의 제재는 범죄에 대한 **형벌이 아니므로 그 성질상 처음부터 공소시효**(형사소송법 제249조)**나 형의 시효**(형법 제78조)**에 상당하는 것은 있을 수 없고, 이에 상당하는 규정도 없으므로 일단 한번 과태료에 처해질 위반행위를 한 자는 그 처벌을 면할 수 없다**"고 하였으나(대법원 2000.8.24. 2000마1350), 질서위반행위규제법은 과태료부과의 **제척기간을 5년으로** 명문화하였다.

행정청은 당사자가 국민기초생활보장법에 따른 수급권자, 장애인, 본인 외에는 가족을 부양할 사람이 없는 사람, 불의의 재난으로 피해를 당한 사람, 실업급여수급자 등에 해당하여 과태료(체납된 과태료와 가산금, 중가산금 및 체납처분비 포함)를 납부하기가 곤란하다고 인정되면 1년의 범위에서 대통령령으로 정하는 바에 따라 과태료의 분할납부나 납부기일의 연기("징수유예 등")를 결정할 수 있다.

(3) 이의제기, 법원에의 통보

행정청의 과태료 부과에 불복하는 당사자는 과태료 부과 통지를 받은 날부터 60일 이내에 해당 행정청에 서면으로 이의제기를 할 수 있다. 이의제기가 있는 경우에는 행정청의 과태료 부과처분은 그 효력을 상실한다(제20조).

【참고】과태료 부과절차가 질서위반행위규제법으로 통일되었다(질서위반행위규제법 제5조, 지방자치법 139조 ③ 참조). 이제는 모든 과태료부과처분에 대해 불복하고자 하면 이의제기를 하면 되고, 그럴 경우 과태료 부과처분의 효력이 바로 상실하고 과태료재판절차로 이행되어 **별도로 행정쟁송을 제기할 수 없으므로 행정청의 과태료부과행위는 행정쟁송의 대상이 되는 행정행위**(행정처분)**에 해당되지 않는다.**

이의제기를 받은 행정청은, 당사자가 이의제기를 철회하거나 이의제기에 이유가 있어 과태료를 부과할 필요가 없는 것으로 인정되는 경우 외에는, 이의제기를 받은 날부터 14일 이내에 관할 법원에 통보하고, 그 사실을 즉시 당사자에게 통지하여야 한다(제21조).

(4) 가산금 징수 및 체납처분 등

행정청은 당사자가 납부기한까지 과태료를 납부하지 아니한 때에는 납부기한을 경과한 날부터 체납된 과태료에 대하여 가산금(3%), 중가산금(매월 1.2%)을 징수한다. 당사자가 제20조 제1항에 따른 기한 이내에 이의를 제기하지 아니하고 가산금도 납부하지 아니한 때에는 국세 또는 지방세 체납처분의 예에 따라 강제징수한다(제24조).

【참고】① **관허사업의 제한**: 행정청은 허가·인가·면허·등록 및 갱신(허가 등)을 요하는 사업을 경영하는 자로서 ⓐ해당 사업과 관련된 질서위반행위로 부과받은 과태료를 3회 이상 체납하고 있고, 체납발생일부터 각 1년이 경과하였으며, 체납금액의 합계가 500만원 이상인 체납자 중 대통령령으로 정하는 횟수와 금액 이상을 체납한 자, ⓑ천재지변이나 그 밖의 중대한 재난 등 대통령령으로 정하는 특별한 사유 없이 과태료를 체납한 자에 대하여는 사업의 정지 또는 허가 등의 취소를 할 수 있다(제52조).
② **고액·상습체납자에 대한 제재**: 법원은 검사의 청구에 따라 결정으로 30일의 범위 이내에서 과태료의 납부가 있을 때까지 ⓐ과태료를 3회 이상 체납하고 있고, 체납발생일부터 각 1년이 경과하였으며, 체납금액의 합계가 1천만원 이상인 체납자 중 대통령령으로 정하는 횟수와 금액 이상을 체납한 경우, ⓑ과태료 납부능력이 있음에도 불구하고 정당한 사유 없이 체납한 경우 체납자(법인인 경우에는 대표자)를 감치(監置, 경찰서 유치장·교도소 또는 구치소에 유치하는 것)에 처할 수 있다(제54조).

(5) 과태료의 시효

과태료는 행정청의 과태료 부과처분이나 법원의 과태료 재판이 확정된 후 5년간 징수하지 아니하거나 집행하지 아니하면 시효로 인하여 소멸한다(제15조).

5. 법원에 의한 부과

법원은 질서위반행위규제법 제21조에 따른 행정청의 통보가 있는 경우, 질서위반행위규제법과 비송사건절차법의 일부 규정을 준용하여 재판을 통하여 과태료를 부과한다. 과태료 사건은 다른 법령에 특별한 규정이 없는 한, 당사자의 주소지의 지방법원 또는 그 지원이 관할한다(제25조). 법원은 검사의 의견을 구하여야 하고, 검사는 심문에 참여하여 의견을 진술하거나 서면으로 의견을 제출하여야 한다(제31조). 과태료 재판은 이유를 붙인 결정으로써 한다(제36조 ①). 결정은 당사자와 검사에게 고지함으로써 효력이 생긴다(제37조). 당사자와 검사는 과태료 재판에 대하여 즉시항고를 할 수 있으며, 항고는 집행정지의 효력이 있다(제38조). 과태료 재판은 검사의 명령으로써 집행하며, 이 경우 그 명령은 집행력 있는 집행권원과 동일한 효력이 있다(제42조 ①).

【판례】 과태료재판의 경우, 법원으로서는 기록상 현출되어 있는 사항에 관하여 직권으로 증거조사를 하고 이를 기초로 하여 판단할 수 있는 것이나, 그 경우 행정청의 **과태료부과처분사유와 기본적 사실관계에서 동일성이 인정되는 한도 내에서만 과태료를 부과할** 수 있다(대법원 2012.10.19. 2012마1163).

6. 병과(竝科)의 가능성

(1) 행정형벌과 행정질서벌

많은 문헌에서 행정형벌과 행정질서벌은 모두 행정벌의 일종이지만 그 목적이나 성질이 다르다고 볼 것이므로 행정질서벌인 과태료부과처분 후에 행정형벌을 부과한다고 하여도 일사부재리원칙에 반하는 것은 아니라고 하면서 행정형벌과 행정질서벌은 병과가 가능하다고 한다. 또한 판례도 같다고 하면서 아래의 판결(대법원 1996.4.12. 96도158)을 예로 든다.

【판례】 행정법상의 질서벌인 과태료의 부과처분과 형사처벌은 그 성질이나 목적을 달리하는 별개의 것이므로 행정법상의 질서벌인 과태료를 납부한 후에 형사처벌을 한다고 하여 이를 일사부재리의 원칙에 반하는 것이라고 할 수는 없으며, 자동차의 임시운행허가를 받은 자가 그 허가 목적 및 기간의 범위 안에서 운행하지 아니한 경우에 과태료를 부과하는 것은 당해 자동차가 무등록 자동차인지 여부와는 관계없이, 이미 등록된 자동차의 등록번호표 또는 봉인이 멸실되거나 식별하기 어렵게 되어 임시운행허가를 받은 경우까지를 포함하여, 허가받은 목적과 기간의 범위를 벗어나 운행하는 행위 전반에 대하여 행정질서벌로써 제재

를 가하고자 하는 취지라고 해석되므로, 만일 **임시운행허가기간을 넘어 운행한 자가 등록된 차량에 관하여 그러한 행위를 한 경우라면 과태료의 제재만을 받게 되겠지만, 무등록 차량에 관하여 그러한 행위를 한 경우라면 과태료와 별도로 형사처벌의 대상이 된다**(대법원 1996.4.12., 96도158).

그러나 이는 잘못된 견해이다. 동일한 위반사실에 대해서는 행정질서벌(과태료)과 행정형벌(벌금)을 병행하여 과할 수 없다고 할 것이다(같은 견해로 헌재 1994.6.30, 92헌바38 참조). 위 판례의 경우도 위반사실이 하나가 아니라 두 가지이며(임시운행기간경과, 무등록차량 운행), 두 가지에 대해 각각 과태료와 벌금이 부과된 것이므로 정확히 말하면 행정형벌과 질서벌이 병과된 것이 아니다. 그러한 점에서 판결문이 동일한 범죄에 대해 병과를 할 수 있는 것처럼 표현한 것은 오해의 소지가 있는 것이다.

【 판례 】 행정질서벌로서의 과태료는 행정상 의무의 위반에 대하여 국가가 일반통치권에 기하여 과하는 제재로서 형벌(특히 행정형벌)과 목적·기능이 중복되는 면이 없지 않으므로, **동일한 행위를 대상으로 하여 형벌을 부과하면서 아울러 행정질서벌로서의 과태료까지 부과한다면 그것은 이중처벌금지의 기본정신에 배치되어 국가 입법권의 남용으로 인정될 여지가 있음**을 부정할 수 없다. 이중처벌금지의 원칙은 처벌 또는 제재가 **"동일한 행위"**를 대상으로 행해질 때에 적용될 수 있는 것이고, 그 대상이 동일한 행위인지의 여부는 기본적 사실관계가 동일한지 여부에 의하여 가려야 할 것이다. … 무허가건축행위로 구 건축법 제54조 제1항에 의하여 형벌(벌금)을 받은 자가 그 위법건축물에 대한 시정명령에 위반한 경우 그에 대하여 과태료(필자 주: 현재는 이행강제금으로 변경됨)를 부과할 수 있도록 한 동법 제56조의2 제1항의 규정이 이중처벌금지원칙에 위배되지 않는다(헌재 1994.6.30, 92헌바38).

(2) 징계벌과 행정질서벌

징계벌과 행정질서벌은 그 근거·목적·성질이 전혀 다르므로 한 가지 위반사항에 대해 징계벌과 동시에 행정질서벌을 과할 수 있다. 전자는 특별권력관계에 근거한 것으로 조직내부의 질서유지를 위한 것이고, 후자는 일반권력관계에 근거한 것으로서 위법한 행위에 대한 처벌이다. 예컨대, 공무원이 법령을 위반하여 질서위반행위를 한 경우는 "직무의 내외를 불문하고 그 체면 또는 위신을 손상하는 행위"를 한 경우에 해당하면 징계를 받을 수 있는 것이다(국가공무원법 제78·79조 참조).

제3장 행정조사

제1절 개 설

I. 행정조사의 개념

행정조사란 행정기관이 정책을 결정하거나 직무를 수행하는 데 필요한 정보나 자료를 수집하기 위하여 현장조사·문서열람·시료채취 등을 하거나 조사대상자에게 보고요구·자료제출요구 및 출석·진술요구를 행하는 활동을 말한다(행정조사기본법 제2조 제1호).

II. 행정상 즉시강제와의 구별

종래 행정조사는 행정상 즉시강제에 포함시켜 다루어져 왔으나, 양자는 그 목적과 내용을 달리한다. 즉, 행정조사는 그 자체가 목적이 아니고 행정작용을 위하여 필요한 자료를 얻거나 사실확인을 위한 준비적·보조적 작용(예: 질문검사·가택출입 등 자료수집활동)인데 대하여, 즉시강제는 그 자체가 일정한 행정상 필요한 상태의 실현이라는 행정목적을 실현하기 위하여 행하여지는 작용이라는 점에서 구분된다. 행정조사는 행정강제나 행정벌과는 다른 독자적인 성격의 것이라는 점에서 거기에 포함시키지 않고 독립하여 다루는 것이 옳다.

제2절 행정조사의 종류·근거·한계

I. 행정조사의 종류

행정조사는 대상을 기준으로, ㉠ 신체수색·불심검문·질문 등의 대인적 조사, ㉡ 서류·장부의 열람, 물건의 검사·수거 등의 대물적 조사, ㉢ 가택출입·수색 등의 대가택적 조사 등으로 구분된다. 또한 조사방법을 기준으로, ㉠ 사람의 신체나 재산에 실력을 가함으로써 행정상 필요한 자료·정보를 수집하는 직접조사, ㉡ 사람의 신체·재산 등에 실력을 행사함이 없이 일정한 사항에 대한 보고나 자료를 제출하게 하는 간접조사로 구분될 수 있다. 법적으로 가장 의미있는 것은 강제조사와 임의조사의 구분이다.

1. 강제조사(권력적 행정조사)

강제조사는 권력적 행정조사라고도 하며 국민의 신체나 재산에 강제력을 가하여 조사하는 것으로서 권력적 사실행위이다. 많은 경우 강제조사는 불시에 행해지는 것이므로 종래에는 이를 즉시강제로 파악하는 경향이었으나 위에서 언급한 것처럼 강제조사와 즉시강제는 다르다. 불심검문결과 범죄에 사용될 우려가 있는 물건을 압수한다면 불심검문은 행정조사이고 물건의 압수는 즉시강제에 속하는 것이다. 강제조사에 속하는 것으로는 불심검문(경찰관직무집행법 제3조 ①), 운전자에 대한 음주측정(도로교통법 제44조 ②), 체납처분시 질문·검사(국세징수법 제27조), 식품위생법상의 출입·검사(제22조), 영업소에 들어가 강제로 장부·서류·미성년자출입 여부 등을 조사하는 경우 등이다.

2. 임의조사(비권력적 행정조사)

임의조사는 비권력적 행정조사라고도 하며, 상대방의 임의적인 협력에 의해 행해지거나 행정청 단독으로 행하는 행정조사로서 조사 자체가 법적 효과를 가져 오는 것이 아닌 비권력적 사실행위이다. 여론조사, 통계조사 등이 이에 속한다.

Ⅱ. 행정조사의 근거와 한계

1. 행정조사의 근거

행정기관은 법령 등에서 행정조사를 규정하고 있는 경우에 한하여 행정조사를 실시할 수 있다. 다만, 조사대상자의 자발적인 협조를 얻어 실시하는 행정조사의 경우에는 그러하지 아니하다(행정조사기본법 제5조).

행정조사에 관한 일반법으로는 행정조사기본법이 있고, 개별법으로는 경찰관직무집행법, 소방기본법, 식품위생법 등을 들 수 있다.

2. 행정조사의 한계

(1) 실체법적 한계

행정조사는 조사목적을 달성하는데 필요한 최소한의 범위 안에서 실시하여야 하며, 다른 목적 등을 위하여 조사권을 남용하여서는 아니 된다. 행정기관은 조사목적에 적합하도록 조사대상자를 선정하여 행정조사를 실시하여야 하며, 유사하거나 동일한 사안에 대하여는 공동조사 등을 실시함으로써 행정조사가 중복되지 아니하도록 하여야 한다. 행정조사는 법령 등의 위반에 대한 처벌보다는 법령 등을 준수하도록 유도하는 데 중점을 두어야 한다. 다른 법률에 따르지 아니하고는 행정조사의 대상자 또는 행정조사의 내용을 공표하거나 직무상 알게 된 비밀을 누설하여서는 아니 되며, 행정조사를 통하여 알게 된 정보를 원래의 조사목적 이외의 용도로 이용하거나 타인에게 제공하여서는 아니 된다(행정조사기본법 제4조).

(2) 절차법적 한계

1) 영장주의

헌법상의 영장주의가 강제조사의 경우에도 적용될 것인지가 문제이다. 행정상 즉시강제의 경우처럼 영장필요설, 영장불필요설, 절충설이 있는데 절충설이 통설·판례이다. 행정조사도 상대방의 신체·재산에 직접 강제력을 가하는 것이기는 하지만 그것이 형사소추를 위한 수색에 이를 정도의 것이 아니라 단시간 동안 간단히 이루어지는 경우에는 영장주의가 적용되지 않고 공무원의 증표제시로 족하다고 할 것이다(예: 불심검문. 식품위생법상의 출입·검사 등). 그러나 행정조사가 사실상 수색에 해당되고 형사상의 소추목적을 동시에 추구하는 경우에는 사전영장주의가 적용되는 것이 원칙이다. 다만, 긴급을 요하는 경우나 행정목적의 달성을 위하여 불가피하다고 인정할 만한 합리적인 이유가 있는 경우에는 예외가 인정되지만, 이 경우에도 사후영장이 필요하다(조세범처벌절차법 제9조 ②).

2) 증표의 제시

권력적 조사의 경우 공무원이 조사의 권한이 있음을 명백히 하고, 조사권의 남용을 방지하며, 국민의 권리구제에 도움이 되도록 하기 위해 공무원에게 증표의 휴대와 제시를 의무사항으로 하는 실정법의 예가 적지 않다(예: 행정조사기본법 제11조 ③. 경찰관직무집행법 제3조 ④. 식품위생법 제22조 ③ 등).

3) 실력행사

권력적 행정조사를 상대방이 거부하는 경우에는 실력을 행사하여 강행할 수 있는지가 문제이다. 긍정설·부정설·절충설이 있는데, 절충설이 타당하다. 즉, 행정조사를 거부한 경우에는 그에 대한 벌칙 또는 불이익처분 등 행정상 제재를 위한 근거규정이 있는 경우에는(예: 식품위생법 제97조) 그에 따르면 되므로 실력행사는 허용되지 않는다고 할 것이지만, 그와 같은 규정이 없는 때는 위법행위가 확실하게 행해지고 있는 장소나 물건을 긴급하게 조사할 필요가 있는 경우, 증거인멸의 우려가 있는 경우 등에는 실력행사를 통해 조사를 강행할 수 있다고 보아야 할 것이다.

4) 상대방의 진술거부

헌법상의 진술거부권(헌법 제12조 ②)이 행정조사의 경우에도 적용되는지에 관해서는 견해가 갈린다. 진술거부권은 형사절차상의 것이므로 행정조사에는 적용되지 않는다는 견해가 다수설이다. 다만, 행정조사가 형사상의 소추목적을 동시에 추구하는 경우에는 진술거부권이 인정된다고 할 것이다.

제 3 절 행정조사의 실행

I. 조사대상

행정기관의 장은 행정조사의 목적, 법령준수의 실적, 자율적인 준수를 위한 노력, 규모와 업종 등을 고려하여 명백하고 객관적인 기준에 따라 행정조사의 대상을 선정하여야 한다. 조사대상자는 조사대상 선정기준에 대한 열람을 행정기관의 장에게 신청할 수 있다(행정조사기본법 제4조). 조사대상자란 행정조사의 대상이 되는 법인·단체 또는 그 기관이나 개인을 말한다(동법 제2조).

Ⅱ. 조사방법

1. 출석·진술, 보고, 자료제출의 요구

행정기관의 장은 조사대상자에게 출석·진술, 보고, 자료제출을 요구할 수 있다. 행정기관의 장이 조사대상자의 출석·진술을 요구하는 때에는 ㉠ 일시와 장소, ㉡ 출석요구의 취지, ㉢ 출석하여 진술하여야 하는 내용, ㉣ 제출자료 등이 기재된 출석요구서를 발송하여야 한다. 조사대상자는 행정기관의 장에게 출석일시를 변경하여 줄 것을 신청할 수 있다. 조사원은 원칙적으로 조사대상자의 1회 출석으로 당해 조사를 종결하여야 한다(동법 제9조).

행정기관의 장이 조사대상자에게 조사사항에 대하여 보고를 요구하는 때에는 ㉠ 일시와 장소, ㉡ 조사의 목적과 범위, ㉢ 보고하여야 하는 내용 등이 포함된 보고요구서를 발송하여야 한다. 조사대상자에게 장부·서류나 그 밖의 자료를 제출하도록 요구하는 때에는 ㉠ 제출기간, ㉡ 제출요청사유, ㉢ 제출서류, ㉣ 제출서류의 반환 여부 등이 기재된 자료제출요구서를 발송하여야 한다(동법 제10조). 행정기관의 장은 인터넷 등 정보통신망을 통하여 조사대상자로 하여금 자료의 제출 등을 하게 할 수 있다(동법 제28조).

2. 현장조사

조사원이 가택·사무실 또는 사업장 등에 출입하여 현장조사를 실시하는 경우에는 행정기관의 장은 ㉠ 조사목적, ㉡ 조사기간과 장소, ㉢ 조사원의 성명과 직위, ㉣ 조사범위와 내용, ㉤ 제출자료 등이 기재된 현장출입조사서 또는 법령 등에서 현장조사시 제시하도록 규정하고 있는 문서를 조사대상자에게 발송하여야 한다.

현장조사는 조사대상자가 동의하거나 사무실 또는 사업장 등의 업무시간에 행정조사를 실시하는 등 예외적인 경우를 제외하고는 해가 뜨기 전이나 해가 진 뒤에는 할 수 없는 것이 원칙이다. 현장조사를 하는 조사원은 그 권한을 나타내는 증표를 지니고 이를 조사대상자에게 내보여야 한다(동법 제11조).

3. 시료채취, 자료 등의 영치

조사원이 조사목적의 달성을 위하여 시료채취를 하는 경우에는 그 시료의 소유자 및 관리자의 정상적인 경제활동을 방해하지 아니하는 범위 안에서 최소한도로 하여야 한다. 행정기관의 장은 시료채취로 조사대상자에게 손실을 입힌 때에는 그 손실을 보상하여야 한다(동법 제12조).

조사원이 현장조사 중에 자료·서류·물건 등(자료 등)을 영치하는 때에는 조사대상자 또는 그 대리인을 입회시켜야 한다. 조사원은 자료 등을 사진으로 촬영하거나 사본을 작성하는 등의 방법으로 영치에 갈음할 수 있다. 영치를 완료한 때에는 영치조서 2부를 작성하여 1부를 입회인에게 교부하여야 한다. 행정기관의 장은 당해 행정조사의 목적의 달성 등으로 자료 등에 대한 영치의 필요성이 없게 된 경우 등에는 영치한 자료 등을 즉시 반환하여야 한다(동법 제13조).

Ⅲ. 조사실시

1. 조사의 사전통지

행정조사를 실시하고자 하는 행정기관의 장은 출석요구서, 보고요구서·자료제출요구서 및 현장출입조사서("출석요구서 등")를 조사개시 7일 전까지 조사대상자에게 서면으로 통지하여야 한다. 다만, ㉠ 행정조사를 실시하기 전에 관련 사항을 미리 통지하는 때에는 증거인멸 등으로 행정조사의 목적을 달성할 수 없다고 판단되는 경우, ㉡ 조사대상자의 자발적인 협조를 얻어 실시하는 행정조사의 경우 등에는 행정조사의 개시와 동시에 출석요구서 등을 조사대상자에게 제시하거나 행정조사의 목적 등을 조사대상자에게 구두로 통지할 수 있다(동법 제17조). 조사대상자는 사전통지의 내용에 대하여 행정기관의 장에게 의견을 제출할 수 있다(제21조).

출석요구서 등을 통지받은 자가 천재지변이나 그 밖에 대통령령으로 정하는 사유로 인하여 행정조사를 받을 수 없는 때에는 당해 행정조사를 연기하여 줄 것을 행정기관의 장에게 요청할 수 있으며, 행정기관의 장은 연기요청을 받은 날부터 7일 이내에 조사의 연기 여부를 결정하여 조사대상자에게 통지하여야 한다(제18조). 조사대상자의 자발적인 협조를 얻어 행정조사를 실시하고자 하는 경우 조사대상자는 문서·전화·구두 등의 방법으로 당해 행정조사를 거부할 수 있다(제20조).

2. 조사권 행사의 제한

조사원은 출석요구서, 보고요구서·자료제출요구서 및 현장출입조사서에 기재하여 발송된 사항에 한하여 조사대상자를 조사하되, 사전통지한 사항과 관련된 추가적인 행정조사가 필요할 경우에는 조사대상자에게 추가조사의 필요성과 조사내용 등에 관한 사항을 서면이나 구두로 통보한 후 추가조사를 실시할 수 있다. 조사대상자는 법률·회계 등에 대하여 전문지식이 있는 관계 전문가로 하여금 행정조사를 받는 과정에 입회하게 하거나 의견을 진술하게 할 수 있다. 조사대상자와 조사원은 조사과정을 방해하지 아니하는 범위 안에서 행정조사의 과정을 녹음하거나 녹화할 수 있다. 이 경우 녹음·녹화의 범위 등은 상호 협의하여 정하여야 한다. 조사대상자와 조사원이 녹음이나 녹화를 하는 경우에는 사전에 이를 당해 행정기관의 장에게 통지하여야 한다(제23조).

3. 조사결과의 통지

행정기관의 장은 법령 등에 특별한 규정이 있는 경우를 제외하고는 행정조사의 결과를 확정한 날부터 7일 이내에 그 결과를 조사대상자에게 통지하여야 한다(제24조).

제 4 절　행정조사에 대한 권리구제

Ⅰ. 위법한 행정조사에 대한 구제

1. 위법조사에 근거한 행정행위의 효력

위법한 행정조사(예: 권력남용에 의한 조사 등)가 있는 경우 그 행정조사에 따른 행정행위가 위법한지가 문제이다. 이에 관해서는 적극설·소극설·절충설이 있는데 절충설이 옳다. 즉, 원칙적으로 행정조사는 행정행위와 별개의 것이고 행정행위에 필수적으로 요구되는 사전절차가 아니고, 단지 예비적 수단에 불과하므로 행정조사가 위법하다고 하여 행정행위가 당연히 위법하게 되는 것은 아니다. 조사결과가 잘못된 것인 경우에는 그에 근거한 행정행위는 위법하다. 예외적으로 법령이 행정조사를 필수적인 절차로 규정하고 있는 경우에는 조사 자체가 위법하게 이루어졌다면, 그러한 위법한 조사의 결과로 수집된 정보가 잘못된 경우 그에 근거한 행정행위가 위법임은 당연하다. 또한 조사 자체만 위법한 경우에도 절차상의 위법이 되므로 그에 따른 행정행위는 위법한 것이 된다고 할 것이다.

【판례】① 납세자에 대한 부가가치세부과처분이, 종전의 부가가치세 경정조사와 같은 세목 및 같은 과세기간에 대하여 중복하여 실시된 위법한 세무조사에 기초하여 이루어진 것이어서 위법하다(대법원 2006.6.2. 2004두12070).
② 세무조사대상의 기준과 선정방식에 관한 구 국세기본법 제81조의5가 마련된 이후에는 개별 세법이 정한 질문·조사권은 구 국세기본법 제81조의5가 정한 요건과 한계 내에서만 허용된다. 또한 구 국세기본법 제81조의5가 정한 **세무조사대상 선정사유가 없음에도 세무조사대상으로 선정하여 과세자료를 수집하고 그에 기하여 과세처분을 하는 것은 적법절차의 원칙을 어기고** 구 국세기본법 제81조의5와 제81조의3 제1항을 위반한 것으로서 특별한 사정이 없는 한 **과세처분은 위법하다**(대법원 2014.6.26. 2012두911).

2. 위법한 행정조사 자체에 대한 구제

강제조사는 권력적 사실행위로서 행정처분성이 인정되므로 행정쟁송의 대상이 된다. 그러나 조사가 단기간의 침해로 행위가 종료되는 것이 보통이므로 행정쟁송을 제기하여 그 취소나 변경을 구할 쟁송의 이익이 없는 경우가 많다. 다만 강제조사가 종료된 때에도 그 취소로 회복할 법률상 이익이 있는 경우에는 행정쟁송을 제기할 수 있다.

위법한 행정조사로 인하여 손해를 입은 자는 국가나 지방자치단체를 상대로 국가배상법이 정하는 바에 따라 손해배상을 청구할 수 있다. 사실상 가장 효과적인 권리구제수단이 된다. 위법한 강제조사에 대하여 형법상의 정당방위의 법리에 의한 항거가 가능하고, 따라서 공무집행방해죄가 성립하지 않는다.

II. 적법한 행정조사에 대한 구제

행정조사가 적법한 경우에도 그로 인하여 수인의 정도를 넘는 '특별한 희생을 입은 자'에게는 헌법과 개별법의 규정에 의하여 손실보상청구가 인정된다. 예컨대, 토지수용을 위한 출입조사에 대한 보상이나('공익사업을 위한 토지등의 취득 및 보상에 관한 법률' 제27조 ③) 시료채취로 인한 손실에 대한 보상이 인정된다(행정조사기본법 제12조).

제4장 행정의 실효성확보를 위한 기타 수단

제1절 금전상의 제재

Ⅰ. 과징금

1. 의 의

과징금은 ㉠ 경제법상의 의무위반행위(예: 불공정거래, 담합행위)나 위법행위(예: 위해식품의 판매) 등으로 얻은 불법적인 경제적 이익을 박탈하기 위한 목적으로 과하는 금전적 제재와(본래적·전형적 과징금: '독점규제 및 공정거래에 관한 법률' 제6·17·22·28조, 식품위생법 제83조〈영업정지와 병행가능〉), ㉡ 인·허가사업에 있어서 그 사업정지를 명할 위법사유가 있는 경우에 사업정지처분에 갈음하여 사업을 계속하게 하면서 그에 따른 금전적 이익을 박탈하기 위한 행정제재금을 말한다(변형된 과징금). 사업정지처분에 갈음하는 과징금이 규정되어 있는 경우 과징금부과와 사업정지처분 중에서 어느 것을 택할 것인지는 통상 행정청의 재량에 속하지만 사업자의 선택에 맡기는 경우가 많다. 사업자는 사업정지보다는 과징금부과를 택하는 경향이 있는데, 위법사항이 중대한 경우에는 반드시 사업정지처분 등을 하여야 하고 과징금으로 대신할 수 없도록 하는 규정도 있다(예: 식품위생법 제82조 ① 단서). 과징금은 행정제재적인 성격과 부당이득환수적 성격이 있으므로 과징금의 액수는 사업자의 매출액의 규모에 따라 정해지는 경우가 많다(식품위생법 제82조 ③ 참조).

【참고】 식품위생법 제82조(영업정지 등의 처분에 갈음하여 부과하는 과징금 처분): ① 식품의약품안전청장, 시·도지사 또는 시장·군수·구청장은 영업자가 제75조 제1항 각 호 또는 제76조 제1항 각 호의 어느 하나에 해당하는 경우에는 대통령령으로 정하는 바에 따라 **영업정지, 품목 제조정지 또는 품목류 제조정지** 처분을 갈음하여 **2억원 이하의 과징금**을 부과할 수 있다. 다만, 제6조를 위반하여 제75조 제1항에 해당하는 경우와 제4조, 제5조, 제7조, 제10조, 제13조, 제37조 및 제42조부터 제44조까지의 규정을 위반하여 제75조 제1항 또는 제76조 제1항에 해당하는 **중대한 사항으로서 보건복지부령으로 정하는 경우**는 제외한다.

예컨대, 식품위생법에 위반하여 불량식품을 제조한 경우 벌금형(형사처벌)을 받고 동시에 사업정지처분(행정처분)을 받는 것은 당연하다. 따라서 사업(영업)정지에 갈음하는 과징금과 형사처벌은 병과될 수 있으며 이중처벌금지원칙에 위반되지 않는다.

【판례】(구)'독점규제 및 공정거래에 관한 법률' 제24조의2에 의한 부당내부거래에 대한 과징금은 … 행정목적을 실현하기 위하여 그 위반행위에 대하여 제재를 가하는 행정상의 **제재금으로서의 기본적 성격에 부당이득환수적 요소도 부가**되어 있는 것이라 할 것이고, 이를 두고 헌법 제13조 제1항(이중처벌금지)에서 금지하는 국가형벌권 행사로서의 '처벌'에 해당한다고는 할 수 없으므로, **공정거래법에서 형사처벌과 아울러 과징금의 병과를 예정하고 있더라도 이중처벌금지원칙에 위반된다고 볼 수 없다**(헌재 2003.07.24, 2001헌가25).

일반적으로 행정청이 행정제재수단으로 사업정지를 명할 것인지, 과징금을 부과할 것인지, 과징금의 액수를 얼마로 할 것인지에 관하여 재량권이 부여되어 있는 것이 원칙이다. 따라서 과징금부과처분이 법이 정한 한도액을 초과하여 위법할 경우 그 전부를 취소할 수밖에 없다는 것이 판례의 입장이다. 그러나 과징금부과가 기속행위인 경우도 있다.

【판례】① 자동차운수사업면허조건 등을 위반한 사업자에 대하여 행정청이 행정제재수단으로 사업정지를 명할 것인지, 과징금을 부과할 것인지, 과징금을 부과키로 한다면 **그 금액은 얼마로 할 것인지에 관하여 재량권이 부여되었다 할 것이므로** 과징금부과처분이 법이 정한 한도액을 초과하여 위법할 경우 법원으로서는 그 전부를 취소할 수밖에 없고, 그 한도액을 초과한 부분이나 법원이 적정하다고 인정되는 부분을 **초과한 부분만을 취소할 수 없다**(금 1,000,000원을 부과한 당해 처분 중 금 100,000원을 초과하는 부분은 재량권 일탈·남용으로 위법하다며 그 일부분만을 취소한 원심판결을 파기한 사례. 대법원 1998.4.10, 98두2270).
② 부동산 실권리자명의 등기에 관한 법률 제3조 제1항은 "누구든지 부동산에 관한 물권을 명의신탁약정에 의하여 명의수탁자의 명의로 등기하여서는 아니 된다"라고 규정하고, 위 법률 제5조 제1항은 제3조 제1항의 규정을 위반한 명의신탁자에 대하여는 당해 부동산가액의 100분의 30에 해당하는 금액의 범위 안에서 과징금을 부과한다고 규정하고 있다. 또한, 위 법률 시행령 제3조 제1항은 시장·군수 또는 구청장은 법 제5조 제1항의 규정에 의하여 위반행위를 한 자에게 위반사실이 확인된 후 1월 이내에 서면으로 과징금을 납부할 것을 고지하여야 한다고 규정하고, 제3조의2는 조세를 포탈하거나 법령에 의한 제한을 회피할 목적이 아닌 경우에는 과징금의 100분의 50을 감경할 수 있다고 규정하고 있다. 이상의 규정을 종합하면, **명의신탁자에 대하여 과징금을 부과할 것인지 여부는 기속행위에 해당**하여, 명의신탁이 조세를 포탈하거나 법령에 의한 제한을 회피할 목적이 아닌 경우에 한하여 그 과징금을 **일정한 범위 내에서 감경할 수 있을 뿐**이지 그에 대하여 **과징금 부과처분을 하지 않거나 과징금을 전액 감면할 수 있는 것은 아니라고 할 것이다**(대법원 2007.7.12., 2005두17287).
③ 구 여객자동차 운수사업법(2012.2.1. 개정되기 전의 것) 제88조 제1항의 **과징금부과처분은 제재적 행정처분으로서** 여객자동차 운수사업에 관한 질서를 확립하고 여객의 원활한 운송과 여객자동차 운수사업의 종합적인 발달을 도모하여 공공복리를 증진한다는 행정목적의 달성을 위하여 행정법규 위반이라는 객관적 사실에 착안하여 가하는 제재이므로 **반드시 현실적인 행위자가 아니라도 법령상 책임자로 규정된 자에게 부과되고 원칙적으로 위반자의 고의·과실을 요하지 아니하나, 위반자의 의무 해태를 탓할 수 없는 정당한 사유가 있는 등의 특별한 사정이 있는 경우에는 이를 부과할 수 없다**(대법원 2014.10.15. 2013두5005).

그리고 부과된 과징금채무는 일신전속적 의무가 아니므로 과징금을 부과받은 자가 사망한 경우 그 상속인에게 승계된다(대법원 1999.5.14., 99두35).

【참고】행정기본법 제29조(과징금의 납부기한 연기 및 분할 납부)
과징금은 한꺼번에 납부하는 것을 원칙으로 한다. 다만, 행정청은 과징금을 부과받은 자가 다음 각 호의 어느 하나에 해당하는 사유로 과징금 전액을 한꺼번에 내기 어렵다고 인정될 때에는 그 **납부기한을 연기**하거나 **분할 납부**하게 할 수 있으며, 이 경우 필요하다고 인정하면 담보를 제공하게 할 수 있다.
1. 재해 등으로 재산에 현저한 손실을 입은 경우, 2. 사업 여건의 악화로 사업이 중대한 위기에 처한 경우, 3. 과징금을 한꺼번에 내면 자금 사정에 현저한 어려움이 예상되는 경우, 4. 그 밖에 제1호부터 제3호까지에 준하는 경우로서 대통령령으로 정하는 사유가 있는 경우.

2. 벌금 · 과태료 · 범칙금과의 구별

과징금은 경제적 이익의 환수에 초점이 있고, 형식상 행정벌에 속하지 않는 점에서 행정벌인 벌금이나 과태료와 구별된다. 징수절차에 있어서도 과징금은 행정청이 행정처분의 형식(급부하명)으로 부과되고, 그에 대한 권리구제는 행정소송(취소소송·무효확인소송)에 의한다는 점에서도 벌금·과태료와 구분된다.

과징금은 경제적 이익을 박탈하기 위한 것이나 범칙금은 형벌(벌금, 과료)을 과해야 할 범죄행위에 대하여 그 형벌을 유보한 채 금전적 제재를 과하는 것이라는 점에서 서로 다르다.

3. 법적 근거

과징금은 법률의 명시적 근거가 있는 경우에만 부과할 수 있다. 현재 행정기본법, '독점규제 및 공정거래에 관한 법률'(제6·17·22·28조 등), 식품위생법(제82조), '석유 및 석유대체연료사업법'(제35조), 여객자동차운수사업법(제88조) 등 매우 많은 법률에서 과징금에 관한 규정을 두고 있다.

【참고】행정기본법 제28조(과징금의 기준)
① 행정청은 법령 등에 따른 의무를 위반한 자에 대하여 법률로 정하는 바에 따라 그 위반행위에 대한 제재로서 과징금을 부과할 수 있다.
② 과징금의 근거가 되는 법률에는 과징금에 관한 다음 각 호의 사항을 명확하게 규정하여야 한다. 1. 부과·징수 주체, 2. 부과 사유, 3. 상한액, 4. 가산금을 징수하려는 경우 그 사항, 5. 과징금 또는 가산금 체납 시 강제징수를 하려는 경우 그 사항

4. 권리구제

과징금부과는 행정처분에 해당하므로 공정력과 집행력이 인정되어 불이행시 국세징수법에 따라 강제징수한다. 따라서 과징금의 부과·징수에 하자가 있는 경우에는 행정쟁송을 통하여 다툴 수 있다. 위법한 과징금부과로 인해 손해를 입은 자는 국가배상법에 따라 손해

배상을 청구할 수 있다.

Ⅱ. 범칙금

'범칙금'이란 '범칙행위'(도로교통법 제156조 및 제157조 또는 경범죄처벌법 제1조에 해당되는 행위)를 한 범칙자가 경찰서장의 통고처분(도로교통법 제163조, 경범죄처벌법 제6조)에 의해 국고에 납부하여야 할 금전을 말한다. 도로교통법 제156조 및 제157조는 20만원 이하의 벌금이나 구류·과료의 형벌을 부과하는 위법행위들을, 경범죄처벌법 제1조는 10만원 이하의 벌금이나 구류·과료의 형벌을 부과하는 위법행위들을 열거하고 있다. 이 위법행위를 '범칙행위'라 하는데, 이는 중대범죄가 아니고, 증거가 확실하여 거의 다툼이 없으며, 빈번히 발생하는 행위이기 때문에 범칙행위를 한 자(범칙자)에 대한 과벌절차를 간단·신속하게 하기 위해 경찰서장이 통고처분 한다(도로교통법 제163조, 경범죄처벌법 제6조). 경찰서장은 통고처분에 의해 범칙자에게 벌금·과료의 금액에 해당되는 금액을 부과하는데 그 금전을 '범칙금'이라고 한다.

통고처분을 받은 사람은 10일 이내에 범칙금을 납부하여야 하며, 그때까지 납부하지 못한 사람은 그 후 20일 이내에 범칙금의 100분의 20을 더하여 납부하여야 한다. 범칙금을 납부한 사람은 그 범칙행위에 대하여 다시 벌받지 아니한다. 통고처분을 이행하지 않을 경우에는 경찰서장은 지체 없이 즉결심판을 청구하여야 한다. 그러나 즉결심판이 청구되기 전까지 통고받은 범칙금액에 그것의 100분의 50을 더한 금액을 납부한 사람에 대하여는 그러하지 아니하다(경범죄처벌법 제7조, 제8조; 도로교통법 제164조).

Ⅲ. 부과금

부과금은 환경법상의 배출부과금이 전형적인 예이다. 오염물질을 배출하는 오염유발자에게 환경오염에 따른 비용을 부과시킴으로써 자발적인 오염저감을 유도하는 제도로서 생산·제조분야의 오염물질 배출시설에 대하여 부과되고 있다.

배출부과금은 대기 및 수질분야에 부과되며(대기환경보전법 제35조, 수질환경보전법 제41조), 종래에는 배출허용기준을 초과하여 오염물질을 배출한 업체에 대하여 **과징금의 성격**으로 부과하였다. 사업자에 대하여 초과 배출한 오염물질의 처리에 소요되는 비용에 상당하는 경제적 부담을 주어 배출허용기준을 준수하고 개선명령 등의 실효성을 확보할 목적으로 시행되었다. 그러나 1997년부터는 기본부과금을 추가하여 **환경사용료 성격의 기능을 추가**하였다. 따라서 배출부과금은 환경사용료 내지 환경개선비용으로서의 성격이 강하게 되었으며 실제에 있어서 배출량 감소의 수단보다는 환경보호의 재원조달수단으로 운영되고 있다.

Ⅳ. 가산세 · 가산금

1. 가산세

가산세라 함은 '세법에 규정하는 의무의 성실한 이행을 확보하기 위하여, 세법상의 산출세액에 가산하여 징수하는 금액'으로서 본래의 조세채무와는 별개로 과하여지는 조세를 말한다. 납세자가 정당한 이유 없이 세법상 법정신고기간 내에 신고하지 아니하였거나 과소신고를 하였을 경우 일정비율의 가산세를 부과하는 것이 그 예이다(국세기본법 제47-49조, 소득세법 제81조 참조). 납세자의 고의·과실의 여부와 관계없이 부과되며, 법령의 무지 또는 오인의 경우에도 부과된다. 가산세부과에도 법적 근거가 요구됨은 당연하다. 문자 그대로 세금이므로 행정벌(벌금 등)과 병과될 수 있다.

【판례】세법상 가산세는 과세권의 행사 및 조세채권의 실현을 용이하게 하기 위하여 납세자가 정당한 이유 없이 법에 규정된 신고, 납세 등 각종 의무를 위반한 경우에 개별세법이 정하는 바에 따라 부과되는 행정상의 제재로서 납세자의 고의, 과실은 고려되지 않는 것이고, 다만 **납세의무자가 그 의무를 알지 못한 것이 무리가 아니었다거나 그 의무의 이행을 당사자에게 기대하는 것이 무리라고 하는 사정이 있을 때 등 그 의무해태를 탓할 수 없는 정당한 사유가 있는** 경우에는 이를 부과할 수 없다(대법원 2003.9.5. 2001두403).

2. 가산금

국세를 납부기한까지 완납하지 아니한 때에 그 납부기한이 경과한 날로부터 체납된 국세에 대하여 일정한 금액을 추가부담시키는 금전으로서 미납분에 대한 지연이자의 의미로 부과되는 것을 말한다. 일종의 연체금이다. 그 예로서 국세징수법상 납부기간 경과 즉시 체납한 국세에 대하여 부과되는 3%에 상당하는 가산금과 일정한 기한까지도 납부하지 않는 경우에 시간의 경과에 비례해서 가산금에 추가하여 매월 체납세금의 1.2%씩 부과되는 중가산금(최장 60개월) 등이 있다(동법 제21조, 제22조). 세금만이 아니라 각종 금전납부의무, 예컨대 과태료(질서위반행위규제법 제24조, 제41조), 배출부과금(대기환경보전법 제35조 ⑧) 등의 연체시에도 가산금이 부과된다.

【판례】국세징수법 제21조, 제22조가 규정하는 가산금 또는 중가산금은 국세를 납부기한까지 납부하지 아니하면 과세청의 확정절차 없이도 법률 규정에 의하여 당연히 발생하는 것이므로 **가산금 또는 중가산금의 고지가 항고소송의 대상이 되는 처분이라고 볼 수 없다**(대법원 2005.6.10. 2005다15482).

제 2 절 그 밖의 수단

【문 제】 甲은 식품위생법에 종사하는 자로서 영업부진으로 재정상태가 궁박하게 되어 소득세를 비롯한 국세를 3회 이상 체납하였다. 이에 관할 세무서장 乙은 국세징수법에 따라 세금납부를 독촉하였으나, 甲은 이에 응하지 않았다. 관할세무서장 乙은 甲에 대하여 강제징수절차를 개시하려 하였으나 甲의 명의로 된 재산이 존재하지 않아 강제징수절차를 진행할 수 없었다. 이에 乙은 국세징수법 제7조 제2항에 의거하여 주무행정청 丙에게 甲에 대한 영업허가의 취소를 요구하였고, 이에 따라 丙은 甲의 영업허가를 취소하였다. 丙의 허가취소는 적법한가? 〈제43회 행정고시〉

Ⅰ. 인 · 허가의 정지 · 철회 · 거부 등

행정법상 의무위반자에 대하여 인 · 허가 등을 정지 · 철회 · 거부함으로써 위반자에게 불이익을 가하는 것은 사실상 가장 전형적인 행정의 실효성확보수단에 속한다. 많은 문헌에서 이를 '새로운' 의무이행확보수단이라고 하는데 이는 사실 '새로운' 것이 아니고 전통적인 것이다.

1. 일반적인 경우(의무위반자에 대한 제재)

인 · 허가를 받아야 하는 사업을 수행하는 자가 그 사업과 관련된 법적 의무를 위반한 경우에 영업정지처분 또는 영업허가철회처분을 하는 것은 전통적인 수단으로서 널리 사용되고 있다. 도로교통법을 위반한 자에게 운전면허의 정지 · 취소(철회)하는 것이 전형적인 예이다. 인 · 허가를 받을 필요 없이 신고만 하면 사업을 할 수 있는 경우에는 행정청이 철회할 행정처분(인 · 허가)이 없으므로 인 · 허가의 철회대신 영업소의 폐쇄를 명하게 된다.

2. 예외적인 경우(의무불이행자에 대한 간접강제)

인 · 허가사업과 직접적인 관련이 없는 의무를 불이행한 경우에 당해 의무의 이행을 간접적으로 강제하기 위해 의무불이행자의 사업에 관련된 인 · 허가를 거부하거나 인 · 허가를 정지 · 철회하는 경우가 있다.

(1) 조세체납의 경우

예컨대, "세무서장은 납세자가 대통령령이 정하는 사유 없이 국세를 체납한 때에는 허가 · 인가 · 면허 및 등록과 그 갱신('허가 등')을 요하는 사업의 **주무관서에 당해납세자에 대하여 그 허가 등을 하지 아니할 것을 요구**할 수 있다. 세무서장은 허가 등을 받아 사업을 경영하는 자가 국세를 3회 이상 체납한 경우로서 그 체납액이 500만원 이상인 때에는 때에는 대통령령이 정하는 경우를 제외하고 그 **주무관서에 사업의 정지 또는 허가 등의 취소를 요구**할 수 있다. 세무서장의 요구가 있을 때에는 당해주무관서는 정당한 사유가 없는 한 이에 응하여야 한다"(국세징수법 제7조 ①,②,④).

이러한 규정은 체납된 조세와 불허가 또는 취소 · 정지되는 사업과는 실질적으로 관련이 없다는 점에서 부당결부금지의 원칙에 위반되는 것이라는 견해와 국가 · 지방재정의 안정을 위해 최소한을 규정하고 있는 것으로서 문제가 없다는 견해가 있다.

(2) 과태료를 체납한 경우

행정청은 허가 · 인가 · 면허 · 등록 및 갱신("허가 등")을 요하는 사업을 경영하는 자로서 해당 사업과 관련된 질서위반행위로 부과받은 과태료를, 천재지변이나 그 밖의 중대한 재난 등 대통령령으로 정하는 특별한 사유 없이, 3회 이상 체납하고 있고, 체납발생일부터 각 1년이 경과하였으며, 체납금액의 합계가 500만원 이상인 체납자 중 대통령령으로 정하는 횟수와 금액 이상을 체납한 자에 대하여는 사업의 정지 또는 허가 등의 취소를 할 수 있다(질서위반행위규제법 제52조).

(3) 건축법에 위반한 경우

건축허가권자는 건축허가나 승인이 취소된 위법건축물 또는 시정명령을 받고 이행하지 아니한 위법건축물에 대하여 다른 법령에 따른 영업이나 그 밖의 행위를 허가하지 아니하도록 요청할 수 있다(제79조 ②).

Ⅱ. 공 표

1. 의 의

공표란 행정법상의 의무위반이 있는 경우에 그 위반사항이나 위반자의 명단을 널리 알리도록 함으로써 그 위반자의 명예 · 신용의 침해를 위협하여 행정법상의 의무이행을 간접적으로 강제하는 수단이다.

2. 법적 근거

공표는 그 자체로는 아무런 법적 효과(관계인의 권리변동)를 발생하지 않는 사실행위에 해당하지만, 경우에 따라서는 상대방에게 심각한 경제적 손실 내지 인격권 등을 침해한다는 점에서 원칙적으로 법적 근거를 요한다고 본다.

현행법 중에는 공표에 관한 일반법은 행정절차법이다. 행정청은 법령에 따른 의무를 위반한 자의 성명 · 법인명, 위반사실, 의무위반을 이유로 한 처분사실 등(이하 "위반사실등"이라 한다)을 법률로 정하는 바에 따라 (사전에 당사자의 명예 · 신용 등이 훼손되지 아니하도록 객관적이고 타당한 증거와 근거가 있는지를 확인하고, 원칙적으로 미리 당사자에게 그 사실을 통지하고 의견제출의 기회를 준 후에) 일반에게 공표할 수 있다(행정절차법 제40조의3 ①, ②, ③, 상술 참조).

그 밖에 개별법으로서는 공직자가 허위로 재산을 등록한 경우 일간신문광고란을 통해 이를 공표할 수 있게 한 규정(공직자윤리법 제8조의2), 청소년의 성을 사는 행위 등의 범죄를 범한 자의 성명 · 연령 · 직업 등의 신상과 범죄사실의 요지를 그 형이 확정된 후 이를 게재하여 공개할 수 있게 한 규정('아동 · 청소년의 성보호에 관한 법률' 제20조 ②), 고액 · 상습체납자의 명단을 공개할 수 있도록 한 규정(국세기본법 제85조의5), 위해식품과 식품사업자의 공표(식품위생법 제73 · 84조) 등이 있다.

3. 한 계

명단의 공표는 상대방의 인격권 · 프라이버시권 등을 침해한다는 점에서 명단공표의 필요성과 프라이버시권 등 여러 이익을 비교형량하여 결정되어야 한다. 따라서 공표는 법에 적합하게 행사하여야 함은 물론이고 비례원칙, 부당결부금지원칙, 무죄추정의 원칙에 의한 한계가 있다.

4. 권리구제

공표 그 자체는 사실행위로서 그것의 취소를 구하는 소송을 제기할 수 없다는 것이 다수설이다. 그것의 취소가 가능하다고 하더라도 이미 발표된 것을 취소한다는 것은 의미가 없다. 단지 위법한 공표로 인하여 손해를 받은 자는 국가배상법에 의한 행정상의 손해배상을 청구할 수 있다.

【 판례 】 국가기관이 행정목적달성을 위하여 언론에 보도자료를 제공하는 등 이른바 **행정상 공표**의 방법으로 실명을 공개함으로써 **타인의 명예를 훼손한 경우**, 그 공표된 사람에 관하여 적시된 사실의 내용이 진실이라는 증명이 없더라도 **국가기관이 공표 당시 이를 진실이라고 믿었고 또 그렇게 믿을 만한 상당한 이유가 있다면 위법성이 없는** 것이고, 이 점은 언론을 포함한 사인에 의한 명예훼손의 경우에서와 마찬가지이다. 상당한 이유의 존부의 판단에 있어서는, 실명공표 자체가 매우 신중하게 이루어져야 한다는 요청에서 비롯되는 무거운 주의의무와 공권력의 광범한 사실조사능력, 공표된 사실이 진실하리라는 점에 대한 국민의 강한 기대와 신뢰, 공무원의 비밀엄수의무와 법령준수의무 등에 비추어, 사인의 행위에 의한 경우보다는 훨씬 더 엄격한 기준이 요구된다 할 것이므로, **그 사실이 의심의 여지없이 확실히 진실이라고 믿을 만한 객관적이고도 타당한 확증과 근거가 있는 경우가 아니라면 그러한 상당한 이유가 있다고 할 수 없다.** 지방국세청 소속 공무원들이 통상적인 조사를 다하여 의심스러운 점을 밝혀 보지 아니한 채 막연한 의구심에 근거하여 원고가 위장증여자로서 국토이용관리법을 위반하였다는 요지의 조사결과를 보고한 것이라면 국세청장이 이에 근거한 보도자료의 내용이 진실하다고 믿은 데에는 상당한 이유가 없다(대법원 1993.11.26. 93다18389).

형법상의 명예훼손죄, 피의사실공표죄 또는 공무상 비밀누설죄 등의 형사상의 구제를 청구할 수 있다. 행정청은 공표된 내용이 사실과 다른 것으로 밝혀지거나 공표에 포함된 처분이 취소된 경우에는 그 내용을 정정하여, 정정한 내용을 지체 없이 해당 공표와 같은 방법으로 공표된 기간 이상 공표하여야 한다(행정절차법 제40조의3 ⑧).

【 답 】 영업허가의 취소는 수익적 행정행위의 철회로서, 기본권보호라는 법치주의 관점에서 볼 때 법적 근거가 필요하다. 사안의 경우 국세징수법 제7조 제2항 등에서 세무서장은 사업을 경영하는 자가 국세를 3회 이상 체납한 때에는 그 주무관서에 그 허가의 취소 등을 요구할 수 있게 하였으며, 이에 주무관서는 정당한 사유가 없는 한 이에 응하여야 한다고 규정하고 있는바, 그에 따른 丙의 영업허가 취소는 그 **법적 근거가 존재하여 법률유보의 원칙은 준수되었으며**, 위법하다고도 할 수 없다. 다만, 사업면허취소처분은 강학상 철회로서 재량성이 인정되는바, 그 취소로서 달성하고자 하는 **공익보다 甲이 입게 되는 불이익이 현저히 크다고 보여지는 경우에는 비례원칙에 위배되어 위법한** 처분이 될 것이다.

제 4 편　행정구제법

제1장 행정상 손해배상(국가배상)

제1절 개 설

Ⅰ. 행정상 손해배상의 개념

1. 의 의

행정상 손해배상제도는 국가나 지방자치단체 등 행정주체가 자신의 위법한 행정작용으로 인하여 타인에게 손해를 가한 경우에 행정주체가 그 손해를 배상해 주는 제도를 말한다. 국가배상제도라고도 한다.

2. 행정상 손실보상과의 관계

행정상 손해배상제도는 위법한 침해로 인한 재산이나 생명·신체에 대한 피해의 배상을 내용으로 한다는 점에서 재산권에 대한 적법한 침해로 인한 재산상의 피해에 대한 보상제도인 손실보상제도, 적법한 침해로 인한 생명·신체상의 피해에 대한 보상제도인 희생보상제도와 구별된다(후술). 이들을 합하여 '행정상 손해전보'라고도 한다.

행정상 손해배상제도는 개인주의적인 사상의 바탕위에 개인적·도의적인 책임을 기초원리로 한 것이다. 원래 민사책임으로서 발달한 사법상의 불법행위제도와 근본적으로는 동일한 것이다. 다만, 배상주체가 행정주체라는 점에서 그 특수성이 인정될 뿐이다. 반면 행정상 손실보상제도는 행정목적의 달성을 위한 행정주체의 적법한 행정작용으로 인해 특정개인에게 손실이 발생한 경우 단체주의적 사상을 바탕으로 국민 전체가 공평하게 부담하여 그 손실을 보상해 주기 위한 제도이다.

그런데 양자의 구분이 상대화되어 가는 경향이 있다. 즉, 오늘날 사회적 위험의 증대로 개인의 손해가 발생한 경우에 대하여 가해행위의 위법성의 여부나 공무원 개인의 고의·과실의 여부를 묻지 않고 단지 '부담의 공평화'라는 견지에서 국가배상을 인정하려는 위험책임론(위험한 시설로 인한 손해에 대해 과실의 유무를 불문하고 책임을 져야 한다는 이론)이나 무과실책임론,

불법행위배상책임과 적법행위보상책임의 중간영역으로서 위법·무과실의 행정작용의 경우에도 배상 내지 보상을 인정하려는 이론이 점증하고 있다(후술).

Ⅱ. 행정상 손해배상의 법적 근거

1. 헌 법

헌법 제29조는 "① 공무원의 직무상 불법행위로 손해를 받은 국민은 법률이 정하는 바에 의하여 국가 또는 공공단체에 대하여 정당한 배상을 청구할 수 있다. 이 경우 공무원 자신의 책임은 면제되지 아니한다. ② 군인·군무원·경찰공무원 기타 법률이 정하는 자가 전투·훈련 등 직무집행과 관련하여 받은 손해에 대하여는 법률이 정하는 보상 외에 국가 또는 공공단체에 공무원의 직무상 불법행위로 인한 배상은 청구할 수 없다"라고 하고 있다.

헌법은 국가배상청구권을 기본권으로서 인정하고 있다. 즉, 법률이 제정되어야 비로소 배상청구권이 생기는 것은 아니며, 법률은 배상청구권행사의 구체적인 기준·방법 등을 정하도록 하고 있는 것이다(헌법규정의 직접효력설: 통설).

국가배상청구권의 주체는 국민이다. 국민은 한국 국적의 자연인·법인을 말하며, 외국인·외국법인에게는 상호의 보증이 있는 때에 한하여, 즉 외국인·외국법인의 본국에서 한국인에게도 손해배상청구권을 인정하는 경우에 한하여 청구권이 인정된다(국가배상법 제7조).

한편 일정한 경우에는 신분상의 특수성 때문에 군인·군무원·경찰공무원 등에 대해서는 국가배상청구권이 인정되지 않고, 대신 다른 법률에 의한 구제방법이 인정되고 있다(후술).

2. 국가배상법

(1) 국가배상에 관한 일반법(법률의 적용순서)

헌법 제29조에 근거하여 국가배상법이 제정되어 있다. 국가배상법 제8조는 "국가 또는 지방자치단체의 손해배상의 책임에 관하여는 이 법의 규정에 의한 것을 제외하고는 민법의 규정에 의한다. 다만, 민법 이외의 법률에 다른 규정이 있을 때에는 그 규정에 의한다"고 규정하여 동법이 국가배상에 관한 일반법임을 명시하고 있다.

따라서 ㉠ 국가배상에 관하여 다른 법률규정(특별법)이 있는 경우에는 특별법이 우선하여 적용되고, ⓛ 그러한 특별법이 없으면 국가배상법이 적용되며, ⓒ 국가배상법에 규정이 없는 사항에 대해서는 민법이 보충적으로 적용된다. 한편, 국가배상에 관한 특별법으로는 무과실책임을 인정하고 있는 것으로서 자동차손해배상보장법(제3조), 산업재해보상보험법(제4조), 원자력손해배상법(제2조) 등이 있고, 배상책임의 범위 또는 배상액을 경감 내지 정형화하고 있는 것으로서 우편법(제38조) 등이 있다.

> 【참고】 국가배상에 관한 특별법으로서 한미상호방위조약(제4조) 및 그에 근거한 한미행정협정(제23조 ⑤) 및 그에 관한 민사특별법(제3조 ①, ②)이 있다. 그에 의하면 **주한미군의 구성원·고용원 또는 한국증원 군대(Katusa)의 구성원**이 직무행위 및 그들이 점유·관리하는 시설 등의 설치·관리의 하자로 인해 한국 정부 이외의 제3자(국민)에게 손해를 가한 경우에는 국가는 국가배상법의 규정에 의하여 그 손해를 배상하여야 한다. 즉, 피해자는 **미국이 아닌 대한민국을 피고로** 하여 손해배상을 청구한다.

(2) 국가배상법의 성격

1) 사법설

국가배상법을 민법의 특별법으로 보는 견해이다. 그 논거로서 ⓜ 국가배상책임은 민법상의 불법행위책임의 한 유형이라는 점, ⓛ 국가배상법 제8조('… 이 법의 규정에 의한 것을 제외하고는 민법의 규정에 의한다')가 동법이 민법에 대한 특별법적 성격을 가짐을 나타내고 있다는 점, ⓒ 손해의 원인행위가 공행정작용이기는 하지만, 국가배상책임은 그것의 직접적인 효과가 아니고, 그것의 결과인 손해의 전보에 관한 것이라는 점 등을 든다. 판례는 실무상으로 오래 전부터 변함없이 이 설을 취한다. 즉, 배상청구권도 사권으로 보며, 행정소송사건이 아니라 민사소송사건으로 다룬다(대법원 1972.10.10, 69다701).

2) 공법설

공법설은 그 논거로서 ⓜ 행정주체의 사경제작용으로 인한 손해배상문제는 민법에 의하지만, 공법적 원인으로 인한 손해배상문제는 국가배상법에 의한다는 점에서 민법과는 근본적으로 성격을 달리한다는 점, ⓛ 생명·신체의 침해로 인한 국가배상을 받을 권리는 압류와 양도의 대상이 되지 아니한다는 점(국가배상법 제4조), ⓒ 국가배상책임은 손해배상만이 아니라 행정통제의 기능도 갖는다는 점 등을 든다. 학자들의 통설이다. 이는 배상청구권을 공권으로 보며, 소송의 형태는 행정소송의 하나인 당사자소송(행소법 제4장)이 된다고 한다.

3) 검 토

ⓜ 공법적 원인으로 발생한 법적 효과의 문제는 공법으로 다루는 것이 논리적으로 일

관성이 있다는 점, ⓛ 공법의 흠결시 민법이 보충적으로 적용되는 것은 불가피하다는 점, ⓒ 국가배상에 관한 법률관계는 그것의 한쪽 당사자가 반드시 공행정의 주체가 되므로, 위에서 서술한 공·사법의 구분기준(귀속설, 신주체설)에 의할 때 공법관계라는 점, ⓔ 국가배상책임의 문제가 공익과 관련이 많아 민법상의 손해배상요건과는 달리 규정되어 있다는 점에서 공법설이 타당하다고 본다.

> 【참고】**국가배상규정과 민법규정의 차이점:** ⓐ 국가배상법 제2조의 공무원의 불법행위로 인한 국가배상책임에 대응하는 것이 민법 제756조의 사용자책임인데, 민법 제756조 제1항 단서는 사용자에게 피용자의 선임·감독에 과실이 없는 경우 사용자는 면책(免責)되는 것으로 규정하고 있으나, 국가배상법에는 그러한 규정이 없다. 즉, 국가나 지방자치단체는 소속공무원에 대한 **선임·감독의 과실 여부와 관련 없이 항상 배상책임을 진다.** 국가배상책임은 민법상의 사용자 책임과는 다른 것이다. ⓑ 국가배상법 제5조의 영조물의 설치·관리상의 하자로 인한 국가배상책임에 대응하는 것이 민법 제758조의 공작물 등의 점유자 및 소유자의 책임인데, 민법 제758조 제1항 단서는 점유자에게 **과실이 없는 경우 점유자는 면책**되는 것으로 규정하고 있지만, **국가배상법에는 그러한 규정이 없다.**

(3) 국가배상법상 배상책임의 유형

국가배상법은 ⓐ 공무원의 직무상 불법행위로 인한 배상책임과 ⓑ 영조물의 설치·관리상의 하자로 인한 배상책임의 두 가지 유형을 규정하고 있다.

그런데 국가배상법은 국가나 지방자치단체가 사인의 지위에서 행하는 행정작용으로 인해 야기되는 배상책임에 관해서는 규정하고 있지 않다. 따라서 이러한 부분은 국가배상법 제8조에 따라 민법이 적용된다(대법원 1999.6.22, 99다7008).

제 2 절   공무원의 직무상 불법행위로 인한 손해배상

> 【문제】 A지방해양수산청소속 선박검사담당 공무원 甲은 선박에 관한 정기검사를 실시함에 있어, 선박안전법상의 선박검사에 관한 규정을 준수하지 않고 **기관의 노후 등으로 화재의 위험이 있는 선박에 대하여 선박검사증서를 교부**하였다. 그러나 동 선박은 몇 달 후에 항해 도중 기관의 과열로 인하여 화재가 발생함으로써 승객 수십 명이 사망하기에 이르렀다. 사망한 승객의 유가족이 甲의 직무집행과 관련하여 행사할 수 있는 권리구제수단에 대하여 논하시오. 〈제39회 사법시험〉

공무원의 직무상 불법행위로 인한 손해배상에 관해서는 국가배상법 제2조가 "① 국가나 지방자치단체는 공무원 또는 공무를 위탁받은 사인(이하 "공무원"이라 한다)이 직무를 집행하면서 고의 또는 과실로 법령을 위반하여 타인에게 손해를 입히거나, 자동차손해배상보장법에 따라 손해배상의 책임이 있을 때에는 이 법에 따라 그 손해를 배상하여야 한다. 다만, 군인·군무원·경찰공무원 또는 예비군대원이 전투·훈련 등 직무집행과 관련하여 전사(戰死)·순직(殉職)하거나 공상(公傷)을 입은 경우에 본인이나 그 유족이 다른 법령에 따라 재해보상금·유족연금·상이연금 등의 보상을 지급받을 수 있을 때에는 이 법 및 민법에 따른 손해배상을 청구할 수 없다. ② 제1항 본문의 경우에 공무원에게 고의 또는 중대한 과실이 있으면 국가나 지방자치단체는 그 공무원에게 구상(求償)할 수 있다"고 규정하고 있다.

Ⅰ. 배상책임의 요건

국가배상의 요건은 ㉠ 공무원이 직무를 집행하면서 고의 또는 과실로 법령을 위반하여 타인에게 손해를 가할 것, 또는 ㉡ 자동차손해배상보장법에 따라 손해배상의 책임이 있을 것이다. ㉠을 나누어 설명하면 다음과 같다(㉡은 후술).

1. 공무원

국가배상법상의 공무원이란 최광의의 개념이다. 즉, '국가공무원법·지방공무원법상의 공무원뿐만 아니라 널리 공무를 위탁받아 실질적으로 그에 종사하는 모든 자'를 포함하는 기능적 의미의 공무원이다.

(1) 국가기관 및 지방자치단체의 구성원

행정부 및 지방자치단체소속의 공무원뿐만 아니라 입법부·사법부·헌법재판소 등 각종 국가기관이나 지방자치단체의 구성원(예: 국회의원, 판사, 헌법재판관, 지방의회의원 등)도 포함된다. 또한 국회나 지방의회처럼 기관 자체가 '공무원'에 해당될 수 있다(예: 위헌·위법인 법률·조례의 제정이라는 입법행위로 인해 손해를 가한 경우).

(2) 공무를 위탁받은 사인

개정된 국가배상법 제2조는 그 동안 판례와 학설로 인정되어 오던 것을 명문화하여 공무를 위탁받은 사인도 공무원에 해당한다고 명시하고 있다. 판례는 ㉠ 지방자치단체에 의해 선정된 '교통할아버지'(대법원 2001.1.5. 98다39060), ㉡ 전입신고서에 도장을 찍는 통장(대법원 1991.7.9. 91다5570), ㉢ 집달관(집행관. 대법원 1966.7.26. 66다854), ㉣ 소집중인 예비군(대법원 1970.5.26. 70다471) 등을 공무원으로 보았다. 그러나 의용소방대원은 공무원으로 보지 않았다(대법원 1978.7.11. 78다

584. 그러나 의용소방대원도 소방상 필요에 의하여 소집되어 소방소장 등의 업무를 보조하면서 공무를 수행하므로 소집 중에 있는 의용소방대원은 당연히 공무원에 포함된다고 볼 것이다).

한편 판례는 공무(대집행권한)를 위탁받은 한국토지공사(현 한국토지주택공사)는 (국가배상법 제2조의) 공무원에 해당하는 것이 아니라 (권리·의무가 귀속되는) 행정주체라고 한다(즉, 토지공사가 자신이 손해배상주체이다).

또한 사인이 사법상 계약에 의해 공무를 수행하더라도 공무수행행위가 공법적 작용에 속하면 그 사인은 여기의 공무원에 해당한다(예: 불법주차차량을 견인하는 차량견인업자).

> 【판례】 **한국토지공사**는 구 한국토지공사법(2007.4.6. 개정되기 전의 것) 제2조, 제4조에 의하여 정부가 자본금의 전액을 출자하여 설립한 법인이고, 같은 법 제9조 제4호에 규정된 한국토지공사의 사업에 관하여는 공익사업을 위한 토지 등의 취득 및 보상에 관한 법률 제89조 제1항, 위 한국토지공사법 제22조 제6호 및 같은 법 시행령 제40조의3 제1항의 규정에 의하여 본래 시·도지사나 시장·군수 또는 구청장의 업무에 속하는 대집행권한을 한국토지공사에게 위탁하도록 되어 있는바, 한국토지공사는 이러한 법령의 위탁에 의하여 **대집행을 수권받은 자로서 공무인 대집행을 실시함에 따르는 권리·의무 및 책임이 귀속되는 행정주체**의 지위에 있다고 볼 것이지 **지방자치단체 등의 기관으로서 국가배상법 제2조 소정의 공무원에 해당한다고 볼 것은 아니다**(대법원 2010.1.28, 2007다82950,82967).

(3) 주한미군 등

한미상호방위조약(제4조) 및 그에 근거한 한미행정협정(제23조 ⑤)에 따라 주한미군의 구성원·고용원 또는 한국증원군대의 구성원도 여기의 공무원에 해당한다.

2. 직무를 집행하면서 한 행위(직무행위)

> 【문제】
> ① S市 공무원 A가 아파트건설을 위한 **주택사업계획승인에 관한 업무**를 처리하는 과정에서 B의 명예를 훼손하는 발언을 하여 B는 손해배상을 청구하려고 한다.
> ② S市 공무원 A가 S市에서 사용할 컴퓨터 100대를 구매하기 위해 **공개입찰을 실시**하면서 B의 명예를 훼손하는 발언을 하여 B는 손해배상을 청구하려고 한다. 각각 어떻게 하여야 하는가?

(1) 직무행위의 범위

공무원의 직무행위란 공법적 작용, 즉 행정작용 중에서 사경제작용을 제외한 권력작용과 비권력작용을 말한다. 그런데 영조물의 설치관리와 관련된 직무는 국가배상법 제5조가 적용되므로 이를 제외한 모든 공법상의 행정작용을 의미한다.

【 판례 】 ① **국가배상법**이 정한 배상청구의 요건인 '공무원의 직무'에는 권력적 작용만이 아니라 행정지도와 같은 비권력적 작용도 포함되며 **단지 행정주체가 사경제주체로서 하는 활동만 제외**되는 것이다(대법원 1998.7.10, 96다38971; 대법원 2004.4.9, 2002다10691).
② 국가의 **철도운행사업**은 국가가 공권력의 행사로서 하는 것이 아니고 **사경제적 작용**이라 할 것이므로, 이로 인한 사고에 공무원이 간여하였다고 하더라도 국가배상법을 적용할 것이 아니고 일반 **민법의 규정에 따라야** 하므로, … **공공의 영조물인 철도시설물의 설치 또는 관리의 하자**로 인한 불법행위를 원인으로 하여 국가에 대하여 손해배상청구를 하는 경우에는 **국가배상법**이 적용된다(대법원 1999.6.22, 99다7008).

(2) 직무행위의 내용

직무행위는 주로 행정작용이 되지만, 입법·사법작용도 여기에 포함된다. 법적 행위·사실행위, 작위·부작위 등도 모두 된다. 통치행위도 사법심사가 가능한 경우(예: 당연무효인 경우)에는 손해배상이 인정될 수 있다고 하여야 논리적으로 맞다(상술). 입법작용과 사법작용도 직무행위에 속함은 당연하지만 이들의 고의·과실로 인한 위법성이 인정되기 어려우므로 그로 인한 손해배상이 인정되는 경우는 별로 없을 것이다(후술).

(3) 집행하면서(직무행위의 판단기준)

'직무를 집행하면서'라 함은 직무행위 자체만이 아니라 '외형상 직무행위와 밀접한 관련이 있는 행위'를 포함한다. 행위 자체의 외관을 객관적으로 관찰하여 공무원의 직무행위의 외형을 갖춘 때는 비록 그것이 실질적으로 직무행위가 아니거나, 공무원 자신의 권한 밖의 행위이거나 행위자로서 공무집행의 의사가 없었다고 하더라도 그 행위는 공무원이 '직무를 집행하면서' 한 것으로 보아야 한다(외형설). 통설·판례이다(대법원 1995.4.21, 93다14240 참조). 직무집행의 기회에 행하여진 모든 행위가 여기에 포함되는 것은 아니다.

【 판례 】 ① **인사업무담당 공무원이 다른 공무원의 공무원증 등을 위조한 행위**에 대하여 실질적으로는 직무행위에 속하지 아니한다 할지라도 외관상으로 국가배상법 제2조 제1항의 **직무집행관련성이 인정된다**(대법원 2005.1.14, 2004다26805).
② 상급자가 같은 소대에 새로 전입한 하급자를 훈계하다가 도가 지나쳐 폭행을 하기에 이른 경우, 그 상급자의 교육·훈계행위는 적어도 외관상으로는 직무집행으로 보여지고 **교육·훈계 중에 한 폭행도 그 직무집행과 밀접한 관련이 있는 것**이므로 결국 그 폭행은 국가배상법 제2조 제1항 소정의 공무원이 직무를 집행함에 당하여 한 행위로 볼 수 있다(대법원 1995.4.21, 93다14240).
③ 공무원이 통상적으로 근무하는 **근무지로 출근**하기 위하여 자기 소유의 자동차를 운행하다가 자신의 과실로 교통사고를 일으킨 경우에는 특별한 사정이 없는 한 국가배상법 제2조 제1항 소정의 공무원이 '직무를 집행함에 당하여' 타인에게 불법행위를 한 것이라고 할 수 없다(대법원 1996.5.31, 94다15271).
④ 미군부대 소속 선임하사관이 소속부대장의 명에 따라 **공무차 예하부대로 출장을** 감에 있어 부대에 공용차량이 없었던 까닭에 개인소유의 차량을 빌려 직접 운전하여 예하부대에 가서 공무를 보고나자 **퇴근시간이 되어서 위 차량을 운전하여 집으로 운행하던 중 교통사고**가 발생하였다면 위 선임하사관의 위 차량의 운행은 실질적, 객관적으로 그가 명령받은 위 출장명령을 수행하기 위한 직무와 밀접한 관련이 있는 것이라고 보아야 한다(대법원 1988.3.22, 87다카1163).

【답】

① A의 행위는 공법상의 직무를 집행함에 당하여 한 것으로서 국가배상법상의 직무행위에 속한다. 따라서 B는 **국가배상법**을 근거로 **S市**를 피고로 하여(A의 고의 및 중과실인 경우는 A도 피고로 하여) 손해배상을 청구 할 수 있다.

② S市가 컴퓨터를 구매하는 것은 **사경제의 주체(국고)**인 경우에 해당하고, A의 행위는 사경제적 작용과 관련된 것으로서 국가배상법의 적용대상이 아니다. 따라서 B는 **민법**을 근거로 **S市**를 상대로 손해배상을 청구할 수 있다.

3. 불법행위

【문 제】 A는 1998년 제33회 공인회계사 제1차 시험에서 불합격처분을 받았는데, 시험의 1개 문항의 출제와 정답이 잘못되어 자신이 불합격되었다는 이유로 재정경제부장관을 피고로 하여 **불합격처분의 취소를 구하는 행정소송을** 제기하여 승소하였다. 결국 A는 승소판결 후에 2차 시험에 응시할 수 있게 되었으나 불합격하였다. 이에 A는 재정경제부장관의 1차 시험 불합격처분으로 인해 자신이 받은 정신적 고통 등을 이유로 국가(대한민국)를 피고로 하여 **손해배상을 요구하는 소송을** 제기하였다. 손해배상을 받을 수 있을 것인가?

공무원이 고의·과실로 법령에 위반한 경우, 즉 불법행위를 한 경우에 배상책임이 인정된다.

(1) 고의·과실로 인한 행위

【문 제】 경기도 부천시 남구에서 이용업을 하던 A는 면도사로 하여금 **음란행위를 하게 하려다가** 보건사회부(현 보건복지부) 위생관리과 직원에게 적발되었다. 그런데 부천시 남구의 단속공무원은 A로 하여금 그의 이발관 안에서 **음란행위를 제공하였다**는 사실을 인정하도록 강요하여 확인서를 받았다. 이 확인서에 근거하여 남구청장(B)은 "손님에게 윤락행위, 음란행위를 알선 또는 제공하거나 이에 대한 손님의 요청에 응한 때"에는 1차 위반이라고 하더라도 영업허가를 취소하거나 영업장폐쇄명령을 하도록 규정하고 있던 당시의 공중위생법시행규칙 별표 7의 행정처분의 기준 (1993.7.5. 개정되기 전의 것)에 따라 A에 대한 **이용업허가를 취소하는 행정처분을** 하였다. 그러나 A는 행정처분의 취소를 구하는 행정심판을 제기하여 자신이 음란행위를 제공하지 않았으며, 따라서 영업허가취소는 가혹하다는 것을 주장하였다. 결국 행정심판과정에서 A가 음란행위를 제공하지 않았다는 사실이 밝혀져 경기도 행정심판위원회의 재결에 의하여 위 영업허가취소처분이 취소되었다. 이에 A는 위 B의 위법한 직무집행으로 위 **영업허가가 취소됨으로써 그 동안 자신이 입은 재산상의 손해와 정신적인 손해를 배상할 것을 요구하는** 소송을 부천시(부천시 남구는 지방자치단체가 아니므로 부천시가 배상주체임)를 상대로 제기하였다. A는 손해배상을 받을 수 있는가?

고의·과실의 요구는 손해배상청구권이 기본적으로 과실책임주의에 입각하고 있음을 보여주는 것이며, 이러한 점에서 국가배상법 제5조의 영조물의 설치·관리상의 하자의 경우에 무과실책임으로 배상책임을 지는 경우와 구별된다.

1) 고의·과실의 의의 및 판단기준

고의란 어떠한 위법행위의 발생가능성을 인식하고 그 결과를 용인하는 것을 말하며, 과실이란 통상 갖추어야 할 주의의무를 게을리 하여 위법한 결과를 초래하는 것을 말한다. 과실 여부는 당해 직무를 담당하는 평균적인(보통 일반의) 공무원을 기준으로 판단한다. 경과실도 포함된다.

고의·과실은 당해 공무원의 고의·과실을 의미하며, 국가 등에 의한 공무원의 선임·감독상의 고의·과실을 의미하는 것이 아니다. 공무원에게 고의·과실이 없으면 국가는 배상책임이 없다. 공무원의 불법행위책임이 인정되는 경우에는 국가는 공무원의 선임·감독을 게을리 함이 없어도 배상책임을 진다. 민법 제756조의 사용자책임의 경우와 다르다. 형사상 무죄라고 하더라도 과실이 인정되면 배상의무가 있게 된다(대법원 2008.2.1, 2006다6713).

【 판례 】 ① ㉠어떠한 **행정처분이** 후에 항고소송에서 **취소되었다고** 할지라도 그 기판력에 의하여 당해 행정처분이 곧바로 **공무원의 고의 또는 과실로 인한 것으로서 불법행위를 구성한다고 단정할 수는 없는 것이**고, 그 행정처분의 담당공무원이 **보통 일반의 공무원을 표준으로 하여 볼 때 객관적 주의의무를 결하여 그 행정처분이 객관적 정당성을 상실**하였다고 인정될 정도에 이른 경우에 비로소 국가배상법 제2조 소정의 국가배상책임의 요건을 충족하였다고 봄이 상당할 것이며, 이때에 객관적 정당성을 상실하였는지 여부는 피침해이익의 종류 및 성질, 침해행위가 되는 행정처분의 태양 및 그 원인, 행정처분의 발동에 대한 피해자측의 관여의 유무, 정도 및 손해의 정도 등 **제반 사정을 종합하여 손해의 전보책임을 국가 또는 지방자치단체에게 부담시켜야 할 실질적인 이유가 있는지 여부에 의하여 판단**하여야 한다. ㉡ 법령에 의하여 국가가 그 시행 및 관리를 담당하는 시험(사법시험)에 있어 시험문항의 출제 및 정답결정에 오류가 있어 이로 인하여 합격자 결정이 위법하게 되었다는 것을 이유로 공무원 내지 시험출제에 관여한 시험위원의 고의·과실로 인한 국가배상책임을 인정하기 위하여는 ⋯⋯ 제반 사정을 종합적으로 고려하여 **시험관련 공무원 혹은 시험위원이 객관적 주의의무를 결하여 그 시험의 출제와 정답 및 합격자 결정 등의 행정처분이 객관적 정당성을 상실하고, 이로 인하여 손해의 전보책임을 국가에게 부담시켜야 할 실질적인 이유가 있다고 인정되어야 한다**(대법원 2003.11.27, 2001다33789).
② 당뇨병 환자인 교도소 수용자가 당뇨병의 합병증인 당뇨병성 망막병증으로 인한 시력저하를 호소하였으나 교도소 의무관이 적절한 치료와 조치를 취하지 아니하여 **수용자의 양안이 실명상태에 이르게 된 데 대하여 교도소 의무관의 주의의무위반을 인정**할 수 있다(대법원 2005.3.10, 2004다65121).
③ 형사재판 과정에서 범죄사실의 존재를 증명함에 충분한 증거가 없다는 이유로 무죄판결이 확정되었다고 하더라도 그러한 사정만으로 바로 검사의 구속 및 공소제기가 위법하다고 할 수 없고, **그 구속 및 공소제기에 관한 검사의 판단이 그 당시의 자료에 비추어 경험칙이나 논리칙상 도저히 합리성을 긍정할 수 없는 정도에 이른 경우에만 그 위법성을 인정할 수 있다.** ⋯ 검사는 피고인의 이익을 위하여 항소할 수 있다고 해석되므로 ⋯ 검사가 수사 및 공판과정에서 피고인에게 유리한 증거를 발견하게 되었다면 피고인의 이익을 위하여 이를 법원에 제출하여야 한다. ⋯ 감정결과를 검사가 공판과정에서 입수한 경우 그 감정서는 **원고의 무죄를 입증할 수 있는 결정적인 증거에 해당하는데도 검사가 그 감정서를 법원에 제출하지 아니하고 은폐하였다면 검사의 그와 같은 행위는 위법하다고 보아 국가배상책임을 인정할 수 있다**(대법원 2002.2.22,

2001다23447).

④ 불법행위에 따른 **형사책임**은 사회의 법질서를 위반한 행위에 대한 책임을 묻는 것으로서 **행위자에 대한 공적인 제재**(형벌)를 그 내용으로 함에 비하여, **민사책임**은 타인의 법익을 침해한 데 대하여 행위자의 개인적 책임을 묻는 것으로서 **피해자에게 발생된 손해의 전보**를 그 내용으로 하는 것이고 따라서 **손해배상제도는 손해의 공평·타당한 부담을 그 지도원리로** 하는 것이므로, 형사상 범죄를 구성하지 아니하는 침해행위라고 하더라도 그것이 민사상 불법행위를 구성하는지 여부는 **형사책임과 별개의 관점에서 검토**되어야 할 것이다. 경찰관이 범인을 제압하는 과정에서 총기를 사용하여 범인을 사망에 이르게 한 사안에서, 경찰관이 총기사용에 이르게 된 동기나 목적, 경위 등을 고려하여 **형사사건에서 무죄판결이 확정되었더라도 당해 경찰관의 과실의 내용과 그로 인하여 발생한 결과의 중대함에 비추어 민사상 불법행위책임을 인정할 수 있다** (대법원 2008.2.1., 2006다6713).

⑤ **사법경찰관이나 검사**는 수사기관으로서 피의사건을 조사하여 진상을 명백히 하고, 수집·조사된 증거를 종합하여 피의자가 유죄판결을 받을 가능성이 있는 정도의 혐의를 가지게 된 데에 합리적인 이유가 있다고 판단될 때에는 소정의 절차에 의하여 기소의견으로 검찰청에 송치하거나 법원에 공소를 제기할 수 있으므로, 객관적으로 보아 사법경찰관이나 검사가 당해 피의자에 대하여 유죄의 판결을 받을 가능성이 있다는 혐의를 가지게 된 데에 상당한 이유가 있는 때에는 후일 재판과정을 통하여 그 범죄사실의 존재를 증명함에 족한 증거가 없다는 이유로 그에 관하여 **무죄의 판결이 확정되더라도, 수사기관의 판단이 경험칙이나 논리칙에 비추어 도저히 그 합리성을 긍정할 수 없는 정도에 이른 경우에만 귀책사유가 있다고 할 것이다** (대법원 2013.2.15. 2012다203096).

2) 과실의 객관화와 입증책임의 완화

최근에는 과실관념을 객관화하고 과실의 입증책임을 완화하여 국가배상책임을 확대하는 경향이 있다.

과실의 객관화란 과실 여부를 가해공무원의 주관적인 주의력을 기준으로 판단하는 것이 아니라, 당해 직무를 담당하는 평균적인 공무원의 객관적 주의의무를 위반한 경우에 과실을 인정하는 것이다. 또한 가해공무원을 특정할 수 없더라도 공무원의 행위에 의한 것인 이상 국가조직의 책임을 인정하는 것(조직과실이론), 국가의 배상책임이 가해공무원을 대신하는 것이 아니라 국가작용의 하자에 대한 국가자신의 책임이라고 하는 견해(자기책임설) 등도 같은 맥락이라고 할 수 있다.

과실의 입증책임은 원고인 피해자에게 있는 것이 원칙이다. 그러나 과실의 입증이 매우 곤란하여 사실상 권리구제를 못 받게 되는 경우가 많을 것이므로 피해자의 입증책임을 완화할 필요가 있다는 것이다. 즉, 피해자측에서 공무원의 위법한 직무행위에 의하여 손해가 발생하였음을 입증하면 공무원에게 과실이 있는 것으로 일응 추정하고, 피고인 국가측에서 반증에 의해 이를 번복하지 못하는 한, 배상책임을 지도록 하는 것이다(일응추정의 법리).

【 판례 】 구 국세징수법(2011.4.4. 개정되기 전의 것) 제24조 제2항과 같이 국세가 확정되기 전에 보전압류를 한 후 보전압류에 의하여 징수하려는 국세의 전부 또는 일부가 확정되지 못하였다면 보전압류로 인하여 **납세자가 입은 손해에 대하여 특별한 반증이 없는 한 과세관청의 담당공무원에게 고의 또는 과실이 있다고 사실상 추정되므로,** 국가는 부당한 보전압류로 인한 손해를 배상할 책임이 있다(대법원 2015.10.29. 2013다209534).

3) 입법·재판작용

(가) 입법작용

국회의 입법행위는 "그 입법내용이 헌법의 문언에 명백히 위반됨에도 불구하고 국회가 굳이 당해 입법을 한 것과 같은 특수한 경우가 아닌 한,"(대법원 2008.5.29. 2004다33469 참조) 입법자의 고의·과실을 인정하기 어려우므로 국가배상법 소정의 위법한 직무행위가 되는 경우는 거의 없을 것이다. 고의·과실의 판단은 개별국회의원을 기준으로 하는 것이 아니라 입법기관인 국회를 기준으로 하여야 하므로 더욱 그렇다. 행정입법의 경우에도 이에 준하여 판단할 수 있을 것이다.

위헌·위법인 처분적 법률·명령(별도의 집행행위가 필요 없이 법률·명령 자체가 직접 국민의 권리·의무의 변동을 가져오는 경우)이 제정되어 그로 인해 직접 피해를 본 경우로서 입법자의 고의·과실이 인정될 수 있는 경우에는 국가배상책임이 인정될 수 있을 것이다.

입법부작위의 경우는 헌법이나 법률을 종합적으로 검토하여 볼 때 법률이나 법규명령 등을 제정할 명백한 의무가 있고, 상당한 기간이 경과했음에도 불구하고 이 의무를 이행하지 않아 국민의 권익침해가 발생한 경우에는 손해배상이 인정되는 경우도 있을 수 있다.

【판례】① 우리 헌법이 채택하고 있는 의회민주주의하에서 국회는 다원적 의견이나 각가지 이익을 반영시킨 토론과정을 거쳐 다수결의 원리에 따라 통일적인 국가의사를 형성하는 역할을 담당하는 국가기관으로서 그 과정에 참여한 **국회의원은 입법에 관하여 원칙적으로 국민 전체에 대한 관계에서 정치적 책임을 질 뿐 국민 개개인의 권리에 대응하여 법적 의무를 지는 것은 아니므로,** 국회의원의 입법행위는 그 입법 내용이 **헌법의 문언에 명백히 위배됨에도 불구하고 국회가 굳이 당해 입법을 한 것과 같은 특수한 경우가 아닌 한** 국가배상법 제2조 제1항 소정의 위법행위에 해당한다고 볼 수 없고, 같은 맥락에서 국가가 일정한 사항에 관하여 헌법에 의하여 부과되는 구체적인 입법의무를 부담하고 있음에도 불구하고 그 입법에 필요한 상당한 기간이 경과하도록 고의 또는 과실로 이러한 입법의무를 이행하지 아니하는 등 **극히 예외적인 사정이 인정되는 사안에 한정하여** 국가배상법 소정의 배상책임이 인정될 수 있으며, 위와 같은 구체적인 입법의무 자체가 인정되지 않는 경우에는 애당초 부작위로 인한 불법행위가 성립할 여지가 없다(대법원 2008.5.29. 2004다33469).

② 입법부가 법률로써 행정부에게 특정한 사항을 위임함에도 불구하고 행정부가 정당한 이유 없이 이를 이행하지 않는다면 … 위법함과 동시에 위헌적인 것이 되는바, … 군법무관임용 등에 관한 법률 제6조가 군법무관의 보수를 법관 및 검사의 예에 준하도록 규정하면서 그 구체적 내용을 시행령에 위임하고 있는 이상, … 위 법률들에 의해 … 보수청구권이 인정되는 것이므로, … **행정부가 정당한 이유 없이 시행령을 제정하지 않은 것은 위 보수청구권을 침해하는 불법행위에 해당한다**(대법원 2007.11.29. 2006다3561).

행정처분의 근거가 된 법률이 나중에 위헌·위법으로 결정·선고된 경우에는 위헌판결 이전까지는 그 법률은 유효한 것이며, 행정청이 법률의 위헌성을 미리 판단하지 못한 점과 관련하여, 그것이 명백히 위헌무효인 경우가 아니라면, 행정기관의 고의·과실을 인정할 수 없으므로 국가배상책임이 인정될 수 없다.

(나) 재판작용

판결의 잘못으로 인해 상급심이나 재심에서 파기되는 경우에는 그것만으로 국가배상 책임이 인정되지 않는다. 사람의 판단은 완전할 수 없으므로 판결이 상급심에서 파기될 수 있는 것이며, 그 자체가 위법한 재판작용이라고 할 수 없다. 재판으로 인한 국가배상이 인정되기 위해서는 법관이 직무상의 의무를 현저히 위반한 경우에 한한다. "법관의 재판에 법령의 규정을 따르지 아니한 잘못이 있다 하더라도 이로써 바로 그 재판상 직무행위가 국가배상법 제2조 제1항에서 말하는 위법한 행위로 되어 국가의 손해배상책임이 발생하는 것은 아니고, 그 국가배상책임이 인정되려면 당해 법관이 위법 또는 부당한 목적을 가지고 재판을 하는 등 법관이 그에게 부여된 권한의 취지에 명백히 어긋나게 이를 행사하였다고 인정할 만한 특별한 사정이 있어야 한다"(대법원 2001.4.24, 2000다16114).

재판에 대하여 불복절차 내지 시정절차 자체가 없는 경우에는(예: 헌법재판소의 각하결정) 부당한 재판으로 인하여 불이익 내지 손해를 입은 사람은 국가배상 이외의 방법으로는 자신의 권리 내지 이익을 회복할 방법이 없으므로, 이와 같은 경우에는 배상책임의 요건이 충족되는 한 국가배상책임이 인정된다(대법원 2003.7.11, 99다24218 참조).

【 판례 】 재판에 대하여 따로 불복절차 또는 시정절차가 마련되어 있는 경우에는 재판의 결과로 불이익 내지 손해를 입었다고 여기는 사람은 그 절차에 따라 자신의 권리 내지 이익을 회복하도록 함이 법이 예정하는 바이므로, 불복에 의한 시정을 구할 수 없었던 것 자체가 법관이나 다른 공무원의 귀책사유로 인한 것이라거나 그와 같은 시정을 구할 수 없었던 부득이한 사정이 있었다는 등의 특별한 사정이 없는 한, 스스로 그와 같은 시정을 구하지 아니한 결과 권리 내지 이익을 회복하지 못한 사람은 원칙적으로 국가배상에 의한 권리구제를 받을 수 없다고 봄이 상당하다고 하겠으나, 재판에 대하여 불복절차 내지 시정절차 자체가 없는 경우에는 부당한 재판으로 인하여 불이익 내지 손해를 입은 사람은 국가배상 이외의 방법으로는 자신의 권리 내지 이익을 회복할 방법이 없으므로, 이와 같은 경우에는 배상책임의 요건이 충족되는 한 국가배상책임을 인정하지 않을 수 없다. **헌법재판소 재판관이 청구기간 내에 제기된 헌법소원심판청구 사건에서 청구기간을 오인하여 각하결정을 한 경우, 이에 대한 불복절차 내지 시정절차가 없는 때에는 국가배상책임을 인정할 수 있다.** 헌법소원심판을 청구한 자로서는 헌법재판소 재판관이 일자 계산을 정확하게 하여 본안판단을 할 것으로 기대하는 것이 당연하고, 따라서 헌법재판소 재판관의 위법한 직무집행의 결과 잘못된 각하결정을 함으로써 **청구인으로 하여금 본안판단을 받을 기회를 상실하게 한 이상,** 설령 본안판단을 하였더라도 어차피 청구가 기각되었을 것이라는 사정이 있다고 하더라도 잘못된 판단으로 인하여 **헌법소원심판 청구인의 위와 같은 합리적인 기대를 침해한 것이고 이러한 기대는 인격적 이익으로서 보호할 가치가 있다고 할 것이므로** 그 침해로 인한 **정신상 고통에 대하여는 위자료를 지급할 의무가 있다**(대법원 2003.7.11, 99다24218).

4) 구체적 사례

① 법령에 대한 해석이 복잡, 미묘하여 워낙 어렵고, 이에 대한 학설, 판례조차 귀일되어 있지 않는 등의 특별한 사정이 없는 한 일반적으로 공무원이 관계 법규를 알지 못하거나 필요한 지식을 갖추지 못하고 법규의 해석을 그르쳐 행정처분을 하였다면 그가 법률전

문가가 아닌 행정직 공무원이라고 하여 과실이 없다고는 할 수 없다(대법원 2001.2.9. 98다52988).

② 행정규칙(행정처분의 기준을 정한 시행규칙)에 따른 처분의 경우에는 후에 그 처분이 재량권을 일탈한 위법한 처분임이 판명된 경우에도 일반적으로 과실이 있다고 볼 수 없다(대법원 1994.11.8. 94다26141 참조).

③ 행정청이 관계 법령의 해석이 확립되기 전에 어느 한 설을 취하여 업무를 처리한 것이 결과적으로 위법하게 되어 그 법령의 부당집행이라는 결과를 빚었다고 하더라도 처분 당시 그와 같은 처리방법 이상의 것을 성실한 평균적 공무원에게 기대하기 어려웠던 경우라면 특별한 사정이 없는 한 이를 두고 공무원의 과실로 인한 것이라고는 볼 수 없다(대법원 2001.3.13. 2000다20731). 그러나 확립된 법령의 해석에 어긋나는 견해를 고집하여 계속하여 위법한 행정처분을 한 경우에는 그 공무원의 고의·과실을 인정하여 국가배상책임이 있다.

【판례】 대법원의 판단으로 관계 법령의 해석이 확립되고 이어 상급 행정기관 내지 유관 행정부서로부터 시달된 업무지침이나 업무연락 등을 통하여 이를 충분히 인식할 수 있게 된 상태에서, **확립된 법령의 해석에 어긋나는 견해를 고집하여 계속하여 위법한 행정처분을** 하거나 이에 준하는 행위로 평가될 수 있는 불이익을 처분상대방에게 주게 된다면, 이는 그 **공무원의 고의 또는 과실로 인한 것이 되어 그 손해를 배상할 책임이 있다**(대법원 2007.5.10. 2005다31828).

【답】 판례에 의하면 B의 **영업허가취소처분이 나중에 행정심판에 의하여 위법한 처분임이 판명되어 취소되었다고 하더라도**, 그 이유는 A의 위반행위의 내용 및 영업허가취소처분에 의하여 달성하고자 하는 공익목적에 비하여 A가 입게 될 불이익이 지나치게 커서 위 이용업허가취소처분이 재량권을 일탈한 위법한 처분이라고 판단되었기 때문이며, 그 처분이 당시 시행되던 공중위생법 시행규칙에 정하여진 행정처분의 기준(행정규칙)에 따른 것인 이상 B에게 그와 같은 위법한 처분을 한 데 있어 어떤 과실이 있다고 할 수는 없을 것이므로 A의 손해배상청구권을 인정할 수 없다고 한다(대법원 1994.11.8. 94다26141 참조).

(2) 법령을 위반한 행위

1) 법령위반의 의미

법령에는 불문법, 즉 조리·행정법의 일반원칙 등도 포함된다. 따라서 "법령을 위반하였다 함은 엄격한 의미의 법령 위반뿐 아니라 인권존중, 권력남용금지, 신의성실과 같이 공무원으로서 마땅히 지켜야 할 준칙이나 규범을 지키지 아니하고 위반한 경우를 포함하여 널리 그 행위가 객관적인 정당성을 결여하고 있음을 뜻한다"(대법원 2008.6.12. 2007다64365).

【판례】 경찰관이 범죄수사를 함에 있어 경찰관으로서 의당 지켜야 할 **법규상 또는 조리상의 한계를 위반하였다면 이는 법령을 위반한 경우에 해당한다.** 경찰관은 그 직무를 수행함에 있어 헌법과 법률에 따라 국민의 자유와 권리를 존중하고 범죄피해자의 명예와 사생활의 평온을 보호할 법규상 또는 조리상의 의무가

있고, 특히 이 사건과 같이 성폭력범죄의 피해자가 나이 어린 학생인 경우에는 수사과정에서 또 다른 심리적·신체적 고통으로 인한 가중된 피해를 입지 않도록 더욱 세심하게 배려할 직무상 의무가 있다(대법원 2008.6.12, 2007다64365).

2) 구체적 검토

(가) 행정규칙위반

행정규칙은 원칙적으로 법규성을 갖지 않으므로 여기서의 법령에 포함되지 않는다. 그런데 행정규칙의 위반이 바로 위법은 아니지만 행정규칙에 상응하는 행정선례·관행이 존재하고 있고, 합리적인 이유 없이 행정규칙에 위반한 경우에는 결과적으로 평등의 원칙에 위반한 것이 되어 위법성이 인정될 수도 있다. 예외적으로 법규명령과 마찬가지로 직접적인 외부적 효력이 인정되는 것은(법령보충적 행정규칙) 여기의 법령에 포함된다(상술한 '행정입법' 참조). 이 경우 행정규칙의 위반은 바로 위법이 된다.

(나) 재량위반

> 【문 제】 전북 군산의 윤락가에서 화재가 발생하여 많은 윤락녀들이 사망하였는데, 그 유가족들은 경찰관들이 윤락업주들의 윤락강요행위를 제지하거나 그들을 체포·수사하는 등 필요한 조치를 취하지 아니하고, **화재시 탈출구로 마련된 비상구 등을 폐쇄한 것을 알고서도 그대로 방치하여** 사망자가 많이 발생하였다는 이유로 국가를 상대로 손해배상을 청구하였다. 손해배상을 받을 수 있겠는가?

① 재량의 하자

재량의 한계 내에서 최선이 아닌 결정을 하더라도 그것은 단지 부당한 행위에 그칠 뿐이지만, 재량을 남용하거나 한계를 일탈하여 하자 있는 재량행위가 되면 위법한 것이 된다.

② 재량이 소멸된 경우(부작위로 인한 국가배상)

법규정상 또는 행위의 성질상 원래 행정청에게 재량이 인정되고 있더라도 예외적인 경우에 재량이 소멸되어 행정청은 어떤 특정한 행위를 할 의무를 가지게 되는 것을 '재량의 0(零)으로의 수축' 또는 '재량소멸'이라고 한다. 이 경우 특정한 행위를 하지 않는 것, 즉 부작위는 위법한 것이 되며, 이때 특별한 사정이 없는 한 과실이 인정된다((대법원 2010.9.9, 2008다77795 참조).

재량이 소멸되는 경우인지의 여부는 구체적인 상황을 합리적·객관적으로 평가하고, 종합적으로 검토하여 결정하여야 한다. "공무원의 부작위로 인한 국가배상책임을 인정하기 위하여는 법령에 명시적으로 공무원의 작위의무가 규정되어 있는데도 이를 위반하는 경우만을 의미하는 것은 아니고, 국민의 생명, 신체, 재산 등에 대하여 절박하고 중대한 위험상태가 발생하였거나 발생할 우려가 있어서 국민의 생명, 신체, 재산 등을 보호하는 것을 본래적 사명으로 하는 국가가 초법규적, 일차적으로 그 위험 배제에 나서지 아니하면 국민의 생명, 신체, 재산 등을 보호할 수 없는 경우에는 형식적 의미의 법령에 근거가 없더라도 국가나 관련 공무원에 대하여 그러한 위험을 배제할 작위의무를 인정할 수 있다"(대법원 2004.6.25. 2003다69652).

【판례】① 경찰관직무집행법 제5조는 … 형식상 경찰관에게 재량에 의한 직무수행권한을 부여한 것처럼 되어 있으나. … **구체적인 사정에 따라 경찰관이 그 권한을 행사하여 필요한 조치를 취하지 아니하는 것이 현저하게 불합리하다고 인정되는 경우에는 그러한 권한의 불행사는 직무상의 의무를 위반한 것이 되어 위법하게 된다.** 경찰관이 농민들의 시위를 진압하고 시위과정에 **도로상에 방치된 트랙터 1대에 대하여 이를 도로 밖으로 옮기거나 후방에 안전표지판을 설치하는 것과 같은 위험발생방지조치를 취하지 아니한 채 그대로 방치하고 철수하여 버린 결과.** 야간에 그 도로를 진행하던 운전자가 위 방치된 트랙터를 피하려다가 다른 트랙터에 부딪혀 상해를 입은 사안에서 **국가배상책임이 인정**된다(대법원 1998.8.25. 98다16890).
② 서울시 용산구 소속 공무원들에게는 자연재해대책법 제36조 … 규정에 따라 폭우로 인하여 차도 또는 하수도가 침수되어 인근 건물 내의 인명 또는 재산 피해가 예상되는 경우 침수의 방지, 통제, 퇴거 등의 조치를 취하고, … 서울시재해대책본부로부터 지시받은 조치를 시행하거나 방재책임자 등에게 이를 알리는 등 **재해방지에 필요한 적절한 조치를 신속히 취하여야 할 의무가 있고, 그 의무 위반행위는 국가배상법 제2조 제1항 소정의 '법령 위반'에 해당한다**(대법원 2004.6.25. 2003다69652).
③ 허가를 받은 자가 위 규칙에 기하여 부가된 허가조건을 위배한 경우 시장 등이 공사중지를 명하거나 허가를 취소할 수 있는 등 **형식상 허가권자에게 재량에 의한 직무수행권한을 부여한 것처럼 되어 있더라도** 시장 등에게 그러한 권한을 부여한 취지와 목적에 비추어 볼 때 구체적인 사정에 따라 시장 등이 그 권한을 행사하여 **필요한 조치를 취하지 아니하는 것이 현저하게 불합리하다고 인정되는 경우에는 그러한 권한의 불행사는 직무상의 의무를 위반하는 것이** 되어 위법하게 된다. 토석채취공사 도중 경사지를 굴러 내린 암석이 가스저장시설을 충격하여 화재가 발생한 사안에서, 토지형질변경허가권자에게 허가 당시 사업자로 하여금 **위해방지시설을 설치하게 할 의무를 다하지 아니한 위법**과 작업 도중 구체적인 위험이 발생하였음에도 작업을 중지시키는 등의 사고예방조치를 취하지 아니한 위법이 있다(대법원 2001.3.9. 99다64278).
④ 구 식품위생법 제7조, 제9조, 제10조, 제16조 등 관련 규정이 식품의약품안전청장 및 관련 공무원에게 합리적인 재량에 따른 직무수행 권한을 부여한 것으로 해석된다고 하더라도, 식품의약품안전청장 등에게 그러한 권한을 부여한 취지와 목적에 비추어 볼 때 구체적인 상황 아래에서 식품의약품안전청장 등이 그 **권한을 행사하지 아니한 것이 현저하게 합리성을 잃어 사회적 타당성이 없는 경우에는 직무상 의무를 위반한 것이 되어 위법하게 된다.** 그리고 위와 같이 **식약청장 등이 그 권한을 행사하지 아니한 것이 직무상 의무를 위반하여 위법한 것으로 되는 경우에는 특별한 사정이 없는 한 과실도 인정된다.** 어린이가 '미니컵 젤리'를 먹다가 질식하여 사망한 사안에서, … 식품의약품안전청장 및 관계 공무원이 위 사고 발생 시까지 구 식품위생법상의 규제 권한을 행사하여 미니컵 젤리의 수입·유통 등을 금지하거나 그 기준과 규격, 표시 등을 강화하고 그에 필요한 검사 등을 실시하는 조치를 취하지 않은 것이 현저하게 합리성을 잃어 사회적 타당성이 없다거나 객관적 정당성을 상실하여 위법하다고 할 수 있을 정도에까지 이르렀다고 보기 어렵고, 그 권한 불행사에 과실이 있다고 할 수도 없다(대법원 2010.9.9. 2008다77795).
⑤ 국민의 생명, 신체, 재산 등에 대하여 절박하고 중대한 위험상태가 발생하였거나 발생할 우려가 있어서 국민의 생명, 신체, 재산 등을 보호하는 것을 본래적 사명으로 하는 국가가 초법규적, 일차적으로 그 위험 배제에 나서지 아니하면 국민의 생명, 신체, 재산 등을 보호할 수 없는 경우에는 형식적 의미의 법령에 근거가 없더라도 국가나 관련 공무원에 대하여 그러한 위험을 배제할 작위의무를 인정할 수 있을 것이나, 그와 같은 절박하고 중대한 위험상태가 발생하였거나 발생할 우려가 있는 경우가 아닌 한, 원칙적으로 공무원이 관련 법령대로만 직무를 수행하였다면 그와 같은 공무원의 부작위를 가지고 '고의 또는 과실로 법령

에 위반'하였다고 할 수는 없을 것이므로, 공무원의 부작위로 인한 국가배상책임을 인정할 것인지 여부가 문제되는 경우에 관련 공무원에 대하여 **작위의무를 명하는 법령의 규정**이 없다면 공무원의 부작위로 인하여 침해된 국민의 법익 또는 국민에게 발생한 손해가 어느 정도 심각하고 절박한 것인지, 관련 공무원이 그와 같은 결과를 예견하여 그 결과를 회피하기 위한 조치를 취할 수 있는 가능성이 있는지 등을 종합적으로 고려하여 판단하여야 한다(대법원 2001.4.24. 2000다57856).

> **【답】** 판례에 의하면 "윤락녀들이 윤락업소에 감금된 채로 윤락을 강요받으면서 생활하고 있음을 쉽게 알 수 있는 상황이었음에도, 경찰관이 이러한 감금 및 윤락강요행위를 제지하거나 윤락업주들을 체포·수사하는 등 필요한 조치를 취하지 아니하고 오히려 업주들로부터 뇌물을 수수하며 **그와 같은 행위를 방치한 것은 경찰관의 직무상 의무에 위반하여 위법**하므로 국가는 망인들 및 그 가족들인 원고들이 입은 정신적 고통에 대하여 위자료를 지급할 의무가 있다"(대법원 2004. 9.23, 2003다49009 참조).

3) 손해배상청구와 선결문제(취소판결의 필요성 문제)

위법한 행정행위로 인하여 손해를 입은 개인이 국가배상소송을 민사법원에 제기한 경우에, 민사법원이 선결문제로서 행정행위의 위법성 여부를 스스로 판단할 수 있는지, 아니면 행정소송에서 행정행위가 그 위법성으로 인하여 취소된 경우에 한하여 손해배상을 결정할 수 있는지가 문제이다. 민사법원이 스스로 당해 행정행위의 위법성 여부를 심사한 후에 손해배상판결을 할 수 있다는 것이 통설 및 판례이다. 이는 행정행위의 구성요건적 효력과 모순되는 것이 아니다. 행정소송에서의 취소판결은 행정행위의 효력을 소멸시키는 것인 반면에 국가배상소송에서의 위법성판단은 당해 행정행위의 위법성만을 판단할 뿐이고 그것의 효력을 부인하는 것이 아니기 때문이다.

4) 판단시점·입증책임

법령위반 여부의 판단시점은 공무원의 가해행위가 이루어진 행위시가 된다. 국가배상책임은 행위의 위법성을 문제삼는 것이지(행위위법설), 결과의 불법을 문제삼는 것이 아니기 때문이다. 위법성은 원고가 입증을 하고, 직무의 적법성은 피고가 입증할 책임을 진다.

> **【답】** 대법원은 "… 합격자 결정이 위법하게 되었다는 것을 이유로 공무원 내지 시험출제에 관여한 시험위원의 고의·과실로 인한 국가배상책임이 인정되기 위하여는, … 제반 사정을 종합적으로 고려하여 시험관련 공무원 혹은 시험위원이 객관적 주의의무를 결하여 그 시험의 출제와 정답 및 합격자 결정 등의 행정처분이 객관적 정당성을 상실하고, 이로 인하여 손해의 전보책임을 국가에게 부담시켜야 할 실질적인 이유가 있다고 판단되어야 할 것이다. … 제반 사정을 종합하면, … 피고에게 국가배상책임을 인정할 수 있을 만큼 시험관련 공무원이나 시험위원들에게 그 직무를 집행함에 있어 객관적 주의의무를 결한 고의·과실이 있는 경우라고 볼 수 없다"라고 하면서 원심을 파기하고 **국가의 배상책임을 부인**하였다(대법원 2003.12.11, 2001다65236 참조).

4. 타인에게 손해가 발생하였을 것

【문 제】
① A는 B의 **노래연습장**의 시설 및 영업 일체를 양수한 후에 구 풍속영업의규제에관한법률의 규정에 따라 영업주 명의변경을 위하여 경찰서장에게 **풍속영업변경신고서를** 제출하였다. 그러나 경찰서장은 위 노래연습장 건물에 **이미 속셈학원과 컴퓨터학원이** 있기 때문에 (학원의설립·운영에관한법률시행령 제4조 제3항에 의하면, 학원은 유해업소와 동일한 건물에 있어서는 안 된다고 규정하고 있으며, 노래연습장보다 먼저 학원이 있었다) **전(前) 영업주(B)의 풍속영업신고서를** 과거에 경찰서장이 수리한 것은 잘못된 것이었음을 이제야 발견하였다. 그리하여 경찰서장은 A의 명의변경신고서를 반려하였다. 즉, A는 노래연습장영업을 하지 못하게 되었다. 이에 A는 **전 경찰서장이 B의 영업신고서를** 잘못 수리하였고, 또한 이를 즉시 시정하지 않은 것은 경찰서장이 직무상 의무를 위반한 것이며, 자신은 결과적으로 그로 말미암아 손해를 입었다고 하면서 국가에 대하여 손해배상을 청구하였다. A는 손해배상을 받을 수 있을까?
② B가 A와 같은 이름으로 개명허가를 받은 듯이 호적등본을 위조하여 주민등록상 성명을 위법하게 정정하여 A의 부동산에 관하여 불법적으로 근저당권설정등기를 경료함으로써 A가 손해를 입게 되었다. 이에 A는 주민등록사무를 담당하는 **대전시의 공무원이 개명으로 인한 주민등록상 성명정정을** 본적지 관할관청에 통보할 의무가 있음에도 불구하고 이를 이행하지 않아 B가 허위로 성명을 정정하고 사기행위를 할 수 있게 되었다고 하면서 대전시에 손해배상소송을 제기하였다. 승소 가능성은?

(1) 타 인

타인이란 가해자인 공무원 및 그 직무행위에 가담한 자를 제외한 모든 피해자를 가리키며, 자연인과 법인이 모두 포함된다. 따라서 공무원도 피해자로서 타인에 해당될 수 있다. 다만, 군인·군무원·경찰공무원·예비군대원이 직무와 관련하여 손해를 입은 경우에는 (이들은 국가배상을 청구할 수 없으므로) 여기의 타인에서 제외된다(국가배상법 제2조 ① 단서 참조).

(2) 손 해

1) 손해의 의의

손해란 피해자가 입은 모든 불이익을 가리키는바, 적극적 손해(예: 영업장소 파손으로 수리비 손해)·소극적 손해(예: 휴업으로 인한 손해), 재산적 손해·정신적 손해, 생명·신체적 손해를 모두 포함한다. 그러나 법적 이익이 침해된 경우에 한하며 반사적 이익이 침해된 경우에는 해당되지 않는다.

2) 직무상 불법행위와 손해발생간의 인과관계

공무원의 불법행위와 손해의 발생 사이에는 상당인과관계가 있어야 하고 상당인과관계가 인정되는 범위 내에서 국가 등이 손해배상책임을 진다. 인과관계의 유무를 판단함에 있어서는 결과발생의 개연성, 직무상 의무를 부과하는 법령의 목적, 가해행위의 태양, 피해의 상황 등 제반사정을 종합적으로 고려하여야 한다(대법원 2003.2.14, 2002다62678 참조).

【판례】① 군행형법과 군행형법시행령이 **군교도소나 미결수용실에 대한 경계 감호**를 위하여 관련 공무원에게 각종 직무상의 의무를 부과하고 있는 것은, 일차적으로는 그 수용자들을 격리보호하고 교정교화함으로써 공공 일반의 이익을 도모하고 교도소 등의 내부 질서를 유지하기 위한 것이라 할 것이지만, 부수적으로는 **그 수용자들이 탈주한 경우에 그 도주과정에서 일어날 수 있는 2차적 범죄행위로부터 일반 국민의 인명과 재화를 보호하고자 하는** 목적도 있다고 할 것이므로, 국가공무원들이 위와 같은 직무상의 의무를 위반한 결과 **수용자들이 탈주함으로써 일반 국민에게 손해**를 입히는 사건이 발생하였다면, 국가는 그로 인하여 피해자들이 입은 손해를 **배상할 책임이 있다**(대법원 2003.2.14, 2002다62678).
② 군병원에 입원중이던 사병들이 탈영하여 강도살인행위를 한 경우에 있어 위 병원의 일직사령과 당직 군의관이 위 사병들의 **탈영을 방지하지 못한 당직의무를 해태한 과실이 있을지라도 이는 위 탈영병들의 강도살인행위와 상당인과 관계가 있다고까지는 볼 수 없으므로** 위 일직사령 등의 과실을 원인으로 하여 국가에게 배상책임을 인정하기 위하여는 위 사병들이 강도의 모의를 하고 탈영하여 강도 또는 강도살인행위를 할 것이라는 특별한 사정을 알았거나 알 수 있었다는 사실이 인정되어야 하는데, 그렇지 않으므로 국가는 **배상책임 없다**(대법원 1988.12.27, 87다카2293).
③ 우편역무종사자가 **내용증명우편물을 배달하는** 과정에서 구 우편법 관계 법령에서 정한 직무규정을 위반하였다고 하더라도, … 특별한 사정이 없는 한, 그 **직무상 의무 위반**과 내용증명우편물에 기재된 의사표시가 도달되지 않거나 그 도달에 대한 증명기능이 발휘되지 못함으로써 **발송인 등이 제3자와 맺은 거래관계의 성립·이행·소멸 등과 관련하여 입게 된 손해** 사이에는 **상당인과관계가 없다**(대법원 2009.7.23, 2006다81325).
④ ㉠ 유흥주점에 감금된 채 윤락을 강요받으며 생활하던 여종업원들이 유흥주점에 화재가 났을 때 미처 피신하지 못하고 유독가스에 질식해 사망한 사안에서, 지방자치단체의 담당 공무원이 위 유흥주점의 용도변경, 무허가 영업 및 시설기준에 위배된 개축에 대하여 시정명령 등 **식품위생법상 취하여야 할 조치를 게을리 한 직무상 의무위반행위**와 위 종업원들의 사망 사이에 **상당인과관계가 존재하지 않는다**. ㉡ 소방공무원이 위 유흥주점에 대하여 화재 발생 전 실시한 소방점검 등에서 구 소방법상 방염 규정 위반에 대한 시정조치 및 화재발생시 대피에 장애가 되는 잠금장치의 제거 등 시정조치를 명하지 않은 직무상 의무 위반은 현저히 불합리한 경우에 해당하여 위법하고, 이러한 **직무상 의무 위반과 위 사망의 결과 사이에 상당인과관계가 존재한다**(대법원 2008.4.10, 2005다48994).
⑤ 주점에서 발생한 화재로 사망한 갑 등의 유족들이 을 광역시를 상대로 손해배상을 구한 사안에서, **소방공무원들이** 소방검사에서 비상구 중 1개가 폐쇄되고 그곳으로 대피하도록 유도하는 피난구유도등, 피난안내도 등과 일치하지 아니하게 됨으로써 화재 시 피난에 혼란과 장애를 유발할 수 있는 상태임을 발견하지 못하여 업주들에 대한 시정명령이나 행정지도, 소방안전교육 등 적절한 지도·감독을 하지 아니한 것은 구체적인 소방검사 방법 등이 소방공무원의 재량에 맡겨져 있음을 감안하더라도 현저하게 합리성을 잃어 사회적 타당성이 없는 경우에 해당하고, 다른 비상구 중 1개와 그곳으로 연결된 통로가 사실상 폐쇄된 사실을 발견하지 못한 것도 **주점에 설치된 피난통로 등에 대한 전반적인 점검을 소홀히 한 직무상 의무 위반의 연장선에 있어 위법성을 인정할 수 있고**, 소방공무원들이 업주들에 대하여 필요한 지도·감독을 제대로 수행하였더라면 화재 당시 손님들에 대한 대피조치가 보다 신속히 이루어지고 피난통로 안내가 적절히 이루어지는 등으로 갑 등이 대피할 수 있었을 것이고, 갑 등이 대피방향을 찾지 못하다가 복도를 따라 급속히 퍼진 유독가스와 연기로 인하여 단시간에 사망하게 되는 결과는 피할 수 있었을 것인 점 등 **화재 당시의 구체적 상황과 갑 등의 사망 경위 등에 비추어 소방공무원들의 직무상 의무 위반과 갑 등의 사망 사이에 상당인과관계가 인정된다**(대법원 2016.8.25, 2014다225083).

3) 주요쟁점: 법령상의 직무수행목적(사익보호)과 인과관계

특히 공무원에게 일정한 직무를 수행할 의무를 부과한 법령의 목적이 단순히 공익을 위한 것이거나 행정내부의 질서를 규율하기 위한 것인지, 아니면 전적으로 또는 부수적으로 개인의 안전·이익도 보호하려는 것인지의 여부가 중요하다. 즉, 법령의 목적이 사인의 이익도 보호하기 위한 것임에도 불구하고 이를 위반하여 손해가 발생한 경우에는 그 위법한 직무수행과 손해발생 사이에는 인과관계가 있게 되고, 따라서 손해배상을 하여야 한다. 그러나 법령상의 직무수행목적이 단지 공익만을 위한 것일 경우에는 그것을 위반한 직무수행으로 인해 사인이 손해를 입더라도, 양자 간에는 상당인과관계가 없으므로, 이는 반사적 손해에 불과하며 국가배상의 대상이 되지 않는다(대법원 2001.4.13. 2000다34891. 설문 ①참조).

【판례】 ① 하천법의 관련 규정에 비추어 볼 때, **하천의 유지·관리 및 점용허가 관련 업무를** 맡고 있는 지방자치단체 담당공무원의 직무상 의무는 부수적으로라도 **사회구성원 개개인의 안전과 이익을 보호하기 위하여** 설정된 것이다. 담당공무원들은 수방대책이 허술할 경우 이 사건 토지 위에 주차되어 있는 차량이 침수될 위험성이 크다는 사실을 잘 알고 있었을 것으로 보이는 점, … 사정을 종합해 보면, 피고 양천구 담당공무원들의 과실과 **원고들의 차량침수** 피해 사이에는 상당인과관계가 있다(대법원 2006.4.14. 2003다41746).
② 상수원수의 수질을 환경기준에 따라 유지하도록 규정하고 있는 관련 법령의 취지·목적·내용과 그 법령에 따라 국가 또는 지방자치단체가 부담하는 의무의 성질 등을 고려할 때, 국가 등에게 **일정한 기준에 따라 상수원수의 수질을 유지하여야 할 의무를 부과하고 있는 법령의 규정은 국민에게 양질의 수돗물이 공급되게 함으로써 국민 일반의 건강을 보호하여 공공 일반의 전체적인 이익을 도모하기 위한 것이지, 국민 개개인의 안전과 이익을 직접적으로 보호하기 위한 규정이 아니므로,** 국민에게 공급된 수돗물의 상수원의 수질이 수질기준에 미달한 경우가 있고, 이로 말미암아 국민이 법령에 정하여진 수질기준에 미달한 상수원수로 생산된 수돗물을 마심으로써 건강상의 위해 발생에 대한 염려 등에 따른 정신적 고통을 받았다고 하더라도, 이러한 사정만으로는 **국가 또는 지방자치단체가 국민에게 손해배상책임을 부담하지 아니한다.** 또한 상수원수 2급에 미달하는 상수원수는 고도의 정수처리 후 사용하여야 한다는 환경정책기본법령상의 의무 역시 위에서 본 수질기준 유지의무와 같은 성질의 것이므로, 지방자치단체가 상수원수의 수질기준에 미달하는 하천수를 취수하거나 상수원수 3급 이하의 하천수를 취수하여 고도의 정수처리가 아닌 일반적 정수처리 후 수돗물을 생산·공급하였다고 하더라도, 그렇게 공급된 수돗물이 음용수 기준에 적합하고 몸에 해로운 물질이 포함되어 있지 아니한 이상, 지방자치단체의 위와 같은 수돗물 생산·공급행위가 국민에 대한 불법행위가 되지 아니한다(대법원 2001.10.23., 99다36280).
③ 금융위원회의 설치 등에 관한 법률의 입법 취지 등에 비추어 볼 때, 피고 **금융감독원에 금융기관에 대한 검사·감독의무를 부과한 법령의 목적이 금융상품에 투자한 투자자 개인의 이익을 직접 보호하기 위한 것이라고 할 수 없으므로,** 피고 금융감독원 및 그 직원들의 위법한 직무집행과 부산2저축은행의 후순위사채에 투자한 원고들이 입은 손해 사이에 상당인과관계가 있다고 보기 어렵다(대법원 2015.12.23. 2015다210194).

【답】
① "구 '풍속영업의 규제에 관한 법률'(1999.3.31. 개정되기 전의 것) 제5조에서 … 풍속영업을 영위하고자 하는 자로 하여금 … 경찰서장에게 신고하도록 한 규정의 취지는 선량한 풍속을 해하거나 청소년의 건전한 육성을 저해하는 행위 등을 규제하여 미풍양속의 보존과 청소년보호에 이바지하려는 데 있는 것이므로(제1조), 위 법률에서 요구되는 **풍속영업의 신고 및 이에 대한 수리행위는 오로지 공공 일반의 이익을 위한 것으로** 볼 것이고, 부수적으로라도 사회구성원의 개인의 안전과 이

익 특히 사적인 거래의 안전을 보호하기 위한 것이라고 볼 수는 없다. 따라서 **경찰서장이 B의 영업신고서를 잘못 수리한 행위나 이를 즉시 시정하지 않은 행위와 영업변경신고서가 반려됨으로써 양수인(A)이 입은 영업상 손해 사이에 상당인과관계가 없다**"(대법원 2001.4.13, 2000다34891).

② 주민등록사무를 담당하는 공무원으로서는 만일 개명과 같은 사유로 주민등록상의 성명을 정정한 경우에는 법령의 규정에 따라 반드시 본적지의 관할관청에 대하여 그 변경사항을 통보하여 본적지의 호적관서로 하여금 그 정정사항의 진위를 재확인할 수 있도록 할 직무상의 의무가 있다. 이는 허위내용의 주민등록증 등이 부정사용됨으로써 국민 개개인이 신분상·재산상의 권리에 관하여 회복할 수 없는 손해를 입게 되는 것을 예방하기 위한 것이다. 따라서 공무원의 직무상 의무 위반행위와 A가 입은 손해 사이에는 **상당인과관계가 있다.** 즉, A는 손해배상을 받을 수 있다(대법원 2003.4.25, 2001다59842 참조).

Ⅱ. 배상책임의 내용

1. 배상기준

헌법 제29조 제1항은 '정당한 배상'을 지급하도록 하고 있다. 국가배상법은 ㉠생명·신체에 대한 침해와 ㉡물건의 멸실·훼손으로 인한 손해에 관해서는 배상금액산정의 구체적 기준을 정해 놓고 있고, ㉢기타의 손해에 대해서는 불법행위와 상당인과관계가 있는 범위 내에서 손해배상을 하도록 정하고 있다(제3조). 배상기준은 단순한 기준에 불과하며 구체적 사안에 따라서 배상액을 증감할 수도 있다는 것이(기준액설) 통설과 판례의 입장이다.

2. 이익·보상금 등의 공제

피해자가 손해를 입은 동시에 이익을 얻은 경우에는 손해배상액에서 그 이익에 상당하는 금액을 빼야 하며, 아울러 유족배상·장해배상·요양비 등을 일시에 신청하는 경우에는 중간이자를 빼야 한다(제3조의2). 중간이자 공제방식은 법정이율에 의한 단할인법인 호프만 방식에 의한다(국배법시행령 제6조 ③).

피해자가 공무원인 경우 공무원연금관리공단 등으로부터 공무원연금법 소정의 유족보상금 등을 지급받았으면 그만큼 공제하고 손해배상금을 지급받는다.

【 판례 】 공무원이 공무집행 중 다른 공무원의 불법행위로 인하여 사망한 경우, 사망한 공무원의 유족들이 국가배상법에 의하여 국가 또는 지방자치단체로부터 사망한 공무원의 소극적 손해에 대한 **손해배상금을 지급받았다면** 공무원연금관리공단 등은 그 유족들에게 같은 종류의 급여인 **유족보상금에서 그 상당액을 공제한 잔액만을 지급하면** 되고, 그 유족들이 공무원연금관리공단 등으로부터 공무원연금법 소정의 유족보

상금을 지급받았다면 국가 또는 지방자치단체는 그 유족들에게 사망한 공무원의 소극적 손해액에서 유족들이 지급받은 **유족보상금 상당액을 공제한 잔액만을 지급**하면 된다(대법원 1998.11.19, 97다36873).

Ⅲ. 손해배상청구권

1. 청구권의 주체

(1) 원 칙

공무원의 직무상의 불법행위로 인해 손해를 입은 자는 누구든지 배상금청구권이 있다. 특히 생명 또는 신체의 해를 입은 피해자의 직계존속·직계비속 및 배우자도 대통령령으로 정하는 기준 내에서 피해자의 사회적 지위, 과실의 정도, 생계상태, 손해배상액 등을 고려하여 그 정신적 고통에 대한 위자료를 청구할 권리가 있다(제3조 ⑤).

(2) 예외: 군인 등의 이중배상청구의 금지

1) 헌법·국가배상법의 규정

헌법은 "군인·군무원·경찰공무원 기타 법률이 정하는 자가 전투·훈련 등 직무집행과 관련하여 받은 손해에 대하여는 법률이 정하는 보상 외에 국가 또는 공공단체에 공무원의 직무상 불법행위로 인한 배상은 청구할 수 없다"고 규정하고 있다(제29조 ②). 그리고 국가배상법은 "다만, 군인·군무원·경찰공무원 또는 예비군대원이 전투·훈련 등 직무집행과 관련하여 전사·순직 또는 공상을 입은 경우에 본인 또는 그 유족이 다른 법령에 따라 재해보상금·유족연금·상이연금 등의 보상을 지급받을 수 있을 때에는 이 법 및 민법의 규정에 의한 손해배상을 청구할 수 없다"고 규정하고 있다(제2조 ① 단서). 즉, 별도의 법령에 의한 보상금청구권은 인정하지만 국가배상법에 의한 배상청구를 금지하고 있다.

2) 제도의 적용대상·의의·문제점

(가) 적용대상

제도의 적용대상은 군인·군무원·경찰공무원·예비군대원이다. 전투경찰순경도 '경찰공무원'으로서 해당되지만(헌재 1996.6.13, 94헌마118), 교도소 경비교도대(대법원 1998. 2.10, 97다45914), 공익근무요원은 그렇지 않다(대법원 1997.3.28, 97다4036).

(나) 제도의 의의

특별히 위험한 직무를 수행하는 군인 등에 대해서는 피해보상제도를 운영하여, ⊙ 직무집행과 관련하여 피해를 입은 군인 등이 간편한 보상절차에 의하여 자신의 과실 유무나 그 정도와 관계없이 무자력(無資力)의 위험부담이 없는 확실하고 통일된 피해보상을 받을 수 있도록 보장하고, ⓒ 군인 등의 동일한 피해에 대하여 국가 등의 보상과 배상이 모두 이루어짐으로 인하여 발생할 수 있는 과다한 재정지출과 ⓒ 피해 군인 등 사이의 불균형을 방지하고, ⓔ 또한 가해자인 군인 등과 피해자인 군인 등의 직무상 잘못을 따지는 쟁송이 가져올 폐해를 예방하려는 것이다(대법원 2001.2.15, 96다42420).

(다) 문제점

국가배상법상의 손해배상은 '불법에 대한 배상'인 반면에, 다른 법령(국가유공자예우등에관한법률, 군인연금법, 군사원호보상급여금법 등)에 의한 보상은 '국가에 대한 헌신에 대한 보상' 내지 '사회보장적 성격의 보상'이라는 점에서 양자가 병행하여도 '이중배상'이 성립되는 것이 아니라는 점에서 문제가 있다는 견해가 많다. 그런데 현행 제도가 나름대로 의미가 없는 것은 아니므로 그대로 유지하더라도 '국가에 대한 헌신으로 인한' 피해라는 점을 중시하여 피해보상을 충분하게 해 줌으로써 국가배상청구권을 행사하는 것과 동일하거나 그 이상의 결과가 되도록 실무적인 노력이 필요하다고 생각된다.

3) 적용요건

(가) 직무집행과의 관련성

군인 등이 받은 모든 손해에 대하여 국가배상이 배제되는 것은 아니다. 전투·훈련 등 직무집행과 관련하여 전사·순직 또는 공상을 입은 경우만 배제된다. 즉, 직무집행과 관련이 없거나, 전사·순직 또는 공상이 아닌 물질적인 손해에 대해서는 배상청구가 가능하다. 과거에는 직무와 관련이 없더라도 "국방 또는 치안유지의 목적상 사용하는 시설 및 자동차·함선·항공기 기타 운반기구 안에서" 발생한 피해에 대해서는 배상청구가 금지되었으나, 현재는 법이 개정되어 장소불문하고 직무집행과 관련된 피해로 제한하였다. '직무집행'은 '전투·훈련 또는 이에 준하는 직무집행'뿐만 아니라 '일반 직무집행'도 포함한다.

【참고】 2005.07.13.에 국가배상법 제2조 제1항 단서 중에서 과거의 "전투·훈련 기타 직무집행과 관련하거나 국방 또는 치안유지의 목적상 사용하는 시설 및 자동차·함선·항공기 기타 운반기구 안에서 전사·순직 또는 공상을 입은 경우"가 "전투·훈련 등 직무집행과 관련하여 전사·순직 또는 공상을 입은 경우"로 개정되었다. 이는 그 동안 파출소 등의 치안유지시설에서 발생한 손해가 **직무집행과 직접적인 관련이 없는 경우에도 단지 그러한 시설에서 발생하였다는 이유만으로 국가배상대상에서 제외되어 불합리한 차별을 받아오던 경찰공무원** 등의 보상체계를 부분적으로 개선한 것이다. 즉, 전투·훈련 등 직무집행과 관련한 경우

에만 국가배상청구가 제한되고, 그 외의 경우에는 배상청구가 가능하게 되었다.

【판례】 경찰공무원이 낙석사고 현장 주변 교통정리를 위하여 사고현장 부근으로 이동하던 중 대형 낙석이 순찰차를 덮쳐 사망하자, 도로를 관리하는 지방자치단체가 국가배상법 제2조 제1항 단서에 따른 면책을 주장한 사안에서, 경찰공무원 등이 '전투·훈련 등 직무집행과 관련하여' 순직 등을 한 경우 같은 법 및 민법에 의한 손해배상책임을 청구할 수 없다고 정한 국가배상법 제2조 제1항 단서의 면책조항은 … **전투·훈련 또는 이에 준하는 직무집행뿐만 아니라 '일반 직무집행'에 관하여도 국가나 지방자치단체의 배상책임을 제한하는 것이다**(대법원 2011.3.10. 2010다85942).

(나) 보상금 지급

본인 또는 그 유족이 다른 법령의 규정에 의하여 재해보상금·유족연금·상이연금 등의 보상을 지급받을 수 있어야 한다. 그렇지 못한 경우에는 배상을 청구할 수 있다(대법원 1997.2.14. 96다28066). 보상금청구권이 발생한 이상 그 권리를 행사하지 않음으로 말미암아 보상금청구권이 시효로 소멸된 경우에는 손해배상을 청구할 수 없다.

【판례】 ① 군인·군무원 등 국가배상법 제2조 제1항에 열거된 자가 전투, 훈련 기타 직무집행과 관련하는 등으로 공상을 입은 경우라고 하더라도 군인연금법 또는 국가유공자예우등에관한법률에 의하여 재해보상금·유족연금·상이연금 등 **별도의 보상을 받을 수 없는 경우에는 국가배상법 제2조 제1항 단서의 적용 대상에서 제외하여야** 한다. 군인 또는 경찰공무원으로서 교육훈련 또는 직무수행중 상이(공무상의 질병 포함)를 입고 전역 또는 퇴직한 자라고 하더라도 **국가유공자예우등에관한법률**에 의하여 국가보훈처장이 실시하는 신체검사에서 **대통령령이 정하는 상이등급에 해당하는 신체의 장애를 입지 않은 것으로 판명되고 또한 군인연금법상의 재해보상 등을 받을 수 있는 장애등급에도 해당하지 않는 것으로 판명된 자는 위 각 법에 의한 적용 대상에서 제외되고, 따라서 그러한 자는 국가배상법 제2조 제1항 단서의 적용을 받지 않아 국가배상을 청구할 수 있다**(대법원 1997.2.14. 96다28066).
② 국가배상법 **제2조 제1항 단서 규정**은 다른 법령에 보상제도가 규정되어 있고, 그 법령에 규정된 상이등급 또는 장애등급 등의 요건에 해당되어 **그 권리가 발생한 이상, 실제로 그 권리를 행사하였는지 또는 그 권리를 행사하고 있는지 여부에 관계없이 적용된**다고 보아야 하고, 원고 1의 그 각 법률에 의한 **보상금청구권이 시효로 소멸되었다 하여 적용되지 않는다고 할 수는 없다**(즉, 국가배상을 청구할 수 없다. 대법원 2002.5.10. 2000다39735).

【참고】 전투·훈련 등 직무집행과 관련하여 공상을 입은 군인·군무원·경찰공무원 또는 향토예비군대원이 먼저 국가배상법에 따라 손해배상금을 지급받은 다음 보훈보상대상자 지원에 관한 법률(이하 '보훈보상자법'이라 한다)이 정한 보상금 등 보훈급여금의 지급을 청구하는 경우, 국가배상법 제2조 제1항 단서가 명시적으로 '다른 법령에 따라 보상을 지급받을 수 있을 때에는 국가배상법 등에 따른 손해배상을 청구할 수 없다'고 규정하고 있는 것과 달리 보훈보상자법은 국가배상법에 따른 손해배상금을 지급받은 자를 보상금 등 보훈급여금의 지급대상에서 제외하는 규정을 두고 있지 않은 점, 국가배상법 제2조 제1항 단서의 입법취지 및 보훈보상자법이 정한 보상과 국가배상법이 정한 손해배상의 목적과 산정방식의 차이 등을 고려하면 국가배상법 제2조 제1항 단서가 보훈보상자법 등에 의한 보상을 받을 수 있는 경우 국가배상법에 따른 손해배상청구를 하지 못한다는 것을 넘어 국가배상법상 손해배상금을 받은 경우 보훈보상자법상 보상금 등 보훈급여금의 지급을 금지하는 것으로 해석하기는 어려운 점 등에 비추어, **국가보훈처장은 국가배상법에 따라 손해배상을 받았다는 사정을 들어 보상금 등 보훈급여금의 지급을 거부할 수 없다**(대법원 2017.2.3. 2015두60075).

4) 군인·사인의 공동불법행위와 구상권문제

> **【문제】** 군인 A는 공무를 수행하기 위해 오토바이를 타고 출동하던 중 마주 오던 **민간인 트럭운전사 B와 쌍방과실로** 충돌하여 동승하고 있던 **군인 C가** 상해를 입었다. B(B의 보험회사)가 C에게 전액 배상한 경우, B는 **A의 과실에 따른 손해배상 부담부분에** 대하여 국가와 A를 상대로 구상권을 행사할 수 있는가?

민간인과 직무집행중인 군인 등의 공동불법행위로 인하여 직무집행중인 다른 군인 등이 피해를 입은 경우, 민간인이 피해 군인 등에게 자신의 귀책부분을 넘어서 배상한 경우 민간인이 국가 등에게 구상권을 행사할 수 있는지 여부가 문제된다. 즉, 위 사례에서 보는 민간인(B)이 군인(A)과 공동으로 불법행위를 하여 다른 군인(C)에게 손해를 입힌 경우는 B가 C에게 전액 손해배상을 하고, B는 국가에게 A의 책임정도에 해당하는 만큼의 배상액을 부담하도록 구상권을 행사하려고 한다. 이때 국가는 C에게 다른 법률(군인연금법 또는 국가유공자예우등에관한법률)에 따라 보상을 하게 되므로 손해배상을 할 의무가 없다는 이유로 B의 구상요구에 응하지 않게 되어 문제가 된다.

(가) 헌법재판소의 견해

종전의 대법원의 견해에 대하여 헌법재판소는 "… 일반국민이 … 그 피해자에게 공동의 불법행위로 인한 손해를 배상한 다음, 공동불법행위자인 군인의 부담부분에 관하여 국가에 대하여 구상권을 행사하는 것을 허용하지 않는다고 해석한다면, 이는 합리적인 이유 없이 일반국민을 국가에 대하여 지나치게 차별하는 경우에 해당하므로 헌법 제11조, 제29조에 위반되며 …, 또한 … 헌법 제23조 제1항 및 제37조 제2항에도 위반된다"고 함으로써 한정위헌을 선고하였다(헌재 1994.12.29, 93헌바21).

(나) 대법원의 견해

그러나 그 후 대법원의 전원합의체판결의 다수의견은 민간인은 공동불법행위의 일반적인 경우와 달리 모든 손해에 대한 것이 아니라 귀책비율에 따른 부분만 손해배상을 하면 되고, 그 이상을 부담할 필요가 없으며 그 이상을 부담하더라도 그에 대하여는 국가에 대하여 구상을 청구할 수 없다고 한다. "이를 허용하면, 이러한 우회적인 경로를 통하여 군인 등의 국가 등에 대한 손해배상청구를 배제한 헌법적 결단의 취지가 몰각될 것이기 때문"이라고 한다(대법원 2001.2.15, 96다42420).

> **【판례】** ㉠ (헌법 및 국가배상법 제2조 제1항 단서의) 입법취지를 관철하기 위하여는, 국가배상법 제2조 제1항 단서가 적용되는 공무원의 직무상 불법행위로 인하여 직무집행과 관련하여 피해를 입은 군인 등에 대

하여 위 불법행위에 관련된 일반국민(이하 '민간인'이라 한다.)이 공동불법행위책임, 사용자책임, 자동차운행자책임 등에 의하여 그 손해를 자신의 귀책부분을 넘어서 배상한 경우에도, **국가 등은 피해 군인 등에 대한 국가배상책임을 면할 뿐만 아니라 나아가 민간인에 대한 국가의 귀책비율에 따른 구상의무도 부담하지 않는다고 하여야 할 것이다.** 이를 허용하면, 이러한 우회적인 경로를 통하여 군인 등의 국가 등에 대한 손해배상청구를 배제한 헌법적 결단의 취지가 몰각될 것이기 때문이다.

ⓛ 그러나 한편 위와 같은 경우, **민간인은 여전히 공동불법행위자 등이라는 이유로 피해 군인 등의 손해 전부를 배상할 책임을 부담하도록 하면서 국가 등에 대하여는 귀책비율에 따른 구상을 청구할 수 없도록 한다면,** 공무원의 직무활동으로 빚어지는 이익의 귀속주체인 국가 등과 민간인과의 관계에서 원래는 국가 등이 부담하여야 할 손해까지 민간인이 부담하는 부당한 결과가 될 것이고 (가해 공무원에게 경과실이 있는 경우에는 그 공무원은 손해배상책임을 부담하지 아니하므로〈대법원 1996.02.15, 95다38677 전원합의체 판결 참조〉 민간인으로서는 자신이 손해발생에 기여한 귀책부분을 넘는 손해까지 종국적으로 부담하는 불이익을 받게 될 것이고, 가해 공무원에게 고의 또는 중과실이 있는 경우에도 그의 무자력 위험을 사용관계에 있는 국가 등이 부담하는 것이 아니라 오히려 민간인이 감수하게 되는 결과가 된다), 이는 위 헌법과 국가배상법의 규정에 의하여도 **정당화될 수 없다**고 할 것이다.

ⓒ 이러한 부당한 결과를 방지하면서 위 헌법 및 국가배상법 규정의 입법 취지를 관철하기 위하여는 피해 군인 등은 위 헌법 및 국가배상법 규정에 의하여 국가 등에 대한 **배상**청구권을 상실한 대신에 자신의 과실 유무나 그 정도와 관계없이 무자력의 위험부담이 없는 확실한 국가**보상**의 혜택을 받을 수 있는 지위에 있게 되는 특별한 이익을 누리고 있음에 반하여 민간인으로서는 손해 전부를 배상할 의무를 부담하면서도 국가 등에 대한 구상권을 행사할 수 없다고 한다면 부당하게 권리침해를 당하는 결과가 되는 것과 같은 각 당사자의 이해관계의 실질을 고려하여, 위와 같은 경우에는 공동불법행위자 등이 부진정연대채무자로서 각자 피해자의 손해 전부를 배상할 의무를 부담하는 **공동불법행위의 일반적인 경우와 달리 예외적으로 민간인은** 피해 군인 등에 대하여 그 손해 중 국가 등이 민간인에 대한 구상의무를 부담한다면 그 내부적인 관계에서 부담하여야 할 부분을 제외한 나머지 **자신의 부담부분에 한하여 손해배상의무를 부담**하고, 한편 **국가 등에 대하여는 그 귀책부분의 구상을 청구할 수 없다**고 해석함이 상당하다 할 것이고, 이러한 해석이 손해의 공평·타당한 부담을 그 지도원리로 하는 손해배상제도의 이상에도 맞는다 할 것이다. 이에 이와 달리 국가배상법 제2조 제1항 단서에 해당하는 사건의 공동불법행위자로 된 민간인도 피해 군인 등에 대한 부진정연대채무자로서 그 손해 전부를 배상할 의무가 있다고 한 취지의 종전의 당원 판결은 이 판결의 견해에 배치되는 범위 내에서 이를 변경하기로 한다(대법원 2001.2.15, 96다42420).

(다) 사 견

대법원의 견해는 국가배상법 제2조 제1항 단서의 취지, 가해민간인·피해군인 등의 입장을 합리적으로 고려할 때 민간인이 피해군인의 손해를 전액 배상할 필요가 없고 자신의 귀책부분만 배상하면 된다는 것에서 출발한다. 민간인이 피해군인에게 자신의 귀책부분을 넘어 손해를 배상한 경우에는 국가에게는 구상권을 행사할 수 없고, 피해군인에게 반환을 청구하거나 가해군인에게 구상권을 행사하면 된다(가해군인의 고의·중과실의 경우에는 가해군인 자신도 피해자에게 배상책임이 있기 때문이다. 후술 참조). 피해군인이 민간인으로부터 배상을 받고 남은 손해에 대하여는 국가로부터 보상(배상이 아님)을 받으면 된다고 할 것이다. 이 견해가 국가배상법 제2조 제1항 단서의 취지(배상과 보상을 동시에 청구하지 못함)에 부합하고 민간인의 배상책임도 합리적으로 제한함으로써 민간인의 재산권도 보호한다는 점에서 타당하다고 생각된다.

【참고】 이처럼 헌법재판소와 대법원이 법률해석에 이견이 있는 경우에는 "합헌적 법률해석을 포함하는 법령의 해석·적용 권한은 대법원을 최고법원으로 하는 법원에 전속하는 것이며, 헌법재판소가 법률의 위

헌 여부를 판단하기 위하여 불가피하게 법원의 최종적인 법률해석에 앞서 법령을 해석하거나 그 적용 범위를 판단하더라도 **헌법재판소의 법률해석에 대법원이나 각급 법원이 구속되는 것은 아니다**"(대법원 2009.2.12, 2004두10289). 즉, 대법원은 헌법재판소와 다른 자신의 견해로 재판을 할 수 있다.

【답】 국가는 군인 A가 공무수행 중 오토바이를 운전하여 C에게 상해를 입혔다는 점에서 국가배상법 제2조 제1항과 자동차손해배상보장법 제3조에 따른 손해배상책임을 부담한다. 그러나 C는 군인이므로 국가배상법 제2조 제1항 단서에 의해 C에 대한 국가의 배상책임은 면제되는바, 대법원입장은 민간인은 내부적인 관계에서 국가가 부담하여야 할 부분을 제외한 나머지 자신의 귀책부분에 한하여 부담하면 된다고 하고, 국가의 귀책부분에 대해서는 국가에게 구상권을 행사할 수 없다고 하였다. 그러나 헌법재판소는 국가는 A의 과실비율에 따른 구상책임을 진다고 한다(헌재 1994.12.29, 93헌바21). 한편 가해공무원의 고의·중과실의 경우 공무원 개인의 외부적 책임을 인정하는 견지에서는 A는 국가의 배상책임과는 별도로 민법 제750조 등에 따라 책임을 지게 된다(후술 참조). 따라서 B는 A에 대하여 구상권을 행사할 수 있다(대법원 2001.2.15, 96다4240 참조).

---

2. 배상청구권의 양도·압류금지 및 소멸시효

생명·신체의 침해로 인한 국가배상을 받을 권리는 양도하거나 압류하지 못한다(제4조). 이는 사회보장적 견지에서 피해자나 유족의 보호를 위한 것이다.

국가배상청구권의 소멸시효에 관해서는 민법이 준용되는바(제8조), 민법 제766조 제1항에 의하면 피해자나 그 법정대리인이 손해 및 가해자를 안 날로부터 3년이 경과하면 시효로 소멸한다. 한편 피해자나 그 법정대리인이 손해 및 가해자를 알지 못한 경우에는 불법행위의 종료일로부터 5년간 손해배상청구권을 행사하지 아니하면 시효로 소멸한다(국가재정법 제96조 ①). 그리고 배상심의회에 대한 손해배상지급신청은 시효중단사유가 된다.

【판례】 ① 원고가 피고 대한민국을 상대로 불법체포·구금으로 인한 손해배상을 구하는 이 사건에서 … 국가에 대한 손해배상청구권은 그 불법행위의 종료일로부터 국가재정법 제96조 제2항, 제1항에 정한 **5년**의 기간 동안 이를 행사하지 아니하면 시효로 인하여 소멸하는 것이고, 이 경우 그 소멸시효는 피해자가 손해의 결과발생을 알았거나 예상할 수 있는가 여부에 관계없이 '**가해행위로 인한 손해가 현실적인 것으로 되었다고 볼 수 있는 때**'로부터 진행하는 것인바, 기록에 비추어 살펴보면 이 사건의 경우 **불법체포·구금으로 인한 손해가 현실적인 것으로 되었다고 볼 수 있는 불법행위의 종료일**은 (대법원에서 무죄판결이 확정된 2002. 6. 11.이 아니라) 구속영장의 발부·집행에 의하여 **불법상태가 종료된 1999. 12. 11.**이고, 그때부터 국가재정법 제96조에 기한 5년의 소멸시효기간도 진행한다고 할 것이다(대법원 2008.11.27, 2008다60223).
② (34년전인 1975년) 경찰 수사관들이 甲을 불법구금 상태에서 고문하여 간첩혐의에 대한 허위자백을 받아내는 등의 방법으로 증거를 조작함으로써 甲이 구속 기소되어 유죄판결을 받고 그 형집행을 당하도록 하였으므로, 그 소속 공무원들의 불법행위로 인하여 甲과 그 가족이 입은 일체의 비재산적 손해에 대하여 국가배상법에 따른 위자료배상책임을 인정하면서, 甲이 (과거사정리위원회의 진실규명결정이 내려진 2008.3.18.까지의 기간 동안에는) 국가를 상대로 **위자료지급청구를 할 수 없는 객관적인 장애사유가 있었고, 피해자인 갑을 보호할 필요성은 심대한** 반면 국가의 이행거절(손해배상금 지급의 거절)을 인정하는 것은 **현저히 부당하고 불공평**하므로 **국가가** (불법행위 종료일〈형집행정지일〉 후 5년이 훨씬 지났다는 이유로) **소멸시효의 완성을 항변하는 것은 신의성실의 원칙에 반하는** 권리남용으로서 허용될 수 없다(대법원 2011.1.13, 2009다

103950).

Ⅳ. 손해배상책임자

1. 국가, 지방자치단체

> **【문 제】** 천안시장(A)은 자동차운수사업법의 규정에 따라 여객자동차운송업체(B)에 대하여 동법을 위반하였다는 이유로 운송버스를 축소하도록 하는 감차(減車)처분을 하였다. 이에 B는 위 감차처분이 위법한 것이며, 그로 인하여 손해를 입었으므로 손해배상을 요구하는 소송을 천안시를 피고로 하여 제기하였다. 이에 A가 행한 감차처분 및 개별운송사업면허처분에 관련된 사무는 건설교통부장관(현 국토교통부장관)의 권한에 속하는 것인데 충청남도지사를 거쳐 **천안시장에게 재위임된 국가행정사무를 처리한 것이고, 국가가 사무의 귀속주체로서 선임·감독자이며, 사무의 소요경비의 실질적·궁극적 부담자도 국가이므로 국가가 손해배상책임자**라고 하면서 천안시는 손해배상을 거부한다. 천안시의 주장은 옳은가?

(1) 배상책임자로서의 국가·지방자치단체

배상책임자는 국가 또는 지방자치단체이다. 헌법은 배상주체를 '국가 또는 공공단체'로 규정하고 있으나, 국가배상법은 '국가 또는 지방자치단체'로 한정하고, 지방자치단체 이외의 공공단체(영조물법인, 공공조합)의 배상책임은 다른 특별한 규정이 없는 한 민법에 맡기고 있다. 이 점과 관련하여 국가배상법 제2조 제1항의 규정은 헌법 제29조의 취지에 어긋난다는 지적이 있다(위헌설). 반면 국가배상법상의 지방자치단체는 다른 공공단체(영조물법인, 공공조합)를 포함하는 예시적인 것이며, 따라서 다른 공공단체도 국가배상법에 따른 배상주체에 속한다고 해석하여야 한다는 견해도 있다(합헌설, 탄력적 적용설).

(2) 공무원의 선임·감독자와 비용부담자가 다른 경우

국가나 지방자치단체가 손해를 배상할 책임이 있는 경우에 '공무원의 선임·감독자'와 '공무원의 봉급·급여 기타의 비용을 부담하는 자'가 동일하지 아니하면 '그 비용을 부담하는 자'도 손해를 배상하여야 한다(국가배상법 제6조 ①).

1) 선임·감독자

위 법규정의 '비용을 부담하는 자도'라는 표현으로 볼 때 선임·감독자만이 아니라 비용부담자도 배상책임을 진다는 것이므로 비용부담자의 배상책임의 근거는 제6조 제1항이고, 공무원의 선임·감독자의 배상책임의 근거는 제2조가 된다. 따라서 공무원의 선임·감독자는 제2조의 국가 또는 지방자치단체를 의미한다. 즉, 선임·감독자는 가해자인 공무원이 행한 사무의 귀속주체가 된다(대법원 1994.12.9, 94다38137 참조).

【 판례 】 … 감차처분 및 개별운송사업면허처분에 관련된 사무가 **천안시장에게 재위임된 국가행정사무**이어서 위 법 제2조에 의한 공무원의 선임·감독자로서의 **손해배상 책임은 국가에 있다**고 하더라도 … (대법원 1994.12.9, 94다38137).

국가나 상급지방자치단체의 사무를 지방자치단체에 위임한 경우에는 그것이 단체위임사무이든지 기관위임사무이든지 사무의 귀속주체는 여전히 위임자인 국가나 상급지방자치단체이다. 수임자인 지방자치단체는 다만 사무를 수행할 뿐이다. 판례는 기관위임사무의 경우에 공무원의 선임·감독을 맡은 자를 국가 또는 상급지방자치단체로 본다.

【 참고 】 ① 지방자치단체의 사무는 ㉠ **고유사무**(자치사무)와 ㉡ **위임사무**로 구분되고 ㉡은 다시 ⓐ **단체위임사무**(국가·상급지방자치단체가 지방자치단체에 위임한 경우)와 ⓑ **기관위임사무**(국가·상급지방자치단체가 지방자치단체의 기관〈주로 지방자치단체의 장〉에게 위임한 경우. 이때 지방자치단체의 장은 국가기관의 지위〈국가의 보통지방행정기관. 국가가 위임한 경우〉 또는 상급자치단체의 기관의 지위〈상급지방자치단체가 위임한 경우〉를 갖는다)로 구분된다. 고유사무의 경우에는 국가나 상급지방자치단체로부터 합법성(적법·위법 여부)에 관해서만 통제를 받지만 위임사무의 경우에는 합법성은 물론 합목적성(적당·부적당의 여부)까지 통제받는다.
② **지방자치단체가 국가기관에게 위임**하는 경우도 있다(예: 도로교통법 제3조 제1항, 동법시행령 제86조 제1항 제1호에 따라 특별시장·광역시장이 위 법률규정에 의한 신호기 및 안전표지의 설치·관리에 관한 권한을 지방경찰청장에게 위임하는 경우〈대법원 1999.6.25, 99다11120 참조〉).
③ "**법령상 지방자치단체의 장이 처리하도록 하고 있는 사무가 자치사무인지, 기관위임사무에 해당하는지** 여부를 판단함에 있어서는 그에 관한 법령의 규정 형식과 취지를 우선 고려하여야 할 것이지만 그 외에도 그 사무의 성질이 전국적으로 통일적인 처리가 요구되는 사무인지 여부나 그에 관한 경비부담과 최종적인 책임귀속의 주체 등도 아울러 고려하여 판단하여야 한다"(대법원 2009.6.11. 2008도6530).

【 판례 】 ① **국가사무의 위임**: 지방자치단체의 장의 직무상 위법행위에 대한 손해배상책임은 다른 사정이 없는 이상 자치단체의 집행기관으로서의 직무에 대하여는 자치단체가 책임을 지나, 국가로부터 자치단체에 시행하는 국가행정사무를 위임받아 행하는, **국가의 보통지방행정기관**으로서의 직무에 대하여는 국가가 그 책임을 진다. 따라서 **경기도지사가 행하는 공유수면매립에 관한 사무는 국가행정기관으로서의 사무라고 할 것이니 경기도는 그 직무상의 위법행위에 대한 책임이 없다**(대법원 1981.11. 24, 80다2303).
② **도사무의 위임**: 도지사가 그의 권한에 속하는 사무를 소속시장 또는 군수에게 위임하여 시장, 군수로 하여금 그 사무를 처리하게 하는 소위 기관위임의 경우에는, 지방자치단체장인 **시장, 군수는 도 산하 행정기관의 지위**에서 그 사무를 처리하는 것이므로, 시장, 군수 또는 그들을 보조하는 시, 군 소속공무원이 그 위임받은 사무를 집행함에 있어 고의 또는 과실로 타인에게 손해를 가하였다면 **그 사무의 귀속 주체인 도가 손해배상책임을 진다**(대법원 1994.1.11, 92다29528).

2) 비용부담자

'공무원의 봉급·급여 기타의 비용'을 부담하는 자는 봉급·급여 이외의 사무집행에 소요되는 비용까지 부담하는 자를 포함한다. 비용부담자란 실질적 비용부담관계를 고려함이 없이 대외적으로 국민과의 관계에서 비용을 지출한 자를 의미한다는 견해(형식적 비용부담자설), 실질적·궁극적 비용부담자를 의미한다는 견해(실질적 비용부담자설), 피해자인 국민의 입장에서 형식적 비용부담자와 실질적 비용부담자를 구분하기 쉽지 않기 때문에 피해자를 보호하기 위해 양자를 구별하지 않고 모두 책임을 지우는 것이 타당하다는 견해(병합설)가 있다. 병합설이 타당하다고 생각된다. 판례도 같다(대법원 1994.12.9. 94다38137, 위 설문 및 답 참조).

3) 선택적 청구

피해자는 선임·감독자와 비용부담자 중에서 선택적으로 배상을 청구할 수 있다. 배상청구의 상대방을 잘못 지정함으로써 오는 피해를 방지하여 피해자를 보호하기 위함이다.

4) 종국적 배상책임자

피해자가 선임·감독자와 비용부담자 중에서 선택적으로 배상을 청구한 경우에 "손해를 배상한 자는 내부관계에서 그 손해를 배상할 책임이 있는 자에 대하여 구상할 수 있다"라고 규정하고 있다(제6조 제2항). 즉, 누가 종국적인 비용부담자인지에 대하여는 명확히 밝히고 있지 아니한바, 견해가 나뉘고 있다.

(가) 사무귀속주체설

사무와 관련된 모든 권리·의무·책임은 사무의 귀속주체에게 속하며, 손해배상도 그에 포함된다는 견해이다. 다수설이다.

(나) 비용부담자설

사무 또는 관리비용에는 배상책임도 포함되므로 비용부담자가 최종적인 책임을 진다는 견해이다. 형식적 비용부담자와 실질적 비용부담자가 다른 경우 실질적 비용부담자가 최종적 비용책임을 진다고 한다.

(다) 개별검토설

종국적 배상책임자를 사무귀속주체 또는 비용부담자의 어느 한 유형으로 한정할 필요는 없고, 개별적 사정을 반영하여 손해발생에 기여한 정도 등을 종합적으로 고려하여 구체적 타당성을 확보하도록 분담하여 최종적으로 비용을 부담하여야 한다는 견해이다. 이 설이 옳다고 생각된다.

【답】 판례는 "지방자치단체의 장이 기관위임된 국가행정사무를 처리하는 경우 그에 소요되는 경비의 실질적·궁극적 부담자는 국가라고 하더라도 당해 **지방자치단체**는 국가로부터 내부적으로

교부된 금원으로 그 사무에 필요한 경비를 대외적으로 지출하는 자이므로, 이러한 경우 **지방자치단체**는 국가배상법 제6조 제1항 소정의 **비용부담자로서** 공무원의 불법행위로 인한 같은 법에 의한 **손해를 배상할 책임**이 있다. … 위 감차처분 및 개별운송사업면허처분에 관련된 사무가 천안시장에게 재위임된 국가행정사무이어서 위 법 제2조에 의한 **공무원의 선임·감독자로서의 손해배상 책임은 국가에 있다**고 하더라도, 위 사무에 소요되는 경비는 피고시(천안시)가 지출하였을 것이므로, 천안시장이 위 사무를 처리함에 있어서 원고의 주장과 같은 불법행위를 저질렀다면, **천안시는 위 법 제6조 제1항 소정의 비용부담자로서 이로 인한 손해를 배상할 책임**이 있다"고 한다 (대법원 1994.12.9, 94다38137).

(3) 국가 등의 배상책임의 성질

국가나 지방자치단체('국가 등'이라 함)의 배상책임의 성질에 관해서는 견해가 나뉜다.

1) 대위책임설

배상책임은 원래 가해공무원 자신의 책임이지만 국가 등이 피해자의 보호를 위하여 공무원에 대신하여 지는데 불과하다고 본다. 논리적 근거는 다음과 같다. ㉠ 공무원은 국가 등으로부터 오직 적법한 행위만을 위임받고 있는 것이므로 공무원의 위법행위는 국가 등의 기관의 행위로서의 품격을 상실하였기 때문에 가해공무원 개인이 이에 대한 책임을 져야 한다. ㉡ 그러나 피해자의 권리구제를 두텁게 하고, 불법행위를 한 공무원의 책임추궁의 부담을 경감하여 행정의 원활한 수행을 배려한다는 정책적 이유에 의하여 국가 등이 공무원에 갈음하여 책임을 인수하여 지는 것이다. ㉢ 법규정이 공무원의 고의·과실을 요건으로 함으로써 공무원의 불법행위책임의 성립을 전제로 하고 있다.

2) 자기책임설

국가 등의 배상책임은 공무원의 책임에 대신하여 지는 책임이 아니고 국가 자신의 책임이라고 한다. 논리적 근거는 다음과 같다. ㉠ 국가 등은 그 기관인 공무원을 통해서 행위를 하므로, 그로 인한 효과는 적법·위법을 불문하고 국가 등에 그 효과가 직접 귀속된다. ㉡ 국가 등은 위법행위의 가능성이 있는 행정권을 공무원에게 부여하였으므로 그 위법행사에 대한 책임까지 부담하여야 한다. ㉢ 국가 등의 공무원에 대한 구상권의 인정문제는 정책적 측면에서 인정되는 것이므로 이를 기준으로 배상책임을 논하는 것은 옳지 않다.

3) 중간설(절충설)

공무원의 위법행위가 고의·중과실에 기인하는 경우에는 국가 등의 기관행위로 볼 수 없으므로 대위책임이지만, 경과실에 기한 것인 때에는 기관행위로 볼 수 있으므로, 국가배상책임은 자기책임의 성질을 갖는다는 견해이다. 판례는 이 견해를 취한다(후술).

2. 공무원

> 【문 제】 공군에 입대하여 운전병으로 근무하던 A가 훈련목적으로 군용버스를 운전하다가 철길 건널목에 이르러 주의의무를 게을리 하여, 철길 건널목에서 정지하여 신호대기중이던 군용지프차의 뒷부분을 들이받아 때마침 운행중이던 열차와 충돌하게 하여, 그 지프차에 타고 있던 자신의 대대장 B가 즉사하게 하였다. 이에 B의 유가족은 B가 군인이기 때문에 국가유공자예우등에관한 법률 등에 의하여 보상을 받을 수 있을 뿐이고, 국가에 대해서는 손해배상청구권을 행사하지 못하자, 운전병 A를 피고로 하여 손해배상소송을 제기하였다. 이는 허용되는가?

(1) 공무원의 직접적 배상책임(피해자의 선택적 청구)

국가 등이 배상책임을 지더라도 공무원도 배상책임이 있는지, 즉 피해자는 공무원을 피고로 하여 배상청구를 할 수 있는지가 문제이다. 판례는 공무원개인책임의 법적 근거를 국가배상법 제2조 제1항 본문 및 제2항의 입법취지에서 찾고 있다.

1) 판 례

판례는 종래 공무원의 귀책사유의 정도와 관계없이 공무원에 대한 배상청구가 가능하다는 입장(대법원 1972.10.10, 69다701)에서 불가능하다는 입장(대법원 1994.4.12, 93다11807)으로 변화하였다. 그러나 대법원은 전원합의체에서 판례를 변경하여, ㉠ 공무원의 경과실의 경우에는 공무원의 행위는 국가기관의 행위이므로 국가가 자기책임으로서 배상책임을 지는 것이기 때문에 개인은 공무원에 대해 배상청구를 할 수 없지만, ㉡ 고의·중과실의 경우에는 공무원의 행위는 국가기관의 행위라고 할 수 없으므로 배상책임은 원칙적으로 공무원 개인의 책임이기 때문에 공무원도 책임을 부담하여야 하며, 따라서 피해자는 가해자인 공무원에 대해 배상을 청구할 수 있다는 것이다(대법원 1996.2.15, 95다38677; 대법원 2003.12.26, 2003다13307).

【판례】 ① 국가배상법 제2조 제1항 본문 및 제2항의 입법 취지는 … 공무원이 직무를 수행함에 있어 **경과실로 타인에게 손해를 입힌 경우**에는 … 이러한 공무원의 행위는 여전히 국가 등의 기관의 행위로 보아 그로 인하여 발생한 손해에 대한 배상책임도 전적으로 국가 등에만 귀속시키고 **공무원 개인에게는 그로 인한 책임을 부담시키지 아니하여** 공무원의 공무집행의 안정성을 확보하고, 반면에 **공무원의 위법행위가 고의·중과실에 기한 경우**에는 비록 그 행위가 그의 직무와 관련된 것이라고 하더라도 그와 같은 행위는 그 본질에 있어서 기관행위로서의 품격을 상실하여 **국가 등에게 그 책임을 귀속시킬 수 없으므로 공무원 개인에게 불법행위로 인한 손해배상책임을 부담**시키되, 다만 이러한 경우에도 그 행위의 외관을 객관적으로 관찰하

여 공무원의 직무집행으로 보여질 때에는 피해자인 국민을 두텁게 보호하기 위하여 **국가 등이 공무원 개인과 중첩적**(重疊的)**으로 배상책임을 부담**하되 국가 등이 배상책임을 지는 경우에는 공무원 개인에게 구상할 수 있도록 함으로써 궁극적으로 그 책임이 공무원 개인에게 귀속되도록 하려는 것이라고 봄이 합당하다(대법원 1996.2.15, 95다38677).

② **한국토지공사는** … 본래 시·도지사나 시장·군수 또는 구청장의 업무에 속하는 대집행권한을 한국토지공사에게 위탁하도록 되어 있는바, 한국토지공사는 이러한 법령의 위탁에 의하여 이 사건 대집행을 수권받은 자로서 공무인 대집행을 실시함에 따르는 권리·의무 및 책임이 귀속되는 **행정주체의 지위에** 있다고 볼 것이지 지방자치단체 등의 기관으로서 국가배상법 제2조 소정의 **공무원에 해당한다고 볼 것은 아니다.** … 따라서, … **한국토지공사에 대해서도 국가배상법 제2조 소정의 공무원에 포함됨을 전제로** 이 사건 대집행에 따른 **손해배상책임이 고의 또는 중과실로 인한 경우로 제한된다고 한 원심의 판단에는** 손해배상책임의 요건에 관한 **법리를 오해한 잘못이 있다**(대법원 2010.1.28, 2007다82950,82967).

2) 사 견

① 판례는 고의·중과실의 경우에는 공무원의 행위가 "기관행위로서의 품격을 상실하여 국가 등에게 그 책임을 귀속시킬 수 없으므로 공무원 개인에게 불법행위로 인한 손해배상책임을 부담"시켜야 한다고 하는데, 이에는 동의할 수 없다. 원칙적으로는 고의·중과실로 인한 불법행위의 경우에도 그것이 외관상 직무행위에 해당하는 이상 그것은 불법적 직무행위, 즉 불법적 국가행위가 된다고 보아야 할 것이기 때문이다. 따라서 중요한 것은 공무원의 행위가 직무행위의 범위에 속하느냐의 여부인 것이며, 공무원이 고의·중과실로 불법행위를 하였다고 하여 외관상 직무행위에 속한 행위가 국가의 행위가 되지 않는다고 볼 수는 없다. 따라서 국가는 자신의 불법적 행위에 대한 자기책임을 지는 것이고, 공무원 개인은 대외적인 책임을 질 필요가 없다고 하여야 한다.

특히 판례의 사안의 경우 **군인인 운전병이 군용차에 군인을 태우고 군사목적의 운전을 한 이상**, 운전병이 운전함에 있어서 중과실로 교통법규를 위반하여 사고가 났다고 하더라도 그것이 **직무상의 행위인 것은 의심할 여지가 없으며, 따라서 그 행위는 국가행위가 되는 것도 부인할 수 없다.** 운전병이 군용차를 개인적인 용도로 운행한 것도 아니고, 또한 고의로 사고를 낸 것도 아님에도 불구하고 그것이 국가기관의 행위가 아니라고 하는 것은 억지논리이며, 일반인의 법의식과도 괴리가 큰 것이라고 하지 않을 수 없다.

또한 법원이 공무원(가해자인 군인)의 손해배상책임을 인정한다면 스스로 다른 판례(대법원 2001.2.15, 96다42420)에서 군인(피해자)의 국가배상의 청구를 금지한 규정을 "또한 가해자인 군인 등과 피해자인 군인 등의 직무상 잘못을 따지는 쟁송이 가져올 폐해를 예방하려는 것이다"고 한 것과도 모순된다.

② 국가배상법에 의하면 동법에 규정이 없는 경우 민법을 적용하도록 되어 있으므로(제8조) 공무원의 개인책임에 대해서도 민법을 적용하는 것을 생각해 볼 필요가 있다. 그러나 공무원의 직무집행과 관련 없는 경우에는 민법이 적용되어 공무원이 불법행위책임을 지는 것이지만, 불법행위가 직무행위의 외관에 속하는 경우에는 국가배상법에 따라 국가 등이

배상하도록 되어 있는 등, 국가배상책임과 공무원의 배상책임은 그 성립 및 피해자의 구제에 있어서 그리고 최종적인 배상책임자의 결정에 있어서 밀접한 관련을 가지고 있기 때문에 국가배상법이 적용되는 것이 타당하다(같은 의견, 박균성).

또한 민법을 적용할 경우 과실의 경중(輕重)을 구분하지 않게 되므로 공무원이 직무집행상 경과실로 손해를 입힌 경우에도 공무원 개인이 피해자에 대하여 손해배상을 부담하게 된다. 그렇게 되면 경과실의 경우에 피해자가 공무원 개인을 상대로 손해배상을 청구하면 공무원 개인이 그 배상책임을 부담하게 되지만 국가 등을 상대로 국가배상을 청구하면 그 책임을 이행한 국가 등으로서는(경과실이므로) 공무원에게 이를 구상할 수 없어 궁극적으로 공무원 개인은 책임을 부담하지 아니하게 된다. 이러한 결과는 피해자의 임의적 선택에 따라 그 배상책임의 궁극적 귀속자가 달라진다는 점에서 불합리하다.

③ 결국 국가배상법의 해석을 통하여도 공무원의 손해배상책임을 인정할 수 없으며, 또한 민법을 적용할 수도 없으므로 피해자가 공무원을 피고로 선택하여 배상을 청구할 수는 없다고 보아야 한다. 즉, 공무원의 대외적 배상책임은 인정할 수 없다. 그렇지만 고의·중과실로 불법행위를 한 공무원의 책임을 묻지 않는 것은 아니다. 국가 등이 당해 공무원에 대하여 구상권을 행사함으로써 공무원이 손해배상을 하는 것과 동일한 결과가 될 수 있다.

> 【참고】 **피해자가 군인·경찰공무원 등인 경우**: 사실 공무원의 개인책임은 사례의 경우처럼 피해자가 군인·경찰공무원 등인 경우에 문제가 되고, 그 밖의 경우에는 별로 문제가 되지 않는다. 왜냐하면 변제력이 충분한 국가 등이 피고로서 손해배상을 하면 되기 때문에 굳이 공무원 개인을 피고로 하여 손해배상을 요구할 필요성이 거의 없기 때문이다. 그런데 헌법 제29조 제2항, 국가배상법 제2조 제1항 단서에 의하여 피해자가 군인·군무원·경찰공무원 등으로서 국가에 대해 손해배상을 청구할 수 없는 경우에는 가해공무원에 대해서라도 별도의 손해배상청구를 하고자 하는 것이 피해자의 입장일 것이기 때문에 문제가 된다. 그러나 이 문제는 판례(대법원 1996.2.15, 95다38677)의 반대의견이 주장하는 바와 같이 해결하면 된다. 즉, 군인 등은 그 직무의 특수성으로 사고를 당할 고도의 위험성이 있으므로 **그 직무집행중의 사고에 의한 위험은 국가가 이를 인수하여 그 피해자를 배상이 아닌 보훈의 차원에서 종합적으로 배려하여 보상으로 해결**하겠다는 것이 헌법 제29조 제2항의 취지라 할 것이다. 따라서 위 헌법 조항에 의한 관계 법령의 보상은 종합적으로 보아 적어도 손해배상에 못지않은 내용이 되어야 할 것이다. 사고발생의 위험성이 큰 군인 등이 복무 중 과실로 인한 사고로 동료 군인에게 피해를 입힌 경우 그 과실이 중대한 것이라는 이유로 같은 당해 군인 등에게 손해배상을 하도록 하는 것은 국민의 법감정에 부응하는 것이라고 할 수 없을 것이다. 사례의 사건에서 군복무중의 운전병이 운전과실로 인한 사고에 대해 손해배상을 하는 것은 합당한 것이 아니다. 이와 같이 본다면 위와 같은 경우에도 가해 공무원에 대한 직접적인 손해배상청구를 부정하는 것이 타당하다.

(2) 대내적 구상책임

공무원은 국가 등의 구상권에 응할 책임이 있다. 국가 등이 배상하였을 경우, 가해자인 공무원에게 고의·중과실이 있었다면 국가 등은 그 공무원에게 구상할 수 있기 때문이다(제2조②). 구상 여부는 국가 등의 재량에 맡겨져 있다. 경과실의 경우에 구상을 인정하지 않은 것은 공무원으로 하여금 소신을 가지고 적극적으로 직무에 종사할 수 있도록 하려는 정책적 고려에 의한 것이다.

공무원에 대하여 구상권을 행사하는 경우 국가 등은 당해 공무원의 직무내용, 당해 불법행위의 상황, 손해발생에 대한 당해 공무원의 기여 정도, 당해 공무원의 평소 근무태도, 불법행위의 예방이나 손실분산에 관한 국가 또는 지방자치단체의 배려의 정도 등 제반 사정을 참작하여 손해의 공평한 분담이라는 견지에서 신의칙상 상당하다고 인정되는 한도 내에서만 당해 공무원에 대하여 구상권을 행사할 수 있다(대법원 2016.6.9. 2015다200258.참조).

【판례】① **중과실의 의미**: … 국가배상법 제2조 … 여기서 **공무원의 중과실**이라 함은 공무원에게 통상 요구되는 정도의 상당한 주의를 하지 않더라도 **약간의 주의를 한다면 손쉽게 위법·유해한 결과를 예견할 수 있는 경우임에도 만연히 이를 간과함과 같은 거의 고의에 가까운 현저한 주의를 결여한 상태**를 의미한다(대법원 2003.12.26, 2003다13307).
② 국가배상법 제2조 제2항에 의하여 국가 또는 지방자치단체가 산하 공무원에 대하여 구상권을 행사하는 경우 국가 등은 당해 공무원의 직무내용, 당해 불법행위의 상황, 손해발생에 대한 당해 공무원의 기여 정도, 당해 공무원의 평소 근무태도, 불법행위의 예방이나 손실분산에 관한 국가 또는 지방자치단체의 배려의 정도 등 **제반 사정을 참작하여 손해의 공평한 분담이라는 견지에서 신의칙상 상당하다고 인정되는 한도 내에서만 당해 공무원에 대하여 구상권을 행사**할 수 있다(대법원 2008.3.27. 2006다70929,70936).

반대로 공무원이 직무수행 중 경과실로 인한 불법행위로 타인에게 손해를 입혀서 공무원이 그 피해자에게 손해를 직접 배상한 경우에는, 원래 배상책임이 국가에 있으므로 공무원은 국가에 대해 구상권을 행사할 수 있다(대법원 2014.8.20. 2012다54478 참조).

【판례】공무원이 직무수행 중 불법행위로 타인에게 손해를 입힌 경우에 국가 등이 국가배상책임을 부담하는 외에 공무원 개인도 고의 또는 중과실이 있는 경우에는 불법행위로 인한 손해배상책임을 지고, 공무원에게 **경과실이 있을 뿐인 경우에는 공무원 개인은 손해배상책임을 부담하지 아니한다.** 이처럼 경과실이 있는 공무원이 피해자에 대하여 손해배상책임을 부담하지 아니함에도 피해자에게 손해를 배상하였다면 그것은 채무자 아닌 사람이 타인의 채무를 변제한 경우에 해당하고, 이는 민법 제469조의 '제3자의 변제' 또는 민법 제744조의 '도의관념에 적합한 비채변제'에 해당하여 피해자는 공무원에 대하여 이를 반환할 의무가 없고, 그에 따라 **피해자의 국가에 대한 손해배상청구권이 소멸하여 국가는 자신의 출연 없이 채무를 면하게 되므로**, 피해자에게 손해를 직접 배상한 **경과실이 있는 공무원**은 특별한 사정이 없는 한 국가에 대하여 **국가의 피해자에 대한 손해배상책임의 범위 내에서 공무원이 변제한 금액에 관하여 구상권을 취득한다**(대법원 2014.8.20. 2012다54478).

【답】 판례에 의하면 공무원의 행위가 고의·중과실의 경우에는 비록 그 행위가 직무와 관련된 것이라고 하더라도 그 본질에 있어서 기관행위로서의 품격을 상실하여 국가 등에게 그 책임을 귀속시킬 수 없으므로 공무원 개인에게 불법행위로 인한 손해배상책임을 부담시키되, 다만 이러한 경우에도 그 행위의 외관을 객관적으로 관찰하여 공무원의 직무집행으로 보여질 때에는 피해자인 국민을 두텁게 보호하기 위하여 국가 등이 **공무원 개인과 중첩적으로** 배상책임을 부담한다고 한다. 그런데 A는 철도건널목에 이르러서는 군용버스의 속력을 줄이고 전방을 잘 살펴 진로의 안전

함을 확인하고 진행하여 사고를 미리 방지하여야 할 주의의무가 있음에도 불구하고 이를 게을리 하여 사망사고를 발생시킨 것은 **중과실에 해당하므로 A도 자신의 불법행위로 인한 손해배상책임을 진다**고 한다(대법원 1996.2.15, 95다38677 참조). 그러나 위에서 설명한 바와 같이 이 판결은 잘못된 것이며 A는 B의 유가족에 대해서 직접적인 배상책임을 지지 않는다고 하여야 할 것이다. (A로부터 배상을 받으면 결국 국가의 보상과 함께 이중으로 배상을 받게 되는 셈이 된다).

V. 자동차사고로 인한 국가 등의 손해배상책임

국가배상법은 "국가 또는 지방자치단체는 …, 자동차손해배상보장법에 따라 손해배상의 책임이 있을 때에는 이 법(국가배상법)에 따라 그 손해를 배상하여야 한다"고 규정하고 있다(제2조 ① 본문 후단). 즉, 자동차사고의 경우에는 공무원의 일반적인 직무상 불법행위와는 구별하여 배상책임의 성립 여부는 자동차손해배상보장법에 따라 판단하고, 책임이 인정되면 구체적인 손해배상청구는 국가배상법의 절차에 따라 이루어진다.

1. 자동차손해배상보장법의 적용

(1) 자동차손해배상보장법의 의의

자동차손해배상보장법(자배법) 제3조는 "자기를 위하여 자동차를 운행하는 자는 그 운행으로 다른 사람을 사망하게 하거나 부상하게 한 경우에는 그 손해를 배상할 책임을 진다(단, 피해자·제3자에게 고의·과실이 있음을 입증한 경우 등은 예외)"고 규정하고 있다. 즉, 자배법은 자동차사고의 특성을 고려하여 자동차의 운행자가 자신의 무과실을 입증하지 못하면 손해배상을 하도록 함으로써 손해의 배상책임을 그 운행자에게 용이하게 귀속시켜서 피해자를 보호하기 위해 민법의 특별법으로서 제정된 것이다. 그러므로 자배법은 자동차의 운행이 사적인 용무를 위한 것이든, 국가 등의 공무를 위한 것이든 구별하지 않고 민법이나 국가배상법의 규정보다 우선하여 적용된다(대법원 1996.3.8, 94다23876 참고).

(2) 자동차손해배상보장법의 적용요건

자배법상의 손해배상책임에 대해 국가배상법이 적용되기 위해서는 ㉠ 자동차의 운행으로 사람이 '사망하거나 부상'한 경우이어야 한다. 사망·부상 이외의 경우에는 민법을 적용하도록 하고 있으므로(자배법 제4조), 공무원의 직무집행과 관련된 교통사고로 인한 사망·부상 이외의 경우는 국가배상법이 직접 적용된다. ㉡ 국가 등이 '자기를 위하여 자동차를 운행하는 자'이어야 한다. '자기를 위하여 자동차를 운행하는 자'라고 함은 자동차에 대한 운행을 지배하여 그 이익을 향수하는 책임주체로서의 지위에 있는 자(일반적으로 자동차 주인)를 뜻하는 것으로 이해된다(대법원 1994.12.27, 94다31860). '운행'이란 사람·물건의 운송 여부에 관계없이 자동차를 그 용법에 따라 사용·관리하는 것을 말하므로 '운전'과는 다르다(제2조 참조).

2. 국가 등의 배상책임

(1) 자동차가 국가 등의 소유(관용차량)인 경우

1) 공무원이 직무집행을 하기 위해 운전한 경우

공무원이 그 직무의 집행을 위하여 국가 또는 지방자치단체 소유의 관용차량을 운행하다가 손해를 야기한 때에는, 이때의 자동차에 대한 운행지배나 운행이익은 운전한 공무원 개인이 아니라 국가 또는 지방자치단체에 귀속된다고 할 것이다. 따라서 공무원이 아니라 국가 등이 자동차손해배상보장법 제3조 소정의 손해배상책임의 주체가 된다(대법원 1992.2.25. 91다12356). 이때 공무원은 고의·중과실의 경우에만 (위법한 직무행위를 하였으므로) 피해자에 대해 손해배상책임의 피고가 될 수도 있다(판례에 의할 경우). 고의·중과실의 경우에는 국가에 대해 구상책임을 질 수 있다.

2) 공무원이 사적 목적으로 운전한 경우

공무원이 사적 용무를 위하여 무단으로 국가 등의 소유의 관용차를 운전하다가 타인을 사상한 경우에도 국가 등이 자동차소유자로서 객관적, 외형적인 운행이익 또는 운행지배를 갖고 있으면 국가 등이 자배법 제3조 소정의 손해배상책임의 주체가 된다(대법원 1988.1.19, 87다카2202 참조). 이 경우에는 일반적으로 자동차 소유주가 여전히 운행이익 또는 운행지배를 갖고 있는지의 여부가 문제의 핵심이 된다.

【 판례 】 ① 운행자의 운행지배와 운행이익의 상실 여부: 자동차 소유자는 비록 제3자가 무단히 그 자동차를 운전하다가 사고를 내었다고 하더라도 그 운행에 있어 보유자의 운행지배와 운행이익이 완전히 상실되었다고 볼 특별한 사정이 없는 경우에는 그 사고에 대하여 운행자로서의 책임을 부담하게 된다고 할 것이고, 그 운행지배와 운행이익의 상실 여부는 평소의 자동차나 그 열쇠의 보관 및 관리상태, 소유자의 의사와 관계없이 운행이 가능하게 된 경위, 소유자와 운전자의 인적관계, 운전자의 차량반환의사 유무, 무단운행 후 보유자의 승낙 가능성, 무단운전에 대한 피해자의 주관적 인식 유무 등 객관적이고 외형적인 여러 사정을 사회통념에 따라 종합적으로 평가하여 이를 판단하여야 하는 것이다(대법원 1993.7.13, 92다41733).
② 국가의 객관적, 외형적인 운행지배 및 운행이익을 인정한 경우: 국가소속 공무원이 관리권자의 허락을 받지 아니한 채 국가소유의 오토바이를 무단으로 사용하다가 교통사고가 발생한 경우에 있어 국가가 그 오토바이와 시동열쇠를 무단운전이 가능한 상태로 잘못 보관하였고 위 공무원으로서도 국가와의 고용관계에 비추어 위 오토바이를 잠시 운전하다가 본래의 위치에 갖다 놓았을 것이 예상되는 한편, 피해자들로 위 무

단운전의 점을 알지 못하고 또한 알 수도 없었던 일반 제3자인 점에 비추어 보면 **국가가 위 공무원의 무단 운전에도 불구하고 위 오토바이에 대한 객관적, 외형적인 운행지배 및 운행이익을 계속 가지고 있었다**고 봄이 상당하다(대법원 1988.1.19, 87다카2202).

(2) 자동차가 공무원의 소유인 경우

공무원이 자신 소유의 자동차를 직무상 목적으로 운전하다가 사고를 일으켜 다른 사람을 사망하게 하거나 부상하게 함으로써 손해를 입힌 경우에는 그 사고가 자동차를 운전한 공무원의 경과실에 의한 것인지 중과실 또는 고의에 의한 것인지를 가리지 않고, 그 공무원은 자배법 제3조 소정의 '자기를 위하여 자동차를 운행하는 자'에 해당하므로 자배법상의 손해배상책임을 부담한다(대법원 1996.3.8, 94다23876). 따라서 이때에 피해자는 선택적으로, 공무원에 대하여는 자동차손해배상보장법상의 책임을 주장할 수 있고, 국가에 대하여는 국가배상법상의 요건(공무원, 직무행위, 고의·과실 등)을 증명하여 국가배상책임을 주장할 수 있다.

공무원이 사적 목적으로 운전한 경우에는 국가배상과는 관련이 없음은 물론이다.

3. 국가 등의 배상책임의 범위와 절차

국가 등이 자동차손해배상보장법의 규정에 의하여 손해배상의 책임이 있는 때에는 국가배상법에 의하여 그 손해를 배상하여야 한다. 배상책임의 범위 절차 등에 있어서 다른 국가배상의 경우와 동일하다. 따라서 이 경우에도 군인 등의 이중배상금지규정 등을 포함한 다른 규정들이 그대로 적용된다.

【답】 국가배상청구권이 인정되기 위해서는 국가배상법 제2조의 요건을 구비하여야 한다. ㉠甲은 공무원이고, ㉡선박검사는 공법상 직무행위이고, ㉢승객의 사망은 선박검사라는 직무집행과 관련이 있고, ㉣甲이 적절한 조치를 취하지 않은 것은 과실에 해당하고, ㉤불합격을 시켜야 할 선박에 대해 선박검사증을 교부한 것은 직무상 의무를 위반한 것으로서 법령위반이고, ㉥승객의 사망이라는 타인의 피해가 발생하였음은 의심의 여지가 없다. ㉦**문제는 甲의 직무상 의무위반행위가 승객의 사망과 인과관계를 갖는지의 여부이다.** 선박안전법의 각 규정은 공공의 안전 외에 일반인의 인명과 재화의 안전보장도 그 목적으로 하는 것이라고 할 것이므로, **甲이 직무상 의무를 위반**하여 시설이 불량한 선박에 대하여 선박검사증서를 발급하고, 해당 법규에 **규정된 조치를 취함이 없이(부작위) 계속 운항하게 함으로써 화재사고가 발생한 것이라면 화재사고와 甲의 직무상 의무위반행위와의 사이에는 상당인과관계가 있고,** 따라서 유가족은 국가를 상대로 손해배상청구를 할 수 있다(대법원 1993.2.12, 91다43466 참조).

제 3 절   영조물(공물)의 하자로 인한 손해배상

【 문 제 】

① 甲도의 도지사는 그 지역의 A하천에 설치한 제방의 높이가 계획고수량(計劃高水量, 하천홍수위: (홍수시에 제방이 붕괴되지 아니하고 유지될 수 있도록 계획된 최대유량)에 미달되어 제방을 보수할 계획이었으나, 예산사정으로 보수를 미루고 있던 차에 그해 **여름에 유례없는 폭우**로 인하여 A하천이 범람함으로써 하천의 하류일대에 거주하는 Y 등 주민들이 가옥을 유실당하는 등 커다란 피해를 입었다. ㉠ 피해자 Y가 甲도를 상대로 손해배상청구를 제기할 수 있는가의 여부, ㉡ Y를 비롯한 피해주민들이 甲도를 상대로 피해구제를 요구할 수 있겠는가? 〈제39회 행정고시〉

② A市의 산악도로는 평소에도 낙석 위험이 많고 사고가 자주 발생하는 곳이다. 이에 도로주변에 '낙석주의'라는 경고판을 세우고 철조망을 설치하였으나 관리를 제대로 하지 않아 허술한 상태였다. 그러던 중 해빙기가 되어 **낙석이 철조망을 뚫고 굴러 떨어져** 이곳을 운행 중이던 B가 낙석에 부딪혀 중상을 입었다. B의 권리구제방안은? 〈제43회 사법시험〉

③ 국가가 산중턱을 깎아 편도 1차선의 도로를 만들었는데, 도로를 완공한지 3년 후 **여름 장마철에 약 308.5㎜의 집중호우**로 인하여 국도변 산비탈이 무너져 내려 마침 운행하던 차량과 승객이 크게 다쳤다. 피해자는 국가를 상대로 손해배상을 청구할 수 있는가?

I. 배상책임의 요건

영조물의 하자로 인한 국가배상에 관해서는 헌법에서 규정하는 바가 없지만 국가배상법에서는 이에 관해 규율하고 있다. 국가배상법 제5조 제1항은 "도로·하천, 그 밖의 공공의 영조물의 설치나 관리에 하자가 있기 때문에 타인에게 손해를 발생하게 하였을 때에는 국가 또는 지방자치단체는 그 손해를 배상하여야 한다. 이 경우 제2조 제1항 단서(군인 등의 이중배상금지), 제3조(배상기준) 및 제3조의2(공제액)의 규정을 준용한다"라고 정하고 있다.

1. 공공의 영조물

행정법학에서 영조물(營造物)이란 일반적으로 '공적 목적을 달성하기 위한 인적·물적 종합체'를 말한다. 따라서 도로·하천은 (인적 요소가 없으므로) 영조물에 해당되지 않는다. 그러므로 국가배상법의 '영조물'은 학문적 의미의 영조물이 아니라 그보다 넓은 개념인 '공물'에 해당한다고 보아야 한다. 즉, 행정주체가 직접적으로 공적 목적을 달성하기 위하여 제공한 유체물인 공물을 의미한다. 공물에는 인공공물(예: 도로·수도·하수도 등)·자연공물(예: 하천·호소 등), 동산(예: 관용자동차·관용컴퓨터·경찰견)·부동산(예: 국·공립공원)이 있다. 민법 제758조의 공작물(예: 건물·교량·터널 등)보다 넓은 개념이며, 민법과 달리 국가배상법은 점유자의 면책사유를 인정하지 않는다(상술 참조).

그런데 국유재산과 공유재산(지방자치단체의 재산)이 모두 공물인 것은 아니다. 국·공유재산은 행정재산(행정목적에 제공된 것. 기업의 업무용부동산에 비유됨)과 일반재산(구 잡종재산. 단지 소유만 하고 있는 재산. 기업의 비업무용부동산에 비유됨)으로 구분되는데 행정재산만이 공물에 해당되고 일반재산은 직접 공적 목적에 제공된 것이 아니므로 공물이 아니다(일반재산의 하자로 인한 손해는 민법 제758조가 적용됨). 반면 사인의 소유라도 그것이 공적 목적에 제공된 것이면(예: 사유의 토지가 도로로 지정된 경우) 공물이 된다. 그리고 공물에는 공공용물(일반공중이 사용)과 공용물(행정주체 자신이 사용)도 포함되며, 국가 등이 소유권·임차권 그 밖의 권한에 기하여 관리하고 있는 것만이 아니라 사실상 관리하고 있는 것도 포함된다(대법원 1995.1.24, 94다45302 참조).

【판례】① 종합운동장예정부지로 된 토지가 그 후 市 명의로 소유권이전등기가 경료되었으나 그 지상에 아무런 시설도 설치되어 있지 아니한 나대지로서 공용개시가 없는 상태에서 한국모터스포츠연맹의 요구로 그 연맹이 주최하는 자동차경주대회를 위한 사용허가가 되었을 뿐, 시가 그 종합운동장 예정부지를 **직접적으로 일반공중의 사용에 제공한 바 없으며**, 그 후 그 연맹이 그 토지 위에 시설한 자동차경주에 필요한 방호벽 등 안전시설을 **시가 관리한 바도 없다면**, 그 종합운동장 예정부지나 그 위에 설치된 위 안전시설이 **"공공의 영조물"이라 할 수 없다**(대법원 1995.1.24, 94다45302).
② 사고 당시 설치하고 있던 옹벽은 소외 회사가 공사를 도급받아 공사 중에 있었을 뿐만 아니라 아직 완성도 되지 아니하여 **일반 공중의 이용에 제공되지 않고 있었던** 이상 국가배상법 제5조 제1항 소정의 **영조물에 해당한다고 할 수 없다**(대법원 1998.10.23, 98다17381).

2. 설치·관리상의 하자

(1) 의 의

영조물의 설치·관리의 하자란 ㉠ 영조물의 구조와 성질 등 물적 상태에 결함이 있어 통상적으로 갖추어야 할 안전성을 결하고 있거나(물적 상태의 하자), ㉡ 영조물이 공공목적에 이용됨에 있어 그 이용상태 및 정도가 일정한 한도를 초과하여 제3자에게 사회통념상 참을 수 없는 피해를 입히는 것(사회적·기능적 하자)을 말한다.

【판례】① 국가배상법 제5조 제1항에 정하여진 '영조물의 설치 또는 관리의 하자'라 함은 … 그 영조물이 공공의 목적에 이용됨에 있어 **그 이용상태 및 정도가 일정한 한도를 초과하여 제3자에게 사회통념상 참을 수 없는 피해를 입히는 경우**까지 포함된다고 보아야 할 것이고, 사회통념상 참을 수 있는 피해인지의 여부는 그 영조물의 공공성, 피해의 내용과 정도, 이를 방지하기 위하여 노력한 정도 등을 종합적으로 고려하여 판단하여야 한다. **매향리 사격장에서 발생하는 소음 등으로 지역 주민들이 입은 피해는 사회통념상 참을**

수 있는 정도를 넘는 것으로서 사격장의 설치 또는 관리에 하자가 있다(대법원 2004.3.12. 2002다14242).
② 김포공항에서 발생하는 소음 등으로 인근 주민들이 입은 피해는 사회통념상 **수인한도를 넘는 것**으로서 김포공항의 설치·관리에 하자가 있다(대법원 2005.1.27. 2003다49566).

(2) 하자의 기준

하자의 여부를 판단함에 있어서 특히 설치·관리자의 주의의무의 위반이라는 주관적인 사유가 고려되어야 하는지에 관해 견해가 대립된다.

1) 학 설

(가) 객관설

하자를 '객관적으로 보아 영조물이 통상 갖추고 있어야 할 안전성을 흠결하여 타인에게 위해를 발생할 가능성이 있는 상태', 즉, '영조물의 하자'로 이해한다. 관리자의 과실의 존재는 필요하지 않은 것으로 본다(국가 등의 무과실책임). 이는 제5조의 책임은 행위책임이 아니라 상태책임이며, 피해자의 구제에 유리하다는 것을 논거로 주장한다.

(나) 주관설(의무위반설)

하자를 '영조물의 설치·관리자가 영조물을 안전하고 양호한 상태로 설치·보전해야 할 의무를 위반한 것'으로 보는 견해이다. 법규정상 '설치·관리'의 하자이므로 공물주체가 설치·관리상의 의무를 게을리 한 잘못이 있어야 한다는 견해이다.

(다) 절충설

영조물 자체의 객관적 하자뿐만 아니라 관리자의 안전관리의무위반이라는 주관적 요소도 고려하여 판단하여야 한다는 입장이다.

(라) 검 토

제2조는 공무원의 불법적 '행위책임'을 정하고 있는 반면에 제5조는 물건의 '상태책임'에 중점이 있다. '설치·관리'의 하자이기 때문에 행위책임이라는 견해도 있으나 중점은 '하자'에 있는 것이다. 설치·관리의 문제도 고려하여야 함은 당연하다. 따라서 객관설에 따라 '영조물의 하자'가 있는 경우에는 원칙적으로 배상책임을 인정하되 관리주체의 안전관리의무의 이행에 전혀 잘못이 없었음을 입증하는 경우에는 예외를 인정하여야 할 것이다. 따라서 절충설이 타당하다. 결국 하자의 존부는 당해 영조물의 구조, 용법, 장소적 환경 및 이용상황 등의 여러 사정을 종합적으로 고려하여 개별적·구체적으로 판단하여야 한다.

천재지변 등 불가항력에 의한 가해행위는 면책되는 것이 원칙이지만, 불가항력인 경우

에도 영조물의 객관적 안전성이 결여됨으로 인해 손해가 야기 또는 악화되었다면 국가 등
은 배상책임을 진다. 예산부족도 면책사유가 되지 않는다(대법원 1967.2.21. 66다1723 참조).

【 판례 】 ① 집중호우로 제방도로가 유실되면서 그곳을 걸어가던 보행자가 강물에 휩쓸려 익사한 경우, 사
고 당일의 집중호우가 **50년 빈도의 최대강우량에 해당한다는 사실만으로 불가항력에 기인한 것으로 볼 수
없다**(대법원 2000.5.26. 99다53247).
② 피고(서울시 동작구)가 관할하는 도로의 인도 위에 심어져 있던 높이 15m가량의 가로수가 쓰러지면서
때마침 그곳을 통과하던 원고 소유 자동차의 지붕 중간부분을 덮쳐 자동차가 파손된 경우, 이 사건 사고가
발생할 당시 호우주의보가 발효된 상태로 … 강수량은 시간당 13mm이고, 그날의 순간 최대풍속은 초당
15.4m로서 피고가 관할하는 가로수 등의 나무들이 쓰러지는 등 재해가 발생한 사실 등은 인정되지만, **매년
집중호우와 태풍**(초당 32.6m)**이 동반되는 장마철을** 겪고 있는 우리나라와 같은 기후의 여건 하에서 그와
같은 정도의 비바람을 예측할 수 없는 **천재지변이라고 볼 수는 없다**(대법원 1993.7.27. 93다20702).
③ 하천의 관리청이 관계 규정에 따라 설정한 계획홍수위를 변경시켜야 할 사정이 생기는 등 특별한 사정
이 없는 한, 이미 존재하는 **하천의 제방이 계획홍수위를 넘고 있다면** 그 하천은 용도에 따라 통상 갖추어야
할 안전성을 갖추고 있다고 보아야 하고, 그와 같은 하천이 그 후 새로운 하천시설을 설치할 때 기준으로
삼기 위하여 제정한 '하천시설기준'이 정한 여유고를 확보하지 못하고 있다는 사정만으로 바로 안전성이 결
여된 하자가 있다고 볼 수는 없다. **100년 발생빈도의 강우량을** 기준으로 **책정된 계획홍수위를 초과하여
600년 또는 1,000년 발생빈도의 강우량에 의한 하천의 범람은** 예측가능성 및 회피가능성이 없는 **불가항력
적인 재해**로서 그 영조물의 관리청에게 책임을 물을 수 없다(대법원 2003.10.23. 2001다48057).

2) 판 례

판례도 원칙적으로 객관설의 입장에서 판단하되 영조물관리주체의 안전관리의무위반
이라는 주관적인 요소를 고려하는 절충설을 취하고 있는 것으로 보인다.

【 판례 】 ① 국가배상법 제5조 제1항에 정해진 영조물의 설치 또는 관리의 하자라 함은 영조물이 그 용도에
따라 통상 갖추어야 할 안전성을 갖추지 못한 상태에 있음을 말하는 것이며, … 위와 같은 안전성의 구비
여부를 판단함에 있어서는 **당해 영조물의 용도, 그 설치장소의 현황 및 이용 상황 등 제반 사정을 종합적으
로 고려하여** 설치·관리자가 그 영조물의 위험성에 비례하여 **사회통념상 일반적으로 요구되는 정도의 방
호조치의무를 다하였는지 여부를 그 기준으로 삼아야** 하며, 만일 객관적으로 보아 시간적·장소적으로 영
조물의 기능상 결함으로 인한 손해발생의 예견가능성과 회피가능성이 없는 경우 즉 그 영조물의 결함이 **영
조물의 설치·관리자의 관리행위가 미칠 수 없는 상황 아래에 있는 경우임이 입증되는 경우라면** 영조물의
설치·관리상의 하자를 인정할 수 없다(대법원 2001.7.27. 2000다56822).
② 도로의 설치 후 제3자의 행위에 의하여 그 본래 목적인 통행상의 안전에 결함이 발생한 경우에는 도로에
그와 같은 결함이 있다는 것만으로 성급하게 도로의 보존상 하자를 인정하여서는 안 되고, 당해 **도로의 구
조, 장소적 환경과 이용상황 등 제반 사정을 종합하여 그와 같은 결함을 제거하여 원상으로 복구할 수 있는
데도 이를 방치한 것인지 여부를 개별적, 구체적으로 심리하여** 하자의 유무를 판단하여야 한다. 승용차 운
전자가 편도 2차선의 국도를 진행하다가 반대차선 진행차량의 바퀴에 튕기어 승용차 앞유리창을 뚫고 들어
온 쇠파이프에 맞아 사망한 경우, **도로관리자(국가)가 쇠파이프를 발견하여 제거할 수 있는 시간적 여유가
없었으므로 국가는 손해배상책임이 없다**(대법원 1997.4.22. 97다3194).
③ 도로의 설치·관리상의 하자는 도로의 … 제반 사정과 물적 결함의 위치, 형상 등을 종합적으로 고려하
여 사회통념에 따라 구체적으로 판단하여야 하는바, 특히 강설은 … 적설지대에 속하는 지역의 도로라든가
최저속도의 제한이 있는 고속도로 등 특수 목적을 갖고 있는 도로가 아닌 일반 보통의 도로까지도 도로관
리자에게 완전한 인적, 물적 설비를 갖추고 제설작업을 하여 도로통행상의 위험을 즉시 배제하여 그 안전
성을 확보하도록 하는 관리의무를 부과하는 것은 도로의 안전성의 성질에 비추어 적당하지 않고, 오히려

그러한 경우의 도로통행의 안전성은 그와 같은 위험에 대면하여 도로를 이용하는 통행자 개개인의 책임으로 확보하여야 한다. 강설의 특성, 기상적 요인과 지리적 요인, 이에 따른 도로의 상대적 안전성을 고려하면 겨울철 산간지역에 위치한 도로에 강설로 생긴 빙판을 그대로 방치하고 도로상황에 대한 **경고나 위험표지판을 설치하지 않았다는 사정만으로 도로 관리상의 하자가 있다고 볼 수 없다**(대법원 2000.4.25, 99다54998).

④ 영조물의 설치 또는 관리상의 하자만이 손해발생의 원인이 되는 경우만을 말하는 것이 아니고, **다른 자연적 사실이나 제3자의 행위 또는 피해자의 행위와 경합하여 손해가 발생하더라도** 영조물의 설치 또는 관리상의 하자가 공동원인의 하나가 되는 이상 그 손해는 영조물의 설치 또는 관리상의 하자에 의하여 발생한 것이라고 해석함이 상당하다(대법원 1994.11.22, 94다32924).

⑤ **가변차로에 설치된 신호등의 용도와 오작동시에 발생하는 사고의 위험성과 심각성을 감안할 때,** 만일 가변차로에 설치된 두 개의 신호기에서 서로 모순되는 신호가 들어오는 고장을 예방할 방법이 없음에도 그와 같은 신호기를 설치하여 그와 같은 고장을 발생하게 한 것이라면, 그 고장이 자연재해 등 외부요인에 의한 불가항력에 기인한 것이 아닌 한 그 자체로 설치·관리자의 방호조치의무를 다하지 못한 것으로서 신호등이 그 용도에 따라 통상 갖추어야 할 안전성을 갖추지 못한 상태에 있었다고 할 것이고, 따라서 설령 적정전압보다 낮은 저전압이 원인이 되어 위와 같은 오작동이 발생하였고 그 고장은 **현재의 기술수준상 부득이한 것이라고 가정하더라도 그와 같은 사정만으로 손해발생의 예견가능성이나 회피가능성이 없어 영조물의 하자를 인정할 수 없는 경우라고 단정할 수 없다**(대법원 2001.7.27., 2000다56822).

⑥ 하천 관리주체로서는 익사사고의 위험성이 있는 모든 하천구역에 대해 위험관리를 하는 것은 불가능하므로, 당해 하천의 현황과 이용 상황, 과거에 발생한 사고 이력 등을 종합적으로 고려하여 하천구역의 위험성에 비례하여 **사회통념상 일반적으로 요구되는 정도의 방호조치의무를 다하였다면 하천의 설치·관리상의 하자를 인정할 수 없다.** 수련회에 참석한 미성년자 갑이 유원지 옆 작은 하천을 가로질러 수심이 깊은 맞은 편 바위 쪽으로 이동한 다음 바위 위에서 하천으로 다이빙을 하며 놀다가 익사하자, 갑의 유족들이 하천 관리주체인 지방자치단체를 상대로 손해배상을 구한 사안에서, 하천 관리자인 지방자치단체가 유원지 입구나 유원지를 거쳐 **하천에 접근하는 길에 수영금지의 경고표지판과 현수막을 설치함으로써** 하천을 이용하는 사람들의 안전을 보호하기 위하여 통상 갖추어야 할 시설을 갖추었다고 볼 수 있고, **지방자치단체에게 사고지점에 각별한 주의를 촉구하는 내용의 위험표지나 부표를 설치하는 것과 같은 방호조치를 취하지 않은 과실이 인정되더라도 익사사고와 상당인과관계가 있다고 보기 어렵다**(대법원 2014.1.23. 2013다211865).

(3) 입증책임

피해자의 권리구제를 위해서 일응추정(一應推定)의 이론을 적용하여 피해자가 영조물의 하자와 관리의무위반의 개연성을 주장하고 영조물관리주체가 영조물의 하자가 없었거나 관리의무이행에 과실이 없었음을 입증하도록 하여야 할 것이다.

【 판례 】 ① 고속도로의 관리상 하자가 인정되는 이상 고속도로의 **점유관리자는 그 하자가 불가항력에 의한 것이거나 손해의 방지에 필요한 주의를 해태하지 아니하였다는 점을 주장·입증하여야** 비로소 그 책임을 면할 수 있다(대법원 2008.3.13. 2007다29287,29294).

3. 타인에게 손해가 발생

(1) 인과관계가 있는 손해

영조물의 설치·관리의 하자로 인하여 타인에게 손해가 발생하고, 그 하자와 손해와의 사이에 상당인과관계가 있어야 한다. 손해는 재산적 손해·정신적 손해·적극적 손해·소극적 손해를 모두 포함한다.

(2) 인과관계의 입증책임

상당인과관계의 입증책임은 원고(피해자)에게 있는 것이 원칙이다. 그러나 경우에 따라서는(예: 영조물〈쓰레기 소각장, 사격장, 도로공사장〉에서 발생한 공해물질·소음 등으로 인해 환경피해가 발생한 경우) 피해자에게 사실적 인과관계의 존재에 관하여 과학적으로 엄밀한 증명을 요구한다는 것은 사법적 구제를 사실상 거부하는 결과가 되는 경우가 있다. 이 경우에는 일응추정의 원리 내지 개연성이론을 적용하여 피해자는 인과관계의 존재의 개연성만을 증명하면 족하고 피고(영조물주체)는 반증으로서 인과관계가 존재하지 않음을 증명하지 못하는 한 책임을 면할 수 없다고 해야 할 것이다.

【판례】고속도로의 관리상 하자가 인정되는 이상 고속도로의 점유관리자는 그 하자가 불가항력에 의한 것이거나 손해의 방지에 필요한 주의를 해태하지 아니하였다는 점을 주장·입증하여야 비로소 그 책임을 면할 수가 있다(대법원 2008.3.13. 2007다29287).

(3) 책임의 감면

손해의 발생에 피해자의 과실도 있었던 경우에는 영조물관리주체의 책임이 부분적으로 감면된다(과실상계). 또한 자연력과 가해자의 과실행위가 경합하여 손해를 발생시킨 경우에는 자연력이 기여한 부분을 공제하고 책임을 진다.

【판례】① 소음 등을 포함한 공해 등의 위험지역으로 이주하여 들어가 거주하는 경우와 같이 **위험의 존재를 인식하거나 과실로 인식하지 못하고 이주한 경우**에는 손해배상액의 산정에 있어 형평의 원칙상 과실상계에 준하여 감경 또는 면제사유로 고려하여야 한다(대법원 2010.11.11. 2008다57975).
② 일반인이 공해 등의 위험지역(매향리 사격장)으로 이주하여 거주하는 경우라고 하더라도 **위험에 접근할 당시에 그러한 위험이 문제가 되고 있지 아니하였고, 그러한 위험이 존재하는 사실을 정확하게 알 수 없었으며,** 그 밖에 위험에 접근하게 된 경위와 동기 등의 여러 가지 사정을 종합하여 그와 같은 위험의 존재를 인식하면서 굳이 위험으로 인한 피해를 용인하였다고 볼 수 없는 경우에는 그 책임이 감면되지 아니한다(대법원 2004.3.12. 2002다14242).
③ 불법행위에 기한 손해배상 사건에 있어서 피해자가 입은 손해가 자연력과 가해자의 과실행위가 경합되어 발생된 경우 가해자의 배상 범위는 손해의 공평한 부담이라는 견지에서 **손해 발생에 대하여 자연력이 기여하였다고 인정되는 부분을 공제한 나머지 부분으로 제한하여야 함이 상당**한 것이지만, 다른 한편, 피해자가 입은 손해가 통상의 손해와는 달리 특수한 자연적 조건 아래 발생한 것이라 하더라도, 가해자가 그와 같은 자연적 조건이나 그에 따른 위험의 정도를 미리 예상할 수 있었고 또 과도한 노력이나 비용을 들이지 아니하고도 적절한 조치를 취하여 자연적 조건에 따른 위험의 발생을 사전에 예방할 수 있었다면, 그러한 **사고방지 조치를 소홀히 하여 발생한 사고로 인한 손해배상의 범위를 정함에 있어서 자연력의 기여분을 인정하여 가해자의 배상 범위를 제한할 것은 아니다**(대법원 2001.2.23. 99다61316).

4. 제2조와 제5조의 경합

영조물의 설치·관리상의 하자와 공무원의 위법한 직무행위가 경합하는 경우, 예컨대, 운전자의 과실(제2조)과 관용차 자체의 결함(제5조)이 경합하여 사고가 발생한 경우에는 피해자는 국가배상법 제2조와 제5조 중 그 어느 규정에 의해서도 선택적으로 배상을 청구할 수 있다고 본다. 다만, 입증책임과 관련하여 제5조를 주장하는 것이 보다 용이할 것이다.

Ⅱ. 배상책임의 내용, 손해배상청구권

손해배상의 기준, 이익의 공제 등은 제2조의 경우와 같다. 배상청구권의 주체와 예외(군인 등의 이중배상청구의 금지), 청구권의 양도·압류금지 및 소멸시효 등도 제2조의 경우와 같다.

Ⅲ. 배상책임자

1. 원 칙

영조물의 설치·관리의 하자로 인한 손해배상책임자는 설치·관리사무의 귀속주체에 따라 국가사무인 경우에는 국가가, 지방자치단체의 사무인 경우에는 지방자치단체가 배상책임을 부담하는 것이 원칙이다.

2. 설치·관리자와 비용부담자가 다른 경우

【문 제】도로교통법 제3조 제1항은 특별시장·광역시장 또는 시장·군수는 … 신호기 및 안전표지를 설치하고 이를 관리하도록 규정하고, 도로교통법시행령 제86조 제1항 제1호는 특별시장·광역시장이 신호기 및 안전표지의 설치·관리에 관한 권한을 지방경찰청장에게 위임하는 것으로 규정하고 있다. 이에 따라 **대전시장은 교통신호기 설치·관리에 관한 권한을 충남지방경찰청장에게 위임하였다.** 그런데 대전시 소속 공무원과 충남지방경찰청 소속 경찰관이 합동근무하는 교통종합관제센터에서 그 관리업무를 담당하던 중 위 신호기가 고장난 채 방치되어 교통사고가 발생하였다. 이 경우 피해자는 누구를 피고로 하여 손해배상을 청구하여야 하는가?

국가배상법 제6조는 "① … 제5조의 규정에 의하여 국가 또는 지방자치단체가 손해를 배상할 책임이 있는 경우에 … 영조물의 설치·관리를 맡은 자와 … 영조물의 설치·관리 비용을 부담하는 자가 동일하지 아니한 경우에는 그 비용을 부담하는 자도 손해를 배상하여야 한다. ② 제1항의 경우에 손해를 배상한 자는 내부관계에서 그 손해를 배상할 책임이 있는 자에게 구상할 수 있다"고 규정하고 있다. 즉, 관리주체가 손해배상을 하되, 비용부담자도 손해배상의 책임이 있다는 것이다.

(1) 설치·관리자

1) 의 의

설치·관리자(관리주체)란 영조물의 관리청이 속하는 법인격 있는 주체를 말한다. 따라서 영조물의 설치·관리가 국가사무인 경우에는 국가, 자치사무인 경우에는 지방자치단체가 관리주체가 된다. 국가 또는 광역지방자치단체의 영조물관리사무가 광역자치단체의 장 또는 기초자치단체의 장에게 위임된 경우(기관위임사무)는 위임된 사무를 수행하는 광역자치단체의 기관은 국가기관으로서, 기초자치단체의 기관은 광역지방자치단체의 기관으로서의 지위를 갖게 되므로 (위임한) 국가나 광역지방자치단체가 관리주체가 된다.

2) 도로의 경우

① 국도의 관리청은 국토교통부장관이고 관리주체는 국가이다. 단, 특별시·광역시·시의 관할구역 안의 국도는 특별시장·광역시장·시장이 (국가로부터 국도관리를 기관위임사무로서 위임받은) 관리청이 되지만, 관리주체는 국가이다.

② 지방도로는 ㉠ 국가지원을 받은 지방도는 도지사(제주특별자치도지사 포함. 이하 같음)가 관리청이 되고, 도(제주특별자치도 포함)가 관리주체가 되며, ㉡ 그 밖의 도로(시·군·구도)는 그 노선을 인정한 각급 행정청(예: 논산시장)이 관리청이 되고, 행정청이 속한 지방자치단체(예: 논산시)가 관리주체가 된다.

【판례】① 도로법 제22조 제2항에 의하여 지방자치단체의 장인 **시장이 국도의 관리청**이 되었다 하더라도 이는 시장이 국가로부터 관리업무를 위임받아 국가행정기관의 지위에서 집행하는 것이므로 **국가는** 도로관리상 하자로 인한 **손해배상책임을 면할 수 없다**(대법원 1993.1.26. 92다2684).
② 구 하천법 제28조 제1항에 따라 **국토해양부장관이 하천공사를 대행하더라도** 이는 국토해양부장관이 하천관리에 관한 일부 권한을 일시적으로 행사하는 것으로 볼 수 있을 뿐 하천관리청이 국토해양부장관으로 변경되는 것은 아니므로, 국토해양부장관이 하천공사를 대행하던 중 지방하천의 관리상 하자로 인하여 손해가 발생하였다면 **하천관리청이 속한 지방자치단체는 국가와 함께** 국가배상법 제5조 제1항에 따라 지방하천의 관리자로서 손해배상책임을 부담한다(대법원 2014.6.26. 2011다85413).

(2) 비용부담자

영조물의 설치·관리자와 그 비용을 부담하는 자가 다른 경우에는 비용부담자도 손해를 배상하여야 한다. 비용부담자란 실질적 비용부담관계를 고려함이 없이 대외적으로 국민과의 관계에서 비용을 지출한 자를 의미한다는 견해(형식적 비용부담자설), 실질적·궁극적 비용부담자를 의미한다는 견해(실질적 비용부담자설), 피해자인 국민의 입장에서 형식적 비용부담자와 실질적 비용부담자를 구분하기 쉽지 않기 때문에 피해자를 보호하기 위해 양자를 구별하지 않고 모두 책임을 지우는 것이 타당하다는 견해(병합설)가 있다. 병합설이 타당하다.

【 참고 】 **도로관리비용부담자** : 도로법 제67조 "도로에 관한 비용은 이 법이나 다른 법률에 특별한 규정이 있는 경우 외에는 국토교통부장관이 관리하는 도로에 관한 것은 국고에서 부담하고, 그 밖의 도로에 관한 것은 관리청이 속하여 있는 지방자치단체에서 부담한다."

【 판례 】 ① 서울특별시 여의도광장의 관리사무가 영등포구청장에게 위임된 경우, 여의도광장의 관리상의 하자에 의한 손해배상책임과 관련하여 **영등포구는** 도로관리비용부담자(도로법 제56조)이므로 국가배상법 제6조의 **비용부담자로서의 책임**을 진다(대법원 1995.2.24, 94다57671).
② 지방자치단체장이 **교통신호기의 설치·관리에 관한 사무를 지방경찰청장에게 위임한 경우**, 즉 권한을 위임한 관청이 소속된 **지방자치단체는** 국가배상법 제2조 또는 제5조에 의한 **배상책임을 부담**하고, 교통신호기를 관리하는 지방경찰청장 산하 경찰관들에 대한 **봉급을 부담하는 국가도** 국가배상법 제6조 제1항에 의한 **비용부담자로서 배상책임을 부담한다**(대법원 1999.6.25, 99다11120).

(3) 선택적 청구

영조물의 설치·관리자만이 아니라 비용부담자도 손해를 배상할 책임이 있으므로 피해자는 양자에 대하여 선택적으로 배상을 청구할 수 있다.

(4) 종국적 배상책임자

국가배상법 제6조 제2항은 최종적인 배상책임자에 구상을 인정하면서도 관리주체와 비용부담자 중 누가 최종적인 책임자인지에 관하여는 정하고 있지 않아 이와 관련하여 견해가 대립한다. 제2조의 배상책임의 경우와 마찬가지로 ㉠사무의 귀속주체인 관리주체라는 견해(다수설)와 ㉡비용부담자라는 견해 ㉢개별적 사정을 반영하여 손해발생에 기여한 정도 등을 종합적으로 고려하여 구체적 타당성을 확보하도록 하여야 한다는 견해(기여도설, 개별검토설) 등이 있다. ㉢견해가 옳다고 생각된다.

【 판례 】 광역시와 국가 모두가 도로의 점유자 및 관리자, 비용부담자로서의 책임을 중첩적으로 지는 경우에는, 광역시와 국가 모두가 국가배상법 제6조 제2항 소정의 궁극적으로 손해를 배상할 책임이 있는 자라고 할 것이고, 결국 광역시와 국가의 내부적인 부담 부분은, 그 도로의 인계·인수 경위, 사고의 발생 경위,

광역시와 국가의 그 도로에 관한 분담비용 등 **제반 사정을 종합하여 결정함이 상당하다**(대법원 1998.7.10. 96 다42819).

【 **답** 】 손해배상책임을 부담하는 것은 **충남지방경찰청장이 소속된 국가**(대한민국)**가 아니라, 그 권한을 위임한 대전시장이 소속된 대전시이다.** 그런데 국가배상법 제6조 제1항은 … 그 비용을 부담하는 자도 손해를 배상하여야 한다고 규정하고 있으므로 교통신호기를 관리하는 충남지방경찰청장 산하 **경찰관들에 대한 봉급을 부담하는 국가도 배상책임을 부담**한다. 즉, 피해자는 대전시와 대한민국 모두를 피고로 하여 손해배상을 청구할 수 있다. 다수설에 의할 경우 최종적 배상책임자는 대전시가 되므로 국가가 배상한 경우에는 대전시에 대하여 구상을 청구할 수 있다. 개별검토설에 의할 경우 배상액 부담정도는 대전시 공무원과 경찰관의 책임정도에 따라 정해진다고 할 것이다 (대법원 1999.6.25, 99다11120 참조).

---

3. 원인책임자에 대한 구상

국가 등이 손해를 배상한 경우에 손해의 원인에 대하여 책임을 질 자(예: 고의 · 중과실로 설치 · 관리를 게을리 한 담당 공무원, 영조물 설치 · 관리를 도급받은 기업, 도로 · 교량을 손괴케 한 자동차운행자 등) 가 따로 있으면 국가 등은 그 자에게 구상할 수 있다(제5조 ②).

【 **답** 】
① ㉠A하천의 제방은 이미 계획고수량에 미치지 못하였는바, Y 등의 피해는 **제방의 미보수로 인한 객관적인 안전성의 결여**로 발생하였다. 따라서 불가항력에 의한 면책을 인정할 수 없다. 또한 **예산부족도 면책사유가 될 수는 없다.** 국가배상법 제5조에 의한 배상청구가 가능하다. ㉡Y 등 주민들도 피해구제를 위하여 소송을 제기할 수 있다.
② 특히 낙석위험이 많은 지역에서 철조망과 경고판을 설치한 것만으로는 부족하고 철조망을 잘 관리를 하여야 함에도 불구하고 그렇지 않았으므로 **산악도로의 설치 · 관리상의 하자**가 있었다고 할 수 있다. 따라서 B는 국가배상법 제5조에 따라 손해배상을 청구할 수 있다. 그런데 지방자치단체 A의 시장이 도로의 관리청이며(도로법 제22조 ②) 도로관리비용은 관리청이 소속한 **지방자치단체인 A시가 부담**하므로(도로법 제56조) A시를 피고로 하여 손해배상을 청구한다.
③ 산중턱을 깎아 도로를 건설하는 경우에는 **비가 많이 올 때 등에 대비**하여 깎아내린 산비탈부분이 무너지지 않도록 배수로를 제대로 설치하고 격자블록 등의 견고한 보호시설을 갖추어야 됨에도 불구하고, **이를 게을리 한 잘못**으로 위 산비탈부분이 집중호우에 견디지 못하고 도로 위로 무너져 내려 사고가 일어났다면, 국가의 도로의 설치 · 관리상의 하자로 인하여 일어난 것이라고 볼 수 있다. 매년 비가 많이 오는 장마철을 겪고 있는 우리나라와 같은 기후의 여건 하에서 위와 같은 집중호우가 내렸다고 하여 **전혀 예측할 수 없는 천재지변이라고 보기는 어렵다.** 따라서 손해배상을 청구할 수 있다(대법원 1993.6.8, 93다11678 참조).

제4절 국가배상의 청구절차

Ⅰ. 행정절차에 의한 배상청구

1. 임의적 결정전치주의

국가배상법 제9조는 "이 법에 따른 손해배상의 소송은 배상심의회에 배상신청을 하지 아니하고도 제기할 수 있다"고 하여 배상금청구에 있어서 행정절차(배상심의회결정절차)를 임의적인 절차로 규정하고 있다.

2. 배상심의회의 결정절차

(1) 배상금지급신청

배상금을 지급받으려는 자는 그 주소지·소재지 또는 배상원인 발생지를 관할하는 지구심의회에 배상신청을 신청하여야 한다(제12조 ①).

(2) 배상심의회

1) 성격·설치

배상심의회는 행정위원회적인 성격을 가진 합의제행정청으로서(의결기관이 아님) 배상금을 심의·결정하고 그 결과를 신청인에게 송달한다. 배상심의회에는 법무부에 두는 본부배상심의회, 군인·군무원이 가한 손해의 배상결정을 위하여 국방부에 두는 특별배상심의회가 있으며, 이들 밑에 각각 지구심의회를 둔다(제10조 ①.②).

2) 심의·결정

지구심의회는 배상금의 지급신청을 받은 날로부터 4주일 이내에 배상금지급·기각 또는 각하결정을 하여야 하고, 결정이 있은 날로부터 1주일 이내에 그 결정정본을 신청인에게 송달하여야 한다(제13조, 제14조).

【 판례 】 배상심의회의 위 결정을 거치는 것은 위 **민사상의 손해배상청구를 하기 전의 절차에 불과**하다고 할 것이므로 위 배상심의회의 결정은 이를 **행정처분이라고 할 수 없다**(대법원 1981.2.10. 80누317).

3) 재 심

지구심의회에서 배상금지급신청이 기각(또는 각하)된 때에는 신청인은 그 결정정본이 송달된 날로부터 2주일 이내에 그 심의회를 거쳐 본부심의회(또는 특별심의회)에 재심을 신청할수 있다(제15조의2). 본부심의회(특별심의회)는 4주일 이내에 배상결정을 하여야 한다.

4) 배상결정의 효력

구 국가배상법 제16조는 "심의회의 배상결정은 신청인이 동의하거나, 신청인의 청구에따라 배상금을 지급한 때에는 민사소송법에 의한 재판상 화해가 성립된 것으로 본다"고 규정하였으나, 이 조항은 헌법재판소의 위헌결정이 내려져 그 효력을 상실하였다(이 조항은 현재삭제됨). 따라서 신청인이 배상결정에 동의하거나 배상금을 수령한 후에도 법원에 손해배상소송을 제기하여 증액청구를 할 수 있다.

【판례】구 국가배상법 제16조의 위헌 여부 : 사법절차에 준한다고 볼 수 있는 각종 중재·조정절차와는달리 배상결정절차에 있어서는 심의회의 제3자성·독립성이 희박한 점, 심의절차의공정성·신중성도 결여되어 있는 점, 심의회에서 결정되는 배상액이 법원의 그것보다 하회하는 점 및 불제소합의의 경우와는 달리 신청인의 배상결정에 대한 동의에 재판청구권을 포기할 의사까지 포함되는 것으로 볼 수도 없는 점을종합하여 볼 때, 이는 신청인의 재판청구권을 과도하게 제한하는 것이다(헌재 1995.5.25, 91헌가7).

Ⅱ. 사법절차에 의한 배상청구

국가배상청구절차는 국가배상법을 공법으로 보는 한 행정소송법상 당사자소송절차에따라야 할 것이다. 그러나 판례는 소송실무상 민사사건으로 다룬다. 두 종류의 사법절차가있을 수 있다.

1. 일반절차(민사소송)

소송실무에 따르면 일반절차는 관할법원·소송비용·소송절차 등에 있어서 민사소송에 의한다. 국가가 피고인 경우에는 '대한민국'으로 기재하며 법무부장관이 국가를 대표하고, 지방자치단체가 피고인 경우에는 그 자치단체의 장이 지방자치단체를 대표한다.

2. 특별절차(행정소송)

국가배상청구를 행정소송에 병합하여 청구할 수도 있다(행소법 제10조). 예컨대, 위법한 영업허가취소처분으로 손해를 입은 개인이 당해 처분에 대한 취소소송을 제기하면서 손해배상청구소송을 병합하여 제기하는 경우가 이에 해당한다. 이는 심리의 중복을 피하고 소송경제적으로도 유리하다.

제2장 행정상 손실보상

제1절 개 설

I. 행정상 손실보상의 개념

행정상의 손실보상이란 국가나 지방자치단체가 공공의 필요에 의해 적법한 공권력을 행사함으로 인하여 사인의 재산권이 특별히 희생된 경우에 재산권 보장과 전체적인 공평부담의 견지에서 그 사인에게 행하는 조절적인 재산상의 전보(塡補)를 말한다. 이는 ㉠'적법한 행위'(토지수용·사용·제한)로 인한 손실의 보상인 점에서 불법행위로 인한 손해배상과 구별된다. ㉡적법한 '공권력의 행사'로 인한 손실의 보상인 점에서 공공용지의 임의매수에 따른 대가와 구별된다. ㉢'재산상의 손실'에 대하는 보상인 점에서 사람의 생명·신체에 대한 침해의 보상(희생보상. 예: 예방접종사고에 대한 보상. 후술)과 구별되며, ㉣'특별한 희생'의 경우에 인정된다는 점에서 재산권 자체에 일반적으로 내재하는 '사회적 제약'의 경우와 구별된다.

II. 법적 근거

1. 헌 법

헌법 제23조는 "① 모든 국민의 재산권은 보장된다. 그 내용과 한계는 법률로 정한다. ② 재산권의 행사는 공공복리에 적합하도록 하여야 한다. ③ 공공필요에 의한 재산권의 수용·사용 또는 제한 및 그에 대한 보상은 법률로써 하되, 정당한 보상을 지급하여야 한다"고 규정하고 있다.

그런데 행정상 손실보상제도의 직접적 근거가 되는 헌법 제23조 제3항의 취지는 단지 '재산권에 대한 공용침해(재산권의 수용·사용·제한)는 법률의 근거가 있어야 하며 정당한 보상이 되어야 함'을 명시하는 것이 아니라, '재산권의 공용침해는 법률의 근거가 있어야 하며, 동일한 법률안에 공용침해의 근거와 함께(불가분적으로, 연결하여, 부대〈附帶〉하여, 동시에) 그에 대한 보상도 규정하여야 한다'는 것을 명령하고 있다는 것이 일반적 견해이다. 그러한 의미에서 이 규정을 불가분조항(연결조항, 부대조항, 동시조항, Junktim-Klausel)이라고 부른다(독일 기본법 제14조 제3항 2문도 동일함). 따라서 만일 어떤 법률이 공용침해를 규정하면서도 보상규정을 두고 있지 않으면 위 헌법조항에 위배된 것이 된다. 이는 특히 공용제한의 경우에 문제가 된다(후술).

2. 법 률

위 헌법규정을 구체화한 법률로는 공익사업에 필요한 토지 등의 수용 및 사용과 그 손실보상에 관한 일반법으로서 '공익사업을 위한 토지 등의 취득 및 보상에 관한 법률'(이하 '토지보상법'이라고 함)이 있다. 그 밖의 많은 개별 법률들이 재산권침해와 그에 대한 손실보상에 관한 규정들을 두고 있다(예: 도로법 제92·93조). 그런데 적지 않은 법률이 재산권행사의 제한(공용제한)의 근거를 정하면서도 보상에 관해서는 규정하지 않고 있어 문제가 된다(후술).

제 2 절 손실보상청구

Ⅰ. 손실보상의 요건

1. 공공필요에 의한 적법한 공권력의 행사

(1) 공공필요

'공공필요'란 공공의 이익을 위한 공익사업을 실현시키거나 국가안전보장·질서유지 등의 공익목적을 달성하기 위해서 재산권의 침해가 불가피한 경우를 말한다. 공공필요는 공용침해의 한계이기도 하다. 공공필요의 여부는 비례의 원칙에 따라 판단하여야 한다. 즉, 공용침해의 필요성과 그로 인해 얻어지는 공익과 그로 인해 침해되는 이익(사인의 재산권, 환경 상의 공익) 등을 저울질하여 전자가 현저히 큰 경우에 공공필요가 긍정된다. 공공의 필요에 대한 입증책임은 사업시행자에게 있다.

【판례】 공용수용은 공익사업을 위하여 타인의 특정한 재산권을 법률의 힘에 의하여 강제적으로 취득하는 것이므로 수용할 목적물의 범위는 원칙적으로 사업을 위하여 필요한 최소한도에 그쳐야 한다. 공용수용은 … 그 공익사업을 위한 필요가 있어야 하고, 그 필요가 있는지에 대하여는 수용에 따른 상대방의 재산권침

해를 정당화할 만한 공익의 존재가 쌍방의 이익의 비교형량의 결과로 입증되어야 하며, **그 입증책임은 사업시행자에게 있다**(대법원 2005.11.10. 2003두7507).

행정기관이라고 하여도 순전히 국고목적상의 필요를 충족시키기 위한 경우는 공공필요에 해당하지 않으며(이 경우는 임의매수를 하여야 함), 사기업도 기업자(起業者: 공익사업을 일으키는 자)가 되어 영리목적이 아니라 생활배려영역에서 복리적인 기능을 수행한다거나 법률에 의해 공익성이 인정되는 사업을 수행하는 경우에는(예 : 국가나 지방자치단체가 지정한 사기업이 임대·양도의 목적으로 시행하는 주택의 건설 또는 택지의 조성에 관한 사업을 하는 경우〈토지보상법 제4조 제5호〉, 사기업인 원자력발전소가 전기공급을 위한 경우) 제한된 범위 내에서 공공필요가 인정될 수 있다.

【참고】 '**토지보상법**'은 제4조에서 **토지 등을 취득 또는 사용할 수 있는 사업(공익사업)**으로서 ㉠ 국방·군사에 관한 사업, ㉡ 관계 법률에 따라 허가·인가·승인·지정 등을 받아 공익을 목적으로 시행하는 철도·도로·공항·항만·주차장·공영차고지·화물터미널·궤도(軌道)·하천·제방·댐·운하·수도·하수도·하수종말처리·폐수처리·사방(砂防)·방풍(防風)·방화(防火)·방조(防潮)·방수(防水)·저수지·용수로·배수로·석유비축·송유·폐기물처리·전기·전기통신·방송·가스 및 기상 관측에 관한 사업, ㉢ 국가나 지방자치단체가 설치하는 청사·공장·연구소·시험소·보건시설·문화시설·공원·수목원·광장·운동장·시장·묘지·화장장·도축장 또는 그 밖의 공공용 시설에 관한 사업, ㉣ 관계 법률에 따라 허가·인가·승인·지정 등을 받아 공익을 목적으로 시행하는 학교·도서관·박물관 및 미술관 건립에 관한 사업, ㉤ 국가, 지방자치단체, '공공기관의 운영에 관한 법률' 제4조에 따른 공공기관, '지방공기업법'에 따른 지방공기업 또는 **국가나 지방자치단체가 지정한 자가 임대나 양도의 목적으로 시행하는 주택건설 또는 택지 및 산업단지 조성에 관한 사업**, ㉥ ㉠ 내지 ㉤의 사업을 시행하기 위하여 필요한 통로, 교량, 전선로, 재료 적치장 또는 그 밖의 부속시설에 관한 사업, ㉦ ㉠ 내지 ㉤의 사업을 시행하기 위하여 필요한 주택, 공장 등의 이주단지 조성에 관한 사업, ◎ 그 밖에 별표에 규정된 법률에 따라 토지등을 수용하거나 사용할 수 있는 사업 등을 열거하고 있는데, 이들 공익사업의 경우에는 '공공필요'가 인정되는 셈이다.

【판례】 ① 헌법 제23조 제3항은 … 재산권 수용의 주체를 한정하지 않고 있다. 위 헌법조항의 핵심은 당해 수용이 공공필요에 부합하는가, 정당한 보상이 지급되고 있는가 여부 등에 있는 것이지, 그 수용의 주체가 국가인지 민간기업인지 여부에 달려 있다고 볼 수 없다. 또한 국가 등의 공적 기관이 직접 수용의 주체가 되는 것이든 그러한 공적 기관의 최종적인 허부판단과 승인결정 하에 **민간기업이 수용의 주체가 되는 것이든**, 양자 사이에 공공필요에 대한 판단과 수용의 범위에 있어서 본질적인 차이를 가져올 것으로 보이지 않는다. 따라서 위 **수용 등의 주체를 국가 등의 공적 기관에 한정하여 해석할 이유가 없다**(헌재 2009.9.24., 2007헌바114).
② 헌법 제23조 제3항에서 규정하고 있는 '공공필요'는 "국민의 재산권을 그 의사에 반하여 강제적으로라도 취득해야 할 공익적 필요성"으로서, '**공공필요**'의 개념은 '**공익성**'과 '**필요성**'이라는 요소로 구성되어 있는 바, '**공익성**'의 정도를 판단함에 있어서는 공용수용을 허용하고 있는 개별법의 입법목적, 사업내용, 사업이 입법목적에 이바지 하는 정도는 물론, 특히 그 사업이 대중을 상대로 하는 영업인 경우에는 그 사업 시설에 대한 대중의 이용·접근가능성도 아울러 고려하여야 한다. 그리고 '**필요성**'이 인정되기 위해서는 공용수용을 통하여 달성하려는 공익과 그로 인하여 재산권을 침해당하는 사인의 이익 사이의 형량에서 사인의 재산권침해를 정당화할 정도의 공익의 우월성이 인정되어야 하며, **사업시행자가 사인인 경우에는 그 사업 시행으로 획득할 수 있는 공익이 현저히 해태되지 않도록 보장하는 제도적 규율**도 갖추어져 있어야 한다.
그런데 이 사건에서 문제된 지구개발사업의 하나인 '관광휴양지 조성사업' 중에는 고급골프장, 고급리조트 등(이하 '고급골프장 등'이라 한다)의 사업과 같이 입법목적에 대한 기여도가 낮을 뿐만 아니라, 대중의 이용·접근가능성이 작아 공익성이 낮은 사업도 있다. 또한 고급골프장 등 사업은 그 특성상 사업 운영 과정에서 발생하는 **지방세수 확보와 지역경제 활성화는 부수적인 공익**일 뿐이고, 이 정도의 공익이 그 사업으

로 인하여 강제수용 당하는 주민들의 기본권침해를 정당화할 정도로 우월하다고 볼 수는 없다. 따라서 이 사건 법률조항은 공익적 필요성이 인정되기 어려운 **민간개발자의 지구개발사업을 위해서까지 공공수용이 허용될 수 있는 가능성을 열어두고 있어 헌법 제23조 제3항에 위반된다**(3인의 반대의견: 이 사건 법률조항은 공익목적을 위해 개발사업을 시행함에 있어 민간기업이 사업시행에 필요한 경우 토지를 수용할 수 있도록 규정할 필요가 있는 점, 수용에 요구되는 공공의 필요성 등에 대한 최종적인 판단권한이 국가와 같은 공적 기관에게 유보되어 있는 점, 공익성이 해태되지 않도록 보장하려는 제도적 장치를 갖추고 있는 점에서 헌법 제23조 제3항이 요구하는 '공공의 필요성'을 갖추고 있다. 헌재 2014.10.30. 2011헌바129·172).

(2) 적법한 공권력의 행사

공용침해행위는 공공필요만으로 가능한 것은 아니며, 반드시 법률의 근거에 따라 적법한 것이어야 한다. 공권력 행사란 대등한 당사자간의 매매 등의 경우와는 달리 공익사업 주체에게 공용침해의 여부를 우월한 입장에서 결정할 수 있는 지위가 인정되는 것을 말한다.

2. 재산권에 대한 의도적 침해

(1) 재산권

재산권은 '재산가치 있는 모든 권리'로서 공권과 사권을 포함한다. 재산가치는 현존하는 것이어야 하며, 지가상승의 기대와 같은 기대이익은 포함되지 않는다. 또한 법적인 권리만 해당되고 반사적 이익은 해당되지 않는다. 문화적·학술적 가치(예: 철새도래지)는 원칙적으로 손실보상의 대상이 되지 아니한다는 것이 판례의 입장이다(대법원 1989.9.12, 88누11216). 위법한 건축물도 손실보상의 대상이 되는 것이 원칙이나, 비주거용 건축물로서 그 위법성의 정도가 커서 거래의 객체가 되지 않는 경우에는 예외이다.

> '토지보상법'은 재산권의 예로서 ㉠토지 및 이에 관한 소유권 외의 권리, ㉡토지와 함께 공익사업을 위하여 필요로 하는 입목(立木), 건물 기타 토지에 정착한 물건 및 이에 관한 소유권 외의 권리, ㉢광업권·어업권 또는 물의 사용에 관한 권리, ㉣토지에 속한 흙·돌·모래 또는 자갈에 관한 권리 등을 열거하고 있다(제3조).

> 【판례】 토지수용법상의 사업인정 고시 이전에 건축되고 공공사업용지 내의 토지에 정착한 지장물인 건물은 통상 **적법한 건축허가를 받았는지 여부에 관계없이 손실보상의 대상이 되나**, 주거용 건물이 아닌 위법 건축물의 경우에는 … 그 위법의 정도가 관계 법령의 규정이나 사회통념상 용인할 수 없을 정도로 크고 객관적으로도 합법화될 가능성이 거의 없어 **거래의 객체도 되지 아니하는 경우에는** 예외적으로 수용보상 대상이 되지 아니한다(대법원 2001.4.13. 2000두6411).

(2) 의도적 침해

보상청구권이 발생하기 위해서는 재산권에 대해 (법률에 의해 또는 법률에 근거한 행정작용에 의해) 직접적·의도적 침해가 있어야 한다. 이를 '공용침해'라고 한다. 재산상의 손실이 공권력의 발동에 의해 의도된 것이 아니라 간접적·결과적으로 발생된 경우에는 보상청구권이 인정되지 않는다(후술하는 '수용적 침해'에 해당되는 경우에는 예외).

공용침해의 종류는 공용수용·공용사용·공용제한이 있으며, 공용수용은 재산권을 박탈하는 것, 공용사용은 재산을 일시적으로 사용하는 것(예 : 토지의 강제사용), 공용제한이란 재산권의 행사(사용·수익)를 제한하는 것(예 : 개발제한구역〈속칭 그린벨트〉에서의 건축행위제한)을 말한다.

3. 특별한 희생의 존재

일반적으로 재산권(특히 토지)에는 어느 정도 사회적 제약이 따른다. 전국의 모든 토지가 어떤 형태로든 다소간 공용제한을 받고 있으며, 전혀 제한 받지 않는 토지는 없다고 할 수 있다. 따라서 그러한 제한이 일반적으로 재산권에 내재하는 사회적 제약을 넘어 특정인에게 특별한 희생을 강요하는 경우에 한하여 보상을 하는 것이다. 문제는 어떻게 사회적 제약과 특별한 희생을 구별할 것인가이다. 그 기준에 대해서는 견해가 다양하다. 그런데 이러한 논의는 사실상 공용제한의 경우에만 해당된다. 공용수용이나 공용사용의 경우에는 당연히 특별한 희생이 인정되기 때문이다.

(1) 형식적 기준설

공용제한의 인적 범위를 기준으로 하여 개별적인 침해, 즉 침해가 특정인 또는 한정된 범위의 사람에게만 해당되는 경우가 특별한 희생이라는 견해이다.

(2) 실질적 기준설

공용제한의 강도와 질을 기준으로 하여야 한다는 견해로서 공용제한의 정도를 측정하는 관점에 따라 다시 세분된다.

1) 보호가치설

역사적·일반적 가치관, 법률의 취지 등 관련사실을 종합적으로 판단하여 보호할 만한 가치가 있는 재산권이 침해되는 경우가 특별한 희생이라는 견해이다.

2) 수인한도설

재산권자의 수인한도를 넘어서는 정도로 제한되는 경우를 특별한 희생으로 보며, 재산권의 본질인 배타적 지배가능성을 침해하는 경우가 이에 해당된다고 하는 견해이다.

3) 목적위배설

재산권의 객관적 이용목적에 위배되도록 제한하는 경우는 특별한 희생이 된다는 견해이다(예컨대, 택지에서의 건축금지는 특별한 희생이지만 녹지에서의 건축제한은 그렇지 않다).

4) 사적효용설

헌법이 보장하는 사유재산제도의 본질인 재산의 사적효용성을 침해하는 것은 특별한 희생이라고 보는 견해이다.

5) 상황구속성설

토지가 놓여 있는 위치·상황에 따라 그 사회적 제약의 정도가 다르기 때문에 그에 따라 판단하여야 한다는 견해이다.

6) 중대성설

재산권에 대한 제약의 중대성과 범위를 기준으로 판단하는 견해이다.

(3) 검 토

독일의 판례 및 우리나라에서의 일반적인 견해는 형식적 기준 및 실질적 기준을 상호 보완적으로 적용하여 구체적으로 특별한 희생 여부를 판단하려는 입장이다. 우리 판례도 마찬가지이다.

【 판례 】 ① 개발제한구역 지정으로 인하여 토지를 종래의 목적으로도 사용할 수 없거나 또는 더 이상 법적으로 허용된 토지이용의 방법이 없기 때문에 **실질적으로 토지의 사용·수익의 길이 없는 경우**에는 토지소유자가 수인해야 하는 사회적 제약의 한계를 넘는 것으로 보아야 한다(헌재 1998.12.24. 89헌마214, 90헌바16, 97헌바78).
② 토지를 종래의 목적으로도 사용할 수 없거나 더 이상 법적으로 허용된 토지이용방법이 없어서 **실질적으로 사용·수익을 할 수 없는 경우에 해당하지 않는 제약은 토지소유자가 수인하여야 하는 사회적 제약의 범주 내에 있는 것**이고, 그러하지 아니한 제약은 **손실을 완화하는 보상적 조치가 있어야** 비로소 허용되는 범주 내에 있다(헌재 2005.09.29. 2002헌바84).
③ 도시계획시설결정 이후 사업시행이 이루어지지 않은 채 장기간 개발행위를 하지 못하는 '변경금지의무'나 '현상유지의무'가 부과된다고 하더라도, **지목이 '대' 이외인 토지의 토지소유자로서는** 도시계획시설결정에도 불구하고 당해 토지의 협의매수나 수용 시까지 그 토지를 계속 **종래의 용도대로 사용할 수 있으므로,** 도시계획결정으로 말미암아 토지소유자에게 이렇다 할 **재산적 손실이 발생한다고 볼 수 없다.** 지목이 '대'가 아니라 '임야'인 토지는 종래의 목적으로 사용하는 등 법적으로 허용된 토지이용의 방법이 있어 토지소유자의 재산권과 관련하여 수인하여야 하는 사회적 제약의 범주 안에 있다(헌재 2007.07.26., 2005헌마501).
④ 일반 공중의 이용에 제공되는 공공용물에 대하여 특허 또는 허가를 받지 않고 하는 일반사용(어선어업

자들의 백사장 등에 대한 사용)은 다른 개인의 자유이용과 국가 또는 지방자치단체 등의 공공목적을 위한 개발 또는 관리·보존행위를 방해하지 않는 범위 내에서만 허용된다 할 것이므로, 공공용물에 관하여 적법한 개발행위 등이 이루어짐으로 말미암아 이에 대한 **일정범위의 사람들의 일반사용이 종전에 비하여 제한받게 되었다 하더라도** 특별한 사정이 없는 한 그로 인한 불이익은 손실보상의 대상이 되는 **특별한 손실에 해당한다고 할 수 없다**(대법원 2002.2.26. 99다35300).

⑤ 산림 내에서의 토석채취허가권자는 신청지 내의 임황과 지황 등의 사항 등에 비추어 국토 및 자연의 보전 등의 중대한 공익상 필요가 있을 때에는 재량으로 그 허가를 거부할 수 있는 것이다. 따라서 그 자체로 중대한 공익상의 필요가 있는 공익사업이 시행되어 토석채취허가를 연장받지 못하게 되었다고 하더라도 토석채취허가가 연장되지 않게 됨으로 인한 **손실과 공익사업 사이에 상당인과관계가 있다고 할 수 없을 뿐 아니라.** 특별한 사정이 없는 한 그러한 손실이 적법한 공권력의 행사로 가하여진 재산상의 특별한 희생으로서 손실보상의 대상이 된다고 볼 수도 없다. 이러한 법리에 비추어, **당진-대전간 고속도로 건설공사의 시행으로 이 사건 채석장의 토석채취허가의 연장이 제한되더라도 손실보상의 대상이 되는 법익의 침해가 있는 것이라고 할 수 없다**(대법원 2009.6.23. 2009두2672).

【참고】 **경계(한계, 문턱)이론과 분리이론**: 재산권에 내재하는 '사회적 제약'과 공용침해에 해당되는 '특별한 희생'의 구분기준에 관해 독일의 판례를 통해 발전된 것으로 경계(한계, 문턱)이론(Schwellentheorie)과 분리이론(Trennungstheorie)이 있다. 예컨대, 도시계획법령의 규정이 도시계획으로 주거·상업·공업·녹지지역을 결정하고 건축가능성·건축면적비율·건축층수 등에 관해 정하고 있는 경우, 그 법규정이 단지 재산권행사의 구체적 내용을 규정한 것인지('**재산권의 내용규정**'), 공용침해(공용제한)를 의도한 규정('**공용침해규정**')인지 구분이 쉽지 않은 경우가 많다. ㉠'**경계이론**'은 **양자를 분리하지 않고 같이 판단하여** 재산권행사의 제한 정도가 '사회적 제약'과 '특별희생'의 경계(한계, 문턱, Schwelle)를 넘지 않은 경우는 보상을 하지 않아도 되지만, **문턱을 넘어 특별희생을 요구하는 경우에는 보상**을 해야 한다는 이론이다. 독일 연방행정법원의 입장이다. ㉡'**분리이론**'은 재산권의 내용규정과 공용침해규정은 **서로 다른 것이므로 분리**하여야 하는데, 그것은 규정형식·목적에 따라 정해진다고 한다. 일반적으로 **재산권의 권리·의무**에 관해서 정하는 것은 '**재산권의 내용규정**'이며, 공적 과제의 수행을 위한 의도적 재산권침해를 정한 것은 '**공용침해규정**'이라는 것이다. 그런데 내용규정이 헌법상 한계를 일탈하여 특별희생을 강요한다고 평가되는 경우에는 (그것이 공용침해규정으로 전환되는 것이 아니라) 보상을 정하지 않은 내용규정으로서 위헌이 되며, 그에 근거한 행정처분은 위헌·위법인 것으로서 취소되고 국민은 권리보호를 받아야 한다는 견해이다. 독일 연방헌법재판소의 입장이다. 우리 헌법재판소가 개발제한구역의 지정의 근거가 되었던 구 도시계획법 제21조 자체는 위헌이 아니지만 토지의 사적이용이 완전히 배제되는 경우에도 보상을 하지 않는 것은 위헌이라고 한 것은(헌재 1998.12.24. 89헌마214) 공용제한과 손실보상의 문제(헌법 제23조 ③)로 보지 않고, 재산권의 내용과 한계의 문제(헌법 제23조 ①,②)로 본 것으로서 '분리이론'을 따른 것이라고 한다(장태주).

4. 보상규정의 존재(보상청구권의 근거)

행정상 손실보상을 청구하기 위해서는 손실보상의 기준·방법·내용 등에 관한 규정이 있어야 한다. 보상규정은 법률이 원칙이지만 법률에 보상규정이 없는 경우에는 헌법이 손실보상청구권의 직접적 근거가 될 수 있는지에 관해 견해가 대립한다.

(1) 법률에 보상규정이 있는 경우

헌법 제23조 제3항, 즉 불가분조항의 원칙에 따라 공용침해의 근거가 되는 법률 안에 보상규정을 두어야 한다. 그리하여 공용수용·공용사용의 경우에는 개별법이 보상규정을 두지 않는 경우는 없으므로 그에 따르면 된다. 공용제한의 경우에도 보상규정을 두고 있으면 그에 따라 보상을 청구하면 된다(예: 자연환경보전법 제53조).

(2) 보상규정이 없는 경우(헌법규정의 직접적용 여부)

보상규정이 없는 공용제한의 경우는 매우 많다. 대부분 그 제한이 재산권의 '사회적 제약'에 불과하다고 할 것이지만, 사회적 제약의 한계를 넘은 '특별희생'의 경우에도 손실보상의 규정을 두고 있지 않은 경우에는 문제가 된다. 이때 피해자는 헌법규정(제23조 ③)만을 근거로 손실보상을 청구할 수 있는지, 아니면 다른 방법이 있는지에 관하여 견해가 대립한다.

과거 헌법재판소가 존재하지 않고 헌법의 규범력이 약하여 법치주의가 뿌리내리지 못했던 시절과는 달리 오늘날에는 공용수용은 물론이고 공용제한으로 특별한 희생을 강요하면서도 손실보상을 인정하지 않는 경우는 실제로는 거의 없기 때문에 이러한 견해의 대립은 실질에 있어서 크게 중요한 것은 아니다. 다만 아직도 세부규정의 미비로 인해 보상이 문제되는 경우가 종종 있으나(특히 공용수용시 간접보상의 여부와 관련됨) 밀접하게 관련된 보상규정이 있기 때문에 이를 유추적용함으로써 해결하고 있다. 판례의 입장도 동일하다.

1) 학 설
(가) 방침규정설(입법지침설)

헌법규정은 재산권보장의 원칙을 선언한 입법방침의 성격을 가질 뿐이며, 법률의 명시적 규정이 없는 한 보상을 청구할 수 없다는 견해이다.

(나) (법률의) 위헌·무효설(입법자에 대한 직접효력설)

법률에서 재산권의 특별한 희생을 요구하면서도 손실보상규정을 두지 않으면, 그 법률은 '위헌·무효'이고 그에 근거한 행정처분(예: 개발제한구역의 지정)은 '불법행위'가 되기 때문에 손실보상이 아닌 손해배상을 청구할 수 있다고 하는 견해이다(손해배상설). 다른 견해는 재산권을 침해하는 처분(예: 개발제한구역의 지정)이 위법이므로 배상·보상을 요구할 것이 아니라 취소소송을 제기하여 재산권을 회복해야 한다고 주장하기도(취소소송설) 한다(장태주, 유지태).

(다) 직접효력설(국민에 대한 직접효력설)

헌법규정은 국민에 대한 직접적 효력을 가지는 규범이며, 관계법률에 보상규정이 없는 경우에는 직접 헌법규정에 근거하여 보상을 청구할 수 있다는 견해이다.

(라) 유추적용설(간접적용설)

헌법 제23조 제3항 및 제23조 제1항(재산권보장), 제11조(평등원칙) 및 관련법규정을 유추해석하거나 종합적으로 해석하여 보상을 청구할 수 있다는 견해이다.

2) 판 례

대법원은 ㉠ 법률의 근거없는 수용(징발)은 불법행위라고 하기도 하고(판례①), ㉡ 당연히 보상이 인정되어야 할 경우에는 보상규정이 없더라도 법리상으로 보상을 인정하기도 하며(판례②), ㉢ 주로 공용수용의 경우에 직접적인 보상규정이 없더라도 관련규정이 있는 경우에는 관계규정을 유추적용하여 손실보상을 인정하기도 한다. 현재의 대법원판례의 주류는 유추적용이다(판례 ③ ㉠, ㉡).

헌법재판소는 ㉠ 수용으로 인한 보상의 필요성이 명백함에도 입법자가 장기간 보상에 관해 규정하지 않는 것은 위헌이며(판례④), ㉡ 법률이 공용제한으로(예 : 개발제한구역의 지정) 특별희생을 요구하면서 보상규정을 두지 않은 것은 위헌이지만, 당해 법률을 위헌·무효화하는 대신에 '헌법불합치결정'을 하면서 입법자에게 보상규정을 제정할 의무를 부과할 뿐이고, 보상규정이 제정된 이후에야 피해자는 보상을 청구할 수 있다고 한다(판례⑤).

【 판례 】 ① **법률의 근거 없는 징발(→ 불법행위로 배상)** : 군사상의 긴급한 필요에 의하여 국민의 재산권을 수용 또는 사용하게 되었던 것이라도 그 수용 또는 사용이 법률의 근거 없이 이루어진 것인 경우에는 재산권자에 대한 관계에 있어서는 불법행위가 된다(대법원 1966.10.18. 66다1715).
② **관련규정이 없는 경우(→ 법리상 손실보상을 인정)** : 토지구획정리사업으로 말미암아 본건토지에 대한 환지를 교부하지 않고 그 **소유권을 상실케 한 데 대한 본건과 같은 경우에 손실보상을 하여야 하는 규정이 본법에 없다 할지라도 이는 법리상 그 손실을 보상**하여야 할 것이다(대법원 1972.11.28. 72다1579).
③ **관련규정의 유추적용(→ 손실보상을 인정)** : ㉠ 하천법에서는 동법 시행으로 인하여 국유화가 된 당해 제외지(堤外地)의 소유자에 대하여 그 손실을 보상한다는 직접적인 보상규정을 둔 바가 없으나, 동법 제74조의 **손실보상요건에 관한 규정**은 보상사유를 제한적으로 열거한 것이라기보다는 **예시적으로 열거**한 것이어서 국유지로 된 제외지의 소유자에 대하여는 위 **법조를 유추적용하여** 관리청은 그 손실을 보상하여야 한다(대법원 1987.7. 21. 84누126). ㉡ **건물**의 일부가 공공사업지구에 편입되어 그 건물의 잔여부분을 보수를 하여도 제거 또는 보전될 수 없는 잔여건물의 가치하락이 있을 경우 이에 대하여 어떻게 보상하여야 할 것인지에 관하여는 **명문의 규정을 두고 있지 아니하나,** … 잔여지의 가격이 하락한 경우에는 공공사업용지로 편입되는 **토지**의 가격으로 환산한 잔여지의 가격에서 가격이 하락된 잔여지의 평가액을 차감한 잔액을 손실액으로 평가하도록 되어 있는 공공용지의취득및손실보상에관한특례법시행규칙 제26조 제2항을 **유추적용하여** 잔여건물의 가치하락분에 대한 감가보상을 인정함이 상당하다(대법원 2001.9.25. 2000두2426).
④ **보상규정입법의무의 장기간 불이행(→ 위헌)** : 대한민국은 해방 후 사설철도회사의 전 재산을 수용하면서 그 보상절차를 규정한 군정법령 제75호에 근거한 수용에 대하여 보상에 관한 법률을 제정하여야 하는 입법자의 헌법상 명시된 입법의무가 발생하였으며, 위 폐지법률이 시행된 지 30년이 지나도록 입법자가 전혀 아무런 입법조치를 취하지 않고 있는 것은 입법재량의 한계를 넘는 **입법의무불이행으로서** 보상청구권이 확정된 자의 **헌법상 보장된 재산권을 침해하는 것이므로** 위헌이다(헌재 1994.12.29. 89헌마2).
⑤ **보상규정 없이 특별희생을 강요(→ 헌법불합치, 보상입법 후에 보상청구가능)** : (구)도시계획법 제21조에 규정된 **개발제한구역제도** 그 자체는 원칙적으로 **합헌**적인 규정인데 다만 개발제한구역의 지정으로 말미암아 일부 토지소유자에게 사회적 제약의 범위를 넘는 **가혹한 부담이 발생하는 예외적인 경우**에 대하여 보상규정을 두지 않은 것에 **위헌성**이 있는 것이고, 보상의 구체적 기준과 방법은 헌법재판소가 결정할 성질의 것이 아니라 광범위한 입법형성권을 가진 입법자가 입법정책적으로 정할 사항이므로, 입법자가 **보상입법을 마련함으로써 위헌적인 상태를 제거할 때까지 위 조항을 형식적으로 존속케** 하기 위하여 헌법불합치결정을 하는 것인바, 입법자는 되도록 빠른 시일 내에 보상입법을 하여 위헌적 상태를 제거할 의무가 있고, 행정청은 보상입법이 마련되기 전에는 새로 개발제한구역을 지정하여서는 아니되며, **토지소유자는 보**

상입법을 기다려 그에 따른 **권리행사**를 할 수 있을 뿐 개발제한구역의 지정이나 그에 따른 토지재산권의 제한 그 자체의 효력을 다투거나 위 조항에 위반하여 행한 자신들의 행위(예: 개발제한구역에서 무허가건물의 건축)의 정당성을 주장할 수는 없다. … 재산권의 침해와 공익간의 비례성을 다시 회복하기 위한 방법은 헌법상 **반드시 금전보상만을 해야 하는 것은 아니다.** 입법자는 **지정의 해제 또는 토지매수청구권제도**와 같이 금전보상에 갈음하거나 기타 **손실을 완화할 수 있는 제도**를 보완하는 등 여러 가지 다른 방법을 사용할 수 있다(헌재 1998.12.24, 89헌마214, 90헌바16, 97헌바78).

3) 검 토

헌법은 "… 그에 대한 보상은 법률로써 하되"라고 하고 있으므로 '법률로써'가 아닌 '헌법으로써' 직접 보상을 청구하는 것은 곤란하다. 공공필요에 의해 법률에 근거하여 공용제한을 한 것을 국가배상법상의 고의·과실로 인한 위법행위와 동일시하는 것은 억지이다. 보상규정만 없을 뿐 공용제한 그 자체는 다른 공용침해의 경우와 근본적으로는 동일하다고 할 것이다. 따라서 보상만 인정하면 되는 것이므로 다른 헌법규정 및 법률규정을 유추해석하거나 준용하여 인정하는 것, 즉 유추적용설이 가장 합리적이라고 생각된다(후술).

Ⅱ. 손실보상청구권의 성질

1. 공권설

공용침해가 공법행위이며 그로 인해 생긴 손실보상청구권도 공법상의 권리이며, 그에 관한 소송은 행정소송인 당사자소송에 의한다는 견해이다(후술). 통설적 입장이다. '토지보상법'(제85조), 하천법(제76조), 공유수면관리법(제18조) 등은 토지보상금에 관해서는 행정소송을 제기하도록 하고 있다. 이는 토지보상청구권이 공권이라는 증거이다. 판례는 공익사업과 관련된 것으로서 법령에서 공익적 차원에서 명시하고 있는 청구권(예: 세입자의 주거이전비보상청구권)도 단순히 재산손실에 대한 보상과는 다른 차원으로 인정된 것이므로 공권으로 본다.

【판례】 ① 하천법 제74조에 의하면 **하천예정지 지정 또는 하천공사**로 인한 손실보상을 받으려면 … 하천관리청과 협의하고, … 토지수용위원회에 재결을 신청하며, … 관할 토지수용위원회를 상대로 재결 자체에 대한 **행정소송**을 제기하여 … 손실보상을 받을 수 있을 뿐이고, 직접 하천관리청 또는 국가를 상대로 **민사소송으로 손실보상을 청구할 수는 없다**(대법원 2002.2.5, 2000다69361).
② 하천구역 편입토지 보상에 관한 특별조치법에 정한 **하천편입 토지소유자의 보상청구권**에 기하여 손실보상금의 지급을 구하거나 손실보상청구권의 확인을 구하는 소송은 행정소송법 제3조 제2호의 **당사자소송에 의한다**(대법원 2006.5.18, 2004다6207 전원합의체에서 종전의 민사소송에서 당사자소송으로 판례변경. 대법원 2006.11.9. 2006다23503).
③ 공익사업을 위한 토지 등의 취득 및 보상에 관한 법률(이하 '토지보상법'이라 한다) 제2조, 제78조에 의하면, **세입자**는 사업시행자(월곡제2구역주택재개발정비사업조합)가 취득 또는 사용할 토지에 관하여 임대차 등에 의한 권리를 가진 관계인으로서, … 주거이전에 필요한 비용을 보상받을 권리가 있다. 그런데 이러한 **주**

거이전비는 당해 공익사업 시행지구 안에 거주하는 세입자들의 조기이주를 장려하여 사업추진을 원활하게 하려는 정책적인 목적과 주거이전으로 인하여 특별한 어려움을 겪게 될 세입자들을 대상으로 하는 **사회보장적인 차원에서 지급되는 금원의 성격**을 갖는다고 할 것이므로, 적법하게 시행된 공익사업으로 인하여 이주하게 된 주거용 건축물 세입자의 **주거이전비 보상청구권은 공법상의 권리**이고, 따라서 그 보상을 둘러싼 쟁송은 민사소송이 아니라 공법상의 법률관계를 대상으로 하는 **행정소송(당사자소송)에 의하여야 한다**(대법원 2008.5.29. 2007다8129).

④ 구 공익사업을 위한 토지 등의 취득 및 보상에 관한 법률('구 토지보상법') 제79조 제2항, 동법시행규칙 제57조에 따른 **사업폐지 등에 대한 보상청구권**은 공익사업의 시행 등 적법한 공권력의 행사에 의한 재산상 특별한 희생에 대하여 전체적인 공평부담의 견지에서 공익사업의 주체가 손해를 보상하여 주는 손실보상의 일종으로 **공법상 권리**임이 분명하므로 그에 관한 쟁송은 민사소송이 아닌 **행정소송절차에 의하여야 한다.** … 공익사업으로 인한 사업폐지 등으로 손실을 입게 된 자는 구 토지보상법 제34조, 제50조 등에 규정된 **재결절차를 거친 다음 재결에 대하여 불복이 있는 때에** 비로소 구 토지보상법 제83조 내지 제85조에 따라 권리구제를 받을 수 있다고 보아야 한다(대법원 2012.10.11. 2010다23210).

⑤ 구 공익사업을 위한 토지 등의 취득 및 보상에 관한 법률('구 토지보상법') … 위 규정들에 따른 **농업손실보상청구권**은 공익사업의 시행 등 적법한 공권력의 행사에 의한 재산상의 특별한 희생에 대하여 전체적인 공평부담의 견지에서 공익사업의 주체가 그 손해를 보상하여 주는 손실보상의 일종으로 공법상의 권리임이 분명하므로 그에 관한 쟁송은 **민사소송이 아닌 행정소송절차에 의하여야 할 것이고,** … 농업손실에 대한 보상을 받기 위해서는 구 토지보상법 제34조, 제50조 등에 규정된 **재결절차를 거친 다음 그 재결에 대하여 불복이 있는 때에** 비로소 구 토지보상법 제83조 내지 제85조에 따라 권리구제를 받을 수 있다고 봄이 타당하다(대법원 2011.10.13. 2009다43461).

2. 사권설

손실보상의 원인인 공용침해는 공법행위이기는 하지만, 그러한 행위로 인해 손실된 것은 사권(재산권, 어업권)이며 손실된 사권의 보상을 요구하는 청구권도 사권이며, 그에 관한 소송은 민사소송에 의한다는 견해이다. 판례는 공익사업으로 인한 어업손실, 간접손실 등에 대한 보상청구권에 관해서는 이 입장을 취한다.

【 판례 】 ① **신고한 어업**에 대한 위와 같은 처분으로 인하여 **손실을 입은 자**는 처분을 한 행정관청 또는 그 처분을 요청한 행정관청이 속한 권리주체(지방자치단체, 국가)를 상대로 **민사소송으로** 손실보상금지급청구를 할 수 있고, 이러한 법리는 농어촌진흥공사가 농업을 목적으로 하는 매립 또는 간척사업을 시행함으로 인하여 … 손실을 입은 경우에도 같이 보아야 한다(대법원 2000.5.26. 99다37382).

② 공공사업의 시행 결과 **공공사업의 기업지 밖에서 발생한 간접손실**은 **사법상의 권리인 영업권** 등에 대한 손실을 본질적 내용으로 하고 있는 것으로서 그 보상청구권은 공법상의 권리가 아니라 사법상의 권리이고, 그 보상금의 결정방법, 불복절차 등에 관하여 아무런 규정도 마련되어 있지 아니하므로, 그 보상을 청구하려는 자는 사업시행자가 보상청구를 거부하거나 보상금액을 결정한 경우라도 이에 대하여 행정소송을 제기할 것이 아니라, 사업시행자를 상대로 **민사소송으로** 직접 손실보상금 지급청구를 하여야 한다(대법원 1999.6.11. 97다56150).

3. 검 토

'토지보상법' 등은 토지수용의 경우에는 토지보상액에 다툼이 있게 되면 토지수용위원회(이는 행정청임)의 재결, 재결에 대한 이의신청 등의 제도가 필요하므로 그에 대한 소송 역시 행정소송의 형식을 취하도록 하고 있다. 공용제한의 경우도 보상에 관해 토지수용위원회의 재결을 거치도록 하는 경우에는(예: 도로법 제92조 ③) 보상청구권은 공권이 된다. 그 밖에 토지수용으로 인한 손실보상청구권은 토지수용위원회의 재결절차를 거치지 않는 경우에도 행정소송의 대상이 되는 공권이다. 그리고 공익사업을 시행할 경우 법령에 의해 공익차원에서 인정된 청구권(예: 주거이전비보상청구권)은 공권으로서 행정소송(당사자소송)의 대상이 된다.

그 밖에 공익사업으로 인해 개인의 재산적 권리(사권)가 침해된 경우에는 행정주체를 상대로 하여 손실보상을 청구하면 되고, 그 때는 손실보상액에 관한 다툼이므로 민사소송을 제기하면 된다는 것이 판례의 관점인 것 같다.

그러나 행정상 손실보상제도는 공법에 특유한 제도이고, 토지수용 이외의 공용침해도 토지수용의 경우와 마찬가지로 모두 공법적인 것이며, 그로 인한 손실도 본질적으로 동일한 것이므로 토지수용의 경우와 동일하게 모든 보상청구권을 공권으로 파악하고 행정소송을 제기하도록 통일시키는 것이 합리적이라고 생각된다. 또한 행정소송법(제3조 2호)이 행정처분 등(예: 공용침해)을 원인으로 하는 법률관계(예: 손실보상)에 관한 소송을 행정소송의 한 종류(당사자소송)로 규정하고 있는 점도 고려하여야 할 것이다.

제 3 절   손실보상의 기준 · 내용 · 지급

Ⅰ. 손실보상의 기준

1. 정당한 보상

헌법 제23조 제3항은 "… 정당한 보상을 지급해야 한다"고 규정하고 있다. '정당한 보상'이란 침해되는 재산의 객관적인 재산가치를 완전하게 보상하여야 한다는 '완전보상'을 의미한다. 완전보상에는 객관적 교환가치만이 아니라 부대적 손실(물건이전비용 · 영업손실 · 잔여지가격하락손실 · 잔여지공사비 등)도 포함하여 보상하는 것이다. 토지수용에 관한 일반법이라고 할 수 있는 '토지보상법'은 부대적 손실도 보상하도록 하고 있고(제78조 이하), 판례도 같은 입장이다. 전쟁시 징발처럼 극히 예외적인 경우에는 보상액이 적을 수도 있음은 물론이다.

【판례】'**정당한 보상**'이란 원칙적으로 피수용재산의 객관적인 재산가치를 완전하게 보상하여야 한다는 **완전보상**을 의미하며 토지의 경우에는 그 특성상 인근유사토지의 거래가격을 기준으로 하여 토지의 가격형성에 미치는 제요소를 종합적으로 고려한 합리적 조정을 거쳐서 객관적인 가치를 평가할 수밖에 없는데, … 개발이익은 완전보상의 범위에 포함되지 않는다(헌재 1995.4.20. 93헌바20).

2. 구체적 보상기준

(1) 공용수용의 경우

1) 부대비용을 포함하는 완전보상

토지수용에 관한 일반법이라고 할 수 있는 '토지보상법'은 거래시가를 반영한 적정가격에 의한 재산권의 보상은 물론, 부대손실(잔여지 가격하락, 잔여지 공사비용, 지상물건 이전비, 영업손실 등)의 보상을 포함한 완전보상을 하도록 규정하고 있다.

2) 개발이익의 공제

'토지보상법'은 보상액의 산정에 있어서 공시지가를 기준으로 하여 통상적인(당해 공익사업시행과 무관한) 지가변동률을 참작한 금액으로 하도록 규정하고 있다(제70조). 이는 개발이익을 배제하기 위한 것이다(후술).

【판례】① 토지수용으로 인한 손실보상액을 산정함에 있어서 당해 공공사업의 시행을 직접목적으로 하는 계획의 승인, 고시로 인한 가격변동은 이를 고려함이 없이 수용재결 당시의 가격을 기준으로 하여 적정가격을 정하여야 하나, **당해 공공사업과는 관계없는 다른 사업의 시행으로 인한 개발이익은 이를 배제하지 아니한 가격으로** 평가하여야 한다(대법원 1992.2.11. 91누7774).
② 수용토지에 대한 손실보상액의 산정에 있어 그 대상 토지가 공법상의 제한을 받고 있는 경우에는 원칙적으로 **제한받는 상태대로** 평가하여야 하지만 그 제한이 당해 공공사업의 시행을 직접 목적으로 하여 가하여진 경우에는 당해 공공사업의 영향을 배제하여 정당한 보상을 실현하기 위하여 예외적으로 **그 제한이 없는 상태를 전제로 하여** 평가하여야 하고, 당해 공공사업의 시행을 직접 목적으로 하여 용도지역 또는 용도지구 등이 변경된 토지에 대하여는 **변경되기 전의 용도지역 또는 용도지구 등을 기준으로 평가**하여야 한다. 공원조성사업의 시행을 직접 목적으로 일반주거지역에서 자연녹지지역으로 변경된 토지에 대한 수용보상액을 산정하는 경우, 그 대상 토지의 용도지역을 일반주거지역으로 하여 평가하여야 한다(대법원 2007.7.12. 2006두11507).

(2) 공용사용의 경우

공용사용의 경우는 "그 토지와 인근 유사토지의 지료(地料)·임대료·사용방법·사용기간 및 그 토지의 가격 등을 참작하여 평가한 적정가격으로 보상하여야 한다"(토지보상법 제71조).

【판례】구 농촌근대화촉진법(1994.12.22. 개정되기 전의 것)이 '농지개량사업의 시행지역 내의 토지에 관

하여 소유권 기타 권리를 가지는 자의 당해 사업에 관한 권리의무는 그 토지에 관한 소유권 기타 권리의 이동과 동시에 그 승계인에게 이전한다'고 규정하고 있다(제173조). 그러나 이 규정은 .... '당해 사업에 관한 권리의무'는 농지개량사업의 시행을 위한 토지에의 출입과 사용, 시설물 설치 등 사업 자체에 관한 공법상의 권리의무만을 가리킨다. 그러므로 **농지개량사업 시행지역 내의 토지 등 소유자가 토지사용에 관한 승낙을 하였더라도 그에 대한 정당한 보상을 받은 바가 없다면 농지개량사업 시행자는 토지 소유자 및 승계인에 대하여 보상할 의무가 있고**, 그러한 보상 없이 타인의 토지를 점유·사용하는 것은 법률상 원인 없이 이득을 얻은 때에 해당한다(대법원 2016.6.23. 2016다206369).

(3) 공용제한의 경우

공용제한에 관한 법률 가운데는 손실보상에 관해 규정하면서(도로법 제92조, 자연환경보전법 제53조), 보상기준에 대하여는 명확한 기준을 두지 않고 있는 것이 있다. 보상기준에 관해서는 토지이용제한과 상당인과관계가 있다고 인정되는 것의 전부를 손실로 보는 상당인과관계설, 지대(地代, 지료〈地料〉, 토지사용료, rent)상당액을 보상하여야 한다는 설 등이 있다.

【판례】 구 하천법 제9조 제3항의 규정에 의한 준용하천의 제외지(堤外地)와 같은 하천구역에 편입된 토지의 소유자가 그로 인하여 받게 되는 그 사용수익권에 관한 제한내용과 헌법상 정당보상의 원칙 등에 비추어 볼 때, 준용하천의 제외지로 편입됨에 따른 같은 법 제74조 제1항의 손실보상은 원칙적으로 **공용제한에 의하여 토지 소유자로서 사용수익이 제한되는 데 따른 손실보상**으로서 제외지 편입 당시의 현황에 따른 **지료(地料) 상당액을 기준으로** 한다(대법원 2003.4.25. 2001두1369).

Ⅱ. 손실보상의 내용(범위)

과거에는 손실보상의 내용은 주로 토지에 대한 보상이었으나 오늘날의 복리국가에 와서는 대규모 공공사업의 시행으로 침해되는 재산권이 다양해지고 있으며, 그 결과 생활재건조치·사업손실 등을 포함하는 생활보상(예: 댐건설에 있어서의 수몰민보상) 등이 마련되고 있다.

1. 재산권보상

(1) 토지의 보상

1) 토지취득에 대한 보상

'토지보상법'에 의하면 협의 또는 재결에 의하여 취득하는 토지에 대하여는 '부동산 가격공시에 관한 법률'에 의한 공시지가를 기준으로 하여 보상하되, 그 공시기준일부터 가격시점(보상액산정의 기준시점 : 협의·재결시점)까지의 관계 법령에 따른 그 토지의 이용계획, 해당 공익사업으로 인한 지가의 영향을 받지 아니하는 지역의 대통령령으로 정하는 지가변동률, 생산자물가상승률과 그 밖에 당해 토지의 위치·형상·환경·이용상황 등을 고려하여 평가한 적정가격으로 보상하여야 한다. 이 경우 공시지가는 사업인정고시일 전의 시점을 공시기준일로 하는 공시지가로서, 당해 토지에 관한 협의성립 또는 재결 당시 공시된 공시지가 중 당해 사업인정고시일에 가장 가까운 시점에 공시된 공시지가로 한다(토지보상법 제70조).

【참고】 ① **공시지가** : 공시지가란 '부동산 가격공시에 관한 법률"에 근거하며 표준지공시지가와 개별공시지가가 있다. ㉠ **표준지공시지가는 국토교통부장관**이 매년 토지수용상황이나 주변환경 그 밖의 자연적·사회적 조건이 유사한 일단의 토지 중에서 선정한 표준지에 대하여 공시기준일 현재의 적정가격을 조사·평가하여 공시하는 단위면적당의 가격을 말한다. ㉡ **개별공시지가는 시장·군수 또는 구청장**이 개별토지에 대해서 표준지공시지가를 기준으로 토지가격비준표를 사용하여 지가를 결정·공시하는 단위면적당의 가격을 말한다. 공시지가에 대하여 이의가 있는 자는 지가의 결정·공시일로부터 30일 이내에 서면으로 국토교통부장관(표준지가의 경우)이나 시장·군수 또는 구청장에게(개별지가의 경우) 각각 이의를 신청할 수 있다. ② **사업인정고시** : 공익사업의 시행자는 토지 등을 수용 또는 사용하고자 하는 때에는 국토교통부장관의 사업인정을 받아야 한다. 국토교통부장관은 사업인정을 한 때에는 지체 없이 그 뜻을 사업시행자, 토지소유자 및 관계인, 관계 시·도지사에게 통지하고 사업시행자의 성명 또는 명칭, 사업의 종류, 사업지역 및 수용 또는 는 사용할 토지의 세목을 관보에 고시하여야 한다(토지보상법 제20조, 22조).

보상을 위해 지가를 산정할 때에는 그 토지와 이용가치가 비슷하다고 인정되는 하나 또는 둘 이상의 표준지의 공시지가를 기준으로 토지가격비준표를 사용하여 지가를 직접 산정하거나 감정평가업자에게 감정평가를 의뢰하여 산정할 수 있다. 다만, 필요하다고 인정할 때에는 산정된 지가를 가감(加減) 조정하여 적용할 수 있다

하나 또는 둘 이상의 표준지공시지가를 기준으로 하여 당해 토지의 가격과 표준지공시지가가 균형을 유지하도록 하여야 한다. 필요하다고 인정하는 때에는 산정된 지가를 가감조정하여 적용할 수 있다(부동산 가격공시에 관한 법률 제8조).

2) 토지사용에 대한 보상

"그 토지와 인근 유사토지의 지료(地料)·임대료·사용방법·사용기간 및 그 토지의 가격 등을 참작하여 평가한 적정가격으로 보상하여야 한다"(토지보상법 제71조). 그러나 ㉠ 토지사용기간이 3년 이상인 경우, ㉡ 토지사용으로 토지형질이 변경되는 경우, ㉢ 사용하고자 하는 토지에 그 토지소유자의 건축물이 있는 경우 는 해당 토지소유자는 사업시행자에게 그 토지의 매수를 청구하거나 관할 토지수용위원회에 그 토지의 수용을 청구할 수 있다(동법 제72조).

3) 잔여지의 보상·매수·수용

사업시행자는 동일한 소유자에게 속하는 일단의 토지의 일부가 취득되거나 사용됨으로 인하여 잔여지의 가격이 감소하거나 그 밖의 손실이 있을 때 또는 잔여지에 통로·도랑·담장 등의 신설이나 그 밖의 공사가 필요할 때에는 국토교통부령으로 정하는 바에 따라 그 손실이나 공사의 비용을 보상하여야 한다. 다만, 잔여지의 가격 감소분과 잔여지에 대한 공사의 비용을 합한 금액이 잔여지의 가격보다 큰 경우에는 사업시행자는 그 잔여지를 매수할 수 있다. 잔여지를 종래의 목적에 사용하는 것이 현저히 곤란한 때에는 해당 토지소유자는 사업시행자에게 잔여지를 매수하여 줄 것을 청구할 수 있으며, 사업인정 이후에는 관할 토지수용위원회에 수용을 청구할 수 있다(동법 제73조, 제74조).

(2) 토지 이외의 재산권 보상

1) 토지물건에 대한 보상

건축물, 입목, 공작물과 그 밖에 토지에 정착한 물건은 이전비 또는 물건의 가격을 보상한다. 농작물은 종류, 성장정도 등을 참작하여 보상하며, 분묘의 이장비용도 보상한다. 잔여 건축물에 대해서도 그 손실을 보상한다(토지보상법 제75조, 제75조의2).

2) 농업에 대한 보상

일반농업, 축산업, 잠업(蠶業) 별로 보상한다(동법시행규칙 제48-50조). 농업의 손실은 농지의 단위면적당 소득 등을 참작하여 실제 경작자에게 보상하여야 한다(토지보상법 제77조 ②).

3) 권리에 대한 보상

광업권·어업권 및 물 등의 사용에 관한 권리에 대하여는 투자비용, 예상수익 및 거래가격 등을 참작하여 평가한 적정가격으로 보상하여야 한다(토지보상법 제76조).

(3) 실비변상적(實費辨償的) 보상

재산권의 상실·이전 등에 따라 비용의 지출을 요하는 경우에 그 비용을 보상하는 것으로서, 지상물건의 이전료보상, 과수(果樹) 등의 이식료보상, 가축의 운반비, 잔여지공사비보상(잔여지에 통로·담장설치 등이 필요한 경우) 등이 있다(동법 제73·75조, 동법시행규칙 제37·49조 등).

(4) 일실손실(逸失損失)에 대한 보상

일실손실보상이란 토지 등의 재산권의 수용에 부수하여 사업을 폐지·휴업·이전하는 경우에 손실을 보상하는 것을 말한다. 영업의 폐지·휴업에 따른 영업손실에 대하여는 영업이익과 시설의 이전비용 등을 참작하여 보상하여야 한다. 농업의 폐지 이전에 따르는 전업기간 또는 휴업기간 중의 손실도 보상하며, 휴직 또는 실직하는 근로자의 임금손실에 대하여는 근로기준법에 의한 평균임금 등을 참작하여 보상하여야 한다(동법 제77조 ①,③).

2. 생활보상

(1) 의 의

생활보상은 피수용자가 종전과 같은 생활상태를 유지하도록 실질적으로 보장하는 보상을 말한다. 손실보상은 대물적 보상을 통한 재산상태의 확보만으로는 부족하며, 이주대책 및 생계지원대책 등을 수립하는 등 생활보상도 중요하다.

(2) 내 용

생활보상을 협의로 이해하는 견해는 '현재 당해 지역에서 누리고 있는 생활이익의 상실로서 재산권보상으로는 메워지지 아니한 손실에 대한 보상'으로 이해한다. 그 내용에는 영세농 등 생활보상·생활비보상·주거대책비보상 등을 든다. 광의로 이해하는 견해는 생활의 기초를 상실하게 된 자의 재정착을 지원하기 위한 조치(생활재건조치: 이주대책의 수립·시행 〈토지보상법 제78조〉, 공공주택의 알선, 융자, 직업훈련, 조세의 감면조치 등)도 포함시킨다.

【 판례 】 ① **이주대책**은 헌법 제23조 제3항에 규정된 정당한 보상에 포함되는 것이라기보다는 이에 부가하여 이주자들에게 종전의 생활상태를 회복시키기 위한 **생활보상**의 일환으로서 국가의 정책적인 배려에 의하여 마련된 제도라고 볼 것이다. 따라서 이주대책의 실시 여부는 **입법자의 입법정책적 재량**의 영역에 속하므로 '공익사업을 위한 토지등의 취득 및 보상에 관한 법률시행령' 제40조 제3항 제3호가 이주대책의 대상자에서 세입자를 제외하고 있는 것이 **세입자의 재산권을 침해하는 것이라 볼 수 없다.** 소유자와 세입자는 생활의 근거의 상실 정도에 있어서 차이가 있는 점, 세입자에 대해서 주거이전비와 이사비가 보상되고 있는 점을 고려할 때, 입법자가 이주대책 대상자에서 세입자를 제외하고 있는 이 사건 조항을 불합리한 차별로서 세입자의 평등권을 침해하는 것이라 볼 수는 없다(헌재 2006.2.23. 2004헌마19).
② 구 '공익사업을 위한 토지 등의 취득 및 보상에 관한 법률'에 의한 **이주대책**은 공익사업의 시행에 필요한 토지 등을 제공함으로 인하여 생활의 근거를 상실하게 되는 이주대책대상자들에게 종전 생활상태를 원상으로 회복시키면서 동시에 인간다운 생활을 보장하여 주기 위하여 마련된 제도이므로, 사업시행자의 이주대책 수립·실시의무를 정하고 있는 동법 제78조 제1항은 물론 이주대책의 내용에 관하여 규정하고 있는 같은 조 제4항 본문 역시 **당사자의 합의 또는 사업시행자의 재량에 의하여 적용을 배제할 수 없는 강행법규**이다(대법원 2011.6.23. 2007다63089,63096).
③ '공익사업을 위한 토지 등의 취득 및 보상에 관한 법률' 제78조 제1항에 정한 이주대책의 대상이 되는 주거용 건축물이란 동법 시행령 제40조 제3항 제2호의 '**공익사업을 위한 관계 법령에 의한 고시 등이 있은 날**' 당시 건축물의 용도가 주거용인 건물을 의미한다고 해석되므로, 그 당시 주거용 건물이 아니었던 건물이 그 이후에 **주거용으로 용도 변경된 경우**에는 건축 허가를 받았는지 여부에 상관없이 **수용재결 내지 협**

의계약 체결 당시 주거용으로 사용된 건물이라 할지라도 이주대책대상이 되는 주거용 건축물이 될 수 없다 (대법원 2009.2.26, 2007두13340).

3. 기 타

(1) 제3자 보상

타인의 토지 등이 수용됨으로 인해 결과적으로 생활기반이나 직장 등을 잃게 된 제3자에 대한 보상도 필요한데, '토지보상법'은 소수잔존자보상(토지보상법시행규칙 제61조), 휴·실직자(休·失職者)보상(토지보상법 제77조③) 등을 규정하고 있다.

(2) 사업손실의 보상(공익사업시행지구 밖의 토지 등의 보상)

공익사업이 시행되거나 시행된 결과가 공익사업시행지구 밖까지 영향을 미쳐서 가져오는 각종 손실을 사업손실이라고 하며, 이는 간접손실로서 '토지보상법'은 이에 대한 보상을 규정하고 있다. ㉠잔여지의 가격감소나 그 밖의 손실, 잔여지의 통로·담장 등 공사가 필요한 경우(토지보상법 제73조), ㉡대지·건축물·분묘 또는 농지가 산지나 하천 등에 둘러싸여 교통이 두절되거나 경작이 불가능하게 된 경우, ㉢남은 건축물·건축물의 대지·농지만의 매매가 불가능하고 이주가 부득이한 경우, ㉣공작물 등이 본래의 기능을 다할 수 없게되는 경우, ㉤인근에 있는 어업에 피해가 발생한 경우, ㉥고객의 감소로 인해 영업을 계속할 수 없게 된 경우 등에는 보상을 하여야 한다(토지보상법시행규칙 제59조 이하 참조).

Ⅲ. 손실보상의 지급

1. 보상액의 결정방법

손실보상액의 결정방법에 관하여는 개별법에서 규정하고 있다. ㉠당사자 사이의 협의에 의하는 경우(토지보상법 제26조), ㉡토지수용위원회와 같은 합의제행정청에 의한 재결에 의하는 경우(토지보상법 제34조), ㉢법원에 직접 소송을 제기하여 보상액을 결정하는 경우(행정절차에 관한 법규정이 없는 경우) 등이 있다.

【판례】 공공사업의 시행 결과 공공사업의 **기업지 밖에서 발생한 간접손실**의 보상에 관하여 공공용지의취득및손실보상에관한특례법시행규칙의 관련 규정 등을 유추적용할 수 있다고 해석함이 상당하고, 이러한 간

접손실은 사법상의 권리인 영업권 등에 대한 손실을 본질적 내용으로 하고 있는 것으로서 그 **보상청구권은 공법상의 권리가 아니라 사법상의 권리이고, 그 보상금의 결정 방법, 불복절차 등에 관하여 아무런 규정도 마련되어 있지 아니하므로,** 그 보상을 청구하려는 자는 사업시행자가 보상청구를 거부하거나 보상금액을 결정한 경우라도 이에 대하여 행정소송을 제기할 것이 아니라, 사업시행자를 상대로 **민사소송으로** 직접 손실보상금 지급청구를 하여야 한다(대법원 1999.6.11. 97다56 150).

2. 손실보상의 지급방법

(1) 금전보상의 원칙

손실보상은 금전보상을 원칙으로 한다(토지보상법 제63조). 그 지급은 사업시행전에 지급해야 하며(선불), 개인별로 지급해야 하고(개별불), 일시에 전액을 지급하는 것(일시불)을 원칙으로 한다(토지보상법 제62·64·65조).

(2) 기타의 방법

손실보상은 예외적으로 ㉠ 토지의 제공이나 건축시설물(예: 아파트분양권)로 보상(현물보상)이 이루어지기도 하며(토지보상법 제63조 ①, 도시및주거환경정비법 제40조 ④), ㉡ 일정한 경우(토지소유자가 원할 경우, 부재부동산소유자의 토지보상금이 일정액을 초과할 경우) 채권보상이 이루어지고(토지보상법 제63조 ⑦), ㉢ 매수보상(토지 등을 매수하는 것. 토지보상법 제72·74조)에 의할 수도 있다.

제 4 절 손실보상의 절차, 권리보호

Ⅰ. '공익사업을 위한 토지등의 취득 및 보상에 관한 법률'의 경우

【문 제】 고속전철사업 시행발표 후 甲의 토지수용에 대하여 협상이 결렬된 후 지방토지수용위원회에 의해 수용이 결정되었다. 甲이 이에 불복하였다. ① 甲이 이의신청을 하는 경우와, ② 행정소송을 제기하여 보상금의 증액만을 요구하였을 시 어떻게 해야 하나? 〈제37회 행정고시〉

1. 협 의

보상은 일차적으로 당사자간(사업시행자, 토지소유자, 관계인)의 협의에 의하여 결정되는 것이 원칙이다. 사업시행자는 토지 등에 대한 보상에 관하여 토지소유자 및 관계인과 성실하게 협의하여야 한다(제26조). 협의가 성립된 때에는 사업시행자는 재결의 신청기간 이내에 토지수용위원회에 협의성립의 확인을 신청할 수 있다. 확인은 이 법에 의한 재결로 보며, 사업시행자·토지소유자 및 관계인은 그 확인된 협의의 성립이나 내용을 다툴 수 없다(제29조).

【 판례 】 ① '공익사업을 위한 토지 등의 취득 및 보상에 관한 법률'('공익사업법')에 의한 **보상합의는 공공기관이 사경제주체로서 행하는 사법상 계약의 실질을 가지는 것**으로서, 당사자 간의 합의로 같은 법 소정의 손실보상의 기준에 의하지 아니한 손실보상금을 정할 수 있으며, 이와 같이 같은 법이 정하는 기준에 따르지 아니하고 손실보상액에 관한 합의를 하였다고 하더라도 **그 합의가 착오 등을 이유로 적법하게 취소되지 않는 한 유효하다**(대법원 2013.8.22. 2012다3517).
② 수용재결이 있은 후에 사법상 계약의 실질을 가지는 협의취득 절차를 금지해야 할 별다른 필요성을 찾기 어려운 점 등을 종합해 보면, **토지수용위원회의 수용재결이 있은 후라고 하더라도 토지소유자 등과 사업시행자가 다시 협의하여 토지 등의 취득이나 사용 및 그에 대한 보상에 관하여 임의로 계약을 체결할 수 있다**고 보아야 한다(대법원 2017.4.13. 2016두64241).

2. 재 결

'협의가 성립되지 아니하거나 협의를 할 수 없을 때'에는 사업시행자는 사업인정고시가 있은 날부터 1년 이내에 관할 토지수용위원회에 재결을 신청할 수 있다(제28조). 협의가 성립되지 아니하였을 때에는 토지소유자 및 관계인은 서면으로 사업시행자에게 재결신청을 할 것을 청구할 수 있다. 사업시행자 그 청구를 받은 날부터 60일 이내에 관할 토지수용위원회에 재결을 신청하여야 한다(제30조). 재결신청은 사업시행자만이 한다(토지소유자 및 관계인은 못함). 재결은 관계서류의 열람기간, 화해의 권고 등을 거친 후 서면으로 행해진다(제31·32·34조). 재결신청에 따라 최초로 내려지는 재결을 '수용재결'이라고 한다.

【 판례 】 공익사업을 위한 토지 등의 취득 및 보상에 관한 법률 제30조 제1항은 (토지소유자 및 관계인이 사업시행자에게) 재결신청을 청구할 수 있는 경우를 사업시행자와 토지소유자 및 관계인 사이에 '협의가 성립하지 아니한 때'로 정하고 있을 뿐 … '협의가 성립되지 아니한 때'에는 사업시행자가 토지소유자 등과 토지보상법 제26조에서 정한 협의절차를 거쳤으나 보상액 등에 관하여 협의가 성립하지 아니한 경우는 물론 토지소유자 등이 손실보상대상에 해당한다고 주장하며 보상을 요구하는데도 **사업시행자가 손실보상대상에 해당하지 아니한다며 보상대상에서 이를 제외한 채 협의를 하지 않아 결국 협의가 성립하지 않은 경우도 포함된다**고 보아야 한다(대법원 2011.7.14. 2011두2309).

3. 이의신청

지방토지수용위원회의 재결에 대하여 불복이 있는 자는 중앙토지수용위원회에, 중앙토지수용위원회의 재결에 불복이 있는 자는 중앙토지수용위원회에 그 재결서의 정본을 받은 날로부터 30일 이내에 이의신청을 할 수 있다(토지보상법 제83조 ①,②). 이의신청은 자유이며 (행정청인 지방토지수용위원회의 재결처분에 대한) 행정심판에 해당한다.

중앙토지수용위원회는 제83조의 규정에 의한 이의신청이 있는 경우 제34조의 규정에 의한 재결(수용재결)이 위법 또는 부당하다고 인정하는 때에는 그 재결의 전부 또는 일부를 취소하거나 보상액을 변경할 수 있다(제84조). 이의신청에 따라 내려지는 재결을 '이의재결' 이라 한다.

4. 행정소송

(1) 개 설

토지수용위원회의 재결에 대해 불복이 있는 자는 이의신청을 거치지 아니하고 행정소송을 제기할 수 있다(이의신청임의주의. 토지보상법 제85조 ①). 토지수용위원회의 재결을 거치지 않고 바로 손실보상청구소송을 제기할 수는 없다(재결전치주의). 그런데 재결은 수용결정부분과 보상액결정부분으로 되어 있다. 행정소송은 분리하여 수용결정을 대상으로 하는 경우에는 취소소송을 제기하고, 보상액결정을 대상으로 하는 경우에는 보상액증감청구소송(당사자소송)을 제기할 수 있다.

【판례】 ① 공익사업으로 인하여 영업을 폐지하거나 휴업하는 자가 사업시행자에게서 구 '공익사업을 위한 토지 등의 취득 및 보상에 관한 법률' 제77조 제1항에 따라 영업손실에 대한 보상을 받기 위해서는 동법 제34조, 제50조 등에 규정된 재결절차를 거친 다음 재결에 대하여 불복이 있는 때에 비로소 동법 제83조 내지 제85조에 따라 권리구제를 받을 수 있을 뿐, 이러한 **재결절차를 거치지 않은 채 곧바로 사업시행자를 상대로 손실보상을 청구하는 것은 허용되지 않는다**(대법원 2011.9.29. 2009두10963).
② 구 공익사업을 위한 토지 등의 취득 및 보상에 관한 법률('구 토지보상법') 제79조 제2항, 동법시행규칙 제57조에 따른 **사업폐지 등에 대한 보상청구권**은 공익사업의 시행 등 적법한 공권력의 행사에 의한 재산상 특별한 희생에 대하여 전체적인 공평부담의 견지에서 공익사업의 주체가 손해를 보상하여 주는 손실보상의 일종으로 **공법상 권리**임이 분명하므로 그에 관한 쟁송은 민사소송이 아닌 **행정소송절차**에 의하여야 한다. … 공익사업으로 인한 사업폐지 등으로 손실을 입게 된 자는 구 토지보상법 제34조, 제50조 등에 규정된 **재결절차를 거친 다음 재결에 대하여 불복이 있는 때**에 비로소 구 토지보상법 제83조 내지 제85조에 따라 권리구제를 받을 수 있다고 보아야 한다(대법원 2012.10.11. 2010다23210).

(2) 수용결정에 대한 취소소송

1) 취소소송의 제기

사업시행자·토지소유자 또는 관계인은 재결에 대하여 불복이 있는 때에는 이의신청을 거치지 않은 경우에는 재결서를 받은 날로부터 60일 이내에, 이의신청을 거친 때에는 이의재결서를 받은 날로부터 30일 이내에 각각 행정소송을 제기할 수 있다(토지보상법 제85조 ①).

2) 원처분주의

이의신청을 거치지 않는 경우에는 취소소송의 대상은 수용재결(토지수용위원회의 원처분)이 되는 것은 물론이지만, 이의재결을 거치는 경우에는 수용재결(원처분)과 이의재결 중 어느 것을 취소소송의 대상으로 하여야 할 것인지가 문제이다. 과거에 판례는 재결주의를 취하여 이의재결이 소송대상이 된다고 하였다(대법원 1995.12.8, 95누5561). 그러나 현재는 (행정심판을 거친 다른 행정소송의 경우와 마찬가지로, 후술참조) 원처분주의를 취하여 수용재결을 취소소송의 대상으로 하여야 한다고 한다.

【판례】 공익사업을 위한 토지 등의 취득 및 보상에 관한 법률 제85조 제1항 전문의 문언 내용과 같은 법 제83조, 제85조가 중앙토지수용위원회에 대한 이의신청을 임의적 절차로 규정하고 있는 점, 행정소송법 제19조 단서가 행정심판에 대한 재결은 재결 자체에 고유한 위법이 있음을 이유로 하는 경우에 한하여 취소소송의 대상으로 삼을 수 있도록 규정하고 있는 점 등을 종합하여 보면, 수용재결에 불복하여 취소소송을 제기하는 때에는 **이의신청을 거친 경우에도 수용재결을 한 중앙토지수용위원회 또는 지방토지수용위원회를 피고로 하여 수용재결의 취소를 구하여야** 하고, 다만 이의신청에 대한 재결 자체에 고유한 위법이 있음을 이유로 하는 경우에는 그 이의재결을 한 중앙토지수용위원회를 피고로 하여 이의재결의 취소를 구할 수 있다고 보아야 한다(대법원 2010.1.28, 2008두1504).

(3) 보상금증감소송(형식적 당사자소송)

보상액에 관한 재결에 불복이 있는 경우에는 직접 보상금의 증감을 구하는 행정소송을 제기할 수 있는바, 소송의 제기기간은 위의 경우와 동일하다. '토지보상법'은 당해소송을 제기하는 자가 토지소유자 또는 관계인인 때에는 사업시행자를, 사업시행자인 때에는 토지소유자 또는 관계인을 각각 피고로 하도록(구 토지수용법에서 공동피고로 하였던 '재결청'은 제외됨) 규정함으로써(제85조 ②) 이른바 '형식적 당사자소송'을 명문으로 규정하고 있다.

여기서 사업시행자란 '공익사업을 수행하는 자'를 말하며(제2조 제3호), 이는 행정청(장관, 시장, 군수)이 아니라 행정주체(국가, 지방자치단체, 공무수탁사인〈민간기업〉)이다.

【판례】 ① 도시계획법 제23조 등에 의하여 건설부장관이나 시장·군수 등의 행정청이 토지를 수용 또는 사용할 수 있는 공익사업을 시행하는 경우에도, 그 **손실보상금의 증감에 관한 행정소송은,** 그 행정청이 속하는 권리의무의 주체인 **국가나 지방공공단체를 상대로 제기**하여야 하는 것이지, 국가나 지방공공단체의 기관에 불과한 **행정청을 상대로 제기할 수는 없을 것이다**(대법원 1992.11.10, 91누7545: 1993.5.25, 92누15772). ② 구 '공익사업을 위한 토지 등의 취득 및 보상에 관한 법률' 제74조 제1항에 규정되어 있는 **잔여지 수용청구권은** 손실보상의 일환으로 토지소유자에게 부여되는 권리로서 **그 요건을 구비한 때에는** 잔여지를 수용하는 **토지수용위원회의 재결이 없더라도 그 청구에 의하여 수용의 효과가 발생하는 형성권적 성질을** 가지므로, 잔여지 수용청구를 받아들이지 않은 토지수용위원회의 재결에 대하여 토지소유자가 불복하여 제기하는 소송은 위 법 제85조 제2항에 규정되어 있는 '보상금의 증감에 관한 소송'에 해당하여 **사업시행자를 피고로 하여야** 한다(대법원 2010.8.19, 2008두822).

【답】
① 지방토지수용위원회의 재결에 불복이 있는 경우 중앙토지수용위원회에 이의를 신청할 수 있고, 그 이의신청에 대한 중앙토지수용위원회의 이의재결에 불복이 있는 경우에는 재결서를 받은 날로부터 30일 이내에 행정소송을 제기할 수 있다. 또한 **甲**은 중앙토지수용위원회에 이의를 신청하지 아니하고 바로 지방토지수용위원회의 재결서를 받은 날로부터 60일 이내에 행정소송을 제기할 수도 있다(토지보상법 제85조 ①).
② 보상금증감소송의 경우 처분행정청(재결청)인 토지수용위원회를 피고로 하지 않고, 사업시행자를 피고로 하여 당사자소송을 제기하여야 한다(토지보상법 제85조 ②).

Ⅱ. 기타의 경우

① '토지보상법'을 준용하도록 하는 경우가 있다(예: 하천법 제78조 ②).

② 법에서 절차에 관한 규정이 전혀 없는 경우가 문제이다. ㉠ 이 경우는 토지소유자 등은 직접 보상금지급청구소송을 제기할 수 있는데, 행정소송(당사자소송)으로 다루는 것이 합당함은 상술한 바와 같다. ㉡ 특히 판례는 공익사업의 시행결과 공익사업의 기업지 밖에서 발생한 간접손실(사업손실)은 사권에 대한 손실이므로 그 보상청구권은 사법상의 권리이고, 그 보상금의 결정방법, 불복절차 등에 관하여 아무런 규정도 마련되어 있지 아니하므로, 보상금지급청구는 사업시행자를 상대로 민사소송으로써 한다고 한다. 즉, '토지보상법'에서 정하고 있는 보상은 토지수용위원회의 재결을 거쳐 행정소송을 제기하고, 간접보상은 곧바로 민사소송으로 해결한다.

【판례】 공공사업의 시행 결과 공공사업의 기업지 밖에서 발생한 간접손실의 보상에 관하여 공공용지의취득및손실보상에관한특례법시행규칙의 관련 규정 등을 유추적용할 수 있다고 해석함이 상당하고, 이러한 간접손실은 사법상의 권리인 영업권 등에 대한 손실을 본질적 내용으로 하고 있는 것으로서 그 **보상청구권은 공법상의 권리가 아니라 사법상의 권리이고, 그 보상금의 결정 방법, 불복절차 등에 관하여 아무런 규정도 마련되어 있지 아니하므로**, 그 보상을 청구하려는 자는 사업시행자가 보상청구를 거부하거나 보상금액을 결정한 경우라도 이에 대하여 행정소송을 제기할 것이 아니라, 사업시행자를 상대로 **민사소송으로** 직접 손실보상금 지급청구를 하여야 한다(대법원 1999.6.11, 97다56 150).

제3장 그 밖의 손해전보제도

제1절 수용유사침해와 수용적 침해에 대한 보상

Ⅰ. 수용유사침해에 대한 보상

【문제】 X행정청은 자연공원법에 의하여 국립공원 내 A의 사유지에 대하여 사용 및 수익을 제한하면서 자연공원법에는 보상에 관한 규정이 없다는 이유로 이에 대한 보상을 하지 않았다. A는 국립공원 내 사유지의 보상을 구할 수 있는가? 〈제40회 행정고시〉

1. 수용유사침해의 의의

(1) 개 념

수용유사침해란 공공의 필요에 따라 법령에 근거하여 사인의 재산권의 제한 등을 통하여 재산권자에게 '특별한 희생'을 강요하였으나, 그 근거법령에 보상규정이 없는 경우를 말한다. 보상규정이 없는 법령에 근거한 행정처분(예: 재산권행사의 제한구역의 지정)은 형식적으로는 법령에 근거하고 있지만 보상을 하지 않기 때문에 위법처분이되고(위법), 법률에 따라 행한 것이므로 무과실인 행위가 된다(무책). 즉, 수용유사침해는 위법·무과실(위법·무책)인 행위로 인한 침해를 의미한다. 이때 어떻게 손실보상을 받도록 할 것인지가 문제가 된다. 이러한 배경에서 독일 연방최고법원의 판례를 통하여 등장한 것이 수용유사침해 이론이다.

【참고】 법에서는 원칙적으로 고의 또는 과실이 있어야 '책임성'이 있다고 하는데, 무과실의 경우에는 책임성이 없게 되므로 '위법·무과실'의 경우를 '위법·무책'으로 표현하기도 한다.

(2) 유사개념과의 구별

수용유사침해보상은 위법한·의도된 재산권의 침해를 요건으로 하지만, 수용침해(공용수용에 의한 침해)보상은 적법한·의도된 침해를, '수용적 침해'에 대한 보상은 적법한·비의도적 침해를(후술), 희생보상은 비재산권의 침해(생명·신체에 대한 침해. 후술)를 그 요건으로 한다.

2. 보상의 요건

수용유사침해로 인한 보상청구권의 성립요건으로는, ㉠'재산권'에 대한 침해, ㉡재산권에 대한 '공용침해'(재산권에 대한 수용·사용·제한), ㉢특별한 희생의 발생, ㉣'위법성'을 들수 있다. 여기서의 '위법성'은 침해의 근거규정은 있으나, 보상규정을 두지 않은 법률은 헌법상의 재산권보장규정에 위배되어 위법한 침해가 된다는 의미이다.

3. 인정 여부

(1) 학 설

수용유사침해와 그에 대한 보상을 인정할 것인지의 논의는 앞에서 '행정상 손실보상'에 있어서 '손실보상의 요건'중의 하나인 '보상규정의 존재'와 관련하여 '보상규정이 존재하지 않을 경우'에 서술한 것과 일맥상통하다.

특별희생을 강요하면서도 보상규정이 없을 경우에는 헌법 제23조 제3항을 근거로 보상을 청구할 수 있다는 견해(직접효력설)와 헌법 제23조 제3항, 제11조 등을 유추적용하여 보상을 청구할 수 있다는 견해(간접효력설, 유추적용설), 침해행위가 위법하므로 손실보상이 아니라 손해배상을 청구해야 한다는 견해(위헌·무효설), 보상을 청구할 것이 아니라 침해행위가 위법하므로 침해행위의 취소를 요구하는 취소소송을 제기하여 재산권을 회복하여야 한다는 견해(취소소송설) 등이 있다는 것은 상술한 바와 같다. 그렇다면 유추적용설(간접적용설)을 주장하는 견해만이 수용유사침해를 인정하는 셈이고, 다른 견해는 이를 부인하는 것이다.

(2) 판 례

1) 우리나라

우리 판례는 아직 이를 명시적으로 인정한 적은 없다. 판례는 수용유사침해에 해당하는 경우를 손실보상의 문제로 해결하기도 하고(대법원 1972.11.28, 72다1597), 불법행위 내지 부당이득의 법리로 해결하기도 한다(대법원 1991.2.22, 90다16474). 대법원 판례는 수용유사침해이론의 수용 여부에 대하여 분명하지 않다. 법령에 직접적인 보상규정이 없지만 보상이 인정된다고 볼 수 있는 경우에는 밀접하게 관련된 규정을 유추적용하여 보상을 하도록 한 판례는 적지 않지만(예 : 대법원 1999.6.11, 97다56 150) '수용유사침해'라는 용어를 사용하지는 않는다. 상술한 바와 같이 헌법재판소는 개발제한구역의 지정행위 자체는 합헌이지만 특별한 희생을 강요하는 경우에도 전혀 보상을 하지 않는 것은 위헌이므로 이 경우를 규율하기 위해 입법자는 보상규정을 제정할 필요가 있다고 한 적이 있다(헌재 1998.12.24, 89헌마214, 90헌바16, 97헌바78).

> 【판례】 **수용유사적 침해의 이론**은 국가 기타 공권력의 주체가 위법하게 공권력을 행사하여 국민의 재산권을 침해하고, 그 효과가 실제에 있어서 수용과 다름이 없을 때에는 적법한 수용이 있는 것과 마찬가지로 국민이 그로 인한 손실의 보상을 청구할 수 있다는 것인데, 우리 법제 하에서 **그와 같은 이론을 채택할 수 있는 것인가는 별론으로 하더라도**, 1980년 비상계엄당시 국군보안사령부 정보처장이 언론통폐합조치의 일환으로 사인소유의 방송사 주식을 강압적으로 국가에 증여하게 한 것은 위 **수용유사적 침해에 해당하지 않는다**(대법원 1993.10.26, 93다6409).

2) 독 일

수용유사침해와 관한 대표적인 판례로서 독일 연방헌법재판소의 자갈채취사건 판결을 드는 경우가 많다. ① 사건의 개요 : 자갈채취사업을 경영하는 사람이 종래부터 채취하여오던 자갈을 채취하고자 관할 행정청에 채취허가를 신청하였으나, 사후에 제정된 '수관리법'으로 인해 자갈채취가 불가능하게 되었다는 이유로 허가가 거부되었다. 이에 당국에 손실보상을 청구하였으나 역시 거부당하자 소송을 제기하게 되었다. ② 판결 및 그의 영향 : ㉠ 독일연방통상법원은 기본법 제14조 제3항(손실보상규정)에 의거 적법한 침해행위에 보상이 이루어진다면, 보상규정이 결여된 위법·무과실의 공용침해에 대하여도 수용유사침해법리를 통하여 당연히 보상되어야 한다고 하였다. ㉡ 그러나 독일연방헌법재판소는 1981년 자갈채취사건판결에서 기본법 제14조에 따른 수용보상은 적법한 수용의 경우에만 허용된다고 하여 이 관념을 엄격히 해석하였는바, 수용관계법에 보상규정이 없으면 당해 법률은 위헌이며 그에 기한 수용처분도 위법이 된다. 이러한 경우 당사자는 보상을 청구할 수 없고, **당해 행위의 취소소송만을 제기**할 수 있다고 하였다. ㉢ 결국 연방헌법재판소의 결정으로 연방통상법원은 더 이상 기본법 제14조 제3항을 유추적용하지 않고, 그 대신 프로이센 란트법 제74조, 제75조에 뿌리를 둔 관습법으로서의 '희생보상청구권'에서 동 법리의 기초를 찾고 있다. 한편, 수용유사침해보상이론의 존속이 문제되었으나, 동 법리는 개인의 권리구제제도로서 의의가 있는 것이므로 계속 존속된다고 보는 것이 일반적 견해이다.

(3) 검 토

개인의 특별희생이 강요됨이 명백함에도 불구하고 그에 관한 보상이 전혀 인정되지 않는 것은 정의관념에 합당하지 않음은 물론이다. 따라서 법령에 직접적인 보상규정이 없는 경우에는 우선 유사한 경우에 적용되는 법규정을 최대한 유추적용하여 보상을 인정하여야 할 것이다. 다음 단계로 유사한 법령도 없는 경우에는 헌법의 재산권보장규정, 손실보상규정, 평등원칙규정 등을 통하여 보상을 인정할 수 있다(수용유사침해보상). 그러한 것으로도 불가능할 경우에는 위법한 침해행위에 대한 취소소송이나 무효확인소송(침해행위가 불가쟁력이 생긴 경우)을 제기하는 수밖에 없을 것이다.

> 【답】 자연공원법상 공원구역으로 지정되면 재산권행사의 제한을 받게 되는바, A의 재산권행사의 제한정도가 사회적 제약에 속한 것인지, 특별희생에 해당되는 것인지가 문제의 핵심이 된다. A가 수인한도를 넘는 특별한 희생을 입었다면 손실보상청구의 문제가 생긴다. 이 경우 A는 헌법 제23

조 제3항을 근거로 보상을 청구할 수 있다는 견해(직접효력설)와 헌법 제23조 제3항, 제11조 등을 유추적용하여 보상을 청구할 수 있다는 견해(간접효력설), 손실보상이 아니라 손해배상을 청구해야 한다는 견해(위헌무효설), 취소소송을 청구해야 한다는 견해(취소소송설) 등이 있다. 한편 A가 받은 불이익이 수인한도내의 경우라면 손실보상청구권을 갖지 아니한다. 손실보상청구권은 공용제한에 의한 것이므로 공법상의 권리이고, 따라서 A는 행정소송법상 당사자소송의 제기를 통해 손실보상을 청구할 수 있다.

Ⅱ. 수용적 침해에 대한 보상

【문제】 지하철공사가 적법하게 수행되었으나 불가피하게 교통차단으로 인하여 도로에 인접한 영업자가 오랫동안 영업을 하지 못한 경우 보상을 청구할 수 있는가?

1. 수용적 침해의 의의

(1) 개 념

수용적 침해란 적법한 공행정작용의 비전형적·비의도적인 부수적 결과로서 타인에게 특별한 희생을 가져오는 재산권의 침해를 말한다. 이러한 재산적 침해는 주로 사실행위로 인한 비의도적인 것이지만, 그로 인한 제한의 정도가 심각한 경우에는 보상이 필요하다고 할 수 있다. 예컨대, 장기간의 지하철공사로 인한 인근 상점이나 백화점의 고객이 현저하게 감소함으로써 손해가 발생하는 경우 등이 이에 속한다.

(2) 유사개념과의 구별

1) 본래적 의미의 공용침해와의 구별

수용적 침해는 침해행위가 법적 근거가 있는 적법한 것이라는 점에서는 공용침해와 같으나, 처음부터 공용침해를 행할 의도가 있었던 것이 아니라는 점에서 구분된다. 즉, 수용적 침해의 경우는 처음에는 침해가 손실보상을 요하는 특별희생에 해당하지 않는 일반적·사회적 제약에 불과한 것으로 생각되었으나, 그 침해기간이 장기화되는 등의 이유로 인하여 결과적으로 침해가 수인할 수 없는 정도가 되어 특별한 희생이 인정되는 경우이다.

2) 수용유사침해와의 구별

수용적 침해에서는 침해 그 자체가 적법한 행정작용에 의한 것인데 반하여, 수용유사침해는 침해가 위법한 것이라는 점에서 구별된다.

2. 보 상

수용적 침해도 법률에 보상규정이 없다는 점에서 수용유사침해와 마찬가지이다. 따라서 그에 대한 보상은 수용유사침해의 법리에 준하여 이루어져야 할 것이다. 판례가 이를 공식적으로 인정한 경우는 아직 없다.

> 【답】 재산권에 대한 특정한 침해가 공공필요를 위한 것이고 적법한 침해인 경우 일반적으로 재산권에 대한 사회적 제약으로 보아 보상의 대상이 될 수 없다는 것이 원칙이지만, 장기간의 지하철공사로 인하여 인근상점이 입은 피해가 '특별한 희생'에 해당하면 피해자는 그 손실보상을 청구할 수 있다.

제 2 절   희생보상청구, 결과제거청구

Ⅰ. 희생보상청구권

> 【문제】 어린이 甲은 국가의 전염병예방접종명령에 따른 전염병예방백신을 맞고 심한 구토와 고열 등으로 생명이 위독하게 되었다. 예방접종 당시 간호사의 부주의는 없었다. 甲은 국가를 상대로 손해전보를 청구할 수 있겠는가?

1. 의 의

희생보상청구권은 공공복리를 위한 적법한 공행정작용으로 인하여 생명·건강·명예·자유 등과 같은 비재산적 법익이 침해되고 그 침해가 특별한 희생에 해당되는 경우에 보상을 청구하는 권리를 말한다. 수용이나 수용유사침해 또는 수용적 침해로 인한 보상청구권은 오직 재산적 가치에 대한 침해가 있는 경우에 인정되고, 생명·신체·명예 등과 같은 법익의 침해에는 해당되지 않는다. 희생보상청구는 비재산적 법익이 희생된 경우에 해당된다. 예컨대, 전염병예방을 위한 적법한 행정작용인 강제접종으로 생긴 부작용으로 인해 신체·건강상의 피해가 발생한 경우의 보상청구권이 이에 속한다.

2. 법적 근거

희생보상의 원칙은 독일 기본법상의 기본권 및 프로이센 일반란트법 제74조·제75조에 근거를 두고 판례상 발전된 관습법으로 이해되고 있다. 우리나라에서도 희생보상청구권을 인정하고 있는 개별 법률이 있다(예 : 소방기본법 제24조, 산림법 제102조의3, 전염병예방법 제54조의2). 문제는 그러한 규정이 없는 경우이다. 인간다운 생활을 할 권리, 행복추구권, 평등권 등에 관한 헌법규정을 유추적용하여 인정될 수 있을 것이다.

【참고】 **소방기본법 제24조(소방활동 종사명령)** : ① 소방본부장·소방서장 또는 소방대장은 화재, 재난·재해 그 밖의 위급한 상황이 발생한 현장에서 소방활동을 위하여 필요한 때에는 그 관할구역 안에 사는 자 또는 그 **현장에 있는 자로 하여금** 사람을 구출하는 일 또는 불을 끄거나 불이 번지지 아니하도록 하는 일을 하게 할 수 있다. … ② 시·도지사는 제1항 전단의 규정에 따라 소방활동에 종사한 자가 이로 인하여 사망하거나 부상을 입은 경우에는 이를 **보상하여야 한다.**

3. 성립요건

희생보상청구권은 비재산권에 대한 침해라는 점을 제외하고는 행정상 손실보상과 유사한 성립요건이 요구된다. 즉, ㉠ 행정청의 권력적 침해가 있고, ㉡ 공공필요에 의한 적법한 침해이며, ㉢ 비재산권에 대한 침해이고, ㉣ 특별한 희생이 발생하여야 한다.

4. 보상의 범위, 권리보호

침해행위로 인한 재산적 손해(예 : 치료비, 소득상실)만이 아니라 정신적 손해에 대해서도 보상(예 : 위자료)을 청구할 수 있다. 희생보상청구권은 공권이므로 그 분쟁에는 행정상 당사자소송이 적용된다. 당사자소송에는 집행정지원칙이 적용되지 않는다. 그러나 행정소송법 제8조 제2항에 근거하여 민사집행법상 가처분은 적용될 수 있다(후술하는 '행정소송' 참조).

5. 희생유사침해로 인한 보상청구권

개인의 신체·건강의 침해를 야기하였지만 그에 대한 보상규정이 없는 경우에는 인간다운 생활을 할 권리, 행복추구권, 평등권 등에 관한 헌법규정을 유추적용하여 희생유사침해로서 손실보상을 하여야 될 것이다.

【답】 사안의 경우 희생보상에 의한다. 희생보상의 요건은 ㉠공공필요에 의해서, ㉡비재산권에 대
한, ㉢적법한 침해가 있어야 하며, ㉣그 침해로 특별한 희생의 발생이다. 예방접종으로 생명·신
체의 중대한 침해의 발생은 '특별한 희생'에 해당하는바, 이들 요건이 충족된 것으로 보인다. 특히
전염병예방법에 따라 예방접종사고로 인한 피해보상을 청구할 수 있다(동법 제54조의2).

Ⅱ. 행정상의 결과제거청구권

【문 제】 S市가 시내의 A하천의 인근에 쓰레기 적치장을 설치하자, 이곳의 주민 甲은 쓰레기 적치
장에서 나오는 심한 악취와 소음으로 생활에 큰 고통을 받고 있다. 그리하여 행정법원은 S市의
이와 같은 **적치장시설은 환경법규에 위반됨을 이유로 위법한** 것으로 판시하였다. 甲은 **적치장시
설의 철거에 의한 원상회복을** 청구할 수 있을까?

1. 의 의

결과제거청구권이란 위법한 공행정작용의 결과로서 남아있는 상태로 인하여 자기의
법률상의 이익을 침해받고 있는 자가 행정주체를 상대로 그 위법한 상태를 제거해 줄 것을
청구하는 권리를 말한다. 원상회복청구권이라고도 한다. 예컨대, 행정주체가 압류승용차를
압류해제 후에도 권리자에게 돌려주지 않고 있는 경우에 주장할 수 있는 권리이다. 행정상
손해전보제도나 행정쟁송제도로써는 권익구제의 목적을 달성할 수 없는 경우에 기존의 행
정구제제도를 보완하기 위한 제도로서 성립한 법리이다.

2. 법적 성질

결과제거청구권은 공행정작용으로 인한 침해의 경우에 발생하는 공권으로 이해되는바,
이에 관한 소송은 행정소송으로서의 당사자소송이 될 것이다. 다만, 소송실무에서는 민사소
송으로 하고 있다. 결과제거청구권은 물권적 지배권이 침해된 경우뿐만 아니라, 비재산적
침해(예 : 명예의 침해)의 경우에도 발생하는 것이므로 물권적 청구권으로 한정되지 않는다.

3. 법적 근거

결과제거청구권은 독일의 학설·판례를 통해서 발전된 법리로서, 그것의 법적 근거는

독일과 마찬가지로 법치행정의 원리(헌법 제107조 등), 기본권규정(헌법 제10조, 제37조), 민법상의 방해배제청구권 등의 관계규정(제213조, 제214조)의 유추적용에서 찾을 수 있다. 또한 행정소송법상의 취소판결 등의 기속력규정(제30조 ①), 관련청구의 이송 및 병합에 관한 규정(제10조 ①)에서 소송법적 근거를 찾기도 한다.

4. 요 건

(1) 공행정작용으로 인한 법률상 이익의 침해

결과제거청구권은 공법적 행정작용으로 침해가 발생된 경우에 인정된다. 사법적 행정작용의 경우에는 사법상 청구권만이 문제된다. 그리고 공법작용은 작위만을 뜻하는 것이 아니고 부작위도 포함된다. 법률상 이익이 침해되어야 한다. 재산적 이익은 물론 비재산적 이익(예: 명예 등)도 포함된다.

(2) 위법한 상태의 존재 및 계속

1) 위법한 상태의 존재

위법한 상태의 존재 여부는 사실심(1,2심)변론종결시를 기준으로 판단하여야 한다. 여기서의 위법성은 처음부터 발생할 수도 있고, 기간의 경과나 조건의 발생 등으로 인해 사후에 발생할 수도 있다. 가해자의 과실 여부와 관련 없고 위법한 결과만이 문제된다. 위법한 결과는 법률행위만이 아니라 사실행위로 초래되는 경우도 많다. 위법한 행정행위라도 취소되기 전까지는 유효한 것이므로(공정력) 결과제거청구권은 인정되지 않는다.

2) 위법한 상태의 계속

행정주체의 공행정작용에 의하여 야기된 결과적 상태가 위법한 상태로 계속하여 존재하고 있어야 한다. 위법한 상태가 더 이상 존재하지 않을 경우에는 결과제거의 문제는 발생하지 않으며, 권리침해로서 불이익이 남아있는 때에는 손해배상이나 손실보상만 문제된다.

5. 내용과 한계

(1) 결과제거청구권의 내용

결과제거청구권은 다만 소극적으로 위법한 행정작용에 의하여 야기된 결과적 상태를 제거하여 원래 상태로 회복하는 것을 그 내용으로 한다. 위법작용으로 인한 직접적인 결과의 제거만을 목적으로 하고, 간접적인 결과는 포함되지 않는다.

(2) 결과제거청구권의 한계

1) 기대가능성에 의한 한계

㉠ 원래의 상태 또는 동일한 가치의 상태로의 회복이 사실상 가능하여야 하며, ㉡ 법적으로 허용되어야 하며, ㉢ 의무자에게 있어서 수인가능한 것이어야 한다(대법원 1987.7.7, 85다카1383). 이와 같은 요건이 충족되지 않으면 손해배상·손실보상만이 고려될 수 있을 뿐이다.

2) 비용 또는 신의성실의 원칙에 의한 한계

결과제거를 통한 원상회복조치에 지나치게 과다한 비용이 들거나 신의성실의 원칙에 반하는 때에는 결과제거의 기대가능성이 없기 때문에 대체적인 손해전보를 통하여 해결하고 결과제거청구권은 부인된다.

3) 과실상계에 의한 한계

위법한 상태의 발생에 피해자의 과실도 있는 경우에는 민법상의 과실상계규정이 적용되며, 과실의 정도에 따라 결과제거청구권이 수축되거나 상실되는 경우도 있을 수 있다.

6. 쟁송절차

결과제거청구권에 관한 쟁송은 행정소송의 일종으로서 공법상 당사자소송에 의해야 할 것이다. 당사자소송은 독자적으로 제기하거나 처분 등의 취소소송에 관련 청구소송으로서 병합하여 제기할 수도 있다(행소법 제10조 ①,②). 실무상으로는 민사소송에 의하고 있다.

【답】 사안의 경우 법원에 의해 위법함이 판명되었고, 또한 그 상태가 지속되고 있다. 따라서 결과제거청구권의 요건이 충족되었다. 그러나 쓰레기 적치장이 설치된 상태에서 **토지의 상태를 원상회복시킨다는 것이 행정주체에게 기대가능한 것으로 보기 어렵고, 또한 그 철거에 지나치게 많은 비용이 소요되는** 경우라면 결과제거가 제한될 수 있으며, 대신 침해상태로 인한 **손해배상을 청구**할 수 있다.

제4장 행정심판

제1절 행정쟁송제도 개관

I. 행정쟁송의 의의

행정쟁송이란 행정법관계에서 위법 또는 부당한 행정작용으로 인해 권리나 이익을 침해당한 자가 일정한 국가기관에 이의를 제기하여 그 행정작용의 위법이나 부당을 시정토록 요구하는 제도를 말한다. 이는 한편으로는 잘못된 행정작용을 바로잡아 적법하고 합당한 행정작용이 되도록 회복하는 행정통제기능을 하며, 다른 한편으로는 잘못된 행정작용으로 인해 국민의 권리가 침해된 경우에 이를 구제하는 권리보호기능을 한다.

II. 행정쟁송의 분류

1. 행정심판과 행정소송

행정심판은 행정법상의 분쟁에 대하여 행정기관이 스스로 심리하고 판정하는 절차를 말하며, 행정소송은 법원이 주체가 되어 행정법상의 분쟁을 해결하는 절차를 말한다.

2. 정식쟁송과 약식쟁송

정식쟁송은 심리절차에 있어서 구두변론의 기회가 보장되고, 판정기관이 당사자로부터 독립된 제3자가 행하는 행정쟁송을 말하며, 행정소송이 이에 속한다. 약식쟁송은 이러한 요건을 갖추지 못한 것을 말하며, 행정심판이 이에 속한다.

3. 항고쟁송과 당사자쟁송

항고쟁송은 우월한 지위에 있는 행정청으로 하여금 행정청이 이미 행한 행정처분의 취소·변경을 구하거나 일정한 행정처분을 행할 것을 요구하는 행정쟁송을 말한다. 예컨대, 운전면허취소의 취소를 요구하거나 건축허가를 해 줄 것을 요구하는 행정쟁송이 이에 속한다. 당사자쟁송은 분쟁의 당사자가 대등한 입장에서 법률상 분쟁을 다투는 것을 말한다. 예컨대, 토지수용으로 인한 손실보상액에 대해 다투는 경우가 이에 속한다.

4. 시심적 쟁송과 복심적 쟁송

시심적(始審的) 쟁송은 먼저 행정작용이 있는 것이 아니라 처음으로 쟁송을 통하여 행정작용이 결정되는 것을 말한다. 예컨대, 공용수용의 경우에 보상액에 합의가 성립되지 않는 경우 당사자 쟁송을 통하여 비로소 보상액이 결정되는 것이 이에 속한다. 복심적(覆審的) 쟁송은 먼저 행정작용이 존재하고(예 : 영업정지처분) 그것의 위법·부당성을 심사하는 것을 말한다(예 : 영업정지처분의 취소심판). 항고쟁송이 이에 속한다.

5. 주관적 쟁송과 객관적 쟁송

주관적 쟁송이란 개인의 권리보호를 직접적 목적으로 하는 것을 말하고, 통상적인 행정쟁송의 경우가 이에 속한다. 즉, 행정쟁송은 원칙적으로 자신의 권리·이익을 위해서만 제기할 수 있다. 객관적 쟁송은 당사자의 주관적인 이해관계와 상관없이 객관적인 공익의 보호를 주된 목적으로 하는 것이다. 이는 법률에서 특별히 규정하고 있는 경우에만 예외적으로 허용된다(예 : 민중소송〈선거무효소송〉, 기관소송〈지방자치단체의 장과 의회간의 기관소송〉. 후술 참조).

제 2 절 행정심판제도 개설

Ⅰ. 행정심판의 의의

1. 행정심판의 개념

행정심판이란 행정상 법률관계의 분쟁을 행정기관이 심리·재결하는 행정쟁송절차를 말한다. 행정심판에 관한 일반법으로서는 헌법 제107조 제3항에 근거하여 행정심판법이 제정·시행되고 있다. 행정심판법은 일반법이므로 다른 법률에 특별규정이 존재하는 경우에는(예: 국세기본법 제55조, 국가공무원법 제9조) 그 범위 안에서 행정심판법의 적용이 배제된다. 다른 법률에서는 행정심판에 대해서 이의신청·심사청구·심판청구 등의 다양한 용어가 사용되고 있다. 즉, '행정심판'이라는 용어를 사용하지 않아도 그 실질이 행정심판에 해당되면 '행정심판'에 속하게 되며, 그에 관한 특별규정이 있으면 그것이 적용되고, 그 밖의 경우에는 행정심판법이 보충적으로 적용된다. 따라서 이하에서는 행정심판법을 중심으로 설명한다.

행정심판의 재결은 분쟁의 심판작용이면서 동시에 그 자체가 행정작용의 하나로서 행정행위(행정처분)의 성질을 가진다.

2. 유사한 제도와의 구별

(1) 처분의 재심사

1) 의 의

행정쟁송의 제소기간이 도과되었거나 쟁송절차를 모두 거친 경우라고 하더라도 추후에 처분의 기초가 된 사실관계 또는 법률관계가 변경되어 당초 처분의 근거가 된 사실관계와 법률관계가 사회적 관념이나 법질서와 충돌하는 때에는 당초 처분을 재고할 수 있도록 하여 당사자의 권리를 보호할 필요가 있다.

법원에서 확정된 판결에 대해서도 민사소송법과 형사소송법에 따라 일정한 요건하에 재심이 허용되는 것과 마찬가지의 관점에서 행정기본법 제37조에 '처분의 재심사제도'가 도입되었다(이 조항은 2023.3.24.부터 시행된다).

2) 재심사사유와 대상

제재처분 및 행정상 강제를 제외한 처분에 대하여 제소기간이 도과되어서 불가쟁력이 발생하였거나 쟁송절차를 모두 거친 경우라고 하더라도 ① 처분의 근거가 된 사실관계 또는 법률관계가 추후에 당사자에게 유리하게 바뀐 경우, ② 당사자에게 유리한 결정을 가져다주었을 새로운 증거가 있는 경우, ③ 민사소송법 제451조에 따른 재심사유에 준하는 사유가 발생한 경우 등 대통령령으로 정하는 경우에 해당하면 당사자는 해당 처분을 한 행정청에 대하여 처분을 취소·철회하거나 변경할 것을 신청할 수 있다(행정기본법 제37조 ①). 위 재심사사유 중 "민사소송법 제451조에 따른 재심사유에 준하는 사유가 발생한 경우 등 대통령령으로 정하는 경우"란 "① 처분 업무를 직접 또는 간접적으로 처리한 공무원이 그 처분에 관한 직무상 죄를 범한 경우, ② 처분의 근거가 된 문서나 그 밖의 자료가 위조되거나 변조된 것인 경우, ③ 제3자의 거짓 진술이 처분의 근거가 된 경우, ④ 처분에 영향을 미칠 중요한 사항에 관하여 판단이 누락된 경우"이다(행정기본법시행령 제12조).

재심사의 대상에서 '제재처분'과 '행정상 강제'를 제외하고 있는데, 처분의 재심사는 처음으로 도입되는 제도이므로, 입법의 신중을 기하기 위하여 우선 수익적 행정행위를 중심으로 운영해보고 추후 확대 여부를 결정하기로 한 결과이다. 또한, '법원의 확정판결'이 있는 경우가 제외되어 있는데, 이는 행정소송으로 확정된 판결의 기판력을 재심을 거치지 않고 무력화시키는 결과로 이어질 우려가 반영된 것이다.

3) 신청권자, 신청절차

재심사의 신청권자는 당사자로 한정된다. 처분의 재심사 신청인은 인적사항, 재심사 대상이 되는 처분의 내용, 재심사 신청 사유 등을 적은 문서, 증명서류 등을 처분청에 제출하여야 한다(시행령 제13조 ①).

당사자가 중대한 과실 없이 해당 처분의 절차, 행정심판, 행정소송 및 그 밖의 불복절차에서 재심사 사유를 주장하지 못한 경우에만 신청할 수 있도록 제한하고 있다(행정기본법 제37조 ②). 이는 재심사의 남용을 막기 위한 장치이며, 재심사의 신청기간도 재심사 사유를 안 날부터 60일 이내이고, 처분이 있는 날부터 5년이 지나면 신청할 수 없도록 제한하였다(제3항).

4) 재심사의 결과통지와 불복

행정청은 특별한 사정이 없으면 신청을 받은 날부터 90일(합의제행정기관은 180일) 이내에 처분의 재심사 결과를 신청인에게 통지하여야 하되, 부득이한 사유로 그 기간 내에 통지할 수 없는 경우에는 한 차례 연장할 수 있다(제4항). 처분의 재심사 결과도 처분으로서의 성격을 가진다. 그런데, 행정기본법은 처분을 유지하는 결과에 대해서는 행정심판, 행정소송 및 그 밖의 쟁송수단을 통하여 불복할 수 없도록 하여 불필요한 쟁송의 반복을 방지하고 재심사로 인한 행정청의 부담을 완화하고 있다(제5항). 쟁송기간이 지나 불가쟁력이 발생한 처분에 대하여 재심사와 쟁송을 통한 불복을 반복할 수 있게 된다면, 행정청의 부담이 증가하고 사법시스템을 무력화할 수 있다는 우려가 반영된 것이다.

그러나 이는 국민의 재판청구권 및 개괄주의를 채택한 행정소송제도의 취지 등에 반하는 것이며, 재심사의 사유·요건 등을 감안하면 쟁송이 과도하게 반복될 우려는 크지 않다는 점에서 이 조항을 삭제하여야 할 것이다.

5) 직권취소 및 철회와의 관계

당사자가 재심사를 신청하였는데 기각되더라도 행정청은 재심사와 관계없이 직권취소나 철회를 할 수 있도록 규정하고 있다(제6항).

6) 적용배제

① 공무원 인사 관계 법령에 따른 징계 등 처분에 관한 사항, ② 노동위원회법 제2조의 2에 따라 노동위원회의 의결을 거쳐 행하는 사항, ③ 형사, 행형 및 보안처분 관계 법령에 따라 행하는 사항, ④ 외국인의 출입국·난민인 귀화·국적회복에 관한 사항, ⑤ 과태료 부과 및 징수에 관한 사항, ⑥ 개별 법률에서 그 적용을 배제하고 있는 경우 등에 대해서는 처분의 재심사의 적용이 배제된다(제8항).

(2) 이의신청

1) 의 의

행정심판은 원칙적으로 처분청의 감독행정기관에 제기하나, 이의신청은 처분청 자신으로 하여금 다시 한번 검토하도록 요구하는 것으로서 행정심판이나 행정소송 전에 간편하게 불복할 수 있는 기회를 제공하기 위한 것이다. 개별 법령에서는 이의신청제도가 이의신청, 불복, 재심 등 다양한 용어와 형태로 규정되어 있다.

행정기본법 제정 이전까지는 행정심판은 원칙적으로 모든 위법·부당한 행정처분 등에 대하여 허용되지만, 이의신청은 각 개별법에 규정하고 있는 경우만 허용되었다. 그러나 행정기본법은 국민의 권리구제를 강화하기 위하여 개별 법령에 규정되어 있지 않아도 이의신청을 할 기회를 제공하도록 하고, 이의신청에 관한 공통적인 방법과 절차를 규정하여 이의신청제도가 실효성 있게 운영되도록 규정하고 있다(제36조, 이 조항은 2023. 3. 24.부터 시행된다).

2) 이의신청의 대상과 당사자

이의신청의 대상이 되는 처분은 '행정심판법 제3조에 따라 같은 법에 따른 (일반)행정심판의 대상이 되는 처분'이다. 따라서 특별행정심판으로 취급되거나 행정심판법의 적용이 배제되는 처분(예: 도로교통법 제165조의 통고처분, 공익신고자보호법 제21조의 보호조치결정)은 이의신청의 대상에서 제외하고 있다.

행정기본법은 처분을 한 행정청이 아닌 상급 행정기관 또는 제3의 기관(재결청)에 불복하는 행정심판 또는 특별행정심판과 구별하기 위하여 처분의 당사자만 이의신청을 할 수 있도록 하고 '이해관계인'을 제외하고 있다.

이해관계인인 제3자는 행정심판이나 행정소송을 통하여 권리구제를 받을 수 있는데, 이를 허용할 경우 행정기본법상의 이의신청제도가 남발될 우려가 있는 점, 「민원처리에 관한 법률」의 '거부처분에 대한 이의신청'이나 「공공기관의 정보공개에 관한 법률」의 '비공개·부분공개 결정에 대한 이의신청' 등에서도 제3자를 포함시키지 않고 있다는 점 등을 고려한 결과이다.

3) 이의신청절차와 처리기간

이의가 있는 당사자는 처분을 받은 날부터 30일 이내에 처분청에 이의신청을 하여야 한다(행정기본법 제36조 ①). 이때 ① 신청인의 인적사항과 연락처, ② 이의신청 대상이 되는 처분의 내용과 처분을 받은 날, ③ 이의신청 이유 등을 적은 문서를 해당 행정청에 제출하여야 한다(시행령 제11조 ①). 이의신청을 받은 행정청은 그 신청을 받은 날부터 14일 이내에 그 이의신청에 대한 결과를 신청인에게 통지하여야 하되, 부득이한 사유로 14일 이내에 통지할 수 없는 경우에는 그 기간을 만료일 다음 날부터 기산하여 10일의 범위에서 한 차례 연장할 수 있으며, 연장사유를 신청인에게 통지하여야 한다(행정기본법 제36조 ②).

4) 이의신청과 행정쟁송과의 관계

이의신청은 행정심판이나 항고소송의 필요적 전치절차가 아니므로, 이의신청과 관계없이 행정쟁송을 제기할 수 있다(제3항). 그런데 이의신청절차가 진행 중에 행정심판의 청구기간이나 행정소송 제소기간이 도과하여 국민의 권리구제가 제한되는 문제가 생길 수 있으므로, 이의신청절차 중에 행정심판·행정소송의 제소기간을 정지시킬 필요가 있다. 이에 따라 행정기본법 제36조에서는 이를 명확하게 하기 위하여 이의신청에 대한 결과를 통지받은 후 행정심판 또는 행정소송을 제기하려는 자는 통지받은 날 또는 결과를 통지받지 못한 경우 통지기간 만료일 다음 날로부터 90일 이내에 행정심판 또는 행정소송을 제기할 수 있다고 규정하고 있다(제4항).

5) 개별법령과의 관계 및 적용배제

행정기본법의 이의신청에 관한 조항은 이의신청을 규정한 개별법과 일반법과 특별법의 관계에 있다. 따라서 개별법에 이의신청이나 이와 유사한 제도가 있으면 그 규정이 우선 적용되고, 개별법에서 규정되지 않은 내용은 행정기본법의 규정이 보충적으로 적용된다. (제5항). 따라서 개별법에서 이의신청 제기 후 행정심판이나 행정소송을 제기하는 경우 제소기간에 대하여 아무런 규정을 두고 있지 않은 경우에는 행정기본법 제36조가 적용된다.

한편 행정기본법의 이의신청에 관한 조항은 ① 공무원 인사 관계 법령에 따른 징계 등 처분에 관한 사항, ② 국가인권위원회법 제30조에 따른 진정에 대한 국가인권위원회의 결정, ③ 노동위원회법 제2조의2에 따라 노동위원회의 의결을 거쳐 행하는 사항, ④ 형사,행형 및 보안처분 관계 법령에 따라 행하는 사항, ⑤ 외국인의 출입국·난민인정·귀화·국적회복에 관한 사항, ⑥ 과태료 부과 및 징수에 관한 사항 등에 대해서는 적용이 배제된다(제7항).

【참고】 예외적으로 **명칭은 '이의신청'이지만 실질은 '행정심판'**에 해당하는 경우가 있으므로 유의할 필요가 있다. 예컨대, '토지보상법'상의 토지수용위원회의 수용재결에 대한 이의신청은 실질적으로는 행정심판의 성질을 가지며, 따라서 동법에 특별규정이 있는 경우를 제외하고는 행정심판법의 규정이 적용된다(대법원 1992.6.9, 92누565 참조).

(3) 청원 · 진정

행정심판이 권리구제를 위한 쟁송제도인데 대하여, 청원은 국정에 대한 국민의 정치적 의사표시를 보장하는 제도이다. 청원은 권리·이익이 침해된 경우만이 아니라 법령의 제정·개정이나 공공제도의 개선 등에 대한 희망의 표시로도 할 수 있다.

진정이란 법규정상의 형식·절차에 의하지 않고 행정청에 대하여 어떠한 희망을 진술하는 사실행위이다. 진정에 대한 회답은 법적 구속력을 가지지 못한다.

【판례】 비록 **제목이 '진정서'로 되어 있고**, 재결청의 표시, 심판청구의 취지 및 이유, 처분을 한 행정청의 고지의 유무 및 그 내용 등 행정심판법 제19조 제2항 소정의 사항들을 구분하여 기재하고 있지 아니하여 행정심판청구서로서의 형식을 다 갖추고 있다고 볼 수는 없으나, 피청구인인 처분청과 청구인의 이름과 주소가 기재되어 있고, 청구인의 기명이 되어 있으며, 문서의 기재 내용에 의하여 심판청구의 대상이 되는 행정처분의 내용과 심판청구의 취지 및 이유, 처분이 있은 것을 안 날을 알 수 있는 경우, 위 문서에 기재되어 있지 않은 재결청, 처분을 한 행정청의 고지의 유무 등의 내용과 날인 등의 불비한 점은 보정이 가능하므로 위 문서를 행정처분에 대한 **행정심판청구로 보는 것이 옳다**(대법원 2000.6.9. 98두2621).

Ⅱ. 행정심판의 존재이유(필요성)

1. 행정의 자율적 통제, 행정능률에 기여

행정소송은 행정처분의 위·적법성 여부만을 심사하지만 행정심판은 위·적법성 여부만이 아니라 부당·타당성까지도 심사함으로써 행정작용을 자율적으로 통제하는 기능을 한다. 또한 분쟁을 행정소송보다 신속·간편하게 해결함으로써 행정능률에도 기여한다.

2. 사법기능의 보완, 법원의 부담경감

행정심판은 행정청의 전문지식을 활용하고, 사법절차에 따르는 비용·시간 등을 절약

함으로써 신속한 권리구제에 기여하고 사법기능을 보완하며, 불필요한 행정소송의 제기를 방지할 수 있게 되므로 법원의 부담을 경감시킨다.

Ⅲ. 행정심판의 종류

1. 항고행정심판

(1) 행정심판법상의 행정심판

행정심판법은 모두 항고심판에 관해서만 규정하고 있다.

1) 취소심판
(가) 의 의

취소심판은 '행정청의 위법 또는 부당한 처분을 취소하거나 변경하는 행정심판'을 말한다(행정심판법 제5조 1호). 취소심판은 행정심판의 대표적인 유형으로서, 그 주된 목적은 공정력 있는 처분의 효력을 취소하는 데 있으며, 무효등확인심판이나 부작위에 대한 의무이행심판과 달리 일정한 청구기간 내에 심판청구를 제기하여야 한다.

(나) 성 질

취소심판은 일정한 법률관계를 성립시킨 행정처분의 취소·변경을 통하여 당해 법률관계를 소멸시키거나 변경하는 행정심판이라는 점에서 형성적 쟁송이다.

(다) 재 결

취소심판의 청구가 이유 있는 경우에 행정심판위원회는 처분을 취소 또는 변경하거나 (형성적 재결), 처분청으로 하여금 취소 또는 변경하도록 명한다(이행적 재결).

2) 무효등확인심판
(가) 의 의

무효등확인심판이란 무효확인심판 및 기타의 확인심판을 합해서 칭하는 것이다. 즉, 행정청의 처분의 효력 유무(유효확인심판, 무효확인심판) 또는 존재 여부(존재확인심판, 부존재확인심판)를 확인하는 행정심판이다(행정심판법 제5조 2호).

(나) 성 질

무효등확인심판은 무효 등을 확인·선언하는 점에서 실질적으로 확인적 쟁송인 것이나, 형식적으로는 처분의 효력의 유무 등을 직접 쟁송의 대상으로 한다는 점에서 형성적 쟁송의 성질을 아울러 가지는 것으로 보는 준형성적 쟁송설이 통설이다.

(다) 재 결

행정심판위원회는 청구에 이유가 있다고 인정하면 처분의 유효·무효 또는 존재·부존재를 확인하는 재결을 하게 된다(제43조④).

3) 의무이행심판

(가) 의의, 성질

당사자의 신청에 대한 행정청의 위법 또는 부당한 거부처분이나 부작위에 대하여 일정한 처분을 하도록 하는 행정심판을 말한다. 즉, 거부처분에 대한 의무이행심판과 부작위에 대한 의무이행심판이 있다('부작위위법확인심판'은 없다). 일정한 처분을 할 것을 구하는 심판이므로 이행쟁송의 성질을 가진다.

(나) 재 결

행정심판위원회는 심판의 청구가 이유 있다고 인정하면 지체 없이 신청에 따른 처분을 하거나(처분재결-형성적 재결), 처분할 것을 피청구인에게 명한다(처분명령재결-이행적 재결)(행정심판법 제43조⑤).

(2) 특별법에 의한 행정심판

행정심판법은 행정심판제도의 통일적 운영을 위해 개별법에 의한 특별행정심판절차의 남설(濫設)을 억제하고 있다. 즉, 사안(事案)의 전문성과 특수성을 살리기 위하여 특히 필요한 경우 외에는 특별한 행정불복절차(이하 "특별행정심판"이라 한다)나 행정심판 절차에 대한 특례를 다른 법률로 정할 수 없도록 하고, 다른 법률로 정할 때에는 미리 중앙행정심판위원회와 협의하도록 규정하고 있다(제4조).

특별행정심판의 예로는 국가공무원법 및 지방공무원법상의 고충심사와 소청(국가공무원법 제76조, 지방공무원법 제67조, 교육공무원법 제53조 등), 국세기본법상의 심사청구와 심판청구(국세기본법 제60·69조), 특허심판(특허법 제7장-제9장, 상표법 제7장-제8장) 등이 있다.

2. 당사자 행정심판

행정법관계의 존부·형성에 관한 분쟁이 있는 경우에 일방당사자가 타방당사자를 상대방으로 하여 권한 있는 행정기관에 그 재결을 구하는 행정심판을 말하며, 처음부터 소송절차로서 행정청의 재결을 구하는 것이기 때문에 시심적(始審的) 쟁송에 해당한다. 예컨대, 토지수용의 경우 당사자간(토지소유자와 기업자)에 협의가 이루어지지 않는 경우 기업자가 토지수용위원회에 재결을 신청하는 경우이다(토지보상법 제28조).

Ⅳ. 행정심판의 고지제도

1. 고지제도의 의의

행정청이 처분을 할 때는 그 처분의 상대방이나 이해관계인에게 행정심판의 제기가능성 여부와 제기할 경우의 필요사항 등을 알려야 할 의무가 있는바, 이를 고지제도라고 한다(행정심판법 제58조). 이는 처분의 상대방 등에게 행정불복의 기회를 보장하기 위한 것이다.

현재 고지제도는 행정심판법만이 아니라 행정절차법(제26조)과 공공기관의정보공개에관한법률(제13조④)에서도 규정하고 있다(행정소송법에는 없음). 그런데 행정심판법만이 고지의무 위반의 효과 등에 관해 규정하고 있으며, 행정심판법이 고지제도의 일반법의 지위에 있다.

2. 고지의 종류

(1) 처분의 상대방에 대한 고지(직권에 의한 고지)

행정청이 처분을 할 때에는 처분의 상대방에게 ㉠ 해당 처분에 대하여 행정심판을 청구할 수 있는지, ㉡ 행정심판을 청구하는 경우의 심판청구 절차 및 심판청구 기간을 알려야 한다(행심법 제58조 ①).

(2) 이해관계인에 대한 고지(신청에 의한 고지)

행정청은 이해관계인이 요구하면 ㉠ 해당 처분이 행정심판의 대상이 되는 처분인지, ㉡ 행정심판의 대상이 되는 경우 소관 행정심판위원회 및 심판청구 기간을 지체 없이 알려 주어야 한다. 서면으로 알려 줄 것을 요구받으면 서면으로 알려 주어야 한다(행심법 제58조 ②).

3. 불고지 · 오고지(誤告知)의 효과

(1) 불고지의 효과

행정청이 고지를 하지 아니하여 청구인이 심판청구서를 다른 행정기관에 제출한 경우에는 그 행정기관은 그 심판청구서를 지체 없이 정당한 권한이 있는 피청구인에게 보내고 그 사실을 청구인에게 알려야 한다(행심법 제23조 ②. ③). 이때 심판청구기간의 계산은 당초의 행정청에 심판청구서가 제출된 때를 기준으로 한다(제23조 ④). 심판청구기간을 고지하지 아니한 때에는 그 기간은 당해 처분이 있은 날로부터 180일이 된다(제27조 ③. ⑥).

(2) 오고지의 효과

행정청이 잘못 고지하여 청구인이 심판청구서를 다른 행정기관에 제출한 경우에는 그 행정기관은 그 심판청구서를 지체 없이 정당한 권한이 있는 피청구인에게 보내고 그 사실을 청구인에게 알려야 한다(행심법 제23조 ②. ③). 이때 심판청구기간의 계산은 당초의 행정청에 심판청구서가 제출된 때를 기준으로 한다(제23조 ④).

행정청이 소정의 심판청구기간(처분이 있음을 알게 된 날부터 90일 이내)보다 긴 기간으로 잘못 알린 경우 그 잘못 알린 기간에 청구가 있으면 적법한 기간에 청구된 것으로 본다(제27조 ⑤).

행정소송법은 행정심판을 거치지 아니하고도 행정소송을 제기할 수 있다고 규정하고 있다(행정심판임의주의). 다만, 다른 법률에서 행정소송에 앞서 행정심판을 반드시 거치도록 하고 있으면 그러하지 아니하다. 이 경우에도 처분청이 행정심판을 거칠 필요가 없다고 잘못 알린 때에는 행정심판을 제기함이 없이 행정소송을 제기할 수 있다(행소법 제18조 ③ 제4호).

【참고】 행정청이 처분을 하면서 고지의무를 위반한 경우 그것의 효과는 위에서 본바와 같이 행정심판법과 행정소송법에서 명시적으로 규정하고 있다. 따라서 **고지의무를 위반하였다고 하더라도 행정처분 자체는 아무런 영향을 받지 않는다. 즉, 위법한 처분이 되는 것이 아니다**(대법원 1987.11.24. 87누529 참조).

제 3 절 행정심판의 청구

행정심판은 ㉠ 청구인적격이 있는 자가, ㉡ 피청구인인 처분청(부작위청)을 상대로 하여, ㉢ 심판청구사항인 처분이나 부작위를 대상으로, ㉣ 심판청구기간 내에, ㉤ 심판청구서의 제출이라는 서면방식으로, ⒝ 행정심판위원회 또는 피청구인인 처분청(부작위청)에 제기한다.

Ⅰ. 행정심판의 청구인

1. 의 의

청구인이란 처분 또는 부작위에 불복하여 행정심판을 청구하는 자를 말한다. 청구인은 원칙적으로 자연인 또는 법인이어야 하나, 법인이 아닌 사단 또는 재단도 대표자나 관리인이 있는 경우에는 그 사단이나 재단의 이름으로 심판청구를 할 수 있다(행심법 제14조).

2. 청구인 적격

청구인이 될 수 있는 자격이 있는 자만 행정심판을 청구할 수 있다. 처분의 상대방에 한정되지 않고 자신의 법률상 이익이 침해된 자, 즉 행정심판을 통하여 회복할 법률상 이익이 있는 자이면 제3자라도 청구인이 될 수 있다. 행정소송의 '원고적격'에 상응하는 것이다.

(1) 취소심판

① 법률상 이익 : "취소심판은 처분의 취소 또는 변경을 구할 법률상 이익이 있는 자가 청구할 수 있다"(행심법 제13조 ①). '법률상 이익'이란 '법에서 보호하고 있는 이익'을 의미하며, 이는 '권리'와 동일한 개념으로 보아도 무방하며, 법에서는 보호할 의도가 없으나 법규정으로 인해 반사적으로 얻어지는 이익(반사적 이익)과는 다르다.

② 심판의 실익 : 처분의 효과가 기간의 경과(예 : 영업정지처분을 받아 이미 영업정지를 한 경우), 처분의 집행(예 : 무허가건물의 철거) 그 밖의 사유로 소멸되면 행정심판을 할 실익이 없게 되므로 행정심판을 제기할 수 없는 것이 원칙이다(이 경우에는 손해배상청구소송을 제기하면 된다). 그러나 행정처분의 효과가 소멸된 뒤에도 그 처분의 취소로 회복되는 법률상 이익이 있는 자에게도 청구인적격이 인정된다(행심법 제13조 ① 2문).

(2) 무효등확인심판, 의무이행심판

무효등확인심판은 처분의 효력의 유무 또는 존재 여부의 확인을 구할 법률상 이익이 있는 자가 청구할 수 있다(행심법 제13조 ②).

의무이행심판은 처분을 신청한 자로서 행정청의 거부처분 또는 부작위에 대하여 일정한 처분을 구할 법률상 이익이 있는 자가 청구할 수 있다(행심법 제13조 ③).

3. 청구인의 지위승계

행정심판을 제기한 후, ㉠ 청구인이 사망한 경우에는 상속인 등이, ㉡ 법인인 청구인이 합병(合倂)에 따라 소멸하였을 때에는 합병 후 존속하는 법인이나 합병에 따라 설립된 법인이 청구인의 지위를 승계한다(행심법 제16조 ①.②).

심판청구의 대상과 관계되는 권리나 이익을 양수한 자는 행정심판위원회의 허가를 받아 청구인의 지위를 승계할 수 있다(행심법 제16조 ⑤).

4. 청구인의 대표자 및 대리인

여러 명의 청구인이 공동으로 심판청구를 할 때에는 청구인들 중에서 3명 이하의 대표자를 선정할 수 있다. 선정대표자는 청구인들을 위하여 그 사건에 관한 모든 행위를 할 수 있다. 다만, 심판청구를 취하하려면 다른 청구인들의 동의를 받아야 한다(행심법 제15조).

청구인은 법정대리인 외에 청구인의 배우자, 청구인 또는 배우자의 사촌 이내의 혈족, 청구인인 법인의 임·직원, 변호사 등을 대리인으로 선임할 수 있다. 대리인은 심판청구의 취하를 제외하고는 본인을 위하여 당해 심판청구에 관한 모든 행위를 할 수 있다(제18조). 청구인이 경제적 능력으로 인해 대리인을 선임할 수 없는 경우에는 위원회에 국선대리인을 선임하여 줄 것을 신청할 수 있다(제18조의 2).

Ⅱ. 피청구인

행정심판은 처분을 한 행정청(의무이행심판의 경우에는 청구인의 신청을 받은 행정청)을 피청구인으로 하여 청구하여야 한다. 다만, 심판청구의 대상과 관계되는 권한이 다른 행정청에 승계된 경우에는 권한을 승계한 행정청을 피청구인으로 하여야 한다. 청구인이 피청구인을 잘못 지정한 경우에는 위원회는 직권으로 또는 당사자의 신청에 의하여 결정으로써 피청구인을 경정(更正)할 수 있다. 이 경우 종전의 피청구인에 대한 행정심판이 청구된 때에 새로운 피청구인에 대한 행정심판이 청구된 것으로 본다(제17조 ①.②.④).

Ⅲ. 심판청구의 대상

1. 개괄주의의 채택

행정심판법은 "행정청의 처분 또는 부작위에 대하여는 다른 법률에 특별한 규정이 있는 경우 외에는 이 법에 따라 행정심판을 청구할 수 있다"고 하여 개괄주의를 취하고 있다(제3조 ①). 다만, 대통령은 행정부의 수반인 점을 감안하여 "대통령의 처분 또는 부작위에 대하여는 다른 법률에서 행정심판을 청구할 수 있도록 정한 경우 외에는 행정심판을 청구할 수 없다"고 하여 예외를 인정하고 있다(제3조 ②).

2. 행정청의 처분 · 부작위

(1) 처 분

행정심판의 대상은 '행정청의 처분·부작위'이다. '처분'이란 "행정청이 행하는 구체적 사실에 관한 법집행으로서의 공권력의 행사 또는 그 거부, 그 밖에 이에 준하는 행정작용"을 말한다(제2조 제1호). 여기서 처분이 행정행위와 동일한 것이라는 견해(동일설. 一元說)와 행정행위보다 넓은 개념(행정행위 + 그 밖에 이에 준하는 행정작용)이라는 견해(相異說. 二元說)가 대립하고 있는데, 후자가 다수설이다. 현행의 행정쟁송제도 아래서는 2원설을 취하지 않을 수 없다.

(2) 부작위

'부작위'란 "행정청이 당사자의 신청에 대하여 상당한 기간 내에 일정한 처분을 하여야 할 법률상 의무가 있는데도 처분을 하지 아니하는 것"을 말한다(제2조 제2호). 이에 관해서는 '행정소송(부작위위법확인소송)'에서 상세히 다루기로 한다.

Ⅳ. 심판청구기간

【 문 제 】
① 乙구청장은 2010년 5월 5일에 甲에게 건축허가취소처분의 통보서를 등기우편으로 송달하였고, 통보서는 5월 6일에 甲의 집에 도착하였다. 甲은 그 송달일로부터 90일의 행정심판청구기간이 지난 같은 해 8월 10일에 행정심판을 제기하였다. 그런데 甲은 같은 해 5월 6일에 사업차 미국에 있었으며, 집에 돌아온 것은 5월 15일이었다. 甲의 행정심판청구는 적법한 기간 내에 제기된 것인가?
② A는 어느 날 자신의 단독주택 앞에서 굴착공사가 시작되는 것을 보고 물어보니 그곳에 10층짜리 건물을 건축할 계획이라는 것이다. A는 그곳에 그러한 고층건물이 건축될 경우 자신의 일조권이 심각하게 침해되고, 자신의 사생활이 현저히 지장을 받을 것으로 생각하고 그러한 건축허가는 위법한 것이므로 취소되어야 한다고 생각하고 행정심판이나 행정소송을 제기하려고 한다. 그런데 건축주는 이미 13개월 전에 건축허가를 받았으나 자금사정으로 이제야 착공을 하게 되었다고 한다. A는 건축허가를 행한 강남구청에 문의하였더니 건축허가가 있은 지 13개월이 지나서 행정심판이나 행정소송의 제기기간이 모두 경과되었으므로 이제 와서 행정쟁송을 제기하는 것은 불가능하다고 한다. A는 행정심판이나 행정소송을 제기할 수 있는가?

1. 개 설

행정심판의 청구기간의 제한은 취소심판청구와 '거부처분에 대한 의무이행심판청구'에 대해서만 해당된다. '부작위에 대한 의무이행심판청구'와 무효등확인심판청구에는 청구기간의 제한이 없다(행심법 제27조 ⑦). 전자의 경우에는 처분이 존재하지 않아서 기간의 계산시점(기산점)이 없기 때문이고, 후자의 경우에는 무효란 언제든지 누구든지 효력을 부인할 수 있을 만큼 처분의 하자가 중대·명백한 경우이므로 기간의 제한이 없어야 되는 것은 당연하다. 청구기간을 정한 것은 행정법관계의 신속한 확정을 위한 것인데, 그 기간이 너무 짧으면 행정에게는 유리하지만 국민의 권리구제에는 불리하다.

2. 원 칙

행정심판은 처분이 있음을 알게 된 날부터 90일, 처분이 있은 날로부터 180일 이내에 제기하여야 한다(행심법 제27조 ①, ③). 90일은 불변기간이고 직권조사사항이다. 상기의 90일과 180일 중 어느 하나라도 먼저 경과하면 심판청구를 제기하지 못한다.

'처분이 있음을 안 날'이란 당사자가 통지·공고 기타의 방법에 의하여 당해 처분이 있었다는 사실을 현실적으로 안 날을 의미하고, 추상적으로 알 수 있었던 날을 의미하는 것이 아니다. 다만 처분을 기재한 서류가 당사자의 주소에 송달되는 등으로 사회통념상 처분이 있음을 당사자가 알 수 있는 상태에 놓여진 때에는 반증이 없는 한 그 처분이 있음을 알았다고 추정한다(대법원 1995.11.24, 95누11535 참조). '처분이 있은 날'이란 상대방에게 고지되어 처분이 효력을 발생한 날을 의미한다(대법원 1977.11.22, 77누195).

【판례】① 통상 **고시 또는 공고**에 의하여 행정처분을 하는 경우에는 그 처분의 상대방이 불특정 다수인이고 그 처분의 효력이 불특정 다수인에게 일률적으로 적용되는 것이므로, 그 행정처분에 이해관계를 갖는 자가 고시 또는 공고가 있었다는 사실을 현실적으로 알았는지 여부에 관계없이 **고시가 효력을 발생하는 날 행정처분이 있음을 알았다고 보아야 한다**(대법원 2007.6.14, 2004두619).
② 아파트 경비원이 관례에 따라 부재중인 납부의무자에게 배달되는 과징금부과처분의 납부고지서를 수령한 경우, 납부의무자가 아파트 경비원에게 우편물 등의 수령권한을 위임한 것으로 볼 수는 있을지언정, 과징금부과처분의 대상으로 된 사항에 관하여 납부의무자를 대신하여 처리할 권한까지 위임한 것으로 볼 수는 없고, 설사 위 **경비원이 위 납부고지서를 수령한 때에** 위 부과처분이 있음을 알았다고 하더라도 이로써 **납부의무자 자신이 그 부과처분이 있음을 안 것과 동일하게 볼 수는 없다**(대법원 2002.8.27, 2002두3850).

3. 예 외

(1) 90일에 대한 예외

청구인이 천재지변, 전쟁, 사변(事變), 그 밖의 불가항력으로 인하여 90일 내에 심판청구를 할 수 없었을 때에는 그 사유가 소멸한 날로부터 14일(국외에서는 30일) 이내에 행정심판을 청구할 수 있다(동법 제27조 ②). 이 기간은 불변기간이다(제27조④).

(2) 180일에 대한 예외

정당한 사유가 있는 경우에는 180일을 경과한 뒤에도 청구할 수 있다(제27조③). 이때의 '정당한 사유'는 처분이 있은 날로부터 180일 이내에 심판청구를 하지 못한 객관적 사유를 말하며, 불가항력보다 넓은 개념이다.

【판례】 행정처분의 상대방이 아닌 **제3자**는 일반적으로 처분이 있는 것을 바로 알 수 없는 처지에 있으므로 처분이 있은 날로부터 **180일이 경과하더라도** 특별한 사유가 없는 한 구 행정심판법(1995.12.6. 개정되기 전의 것) 제18조 제3항 단서 소정의 **정당한 사유가 있는 것으로 보아 심판청구가 가능**하나, 그 제3자가 **어떤 경위로든 행정처분이 있음을 알았거나 쉽게 알 수 있는 등** 행정심판법 제18조 제1항 소정의 심판청구기간 내에 심판청구가 가능하였다는 사정이 있는 경우에는 그 때로부터 **60일 이내(현재는 90일)에** 행정심판을 청구하여야 한다(대법원 1996.9.6, 95누16233).

【참고】 **제3자효 행정처분**의 경우에 제3자(예: 건축허가로 인해 피해를 보는 이웃주민)는 행정처분(예: 건축허가)의 존재 여부를 알 수 없을 것이기 때문에 행정쟁송의 제기기간을 어떻게 계산할 것인지가 문제되는 경우가 많다. 예컨대, **건축공사의 착공시점을 이웃주민이 '처분이 있음을 안 날'로 보는** 등 신의성실의 원칙

의 관점에서 판단하여야 한다.

(3) 심판청구기간을 불고지 · 오고지한 경우

행정처분을 할 때에는 심판청구기간을 고지하게 되어 있는바, 그 기간을 고지하지 아니한 경우는 처분이 있은 날로부터 180일 이내에 청구하면 되고, 소정의 기간보다 길게 고지한 경우는 그 고지된 기간 내에 청구하면 된다(제18조 ⑤,⑥).

(4) 특별법에서 정하고 있는 경우

개별법에서 다르게 정하고 있는 경우에는 특별법우선의 원칙에 따라 그 규정이 적용된다(예 : 국가공무원법 제76조 ①, 공무원소청심사청구기간은 30일).

V. 심판청구의 방식 · 절차

1. 방식(서면주의)

심판청구는 청구인의 이름과 주소, 피청구인과 행정심판위원회, 심판청구의 대상이 되는 처분의 내용, 처분이 있음을 알게 된 날, 심판청구의 취지와 이유, 피청구인의 행정심판 고지 유무와 그 내용 등을 기재한 서면으로 하여야 한다(제28조).

【 판례 】 제목이 '진정서'로 되어 있고, 재결청의 표시, 심판청구의 취지 및 이유, 처분을 한 행정청의 고지의 유무 및 그 내용 등 행정심판법 제19조 제2항 소정의 사항들을 구분하여 기재하고 있지 아니하여 **행정심판청구서로서의 형식을 다 갖추고 있다고 볼 수는 없으나,** 피청구인인 처분청과 청구인의 이름과 주소가 기재되어 있고, 청구인의 기명이 되어 있으며, 문서의 기재 내용에 의하여 심판청구의 대상이 되는 행정처분의 내용과 심판청구의 취지 및 이유, 처분이 있은 것을 안 날을 알 수 있는 경우, 위 문서에 기재되어 있지 않은 재결청, 처분을 한 행정청의 고지의 유무 등의 내용과 날인 등의 **불비한 점은 보정이 가능하므로** 위 문서를 **행정처분에 대한 행정심판청구로 보는 것이 옳다**(대법원 2000.6.9. 98두2621).

2. 심판청구의 절차

(1) 청구서제출의 선택주의, 청구서의 송부

심판청구서는 피청구인이나 행정심판위원회에 제출하여야 한다(제23조 ①). 행정청이 제58조의 규정에 의한 고지를 하지 아니하거나 잘못 고지하여 청구인이 심판청구서를 다른 행정기관에 제출한 경우에는 그 행정기관은 그 심판청구서를 지체 없이 정당한 권한 있는 피청구인에게 보내고, 그 사실을 청구인에게 알려야 한다(제23조 ②, ③).

(2) 피청구인에 제출된 경우

피청구인이 심판청구서를 접수하거나 송부 받으면 다음의 조치를 하여야 한다.

1) 직권취소·변경·확인, 신청에 따른 처분

심판청구가 이유 있다고 인정하면 심판청구의 취지에 따라 직권으로 처분을 취소·변경하거나 확인을 하거나 신청에 따른 처분을 할 수 있다. 이 경우 서면으로 청구인에게 알리고, 직권취소 등의 사실을 증명하는 서류를 행정심판위원회에 제출하여야 한다(제25조).

2) 행정심판위원회에의 송부, 청구인에의 통지

피청구인은 심판청구서를 받은 날로부터 10일 이내에 심판청구서와 답변서를 위원회에 보내야 한다. 처분의 상대방이 아닌 제3자가 심판청구를 한 경우에는 지체 없이 처분의 상대방에게 그 사실을 알려야 한다(제24조 ①, ②).

(3) 행정심판위원회에 제출된 경우

위원회가 심판청구서를 받으면 지체 없이 피청구인에게 심판청구서 부본을 보내야 하고, 피청구인으로부터 답변서가 제출되면 부본을 청구인에게 송달하여야 한다(제26조).

【답】
① 심판청구는 처분이 있음을 안 날부터 90일 이내, 처분이 있은 날로부터 180일 이내에 제기하여야 한다. 90일은 불변기간이다. 乙구청장의 통지일자가 5월 6일이고, 甲이 귀국한 날이 5월 15인데, **처분이 있음을 안 날이란 甲이 귀국한 날**로 보아야 한다. 그리고 초일불산입(初日不算入)의 원칙에 따라 5월 16일부터 기산하면 甲이 심판을 제기한 8월 10일은 87일(16+30+31+10)만이고, 또한 그것은 처분이 있은 날인 5월 6일부터 180일이 경과하기 전이므로 甲의 행정심판청구는 적법한 기간 내에 제기되었다.
② A가 건축허가 사실을 이미 알았다는 증거가 없는 한, A는 굴착공사가 시작되는 것을 본 날 건축허가사실을 알았다고 할 수 있으므로 그 시점부터 계산하여 90일이 지나지 않았으면 행정심판이나 행정소송을 제기할 수 있다. 또한 행정처분이 있은 지 **1년 이상이 지났지만** 제3자로서 그 기간 내에 행정쟁송을 제기하지 못한 **정당한 사유가** 있다고 할 수 있으므로 행정심판이나 행정소송을 제기할 수 있다.

Ⅵ. 심판청구의 변경·취하

1. 심판청구의 변경

청구인은 청구의 기초에 변경이 없는 범위에서 청구의 취지나 이유를 변경할 수 있으며, 심판이 청구된 후에 피청구인이 새로운 처분을 하거나 처분을 변경한 경우에는(예 : 영업허가취소처분을 영업정지처분으로 변경한 경우) 청구인은 새로운 처분이나 변경된 처분에 맞추어 청구의 취지 또는 이유를 변경할 수 있다(제29조①.②). 변경신청은 행정심판위원회의 허가를 받아야 한다(제29조⑥). 청구의 변경결정이 있으면 처음 행정심판이 청구되었을 때부터 변경된 청구의 취지나 이유로 행정심판이 청구된 것으로 본다(제29조⑧).

2. 심판청구의 취하

청구인은 심판청구에 대하여 행정심판위원회의 의결이 있을 때까지 취하서를 피청구인 또는 위원회에 제출함으로써 심판청구를 취하할 수 있다(제42조①.④). 취하란 청구인이 심판청구를 철회하는 일방적 의사표시이며, 이때 심판청구는 소급하여 소멸된다.

Ⅶ. 행정심판청구의 효과

1. 행정심판위원회에 대한 효과

심판이 청구되면 행정심판위원회는 심리·의결하고, 그에 따라 재결할 의무를 진다.

2. 처분에 대한 효과

(1) 집행부정지의 원칙

심판청구는 처분의 효력이나 그 집행 또는 절차의 속행(續行)에 영향을 주지 아니한다(제30조①). 예컨대, 운전면허취소처분에 대해 행정심판이나 행정소송을 제기하였더라도 운전을 할 수 없다. 이는 입법정책의 견지에서 국민의 과다한 행정심판제기의 억제와 행정의 원활한 운용을 위한 것이다.

【참고】독일에서는 **집행정지원칙**을 취하고 있다(단, 세금부과 등 금전납부를 명하는 행정처분은 집행부정지가 원칙). 즉, 행정쟁송을 제기하면 처분의 효력·집행이 정지된다(예 : 운전면허정지처분의 경우 운전가능). **집행정지원칙은 국민의 권리구제에, 집행부정지원칙은 행정운용에 유리하다.** 이는 입법정책의 문제이다.

(2) 예외(집행정지)

위원회는 처분, 처분의 집행 또는 절차의 속행 때문에 중대한 손해가 생기는 것을 예방할 필요성이 긴급하다고 인정할 때에는 직권으로 또는 당사자의 신청에 의하여 처분의 효력, 처분의 집행 또는 절차의 속행의 전부 또는 일부의 정지(이하 "집행정지"라 한다)를 결정할 수 있다. 다만, 처분의 효력정지는 처분의 집행 또는 절차의 속행을 정지함으로써 그 목적을 달성할 수 있을 때에는 허용되지 아니한다(제30조 ②).

1) 집행정지결정의 요건
(가) 적극적 요건

㉠ 심판청구가 적법하게 제기되어 현재 계속중이어야 한다. ㉡ 집행정지의 대상인 처분이 존재해야 한다. ㉢ 중대한 손해가 생길 가능성이 있어야 한다. 종전에는 '회복하기 어려운 손해'였었는데 '중대한 손해'로 그 요건을 완화하였다. 집행정지원칙을 택하고 있는 국가(예: 독일)도 있는 점에 비추어 우리는 집행부정지원칙을 취하고 있으면서도 그 요건을 너무 엄격하게 하고 있다는 비판을 반영한 것으로 보인다. ㉣ 긴급한 필요의 존재가 있어야 한다(상세는 후술하는 행정소송의 '가구제' 참조).

(나) 소극적 요건

집행정지로 인하여 공공복리에 중대한 영향을 미칠 우려가 있을 때에는 허용되지 아니한다(제30조 ③).

2) 집행정지결정의 종류

집행정지결정은 처분의 '효력'·'집행'의 정지, '절차속행'의 정지로 구분할 수 있다. '효력'의 정지는 처분의 공정력·존속력·내용상 구속력 등이 정지되어 장래에 향하여 처분이 존재하지 않는 상태에 두는 것이다(예 : 공무원해임처분의 정지). '집행'의 정지란 처분내용의 강제적인 실현을 위한 공권력행사의 정지를 의미한다(예 : 강제퇴거명령서에 따른 강제퇴거의 정지). 절차의 속행정지는 처분에 따르는 후속처분을 정지시키는 것을 말한다(예 : 체납처분절차에서 압류의 효력을 다투는 경우에 매각을 정지시키는 경우).

3) 집행정지결정의 절차

집행정지는 직권으로 또는 당사자의 신청에 의하여 행정심판위원회가 심리·결정하고 지체 없이 당사자에게 결정서 정본을 송달한다(제30조 ①, ⑦). 행정심판위원회의 심리·결정을 기다릴 경우 중대한 손해가 생길 우려가 있다고 인정되면 위원장은 직권으로 위원회의 심리·결정을 갈음하는 결정을 할 수 있고, 지체 없이 위원회에 그 사실을 보고하고 추인 (追認)을 받아야 하며, 위원회의 추인을 받지 못하면 집행정지 결정을 취소하여야 한다(제30조 ⑥).

4) 집행정지결정의 취소

행정심판위원회는 집행정지를 결정한 후에 집행정지가 공공복리에 중대한 영향을 미치거나 그 정지사유가 없어진 경우에는 직권으로 또는 당사자의 신청에 의하여 집행정지 결정을 취소할 수 있다(제30조 ④).

(3) 임시처분

행정심판위원회는 처분 또는 부작위가 위법·부당하다고 상당히 의심되는 경우로서 처분(특히 거부처분. 예: 사업허가기간갱신거부처분) 또는 부작위 때문에 당사자가 받을 우려가 있는 중대한 불이익이나 당사자에게 생길 급박한 위험을 막기 위하여 임시지위를 정하여야 할 필요가 있는 경우에는 직권으로 또는 당사자의 신청에 의하여 임시처분(예: 일단 계속해서 사업을 할 수 있도록 함)을 결정할 수 있다. 집행정지로 목적을 달성할 수 있는 경우에는 허용되지 아니한다. 행정심판위원회의 심리·결정을 기다릴 경우 중대한 불이익이나 급박한 위험이 생길 우려가 있다고 인정되면 위원장은 직권으로 위원회의 심리·결정을 갈음하는 결정을 할 수 있고, 지체 없이 위원회에 보고하여 추인을 받아야 한다(제31조).

제 4 절 행정심판의 심리

행정심판이 적법하게 제기되면 심판기관에 의해 일정한 절차에 따라 심리·의결이 행해지고, 최종적으로는 청구내용에 대한 재결이 행해진다.

Ⅰ. 행정심판기관 : 행정심판위원회

종래에는 행정심판의 심리·의결은 행정심판위원회가, 재결은 재결청이 각각 담당하였으나 현재는 신속하고 간편한 심판절차를 위해 행정심판위원회가 심리·의결과 재결까지 담당하도록 변경되었다. 이는 소청심사위원회, 토지수용위원회, 중앙노동위원회 등의 예에 따라 통일시킨 것이다. 이들 위원회는 (국민에게 직접 의사표시를 하므로) 행정청(의결기관 아님)이다.

1. 행정심판위원회의 종류·구성

(1) 행정심판위원회의 종류

1) 해당 행정청 소속 행정심판위원회

㉠ 감사원, 국가정보원장, 그 밖에 대통령령으로 정하는 대통령 소속기관의 장(대통령비서실장, 국가안보실장, 대통령경호처장, 방송통신위원회). ㉡ 국회사무총장, 법원행정처장, 헌법재판소사무처장 및 중앙선거관리위원회사무총장, ㉢ 국가인권위원회, 그 밖에 지위·성격의 독립성과 특수성 등이 인정되어 대통령령으로 정하는 행정청

또는 그 소속 행정청(행정기관의 계층구조와 관계없이 그 감독을 받거나 위탁을 받은 모든 행정청을 말하되, 위탁을 받은 행정청은 그 위탁받은 사무에 관하여는 위탁한 행정청의 소속 행정청으로 본다. 이하 같다)의 처분 또는 부작위에 대한 심판청구에 대해서는

각 해당 행정청 소속 행정심판위원회가 심리·재결한다(제6조 ①).

2) 중앙행정심판위원회

㉠ 국가행정기관의 장 또는 그 소속 행정청(자신 소속으로 행정심판위원회를 설치하는 행정청〈위㉠,㉡,㉢〉은 제외), ㉡ 특별시장·광역시장·특별자치시장·도지사·특별자치도지사(특별시·광역시·특별자치시·도 또는 특별자치도의 교육감을 포함한다. 이하 "시·도지사"라 함) 또는 특별시·광역시·특별자치시·도·특별자치도(이하 "시·도"라 함)의 의회(의장, 위원회의 위원장, 사무처장 등 의회 소속 모든 행정청을 포함함), ㉢ 지방자치법에 따른 지방자치단체조합 등 관계 법률에 따라 국가·지방자치단체·공공법인 등이 공동으로 설립한 행정청(다만, 시·도의 관할구역에 있는 둘 이상의 지방자치단체〈시·군·자치구〉·공공법인 등이 공동으로 설립한 행정청)은 제외)의 처분 또는 부작위에 대한 심판청구에 대하여는('부패방지 및 국민권익위원회의 설치와 운영에 관한 법률'에 따른 국민권익위원회에 두는) 중

앙행정심판위원회에서 심리 · 재결한다(제6조 ②).

3) 시 · 도지사 소속 행정심판위원회

㉠ 시 · 도 소속 행정청, ㉡ 시 · 도의 관할구역에 있는 시 · 군 · 자치구의 장, 소속 행정청 또는 시 · 군 · 자치구의 의회(의장, 위원회의 위원장, 사무국장, 사무과장 등 의회 소속 모든 행정청을 포함), ㉢ 시 · 도의 관할구역에 있는 둘 이상의 지방자치단체(시 · 군 · 자치구) · 공공법인 등이 공동으로 설립한 행정청의 처분 또는 부작위에 대한 심판청구에 대하여는 시 · 도지사 소속으로 두는 행정심판위원회에서 심리 · 재결한다(제6조 ③).

4) 직근 상급행정기관 소속 행정심판위원회

대통령령으로 정하는 국가행정기관 소속 특별지방행정기관(법무부 및 대검찰청 소속 특별지방행정기관〈행정심판법시행령 제3조〉)의 장의 처분 또는 부작위에 대한 심판청구에 대하여는 해당 행정청의 직근 상급행정기관에 두는 행정심판위원회에서 심리 · 재결한다(제6조 ④).

5) 개별법에 의한 특별행정심판위원회

개별법에서 공정하고 객관적인 심판을 위해 제3자적 기관으로 특별행정심판위원회를 설치하는 경우가 있다. 공무원에 대한 위법 · 부당한 처분에 대한 행정심판기관으로서 소청심사위원회(국가공무원법 제9조), 조세심판기관인 조세심판원(국세기본법 제67조), 토지수용위원회 등이 그 예이다.

(2) 행정심판위원회의 구성

1) 중앙행정심판위원회

중앙행정심판위원회는 위원장(국민권익위원회의 부위원장 중 1명) 1명을 포함한 70명 이내의 위원으로 구성하되, 위원 중 상임위원은 4명 이내로 한다. 위원회의 회의는 위원장, 상임위원 및 위원장이 회의마다 지정하는 비상임위원을 포함하여 총 9명으로 구성한다. 도로교통법에 따른 자동차운전면허 행정처분에 관한 사건을 심리 · 의결하게 하기 위하여 4명의 위원으로 구성하는 소위원회를 둘 수 있다. 중앙행정심판위원회 및 소위원회는 구성원 과반수의 출석과 출석위원 과반수의 찬성으로 의결한다(제8조).

2) 그 밖의 행정심판위원회

행정심판위원회는 위원장 1명을 포함하여 50명 이내의 위원으로 구성한다. 위원장은 그 행정심판위원회가 소속된 행정청(예: 시·도지사, 국회사무총장)이 되며 시·도지사 소속 행정심판위원회의 경우에는 해당 지방자치단체의 조례로 정하는 바에 따라 공무원이 아닌 위원을 위원장으로 정할 수 있다. 행정심판위원회의 회의는 위원장과 위원장이 회의마다 지정하는 8명의 위원으로 구성한다. 다만, 국회규칙, 대법원규칙, 헌법재판소규칙, 중앙선거관리위원회규칙 또는 대통령령(시·도지사 소속 행정심판위원회의 경우에는 해당 지방자치단체의 조례)으로 정하는 바에 따라 위원장과 위원장이 회의마다 지정하는 6명의 위원으로 구성할 수 있다. 행정심판위원회는 구성원 과반수의 출석과 출석위원 과반수의 찬성으로 의결한다(제7조).

3) 위원의 제척·기피·회피

심판청구사건의 공정한 심리·의결을 확보하기 위하여 ㉠ 위원이 제척사유에 해당하는 경우 위원장이 직권으로 또는 당사자의 신청에 의해 결정하여 심판청구사건의 심리·의결에서 배제시키는 제척(除斥), ㉡ 위원이 공정한 심리·의결을 기대하기 어려운 사정이 있는 경우 당사자의 신청에 의하여 위원장의 결정으로 물러나는 기피(忌避), ㉢ 위원 스스로의 판단에 따라 물러나는 회피(回避)의 제도가 있다(제10조). 이는 위원만이 아니라 직원에게도 동일하게 적용된다.

제척사유로는 ㉠ 위원 또는 그 배우자나 배우자이었던 사람이 사건의 당사자이거나 사건에 관하여 공동권리자 또는 의무자인 경우, ㉡ 위원이 사건의 당사자와 친족이거나 친족이었던 경우, ㉢ 위원이 사건에 관하여 증언이나 감정을 한 경우, ㉣ 위원이 사건의 대상이 된 처분 또는 부작위에 관여한 경우 등이 있다.

제척사유 있는 위원이 관여한 심리·의결은 위법한 심리·의결로서 무효가 된다.

2. 행정심판위원회의 권한승계

당사자의 심판청구 후 위원회가 법령의 개정·폐지 또는 피청구인의 경정 결정에 따라 그 심판청구에 대하여 재결할 권한을 잃게 된 경우에는 해당 위원회는 심판청구서와 관계서류, 그 밖의 자료를 새로 재결할 권한을 갖게 된 위원회에 보내야 한다. 송부를 받은 위원회는 지체 없이 그 사실을 청구인, 피청구인, 심판참가인에게 알려야 한다(제12조).

Ⅱ. 행정심판의 참가자

1. 행정심판의 당사자

행정심판의 당사자는 청구인과 피청구인이다. 행정심판법은 행정심판의 준사법화(準司法化)를 규정한 헌법 제107조 제3항의 취지에 따라 행정심판의 절차에 당사자주의적 구조(대심구조〈對審構造〉)를 취하고 있다. 따라서 청구인과 피청구인이 대등한 지위에서 공격·방어수단으로 제출한 의견진술과 증거를 바탕으로 심리를 진행한다.

2. 이해관계인(참가인)

행정심판의 결과에 이해관계가 있는 제3자나 행정청은 행정심판위원회의 허가를 받아 해당 심판청구에 대한 위원회나 소위원회의 의결이 있기 전까지 그 사건에 대하여 심판참가를 할 수 있다(제20조). 위원회는 필요하다고 인정하면 그 행정심판 결과에 이해관계가 있는 제3자나 행정청에 그 사건 심판에 참가할 것을 요구할 수 있다(제21조). 참가인은 행정심판 절차에서 당사자가 할 수 있는 심판절차상의 행위를 할 수 있다(제22조). '이해관계'라 함은 사실상, 경제상 또는 감정상의 이해관계가 아니라 법률상의 이해관계를 말한다(대법원 1997.12.26, 96다51714 참조). 예컨대, 건축허가에 대해 이웃주민이 행정심판을 청구한 경우 이웃주민이 청구인, 건축허가청이 피청구인, 건축주가 참가인이 되는 것이다. 이해관계인 참가제도는 심리의 적정을 도모하고 이해관계인의 권익을 보호하고자 하는 데 그 목적이 있는 것이다.

Ⅲ. 심리내용·방식

행정심판의 심리절차란 재결의 기초가 될 사실관계 및 법률관계를 명백히 하기 위하여 당사자 및 관계인의 주장과 반박을 듣고, 증거 기타의 자료를 수집·조사하는 일련의 절차를 말한다. 행정심판법은 헌법 제107조 제3항에 따라 대심주의(對審主義), 구술심리주의를 채택하는 등 심리절차를 준사법화하고 있다.

1. 심리의 내용 및 범위

(1) 심리의 내용

1) 요건심리

행정심판위원회는 심판청구가 요건(청구인적격 여부, 심판의 대상이 되는 처분 여부, 심판청구기간준수 여부 등)을 구비하였는가를 심리하고(형식적 심리, 본안전 심리라고 함), 요건이 충족되지 않아서 적법하지 아니하면 심판청구를 각하한다(제43조 ①). 위원회는 심판청구가 적법하지 아니하나 보정(補正)할 수 있다고 인정하면 기간을 정하여 보정할 것을 요구할 수 있다. 다만, 경미한 사항은 직권으로 보정할 수 있다(제32조 ①).

2) 본안심리

행정심판위원회는 청구요건이 충족된 경우 청구내용에 관하여 실질적으로 심사한다.

(2) 심리의 범위

심판청구의 대상인 처분이나 부작위에 관하여 법률문제(적법·위법)뿐만 아니라 재량문제(당·부당의 문제, 즉 합목적성의 문제〈행정목적에 합당한 최선의 결정인지의 여부〉)까지도 심리할 수 있다.

2. 심리의 방식

(1) 심리의 기본원칙

1) 대심주의

대심주의란 심판청구인과 피청구인이 서로 대등한 입장에서 공격과 방어를 하고 행정심판위원회는 중립적인 위치에서 이를 바탕으로 심리를 진행하는 것을 말한다.

2) 직권심리주의

당사자주의에 반대되는 것이다. 위원회는 필요하면 당사자가 주장하지 아니한 사실에 대하여도 심리할 수 있다(제39조). 즉, 필요한 자료를 직권으로 수집·조사하여 심리할 수 있다. 위원회는 사건을 심리하기 위하여 필요하면 직권으로 또는 당사자의 신청에 의하여 증거조사를 할 수 있다(제36조 ①).

3) 구술심리 · 서면심리

심리는 구술심리나 서면심리로 한다. 다만, 당사자가 구술심리를 신청한 경우에는 서면심리만으로 결정할 수 있다고 인정되는 경우 외에는 구술심리를 하여야 한다(제40조 ①).

4) 비공개주의

행정심판법에 비공개심리주의에 관한 명문의 규정은 없다. 그러나 구술심리주의와 더불어 서면심리주의도 원칙의 하나로 채택하고 있는 행정심판법의 전체적인 구조로 보아, 비공개심리주의를 원칙으로 하고 있다고 볼 수 있다. 특히 위원회에서 위원이 발언한 내용이나 그 밖에 공개되면 위원회의 심리 · 재결의 공정성을 해할 우려가 있는 사항으로서 대통령령이 정하는 사항은 이를 공개하지 아니한다(제41조).

5) 처분권주의

처분권주의란 쟁송의 개시, 그 대상과 범위 및 종료에 대하여 당사자가 주도권을 가지고 이들에 대하여 자유로이 결정할 수 있는 원칙을 말하는바, 행정심판은 청구인의 심판청구에 의하여 개시되고, 심판대상과 범위를 당사자가 결정하며(청구취지의 특정, 불고불리의 원칙 등), 청구인은 심판청구를 취하함으로써 심판절차를 종료시킬 수 있다. 따라서 행정심판도 처분권주의에 입각하고 있다. 다만 공익적 견지에서의 심판청구의 제기기간을 제한하고, 청구인낙(請求認諾: 원고의 청구내용을 피고가 모두 인정함으로써 소송을 종결하는 것)을 부인하는 등 처분권주의를 제한하기도 한다.

【 판례 】행정처분의 취소를 구하는 항고소송에서 처분청은 당초 처분의 근거로 삼은 사유와 기본적 사실관계가 동일성이 있다고 인정되는 한도 내에서만 다른 사유를 추가 또는 변경할 수 있고, 이러한 기본적 사실관계의 동일성 유무는 처분사유를 법률적으로 평가하기 이전의 구체적 사실에 착안하여 그 기초인 사회적 사실관계가 기본적인 점에서 동일한지에 따라 결정되므로, 추가 또는 변경된 사유가 처분 당시에 이미 존재하고 있었다거나 당사자가 그 사실을 알고 있었다고 하여 당초의 처분사유와 동일성이 있다고 할 수 없다. 그리고 이러한 법리는 **행정심판 단계에서도 그대로 적용된다**(대법원 2014.5.16. 2013두26118).

(2) 심리절차의 병합 · 분리

위원회는 필요하면 관련되는 심판청구를 병합하여 심리하거나 병합된 관련 청구를 분리하여 심리할 수 있다(제37조). 이는 심리에만 적용되며 재결에는 적용되지 않는다. 즉, 재결은 각각의 심판청구에 대하여 개별적으로 행해져야 한다.

제 5 절   행정심판의 재결, 조정

Ⅰ. 재결의 의의

재결(裁決)이란 행정심판의 청구에 대하여 행정심판위원회가 행하는 판단을 말한다(제2조 3호). 이는 행정법관계의 분쟁에 대하여 행정심판위원회가 판단·확정하는 준사법적 행위로서의 의미를 가지며 행정행위(행정처분)에 해당하고, 특히 '확인'행위로서의 성질을 가진다.

Ⅱ. 재결의 기간·방식·송달

피청구인 또는 행정심판위원회가 심판청구서를 받은 날부터 60일 이내에 하여야 한다. 다만, 부득이한 사정이 있는 경우에는 위원장이 직권으로 30일을 연장할 수 있으며, 이 경우 재결 기간이 끝나기 7일 전까지 당사자에게 알려야 한다(제45조).

재결은 서면으로 하되 재결서에는 사건번호·사건명·주문·청구취지·이유·재결날짜 등이 포함되어야 한다. 재결서에 적는 이유에는 주문 내용이 정당하다는 것을 인정할 수 있는 정도의 판단을 표시하여야 한다(제46조).

행정심판위원회는 지체 없이 당사자에게 재결서의 정본을 송달하여야 한다. 이 경우 중앙행정심판위원회는 재결결과를 소관 중앙행정기관의 장에게도 알려야 한다. 재결은 청구인에게 송달되었을 때에 그 효력이 생긴다(제48조).

Ⅲ. 재결의 내용

1. 재결의 원칙

(1) 불고불리(不告不理)의 원칙

위원회는 심판청구의 대상이 되는 처분이나 부작위 외의 사항에 대하여는 재결하지 못한다(제47조 ①).

(2) 불이익변경금지의 원칙

위원회는 심판청구의 대상이 되는 처분보다 청구인에게 불리한 재결을 하지 못한다(제 47조 ②).

2. 재결의 종류

(1) 각하재결

청구요건이 충족되지 않은 경우 본안심리를 거부하는 내용의 재결이다(제32조 ①).

(2) 기각재결

본안심리의 결과 청구인의 청구취지를 받아들이지 않는 내용의 재결을 말한다. 이에는 보통의 기각재결(棄却裁決)과 예외적인 사정재결(事情裁決)이 있다.

1) 보통의 기각재결

본안심리의 결과 심판청구가 이유가 없다고 인정하여 원래 처분의 효력을 인정하는 내용의 재결을 말한다. 기각재결이 있은 후에도 처분청은 원처분을 직권으로 취소·변경할 수 있다.

2) 사정재결
(가) 의 의

위원회는 심판청구가 이유가 있다고 인정하는 경우에도 이를 인용(認容)하는 것이 공공복리에 크게 위배된다고 인정하면 그 심판청구를 기각하는 재결을 할 수 있는바, 이를 사정재결이라 한다. 사정재결의 경우에는 위원회는 재결의 주문(主文)에서 그 처분 또는 부작위가 위법하거나 부당하다는 것을 구체적으로 밝혀야 한다(제44조 ①).

(나) 요 건

심판청구를 인용하는 것이 '공공복리에 크게 위배된다고 인정'되는 경우에 한하여 사정재결을 할 수 있다. 심판청구를 인용함으로써 발생할 공공복리의 피해와 기각함으로써 발생할 사익의 피해를 비교형량하여 전자가 후자보다 월등히 큰 경우에만 인정될 수 있다. 공익보호를 위해 예외적으로 인정되는 것이므로 공공복리는 매우 엄격하고 제한적으로 해석하여야 한다.

(다) 구제방법

사정재결을 함에 있어서는 행정심판위원회가 사정재결을 할 때에는 청구인에 대하여 상당한 구제방법을 취하거나 상당한 구제방법을 취할 것을 피청구인에게 명할 수 있다(제44조②). 그 구제방법으로는 손해배상, 원상회복, 제해시설의 설치 등이 될 수 있다.

(라) 적용범위

사정재결은 취소심판, 의무이행심판에만 인정되고, 무효등확인심판에는 적용되지 아니한다(제44조③). 하자가 중대·명백하여 무효임에도 불구하고 공익을 위한다는 명분으로 사익을 침해할 수는 없다는 취지이다.

(3) 인용재결

본안심리의 결과 그 심판청구가 이유가 있다고 인정하여 청구취지를 받아들이는 내용의 재결이다. 구체적으로는 다음과 같은 것이 있다.

1) 취소·변경재결

취소심판의 청구가 이유가 있다고 인정하면 행정심판위원회는 스스로 당해 처분을 취소 또는 다른 처분으로 변경(예: 영업정지 3개월을 1개월로 변경)하거나(취소재결·변경재결), 처분을 다른 처분으로 변경할 것을 피청구인에게 명한다(변경명령재결. 제43조③). 취소명령재결은 폐지되었다.

2) 무효등확인재결

위원회는 무효등확인심판의 청구가 이유가 있다고 인정하면 처분의 효력 유무 또는 존재 여부를 확인한다(제43조④). 이에는 유효확인재결·무효확인재결·존재확인재결·부존재확인재결 등이 있다.

3) 의무이행재결

위원회는 의무이행심판의 청구가 이유가 있다고 인정하면 지체 없이 신청에 따른 처분을 직접 하거나(처분재결), 처분을 할 것은 피청구인에 명한다(처분명령재결. 제43조⑤). 처분명령재결의 경우에는 반드시 청구인의 신청내용대로 처분을 할 것을 명하는 것이 아니라, 신청내용에 따르지 않더라도 지체 없이 어떤 처분을 할 것을 명할 수도 있다.

Ⅳ. 재결의 효력, 재결에 대한 불복

【문 제】 경상남도 S市長은 A의 레미콘공장설립신고를 수리하였다. 이웃주민 B는 A가 공장설립신고를 하기 전에 농지전용승인을 받아야 함에도 이를 받지 않았고, 또한 공장이 설립·가동되면 자신의 양계장에 피해를 가져올 것이라는 이유를 들어 S시장의 신고수리처분을 취소할 것을 요구하는 행정심판을 청구하였다. 이에 경상남도행정심판위원회는 스스로 위 공장설립신고수리처분을 취소하는 재결을 하고 2010년 10월 1일 행정심판 당사자인 B와 S시장에게는 재결서의 정본을, 그리고 행정심판 참가자인 A에게 재결서의 등본을 송달하였다. 그 후 S시장은 2010년 10월 20일 A에게 신고수리를 취소한다는 내용과 함께 수리확인서를 반납하라는 통보를 하였다. A는 2011년 1월 15일 S시장을 피고로 신고수리취소를 취소하라는 행정소송을 제기하였다. 이는 허용되는가?

1. 재결의 효력

(1) 행정행위로서 재결의 효력

행정심판법은 재결의 효력에 관해 기속력에 관해서만 규정하고 있으나, 재결도 행정행위의 일종으로서 존속력·공정력·형성력 등의 효력을 발생한다.

(2) 형성력

행정심판위원회가 피청구인으로 하여금 처분의 취소·변경을 명하는 명령재결(취소·변경명령재결)을 한 것이 아니라 형성재결 즉, 처분을 스스로 취소·변경하는 재결(취소·변경재결)을 하면 당해 처분은 취소·변경된다. 이처럼 재결이 기존의 법률관계에 변동을 가져 오는 효력을 형성력이라고 한다(대법원 1997.5.30. 96누14678 참조).

따라서 ㉠ 행정심판위원회(과거에는 재결청)로부터 그러한 취소·변경재결을 통보받은 원래의 처분청(피청구인)이 청구인에게 재결결과를 다시 통보하는 행위나 ㉡ 행정심판위원회의 취소·변경재결 이후에 처분청(피청구인)이 다시 자신의 원래의 처분을 취소·변경하는 것은 행정처분에 해당하지 않고 재결결과를 확인하여 알려주는 사실행위에 불과하다.

【판례】① 행정심판에 있어서 재결청의 재결내용이 처분청에게 취소를 명하는 것이 아니라 처분청의 처분을 재결청 스스로 취소하는 것일 때에는 그 재결의 형성력이 발생하여 당해 행정처분은 **별도의 행정처분을 기다릴 것 없이 당연히 취소되어 소멸**되는 것이다. 재결청으로부터 '처분청의 공장설립변경신고수리처분을 취소한다'는 내용의 형성적 재결을 송부받은 처분청이 당해 처분의 상대방에게 **재결결과를 통보**하면서 공장설립변경신고 수리시 발급한 확인서를 반납하도록 요구한 것은 사실의 통지에 불과하고 항고소송의 대상인 **새로운 행정처분이라고 볼 수 없다**(대법원 1997.5.30. 96누14678).

② (A회사가 B회사에 대한 의약품제조품목허가의 취소를 구하는 행정심판에서) 당해 의약품제조품목허가처분취소재결은 보건복지부장관이 재결청의 지위에서 스스로 제약회사에 대한 위 의약품제조품목허가처분을 취소한 이른바 **형성재결**임이 명백하므로, 위 회사(B)에 대한 의약품제조품목허가처분은 당해 취소재결에 의하여 당연히 취소·소멸되었고, 그 이후에 다시 위 허가처분을 취소한 당해 처분은 **당해 취소재결의 당사자가 아니어서 그 재결이 있었음을 모르고 있는 위 회사(B)에게 위 허가처분이 취소·소멸되었음을 확인하여 알려주는** 의미의 사실 또는 관념의 통지에 불과할 뿐 위 허가처분을 취소·소멸시키는 **새로운 형성적 행위가 아니므로 항고소송의 대상이 되는 처분이라고 할 수 없다**(대법원 1998.4.24. 97누17131).

(3) 기속력

1) 의 의

인용재결이 있을 경우 피청구인과 그 밖의 관계 행정청은 그 재결의 취지에 따라야 한다. 이러한 재결의 효력을 기속력이라고 한다(제49조 ①). 기속력은 각하·기각재결에는 인정되지 않는다. 각하·기각재결은 청구인의 청구를 배척·거절하는데 그칠 뿐, 처분청과 그 밖의 관계행정청에 대하여 원처분을 유지시켜야 할 의무를 지우지 않으므로 처분청은 기각재결이 있은 뒤에도 정당한 사유가 있으면 직권으로 원처분을 취소·변경할 수 있다.

2) 기속력의 내용

(가) 반복금지의무(소극적 부작위의무)

관계 행정청은 그 재결에 저촉되는 행위를 할 수 없다. 즉, '동일한 상황' 하에서는 동일한 내용의 처분을 반복해서는 안 된다.

【판례】 재결의 기속력은 재결의 주문 및 그 전제가 된 요건사실의 인정과 판단, 즉 처분 등의 구체적 위법사유에 관한 판단에만 미친다고 할 것이고, **종전 처분이 재결에 의하여 취소되었다 하더라도 종전 처분시와는 다른 사유를 들어서 처분을 하는 것은 기속력에 저촉되지 않는다**고 할 것이며, 여기에서 동일 사유인지 다른 사유인지는 종전 처분에 관하여 위법한 것으로 **재결에서 판단된 사유와 기본적 사실관계에 있어 동일성이 인정되는 사유인지 여부**에 따라 판단되어야 한다(대법원 2005.12.9. 2003두7705).

(나) 재처분의무(적극적 의무), 간접강제

당사자의 신청을 거부하는 것을 내용으로 하는 처분(거부처분)이 재결에 의하여 취소되거나 무효 또는 부존재로 확인된 경우(취소재결, 무효등확인재결)에는 처분청(피청구인)은 재결의 취지에 따라 다시 이전의 신청에 대한 처분을 하여야 한다(제49조 ②). 당사자의 신청을 거부하거나 부작위로 방치한 처분의 이행을 명하는 재결(의무이행재결)이 있으면 행정청(피청구인)은 지체 없이 이전의 신청에 대하여 재결의 취지에 따라 처분을 하여야 한다(제49조 ③). 이 경우 행정심판위원회는 피청구인이 처분을 하지 아니하는 경우에는 당사자가 신청하면(당사자 신청 없이 직권으로 할 수는 없음) 기간을 정하여 서면으로 시정을 명하고 그 기간에 이행하지 아니하면 직접 처분을 할 수 있다. 다만, 그 처분의 성질이나 그 밖의 불가피한 사유로 위원회가 직접 처분을 할 수 없는 경우에는(예: 정보공개는 정보를 보유한 행정청만이 가능할 것이다) 그러하지 아니하다(제50조 ①).

【판례】 재결청이 직접 처분을 하기 위하여는 처분의 이행을 명하는 재결이 있었음에도 당해 행정청이 아무런 처분을 하지 아니하였어야 하므로, 당해 **행정청이 어떠한 처분을 하였다면 그 처분이 재결의 내용에 따르지 아니하였다고 하더라도 재결청(현재의 행정심판위원회)이 직접 처분을 할 수는 없다**(대법원 2002.7. 23, 2000두9151).

신청에 따른 처분이 절차의 위법 또는 부당을 이유로 재결로써 취소된 경우에는 행정청은 재결의 취지에 따라 절차를 준수하여 다시 처분을 하여야 한다(제49조 ④). 그런데 이때 재량행위의 경우에는 (상대방의 사정을 들은 후에는) 원처분과 다른 처분이 될 수도 있으나, 기속행위의 경우에는 절차를 다시 밟아도 동일한 처분이 이루어질 가능성이 높다(그러므로 독일의 경우 형식·절차만의 위반을 이유로 하는 취소쟁송을 제기할 수 없도록 하고 있다〈독일 행정절차법 제46조〉).

행정심판위원회는 피청구인인 행정청이 재결의 취지에 따라 적극적인 재처분을 하지 아니하면 청구인의 신청에 의하여 결정으로 상당한 기간을 정하고 피청구인이 그 기간 내에 이행하지 아니하는 경우에는 그 지연기간에 따라 일정한 배상을 하도록 명하거나 즉시 배상을 할 것을 명할 수 있다(제50조의2).

(다) 공고·고시·통지 의무

법령의 규정에 따라 공고·고시하거나 이해관계인에게 통지된 처분이 재결로써 취소되거나 변경되면 처분을 한 행정청은 지체 없이 그 처분이 취소 또는 변경되었다는 것을 공고·고시하거나 이해관계인에게 알려야 한다(제49조 ⑤,⑥).

(라) 결과제거의무

행정청은 처분의 취소 또는 무효확인 등의 재결이 있게 되면 결과적으로 위법 또는 부당한 처분에 의하여 초래된 상태를 제거해야 할 의무를 진다.

3) 기속력의 범위

기속력의 주관적 범위는 심판청구의 당사자 및 관계인뿐만 아니라 널리 관계 행정청에 미친다. 객관적 범위는 재결의 주문 및 그 전제가 된 요건사실의 인정과 판단, 즉 처분 등의 구체적 위법사유에 관한 판단에만 미친다.

【판례】 ① 재결의 기속력은 재결의 주문 및 그 전제가 된 요건사실의 인정과 판단, 즉 처분 등의 구체적 위법사유에 관한 판단에만 미친다고 할 것이고, 종전 처분이 재결에 의하여 취소되었다 하더라도 **종전 처**

분시와는 다른 사유를 들어서 처분을 하는 것은 기속력에 저촉되지 않는다고 할 것이며, 여기에서 동일 사유인지 다른 사유인지는 종전 처분에 관하여 위법한 것으로 **재결에서 판단된 사유와 기본적 사실관계에 있어 동일성이 인정되는 사유인지 여부에 따라 판단되어야 한다**(대법원 2005.12.9. 2003두7705).
② 행정심판의 재결은 피청구인인 행정청을 기속하는 효력을 가지므로 재결청이 취소심판의 청구가 이유 있다고 인정하여 처분청에 처분을 취소할 것을 명하면 처분청으로서는 재결의 취지에 따라 처분을 취소하여야 하지만, 나아가 **재결에 판결에서와 같은 기판력이 인정되는 것은 아니어서 재결이 확정된 경우에도 처분의 기초가 된 사실관계나 법률적 판단이 확정되고 당사자들이나 법원이 이에 기속되어 모순되는 주장이나 판단을 할 수 없게 되는 것은 아니다**(대법원 2015.11.27. 2013다6759).

2. 재결에 대한 불복

(1) 재심판청구의 금지

심판청구에 대한 재결이 있으면 그 재결 및 같은 처분 또는 부작위에 대하여 다시 행정심판을 청구할 수 없다(제51조).

(2) 재결에 대한 행정소송

행정심판의 재결을 거쳐 행정소송을 제기하는 경우에도 행정소송의 대상은 원칙적으로 재결이 아니라 원처분이다. 다만, 재결 자체에 고유한 위법이 있을 경우 재결이 취소소송의 대상이 될 수 있다(행소법 제19조). 이러한 예외적인 경우에는 ㉠ 제3자효 행정처분(예 : 대기오염물질배출시설의 허가)으로 인해 권익이 침해되는 제3자(예 : 이웃주민)가 행정심판을 제기하여 행정심판위원회가 직접 원처분을 취소하는 재결(예 : 배출시설허가의 취소재결)을 한 경우에 원처분의 상대방(예 : 배출시설허가신청자)이 행정심판위원회의 재결의 취소를 구하는 소송을 제기하는 경우, ㉡ 행정처분(거부처분. 예 : 대기오염물질배출시설허가신청에 대한 거부처분)에 대해 처분의 상대방이 행정심판을 제기하여 재결(예 : 거부처분의 취소재결)에 의해 취소됨(즉, 허가거부처분이 취소되어 배출시설이 허가됨)으로 말미암아 비로소 제3자(예 : 이웃주민)의 권익이 침해된다는 이유로 제3자가 재결의 취소를 요구하는 소송을 제기하게 되는 경우 등이 해당된다.

> **【 판례 】** 원처분의 상대방이 아닌 **제3자가 행정심판을 청구**하여 재결청이 원처분을 취소하는 형성재결을 한 경우에 그 원처분의 상대방은 그 재결에 대하여 항고소송을 제기할 수밖에 없고, 이 경우 재결은 원처분과 내용을 달리 하는 것이어서 재결의 취소를 구하는 것은 원처분에 없는 재결 고유의 위법을 주장하는 것이 된다(대법원 1998.4.24. 97누17131).

V. 행정심판의 조정

1. 조정의 성립

양 당사자 간의 합의가 가능한 사건의 경우 행정심판위원회가 개입·조정하는 절차를 통하여 갈등을 조기에 해결하도록 하기 위해 행정심판에도 조정제도가 도입되었다.

행정심판위원회는 당사자의 권리 및 권한의 범위에서 당사자의 동의를 받아 심판청구의 신속하고 공정한 해결을 위하여 조정을 할 수 있다. 다만, 그 조정이 공공복리에 적합하지 아니하거나 해당 처분의 성질에 반하는 경우에는 그러하지 아니하다(동법 제43조의2 제1항). 행정심판위원회는 조정을 함에 있어서 심판청구된 사건의 법적·사실적 상태와 당사자 및 이해관계자의 이익 등 모든 사정을 참작하고, 조정의 이유와 취지를 설명하여야 한다(제2항). 조성은 당사자가 합의한 사항을 조정서에 기재한 후 당사자가 서명 또는 날인하고 행정심판위원회가 이를 확인함으로써 성립한다(제3항). 위원회는 조정을 하려는 경우에는 결정으로써 조정을 개시한다. 이 경우 위원회는 조정개시 결정을 당사자와 참가인에게 서면 또는 간이통지방법으로 알려야 한다(동법시행령 제30조의2 제1항). 행정심판위원회는 조정이 성립하지 아니한 경우에는 행정심판법 제38조제1항에 따라 심리기일을 지정한다(제4항).

2. 조정의 효력

조정에 대하여는 제48조(재결의 송달과 효력 발생), 제49조(재결의 기속력 등), 제50조(행정심판위원회의 직접 처분), 제50조의2(행정심판위원회의 간접강제), 제51조(위원회의 간접강제)의 규정을 준용한다.

【답】 S시장이 행한 취소 및 수리확인서 반환통보는 행정처분이 아니라 취소재결을 확인·전달하는 사실행위에 불과하므로, A는 수리처분의 취소재결을 행한 **경상남도행정심판위원회를** 피고로 하여 취소소송을 제기하여야 하며, 또한 2010년 10월 20일이 아니라 10월 1일을 기산점으로 하여 90일 이내에 취소소송을 제기하여야 하는데, **90일이 훨씬 지나 소송을 제기하였으므로** A의 소송은 각하된다(대법원 1997.5.30, 96누14678 참조).

제6절 전자정보처리조직을 통한 행정심판 절차의 수행

Ⅰ. 전자정보처리조직을 통한 심판청구

행정심판 절차를 밟는 자는 심판청구서와 그 밖의 서류를 전자문서화하고 이를 정보통신망을 이용하여 행정심판위원회에서 지정·운영하는 전자정보처리조직을 통하여 제출할 수 있다. 이 경우 부본을 제출할 의무는 면제된다. 제출된 전자문서는 그 문서를 제출한 사람이 정보통신망을 통하여 전자정보처리조직에서 제공하는 접수번호를 확인하였을 때에 접수된 것으로 보며, 행정심판의 청구는 접수가 되었을 때 청구된 것으로 본다(행심법 제52조).

Ⅱ. 전자정보처리조직을 이용한 송달

피청구인 또는 위원회는, 청구인이나 참가인이 동의하면, 행정심판을 청구하거나 심판참가를 한 자에게 전자정보처리조직과 그와 연계된 정보통신망을 이용하여 재결서나 이 법에 따른 각종 서류를 송달할 수 있다. 위원회는 송달하여야 하는 재결서 등 서류를 전자정보처리조직에 입력하여 등재한 다음 그 등재 사실을 전자우편 등으로 알려야 한다. 서류의 송달은 청구인이 등재된 전자문서를 확인한 때에 전자정보처리조직에 기록된 내용으로 도달한 것으로 본다. 다만, 등재사실을 통지한 날부터 2주 이내(재결서 외의 서류는 7일 이내)에 확인하지 아니하였을 때에는 등재사실을 통지한 날부터 2주가 지난 날(재결서 외의 서류는 7일이 지난 날)에 도달한 것으로 본다(행심법 제54조).

제 5 장 행정소송

제 1 절 개 설

Ⅰ. 행정소송의 개념

1. 행정소송의 의의

행정소송이란 행정작용으로 인해 위법하게 권리(법률상 이익)가 침해된 자가 소송을 제기하고, 법원이 이에 대해 심리·판단하는 정식재판절차로 하는 행정쟁송을 말한다. 즉, 행정법상의 법률관계에 관한 분쟁에 대한 법원의 정식재판절차를 말한다.

행정소송은 위법한 행정작용으로 인해 개인의 권익이 침해된 경우에 그러한 행정작용을 시정함으로써 권익을 구제하는 한편, 사법부가 행정작용의 위법성 여부를 심사함으로써 행정의 합법성을 보장하고 행정을 통제하는 기능을 한다.

2. 다른 제도와 구별

(1) 행정심판과 구별

대심구조, 심리절차의 공개, 구술변론, 법정절차에 의한 증거조사 등 정식절차에 의하는 정식쟁송인 점, 법원에 의하는 점, 위법한 행정작용만이 재판의 대상이 되고 부당한 것은 제외된다는 점에서 약식쟁송인 행정심판과 구분된다.

(2) 민사소송과 구별

행정에 관한 공법상의 법률관계에 관한 분쟁을 대상으로 하는 점에서 사법상의 법률관계에 관한 분쟁을 대상으로 하는 민사소송과 구별된다. 따라서 공법(공법상의 법률관계)과 사법(사법상의 법률관계)의 구별이 문제가 되는데, 그 구별기준에 관한 여러 학설과 관련 법규정을 종합적으로 고려하여 판단하는 방식을 취하고 있기 때문에 분명하지 않은 경우가 많다.

【 참고 】 행정소송과 민사소송의 선택이 문제되는 분야는 다음과 같다. ㉠ 국가배상청구 : 다수설은 행정소송(당사자소송), 판례는 민사소송으로 본다. ㉡ 손실보상금청구 : 다수설은 행정소송(당사자소송), 판례는 토지수용위원회의 재결을 거친 토지보상금증감청구소송, 기타 토지수용에 준하는 공권력작용으로 인한 보상금청구소송은 행정소송(당사자소송), 기타의 보상금청구소송은 민사소송으로 본다. ㉢ 공기업(영조물)의 이용관계 : 이용허가결정 이후의 이용방법(예 : 시립체육관의 사용료, 시설파손시의 변상금 등)은 민사소송을(단, 영조물의 주체에게 우월성이 인정되는 경우〈예 : 국공립학교〉, 법규정이 사용료〈예 : 수도료〉의 강제집행, 행정쟁송 등을 명시적으로 인정하거나〈예 : 수도법 제68조〉, 공공성이 특별히 강한 경우, 약관이 아니라 조례로 규정되어 있는 경우에는 행정소송), 이용허가 여부는 행정소송(예 : 체육관이용불허가는 취소소송)을 제기한다('공·사법의 구별기준' 참조). ㉣ 공법상 계약 : 행정소송(당사자소송)을 제기한다. ㉤ 공법상 신분·지위의 확인 : 판례는 공무원, 연금수혜대상자의 확인, 재개발조합을 상대로 조합원자격 유무에 관한 확인은 행정소송(당사자소송)으로 다룬다. ㉥ 행정사법관계 : 민사소송을 제기한다.

【 판례 】 ① 공법관계로서 행정소송을 제기하도록 한 경우:
㉠ 수도법에 의하여 지방자치단체인 수도사업자가 그 수돗물 소비자에 대하여 행하는 수도료 부과징수와 그에 따른 수도료 납부관계(대법원 1977.2.22, 76다2517: 수도법 제68조〈수도료의 강제징수〉참조), ㉡ 국유재산관리청이 국유재산무단점유자에 대하여 국유재산사용변상금을 부과하는 행위(대법원 1992.4.14, 91다42197), ㉢ 국유재산관리청이 행정재산의 사용수익자에 대해 사용료를 부과하는 행위(대법원 1996.2.13, 95누11023), ㉣ 국·공유재산관리청이 행정재산의 사용·수익의 허가 및 허가의 취소(대법원 1997.4.11, 96누17325), ㉤ 농지개량조합과 조합직원과의 관계(특별권력관계) 및 직원에 대한 징계처분(대법원 1995.6.9, 94누10870), ㉥ 공무원연금관리공단의 급여결정(대법원 1996.12.6, 96누6417), ㉦ 국가나 지방자치단체에 근무하는 청원경찰의 근무관계 및 그에 대한 징계(대법원 1993.7.13, 92다47564), ㉧ 도시재개발조합과 조합원과의 관계(대법원 1996.2.15, 94다31235), ㉨ 국립의료원 부설 주차장에 관한 위탁관리용역운영계약(대법원 2006.3.9, 2004다31074).

② 사법관계로서 민사소송을 제기하도록 한 경우:
㉠ 예산회계법에 따라 계약을 체결함에 있어서 낙찰자가 계약체결의무를 이행하지 않은 경우 낙찰자의 입찰보증금을 조달청장이 국고에 귀속시키는 것(대법원 1983.12.27, 81누366), ㉡ 공무원및사립학교교직원의료보험관리공단에서 근무하는 직원의 근무관계(대법원 1993.11.23, 93누15212), ㉢ 국유잡종재산 대부행위 및 그 사용료 납입고지(대법원 1995.5.12, 94누5281), ㉣ 조세부과처분의 무효를 이유로 이미 납부한 세금의 반환을 청구하는 것(대법원 1995.4.28, 94다55019), ㉤ 개발부담금 부과처분의 취소로 인한 개발부담금의 과오납금(過誤納金)에 대한 부당이득반환청구(대법원 1995.12.22, 94다51253), ㉥ 서울시지하철공사의 임·직원의 근무관계(대법원 1989.9.12, 89누2103), ㉦ 종합유성방송위원회 직원의 근무관계(대법원 2001.12.24, 2001다54038), ㉧ 전기·전화·가스의 공급관계(대법원 1982.12.26, 82누441), ㉨ 환매권의 행사(대법원 1998.5.26, 96다49018), ㉩ 국공유철도 이용관계(대법원 1999.6.22, 99다7008), ㉪ 공익사업의 시행자가 사인의 토지를 공공용지로 협의취득, 보상합의하는 것(대법원 2004.9.24, 2002다68713).

【 참고 】 행정사건을 민사사건으로 오해하여 민사소송을 제기한 경우, 수소법원이 취하여야 할 조치 → '각하'할 것이 아니라 행정소송의 '관할 법원에 이송'하여야 한다.

【 판례 】 공법상 당사자 소송으로 제기할 것은 민사소송으로 제기한 경우: "행정소송법 제7조는 원고의 고의 또는 중대한 과실 없이 행정소송이 심급을 달리하는 법원에 잘못 제기된 경우에 민사소송법 제31조 제1항을 적용하여 이를 관할 법원에 이송하도록 규정하고 있을 뿐 아니라, 관할 위반의 소를 부적법하다고 하여 각하하는 것보다 관할 법원에 이송하는 것이 당사자의 권리구제나 소송경제의 측면에서 바람직하므로, 원고가 고의 또는 중대한 과실 없이 행정소송으로 제기하여야 할 사건을 민사소송으로 잘못 제기한 경우, … 행정소송으로서의 소송요건을 결하고 있음이 명백하여 행정소송으로 제기되었더라도 어차피 부적법하게 되는 경우가 아닌 이상 이를 부적법한 소라고 하여 각하할 것이 아니라 관할 법원에 이송하여야 한다(대법원 1997.5.30, 95다28960). (행소법 제7조〈사건의 이송〉: "민사소송법 제34조 제1항의 규정은 원고의 고의 또는 중대한 과실 없이 행정소송이 심급을 달리하는 법원에 잘못 제기된 경우에도 적용한다.")

(3) 헌법소송과 구별

행정소송이나 헌법소송 모두 공법상의 소송이지만 행정소송은 공법상 분쟁 중에서 헌법재판소의 관할로 되어 있는 헌법소송사항을 제외한 분쟁을 대상으로 한다.

3. 행정소송의 법원

행정소송의 법원(法源)으로서는 우선 일반법으로서 지위를 갖는 행정소송법이 있으며, 그 밖에 민사소송법, 법원조직법, 상고심절차에관한특례법, 각급법원의 설치와 관할구역에 관한 법률 등을 들 수 있다. 이들 중에서 특히 민사소송법이 중요하다. 행정소송법의 규정이 부족한 부분은 민사소송법을 준용하도록 하고 있기 때문이다(행소법 제8조 ②).

4. 행정소송제도의 유형

행정소송제도는 대륙법계와 영미법계의 제도로 구분된다. 전자는 프랑스·독일을 중심으로 발달한 것으로 공·사법의 이원론에 기초하며, 일반법원과 다른 별도의 법원을 두고 행정사건을 담당하도록 하는 제도이다(행정국가형). 후자는 공·사법을 구분하지 않고 행정사건도 일반법원에서 담당하는 제도이다(사법국가형).

우리나라는 행정사건도 일반법원인 지방·고등법원과 대법원에서 담당한다는 점에서 사법국가형이지만, 공·사법을 구분하고 별도의 행정소송제도가 있으며, 서울에는 행정법원을 두고 있는 점은 행정국가형이다. 즉, 두 제도를 혼합한 형태를 취하고 있다.

5. 행정소송의 특수성

(1) 원칙적 행정심판임의주의, 예외적 행정심판전치주의

행정소송을 제기하기 전에 행정심판을 거칠 것인지의 여부는 원칙적으로 자유이다. 개별 법률이 행정심판을 거치도록 정하고 있는 예외적인 경우도 있다(행소법 제18조 ① 단서).

(2) 제소기간의 제한

행정심판의 경우처럼 법적 관계의 조속한 안정을 위하여 제소기간이 제한되어 있다.

(3) 피고의 특수성

피고는 권리·의무의 주체가 될 수 있는 법인격이 있는 국가·공공단체가 되어야 할 것이지만, 원활한 소송수행을 위해 '처분 등을 행한 행정청'이 피고가 된다(행소법 제13조).

(4) 직권심리주의

민사소송에서는 변론주의가 지배한다. 즉, 당사자들이 제출한 자료에만 의존한다. 행정소송에서는 원칙적으로 변론주의를 취하지만, 행정소송의 공익관련성으로 인해 법원은 필요한 경우 직권으로써 증거조사를 할 수 있고, 당사자가 주장하지 아니한 사실에 대하여도 판단할 수 있다고 하여 직권심리주의를 보충적으로 인정하고 있다(행소법 제26조).

(5) 집행부정지원칙

행정소송이 제기되더라도 처분의 효력은 아무런 영향을 받지 않는다(제23조 ①). 이는 당사자의 권리보호보다 행정의 능률과 계속성을 보장하기 위한 것이다.

(6) 사정판결

"원고의 청구가 이유 있는 경우라도 그 처분 등을 취소하는 것이 현저하게 공공복리에 적합하지 않다고 인정하는 때에는 법원은 원고의 청구를 기각할 수 있다"고 하여 사정판결을 인정하고 있다(제28조).

Ⅱ. 행정소송의 한계

1. 사법권의 본질에서 오는 한계

행정소송은 사법작용이므로 법률상의 쟁송, 즉 당사자 사이의 구체적인 권리·의무에 관한 분쟁으로서 법률적용에 의해 해결될 수 있는 것만을 대상으로 한다. 또한 정치적·정책적인 문제, 공익목적상의 문제 등도 대상이 될 수 없다.

(1) 구체적인 권리·의무에 관한 분쟁

국민의 구체적인 권리·의무에 관한 분쟁에 속하지 않는 것은 다음과 같다.

1) 법령의 효력 · 해석에 관한 분쟁(추상적 규범통제)

하위법령의 내용이 상위법령에 위반되는지를 법원이 심사하는 것을 규범통제라고 하는데, 우리 헌법은 구체적 규범통제를 규정하고 있다. 즉, 법률이 헌법에 위반되는 여부가 재판의 전제가 된 경우에는 법원은 헌법재판소에 제청하여 그 심판에 의하여 재판하고(헌법 제107조 ①), 명령 · 규칙 또는 처분이 헌법이나 법률에 위반되는 여부가 재판의 전제가 된 경우에는 대법원이 이를 최종적으로 심사한다(헌법 제107조 ②). 이 규정은 법령의 해석 · 효력에 관한 분쟁은 그 위법 · 위헌성 여부가 재판의 전제가 되는 경우에 한하여, 소송제기를 통하여 다툴 수 있음을 정하고 있는 것이다. 환언하면 법률 · 명령 · 규칙의 효력 · 해석에 관한 분쟁은, 어떤 처분으로 인해 권익이 침해된 자가 그 처분의 위법성을 주장하기 위해 그 처분의 근거가 된 법령의 위헌 · 위법성을 다투는 경우에 소송의 대상이 될 수 있다는 것이다.

다만, 명령 · 규칙 · 조례 · 행정규칙(고시) 등이 행정청의 집행을 거치지 않고도 그 자체가 직접 국민의 권리 · 의무를 생성 · 변경 · 소멸시키는 경우는(즉, '처분적 명령'의 경우는), 극히 예외적인 경우이지만, 행정소송의 대상이 된다(행정소송이 여의치 않으면 헌법소송도 제기할 수 있다).

아무튼 구체적인 권리 · 이익의 침해와는 무관하게 직접 법령의 효력 · 해석을 행정소송으로써 다투는 것(추상적 규범통제)은 허용되지 않는다.

2) 반사적 이익에 관한 분쟁

법률상 이익(법에 의해 보호되고 있는 이익)에 관한 분쟁만 행정소송의 대상이 된다.

법에서 보호하지 않는 이익(반사적 이익)은 소송을 통해 보호받지 못함은 논리적으로 당연하다. 오늘날에는 어떤 법률규정의 보호목적에 공익만이 아니라 사익도 포함시킴으로써 과거에는 반사적 이익이라고 했던 것을 법률상 이익으로 전환하는 경향이 있지만, **반사적 이익이 소송의 대상이 되지 않는다는 점은 변함없다.**

3) 객관적 소송 · 단체소송

개인의 구체적인 권익의 구제를 직접적인 목적으로 하는 것이 아닌 민중소송 · 기관소송과 같은 객관적 소송은 인정되지 않는다. 이러한 소송은 행정작용의 적법성을 확보하기 위한 것일 뿐이고 개인(들)의 주관적인 법률상의 이익을 위한 것이 아니기 때문에 법률에 의하여 특별히 인정된 경우에만 제기할 수 있다. 단체소송도 원칙적으로 인정이 되지 않지만 예외적으로 법률의 근거가 있는 경우 허용된다.

【참고】 **단체소송**: 단체(예 : 환경단체, 한의사회)가 단체의 목적(환경보호)이나 단체구성원(한의사들)의 권익을 위해 **단체의 이름으로 소송을 제기하는 경우**를 말한다. 예컨대, 행정청이 사인에게 환경침해를 수반하는 개발을 허가한 경우에 **환경단체가 환경보호를 위해** 당해 개발허가의 취소소송을 제기하는 경우(이타적 단체소송) 또는 **한의사회가 한의사회의 이름으로 소속회원들인 한의사들의 이익을 위해** 어떤 행정처분의

취소를 요구하는 소송을 제기하는 경우(이기적 단체소송)가 이에 해당한다. 이러한 소송은 현재 우리나라에 서는 원칙적으로 허용되지 않고 있지만 예외적으로 소비자 기본법상의 소비자단체소송, 개인정보보호법상의 개인정보 단체소송 등이 인정되고 있다(상술). 독일의 일부 州에서 자연환경보호단체의 환경소송은 인정한다. 개인들(예 : 한의사들)이 집단적으로 소송을 제기하는 것은 단체소송이라고 하지 않으며, 그러한 것은 허용된다.

(2) 법적용상의 한계

소송은 법적용의 문제만 판단할 뿐이고 정책상의 타당성 여부 등은 다루지 않는다.

1) 재량행위

원고는 재량행위의 부당성이 아니라 위법성을 주장하여야 소송이 인정된다. 행정청의 재량행사가 재량의 한계를 벗어나지 않았지만 합목적성의 관점에서 최선의 것이 아닌 것은 부당한 재량행사로서 사법심사의 대상이 되지 않고, 단지 재량의 일탈·남용의 경우에만 위법한 재량행사가 되어 사법심사의 대상이 되기 때문이다.

2) 통치행위

행위의 성격상 그리고 헌법규정상 사법심사가 불가능한 통치행위는 행정소송의 대상에서 제외된다.

2. 권력분립에서 오는 한계

【문제】 甲은 건축법령상 고도제한으로 자기소유의 대지상에 2층 건물밖에 지을 수 없다는 것을 알고 사위(詐僞)의 방법으로 고도기준선을 낮춰 잡아 관할행정청에 3층 건물에 대한 건축허가를 신청하였다. 이에 위 대지의 바로 북쪽에 가옥을 소유하고 있는 乙은 위 건물이 완공될 경우 일조권이 침해되므로 위 건물에 대한 건축허가와 공사를 막고자 한다. 乙이 그 구제방법으로 생각할 수 있는 항고소송에는 어떤 것이 있으며, 그러한 항고소송이 현행법상 허용되는지 여부를 아래 단계별로 논하시오.
가. 건축허가가 나오기 전 단계
나. 甲이 신청한 대로 건축허가가 나온 단계
다. 甲이 신청한 대로 건축허가가 나와 그에 따라 건축공사가 완료된 단계. 〈제44회 사법시험〉

성질상 행정부가 해결하는 것이 합당하고 사법부가 재판으로써 간섭하지 못하는 분야가 있다. 위의 재량행위와 통치행위도 이에 속한다고 볼 수 있다. 이와 관련하여 특히 논의가 되는 것은 행정청의 부작위에 대해 법원이 재판을 통하여 간섭할 수 있는가의 문제이다.

(1) 의무이행소송의 인정 여부

의무이행소송이란 당사자의 일정한 행정처분(예 : 건축허가)의 신청에 대하여 행정청이 거부(예 : 허가거부처분)하거나 아무런 응답도 하지 않는(부작위) 경우, 행정청으로 하여금 일정한 처분을 할 것을 청구하는 내용의 행정소송을 말한다. 그러한 소송에서는 법원이 행정청으로 하여금 일정한 처분(예: 거부처분의 경우에는 건축허가, 부작위의 경우에는 거부처분 또는 허가처분)을 할 것을 명하는 이행판결을 하게 된다.

의무이행소송이 허용되는지에 관해서는 부정설과 긍정설이 대립한다. 생각건대 의무이행소송을 통하여 법원이 행정청으로 하여금 법률의 해석상 인정되는 의무이행을 명하는 것이 권력분립의 원칙과 모순되지 않는다는 것은 물론이다. 독일의 행정법원법도 이 소송을 명시적으로 인정하고 있다. 우리도 입법론적으로 그러한 소송의 도입을 주장할 수는 있다. 그러나 현행법의 해석상 그러한 소송을 인정하는 것은 무리이다. 현행법이 거부처분에 대해서는 취소소송을 인정하고 있으므로 문제되지 않는다. 문제는 부작위의 경우인데 이에 대해서는 명시적으로 부작위위법확인소송을 통하여 해결하도록 하고 있다(후술). 즉, 의무이행소송을 인정하지 않는 것이 입법자의 의도인 것이다. 판례도 같은 견해이다. 요컨대, 거부처분에 대해서는 거부처분취소소송, 부작위에 대해서는 부작위위법확인소송을 제기한다.

【참고】 현행 행정소송법상 행정청으로 하여금 일정한 **행정처분을 하도록 명하는 이행판결을 구하는 소송**이나 법원으로 하여금 행정청이 일정한 행정처분을 행한 것과 같은 효과가 있는 **행정처분을 직접 행하도록 하는 형성판결을 구하는 소송은 허용되지 아니한다**(대법원 1997.9.30, 97누3200).

【참고】 **의무이행소송과 이행소송(급부소송) : 의무이행소송**(Verpflichtungsklage)은 일반적인 의무가 아니라 특정한 **행정행위(행정처분)를 행할 의무**가 있음에도 불구하고 이를 위반한 경우에 그 의무(예 : 건축허가의무)의 이행을 청구하는 소송을 말한다. **이행소송**(Leistungsklage)이란 앞의 의무이행소송과 구분하기 위하여 일반이행소송, 급부소송이라고도 하는데, **행정행위를 할 의무가 아닌 일반적인 작위·부작위·급부·수인의 의무**(예 : 원상회복의무, 결과제거의무, 금전급부의무, 정보제공의무, 명예훼손발언철회의무)를 행정청이 이행할 것을 구하는 소송을 말한다.

(2) 예방적 부작위청구소송(금지소송)의 인정 여부

예방적 부작위청구소송은 행정청이 일정한 처분(예 : 건축허가)을 할 것이 명백하고, 그러한 행정처분으로 인해 사인(예 : 이웃주민)의 법률상 이익이 침해될 우려가 있는 경우 법원이 미리 행정청으로 하여금 당해 행정처분을 하지 않도록 명하거나, 당해 행정처분을 할 권한이 없음을 확인하는 판결을 구하는 소송이다. 일종의 소극적 의무이행소송이라고 할 수 있다. 이것의 인정 여부에 관해서도 견해가 대립한다.

생각건대 행정청이 법집행작용으로서 일정한 행정처분을 하기 전에 당해 처분을 법원이 사전에 차단하는 것은 권력분립의 원칙과 행정청의 1차적 판단권의 존중이라는 관점에서 허용될 수 없으며, 현행법에서도 이를 인정하는 근거규정을 찾을 수 없다. 필요하면 집행정지신청을 통하여 목적을 달성할 수 있을 것이다. 판례의 입장도 같다.

【 판례 】 행정소송법상 행정청이 일정한 처분을 하지 못하도록 그 **부작위를 구하는 청구는 허용되지 않는 부적법한 소송**이라 할 것이므로, 피고 국민건강보험공단은 이 사건 고시를 적용하여 요양급여비용을 결정하여서는 아니 된다는 내용의 원고들의 위 피고에 대한 이 사건 청구는 부적법하다(대법원 2006.5.25. 2003두11988).

(3) 작위의무확인소송 인정 여부

행정청에게 일정한 작위의무가 있음을 확인해 줄 것을 법원에 청구하는 소송도 인정되지 않는다.

【 판례 】 피고 국가보훈처장 등에게, 독립운동가들에 대한 서훈추천권의 행사가 적정하지 아니하였으니 이를 바로잡아 다시 추천하고, 잘못 기술된 독립운동가의 활동상을 고쳐 독립운동사 등의 책자를 다시 편찬, 보급하고, 독립기념관 전시관의 해설문, 전시물 중 잘못된 부분을 고쳐 다시 전시 및 배치할 의무가 있음의 확인을 구하는 청구는 **작위의무확인소송으로서 항고소송의 대상이 되지 아니한다**(대법원 1990.11.23. 90누3553).

【 답 】

가. 건축허가의 전단계에서 현행법상의 취소소송, 무효등확인소송, 부작위위법확인소송으로는 그 권리구제가 어려우므로, 乙은 현행법에서 규정하고 있지 않은 소송(법정외항고소송)이지만 **예방적 부작위청구소송**의 제기를 검토해 볼 수 있다. 그러나 판례는 부정적이므로 각하될 것이다.

나. 처분의 제3자인 乙에게 원고적격이 인정될 수 있는지의 여부가 문제될 수 있으나 일조권이 침해되므로 인정될 수 있으며, 甲에 대한 위법한 건축허가의 취소소송과 동시에 건축허가의 **집행정지신청**을 하여 건축공사의 진행을 막음으로써 권리구제를 받을 수 있다.

다. 건축허가가 있음을 乙이 알지 못했다면 그것을 알 수 있었을 시점인 공사착공시점으로부터 90일이 지났다면 불가쟁력으로 인해 제기할 수 없을 것이다. 90일이 지나지 않았다면 취소소송을 제기할 수 있으나 소의 이익이 인정될 수 있을지 의문이다. 甲의 건축물사용승인신청에 대해 행정청이 거부하도록 요구하는 소송도 판례는 인정하지 않는다. 위법한 건축물이라고 하여 반드시 철거명령을 해야 하는 것은 아니므로 건축물의 철거명령을 구하는 부작위위법확인소송의 경우도 승소할 수 없을 것이며, 의무이행소송도 인정되지 않는다(결국 甲에 대한 **손해배상청구**, 그리고 건축허가에 있어서 **행정청의 고의·과실이 있는 경우**에는 **국가배상청구**의 문제가 된다).

Ⅲ. 행정소송의 종류

1. 내용에 의한 분류

(1) 항고소송

항고소송이란 행정청의 공권력행사에 대해 불복·저항하는 소송을 말한다. "행정청의 처분 등(처분＋재결)이나 부작위에 대하여 제기하는 소송"이다(행소법 제3조 제1호). 행정소송법이 정하고 있는 항고소송(法定抗告訴訟)은 세 가지이다(상세는 후술). 법에서 정하고 있지 않은 항고소송(法定外抗告訴訟, 無名抗告訴訟)으로서 의무이행소송·예방적 부작위소송을 인정하는 견해도 있으나 위에서 본 바와 같이 판례는 인정하지 않는다.

1) 취소소송

행정청의 위법한 처분 또는 재결의 취소·변경을 구하는 소송이다(동법 제4조 제1호). 항고소송의 중심적인 위치를 차지한다.

2) 무효등확인소송

행정청의 처분이나 재결의 효력 유무(무효·유효확인소송) 또는 존재 여부를 확인하는(존재·부존재확인소송) 소송이다(동법 제4조 제2호).

3) 부작위위법확인소송

행정청의 부작위가 위법하다는 확인을 구하는 소송이다(동법 제4조 제3호).

(2) 당사자소송

"행정청의 처분 등을 원인으로 하는 법률관계에 관한 소송과 기타 공법상의 법률관계에 관한 소송으로서 그 법률관계의 한쪽 당사자를 피고로 하는 소송"이다(동법 제3조 제2호).

(3) 민중소송

"국가 또는 공공단체의 기관이 법률에 위반되는 행위를 한 때에 직접 자기의 법률상 이익과 관계없이 그 시정을 구하기 위하여 제기하는 소송"이다(동법 제3조 제3호).

(4) 기관소송

국가 또는 공공단체의 기관상호간에 권한의 존부 또는 그 행사에 관한 다툼이 있을 때에 제기하는 소송을 말한다. 다만, 헌법재판소법 제2조의 규정에 의하여 헌법재판소의 관장사항으로 되는 소송은 제외한다(동법 제3조 제4호).

【참고】 항고소송·당사자소송은 주관적 소송(자기 자신의 권익을 위해 제기하는 소송)이고, 민중소송·기관소송은 객관적 소송이다.

2. 성질에 의한 분류

(1) 형성소송

행정법상의 법률관계를 형성(발생·변경·소멸)시키는 판결(형성판결)을 구하는 소송이다. 형성의 효과는 피고인 행정청의 행위(집행)를 매개로 하지 않고 직접 판결에 의해 발생한다. 취소소송이 이에 속한다(즉, 판결의 주문〈主文〉이 "행정청은 … 을 취소하라"가 아니라 "… 을 취소한다"이다).

(2) 이행소송(급부소송)

피고로 하여금 일정한 실체법상의 의무를 이행하도록 명령하는 판결(이행판결), 즉 특정의 작위·부작위·급부·수인 등을 명하는 판결을 구하는 소송이다. 급부소송이라고도 한다. 형성소송과 달리 피고의 이행의 문제가 남아있다. 현행법상 항고소송의 일종으로서의 이행소송(직접 행정처분을 요구하는 소송)은 인정되지 않고, 당사자소송으로서의 일반이행소송(예 : 금전급부소송, 정보공개청구소송)이 이에 속한다(판결 주문은 "피고는 … 을 하라"이다).

(3) 확인소송

특정한 권리·법률관계의 존부, 행정행위의 유효·무효 등을 확인하는 판결을 구하는 소송이다. 다툼이 있는 법관계를 명료하게 확정하기 위한 것이다. 무효등확인소송, 부작위위법확인소송 그리고 공법상 법률관계의 존부를 확인받기 위한 당사자소송이 이에 속한다.

제 2 절　항고소송

Ⅰ. 취소소송

1. 개　설

(1) 취소소송의 의의 · 성질

취소소송이란 행정청의 위법한 처분 또는 재결의 취소 · 변경을 구하는 소송을 말한다. 이에는 처분취소소송 · 처분변경소송 · 재결취소소송 · 재결변경소송이 있을 수 있다. 행정처분의 무효선언을 구하는 의미의 취소소송도 판례상 취소소송의 하나로 인정되고 있다.

취소소송은 개인의 권익구제를 직접적인 목적으로 하는 주관적 소송이다. 일정한 법률관계를 성립시킨 행정처분의 효력을 다투어 당해 처분의 취소 · 변경을 통하여 원상회복을 도모한다는 점에서 형성소송이다(즉, 원상회복할 법적 이익이 없이 단지 확인만을 위한 취소소송은 원칙적으로 인정되지 않는다). 통설 · 판례이다(판결의 主文도 "… 처분을 취소한다"로서 처분의 효력을 직접 소멸시킨다).

【 판례 】 위법한 행정처분의 취소를 구하는 소는 위법한 처분에 의하여 발생한 위법상태를 배제하여 원상으로 회복시키고 그 처분으로 침해되거나 방해받은 권리와 이익을 보호 · 구제하고자 하는 소송이므로 비록 그 **위법한 처분을 취소한다고 하더라도 원상회복이 불가능한 경우에는 그 취소를 구할 소의 이익이 없다.** 임기 만료된 지방의회의원이 군의회를 상대로 한 의원제명처분 취소소송에서 승소한다고 하더라도 군의회 의원으로서의 지위를 회복할 수는 없는 것이므로 위 의원은 소를 유지할 법률상의 이익이 없어서 소를 각하한 원심이 정당하다(대법원 1996.2.9, 95누14978).

(2) 취소소송의 소송물

소송물(Streitgegenstand)이란 소송상 분쟁의 대상물, 즉 소송에서 다툼이 되는 사항을 말한다. 동일한 소송물에 대해서는 이중으로 소송을 제기할 수 없고, 소송의 종류, 소송의 동일성 여부, 소송의 병합 · 변경, 판결의 기판력 · 기속력의 범위도(후술 참조) 소송물을 기준으로 판단하게 된다. 따라서 소송물의 범위를 어떻게 볼 것인가는 실무상 중요하다.

예컨대, 甲이 대기오염물질배출시설허가를 신청하였으나 행정청은 당해 시설이 배출허용기준치를 초과한다는 이유로 불허가처분을 하였고, 이에 대해 甲이 불허가처분취소소송을 제기하여 승소하였다. 그런데 행정청이 다시 소음 · 진동기준치를 초과한다는 이유로 다시 불허가를 할 수 있는지가 문제이다.

행정소송의 제기 여부, 무엇에 관하여 다툴 것인가에 관한 처분권을 당사자에게 부여하고 있으며(처분권주의), 행정소송의 주된 목적은 원고의 권리구제에 있다. 따라서 甲이 승소한 취소소송의 소송물은 행정처분의 위법성과 그로 인해 자기의 권리가 침해되었다는 원고의 법적 주장(청구취지. 예 : 배출허용기준치를 초과하지 않았음에도 불허가처분을 한 것은 위법하며, 그로 인해 자신의 재산권·직업행사의 자유 등이 침해되었다는 주장)이다. 청구취지에만 판결의 효력이 미치므로, 행정청이 다른 사유를 들어 다시 불허가처분을 하더라도 원래의 취소판결의 기판력·기속력에 위반되지 않는다. 甲도 새로운 처분에 대해 다시 소송을 제기할 수 있다.

(3) 무효등확인소송과의 관계

1) 주위적·예비적 청구

행정처분에 대한 취소청구와 무효확인청구는 서로 양립할 수 없는 청구로서 주위적·예비적 청구로서만 병합이 가능하고 선택적 청구로서의 병합이나 단순 병합은 허용되지 아니한다(대법원 1999.8.20, 97누6889).

만일 취소소송을 제기하여 취소청구를 기각하는 판결이 확정되면 그 처분이 적법하다는 점에 관하여 기판력이 생기고 그 후 원고는 처분을 무효라고 주장하며 무효확인소송을 제기할 수는 없다.

> 【참고】 주위적 청구, 예비적 청구 : 원고가 소송의 청구취지를 주장하면서 청구원인을 한가지로 특정을 하게 되면 기각당할 우려가 있을 경우에 원고가 청구원인으로 **먼저 주장하는 것을 주위적 청구(즉, 주된 청구)**라고 하고, **예비적으로 다른 원인을 주장하는 것을 예비적 청구**라고 한다. 먼저 주위적 청구에 대해 심리를 하고 이에 대해 원고승소판결을 내릴 수 있으면 예비적 청구에 대해서는 심리를 하지 않고 판결을 하지만 주위적 청구에 대해 기각을 해야 할 경우에는 예비적 청구에 대해서도 심리를 하여 판결을 한다.

> 【판례】 과세처분의 취소소송은 과세처분의 실체적, 절차적 위법을 그 취소원인으로 하는 것으로서 그 심리의 대상은 과세관청의 과세처분에 의하여 인정된 조세채무인 과세표준 및 세액의 객관적 존부, 즉 당해 과세처분의 적부가 심리의 대상이 되는 것이며, **과세처분 취소청구를 기각하는 판결이 확정되면 그 처분이 적법하다는 점에 관하여 기판력이 생기고 그 후 원고가 이를 무효라 하여 무효확인을 소구할 수 없는 것이어서 과세처분의 취소소송에서 청구가 기각된 확정판결의 기판력은 그 과세처분의 무효확인을 구하는 소송에도 미친다**(대법원 2003.5.16, 2002두3669).

2) 무효인 행정처분에 대해 취소소송을 제기한 경우

행정처분이 무효임에도 불구하고 원고가 무효확인소송을 제기하지 아니하고 취소소송을 제기한 경우가 있다. 이 경우는 취소소송을 제기한 것이므로 취소소송의 요건(예 : 제소기간의 제한)을 구비하여야 한다(대법원 1990.8.28, 90누1892).

(가) 취소소송의 요건을 구비한 경우

행정처분이 무효임에도 불구하고 원고가 취소소송을 제기한 경우에는, 원고가 취소만을 원하는 것이 명백하지 않는 한 그 소송은 '무효선언을 구하는 의미의 취소소송('무효를 선언하는 의미에서 취소를 구하는 행정소송')'을 제기한 것이 된다. 이 경우는 취소소송의 요건을 구비한 경우에는 (무효를 선언하는 의미의) 취소판결을 받게 된다. 이 경우 무효확인소송으로 변경하지 않는 한 법원은 당해 처분이 무효라고 하더라도 무효확인판결을 할 수는 없다.

(나) 취소소송의 요건을 구비하지 못한 경우

① 무효확인소송으로 소의 변경

원고가 취소소송을 무효확인소송으로 소의 변경을 할 수 있고 법원도 소의 변경을 위하여 석명권(釋明權)을 행사할 수 있다.

② 무효확인소송으로 소의 변경을 하지 않는 경우

원고가 위와 같은 취소소송을 무효확인소송으로 소의 변경을 하지 아니하는 경우 판례는 ㉠ 취소를 구하는 취지에는 무효확인을 구하는 취지가 포함되어 있지 아니하므로 소의 변경을 하지 아니하고는 무효확인의 판결을 할 수 없고(대법원 1982.6.22. 81누424), ㉡ 원고의 청구 가운데 행정처분의 무효를 선언하는 의미에서의 취소를 구하는 취지까지 포함되어 있다 하더라도 법원으로서는 원고의 취소의 소가 소송요건을 구비하지 못하여(예: 제소기간 경과) 결국 부적법하므로 각하판결을 하여야 하며(대법원 1993.3.12. 92누11039), ㉢ 법원이 각하하는 경우에도 원고로 하여금 소의 변경을 할 수 있도록 원고에게 이를 석명하여야 할 의무가 없다는 입장을 취하고 있다(대법원 1983.7.27. 82누546).

【판례】 행정처분의 당연무효를 선언하는 의미에서 그 취소를 청구하는 행정소송을 제기하는 경우에도 … 취소소송의 제소요건을 갖추어야 하는 것이므로 … 원고 주장의 과세처분의 **취소를 청구하는 이 사건 소송이 제소기간을 도과하여 제소요건을 갖추지 못한 부적법한** 것이라면 소론과 같이 원고의 청구 가운데 위 과세처분의 당연무효를 선언하는 의미에서의 취소를 구하는 취지까지 포함되어 있다 하더라도 이는 결국 제소기간 경과 후에 제소한 **부적법한 소송으로서 각하**를 면할 수 없다(대법원 1984.5.29. 84누175).

3) 단순위법의 행정처분에 대해 무효확인소송을 제기한 경우

처분이 단순위법으로서 취소할 수 있음에 그침에도 불구하고 원고가 무효확인소송을 제기한 경우에는, 무효확인만을 구하는 것이 명백하지 않는 한, 취소를 구하는 취지까지 포함되어 있는 것으로 본다(대법원 2005.12.23. 2005두3554).

(가) 취소소송의 요건을 구비한 경우

이 경우 취소청구를 인용하려면 먼저 취소를 구하는 항고소송(취소소송)으로서의 제소요건(예: 제소기간준수)을 구비한 경우에 한한다(대법원 1986.9.23. 85누838). 즉, 무효확인소송이 취소소송으로서의 요건을 구비한 경우에는 (앞서 본 행정처분이 무효임에도 취소소송을 제기하는 경우와 달리) 소의 변경절차 없이도 법원으로서는 취소청구를 인용하여야 한다.

(나) 취소소송의 요건을 구비하지 못한 경우

한편 무효확인소송이 취소소송의 요건을 구비하지 아니한 경우에는 취소청구를 인용할 수 없으며, 처분이 단순위법으로서 취소할 수 있음에 그침에도 불구하고 무효확인소송을 제기하였으므로 무효확인소송에 관하여 청구기각을 하여야 할 것이다.

취소사유에 해당하는 위법한 행정처분에 관하여 원고가 주위적으로 무효확인을, 예비적으로 취소를 구하는 경우에는 ㉠ 주위적 청구에 대하여는 청구기각, ㉡ 예비적 청구에 대하여는 소각하 판결을 하여야 할 것이다.

【판례】 단순히 취소할 수 있는 처분으로 볼 것인지는 동일한 사실관계를 토대로 한 법률적 평가의 문제에 불과하고, 행정처분의 무효확인을 구하는 소에는 특단의 사정이 없는 한 그 취소를 구하는 취지도 포함되어 있다고 보아야 하는 점 등에 비추어 볼 때, 동일한 행정처분에 대하여 무효확인의 소를 제기하였다가 그 후 그 처분의 취소를 구하는 소를 추가적으로 병합한 경우, **주된 청구인 무효확인의 소가 적법한 제소기간 내에 제기되었다면 추가로 병합된 취소청구의 소도 적법하게 제기된 것으로 봄이 상당하다** 할 것이다. 따라서 이 사건 **주위적 청구인 무효확인에 관한** 소가 적법한 제소기간 내에 제기되었다면 **예비적 청구인 취소청구에 관한 소도 적법하게 제기된 것으로 보아야** 할 것이다(대법원 2005.12.23. 2005두3554).

(4) 당사자소송과의 관계

단순위법사유가 있는 행정처분은 취소되지 않는 한 그 효력을 부인할 수 없다(공정력). 따라서 취소소송을 제기하지 않고 곧바로 처분의 효력을 부인하는 취지의 당사자소송을 제기할 수는 없다. 예컨대, 단순위법사유가 있는 공무원의 해임처분에 대해서는 해임처분취소소송을 제기하지 않고, 바로 당사자소송으로서 공무원지위확인소송을 제기할 수는 없다.

2. 취소소송의 당사자

(1) 원   고

【문 제】 甲은 A시와 B시간의 시외버스 운송사업을 하면서 그럭저럭 수지를 맞추고 있었다. 그런데 관할 행정청은 乙에게 동일한 구간에 대해서 새로운 운송사업면허를 부여하였다. (1) 甲은 이에

> 대하여 행정소송을 제기하였는데 이 경우 법원은 어떠한 결정을 내려야 하는가? (2) 만약 **甲**이 영업상 피해를 보고 있다면 긴급히 이를 구제할 수 있는 수단 및 가능성을 논하시오. 〈제40회 사법시험〉

행정소송법 제12조는 취소소송의 원고와 관련하여 "취소소송은 처분 등의 취소를 구할 법률상 이익이 있는 자가 제기할 수 있다. 처분 등의 효과가 기간의 경과, 처분 등의 집행 그 밖의 사유로 인하여 소멸된 뒤에도 그 처분 등의 취소로 인하여 회복되는 법률상 이익이 있는 자의 경우에는 또한 같다"고 규정하고 있다.

처분 등으로 법률상의 이익이 침해된 경우 그러한 처분 등(처분+재결)의 취소를 통하여 회복할 법률상 이익이 있는 자는 원칙적으로 원고가 될 자격(원고적격)이 있다. 하지만 취소소송을 통하여 보호할 실질적인 필요성(협의의 소의 이익)이 없는 자는 원고가 될 수 없다. 즉, 원고가 되기 위한 요건은 ㉠ 법률상 이익이 있을 것, ㉡ (협의의) 소의 이익이 있을 것이다.

1) 원고적격이 있는 자

(가) 원고적격의 의의

원고적격이란 행정소송에서 원고가 될 수 있는 자격을 말한다. 취소소송의 원고적격이 있는 자는 처분 등으로 법률상의 이익이 침해된 경우 그러한 처분 등의 취소를 통하여 회복할 법률상 이익(광의의 '소의 이익')이 있는 자이다.

【참고】소송을 제기할 법률상의 이익을 '(광의의) 소의 이익'이라고도 한다. 즉, 원고적격이 있는 자는 '소의 이익'이 있는 자이다. 그런데 원고가 실제로 소송을 통해 권리를 보호받을 필요성이 있을 때, 즉 소송을 제기할 실질적인 이익(필요성)이 있을 때 그것을 '(협의의) 소의 이익(권리보호의 필요성)'이라고 한다. 통상 '소의 이익'은 후자를 말한다.

(나) 법률상 이익의 의의

'법률상 이익'이란 '법에 의해 보호·보장되는 이익'을 의미한다. 즉, 그것이 침해될 때 '재판을 통해 보호받을 수 있는 힘이 인정되는 이익'이다. '권리'도 마찬가지로 '법에 의해 보호받고 있는 이익을 법적으로 주장하는 힘'이 인정된 것이다. 즉, 법률상 이익과 공권은 동일하다고 볼 수 있다.

【참고】많은 문헌에서 법률상 이익의 의미·범위를 설명하면서 취소소송의 기능에 관하여 권리구제설, 법률상 이익구제설, 보호할 가치있는 이익구제설, 처분의 적법성보장설 등을 소개하고 있으나, 이는 과거의 견해로서 이제는 그에 관한 논의는 별로 의미가 없다. 취소소송의 기능은 법률상 이익을 구제하는 것이라는 점과, 법률상 이익의 의미에 관해 견해차이가 없기 때문이다.

(다) 법률상 이익의 성립·존재

법률상 이익은 사실 '법률'상의 이익이 아니라 '법적' 이익을 말한다. 그것은 공법상의 권리(공권)와 동일한 것이며, 헌법상의 기본권은 가장 전형적인 공권에 속한다. 기본권이 직접 구체적인 권리로서 인정되는 경우도 있고, 법률(예 : 건축법)이 헌법상의 기본권(예 : 재산권)을 구체화하여 법률상의 권리(예 : 건축허가를 받을 권리)가 성립되거나 또는 행정목적을 위해 사인의 이익을 법적으로 보호하는 경우에 '법률상의 이익'이 성립되는 것이다.

그런데 법규범을 적용함에 있어서는 하위규범이 우선하므로 법률상 이익의 성립 여부는 1차적으로는 관련 법률규정을 기준으로 검토하고, 2차적으로 헌법규정 또는 조리를 기준으로 검토하여야 한다.

① 법률에 의해 법적 이익이 성립되기 위해서는 ㉠ 관련 법률규정이 행정주체에게 일정한 행위의 의무를 부과하고 있어야 한다. 개인은 그러한 규정에 근거하여 행정청으로 하여금 의무이행을 요구할 수 있다. ㉡ 그리고 행정청에 대한 의무부과의 목적이 공익만이 아니라 개인의 이익을 위한 것이어야 한다. 이때 개인은 법률규정에 근거하여 자신의 이익의 보호를 주장할 수 있는바, 그 이익을 '법률상 이익'이라고 하는 것이다. 법률상 이익의 존재 여부는 근거법규만이 아니라 그와 관련된 법규들을 종합적으로 해석하여 판단하여야 한다(대법원 2004.8.16, 2003두2175).

② 법률이 헌법상의 기본권 보호를 제대로 반영하지 못하거나, 헌법상 기본권이 이미 구체적인 권리로서 인정되고 있는 경우에는 헌법에 의해 개인적 공권, 즉 법률상 이익이 인정될 수 있다(예 : 경쟁의 자유, 평등권, 피고인 접견권, 환경권, 손실보상청구권, 국가배상청구권 등).

③ 법률규정이 없는 경우에도 구체적 권리 내지 법률상 이익(예 : 피고인 등의 타인과의 접견권, 사회단체의 등록신청권)을 헌법상의 관련조항(예 : 인간의 존엄과 가치 및 행복추구권, 결사의 자유)으로부터 도출할 수 있다(대법원 1992.5.8, 91부8; 헌재 1991.5.13, 90헌마133). 또한 조리에 의해 인정될 수도 있다(대법원 1991.2.12, 90누5825).

④ 법률상 이익이 인정되는 경우

㉠ 여객자동차운수사업법에 의해 면허를 받은 기존업자의 경영상의 이익(대법원 2002.10.25, 2001두4450), ㉡ 인·허가 등의 수익적 행정처분을 신청한 여러 사람이 서로 경쟁관계에 있어서 일방에 대한 허가 등의 처분이 타방에 대한 불허가 등으로 귀결될 수밖에 없는 경우(대법원 1992.5.8, 91누13274), ㉢ 도시계획법상의 주거지역 내의 건축제한 규정들로 인한 주민의 주거환경상의 이익(대법원 1975.5.13, 73누96·97), ㉣ 국립공원집단시설지구개발사업·전원(電源)개발사업·원자로건설사업, 공유수면매립, 농지개량사업의 환경영향평가대상지역 내의 주민이 갖는 환경상의 이익(대법원 2001.7. 27, 99두2970; 1998.9.22, 97누19571; 1998.9.4, 97누19588; 2006.3.16, 2006두330),

ⓜ 공유수면매립면허처분에 있어서 환경영향평가 대상지역 밖의 주민이 공유수면매립면허처분 전과 비교하여 수인한도를 넘는 환경피해를 받거나 받을 우려가 있는 것을 '입증'한 경우(대법원 2006.3.16, 2006두330), ⓗ 도시계획시설(도로, 공원, 하수도, 화장시설 등 기반시설 중 도시관리계획으로 결정된 시설)로 결정된 구역 안에서 공설화장장의 설치를 위하여 상수원보호구역변경처분을 한 경우, 공설화장장의 설치를 금지하는 도시계획법 제12조 및 매장및묘지등에관한법률에 의해 보호되는 부근 주민들의 이익(대법원 1995.9.26, 94누14544), ⓢ 구 오수·분뇨 및 축산폐수의 처리에 관한 법률(현 하수도법)에 의해 분뇨와 축산폐수 수집·운반업 및 정화조청소업 등의 영업허가를 받은 기존업자의 이익(대법원 2006.7.28, 2004두6716), ⓞ 담배 일반소매인으로 지정되어 영업을 하고 있는 기존업자의 신규업자(일반소매인)에 대한 이익(대법원 2008.3.27, 2007두23811), ⓩ 토사채취 허가지의 인근 주민들의 주거·생활환경상의 이익(대법원 2007.6.15, 2005두9736).

⑤ 법률상 이익이 부인되는 경우

ⓗ 동종업자에 대한 과징금부과처분을 취소한 행정심판재결에 대해 경쟁관계에 있는 다른 업자가 행정심판재결의 취소를 요구할 수 있는 이익(대법원 1992.12.8, 91누13700), ⓛ 양곡가공업허가로 인한 기존업자의 영업상의 이익(대법원 1990.11.13, 89누756, 현재 양곡가공업은 신고사항이다〈양곡관리법 제19조〉.), ⓒ 상수원에서 급수를 받고 있는 지역주민들이 상수원보호구역변경처분의 취소를 요구할 수 있는 이익(대법원 1995.9.26, 94누14544), ⓡ 전원개발사업의 환경영향평가대상지역 밖의 주민·환경보호단체 등의 환경상의 이익(대법원 1998.9.22, 97누19571), ⓜ 유기장영업허가로 인한 기존업자의 영업상의 이익(대법원 1986.11.25, 84누147), ⓗ 숙박업구조변경허가처분을 받은 건물의 인근에서 여관을 경영하는 기존숙박업자의 영업상의 이익(대법원 1990.8.14, 89누7900), ⓢ 한약조제시험을 통하여 약사에게 한약조제권을 인정함으로써 감소될 수 있는 한의사들의 영업상 이익(대법원 1998.3.10, 97누4289), ⓞ 담배 일반소매인으로 지정되어 영업을 하고 있는 기존업자의 신규업자(구내소매인)에 대한 이익(대법원 2008.4.10, 2008두402).

(라) 법률상 이익의 주체

① 자연인과 법인, 국가기관, 국가, 지방자치단체

법률상 이익이 있는 자에는 권리주체로서 자연인과 법인이 있다. 법인에는 공법인과 사법인이 있다. 지방자치단체도 법인으로서 포함될 수 있지만 자기의 고유한 권리(자치권)가 (주로 국가의 감독처분에 의해) 침해되었을 때만 당사자 적격이 인정될 수 있다. 법인격 없는 단체도 구체적인 분쟁대상과 관련하여 법률상 이익이 있는 범위 안에서 주체가 될 수 있다(예 : 사회단체신고의 수리를 거부하는 처분에 대해 소송을 제기하는 경우에 대표자를 통해 단체의 이름으로 제소함). 국가 등의 기관은 피고능력은 있어도(처분청의 경우), 원고능력은 없는 것이 원칙이다. 다만 국가기관의 처분에 의해 다른 국가기관이 권리를 침해 받았음에도 그 처분을 다툴 별다른 방법이 없고, 그 처분의 취소를 구하는 항고소송을 제기하는 것이 유효적절한 수단인 경우에는 국가기관에게 당사자능력과 원고적격을 인정하는 것이 판례의 입장이다. 국가나 지방자치단체가 처분의 상대방인 경우에 원고적격이 인정될 수 있다.

【 판례 】 ① **도롱뇽**은 천성산 일원에 서식하고 있는 도롱뇽목 도롱뇽과에 속하는 양서류로서 자연물인 도롱뇽 또는 그를 포함한 자연 그 자체로서는 소송을 수행할 **당사자능력을 인정할 수 없다**(대법원 2006.6.2. 2004마1148,1149).

② **건설교통부장관은** 지방자치단체의 장이 기관위임사무인 국토이용계획 사무를 처리함에 있어 자신과 의견이 다를 경우 … 법원에 의한 판결을 받지 않고서도 행정권한의 위임 및 위탁에 관한 규정이나 구 지방자치법에서 정하고 있는 지도·감독을 통하여 직접 지방자치단체의 장의 사무처리에 대하여 시정명령을 발하고 그 사무처리를 취소 또는 정지할 수 있으며, 지방자치단체의 장에게 기간을 정하여 직무이행명령을 하고 지방자치단체의 장이 이를 이행하지 아니할 때에는 직접 필요한 조치를 할 수도 있으므로, 국가가 국토이용계획과 관련한 지방자치단체의 장의 **기관위임사무의 처리에 관하여 지방자치단체의 장을 상대로 취소소송을 제기하는 것은 허용되지 않는다**(대법원 2007.9.20., 2005두6935).

③ 甲이 국민권익위원회에 '부패방지 및 국민권익위원회의 설치와 운영에 관한 법률'('국민권익위원회법')에 따른 신고와 신분보장조치를 요구하였고, **국민권익위원회가 甲의 소속기관 장인 乙 시·도선거관리위원회 위원장에게 '甲에 대한 중징계요구를 취소하고 향후 신고로 인한 신분상 불이익처분 및 근무조건상의 차별을 하지 말 것을 요구**'하는 내용의 조치요구를 한 사안에서, 국가기관 일방의 조치요구에 불응한 상대방 국가기관에 국민권익위원회법상의 제재규정과 같은 중대한 불이익을 직접적으로 규정한 다른 법령의 사례를 찾아보기 어려운 점, 그럼에도 **乙이 국민권익위원회의 조치요구를 다툴 별다른 방법이 없는 점** 등에 비추어 보면, 처분성이 인정되는 위 조치요구에 불복하고자 하는 乙로서는 **조치요구의 취소를 구하는 항고소송을 제기하는 것이 유효·적절한 수단**이므로 비록 乙이 국가기관이더라도 당사자능력 및 원고적격을 가진다고 보는 것이 타당하고, 乙이 위 조치요구 후 甲을 파면하였다고 하더라도 조치요구가 곧바로 실효된다고 할 수 없고 乙은 여전히 조치요구를 따라야 할 의무를 부담하므로 乙에게는 위 조치요구의 취소를 구할 법률상 이익도 있다(대법원 2013.7.25. 2011두1214).

④ 구 건축법 제29조 제1항, 제2항, 제11조 제1항 등의 규정 내용에 의하면, 건축협의의 실질은 지방자치단체 등에 대한 건축허가와 다르지 않으므로, **지방자치단체 등이 건축물을 건축하려는 경우 등에는 미리 건축물의 소재지를 관할하는 허가권자인 지방자치단체의 장과 건축협의를 하지 않으면, 지방자치단체라 하더라도 건축물을 건축할 수 없다.** 그리고 구 지방자치법 등 관련 법령을 살펴보아도 지방자치단체의 장이 다른 지방자치단체를 상대로 한 건축협의 취소에 관하여 다툼이 있는 경우에 법적 분쟁을 실효적으로 해결할 구제수단을 찾기도 어렵다. 따라서 건축협의 취소는 상대방이 다른 지방자치단체 등 행정주체라 하더라도 '행정청이 행하는 구체적 사실에 관한 법집행으로서의 공권력 행사'로서 처분에 해당한다고 볼 수 있고, **지방자치단체인 원고가 이를 다툴 실효적 해결 수단이 없는 이상, 원고는 건축물 소재지 관할 허가권자인 지방자치단체의 장을 상대로 항고소송을 통해 건축협의 취소의 취소를 구할 수 있다**(대법원 2014.2.27. 2012두22980.)

② 상대방과 제3자

이중효과적(복효적) 행정처분, 특히 제3자효 행정처분의 경우에 있어서는 처분의 상대방이 아닌 제3자가 법률상 이익의 주체가 될 수 있다. 법률상 이익의 존재 여부는 특히 이 경우에 문제된다. 즉, 자신의 법률상 이익의 침해를 이유로 이웃주민(隣人訴訟, 환경소송)이나 경쟁업자(競業者訴訟), 시험·허가 등의 경쟁지원자(競願者訴訟) 등이 소송을 제기하는 경우에 그러한 원고들에게 실제로 법률상 이익이 인정될 수 있는지가 문제되는 경우가 많다.

【판례】① 도시 및 주거환경정비법 제13조 제1항 및 제2항의 입법 경위와 취지에 비추어 하나의 정비구역 안에서 복수의 조합설립추진위원회에 대한 승인은 허용되지 않는 점, … 주택재개발사업의 경우 정비구역 내의 토지 등 소유자는 같은 법 제19조 제1항에 의하여 당연히 그 조합원으로 되는 점 등에 비추어 보면, **조합설립추진위원회의 구성에 동의하지 아니한 정비구역 내의 토지 등 소유자도 조합설립추진위원회 설립 승인처분에 대하여** 같은 법에 의하여 보호되는 직접적이고 구체적인 이익을 향유하므로 그 설립승인처분의 취소소송을 제기할 **원고적격이 있다**(대법원 2007.1.25, 2006두12289).
② 부실금융기관의 정비를 목적으로 은행의 영업 관련 자산 중 재산적 가치가 있는 자산 대부분과 부채 등이 타에 이전됨으로써 더 이상 그 영업 전부를 행할 수 없게 되고, 은행업무정지처분 등의 효력이 유지되는 한 **은행이 종전에 행하던 영업을 다시 행할 수는 없는 경우, 은행의 주주에게 당해 은행의 업무정지처분 등을 다툴 원고적격이 인정된다**(대법원 2005.1.27, 2002두5313).
③ 행정처분의 근거 법규 또는 관련 법규에 그 처분으로써 이루어지는 행위 등 사업으로 인하여 환경상 침해를 받으리라고 예상되는 영향권의 범위가 구체적으로 규정되어 있는 경우에는, …… 그 영향권 밖의 주민들은 당해 처분으로 인하여 그 처분 전과 비교하여 수인한도를 넘는 환경피해를 받거나 받을 우려가 있다는 자신의 환경상 이익에 대한 침해 또는 침해 우려가 있음을 증명하여야만 법률상 보호되는 이익으로 인정되어 원고적격이 인정된다. … 국토의 계획 및 이용에 관한 법률 제58조 제3항의 위임에 따른 구 국토의 계획 및 이용에 관한 법률 시행령 제56조 제1항 [별표 1] 제1호 (라)목 (2)가 '개발행위로 인하여 당해 지역 및 그 주변 지역에 수질오염에 의한 환경오염이 발생할 우려가 없을 것'을 개발사업의 허가기준으로 규정하고 있는 취지는, 공장설립승인처분과 그 후속절차에 따라 공장이 설립되어 가동됨으로써 그 배출수 등으로 인한 수질오염 등으로 직접적이고도 중대한 환경상 피해를 입을 것으로 예상되는 주민들이 환경상 침해를 받지 아니한 채 물을 마시거나 용수를 이용하며 쾌적하고 안전하게 생활할 수 있는 개별적 이익까지도 구체적·직접적으로 보호하려는 데 있다. 따라서 수돗물을 공급받아 이를 마시거나 이용하는 주민들로서는 위 근거 법규 및 관련 법규가 환경상 이익의 침해를 받지 않은 채 깨끗한 수돗물을 마시거나 이용할 수 있는 자신들의 생활환경상의 개별적 이익을 직접적·구체적으로 보호하고 있음을 증명하여 원고적격을 인정받을 수 있다. 공장설립으로 수질오염 등이 발생할 우려가 있는 물금취수장에서 취수된 물을 공급받는 **부산광역시 또는 양산시에 거주하는 주민들도** 위 처분의 근거 법규 및 관련 법규에 의하여 개별적·구체적·직접적으로 보호되는 환경상 이익, 즉 **법률상 보호되는 이익이 침해되거나 침해될 우려가 있는 주민으로서 원고적격이 인정된다**(대법원 2010.4.15, 2007두16127).
④ 환경상 이익에 대한 침해 또는 침해 우려가 있는 것으로 사실상 추정되어 원고적격이 인정되는 사람에는 환경상 침해를 받으리라고 예상되는 영향권 내의 주민들을 비롯하여 그 영향권 내에서 농작물을 경작하는 등 현실적으로 환경상 이익을 향유하는 사람도 포함된다. 그러나 **단지 그 영향권 내의 건물·토지를 소유하거나 환경상 이익을 일시적으로 향유하는 데 그치는 사람은 포함되지 않는다**(대법원 2009.9.24, 2009두2825).
⑤ 원고들은 서울시립대학교 세무학과에 재학중인 학생들로서 조세정책과목을 수강하고 있는데 피고가 경제학적으로 접근하여야 하는 조세정책과목의 **담당교수를 행정학을 전공한 소외 원윤회로 임용함으로써** 원고들의 학습권을 침해하였다는 것이나 설령 피고의 이 사건 임용처분으로 말미암아 원고들이 그 주장과 같은 불이익을 받게 되더라도 그 불이익은 간접적이거나 사실적인 불이익에 지나지 아니하여 그것만으로는 원고들에게 이 사건 **임용처분의 취소를 구할 소의 이익이 있다고 할 수 없다**(1993.7.27. 93누8139).

③ 단 체

단체(예: 환경단체)가 단체의 목적(예: 환경보호)이나 단체구성원의 권익(예: 의사들의 권익)을 위해 단체의 이름으로 소송을 제기하는 것(단체소송)은 원칙적으로 인정되지 않는다(예외적으로 소비자 기본법상의 소비자단체소송, 개인정보보호법상의 개인정보 단체소송 등이 인정되고 있다(상술)). 여러 개인이 집단적으로 소송을 제기하는 것은 단체소송이라고 하지 않으며, 그러한 것은 허용된다.

【판례】 **대한의사협회**는 의료법에 의하여 의사들을 회원으로 하여 설립된 사단법인으로서, 국민건강보험법상 요양급여행위, 요양급여비용의 청구 및 지급과 관련하여 **직접적인 법률관계를 갖지 않고 있으므로**, 보건복지부 고시인 '건강보험요양급여행위 및 그 상대가치점수 개정'으로 인하여 자신의 법률상 이익을 침해당하였다고 할 수 없으므로 위 **고시의 취소를 구할 원고적격이 없다**(대법원 2006.5.25. 2003두11988).

【답】

(1) 甲은 행정처분의 상대방이 아닌 제3자이지만, 여객자동차운수사업법이 보장하는 독점적 경영권인 법률상 이익을 침해받았으므로 처분 등의 취소를 구할 법률상 이익 즉, 원고적격을 갖는다. 또한 자동차운수사업법 제6조 제1항이 '사업계획이 당해 노선 또는 사업구역의 수송수요와 수송력공급에 적합할 것'을 면허기준으로 하고 있음에도, '그럭저럭 수지를 맞추고 있는' **甲의 경쟁회사인 乙에 대한 신규면허처분은 재량권을 남용한 위법한 행위로 볼 수 있다.** 따라서 법원은 甲의 청구를 인용하는 판결을 내려야 한다.

(2) 행정소송법 제23조에는 집행정지의 요건으로서 "회복하기 어려운 손해를 예방하기 위한 긴급한 필요가 있을 것"을 요하는바, 회복하기 어려운 손해는 **원칙적으로 금전보상이 불가능한 손해**일 것을 요한다. 따라서 乙에 대한 면허로 인한 甲의 손실이 사업의 도산으로 이어질 정도가 아니라면, 금전으로 보상될 수 있어 **甲의 집행정지신청은 기각된다.**

---

2) (협의의) 訴의 이익(권리보호의 필요)이 있는 자

【문제】

① 甲은 건축사법 제28조 위반으로 6개월의 업무정지처분을 받았다. 甲은 취소소송을 제기하였으나, 변론종결 전에 당해 처분의 효력 및 집행정지 등의 결정을 받지 못한 채 영업정지기간이 도과하였다. (1) 이 경우 수소법원은 어떤 판결을 내려야 하는가? (2) 건축사법 제28조 제1항 5호를 법률에 규정하지 않고 시행령, 시행규칙, 훈령에 규정하였을 경우 각각의 경우에 대해 수소법원은 어떤 판결을 내려야 하는가? 〈제44회 행정고시〉

【참고】 건축사법 제28조 제1항 5호는 국토교통부장관은 건축사가 년 2회 이상 건축사의 업무정지명령을 받은 경우 그 정지기간이 통산하여 12월 이상이 된 때 건축사업무신고의 효력상실처분을 하여야 한다는 취지의 규정이다. 즉, 甲은 년 2회 이상의 업무정지처분을 받으면 건축사업무를 수행할 수 없게 될 우려가 있다. 따라서 甲은 1차 업무정지처분의 취소를 원하게 된다.

② 甲은 일반음식점을 경영하는 자로서 식품위생법 위반으로 인하여 2개월의 영업정지처분을 받았다. 영업정지기간이 경과한 후 甲은 식품위생법시행규칙에 2회 이상의 법규위반에 대한 가중적 제재규정이 있어 불이익을 받을 우려가 있다는 이유를 들어 당해 처분에 대한 취소소송을 제기하였다. 위 취소소송의 적법 여부를 논하시오. 〈제45회 사법시험〉

(가) 소의 이익의 의의

원고적격이 있으면 취소소송의 원고가 될 수 있는 것이 원칙이다. 그러나 소송을 제기할 실질적인 이익이 없으면 원고가 될 수 없다. 즉, 법원이 본안판결을 행할 구체적 실익 내지 현실적 필요성이 있어야 한다. 이와 같이 '분쟁을 재판에 의하여 해결할 만한 현실적 필요성'을 협의의 소의 이익(소익, 訴益) 또는 권리보호의 필요라고 한다.

(나) 소익(訴益)이 부정되는 경우

① 소송목적이 다른 간편한 방법에 의해 달성될 수 있는 경우

간편한 행정적인 방법이나 절차로써 목적을 달성할 수 있음에도 소송을 제기한 경우(예: 명백한 계산상의 오류는 간단히 정정하면 됨에도 불구하고 제소한 경우, 대법원 1991.9.10, 91누3840), 보다 직접적이고 유효적절한 소송이나 수단이 있는 경우(대법원 1993.4.23, 92누17297 참조) 등이다.

② 소송의 제기를 부당한 목적으로 하거나 남용하는 경우

원고가 자신의 권리를 관철하려는 것이 목적이 아니라 단지 피고에게 불이익을 주거나 법원에게 부담을 주려는 목적으로 소를 제기하는 경우이다. 예컨대, 수용당한 지 오랜 세월이 지난 후에 수용보상금 중 극히 일부가 미지급되었음을 이유로 수용재결의 실효를 주장하는 경우이다(대법원 1993.5.24, 92다51433).

③ 이익침해가 해소된 경우

처분 후의 사정변경에 의하여 이익침해가 해소된 경우에는 소익이 없다. 예컨대, 사법시험 제1차 시험 불합격처분취소를 구하는 소송 도중에 새로이 실시된 같은 시험에 합격한 경우이다(대법원 1996.02.23, 95누2685).

④ 원상회복이 불가능한 경우

위법한 처분을 취소한다 하더라도 원상회복이 불가능한 경우에도 소익이 인정되지 않는다. 예컨대, 건축허가에 따른 건축공사가 완료된 경우, 이격거리위반을 이유로 건축허가처분의 취소를 구할 경우 이미 공사가 완료되어 이격거리를 확보하는 것은 불가능하므로 소의 이익이 인정되지 않는다(대법원 1992.4.24., 91누11131).

【 판례 】 행정처분의 무효확인 또는 취소를 구하는 소에서, 비록 행정처분의 위법을 이유로 무효확인 또는 취소 판결을 받더라도 그 처분에 의하여 발생한 위법상태를 원상으로 회복시키는 것이 불가능한 경우에는 원칙적으로 그 무효확인 또는 취소를 구할 소의 이익이 없고, 다만 원상회복이 불가능하더라도 그 무효확인 또는 취소로 회복할 수 있는 다른 권리나 이익이 남아있는 경우에만 예외적으로 소의 이익이 인정될 수 있을 뿐이다(대법원 2016. 6. 10. 선고 2013두1638 판결 등 참조). 이 사건의 경우, 앞서 살펴본 바와 같이, 이 사건 폐업결정 후 진주의료원을 해산한다는 내용의 이 사건 조례가 제정·시행되었고, 이 사건 조례가 무효라고 볼 사정도 없으므로, 진주의료원을 폐업 전의 상태로 되돌리는 원상회복은 불가능하다고 판단된다. 따라서 법원이 피고 경상남도지사의 이 사건 폐업결정을 취소하더라도 그것은 단지 이 사건 폐업결정이 위법함을 확인하는 의미밖에 없고, 그것만으로는 원고들이 희망하는 진주의료원 재개원이라는 목적을 달성할 수 없으며, 뒤에서 살펴보는 바와 같이 원고들의 국가배상청구도 이유 없다고 판단되므로, 결국 원고들에게 이 사건 폐업결정의 취소로 회복할 수 있는 다른 권리나 이익이

남아있다고 보기도 어렵다. 따라서 피고 **경상남도지사의 이 사건 폐업결정은 법적으로 권한 없는 자에 의하여 이루어진 것으로서 위법하다고 하더라도, 그 취소를 구할 소의 이익을 인정하기는 어렵다**(대법원 2016.8.30. 2015두60617).

⑤ 행정처분의 효력이 소멸된 경우(제12조 2문의 경우)

㉠ 원 칙

행정소송법 제12조 1문은 "취소소송은 처분 등의 취소를 구할 법률상 이익이 있는 자가 제기할 수 있다"고 정하고 있고, 동조 2문은 "처분 등의 효과가 기간의 경과, 처분 등의 집행 그 밖의 사유로 인하여 소멸된 뒤에도 그 처분 등의 취소로 인하여 회복되는 법률상 이익이 있는 자의 경우에는 또한 같다"고 정하고 있다. 이는 처분의 효력이 소멸된 경우에는 소익이 부인되는 것이 원칙임을 뜻하는 것이다.

이에 속하는 예로는 제소 전에 또는 소송 도중에, ⓐ 행정처분에서 정한 효력기간(예 : 영업정지처분의 경우의 영업정지기간)이 경과한 경우(대법원 1999.2.23. 98두14471), ⓑ 처분의 집행이 완료되어 원상회복이 불가능한 경우(예 : 건물철거대집행계고처분 후에 대상건물이 철거된 경우, 대법원 1995.11.21. 94누11293), ⓒ 처분 후에 법령·제도의 개폐로 처분의 근거법령이 소멸한 경우(대법원 1999.6.11. 97누379), ⓓ 직위해제중인 공무원에 대해 새로운 직위해제사유로 직위해제를 한 경우에 구 직위해제에 대해 취소소송을 제기한 경우(대법원 2003.10.10. 2003두5945) 등이 있다(처분의 위법성을 이유로 손해배상을 청구할 수 있을 것인지는 별개의 문제이다).

【판례】 ① 주택건설사업계획 사전결정반려처분 취소청구소송의 계속중에 구 주택건설촉진법의 개정으로 주택건설사업계획 **사전결정제도가 폐지된 경우에는 소의 이익이 없다**(대법원 1999.6.11. 97누379).
② 행정청이 공무원에 대하여 **새로운 직위해제사유에 기한 직위해제처분을 한 경우 그 이전에 한 직위해제처분은 이를 묵시적으로 철회하였다**고 봄이 상당하다 할 것이므로, 피고가 위 원고들에 대하여 2001.2.1.자로 국가공무원법 제73조의2 제1항 제2호에 의거하여 직위를 해제하였다가 2001.4.16. 위 원고들이 징계의결 요구되자 같은 날짜로 국가공무원법 제73조의2 제1항 제3호에 의거하여 새로이 직위해제처분을 하였으므로, 위 원고들의 이 사건 소송중 2001.2.1.자 직위해제처분의 취소를 구하는 부분은 **존재하지 않는 행정처분을 대상으로 한 것으로서 그 소의 이익이 없어** 부적법하다(대법원 2003.10.10. 2003두5945).

㉡ 예 외

특별한 사정이 있음으로 인하여 행정처분이 외형상 잔존함으로써 여전히 어떤 법률상 이익이 침해되고 있기 때문에 반드시 당해 행정처분을(대개 소급하여) 취소시켜야만 침해된 법률상 이익이 회복될 수 있는 경우에는 예외적으로 소익이 인정된다. 예로서 ⓐ 파면처분 후 당연퇴직한 경우 파면처분의 취소소송(대법원 1985.6.25. 85누39), ⓑ 공장등록취소처분 이후에 공장이 멸실되었지만 공장등록을 하면 관련 법률에 의해 보호되는 구체적·직접적 이익이 있는 경우에 공장등록취소처분의 취소소송(대법원 2002.1.11. 2000두3306), ⓒ 현역병입영통지처분에 따른 현역입영 이후에 현역병입영통지처분의 취소소송(대법원 2003.12.26. 2003두1875), ⓓ (매월 수당이 지급되는) 지방의회 의원에 대한 제명의결 취소소송 계속중 의원의 임기가 만료된 경우

(대법원 2009.1.30. 2007두13487) 등을 들 수 있다. 아무튼 구체적인 상황에서 법률상 이익이 여전히 침해되고 있어서 이를 회복할 필요가 있는 경우에는 예외가 인정되는 것이다.

> 【 판례 】 ① 지방의회 의원에 대한 제명의결 취소소송 계속중 의원의 임기가 만료된 사안에서, 제명의결의 취소로 의원의 지위를 회복할 수는 없다 하더라도 제명의결시부터 임기만료일까지의 기간에 대한 **월정수당의 지급을 구할 수 있는** 등 여전히 그 제명의결의 취소를 구할 **법률상 이익이 있다**(대법원 2009.1.30. 2007두13487).
> ② 임기가 만료된 학교법인의 이사나 감사가 후임이사나 감사의 선임시까지 종전 직무를 계속 수행할 긴급처리권이 인정되며 이 긴급처리권에 후임 정식이사를 선임할 권한이 포함된다. 학교법인 임원취임승인의 취소처분 후 그 임원의 임기가 만료되고 구 사립학교법 제22조 제2호 소정의 임원결격사유기간마저 경과한 경우 또는 위 **취소처분에 대한 취소소송 제기 후 임시이사가 교체되어 새로운 임시이사가 선임된 경우, 위 취임승인취소처분 및 당초의 임시이사선임처분의 취소를 구할 소의 이익이 있다**(대법원 2007.7.19. 2006두19297).

ⓒ 선행처분이 취소되지 않으면 장래에 가중처벌의 가능성이 있는 경우

많은 법령에서 국민이 법령상의 의무를 위반할 경우에 행정제재조치를 취할 수 있음을 규정하면서, 1차 위반시 영업(업무)정지 10일, 2차 위반시 영업정지 30일, 3차 위반시 허가취소와 같은 방식으로 규정하고 있다. 즉, 제재적 처분을 받은 사실이 장래의 법위반행위시에 제재를 함에 있어서 가중적(加重的) 요건이 되는 것이다. 그리고 규정형식도 법률, 대통령령, 부령, 훈령 등 다양하다.

이 경우 과거 판례는 법률상 이익(소의 이익, 권리보호의 필요)의 인정 여부를 규범형식에 따라 판단하였다. 즉, ⓐ 가중처벌 요건이 법률(예 : 건축사법 제28조 제1항 5호) 또는 대통령령(예 : 건설기술관리법시행령 제54조의8 ②)으로 규정되어 있고, 실제로 가중처벌을 받을 우려가 있는 경우에는 법률상 이익을 인정하지만(대법원 1990.10.23. 90누3119), ⓑ 가중처벌요건이 부령(식품위생법시행규칙 [별표23] 행정처분기준)이나 훈령으로 되어 있는 경우에는 이를 부정하였다(대법원 1993.9.14. 93누4755; 1995.10.17. 94누14148).

그러나 대법원은 2006.6.22. 전원합의체 판결을 통해 그 동안의 판례를 변경하였다. 즉 ⓑ의 경우에도 소의 이익을 인정하고 있다(대법원 2006.6.22. 2003두1684 전원합의체).

> 【 판례 】 제재적 행정처분이 그 처분에서 정한 제재기간의 경과로 인하여 그 효과가 소멸되었으나, 부령인 시행규칙 또는 지방자치단체의 규칙(이하 '규칙'이라고 한다)의 형식으로 정한 처분기준에서 제재적 행정처분(이하 '선행처분'이라고 한다)을 받은 것을 가중사유나 전제요건으로 삼아 장래의 제재적 행정처분(이하 '후행처분'이라고 한다)을 하도록 정하고 있는 경우, … 그러한 규칙이 정한 바에 따라 선행처분을 받은 상대방이 그 처분의 존재로 인하여 장래에 받을 불이익, 즉 후행처분의 위험은 구체적이고 현실적인 것이므로, 상대방에게는 선행처분의 취소소송을 통하여 그 불이익을 제거할 필요가 있다고 할 것이다.
> … 행정청으로서는 선행처분이 적법함을 전제로 후행처분을 할 것이 당연히 예견되므로, 이러한 선행처분으로 인한 불이익을 선행처분 자체에 대한 소송에서 사전에 제거할 수 있도록 해 주는 것이 상대방의 법률상 지위에 대한 불안을 해소하는 데 가장 유효적절한 수단이 된다고 할 것이고, 또한 그 소송을 통하여 선행처분의 사실관계 및 위법 여부가 조속히 확정됨으로써 이와 관련된 장래의 행정작용의 적법성을 보장함

과 동시에 국민생활의 안정을 도모할 수 있을 것이다.

… 규칙이 정한 바에 따라 선행처분을 가중사유 또는 전제요건으로 하는 후행처분을 받을 우려가 현실적으로 존재하는 경우에는, 선행처분을 받은 상대방은 비록 그 처분에서 정한 제재기간이 경과하였다 하더라도 그 처분의 취소소송을 통하여 그러한 불이익을 제거할 권리보호의 필요성이 충분히 인정된다고 할 것이므로, 선행처분의 취소를 구할 법률상 이익이 있다고 보아야 할 것이다.

그러므로 … 행정처분의 취소를 구할 법률상 이익이 없다는 취지로 판시한 … 대법원 2003.10.10. 선고 2003두6443 판결 등을 비롯한 같은 취지의 판결들은 이 판결의 견해에 배치되는 범위 내에서 이를 모두 변경하기로 한다(대법원 2006.6.22. 2003두1684 전원합의체).

【 답 】

① (1) ㉠ 행정처분에 효력기간이 정해져 있는 경우 그 기간이 경과함으로써 효력은 상실하는 것이므로 그 처분이 외형상 잔존함으로 인하여 어떠한 법률상 이익이 침해되고 있다고 볼 만한 별다른 사정이 없는 한 그 처분의 취소를 구할 법률상의 이익이 없다. ㉡ 그런데 건축사법 제28조 제1항 5호처럼 행정처분의 전력이 장래에 법정의 가중요건으로 **법률에 규정되어 있는 경우**, 선행의 제재적 처분의 잔존으로 인하여 새로운 제재적 행정처분이 가중되어 가해진다면, 비록 선행의 제재적 처분의 효력기간이 도과하였다고 하더라도 그 선행처분의 잔존으로 인하여 법률상의 이익이 침해되고 있다고 볼 만한 특별한 사정이 있는 경우에 해당하기 때문에 취소를 구할 소의 이익이 인정된다. 즉, 법원은 소송을 각하하지 않고 **본안심리를 하게 된다.** 본안심리 결과 甲의 청구가 이유가 있는 경우 인용판결을 함은 물론이다.

(2) ㉠ 제재적인 행정처분의 가중요건이 **시행령(대통령령)에 규정된 경우**에는 법률의 경우와 같다. ㉡〈출제 당시의 답〉제재적인 행정처분의 가중요건이 **시행규칙(부령)이나 훈령에 규정되어 있는 경우**, 훈령은 물론 시행규칙도 대외적 구속력이 없는 행정명령에 불과하므로 그것들이 행정처분 기준을 정하면서 위반횟수에 따라 가중처분을 하도록 정하고 있더라도, 甲이 (나중에 가중처벌을 받을 것이 확실하지 않으므로) 당해 행정처분의 취소를 구할 소의 이익이 있다고 볼 수 없다는 것이 판례의 견해이다(대법원 1995.10.17, 94누14148 전원합의체 판결). 즉, 법원은 소송요건이 충족되지 않았음을 이유로 소를 각하하게 된다. 〈현재의 답〉제재적인 행정처분의 가중요건이 **법률이나 시행령에 규정된 경우**와 같다(대법원 2006.6.22, 2003두1684 전원합의체 판결 참조).

②〈출제 당시의 답〉판례에 의하면 식품위생법시행규칙에서 위반회수에 따라 가중처분하게 되어 있다고 하더라도 당해 **시행규칙은 형식에 있어서는 부령이지만** 행정부가 행정처분의 원칙적인 기준을 정한 것으로서 **행정내부적인 행정명령(행정지침)에 불과한 것**으로서 외부적(국민에 대한) 구속력이 인정되지 않는다고 한다. 따라서 미래에 있어서 가중처분의 여부는 현재로서는 확실하지 않으므로 甲이 효력기간이 경과한 행정처분에 대해 제기한 취소소송은 **소의 이익이 부인되어 각**하될 것이다. 〈현재의 답〉규칙이 정한 바에 따라 선행처분을 가중사유 또는 전제요건으로 하는 후행처분을 받을 우려가 현실적으로 존재하는 경우에는, 선행처분을 받은 상대방은 비록 그 처분에서 정한 제재기간이 경과하였다 하더라도 그 처분의 취소소송을 통하여 그러한 불이익을 제거할 권리보호의 필요성이 충분히 인정된다고 할 것이므로, 선행처분의 취소를 구할 법률상 이익이 있다고 보아야 할 것이다(대법원 2006.6.22, 2003두1684 전원합의체 판결 참조).

(2) 피 고

1) 피고적격

(가) 원칙: 처분 등을 행한 행정청(처분청, 행정심판위원회)

다른 법률에 특별한 규정이 없는 한 취소소송의 피고는 '처분 등을 행한 행정청'이 된다(행소법 제13조). '처분 등(처분·재결)을 행한 행정청'이란 원처분을 행한 행정청(처분청)과 재결을 행한 행정심판위원회를 의미한다. 원래 권리·의무가 귀속되는 주체(행정처분의 법적 효력이 귀속되는 주체. 즉 국가, 지방자치단체 등 행정주체)를 피고로 하는 것이 원칙이지만, 행정소송법은 소송수행의 편의상 행정청을 피고로 규정하고 있다.

① 처분청

처분청이란 소송의 대상인 처분을 외부적으로 자신의 명의로 행한 행정청을 말한다.

㉠ 처분청은 대개 단독기관으로서 주로 국가의 행정기관의 장과 지방자치단체의 장이 된다(예 : 보건복지부장관, 국세청장, 경찰서장, 서울시장, 동대문구청장). 합의제기관인 행정위원회(예: 행정심판위원회, 공정거래위원회, 방송통신위원회, 토지수용위원회, 소청심사위원회, 국가배상심의회)도 처분청으로서 피고가 될 수 있다(예외 : 중앙노동위원회의 경우에는 노동위원장이 피고가 된다. 노동위원회법 제27조).

㉡ 국회·법원의 기관(예 : 국회사무처장, 법원행정처장)도 행정적인 처분을 하는 범위 안에서 행정청으로서 처분청이 될 수 있다.

㉢ 지방의회, 지방자치단체의 장 등 : 지방의회의장에 대한 의회의 불신임의결이나 지방의회의원에 대한 징계의결의 경우는 지방의회가 처분청이 되며(대법원 1994.10.11. 94두23), 처분적 조례에 대해 항고소송을 제기하는 경우는 (조례의 공포권자인) 지방자치단체의 장(교육조례의 경우에는 교육감)이 처분청으로서 피고가 된다(대법원 1996.9.20. 95누8003 참조).

【 판례 】 취소소송은 다른 법률에 특별한 규정이 없는 한 그 처분 등을 행한 행정청을 피고로 한다(행정소송법 제13조 제1항). 여기서 '행정청'이라 함은 국가 또는 공공단체의 기관으로서 국가나 공공단체의 의견을 결정하여 외부에 표시할 수 있는 권한, 즉 처분권한을 가진 기관을 말하고, **대외적으로 의사를 표시할 수 있는 기관이 아닌 내부기관은 실질적인 의사가 그 기관에 의하여 결정되더라도 피고적격을 갖지 못한다.** 구 전염병예방법 시행령 제19조의4 제1항은 "법 제54조의2 제1항의 규정에 의한 보상을 받고자 하는 자는 보상신청서에 보건복지가족부령이 정하는 서류를 첨부하여 관할 시장·군수·구청장에게 제출하여야 한다."고 규정하고, 제2항은 "시장·군수·구청장은 제1항의 규정에 의하여 제출받은 피해보상신청서류를 시·도지사를 거쳐 보건복지가족부장관에게 제출하여야 한다. 이 경우 시·도지사는 지체없이 예방접종으로 인한 피해에 관한 기초조사를 실시한 후 피해보상신청서류에 기초조사 결과 및 시·도지사의 의견서를 첨부하여 제출하여야 한다."고 규정하며, 제3항은 "보건복지가족부장관은 위원회의 의견을 들어 보상여부를 결정하고 그 사실을 시·도지사를 거쳐 시장·군수·구청장에게 통보한다."고 규정하고, 제4항은 "보건복지가족부장관이 보상을 하기로 결정한 경우에는 시·도지사를 거쳐 제19조의3의 규정에 의한 보상수급권자의 거주지를 관할하는 시장·군수·구청장에게 보상금을 배정하고 시장·군수·구청장은 보상수급권자에게 보상금을 지급한다."고 규정하고 있는바, **위 규정에 의하면 구 전염병예방법 제54조의2의 규정에**

의한 보상금 지급에 대한 처분권한은 피해자로부터 보상신청서를 직접 제출받고, 보상수급권자에게 보상금을 지급함으로써 대외적으로 보상금 지급 여부에 관한 의사를 표시할 수 있는 권한이 있는, 원고의 거주지를 관할하는 시장·군수·구청장인 파주시장에게 있다고 할 것이다(대법원 2014.5.16. 2014두274.

② 권한의 위임·대리·내부위임의 경우

㉠ 위임·위탁의 경우

행정권한이 위임·위탁된 경우에는 수임·수탁행정청이 원칙적으로 피고가 된다. 수임·수탁행정청은 자신의 명의로 행정처분을 하게 되며, 따라서 자신이 처분청으로서 피고가 되는 것이다. 행정소송법은 "이 법을 적용함에 있어서 행정청에는 법령에 의하여 행정권한의 위임 또는 위탁을 받은 행정기관, 공공단체 및 그 기관 또는 사인이 포함된다"고 규정하고 있다(제2조 ②). 즉, 공사 기타 공법인(대한토지주택공사, 국민건강보험공단, 공무원연금관리공단 등)이나 공무수탁사인(예: 별정우체국장)도 행정권을 부여받은 범위 안에서 행정청으로서 피고가 될 수 있다.

【판례】① 사업시행자가 국가 또는 지방자치단체와 같은 행정기관이 아니고 이와는 독립하여 법률에 의하여 특수한 존립목적을 부여받아 국가의 특별감독 하에 그 존립목적인 공공사무를 행하는 **공법인**(대한주택공사)이 관계법령에 따라 공공사업을 시행하면서 그에 따른 이주대책을 실시하는 경우에도, 그 이주대책에 관한 처분은 법률상 부여받은 행정작용권한을 행사하는 것으로서 항고소송의 대상이 되는 공법상 처분이 되므로, 그 처분이 위법부당한 것이라면 사업시행자인 당해 **공법인을 상대로 그 취소소송을 제기**할 수 있다(대법원 1994.5.24, 92다35783).
② 성업공사가 체납압류된 재산을 공매하는 것은 세무서장의 공매권한 위임에 의한 것으로 보아야 할 것이므로, 성업공사가 한 그 공매처분에 대한 취소 등의 항고소송을 제기함에 있어서는 **수임청으로서 실제로 공매를 행한 성업공사를 피고로** 하여야 하고, 세무서장은 피고적격이 없다(대법원 1997.2.28, 96누1757).
③ 행정처분의 취소 또는 무효확인을 구하는 행정소송은 원칙적으로 소송의 대상인 행정처분 등을 **외부적으로 그의 명의로 행한 행정청을 피고로** 하여야 하는 것이고, … 건축법 제9조의 규정에 의한 시장, 군수, 구청장의 **건축신고 수리권한은 동장에게 위임**되어 있는바, 기록에 의하면 원고는 위 신설동장에 대하여 이 사건 담장설치신고를 하였고, 그 신고서의 반려조치 역시 위 **신설동장이 그 명의로 하였던 것임이 인정된다**. 그렇다면 이 사건에서 피고로 된 **동대문구청장은** 건축법상 건축신고의 수리권자도 아닐 뿐더러 원고에 대하여 이 사건 반려처분을 한 바도 없으므로 그 **피고적격이 없다**(대법원 1995.3.14, 94누9962).
④ **피고 공사**(한국도로공사)는 국가로부터 유료도로 통행료 징수권이 포함된 유료도로관리권을 출자받아 이 사건 구간의 **통행료 징수권을 행사할 권한**을 적법하게 가지게 되었고, 이에 따라 피고 공사가 이 사건 처분을 한 것이지 피고 장관(건설교통부장관)이 이 사건 처분을 하였다고 볼 수 없으므로 이 사건 소 중 **피고 장관을 상대로 한 부분은 부적법하고**, … 이 사건 처분은 피고 공사의 중부지역본부장이 피고 공사를 대리하여 적법하게 행한 것이다(대법원 2005.6.24, 2003두6641).
⑤ SH공사가 택지개발사업 시행자인 서울특별시장으로부터 이주대책 수립권한을 포함한 택지개발사업에 따른 권한을 위임 또는 위탁받은 경우, 이주대책 대상자들이 SH공사 명의로 이루어진 이주대책에 관한 처분에 대한 취소소송을 제기함에 있어 정당한 피고는 SH공사가 된다(대법원 2007.8.23, 2005두3776).
⑥ 구 저작권법 시행령 제42조는 '문화관광부장관은 … 저작권 등록업무에 관한 권한을 저작권심의조정위원회에 위탁한다'고 규정하고 있으므로, '저작권심의조정위원회'가 저작권 등록업무의 처분청으로서 그 등록처분에 대한 무효확인소송에서 피고적격을 가진다. '저작권심의조정위원회 위원장'을 피고로 저작권 등록처분의 무효확인을 구하는 소는 피고적격이 없는 자를 상대로 한 부적법한 것이고, 피고적격에 관하여 석명에 응할 기회를 충분히 제공하였음에도 피고경정을 하지 않은 사정에 비추어, 부적법하여 각하되어야 한

다(대법원 2009.7.9. 2007두16608).

ⓒ 대리·내부위임의 경우

ⓐ 권한의 대리의 경우에는 대리행정청이 피대리행정청(본행정청)을 대리할 뿐이고 그 법적 효과도 본행정청에 귀속되며, 행정권한 자체가 이전되는 것이 아니다. 따라서 본행정청이 피고가 된다. ⓑ 내부위임의 경우에도 사무처리의 편의를 도모하기 위하여 행정내부적으로 보조기관 또는 하급행정청에게 행정권한의 실질적 행사를 맡겼을 뿐이고 대외적으로 위임한 것이 아닌 것으로서 행정권한이 이전되는 것이 아니다. 따라서 내부적으로 위임을 받은 행정청(내부수임청)은 자신의 명의로 행정처분을 하는 것이 아니고 원래의 권한 있는 행정청 명의로 행정처분을 하여야 한다. 이 경우는 위임청이 피고가 됨은 물론이다. 그러나 내부수임청이 대외적인 권한이 없음에도 불구하고 잘못하여 자신의 명의로 행정처분을 행한 경우에는 수임청이 피고가 된다는 것이 판례의 견해이다. 즉, 처분의 명의자를 피고로 하여야 한다는 것이다.

【 판례 】① 행정관청이 특정한 권한을 법률에 따라 다른 행정관청에 이관한 경우와 달리 내부적인 사무처리의 편의를 도모하기 위하여 그의 보조기관 또는 하급행정관청으로 하여금 그의 권한을 사실상 행하도록 하는 내부위임의 경우에는 수임관청이 그 위임된 바에 따라 위임관청의 이름으로 권한을 행사하였다면 그 처분청은 위임관청이므로 그 처분의 취소나 무효확인을 구하는 소송의 피고는 위임관청으로 삼아야 한다. **구청장이 서울특별시장의 이름으로 한 직위해제 및 파면**의 처분청은 서울특별시장이므로 **서울특별시장을 피고로** 하여야 한다(대법원 1991.10.8. 91누520).
② 행정처분을 행할 적법한 권한 있는 상급행정청으로부터 내부위임을 받은데 불과한 하급행정청이 권한 없이 행정처분을 한 경우에도 **실제로 그 처분을 행한 하급행정청을 피고로 하여야 할 것이지** 그 처분을 행할 적법한 권한 있는 상급행정청을 피고로 할 것이 아니므로 부산직할시장의 산하기관인 부산직할시 금강공원 **관리사업소장이 한 공단사용료 부과처분**에 대하여 가사 위 사업소장이 부산직할시로부터 단순히 내부위임만을 받은 경우라 하더라도 이의 취소를 구하는 소송은 위 **금강공원 관리사업소장을 피고로** 하여야 한다(대법원 1991.2.22. 90누5641).
③ 대리권을 수여받은 데 불과하여 그 자신의 명의로는 행정처분을 할 권한이 없는 행정청의 경우 **대리관계를 밝힘이 없이** 그 자신의 명의로 행정처분을 하였다면 그에 대하여는 **처분명의자인 당해 행정청이 항고소송의 피고가** 되어야 하는 것이 원칙이지만, 비록 대리관계를 명시적으로 밝히지는 아니하였다 하더라도 처분명의자가 피대리 행정청 산하의 행정기관으로서 실제로 피대리 행정청으로부터 대리권한을 수여받아 피대리 행정청을 대리한다는 의사로 행정처분을 하였고 **처분명의자는 물론 그 상대방도 그 행정처분이 피대리 행정청을 대리하여 한 것임을 알고서 이를 받아들인 예외적인 경우에는 피대리 행정청이 피고가** 되어야 한다(대법원 2006.2.23. 2005부4).

(나) 예 외

① 다른 법률에 특별한 규정이 있는 경우

공무원에 대한 징계 기타 불이익처분의 처분청이 대통령인 때에는 행정소송의 피고는 소속장관이 된다(국가공무원법 제16조, 경찰공무원법 제28조). 대법원장이나 헌법재판소장이 행한 처분에 대한 행정소송의 피고는 법원행정처장이나 헌법재판소사무처장으로 한다(법원조직법 제 70조, 헌법재판소법 제17조 ⑤).

② 처분청의 권한이 승계되거나 처분청이 소멸된 경우

㉠ 처분 등이 있은 뒤에 그 처분 등에 관계되는 권한이 다른 행정청에 승계된 때에는 이를 승계한 행정청이 피고가 된다(행소법 제13조 ① 단서). 다만 그 승계가 취소소송제기 후에 발생한 것이면 법원은 당사자의 신청 또는 직권에 의해 피고를 경정한다(제14조 ⑥). ㉡ 처분 청이 없게 된 때에는 그 처분 등에 관한 사무가 귀속되는 국가 또는 공공단체가 피고가 된 다. ㉢ 위 ㉠·㉡의 경우에 새로운 피고에 대한 소송은 처음에 소를 제기한 때에 제기된 것 으로 본다. 그리고 종전의 피고에 대한 소송은 취하된 것으로 본다(제14조 ⑥).

2) 피고경정(被告更正)

(가) 의   의

피고경정이란 소송의 계속중에 피고로 지정된 자를 다른 자로 변경하는 것을 말한다. 행정조직이 복잡하여 원고가 피고를 잘못 지정한 경우 소를 각하하고 다시 새로운 소를 제 기하도록 하면 제소기간을 도과하는 결과가 되는 등 원고에게 불리하게 되는 것을 막기 위 한 제도이다. 피고경정의 허가결정이 있는 때에는 새로운 피고에 대한 소는 처음에 소를 제 기한 때에 제기된 것으로 보며(제14조 ④), 종전의 피고에 대한 소송은 취하된 것으로 본다(제 14조 ⑤). 즉, 허가결정 당시에 제소기간이 경과한 경우에도 제소기간은 준수된 것으로 본다.

(나) 피고경정이 허용되는 경우

① 제소당시에 피고를 잘못 지정한 경우

원고가 피고를 잘못 지정한 때에는 법원은 원고의 신청에 의하여 결정으로써 피고의 경정을 허가할 수 있다(제14조 ①). 법원은 피고경정결정의 정본을 새로운 피고에게 송달하여 야 한다(제14조 ②). 피고경정신청을 각하하는 결정에 대하여는 즉시항고할 수 있다(제14조 ③). 피고지정이 잘못된 경우, 법원이 석명권을 행사하여 원고로 하여금 피고를 경정하도록 하 지 않고 곧바로 소를 각하하면 안 된다. 피고의 경정은 사실심 종결시까지만 가능하고 상고 심에서는 허용되지 않는다(대법원 1996.1.23, 95누1378).

【 판례 】 ① 원고가 피고를 잘못 지정하였다면 **법원으로서는 당연히 석명권을 행사하여 원고로 하여금 피고 를 경정하게 하여 소송을 진행케 하였어야 할** 것임에도 불구하고 이러한 조치를 취하지 아니한 채 피고의 지정이 잘못되었다는 이유로 소를 각하한 것은 위법하다(대법원 2004.7.8, 2002두7852).
② 세무서장의 위임에 의하여 성업공사가 한 공매처분에 대하여 피고지정을 잘못하여 피고적격이 없는 세 무서장을 상대로 그 공매처분의 취소를 구하는 소송이 제기된 경우, **법원으로서는 석명권을 행사하여 피고 를 성업공사로 경정하게 하여 소송을 진행하여야** 한다(대법원 1997.2.28, 96누1757).

③ 행정소송법 제14조에 의한 피고경정은 사실심 변론종결에 이르기까지 허용되는 것으로 해석하여야 할 것이고, 굳이 제1심 단계에서만 허용되는 것으로 해석할 근거는 없다(대법원 2006.2.23, 2005부4).

② 행정청의 권한이 변경되거나 행정청이 소멸된 경우

소송을 제기한 후에 처분행정청의 권한변경으로 권한이 다른 행정청에 승계된 경우에는 당해 처분권한을 승계한 행정청으로 피고를 경정한다. 행정조직상의 개편으로 행정청이 소멸된 경우에는 처분에 관한 사무가 귀속되는 국가 또는 공공단체로 피고를 경정한다. 이 경우 법원이 당사자의 신청 또는 직권에 의하여 피고를 경정한다(제14조⑥).

③ 소의 변경의 경우

법원이 소의 변경(취소소송을 당사자소송·무효확인소송 등으로 변경하는 것)을 허가한 경우로서 피고의 경정이 필요한 때에도 피고경정이 인정된다(제21조②,④).

(3) 참가인

1) 소송참가

소송참가란 일반적으로 이해관계 있는 제3자가 자신의 법률상의 지위를 보호하기 위해 계속중(係屬中)인 타인간의 소송에 참가하는 제도이다. 행정소송에서도 소송참가가 인정되고 있으며, 이는 법적 분쟁의 통일적 해결과 제3자의 이해관계의 보호에 그 목적이 있는 것으로 볼 수 있다. 행정소송에서의 소송참가도 민사소송과 마찬가지로 보조참가(민소법 제71조)가 주종을 이루고 있다. 제3자의 소송참가 이외에도 행정청의 소송참가를 인정하고 있다는 점에서 그 특색이 있다(행소법 제16조, 제17조).

2) 제3자의 소송참가

(가) 의 의

법원은 소송의 결과에 따라 권리 또는 이익의 침해를 받을 제3자가 있는 경우에는 당사자(원고·피고) 또는 제3자의 신청에 의하여 또는 법원의 직권에 의하여 결정으로써 그 제3자를 소송에 참가시킬 수 있다(행소법 제16조①).

이는 주로 이중효과적(제3자효) 행정행위의 취소소송에서 문제된다. 취소소송에 있어서 처분 등을 취소하는 확정판결은 제3자에 대하여도 효력이 있으므로(제29조①), 제3자가 소송의 계속중에 자신의 이해관계를 주장할 수 있도록 하여 자신의 권익을 보호받도록 하며, 적정한 심리·재판을 실현하고, 재판 후에 제3자가 재심을 청구하는 것(제31조①)을 미연에 방지하기 위한 취지에서 인정되는 것이다. 취소소송 이외의 항고소송, 당사자소송, 민중소송 및 기관소송에도 준용된다(제38조, 제44조①).

(나) 소송참가의 요건

제3자의 소송참가를 인정하기 위해서는 ㉠ 타인간에 소송이 계속중이어야 하며, ㉡ 소송의 결과에 따라 제3자가 권리·이익의 침해를 받게 되어야 한다. 여기서 이익이란 반사적·사실상 이익이 아니라 법률상 이익(법적 이익)을 의미한다.

(다) 참가절차, 참가자의 지위

당사자 또는 제3자의 참가신청이 있는 경우에는 법원은 허가 여부를 결정하거나, 직권에 의한 소송참가의 경우에는 법원은 결정으로써 제3자에게 참가를 명한다. 법원이 참가결정을 하고자 할 때에는 미리 당사자 및 제3자의 의견을 들어야 하며, 제3자가 신청한 경우 그 신청이 각하되면 각하결정에 즉시항고할 수 있다.

소송에 참가하는 제3자는 공동소송인에 관한 민사소송법(제67조)이 준용되도록 하고 있다(행소법 제16조 ④). 따라서 참가인은 공동소송인에 준하는 지위를 가지지만 당사자로서 독자적인 청구권을 가진 것은 아니므로 '공동소송적 보조참가인'의 지위에 있다고 본다(다수설). 이에 의하면 참가인은 피참가인의 소송행위와 저촉되는 행위도 가능하지만 소송당사자는 아니므로 소송물을 처분하는 행위를 할 수는 없다.

3) 다른 행정청의 소송참가

(가) 의   의

법원은 다른 행정청을 소송에 참가시킬 필요가 있다고 인정할 때에는 당사자 또는 당해 행정청의 신청 또는 직권에 의하여 결정으로써 그 행정청을 소송에 참가시킬 수 있다(제17조 ①). 처분 등을 취소하는 확정판결은 그 사건에 관하여 당사자인 행정청만이 아니라 그 밖의 관계행정청도 기속한다(제30조 ①). 따라서 행정작용의 결정과정에 다른 행정청의 관여(협의, 승인 등)가 인정되는 때는 당해 소송의 결과에 의해 직접적인 영향을 받게 되는 다른 행정청도 미리 소송과정에 참여시켜 이해관계를 반영할 수 있도록 하는 것이다.

【판례】 타인 사이의 항고소송에서 소송의 결과에 관하여 이해관계가 있다고 주장하면서 민사소송법 제71조에 의한 보조참가를 할 수 있는 제3자는 민사소송법상의 당사자능력 및 소송능력을 갖춘 자이어야 하므로 그러한 **당사자능력 및 소송능력이 없는 행정청으로서는 민사소송법상의 보조참가를 할 수는 없고, 다만 행정소송법 제17조 제1항에 의한 소송참가를 할 수 있을 뿐이다**(대법원 2002.9.24. 99두1519).

(나) 참가의 요건·절차 등

소송참가의 요건으로는 ㉠ 타인의 취소소송이 계속중이어야 하고, ㉡ 참가행정청은 '다른 행정청'으로서 법적인 이해관계를 가지고 있어야 하며, ㉢ 법원이 소송에 참가시킬 필요가 있다고 인정하는 경우, 즉 소송자료·증거자료가 풍부하게 되어 그 결과 사건의 적정한 심리와 재판을 하기 위하여 필요한 경우이어야 한다(대법원 2002.9.24, 99두1519 참조).

당사자 또는 당해 행정청의 신청 또는 법원의 직권에 의하여 법원이 결정의 형식으로 행하며, 법원이 참가결정을 하고자 할 때에는 사전에 당사자 및 당해 행정청의 의견을 들어야 한다(제17조 ①,②).

소송에 참가한 행정청에 대하여는 민사소송법 제76조(참가인의 소송행위)의 규정이 준용된다(제17조 ③). 즉, 참가행정청은 소송에 관하여 공격·방어·이의·상소, 그 밖의 모든 소송행위를 할 수 있다.

3. 취소소송의 대상

> 【 문 제 】 A는 미결수로서 안양교도소에 수감중인데, 대법원에 상고제기 후 **진주교도소로 이송**되었다. A는 즉시 그러한 이송조치로 인해 서울에서 거주하는 변호인 및 가족 등과의 접견이 어려워져 방어권의 행사에 지장을 받는 등 회복하기 어려운 손해를 입게 된다고 주장하면서 **이송조치를 취소하라는 행정소송**을 제기함과 동시에 이송조치의 **효력정지신청**을 하였다. A의 권리구제가능성을 설명하시오. 〈제46회 행정고시〉

취소소송의 대상은 '처분 등'이다. '처분 등'이라 함은 "행정청이 행하는 구체적 사실에 관한 법집행으로서의 공권력의 행사 또는 그 거부와 그 밖에 이에 준하는 행정작용(이를 "처분"이라 한다) 및 행정심판에 대한 재결을 말한다"(행소법 제2조 ① 제1호). 즉, 행정청의 처분과 재결을 말한다. 처분 등의 존재 여부는 법원의 직권조사사항이다(대법원 2001.11.9, 98두892). 처분 등이 존재하지 않거나 무효이면 무효등확인소송의 대상이 될 뿐이다.

【 판례 】 행정소송에서 쟁송의 대상이 되는 **행정처분의 존부는 소송요건으로서 직권조사사항**이고, 자백의 대상이 될 수 없는 것이므로, 설사 그 존재를 당사자들이 다투지 아니한다 하더라도 **그 존부에 관하여 의심이 있는 경우에는 이를 직권으로 밝혀 보아야 할 것이다** … 원심으로서는 이처럼 존재하지 아니하는 부과처분의 취소를 구하는 소에 대하여는 그 소송요건을 결하여 부적법하다는 이유로 이를 각하하였어야 할 것이다(대법원 2001.11.9, 98두892).

(1) 처 분

처분은 행정처분을 뜻함은 물론이다. 행정쟁송법상의 '처분'이 학문상의 '행정행위'와 동일한 것인지에 관해서는 다툼이 있지만 다르다고 보는 견해(이원설)가 다수설이다. 즉, 처분은 행정행위보다 넓은 개념으로서 전형적 '행정행위'와 '이(행정행위)에 준하는 행정작용'을 포괄하는 것이다. '처분'의 개념을 나누어 설명하면 다음과 같다('이에 준하는 행정작용'만 제외하면 '행정행위'의 개념과 동일하다).

1) 행정청의 행위

처분은 '행정청'의 행위이다. 행정청은 조직법상이 아니라 기능상의 개념으로서 "행정에 관한 의사를 결정하여 (외부에) 표시하는 국가 또는 지방자치단체의 기관, 그 밖에 법령 또는 자치법규에 따라 행정권한을 가지고 있거나 위탁받은 공공단체나 그 기관 또는 사인"을 말한다(행정심판법 제2조 제4호). 앞의 '피고'에서 서술한 '처분청'과 동일한 것이다.

법령 또는 자치법규에 의하여 행정권한을 가지고 있거나 위탁받은 공공단체나 그 기관 또는 사인(공무수탁사인)도 행정권을 부여받은 범위 안에서 행정청이 될 수 있다. 그러나 행정권을 부여받지 않은 경우는 행정청의 행위가 아니며 비록 그 행위가 상대방의 권리를 제한하는 행위라고 하더라도 행정처분은 아니고 사법상의 행위에 불과하다.

【 판례 】 ① **한국전력공사**는 한국전력공사법의 규정에 의하여 설립된 정부투자법인일 뿐이고 위 공사를 중앙행정기관으로 규정한 법률을 찾아볼 수 없으며, … 위 공사가 **행정소송법 소정의 행정청 또는 그 소속기관이거나 이로부터 위 제재처분의 권한을 위임받았다고 볼 만한 아무런 법적 근거가 없다**고 할 것이므로 위 공사가 정부투자기관회계규정에 의하여 행한 **입찰참가자격을 제한하는 내용의 부정당업자제재처분은 행정소송의 대상이 되는 행정처분이 아니라** 단지 상대방을 위 공사가 시행하는 입찰에 참가시키지 않겠다는 뜻의 사법상의 효력을 가지는 **통지행위에 불과하다**(대법원 1999.11.26, 99부3).
② 도시재개발법에 의한 **재개발조합은 조합원에 대한 법률관계에서 적어도 특수한 존립목적을 부여받은 특수한 행정주체**로서 국가의 감독하에 그 존립 목적인 특정한 공공사무를 행하고 있다고 볼 수 있는 범위 내에서는 공법상의 권리의무관계에 서 있는 것이므로 분양신청 후에 정하여진 관리처분계획의 내용에 관하여 다툼이 있는 경우에는 그 **관리처분계획은** 토지 등의 소유자에게 구체적이고 결정적인 영향을 미치는 것으로서 조합이 행한 **처분에 해당하므로** 항고소송의 방법으로 그 무효확인이나 취소를 구할 수 있다(대법원 2002.12.10, 2001두6333).
③ 피고 **한국마사회의 조교사·기수 면허 취소**를 공법적 권력관계로 파악할 수는 없고, 오히려 한국마사회법과 이에 근거한 피고 한국마사회의 경마시행규정 및 그 시행세칙에 의하더라도 피고 **한국마사회가 국가로부터 행정권한을 위임 또는 위탁받는다는 근거규정을 찾아 볼 수 없는 점**, … 등을 종합하여 보면, 피고 한국마사회가 조교사 또는 기수의 면허를 부여하거나 취소하는 것은 경마를 독점적으로 개최할 수 있는 지위에서 우수한 능력을 갖추었다고 인정되는 사람에게 경마에서의 일정한 기능과 역할을 수행할 수 있는 자격을 부여하거나 이를 박탈하는 것에 지나지 아니하므로, 이는 국가 기타 행정기관으로부터 위탁받은 행정권한의 행사가 아니라 **일반 사법상의 법률관계에서** 이루어지는 **단체 내부에서의 징계 내지 제재처분**으로 봄이 상당하다(대법원 2008.1.31, 2005두8269).
④ 수도권매립지관리공사가 갑에게 입찰참가자격을 제한하는 내용의 **부정당업자제재처분**을 하자, 갑이 제재처분의 무효확인 또는 취소를 구하는 행정소송을 제기하면서 제재처분의 효력정지신청을 한 사안에서, **수도권매립지관리공사는 행정소송법에서 정한 행정청 또는 그 소속기관이거나 그로부터 제재처분의 권한을 위임받은 공공기관에 해당하지 않으므로**, 수도권매립지관리공사가 한 위 제재처분은 행정소송의 대상이 되는 행정처분이 아니라 단지 갑을 자신이 시행하는 입찰에 참가시키지 않겠다는 뜻의 **사법상의 효력을 가지는 통지에 불과**하다(대법원 2010.11.26, 2010무137).

2) 구체적 사실에 관한 것

처분은 '구체적 사실에 관한 법집행'이다. 법령을 집행하여 특정인·특정사안에 구체적인 법적 효과를 발생시키는 것을 처분이라고 한다. 모든 법적 규율은 일반·추상적, 개별·추상적, 일반·구체적, 개별·구체적인 규율 중의 하나에 해당한다. 이 중에서 일반·추상적 규율은 입법(행정입법)을 의미하므로 그것을 제외한 나머지는 '구체적 사실에 관한 법집행'으로서 처분에 포함될 수 있다.

3) 규율(법적 행위)

처분은 '법적 행위'로서 외부적으로 직접적인 법적 효과를 가져 오는 행위이다.

(가) 외부적 행위

처분은 외부적 행위이다. 즉, 국민 개인에 대해 법적 효과가 있는 것이어야 한다. 어떤 행위가 아직 외부에 표시되지 아니한 채 내부적 단계에 머물러 있는 경우, 또는 단지 행정조직내부행위에 불과한 것은 행정처분이 아니다.

【판례】 ① 경감승진시험에 3위로 합격하여 경감승진후보자명부에 등재되어 있던 원고가 감봉 이상의 징계처분을 받았다고 하여 피고가 그 **승진후보자명부에서 원고를 삭제한 행위**는 그 명부에 등재된 자에 대한 승진 여부를 결정하기 위한 행정청 내부의 준비과정에 불과하고, 그 자체가 어떠한 권리나 의무를 설정하거나 법률상 이익에 직접적인 변동을 초래하는 별도의 **행정처분이 된다고 할 수 없다**(대법원 1997.11.14, 97누7325).
② **병역법상 신체등위판정**은 행정청이라고 볼 수 없는 군의관이 하도록 되어 있으며, 그 자체만으로 바로 병역법상의 권리의무가 정하여지는 것이 아니라 그에 따라 지방병무청장이 병역처분을 함으로써 비로소 병역의무의 종류가 정하여지는 것이므로 항고소송의 대상이 되는 **행정처분이라 보기 어렵다**(대법원 1993.8.27, 93누3356).
③ **공정거래위원회의 고발조치**는 사직 당국에 대하여 형벌권 행사를 요구하는 **행정기관 상호간의 행위**에 불과하여 항고소송의 대상이 되는 행정처분이라 할 수 없다(대법원 1995.5.12, 94누13794).
④ 국세기본법 … 규정에 의하면, **세무서장**은 납세의무자가 국세·가산금 또는 체납처분비로서 납부한 금액 중 오납액·초과납부액 또는 **환급세액이 있는 때에는 즉시 이를 국세환급금으로 결정**함과 아울러 그에 대한 국세환급가산금을 결정하여, … 그 뜻을 당해 납세자에게 통지하여야 하며 잔여금이 있는 때에는 이를 지급명령관에게 통보하여 납세자에게 환급하게 하도록 되어 있다. 위 규정에 따른 세무서장의 국세환급금(국세환급가산금 포함)에 대한 결정은 **이미 납세의무자의 환급청구권이 확정된 국세환급금에 대하여 내부적인 사무처리절차로서** 과세관청의 환급절차를 규정한 것에 지나지 않고 그 규정에 의한 **국세환급금의 결정에 의하여 비로소 환급청구권이 확정되는 것이 아니므로**, 국세환급금결정이나 그 결정을 구하는 신청에 대한 환급거부결정 등은 항고소송의 대상이 되는 처분이라고 볼 수 없다(대법원 1994.12.2, 92누14250).
⑤ **법인세 과세표준 결정**이나 **손금불산입 처분**은 **법인세 과세처분에 앞선 결정**으로서 그로 인하여 바로 과세처분의 효력이 발생하는 것이 아니고 또 후일에 이에 의한 법인세 과세처분이 있을 때에 그 부과처분을 다툴 수 있는 방법이 없는 것도 아니므로, 법인세 과세표준 결정이나 손금불산입 처분은 항고소송의 대상이 되는 행정처분이라고는 할 수 없다(대법원 1996.9.24, 95누12842).
⑥ **운전면허 행정처분처리대장상 벌점의 배점**은 도로교통법규 위반행위를 단속하는 기관이 도로교통법시행규칙 별표 16의 정하는 바에 의하여 도로교통법규 위반의 경중, 피해의 정도 등에 따라 배정하는 점수를 말하는 것으로 자동차운전면허의 취소, 정지처분의 기초자료로 제공하기 위한 것이고 그 배점 자체만으로

는 아직 국민에 대하여 구체적으로 어떤 권리를 제한하거나 의무를 명하는 등 법률적 규제를 하는 효과를 발생하는 요건을 갖춘 것이 아니어서 그 무효확인 또는 취소를 구하는 소송의 대상이 되는 행정처분이라고 할 수 없다(대법원 1994.8.12, 94누2190).

⑦ 교육부장관이 … 대학입시기본계획의 내용에서 **내신성적 산정기준에 관한 시행지침**을 마련하여 시 · 도 교육감에서 통보한 것은 행정조직 내부에서 내신성적 평가에 관한 내부적 심사기준을 시달한 것에 불과하며, 각 고등학교에서 위 지침에 일률적으로 기속되어 내신성적을 산정할 수밖에 없고 또 대학에서도 이를 그대로 내신성적으로 인정하여 입학생을 선발할 수밖에 없는 관계로 장차 일부 수험생들이 위 지침으로 인해 어떤 불이익을 입을 개연성이 없지는 아니하나, 그러한 사정만으로서 위 지침에 의하여 곧바로 개별적이고 구체적인 권리의 침해를 받은 것으로는 도저히 인정할 수 없으므로, 그것만으로는 현실적으로 특정인의 **구체적인 권리의무에 직접적으로 변동을 초래케 하는 것은 아니라** 할 것이어서 **내신성적 산정지침을 항고소송의 대상이 되는 행정처분으로 볼 수 없다**(대법원 1994.9.10, 94두33).

⑧ **과세관청의 소득처분과 그에 따른 소득금액변동통지**가 있는 경우 원천징수의무자인 법인은 소득금액변동통지서를 받은 날에 그 통지서에 기재된 소득의 귀속자에게 당해 소득금액을 지급한 것으로 의제되어 그 때 원천징수하는 소득세의 납세의무가 성립함과 동시에 확정되고, 원천징수의무자인 법인으로서는 소득금액변동통지서에 기재된 소득처분의 내용에 따라 원천징수세액을 그 다음달 10일까지 관할 세무서장 등에게 납부하여야 할 의무를 부담하며, 만일 이를 이행하지 아니하는 경우에는 가산세의 제재를 받게 됨은 물론이고 형사처벌까지 받도록 규정되어 있는 점에 비추어 보면, **소득금액변동통지는** 원천징수의무자인 법인의 납세의무에 직접 영향을 미치는 과세관청의 행위로서, **항고소송의 대상이 되는 조세행정처분**이라고 봄이 상당하다(대법원 2006.4.20, 2002두1878).

그러나 어떤 행위의 상대방이 공무원이라고 하더라도 당해 공무원이 행정조직의 구성원이 아니라 인격주체로서 평가될 수 있는 경우에는 그 행위는 개인인 공무원의 권리 · 의무에 법적 효과가 있는 외부적 행위로서 행정처분이다. 또한 지방자치단체의 자치사무(고유사무)에 관한 상급감독청의 감독처분 등의 경우처럼 상이한 행정주체에 속한 행정청 사이의 행위는 외부적 행위의 성격으로서 행정처분이 된다.

(나) 법적 효과를 가져 오는 행위

처분은 법적 효과, 즉 일정한 권리 · 의무를 발생 · 변경 · 소멸시키는 행위이다. 따라서 국민의 권리 · 의무와 직접적인 관련이 없는 순수한 사실행위(예 : 도로 · 하천공사, 서류의 정리, 쓰레기청소 등 주로 물리적 행위), 최종적인 결정을 위한 준비행위, 국민의 자발적인 협력을 기대하는 행정지도 · 비권력적 행정조사 등도 사실행위일 뿐이고 법적 행위가 아니므로 행정처분에 해당되지 않는다.

행위의 효과는 '법적' 효과이므로 그에 관해서는 '법령'에 규정되어야 하는 것이 일반적이다. 그러나 행위의 효과가 행정규칙에 규정되어 있는 경우에도 그것이 권리 · 의무와 관련이 있게 되면 '법적' 효과가 인정되고, 당해 행위가 행정처분에 해당할 수 있다.

【 판례 】 ① **어떠한 처분의 근거나 법적인 효과가 행정규칙에 규정**되어 있다고 하더라도, 그 처분이 행정규칙의 내부적 구속력에 의하여 **상대방에게 권리의 설정 또는 의무의 부담을 명하거나 기타 법적인 효과를 발생하게** 하는 등으로 그 상대방의 권리 · 의무에 직접 영향을 미치는 행위라면, 이 경우에도 항고소송의

대상이 되는 **행정처분에 해당**한다고 보아야 할 것이다. **행정규칙**(함양군 지방공무원의 징계양정기준과 가중·감경사유 등에 관한 구체적 사항을 정한 '함양군지방공무원징계양정에관한규칙')**에 의한 '불문경고조치'**가 비록 법률상의 징계처분은 아니지만 위 처분을 받지 아니하였다면 차후 다른 징계처분이나 경고를 받게 될 경우 징계감경사유로 사용될 수 있었던 표창공적의 사용가능성을 소멸시키는 효과와 1년 동안 인사기록카드에 등재됨으로써 그 동안은 장관표창이나 도지사표창 대상자에서 제외시키는 효과 등이 있으므로 항고소송의 대상이 되는 **행정처분에 해당**한다(대법원 2002.7.26, 2001두3532).

② '서울특별시교육청감사결과지적사항및법률위반공무원처분기준'에 정해진 **경고**는, 교육공무원의 신분에 영향을 미치는 교육공무원법령상의 징계의 종류에 해당하지 아니하고, 인사기록카드에 등재되지도 않으며, … 교육공무원으로서의 신분에 불이익을 초래하는 **법률상의 효과를 발생시키는 것은 아니라** 할 것이다. 따라서 위와 같은 경고는, 교육공무원법, 교육공무원징계령, 교육공무원징계양정등에관한규칙에 근거하여 행해지고, 인사기록카드에 등재되며, … 징계감경사유 제외대상에 해당하는 **불문(경고)**과는 달리, 항고소송의 대상이 되는 **행정처분에 해당하지 않는다**고 할 것이다(대법원 2004.4.23, 2003두13687).

③ 지방세법에 있어서는 취득세와 등록세는 모두 신고납부방식의 조세이고 납세의무자가 **취득세와 등록세를 신고납부하는 과정에서 과세관청이 이를 수납하는 행위는 단순한 사무적 행위에 불과**할 뿐, 행정처분이라고 볼 수 없다. 과세관청이 납세자가 신고납부하는 취득세와 등록세를 수령한 후 이를 확인하는 통지를 하면서, 납세자가 구 지방세법 …에 기하여 한 취득세 및 등록세의 면제신청을 거부하는 취지의 회시를 보냈다고 하더라도 취득세와 등록세가 모두 신고납부방식의 조세인 이상 그 **신고납부를 확인하여 통지한 것**을 가리켜 항고소송의 대상이 되는 **행정처분이라고 할 수 없고**, 위 규정들에 따른 취득세와 등록세의 면제에 관하여는 감면신청 및 이에 대한 통지에 관한 절차규정이 없으므로 이와 같은 **취득세 및 등록세는 법률상 당연히 면제되는 것**이지 과세관청의 조세면제처분에 의하여 비로소 면제되는 것은 아니라 할 것이고, 따라서 **면제신청을 거부하는 취지의 회시**를 가리켜 항고소송의 대상이 되는 **행정처분이라고 할 수 없다**(대법원 1990.3.27, 88누4591).

4) 권력적 단독행위로서의 공법행위

처분은 행정청의 우월한 일방적 의사의 발동으로서 행하여지는 단독행위, 즉 '공법행위'를 의미한다. 따라서 행정청의 사법행위(예 : 물자구매, 영리활동, 일반재산의 매각·대부), 공법상 계약 및 공법상 합동행위 등은 처분이 아니다. 권력적 작용이므로 비권력적 작용도 배제된다.

5) 거부행위

어떤 행정처분의 신청권이 인정되는 경우에 행정청이 당해 행정처분을 거부하는 것은 '거부처분'으로서 '행정처분'이 된다(예 : 건축허가거부처분).

거부행위가 행정처분이 되기 위해서는 ㉠ 신청인에게 법령상·조리상 신청권이 있어야 하며, 그에 대응하여 행정청은 처분의무가 있어야 한다. 여기에서 신청인의 신청권은 행정청의 응답을 구하는 신청권(형식적 신청권)이며 신청된 대로의 처분을 구하는 권리(실질적 신청권)는 아니다. 예컨대, 인·허가의 신청권만 있으면 족하고, 인·허가를 받을 수 있었는데도 이를 거부하였는지는 본안심리사항인 것이다. ㉡ 신청의 대상이 된 행위가 공권력의 행사 또는 이에 준하는 행정작용 즉, 행정처분이어야 한다. 즉, 처분을 거부한 것만이 거부처분이 된다. ㉢ 거부행위가 신청인의 권리·의무에 직접적 영향을 미쳐야 한다.

【판례】① 국민의 적극적 행위 신청에 대하여 행정청이 그 신청에 따른 행위를 하지 않겠다고 거부한 행위가 항고소송의 대상이 되는 행정처분에 해당하는 것이라고 하려면, 그 신청한 행위가 공권력의 행사 또는 이에 준하는 행정작용이어야 하고 그 거부행위가 신청인의 법률관계에 어떤 변동을 일으키는 것이어야 하며 그 국민에게 그 행위발동을 요구할 법규상 또는 조리상의 신청권이 있어야 한다고 할 것인바, 여기에서 '**신청인의 법률관계에 어떤 변동을 일으키는 것**'이라는 의미는 신청인의 실체상의 권리관계에 직접적인 변동을 일으키는 것은 물론 그렇지 않다 하더라도 **신청인이 실체상의 권리자로서 권리를 행사함에 중대한 지장을 초래하는 것도 포함한다**(대법원 2002.11.22, 2000두9229).
② 지방자치단체장이 국유 잡종재산(현재의 일반재산)을 대부하여 달라는 신청을 거부한 것은 항고소송의 대상이 되는 행정처분이 아니다(대법원 1998.9.22, 98두7602).
③ **기간제로 임용되어 임용기간이 만료된 국·공립대학의 조교수**는 교원으로서의 능력과 자질에 관하여 합리적인 기준에 의한 공정한 심사를 받아 위 기준에 부합되면 특별한 사정이 없는 한 **재임용되리라는 기대를 가지고 재임용 여부에 관하여 합리적인 기준에 의한 공정한 심사를 요구할 법규상 또는 조리상 신청권을 가진다**고 할 것이니, 임용권자가 임용기간이 만료된 조교수에 대하여 **재임용을 거부하는 취지로 한 임용기간만료의 통지**는 위와 같은 대학교원의 법률관계에 영향을 주는 것으로서 행정소송의 대상이 되는 처분에 해당한다(대법원 2004.4.22, 2000두7735).
④ 원고로서는 피고의 이 사건 반려처분으로 인하여 적법한 건축허가를 받기 어려운 불안한 법적 지위에 놓이게 된 점, 피고는 건축위원회의 심의대상이 되는 건축물에 대한 건축허가를 신청하려는 사람으로 하여금 그 신청에 앞서 건축계획심의신청을 하도록 하고, 그 절차를 거치지 아니한 경우 건축허가를 접수하지 아니하고 있어 원고로서는 이 사건 건축물의 건축허가신청에 중대한 지장이 초래된 점 등에 비추어 보면, 피고의 이 사건 반려처분은 원고의 권리·의무나 법률관계에 직접 영향을 미쳤다고 할 것이다. … 법규상 내지 조리상으로 원고에게 건축계획심의를 신청할 권리도 있다고 할 것이므로, **건축계획심의신청에 대한 반려처분은 항고소송의 대상**이 된다(대법원 2007.10.11, 2007두1316).
⑤ 금강수계 중 상수원 수질보전을 위하여 필요한 지역의 **토지 등의 소유자가 국가에 그 토지 등을 매도하기 위하여 매수신청을 하였으나 유역환경청장 등이 매수거절**의 결정을 한 사안에서, 위 매수거절을 항고소송의 대상이 되는 행정처분으로 보지 않는다면 토지 등의 소유자로서는 재산권의 제한에 대하여 달리 다툴 방법이 없게 되는 점 등에 비추어, 그 매수 거부행위가 공권력의 행사 또는 이에 준하는 행정작용으로서 항고소송의 대상이 되는 **행정처분에 해당**한다(대법원 2009.9.10, 2007두20638).
⑥ 지목은 토지소유권을 제대로 행사하기 위한 전제요건으로서 토지소유자의 실체적 권리관계에 밀접하게 관련되어 있으므로 **지적공부 소관청의 지목변경신청 반려행위**는 국민의 권리관계에 영향을 미치는 것으로서 항고소송의 대상이 되는 행정처분에 해당한다(대법원 2004.4.22, 2003두9015).
⑦ 교사에 대한 임용권자가 교육공무원법 제12조에 따라 **임용지원자를 특별채용할 것인지 여부는 임용권자의 판단에 따른 재량에 속하는 것**이고, 임용권자가 임용지원자의 임용 신청에 기속을 받아 그를 특별채용하여야 할 의무는 없으며 임용지원자로서도 자신의 임용을 요구할 법규상 또는 조리상 권리가 있다고 할 수 없다. … 피고가 원고 등의 특별채용 신청을 거부하였다고 하여도 그 거부로 인하여 **원고 등의 권리나 법적 이익에 어떤 영향을 주는 것이 아니어서 그 거부행위가** 항고소송의 대상이 되는 **행정처분에 해당한다고 할 수 없다**(대법원 2005.4.15, 2004두11626).

신청인에 대해 직접 거부의 의사표시를 하지 않은 묵시적 거부(예: 소수의 합격자만 발표)도 거부처분에 포함된다. 신청인이 행정청의 거부의사를 알았거나 알 수 있었을 때에 거부처분이 있은 것으로 볼 수 있다(대법원 1991.2.12, 90누5825 참조).

6) 그 밖에 이에 준하는 행정작용

행정소송법이 말하는 '이에 준하는 행정작용'이란 행정작용 중 공권력행사나 거부처분, 즉 전형적인 '행정행위'가 아니더라도 행정청의 대외적 작용으로서 개인의 권익에 구체적으로 영향을 미치는 작용으로서 행정행위에 준하는 것을 말한다. 행정소송법이 처분을 정의함에 있어 '그 밖에 이에 준하는 행정작용'을 포함시킨 것은 현실적으로 행정구제의 필요성이 인정되는 행정작용을 행정소송의 대상으로 하려는 취지에서 비롯되었는데, 어떤 것이 '그 밖에 이에 준하는 행정작용'에 해당되는가는 학설과 판례에 맡겨져 있다. 이에 속하는 것으로서 논의될 수 있는 것은 다음과 같다.

(가) 권력적·비권력적 사실행위

① 권력적 사실행위

권력적 사실행위란 명령적·강제적 공권력행사로서의 사실행위를 말한다(예 : 무허가건물의 강제철거, 즉시강제 등 행정강제의 실행, 단전·단수조치, 무기사용, 불심검문, 강제적 행정조사〈예: 세무조사〉 등). 이는 단순한 '사실행위'와는 달리 육체적·물리적 행위(순수한 사실행위)와 법적 행위(의무부과행위, 수인하명)가 결합된 '합성행위'로서 '수인하명'의 부분이 '의무의 부과'라는 법률효과를 발생시키므로 '공권력(명령·강제)'을 행사하는 것에 해당되어 행정처분성이 인정된다.

【 판례 】① 부과처분을 위한 **과세관청의 질문조사권이 행해지는 세무조사결정**이 있는 경우 납세의무자는 세무공무원의 과세자료 수집을 위한 질문에 대답하고 검사를 수인하여야 할 법적 의무를 부담하게 되는 점, 세무조사는 기본적으로 적정하고 공평한 과세의 실현을 위하여 필요한 최소한의 범위 안에서 행하여져야 하고, 더욱이 동일한 세목 및 과세기간에 대한 재조사는 납세자의 영업의 자유 등 권익을 심각하게 침해할 뿐만 아니라 과세관청에 의한 자의적인 세무조사의 위험마저 있으므로 조세공평의 원칙에 현저히 반하는 예외적인 경우를 제외하고는 금지될 필요가 있는 점, **납세의무자로 하여금 개개의 과태료 처분에 대하여 불복하거나 조사 종료 후의 과세처분에 대하여만 다툴 수 있도록 하는 것보다는 그에 앞서 세무조사결정에 대하여 다툼으로써 분쟁을 조기에 근본적으로 해결할 수 있는 점** 등을 종합하면, 세무조사결정은 납세의무자의 권리·의무에 직접 영향을 미치는 공권력의 행사에 따른 행정작용으로서 **항고소송의 대상**이 된다(대법원 2011.3.10., 2009두23617,23624).
② 교도소장이 수형자 甲을 **'접견내용 녹음·녹화 및 접견 시 교도관 참여대상자'로 지정**한 사안에서, 위 지정행위는 수형자의 구체적 권리의무에 직접적 변동을 가져오는 행정청의 공법상 행위(공권력적 사실행위)로서 항고소송의 대상이 되는 '처분'에 해당한다(대법원 2014.2.13. 2013두20899).

② 비권력적 사실행위

㉠ 경고·권고·추천 등

비권력적 사실행위는 공권력행사와 직접 관련성이 없는 사실행위를 말한다. 그런데 이에 속하는 것으로서 명령적이지는 않지만 영향력 있는 사실행위(비명령적 영향력 행사행위 : 경고, 권고, 추천, 비공식적 조정, 행정지도, 홍보)가 문제이다. 특히 경고·권고·추천 중에는 사실행위라고 할 수 없는 것이 있다. 이들 중에는 개인의 권익에 직접적인 영향을 미치게 되어(예 : 특정물질의 발암성·환경유해성에 대한 경고로 인한 당해 물질의 생산업자의 피해) 국민의 권익구제를 강화하기 위해 개별적·구체적으로 검토하여 행정처분성을 인정하여야 하는 것도 있을 수 있다(행정처분성이 인정되는 것은 '권력적 사실행위'로 분류하는 것이 보다 논리체계적일 수 있다).

㉡ 행정지도

행정지도도 비권력적 사실행위의 일종으로서 국민에게 어떤 영향력 내지 효과가 있다고 하더라도 그것은 사실상의 효력이며 법적인 효력이 아니므로 행정처분성이 인정되지 않는 것이 원칙이다. 그러나 어떤 행정지도가 그에 따르지 않을 경우 일정한 불이익조치를 예정하고 있어 사실상 상대방에게 그에 따를 의무를 부과하는 것과 다를 바 없거나, 상대방으로 하여금 사실상 따르지 않을 수 없게 만듦으로써 규제적·구속적 성격을 가지는 경우는 단순한 행정지도의 차원을 넘는 것으로서 행정처분성이 인정될 수 있다.

그러한 행정지도에 관하여 헌법재판소는 행정지도에 대한 헌법소원심판청구가 보충성원칙을 충족하였음(즉, 다른 권리구제방법〈행정소송〉이 없음)을 인정하기 위한 논거로서 "법원에서 항고소송의 대상이 되지 않는 것으로 인정될 여지가 많다"고 하면서도 헌법소원의 대상이 되는 '공권력의 행사'에 해당된다고 한다. 이는 실질에 있어서는 그러한 행정지도는 '공권력 행사'로서 행정처분에 해당될 수 있음을 인정한 것이라고 볼 수 있다.

【판례】 ① 대법원은 … 국민의 권리·이익에 영향이 없는 단순한 행정청 내부의 중간처분, 의견, 질의답변, 또는 내부적 사무처리절차이거나 알선, 권유, 행정지도 등 비권력적 사실행위 등은 항고소송의 대상이 될 수 없다고 하며, … 그렇다면, 이 사건 학칙시정요구도 **법원에서 권고 내지 지도행위라 하여 항고소송의 대상이 되지 않는 것으로 인정될 여지가 많다고 할 것이므로, 이에 대한 헌법소원심판청구를 법원의 재판사항이라는 이유로 부적법하다고 볼 수는 없다.** 교육인적자원부장관의 대학총장들에 대한 이 사건 학칙시정요구는 고등교육법 제6조 제2항, 동법시행령 제4조 제3항에 따른 것으로서 그 법적 성격은 대학총장의 임의적인 협력을 통하여 사실상의 효과를 발생시키는 **행정지도의 일종**이지만, 그에 따르지 않을 경우 일정한 **불이익조치를 예정**하고 있어 **사실상 상대방에게 그에 따를 의무를 부과하는 것과 다를 바 없으므로** 단순한 행정지도로서의 한계를 넘어 **규제적·구속적 성격을 상당히 강하게 갖는 것으로서 헌법소원의 대상이 되는 공권력의 행사**라고 볼 수 있다(헌재 2003.6.26, 2002헌마337).
② 공정거래위원회의 '**표준약관 사용권장행위**'는 그 통지를 받은 해당 사업자 등에게 **표준약관과 다른 약관을 사용할 경우** 표준약관과 다르게 정한 주요내용을 고객이 알기 쉽게 표시하여야 할 의무를 부과하고, 그 불이행에 대해서는 과태료에 처하도록 되어 있으므로, 이는 사업자 등의 권리·의무에 직접 영향을 미치는 행정처분으로서 항고소송의 대상이 된다(대법원 2010.10.14, 2008두23184).

(나) 행정입법(처분적 법규명령·행정규칙·자치입법)

법규명령·행정규칙(특히 고시)·자치입법(조례·규칙)이 별도의 집행행위의 매개 없이도 그 자체로서 직접 국민의 구체적인 권리·의무나 법률관계를 규율하는 성격을 가질 때에는 '처분적 명령'으로서 처분성이 인정될 수 있다.

【판례】 ① 경기도 가평군 가평읍 상색국민학교 **두밀분교를 폐지하는 내용의 이 사건 조례**는 위 두밀분교의 취학아동과의 관계에서 영조물인 특정의 국민학교를 구체적으로 이용할 이익을 직접적으로 상실하게 하는 것이므로 항고소송의 대상이 되는 **행정처분이다**(대법원 1996.9.20, 95누8003).
② 항정신병 치료제의 요양급여 인정기준에 관한 보건복지부 고시가 특정 제약회사의 특정 의약품을 규율 대상으로 하는 점 및 의사에 대하여 특정 의약품을 처방함에 있어서 지켜야 할 기준을 제시하면서 만일 그와 같은 처방기준에 따르지 않은 경우에는 국민건강보험공단에 대하여 그 약제비용을 보험급여로 청구할 수 없고 환자 본인에 대하여만 청구할 수 있게 한 점 등에 비추어 볼 때, 이 사건 고시는 **다른 집행행위의 매개 없이 그 자체로서 제약회사, 요양기관, 환자 및 국민건강보험공단 사이의 법률관계를 직접 규율하는 성격을 가진다고 할 것이므로**, 이는 항고소송의 대상이 되는 **행정처분으로서의 성격을 갖는다**(대법원 2003.10.9, 2003무23).

(다) 행정계획

행정계획의 형식은 예산·법률·명령·조례·행정처분·사실행위 등 다양하다. 국민에게 각종 행위제한을 가하는 구속적 계획 중에서 '국토의 계획 및 이용에 관한 법률'상의 '도시·군관리계획'(용도지역·용도지구의 지정·변경에 관한 계획, 개발제한구역·도시자연공원구역 등의 지정·변경에 관한 계획 등)은 행정처분이라고 할 수 있다. 도시·군관리계획이 결정되면 계획관련 법령의 규정에 따라 건축이 제한되는 등 국민의 권리·의무에 직접적·구체적인 영향을 미치기 때문이다. 이와 유사한 법적 효과를 가져 오는 행정계획은 처분성이 인정되어야 한다.

【판례】국가균형발전 특별법과 법시행령 및 이 사건 지침(혁신도시 입지선정지침)에는 공공기관의 지방이전을 위한 정부 등의 조치와 공공기관이 이전할 혁신도시 입지선정을 위한 사항 등을 규정하고 있을 뿐 혁신도시입지 후보지에 관련된 지역 주민 등의 권리의무에 직접 영향을 미치는 규정을 두고 있지 않으므로, 피고(강원도지사)가 **원주시를 혁신도시 최종입지로 선정한 행위는** 항고소송의 대상이 되는 **행정처분으로 볼 수 없다**(대법원 2007.11.15, 2007두10198).

(라) 확 약

확약의 법적 효과는 행정청으로 하여금 약속이행의무를 발생시키며 개인에게는 그에 대응하여 약속을 이행할 것을 요구할 수 있는 권리를 발생시킨다는 점에서 행정처분성이 인정되는 것이 있을 수 있다. 그런데 '확약'에 속하는 것이라고 보는 것들도 그 구속력의 정도가 같지 않다. 예컨대, 내인가·내허가 등의 경우에는 행정청의 이행의무가 확실한 것인 반면에, 행정청의 의무이행을 강요할 정도에 이르지 않는 의사표시에 해당하는 것도 있을 수 있다. 따라서 이른바 '확약'은 모두 행정처분이라거나 모두 행정처분이 아니라고 할 것이 아니라, '확약'에 해당하는 구체적 행위가 행정처분인지의 여부는 개별·구체적으로 관련법규의 목적·성질, 행정청의 의사표시의 구체적 상황·방법(예 : 문서 또는 구두) 등도 고려하여 결정하여야 할 것이다.

【판례】자동차운송사업 양도양수인가신청에 대하여 행정청이 내인가를 한 후 그 본인가신청이 있음에도 내인가를 취소함으로써 다시 본인가에 대하여 따로 인가 여부의 처분을 한다는 사정이 보이지 않는 경우 위 **내인가취소를 인가신청거부처분으로 볼 수 있다**(대법원 1991.6.28, 90누4402).

(마) 의회의 의결

지방자치단체의 의회의 의결은 일반적으로 자치단체의 내부적 의사결정에 불과한 것으로서 행정처분이 아니다. 그러나 의회의 의결 자체가 특정인의 법적 지위에 직접적인 영향을 미치는 등 외부적인 법적 효과가 있는 경우에는 행정처분이 된다. 예컨대, 지방의회의원의 제명의결과 같은 것이 이에 해당한다(국회의원의 징계처분〈헌법 제64조 ③〉은 통치행위로서 행정처분이 아니다).

【판례】① 지방자치법 제78조 내지 제81조의 규정에 의거한 지방의회의 의원징계의결은 그로 인해 의원의 권리에 직접 법률효과를 미치는 행정처분의 일종으로서 행정소송의 대상이 된다(대법원 1993.11.26, 93누7341). ② 지방의회 의장에 대한 불신임의결은 의장으로서의 권한을 박탈하는 행정처분의 일종으로서 항고소송의 대상이 된다(대법원 1994.10.11, 94추23). ③ 지방의회의 의장선거는 행정처분의 일종으로서 항고소송의 대상이 된다고 할 것이다(대법원 1995.1.12, 94누2602).

【참고】 지방자치법 제120조에는 지방의회의 의결에 대하여 지방자치단체의 장이 이의가 있으면 대법원에 제소하도록 하는 규정을 두고 있는데 그와 같은 소송은 지방자치단체의 장이 지방의회 의결에 대한 사전예방적 합법성 보장책으로서 제기하는 기관소송의 성질을 가진다. 즉, 이 경우의 지방의회의 의결은 행정처분이 아니다.

(바) 특별권력관계에서의 행위

특별권력관계에서의 공무원·국공립학교의 학생·수형자에 대한 조치는 그것이 공무원·학생 등의 법적 지위에 영향을 주는 경우에는 처분성이 인정된다(예 : 형사피고인을 안양교도소에서 진주교도소로 이송함으로 인해 형사피고인이 변호인과의 접견이 어려워져 방어권의 행사에 지장을 받게 되고, 가족·친지 등과의 접견권의 행사에도 장애가 초래되는 경우. 대법원 1992.8.7, 92두30 참조).

(사) 신고의 수리 및 수리거부

수리를 요하지 않는 신고의 경우에 요건을 갖춘 신고가 있으면 행정청의 수리를 기다리지 아니하고 신고서가 접수기관에 도달된 때에 신고의 의무를 이행한 것이 되어(행정절차법 제40조 ②), 그로써 바로 법이 정한 신고의 효과가 발생한다. 따라서 신고의 수리 또는 수리거부행위는 법률상의 권리·의무와 관련이 없는 행위로서 처분성이 인정되지 않는다(대법원 1999.10.22, 98두18435). 반면, 수리를 요하는 신고의 경우에는 수리 또는 수리거부는 신고자의 권리·의무에 그 효력이 미치므로 행정처분이 된다.

【판례】 **납골당설치 신고**는 이른바 '**수리를 요하는 신고**'라 할 것이므로, 납골당설치 신고가 구 장사법 관련 규정의 모든 요건에 맞는 신고라 하더라도 신고인은 곧바로 납골당을 설치할 수는 없고, 이에 대한 행정청의 수리처분이 있어야만 신고한 대로 납골당을 설치할 수 있다. 한편 수리란 신고를 유효한 것으로 판단하고 법령에 의하여 처리할 의사로 이를 수령하는 수동적 행위이므로 수리행위에 **신고필증 교부 등 행위가 꼭 필요한 것은 아니다.** 파주시장이 종교단체 납골당설치 신고를 한 甲 교회에 … 납골당설치 **신고사항 이행통지**를 한 사안에서, 이행통지는 납골당설치 신고에 대하여 파주시장이 납골당설치 요건을 구비하였음을 확인하고 구 장사법령상 납골당설치 기준, 관계 법령상 허가 또는 신고 내용을 고지하면서 신고한 대로 납골당 시설을 설치하도록 한 것이므로, 파주시장이 甲 교회에 이행통지를 함으로써 납골당설치 신고수리를 하였다고 보는 것이 타당하고, **이행통지가 새로이 甲 교회 또는 관계자들의 법률상 지위에 변동을 일으키지는 않으므로** 이를 수리처분과 별도로 항고소송 대상이 되는 다른 **처분으로 볼 수 없다**(대법원 2011.9.8., 2009두6766).

(아) 공증(공부〈公簿〉에의 기재행위)

공증의 행정처분성은 구분하여서 고찰하여야 한다. 공증 중에서 국민의 권리·의무를 생성·변경·소멸시키는 것과 직접적인 관련이 있는 것은 행정처분이 되며(예: 토지대장·임야대장 등 '지적공부(地籍公簿)'에 지번·지목 등을 등록하는 것〈측량·수로조사 및 지적에 관한 법률 제69조 이하〉, 건축물대장에 건축물과 대지의 현황을 기재하는 것〈건축법 제38조〉), 이 경우는 공정력을 인정하여야 한다.

【판례】① 건축물의 용도는 토지의 지목에 대응하는 것으로서 건물의 이용에 대한 공법상의 규제, 건축법상의 시정명령, 지방세 등의 과세대상 등 공법상 법률관계에 영향을 미치고, 건물소유자는 용도를 토대로 건물의 사용·수익·처분에 일정한 영향을 받게 되는 점 등을 고려해 보면, 건축물대장의 **용도는 건축물의 소유권을 제대로 행사하기 위한 전제요건으로서 건축물 소유자의 실체적 권리관계에 밀접하게 관련되어 있으므로 건축물대장 소관청의 용도변경신청 거부행위는** 국민의 권리관계에 영향을 미치는 것으로서 항고소송의 대상이 되는 **행정처분에** 해당한다(대법원 2009.1.30, 2007두7277).
② 건축물대장은 건축물에 대한 공법상의 규제, 지방세의 과세대상, 손실보상액의 산정 등 건축행정의 기초자료로서 공법상의 법률관계에 영향을 미칠 뿐만 아니라, 건축물에 관한 소유권보존등기 또는 소유권이전등기를 신청하려면 이를 등기소에 제출하여야 하는 점 등을 종합해 보면, **건축물대장은 건축물의 소유권을 제대로 행사하기 위한 전제요건으로서** 건축물 소유자의 실체적 권리관계에 밀접하게 관련되어 있으므로, 이러한 **건축물대장을 직권말소한 행위는** 국민의 권리관계에 영향을 미치는 것으로서 항고소송의 대상이 되는 **행정처분에** 해당한다(대법원 2010.5.27. 2008두22655).

반면 국민의 권리·의무와 관련이 없는 것은 행정처분이 아니라 사실행위에 불과하다. 누구나 반증만 하면 행정청이나 법원의 취소가 필요 없이 효력(공적 증거력)이 부인되는 것이라면 이는 행정처분이 아니다. 따라서 각종 공부(公簿, 공적장부)에의 등재행위 중에서도 어떤 것이 만일 행정사무의 집행의 편의와 사실증명의 자료에 불과한 것으로서 공적 증명력이 부인된다면 그것은 행정처분이 아니다.

(자) 통 지

통지란 특정인 또는 불특정 다수인에 대하여 특정한 사실을 알리는 것으로서 그것이 일정한 법적 효과를 가져 오면 행정처분이다. 반면 특정사실의 통지가 아무런 법적 효과를 발생하지 않는 경우에는 사실행위로서(예 : 당연퇴직·정년퇴직의 인사발령통보) 행정처분이 아니다.

(차) 경정처분

일정한 처분이 행해진 이후에 그 처분을 감축 또는 확장하는 경우 당초처분과 경정처분 중 어느 것을 쟁송의 대상인 처분으로 볼 것인지가 문제된다. 판례에 의하면 증액경정처분의 경우에는 당초처분은 증액경정처분에 흡수되어 증액경정처분만이 소송의 대상이 된다(대법원 2004.2.13, 2002두9971). 그러나 감액처분의 경우에는 감액되고 남아 있는 당초의 처분이 소송의 대상이 되는 처분이 된다(따라서 제소기간의 준수 여부는 당초의 처분시점을 기준으로 판단한다. 대법원 1991.9.13, 91누391). (행정처분의 상대방의 입장에서는 예컨대 2,000만원에서 3,000만원으로 증액된 경우에는 3,000만원으로 증액된 시점에 1,000만원이 증액된 사실에 대해서 소송을 제기할 필요성이 생겼고, 2,000만원에서 1,000만원으로 감액된 경우에는 당초 2,000만원의 처분시점에 이미 처분금액〈2,000만원〉에 대해 소송을 제기할 필요성이 생겼다고 보아야 할 것이기 때문이다.)

【 판례 】 ① 행정청이 식품위생법령에 따라 영업자에게 행정제재처분을 한 후 그 처분을 **영업자에게 유리하게 변경하는 처분을 한 경우**, 변경처분에 의하여 당초 처분은 소멸하는 것이 아니고 당초부터 유리하게 변경된 내용의 처분으로 존재하는 것이므로, 변경처분에 의하여 유리하게 변경된 내용의 행정제재가 위법하다 하여 그 취소를 구하는 경우 그 취소소송의 대상은 변경된 내용의 당초 처분이지 변경처분은 아니고, **제소기간의 준수 여부도 변경처분이 아닌 변경된 내용의 당초 처분을 기준으로** 판단하여야 한다(대법원 2007.4.27. 2004두9302).

② 증액경정처분은 당초 처분과 증액되는 부분을 포함하여 전체로서 하나의 과세표준과 세액을 다시 결정하는 것이어서 당초 처분은 증액경정처분에 흡수되어 독립된 존재가치를 상실하고 **오직 증액경정처분만이 쟁송의 대상이 되어** 납세의무자로서는 증액된 부분만이 아니라 당초 처분에서 확정된 과세표준과 세액에 대하여도 그 위법 여부를 다툴 수 있는 것이지만, **증액경정처분이 제척기간 도과 후에 이루어진 경우에는 증액부분만이 무효로 되고 제척기간 도과 전에 있었던 당초 처분은 유효한 것**이므로, 납세의무자로서는 그와 같은 증액경정처분이 있었다는 이유만으로 **당초 처분에 의하여 이미 확정되었던 부분에 대하여 다시 위법 여부를 다툴 수는 없다**(대법원 2004.2.13, 2002두9971).

③ 과세관청이 과세처분을 한 뒤에 **증액경정처분**을 한 경우 처음의 과세처분은 뒤의 경정처분의 일부로 흡수되어 독립된 존재가치를 상실하고 소멸하는 것과는 달리, **감액경정처분**을 한 경우에는 처음의 과세처분 전부를 취소한 다음에 새로이 잔액에 관하여 구체적 조세채무를 확정시키는 효과를 갖는 것이 아니라 처음의 과세처분이 감액된 범위 내에서 존속하게 되는 것이므로, 가산금 및 중가산금의 부과 여부는 처음의 과세처분의 납부기한 등을 기준으로 하여 판단하여야 한다(대법원 2000.9.22., 2000두2013).

④ 기존의 행정처분을 변경하는 내용의 행정처분이 뒤따르는 경우, 후속처분이 종전처분을 완전히 대체하는 것이거나 그 주요 부분을 실질적으로 변경하는 내용인 경우에는 특별한 사정이 없는 한 종전처분은 그 효력을 상실하고 후속처분만이 항고소송의 대상이 되지만(대법원 2012. 10. 11. 선고 2010두12224 판결 등 참조), 후속처분의 내용이 종전처분의 유효를 전제로 그 내용 중 **일부만을 추가·철회·변경하는 것이고 그 추가·철회·변경된 부분이 그 내용과 성질상 나머지 부분과 불가분적인 것이 아닌 경우에는, 후속처분에도 불구하고 종전처분이 여전히 항고소송의 대상이 된다고 보아야 한다.** 따라서 종전처분을 변경하는 내용의 후속처분이 있는 경우 법원으로서는, 후속처분의 내용이 종전처분 전체를 대체하거나 그 주요 부분을 실질적으로 변경하는 것인지, 후속처분에서 추가·철회·변경된 부분의 내용과 성질상 그 나머지 부분과 가분적인지 등을 살펴 항고소송의 대상이 되는 행정처분을 확정하여야 한다(대법원 2015.11.19. 2015두295).

(카) 반복된 행위

행정대집행법상의 '철거대집행 계고처분'과 같이 1차 계고처분이 행해지고 난 후 자진철거가 행해지지 않으면 2차, 3차 계고서를 통해 철거를 촉구하게 되는바, 이러한 경우에도 항고소송의 대상은 1차 계고처분이 되며, 제2차, 제3차의 계고처분은 새로운 철거의무를 부과한 것이 아니고 다만 대집행기한의 연기통지에 불과하므로 행정처분이 아니다(대법원 1994.10.28, 94누5144; 2000.2.22, 98두4665 참조).

【 판례 】 지방병무청장이 보충역 편입처분을 받은 자에 대하여 복무기관을 정하여 공익근무요원 소집통지를 한 이상 그것으로써 공익근무요원으로서의 복무를 명하는 병역법상의 공익근무요원 소집처분이 있었다고 할 것이고, 그 후 지방병무청장이 **공익근무요원 소집대상자의 원에 의하여 또는 직권으로 그 기일을 연기한 다음 다시 공익근무요원 소집통지를 하였다고 하더라도 이는 최초의 공익근무요원 소집통지에 관하여 다시 의무이행기일을 정하여 알려주는 연기통지에 불과**한 것이므로, 이는 항고소송의 대상이 되는 독립한 **행정처분으로 볼 수 없다**(대법원 2005.10.28, 2003두14550).

반면, 거부처분의 경우에 거부처분에 대한 제소기간이 경과한 뒤에도 사실적 법적 상황이 변경되어 동일한 내용의 신청을 다시 하여 그에 대하여 거부처분이 다시 행해지면 당해 거부처분은 독립된 새로운 처분이라고 할 수 있다(대법원 1992.10.27, 92누1643 참조).

(타) 사립학교 교원의 징계

사립학교법인이 사립학교 교원에 대하여 행하는 징계는 행정처분이 아니다. 사립학교법인은 행정청이 아니고 교원과 학교법인의 관계는 공법상의 권력관계가 아니기 때문이다(대법원 1993.2.12, 92누13707). 사립학교 교원도 국공립학교 교원과 마찬가지로 동일한 교원소청심사위원회에 소청심사청구를 하면 소청심사위원회가 소청심사결정을 하게 되는데, 교원소청심사위원회는 행정청이며 소청심사결정은 행정처분에 해당되므로 그에 대하여 교원, 학교법인 또는 학교경영자는 행정소송(항고소송)을 제기할 수 있다(교원지위향상을위한특별법 제10조 ③). 교원은 학교법인을 상대로 민사소송을 제기할 수도 있다.

(파) 통고처분, 과태료처분, 이행강제금

① 통고처분

통고처분을 받은 자가 법정기간 내에 이행하지 않으면 통고처분은 그 효력을 자동으로 상실하게 되고, 당해 행정청의 고발에 의하여 형사소송절차로 이행되므로 행정쟁송을 제기할 수 없다. 즉, 통고처분은 불복절차와 법적 구속력이 보통의 행정처분과는 다르므로 행정쟁송의 대상이 되는 행정처분에 해당하지 않는다.

② 과태료부과

과태료 부과절차가 질서위반행위규제법으로 통일되었다(질서위반행위규제법 제5조 참조). 이제는 모든 과태료부과에 대해 불복하고자 하면 이의제기를 하면 되고, 그럴 경우 과태료 부과의 효력이 바로 상실하고 과태료재판절차로 이행되어 별도로 행정쟁송을 제기할 수 없으므로 행정청의 과태료부과행위는 행정쟁송의 대상이 되는 처분에 해당되지 않는다.

③ 이행강제금

이행강제금의 부과절차 및 권리구제절차가 과태료의 경우와 동일하게 비송사건절차법에 의하도록 규정되어 있는 경우는(예: 농지법 제62조, 옥외광고물등관리법 제20조의2) 이행강제금부과처분은 행정소송의 대상이 되지 않으므로 행정처분성이 부인된다(대법원 2000.9.22, 2000두5722 참조). 그러나 과징금 등의 부과처분과 마찬가지로 비송사건절차법에 의하지 않게 되어 있으면 행정처분으로서 행정심판·소송의 대상이 된다(예: 건축법 제80조, 독점규제및공정거래에관한법률 제17조의3, 부동산실권리자명의등기에관한법률 제6조).

(하) 중간행위

행정목적을 달성하기 위해 여러 단계의 행위를 거쳐야 하는 경우 중간단계에서 행해지는 행정결정은 그 자체로서 일정한 법적 효과를 가져 오면 행정처분으로서 항고소송의 대상이 된다. 그렇지 않으면 중간행위의 위법은 나중에 종국처분을 다툴 때 종국처분의 위법사유로서 주장될 수 있을 뿐이다.

【판례】 **법인세 과세표준 결정이나 손금불산입**(損金不算入) **처분**은 법인세 과세처분에 앞선 결정으로서 그로 인하여 바로 과세처분의 효력이 발생하는 것이 아니고 또 후일에 이에 의한 법인세 과세처분이 있을 때에 그 부과처분을 다툴 수 있는 방법이 없는 것도 아니므로 위 법인세 과세표준 결정이나 손금불산입 처분은 항고소송의 대상이 되는 행정처분이라고는 할 수 없다(대법원 1996.9.24, 95누12842).

【참고】 **내부행위 내지 중간행위라는 이유로 처분성을 부인한 판례**: ㉠ 징계위원회의 결정(대법원 1983.2.8, 81누35), ㉡ 국가보훈처 보훈심사위원회의 의결(대법원 1989.1.24, 88누3314), ㉢ 국가유공자의 부상 여부 및 정도를 판정하기 위한 신체검사판정(대법원 1993.5.11, 91누92 06), ㉣ 병역처분의 자료로 군의관이 하는 신체등위 판정(대법원 1993.8.27, 93누3356).

부분허가(예 : 원자력법상의 원자로시설부지 사전승인, 대법원 1998.9.4, 97누19588 참조)는 전체시설 중 특정한 부분의 설치와 운영에 대해서만 허가하는 것으로서 제한된 특정부분에 관련해서는 종국적인 결정이므로 행정처분에 해당한다.

사전결정(예비결정)은 종국적인 행위(예 : 폐기물처리업허가)를 하기 전에 허가대상사업계획(예 : 폐기물사업계획)에 대한 적합결정 내지 부적합결정을 말한다. 사전결정은 후행결정에 대하여 구속력을 가지는 독자적 행정처분이다(대법원 1998.4.28, 97누21086 참조).

가행정행위(잠정적 행정행위)는 종국적 행정행위가 있기까지 당해 행정법관계의 권리·의무를 잠정적으로 확정하는 행위를 말한다. 예컨대, 소득액 등이 확정되지 아니한 경우에 과세관청이 상대방의 소득신고액에 따라 잠정적으로 소득세액을 결정하여 과세처분을 하는 것이(소득세법 제80조) 이에 속한다. 가행정행위는 종국적인 행정행위에 의해 대체될 수 있기는 하지만 직접 법적 효과를 발생시키므로 행정처분성이 인정된다.

(갸) 검사의 기소·구금 등

검사의 공소제기, 검사 또는 사법경찰관의 구금, 압수 또는 압수물의 환부에 관한 처분은 형사소송법에 따라 불복하는 것으로서 행정처분이 아니다(대법원 2000.3.28, 99두11264 참조).

【답】 ㉠A의 변호인과의 접견권과 방어권은 법률상 이익에 해당하고, 특별권력관계에서의 행위도 그것이 인격체의 권리와 관계된 경우에는 사법심사의 대상인 처분으로 볼 수 있는바, 이송조치는 행형법 제12조의 집행으로서 행정청의 공권력의 행사에 해당하는 행정소송법상의 처분에 속하며

(대법원 1992.8.7, 92두30 참조), 이송조치로 법률상 이익인 변호인과의 접견과 방어권이 침해된다면, 그 **이송조치는 위법하므로 A의 제소는 인용될 수 있다.** ⓒ방어권의 침해는 금전으로 보상할 수 없는 손해라 할 것이므로 **A의 집행정지신청은 인용될 수 있다.**

(2) 재 결

1) 재결의 의의

행정소송법은 처분 이외에 재결도 취소소송의 대상이 될 수 있다고 규정하고 있다. 여기서의 재결은 행정심판법이 정하는 절차에 따른 재결만을 뜻하는 것이 아니고, 토지수용위원회의 이의재결과 같은 개별 법률상의 재결 등도 포함된다.

2) 원처분주의

행정소송법상 재결에 대한 취소소송은 재결 자체에 고유한 위법이 있음을 이유로 하는 경우에 한정된다(행소법 제19조 단서). 행정심판의 재결을 거쳐 취소소송을 제기하는 경우에도 원칙적으로 원처분을 대상으로 한다. 이를 원처분주의라고 한다. 행정소송법이 이러한 규정을 둔 취지는 하나의 처분의 위법성을 이유로 원처분에 대한 취소소송과 재결에 대한 취소소송이 동시에 제기될 경우에 예상되는 법원의 판단의 저촉문제나 소송의 비경제 등의 문제를 회피하기 위한 것이다.

3) 취소소송의 대상이 되는 재결

재결에 대한 취소소송은 '재결 자체에 고유한 위법이 있는 경우'에만 가능하다. 재결 자체에 고유한 위법이 있는 경우란 원처분에는 없고 재결에만 있는 경우로서 재결의 주체·절차·내용·형식 등에 관하여 위법사유가 있는 것을 말한다. 법원은 본안심리의 결과 재결에 고유한 위법이 없는 경우에는 원처분의 당부와는 상관없이 당해 재결취소소송은 기각하는 판결을 한다. 재결의 유형별로 구체적으로 검토하면 다음과 같다.

(가) 각하재결

심판청구가 적법함에도 불구하고 부적법한 것으로 각하한 경우는 각하재결이 국민의 실체적 심리를 받을 권리를 침해하는 것으로서 재결 자체의 고유한 위법이 있는 경우에 해당한다. 즉, 청구인은 각하재결에 대해 취소소송을 제기할 수 있다(대법원 2001.7.27, 99두2970).

(나) 기각재결

취소심판청구인의 주장을 인용하지 않고 원처분이 정당하다고 하여 이를 유지하는 기각재결에 대해서는 원칙적으로 재결 자체의 고유한 위법이 있는 것이라고 할 수 없으므로 기각재결이 아니라 원처분을 대상으로 하여 소송을 제기하여야 한다(원처분주의).

(다) 인용재결(취소재결)

① 형성재결의 경우

행정심판위원회가 심판청구를 인용하여 스스로 처분을 취소하는 형성재결의 경우에는 재결 자체를 소송의 대상으로 한다. 누가 행정심판을 청구하였는지에 따라 다르다.

행정처분(예 : 대기오염물질배출시설의 허가신청에 대한 거부처분)에 대해 처분의 상대방이 행정심판을 제기하여 재결(예 : 거부처분취소재결)에 의해 취소됨(즉, 시설이 허가됨)으로 말미암아 비로소 제3자(예 : 이웃주민)의 권익이 침해되는 경우에 제3자는 재결의 취소를 구하는 소송을 제기할 수 있다. 제3자효 행정처분(예 : 대기오염물질배출시설의 허가)으로 인해 권익이 침해되는 제3자(예 : 이웃주민)가 행정심판을 제기하여 행정심판위원회가 직접 원래의 행정처분을 취소하는 재결(예 : 배출시설허가의 취소재결)을 한 경우에 원처분의 상대방(예 : 배출시설허가신청자)이 재결의 취소를 구하는 소송을 제기할 수 있다.

② 이행재결(명령재결)의 경우

개정 행정심판법은 "위원회는 취소심판의 청구가 이유가 있다고 인정하면 처분을 취소 또는 다른 처분으로 변경하거나 처분을 다른 처분으로 변경할 것을 피청구인에게 명한다"(제43조 ③)고 하여 변경명령재결만 인정하고 취소명령재결은 폐지하였다.

행정청이 행정처분(당초처분: 3월의 영업정지)을 한 후 행정심판위원회의 변경명령재결에 따라 그 처분을 영업자에게 유리하게 변경하는 처분(변경처분: 560만원 과징금)을 한 경우, 변경처분에 의하여 당초처분은 소멸하는 것이 아니고 당초부터 유리하게 변경된 내용의 처분으로 존재하는 것이므로, 변경처분에 의하여 유리하게 변경된 내용의 행정제재(560만원 과징금)가 위법하다하여 그 취소를 구하는 경우 그 취소소송의 대상은 변경된 내용의 당초처분(560만원 과징금)이지 변경처분은 아니고, 제소기간의 준수 여부도 변경처분이 아닌 변경된 내용의 당초처분을 기준으로 판단하여야 한다.

【 판례 】 피고(처분청)는 2002. 12. 26. 원고에 대하여 3월의 영업정지처분이라는 이 사건 당초처분을 하였고, 이에 대하여 원고가 행정심판청구를 하자 재결청(현 행정심판위)은 2003. 3. 6. "피고가 2002. 12. 26. 원고에 대하여 한 3월의 영업정지처분을 2월의 영업정지에 갈음하는 과징금부과처분으로 변경하라"는 일부기각(일부인용)의 이행재결을 하였으며, 2003. 3. 10. **그 재결서 정본이 원고에게 도달**한 사실, 피고는 위 재결취지에 따라 2003. 3. 13. "3월의 영업정지처분을 과징금 560만 원으로 변경한다"는 취지의 이 사건 후속 **변경처분**을 함으로써 이 사건 당초처분을 원고에게 유리하게 변경하는 처분을 하였으며, 원고는 2003. 6. 12. 이 사건 소를 제기하면서 청구취지로써 2003. 3. 13.자 과징금부과처분의 취소를 구하고 있음을 알 수 있다. 이 사건 후속 변경처분에 의하여 유리하게 변경된 내용의 행정제재인 과징금부과가 위법하다 하여 그 취소를 구하는 이 사건 소송에 있어서 위 청구취지는 이 사건 **후속 변경처분에 의하여 당초부터 유리**

하게 변경되어 존속하는 2002. 12. 26.자 과징금부과처분의 취소를 구하고 있는 것으로 보아야 할 것이고, 일부기각(일부인용)의 이행재결에 따른 후속 변경처분에 의하여 변경된 내용의 당초처분의 취소를 구하는 이 사건 소 또한 행정심판재결서 정본을 송달받은 날로부터 90일 이내 제기되어야 한다(대법원 2007.4.27. 2004두9302).

(라) 일부인용재결(일부취소재결), 변경재결(수정재결)

> **【문 제】** 공무원 A는 공무원의 품위를 손상시키는 행위를 하여 징계권자 B로부터 징계위원회의 의결을 거쳐 정직 3개월의 징계처분을 받았다. 그러나 A는 징계가 지나치다고 생각하고 소청심사위원회에 소청을 제기하였고 소청심사위원회는 감봉 3개월의 징계처분으로 변경하는 결정을 하였다. 이에 불복하여 A가 취소소송을 제기하려고 하는데 누구를 상대로 무엇에 대해 소송을 제기하여야 하는가?

심판청구사항의 일부만 인용하는 재결(원처분의 일부만 취소하는 재결. 예: 1,000만원의 과세처분이 심사청구절차에서 일부 취소되어 700만원의 과세처분이 된 경우)이나 원처분을 변경하는 재결(예: 공무원해임처분이 소청심사위원회에서 2개월 정직처분으로 변경된 경우)이 행해진 경우에 그에 대해 심판청구인이 만족하지 않고 소송을 제기하고자 하는 경우에는 누구(원처분청 혹은 행정심판위원회)를 피고로 하여 무엇(원처분 혹은 재결)을 대상으로 하여 소송을 제기할 것인지가 문제이다.

원처분주의는 원래의 처분권한이 있는 처분청으로 하여금 다시 한 번 권한을 합당하게 행사하도록 하려는 취지에서 있는 것이므로 처분이 행정심판위원회에 의해 변경된 경우에도 그러한 취지를 고려하여야 하고, 또한 변경된 처분(수정재결)은 원처분이 여전히 감경된 형태로 존재하는 것으로 볼 수 있다. 따라서 원처분청을 피고로 하여 '일부 취소되고 남은 원처분'(예: 700만원의 과세처분)이나 변경재결에 의해 '변경된 원처분'(예: 2개월 정직처분)을 대상으로 소송을 제기하여야 한다는 견해가 다수설이며 판례의 입장이다.

> **【판례】** 항고소송은 원칙적으로 당해 처분을 대상으로 하나, 당해 처분에 대한 재결 자체에 고유한 주체, 절차, 형식 또는 내용상의 위법이 있는 경우에 한하여 그 재결을 대상으로 할 수 있다고 해석되므로, 징계혐의자에 대한 **감봉 1월의 징계처분을 견책으로 변경한 소청결정 중 그를 견책에 처한 조치는** 재량권의 남용 또는 일탈로서 위법하다는 사유는 **소청결정 자체에 고유한 위법을 주장하는 것으로 볼 수 없어 소청결정의 취소사유가 될 수 없다**(대법원 1993.8.24. 93누5673; 소청결정에 대한 취소소송을 제기할 수 없고, 변경된 원처분〈견책〉이 재량권 남용이라는 취지로 소송을 제기하여야 한다).

> **【답】** 공무원 A는 소청위원회의 심사에 고유의 위법사항이 없는 한, B를 피고로 하여 감봉 3개월의 징계처분에 대해 취소소송을 제기하여야 한다.

4) 원처분주의의 예외(재결주의)

행정소송법이 취하고 있는 원처분주의에 대한 예외로서, 개별법이 재결주의를 채택하고 있는 경우가 있다. 재결주의는 대체로 원처분을 다투는 것보다 재결을 다투어 재결의 효력을 배제하는 것이 효율적인 권리구제와 판결의 적정성을 위해 보다 나은 경우에 채택된다. 재결주의의 예로는 다음과 같은 것을 들 수 있다.

(가) 감사원의 재심의판정

감사원법은 감사원의 변상판정에 대해 감사원에 재심의를 청구할 수 있도록 하고, 재결에 해당하는 재심의판정에 대해서만 감사원을 피고로 하여 행정소송을 제기하도록 하고 있다(동법 제40조 ②).

(나) 특허심판원의 심결

특허출원에 대한 심사관의 거절사정에 대하여는 특허심판원에 심판청구를 한 후 그 심결을 소송대상으로 하여 심결취소를 구하는 소를 제기하여야 한다(특허법 제186조).

(다) 노동위원회의 처분에 대한 중앙노동위원회의 재심판정

당사자가 지방노동위원회 또는 특별노동위원회의 처분에 대하여 불복하기 위하여는 중앙노동위원회에 재심을 신청하고 중앙노동위원회의 재심판정에 대해서는 중앙노동위원장을 피고로 하여 재심판정취소의 소를 제기하여야 한다(노동위원회법 제26조, 제27조 ①. 대법원 1995. 9.15, 95누6724 참조).

(3) 처분 등의 위법주장

처분 등(처분, 재결)이 취소소송의 대상이 되기 위해서는 처분 등의 존재와는 별도로 처분 등이 위법하다는 원고의 주장이 있어야 한다. 원고는 처분 등의 성립요건이나 효력요건에 하자가 있음을 이유로 위법의 가능성만을 주장하면 된다.

4. 취소소송의 관할법원

(1) 재판관할

재판관할이란 각 법원간에 재판권의 분장관계를 정해 놓은 것을 말한다. 취소소송의 제1심 관할법원은 피고인 행정청의 소재지를 관할하는 행정법원으로 한다. i) 중앙행정기관, 중앙행정기관의 부속기관과 합의제행정기관 또는 그 장, ii) 국가의 사무를 위임 또는 위탁받은 공공단체 또는 그 장을 피고로 하여 취소소송을 제기하는 경우에는 대법원소재지를 관할하는 행정법원에 제기할 수 있다(행소법 제9조 ①,②). 토지의 수용 기타 부동산 또는 특정의 장소에 관계되는 처분 등에 대한 취소소송은 그 부동산 또는 장소의 소재지를 관할하는 행정법원에 이를 제기할 수 있다(제9조 ③). 행정법원이 설치되지 않은 지역(서울 이외의 지역)은 해당 지방법원 본원이 제1심 관할법원이다(법원조직법 부칙 제2조 참조).

행정법원은 지방법원급으로서 행정소송도 3심제를 택하고 있다. 그런데 행정사건 가운데는 제1심이 고등법원의 전속관할로 되어 있는 것도 있다. 특허소송(특허법 제186조 ①), 공정거래위원회의 처분에 대한 불복소송(독점규제 및 공정거래에 관한 법률 제55조)이 이에 속한다.

> 【참고】 **중앙행정기관**이란 특별한 규정이 있는 경우를 제외하고는 부(예: 보건복지부)·처(예: 법제처) 및 청(예: 특허청)을 말한다(정부조직법 제2조 ②).

(2) 관할법원에의 이송

법원은 소송의 전부 또는 일부가 그 관할에 속하지 아니함을 인정한 때에는 결정으로 관할법원에 이송한다(행소법 제8조 ②, 민소법 제34조 ①). 이는 원고의 또는 중대한 과실 없이 행정소송이 심급을 달리하는 법원(지방·고등법원)에 잘못 제기된 경우에도 적용된다(행소법 제7조).

5. 취소소송의 제기절차 · 기간

(1) 행정심판의 제기

> 【문 제】 A시장으로부터 2월의 숙박업영업정지처분을 받은 甲은 그에 불복하여 취소소송을 제기하려고 한다. 이때 밟을 절차에 대하여 설명하라. 〈제29회 사법시험〉

취소소송을 제기하기 전에 반드시 행정심판을 제기하여야 하는 경우도 있고 그렇지 않은 경우도 있다. 여기서 행정심판이란 행정심판법에 따른 행정심판 외에 특별법상의 심판(예: 국세기본법상 이의신청·심사청구·심판청구, 국가공무원법상 소청, 국민연금법상 심사청구, 감사원법상의 심사청구)도 포함된다.

1) 원칙: 임의적 행정심판전치

"취소소송은 법령의 규정에 의하여 당해 처분에 대한 행정심판을 제기할 수 있는 경우에도 이를 거치지 아니하고 제기할 수 있다(행소법 제18조 ①)." 즉, 행정소송을 제기하기 전에 행정심판을 거칠 것인지의 여부는 원칙적으로 당사자의 선택에 맡겨져 있다.

2) 예외: 필요적 행정심판전치

행정소송법 제18조 제1항은 임의주의를 원칙으로 하면서도, "다만 다른 법률에 당해 처분에 대한 행정심판의 재결을 거치지 않으면 취소소송을 제기할 수 없다는 규정이 있는 때에는 그러하지 아니하다"고 하여 예외를 인정하고 있다. 현행법상 다른 법률에서 필요적 행정심판전치를 채택하고 있는 경우로는 각종 공무원법(국가공무원법, 교육공무원법, 지방공무원법 등), 세법(국세기본법, 관세법 등), 도로교통법(제142조) 등이 있을 뿐이다. 따라서 행정심판전치에 관한 아래의 논의는 행정심판전치주의가 원칙이던 과거와는 달리 현재는 큰 의미가 없다.

【판례】 헌법 제107조 제3항은 "재판의 전심절차로서 행정심판을 할 수 있다. 행정심판의 절차는 법률로 정하되, 사법절차가 준용되어야 한다"고 규정하고 있으므로, 입법자가 … 어떤 **행정심판을 필요적 전심절차로 규정하면서도 그 절차에 사법절차가 준용되지 않는다면** 이는 위 헌법조항, 나아가 재판청구권을 보장하고 있는 헌법 제27조에도 위반되며, 헌법 제107조 제3항은 사법절차가 "준용"될 것만을 요구하고 있으나 판단기관의 독립성과 공정성, 대심적 심리구조, 당사자의 절차적 권리보장 등의 면에서 **사법절차의 본질적 요소를 현저히 결여하고 있다면 "준용"의 요청에마저 위반된다**(헌재 2001.6.28. 2000헌바30).

(가) 행정심판전치의 충족요건

법률이 요구하는 행정심판전치를 충족하기 위해서는 행정심판의 청구가 적법하여야 하며, 행정심판이 행정소송과 관련된 것이 있어야 한다.

① 심판청구가 적법할 것

행정심판이 적법하게 제기되어 본안에 대한 재결을 받을 수 있어야 한다. 따라서 심판청구 자체가 부적법하여 각하된 경우에는 심판전치의 요건을 충족하지 못하는 것이다.

② 행정심판이 취소소송과 관련이 있을 것

㉠ 인적 관련성: 특정한 처분에 대하여 행정심판이 제기되어 재결이 있었으면 전치의 요건을 충족시켰다고 볼 수 있으므로 행정심판의 청구인과 행정소송의 원고가 동일인일 필요는 없다. 그러므로 공동소송인 중의 1인이 행정심판을 거친 경우에는 다른 공동소송인은 행정심판을 경유하지 않아도 된다.

㉡ 사물적 관련성: 행정심판의 대상과 취소소송의 대상인 처분은 동일하여야 한다. 그것은 청구의 취지나 청구의 이유가 기본적인 점에서 일치하면 족하다. 그리고 서로 내용상 관련되는 처분 또는 같은 목적을 위하여 단계적으로 진행되는 처분 중 어느 하나가 이미 행정심판의 재결을 거친 때에는 행정심판을 거침이 없이 취소소송을 제기할 수 있다(행소법 제18조 ③ 제2호).

③ 행정심판의 재결 이후에 소송을 제기할 것

행정소송법 제18조 제2항에서 인정하는 경우를(후술) 제외하고는 행정심판의 재결이 있기 전에 취소소송을 제기하면 위법이다. 그러나 위법하게 제기된 취소소송이 아직 각하되지 않고 있는 동안에 행정심판의 재결이 있게 되면, 그 하자는 치유된다는 것이 판례의 입장이다(대법원 1987.4.28, 86누29 참조).

(나) 행정심판전치주의 적용범위

제3자가 소송을 제기하는 경우에도 적용됨은 물론이다. 그런데 처분의 상대방이 청구한 행정심판에 대해 인용재결이 있는 경우 그 재결에 대해 제3자가 취소소송을 제기하려면 행정심판을 다시 거쳐야 하는가의 문제가 있다. 이 경우에는 '동종사건에 관하여 이미 행정심판의 기각결정이 있은 때(행소법 제18조 ③ 제1호)'를 유추적용하여 바로 소송의 제기가 가능하다고 할 것이다. 재결 자체를 소송대상으로 하므로 행정심판위원회로 하여금 자신의 재결을 재심사하도록 다시 행정심판을 청구할 필요가 없기 때문이다.

관계법령이 하나의 처분에 대하여 2단계 이상의(이의신청, 행정심판 등) 행정심판절차를 규정하고 있는 경우에는 명문의 규정(예: 국세기본법 제55조)이 없는 한, 하나의 절차만 거치면 족하다. 행정청에 1회의 반성의 기회만 부여하면 족하기 때문이다.

행정심판전치주의는 부작위위법확인소송에도 준용된다(행소법 제38조 ②). 그러나 무효확인소송에는 적용되지 않는다(제38조 ①). 무효인 행정행위는 처음부터 효력이 발생하지 않기 때문이다. 무효선언을 구하는 의미의 취소소송의 경우에는 적용된다(대법원 1990.8.28, 90누1892).

행정심판은 항고쟁송의 형식으로만 인정되고 있으므로 당사자소송의 경우에는 성질상 행정심판전치주의가 적용될 여지가 없다.

(다) 행정심판전치주의의 완화

행정소송법은 예외적으로 행정심판전치주의를 규정하면서도 다음과 같이 그 요건을 완화하고 있다.

① 행정심판의 재결을 거칠 필요가 없는 경우

다음과 같은 경우에는 행정심판의 제기는 필요하되, 재결을 기다리지 않고 취소소송을 제기할 수 있다(행소법 제18조 ②).

㉠ 행정심판의 청구가 있는 날로부터 60일이 지나도 재결이 없는 때, ㉡ 처분의 집행 또는 절차의 속행으로 인하여 생길 중대한 손해를 예방하여야 할 긴급한 필요가 있는 때, ㉢ 법령의 규정에 의한 행정심판기관이 의결 또는 재결을 하지 못할 사유가 있는 때, ㉣ 그 밖의 정당한 사유가 있는 때(예: 재결을 기다리다가는 소송제기의 목적을 잃게 될 경우 등).

② 행정심판을 제기할 필요가 없이 바로 취소소송을 제기할 수 있는 경우(행소법 제18조 ③)

㉠ 동종사건에 관하여 이미 행정심판의 기각결정이 있는 때, ㉡ 서로 내용상 관련되는

처분 또는 같은 목적을 위하여 단계적으로 진행되는 처분들(예 : 체납처분시의 독촉·압류와의 관계 등) 중에서 어느 하나가 이미 행정심판의 재결을 거친 때, ⓒ 사실심의 변론종결 후 행정청이 소송대상인 처분을 변경하여 당해 변경된 처분에 관하여 소를 제기하는 때(예 : 운전면허 취소처분에 대하여 취소소송이 제기된 후에 처분청이 취소처분을 면허정지처분으로 변경한 경우), ② 처분을 행한 행정청이 행정심판을 거칠 필요가 없다고 잘못 알린 때.

【 판례 】 행정소송법 제18조 제3항 제1호 소정의 '동종사건'에는 당해 사건은 물론 당해 사건과 기본적인 점에서 동질성이 인정되는 사건도 포함되는 것이다(대법원 1993.9.28, 93누9132).

(2) 행정소송의 제소기간

1) 행정심판을 거친 경우

행정심판을 제기하는 경우에는 그 재결서의 정본을 송달받은 날로부터 90일 이내에 취소소송을 제기하여야 한다(행소법 제20조 ①). 이 기간은 불변기간(법원이 임의적으로 늘이거나 줄일 수 없는 기간)이다(제20조 ③). 이 경우에도 재결이 있은 날로부터 1년을 경과하면 취소소송을 제기할 수 없다. 다만, '정당한 사유'가 있는 때에는 그러하지 아니하다(제20조 ②). 즉, 1년이 경과하여도 소송을 제기할 수 있다.

【 판례 】 ① 처분이 있음을 안 날부터 **90일을 넘겨 청구한 부적법한 행정심판청구에 대한 각하재결이 있은 후** 재결서를 송달받은 날부터 90일 이내에 원래의 처분에 대하여 취소소송을 제기하였다고 하여 취소소송이 다시 제소기간을 준수한 것으로 되는 것은 아니다(대법원 2011.11.24., 2011두18786).
② 甲 광역시 교육감이 공공감사에 관한 법률(이하 '공공감사법'이라 한다) 등에 따라 乙 학교법인이 운영하는 丙 고등학교에 대한 특정감사를 실시한 후 丙 학교의 학교장과 직원에 대하여 징계(해임)를 요구하는 처분을 하였는데, 乙 법인이 위 처분에 대한 이의신청을 하였다가 기각되자 위 처분의 취소를 구하는 소를 제기한 사안에서, **공공감사법상의 재심의신청** 및 구 甲 광역시교육청 **행정감사규정상의 이의신청**은 자체감사를 실시한 중앙행정기관 등의 장으로 하여금 감사결과나 그에 따른 요구사항의 적법·타당 여부를 스스로 다시 심사하도록 한 절차로서 **행정심판을 거친 경우의 제소기간의 특례가 적용될 수 없다고 보고, 이의신청에 대한 결과통지일이 아니라** 乙 법인이 위 처분이 있음을 알았다고 인정되는 **날부터** 제소기간을 기산하여 위 소가 제소기간의 도과로 부적법하다(대법원 2014.4.24. 2013두10809).

2) 행정심판을 거치지 않은 경우

행정심판을 거치지 않고 바로 취소소송을 제기하는 경우에는 처분이 있음을 안 날로부터 90일 이내에 취소소송을 제기하여야 한다(제20조 ①). 이 기간은 불변기간이다(제20조 ③). 다만 '당사자가 책임질 수 없는 사유'(당사자가 그 소송행위를 하기 위하여 일반적으로 하여야 할 주의를 다하였음에도 불구하고, 그 기간을 준수할 수 없었던 사유)로 인하여 불변기간을 준수할 수 없었던 경우에는 그 사유가 없어진 날부터 2주 이내에 게을리 한 제소행위를 보완할 수 있다(행정소송법 제8조에 의하여 준용되는 민사소송법 제173조 제1항). 이 경우에도 처분이 있은 날로부터 1년을 경과하면 취소소송을 제기할 수 없다. 다만, 정당한 사유가 있는 때에는 그러하지 아니하다(제20조 ②). 즉, 1년은 불변기간이 아니다.

상기의 '정당한 사유'란 '당사자가 책임질 수 없는 사유'(민사소송법 제173조)나 '천재·지변·전쟁 등 그 밖에 불가항력적인 사유'(행정심판법 제18조 ②) 보다는 넓은 개념으로서, '여러 사정을 종합하여 사회통념상 소송의 제기가 지연된 점을 용인하는 것이 상당하다고 할 수 있는 사유'를 말한다.

【 판례 】 ① 취소소송은 처분 등이 있음을 안 날부터 90일 이내에 제기하여야 하고, 그 제소기간은 불변기간이며, **다만 당사자가 책임질 수 없는 사유로 인하여 이를 준수할 수 없었던 경우**에는 행정소송법 제8조에 의하여 준용되는 민사소송법 제160조 제1항(현재의 제173조 제1항)에 의하여 **그 사유가 없어진 후 2주일 내에 해태된**(게을리 한) **제소행위를 추완할 수 있다**고 할 것이며, 여기서 당사자가 책임질 수 없는 사유란 당사자가 그 소송행위를 하기 위하여 일반적으로 하여야 할 주의를 다하였음에도 불구하고, 그 기간을 준수할 수 없었던 사유를 말한다(대법원 2001.5.8. 2000두6916).
② 통상 고시 또는 공고에 의하여 행정처분을 하는 경우에는 그 처분의 **상대방이 불특정 다수인**이고, 그 처분의 효력이 불특정 다수인에게 일률적으로 적용되는 것이므로, 그 행정처분에 이해관계를 갖는 자는 고시 또는 공고가 있었다는 사실을 현실적으로 알았는지 여부에 관계없이 **고시가 효력을 발생하는 날에 행정처분이 있음을 알았다고 보아야** 하고, 따라서 그에 대한 취소소송은 그 날로부터 90일 이내에 제기하여야 한다(대법원 2006.4.14. 2004두3847).
③ 행정소송법 제20조 제1항 소정의 제소기간 기산점인 '처분이 있음을 안 날'이라 함은 당사자가 통지, 공고 기타의 방법에 의하여 당해 처분이 있었다는 사실을 현실적으로 안 날을 의미하는바, **특정인에 대한 행정처분을 주소불명 등의 이유로 송달할 수 없어 관보·공보·게시판·일간신문 등에 공고한 경우에는, 공고가 효력을 발생하는 날에 상대방이 그 행정처분이 있음을 알았다고 볼 수는 없고, 상대방이 당해 처분이 있었다는 사실을 현실적으로 안 날에 그 처분이 있음을 알았다고 보아야** 할 것이다. … 위 공고의 효력이 발생한 날에 원고가 그 처분이 있음을 알았다고 볼 수 없고, 채택 증거에 의하여 원고가 그 처분사실을 현실적으로 알았다고 인정되는 2004. 6. 28.에 그 처분사실을 알았다고 보아야 하므로, 그로부터 90일이 경과되지 아니한 2004. 9. 21. 원고가 이 사건 소를 제기한 것은 적법하다. … 상고이유에서 드는 대법원 … 판결은 통상 **고시 또는 공고에 의하여 불특정 다수인**에 대하여 행정처분을 하는 경우에 있어서의 제소기간의 기산점에 관한 것으로서, 이 사건과는 사안을 달리하여 적절한 선례가 될 수 없다(대법원 2006.4.28. 2005두14851).
④ 행정소송법 제20조가 제소기간을 규정하면서 '처분 등이 있은 날' 또는 '처분 등이 있음을 안 날'을 각 제소기간의 기산점으로 삼은 것은 그때 비로소 적법한 취소소송을 제기할 객관적 또는 주관적 여지가 발생하기 때문이므로, 처분 당시에는 취소소송의 제기가 법제상 허용되지 않아 소송을 제기할 수 없다가 **(법률의) 위헌결정**으로 인하여 비로소 취소소송을 제기할 수 있게 된 경우, 객관적으로는 '**위헌결정이 있은 날**', 주관적으로는 '**위헌결정이 있음을 안 날**' 비로소 **취소소송을 제기할 수 있게 되어** 이때를 제소기간의 기산점으로 삼아야 한다(대법원 2008.2.1. 2007두20997).
⑤ 청구취지를 변경하여 구 소가 취하되고 새로운 소가 제기된 것으로 변경되었을 때에 새로운 소에 대한 제소기간의 준수 등은 원칙적으로 **소의 변경이 있은 때를 기준**으로 하여야 한다(대법원 2004.11.25. 2004두7023).

【 참고 】 **행정소송법**은 행정심판법 제18조 제5항 및 제6항과는 달리 제소기간의 **오고지 또는 불고지로 인한 효과에 관한 규정을 두고 있지 않다.** 이러한 규정은 행정심판 제기에 관하여 적용되는 규정이지, 행정소송의 제기에도 유추적용되는 규정이라고 할 수는 없다. 따라서 **제소기간의 오고지나 불고지가 제소기간에 영향을 미치지 않는다**(대법원 2008.6.12. 2007두16875; 2001.5.8. 2000두6916).

3) 특별법의 경우

개별 법률에서 제소기간에 관해 특례를 두기도 한다. 예컨대, ㉠ 공익사업을위한토지등의취득및보상에관한법률은 토지수용위원회의 재결서를 받은 날부터 60일 이내에, 이의신청을 거친 때에는 이의신청에 대한 재결서를 받은 날부터 30일 이내에 각각 행정소송을 제기하도록 하고 있고, ㉡ 교원지위향상을위한특별법은 교원은 소청심사위원회의 결정서의 송달을 받은 날부터 30일 이내에 행정소송을 제기하도록 하고 있다.

> **【답】** ① 행정소송법상의 임의적 전치주의의 원칙에 따라 행정심판을 거쳐 당해 처분의 취소를 구하는 소송을 제기할 수도 있고, 행정심판을 거치지 아니하고 제기할 수도 있다. ② 행정심판을 거쳐 소송을 제기하는 경우는 행정심판의 재결서의 정본을 송달받은 날로부터 90일 이내에 제기하여야 하며, 행정심판을 거치지 않고 소송을 제기하는 경우는 처분이 있음을 안 날로부터 90일 이내에 제기하여야 한다(행소법 제20조 1항). 취소심판의 피청구인과 취소소송의 피고는 A시장이 된다. ③ 甲은 취소심판이나 취소소송의 제기시에 숙박영업정지처분으로 인하여 '중대한 손해가 생기는 것을 예방할 필요성이 긴급하다고 인정할 때에는' 집행정지를 신청할 수도 있다.

6. 취소소송제기의 효과

취소소송이 제기되면 청구에 대한 소송계속의 효과가 발생하는바, 중복제소가 금지되고, 소송참가의 기회가 생기게 되며, 관련청구의 이송·병합이 인정된다. 소송이 제기되더라도 처분 등의 효력·집행 또는 절차의 속행은 정지되지 않는다(집행부정지원칙).

7. 가구제(잠정적 권리보호)

(1) 개 설

취소소송을 제기하여도 판결이 확정되려면 오랜 시일이 소요된다. 그 결과 분쟁의 대상이 되고 있는 법률관계의 내용이 실현되고 나면 승소의 판결을 얻더라도 이미 회복할 수 없는 손해가 발생하여 당사자의 실질적인 권리구제가 되지 못하는 경우도 많다. 이러한 경우에 본안소송의 계속을 전제로 하여 그 확정시까지 잠정적으로 권리구제를 도모하는 것을 가구제(假救濟)라고 한다. 가구제의 수단으로 집행정지제도와 가처분제도가 있다.

(2) 집행정지제도

1) 집행부정지원칙

행정소송법은 "취소소송의 제기는 처분 등의 효력이나 그 집행 또는 절차의 속행에 영향을 주지 아니한다"(제23조①)라고 하여 집행부정지원칙을 채택하고 있다.

2) 집행정지제도의 의의 및 문제점

【 문 제 】
① 숙박업영업허가를 받은 A는 윤락행위를 알선했다는 이유로 영업허가를 취소당하였다. A는 손님의 강력한 요구가 있었고, 단 1회에 그쳤다는 이유로 본처분이 부당하다고 하여 취소소송을 제기하였다. 그리고 생계가 막연하다는 이유로 집행정지결정을 신청하였다. 이에 대해서 취소소송이 인용될 것인가의 여부와 집행정지결정신청이 받아들여질 것인가에 관해 논술하라. 〈1995년 지방고시〉
② 사행행위영업의 하나인 투전기영업허가를 받은 甲은 3년의 허가유효기간이 얼마 남지 아니하여 허가관청에 대하여 **허가갱신신청**을 하였으나 거부당하였다. 이에 甲은 허가갱신거부처분취소소송을 제기함과 동시에 허가갱신거부처분의 집행정지결정을 신청하였다. 甲의 집행정지주장의 당부와 그 논거를 제시하시오. 〈제46회 사법시험〉

취소소송이 제기된 경우에 처분 등이나 그 집행 또는 절차의 속행으로 인하여 생길 회복하기 어려운 손해를 예방하기 위하여 긴급한 필요가 있다고 인정할 때에는 본안이 계속되고 있는 법원은 당사자의 신청 또는 직권에 의하여 처분 등의 효력이나 그 집행 또는 절차의 속행의 전부 또는 일부의 정지(이하 "집행정지"라 함)를 결정할 수 있다. 다만, 처분의 효력정지는 처분 등의 집행 또는 절차의 속행을 정지함으로써 목적을 달성할 수 있는 경우에는 허용되지 아니한다(행소법 제23조②). 이것이 집행정지제도이다. 집행정지란 '집행'의 정지만을 의미하는 것이 아니라 '효력의 정지, 집행의 정지, 절차의 속행의 정지'를 포함하는 것이다.

우리 행정소송법은 집행부정지원칙을 채택하면서도 행정의 효율성·원활성의 확보와 개인의 권리보호의 확보라는 요청을 조화시키기 위해 일정한 요건하에 법원이 예외적으로 처분의 집행정지결정을 할 수 있도록 하고 있다. 그러나 집행정지의 요건을 너무 엄격하게 규정하고 있어서 국민의 권리보호보다는 행정의 신속성에 더 비중을 두고 있다고 생각된다. 국민의 권리보호의 실효성과 균형을 맞추기 위해 집행정지요건을 완화할 필요가 있다. 또한 법원도 집행정지요건을 너무 엄격하게 해석·적용하여 집행정지를 인정하는데 너무 인색한 경향이 있는바, 이는 바람직하지 못한 것이다. 집행정지원칙을 취하고 있는 국가와 비교해 볼 때 법률의 개정과 법원의 태도개선이 크게 요망된다고 할 것이다.

집행정지결정은 처분의 효력 내지 집행을 정지시키는 것에 불과하므로 소극적인 의미의 가구제라고 할 수 있다. 집행정지는 무효등확인소송의 경우에도 준용된다(무효확인소송의 경우에도 집행부정지원칙은 동일하다. 제38조①).

3) 집행정지의 요건

(가) 적극적 요건

① 적법한 본안소송의 계속

집행정지는 본안소송이 법원에 계속되어 있어야 한다. 집행정지신청은 본안의 소제기 후 또는 동시에 제기되어야 한다. 또한 본안소송은 적법한 것이어야 하며, 본안소송이 위법한 경우에는 집행정지의 신청이 위법한 것이 된다.

② 처분 등의 존재

집행정지의 대상은 ⓐ 처분 등의 효력, ⓑ 처분 등의 집행 또는 절차의 속행이다. 따라서 처분 등이 효력기간의 경과, 집행종료, 목적달성 등으로 인하여 소멸한 후에는 그 대상이 없으므로 집행정지가 허용되지 않는다. 그러므로 집행정지는 본안소송이 취소소송이나 무효등확인소송인 경우에만 허용되고 부작위위법확인소송의 경우에는 허용되지 않는다.

행정청의 거부처분에 대해서 취소소송을 제기한 경우에도 집행정지가 인정될 수 있는지가 문제이다. 통설과 판례는 거부처분(예 : 국립대학교입학불허가처분, 교도소장의 접견허가거부처분, 업소허가갱신불허가처분)에 대해서는 집행정지를 할 수 없다고 본다. 집행정지는 '행정처분이 없었던 것과 같은 상태로 유지하는 것'을 의미하며, 그 이상으로 행정청에게 처분(예 : 입학허가, 접견허가, 허가갱신)을 명하는 등 적극적인 상태를 만드는 것은 대상이 될 수 없기 때문이다.

【판례】 ① 허가신청에 대한 거부처분은 그 효력이 정지되더라도 그 처분이 없었던 것과 같은 상태를 만드는 것에 지나지 아니하는 것이고 그 이상으로 행정청에 대하여 어떠한 처분을 명하는 등 적극적인 상태를 만들어 내는 경우를 포함하지 아니하는 것이므로, **교도소장이 접견을 불허한 처분에 대하여 효력정지를 한다 하여도 이로 인하여 위 교도소장에게 접견의 허가를 명하는 것이 되는 것도 아니고 또 당연히 접견이 되는 것도 아니어서** 접견허가거부처분에 의하여 생길 회복할 수 없는 손해를 피하는 데 아무런 보탬도 되지 아니하니 접견허가거부처분의 효력을 정지할 필요성이 없다(대법원 1991.5.2, 91두15).
② '사행행위 등 규제법' 제7조 제2항의 규정에 의하면 사행행위영업허가의 효력은 유효기간 만료 후에도 재허가신청에 대한 불허가처분을 받을 때까지 당초 허가의 효력이 지속된다고 볼 수 없으므로 **허가갱신신청을 거부한 불허처분의 효력을 정지하더라도** 이로 인하여 **유효기간이 만료된 허가의 효력이 회복되거나 행정청에게 허가를 갱신할 의무가 생기는 것도 아니라** 할 것이니 투전기업소갱신허가불허처분의 효력을 정지하더라도 불허처분으로 입게 될 손해를 방지하는 데에 아무런 소용이 없고 따라서 불허처분의 효력정지를 구하는 신청은 **이익이 없어 부적법하다**(대법원 1993.2.10, 92두72).
그러나 예컨대, 외국인의 체류기간 갱신허가거부처분의 경우에는 집행정지가 되지 않으면 외국인은 불법체류자가 되는 결과가 되며, 또한 판결시까지는 소송의 원고로서 국내체류를 허용하여야 하는 것이 마땅하므로 집행정지를 인정하여야 할 필요성이 있다. 집행정지가 되더라도 재류권이 취득되는 것이 아니라 불법체류자로서 취급되지 않을 뿐이므로 위의 통설·판례의 논리에 배치되는 것도 아니다. 즉, **외국인의 체류기간 갱신허가거부처분이나 업소허가갱신불허가처분의 경우처럼, 적극적인 것을 요구하는 것**(예 : 입학, 체류기간 갱신, 업소허가갱신)**이 아니라 일단 소극적으로 현상유지를 하는 것**(예 : 체류기간의 잠정적 연장, 영업의 잠정적 계속)**이 목적인 경우에는 국민의 권리구제의 실효성을 위해서 사안에 따라 예외적으로 거부처분에 대해서도 집행정지를 신청할 수 있다고 할 것이다.** 신규입국을 거부한 경우와 체류하고 있는 사람을 출국시키는 것은 차원이 다르다. 신규허가의 거부처분은 집행정지를 인정할 여지가 전혀 없지만 허가의 갱신거부는 그렇지 않은 것이다. 국민의 권리보호의 실효성을 위해 집행정지원칙을 택하고 있는 나라와 비교해 볼 때 집

행정지를 너무 인색하게 인정할 필요가 없다는 점도 고려할 필요가 있다.

③ 회복하기 어려운 손해예방의 필요

사회통념상 금전보상이나 원상회복이 불가능하다고 인정되는 손해를 의미하는바, ㉠ 금전보상이 불능인 경우뿐만 아니라, ㉡ 금전보상으로는 사회관념상 행정처분을 받은 당사자가 참고 견딜 수 없거나 또는 참고 견디기가 현저히 곤란한 경우의 유형무형의 손해를 의미한다(대법원 1992.8.29, 92두30). 손해의 규모가 현저하게 클 필요는 없으며, 기업의 경우에는 '중대한 경영상 위기'를 기준의 하나로 보고 있다.

【판례】① 기록에 의하면 (집행정지)신청인 및 그 가족들의 주소는 서울이고 위 형사피고사건의 상고심에서 신청인을 위하여 선임된 변호인도 서울지방변호사회 소속 변호사임을 알 수 있으므로 신청인이 그에 관한 형사피고사건이 상고심에 계속중에 안양교도소로부터 진주교도소로 이송되는 경우에는 그로 인하여 **변호인과의 접견이 어려워져 방어권의 행사에 지장을 받게 됨은 물론 가족이나 친지 등과의 접견권의 행사에도 장애를 초래할 것임이 명백하고** 이로 인한 손해는 금전으로 보상할 수 없는 손해이다(대법원 1992.8.7, 92두30).
② 현역병입영처분의 효력이 정지되지 아니한 채 본안소송이 진행된다면 **특례보충역으로 방위산업체에 종사하던 신청인은 입영하여 다시 현역병으로 복무하지 않을 수 없는 결과 병역의무를 중복하여 이행**하는 셈이 되어 불이익을 입게 되고 상당한 정신적 고통을 받게 될 것이므로 이는 사회관념상 '회복하기 어려운 손해'에 해당된다(대법원 1992.4.29, 92두7).
③ 당사자가 행정처분이나 그 집행 또는 절차의 속행으로 인하여 재산상의 손해를 입거나 기업 이미지 및 신용이 훼손당하였다고 주장하는 경우에 그 손해가 금전으로 보상할 수 없어 '회복하기 어려운 손해'에 해당한다고 하기 위해서는, 그 경제적 손실이나 기업 이미지 및 신용의 훼손으로 인하여 **사업자의 자금사정이나 경영 전반에 미치는 파급효과가 매우 중대하여 사업 자체를 계속할 수 없거나 중대한 경영상의 위기를 맞게 될 것으로 보이는** 등의 사정이 존재하여야 한다(대법원 2003.4.25, 2003무2).

④ 긴급한 필요

집행정지는 손해발생가능성이 절박하여 본안판결을 기다릴 만한 여유가 없는 경우에 인정된다. 긴급한 필요 여부는 회복하기 어려운 손해발생의 가능성과 연계하여 합일적으로 판단하여야 한다.

(나) 소극적 요건

① 공공복리에 중대한 영향이 없을 것

집행정지는 공공복리에 중대한 영향을 미칠 우려가 없는 경우에 허용된다(제23조③). 공공복리에 중대한 영향을 미치므로 집행정지를 할 수 없다는 것을 소명할 책임은 행정청에게 있다.

【판례】행정소송법 제23조 제3항에서 '공공복리에 중대한 영향을 미칠 우려'가 없을 것이라고 할 때의 '공공복리'는 그 **처분의 집행과 관련된 구체적이고도 개별적인 공익**을 말하는 것으로서 이러한 집행정지의 소극적 요건에 대한 **주장·소명책임은 행정청에게 있다**(대법원 1999.12.20, 99무42).

② 본안의 이유 없음이 명백하지 않을 것

본안의 이유 유무, 즉 승소가능성 여부는 집행정지의 요건이 될 수 없는 것이 원칙이다. 집행정지는 승소가능성과 무관한 임시적 보전절차이기 때문이다. 그러나 예외적으로 본안의 청구가 이유 없음이 명백한 경우, 즉 원고가 패소할 것이 확실한 경우에도 집행정지를 허용하는 것은 집행정지제도의 취지에 반하고 소송경제상으로도 문제가 있기 때문에 집행정지를 명할 수 없다고 해야 한다.

【판례】 행정처분의 효력정지나 집행정지를 구하는 신청사건에서 행정처분 자체의 적법 여부는 궁극적으로 본안재판에서 심리를 거쳐 판단할 성질의 것이므로 원칙적으로는 판단할 것이 아니고 그 행정처분의 효력이나 집행을 정지할 것인가에 대한 행정소송법 제23조 제2항, 제3항에 정해진 요건의 존부만이 판단의 대상이 된다고 할 것이지만, 효력정지나 집행정지는 신청인이 본안소송에서 승소판결을 받을 때까지 그 지위를 보호함과 동시에 후에 받을 승소판결을 무의미하게 하는 것을 방지하려는 것이어서 **본안소송에서 처분의 취소가능성이 없음에도 처분의 효력이나 집행의 정지를 인정한다는 것은 제도의 취지에 반하므로** 효력정지나 집행정지사건 자체에 의하여도 **신청인의 본안청구가 이유 없음이 명백하지 않아야 한다는 것도 효력정지나 집행정지의 요건에 포함시켜야 한다**(대법원 1997.4.28, 96두75).

(다) 주장·소명(疏明)책임

집행정지를 위한 적극적 요건의 존재는 집행정지결정의 신청자가 소명하여야 한다(제23조④). 반면 집행정지의 소극적 요건의 존재, 즉 공공복리에 중대한 영향이 있거나 또는 본안청구가 이유 없음이 명백하다는 것은 행정청이 주장·소명하여야 한다(대법원 1999.12.20, 99무42 참조).

4) 집행정지의 절차

집행정지결정은 당사자의 신청 또는 법원의 직권에 의해 개시된다. 관할법원은 본안이 계속된 법원이다. 신청인은 본안소송의 원고이고, 피신청인은 본안소송의 피고이다. 그러나 집행정지결정신청은 본안소송의 대상인 처분에 한정하지 않고, 그 집행 또는 절차의 속행에 대해서도 할 수 있으므로, 그 집행 또는 절차의 속행을 담당하는 행정청이 본안소송의 피고와 다른 경우에는 그 다른 행정청이 피신청인이 된다. 신청인은 그 신청이유에 대하여 소명하여야 한다(행소법 제23조④). 집행정지사건에 있어서 재판의 형식은 ('판결'이 아니라) '결정'이다.

5) 집행정지의 내용
(가) 처분의 효력의 정지

처분이 갖는 효력(내용상 구속력)을 정지시켜 당해 처분이 잠정적으로 존재하지 않는 상태로 두는 것을 말한다(공무원해임처분의 정지). 다만, 처분의 효력정지(예 : ⓐ과세처분의 효력정지, ⓑ산업기능요원편입취소처분의 효력정지)는 처분의 집행정지 또는 절차의 속행의 정지(예 : ⓐ과세처분을 집행하기 위한 강제징수절차의 속행의 정지, ⓑ산업기능요원편입취소의 후속절차인 현역병입영처분절차의 속행의 정지)로써 그 목적을 달성할 수 있는 경우에는 허용되지 아니한다(행소법 제23조 ② 단서).

> 【판례】산업기능요원 편입 당시 지정업체의 해당 분야에 종사하지 아니하였음을 이유로 **산업기능요원의 편입이 취소된** 사람은 … 결국 그 취소처분으로 인하여 입게 될 회복할 수 없는 손해는 그 처분에 의하여 산업기능요원 편입이 취소됨으로써 편입 이전의 신분으로 복귀하여 현역병으로 입영하게 되거나 혹은 공익근무요원으로 소집되는 부분이라고 할 것이며, 이러한 손해에 대한 예방은 **그 처분의 효력을 정지하지 아니하더라도 그 후속절차로 이루어지는 현역병 입영처분이나 공익근무요원 소집처분 절차의 속행을 정지함으로써 달성할 수가 있으므로**, 산업기능요원편입취소처분에 대한 집행정지로서는 그 후속절차의 속행정지만이 가능하고 **그 처분 자체에 대한 효력정지는 허용되지 아니한다**(대법원 2000.1.8, 2000무35).

(나) 처분의 집행의 정지

처분내용의 강제적 실현을 위한 공권력행사의 정지를 의미한다. 예컨대, 강제출국명령에 따른 강제출국조치를 정지시키는 경우가 이에 해당한다.

(다) 절차의 속행의 정지

이는 처분(예 : 국세강제징수를 위한 체납처분)이 단계적 절차를 거치면서 속행되는 경우에 선행절차(예 : 압류)의 하자를 다투는 경우에 후행절차(예 : 매각)를 잠정적으로 하지 못하게 하는 것을 말한다.

6) 집행정지결정의 효력

(가) 형성력

집행정지결정은 당해 처분이 없었던 것과 같은 상태를 실현하는 형성력을 갖는다. 제3자효 행정행위의 경우 집행정지결정은 제3자에 대하여도 효력이 있다(제29조 ②).

(나) 기속력

집행정지결정은 신청인과 피신청인에게 미치며 당사자인 행정청과 그 밖의 관계행정청도 기속한다. 집행정지결정을 위반하는 행정처분(예 : 매각)은 중대하고 명백한 하자로서 무효가 된다.

(다) 시간적 효력

집행정지결정의 효력은 원칙적으로 집행정지의 대상인 처분의 발령시점에 소급하는 것이 아니라, 집행정지결정시점부터 발생한다. 그리고 결정주문(主文)에 정해진 시기까지 존속한다. 주문에 특별한 정함이 없는 때에는 본안판결이 확정될 때까지 존속한다.

7) 집행정지결정의 취소

집행정지결정이 확정된 후 집행정지가 공공복리에 중대한 영향을 미치거나 정지사유가 없어진 때에는 당사자의 신청 또는 직권에 의하여 집행정지결정을 취소할 수 있다(제24조 ①). 당사자가 집행정지결정의 취소를 신청한 때에는 그 사유를 소명하여야 한다(제24조 ②). 집행정지결정이 취소되면 그 때부터 집행정지결정이 없었던 상태로 돌아가서 처분의 원래의 효과가 발생한다.

8) 집행정지 등 결정에의 불복

법원의 집행정지의 결정 또는 기각의 결정에 대하여는 즉시항고할 수 있다. 이 경우 집행정지의 결정에 대한 즉시항고에는 집행정지결정의 집행을 정지하는 효력이 인정되지 않는다. 즉 집행정지결정은 여전히 효력이 있다(제23조 ⑤).

【 판례 】 행정처분의 효력정지나 집행정지를 구하는 신청사건에서는 행정처분 자체의 적법 여부를 판단할 것이 아니고 행정처분의 효력이나 집행 등을 정지시킬 필요가 있는지 여부, 즉 행정소송법 제23조 제2항에서 정한 요건의 존부만이 판단대상이 된다. … 이러한 요건을 결여하였다는 이유로 효력정지 신청을 기각한 결정에 대하여 **행정처분 자체의 적법 여부를 가지고 불복사유로 삼을 수 없다**(대법원 2011.4.21, 2010무111).

【 답 】

① ㉠구 공중위생관리법시행규칙은 숙박업자가 윤락행위를 알선한 경우 1차 위반시 영업정지 2월, 2차 위반시 영업정지 3월 등을 규정하고 있었다. 판례는 동시행규칙 제41조에서 규정하는 제재적 행정처분의 기준을 행정규칙으로 보아 대외적 구속력을 부정하는바, 윤락행위알선 1회 위반을 이유로 하는 취소처분은 공중위생법시행규칙에 반하므로 위법하다는 주장은 할 수 없다. 그러나 재량권의 행사에 있어서 비례원칙을 위반한 **재량남용의 하자가 있다는 이유로 위법하다는 주장은 가능하다.** 사안의 경우 단 1회 위반으로 영업허가취소처분을 한 것은 비례원칙에 위반되는 위법행위로 보여지는바, 법원은 원고의 청구를 인용하여야 한다. ㉡행정소송법 제23조에는 집행정지신청의 요건으로 처분이 존재할 것, 긴급한 필요가 있을 것, 회복하기 어려운 손해를 예방하기 위한 것일 것 등의 요건을 규정하고 있다. 사안의 경우 **단순히 생계가 막연하다는 이유만으로는 긴급한 필요의 존재나, 회복하기 어려운 손해예방을 위한 것으로 보기도 어렵다.** 따라서 법원은 기각결정을 할 것이다.

② 판례는 "투전기업소허가갱신신청을 거부한 불허처분의 효력을 정지하더라도 이로 인하여 신청인에게 허가의 효력이 회복되거나 또는 행정청에게 허가를 갱신할 의무가 생기는 것은 아니므로 불허처분의 효력정지로서는 신청인이 입게 될 손해를 피하는 데에 아무런 보탬이 되지 아니하여 그 불허처분의 효력정지를 구할 이익이 없다"는 이유 즉, 집행정지신청의 이익이 없다는 이유로 그 신청을 각하하였다. 그러나 허가갱신거부처분의 효력을 정지하면 "거부처분이 있기 전의 상태로 돌아갈 수 있다." 즉, **일단 영업을 계속함으로써 현상유지는 할 수 있다는 점에서 집행정지의 이익이 있는 것이다.** 법원이 '긴급한 필요'가 있는지의 여부 등 기타의 집행정지요건까지 보다 적극적으로 검토하였어야 함에도 불구하고 **단순논리로 일반적인 거부처분**(예: 입학허가거부처분, 건축허가거부처분)**의 경우와 동일하게 취급한 것은 문제가 있다**(대법원 1992.2.13, 91두47 참조).

(3) 가처분(적극적 의미의 가구제)

1) 가처분의 의의

가처분이란 금전 이외의 계쟁물(係爭物)에 관한 청구권의 집행을 보전하거나 다툼이 있는 법률관계에 관하여 임시의 지위를 보전하는 것을 목적으로 하는 가구제제도이다.

2) 가처분의 인정 여부

행정소송법은 가처분에 관해서는 규정하고 있지 않기 때문에 민사집행법에서 정하고 있는 가처분제도를 행정소송에서도 인정할 것인지에 대하여는 긍정설, 부정설, 절충설 등 견해가 대립하고 있다. 판례는 부정설을 취한다. 즉, 부정설은 ㉠ 법원이 행정처분에 대한 가처분을 하는 것은 권력분립주의에서 오는 사법권의 한계를 벗어나는 것이고, ㉡ 집행정지에 관한 행정소송법 제23조 제2항은 공익과의 관련성 때문에 행정소송에 집행정지만을 인정하고 민사집행법상의 가처분을 배제하는 취지의 특별규정이라는 것이다(박균성, 박윤흔).

【 판례 】 ① (채무자가 자신의 면허권을 타인에게 양도할 경우 면허관청이 면허양도인가를 하지 않도록 법원이 명령해 달라는 취지의 가처분을 채권자가 신청한 것에 대해서) 민사소송법상의 보전처분은 민사판결절차에 의하여 보호받을 수 있는 권리에 관한 것이므로, 민사소송법상의 **가처분으로써 행정청의 어떠한 행정행위의 금지를 구하는 것은 허용될 수 없다** 할 것이다(대법원 1992.7.6, 92마54).
② 항고소송의 대상이 되는 행정처분의 효력이나 집행 혹은 절차속행 등의 정지를 구하는 신청은 행정소송법상 집행정지신청의 방법으로서만 가능할 뿐 민사소송법상 가처분의 방법으로는 허용될 수 없다(대법원 2009.11.2, 2009마596).

행정소송법이 집행정지제도를 두고 있기 때문에 이 제도의 대상이 되는 범위에서는 가처분제도가 적용될 여지가 없지만 집행정지를 통해서는 실효적인 권리구제가 이루어질 수 없는 경우에는 가처분제도를 활용할 필요가 있다고 할 것이다.

8. 취소소송의 심리

소송의 심리란 소에 대한 판결을 하기 위하여 그의 기초가 될 소송자료를 수집·정리하는 절차를 말한다. 행정소송의 심리는 민사소송에 준하여 변론주의가 심리의 기본이 되지만, 행정소송의 특수성에 비추어 직권탐지주의가 적용되고 있다.

(1) 심리의 내용

1) 요건심리

요건심리란 법원에 소송이 제기된 때에 당해 소송이 법적으로 요구되는 여러 요건(예: 관할권, 제소기간, 전심절차, 당사자적격 등)을 구비한 적법한 소송인가를 심리하는 것을 말한다. 심리의 결과 소송제기요건을 구비하지 못하였다고 인정될 때에는 이를 부적법한 소송으로 각하한다. 소송요건의 구비 여부는 법원의 직권조사사항이다.

소송요건은 제소시점에 구비되어야 함이 원칙이나 소송 중에라도 사실심변론종결시까지 소송요건을 구비하면 하자가 치유된다는 것이 일반적 견해이다. 다만 제소기간의 준수 여부는 제소시점을 기준으로 한다.

2) 본안심리

요건심리의 결과 소송요건이 구비된 경우 그 소송에 대한 청구를 인용할 것인지 또는 기각할 것인지를 판단하기 위하여 사건의 본안에 대해 실체적으로 심리하는 것을 말한다.

(2) 심리의 범위

1) 불고불리의 원칙

행정소송에서도 민사소송의 경우와 마찬가지로 불고불리의 원칙이 적용되어 법원은 소송제기가 없으면 재판할 수 없고, 또한 당사자의 청구범위를 넘어 심리·판단할 수 없다.

2) 법률문제·재량문제·사실문제

법원은 법률문제(법을 해석·적용하여 위법여부를 판단하는 것)와 사실문제(사실의 진위여부를 판단하는 것)에 관하여 심리할 수 있으나, 재량문제(재량의 타당·부당을 판단하는 것)는 원칙적으로 심리할 수 없다. 다만, 재량권이 일탈·남용되어 위법이 되는지의 여부는 심리의 대상이 된다.

(3) 심리절차

1) 심리에 관한 일반원칙
(가) 공개·구술심리주의

재판의 심리와 판결의 선고를 일반인이 방청할 수 있는 상태에서 행하고, 당사자 및 법원의 소송행위, 특히 변론 및 증거조사를 구술로 시행한다.

(나) 당사자주의, 쌍방심문주의

당사자에게 주도권을 부여하는 당사자주의는 처분권주의와 변론주의로 나누인다. 전자는 절차의 개시, 심판의 대상 및 절차의 종결을 당사자의 의사에 일임하는 것을 말하며, 후자는 재판의 기초가 되는 소송자료의 수집·제출책임을 당사자에게 일임하는 것을 말한다.

소송의 심리에 있어서 당사자 쌍방에게 주장을 진술할 기회를 평등하게 부여한다.

【판례】법원의 석명권 행사는 당사자의 주장에 모순된 점이 있거나 불완전·불명료한 점이 있을 때에 이를 지적하여 정정·보충할 수 있는 기회를 주고, 계쟁사실에 대한 증거의 제출을 촉구하는 것을 그 내용으로 하는 것이며, **당사자가 주장하지도 아니한 법률효과에 관한 요건사실이나 독립된 공격방어방법을 시사하여 그 제출을 권유함과 같은 행위를 하는 것은 변론주의의 원칙에 위배**되는 것으로 석명권 행사의 한계를 일탈하는 것이 된다(대법원 2001.10.23. 99두3423).

2) 심리절차의 특수성

(가) 직권탐지주의

행정소송은 민사소송과 달리 공익과 관련이 깊으므로 소송의 주도권을 전적으로 당사자에게만 부여할 수 없기 때문에, 행정소송법은 변론주의를 원칙으로 하면서 직권탐지주의(직권조사주의)를 가미하고 있다. 직권탐지주의란 법원이 필요하다고 인정하는 경우 당사자가 주장하지 아니한 사실에 대해서도 직권으로 증거를 조사하여 이를 판단의 자료로 삼는 것을 말한다.

【판례】① 행정소송법 제26조가 법원은 필요하다고 인정할 때에는 직권으로 증거조사를 할 수 있고, 당사자가 주장하지 아니한 사실에 대하여도 판단할 수 있다고 규정하고 있지만, 이는 행정소송의 특수성에 연유하는 당사자주의, 변론주의에 대한 일부 예외 규정일 뿐 **법원이 아무런 제한 없이 당사자가 주장하지 아니한 사실을 판단할 수 있는 것은 아니고, 일건 기록에 현출되어 있는 사항에 관하여서만 직권으로 증거조사를 하고** 이를 기초로 하여 판단할 수 있을 따름이고, 그것도 법원이 필요하다고 인정할 때에 한하여 청구의 범위내에서 증거조사를 하고 판단할 수 있을 뿐이다(대법원 1994.10.11. 94누4820).
② 행정소송에서 기록상 자료가 나타나 있다면 당사자가 주장하지 않았더라도 판단할 수 있고, 당사자가 제출한 소송자료에 의하여 법원이 처분의 적법 여부에 관한 합리적인 의심을 품을 수 있음에도 단지 구체적 사실에 관한 주장을 하지 아니하였다는 이유만으로 당사자에게 석명을 하거나 **직권으로 심리·판단하지 아니함으로써 구체적 타당성이 없는 판결**을 하는 것은 행정소송법 제26조의 규정과 행정소송의 특수성에 반하므로 허용될 수 없다(대법원 2010.2.11. 2009두18035).

(나) 행정심판기록 제출명령

법원은 당사자의 신청이 있는 때는 결정으로써 행정심판위원회에 대하여 행정심판에 관한 기록의 제출을 명할 수 있으며(행소법 제25조①), 이 경우 행정심판위원회는 지체 없이 당해 행정심판에 관한 기록(행정심판청구서, 답변서, 재결서 등)을 법원에 제출하여야 한다(제25조②).

(4) 주장책임 · 입증책임

1) 의 의

주장책임이란 소송에서 당사자의 어느 일방이 패소의 위험 또는 불이익을 피하기 위하여 당해 사실을 주장할 책임을 말한다. 변론주의 하에서 당사자는 자기에게 유리한 주요사실을 주장하지 않으면 그것이 존재하지 않는 것으로 취급되어 패소의 위험 또는 불이익을 받게 된다. 입증책임이란 소송에서 당사자의 어느 일방이 패소의 위험 또는 불이익을 피하기 위해 일정한 사실의 존부를 입증할 책임을 말한다.

2) 책임의 분배

행정소송에 있어서 직권주의가 가미되어 있다고 하여도 여전히 당사자주의 · 변론주의를 그 기본구조로 하고 있다. 따라서 취소소송에 있어서는 원칙적으로 원고가 직권조사사항을 제외하고는 당해 행정처분의 위법사유에 해당하는 구체적 사실을 먼저 주장 · 입증하여야 하고, 피고(처분청)는 행정처분의 적법성을 주장 · 입증하여야 한다.

【판례】① 특별한 사정이 있는 경우를 제외하면 당해 **행정처분의 적법성에 관하여는 행정청이 이를 주장 · 입증**하여야 할 것이나 행정소송에 있어서 직권주의가 가미되어 있다고 하더라도 여전히 변론주의를 기본구조로 하는 이상 행정처분의 위법을 들어 그 취소를 청구함에 있어서는 직권조사사항을 제외하고는 그 **취소를 구하는 자가 위법사유에 해당하는 구체적 사실을 먼저 주장**하여야 한다(대법원 2001. 10.23. 99두 3423).
② 민사소송법 규정이 준용되는 행정소송에서의 증명책임은 원칙적으로 민사소송 일반원칙에 따라 당사자간에 분배되고, 항고소송의 경우에는 그 특성에 따라 처분의 적법성을 주장하는 피고에게 적법사유에 대한 증명책임이 있다. 피고가 주장하는 일정한 처분의 적법성에 관하여 **합리적으로 수긍할 수 있는 일응의 증명이 있는 경우에 처분은 정당하며,** 이와 상반되는 주장과 증명은 상대방인 원고에게 책임이 돌아간다(대법원 2016.10.27. 2015두42817).

(5) 관련청구소송의 이송 · 병합

1) 관련청구소송의 이송
(가) 의 의

취소소송과 관련청구소송이 각각 다른 법원에 계속되고 있는 경우에 관련청구소송을 취소소송이 계속되어 있는 법원으로 이송하여 병합심리할 수 있도록 하고 있는바, 이는 소송경제의 도모와 심리의 중복 및 재판의 모순 · 저촉을 피하기 위한 제도이다.

(나) 관련청구소송의 범위

취소소송과 관련된 청구소송이란 ㉠ 당해 처분 등과 관련되는 손해배상(예: 운전면허정지

취소소송〈행정소송〉과 국가배상청구소송〈민사소송〉)·**부당이득반환**(예: 과세처분취소소송〈행정소송〉과 이미 납부한 세금에 대한 부당이득반환청구소송〈민사소송〉)·**원상회복** 등 청구소송과, ⓛ 본체인 취소소송의 대상인 처분 등과 관련되는 취소소송(예 : 행정심판재결의 취소소송, 다수인이 동일한 처분에 대해 각자 제기한 취소소송)이다(제10조①).

(다) 이송의 요건

관련청구소송의 이송을 위해서는 ㉠ 취소소송과 관련청구소송이 각각 다른 법원에 계속중일 것, ㉡ 관련청구소송이 계속된 법원이 당해 소송을 취소소송이 계속된 법원에 이송함이 상당하다고 인정할 것, ㉢ 당사자의 신청이 있거나 법원의 직권에 의해서 이송결정이 있을 것 등을 요건으로 한다.

2) 관련청구소송의 병합

(가) 의 의

취소소송에는 사실심의 변론종결시까지 관련청구소송을 병합하거나(객관적 병합: 하나의 절차에서 수개의 청구를 하는 것), 피고 이외의 자를 상대로 한 관련청구소송을 취소소송이 계속된 법원에 병합하여 제기할 수 있다(주관적 병합: 다수의 당사자가 하나의 절차에서 청구하는 경우). 무효등확인소송·부작위위법확인소송의 경우도 관련청구소송을 병합하여 제기할 수 있다(제38조①,②).

(나) 병합의 요건

관련청구소송이 병합될 본체인 취소소송이 그 자체로서 소송요건(당사자적격, 전심절차, 제소기간, 소의 이익 등)을 구비하여 적법하여야 한다. 관련청구의 병합은 사실심변론종결 전까지만 허용된다(제10조 ②).

【 판례 】① 행정소송법 제10조는 처분의 취소를 구하는 **취소소송에 당해 처분과 관련되는 부당이득반환소송을 관련 청구로 병합**할 수 있다고 규정하고 있는바, 이 조항을 둔 취지에 비추어 보면, 취소소송에 병합할 수 있는 당해 처분과 관련되는 부당이득반환소송에는 당해 처분의 취소를 선결문제로 하는 부당이득반환청구가 포함되고, 이러한 **부당이득반환청구가 인용되기 위해서는 그 소송절차에서 판결에 의해 당해 처분이 취소되면 충분하고 그 처분의 취소가 확정**(예: 상소기간 경과, 대법원판결선고)**되어야 하는 것은 아니라고 보아야 한다**(대법원 2009.4.9. 2008두23153).
② 행정처분에 대한 **무효확인과 취소청구는 서로 양립할 수 없는 청구로서 주위적·예비적 청구로서만 병합이 가능하고 선택적 청구로서의 병합이나 단순 병합은 허용되지 아니한다**(대법원 1999.8.20. 97누6889).

(6) 소의 변경

1) 제도의 의의

소의 변경이란 소송의 계속중에 원고가 소송의 대상인 청구를 변경하는 것을 말하며, 청구의 변경이라고도 한다. 소의 변경은 청구 그 자체의 변경을 요한다. 따라서 청구를 이유있게 하기 위한 공격·방어방법의 변경은 소의 변경이 아니다. 일반적으로 소의 변경에는 ㉠ 종래의 청구에 갈음하여 새로운 청구를 제기하는 '교환적 변경'과, ㉡ 종래의 청구를 유지하면서 새로운 청구를 추가하는 '추가적 변경'의 두 가지 유형이 있다.

2) 행정소송법상의 소의 변경

(가) 소의 종류의 변경

① 의 의

행정소송의 원고는 당해 소송의 사실심의 변론이 종결될 때까지 청구의 기초에 변경이 없는 범위 안에서 법원의 허가를 받아 당해 행정소송을 다른 종류의 행정소송으로 변경할 수 있다(제21조). 소의 종류의 변경을 인정하는 것은 행정소송의 종류가 다양한 까닭에 소의 종류를 잘못 선택할 가능성이 있는바, 사인의 권리구제의 실효성을 높이기 위해서이다.

② 요 건

소의 변경에는 ㉠ 취소소송이 사실심에 계속되고 변론종결 전일 것, ㉡ 청구의 기초에 변경이 없을 것, ㉢ 법원이 상당하다고 인정하여 허가결정을 할 것, ㉣ 취소소송을 당해 처분 등에 관계되는 사무가 귀속하는 국가 또는 공공단체에 대한 당사자소송이나 또는 취소소송 이외의 항고소송으로 변경하는 것일 것 등이 요구된다. 여기서 '사무가 귀속하는 국가 또는 공공단체'라 함은 처분이나 재결의 효과가 귀속하는 국가 또는 공공단체를 의미한다.

소의 변경으로 피고를 달리하게 될 때에는 법원은 새로이 피고로 될 자의 의견을 들어야 한다(제21조 ②).

③ 소의 변경의 종류

㉠ 취소소송을 무효등확인소송이나 부작위위법확인소송으로 변경하거나(제21조 ①), ㉡ 무효등확인소송 또는 부작위위법확인소송을 각각 다른 항고소송으로 변경하거나(제37조), ㉢ 당사자소송을 당해 행정청 상대의 항고소송으로 변경하는 경우(제42조) 등이 있다.

④ 소변경의 효과

소의 변경을 허가하는 법원의 결정이 있게 되면 새로운 소는 처음 소를 제기한 때에 제기된 것으로 보며, 종전의 소송은 취하된 것으로 본다(제21조 ④). 허가결정에 대하여는 즉시

항고할 수 있다.

【판례】 **취소소송 등을 제기한 당사자가** 당해 처분 등에 관계되는 사무가 귀속되는 국가 또는 공공단체에 대한 **당사자소송을** 행정소송법 제10조 제2항에 의하여 **관련 청구로서 병합한 경우** 위 취소소송 등이 부적법하다면 당사자는 위 당사자소송의 병합청구로서 같은 법 제21조 제1항에 의한 **소변경을 할 의사를 아울러 가지고** 있었다고 봄이 상당하고, 이러한 경우 법원은 청구의 기초에 변경이 없는 한 **당초의 청구가 부적법하다는 이유로 병합된 청구까지 각하할 것이 아니라 병합청구 당시 유효한 소변경청구가 있었던 것으로 받아들여** 이를 허가함이 타당하다. 취소소송을 제기하였다가 나중에 당사자 소송으로 변경하는 경우에는 행정소송법 제21조 제4항, 제14조 제4항에 따라 처음부터 당사자 소송을 제기한 것으로 보아야 하므로 당초의 취소소송이 적법한 기간 내에 제기된 경우에는 당사자소송의 제소기간을 준수한 것으로 보아야 할 것이다(대법원 1992.12.24, 92누3335).

(나) 처분변경으로 인한 소의 변경

행정소송이 제기된 후에 행정청이 소송의 대상인 처분을 변경한 때에는 법원은 원고의 신청에 의하여 청구의 취지 또는 원인의 변경을 허가할 수 있다(제22조 ①). 예컨대, 영업허가 철회처분의 취소소송의 계속중에 행정청이 허가철회처분을 허가정지처분으로 변경한 경우에 있어서 원고가 전자에 대한 소를 후자에 대한 소로 변경하는 것을 말한다. 원고에 의한 소변경의 신청은 처분의 변경이 있음을 안 날로부터 60일 이내에 하여야 한다(제22조 ②).

2) 민사소송법상의 소의 변경

행정소송법 제8조 제2항의 규정에 의해 행정소송법에 규정이 없는 것(소의 종류의 변경, 처분변경으로 인한 소의 변경 이외의 것)은 민사소송법의 규정이 준용되므로 민사소송법에 의한 소변경도 가능하다(예: 일부취소를 구하다가 전부취소를 구하는 경우).

【판례】 ① 행정소송법 제21조와 제22조가 정하는 소의 변경은 그 법조에 의하여 특별히 인정되는 것으로서 민사소송법상의 소의 변경을 배척하는 것이 아니므로, 행정소송의 원고는 행정소송법 제8조 제2항에 의하여 준용되는 **민사소송법 제235조에 따라** 청구의 기초에 변경이 없는 한도에서 **청구의 취지 또는 원인을 변경할 수 있다**(대법원 1999.11.26, 99두9407).
② 행정소송법 제7조는 원고의 고의 또는 중대한 과실 없이 행정소송이 심급을 달리하는 법원에 잘못 제기된 경우에 민사소송법 제31조 제1항을 적용하여 이를 관할 법원에 이송하도록 규정하고 있을 뿐 아니라 관할 위반의 소를 부적법하다고 하여 각하하는 것보다 관할 법원에 이송하는 것이 당사자의 권리 구제나 소송경제의 측면에서 바람직하므로, **원고가 고의 또는 중대한 과실 없이 행정소송으로 제기하여야 할 사건을 민사소송으로 잘못 제기한 경우 수소법원으로서는 만약 그 행정소송에 대한 관할도 동시에 가지고 있는 경우라면**, 행정소송으로서의 전심절차 및 제소기간을 도과하였거나 행정소송의 대상이 되는 처분 등이 존재하지도 아니한 상태에 있는 등 행정소송으로서의 소송요건을 결하고 있음이 명백하여 행정소송으로 제기되었더라도 어차피 부적법하게 되는 경우가 아닌 이상, **원고로 하여금 항고소송으로 소 변경을 하도록 하여 그 1심법원으로 심리·판단하여야 한다**(대법원 1999.11.26, 97다42250).
③ 행정소송법 제7조는 원고의 고의 또는 중대한 과실 없이 행정소송이 심급을 달리하는 법원에 잘못 제기된 경우에 민사소송법 제34조 제1항을 적용하여 이를 관할 법원에 이송하도록 규정하고 있을 뿐 아니라, 관할 위반의 소를 부적법하다고 하여 각하하는 것보다 관할 법원에 이송하는 것이 당사자의 권리구제나 소송경제의 측면에서 바람직하므로, 원고가 고의 또는 중대한 과실 없이 **행정소송으로 제기하여야 할 사건을**

민사소송으로 잘못 제기한 경우, 수소법원으로서는 그 행정소송에 대한 관할을 가지고 있지 아니하다면 당해 소송이 이미 행정소송으로서의 전심절차 및 제소기간을 도과하였거나 행정소송의 대상이 되는 처분 등이 존재하지도 아니한 상태에 있는 등 행정소송으로서의 소송요건을 결하고 있음이 명백하여 행정소송으로 제기되었더라도 어차피 부적법하게 되는 경우가 아닌 이상 **이를 부적법한 소라고 하여 각하할 것이 아니라 관할 법원에 이송하여야 한다**(대법원 2008.7.24., 2007다25261).

(7) 처분근거(처분사유)의 추가 · 변경

【문 제】 甲은 액화석유가스판매사업허가신청을 하였으나, 乙구청장으로부터 '허가기준에 위반'됨을 이유로 거부당하자, 同불허가처분의 취소를 구하는 소송을 제기하였다. 그런데 소송절차에서 乙구청장은 거부처분의 사유를 허가신청시 이미 존재하던 판매소 사이의 '이격거리에 관한 기준의 위반'으로 처분의 사유를 변경하였다. 이러한 乙의 처분사유의 변경은 허용될 수 있는가?

1) 의 의

처분사유의 추가 · 변경이란 행정청이 행정처분시에 존재하였던(처분 이후에 발생한 새로운 사유는 안됨) 사실상 · 법률상의 근거를 행정처분의 근거로 사용하지 않았으나, 사후에 취소소송의 심리과정에서 그 사유를 새로이 처분사유로 추가하거나 변경하는 것을 말한다. 이는 사실심변론종결시까지 허용된다(대법원 1999. 8. 20. 선고 98두17043).

2) 처분사유의 추가 · 변경의 허용 여부

판례는 "행정처분의 취소를 청구하는 항고소송에 있어서 행정청은 당초 처분의 근거로 삼은 사유와 기본적 사실관계가 동일하다고 인정되는 한도 내에서만 다른 처분사유를 새로 추가하거나 변경할 수 있을 뿐, 기본적 사실관계가 동일하다고 인정되지 않는 별개의 사실을 들어 처분사유로 주장하는 것은 원칙적으로 허용되지 않는다"(대법원 2004.5.28, 2002두5016)고 한다. 기본적 사실관계의 동일성 유무는 '처분사유를 법률적으로 평가하기 이전의 구체적인 사실에 착안하여 그 기초인 사회적 사실관계가 기본적인 점에서 동일한지 여부에 따라' 결정된다. 이는 행정처분의 상대방의 방어권을 보장함으로써 실질적 법치주의를 구현하고 행정처분의 상대방에 대한 신뢰를 보호하기 위한 것이다.

【판례】 ① 기본적 사실관계가 동일하다는 것은 처분사유를 법률적으로 평가하기 이전의 구체적인 사실에 착안하여 그 기초적인 사회적 사실관계가 기본적인 점에서 동일한 것을 말하며, 처분청이 처분 당시에 적시한 구체적 사실을 변경하지 아니하는 범위 내에서 **단지 그 처분의 근거 법령만을 추가 · 변경하거나 당초의 처분사유를 구체적으로 표시하는 것에 불과한 경우에는** 새로운 처분사유를 추가하거나 변경하는 것이라고 볼 수 없다(대법원 2008.2.28, 2007두13791,13807).
② 의료보험요양기관 지정취소처분의 당초의 처분사유인 구 의료보험법 제33조 제1항이 정하는 **본인부담금 수납대장을 비치하지 아니한 사실**과 항고소송에서 새로 주장한 처분사유인 같은 법 제33조 제2항이 정하는

보건복지부장관의 **관계서류 제출명령에 위반하였다는** 사실은 **기본적 사실관계의 동일성이 없다**(대법원 2001.3.23, 99두6392).

③ 행정처분의 취소를 구하는 항고소송에 있어서, 처분청은 당초 처분의 근거로 삼은 사유와 기본적 사실관계가 동일성이 있다고 인정되는 한도 내에서만 다른 사유를 추가하거나 변경할 수 있고, 여기서 기본적 사실관계의 동일성 유무는 처분사유를 법률적으로 평가하기 이전의 구체적인 사실에 착안하여 그 기초인 사회적 사실관계가 기본적인 점에서 동일한지 여부에 따라 결정되며 이와 같이 기본적 사실관계와 동일성이 인정되지 않는 **별개의 사실을 들어 처분사유로 주장하는 것이 허용되지 않는다고 해석하는 이유는** 행정처분의 **상대방의 방어권을 보장**함으로써 실질적 법치주의를 구현하고 **행정처분의 상대방에 대한 신뢰를 보호하고자** 함에 그 취지가 있고, 추가 또는 변경된 사유가 당초의 처분시 그 사유를 명기하지 않았을 뿐 **처분시에 이미 존재하고 있었고 당사자도 그 사실을 알고 있었다 하여 당초의 처분사유와 동일성이 있는 것이라 할 수 없다**(대법원 2003.12.11, 2001두8827).

④ 행정청이 점용허가를 받지 않고 도로를 점용한 사람에 대하여 **도로법 제94조에 의한 변상금 부과처분을** 하였다가, 처분에 대한 **취소소송이 제기된 후** 해당 도로가 도로법 적용을 받는 도로에 해당하지 않을 경우를 대비하여 처분의 근거 법령을 **구 국유재산법 제51조와 그 시행령 등으로 변경하여 주장한** 사안에서, 위와 같이 근거 법령을 변경하는 것은 종전 도로법 제94조에 의한 변상금 부과처분과 동일성을 인정할 수 없는 별개의 처분을 하는 것과 다름없어 허용될 수 없다(대법원 2011.5.26, 2010두28106).

> **【답】** 행정처분의 취소를 구하는 항고소송에 있어서는 실질적 법치주의와 행정처분의 상대방인 국민에 대한 신뢰보호라는 견지에서, 처분청은 당초 처분사유와 기본적 사실관계에 있어서 동일성이 인정되는 한도 내에서만 새로운 처분사유를 추가하거나 변경할 수 있다 할 것인바(판례·통설), 처분청이 이 사건에서 '이격거리에 관한 허가기준의 위배'라는 사유로 변경하는 것은 허가신청시 이미 존재하던 사유를 구체적으로 표시하는 것이지 당초의 처분사유와 기본적 사실관계와 동일성이 없는 별개의 새로운 처분사유를 추가하거나 변경하는 것이라고 할 수는 없으므로 추가·변경은 허용될 수 있다(대법원 1989.7.25, 88누11926 참조).

(8) 위법성판단의 기준시점

취소소송의 소송물은 당해 처분의 위법성인데 그 위법을 어느 시점에서 판단할 것인지가 문제된다. 처분시와 판결시 사이에는 시간적 간격이 있는 것이 보통이므로 그 사이에 처분요건인 사실관계의 변경이나 근거법령의 변경이 있는 경우 어느 때를 '위법판단의 기준시점'으로 할 것인지가 문제된다.

처분시설, 판결시설, 절충설 등이 있는데, 처분시설이 통설·판례이다. 즉, 처분의 위법 여부의 판단은 처분시의 법령 및 사실을 기준으로 하여야 한다. 법원이 처분 후의 변화한 사정을 참작하여 당해 처분을 유지할 것인지의 여부를 결정하게 되면 법원이 행정감독적 기능을 하게 되어 권력분립의 원칙에 반하기 때문이다(부작위위법확인소송은 다투는 시기에 행정청에 법적 의무가 있음을 다투는 것이기 때문에 판결시를 기준으로 위법 여부를 판단한다).

【판례】 ① 행정소송에서 행정처분의 위법 여부는 행정처분이 행하여졌을 때의 법령과 사실 상태를 기준으로 하여 판단하여야 하고, **처분 후 법령의 개폐나 사실상태의 변동에 의하여 영향을 받지는 않으므로,** 난민인정 거부처분의 취소를 구하는 취소소송에서도 그 거부처분을 한 후 국적국의 정치적 상황이 변화하였다

고 하여 처분의 적법 여부가 달라지는 것은 아니다(대법원 2008.7.24. 2007두3930).

② 행정청이 수익적 행정처분을 하면서 부가한 부담의 위법 여부는 **처분 당시 법령을 기준으로** 판단하여야 하고, 부담이 처분 당시 법령을 기준으로 적법하다면 처분 후 부담의 전제가 된 주된 행정처분의 근거 법령이 개정됨으로써 행정청이 더 이상 부관을 붙일 수 없게 되었다 하더라도 곧바로 위법하게 되거나 그 효력이 소멸하게 되는 것은 아니다(대법원 2009.2.12. 2005다65500).

9. 취소소송의 판결

(1) 판결의 종류

1) 중간판결과 종국판결

중간판결이란 소송진행중에 생긴 쟁점을 해결하기 위한 확인적 성질의 판결을 말하며, 종국판결이란 당해소송의 전부나 일부를 그 심급으로서 종료시키는 판결을 말한다.

2) 소송판결과 본안판결

소송판결이란 당해 소가 소송요건을 결여하고 있는 경우에 이를 이유로 부적법한 소로서 각하하는 판결이며, 본안판결이란 청구의 당부에 관한 판결로서 청구내용의 전부 또는 일부를 기각하거나 인용함을 내용으로 하는 판결이다.

3) 기각판결과 인용판결

(가) 기각판결

본안심리의 결과 원고의 청구를 배척하고 원처분을 지지하는 판결을 말한다. 기각판결에는 원고의 청구에 합리적인 이유가 없기 때문에 배척하는 경우와 원고의 청구에 이유가 있으나 배척하는 경우(사정판결)가 있다.

(나) 인용판결

본안심리의 결과 원고의 청구가 이유 있다고 인정하여, 그 청구의 전부 또는 일부를 받아들이는 내용의 판결이다. 인용판결은 그 내용에 따라 다시 ㉠ 권리관계의 존부를 확인하는 내용의 확인판결, ㉡ 법률관계를 형성·변경·소멸시킴을 내용으로 하는 형성판결, ㉢ 행정청에 일정한 행위를 할 것을 명하는 이행판결로 나누어진다.

【판례】① 과세처분취소소송의 처분의 적법 여부는 과세액이 정당한 세액을 초과하느냐의 여부에 따라 판단되는 것으로서 당사자는 사실심 변론종결시까지 객관적인 조세채무액을 뒷받침하는 주장과 자료를 제출할 수 있고 이러한 자료에 의하여 적법하게 부과될 **정당한 세액이 산출되는 때에는 그 정당한 세액을 초과하는 부분만 취소하여야 할 것이고 전부를 취소할 것이 아니다**(대법원 2000.6.13. 98두5811).

② 개발부담금부과처분 취소소송에 있어 당사자가 제출한 자료에 의하여 적법하게 부과될 정당한 부과금액

이 산출할 수 없을 경우에는 부과처분 전부를 취소할 수밖에 없으나, 그렇지 않은 경우에는 그 정당한 금액을 초과하는 부분만 취소하여야 한다(대법원 2004.7.22. 2002두868).

③ 자동차운수사업면허조건 등을 위반한 사업자에 대하여 행정청이 행정제재수단으로 사업 정지를 명할 것인지, 과징금을 부과할 것인지, 과징금을 부과키로 한다면 그 금액은 얼마로 할 것인지에 관하여 **재량권이 부여되었다** 할 것이므로 과징금부과처분이 법이 정한 한도액을 초과하여 위법할 경우 법원으로서는 **그 전부를 취소할 수밖에 없고**, 그 한도액을 초과한 부분이나 법원이 적정하다고 인정되는 부분을 초과한 부분만을 취소할 수 없다(금 1,000,000원을 부과한 당해 처분 중 금 100,000원을 초과하는 부분은 재량권 일탈·남용으로 위법하다며 그 일부분만을 취소한 원심판결을 파기한 사례. 대법원 1998.4.10. 98두2270).

④ 여러 개의 상이에 대한 국가유공자요건비해당처분에 대한 취소소송에서 그 중 일부 상이가 국가유공자요건이 인정되는 상이에 해당하더라도 나머지 상이에 대하여 위 요건이 인정되지 아니하는 경우에는 **국가유공자요건비해당처분 중 위 요건이 인정되는 상이에 대한 부분만을 취소하여야 할 것이고, 그 비해당처분 전부를 취소할 수는 없다**고 할 것이다(대법원 2012.3.29. 2011두9263).

다) 사정판결

① 의 의

원고의 청구가 이유 있다고 인정되는 경우에도 처분 등을 취소하는 것이 현저히 공공복리에 적합하지 아니하다고 인정하는 때에는 법원은 원고의 청구를 기각할 수 있는바, 이를 사정판결이라고 한다(제28조①). 사정판결도 기각판결의 일종이다. 당사자의 주장이 없는 경우에도 법원이 직권으로 할 수 있다.

> 【판례】처분 등을 취소하는 것이 현저히 공공복리에 적합하지 아니하다고 인정하는 때에는 원고의 청구를 기각하는 사정판결을 할 수 있고, 이러한 사정판결을 할 필요가 있다고 인정하는 때에는 **당사자의 명백한 주장이 없는 경우에도 일건 기록에 나타난 사실을 기초로 하여 직권으로 사정판결을 할 수 있다**(대법원 1995.7.28. 95누4629).

② 요 건

사정판결을 하기 위해서는 ㉠ 원고의 청구가 이유 있다고 인정될 것, ㉡ 처분을 취소하는 것이 현저히 공공복리에 적합하지 아니할 것이 요구된다.

③ 사정판결의 효과

사정판결은 원고의 청구가 이유 있음에도 불구하고 공공복리를 위하여 그 청구를 배척하는 것이므로 법원은 사정판결의 주문에서 그 처분 등이 위법함을 명시하여야 한다. 사정판결이 확정되면 그 처분 등의 위법성에 대하여 기판력이 발생하며, 소송비용은 (패소자 부담의 일반원칙과는 달리) 피고가 부담한다.

④ 주장·입증책임

처분의 위법성 판단은 처분시를 기준으로 하지만, 사정판결의 필요성은 (처분 이후에 변화된 사정을 고려하여야 하므로) 판결시를 기준으로 판단하여야 하며, 사정판결의 예외성에 비추어 행정청이 주장·입증하여야 한다.

⑤ 원고의 권리구제

원고는 피고인 행정청이 속하는 국가 또는 공공단체를 상대로 손해배상·제해시설(除害施設)의 설치 그 밖에 적당한 구제방법의 청구를 당해 취소소송 등이 계속된 법원에 병합하여 제기할 수 있다(제28조 ③). 법원은 사정판결로 인한 원고의 손해의 정도, 배상방법, 그 밖의 사정을 조사하여야 한다(제28조 ②).

⑥ 적용범위

사정판결은 취소소송에만 인정되는 것이 원칙이고 무효등확인소송, 부작위위법확인소송, 당사자소송에는 인정되지 않는다는 것이 판례의 입장이다.

【 판례 】① 원고에 대한 **환지예정지지정처분을 위법하다 하여 이를 취소하고 새로운 환지예정지를 지정하기 위하여 환지계획을 변경할 경우** 위 처분에 불복하지 않고 기왕의 처분에 의하여 이미 사실관계를 형성하여 온 다수의 다른 이해관계인들에 대한 환지예정지지정처분까지도 변경되어 기존의 사실관계가 뒤엎어지고 새로운 사실관계가 형성되어 혼란이 생길 수도 있게 되는 반면 위 처분으로 원고는 이렇다 할 손해를 입었다고 볼 만한 사정도 엿보이지 않고 가사 손해를 입었다 할지라도 청산금보상 등으로 전보될 수 있는 점 등에 비추어 보면 위 처분이 토지평가협의회의 심의를 거치지 아니하고 결정된 토지 등의 가격평가에 터잡은 것으로 그 절차에 하자가 있다는 사유만으로 이를 취소하는 것은 **현저히 공공복리에 적합하지 아니하다고 보여 사정판결을 할 사유가 있다**(대법원 1992.2.14, 90누9032).
② 재개발조합설립 및 사업시행인가처분이 **처분 당시** 법정요건인 토지 및 건축물 소유자 총수의 각 3분의 2 이상의 동의를 얻지 못하여 **위법하나, 그 후** 90% 이상의 소유자가 재개발사업의 속행을 바라고 있어 재개발사업의 공익목적에 비추어 그 **처분을 취소하는 것은 현저히 공공복리에 적합하지 아니하다**(대법원 1995.7.28, 95누4629).

(2) 판결의 효력

1) 기판력(실질적 확정력 - 당사자, 법원에 대한 효력)

(가) 의 의

청구에 대한 법원의 판결이 확정되면 이후의 절차에서 당사자 및 법원은 동일사항에 대하여 확정판결의 내용과 모순되는 주장·판단을 할 수 없는바, 이러한 확정판결의 내용적 효력을 기판력(旣判力)이라고 한다.

(나) 효력범위

① 주관적 범위(인적 범위)

기판력은 당해 소송의 당사자 및 그와 동일시할 수 있는 승계인에게만 미치고, 제3자에게는 미치지 않는다. 한편 취소소송의 피고는 행정청이므로 그 판결의 기판력은 피고인 처분행정청이 속하는 국가나 공공단체에도 미친다.

② 객관적 범위(물적 범위)

기판력은 판결주문에 표시된 소송물에 관한 판단에 대해서만 발생하고, 판결이유에서 제시된 사실인정, 선결적 법률관계, 법규의 해석적용 등에는 미치지 않는다.

【판례】① 확정판결의 기판력은 그 **판결의 주문에 포함된 것**, 즉 소송물로 주장된 법률관계의 존부에 관한 **판단의 결론 그 자체에만** 미치는 것이고 판결이유에서 설시된 그 전제가 되는 법률관계의 존부에까지 미치는 것은 아니다(대법원 2000.2.25, 99다55472).
② 취소판결의 기판력은 소송물로 된 행정처분의 위법성 존부에 관한 판단 그 자체에만 미치는 것이므로 전소와 후소가 그 **소송물을 달리하는 경우**에는 전소 확정판결의 **기판력이 후소에 미치지 아니한다**(대법원 1996.4.26, 95누5820).
③ 기판력이라 함은 기판력 있는 전소판결의 소송물과 동일한 후소를 허용하지 않는 것임은 물론, 후소의 소송물이 전소의 소송물과 동일하지 않다고 하더라도 **전소의 소송물에 관한 판단이 후소의 선결문제가 되거나 모순관계에 있을 때**에는 후소에서 전소판결의 판단과 **다른 주장을 하는 것을 허용하지 않는 작용**을 하는 것이다(대법원 2001.1.16, 2000다41349).

③ 시간적 범위

기판력은 사실심변론의 종결시를 표준으로 하여 효력이 발생한다. 확정판결은 변론종결시까지 제출된 자료를 기초로 하여 이루어지는 것이기 때문이다.

2) 형성력

【문제】 국토교통부장관은 S지역에 대규모단지가 조성됨에 따라 그 지역에 대한 노선버스를 1개 신설하여 주기로 하고, 그 면허신청공고를 하였다. 甲, 乙, 丙이 신청을 하였으나, 건교부장관은 甲에 대한 면허를 하였다. 이에 乙은 甲에 대한 면허처분의 취소소송을 제기하였던 바, 법원은 당해 면허처분은 관계법이 정하는 협의·조정절차를 거치지 아니한 위법이 있다고 하여 당해 처분을 취소하였다. 판결이 미치는 효력에 대하여 논하라.

(가) 의 의

형성력이란 판결의 내용에 따라 기존의 법률관계의 발생·변경·소멸을 가져오는 효력을 말한다. 취소판결이 확정되면 당해 처분의 효력은 처분청의 별도의 행위(예: 취소, 취소통지)를 기다릴 것 없이 처분시에 소급하여 그 효력이 소멸되어 처분이 없었던 것과 같은 상태로 된다. 즉, 청구인용판결의 경우에만 인정된다.

(나) 취소판결의 제3자효

① 의 의

취소판결의 효력은 당해 소송의 당사자뿐만 아니라 소송에 관여하지 않은 제3자에게도 미친다(행소법 제29조 ①). 이를 취소판결의 제3자효 또는 대세효(對世效)라고 한다. 예컨대, 체납처분절차로서 공매처분에 대한 체납자(원고)의 공매처분취소청구가 인용된 경우 판결의 효력은 공매처분으로 재산을 경락받은 사람(제3자)에게도 미친다. 즉, 체납자가 경락인을 상대로 소유권이전말소청구를 하는 경우 이를 받아들여야 한다.

② 제3자의 보호문제

㉠ 제3자보호를 위한 참가 및 재심제도 : 소송에 참가하여 자기의 이익을 방어하거나 주장할 기회를 갖지 못한 제3자에 대하여 판결의 효력을 미치게 한다는 것은 소송법의 원칙에 어긋나며 자칫 국민의 재판청구권을 침해할 우려도 없지 않다. 취소판결의 제3자효가 가지는 이와 같은 양면을 조화시키기 위해 마련된 제도가 행정소송법에 있어서의 제3자의 소송참가 및 제3자의 재심청구의 규정이다(행소법 제16조, 제31조).

㉡ 문제점 : 취소판결의 제3자효의 범위에 관해서는 명문의 규정이 없어 문제되는바, ⓐ 취소소송은 주관적 소송으로서 그 효력은 원칙적으로 당사자에게만 미치는 것이 원칙인데, 제3자효를 취소소송의 당연한 속성으로 볼 수 있는지와, ⓑ 형성력이 미치는 '제3자'의 범위가 명확하지 않다는 점이 지적된다. 예컨대, 그 제3자가 어떠한 형태로든 소송에 참가한 소송참가인으로서의 제3자만을 의미하는 것인가 아니면 그 밖의 이해관계자 전부를 의미하는 것인지 등이 명확하지 않다. 이에 관한 명문의 규정이 필요하다고 본다.

> **【답】** 행정소송법 제29조의 취소판결의 형성력은 제3자에게도 발생하는바, 소송의 당사자가 아닌 甲은 형성력 때문에 판결의 효력을 부인할 수 없으며, 기존의 면허처분의 이익의 향유를 주장할 수 없다. 또한 丙도 재심청구에서 판결의 효력을 원용할 수 있다.

3) 기속력(구속력 – 행정청에 대한 효력)

(가) 의 의

처분 등을 취소하는 확정판결은 그 내용에 따라 당사자인 행정청과 관계행정청을 기속하는바, 이를 기속력이라 한다. 기속력은 당사자인 행정청과 관계 행정청에 대하여 판결의 취지에 따라야 할 실체법상의 의무를 발생시키는 효력이다. 청구인용판결의 경우에만 인정되고 청구기각판결에는 인정되지 않는다. 청구기각판결이 내려진 경우에도 행정청은 처분을 직권으로 취소할 수 있다.

(나) 기속력의 성질

기속력의 성질에 관하여는 ㉠ 기판력의 일종으로 보는 기판력설과 ㉡ 취소판결의 효과를 보장하기 위하여 행정소송법이 특별히 인정한 효력으로 보는 특수효력설이 대립되어 있다. 후자가 통설이다.

(다) 기속력의 내용

① 반복금지효(소극적 효과)

취소판결 등 청구를 인용하는 판결이 확정되면 행정청은 동일사실관계 아래에서 동일 당사자에 대하여 동일한 내용의 처분 등을 반복하여서는 안된다(제30조 ①). 기속력은 판결 주문과 판결이유에서 적시된 개개의 위법사유에만 미치므로 처분시에 존재한 원래의 처분 과 기본적 사실관계에 동일성이 없는 다른 사유를 들어 동일한 처분을 하더라도 반복금지 효에 위반되지 않는다.

【 판례 】 확정판결의 당사자인 처분행정청이 그 행정소송의 사실심 변론종결 이전의 사유를 내세워 다시 **확정판결과 저촉되는 행정처분을 하는 것은 허용되지 않는 것**으로서 이러한 행정처분은 그 하자가 중대하 고도 명백한 것이어서 당연무효라 할 것이다(대법원 1990.12.11, 90누3560).

② 재처분의무(적극적 의무)

거부처분의 취소판결이 확정되면 당해 거부처분을 한 행정청은 판결의 취지에 따라 원 래의 신청에 대한 처분을 하여야 할 의무를 진다(제30조 ②). 이 경우에는 당사자는 다시 신청 할 필요가 없다. 행정소송법은 절차상의 위법을 이유로 취소된 경우에 이를 준용하고 있다. 구체적 적용은 다음과 같다.

㉠ 거부처분이 취소된 경우 : ⓐ 거부처분이 절차상의 위법을 이유로 취소된 경우에는 판결의 취지에 따라 동일한 절차상의 위법을 반복하지 않고 다시 처분을 하면 된다. 따라서 행정청은 당초의 거부처분과는 다른 이유로 거부처분을 할 수도 있다. ⓑ 거부처분이 실체 법상의 위법을 이유로 취소된 경우에는 처분청은 원칙적으로 신청을 인용하는 처분을 하여 야 한다.

㉡ 인용처분이 취소된 경우 : 신청에 따른 처분 즉, 인용처분이 제3자의 제소에 의하여 절차에 위법이 있음을 이유로 취소되는 경우에는 그 처분을 한 행정청은 판결의 취지에 따 라 적법한 절차에 의하여 다시 신청을 허용하는 처분(인용처분)을 할 수도 있다. 그러나 절차 를 거친 결과 원래의 인용처분과 달리 거부처분을 할 수도 있다.

【 판례 】 ① 과세처분시 납세고지서에 과세표준, 세율, 세액의 산출근거 등이 누락되어 있어 이러한 절차 내 지 형식의 위법을 이유로 과세처분을 취소하는 판결이 확정된 경우에 그 **확정판결의 기판력(기속력)은 확 정판결에 적시된 절차 내지 형식의 위법사유에 한하여 미친다**고 할 것이므로 과세처분권자가 그 확정판결 에 적시된 **위법사유를 보완하여 행한 새로운 과세처분**은 확정판결에 의하여 취소된 종전의 과세처분과는 별개의 처분으로서 확정판결의 기판력(기속력)에 저촉되는 것은 아니다(대법원 1986.11.11, 85누231).
② ㉠ 행정소송법 제30조 제2항의 규정에 의하면 행정청의 거부처분을 취소하는 판결이 확정된 때에는 그 처분을 행한 행정청이 판결의 취지에 따라 **이전의 신청에 대하여 재처분할 의무가** 있으나, 이 때 확정판결

의 당사인 처분 행정청은 그 확정판결에서 적시된 **위법사유를 보완하여 새로운 처분을 할 수 있다.** ⓛ 행정처분의 적법 여부는 그 행정처분이 행하여 진 때의 법령과 사실을 기준으로 하여 판단하는 것이므로 거부처분 후에 법령이 개정·시행된 경우에는 **개정된 법령 및 허가기준을 새로운 사유로 들어 다시 이전의 신청에 대한 거부처분을 할 수 있으며** 그러한 처분도 행정소송법 제30조 제2항에 규정된 재처분에 해당된다. ⓒ **건축불허가처분을 취소하는 판결이 확정된 후** 국토이용관리법시행령이 준농림지역 안에서의 행위 제한에 관하여 지방자치단체의 조례로써 일정 지역에서 숙박업을 영위하기 위한 시설의 설치를 제한할 수 있도록 개정된 경우, 당해 지방자치 단체장이 위 처분 후에 개정된 신법령에서 정한 사유를 들어 **새로운 거부처분을 한 것**이 행정소송법 제30조 제2항 소정의 확정판결의 취지에 따라 이전의 신청에 대한 처분을 한 경우에 해당한다(대법원 1998.1.7. 97두22).

③ 원심판결의 이유는 위법하지만 결론이 정당하다는 이유로 상고기각판결이 선고되어 원심판결이 확정된 경우 행정소송법 제30조 제2항에서 규정하고 있는 '**판결의 취지**'는 **상고심판결의 이유와 원심판결의 결론을** 의미한다(대법원 2004.1.15, 2002두2444).

③ 결과제거의무(원상회복의무)

처분의 취소판결이 확정되면 행정청은 결과적으로 위법이 되는 처분에 의해 초래된 상태를 제거해야 할 의무를 진다. 예컨대, 압류처분의 취소판결이 있음에도 불구하고 행정청이 그에 따른 반환의무를 이행하지 않는 경우는 공법상의 결과제거청구권을 행사하여 압류재산을 반환받을 수 있다.

(라) 기속력의 범위

기속력은 ㉠ 피고 행정청뿐만 아니라 그 밖의 관계행정청(취소된 처분에 관계되는 처분이나 부수되는 행위를 할 수 있는 행정청)에 미치며(주관적 범위), ㉡ 판결의 주문(예: "1. --처분을 취소한다. 2. 소송비용은 피고가 부담한다) 및 이유에서 판단된 처분의 구체적 위법사유에 미치며(객관적 범위), ㉢ 처분 당시까지의 법·사실관계를 판단의 대상으로 하는바, 따라서 처분 이후에 발생한 사유로 동일한 처분 또는 동일한 거부처분을 하여도 기속력에 반하는 것이 아니다(시간적 범위).

【 판례 】 행정소송법 제30조 제1항에 의하여 인정되는 취소소송에서 처분 등을 취소하는 확정판결의 기속력은 주로 판결의 실효성 확보를 위하여 인정되는 효력으로서 **판결의 주문뿐만 아니라 그 전제가 되는 처분 등의 구체적 위법사유에 관한 이유 중의 판단에 대하여도 인정되고,** 같은 조 제2항의 규정상 특히 거부처분에 대한 취소판결이 확정된 경우에는 그 처분을 행한 행정청은 판결의 취지에 따라 다시 처분을 하여야 할 의무를 부담하게 되므로, 취소소송에서 소송의 대상이 된 거부처분을 실체법상의 위법사유에 기하여 취소하는 판결이 확정된 경우에는 당해 거부처분을 한 행정청은 원칙적으로 신청을 인용하는 처분을 하여야 하고, **사실심 변론종결 이전의 사유를 내세워 다시 거부처분을 하는 것은 확정판결의 기속력에 저촉되어 허용되지 아니한다**(대법원 2001.3.23. 99두5238).

4) 집행력(간접강제)

(가) 의 의

집행력이란 확정판결에 의하여 강제집행을 할 수 있는 효력을 말한다. 이러한 집행력은 확정된 이행판결에만 인정된다. 행정소송법은 이행판결을 인정하지 않기 때문에 그 한도 안에서 집행력이 인정되지 않는다. 다만, 거부처분취소판결이 확정된 경우, 판결의 기속력에 의하여 행정청은 당해 판결의 취지에 따르는 처분을 행할 의무를 지게 된다(제30조 ②, ③). 행정청이 그 재처분의무를 이행하지 아니하는 경우에 판결의 실효성을 확보하기 위한 수단으로 간접강제를 인정하고 있으므로 그 범위 안에서 집행력이 인정된다고 할 수 있다.

(나) 간접강제의 내용

> 【**문제**】 甲은 여관을 건축하기 위하여 관할군수 乙에게 건축허가 신청을 하였으나 乙은 관계법령에 근거가 없다는 사유를 들어 거부처분을 하였다. 이에 甲은 乙을 상대로 거부처분취소소송을 제기하여 승소하였고 이 판결은 확정되었다. 그런데도 乙은 위 판결의 취지에 따른 처분을 하지 아니하였다. 다음의 물음에 대하여 논하시오.
> 가. 乙이 위 판결의 취지에 따른 처분을 하지 않고 있는 동안 甲이 강구할 수 있는 행정소송법상 구제방법은?
> 나. 위 승소판결 확정 후 관계법령이 개정되어 위 건축허가를 거부할 수 있는 근거가 마련되자 乙은 이에 의거하여 다시 거부처분을 하였다. 乙이 한 새로운 거부처분은 적법한가?
> 다. 만일 위 나항의 개정법령에서 당해 개정법령의 시행 당시 이미 건축허가를 신청중인 경우에는 종전 규정에 따른다는 경과규정을 두었다면 乙이 한 새로운 거부처분의 효력은? 〈제45회 사법시험〉

법원이 거부처분의 취소판결을 하였음에도 불구하고 행정청이 취소판결의 취지에 따른 처분을 하지 아니하는 경우에는 제1심 수소법원은 당사자의 신청에 의하여 결정으로써 처분을 하여야 할 상당한 기간을 정하고, 행정청이 그 기간 내에 처분을 하지 아니하는 때에는 그 지연기간에 따라 일정한 배상을 할 것을 명하거나, 즉시 손해배상을 할 것을 명할 수 있다(제34조 ①). 간접강제제도는 부작위위법확인소송에도 준용되고 있다(제38조 ②. 무효확인소송에는 준용되지 않는다. 즉, 거부처분이 무효확인소송에서 무효로 확정된 경우에 대해서는 간접강제를 할 수 있음을 정하고 있지 않다. 입법의 흠결로 보인다.)

【**판례**】 ① 주택건설사업 승인신청 거부처분의 취소를 명하는 판결이 확정되었음에도 행정청이 그에 따른 재처분을 하지 않은 채 위 취소소송 계속중에 도시계획법령이 개정되었다는 이유를 들어 다시 거부처분을 한 사안에서, 개정된 도시계획법령에 그 시행 당시 이미 개발행위허가를 신청중인 경우에는 **종전 규정에 따른다는 경과규정을 두고 있으므로** 위 사업승인신청에 대하여는 **종전 규정에 따른 재처분을** 하여야 함에도 불구하고 **개정 법령을 적용하여 새로운 거부처분을** 한 것은 확정된 종전 거부처분 취소판결의 기속력에 저촉되어 **당연무효이며,** 이는 **아무런 재처분을 하지 아니한 때와 마찬가지라** 할 것이므로 이러한 경우에는 행정소송법 제30조 제2항, 제34조 제1항 등에 의한 **간접강제신청에 필요한 요건을 갖춘 것으로** 보아야 한다(대법원 2002.12.11. 2002무22).
② 행정소송법 제34조 소정의 **간접강제결정에 기한 배상금은** 거부처분취소판결이 확정된 경우 그 처분을 행한 행정청으로 하여금 확정판결의 취지에 따른 **재처분의무의 이행을 확실히 담보하기 위한 것으로서,** 확정판결의 취지에 따른 **재처분의무내용의 불확정성과** 그에 따른 재처분에의 해당 여부에 관한 쟁송으로 인하여 간접강제결정에서 정한 **재처분의무의 기한 경과에 따른 배상금이 증가될 가능성이 자칫 행정청으로 하여금 인용처분을 강제하여 행정청의 재량권을 박탈하는 결과를 초래할 위험성이 있는 점** 등을 감안하면,

이는 확정판결의 취지에 따른 **재처분의 지연에 대한 제재나 손해배상이 아니고** 재처분의 이행에 관한 심리적 강제수단에 **불과**한 것으로 보아야 하므로, 특별한 사정이 없는 한 간접강제결정에서 정한 **의무이행기한이 경과한 후**에라도 확정판결의 취지에 따른 **재처분의 이행**이 있으면 배상금을 추심함으로써 심리적 강제를 꾀할 목적이 상실되어 처분상대방이 더 이상 **배상금을 추심하는 것은 허용되지 않는다**(대법원 2004.1. 15. 2002두2444).

【답】

가. 행정소송법은 제34조에서 거부처분의 취소판결이 확정된 경우, 행정청이 판결의 기속력에 따른 재처분의무를 이행하지 아니하는 때에는 판결의 실효성을 확보하기 위하여 "제1심 수소법원은 당사자의 신청에 의하여 결정으로써 상당한 기간을 정하고, 행정청이 그 기간 내에 이행하지 아니한 때에는 그 지연기간에 따라 일정한 배상을 할 것을 명하거나, 즉시 손해배상을 할 것을 명할 수 있다"고 하여 간접강제에 대한 규정을 두고 있다. 따라서 甲은 제1심 수소법원에 乙에 대한 손해배상을 청구할 수 있다.

나. 판례는 거부처분의 취소판결이 확정된 이후, 행정청이 개정된 신법령에서 정한 사유를 들어 재차 거부처분을 한 것은 기판력에 반하지 아니한다고 보는바(대법원 1998.1.7, 97두22), 개정법령에서 정한 새로운 처분사유를 들어 거부처분하는 것은 기판력에 반하지 않는 적법한 처분이다.

다. 판례는 확정판결의 당사자인 처분행정청이 재차 확정판결과 저촉되는 행정처분을 하는 것은 당연무효의 위법으로 보는바(대법원 1990.12.11, 90누3560), 근거법령에서 종전의 규정에 의한다고 하는 경과규정을 두어 처분청은 법령의 변경이라는 새로운 처분사유를 내세워 거부처분을 할 수 없으므로 처분청이 변경된 법령상의 새로운 처분사유를 내세워 재차 거부처분을 한 것은 확정된 판결의 기속력에 반하는 것으로서 당연무효이다.

---

(3) 위헌·위법판결 등의 공고

취소소송의 선결문제로서 명령·규칙이 대법원의 판결에 의하여 헌법 또는 법률에 위반된다는 것이 확정된 경우에는 대법원은 지체 없이 그 사유를 행정안전부장관에게 통보하여야 하며, 행정안전부장관은 지체 없이 이를 관보에 게재하여야 한다(제6조).

(4) 상소 및 재심청구

1) 상소(항소 및 상고)

행정소송의 제1심 관할법원이 행정법원(또는 지방법원본원)이기 때문에 행정소송의 경우는 제1심판결에 대하여 불복하는 자는 고등법원 및 대법원에 항소·상고할 수 있다. 즉, 민사소송법상의 항소(제390조 ①) 및 상고제도(동법 제422조)는 행정소송에도 적용된다.

2) 항고와 재항고

행정법원의 결정·명령에 불복하는 자는 고등법원에 항고할 수 있고, 고등법원의 결정·명령에 불복하는 자는 대법원에 재항고할 수 있다. 또한 법률에 규정이 있는 경우에는 즉시항고할 수 있는데, 재판의 고지가 있은 날로부터 1주일 이내에 하는 즉시항고에는 집행정지의 효력이 인정된다(민소법 제444조 이하 참조).

3) 제3자의 재심청구

취소판결의 효력은 소외의 제3자에게도 효력이 미치는 결과, 자기에게 책임 없는 사유로 소송에 참가를 하지 못함으로써 판결결과에 영향을 미칠 공격·방어방법을 제출하지 못한 제3자의 권익을 보호하기 위하여 행정소송법은 확정된 종국판결에 대한 제3자의 재심청구를 인정하고 있다. 그 기간은 불변기간으로 확정판결이 있음을 안 날로부터 30일 이내, 판결이 확정된 날로부터 1년 이내에 제기하여야 한다(행소법 제31조 ②).

Ⅱ. 무효등확인소송

【문제】 甲은 D시에서 식품접객업을 운영하고 있는데, 청소년에게 주류를 제공하다가 식품위생법 제44조 제2항에 위반한 혐의로 적발되어 영업정지 2개월에 해당하는 행정처분을 D시장으로부터 받았다. 그런데 甲은 이 처분의 근거로 되고 있는 비위사실은 사실과 다른 것이며, 가사 이를 인정하더라도 **2개월의 영업정지처분은** 지나치게 가혹한 것으로 판단하였다. 그에 따라 甲은 동 처분의 취소소송을 제기하면서 동시에 그 **집행정지신청을** 하였고, 그대로 영업을 계속하고 있던 중 관계당국에 적발되어 D시장은 甲의 영업허가를 **취소**하였다. 그러나 이후 甲의 집행정지신청은 법원에 의하여 인용되었고 또한 위 **영업정지처분은 위법한 것으로 취소판결이** 확정되었다. 이러한 사정과 관련하여 甲은 위의 D시장의 영업허가취소처분은 무효라고 보아 그 무효확인소송을 제기하였다. 甲의 청구는 인용될 수 있는가?

---

1. 개 설

(1) 의 의

무효등확인소송이라 함은 행정청의 처분·재결의 효력 유무 또는 존재 여부를 확인하는 소송을 말한다. 무효·부존재인 처분은 처음부터 효력이 없는 것이므로 그것을 확인할 뿐이지 효력을 소멸시키는 것이 아니다. 행정처분의 무효등확인소송이 허용되는 이유는 무효 등의 행위라도 외형상 행정처분이 존재하고 있어 행정청이 당해 처분을 유효한 것으로 판단하여 집행할 우려가 있는바, 재판에 의하여 처분의 효력이 없음을 선언할 필요가 있기 때문이다. 무효등확인소송에는 처분 등의 무효확인소송·유효확인소송·실효확인소송·존재확인소송·부존재확인소송 등이 있다.

취소사유에 그치는 행정처분에 대해 무효등확인소송을 제기한 경우에는 원고가 처분의 취소를 구하지 아니한다고 밝히지 않는 이상 그 취소를 구하는 취지도 포함되어 있는 것으로 본다(대법원 1994.12.23, 94누477. 무효확인소송이 취소소송의 제기요건도 충족한 경우에만 법원이 행정처분의 취소가능성 여부를 심리·판단할 수 있다). 또한 무효확인을 구하는 취지의 소송을 취소소송의 형식으로도 제기할 수 있다(이 경우에도 취소소송의 제기요건을 갖추어야 한다).

(2) 법적 성질

무효등확인소송은 주관적 소송으로서 처분 등의 효력 유무 또는 존재 여부를 확정하고, 그 효력을 배제하는 것을 목적으로 하는 것이라는 점에서 취소소송과 공통점이 있다. 따라서 행정소송법은 무효등확인소송을 항고소송의 일종으로 규정하고, 취소소송에 관한 대부분의 규정을 준용하도록 하고 있으나(제38조), 다만 예외적 행정심판전치주의, 제소기간, 사정판결에 관한 규정은 준용하도록 하고 있지 않다.

2. 소송의 당사자

(1) 원 고

1) 원고적격

무효등확인소송은 처분 등의 효력 유무 또는 존재 여부의 확인을 구할 법률상 이익이 있는 자가 제기할 수 있다(제35조). '법률상 이익'이란 취소소송에서의 경우와 같다.

2) 권리보호의 필요
(가) 의 의

무효확인소송의 경우에도 취소소송의 경우와 같이 권리보호의 필요가 있어야 한다. 즉, 행정처분이 외형적으로 존재함으로 인한 불안과 위험을 제거할 필요가 있어야 한다. 부존재확인소송의 경우에는 행정처분이 존재하는 듯한 외관이 있음으로 인해 이해당사자에게 어떤 불안이 발생하여 이를 제거하여야 할 필요가 있어야 한다.

(나) 확인소송의 보충성 여부

행정소송법 제35조의 '확인을 구할 법률상 이익'이 민사소송에서의 확인의 이익과 동일하며, 그리하여 무효등확인소송이 보충적으로만 인정되는 것인지가 문제된다.

① 종래의 판례

판례는 종래에는 '확인을 구할 법률상 이익'을 민사소송에서의 '확인의 이익'과 같은 개념, 즉 현존하는 불안이나 위험을 제거하기 위하여 확인판결을 받는 것이 필요·적절한 때 인정되는 '즉시확정의 이익'으로 이해하였다. 무효확인소송이 아닌 다른 직접적이고 유효·적절한 분쟁해결방법이 있는 경우에는 그 방법을 택하여야 하며, 무효확인소송은 현존하는 불안이나 위험을 제거하기 위하여 확인판결을 받는 것이 필요·적절한 경우에만 보충적으로 인정되고, 그 밖의 경우에는 무효확인을 구할 법률상 이익이 없다고 하였다.

【판례】① 과세처분과 압류 및 공매처분이 무효라 하더라도 직접 민사소송으로 체납처분에 의하여 충당된 세액에 대하여 부당이득으로 반환을 구하거나 공매처분에 의하여 제3자 앞으로 경료된 소유권이전등기에 대하여 말소를 구할 수 있는 경우에는 위 **과세처분과 압류 및 공매처분에 대하여 소송으로 무효확인을 구하는 것은 분쟁해결에 직접적이고도 유효·적절한 방법이라 할 수 없어 소의 이익이 없다**(대법원 1998.9.22. 98두4375).
② 공무원면직처분무효확인의 소의 원고들이 상고심 심리종결일 현재 이미 공무원법상의 정년을 초과하였거나 사망하여 면직된 경우에는 원고들은 면직처분이 무효확인된다 하더라도 공무원으로서의 신분을 다시 회복할 수 없고, 면직으로 인한 퇴직기간을 재직기간으로 인정받지 못함으로써 받게 된 퇴직급여 등에 있어서의 과거의 불이익은 면직처분으로 인한 급료, 명예침해 등의 **민사상 손해배상청구소송에서 그 전제로서 면직처분의 무효를 주장하여 구제받을 수 있는 것이므로 독립한 소로써 면직처분의 무효확인을 받는 것이 원고들의 권리 또는 법률상의 지위에 현존하는 불안, 위험을 제거하는 데 필요하고도 적절한 것이라고 할 수 없어, 원고들의 위 무효확인의 소는 확인의 이익이 없다**(대법원 1991.6.28. 90누9346).

② 현재의 판례

행정소송은 민사소송과는 그 목적, 취지 및 기능 등을 달리한다. 무효확인소송의 보충성을 규정하고 있는 외국(독일, 일본)의 일부 입법례와는 달리 우리나라 행정소송법에는 명문의 규정이 없어 이로 인한 명시적 제한이 존재하지 않는다. 행정에 대한 사법통제, 권익구제의 확대와 같은 행정소송의 기능 등을 종합하여 보면, 행정처분의 근거 법률에 의하여 보호되는 직접적이고 구체적인 이익이 있는 경우에는 행정소송법 제35조에 규정된 '무효확인을 구할 법률상 이익'이 있다고 보아야 하고, 이와 별도로 무효확인소송의 보충성이 요구되는 것은 아니므로 행정처분의 무효를 전제로 한 이행소송 등과 같은 직접적인 구제수단이 있는지 여부를 따질 필요가 없다고 하면서 종전의 판례를 변경하였다.

【판례】 행정소송은 행정청의 위법한 처분 등을 취소·변경하거나 그 효력 유무 또는 존재 여부를 확인함으로써 국민의 권리 또는 이익의 침해를 구제하고, 공법상의 권리관계 또는 법 적용에 관한 다툼을 적정하게 해결함을 목적으로 하는 것이므로, 대등한 주체 사이의 사법상 생활관계에 관한 분쟁을 심판대상으로 하는 **민사소송과는 그 목적, 취지 및 기능 등을 달리한다.** 또한 행정소송법 제4조에서는 무효확인소송을 항고소송의 일종으로 규정하고 있고, 행정소송법 제38조 제1항에서는 처분 등을 취소하는 확정판결의 기속력 및 행정청의 재처분 의무에 관한 행정소송법 제30조를 무효확인소송에도 준용하고 있으므로 **무효확인판결**

자체만으로도 실효성을 확보할 수 있다. 그리고 무효확인소송의 보충성을 규정하고 있는 외국의 일부 입법 례와는 달리 우리나라 행정소송법에는 명문의 규정이 없어 이로 인한 명시적 제한이 존재하지 않는다. 이 와 같은 사정을 비롯하여 행정에 대한 사법통제, 권익구제의 확대와 같은 행정소송의 기능 등을 종합하여 보면, **행정처분의 근거 법률에 의하여 보호되는 직접적이고 구체적인 이익이 있는 경우에는 행정소송법 제 35조에 규정된 '무효확인을 구할 법률상 이익'**이 있다고 보아야 하고, 이와 별도로 무효확인소송의 보충성 이 요구되는 것은 아니므로 행정처분의 무효를 전제로 한 이행소송 등과 같은 직접적인 구제수단이 있는지 여부를 따질 필요가 없다고 해석함이 상당하다. 이와 다른 취지로 판시한 종전 대법원판결들 … 대법원 2006. 5. 12. 선고 2004두14717 판결 등은 이 판결의 견해에 배치되는 범위 내에서 이를 변경하기로 한다. 이 사건에 관하여 보면, 원고로서는 **부당이득반환청구의 소로써** 직접 위와 같은 **위법상태의 제거를 구할 수 있는지 여부에 관계없이** 이 사건 처분의 근거 법률에 의하여 보호되는 직접적이고 구체적인 이익을 가 지고 있어 행정소송법 제35조에 규정된 **'무효확인을 구할 법률상 이익'을 가지는 자에 해당한다**(대법원 2008.3.20. 2007두6342).

(2) 피 고

취소소송의 관련규정이 준용되기 때문에, 피고는 취소소송의 경우와 같다.

3. 소송의 제기와 그 효과

(1) 행정심판전치주의 및 제소기간

행정심판전치주의 및 제소기간 등에 관한 제한규정은 적용되지 않는다(제38조 ①). 그러나 무효를 구하는 소송일지라도 취소소송의 형식을 취하는 경우에는 취소소송의 제기요건을 충 족하여야 한다.

(2) 소제기의 효과

무효등확인소송이 제기되면 취소소송의 경우와 같이 소송계속상태가 발생하여 소송참 가의 기회가 생기고, 관련청구소송의 이송·병합을 할 수 있게 되며, 법원이 결정으로써 집 행정지를 결정할 수 있고, 정지결정을 취소할 수도 있다.

4. 심리와 판결

(1) 소송의 심리

1) 심리의 범위

취소소송의 경우와 특별히 다를 바 없는바, 직권탐지주의와 행정심판기록제출명령제도 등이 준용되고 있으며, 심리에 있어 법원이 필요하다고 인정할 때에는 직권으로 증거조사를 할 수 있으며 당자자가 주장하지 아니한 사실에 대해서도 심판할 수 있다(제26조, 제38조 ①).

2) 입증책임

입증책임의 소재에 관하여는 견해의 대립이 있다. 처분이 위법이면 취소할 수 있음에 그치는 것이 원칙이고, 다만 위법성이 중대·명백한 경우만 예외적으로 무효인 것이므로, 그 예외를 인정받으려는 원고가 입증책임을 진다.

【판례】행정처분의 당연무효를 주장하여 그 무효확인을 구하는 행정소송에 있어서는 원고에게 그 행정처분이 무효인 사유를 주장·입증할 책임이 있다(대법원 2000.3.23, 99두11851).

3) 선결문제

(가) 의 의

행정소송법은 행정처분 등의 효력 유무 또는 존재 여부가 민사소송의 본안판단의 전제로서 문제가 될 때, 이를 선결문제라고 하고, 그 심리절차에 관련하여 항고소송에 관한 약간의 규정을 준용하도록 하고 있다(행소법제11조). 행정소송법은 선결문제의 개념을 민사소송에 관해서만 규정하고 있는데, 형사소송이나 당사자소송의 경우는 학설과 판례에 맡기고 있는 셈이다.

(나) 선결문제에 대한 심리권의 소재

민사소송에서 행정행위의 효력 유무 또는 존재 여부의 문제가 선결문제로 된 경우에 그 심리·판단권이 당해 민사법원에 있는가 아니면 별도의 행정소송(항고소송)의 수소법원에 있는지가 문제이다.

① 처분이 단순위법인 경우

처분 등의 하자가 취소사유에 그치는 경우에는 당해 처분에는 구성요건적 효력이 있으므로 당해 민사사건의 수소법원은 행정처분의 효력이나 존재를 부인하지 못한다. 처분 등의 취소·변경에 관한 별도의 항고소송절차를 거칠 때까지 기다려야 한다. 국가배상사건의 경우처럼 처분의 위법성이 선결문제가 되는 경우에는 민사법원이 스스로 처분의 위법성은 심사하여 손해배상의 여부를 결정할 수 있다. 처분의 효력 자체를 부인하는 것이 아니므로 처분의 구성요건적 효력에 저촉되는 것은 아니기 때문이다.

② 처분의 위법성이 중대·명백한 경우

처분의 위법성이 중대·명백하거나 처분의 부존재가 확실한 경우에는 민사법원도 효력 및 존재 여부를 스스로 판단할 수 있다.

(2) 판　결

(가) 사정판결의 허용성 여부

처분의 효력이 처음부터 발생하지 않으므로 취소소송에 있어서의 사정판결에 관한 규정이 적용될 여지가 없다. 행정소송법도 무효등확인소송에 대하여는 취소소송의 사정판결 규정을 준용하고 있지 않은바(제30조 ①), 판례도 무효등확인소송에 사정판결이 인정될 수 없다고 본다.

(나) 판결의 효력

무효등확인소송의 판결의 효력은 취소판결의 규정이 준용된다. 따라서 무효 등을 확인하는 확정판결은 제3자에 대하여도 효력이 있고, 당사자인 행정청과 그 밖의 관계 행정청을 기속한다(제30조, 제38조 ①).

무효확인소송에서 기각판결이 확정되어도 무효확인소송의 대상이 된 처분이 (무효는 아니지만) 위법한 것임을 주장하면서 국가배상소송을 제기할 수 있다.

간접강제에 관한 행정소송법 제34조는 무효등확인판결에는 준용되지 않는다(행소법 제38조 ①). 따라서 거부처분에 대해 무효확인판결이 내려진 경우에는 처분청의 판결의 취지에 따른 재처분의무는 인정되지만, 재처분의무를 이행하지 않을 경우 (취소소송의 경우와는 달리) 간접강제는 허용되지 않는다(거부처분이 무효인 경우에 간접강제를 허용하지 않을 이유가 없으므로 입법의 흠결로 생각된다. 행정청이 무효확인 판결의 취지에 따른 재처분을 하지 않을 경우에는 원고는 부작위로 인한 국가배상청구소송을 제기할 수 있을 것이다).

【판례】행정소송법 제38조 제1항이 무효확인 판결에 관하여 취소판결에 관한 규정을 준용함에 있어서 같은 법 제30조 제2항을 준용한다고 규정하면서도 같은 법 **제34조는 이를 준용한다는 규정을 두지 않고 있으므로**, 행정처분에 대하여 무효확인 판결이 내려진 경우에는 그 행정처분이 거부처분인 경우에도 행정청에 판결의 취지에 따른 **재처분의무가 인정될 뿐 그에 대하여 간접강제까지 허용되는 것은 아니라고** 할 것이다(대법원 1998.12.24, 98무37).

【답】 ㉠법원에 의한 집행정지신청이 인용되기 전에 **甲**은 영업정지처분에 위반하는 영업행위를 하였는바, 후에 법원의 집행정지결정이 있고 영업정지처분이 위법함을 이유로 취소되었다고 하더라도, 그 전에 유효하게 존재하였던 **영업정지처분에 위반하였음을 이유로 한 영업허가취소처분을 당연무효라고 볼 수는 없을** 것이다. 따라서 영업허가취소처분은 단순위법으로 취소의 대상이 된다고 본다. ㉡그러나 **甲**이 제기한 **무효확인소송에는** 당해 처분이 당연무효에 해당하지 않는 경우에는 그 **취소를 구하는 취지도 포함되어** 있다고 할 것이므로 취소소송으로서의 제소요건(제소기간 준수 등)이 충족되는 한 소변경을 통하여 또는 (소변경 없이도) **법원으로부터 취소판결을 받을 수도** 있다.

Ⅲ. 부작위위법확인소송

【문 제】 甲은 담배소매업을 하고자 관련법에 기하여 담배소매인지정신청을 하였는데, 관할청인 S 市長은 소매인지정은 그의 재량사항에 속한다고 보아 아무런 의사표시를 하지 않고 계속방치하고 있다. 甲은 부작위위법확인소송을 제기하였다. 법원은 어떤 판결을 하여야 하는가?

1. 개 설

부작위위법확인소송이란 행정청이 당사자의 신청에 대하여 상당한 기간 내에 일정한 처분을 하여야 할 의무가 있음에도 불구하고 이를 행하지 않는 경우, 그 부작위가 위법한 것임에 대해 확인을 구하는 소송을 말한다.

부작위위법확인소송은 이미 발동된 공권력작용을 다투는 취소소송이나 무효등확인소송과는 달리, 아무런 공권력발동이 없음을 다투는 것이라는 관점에서 구별되나, 부작위위법확인소송도 공권력발동에 관한 소송이므로 취소소송이나 무효등확인소송과 마찬가지로 항고소송에 속한다.

2. 주요 소송요건

(1) 소송의 대상

1) 부작위의 의의

부작위란 행정청이 당사자의 신청에 대하여, 상당한 기간 내에 일정한 '처분'을 하여야 할 법률상 의무가 있음에도 불구하고, 이를 하지 아니하는 것을 말한다(제2조 ① 2). 사법상의 청구의 부작위 등은 부작위위법확인소송의 대상이 아니다.

【판례】 ① 부작위위법확인소송은 처분의 신청을 한 자가 제기하는 것이므로 부작위위법확인소송을 통하여 **원고가 구하는 행정청의 응답행위**는 행정소송법 제2조 제1항 제1호 소정의 **처분에 관한 것**이라야 할 것이다. 폐지된 개간촉진법 제17조의 규정에 따른 **국유개간토지의 매각행위**는 국가가 국민과 대등한 입장에서 국토개간장려의 방편으로 개간지를 개간한 자에게 일정한 대가로 매각하는 것으로서 사법상의 법률행위나 공법상의 계약관계에 해당한다고 보아야 하므로 이를 항고소송의 대상이 되는 **행정처분이라고 할 수 없다**(대법원 1991.11.8, 90누9391).
② 형사본안사건에서 무죄가 선고되어 확정되었다면 형사소송법 제332조 규정에 따라 검사가 압수물을 제출자나 소유자 기타 권리자에게 환부하여야 할 의무가 당연히 발생한 것이고, 권리자의 환부신청에 대한

검사의 환부결정 등 어떤 처분에 의하여 비로소 환부의무가 발생하는 것은 아니므로 압수가 해제된 것으로 간주된 압수물에 대하여 피압수자나 기타 권리자가 민사소송으로 그 반환을 구함은 별론으로 하고 **검사가 피압수자의 압수물 환부신청에 대하여 아무런 결정이나 통지도 하지 아니하고 있다고 하더라도 그와 같은 부작위는 현행 행정소송법상의 부작위법확인소송의 대상이 되지 아니한다**(대법원 1995.3.10, 94누14018).

2) 부작위의 성립요건

(가) 당사자의 신청

행정청의 부작위가 성립하기 위해서는 먼저 당사자의 적법한 신청이 있어야 한다. '신청'이란 법령에 명시된 경우(예 : 여권법 제5조 ①)뿐만 아니라, 법령의 해석상 당해 규정이 특정인의 신청을 전제로 하는 것이라고 인정되는 경우를 포함한다.

(나) 처분을 하여야 할 법률상 의무

부작위는 행정청이 '일정한 처분을 할 법률상 의무'가 있음에도 처분을 하지 않는 경우에 성립하게 된다. 법률상 의무는 명문의 규정에 의하여 인정되는 경우뿐만 아니라 법령의 해석상 인정되는 경우도 포함한다.

(다) 상당한 기간

행정청의 일정한 처분을 하여야 할 상당한 기간이 지나도 아무런 처분을 하지 아니하여야 한다. '상당한 기간'이란 사회통념상 그 신청에 따르는 처분을 하는 데 소요될 것으로 인정되는 기간을 말한다.

(라) 처분의 부존재

행정청의 처분으로 볼 만한 외관 자체가 존재하지 아니하는 상태를 말한다. 따라서 외관이 존재하는 무효인 처분과 구별된다. 이는 인용처분도 거부처분도 하지 않은 경우를 말한다.

【판례】 ① 행정청이 당사자의 신청에 대하여 **거부처분을 한 경우에는** 항고소송의 대상인 위법한 **부작위가 있다고 볼 수 없어** 그 부작위법확인의 소는 부적법하다(대법원 1998.1.23, 96누12641).
② 부작위법확인소송의 대상이 될 수 있는 것은 구체적 권리의무에 관한 분쟁이어야 하고 **추상적인 법령(행정입법)**에 관하여 **제정의 여부** 등은 그 자체로서 국민의 구체적인 권리의무에 직접적 변동을 초래하는 것이 아니어서 그 **소송의 대상이 될 수 없다**(대법원 1992.5.8, 91누11261).

(2) 제소기간

제소기간은 행정심판(의무이행심판. '부작위위법확인심판'이란 제도는 없음)의 재결을 거쳐서 부작위위법확인소송을 제기할 수 있는 경우에만 적용된다. 이 경우는 행정심판재결서의 정본을 송달받은 날로부터 90일 이내에 제기하여야 하며, 이 기간은 불변기간이다(제20조 ①,③). 나머지 경우는 제소기간의 제한이 없다. 처분이 없어서 제소기간의 계산이 곤란하므로 당연한 것이다.

(3) 원고적격

부작위위법확인소송은 처분의 신청을 한 자로서 부작위의 위법을 구할 법률상의 이익이 있는 자만이 제기할 수 있다(제36조). 법령상의 근거 없이 신청을 한 자가 부작위에 대하여 소송을 제기하는 경우에는 (상당한 기간 내에 일정한 처분을 하여야 할 의무가 없으므로) 부작위가 성립할 수 없으므로 법규상·조리상의 신청권을 가지는 자에 한해서 원고적격이 인정된다(대법원 2000.2.25, 99두11455).

(4) 피고적격

부작위위법확인소송에도 취소소송의 피고적격에 관한 규정이 준용되기 때문에, 당해 부작위를 한 행정청이 피고가 된다.

3. 소송의 심리

(1) 심리의 범위

법원의 심리는 부작위의 위법성 여부만을 심사하여야 하며 실체적인 내용까지 심리하여 처분의 방향까지 제시하는 것은 아니다. 실체적 심리까지 인정한다면 의무이행소송을 인정하는 결과가 되기 때문이다.

(2) 입증책임

부작위위법확인소송에서 일정한 처분의 신청을 한 자만이 원고적격을 가지기 때문에 그 신청한 것에 대한 책임은 원고가 진다. 그러나 상당한 기간이 경과하게 된 것을 정당화할 만한 특별한 사유의 존재에 대해서는 피고인 행정청이 입증책임을 진다.

4. 판 결

(1) 위법판단의 기준시

일반적으로 취소소송 등의 경우에는 처분의 위법성은 처분시를 기준으로 한다는 것이 통설·판례이다. 그러나 부작위위법확인소송은 기존의 처분을 다투는 것이 아니라, 다투는 시기에 행정청에 법적 의무가 있음을 다투는 것이기 때문에 판결시를 기준으로 위법 여부를 판단하여야 한다.

(2) 판결의 기속력 및 간접강제

부작위위법확인소송의 판결에도 제3자효, 기속력, 간접강제 등이 인정된다.

1) 판결의 제3자효

부작위위법확인판결은 제3자에 대하여도 효력이 있다. 이에 따라 제3자의 소송참가와 재심청구를 인정하고 있다(제16조, 제38조).

2) 판결의 기속력(처분의무)과 간접강제
(가) 처분의무

부작위위법확인소송의 인용판결은 당사자인 행정청과 그 밖의 관계 행정청을 기속한다(제30조). 즉, 부작위청은 '판결의 취지'에 따라 상대방의 신청에 대한 일정한 처분(인용처분 또는 거부처분)을 하여야 할 의무를 진다.

(나) 간접강제제도

부작위위법확인판결에 의하여 부과된 처분의무를 당해 행정청이 이행하지 아니한 경우에는 법원은 당사자의 신청에 의하여 결정으로써 상당한 기간을 정하고 행정청이 그 기간 내에 이행하지 아니하는 때에는 그 지연기간에 따라 일정한 배상을 할 것을 명하거나 즉시 손해배상을 할 것을 명할 수 있다(제34조, 제38조 ②).

【답】 담배소매업을 하기 위해서는 담배사업법 제16조의 정하는 바에 따라 관할 행정청의 소매인 지정을 받아야 한다. 담배소매업은 고도의 공익성을 고려하여 독자적 판단을 할 필요성이 존재하지 않는바, 담배소매업의 지정에 있어서 관계법이 정하는 요건이 충족된 경우 소매인지정을 하지 아니하는 것은 위법하게 영업의 자유를 제한하는 것으로서 허용되지 않는다. 따라서 이 지정행위는 재량행위가 아닌 학문상의 허가로서 기속행위에 해당하는 것이므로 S시장은 甲의 **적법한 신청에 대하여, 일정한 처분(인용 또는 거부처분)을 하여야 할 법적인 의무가 존재한다고 할 수 있다.** 따라서 S시장의 방치행위는 위법한 것인바, 법원은 위 부작위가 위법하다는 인용판결을 할 것이다. 이 경우 S시장은 이에 기속되어 **소매인지정 여부에 관한 처분을 할 의무가 있다.** S시장이 이를 이행하지 아니할 경우에는 법원은 甲의 신청에 의하여 결정으로써 상당한 기간을 정하고 S시장이 그 기간 내에 이행하지 아니하는 때에는 그 지연기간에 따라 일정한 배상을 할 것을 명하거나 즉시 손해배상을 할 것을 명할 수 있다.

제 3 절 당사자소송

Ⅰ. 개 설

1. 개 념

당사자소송이란 행정청의 처분 등을 원인으로 하는 법률관계에 관한 소송, 그 밖에 공법상의 법률관계에 관한 소송으로서 그 법률관계의 한쪽 당사자를 피고로 하는 소송이다.

2. 다른 소송과의 구별

항고소송이 처분 등을 직접적인 불복대상으로 하는데 반해, 당사자소송은 처분 등을 원인으로 생긴 법률관계 자체를 대상으로 한다.

당사자소송은 공법상의 권리(예 : 공무원의 봉급지급청구소송)나 법률관계(예 : 도시재개발조합을 상대로 한 조합원자격 유무확인청구)를 소송의 대상으로 하지만, 민사소송은 사법상의 권리(예 : 소유권확인소송)나 법률관계(예 : 매매계약의 취소를 이유로 한 소유권확인소송)의 주장을 소송물로 한다.

3. 당사자소송의 성질

당사자소송은 시심적(始審的) 쟁송의 성질을 가지며, 소송절차면에서 민사소송과 그 본질을 같이 한다. 다만, 당사자소송은 공법상의 권리관계에 관한 소송이므로 공법규정 및 공법원리가 적용되므로 민사소송과는 여러 가지 절차적 특례가 인정된다.

Ⅱ. 당사자소송의 종류

1. 실질적 당사자소송

(1) 의 의

실질적 당사자소송이란 대등당사자간의 공법상의 권리관계에 관한 소송으로서, 그 일방 당사자를 피고로 하는 소송을 말한다.

(2) 종 류

1) 처분 등을 원인으로 하는 법률관계에 관한 소송

처분 등의 무효·취소를 전제로 하는 공법상 부당이득반환청구소송(예 : 조세과오납반환청구소송), 공무원의 직무상 불법행위로 인한 손해배상청구소송(실무상 민사소송으로 취급) 등이 있다.

2) 기타 공법상의 법률관계에 관한 소송

공법상계약에 관한 소송(예 : 토지수용시 협의성립 후 미지급보상금지급청구소송), 공법상 금전지급청구소송(예 : 공무원의 급여·연금 등 지급청구소송), 공법상의 신분·지위의 확인을 구하는 소송(예 : 공무원의 지위확인소송), 공법상의 결과제거청구소송 등이 있다.

(가) 공법상 계약에 관한 소송

【판례】 서울특별시립무용단원의 공연 등 활동은 지방문화 및 예술을 진흥시키고자 하는 서울특별시의 공공적 업무수행의 일환으로 이루어진다고 해석될 뿐 아니라, … 서울특별시립무용단원이 가지는 지위가 공무원과 유사한 것이라면, **서울특별시립무용단 단원의 위촉은 공법상의 계약**이라고 할 것이고, 따라서 그 단원의 해촉에 대하여는 **공법상의 당사자소송으로** 그 무효확인을 청구할 수 있다(대법원 1995.12.22, 95누4636).

(나) 공법상 금전지급 청구소송

금전지급신청이 거부된 경우 당사자소송, 항고소송 중 어느 것으로 다투어야 하는지 문제되는 경우가 있다(민사소송으로 다투어야 하는 경우도 있다). 금전지급신청권의 존부 또는 범위가 (행정청의 심사에 의해서가 아니라) 법령에 의하여 바로 확정되는 경우에는 (행정주체는 우월한 입장에서 지급 여부를 결정하는 것이 아니라 대등한 입장에서 금전지급의무만 부담하는 것이므로) 신청인은 당사자소송을 제기한다. 반면 금전지급신청권의 존부 또는 범위가 행정청의 심사·결정에 의해 비로소 확정되는 경우에는 행정청이 우월한 입장에서 결정하는 것이므로 그 결정은 행정처분으로서 항고소송의 대상이 된다.

【판례】 ① 구 공무원연금법(2000. 12. 30. 개정되기 전의 것) 소정의 **퇴직연금 등의 급여는** 급여를 받을 권리를 가진 자가 … 신청하는 바에 따라 **공무원연금관리공단이 그 지급결정을 함으로써** 그 구체적인 권리가 발생하는 것이므로, 공무원연금관리공단의 **급여에 관한 결정은** 국민의 권리에 직접 영향을 미치는 것이어서 **행정처분에** 해당할 것이지만, 공무원연금관리공단의 인정에 의하여 퇴직연금을 지급받아 오던 중 **구 공무원연금법령의 개정** 등으로 퇴직연금 중 일부 금액의 지급이 정지된 경우에는 당연히 개정된 법령에 따라

퇴직연금이 확정되는 것이지 같은 법 제26조 제1항에 정해진 공무원연금관리공단의 퇴직연금 결정과 통지에 의하여 비로소 그 금액이 확정되는 것이 아니므로, 공무원연금관리공단이 **퇴직연금 중 일부 금액에 대하여 지급거부의 의사표시를** 하였다고 하더라도 그 의사표시는 퇴직연금 청구권을 형성·확정하는 행정처분이 아니라 공법상의 법률관계의 한쪽 당사자로서 그 지급의무의 존부 및 범위에 관하여 나름대로의 **사실상·법률상 의견을 밝힌 것일 뿐**이어서, 이를 행정처분이라고 볼 수는 없고, 이 경우 미지급퇴직연금에 대한 지급청구권은 공법상 권리로서 그의 지급을 구하는 소송은 공법상의 법률관계에 관한 소송인 **공법상 당사자소송에 해당한다**(대법원 2004.7.8, 2004두244).

② 구 공무원연금법(1995.12.29. 개정되기 전의 것) … 공무원연금법시행령 … 각 규정을 종합하면, 같은 법 소정의 급여는 급여를 받을 권리를 가진 자 … 신청하는 바에 따라 **공무원연금관리공단이 그 지급결정을 함으로써 그 구체적인 권리가 발생**하는 것이므로, **공무원연금관리공단의 급여에 관한 결정은** 국민의 권리에 직접 영향을 미치는 것이어서 **행정처분에 해당**하고, 공무원연금관리공단의 급여결정에 불복하는 자는 공무원연금급여재심위원회의 심사결정을 거쳐 **공무원연금관리공단의 급여결정을 대상으로 행정소송**(항고소송)을 제기하여야 한다(대법원 1996.12.6, 96누6417).

③ 군인연금법(2000.12.30. 개정되기 전의 것, 이하 '법')과 법시행령의 관계 규정을 종합하면, 법에 의한 **퇴역연금 등의 급여를 받을 권리는** 법령의 규정에 의하여 직접 발생하는 것이 아니라 각 군 참모총장의 확인을 거쳐 **국방부장관이 인정함으로써 비로소 구체적인 권리가 발생**하고, 위와 같은 급여를 받으려고 하는 자는 우선 관계 법령에 따라 국방부장관에게 그 권리의 인정을 청구하여 국방부장관이 그 인정 청구를 거부하거나 청구 중의 일부만을 인정하는 처분을 하는 경우 그 **처분을 대상으로 항고소송을 제기**하는 등으로 **구체적 권리를 인정받은 다음 비로소 당사자소송으로 그 급여의 지급을 구하여야** 할 것이고, 구체적인 권리가 발생하지 않은 상태에서 곧바로 국가를 상대로 한 당사자소송으로 그 권리의 확인이나 급여의 지급을 소구하는 것은 허용되지 아니한다 할 것이다. 그러나 위와 같은 절차에 따라 국방부장관의 인정에 의하여 **퇴역연금을 지급받아 오던 중** 군인보수법 및 공무원보수규정에 의한 호봉이나 봉급액의 개정 등으로 퇴역연금액이 변경된 경우에는 법령의 개정에 따라 당연히 개정규정에 따른 퇴역연금액이 확정되는 것이지 법 제18조 제1항 및 제2항에 정해진 국방부장관의 퇴역연금액 결정과 통지에 의하여 비로소 그 금액이 확정되는 것이 아니므로, **법령의 개정에 따른 국방부장관의 퇴역연금액 감액조치에 대하여 이의가 있는 퇴역연금수급권자는 항고소송을 제기하는 방법으로 감액조치의 효력을 다툴 것이 아니라** 직접 **국가를 상대로** 정당한 퇴역연금액과 결정, 통지된 퇴역연금액과의 차액의 지급을 구하는 **공법상 당사자소송을 제기하는 방법으로 다툴 수 있다**(대법원 2003.9.5, 2002두3522).

④ '민주화운동관련자 명예회복 및 보상 등에 관한 법률' … 제13조 규정들의 취지와 내용에 비추어 보면, … 그 규정들만으로는 바로 법상의 보상금 등의 지급 대상자가 확정된다고 볼 수 없고, '**민주화운동관련자 명예회복 및 보상 심의위원회**'에서 심의·결정을 받아야만 비로소 보상금 등의 지급 대상자로 확정될 수 있다. 따라서 그와 같은 **심의위원회의 결정**은 국민의 권리의무에 직접 영향을 미치는 **행정처분**에 해당하므로, … 신청인은 심의위원회를 상대로 그 결정의 **취소를 구하는 소송**을 제기하여 보상금 등의 지급대상자가 될 수 있다(대법원 2008.4.17, 2005두16185).

⑤ **광주민주화운동관련자보상등에관한법률** 제15조 본문의 규정에서 말하는 보상심의위원회의 결정을 거치는 것은 보상금 지급에 관한 소송을 제기하기 위한 전치요건에 불과하다고 할 것이므로 위 **보상심의위원회의 결정은 항고소송의 대상이 되는 행정처분이라고 할 수 없다.** 그렇다면 위 법에 따라 보상금 등의 지급을 신청한 자는 보상심의위원회의 결정에 대하여 그 위법을 이유로 취소 등을 구하는 **항고소송을 제기할 수는 없다**고 할 것이므로 위 보상금지급에 관한 소송은 항고소송 이외의 소송형태가 될 수밖에 없다 할 것인바, 광주보상법에 의거하여 관련자 및 그 유족들이 갖게 되는 보상 등에 관한 권리는 … 동법이 특별히 인정하고 있는 공법상의 권리라고 하여야 할 것이므로 그에 관한 소송은 행정소송법 제3조 제2호 소정의 **당사자소송에 의하여야** 할 것이다(대법원 1992.12.24, 92누3335).

⑥ 구 의료보호법 … **진료기관의 보호기관에 대한 진료비지급청구권은** 계약 등의 법률관계에 의하여 발생하는 사법상의 권리가 아니라 법에 의하여 정책적으로 특별히 인정되는 **공법상의 권리**라고 할 것이고, 법령의 요건에 해당하는 것만으로 바로 구체적인 진료비지급청구권이 발생하는 것이 아니라 **보호기관의 심사결정에 의하여 비로소 구체적인 청구권이 발생한다고** 할 것이므로, 진료기관은 법령이 규정한 요건에 해당하여 진료비를 지급받을 추상적인 권리가 있다 하더라도 진료기관의 보호비용 청구에 대하여 보호기관이 심사 결과 지급을 거부한 경우에는 곧바로 민사소송은 물론 공법상 당사자소송으로도 지급 청구를 할

수는 없고, **지급거부 결정의 취소를 구하는 항고소송**을 제기하는 방법으로 구제받을 수밖에 없다(대법원 1999.11.26, 97다42250).

⑦ 구 공익사업을 위한 토지 등의 취득 및 보상에 관한 법률 …, 동법시행규칙 …의 각 조문을 종합하여 보면 (주택재개발정비사업조합에 대한 주거용 건축물) **세입자의 주거이전비 보상청구권은 그 요건을 충족하는 경우에 당연히 발생되는 것이므로**, 주거이전비 보상청구소송은 행정소송법 제3조 제2호에 규정된 **당사자소송에 의하여야 할 것이다**(대법원 2008.5.29, 2007다8129).

⑧ 지방자치단체가 보조금 지급결정을 하면서 일정 기한 내에 보조금을 반환하도록 하는 교부조건을 부가한 사안에서, 보조사업자의 지방자치단체에 대한 보조금 반환의무는 행정처분인 위 보조금 지급결정에 부가된 부관상 의무이고, 이러한 부관상 의무는 보조사업자가 지방자치단체에 부담하는 공법상 의무이므로, **보조사업자에 대한 지방자치단체의 보조금반환청구는** 공법상 권리관계의 일방 당사자를 상대로 하여 공법상 의무이행을 구하는 청구로서 행정소송법 제3조 제2호에 규정한 **당사자소송의 대상**이다(대법원 2011.6.9, 2011다2951).

⑨ 조세부과처분이 당연무효임을 전제로 하여 이미 납부한 세금의 반환을 청구하는 것은 민사상의 부당이득반환청구로서 민사소송절차에 따라야 한다(대법원 1995.4.28., 94다55019).

⑩ 부가가치세법령의 내용, 형식 및 입법 취지 등에 비추어 보면, 납세의무자에 대한 국가의 부가가치세 환급세액 지급의무는 그 납세의무자로부터 어느 과세기간에 과다하게 거래징수된 세액 상당을 국가가 실제로 납부받았는지와 관계없이 부가가치세법령의 규정에 의하여 직접 발생하는 것으로서, 그 법적 성질은 정의와 공평의 관념에서 수익자와 손실자 사이의 재산상태 조정을 위해 인정되는 **부당이득 반환의무가 아니라** 부가가치세법령에 의하여 그 존부나 범위가 구체적으로 확정되고 조세 정책적 관점에서 특별히 인정되는 공법상 의무라고 봄이 타당하다. 그렇다면 납세의무자에 대한 국가의 부가가치세 환급세액 지급의무에 대응하는 **국가에 대한 납세의무자의 부가가치세 환급세액 지급청구는 민사소송이 아니라 행정소송법 제3조 제2호에 규정된 당사자소송의 절차에 따라야 한다**(대법원 2013.3.21. 2011다95564).

⑪ 지방소방공무원의 초과근무수당 지급청구권은 **법령의 규정에 의하여 직접 그 존부나 범위가 정하여지고** 법령에 규정된 수당의 지급요건에 해당하는 경우에는 곧바로 발생한다고 할 것이므로, 지방소방공무원이 자신이 소속된 지방자치단체를 상대로 **초과근무수당의 지급을 구하는 청구에 관한 소송**은 행정소송법 제3조 제2호에 규정된 **당사자소송**의 절차에 따라야 한다(대법원 2013.3.28. 2012다102629).

⑫ 원고가 고의 또는 중대한 과실 없이 **당사자소송으로 제기하여야 할 것을 항고소송으로 잘못 제기한 경우**에, 당사자소송으로서의 소송요건을 결하고 있음이 명백하여 당사자소송으로 제기되었더라도 어차피 부적법하게 되는 경우가 아닌 이상, **법원으로서는 원고가 당사자소송으로 소 변경을 하도록** 하여 심리·판단하여야 한다(대법원 2016.5.24. 2013두14863).

(다) 공법상 신분 또는 지위 등의 확인소송, 기타

【 판례 】 ① 구 도시재개발법(1995.12.29. 개정되기 전의 것)에 의한 **재개발조합은 조합원에 대한 법률관계에**서 적어도 특수한 존립목적을 부여받은 **특수한 행정주체**로서 국가의 감독하에 그 존립 목적인 특정한 공공사무를 행하고 있다고 볼 수 있는 범위 내에서는 공법상의 권리의무 관계에 서 있다. 따라서 조합을 상대로 한 쟁송에 있어서 강제가입제를 특색으로 한 **조합원의 자격 인정 여부에 관하여** 다툼이 있는 경우에는 … **공법상의 당사자소송에 의하여 그 조합원 자격의 확인**을 구할 수 있다(대법원 1996.2.15, 94다31235).

② 원고의 이 사건 소는 교육청 교육장의 당연퇴직 조치가 행정처분임을 전제로 그 취소나 무효의 확인을 구하는 항고소송이 아니라 원고의 지방공무원으로서의 지위를 다투는 피고에 대하여 그 **지위확인을 구하는 공법상의 당사자소송에** 해당한다(대법원 1998.10.23, 98두12932).

③ 원고들은 피고(한국전력공사)가 원고들에 대하여 전기요금고지서에 텔레비전방송수신료를 통합하여 고지·징수할 권한이 없음의 확인을 민사소송절차를 통하여 구하고 있다. 그러나 텔레비전방송수신료의 법적 성격, 피고 보조참가인(한국방송공사)의 수신료 강제징수권의 내용 등에 비추어 보면 **수신료 부과행위는 공권력의 행사에 해당하므로, 피고가 피고 보조참가인으로부터 수신료의 징수업무를 위탁받아** 자신의 고유업무와 관련된 고지행위와 결합하여 **수신료를 징수할 권한이 있는지 여부를 다투는 이 사건 쟁송은 민사소송**이 아니라 공법상의 법률관계를 대상으로 하는 것으로서 행정소송법 제3조 제2호에 규정된 당사자소송에

의하여야 한다(대법원 2008.7.24, 2007다25261).

④ ㉠도시 및 주거환경정비법(이하 '도시정비법')에 따른 **주택재건축정비사업조합**(이하 '재건축조합')은 … 공법인으로서, … 재건축조합이 … 수립하는 **관리처분계획**은 … 구속적 행정계획으로서 재건축조합이 행하는 **독립된 행정처분**에 해당한다. … 그런데 관리처분계획은 재건축조합이 조합원의 분양신청 현황을 기초로 관리처분계획안을 마련하여 그에 대한 조합 총회결의와 토지 등 소유자의 공람절차를 거친 후 관할 행정청의 인가·고시를 통해 비로소 그 효력이 발생하게 되므로, **관리처분계획안에 대한 조합 총회결의는 관리처분계획이라는 행정처분에 이르는 절차적 요건** 중 하나로, 그것이 위법하여 효력이 없다면 관리처분계획은 하자가 있는 것으로 된다. 따라서 행정주체인 재건축조합을 상대로 **관리처분계획안에 대한 조합 총회결의의 효력 등을 다투는 소송**은 행정처분에 이르는 절차적 요건의 존부나 효력 유무에 관한 소송으로서 그 소송결과에 따라 행정처분의 위법 여부에 직접 영향을 미치는 공법상 법률관계에 관한 것이므로, 이는 행정소송법상의 **당사자소송**에 해당한다(대법원 2009.9.17, 2007다2428).

㉡ 도시 및 주거환경정비법상 주택재건축정비사업조합이 같은 법 제48조에 따라 수립한 **관리처분계획에 대하여 관할 행정청의 인가·고시까지 있게 되면** 관리처분계획은 행정처분으로서 효력이 발생하게 되므로, 총회결의의 하자를 이유로 하여 행정처분의 효력을 다투는 **항고소송의 방법**으로 **관리처분계획의 취소 또는 무효확인을 구하여야** 하고, 그와 별도로 행정처분에 이르는 절차적 요건 중 하나에 불과한 **총회결의 부분만을 따로 떼어내어 효력 유무를 다투는 확인의 소를 제기하는 것은 특별한 사정이 없는 한 허용되지 않는다**(대법원 2009.9.17, 2007다2428).

⑤ 구 도시 및 주거환경정비법(2007.12.21. 개정되기 전의 것)상 **재개발조합이 공법인**이라는 사정만으로 **재개발조합과 조합장 또는 조합임원 사이의 선임·해임 등을 둘러싼 법률관계**가 공법상의 법률관계에 해당한다거나 그 조합장 또는 조합임원의 지위를 다투는 소송이 당연히 **공법상 당사자소송에 해당한다고 볼 수는 없고**, 구 도시 및 주거환경정비법의 규정들이 재개발조합과 조합장 및 조합임원과의 관계를 특별히 공법상의 근무관계로 설정하고 있다고 볼 수도 없으므로, 재개발조합과 조합장 또는 조합임원 사이의 선임·해임 등을 둘러싼 법률관계는 **사법상의 법률관계**로서 그 조합장 또는 조합임원의 지위를 다투는 소송은 **민사소송에 의하여야 할** 것이다(대법원 2009.9.24, 2009마168,169).

2. 형식적 당사자소송

(1) 의 의

형식적 당사자소송이란 행정청의 처분·재결 등이 원인이 되어 형성된 법률관계에 다툼이 있는 경우 그 원인이 되는 처분·재결 등의 효력을 직접 다투는 것이 아니고, 처분 등의 결과로서 형성된 법률관계에 대하여 (처분청을 피고로 하지 않고) 그 법률관계의 한쪽 당사자를 피고로 하여 제기하는 소송을 말한다. '공익사업을 위한 토지 등의 취득 및 보상에 관한 법률'(제85조)에 따른 토지수용위원회의 보상금결정에 대한 보상금증감소송의 경우 처분청 (재결청)인 토지수용위원회를 피고로 하지 아니하고, 토지소유자(또는 관계인)와 사업시행자를 당사자로 하여 소송을 제기하도록 하고 있는 것을 예로 들 수 있다. 이러한 소송은 실질적으로 행정청의 처분 또는 재결의 효력에 대해서 다투는 것이지만 소송형식을 행정청이 아닌 권리주체인 당사자를 피고로 하는 당사자소송의 형식을 취한다는 점에서 형식적 당사자소송이라고 한다.

(2) 필요성

형식적 당사자소송은 행정청을 배제하고 실질적인 이해관계자만을 소송당사자로 함으로써 신속한 권리구제를 도모하고 소송절차를 최소화하는 데에 있다. 예컨대, 보상액증감에 관한 소송인 경우 당사자가 불복하여 다투고자 하는 것이 처분 또는 재결 그 자체가 아니라, 그에 의하여 형성된 법률관계인 경우에는 처분이나 재결의 주체(토지수용위원회)를 소송당사자로 할 것이 아니라 직접 이해관계 있는 당사자끼리 분쟁을 해결하는 것이 더 바람직하다는 소송기술적 필요성을 고려하여 인정되는 것이다.

Ⅲ. 소송요건

1. 원고적격

원고적격에 관하여 특별한 규정이 없으므로 민사소송법의 규정이 준용된다(제8조 ②). 따라서 민사소송의 경우와 같이 권리보호의 이익이 있는 자가 원고가 된다고 볼 것이다.

【 판례 】 지방자치단체와 채용계약에 의하여 채용된 계약직공무원이 그 계약기간 만료 이전에 채용계약 해지 등의 불이익을 받은 후 … 그 **해지의사표시의 무효확인청구**는 … 계약기간 만료 전에 채용계약이 해지된 전력이 있는 사람이 공무원 등으로 임용되는 데에 있어서 그러한 전력이 없는 사람보다 사실상 불이익한 장애사유로 작용한다고 하더라도 그것만으로는 **법률상의 이익이 침해되었다고 볼 수는 없으므로 그 무효확인을 구할 이익이 없다.** 또한, 이 사건과 같이 이미 채용기간이 만료되어 소송 결과에 의해 법률상 그 직위가 회복되지 않는 이상 채용계약 해지의 의사표시의 무효확인만으로는 당해 소송에서 추구하는 권리구제의 기능이 있다고 할 수 없고, 침해된 급료지급청구권이나 사실상의 명예를 회복하는 수단은 바로 급료의 지급을 구하거나 명예훼손을 전제로 한 손해배상을 구하는 등의 **이행청구소송으로 직접적인 권리구제방법이 있는 이상 무효확인소송은 적절한 권리구제수단이라 할 수 없어** 확인소송의 또 다른 소송요건을 구비하지 못하고 있다(대법원 2008.6.12, 2006두16328).

2. 피고적격

국가·공공단체 그 밖의 권리주체(예 : 공무수탁사인)가 피고가 된다(제39조. 항고소송은 행정청이 피고가 되지만, 당사자소송은 국가 등 인격체가 피고가 된다). 국가가 피고가 되는 때에는 법무부장관이 국가를 대표하고, 지방자치단체가 피고가 되는 때에는 당해 지방자치단체의 장이 대표한다.

3. 재판관할

제1심 관할법원은 피고의 소재지를 관할하는 행정법원이 된다. 다만, 국가 또는 공공단체가 피고인 경우에는 당해소송과 구체적인 관계가 있는 '관계행정청'의 소재지를 피고의 소재지로 한다(제40조).

4. 제소기간

당사자소송에 관하여 개별법령에 제소기간이 정하여져 있는 때에는(예: 공익사업을 위한 토지 등의 취득 및 보상에 관한 법률 제85조: 토지수용위원회의 재결서를 받은 날부터 60일 이내에, 이의신청을 거쳤을 때에는 이의신청에 대한 재결서를 받은 날부터 30일 이내) 그 기간은 불변기간으로 한다(제41조). 그러나 행정소송법에는 당사자소송의 제기기간에 관한 제한이 없다.

Ⅳ. 적용규정

당사자소송은 원칙적으로 민사소송의 예에 의하나, 소송물이 공법상의 법률관계에 관한 것이라는 점에서, 일정 한도 안에서 취소소송에 관한 규정이 준용되고 있다. 즉, 관련청구의 이송·병합(제10조), 소의 변경(제21조), 소송참가(제16조, 제17조), 공동소송(제15조), 직권심리주의(제26조) 등은 준용되나, 제소기간, 사정판결, 집행정지 등은 준용되지 않는다.

Ⅴ. 당사자소송의 판결

1. 판결의 종류, 효력

판결의 종류는 취소소송의 경우와 동일하다. 다만 사정판결제도가 없다. 당사자소송의 확정판결은 기판력을 발생하므로, 확정판결의 내용에 저촉되는 법원의 판단 또는 당사자의 주장은 허용되지 않으며 동시에 동일 소송물에 관하여 반복된 제소가 허용되지 않는다. 취소판결에 인정되는 판결효력 중 취소판결의 제3자효, 재처분의무, 간접강제 등은 성질상 당사자소송에는 적용되지 않는다.

2. 가집행선고

가집행선고란 미확정의 종국판결에 대하여 마치 그것이 확정된 것과 같이 집행력을 부여하는 형성적 재판을 말한다. 행정소송법은 "국가를 상대로 하는 당사자소송의 경우에는 가집행선고를 할 수 없다"(제43조)고 규정하고 있다. 그런데 과거에 소송촉진등에관한특례법 제6조 단서의 "국가를 상대로 하는 재산권의 청구에 관하여는 가집행의 선고를 할 수 없다"는 규정이 평등의 원칙에 위반되어 위헌으로 결정되었다(헌재 1989.1.25. 88헌가7). 따라서 당사자소송의 경우에도 국가를 상대로 하는 재산권청구에 관하여는 가집행선고가 가능하다.

【 판례 】 행정소송법 제8조 제2항에 의하면 행정소송에도 민사소송법의 규정이 일반적으로 준용되므로 법원으로서는 공법상 당사자소송에서 **재산권의 청구를 인용하는 판결을 하는 경우 가집행선고를 할 수 있다**(대법원 2000.11.28. 99두3416).

제 4 절 객관적 소송

I. 의 의

객관적 소송이란 행정의 적법성보장 또는 공공이익의 일반적 보호를 목적으로 하는 소송으로서 개인적·주관적 권리의 보호를 목적으로 하는 주관적 소송과는 구별된다. 따라서 특별히 법이 인정하는 경우에만 소의 제기가 가능하다.

II. 종 류

1. 민중소송

(1) 의 의

민중소송이란 국가 또는 공공단체의 기관이 법률에 위반되는 행위를 한 때에 직접 자기의 법률상 이익과 관계없이 그 시정을 구하기 위하여 제기하는 소송을 말한다(제3조 제3호).

(2) 종 류

1) 공직선거법상의 선거·당선소송

(가) 대통령·국회의원선거

① 선거소송

선거의 효력을 다투는 경우에는 선거인·정당·후보자는 선거일로부터 30일 이내에 당해 선거구의 선거관리위원회위원장을 피고로 하여 대법원에 소를 제기할 수 있다(공직선거법 제222조).

【판례】 공직선거법 제222조와 제224조에서 규정하고 있는 선거소송은 집합적 행위로서의 선거에 관한 쟁송으로서 선거라는 일련의 과정에서 선거에 관한 규정을 위반한 사실이 있고, 그로써 선거의 결과에 영향을 미쳤다고 인정하는 때에 선거의 전부나 일부를 무효로 하는 소송이다. 이는 선거를 적법하게 시행하고 그 결과를 적정하게 결정하도록 함을 목적으로 하므로, 행정소송법 제3조 제3호에서 규정한 민중소송 즉 국가 또는 공공단체의 기관이 법률을 위반한 행위를 한 때에 **직접 자기의 법률상 이익과 관계없이** 그 시정을 구하기 위하여 제기하는 소송에 해당한다(대법원 2016.11.24. 2016수64).

② 당선소송

당선의 효력을 다투는 경우에 정당 또는 후보자는 대통령선거의 경우에는 당선인, 중앙선거관리위원회위원장 또는 국회의장(대통령선거에서 최고득표자가 2人 이상인 때에 중앙선거관리위원회의 통지에 의하여 국회에서 재적의원 과반수가 출석한 공개회의에서 다수표를 얻은 자를 당선인으로 결정하고 국회의장이 공고한 경우. 동법 제187조 ②참조)을 피고로, 국회의원인 경우에는 당선인을 피고로 하여 대법원에 소를 제기할 수 있다(동법 제223조 ①).

(나) 지방의회의원 및 자치단체장 선거

① 선거소청·소송

지방의회의원 및 자치단체장 선거에 있어 선거의 효력을 다투는 경우에는 선거인, 정당, 후보자는 당해 선관위위원장을 피소청인으로 하여 시·도선거관리위원회 또는 중앙선거관리위원회에 선거소청을 제기한다.

소청에 대한 결정에 불복이 있는 경우 소청인은 당해 선거구선거관리위원회위원장을 피고로 하여 그 소청결정서를 받은 날로부터 10일 이내에 시·도지사 및 비례대표시·도의원의 선거에 있어서는 대법원에, 지역구지방의회의원선거 및 자치구·시·군의 장 선거에 있어서는 그 선거구를 관할하는 고등법원에 소를 제기할 수 있다(동법 제222조 ②).

② 당선소청·소송

지방의회의원 및 지방자치단체의 장의 선거에 있어서 당선의 효력을 다투는 경우에는 정당·후보자는 당선인을 또는 선거관리위원회위원장을 피소청인으로 시·도선거관리위원회 또는 중앙선거관리위원회에 선거소청을 제기하여야 한다.

소청결정에 불복이 있는 소청인 또는 당선인인 피소청인은 당선인 또는 선거관리위원회위원장(당선인의 결정·공고·통지의 결정의 위법을 다투는 경우)을 피고로 하여 그 소청결정서를 받은 날로부터 10일 이내에, 시·도지사 및 비례대표시·도의원의 선거에 있어서는 대법원에, 지역구지방의회의원 및 자치구·시·군의 장은 그 선거구를 관할하는 고등법원에 소를 제기할 수 있다(동법 제223조 ②).

2) 국민투표법상의 국민투표에 관한 소송

국민투표의 효력에 관하여 이의가 있는 투표인은 투표인 10만 이상의 찬성을 얻어 중앙선거관리위원회위원장을 피고로 하여 투표일로부터 20일 이내에 대법원에 제소할 수 있다(국민투표법 제92조).

3) 주민투표법상의 주민투표에 관한 소송

주민투표의 효력에 관하여 이의가 있는 주민투표권자는 주민투표권자 총수의 100분의 1 이상의 서명으로 주민투표결과가 공표된 날부터 14일 이내에 관할선거관리위원회 위원장을 피소청인으로 하여 시·군 및 자치구에 있어서는 특별시·광역시·도 선거관리위원회에, 특별시·광역시 및 도에 있어서는 중앙선거관리위원회에 소청할 수 있다. 소청에 대한 결정에 관하여 불복이 있는 소청인은 관할선거관리위원회위원장을 피고로 하여 그 결정서를 받은 날(결정서를 받지 못한 때에는 결정기간이 종료된 날을 말한다)부터 10일 이내에 특별시·광역시 및 도에 있어서는 대법원에, 시·군 및 자치구에 있어서는 관할 고등법원에 소를 제기할 수 있다(주민투표법 제25조).

4) 지방자치법상의 주민소송

공금의 지출에 관한 사항, 재산의 취득·관리·처분에 관한 사항, 해당 지방자치단체를 당사자로 하는 매매·임차·도급 계약이나 그 밖의 계약의 체결·이행에 관한 사항 또는 지방세·사용료·수수료·과태료 등 공금의 부과·징수를 게을리한 사항을 감사청구한 주민은 일정한 경우에 그 감사청구한 사항과 관련이 있는 위법한 행위나 업무를 게을리 한 사실에 대하여 해당 지방자치단체의 장(해당 사항의 사무처리에 관한 권한을 소속 기관의 장에게 위임한 경우에는 그 소속 기관의 장)을 상대방으로 하여 소송을 제기할 수 있다(지방자치법 제22조).

2. 기관소송

(1) 의 의

기관소송이란 국가 또는 공공단체의 기관상호간에 있어서의 권한의 존부 또는 그 행사에 관한 다툼이 있을 때에 이에 대하여 제기하는 소송을 말한다(행소법 제3조 제4호). 행정소송법상의 기관소송은 동일한 행정주체에 속한 기관상호간의 소송이므로, 상이한 행정주체간 또는 상이한 행정주체에 속하는 기관간의 소송은 기관소송에 해당하지 않는다.

기관소송에는 국가기관 상호간의 기관소송과 공공단체의 기관 상호간의 기관소송이 있는데, 국가기관간의 분쟁은 권한쟁의심판이라 하여 헌법재판소의 관장사항으로 하고 있다(헌법 제111조 ①, 헌재법 제62조). 따라서 헌법재판소의 관장사항으로 되는 소송은 권한쟁의심판이므로 행정소송으로서의 기관소송이 아니다.

(2) 유 형

행정소송법상 기관소송에는 동일 지방자치단체의 기관 사이에서 제기되는 소송으로 다음의 것이 대표적이다.

1) 지방자치법상의 기관소송

지방의회의 의결이 법령에 위반되거나 공익을 현저히 해친다고 판단되면 지방자치단체의 장이 지방의회에 이유를 붙여 재의를 요구하고, 재의결된 사항이 법령에 위반된다고 판단되는 때에는, 재의결된 날부터 20일 이내에 대법원에 소를 제기할 수 있다. 이 경우 필요하다고 인정되면 그 의결의 집행을 정지하게 하는 집행정지결정을 신청할 수 있다(지방자치법 제120조 ①,③).

주무부장관 또는 시·도지사는 재의결된 사항이 법령에 위반된다고 판단됨에도 불구하고 해당 지방자치단체의 장이 소를 제기하지 아니하면 그 지방자치단체의 장에게 제소를 지시하거나 직접 제소 및 집행정지결정을 신청할 수 있다(제192조 ④). 제소의 지시는 제3항의 기간이 경과한 날(재의결된 날로부터 20일)부터 7일 이내에 하고, 해당 지방자치단체의 장은 제소지시를 받은 날부터 7일 이내에 제소하여야 한다(제192조 ⑤). 주무부장관 또는 시·도지사는 제5항의 기간(7일)이 경과한 날부터 7일 이내에 직접 제소할 수 있다(제192조 ⑥). 지방의회의 의결이 법령에 위반된다고 판단되어 주무부장관이나 시·도지사로부터 재의요구지시를 받은 지방자치단체의 장이 재의를 요구하지 아니하는 경우(법령에 위반되는 지방의회의 의결사항이 조례안인 경우로서 재의요구지시를 받기 전에 당해 조례안을 공포한 경우를 포함한다)에는 주무부장관이나 시·도지사는 제1항의 규정에 의한 기간(의회로부터 의결사항을 이송받은 날부터 20일)에 이 경과한 날부터 7일 이내에 대법원에 직접 제소 및 집행정지결정을 신청할 수 있다(제192조 ⑦). 지방의회의 의결이나 제2항에 따라 재의결된 사항이 둘 이상의 부처와 관련되거나 주무부장관이 불분명하면 행정안전부장관이 재의요구 또는 제소를 지시하거나 직접 제소 및 집행정지결정을 신청할 수 있다(제192조 ⑧).

> 【 판례 】 지방의회 의결의 재의와 제소에 관한 지방자치법 제172조 제4항, 제6항의 문언과 입법 취지, 제·개정 연혁 및 지방자치법령의 체계 등을 종합적으로 고려하여 보면, 아래에서 보는 바와 같이 지방자치법 제172조 제4항, 제6항에서 지방의회 재의결에 대하여 제소를 지시하거나 직접 제소할 수 있는 주체로 규정된 '주무부장관이나 시·도지사'는 **시·도에 대하여는 주무부장관을, 시·군 및 자치구에 대하여는 시·도지사를 각 의미한다**(대법원 2016.9.22. 2014추521).

2) '지방교육자치에 관한 법률'상의 기관소송

교육감은 교육위원회 또는 교육·학예에 관한 시·도의회의 의결이 법령에 위반되거나 공익을 현저히 저해한다고 판단될 때에는 그 의결사항을 이송받은 날부터 20일 이내에 이유를 붙여 재의를 요구할 수 있다. 교육감이 교육부장관으로부터 재의요구를 하도록 요청받은 경우에는 교육위원회 또는 시·도의회에 재의를 요구하여야 한다. 재의결된 사항이 법령에 위반된다고 판단될 때에는 교육감은 재의결된 날부터 20일 이내에 대법원에 제소할 수 있다. 교육부장관은 재의결된 사항이 법령에 위반된다고 판단됨에도 해당 교육감이 소를 제기하지 않은 때에는 해당 교육감에게 제소를 지시하거나 직접 제소할 수 있다(동법 제28조).

(3) 소송요건

기관소송의 원고는 법률에 규정된 자에 한하여 될 수 있다(행소법 제45조).

피고도 개별법에서 정하는 자가 된다. 지방의회(지방자치법 제172조 ③), 시·도의회 또는 교육위원회가 각각 피고가 된다(지방교육자치법 제28조).

3) 재판관할

대법원을 제1심 관할법원이면서 종심법원으로 규정하고 있다(지방자치법 제192조, 지방교육자치법 제28조).

을 스스로 취소·변경하지는 못하고 관계기관에 대하여 취소·변경을 권고할 수 있다. 민원제기가 없는 경우에도 직권으로 공무원의 직무집행을 조사할 수 있다. 조사대상은 위법행위뿐만 아니라 부당행위·부작위 등도 포함된다.

최근에는 옴부즈만제도가 종래의 행정구제제도가 지닌 결함을 보완시킨다는 기능보다는 공공행정의 개선을 촉진하는 수단으로 그 기능이 변화되는 경향이 있다. 따라서 결국 기존의 타 기관 또는 타 제도와 기능중복일 뿐이라는 비판을 받기도 한다.

II. 우리나라의 제도

우리나라는 엄격한 의미의 옴부즈만제도는 도입하고 있지 않다. 그 기능면에서 그와 유사한 것으로 민원처리제도와 고충민원처리제도가 있다.

1. 민원처리제도

민원처리제도는 시민의 권리·이익의 보호·구제를 위한 것인 동시에 행정의 민주적 통제를 위한 것이라 할 수 있다. 이에 관한 법으로는 '민원사무 처리에 관한 법률'이 있다. '민원인이 행정기관에 대하여 처분 등 특정한 행위를 요구하는 사항('민원사항'이라 함)에 관한 사무'를 '민원사무'라 하는데(동법 제2조), 이 법은 그러한 민원사무의 공정한 처리와 민원행정제도의 합리적 개선을 도모함으로써 국민의 권익을 보호함을 목적으로 제정된 것이다. 민원사무에 관하여 다른 법률에 특별한 규정이 있는 경우 외에는 이 법이 정하는 바에 따른다.

(1) 민원사무 처리의 원칙 및 기간

민원사무를 처리하는 공무원은 담당 민원사무를 신속·공정·친절하게 처리하여야 한다(동법 제4조). 행정기관은 민원사무를 관계법령 등이 정하는 바에 따라 다른 업무에 우선하여 처리하여야 한다. 행정기관은 관계법령 등에 정한 처리기간이 남아 있음을 이유로 하거나 그 민원사무와 관련되지 아니하는 공과금 등의 미납을 이유로 민원사무의 처리를 지연시켜서는 아니 된다(제5조).

민원사무의 처리기간을 5일 이하로 정한 경우에는 민원사항의 접수시각부터 '시간' 단위로 계산하되, 공휴일 및 토요일을 산입하지 아니한다. 이 경우 1일은 8근무시간으로 한다.

민원사무의 처리기간을 6일 이상으로 정한 경우에는 '일' 단위로 계산하고 초일을 산입하되, 공휴일을 산입하지 아니한다. 민원사무의 처리기간을 주·월·년으로 정한 경우에는 초일을 산입하되, 민법 제159조 내지 제161조의 규정을 준용한다.

(2) 민원서류 및 처리결과의 통지

행정기관의 장은 민원사항을 접수·처리함에 있어서 민원인에게 소정의 구비서류 외의 서류를 추가로 요구하여서는 아니 된다(제10조①). 행정기관의 장은 접수한 민원서류에 흠이 있는 경우에는 보완에 필요한 상당한 기간을 정하여 지체 없이 민원인에게 보완을 요구하여야 한다(제13조①).

행정기관의 장은 민원인이 신청한 민원사항에 대한 처리결과를 민원인에게 문서로 통지하여야 한다(제15조).

(3) 민원사무처리기준표의 고시 및 민원 1회 방문 처리제

행정안전부장관은 민원인의 편의를 위하여 관계법령 등에 규정되어 있는 민원사항의 처리기관·처리기간·구비서류·처리절차·신청방법 등에 관한 사항을 종합한 민원사무처리기준표를 작성하여 관보에 고시하고 인터넷에 게시하여야 한다(제20조).

행정기관의 장은 민원사무를 처리함에 있어서 그 행정기관의 내부에서 할 수 있는 자료의 확인, 관계기관·부서와의 협조 등에 따른 모든 절차는 담당 공무원이 직접 행하도록 하여 민원 1회 방문 처리제를 확립함으로써 불필요한 사유로 민원인이 행정기관을 다시 방문하지 아니하도록 하여야 한다. 민원 1회 방문 처리제의 시행은 민원 1회 방문 상담창구의 운영, 민원후견인의 지정·운영, 복합민원을 심의하기 위한 위원회의 운영, 민원사항의 심의·조정 등을 위하여 설치된 위원회의 재심의, 행정기관의 장의 최종결정의 절차로 진행한다(제24조).

(4) 민원실 및 민원사무심사관

행징기관의 상은 민원사무를 신속히 처리하고 민원인에 대한 안내와 상담의 편의를 제공하기 위하여 민원실을 설치할 수 있다(제22조).

행정기관의 장은 민원사무 처리상황의 확인·점검 등을 위하여 소속 공무원 중에서 민원사무심사관을 지정하여야 한다(제23조).

(5) 거부처분에 대한 이의신청

민원사항에 대한 행정기관의 장의 거부처분에 대하여 불복이 있는 민원인은 그 거부처분을 받은 날부터 90일 이내에 그 행정기관의 장에게 문서로 이의신청을 할 수 있다. ⓛ 행정기관의 장은 이의신청을 받은 날부터 10일 이내에 그 이의신청에 대하여 결정하고 그 결과를 민원인에게 지체 없이 문서로 통지하여야 한다. 다만, 부득이한 사유로 정해진 기간 이내에 결정할 수 없는 때에는 그 기간의 만료일 다음 날부터 기산하여 10일 이내의 범위에서 연장할 수 있으며, 연장사유를 민원인에게 통지하여야 한다. ⓒ 민원인은 이의신청 여부와 관계없이 행정심판법에 의한 행정심판 또는 행정소송법에 의한 행정소송을 제기할 수 있다(제18조).

【 판례 】 행정소송법 제18조 내지 제20조, 행정심판법 제3조 제1항, 제4조 제1항, 민원사무처리에 관한 법률(이하 '민원사무처리법'이라 한다) 제18조, 같은 법 시행령 제29조 등의 규정들과 그 취지를 종합하여 보면, 민원사무처리법에서 정한 **민원 이의신청의 대상인 거부처분에 대하여는 민원 이의신청과 상관없이 행정심판 또는 행정소송을 제기할 수 있으며,** 또한 민원 이의신청은 민원사무처리에 관하여 인정된 기본사항의 하나로 처분청으로 하여금 다시 거부처분에 대하여 심사하도록 한 절차로서 행정심판법에서 정한 행정심판과는 성질을 달리하고 또한 사안의 전문성과 특수성을 살리기 위하여 특별한 필요에 따라 둔 행정심판에 대한 특별 또는 특례 절차라 할 수도 없어 행정소송법에서 정한 행정심판을 거친 경우의 제소기간의 특례가 적용된다고 할 수도 없으므로, 민원 **이의신청에 대한 결과를 통지받은 날부터 취소소송의 제소기간이 기산된다고 할 수 없다....**이의신청을 받아들이지 않는 취지의 기각 결정 내지는 그 취지의 통지는, 종전의 거부처분을 유지함을 전제로 한 것에 불과하고 또한 거부처분에 대한 행정심판이나 행정소송의 제기에도 영향을 주지 못하므로, 결국 민원 이의신청인의 권리·의무에 새로운 변동을 가져오는 공권력의 행사나 이에 준하는 행정작용이라고 할 수 없어, **독자적인 항고소송의 대상이 된다고 볼 수 없다**(대법원 2012.11.15. 2010두8676).

(6) 사전심사의 청구

민원인은 대규모의 경제적 비용이 수반되는 민원사항의 경우 행정기관의 장에게 정식으로 민원서류를 제출하기 전에 약식서류로 사전심사를 청구할 수 있다. 행정기관의 장은 사전심사 결과를 민원인에게 통보하여야 하며, 가능하다고 통보한 민원사항에 대하여는 민원인의 귀책사유 또는 불가항력 그 밖에 특별한 사유로 이를 이행할 수 없는 경우를 제외하고는 사전심사 결과 통보시 적시하지 아니한 다른 이유를 들어 거부하는 등의 방법으로 민원사항을 처리하여서는 아니 된다(제19조).

2. 고충민원처리제도

"고충민원(苦衷民願)"이란 '행정기관 등의 위법·부당하거나 소극적인 처분(사실행위 및 부작

위를 포함한다) 및 불합리한 행정제도로 인하여 국민의 권리를 침해하거나 국민에게 불편 또는
부담을 주는 사항에 관한 민원(현역장병 및 군 관련 의무복무자의 고충민원을 포함)을 말한다. 고충민원
의 처리와 이에 관련된 불합리한 행정제도를 개선하도록 함으로써 국민의 기본적 권익을 보
호하고 행정의 적정성 확보하기 위하여 '부패방지 및 국민권익위원회의 설치와 운영에 관한
법률'이 제정되어 있다.

(1) 고충민원의 처리기관

민원사무처리와 그에 따른 국민의 권익구제에 있어 가장 중요한 기능을 수행하는 것은
국민권익위원회와 시민고충처리위원회이다. 이 위원회들은 외국의 옴부즈만제도에 상응하
는 제도로서 설치된 것이다. 다만 이 위원회들은 고충민원의 접수에 의하여 비로소 조사를
시작한다는 점에서 서구적 의회 옴부즈만제도와는 상당한 차이를 가지고 있다

1) 국민권익위원회

고충민원의 처리와 이에 관련된 불합리한 행정제도를 개선하고, 부패의 발생을 예방하
며 부패행위를 효율적으로 규제하도록 하기 위하여 국무총리 소속으로 국민권익위원회(이하
"위원회"라 한다)를 둔다(제11조). 위원회는 위원장 1명을 포함한 15명의 위원(부위원장 3명과 상임위
원 3명을 포함한다)으로 구성한다. 이 경우 부위원장은 각각 고충민원, 부패방지 업무 및 중앙
행정심판위원회의 운영업무로 분장하여 위원장을 보좌한다(제13조). 위원회는 그 권한에
속하는 업무를 독립적으로 수행하며, 위원장과 위원의 임기는 각각 3년으로 하되 1차에 한
하여 연임할 수 있다(제16조).

위원회는 ㉠ 국민의 권리보호·권익구제 및 부패방지를 위한 정책의 수립 및 시행, ㉡
고충민원의 조사와 처리 및 이와 관련된 시정권고 또는 의견표명, ㉢ 고충민원을 유발하는
관련 행정제도 및 그 제도의 운영에 개선이 필요하다고 판단되는 경우 이에 대한 권고 또
는 의견표명, ㉣위원회가 처리한 고충민원의 결과 및 행정제도의 개선에 관한 실태조사와
평가, ㉤ 행정심판법에 따른 중앙행정심판위원회의 운영에 관한 사항 등 총 21가지의 업무
를 수행한다(제12조 참조).

2) 시민고충처리위원회

지방자치단체 및 그 소속 기관에 대한 고충민원의 처리와 행정제도개선 등을 위하여
각 지방자치단체에 설치되는 위원회이다(제32조). 위원은 지방자치단체의 장이 지방의회의
동의를 거쳐 위촉하며, 위원의 임기는 4년으로 하되, 연임할 수 없다(제33조).

(2) 고충민원의 처리

1) 고충민원의 신청 및 접수

① 누구든지(국내에 거주하는 외국인 포함) 국민권익위원회 또는 시민고충처리위원회(이하 '권익위원회'라 함)에 고충민원을 신청할 수 있다. 이 경우 하나의 권익위원회에 대하여 고충민원을 제기한 신청인은 다른 권익위원회에 대하여도 고충민원을 신청할 수 있다. 권익위원회에 고충민원을 신청하고자 하는 자는 문서(전자문서를 포함)로 이를 신청하여야 한다. 다만, 문서에 의할 수 없는 특별한 사정이 있는 경우에는 구술로 신청할 수 있다(제39조).

국민권익위원회와 시민고충처리위원회에 대하여 동일한 고충민원을 신청한 경우 각 권익위원회는 지체 없이 그 사실을 상호 통보하여야 한다. 이 경우 각 권익위원회는 상호 협력하여 고충민원을 처리하여야 한다(제40조④).

2) 고충민원의 이첩 및 각하

권익위원회는 접수된 고충민원 중 관계 행정기관 등에서 처리하는 것이 타당하다고 인정되는 사항은 이를 관계 행정기관 등에 이첩할 수 있다. 이 경우 이첩받은 관계 행정기관 등의 장은 권익위원회의 요청이 있는 때에는 그 처리결과를 권익위원회에 통보하여야 한다(제40조①). 권익위원회는 관계 행정기관 등의 장이 권익위원회에서 처리하는 것이 타당하다고 인정하여 권익위원회에 이첩한 고충민원을 처리할 수 있다. 이 경우 이첩받은 고충민원은 이첩된 때에 권익위원회에 접수된 것으로 본다(제40조②).

권익위원회는 접수된 고충민원이 ㉠ 고도의 정치적 판단을 요하거나 국가기밀 또는 공무상 비밀에 관한 사항, ㉡ 국회·법원·헌법재판소·선거관리위원회·감사원·지방의회에 관한 사항, ㉢ 수사 및 형집행에 관한 사항으로서 그 관장기관에서 처리하는 것이 적당하다고 판단되는 사항 또는 감사원의 감사가 착수된 사항, ㉣ 행정심판, 행정소송, 헌법재판소의 심판이나 감사원의 심사청구 그 밖에 다른 법률에 따른 불복구제절차가 진행 중인 사항, ㉤ 법령의 규정에 따라 화해·알선·조정·중재 등 당사자간의 이해조정을 목적으로 행하는 절차가 진행 중인 사항, ㉥ 판결·결정·재결·화해·조정·중재 등에 따라 확정된 권리관계에 관한 사항 또는 감사원이 처분을 요구한 사항, ㉦ 사인간의 권리관계 또는 개인의 사생활에 관한 사항, ㉧ 행정기관 등의 직원에 관한 인사행정상의 행위에 관한 사항에 해당하는 경우에는 고충민원을 각하하거나 관계 기관에 이송할 수 있다(제43조).

3) 조사 및 처리

권익위원회는 고충민원을 접수한 경우에는 지체 없이 그 내용에 관하여 필요한 조사를 하여야 한다(제41조 ①).

권익위원회는 고충민원에 대한 조사결과 처분 등이 위법·부당하다고 인정할 만한 상당한 이유가 있는 경우에는 관계 행정기관 등의 장에게 적절한 시정을 권고할 수 있다. 권익위원회는 고충민원에 대한 조사결과 신청인의 주장이 상당한 이유가 있다고 인정되는 사안에 대하여는 관계 행정기관 등의 장에게 의견을 표명할 수 있다(제46조).

권익위원회의 권고 또는 의견을 받은 관계 행정기관 등의 장은 이를 존중하여야 하며, 그 권고 또는 의견을 받은 날부터 30일 이내에 그 처리결과를 권익위원회에 통보하여야 한다. 권고를 받은 관계 행정기관 등의 장이 그 권고내용을 이행하지 아니하는 경우에는 그 이유를 권익위원회에 문서로 통보하여야 한다. 권익위원회가 위의 통보를 받은 경우에는 신청인에게 그 내용을 지체 없이 통보하여야 한다(제50조).

사항색인

[저자 약력]
고려대학교 정경대학
고려대학교 대학원 법학과(법학석사)
독일 튀빙엔(Tuebingen) 대학교 법학박사(Dr. iur)
한국법제연구원 선임연구원
The Univ. of Texas at Austin, School of Law, Visiting Scholar
각종 9·7·5급 공무원 임용·승진시험 출제위원, 행정고시 출제위원
충청남도 행정심판위원회 위원
현, 한남대학교 법정대학 교수
(E-mail : yhko@hnu.kr)

[저서 및 논문]
「Verwaltungsvorschriften als Aussenrecht」(1991, Nomosverlag)
「사회복지법제론」(공저, 2002, 동인)
「환경법」(2002, 법문사)
「알기 쉬운 생활법률」(공저, 2004, 한남대학교 출판부)
독일통일에 따른 구동독지역의 공공재산의 처리에 관한 연구
행정상의 고시의 법적 문제점과 개선방향에 관한 연구
'법규명령형식의 행정규칙'과 '행정규칙형식의 법규명령'의 문제점과 개선방안 등
공무원의 불법행위로 인한 국가배상에 있어서 공무원의 개인책임
재량과 판단여지
행정법상의 신뢰보호의 요건과 방법에 관한 비판적 고찰
의원내각제국가의 의회해산제도에 관한 비교법적 연구

알기 쉬운 행정법총론 [제6판]

2007년 2월 27일	초판 발행
2010년 3월 5일	제2판 발행
2013년 3월 5일	제3판 발행
2017년 2월 25일	제4판 발행
2019년 3월 5일	제5판 발행
2022년 2월 28일	제6판 1쇄 발행

저 자 고   영   훈
발행인 배   효   선

발행처 도서출판 法 文 社

10881   경기도 파주시 회동길 37-29
등 록   1957년 12월 12일 제2-76호(윤)
전 화   031-955-6500~6, 팩스 031-955-6525
e-mail(영업) : bms@bobmunsa.co.kr
      (편집) : edit66@bobmunsa.co.kr
홈페이지 http://www.bobmunsa.co.kr
조 판   광   진   사

정가 38,000원   ISBN 978-89-18-91289-9